# 北京东城年鉴

# 2010

（总第十四卷）

北京市东城区地方志编纂委员会办公室主办

中央文献出版社

**图书在版编目(CIP)数据**

北京东城年鉴. 2010/北京市东城区地方志办公室编.
—北京:中央文献出版社,2010. 12
ISBN 978-7-5073-3177-6

Ⅰ. ①北…　Ⅱ. ①北…　Ⅲ. ①东城区—2010—年鉴
Ⅳ. ①Z521. 3

中国版本图书馆 CIP 数据核字(2010)第 233535 号

**北京东城年鉴(2010)**

**编　　者**: 北京市东城区地方志办公室
**责任编辑**: 孙　翊
**封面设计**: 张继宗

**出版发行**: 中央文献出版社
**地　　址**: 北京西四北大街前毛家湾 1 号
**邮　　编**: 100017
**经　　销**: 新华书店
**排　　版**: 北京和平印刷有限公司
**印　　刷**: 北京和平印刷有限公司

**开　　本**: 787 × 1092mm　　16 开
**印　　张**: 30. 5
**字　　数**: 946 千字
**版　　次**: 2010 年 12 月第 1 版　　2010 年 12 月第 1 次印刷
**印　　数**: 0001 – 2000 册

ISBN 978-7-5073-3177-6　　定价:120. 00 元

# 东城区地方志编纂委员会

# 《北京东城年鉴》编辑部

# 编辑说明

一、《北京东城年鉴》是一部综合性资料性工具书，由中共北京市东城区委和东城区人民政府的领导，东城区地方志编委会办公室主持编纂。

二、本年鉴以马克思列宁主义、毛泽东思想、邓小平理论和“三个代表”重要思想为指导，以科学发展观为指针，以实事求是为原则，与时俱进，开拓创新，科学、客观地反映区情。

三、自1996年始，逐年编辑出版，2010卷为总第十四卷。全面记述东城区各系统、各方面发生的重大事件和新情况，汇集年度内重要的文献信息，为领导决策提供可靠的依据，为各界人士了解东城、研究东城提供最新信息和资料，本卷年鉴反映2009年1月1日至12月31日情况，文内一般直书月、日，不再书写年份。

四、结构设置分为区情概述、大事记、特载、政党·团体、政权·政协、政法·军事、民政·社会保障、经济行政管理、工商·贸易、财税·金融、城建与管理、文化·教育、社会生活、街道、人物、统计资料、附录共17个一级栏目。一级栏目下设二级栏目，二级栏目下设分目，分目下设条目。采用文章、条目、表格等体裁，以条目为主体。

五、本年鉴收有东城区党、政、军、各民主党派、团体、街道和部分企业负责人名录，以及部分区域单位负责人名录。所列均以2009年内任职为限。还列有获得国家、国务院部委和市、区奖励与荣誉称号的单位和个人名单，获得高级职称的人员名单。

六、本年鉴所选文章、条目，均由各部门、单位确定专人撰写，并经主管负责人审核。统计资料由区统计局提供。照片由各单位提供。

▲ 10月7日，中共中央总书记、国家主席、中央军委主席胡锦涛(前右三)到天安门地区公安分局视察工作。

▲ 12月18日，市委书记刘淇(左三)到东华门街道南池子社区调研深入学习实践科学发展观活动情况。

◀1月7日，区人大十四届四次会议召开。

▶1月6日，区政协十二届三次会议召开。

◀2月19日，区党风廉政建设暨推进廉政风险防范管理工作会议召开。

▶3月20日，区委、区政府召开《打造国际化、现代化新东城的调研思考》课题开题会。

◀12月18日，市委书记刘淇（左三）到学习实践科学发展观活动联系点东华门街道南池子社区调研。

▶11月3日，国家民政部部长李学举（左四）一行10人到东城区调研新社会组织开展学习实践科学发展观活动情况。

◀4月28日，区领导交流学习实践科学发展观活动调研成果。

▶6月9日，2009年处级干部“历史风貌保护与城市现代化”专题研究班开学典礼。

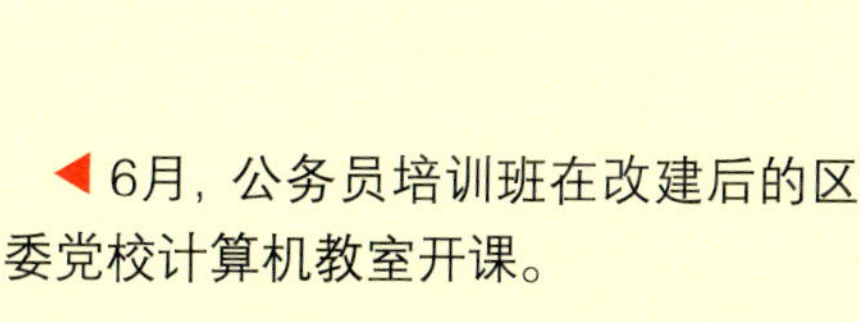

◀6月，公务员培训班在改建后的区委党校计算机教室开课。

▲ 3月4日，区文明办、区志愿者协会和东四街道办事处在东四奥林匹克社区公园举办志愿服务高潮日活动。

▲ 6月10~12日， 区委宣传部举办全区处级领导干部新闻素养培训班。

▲ 9月24日，《60年巨变看东城》展览开幕式在地坛公园举行。

▲ 3月26日，东城区2009年精神文明建设暨创建全国文明城区工作表彰大会召开。

◀ 4月28日，东城区周末社区大讲堂启动仪式举行。

◀10月，区委书记杨柳荫（前左四）率城市规划管理考察团赴台湾考察。

▶6月12日，区委统战部召开各民主党派应对国际金融危机座谈会。

◀9月24日，在北京五十五中就读的台湾籍学生应邀参加东城区“喜迎国庆60华诞，欢度中秋两岸情深”主题联欢会，并与区领导合影。

▶5月20日，首届东城区优秀“中国特色社会主义事业建设者”表彰大会召开。

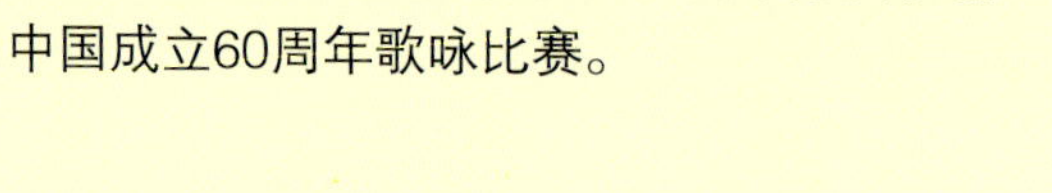
◀6月18日，区直属机关工委举办庆祝新中国成立60周年歌咏比赛。

▶6月22日，区直属机关工委组织机关干部为困难党员捐款。

◀7月8~10日，东城区离退休干部党支部建设暨“五好支部”创建活动工作研讨会在昌平军都旅游度假村召开。

▶10月16日，东城区第一届“档案馆日”举行启动仪式。

◀11月4日，东城区老干部学习十七届四中全会精神辅导报告会在青蓝大厦举行。

◀ 4月7日，中国民主建国会东城区委赴贵州省贫困山区黔西市为当地新仁学校捐建一所电教室和图书室。

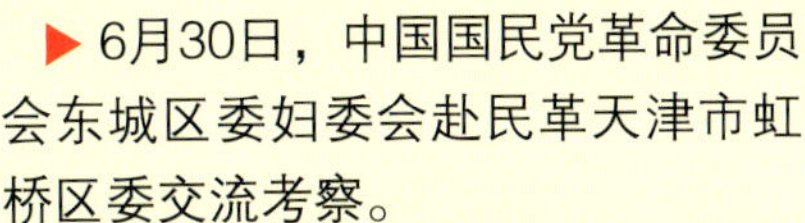

▶ 6月30日，中国国民党革命委员会东城区委妇委会赴民革天津市虹桥区委交流考察。

▲ 8月，中国国民党革命委员会东城区委赴甘肃省张掖市智力支边，图为党员医务专家为当地群众义诊。

▲ 8月29日，中国致公党东城区工委组织党员参加区统一战线国庆60周年歌咏比赛。

◀ 12月5日，为纪念中国民主建国会北京市委成立60周年，民建东城区委召开工作交流暨评优表彰大会。

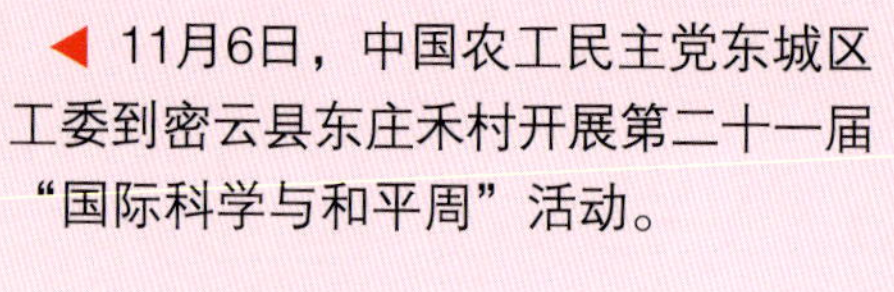

◀ 11月6日，中国农工民主党东城区工委到密云县东庄禾村开展第二十一届“国际科学与和平周”活动。

▶ 3月6日，区九三学社在建国门街道举办健康讲座。

◀ 6月22日，中国民主同盟东城区委科技委员会和区科协联合在建国门街道办事处举办中医养生三要素讲座。

▶ 7月17日，台湾民主自治同盟东城区工委组织盟员参加民主党派、无党派人士学习班。

◀ 8月3日，中国民主促进会东城区委召开优秀支部、优秀会员表彰会。

▲ 11月5日，区总工会召开2010年工作研讨会。

▲ 9月17日，区归国华侨联合会召开庆祝建国60周年座谈会。

▲ 9月11日，区工商业联合会雍和园分会成立。

▲ 6月12日，第四届首都新侨乡文化节举办东城区专场文艺演出。

◀ 3月4日，东城区庆祝国际劳动妇女节99周年暨“三八”红旗手（集体）表彰大会召开，图为市、区领导与“三八”红旗手和集体代表及部分演员合影。

▶ 5月18日，区长杨艺文(左四)在区行政服务中心会见坦桑尼亚代表团。

◀ 8月30日，东城区产业和投资促进局、东城区金融服务办公室在区行政服务中心举行揭牌仪式。

▶ 11月25日，日本东京都新宿区少年儿童书画系列展在和平里第一小学展出。

◀ 12月7日，东城区政府与韩国首尔市钟路区举行友好合作签约仪式。

◀ 3月4日，东城区首个人大代表联络站在史家社区设立。

▶ 3月6日，东城区“十一五”规划实施情况中期评估工作动员会召开。

◀ 3月16日，区政协机关召开深入学习实践科学发展观活动暨加强领导干部作风建设年活动动员会。

▶ 4月20日，东城区维护稳定工作领导小组会议召开。

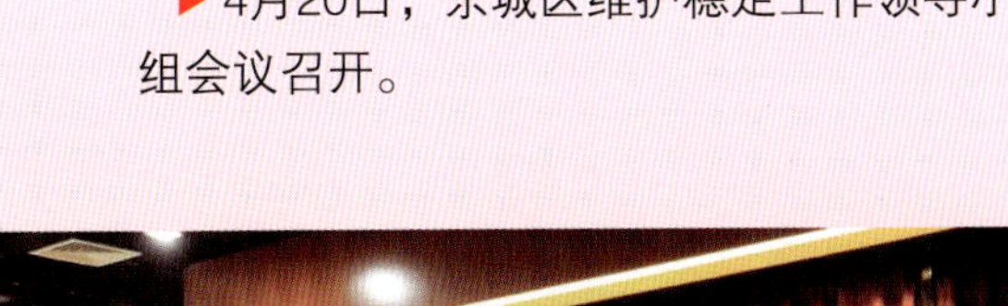

◀ 11月6日，区政协委员视察区政府重点工程——国际版权交易中心。

◀ 8月28日，东城区人力资源和社会保障局举行揭牌仪式。

▲ 8月12日，东城区国庆安全生产执法“护航”行动部署会召开。

▲ 7月20日，东城职介中心在全国公共就业服务研讨会上介绍办公场所改建和功能拓展工作经验。

▲ 9月8日，中央信访工作督导组到区检查督导工作。

◀ 1月23日，信访人员向区信访办赠送锦旗。

▲ 8月25日，东城区国庆安保誓师大会召开，区委书记杨柳荫向安保突击队旗手授旗。

▲ 4月4日，工商业联合会北京站地区分会成立。

▲ 5月27日，北京站地区开展排队推动日活动。

▲ 1月4日，区机关事务管理服务中心员工进行除冰扫雪。

◀ 9月18日，首都国庆安保治安志愿者上岗启动仪式在地铁建国门站广场举行。图为参会的区环卫中心和建国门、东华门、朝阳门街道的治安志愿者代表。

◀ 5月1日，团市委副书记邓亚萍参加东城消防支队举办的消防法宣传活动。

▶ 6月15日，天安门公安分局举行建局10周年座谈会。

◀ 6月24日，东城消防支队在鼓楼进行消防演习。

▶ 国庆期间，民警在天安门金水桥前巡逻盘查。

▲ 3月26日，东城区2009年法制宣传、社区矫正帮教安置领导小组会议召开。

▲12月2日，东城区流动儿童法律服务中心成立。

▲ 11月18日，东城检察院在国家林业局举办预防职务犯罪案例展览。

▲ 6月23日，东城检察院在王府井大街开展法律咨询活动。

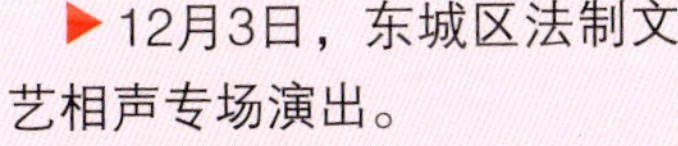

▶12月3日，东城区法制文艺相声专场演出。

▶ 5月30日，市领导刘淇（右一）、郭金龙（右二）看望慰问武警六支队官兵。

▲ 9月30日，区领导慰问国庆值勤民兵。

▲ 9月3日，武警六支队召开国庆安保誓师大会。

▲ 5月5日，武警六支队组织“军歌嘹亮颂祖国”歌咏比赛。

▲ 12月7日，区人民武装部组织入伍新兵参观天安门国旗护卫队。

◀ 12月25日，东城区私营个体经济融资服务站揭牌成立。

▲ 12月24日，东城区第二次全国经济普查总结表彰会召开。

▲ 9月3日，东城区中小企业发展论坛召开。

▲ 6月14日，区发改委、区环保局、区节水办在东四奥林匹克公园举办节能宣传周主会场宣传活动。

◀ 年内，区审计局开展民生工程资金审计。图为5月18日，审计人员走访2008年危房翻建工程现场，进行居民满意度调查。

▲ 5月8日，区烟草专卖局举办特邀行政执法监督员聘请仪式。

▲ 7月30日，区质量技术监督局为全区集贸市场、超市送去“公平称”统一标志。

▲ 8月12日，东城药监分局承担的北京市科委重大科研课题通过专家组考核和结题验收。

▲ 9月18日，区质量技术监督局开展能源效率标识宣传咨询活动。

▶ 2月23日，烟草专卖管理人员为特困户提供上门换证服务。

▶ 2月16日，在国际版权交易中心落成仪式上,国家版权局副局长阎晓宏（右一）向中关村科技园区雍和园颁授“国家版权贸易基地”牌匾，区长杨艺文接受牌匾。

▲ 10月8日，由北京金漆镶嵌有限责任公司创办的北京天宝楼文化经纪有限责任公司举行首批签约工美大师作品展。图为中国轻工业联合会会长陈士能（左二）参观展览。

▲ 9月4日，区领导视察玉河历史文化风貌保护修缮项目。

▲ 5月28日，北京金漆镶嵌有限责任公司艺俱轩门市部在东直门内大街14号楼重张开业。

▲ 5月6日，区委组织部、区国资委在区委党校举办《企业国有资产法》专题培训。

◀ 4月21日，中华老字号“同升和”鞋店在王府井大街大甜水井胡同新址重张开业。

▶ 12月31日，区领导带队检查商业企业节前准备工作。

◀ 2月28日，奥士凯资产经营公司总经理与基层党政一把手签订经营管理责任书。

▶ 11月26日，奥士凯资产经营公司代表队参加法律知识竞赛。

◀ 1月5日，李滨声民俗画展在吴裕泰王府井茶馆开幕。图为著名画家李滨声现场作画。

▶ 5月8日，新北方旅游产业发展有限公司在王府井大街举办第五届“全程快乐旅游节”。

◀ 1月27日，市旅游局和东城区政府共同举办的“北京请您来过年，同宗同源同文化，骨肉同胞喜拜年”活动，在孔庙和国子监博物馆举行。

▶ 9月，吴裕泰茶叶公司邀请广大顾客参与评选金牌店长。图为顾客向当选的金牌店长颁奖。

▶ 12月12日，王府井工美大厦庆祝建店55周年。

◀ 4月1日，东安市场首届“春茶节”开幕。

▶ 7月14日，东安市场首届白洋淀“荷花节”开幕。

◀ 7月22日，王府井工美大厦举办工艺品展卖。

◀ 6月18日，北京国际旅游节在北京展览馆开幕，图为区委书记杨柳荫（前左三）向市领导介绍东城旅游产品。

▶ 4月11日，全国百城旅游宣传周暨2009"回味奥运，圆梦北京"国民旅游行动计划在王府井大街启动。

◀ 12月21日，法国总理夫人一行参观游览南锣鼓巷文化休闲街。

▶ 9月17日，区工商局在王府井大街检查老字号商标使用情况。

▶ 3月18日，区财政局召开学习实践科学发展观活动动员大会。

◀ 4月23日,区地税局与金宝街商会联合举办“税企携手共建东城美好明天”活动。

▶ 4月29日，区地税局参加“北京市打击发票违法犯罪活动宣传日”活动。

◀ 10月1日，区财政局干部为国庆庆典站岗值勤。

▲ 4月21日，农业银行东城支行与中国人寿北京分公司举办“携手并肩 共创双赢”银保合作启动会。

▲ 9月7日，工商银行东城支行举行庆祝建国60周年职工文艺汇演。图为该行领导与演出人员合影。

▲ 11月中旬，建设银行东四支行开展企业文化宣传展示活动。

▲ 11月，农业银行东城支行参加北京分行业务技术比赛，获得团体总分第三名。

◀ 5月4日，工商银行北京分行首家个人贷款中心在东城支行正式成立。

◀ 10月29日，东城规划分局与怀柔区喇叭沟门满族乡西府营村签订为期三年的城乡共建协议。

▶ 11月12日，市、区领导和专家学者参加菊儿社区活动空间启用暨第三届居民节开幕仪式。

◀ 11月，区环境建设办公室在东华门社区举办“倡导垃圾分类 家家垃圾减量”宣传活动。

▶ 6月29日，史家胡同煤改电施工现场。

◀10月22日，第四届中国国际数字城市建设技术研讨会暨设备博览会在北京国际展览中心开幕，区长杨艺文(前左二)陪同国家住房和城乡建设部领导参观东城区“网格化城市管理模式运行5年成果及拓展领域”专题展区。

▲4月16日，区委书记杨柳荫(右一)到城管监督中心调研网格化城市管理新模式。

▲6月23日，区城管大队召开“迎国庆 讲文明 树新风”百日整治动员大会。

▲12月4日，城管队员在街头开展普法宣传。

▲1月9日，区城管大队组织城管小卫士参观十年回顾展。

◀ 8月31日，东城区园林绿化局成立。

▶ 自5月18日开始，王府井地区餐厨垃圾分类运输、分类处理。

◀ 4月8日，区环保局工作人员进行地表水采样。

▶ 1月25日，第二十四届地坛春节庙会开幕。

◀ 11月10日夜，环卫工人清除马路积雪。

◀ 11月24日，由东方置地投资发展有限公司代建的东城区妇幼保健院项目举行奠基仪式。

▲ 1月8~9日，东兴建设有限责任公司召开二届一次职工代表大会。

▲ 5月25日，区建委党组召开学习实践科学发展观专题民主生活会。

▲ 3月25日，东方置地投资发展有限公司获中国房地产业协会颁发的“2007-2008年度中国房地产诚信企业”称号。

▲ 5月，东集兴业经贸公司获东城区职工运动会特殊贡献和优秀组织奖。图为公司职工表演红绸舞。

▲12月25日，王府井置业投资有限公司党支部召开党员大会发展新党员。

▲1月15日，东二环交通商务区企业家联谊会授予南新仓文化休闲街、皇家粮仓和北京大董烤鸭店南新仓分店等三家企业“总部企业服务基地”牌匾。

▲1月23日~2月9日，区政府和市文化局联合在王府井举办“金牛贺新春，金街过大年”活动。

▲4月22日，区长杨艺文在第三届中国企业跨国投资研讨会上发言。

▲6月12~15日，北京老字号非物质文化遗产展在王府井商业街举办。

▲9月初，区教育督导室召开全体会议部署新学年工作。

▲12月20日，区教委获“首届全国教育改革创新特别奖”；史家胡同小学校长卓立（右）获“首届全国教育改革创新杰出校长奖”。

▲3月2日，校尉小学启动“红领巾雷锋岗”。

▲6月22日，地空导弹部队“英雄二营”老军人刘明向北京五十四中的同学们讲述当年击落美蒋高空侦察机，受到中央领导人接见的故事。

▲11月28日，北京五中分校科技教育实践基地在密云县奎百宜生态农业科技园建立。图为学生们在试验田进行科研实践。

◀ 5月4日，区文化馆周末手风琴俱乐部演出。

▲ 11月15日，区人大代表、区政协委员到区文化馆参观考察。

▲ 1月28日，区文化馆第19届新春游乐会开幕式演出。

▲ 5月26日，灯市口小学学生在古琴伴奏下朗诵《橘颂》。

▲ 11月22日，史家小学在人民大会堂举行主题为“在灿烂阳光下”专场文艺演出，庆祝建校70周年。

▶10月17日，由国家文化部主办、东城区政府参与承办的“建国60周年中国话剧艺术发展论坛”在人民大会堂开幕。

▲6月10日，国子监街入选首批“中国历史文化名街”。

▲10月17日，著名艺术家李默然（右二）向东城区赠送“戏剧东城”书法作品。

▲自6月下旬开始，以“为伟大祖国骄傲”为主题，全区开展“庆祖国六十华诞，展东城人文风采”系列文化活动。

▲首都国庆联欢晚会东城区版块是唯一的军民联欢版块。

▶ 8月11日，区领导到区体育局调研。

◀ 5月20日，区体育局举办教练员论文写作培训讲座。

▲ 10月14日，WPT中国扑克升级冠军赛在地坛体育馆举行。

▲ 6月4日，东城区第三届和谐杯乒乓球比赛总决赛。

▶ 8月8日，国庆背景方阵合练在地坛体育中心举行。

◀ 7月23日，副区长毛炯代表东城区政府在全国卫生城市市长论坛会议上作主旨发言。

▲ 5月11日，区领导在区疾控中心视察甲型H1N1流感防控工作。

▲ 2月26日，区红十字会和江西省红十字会领导参加援建小学落成典礼。

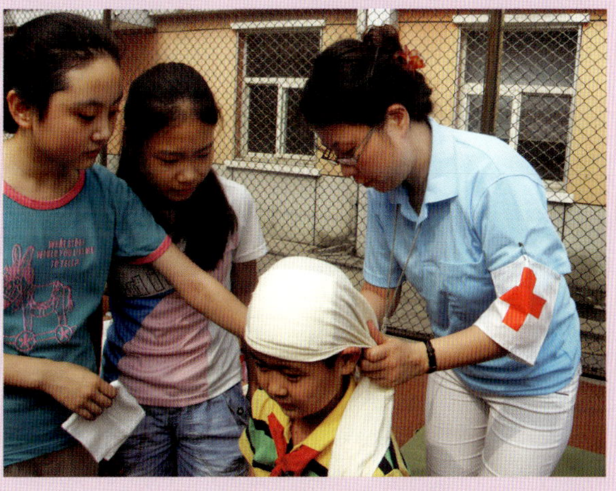

▲ 7月7日，安外三条小学进行避险逃生疏散演练，图为红十字急救员对“伤员”进行应急救护。

▲ 5月23日，在第二届北京中医药文化宣传周暨首届地坛中医药健康文化节上，市中医药管理局领导和区领导向小学生发放中医药健康小学生读本。

▶ 3月19日，市委书记刘淇到雍和科技园区就“扩内需，保增长，促发展”主题进行专题调研。

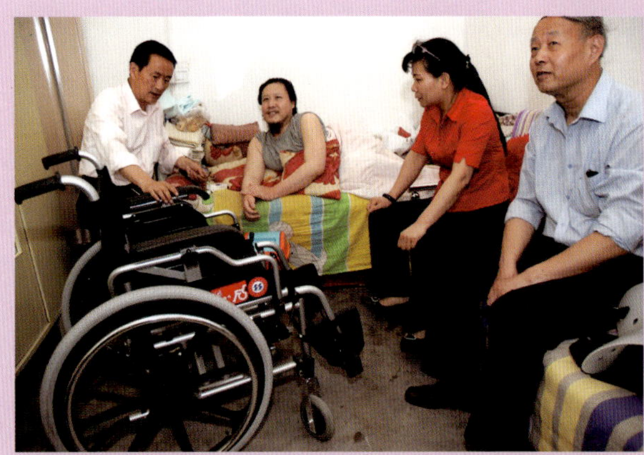

▲ 5月12日，区残疾人联合会将量身定制的特殊轮椅送到残疾人家中。

▲ 12月2日，“人口发展与打造国际化现代化新东城论坛——2009·提高人口素质分论坛”开幕。

▲ 4月，副区长章冬梅在北京市健康生育计划经验交流会上介绍东城区健康生育计划实施情况。

▲ 10月27日，东城区换发第二代残疾人证暨家庭无障碍改造工作总结表彰会召开。

◀ 4月20日，市委副书记王安顺(左四)到朝阳门地区鸿安国际商务大厦调研党建工作站、社会工作站和工会服务站建设情况。

▲ 2月4日，东城区社会建设大会召开。

▲ 6月26日，景山街道领导检查域内地铁6号线拆迁情况。

▲ 5月9日，东华门街道韶九社区举行第七届居民委员会选举大会。

▲ 1月9日，景山青年志愿者联盟成立。

▲ 3月20日，北新桥街道惠泽心理健康服务站在海运仓社区服务中心成立。

▲ 7月25日，北新桥街道东内大街便民蔬菜直销店开业。

▲ 5月12日，交道口街道开展“人民防空抗震减灾”主题宣传活动。

▲ 6月18日，交道口街道举行“服务社区奉献社会”公德人物表彰会。

▲ 3月2日，交道口街道交东社区组织居民开展插花艺术活动。

▲ 5月19日，朝阳门地区文学艺术届联合会成立。

▲ 2月3日，东四四条胡同重现“报春”习俗，“春官”与“春吏”们敲锣打鼓向人们报春。

▲ 7月26日，朝阳门街道首届和谐社区“邻里节”文艺表演。

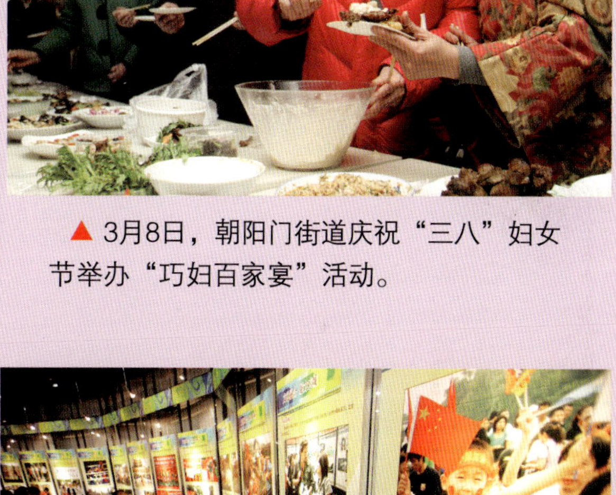

▲ 3月8日，朝阳门街道庆祝“三八”妇女节举办“巧妇百家宴”活动。

▲ 8月7日，“奥林匹克在东城”回顾展在东四奥林匹克社区公园展出。

▲"八一"前夕，和平里街道举行军政座谈会。

▲5月24日，东直门街道被世界卫生组织命名为"国际安全社区"。

▲9月17日，和平里街道领导在地坛西门讨街桥上检查民兵执勤工作。

▲10月20~21日,和平里街道举办学习贯彻党的十七届四中全会精神培训班。

▲3月21日，东直门街道在十字坡社区党委换届选举中进行"差额直选"试点工作。

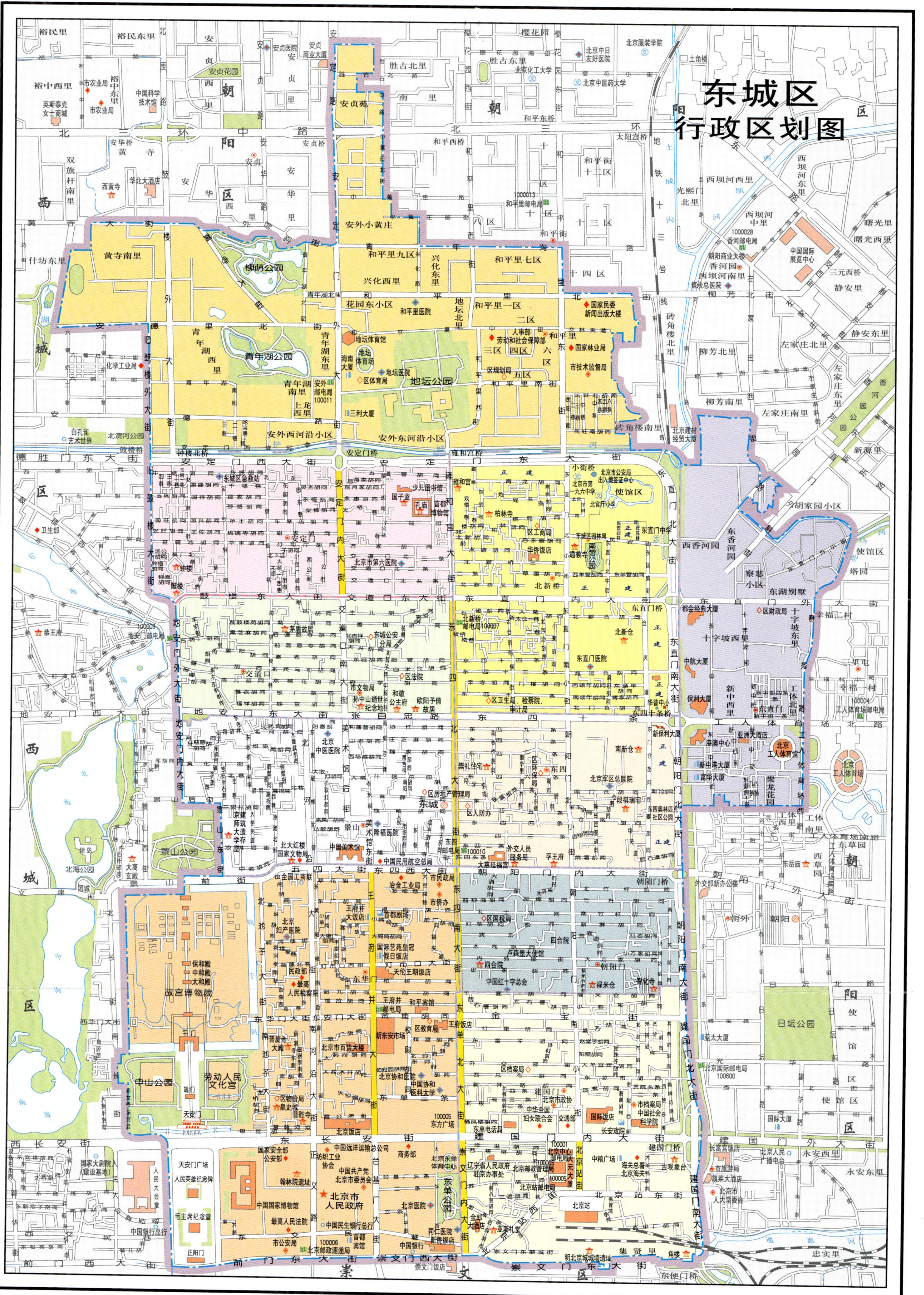
东城区
行政区划图
地坛公园
青年湖公园
柳荫公园
安外小黄庄
和平里九区
和平里七区
兴化西里
花园东小区
黄寺南里
安贞苑
安外东河沿小区
安外西河沿小区
安定门东大街
安定门西大街
东直门内大街
交道口东大街
地安门东大街
张自忠路
东四十条
朝阳门内大街
五四大街
东四西大街
东长安街
前门东大街
崇文门西大街
建国门内大街
北京站
北京站东街
故宫博物院
劳动人民文化宫
中山公园
天安门
天安门广场
人民英雄纪念碑
毛主席纪念堂
正阳门
中国国家博物馆
北京市人民政府
北京医院
东单公园
王府井
东华门
景山公园
北海公园
国子监
孔庙
雍和宫
柏林寺
使馆区
东湖别墅
十字坡西里
十字坡东里
察慈小区
北京工人体育馆
日坛公园
朝阳区
西城区
崇文区

# 目　录

## 区情概述



## 大 事 记



## 特　　载



## 政党 · 团体

## 政法·军事

### ·东城交通支队·



## 检察



## 审判



## 司法行政

### 社会保障工作



## 经济行政管理

### 计划



### 信息化工作

## 东城区产业和投资促进局

### ·东城区金融服务办公室·



## 统计



## 工商行政管理



## 质量技术监督

## 审计



## 烟草专卖



## 集体经济管理



## 药品监督管理



## 国有资产管理

## 财税·金融

### 财政



### 国家税务



### 地方税务



### 金融及保险业

## 城市建设与管理

### 城市管理

### ·房屋管理·



### ·房屋土地经营管理中心·



### ·园林绿化·



### ·环境卫生·



### ·环境保护·

### ·文学艺术界联合会·



## 体育



## 卫生



### ·爱国卫生·



## 科技



### ·科技园区雍和园·

## 社会生活

## 交道口街道



## 安定门街道



## 北新桥街道

## 东四街道



## 朝阳门街道



## 建国门街道



## 东直门街道

## 人　　物



## 统计资料



## 附　　录



## 主题索引

# 区 情 概 述

## 概 况

东城区位于北京市中心城区东北部，面积25.38平方千米。设东华门、景山、交道口、安定门、北新桥、东四、朝阳门、建国门、东直门、和平里10个街道办事处，126个社区居民委员会。另外设有北京站地区管理处、王府井建设管理办公室和东二环建管办3个重点街区管理机构。截至年底，全区常住人口21.8万户、62.1万人，其中女性31.5万人。人口密度为每平方千米2.5万人。暂住人口12.5万人。全年户籍人口出生4959人，出生率为7.9‰；死亡2648人，死亡率为4.3‰；人口自然增长率为0.37‰；计划生育率为98%。全区有少数民族46个3.66万人，占全区总人口的5.94%。

2009年地区生产总值完成820亿元，同比增长9%；区财政收入完成71亿元，同比增长12.8%；两业增加值同比增长10%；实际利用外资达到1.5亿美元；城镇居民人均可支配收入达到28504元，同比增长9%。

## 高质量完成国庆服务保障任务

国庆组织运行。组建东城区建国60周年庆祝活动筹办工作领导小组，建立由安全保卫、环境整治等9个专项指挥部和13个地区分指挥部组成的“1+9+13”指挥运行体系，建立健全各项工作制度，形成了统一领导、分工明确、协调顺畅、运转高效的工作机制。各指挥部和街道、地区令行禁止、紧密协作，为筹办工作顺利进行提供了坚强的组织保证。

服务保障。全区25所学校15700余名师生参加的广场背景组字，2930名机关干部、部队战士和社区群众参加的联欢晚会表演，2924名武警官兵、青年学生组成的“开天辟地”群众游行方阵，都获得了筹办组织机构的高度评价。深入细致做好东交民巷29、31号院居民安全保障，确保了焰火燃放万无一失。全力落实电磁环境清理、“净空”、集结线路清障、交通组织保障和庆典核心区临时环卫保洁，保障了阅兵游行顺利进行。精心策划12个公园整体游园活动及环境布置，接待游客近47万人次。严密落实安保措施，构建起多层次、全方位、无缝隙的社会面防控网络，狠抓矛盾排查和纠纷化解，累计投入群防群治力量61.2万人次，实现了“大事不出，小事减少，管理严格，秩序良好”的目标。

营造氛围。深入开展环境美化工作，栽植200余万盆花卉，搭建9座花坛、15个大型花柱，形成了“一环、一轴、三中心、多节点”的景观格局。“迎国庆、讲文明、树新风”活动、“60年巨变看东城”展览等一系列群众性教育活动蓬勃开展，营造出浓厚的爱国主义氛围。坚持文明城区常态化管理，完成全国文明城区公共文明指数测评，促进了城市文明程度和市民素质进一步提升。

工作成效。经过全区团结拼搏，全面实现了庆祝活动“隆重、喜庆、节俭、祥和”的总要求。“开天辟地”游行方阵获最佳组织奖，群众游行获创新成果奖，背景组字表演实现了“精益求精、不留遗憾”的目标。游园活动以优美的环境、丰富多彩的文化活动吸引了广大市民和中外游客的热情参与，城市超常规运行能力经受了实战的严峻考验。全区共有31个单位荣获北京市国庆安保工作先进集体称号，30个单位荣获首都国庆60周年联欢晚会突出贡献奖，东城区被市委市政府和市筹委会授予“最佳服务保障奖”。

## 经济建设

应对金融危机，实现经济平稳持续发展。面对国际金融危机带来的巨大冲击，全区上下积极应对，周密组织，共克时艰，在确保经济稳定的同时促进了产业结构调整和发展方式转变。

制定政策措施，抓指标落实。及时出台服务经济发展、促进社会和谐的24项保增长措施,从推进项目建设、促进社会消费等六个方面做出安排部署。细化财政收入、居民人均可支配收入等11项经济指标,建立11家牵头单位、44家协办单位组成的责任体系。构建涵盖3大类、24小类、111个指标的动态监测系统,实时监测区域经济运行状况。设立中小企业发展扶持资金、就业应急准备金、大学生就业实习补助资金等共3500万元,应对金融危机带来的风险。

编制长远规划。在区委领导下,组织启动未来20年总体发展战略规划编制。全面完成“十一五”规划中期评估,各项任务指标进展情况总体良好。顺利完成第二次经济普查,制定“十二五”规划编制工作方案,为做好今后五年发展战略研究奠定了良好基础。出台主导产业政策实施细则,安排专项扶持资金2亿元,促进产业聚集发展,四大主导产业增加值达到经济总量的一半以上。加大产业发展研究与招商引企力度,引进新增税源6.3亿元。着力推进楼宇经济发展,摸清了全区755.7万平方米、162座商务楼宇基本情况,初步建立起楼宇经济信息数据库。抢抓机遇研究发展低碳、中医药等适合东城区位特点的新兴产业,通过组织专家论证考察、参加中关村低碳经济与绿色发展论坛等方式研讨低碳城区建设的基本思路,与瑞士洛桑市合作建设低碳示范区项目被纳入中瑞政府间合作框架。先后参与组织中国企业跨国投资研讨会、北京文博会、北京金博会、市长国际企业家顾问单位联谊会等活动,加强产业政策推介与合作交流。王府井、东二环、雍和园三大功能区建设稳步推进,为经济发展和产业结构调整提供了支撑。

强化投资拉动。采取各项措施扩大投资和消费拉动,固定资产投资预计完成205.8亿元,同比增长3.2%;社会消费品零售额预计完成367亿元,同比增长13%。切实加强跟踪服务和协调调度,简化审批流程,确保纳入市、区绿色通道的40个项目快速立项和一批拆迁项目顺利实施,提前完成市政府下达的16亿土地储备任务。搭建促销平台,举办消夏购物节等系列活动,全力拉动消费增长。组织重点街区和企业开展金街过大年、推介百家四合院等百余项促销活动,促进了市场活跃繁荣,地坛庙会获得“第四届北京春节庙会·灯会文化活动最具人气奖”。

营造环境。深入开展“送政策、送信息、送服务”活动,区级领导和职能部门走访200余家企业、单位,帮助344家单位解决问题23类385件。利用网上服务平台畅通企业与政府的联系渠道,完善部门协调会商机制,为企业创造良好的外部环境。举办中小企业发展论坛,组织5次中小企业资金供需对接会,利用中小企业发展专项扶持资金,为11家企业提供贷款贴息支持146万元。成立首家小额贷款公司,缓解中小企业融资难,设立“小额贷款担保绿色通道”,为9家企业争取了2700万元的贷款担保。组织“北京老字号非物质文化遗产展”,协助申请扶持资金,保护和提升老字号品牌。加快国有企业改革重组步伐,东方奥天、东方文化、东方信达三大国有资产经营公司调整组建基本完成。

## 城市建设管理

立足首都功能核心区特定地位,坚持高标准建设和精细化管理,城市现代化水平不断提高。

重点项目建设。加强重点项目协调保障服务,确保了海关博物馆、中央编办办公楼等一批项目有序实施,黄金集团综合楼、朝阳门SOHO等项目开工建设。全力推进地铁六、八号线拆迁,在确保稳定的前提下完成了1800多户居民拆迁任务。加大政府项目投资,应急指挥中心投入使用,残疾人康复中心、老干部活动中心改造完成,二中分校、灯市口小学工程进展顺利,东四妇幼保健院、鼓楼中医院、建国门医院改造正式开工,上龙西里危改回迁楼完成主体结构施工,西河沿危改拆迁稳步实施。完成了61条胡同改造整修,市政基础设施进一步完善。

城市管理。全面总结城管新模式五年运行基本经验,促进新模式在经济监测、公共安全和社会管理等领域拓展应用。参与第四届中国国际数字城市建设技术研讨会和2009信息城市高层论坛,充分展示城市管理最新成果,获得住建部颁发的“2009年数字城市建设杰出贡献奖”。公共安全监管新体系研究基本完成,风险源分类分级管理、监管对象自查自报、监管工作标准化等方面的创新得到充分肯定。加强应急演练和宣传培训,应急管理能力全面提高,各项安全管理考核指标均未突破。初步确立了“一个基础平台、六大应用系统”的数字城区建设基本框架。

城市环境。编制完成《东城区环境卫生、园林绿化、市政道路管理服务规范》,实施《环境卫生责任追究暂行办法》,强化环境卫生监督检查。完成长安街等重点大街及其周边环境整治,实施东北二环6幢楼宇和南北河沿大街两侧建筑物夜景照明工程,成为城市景观新亮点。健全违法建设快速处理机制,共拆除违法建设1509起、3683平方米。加强垃圾分类收集管理,生活垃圾无害化处理率达100%。进一步加大污染治理力度,空气质量二级和好于二级天数达到73.4%。既有建筑节能改造开复工56.3万平方米，竣工40万平方米，超额完成市政府下达的任务指标。

## 文化 卫生 教育 体育

建设历史文化街区。玉河历史文化保护工程再现了京城“水穿街巷”的历史景观，南锣鼓巷文化休闲街区被美国《时代》周刊推荐为25处必去的亚洲风情体验地之一，国子监街成为北京市唯一入选首批“中国历史文化名街”的街区，南新仓、簋街等特色街区发展不断升级。深入研究17片历史文化保护区概念性规划，钟鼓楼·北京时间文化城建设规划方案初步形成，第二批10个区级非物质文化遗产项目中6项成功进入市级名录。

发展文化创意产业。组织开展区级“文化创意产业示范基地”认定，鼓励支持文化创意企业利用平房区内闲置厂房发展文化创意产业。为28家企业的43个项目提供了6241万元市、区两级专项资金支持，促进文化创意企业快速发展。成功引入北京演艺集团、湖南电广传媒、卡巴斯基(北京)有限公司等骨干企业。国际版权交易中心运行良好，开通了首个国家级版权交易系统，全国版权交易共同市场正式启动。组建文化创意产业促进中心，逐步完善配套扶持政策，构建涵盖投融资服务、工商税务服务、创业服务等内容的服务平台，依托3G技术开展无线园区建设，雍和园区公共服务能力进一步提升，荣获“2009年度中国最佳创意产业园区奖”。

开发文化旅游。举办首届皇城文化旅游节和“畅游古都、品味东城”等系列活动，设立王府井旅游咨询站，开展旅游网络营销，免费发放《消费伴侣》、《旅游锦囊》和景区门票，大力吸引旅游客源，与其他区县实现互动发展。设立100万元专项补贴资金，对在辖区举办大型国际会展活动的企业给予补贴，促进旅游会展发展，旅游接待人次和收入均列全市第二。承办联合国教科文组织2009中国休闲与社会进步年会，全面推介东城资源优势，促进合作与交流发展。

启动戏剧文化城建设。出台《东城区关于推进首都戏剧文化城建设的若干意见》，制定扶持政策，设立专项资金，聚合戏剧资源，为艺术院团、专家、编创人员、演出场所搭建沟通交流平台，促进戏剧文化繁荣发展。承办建国60周年中国话剧艺术发展论坛，宣传东城戏剧文化特色，促进戏剧交流发展。免费发放4万本《戏剧东城宣传册》，成功举办“戏剧四季风”活动，带动戏剧演出市场持续升温，全区戏剧演出达4100多场次、观众95万多人次。

完善公共文化服务体系。加强公共文化设施建设，投资5000多万元实施区文化馆升级改造，东直门、朝阳门街道文体中心改造完成并对外开放。出台《促进社会单位服务社区公益文体活动试行办法》，设立500万元补贴资金，鼓励支持全区48所学校、32家社会单位与属地街道签订协议，对社区居民开放文体设施。传统文化品牌活动丰富多彩，新年音乐会、文化艺术节、“我们的节日”系列节庆文化活动吸引广大群众参与、弘扬中华传统文化。

推进公共卫生工作。建立健全甲型H1N1流感防控指挥体系，按照全市部署，切实做到快速反应和及时处置。突出抓好防控宣传、医学观察、健康监测、疫苗接种、定点医院启用等关键环节，实现了甲型H1N1流感疫情的有效控制。积极创建“国家中医药发展综合改革试验区”并获得正式批准，成功举办首届地坛中医药健康文化节，组织开展中医药服务进社区、中医药健康大讲堂、中医特色慢性病管理、中医治未病工程进机关等工作，荣获“全国中医药特色社区卫生服务示范区”称号。开展“医院管理年”活动，不断提高医疗服务水平。进一步完善社区卫生服务与二、三级医院的双向转诊，积极开展社区健康教育与健康促进“十百千”工程。整合资源建立社区健康之家，培育自我保健和健康互动理念，提高群众健康水平。继续落实药品集中招标采购和零差率等惠民政策，免除挂号及诊疗费109.34万元，累计优惠药费200.27万元。加大食品安全领域综合执法力度，确保食品卫生安全。

教育发展和改革。被授予“全国推进义务教育均衡发展工作先进地区”称号和全国教育改革创新特别奖。中高考成绩均创历史新高，体现均衡发展。在北京市青少年科技创新大赛、学生艺术节比赛中共荣获40个一等奖。获得首届北京市中小学生科学建议奖8个奖项中的5项，市民学习基地建设项目荣获“全国社区教育示范项目”。深入开展体育生活化社区创建，成功举办第七届全民健身体育节、第三届“和谐杯”乒乓球赛等活动，参与群众达30多万人次。

## 人民生活 民政工作

落实促进就业的各项措施，设立1500万元就业应急准备金，积极组织困难家庭大学生到社区实习。开发社区就业岗位15345个，安置失业人员11122人，城镇登记失业人员就业率达到74.83%。社会保险覆盖面进一步扩大，养老保险和基本医疗保险实现政策全覆盖，各项基金收缴率达到98%以上。认真落实最低生活保障，共支出低保及生活困难补助资金4984.73万元。实施“夕阳红”工程，总结完善7+X居家养老模式,组建养老服务队伍,为享受政府补贴服务的独居老人提供巡视探访、精神慰藉等五项贴身服务。鼓励和扶持社会力量兴办养老机构,克服困难落实了新增300张养老床位的任务。设立200万元应急救助专项慈善基金帮扶困难群众,全年为弱势群体提供法律援助171件。大力改善民生,完成了6775户民居修缮、9000余户用水"一户一表"改造、3.8万余户平房煤改电和涉及2900余户居民的老旧楼房通天然气工程。积极做好居民保障性住房的申请审核和摇号对接,落实了2847户居民的摇号工作。继续开展"听民意、访民情、解民难"工作,群众反映的12863件问题已办结12606件。

和谐社区建设。依法组织完成第七届社区居委会选举,新一届社区居委会成员年龄、知识结构得到全面优化。开展社区规范化建设试点工作,健全"一委三会一站、多元参与共建"的现代社区治理模式。在交道口、建国门等街道开展"开放空间社区参与行动",进一步调动居民参与社区建设的积极性。深入实施《东城区社区服务体系发展规划》,推进社区服务标准化、均等化、社会化、规范化建设,努力实现公共服务全覆盖。东城区被民政部命名为"全国和谐社区建设示范区",东华门街道、九道湾社区分别获全国和谐社区建设示范街道、示范社区称号,大雅宝等8个社区服务站被命名为"北京市社区服务站标准化建设示范单位"。

社会管理创新。充分发挥社会组织指导服务中心和市民中心作用,积极搭建服务平台,累计举办心理健康大讲堂、市民论坛等公益活动150余场,政社、政民互动得到进一步强化。大力培育社区参与行动服务中心、助人社会工作事务所等一批社会公益性服务组织,实现管理与服务一体化。在60座楼宇内建立了社会工作站,对推进楼宇社会建设和经济发展起到积极作用。

## 民主法治建设 政府管理和自身建设

深入落实市政府关于进一步建设服务型政府的意见,切实提高思想认识,创新体制机制,扎实推进法治型、服务型政府建设。

深化民主法治建设。主动接受区人大、区政协和民主党派监督,按时限完成了366件全国、市、区人大代表议案、建议和政协委员提案办理工作。通过专题通报工作、创办手机报、组织视察等多种途径,确保区人大代表、政协委员及时全面了解政府工作。深入推进依法行政,制定并实施《东城区行政执法协调办法》,努力解决多头执法、重复执法、执法缺位问题。政府信息公开工作不断完善,全年共受理74件依申请信息公开事项,较好保障了公众知情权,进一步拓宽了接受社会监督的渠道。

政府机构改革。根据市委、市政府批准的改革方案稳妥实施机构改革,进一步整合优化部门职责体系,突出强化产业发展、服务经济、统筹社会管理职能,改革后共设置政府工作部门28个、部门管理机构2个。科学合理制定部门"三定"方案,坚持以职能转变为核心,准确界定部门职责分工,强化了责任意识和协作意识。

政府管理和自身建设。以科学发展观学习实践活动为契机促进学习型政府建设,围绕城市规划、风貌保护、新兴产业发展、城市管理、社区建设等专题进行考察学习,先后7次邀请专家在政府常务会前讲解金融危机应对、都市旅游、低碳经济等知识,开阔视野,增长才干。推动公务员教育培训方式创新,注重提高一线公务员队伍素质和行政效率。进一步加强部门预算执行、因公出国等方面管理,大力压缩办公经费,节省政府管理成本。制定《东城区电子政务建设框架》,启动协同办公平台和网上监察系统建设,通过信息化手段提升行政效能。认真落实党风廉政责任制,积极开展源头治理,推行财政资金、政府投资、民生资金审计和领导干部经济责任审计,政风行风建设取得新进展。

(胡澄)

## 东城区主要领导

| | |
|---|---|
| **区委书记** | 杨柳荫 |
| **区人大常委会主任** | 刘朋庆 |
| **区　长** | 杨艺文 |
| **区政协主席** | 吴弘勇 |

# 大 事 记

## 2009年大事记

### 1 月

1日 区2009年元旦城市志愿服务活动启动。

3日 （农历腊月初八），通教寺、雍和宫举行佛教创始人释迦牟尼佛祖成道日活动。

4日 第六届区民族团结进步表彰会召开。

5日 区第十二次老干部座谈会召开。

☆ （指同日）中关村科技园区雍和园企业家联席会、东城区创意人才培训基地成立。

6日 副市长黄卫率队检查区消防安全工作。

6~8日 区政协十二届三次会议召开。

7~9日 区人大十四届四次会议召开。

8日 区政协第十二届委员会常务委员会第15次会议召开。

9日 北京市农业投资有限公司落户东城区。

13日 区领导走访慰问驻区部队。

☆ 日本群马县妇女代表团到东四街道考察环保工作。

14日 区妇联十届七次执委（扩大）会召开。

15日 区春节军政座谈会召开。

20日 东城区获“全国文明城区”称号。

☆ 区各界人士新春团拜会举行。

21日 区流动人口计划生育关怀关爱专项行动启动仪式举行。

22日 区政法、信访工作会议召开。

☆ 中央文明委主任李长春到千面社区看望并慰问著名京剧表演艺术家梅葆玖先生。

23日 副市长蔡赴朝率队安全检查区文化工作。

☆ 市人大常委会主任杜德印走访慰问外交部街社区城市低保人员董文利和竹杆社区居委会主任王学军。

25日 区四套班子领导慰问春节期间坚守工作岗位的干部职工。

☆ 第二十四届地坛春节文化庙会开幕。

27日 全国假日办执行主任祝善忠、副市长丁向阳、市政府副秘书长安钢、市旅游局局长到地坛庙会检查安全工作及文化活动情况。

### 2 月

3日 区四套班子领导与空军后勤部领导座谈交流双拥工作。

4日 区社会建设会召开。

6日 区委书记王学勤主持召开《关于健全处级领导班子和领导干部综合考核评价机制的研究》课题开题会。

☆ 区安全工作会召开。

11~12日 由澳大利亚安全社区基金会主席汉克·哈伯茨先生、秘书长米苷·布劳斯顿

12日 东城区党风廉政建设暨推进廉政风险防范管理工作会召开。

13日 杜德印率队视察东二环交通商务区。

16日 2008CPCC十大中国著作权人颁奖典礼暨国际版权交易中心落成仪式在雍和大厦举行。

18日 俄罗斯萨马拉市杜马主席维埃里－伊里伊恩率考察团一行访问东城区。

20日 沈阳市和平区人大常委会主任翟焕珍一行到东直门街道调研人大工作。

26日 “北京时间文化区策划研讨会”在钟鼓楼召开。

27日 共青团东城区委八届七次全体（扩大）会议召开。

### 3 月

1日 东城区举办“国际民防日”社会宣传活动。

3日 区第七届居民委员会换届选举工作动员部署大会召开

4日 区庆祝“三八”国际劳动妇女节99周年暨“三八”红旗手（集体）表彰大会召开。

6日 杨艺文主持召开“推动中医药打造中医药健康硅谷”专家座谈会。

7日 北京大学国子监大讲堂第四学期开学典礼暨“人文北京、科技北京、绿色北京”宣讲活动举行。

11日 “东城区健康大讲堂——心理健康快车”启动。

12日 全国万人健美操大众锻炼标准大赛总决赛在地坛体育馆开赛。

13日 区深入学习实践科学发展观活动处级主要领导干部专题研讨班结业。

15日 国家中医药管理局局长王国强到东城区调研中医药发展工作。

16日 区第十一次老龄工作委员会全体(扩大)会召开。

18日 市民间组织国际交流协会到东城区调研社会组织建设工作。

19日 市委书记刘淇到东城区进行“扩内需,保增长,促发展”专题调研。

☆ 贵州省黔东南苗族侗族自治州文明办考察团一行到东城区考察文明城区创建和网格化城市管理新模式。

20日 区第三届“和谐杯”乒乓球赛启动仪式举行。

☆ 杨柳荫主持召开《立足“首都功能核心区”定位,打造国际化、现代化新东城的调研思考》课题开题会。

☆ 辽宁省朝阳市喀左县妇联一行到东城区考察交流妇女就业、巧娘工作室发展情况。

23日 台湾高雄县社区理事长参访团一行到交道口街道参观南锣鼓巷文化休闲街。

24日 杨艺文调研地铁6、8号线拆迁工作。

25日 区岗位目标责任书签订大会举行。

☆ 顺义区委书记张延昆率队到东城区学习交流。

☆ 市城八区区委书记、区长联系会在东城区举行。

☆ 全国政协委员、清华大学公共管理学院教授王名等专家学者到北新桥调研居家养老工作。

27日 区精神文明建设工作暨创建全国文明城区表彰大会召开。

30日 区绿化委员会全体会议召开。

31日 国台办港澳涉台事务局局长杨流昌出席民办社区敬老院——康乐安定门社区养老院落成剪彩仪式。

☆ 驻区中央单位座谈会召开。

☆ 区消防、交通、安全生产工作会召开。

## 4 月

1日 杨柳荫主持召开《立足“首都功能核心区”定位,打造国际化、现代化新东城的调研思考》课题专家研讨会。

☆ 杨艺文主持召开东城区参加“春雨行动——北京慈善2009年应急救助启动仪式”工作调度会。

2日 区四套领导班子成员赴朝阳区学习交流。

3日 刘淇到驻区企业中国电信集团进行专题调研。

☆ 杨艺文调研四合院服务设施资源开发。

☆ 东城区弘扬北京奥运精神、加强领导干部作风建设年活动暨深化拓展“讲党性、重品行、作表率”活动动员大会召开。

4日 全区开展义务植树活动。

8日 青海省玉树州党委书记贾应忠等到东城区学习交流。

9日 泰国诗琳通公主参观游览交道口南锣鼓巷文化休闲街。

9~14日 杨柳荫率东城区党政考察团赴上海、苏州、深圳学习考察。

11日 东城区“区长杯”长跑比赛举行。

14~19日 杨艺文率第二批党政考察团赴大连、青岛、重庆学习考察。

20日 市委副书记王安顺到朝阳门街道调研社会领域党建工作。

☆ “第三届北京青年创意周暨南锣鼓巷创意文化节”开幕。

21日 “2008感动东城”公德人物颁奖典礼举行。

22日 杨柳荫主持召开学习实践科学发展观活动解放思想讨论会。

24日 崇文区领导一行到东城区考察文化创意产业情况。

27日 全国人大常委会研究室和市人大领导到南新仓商业文化休闲街调研。

☆ 西班牙性别平等部大臣比比娅娜·艾多,西班牙驻华大使卡洛斯·布拉斯科一行参观东四奥林匹克社区体育文化中心和巧娘工作室。

28日 “首届皇城文化旅游节”开幕式和“畅游古都、品味东城系列主题旅游活动”启动仪式在王府井商业街举行。

☆ 杨柳荫会见怡和集团董事、怡和(中国)有限公司主席、香港置地集团公司总裁彭耀佳先生,怡和集团中国首席代表韦蔼德先生一行,交流王府井国际品牌中心建设事宜。

29日　东城区庆“五一”群英会召开。

30日　区委深入学习实践科学发展观活动领导小组第三次会议召开。

☆　昌平区政协常务副主席沈玉宝率队到雍和园参观考察。

## 5　月

1日　区四套班子领导走访慰问一线干部职工。

4日　纪念“五·四”运动90周年暨东城区2008年度五四表彰会召开。

5日　区民主党派、团体协商通报会召开。

7日　中共东城区委十届八次全体会议召开。

9日　国家防灾减灾日大型宣传活动在地坛公园举行。

10日　蔡元培故居工程竣工暨故居展揭幕仪式举行。

13日　“我的社区服务中心我做主”民意征集暨开放空间讨论活动启动仪式举行。

☆　副市长陈刚到东城区调研。

☆　全国创意产业发展研讨会在雍和大厦举行。

15日　杨柳荫走访国务院发展研究中心。

16日　东城区全国科技周暨北京科技周大型宣传咨询活动举行。

☆　区庆祝第19次全国助残日大型宣传展示活动举行。

17日　杨柳荫主持会议，部署区甲型H1N1流感防控工作。

☆　第17届北京“天使杯”国标舞、交谊舞城市友好邀请赛在地坛体育馆落幕。

19日　区第20届职工运动会开幕式举行。

☆　金宝汇购物中心在金宝街88号举行开业仪式。

20日　召开“优秀中国特色社会主义事业建设者”表彰大会。

21日　杨柳荫主持召开《东城区总体发展战略规划》编制工作第一次专家研讨会。

23日　“第二届北京中医药文化宣传周暨首届地坛中医药健康文化节”开幕。

24日　东直门街道国际安全社区命名仪式举行。

27日　北京演艺集团有限责任公司落户雍和园。

29日　区第三届庆祝“六一”国际儿童节主题游园会举行。

30日　刘淇到北京站检查维稳工作。

31日　副市长丁向阳到灯市口社区检查甲型H1N1流感防控工作。

## 6　月

1日　区领导开展“六一”儿童节慰问。

☆　副市长程红到东城区调研少数民族文化工作。

5日　杨柳荫会见法国中央大区谢尔省代表团一行。

4日　杨柳荫主持召开《东城区总体发展战略规划》编制工作第二次专家研讨会。

10日　首届“中国历史文化名街”授牌仪式暨高峰论坛在孔庙国子监博物馆举行。

12日　副市长刘敬民到东城区流动人口之家调研流动人口服务管理工作。

☆　“北京老字号非物质文化遗产展”在王府井商业街举行。

20日　区“共产党员献爱心”活动启动仪式举行。

23日　区第七届全民健身体育节暨“北新桥杯”广播体操比赛在地坛体育场举行。

25日　全国中医药特色社区卫生服务示范区检查组检查东城区创建工作。

☆　区中小学、幼儿园防控H1N1流感工作会召开。

☆　区庆祝中国共产党成立88周年暨表彰会举行。

26日　全区组织开展第六个城市清洁日活动。

29日　“首都十大道德模范”孙茂芳先进事迹报告会在东城区举行。

## 7　月

1日　区开展纪念建党89周年庆祝活动。

2日　哥伦比亚埃克斯纳都大学代表团到东城区进行乒乓球友好交流活动。

☆　杨柳荫会见香港置地集团总裁彭耀佳一行。

☆　杨柳荫在北京国际饭店会见圣马力诺－中国友好协会会长、圣马力诺前执政官（国家元首）姜弗朗科·泰伦齐先生和意大利世纪博通集团董事长丽莉·博通女士一行。

3日　全国民政工作年中分析会代表团到东城区参观考察。

9日　举行纪念第20个世界人口日主题宣传

活动。

☆　人力资源和社会保障部副部长张小建到东城区调研。

10 日　副市长苟仲文到东城区调研公共安全监管新模式。

☆　杨柳荫主持召开东城区委学习实践活动领导小组第四次会议。

11 日　杨艺文带队到国奥村参观调研。

13 日　法国卫生部医院管理局局长安妮·波度一行考察东城区社区卫生服务改革工作。

16 日　区纪委十届六次全体会议召开。

☆　举办区政府管理创新论坛。

23 日　区四套班子领导走访慰问驻区部队。

☆　区"八一"军政座谈会召开。

## 8　月

5 日　北京市第六医院作为区级甲型 H1N1 流感定点医院正式启用。

7 日　"奥林匹克在东城"回顾展暨全民健身日启动仪式举行。

8 日　美国芝加哥市临时议长丹尼·索利斯率芝加哥－北京后奥运考察团一行到东城区考察奥运期间及奥运时期城市管理工作。

10 日　第九届海外侨界高新技术人才为国服务志愿者到东城区参观考察。

☆　斯里兰卡西方省议长苏尼尔·维杰瑞特尼率议会代表团一行考察区行政服务中心。

11 日　杨艺文到中国中医科学院调研。

12 日　越共中央委员、平顺省委书记梅世中率越南党政干部考察团一行到东城区城管监督中心考察。

15 日　"创意雍和"文化艺术节创意之旅活动周暨方家胡同 46 号开园活动举行。

17 日　阿富汗总统社会事务顾问法拉尼、阿富汗人团结协会主席阿提夫考察区网格化城市管理工作。

20 日　区国庆群众游行背景表演分方阵进行区级合练。

21 日　区政府机构改革动员大会召开。

22 日　区天主教第三次代表会议召开。

24 日　东城区召开区县副职后备干部和优秀处级年轻干部考察工作大会。

25 日　区国庆安保誓师大会召开。

26 日　区侨商会典礼暨侨资企业协会换届大会举行。

☆　举行国庆 60 周年天安门广场联欢晚会东城区板块综合联排汇报演出。

28 日　区人力资源和社会保障局举行挂牌仪式。

31 日　举行区市政市容管理委员会揭牌仪式。

## 9　月

1 日　市区领导参加部分中小学校开学典礼。

3 日　区中小企业发展论坛举行。

8 日　区庆祝第 25 个教师节暨师德标兵表彰会举行。

☆　中央信访工作督导组对区信访工作进行督导检查。

9 日　厄瓜多尔中国友好协会主席列宁·塞巴略斯一行到东城区城管监督中心参观考察。

☆　能源与低碳产业发展研讨会召开。

☆　美国哥伦比亚广播公司北京分社一行拍摄采访区社区卫生新模式。

10 日　刘淇检查区国庆高空礼花筹备情况。

☆　区"统一战线纪念新中国成立 60 周年暨多党合作制度确立 60 周年"座谈会召开。

12 日　王安顺到东华门街道检查燃放烟花周边地区安保工作情况。

14 日　刘淇调研区"两新"组织党建工作。

☆　国家食品药品监督管理局局长邵明立检查东城区国庆餐饮安全工作。

16 日　举行《东城建设史》首发式。

18 日　举行区非公经济庆祝新中国成立 60 周年大型文艺演出暨图片展览。

22 日　召开"企业家共话东城"沙龙第五次活动。

23 日　杨柳荫会见怡和集团总裁黎定基一行。

☆　葡萄牙参赞高云宵、哥伦比亚参赞 AIejandro Ossa、白俄罗斯参赞 KiryI Rudy 等 11 个国家的驻华使节，参观考察中关村科技园区雍和园和方家胡同 46 号。

24 日　举行"60 年巨变看东城"展览开幕式暨《60 年巨变看东城》图书首发式。

☆　刘淇、郭金龙到东城区慰问老党员代表和优抚对象。

☆　举行区各界人士喜迎国庆欢度中秋联欢会。

☆　市委检查组到区检查第一批学习实践活动改善落实后续工作及"回头看"工作。

25 日　举行"9.25"国庆联欢晚会东城板块彩排暨筹备阶段表彰活动。

☆　区中小学民族团结教育周启动仪式暨回民小学新楼落成典礼举行。

☆ 巴西联邦最高法院院长吉尔马尔·门德斯先生到区法院参观访问。

27日 区四套班子领导检查国庆游园工作和国庆环境景观布置情况。

28日 启用第六医院北新桥院区作为甲流患者收治专用病区。

☆ 区四套班子领导到顺义区调研。

29日 王安顺检查慰问区治安志愿者和守桥民兵。

☆ 区总体发展战略规划合作意向书签订仪式暨领导小组第二次会议召开。

## 10 月

1日 中共中央政法委书记周永康慰问区治安志愿者。

3日 副市长黄卫到王府井慰问城市文明加油站志愿者。

10日 区地下空间开发利用课题汇报会举行。

12日 "中国扶贫开发人物展全国巡展"启动仪式在王府井步行街举行。

13日 区第二届群众勤廉书画作品展开幕。

15日 市政协主席阳安江到东城区调研视察。

☆ 全国绿化委员会办公室复查区全国绿化模范单位。

16日 世界照明设计师高峰论坛在国子监举行。

☆ 区第二批学习实践活动动员部署会召开。

☆ 区首届"档案馆日"启动仪式举行。

20日 杨艺文走访国网资产管理公司。

☆ 广东省副省长李容根率考察团参观考察区民政工作。

21日 王国强到鼓楼中医医院慰问国家级名老中医陈文伯教授。

22日 杨艺文为"第四届中国国际数字城市建设技术研讨会暨设备博览会"开幕剪彩。

26日 菲律宾宿务省省长加西亚女士率领菲律宾友好代表团一行参观东四奥林匹克体育文化中心和行政服务中心。

27日 中央党校省部级后备干部考察团参观区市民中心。

28日 北京市大学生自主创业实习报刊亭在东城区正式揭牌。

☆ 越南河内市人大副主席阮文福率团到区人大座谈交流。

30日 开展以"清洁小区院落环境卫生,预防流行性疾病"为主题的第10个城市清洁日活动。

## 11 月

2日 中共中央政治局委员、国务委员刘延东到府学胡同小学视察甲型H1N1流感防控工作。

3日 中央新社会组织学习实践科学发展观活动北京调研座谈会在东城区召开。

5日 市、区人大代表集中视察区政府重点工作。

☆ 新加坡大华银行北京东城支行在东二环交通商务区第五广场举行开幕典礼。

☆ 杨柳荫会见麦肯锡公司客人。

☆ 杨柳荫会见国浩房地产(中国)客人。

☆ 杨艺文到人民美术印刷厂调研。

☆ 杨艺文会见美国路易达孚高桥能源投资公司全球总裁威廉·C·里德二世。

5~6日 市、区人大代表和区政协委员视察区政府重点工作。

10日 丁向阳调研东城国家中医药综合发展试验区创建工作。

11日 区领导与宗教团体新一届班子成员见面会举行。

13日 创建"国家中医药综合发展试验区"研讨会在东城区召开。

17日 区推进廉政风险防范管理工作经验交流会召开。

18日 刘延东视察史家小学。

☆ 陈刚带队实地考察南锣鼓巷地区房屋保护修缮及特色街建设情况。

19日 区小学课程资源中心(史家小学基地)启动。

22日 史家小学建校70周年庆典晚会在人民大会堂举行。

28日 区内东四清真寺、东外清真寺、南豆芽清真寺、安外清真寺举行"古尔邦(宰牲)节"宗教活动。

30日 区慈善协会举行"善行天下,情暖东城"十元慈善倡议书颁布仪式。

## 12 月

1~2日 区地下空间开发利用课题报告座谈会及专家论证座谈会召开。

2日 区领导走访国家旅游局。

3日 区特殊教育学校在东图剧场举行第四届"放飞心灵文化"艺术节开幕式暨庆祝第18个"国际残疾人"日活动。

☆ 区庆祝国际残疾人日暨东直门街道残疾人温

馨家园“快乐健心”庙会活动举行。

4日 区“讲廉洁、树正气”第二届群众勤廉文艺会演举行。

7日 杨柳荫走访中国社会科学院。

☆ 韩国首尔市钟路区代表团访问东城区,参观孔庙、国子监和东四奥林匹克体育文化中心。

☆ 杨艺文会见韩国首尔市钟路区代表团。

8日 杨艺文出席中国——瑞士经贸联委会第19次会议。

9日 北京市城八区人大常委会城建环保工作联席会议在东城区召开。

11日 清华大学教授、著名城市规划专家朱自煊,日本学者久保妙子到南锣鼓巷地区考察历史文化街区风貌保护工作。。

12日 日本民主党代表团暨第16次“长城计划”友好交流使节团参观东四奥林匹克社区和北新桥街道海运仓社区。

14日 密云县党政代表团到东城区学习交流。

15日 区委深入学习实践科学发展观活动领导小组第六次工作会议召开。

16日 杨柳荫在区信访办接待重点信访人。

18日 区人大常委会第20次会议召开。

☆ 刘淇到南池子社区调研并参加区委区政府领导班子民主生活会。

22日 全国妇联副主席孟晓驷到东城区调研。

☆ 区政协举办企业家沙龙第六次活动。

☆ 区举行天主教、基督教圣诞节招待会。

22~23日 区第七届全民健身体育节、第三届“和谐杯”乒乓球赛活动总结表彰会召开。

23日 区召开第二次全国经济普查总结表彰会。

28日 国都证券有限责任公司入驻东城仪式举行。

29日 国家中医药管理局批准东城区为“国家中医药发展综合改革试验区”。

☆ 区国有资产经营公司调整组建大会召开。

# 特　　载

## 文　件　（节选）

# 深入学习实践科学发展观　全面落实“三大理念”<br>在新的起点上推动东城区全面协调可持续发展

## 在中共东城区委十届七次全体会议上的报告

中共东城区委书记　王学勤

### 关于2008年工作

2008年，在市委的正确领导下，区委坚持以科学发展观统领经济社会发展全局，坚持一手抓奥运、一手抓发展，全力实施“二三六三”核心发展战略，全力推进“文明和谐新东城”建设，全区经济和社会各项事业得到持续、健康、协调发展。

奥运服务保障任务圆满完成。作为首都四城区中唯一独立承办奥运赛事的中心城区，我区直接承担了包括奥运会总部饭店、残奥会总部饭店在内的25家签约饭店、4家定点医院、8个奥运之家以及奥运会拳击赛、残奥会盲人柔道赛等9项重大赛事和活动的服务保障任务。常委会加强对全区奥运工作的统筹协调、科学指挥和督察监察，按照“双进入”和“大融合、大保障、大运行”的工作理念，确立了“条块结合”、“一岗双责”的筹办工作模式和“赛事为中心、场馆为基础、属地为保障”的赛时保障工作模式，实现了团队运行和城市运行的无缝衔接。认真落实“平安奥运重于泰山，奥运平安人人有责”的要求，深入推进“平安奥运行动”，不断健全公共安全应急体系，确保了城市运行安全高效，实现了“平安奥运”的目标。完成重点涉奥区域的环境建设和整治任务，认真实施无障碍设施改造和奥运环境景观布置，依托“城管新模式”健全了城市管理长效机制，城市环境面貌进一步改善。以“奥运我参与，奥运我受益”为主题，深化“迎奥运、讲文明、树新风”活动，精心策划组织“奥运伙伴城市全民健身交流展示”、“五色皇城寻宝游”、奥运圣火传递庆典、奥运文化广场、天安门广场联欢、“民族文化艺术博览园”等丰富多彩的奥运文体活动，投资兴建了残疾人“温馨家园”，使群众分享了奥运的激情与欢乐。广大城市志愿者、驾驶员志愿者、“文明拉拉队”志愿者、社会志愿者等在不同的岗位上贡献力量，成为奥运期间一道最美丽的风景。对筹办工作进行全过程、全方位监督，确保了“节俭办奥运、廉洁办奥运”方针的贯彻落实。奥运期间，各运行团队组织严密、高效运转，全区广大党员干部不辞辛苦、无私奉献，广大市民和驻区单位热情参与、倾力支持，以最好的精神状态、最高的工作标准，实现了“有特色、高水平”和“两个奥运、同样精彩”的目标，得到了国际奥委会、国际残奥委会等各方面的高度赞誉。奥林匹克大家庭饭店团队、工人体育馆团队、东华门街道被党中央、国务院授予“北京奥运会、残奥会先进集体”光荣称号，一批先进集体和先进个人受到市委、市政府、北京奥组委的表彰。

区域经济迈上新台阶。常委会紧紧抓住发展这个第一要务，切实加强对经济建设的领导特别是后奥运经济的谋划，使经济发展保持了良好的态势。地区生产总值预计完成740亿元,同比增长10%;区级财政收入预计完成60亿元,同比增长15.8%;"两业"增加值预计同比增长12%。三个经济功能区统筹发展,协调推进。王府井"第二商业集群"建设进展顺利,商业布局和经营结构调整初见成效,通过举办"王府井品牌文化节"、"亚欧风情节"等多项活动,王府井品牌影响继续扩大。东二环交通商务区被定位为北京市"新兴产业金融功能区",举办了"高峰论坛",开展了商务区基本情况调查,全面启动宣传工作,总部经济和生产性服务业优势日趋明显。雍和科技园区管理运营体系不断健全,与中关村科技园区共建了"中关村雍和航星科技园","国际版权交易中心"项目积极推进,启动了园区空间规划,举办了"创意雍和"艺术节等活动,促进了文化创意产业集聚。特色街区建设扎实推进,制定了《商业街区管理暂行办法》和簋街、南锣鼓巷等全市首个特色街《服务规范标准》。产业结构调整继续深化,通过出台《关于促进主导产业和总部型企业发展的鼓励措施》、举办"银行业联谊会"、参与"北京国际金融博览会"等,促进了信息服务、金融服务、商务服务等生产性服务业和文化创意产业的发展。积极落实区级领导联系重点企业、企业绿卡等各项服务措施,全区发展环境进一步优化。深入推进区属国有企业改革,全面加强国有资产监管。继续引导、扶持老字号企业进行升级改造。积极改善中小企业融资环境,推进中小企业创业基地和服务平台建设,促进了非公经济健康发展。进一步加大招商引资力度,积极参与"京港洽谈会",外资产业结构不断优化。认真开展节能减排工作,投资近百万元为社区居民更换了节能灯具,全社会的节能意识进一步提高。

民主政治建设进一步加强。常委会充分发挥核心领导作用,支持区人大依法履行职能,支持区政协依照章程全面履职。区人大及其常委会认真贯彻落实监督法,充分发挥人大代表的主体作用,围绕奥运服务保障、计划预算监督、城市建设与管理、公正司法和教育卫生等重点开展工作。首次依法行使授予"东城区优秀法官、检察官、公安民警"荣誉称号的权力,人大工作的针对性和实效性不断增强。区政协围绕奥运筹备、金融和信息产业发展、特殊教育事业、社区卫生服务、文化强区战略等方面开展调查研究,积极建言献策,富有成效地履行了政治协商、民主监督、参政议政职能,使政协工作融入了全区发展大局。进一步加强党的统战工作,各民主党派团体和民族宗教侨务等统一战线各界人士积极投身奥运筹办和文明城区创建工作,发挥了重要作用。坚持党管武装,国防后备力量建设质量不断提高。切实加强对群团组织工作的领导,工会、共青团、妇联、工商联、侨联、残联、科协、文联等人民团体紧紧围绕全区工作大局,充分发挥了密切联系群众的桥梁纽带作用。支持区政府依法行政,支持审判机关、检察机关依法独立公正地行使职权,制定了《东城区重大行政决策听证暂行办法》,在全市率先筹建了行政复议委员会,政府信息公开实现常态化管理,依法治区工作取得显著成绩。

"文化强区"战略深入实施。大力弘扬奥运"五种精神"和抗震救灾精神,以纪念改革开放30周年为契机加强社会主义核心价值体系建设。坚持以人为本、共铸文明、共融共享,不断巩固深化"全国文明城区"创建活动,统筹推进双拥、健康城区等工作。充分发挥"感动东城"公德人物的辐射作用,在全区上下形成了"同迎北京奥运盛会,共建全国文明城区"的浓厚氛围,广大群众在积极参与中得到了更多实惠,市民文明素质和城市文明程度得到同步提升。研究制定了《东城区"文化强区"战略纲要》。公共文化服务体系不断完善,完成了图书馆改造,启动了文化馆改造工程,开展了"文化东城喜迎奥运"系列活动,"地坛春节庙会"、"周末相声俱乐部"、"社区大舞台"、"国子监大讲堂"等受到群众的欢迎。全民健身活动蓬勃开展,举办了"全民健身月"系列活动,"体育生活化社区"创建工作积极推进,青少年业余训练和竞技比赛成绩显著。制定了《关于促进文化创意产业发展的试行办法》,设立5000万元专项资金扶持文化创意产业发展,形成了多个文化创意产业集聚区。积极探索旧城风貌保护、危旧房改造和人口疏散"三位一体"工作模式,建立了专项工作机构,启动了规划编制工作,完成了国子监街、蔡元培故居、于谦祠等修缮整治,古都历史文化魅力进一步彰显。

以民生为重点的社会建设扎实推进。常委会把社会建设的着力点放到改善民生上,不断提高群众生活品质,使改革发展成果更多惠及人民群众,居民人均可支配收入预计达到25700元,同比增长9.3%。在全市率先制定下发了《关于落实"五无"工作目标、切实解决民生问题的若干意见》,建立了民生工作八个长效机制,确保了"五无"目标顺利实现。通过加大就业和社会保障力度,使"零就业家庭"出现一户、帮扶一户,全部实现至少一人就业;通过实施2万多户"煤改电"、3500户用水"一户一表"改造、1000户"解危排险"、2203户"民居修缮"等工程,健全住房保障体系,改善了部分居民的居住环境,实现了"无城镇危房户"的目标;通过开展区处两级领导干部大接访、加大重点矛盾纠纷的排查调处力度,健全信访工作长效机制,使一批社会矛盾得到了妥善控制和化解;通过完善"数字化社会救助体系"、全面落实各项救助政策,使社会救助无盲点工作积极推进,有效维护了困难群众的基本生活权益;通过加大拖欠工资监管力度,切实维护了职工特别是农民工的合法权益。全面落实全区教育大会精神,继续推进教育资源的均衡发展,依托“学区化管理”开展了学校联盟机制试点校工作,加大“学习型城区”创建力度,更好地满足了市民对优质教育资源的需求。“蓝天工程”的品牌影响力进一步扩大,我区荣获“全国未成年人思想道德建设工作先进城区”的光荣称号。不断完善社区卫生服务新模式,基本实现服务全覆盖,成立了全市首家远程视频会诊中心,使居民就医更加方便、更加优惠。扎实推进和谐社区建设,制定了《社区服务体系发展规划》,探索建立了“7 + X”居家养老服务模式。组建了区委社会工委(区社会办),成立了全市首家公寓写字楼社会工作站,充分发挥“社会组织指导服务中心”和“市民中心”的作用,初步形成了“党委领导、政府负责、社会协同、公众参与”的社会管理新格局。人口和计划生育、档案、党史研究、地方志、红十字会、残疾人、妇女儿童等工作继续得到加强。全力支援地震灾区抗震救灾,认真做好对口支援什邡市的各项工作。

党的建设得到全面加强。常委会切实加强自身建设,建立了区委常委向常委会报告工作、常委会学习和专家咨询论证等制度,健全了常委分工负责制、区委专题会、街道党政负责人会议等相关制度,提高了科学民主决策和领导科学发展的能力。不断加强思想政治建设,区委理论中心组围绕科学发展观、奥运工作、领导科学等内容加强学习,促进了“学习型领导集体”的创建。深入开展“学习贯彻十七大,解放思想谋发展”学习讨论活动,共查找出影响科学发展的突出问题245条,分别制定了整改措施,健全了调研成果转化长效机制,进一步推动了科学发展观的学习贯彻。以纪念改革开放30周年为契机,引导党员干部认真学习中国特色社会主义理论体系和十七大、十七届三中全会精神,通过举办“一把手素质培训工程”主题研修班、处级干部培训班等形式,增强了领导干部的理论素养。坚持抓党建、促奥运,制定了关于充分发挥各级领导班子领导核心作用和领导干部骨干作用、基层党组织战斗堡垒作用和共产党员先锋模范作用的两个文件,开展了“迎奥运、展风采、做贡献、促和谐”系列活动,选调优秀干部和后备干部到奥运工作一线进行锻炼,及时对抗震救灾、奥运工作和文明城区创建等先进典型进行表彰。继续深化干部人事制度改革,严格执行《干部任用条例》。开展了第五届有突出贡献的优秀人才和优秀青年人才评选表彰工作。以“凝聚工程”为载体,推进“两新”组织、社区、企业等基层党建工作,加强和改进流动党员服务管理,10个街道全部建立了党员服务中心、75个社区建立了党员服务站,“365阳光驿站”、“民情日记工作法”等服务群众品牌项目建设深入推进。大力加强党内基层民主建设,继续做好“党代表接待日”、党代会代表列席区委全会等试点工作。深入推进反腐倡廉建设,加强对贯彻落实科学发展观的监督检查,保证了政令畅通。开展专项治理,坚决纠正损害群众利益的不正之风。认真落实党风廉政建设责任制,进一步完善了责任制考核和追究制度。加强反腐倡廉纪律作风教育,在全区开展了“讲党性、重品行、作表率”主题教育。切实加强反腐倡廉制度建设,加强对权力的制约和监督。积极开展廉政风险防范管理和巡视工作试点,坚决查办违纪违法案件,推进了惩治和预防腐败体系建设。

回顾和总结一年的工作,常委会有以下四点主要体会:一是必须坚持立党为公、执政为民,把发展作为第一要务,着力保障和改善民生,使人民共享改革发展成果。二是必须坚持求真务实、开拓创新,保持良好的精神状态,创造性地开展工作,努力把握发展规律、破解发展难题、创新发展思路。三是必须坚持统筹兼顾,有效整合各方资源,注重条块结合,努力营造经济发展、社会祥和的良好局面。四是必须坚持共融共享,充分发挥人民群众的主体作用,充分调动社会各界的积极性,形成共建共享“文明和谐新东城”的浓厚氛围。这些宝贵经验和体会来之不易,需要我们倍加珍惜,在今后的工作中继续坚持。

常委会认为,尽管一年来我区各项工作取得了较大成绩,但在发展中仍然存在着一些差距和不足:旧城风貌保护、危旧房改造和人口疏散等工作仍需进一步加大统筹推进力度;主导产业发展、国有企业改革、社会建设管理等方面的具体措施仍需进一步落实;领导班子和领导干部队伍建设有待进一步加强;部分党员干部的思想理论水平和作风与新形势新任务的要求不相适应,等等。对此,我们必须高度重视,采取有力措施,尽快加以解决。

## 关于2009年工作

2009年,全区工作的指导思想是:全面贯彻落实党的十七大和十七届二中、三中全会、中央经济工作会议及市委十届五次全会精神,深入贯彻落实科学发展观,紧紧围绕“人文北京、科技北京、绿色北京”建设,按照首都功能核心区的定位,全面推进“二三六三”核心发展战略和“十一五”规划的实施,扎实开展深入学习实践科学发展观活动,继续解放思想,坚持改革开放,推动科学发展,促进社会和谐,继承奥运财富,做好“四个服务”,以改革开放和现代化建设的优异成绩,迎接新中国成立60周年。

**一、以开展深入学习实践科学发展观活动为契机，进一步解放思想、坚定信心、应对挑战**

按照中央和市委统一部署，我区将于2009年全面开展深入学习实践科学发展观活动，这是当前和今后一个时期全区工作的重中之重，也是我们统一思想、应对挑战、解决矛盾的重大契机。要通过学习实践活动，准确把握国情、市情和区情，进一步坚定信心，努力保持全区经济社会又好又快发展的良好势头。

（一）科学分析东城区发展面临的形势，切实增强贯彻落实科学发展观的责任感和使命感

当前，我区正处在一个重要的战略机遇期，实现东城科学发展具备了许多有利因素：一是国家和北京市相继出台的一系列扩大内需、改善民生的重要举措，为我区经济社会发展创造了一个良好的宏观环境。二是市委提出建设"人文北京、科技北京、绿色北京"的战略任务，为我区后奥运发展指明了方向。"人文北京"为我区"文化强区"战略以及旧城风貌保护、危旧房改造、人口疏散"三位一体"工作模式的实施带来新的契机，将进一步促进"首都文化中心区"、"和谐社会首善之区"的建设；"科技北京"为雍和科技园以及总部经济、高端产业发展等带来良好机遇，将进一步促进"创新型城区"的建设；"绿色北京"将进一步促进"资源节约型、环境友好型城区"的建设。三是经过改革开放30年、筹办奥运7年和多年文明城区创建，全区综合经济实力显著增强，城市面貌日新月异，文化软实力明显提升，社会更加文明和谐，人民群众的发展热情和创造活力进一步激发，为我们在新阶段实现新发展奠定了坚实的物质基础、社会基础和思想保障，同时也积累了在困难中前进、在竞争中发展的宝贵经验。这些都是我们坚定信心、振奋精神、努力实现科学发展的重要源泉。

与此同时，我们也要始终保持清醒的头脑。今年下半年以来，国际经济环境急转直下，国内经济困难明显增加，使得我区经济发展的各种不确定不稳定因素正在增多，在新一轮区县竞争中我区将面临"不进则退、慢进也是退"的严峻考验。我们仍处在一个社会矛盾凸显期，复杂的社会结构、高度开放的社会环境等，对我们的社会建设管理特别是社会安全稳定提出了新的课题。作为首都功能核心区，维护稳定的工作一刻也不能放松。总体来看，在新的发展阶段，党和人民对我区各项工作要求的标准将更高，我们承担的任务将更艰巨，面临的挑战将更严峻，但是机遇大于挑战，希望多于困难。我们要以开展深入学习实践科学发展观活动为契机，高度重视国际金融危机对东城发展的影响，立足首都发展的新格局，把握东城发展的新特点，着眼人民群众的新期待，牢固树立忧患意识、责任意识和发展意识。既要居安思危、未雨绸缪，把困难估计得更充分一些，把应对措施考虑得更周密一些，又要注重从变化的形势中捕捉和把握难得的发展机遇，坚定信心，振奋精神，变挑战为机遇，变压力为动力，确保我区经济社会又好又快发展。

（二）扎实开展深入学习实践科学发展观活动，努力把党的政治优势和组织优势转化为推动东城发展的强大力量

要充分认识开展深入学习实践科学发展观活动的重大意义，牢牢把握坚持解放思想、突出实践特色、贯彻群众路线和正面教育为主的原则，切实抓好各个阶段和各个环节工作的落实，真正做到让党员干部受教育、科学发展上水平、人民群众得实惠。要把开展学习实践活动与贯彻落实十七届三中全会、市委十届五次全会精神结合起来，与巩固深化"学习贯彻十七大，解放思想谋发展"学习讨论活动结合起来，引导广大党员、干部特别是领导干部准确把握科学发展观的科学内涵、精神实质和根本要求，着力转变不符合不适应科学发展观要求的思想观念，着力解决影响和制约东城科学发展的突出问题，努力在对科学发展观的认识上取得新提高，在解决突出问题上取得新突破，在构建有利于科学发展的体制机制上取得新进展，在改进作风上取得新成效。要落实领导责任、加强分类指导、搞好舆论引导、做好统筹兼顾，把学习实践活动的成效体现到解决突出问题、促进各项工作上，用各项工作的实际成果来衡量和检验学习实践活动的成效，真正做到两手抓、两不误、两促进，为推进东城区改革开放和现代化建设奠定更加坚实的思想基础、政治基础、组织基础。

**二、以"人文北京、科技北京、绿色北京"理念为指导，进一步推动东城区经济社会又好又快发展**

坚持把以人为本、科技创新、生态文明建设摆在更加突出的位置，把"人文"作为可持续发展的目的，把"科技"作为可持续发展的手段，把"绿色"作为可持续发展的保障，把"二三六三"核心发展战略作为核心推动力，努力实现经济、政治、文化、社会以及生态文明建设的全面协调可持续发展。

（一）加快转变经济发展方式，努力构建"创新型、资源节约型、环境友好型城区"

要紧紧抓住发展这个第一要务，全面落实国家和北京市保增长、扩内需、调结构的各项措施，充分考虑中心城区的资源承载能力，切实转变经济发展方式，坚持走集约化、可持续发展之路。建议我区经济社会发展主要预期目标为：区级财政收入同比增长6%，达到63.6亿元；"两业"增加值同比增长8%左右；城镇居民人均可支配收入同比增长8%，达到27756元。

一是着力优化产业结构，促进产业高端化发展。结合第二次经济普查和“十一五”规划中期评估工作，加强对区域经济的监测和研究，启动“十二五”规划编制工作，进一步提高区域经济抗风险能力。结合三个经济功能区和特色街建设，进一步宣传、落实《关于促进主导产业和总部型企业发展的鼓励措施》，形成主导产业聚集态势，大力发展文化、旅游、体育、会展等奥运受益产业，推动产业结构优化升级和高端化发展。王府井商业区要加强对“第二商业集群”建设的协调和引导，充分发挥商会作用，提升商业文化活动的品质，深度挖掘展览、展示功能，进一步强化王府井品牌形象。东二环交通商务区要充分利用北京建设具有国际影响力的金融中心城市的有利契机，发挥区位交通优势，加快推进“新兴产业金融功能区”的建设，积极争取CBD政策，努力成为总部经济和生产性服务业聚集区。雍和科技园要继续完善园区空间规划、产业规划和管理运营体系，抓紧推进青龙“城中村”项目和青龙胡同市政改造，加快“国际版权交易中心”等一批重点项目的建设，构筑园区企业公共服务平台，打造“创意雍和”品牌，提高园区的吸引力和凝聚力。制定商业街区管理实施细则，继续推进南锣鼓巷、南新仓、簋街、银街、金宝街等特色街区建设，启动隆福寺特色街综合整治工作。积极培育新兴商业街区，大力引进符合区域特色的商业文化元素。

二是着力优化发展环境，继续加大改革开放力度。进一步发挥行政服务中心的功能，完善行政服务系统平台，强化网上信息服务，推进网上行政许可和网上监察工作。强化服务意识，继续做好对外联络服务工作，以服务来推动发展，以发展来促进服务。继续推进国有企业改革，探索建立国有资产经营预算制度，提高国有资产配置效率。积极支持老字号企业升级改造。通过完善中小企业贷款担保体系、建设中小企业创业基地、举办“中小企业发展论坛”等措施，大力扶持中小企业和非公经济的发展。继续深化公共财政体制改革，加大对民生工作的投入，进一步完善有利于科学发展的财政支持机制。认真贯彻《关于深化北京市行政管理体制改革的实施意见》，进一步推进政府机构改革，推动扁平化管理，完善行政运行机制，提高行政效能。加大全区招商资源的整合力度，吸引和扩大投资，进一步促进对外开放。认真贯彻落实《中共北京市委关于率先形成城乡经济社会发展一体化新格局的意见》精神，积极推动我区与怀柔的合作发展。

三是着力推动自主创新，努力打造“创新型城区”。把自主创新作为调整产业结构、转变发展方式的中心环节，把科技进步作为提升城市管理水平和群众生活品质的重要手段，继续推进“创新型城区”建设，使全区各项工作都充满新鲜活力。以雍和科技园为载体，利用与中关村共建“雍和航星科技园”的有利契机，努力促进文化创意产业和高新技术产业的聚集。加快科技成果转化速度，加大知识产权保护力度，让科技渗透到经济社会等各个领域，引领、融合、创造新的产业。依托网格化城管新模式，健全城市管理长效机制，进一步加强精细化管理，拓展监管领域，逐步构建城市公共管理信息平台，建立管理科学、行为规范、运转协调、工作高效的城市管理体系。全面提升社会管理、治安、旅游、文化等工作的科技含量。进一步加强全区信息资源整合和促进工作，不断提高信息化应用水平。积极实施“人才强区”战略，加强创新人才的培养与引进，努力营造有利于人才成长的政策环境，为高端人才的引进和聚集提供更好的服务。

四是着力加强生态文明建设，努力打造“资源节约型、环境友好型城区”。按照《北京城市总体规划》和“十一五”规划的要求，统筹解决人口资源环境问题，促进城市可持续发展。抓好土地等资源的节约利用，落实节能降耗减排工作责任制，党政机关要带头节能减排。在全社会大力倡导绿色出行、绿色消费的理念，大力发展循环经济，促进节约能源资源和保护生态环境的产业结构、增长方式、消费模式的形成。继续抓好绿化美化、控制大气污染、污水处理、垃圾分类回收、老旧楼房节能改造等工作，完成历史文化保护区内3.2万户“煤改电”工程。巩固奥运环境整治成果，强化对环境卫生的监督检查和责任追究，落实城市景观布置、环境秩序维护等各方面任务，为新中国成立60周年创造整洁优美的环境，努力建设宜居城市。

（二）全面实施“文化强区”战略，努力构建“首都文化中心区”

按照“人文北京”和《东城区文化强区战略纲要》的要求，深入挖掘我区丰厚的历史文化资源，不断提升东城文化软实力，不断提高市民文明素质和城市文明程度，促进文化大发展大繁荣。

一是继续加强公共文化服务体系建设。加快区文化馆、街道文体中心等一批公共文化服务设施建设，充分整合利用区域内各种文体资源，构筑“一刻钟文化圈”，进一步保障市民的基本文化权益。以新中国成立60周年为契机，大力开展丰富多彩的群众文化活动。积极培育“戏剧中心四季风”、“民族文化艺术博览园”、“社区大舞台”、“国子监大讲堂”等公益文化活动品牌，更好地满足市民的精神文化需求。加强文化市场管理，加大“扫黄打非”工作力度。重视文物和非物质文化遗产的保护，加大文物修缮力度，完成第三次文物普查实地调查任务。大力开展全民健身活动，继续推进“体育生活化社区”建设，扎实开展健康城区试点工作,提高广大群众的健康素质。

二是继续加强文化创意产业体系建设。加快制定促进文化创意产业发展的实施计划,实施品牌推进战略,引入品牌企业,重点鼓励扶持知识产权和文化艺术品交易、戏剧艺术演艺、中医药科技文化等六个"产业聚集中心"的发展。以雍和科技园为龙头,带动、辐射一批区域内文化创意产业集聚区的发展,为我区的经济发展积蓄后劲。积极促进王府井、东二环、银街、隆福寺、交道口等剧场群建设,突出各自特色,完善演艺平台,努力打造"首都戏剧中心"。积极挖掘古都文化内涵,整合区域资源优势,加强宣传策划,打造旅游精品,促进旅游消费,塑造区域旅游整体形象。

三是继续加强历史文化风貌保护体系建设。按照"政府主导、整体定位、区域试点、综合实施"的原则,积极推进旧城风貌保护、危旧房改造和人口疏散"三位一体"工作模式的实施。立足于旧城整体保护和可持续发展,加强17片历史文化保护区功能定位研究,推动城市规划、土地使用规划、产业发展规划的有机衔接。以南锣鼓巷等地区风貌保护为试点,从保护历史文化风貌、改善市政基础设施、修缮有价值院落、适度外迁人口、合理配置公共服务设施、传承历史文化、调整产业布局、建设和谐社区等八个方面努力探索统筹推进旧城风貌保护的新思路。实施22条胡同市政设施改造工程,结合"微循环"、"民居修缮"、"解危排险"等工程有序推进"申请式疏散"工作,努力改善老城区居民的居住环境。抓紧外迁安置新区的建设,统筹规划教育、医疗、交通等配套设施,吸引旧城人口外迁。大力发展符合风貌保护的文化旅游、高档会所等"四合院经济",使旧城成为宜居、宜游、宜商之地,彰显我区独特的历史文化魅力。

四是继续加强精神文明建设。牢牢把握社会主义核心价值体系这一根本,大力弘扬奥运"五种精神",广泛开展以爱国主义为核心的民族精神和以改革创新为核心的时代精神的教育,进一步夯实全区人民团结奋斗的共同思想基础。围绕新中国成立60周年,广泛开展市民教育,打造城市文化,塑造城市精神,激发干部群众"爱祖国、爱北京、爱东城"的热情。继续开展"感动东城"公德人物、"好邻居"、"清洁卫生楼门院"等群众身边典型的评选活动,引导群众见贤思齐,倡导良好社会风尚。围绕"传承奥运精神,建设文明北京"主题教育活动,深入开展群众性精神文明创建活动,巩固人文奥运成果。建立全国文明城区、健康城区、双拥模范城等创建工作长效机制,注重以人为本,坚持共融共享,把创建指标体系纳入年度计划和岗位目标责任制考核,把创建工作融入干部、职工、群众的日常生活和行为规范之中,使群众在创建工作中得到更多实惠。

### (三)统筹兼顾各方利益,努力构建"和谐社会首善之区"

要在加快发展中关注民生,在统筹协调中促进和谐,实现好、维护好、发展好最广大人民群众的根本利益,充分调动社会各界积极投身"和谐社会首善之区"建设。

一是进一步解决好民生问题,让群众共享改革发展的成果。以保障民生为根本,巩固和发展实现"五无"目标的成果,下大力气解决好群众的就业、教育、医疗、住房等民生问题,实现民生改善和经济发展双赢,促进基本公共服务均等化。积极开发就业岗位,加大创业扶持力度。进一步完善社会保障体系,扩大社会保险覆盖面。探索建立深度救助机制,大力推进社会互助。进一步推进"621"工程和"学习e网通"工程,继续拓展"蓝天工程",依托"学区化管理"推动学校深度联盟,深化职业教育改革,打造"学习型城区"建设品牌,努力推进教育的均衡发展、内涵发展、特色发展和协调发展。把缓解群众"看病难、看病贵"放在突出位置,继续完善社区卫生服务新模式,利用我区中医药资源丰厚的优势,创建"中医示范社区",着力推进医疗卫生各项改革,完善公共卫生服务体系建设,切实提高市民健康水平,努力实现人人享有基本医疗卫生服务。进一步健全保障性住房工作机制,努力解决困难群众住房问题。全面落实《社区服务体系发展规划》,进一步完善"7+X"居家养老服务模式,完善政府购买公共服务机制,大力加强扶残助残服务,加强社区服务站标准化建设。继续深化"听民意、访民情、解民难"活动,完成9000户居民用水"一户一表"改造,努力为群众办好事、办实事。继续做好人口和计划生育、档案、党史研究、地方志、红十字会、残疾人、妇女儿童等工作。

二是进一步创新社会管理体制机制,全面提升社会建设水平。要全面落实《北京市加强社会建设实施纲要》等文件精神,着力构建公共服务体系、社区管理体系、社会组织管理体系、社会工作运行体系、社会领域党建工作体系。进一步加强社会组织管理和服务,积极推进政社分开,切实发挥"社会组织指导服务中心"的作用,确认一批以人民团体为骨干的"枢纽型"社会组织,大力扶持公益性社会组织健康、有序、全面发展。积极发挥"市民中心"的作用,搭建政务公开、政民互动的平台。进一步健全社会组织动员机制,整合志愿服务资源,倡导"志愿服务人人可为、时时可为、处处可为"的观念,完善志愿服务工作协调机制,推动志愿服务机制化、常态化。

三是进一步推进"平安东城"建设,不断提升群众的安全感。要始终把确保东城安全稳定作为第一位的政治任务,牢记“发展是硬道理,是第一要务;稳定是硬任务,是第一责任”。在总结和发扬“平安奥运”的经验基础上,大力推进“平安东城”建设。要在抓源头、预防上下功夫,坚持条块结合,进一步完善大信访格局和信访工作长效机制,继续做好领导干部大接访、矛盾纠纷排查等工作,畅通社会利益表达渠道,最大限度地把矛盾和问题化解在基层,化解在萌芽状态。要进一步完善群防群治的社会治安防范长效机制,深入开展反邪教斗争,加强流动人口和出租房管理,广泛开展安全社区创建活动,继续抓好食品药品质量安全和生产安全,完善“平安东城”信息管理平台建设,健全应急管理体制机制,有效维护公共安全,努力为群众创造安定有序的社会环境。

四是进一步加强民主政治建设,切实保障人民的民主权利。常委会要充分发挥“总揽全局、协调各方”的核心领导作用,继续支持区人大和区政协依法履行职能。区人大及其常委会要紧密围绕事关全区大局和群众高度关注的问题,依法有效履行监督职能,综合运用各种监督形式,进一步增强工作实效,发挥好人大代表的主体作用,继续扩大公民的有序政治参与。区政协要以人民政协成立60周年为契机,牢牢把握团结民主两大主题,围绕科学发展、促进社会和谐、着力改善民生等重大问题,加强委员履职服务与管理,更好地发挥协调关系、汇聚力量、建言献策、服务大局的作用。坚持和完善党领导的多党合作制度,进一步巩固和壮大新世纪新阶段爱国统一战线,促进“五大关系”和谐,继续做好民族、宗教、侨务、对台等工作,充分发挥统一战线各界人士的作用。切实加强对工会、共青团、妇联、工商联、侨联、残联、科协、文联等人民团体的领导,使群团工作充满生机活力。坚持党管武装原则,认真做好国防动员工作。继续加强依法治区工作,扎实推进服务型政府建设,切实提高政府依法行政的能力和水平。支持司法部门依法开展工作,保证审判机关、检察机关依法独立公正地行使职权,促进执法公正。加强“五五”普法宣传教育,进一步提高公民的法律意识。继续推进基层民主政治建设,认真做好第七届社区居委会换届选举工作,完善社区治理结构,扩大社区参与程度,实现政府行政管理与基层群众自治有效衔接和良性互动。

**三、以执政能力建设和先进性建设为主线,进一步以改革创新精神推进党的建设新的伟大工程**

完成全年重大而艰巨的工作任务,关键在于全区各级党组织和广大共产党员。要通过开展深入学习实践科学发展观活动,全面推进党的思想建设、组织建设、作风建设、制度建设和反腐倡廉建设,把提高党的执政能力、保持和发展党的先进性体现在领导区域科学发展、促进社会和谐上来,为建设“人文北京、科技北京、绿色北京”提供坚强的政治和组织保障。

(一)切实加强思想理论建设

认真学习贯彻胡锦涛总书记在纪念党的十一届三中全会召开30周年大会上的重要讲话精神,大力宣传普及中国特色社会主义理论体系特别是科学发展观,着力用马克思主义中国化最新成果武装党员、教育干部群众,为推动科学发展奠定坚实的思想基础。认真贯彻中央《关于进一步加强和改进党委(党组)中心组学习的意见》,紧紧围绕深入学习实践科学发展观活动,进一步加强区委理论中心组的学习。按照“理论武装——专题研究——常委会决策”工作思路,进一步完善中心组“1+3”动态学习模式,注重“求深求实求新”促发展,切实提高学以致用的能力。继续推进《思想理论建设五年规划》的实施,扎实开展“学习型领导集体”创建活动,充分发挥领导干部示范带动作用。

(二)切实抓好领导班子和干部队伍建设

完善领导班子的议事和决策机制,健全民主集中制,使各级领导班子成为适应改革发展需要、善于领导科学发展的坚强领导集体。认真贯彻中央《党校工作条例》,扎实开展大规模培训干部工作,继续办好“一把手素质培训工程”主题研修班等各类培训班,提高干部整体素质和履职能力。深化干部人事制度改革,着力形成服务科学发展的用人导向,坚持德才兼备、以德为先,进一步提高选人用人的公信度。积极推进干部交流工作,调整完善后备领导人才库,加强优秀年轻干部、女干部、少数民族干部、党外干部的培养选拔工作,进一步健全干部关爱机制。着力形成体现科学发展观和正确政绩观要求的干部考核评价体系,结合北京市区县经济和社会协调发展绩效评估指标体系,进一步完善我区领导干部岗位目标责任制考核办法。坚持党管人才原则,巩固和深化人才工作载体建设,加强人才工作基础建设,优化人才服务环境。进一步做好新形势下的老干部工作。

(三)切实加强党内民主建设

从制度建设入手,进一步健全区委全委会、常委会工作制度和工作机制,充分发挥全委会对重大问题的决策作用。常委会要按照科学执政、民主执政、依法执政的要求,认真贯彻落实市委《关于进一步完善区县党委领导班子配备改革后工作机制的意见》精神,不断健全常委分工负责制、重大事项票决制、常委向常委会报告工作、专家咨询论证等各项制度,切实提高决策的科学化、民主化、规范化水平。尊重党员主体地位,保障党员民主权利,积极推进党务公开,拓宽党员和基层党组织参与党内事务的渠道。明确区党代表大会代表的任期、权利与职责,探索党代会代表、全委会对常委会工作进行评议监督以及党代会闭会期间进一步发挥党代表作用的方式和途径。

(四)切实加强基层党组织建设

大力推进基层党建工作创新,充分发挥基层党组织推动发展、服务群众、凝聚人心、促进和谐的作用,进一步夯实服务科学发展的组织基础。继续实施“凝聚工程”,坚持分类推进各领域基层党的建设。进一步加强和改进社会领域党建工作,构建“枢纽型”社会组织党建工作体系,开展社会组织党建工作试点,抓好新经济组织建立党组织工作,加强农民工中党的工作,努力实现党建工作在“两新”组织领域中的全覆盖。做好社区党组织换届工作,夯实党的执政基础。加强党员的教育、管理、监督和服务。以“党心连民心、亲情进万家”等活动为载体,完善党组织和党员服务群众工作体系、基层党组织互帮互助机制以及党内激励、关怀、帮扶机制,进一步增强党的团结和活力。

(五)切实推进党风廉政建设

围绕学习实践科学发展观活动,大力加强新形势下党的作风建设。领导干部要按照“讲党性、重品行、作表率”的要求,增强宗旨意识,践行八个方面的良好风气,牢记“两个务必”,厉行节约,艰苦奋斗,进一步密切党群干群关系。继续大兴求真务实之风,深入基层开展调查研究,促进调研成果转化,做到问政于民、问需于民、问计于民,使各项政策和工作部署更加符合客观实际,更能体现群众意愿,坚决纠正损害群众利益的不正之风。加强对贯彻落实科学发展观的监督检查,确保党和国家宏观调控和有关改善民生政策的贯彻执行。坚持标本兼治、综合治理、惩防并举、注重预防的反腐倡廉工作方针,认真贯彻《建立健全惩治和预防腐败体系2008~2012年工作规划》,研究制定我区实施意见和任务分解方案。进一步落实党风廉政建设责任制,在全区开展廉政风险防范管理工作;加大查办案件工作力度;以领导干部廉洁从政为重点,深入开展反腐倡廉教育;进一步完善党内监督等制度,加强对权力运行的监督和制约,强化审计、巡视监督;推进体制改革,加强源头治理。认真开展执法监察、廉政监察和效能监察,促进勤政廉政、依法行政。

# 东城区人民代表大会常务委员会工作报告

## 2009年1月8日在东城区第十四届人民代表大会第四次会议上

东城区人大常委会主任　刘朋庆

2008年,东城区人大常委会组织召开常委会会议6次、主任会议12次,听取审议“一府两院”专项工作报告和常委会报告13项,形成决议、决定、审议意见书8件,任免国家机关工作人员35人和接受辞职1人,补选市人大代表1人,检查了2项法律法规在我区的贯彻实施情况,视察了14项我区重点工作,废止、修订和新订了常委会制度8项,协助市人大常委会开展了立法调研和立法征求意见工作3项,较好地完成了全年各项工作任务,实现了“提高实效年”的工作目标。

**一、围绕奥运工作,促进我区重点任务完成**

常委会紧紧围绕举办一届有特色高水平奥运会的工作要求,按照我区承担的奥运任务,认真履行监督职能,为确保奥运会、残奥会的成功举办发挥了应有的作用。

听取涉奥议题汇报。常委会听取了区政府关于落实东城区奥运环境整治审议意见书情况的汇报,组织部分常委会组成人员和市、区人大代表到区政府相关部门进行调研,视察了环境整治、景观布置、无障碍设施、绿化美化以及机场延长线整治工作。为促使区政府全面加强奥运环境整治工作,落实各项整治任务,营造良好城市环境,提出了要积极推进和巩固整治成果,充分利用城市网格化管理优势,逐步形成长效管理机制;要坚持以人为本,把环境整治工作作为公共服务事业向纵深发展,使更多的群众享受奥运环境整治成果等建议。

为促进我区奥运应急管理工作,常委会组织了部分人大代表对我区开展奥运运行应急预案情况进行调研,安排主任会议听取了区政府关于奥运应急预案情况的汇报,并提出要强化对突发事件相关法律法规的学习宣传,牢固树立应急意识;要围绕奥运工作加强各类应急预案的完善和演练,提高处理突发事件能力;要加大对重点地区、重要场所的检查力度,发现问题及时解决的建议。促使区政府始终把应急安全工作作为重中之重，为“平安奥运”目标的实现提供了重要保障。

检查涉奥场所工作。为有效保障奥运会期间的食品卫生与安全，常委会采取市、区、街联动的形式，成立了执法检查组，对区政府贯彻实施食品卫生法情况进行检查，并重点抽查了6家奥运签约酒店及周边超市、餐馆的食品卫生与安全情况，提出了要扩大检测面，加强对涉奥重点地区周边中小餐馆、送餐单位、建筑工地食堂等场所的监督；要做好食品安全应急处置工作，制定各部门协同工作的流程和综合运行方案等工作建议。

各人大街工委广泛动员人大代表以多种形式参与奥运。代表们积极奉献，先后到质监、安监部门及奥运签约饭店等单位，就食品卫生安全、交通、旅游保障等问题，现场督察，建言献策，提出了要在监管难点、风险点上细化责任、明确任务；要加大检查和监管力度，及时消除事故隐患等意见建议，为奥运会、残奥会的成功举办做出了贡献。

完成奥运督察任务。按照区委的要求和统一部署，人大机关成立奥运督察组，围绕不同阶段工作重点，着重对全区落实“无城镇危房户”、“无拖欠工资”、“无零就业家庭”工作，奥运资金使用情况，涉奥旅游景点秩序，无障碍设施情况等方面，采取查阅资料、听取汇报、实地视察、明察暗访、电话追访、跟踪监督、工作联席会等多种方式开展督察，并跟踪整改情况，促进问题得到解决。人大机关工作人员高标准、严要求，全力以赴地完成了我区总督察、专项工作指挥部和运行团队负责人、奥运拉拉队、社区特派员、驾驶员志愿者等各项任务。

**二、围绕发展战略，推进我区经济社会科学发展**

常委会坚持“议大事、少而精、求实效”的原则，突出监督重点，不断规范监督形式，采取审议议题主管区长汇报、对审议报告进行表决、跟踪监督审议意见书落实、常委会行使职权情况向社会公布等措施，不断增强监督实效，推进我区经济社会科学发展。

认真审议专项工作报告。听取和审议“一府两院”专项工作报告是常委会的重要监督职责。在听取和审议区政府关于义务教育法贯彻实施情况的报告前，常委会组织了22名人大代表成立检查组，视察了我区部分学校，重点了解了教育资源配置、义务教育均衡发展、队伍建设等情况，对区政府的汇报材料提出修改意见。并在审议后将审议意见书送区政府研究落实。区政府在规定期限内将审议意见书的研究处理方案报送常委会，围绕努力促进教育公平、推进人才建设工程、彰显东城教育特色等方面落实审议意见书建议。

旧城风貌保护、危旧房改造和人口疏散问题是我区城市建设与管理的重点工作，常委会采取走访、听取汇报、视察、专题座谈相结合的方式，对我区民居改善工程深入调研。同时，为进一步提高审议意见的针对性，召开了有市、区相关部门及专家学者和市、区人大代表70余人参加的，关于从我区历史文化街区违法建设状况探究完善城市管理相关法规专题研讨会。常委会在认真听取和审议区政府关于古都风貌保护区民居改善工程的报告时，提出了要在风貌保护、危旧房改造、人口疏散“三位一体”工作模式的整体框架下，坚持规划先行、连片修缮、分步实施；要加强宣传引导，增强民居改善工作透明度；要采取有效措施，强化民居改善工程的质量监管等审议意见。

卫生医疗是社会高度关注的问题，常委会听取和审议了区政府关于进一步推进社区卫生体制改革、提高服务水平的报告，提出了要借鉴其他区县经验，完善我区社区卫生服务体系，与北京市的社区卫生服务模式和机构设置标准相对接；要整合区域内的医疗卫生资源，建立有序的分级服务、功能互补的医疗机制；要发挥社区卫生自身优势，增强其差异性服务特色等建设性的建议。区政府积极采纳意见，进一步满足社区居民的卫生医疗需求。

常委会围绕优化发展环境，听取了区政府关于东二环交通商务区建设情况的汇报，提出了要继续做好东二环交通商务区整体规划的实施，重点落实商务区配套服务设施规划、交通组织规划和景观规划；要进一步做好管理、协调和服务工作，积极搭建企业交流平台等建议。区政府积极采取有关措施，稳步推进东二环交通商务区建设。

深化计划和预算监督工作。常委会围绕计划和预算的初审以及执行情况的监督、财政决算的审查批准等职责，着重开展了四个方面的工作：一是在对区政府2007年决算、审计工作报告的调研中，选择了涉及民生工作和使用财政资金比重较大的民政、教育两个系统了解部门预算执行和财政资金使用效益情况。并在审议中，就调整优化产业结构、提高预算安排科学性、加强部门预算执行审计等方面提出了意见和建议；区政府在审议意见书的办理报告中，对建议认真采纳。二是发挥首都智力资源优势，从清华、北大、市人大等单位聘请了5名专家担任预算监督顾问，邀请他们参加预算监督方面的活动，增强了预算监督的专业性。三是为深入了解计划执行情况，组织人大代表对我区“十一五”规划建设项目和财政资金重点建设的奥运比赛场馆周边道路、民居改善工程、现代化学校改造等项目进行了视察，对推进和规范政府投资项目监管工作提出了意见建议。四是促进区政府增强预算的可审性和公开透明度，区政府在向常委会提交的2008年预算变动报告中,首次增加了预算变动情况表。从而进一步提高了计划、预算监督工作的实效。

加强监督司法工作。为推进我区依法行政和监督司法工作,常委会听取了区检察院查处职务犯罪专项工作情况的汇报,并为促进区检察院更好地依法履行检察职能,提出了要突出重点查处大案要案,完善防查并举的工作机制,实现法律效果和社会效果的统一;要注重总结特点和规律,进一步提高公诉能力和水平等建议。

授予地方荣誉称号是常委会行使重大事项决定权和监督权的具体体现。常委会首次开展了授予“东城区优秀法官”、“东城区优秀检察官”、“东城区优秀公安民警”荣誉称号的工作。为依法规范授予工作,常委会修订了《关于授予“东城区优秀法官”、“东城区优秀检察官”荣誉称号的试行办法》,明确了候选人的标准、授予程序,还多种渠道向社会公布候选人的基本情况。并通过会议表决形式,授予我区6位同志“东城区优秀法官”、5位同志“东城区优秀检察官”、10位同志“东城区优秀公安民警”的荣誉称号,有力激励了政法系统广大干警依法行政、公正司法。

常委会还先后组织了100余人次人大代表旁听了区法院公开审理的知识产权案件和行政许可类案件。代表们根据庭审情况,填写了公开审理案件意见表。常委会及时向区法院反馈了代表们的旁听意见和建议,对区法院进一步改进审判作风、提高审判效率发挥了重要的促进作用。

扩大公民有序政治参与。常委会开通人大网站“百姓直通车”、“主任信箱”等栏目,搭建起与群众联系的桥梁,了解百姓需求和呼声,并及时以电话、邮件形式给予答复,维护了社会的和谐稳定。发动人民群众积极参与常委会各项工作,继续开展好公民旁听常委会会议工作、常委会行使监督职权情况向社会公开工作、邀请公民参加重点课题调研会,不断提高常委会工作的公开性和透明度,自觉接受人民群众监督。还努力做好信访工作,全年受理群众来信、来访、来电360件人次,促使一些关系群众合法权益的问题得到了解决。

**三、围绕改善民生,推动和谐社会建设**

常委会关注以改善民生为重点的社会建设,加强与人民幸福安康息息相关问题的监督,着力维护群众权益,使人民群众住有所居、劳有所得、病有所医、学有所教,促使改革开放成果惠及广大群众。

改善平房区居住环境是群众关注的问题,常委会听取了区政府关于综合利用平房区居民公共设施、优化居民生活环境情况的汇报。采取常委会主任、副主任重点督办议案的形式,通过听取办理情况汇报、实地视察、与主管区长沟通、召开相关部门调研会、与提议案代表进行交流,深入了解了现状和问题,提出了要将同类问题纳入整体建设计划,列入议事日程分步骤推进;要加强调研,根据实际,借鉴经验,进行试点等改进工作的意见建议。区政府积极采纳代表意见,制定工作规划,逐步改善居民居住环境。

为促进我区就业工作,常委会听取了我区贯彻《中华人民共和国就业促进法》专项工作情况的汇报,组织人大代表到区政府主管部门、部分社保所和社区进行调研,就目前存在的就业政策性问题进行研讨,还视察了部分街道社保所和区职业技术学校,提出了要继续落实好促进就业的各项政策、进一步完善公共就业服务体系、加强我区职业培训资源整合等建议。区政府高度重视,认真听取代表们的意见建议,积极研究落实。

公共卫生体系关系到群众切身利益,安排主任会议听取了区政府关于公共卫生体系建设情况的汇报,组织部分人大代表先后到我区疾病控制中心、精神卫生防治所、精神卫生保健院等单位调研,并提出区政府要统筹卫生事业发展,进一步加强公共卫生体系建设,提高公共卫生保障及突发公共卫生事件应急处置能力;要加大公共财政支撑力度,从改善薄弱环节入手,落实《北京市精神卫生条例》,完善我区精神卫生保健院条件等建议。

为推进我区职业教育发展,组织部分人大代表对我区职业教育发展情况进行了视察,并安排主任会议听取了区政府关于职业教育发展情况的汇报。代表们对区政府工作给予了充分肯定,同时建议区政府要加紧工作,尽早实现我区教育大会提出的职业教育机构集团化管理、学历教育与职业培训并重的职业教育改革目标。

为推动我区国防教育工作的深入开展,安排主任会议听取了区政府贯彻落实《北京市实施〈中华人民共和国国防教育法〉办法》情况的汇报。为更好地促进我区贯彻落实《宗教事务条例》,组织部分市、区人大代表视察了我区宗教活动场所,促使区政府进一步加强了对宗教活动场所的管理。

**四、围绕提升代表工作水平,促进代表作用的发挥**

常委会深入贯彻落实市委23号文件和区委24号文件精神,实行代表工作由常委会统一负责,积极搭建代表履职平台,健全代表履职服务保障体系,有效营造代表履职环境,支持、规范和保证代表依法履行职责,不断提升代表工作水平。

开展形式多样的代表培训。常委会注重培训形式与内容、目的与效果的有机结合,不断增强培训的针对性,提高培训质量。先后开展了我区城市管理工作与奥运工作情况、社会主义民主政治建设以及如何写好代表议案、建议等方面的集中培训；根据代表履职情况，针对代表履职重点内容，进行了专题培训；各人大街工委通过邀请专家讲课、小组座谈、代表交流等形式，开展了分组培训。通过集中培训、专题培训与分组培训，进一步提高了代表的履职能力和水平。同时还协助市人大组织了东城团市人大代表的培训。

保证代表履职知情权。常委会进一步扩大代表的知情渠道，首次将《常委会审议发言摘编》、《人大工作参考》向全体代表发送，及时将编发的《东城人大信息》、《代表通讯》60余期的2600多条信息及区情、政情、社情，通过东城人大网站、《今日东城》报、内部资料等载体通报给广大代表，保证代表们“上知三情、下晓民意”。继续坚持邀请人大代表列席常委会会议、主任会议和参加视察检查调研活动，全年共邀请80余位人大代表列席了会议，保证了人大代表及时了解“一府两院”和常委会的各方面工作，更好地知情议政。

健全履职服务保障体系。常委会积极探索开展人大代表履职个性化服务工作，根据人大代表的各自情况，各人大街工委制订完善了人大代表履职个性化服务方案，进一步增强了代表的履职积极性。继续坚持人大代表在社区定期接待群众日活动，一年来共有140余位人大代表先后接待群众950余人，听取反映问题660多个，提出代表建议41件，进一步密切了代表与群众的联系，更好地为民代言。开展了常委会驻会组成人员联系代表活动，全年共有11位驻会组成人员与70位代表进行了有效互动；继续开展市、区代表履职互动工作，先后有60余位市、区代表在人大机关“代表之家”开展活动，相互沟通了情况，推进共同关注问题的解决。为落实市人大要求，成立了区人大常委会市人大代表联络处，为闭会期间东城团市人大代表活动提供了组织、服务保障。

加大代表议案、建议督办力度。常委会不断增强督办工作的针对性和实效性，实现了由代表工作部门把关延伸到各人大街工委办公室前期把关的工作转变，实施代表议案、建议网上提交、交办、办理和督办。区人大三次会议期间代表提出的25件议案、110件建议和闭会期间代表提出的79件建议，全部办结。常委会继续坚持主任、副主任重点督办代表议案、建议的做法，对代表反映办理工作的难点问题，深入实地进行查勘，多次召开协调会，及时将有关情况通报给政府有关部门，促使两、三年未解决的代表议案、建议得到了解决；对承办建议数量多、任务重的单位，加强重点督办；对办理质量不高、代表不满意的议案建议，要求复查补办；还坚持发函征求领衔代表对办理工作意见的做法，并将意见反馈给政府有关部门，有效地提高了办理工作的解决率，推动了代表议案、建议的落实。

加强人大街工委工作。常委会坚持人大街工委主任会议，定期听取人大街工委工作报告，闭会期间常委会驻会主任分别联系人大街工委等做法，加强对人大街工委工作的指导。为促使人大街工委办公室更好地发挥联络服务代表的作用，继续坚持人大街工委办公室主任例会，制订了《区人大街工委办公室工作目标考核试行办法》，规范了人大街工委办公室工作。各人大街工委围绕常委会工作，结合各自的实际情况，开展形式多样的代表活动，进一步发挥了人大街工委的整体作用。

举办首届代表论坛活动。以“责任、意识、作用”为主题，广泛发动市、区人大代表参加首届代表论坛活动。共收到参赛稿件76篇，100余位市、区人大代表参与了活动，12位市、区人大代表结合自己的履职经历和履职感悟，进行了演讲。通过代表论坛，代表们在理论层面和实践经验方面对完善人民代表大会制度、发挥代表主体作用有了更深刻的认识和理解，对提高人大工作水平具有积极的促进意义。

**五、围绕提高工作效能，加强常委会及机关自身建设**

常委会围绕“提高实效年”的工作目标，规范工作制度、召开专题研讨、开展深入调研、加强自身建设，不断提高监督工作的质量和水平，切实发挥了权力机关、代表机关、工作机关的作用。

规范工作制度。新订了《区人大常委会预算监督顾问工作规则》等2项制度，修订了《区人大常委会议事规则》、《区人大常委会同人民代表大会代表加强联系的办法》、《区人大常委会内设工作委员会工作通则》等5项制度，废止了《区人大常委会关于提高会议审议质量的决定》。同时对审议意见书格式，特别是审议意见书的交办、办理、反馈、公示等工作程序予以统一规范；继续实行任前公示、任前考试、任前谈话以及任前供职发言等制度，不断推动人大各项工作的制度化、规范化和程序化。

深入调查研究。调查研究是常委会的基础性工作。常委会注重调研的深度，密切围绕审议议题、社会关注问题，通过查阅相关资料、邀请专家参与、走访上级主管部门、吸纳专业人大代表参加、征求公民意见等方式进行专题调研。先后对保障公民知情权、参与权、表达权、监督权，贯彻《中华人民共和国就业促进法》，人民法院执行工作，历史文化街区违法建设等进行了专题调研，并以调研报告、情况反映等形式，报送给区委及有关方面，为科学决策提供参考，并以多种形式积极促进调研成果的转化。

常委会采取自上而下和自下而上相结合的模式,通过人大代表视察、召开政府职能部门座谈会、邀请律师参加座谈、听取专家意见、书面征求建议等途径,认真做好《北京市城乡规划条例》、市人大常委会五年立法规划等立法调研工作,广泛收集了不同方面的几十条意见建议,并整理形成报告向市人大反映,发挥了区县人大常委会在促进立法科学化、民主化中应有的作用。

还召开了预算监督、代表履职个性化服务等专题工作研讨会。此外,承办了全国十二城区人大工作联席会,先后接待了25批次外省市人大到我区进行学习交流。

做好宣传工作。常委会注重对工作创新、人大代表反映民意、履行职责的情况进行宣传。对我区开展的首届代表论坛活动、首次授予地方荣誉称号工作,通过与《北京日报》、北京电视台《议事厅》栏目、《法制晚报》等近10家媒体进行合作,深入宣传我区人大常委会的工作及代表履职风采,扩大了我区人大工作的影响面。有效发挥《今日东城》报、《东城人大研究》、《代表通讯》和人大网站的宣传作用,对人大工作实践与探索、代表履职感悟、代表风采等情况进行深入挖掘和报道,为代表们更好地履职提供借鉴。

加强机关建设。常委会深入开展"学习贯彻十七大,解放思想谋发展"的学习讨论活动,继续坚持理论中心组学习制度,组织机关全体干部认真学习中央、市委和区委的有关文件精神。全体机关干部在奥运会、残奥会和全区创建全国文明城区等活动中,牢固树立大局意识、奉献意识和服务意识,积极主动、认真负责,圆满完成了各项任务。同时,不断完善与"一府两院"的沟通协调,加强人大机关各工作机构之间的交流配合,优化、细化人大机关工作程序,进一步提高了人大工作效能。

我们深深体会到,做好人大工作:

第一,要坚持党的领导。区委不断推进我区民主政治建设,定期研究人大工作,建立和实行了区委、人大、政府、政协领导碰头会制度,支持人大及其常委会依法行使职权。常委会牢固树立把党的主张通过法定程序转化为国家意志的责任意识,切实增强贯彻落实科学发展观的政治责任,围绕区委推动科学发展作出的一系列决策和部署,突出北京奥运年的工作特点,着力在经济社会科学发展和民生方面,找准行使人大各项职能的切入点,注重提高人大工作的质量和实效,确保宪法和法律得到正确实施,确保行政权和司法权得到正确行使,确保公民、法人和其他社会组织的合法权益得到尊重和维护。

第二,要坚持务实创新。常委会将依法履职与创造性开展工作相结合,坚持"有所提升、有所完善、有所扩展、有所创新",围绕提高工作质量、增强工作实效和活力,开展工作制度、机制和方法的创新。首次开展授予地方荣誉称号工作,行使重大事项决定权。加大对上一年《审议意见书》落实情况的跟踪监督力度,力求监督取得实效。首次规范预算监督顾问制度,增强预算监督工作的针对性和专业性。创设代表论坛,调动代表研讨人大工作、推进民主政治建设的积极性。尝试开展代表履职个性化服务,进一步激发代表积极履职。注重发挥工委会的作用,实行委员议题负责制,组成不同的课题小组,开展专题调研,有效发挥智囊作用。

第三,要切实发挥代表作用。人大代表作为国家权力机关组成人员,在推动科学发展、促进社会和谐中肩负着重要的责任和使命。代表们把履行代表职责与人大及其常委会履职密切衔接起来,深入走访选民,积极反映民意,认真提出议案和建议,督促相关问题得到解决;参加检查、视察、调研等活动,提出意见;列席常委会、主任会会议,积极发言,切实使代表的职务作用得到有效发挥。代表们还主动参与奥运督察、全国文明城区创建工作,特别是在为地震灾区捐款活动中,市、区代表显示高度的社会责任感,踊跃捐款200余万元,有力地支援了灾区建设。

我们认识到还有一些差距和不足。如:监督工作的实效还应进一步增强;调研工作的深度、广度还应进一步扩展。对于这些方面,我们要认真研究,不断改进。

2009年人大常委会的工作建议如下:

强化工作监督和法律监督。人大依法进行的每一项工作都直接关系到科学发展观的贯彻落实,我们要突出重点,抓住我区科学发展中的关键问题和社会群众普遍关注的主要问题,加强监督,促进发展;要提高水平,依法有效行使人大各项职能,充分发挥人大在保障民主、加强法制、依法决策等方面的作用,不断满足人民群众对人大工作的新期待。

围绕我区经济平稳较快发展,对计划和预算的执行情况,我区"十一五"规划实施情况的中期评估等工作进行监督。围绕城市建设与管理,加强对我区住房保障、煤改电工程、重点地区城市规划、安全生产等工作的监督。围绕加大监督司法工作力度,加强对区法院审判监督、区检察院诉讼监督等工作的审议监督。围绕我区各项社会事业的发展,对食品卫生与安全情况进行执法检查,加强对我区学习型城区建设、非物质文化遗产保护、我区贯彻实施《北京市精神卫生条例》等工作的监督。并对区政府贯彻落实审议意见书情况进行跟踪监督。做好水污染防治法、北京市实施水污染防治法办法实施情况的市区人大联动执法检查工作。

深化人大代表工作。以"巩固、提高"为主题，深入贯彻落实市委23号文件和区委24号文件精神，搭建代表履职平台，进一步提高代表履职能力，探索实践为代表履职个性化服务工作，全面提升代表工作水平。充分利用信息技术手段，加大督办力度，着力提高代表议案建议解决率；继续开展市、区代表互动工作和市、区代表述职活动，进一步提高两级代表自觉接受人民监督的意识，促进市、区代表作用的发挥；进一步强化代表培训工作，多途径提高代表素质；做好"代表论坛"成果转化工作。

加强自身建设。要按照统一部署，深入开展学习贯彻实践科学发展观活动，解放思想，实事求是，与时俱进。要结合纪念地方人大常委会设立30周年，开展系列专题活动，全面总结展示民主与法制建设情况。落实市委人大工作会议精神，推动地方人大事业进一步发展。要围绕工作搞好调研、通过调研促进工作，着重对审议议题、群众高度关注的问题进行调研，充分发挥人大工作研究会的作用，有效借助常委会顾问小组和专家学者等智力因素，拓展调研工作的深度和广度。深化"学习型机关"建设，不断提高工作效能。

# 东城区人民政府工作报告

## 2009年1月7日在东城区第十四届人民代表大会第四次会议上

东城区区长　杨艺文

## 2008年工作回顾

2008年，北京奥运会的巨大成功，带动了我区经济社会发展全面协调进步。一年来，区政府在市委、市政府和区委领导下，在区人大、区政协监督支持下，全面贯彻落实科学发展观和十七大精神，深入实施"二三六三"核心发展战略和"十一五"规划，扎实推动经济社会又好又快发展，较好完成了区十四届人大三次会议批准的各项任务。

**一、推进区域建设发展水平全面提升，圆满完成奥运任务**

全区上下按照举办一届"有特色、高水平"的奥运会、确保"两个奥运，同样精彩"的目标，满怀为国争光的豪情壮志，以热情的参与、周密的组织、细致的工作，推进城市现代化建设和管理水平全面提升，圆满完成了各项任务，为确保北京奥运会、残奥会成功举办做出了积极贡献。

组织指挥水平进一步提升。在区委领导下，确立组织严密的奥运筹办及赛时工作指挥运行体系，区奥运总指挥部和9个专项指挥部、13个街道（地区）分指挥部、8个工作团队高效运行，重大事件的组织指挥能力明显提升。直接参与了奥运总部饭店、残奥总部饭店、工人体育馆、地坛体育馆4个奥运场馆运行。两个总部饭店团队累计接待贵宾3400人次，出色完成了宾客抵离迎送、会议服务、安全保卫等12项任务。工人体育馆和地坛体育馆团队为428场奥运拳击、盲人柔道比赛及2055人次拳击训练提供了有效保障，公路自行车赛、马拉松赛、火炬接力、天安门广场联欢、焰火施放等重大赛事和活动在我区顺利进行，各项赛事和活动累计参与人数达200万人次。各条战线广大同志无私奉献、奋力拼搏，为北京奥运做出突出的贡献，涌现出13个国家和市级先进集体、42名国家和市级先进个人。

服务保障水平进一步提升。建立健全水、电、气、热等基础设施监督管理和城市运行应急保障机制，对涉奥区域进行重点监控和风险源评估，发挥网格化城市管理新模式的优势，快速处理各类涉奥事件，确保了城市平稳有序运行。全区涉奥场所和各部门、社区、生产经营单位均制定了详尽的应急预案，建立了重大情况报告机制，应急意识和应急处置能力得到提高。累计出动人员4300人次、车辆3200台次，对重点道路、胡同、小区实行24小时清扫保洁。高标准完成了25家签约饭店、4家定点医院、8个奥运旅游景点的服务保障。广泛动员社会参与，组织文明拉拉队员、标兵及观众10万人次参与文明观赛活动，发动2.5万名城市志愿者、202名驾驶员志愿者提供志愿服务。

城市环境建设水平进一步提升。经过几年来的持续努力,全面完成地坛体育馆新馆建设、旧馆改造及和平里中街、和平里北街、工体南路等5条奥运道路建设。对全区机关单位、大型商场、港澳中心等重点涉奥区域周边、600户残疾人家庭进行无障碍设施改造。实施工人体育馆、地坛体育馆及自行车比赛沿线、火炬接力沿线等重点涉奥区域环境整治,陆续完成北二环路南侧、工体西门等9个"城中村"拆迁,地坛北里等6个老旧小区改造,61条大街和318条胡同整治及北京站、王府井地区改造。在驻区单位的大力支持和积极参与下,累计清洗粉饰建筑物外立面1050栋、498万平方米,拆除违法建设720处、近3万平方米,拆除违规广告1200余块,清理塔类发射设施401处。认真落实第十四阶段控制大气污染措施,扩大改造绿地16.93公顷,银街、北二环城市公园、东二环景观建设等项目已成为首都环境建设精品,全区城市面貌和环境品质显著改善。

平安东城建设水平进一步提升。扎实推进"平安奥运行动",选派152名处、科级干部担任社区奥运安保特派员,组织2886名公务员开展治安巡逻,组织130余支秩序劝导队、社区巡防队,动员包括驻区中央、市属单位和部队在内的5万余人参与平安奥运行动。组建了13支联合执法队,深入开展治安、交通、环卫、市场、旅游五大秩序整治。切实加强食品药品安全监管,保障人民健康安全。启动平安东城信息管理平台,不断提高监管水平,开展安全生产百日大检查,累计检查各类人员密集场所1666家,整改市级、区级挂账隐患110余项。全区刑事发案同比下降,56处涉奥场所周边、五类重点地区均实现"零发案"。

城市文明水平进一步提升。精心策划组织奥运文体活动,大力传播中华民族传统文化。成功举办了奥运文化广场、民族文化艺术博览园、奥运伙伴城市全民健身交流展示活动,深入开展"迎奥运、讲文明、树新风"主题教育活动,进一步营造了全民期盼奥运、助威奥运、参与奥运的热烈氛围,使"我参与、我奉献、我快乐"的理念深入人心。以奥运为契机提升文明程度,深入开展全国文明城区创建活动,在全区形成了"同迎北京奥运盛会,共建全国文明城区"的氛围,广大群众在参与创建、奉献奥运的过程中进一步提升了文明素质,圆满完成文明城区创建的阶段性工作。

奥运监督水平进一步提升。始终坚持把奥运监督作为重中之重,区人大、区政协主要领导担任奥运工作总督察。成立区奥运督察监察指挥部,设立行政监察、资金审计等7个专业组,区街两级和13个分指挥部均设立了督察监察组,人大代表、政协委员、特邀监察员等积极参与监督,及时提出改进建议,形成了专业监督、层级监督、内部监督、民主监督相结合的奥运监督体系。在开展全过程、全方位监督基础上加强重要环节督察监察,加强资金使用管理专项检查,保证了奥运资金安全、依法、高效使用。正是依靠奥运监督的有力保障,确保了廉洁奥运目标的实现。

**二、紧抓奥运机遇带动经济发展,经济活力进一步增强**

坚持一手抓奥运,一手抓发展,实现奥运、发展双丰收。2008年地区生产总值预计完成740亿元,同比增长10%;财政收入预计完成60亿元,同比增长15.8%;两业增加值预计同比增长12%;城镇居民人均可支配收入预计达到25700元,同比增长9.3%。经济发展为区域繁荣奠定了坚实的物质基础。

明确主导产业发展定位。经过一年的研究论证,确立了主导产业的发展思路,制定了《关于促进主导产业和总部型企业发展的鼓励措施》和《关于促进文化创意产业发展的试行办法》,积极扶持信息服务、金融服务、商务服务等生产性服务业和文化创意产业发展,目前四大主导产业对区级财政的贡献率达到40%以上。大力开展区域优势和政策宣传推介,举办了银行业联谊会,积极参与北京国际金融博览会和京港洽谈会。设立5000万元文化创意产业发展专项资金,鼓励扶持知识产权和文化艺术品交易、数字内容产业、文化艺术演出、中医药文化等产业发展。举办首届创意雍和文化艺术节,组织企业参加北京国际科技产业博览会、北京国际文化创意产业博览会,大力宣传东城发展文化创意产业的主导思路。借助奥运机遇促进旅游业发展,召开"2008东城区奥运旅游精品推介会",设计精品旅游线路,举办"五色皇城寻宝游活动",建立多语种网络服务平台,进一步加强了旅游行业管理与市场监管。全面落实《东城区十一五节能规划》,启动推广机关事业单位绿色照明工程,实施了五中水源热泵节能工程,投资近百万元为23万多户社区居民更换节能灯具,进一步提高了居民的节能意识和参与意识。提出了进一步深化国资国企改革的意见,明确了国有企业的改革目标和发展方向。开展22家老字号企业改制情况调查,积极做好老字号品牌保护和提升工作。预计全年实际利用外资1.5亿美元,外资产业结构不断优化。

功能区和特色街区建设稳步推进。王府井升级战略不断推进,区域环境水平和王府井品牌知名度进一步提高。乐天银泰百货和澳门中心落成开业,为商业街发展增添了新活力。王府井西街、霞公府胡同、大甜水井胡同、大纱帽胡同市政管线和道路工程完工,区域路网日趋完善。举办了王府井品牌文化节、"亚欧文化之窗"、"爱尔兰周"、"大美青海旅游推介"等26项大型活动,王府井文化会展优势不断扩大。东二环交通商务区被北京市定位为新兴产业金融功能区，地区性金融机构不断聚集，2008年全区金融业增加值同比增长15%左右。举办“东二环交通商务区高峰论坛”，进一步促进商务区各企业优势互补、合作发展。开展交通商务区基础情况调查，为区域发展规划的制定奠定基础，启动了交通商务区宣传工作，环境绿化美化全面完成。雍和园发展态势良好，园区产业规划和空间规划编制取得阶段性成果。积极推进国际版权交易中心项目，与中关村科技园区共建“中关村雍和航星科技园”，促进园区内优势产业集聚。雍和园投资发展有限公司和东方雍和文化创意投资有限公司正式成立，园区管理运营体系不断完善。实施了南新仓、南锣鼓巷街区升级改造和簋街经营环境优化提升，三个街区奥运期间客流量累计达200万人次，销售额超过2亿元。制定了《东城区商业街区管理暂行办法》，为进一步规范商业街区管理提供了依据。

服务经济力度进一步加大。认真落实优化环境、加强服务的各项措施，奖励2007年度重点企业840户，授予北京移动等182户企业“东城区绿卡企业”称号。杭州银行北京分行、天语同声信息技术有限公司等25户企业落户东城，全年引进新增税源2.9亿元。进一步完善行政服务中心服务职能，利用网上服务平台为企业、市民、旅游者、投资商提供政策法规、楼宇需求、招商引资、中介服务等信息，网上服务平台浏览量达万余人次。完善对外联络工作体系，落实服务联络七项制度，为398家驻区中央市属单位解决了23类505件实际问题。积极推进区县合作，与怀柔区签署了区县合作发展框架协议。

**三、启动实施文化强区战略，公共服务水平进一步提高**

公共文化建设成效显著。《北京市东城区文化强区战略纲要》正式发布，确立了完善公共文化服务体系、发展文化创意产业体系、建设历史文化风貌保护体系三大战略任务。加强公共文化服务设施建设，总投资3000万元的图书馆改造工程正式竣工，文化馆改造工程已经启动。地坛八区奥运文化广场投入使用，共举办各类演出40余场，参加群众达16万余人次；成功举办社区大舞台、民歌进社区等一系列公益文化活动，努力满足全区群众的文化需求。完成了蔡元培故居、于谦祠、东不压桥等文物的修缮，第三次全国文物普查和非物质文化遗产保护利用进展良好。

教育发展水平继续提高。贯彻区教育大会精神，促进教育优质均衡、科学发展。深化学区化管理理念，在8所学校间开展学校联盟试点；推进“蓝天工程”向社会、家庭、课程延伸；加快“学习e网通”建设，深化课程改革研究，教育教学质量不断提升。我区学生获全国青少年科技创新大赛一等奖和国际天文奥林匹克竞赛金、银奖。通过培训、挂职、交流等多种方式加强干部教师队伍建设，在北京市初中教师新课程教学基本功培训和展示活动中获奖率居全市之首。未成年人思想道德建设深入推进，成为全市唯一获得“全国未成年人思想道德建设工作先进城区”称号的城区。深化职业教育改革，出台《职业教育专业布局调整方案》，启动职教课程改革，探索推进校企合作。发展社区教育，举办全民学习周、市民终身学习节等活动，打造国子监大讲堂等市民学习品牌，促进学习型城区建设，我区被定为全国社区教育实验区。

卫生体育科技等事业协调发展。强化公共卫生体系建设，公共卫生整体状况良好。社区卫生服务新模式深入推进，基本实现服务全覆盖。成立全市首家社区卫生视频会诊中心，通过现代化手段使居民方便快捷地获得专家诊断。积极推进二、三级医院与社区卫生服务站双向转诊，组织专家参与社区慢性病治疗和康复管理，专家深入社区诊疗2578人次，受益群众5947人次，社区卫生服务“六位一体”功能得到进一步体现。第六医院顺利通过了北京市全科医师培训基地的验收。完成了2008年度体育生活化社区创建任务，青少年业余训练和竞技比赛成绩显著，广泛开展全民健身活动，全区体育人口达到63%。搭建科技服务平台、技术转移平台，加大知识产权保护力度，科技产业链逐步形成。人口和计划生育、档案、地方志、红十字会、妇女儿童等工作取得新进展，民族、宗教、侨务、对台等工作扎实推进。

**四、着力改善和保障民生，努力构建社会建设新格局**

和谐社区建设不断深化。以服务群众为重点推进和谐社区建设，制定并实施《东城区社区服务体系发展规划》，完成了大众彩虹、安和、家益多三家菜市场改造，和平里六区社区被评为国家级商业示范社区，交道口交东社区等3个社区被评为市级商业示范社区，社区服务水平得到进一步提升。进一步深化“听民意、访民情、解民难”工作，年初确定的17件为民办实事工作全部落实，解决了一批涉及群众利益的急难热点问题。继续开展建设和谐社区示范单位创建活动，通过了北京市建设和谐社区示范区测评。

以“五无”为重点切实改善民生。出台《关于落实“五无”工作目标、切实解决民生问题的若干意见》，建立8项工作机制，努力实现“五无”目标。就业形势持续平稳，截至11月底，开发就业岗位13386个，安置失业人员10876人，城镇登记失业人员再就业率达到72.89%。制定并实施《东城区促进零就业家庭就业暂行办法》，新产生的35户零就业家庭已全部实现至少一人就业。积极维护农民工的合法权益,加大拖欠工资监管力度,及时解决拖欠工资问题。全面落实各项低保政策,完善医疗救助、教育救助、临时应急救助等配套制度,实现低保救助全覆盖。截至11月底,累计发放最低生活保障金4447.93万元,发放专项救助资金670.44万元,对161户低收入困难家庭实施了定向救助。积极做好廉租房、经济适用房、限价商品房登记审核等工作,住房保障稳步推进。完成2万户"煤改电"任务,为3500户居民进行了用水"一户一表"改造。实施10条胡同、326个院落、2203户民居修缮和1000户解危排险工程,实现了"无城镇危房户"目标。制定《关于大力发展居家养老服务的实施意见》及《居家养老服务单位资格准入制度》等相关配套制度,推行东城特色的"7+X"居家养老服务模式,政府服务补贴覆盖六类老人,受益2万多人次。建立和完善信访工作领导责任、信访工作考核、人民内部矛盾诉求表达等10个工作机制,积极开展区级领导大接访和重点矛盾纠纷排查处理,使一大批社会矛盾得到了妥善控制和化解,实现了"无重大重复上访户"目标。

社会建设力度不断加大。成立社会建设工作办公室,贯彻全市社会建设大会精神,明确了东城区社会建设目标任务。充分发挥社会组织指导服务中心和市民中心作用,为社会组织参与公益服务提供支持。社会组织利用市民中心活动场所举办各种公益活动200余场,参与市民近2万人次,多家社会组织为社区困难群众提供免费就业培训和服务,为学校教师和社区工作者进行心理健康辅导和咨询。在鸿安大厦成立全市首家公寓写字楼社会工作站,在创新楼宇服务模式、拓宽"两新"组织管理途径方面进行了积极探索。

全力支援地震灾区抗震救灾。四川汶川特大地震发生后,我区立即广泛动员社会各界奉献爱心,掀起了规模空前的捐款捐物活动,区域各单位和个人共为地震灾区捐款捐物折合人民币5400万元。选派医疗人员紧急赶赴灾区实施救援,积极做好灾区来京学生借读等工作。开展了"捐赠衣被、温暖灾区"募捐活动,向北京市对口支援地区什邡市捐赠新衣被、电视机、电脑等物资近6万件,折合人民币347万元。区财政拨付对口支援援建资金5130万元,有力支持了灾区人民灾后重建。

**五、加强政府自身建设,法治型服务型政府建设成效明显**

民主法制建设和依法行政能力继续增强。主动接受区人大、区政协的监督,按时完成358件全国、市、区人大代表议案、建议和政协委员提案办理工作,我区被评为"北京市办理人大代表建议、政协委员提案先进单位",是城八区唯一受到表彰的城区。高度重视吸纳各方意见,区政府领导就人大代表、政协委员的建议意见批示88条,促进一批涉及区域建设发展和群众利益的问题得到良好解决。扎实推进政府信息公开工作,组建政府信息公开办公室,建设区级政府信息公开管理系统平台,健全信息公开组织体系和工作制度,实现了政府信息公开常态化管理。推行行政执法责任制和评议考核制,细化考核指标并纳入全区岗位目标责任制考核体系。加强行政执法协调,梳理出21个执法部门506项城市管理执法职权,为依法界定职责奠定了基础。在全市率先筹建了行政复议委员会,负责审议重大疑难行政复议案件和研究行政复议工作中的重大问题。逐步健全各行政执法部门法制机构,不断推进依法行政。

政府科学决策和服务管理水平继续提高。《东城区重大行政决策听证暂行办法》正式出台,《簋街地区餐饮服务质量标准》和南锣鼓巷、南新仓、东华门夜市经营服务规范向社会征求意见后发布,逐步建立健全了公众参与重大行政决策的规则和程序。进驻行政服务中心窗口单位共受理行政许可和服务事项16.7万件,全部按时办结,群众满意率达99%以上。通过"政府在线访谈"解答市民最关心、最直接、最现实的利益问题,实现与市民的零距离接触。研究制定《东城区电子政务建设框架》,政务图层、平安东城和建议提案办理等信息系统应用效果良好。推进数字东城网站应用,深化网上办事和政民互动两大服务板块功能,网站为民服务的实效性、便捷性和交互性进一步增强。

廉政建设和队伍建设继续加强。从加强培训入手着力提高政府系统干部整体素质,全面完成公务员公共管理核心课程培训考试,举办领导干部专题培训班,促进了公务员素质的提升。加强行政监察,邀请"两员"对政府部门的工作进行经常性监督,组织对全区窗口单位服务电话进行全面检查,规范了窗口单位的行政服务行为。加大了对违纪违规案件的查处力度,对8名违纪违规人员给予了纪律处分和组织处理。认真落实党风廉政责任制,积极开展源头治理,政风行风建设取得新进展。

回顾一年来的工作,我们清醒地认识到工作中还存在一定差距和需要研究解决的问题:主导产业发展、文化强区战略实施、国有企业改革需要认真抓好落实;保护风貌、改善民生、疏散人口等工作需要继续加快推进;转变政府职能、提高行政效能、实现政府管理创新需要加快步伐;加强社会建设、扶持社会组织发展需要进行体制机制创新;有效化解社会矛盾、扩大公民参与、健全协调沟通机制需要进一步完善。这些问题都要求我们必须立足于东城具体实际,积极稳妥地予以研究解决。

# 2009年工作安排

2009年政府工作的总体要求是：深入学习实践科学发展观，认真落实中央和北京市一系列工作部署，全面实施"二三六三"核心发展战略，坚持以发展为核心，以改革为动力，以服务为抓手，以民生为根本，脚踏实地做好各项工作，努力实现经济发展质量、城市环境品质、公共服务水平、政府创新能力、社会安全稳定、人民满意程度六个方面的全面提升，以改革开放和现代化建设新的优异成绩迎接建国60周年。

按照总体要求，落实好三大任务：

按照建设"人文北京"的要求，以实施文化强区战略、推进历史风貌保护、提升城市文明程度、促进文化繁荣为重点，切实把文化建设渗透到各个领域，努力建设首都文化中心区，进一步改善民生，构建和谐社会首善之区。

按照建设"科技北京"的要求，以做强雍和科技园、发展高端产业、加快信息化步伐为重点，切实增强经济社会发展的科技含量和创新能力，努力建设创新型城区。

按照建设"绿色北京"的要求，以提高城市环境品质、推进节能减排、强化环保意识为重点，切实把生态文明建设提高到一个新水平，努力建设资源节约型、环境友好型城区。

**一、以科学发展观为指导，着力优化发展环境，提升区域经济发展质量**

坚持把保持经济平稳较快发展作为首要任务，以扩大内需为根本途径，以转变发展方式为方向，以改革开放为动力，以服务经济发展为保障，全力确保我区经济稳定增长。2009年区级财政收入同比增长6%，达到63.6亿元；两业增加值同比增长8%左右；城镇居民人均可支配收入同比增长8%，达到27756元。

落实主导产业政策，促进产业聚集。切实采取有针对性、有实际效果的服务措施，帮助企业应对危机，保持发展。切实落实促进主导产业和总部型企业发展的各项政策，以总部经济为方向，以楼宇经济为载体，努力建设生产性服务业和文化创意产业聚集区，推动信息服务、金融服务、商务服务和文化创意产业发展取得实质性进展。切实引进一批高端化、高附加值、高辐射力的优势企业，加快产业结构优化升级，带动上下游企业协调发展。充分利用奥运文化遗产，大力发展文化、体育、会展等产业。

提升服务质量，促进经济增长。以主导产业和三个经济功能区为重点加强引企、引资、引税工作，加大相关部门联动服务力度，建立全程跟踪服务机制。鼓励和引导社会投资，为条件具备的社会投资项目和在建项目提供快速、便捷的服务，促进项目早日启动和完工。加强宣传策划，营造市场氛围，为企业搭建平台，促进企业的生产和销售。充分利用各种渠道，帮助企业推介闲置楼宇资源。进一步提高利用外资的质量和效益，实际利用外资1亿美元。

调整完善产业结构，支持中小企业健康发展。进一步提升传统服务业发展质量和水平，深入研究中小企业发展态势、产业结构及存在的问题，采取有效措施帮助其克服当前经济形势下遇到的困难。落实促进中小企业发展政策，扶持中小企业创业，通过完善中小企业贷款担保体系、建设中小企业创业基地、对符合扶持方向的中小企业给予贷款贴息等措施，促进中小企业和非公经济健康有序发展，逐步引导其形成与主导产业、节能环保产业和技术创新发展相衔接、配套的产业体系，促进其在吸纳就业、增强经济活力、优化产业结构等方面发挥积极作用。举办中小企业发展论坛，聚集中小企业资源优势，搭建政府与企业互动平台。做好"中华老字号"申报工作，积极争取市政府扶持资金，帮助老字号开发特色商品和服务。

加强功能区管理，促进功能区特色发展。进一步转变管理理念，扩大公共参与，逐步形成功能区发展议事协商机构、政府管理机构、企业行业自律性组织三方互动的工作模式，构建政府主导、社会参与、企业合作的管理新格局。进一步完善功能区配套设施，完成煤渣胡同、北帅府胡同道路打通工程，协调促进东直门交通枢纽、东华广场及其配套设施建设，启动青龙"城中村"项目及青龙胡同市政工程。进一步加强功能区宣传策划，完善王府井商业文化活动管理，深度挖掘展览展示功能，继续举办"东二环交通商务区高峰论坛"和雍和园企业家沙龙等活动，促进企业间的互助合作发展。进一步营造良好发展环境，为功能区建设项目、入驻企业提供协同服务。建立功能区经济发展监测和统计分析系统，为政府决策、企业发展提供参考和支持。进一步推动功能区特色发展，王府井商业区要通过对第二商业集群建设的协调和引导，推动业态结构优化升级；东二环交通商务区要按照建设新兴产业金融功能区要求调整发展定位和区域范围，研究制定发展规划和金融产业发展纲要，积极争取CBD政策；雍和园要出台产业发展规划，完成重点区域专项规划，构建好园区公共服务平台。

抓好国有企业改革，推进国有企业发展壮大。以实施《企业国有资产法》为契机，建立国有资本经营预算制度，调整完善国有资产监管方式，提高监管的有效性。积极稳妥实施国有企业改革，推进资产整合、优势联合，推动国有资本向地产开发经营、文化创意、商业流通三大板块集聚。深化国有企业产权多元化改革,完善法人治理结构,加快健全现代企业制度。大力引进国企高级管理人才,努力形成符合现代企业制度要求的人才选用机制。

加大宏观调控力度,营造良好市场环境。建立区域经济发展监测系统,加强对企业发展和运行动态的分析研究,为优化发展环境、加强市场监管、提高服务水平提供客观依据。大力推进诚信体系建设,以食品药品安全为重点,进一步健全市场综合监管体系,整顿和规范市场秩序。完成第二次全国经济普查,摸清全区经济总量和发展趋势,切实做好普查数据资源开发利用。开展"十一五"规划中期评估,启动"十二五"规划编制工作。认真落实市委《关于率先形成城乡经济社会发展一体化新格局的意见》,深化与怀柔区合作发展,重点在公共服务、产业发展、生态建设、城市功能疏解等领域加强合作,为促进首都城乡一体化做出积极贡献。

扎实推进节能减排工作,进一步转变经济发展方式。严格执行国家和北京市环保节能标准,深入开展节能宣传,推行有利于节约资源、保护环境的生产方式、生活方式和消费方式。落实节能减排目标责任制,加强节能减排监督和行政执法,加大对节能环保领域的财政投入。完成市政府下达的老旧楼房节能保温改造任务和14处锅炉房节能改造,开展老旧平房区节能环保改造试点。落实第十五阶段控制大气污染各项措施,完成污染源普查数据库建设,推进污染源普查成果开发利用。

**二、以文化强区为引领,发挥资源优势,全力打造首都文化中心区**

集中精力实施文化强区战略,推动公共文化服务、文化创意产业发展、历史文化风貌保护三大体系建设取得阶段性成果,持续开展文明城区建设,整体提升文明程度。

抓好"五个一批",繁荣区域文化。推动一批公共文化服务设施建设,完成区文化馆装修改造,推进区图书馆向现代化图书馆转型;加快朝阳门、东直门和建国门街道文体中心改造升级;筹建东四奥林匹克社区博物馆,完善社区文化活动室功能和内容,满足社区群众不同层次的文化需求。扶持一批剧场群发展,促进文化消费,着力培育王府井剧场群、东二环剧场群、银街剧场群、隆福寺剧场群、交道口剧场群,打造"古都不夜城"。培育一批品牌文化项目,重点组织"戏剧中心四季风"活动;办好王府井品牌文化节、中医药文化节、创意雍和文化节、社区文化艺术节、地坛文化庙会、民族文化艺术博览园等系列品牌文化活动以及周末相声俱乐部、国子监大讲堂等群众性公益文化活动,为区域内各单位和广大居民群众提供参与和展示交流的舞台。鼓励一批单位内部场所对社会开放,设立公益文体活动专项补贴资金,为社区居民提供更多的文体活动空间。建设一批特色商业文化街区,继续抓好王府井、银街、金宝街等现代化商业时尚街区和南锣鼓巷、南新仓、簋街、鼓楼东大街、国子监等特色街区发展,启动隆福寺街的综合修缮,传承历史文化特色。

推动"六大产业聚集中心"建设,聚合文化资源优势。认真落实文化创意产业发展政策,完善配套办法,推动"六大产业聚集中心"建设,先期重点抓好版权和文化艺术品交易、戏剧影视演出、动漫和新媒体、中医药健康养生等产业发展,引入品牌企业。大力推进区域文化产业聚集区建设,为一批产业特色鲜明、聚集效应显著的文化创意产业集聚区正式挂牌,提供政策扶持,着力培育文化创意产业集群。充分发挥区域历史文化资源和文化品牌优势,策划包装系列品牌旅游产品,从"吃、住、游、购、赏、藏"等方面扩大旅游消费,努力开发旅游者消费和市民生活休闲消费两个市场,促进旅游产业发展,带动区域消费增长。

综合推进历史风貌保护,力争实现新进展。落实保护风貌、改善民生、发展产业"三位一体"工作要求,进一步明确风貌保护的基本思路,本着政府主导、整体定位、区域试点、综合实施的原则,坚持保护历史文化风貌、改善市政基础设施、修缮有价值院落、适度外迁人口、合理配置公共服务设施、传承历史文化、调整产业布局、建设和谐社区8个方面有机结合。加强17片历史文化保护区功能定位研究,以南锣鼓巷地区为重点做好风貌保护综合试验街区试点工作,为整体实施积累经验。通过推进风貌保护,努力使旧城成为宜居、宜游、宜商之地,彰显我区独特的历史文化魅力。

保护文物和非物质文化遗产,展现历史文化魅力。完成第三次全国文物普查的实地调查工作,公布第三批区级文物保护单位,促进文物保护利用。加大文物保护工作力度,继续推进玉河河道修缮保护工程,完成鼓楼修缮工程和文天祥祠保护措施。深入开展非物质文化遗产保护工作,调查确定一批市、区级非物质文化遗产项目,评选扶持一批非物质文化遗产项目传承人,发挥青少年民族民间文化艺术教育基地的作用,带动一批中小学开展非物质文化遗产项目传承与展示活动。

巩固精神文明建设长效机制,提升城市文明程度。传承奥运精神,巩固和深化人文奥运成果,广泛开展群众性精神文明创建活动,通过各种形式宣传建国60周年取得的巨大成就,培育共同价值体系,进一步提高广大市民思想道德素质和城市文明程度。继续完善文明城区组织体系和长效机制,将文明城区测评指标纳入各部门日常运行,实现工作创新,开创精神文明建设新局面。

**三、以强化公共服务为重点,进一步改善和保障民生,建设和谐社会首善之区**

切实改善和保障民生,下力量解决群众关心的难点热点问题。完善公共服务体系,努力实现公共服务均等化;加强公共服务设施建设,努力实现公共服务设施配置标准化;创新公共服务提供方式,努力实现公共服务提供方式多元化。进一步提高人民群众满意度,建设和谐社会首善之区。

采取切实措施促进教育优质均衡发展。通过积极推进五中、五中分校、24中、27中、灯市口小学等校建设改造,完成第三批办学条件达标工程,进一步优化办学条件;通过建立跨校选课机制、学分互认机制、人才交流机制,推动学校联盟,深化学区化管理,促进优质资源深度共享;通过推进"名师名校长"工程、"621"骨干教师引领工程,充分利用国内外教育资源,拓展干部教师培训方式,提高干部的教育管理水平和教师的专业化水平;通过深化课程改革,加强学校文化建设,切实提高教育教学质量,提升学校办学特色,全面推进素质教育;通过深化"学习e网通"工程,建立市民、学生、家长、教师、教育专家学习、交流、沟通的平台,不断提高教育信息化水平;通过"蓝天工程"向课内、向家庭的延伸,推动未成年人社会实践,加强未成年人思想道德建设;通过集团化管理体制和运行机制的建设,完善职业培训体系;通过加大评优、评价、制度建设力度,促进民办学校健康发展;通过加强市民终身学习实体建设,继续举办全民学习周、市民终身学习节等活动,推动学习型城区建设。

加快卫生体育科技等事业发展步伐。深入开展健康教育和健康促进,以完善精神卫生工作运行机制为重点推进公共卫生体系建设,提高公共卫生服务的可及性和公平性。加强区域医疗资源合理规划和利用,提升整体医疗服务水平。完善社区卫生服务中心功能,有效发挥社区卫生服务机构作用,建立社区"健康之家",开展中医保健服务、心理健康咨询、慢性病管理、计生药具和残疾人康复器具发放等工作,积极争创中医示范社区。加强社区预防保健信息系统建设,提升信息化服务水平。完善社区卫生服务考核评价制度,转变服务方式,提高居民的满意率。加强群众性体育组织建设,办好传统品牌群众体育活动。总结体育生活化工作经验,推动更多的社区实现体育生活化,促进全民健身。科学设置训练项目,培养更多优秀体育后备人才。帮助科技企业有效利用现有科技政策,加速成果转化,鼓励促进科技创新和知识产权创新。继续做好人口和计划生育、民族、宗教、侨务、档案、地方志、红十字会、残疾人、妇女儿童等工作。

积极做好劳动就业和社会保障工作。全面贯彻《就业促进法》,努力实现"无零就业家庭"目标。城镇登记失业人员就业率达到65%以上,城镇登记失业率控制在市政府下达指标范围内。应对经济形势影响可能带来的群体性失业风险,设立就业应急准备金,加大技能培训力度,提高劳动者素质,扩大就业机会;大力开发社区服务就业岗位,扶持妇女、残疾人居家就业;设立社区实习补助资金,组织低保困难家庭未就业大学生子女进行为期半年的社区实习并发放生活补贴,帮助其度过难关。完善监管体系,加强日常防控和督促检查,妥善处理劳资关系,努力实现"无拖欠工资"目标。全面落实各项社会救助政策,探索建立深度救助机制,积极发展慈善事业、社会福利事业和社会保险事业,逐步形成社会力量广泛参与、覆盖多层次需求的社会保障格局,努力实现"无社会救助盲点"目标。

进一步提升社区服务整体水平。落实《东城区社区服务体系发展规划》,推进社区公共服务设施标准化配置。进一步明确社区服务站的职责任务、人员设置和工作方式,提高服务能力。不断完善"7+X"居家养老服务模式,实施"夕阳红工程",积极扶持企业、社会组织提供养老服务项目,逐步完善养老服务体系,实现老有所养;大力发展社区公益类、互益类组织,鼓励引导老年人发挥所长,实现老有所为。充分发挥社区各类服务场所和设施功能,整合社区资源,鼓励多元投资,培育完善服务机构。持续开展"听民意、访民情、解民难"工作,畅通民意表达、利益诉求渠道,健全参与、沟通、协商机制,扎扎实实为群众解难事、办实事、做好事,在广泛征求意见基础上确定2009年办实事项目并抓好落实,提高社区居民满意度。

努力改善群众居住和生活条件。认真做好廉租房、经济适用房、两限房的政策咨询、受理及审核工作,完成一批保障性住房的摇号和对接工作。完成历史文化保护区内3万余户平房"煤改电"工作,实施9000户居民用水"一户一表"改造。结合实施解危排险工程完成5000户民居修缮任务,努力实现"无城镇危房户"目标。有计划、有步骤地解决低洼平房院落排水问题,切实改善居民生活环境。

全力维护东城安全稳定。以平安东城信息管理平台为基础,探索公共安全管理新模式,加强公共场所安全风险评估和监管。进一步加强流动人口和出租房管理,夯实社会稳定基础,抓好消防、交通、建筑工地、公共场所和社区的安全管理,保持安全生产平稳态势。建立和完善公共安全事件应急处置和救援机制,切实提高应急处置能力。加强矛盾纠纷排查调处,狠抓重点难点遗留信访问题的解决,充分发挥街道、社区人民调解和法律服务的优势，不断提高政府部门化解矛盾纠纷的能力，将矛盾尽可能化解在基层，努力实现“无重大重复上访户”目标。依法打击违法犯罪活动，加强社会治安综合治理，完善防控体系，维护良好社会秩序，进一步增强群众安全感。

**四、以巩固奥运成果为基础，增强城市可持续发展能力，打造一流的城市环境品质**

全面总结继承奥运期间城市运行保障、执法管理、市容环境秩序维护等方面的经验和做法，通过各种渠道固定下来，转化为长效机制和常态机制，着力解决制约城市管理的突出问题，提升城市环境品质。

加快公共设施和项目建设，提高城市建设水平。落实北京市关于加大投资拉动的整体部署，优先实施公共设施、民生项目建设。继续推进应急指挥中心等政府重点项目和市政基础设施建设，启动22条胡同道路改造、线缆入地和绿化工程。抓好外迁安置新区的规划建设，统筹考虑教育、医疗、交通等配套设施，研究制定人口外迁政策，为旧城人口疏散创造条件。加强城市规划研究与编制，充分发挥规划对城市建设的规范、引导作用。完成第二次全国土地调查，开展土地总登记工作，深化土地利用研究，加强土地利用管理。

拓展城管新模式应用，构建城市综合管理体制。全面总结网格化城市管理新模式实施五年来的经验，整合全区资源，统一平台，推进新模式从城市部件、城市事件管理向城市综合执法管理领域拓展，健全城市管理综合执法体制和长效机制。加强全区信息资源整合，建立完善政府公共管理信息平台，为各部门实现信息共享、数据更新、协同处置、提高效能提供强有力的支撑和综合评价。落实《东城区商业街区管理暂行办法》，切实提高商业街区管理水平。实施《东城区环境卫生责任追究暂行办法》，强化对环境卫生的监督检查。制定《东城区垃圾清运、环卫保洁、公厕管理、园林绿化、市政道路服务规范》，统一、明确各项城市管理工作的标准。

以迎接建国60周年为契机，加强城市环境建设。高标准完成各项环境保障任务，努力创造整洁、优美、和谐、有序的城市环境。全年扩大改造绿地5公顷，植树3万株，种草1万平方米，继续创建3个花园式单位，完成屋顶绿化1万平方米。积极争取市有关部门支持，加快老旧水、电、气、热等管网改造。深入推进居住小区和社会单位的垃圾分类收集以及厨余垃圾的有效处理。继续抓好爱国卫生、防汛、节水等各项工作。

**五、以政府机构改革为契机，继续推动政府管理创新，加快社会建设步伐**

进一步推进民主法制建设。进一步增强主动接受区人大法律监督、工作监督和区政协民主监督的意识，坚持重大决策、重要工作事前主动向区人大报告，主动与区政协民主协商，加强与各民主党派的沟通联系，认真办理人大代表议案、建议和政协委员提案，积极改进工作。制定贯彻落实《国务院关于加强市县政府依法行政的决定》实施方案，全面推进依法行政，把依法行政、依法履职情况作为对行政机关工作人员进行考核的重要内容。实施《东城区重大行政决策听证暂行办法》，扩大社会参与，完善依法、民主、科学的决策机制。进一步加强政府信息公开，健全工作机制和制度规范，切实保障公众依法获取政府信息，增强政府工作的透明度和公信力。加强公共财政投入的法制化管理，严格预算的编制、执行和监督工作，提高预算管理的精细化、规范化、绩效化水平。

进一步推进社会管理创新。全面落实《北京市加强社会建设实施纲要》等系列文件精神，努力开创我区社会建设新局面。健全和完善社区治理模式，认真抓好第七届社区居委会换届选举，创新工作机制，配好选好社区居委会成员，进一步增强社区自治能力。扩大社区参与，发挥社区单位、社区民间组织和社区成员的主体作用，完善听证、公示、议事协商等民主形式，推进社区民主自治。在调研基础上稳步推进行业协会改革，逐步实现各类社会组织与主管行政部门的分离。继续发挥市民中心和社会组织指导服务中心的作用，完善社会组织扶持政策，整合资源优势，加大政府购买服务的力度，大力促进社区民间组织和社会民间组织健康发展。继承奥运志愿服务遗产，加强对全区志愿服务工作的统筹协调和组织指导，充分发挥东城区志愿者协会及各类志愿服务团体和志愿者的积极性，建立志愿服务的登记、注册、培训、使用、评价制度，完善志愿服务项目管理，建立志愿服务的长效机制。加强社会工作人才队伍建设，为各类社会组织健康发展提供保障。

进一步提高政府工作效能。贯彻落实《关于深化北京市行政管理体制改革的实施意见》，积极稳妥实施政府机构改革，切实理顺职责关系，加强行政资源整合，规范机构设置，完善“三定”方案，着力转变政府职能。加强行政服务体系建设，进 步完善行政服务网上平台，强化网上信息服务和政府信息公开，大力推进网上办理行政许可，通过技术手段建立职能部门联动服务机制，加强监督评估，促进服务质量实现新提升。加强驻区中央市属单位服务联络工作，进一步做好“四个服务”。重点加强一线公务员和科级公务员队伍建设，加大培训力度。注重专业人才引进和培养，努力建设高素质的干部队伍，为提高行政效能奠定基础。加强对政府投资项目的监管，确保工程质量，提高投资效益。积极推进政府绩效管理，创新行政投诉和行政效能监察机制，探索建立网上监察系统，加大对政府部门廉政建设、作风建设和效能建设监督检查力度。倡导深入基层调查研究，了解社情民意。坚持勤俭节约，精简行政成本，优化支出结构，实行民生资金、重点建设资金的全过程审计监督，完善领导干部经济责任审计，探索实施预算效能审计，不断提高财政资金的使用效益。

# 中国人民政治协商会议北京市东城区第十二届委员会常务委员会工作报告

## 2009年1月6日在政协北京市东城区第十二届委员会第三次会议上

东城区政协主席　吴弘勇

**一、过去一年工作回顾**

2008年，区政协常委会在中共东城区委的领导和北京市政协的有力指导下，深入学习贯彻中共十七大、十七届三中全会精神，以邓小平理论和“三个代表”重要思想为指导，全面贯彻落实科学发展观，牢牢把握团结和民主两大主题，以科学发展、社会和谐为重点，团结依靠全体委员和各界人士，努力加强自身建设，积极参与奥运筹备和赛时保障、抗震救灾、文明城区创建等重点工作，围绕全区重点产业发展、公共服务和推进文化强区战略实施等方面开展调查研究，积极建言献策，富有成效地履行了政治协商、民主监督、参政议政职能，为东城区的科学发展做出了应有的贡献。

（一）深入学习贯彻科学发展观，不断巩固政协履行职能的思想政治基础

一年来，常委会始终把学习贯彻科学发展观放在重要位置，贯穿于履行职能的全过程，开展了形式多样的学习活动。一是按照区委关于开展“学习贯彻十七大，解放思想谋发展”学习讨论活动的部署，组织政协委员深入学习贯彻党的十七大精神，举办了全国“两会”精神报告会、台海形势报告会；传达贯彻市委、区委全会精神，学习统一战线和人民政协理论，用中国特色社会主义理论体系统一思想，不断提高理论素养和履职水平。二是围绕纪念改革开放30周年和“五一口号”发布60周年，开展系列学习纪念活动。组织了主题征文，举办了相关报告会和座谈会，区委主要领导出席并作了重要讲话，各界委员坚定了坚持中国共产党的领导，坚持改革开放，坚持走中国特色社会主义道路的决心。三是以“坚持改革开放，深入了解国情，研讨政协工作”为主题，组织常委学习班到四川成都、乐山等地进行座谈交流和学习考察，学习了先进经验，开阔了眼界，促进了履职能力的提高。四是各专委会结合履职，有针对性地开展了专题学习、情况通报、参观考察等内容丰富的学习活动。通过学习，广大委员进一步加深了对科学发展观的理解和对十七大精神内涵的把握，增强了新形势下履行职能的使命感、责任感和自觉性，巩固了共同的政治基础和思想基础。

（二）积极参与奥运筹备和赛时保障、抗震救灾、文明城区创建等重要活动，把政协工作融入全区工作大局

热情参与奥运筹备和保障工作。二次会议对参与奥运工作做出了明确安排，其后政协专门制定了《对奥运工作实施督察的初步意见》，使政协各项工作有机地与奥运工作结合起来。一是按照区委的统一部署，开展了政协领导、政协委员、机关干部等不同形式的督察工作，参加了马拉松赛、自行车赛、天安门广场联欢等志愿者活动，圆满完成了区委交给的任务。二是围绕奥运环境建设开展民主监督，常委会议和主席会议先后听取了奥运工作整体部署情况、“平安奥运行动”情况、“五无”工作情况等工作通报，提出了建设性意见建议，促进了相关工作的改进和落实。三是努力营造奥运氛围，举办了“奥运·人文·风尚”论坛，围绕树立奥运理念，提高文明素质，建设良好社会风尚，委员们集思广益，发表了许多很有见地的意见。广大委员在不同的岗位，通过火炬传递、外事接待、志愿者服务等各种方式践行奥运理念，服务奥运盛会。政协增办了《奥运专刊》，还先后组织了委员健步走、乒乓球赛等迎奥运系列健身活动，开展了《我们见证北京奥运会》征文、书画笔会和《政协委员眼中的奥运》

摄影评选、展览等活动,得到政协参加单位和广大委员的热烈响应和高度评价。

主动参加抗震救灾斗争。汶川特大地震灾害发生后,区政协在第一时间与当地政协取得联系,表示慰问;在全国哀悼日的第二天政协组织了捐款活动,广大委员积极参与,当场捐款67万元;各参加单位和全体政协委员还通过各种渠道和方式捐款捐物,体现了和衷共济、共度时艰的高尚情怀。有的委员身在灾区通过亲属把捐款送到政协,有的参加医疗队亲赴救灾一线冒着余震救助伤员,有的将灾区贫困孩子接到北京安排免费学习职业技能,委员们写下了"中国坚强"的诗句,表达了政协委员情系灾区、爱祖国、爱人民的炽热之心和社会责任感。政协网站开辟了委员抗灾救灾专栏,《东城政协》报编辑了特刊,社情民意信息开辟了专刊,记录政协委员、各参加单位的生动事迹和对重建家园的意见建议;举办了专题报告会,邀请亲赴灾区直接参与抗震救灾工作的政协委员作了生动感人的报告,为委员参与抗震救灾斗争鼓舞了信心。

积极投入全国文明城区创建工作。区政协常委会高度重视全国文明城区创建工作,常委会议上进行了专门动员部署,号召政协各参加单位和各界委员积极参与。按照区委的统一部署,政协领导和督察小组多次深入街道开展督察;组织委员对环境建设、道路交通等方面工作进行视察、检查;各专委会、委员街道活动小组开展了形式多样的视察走访、监督检查活动。委员和机关干部还多批次实地检查交通秩序与管理情况,对有关路口的交通执勤、交通管理情况进行督察,并上街协助交通执勤,为我区文明城区创建工作贡献了力量。

(三)围绕中心服务大局,为促进发展、增进和谐切实履行职能

二次会议以来,区政协紧紧围绕全区的科学发展和中心工作,积极开展各种形式的履职活动。召开主席会议11次、常委会议7次,听取专题情况通报17次,组织各种协商座谈研讨20次、视察参观25次,开展专题调研并形成常委会建议案2项,对于我区的科学发展和社会和谐,起到了有力的促进作用。

围绕经济社会发展大局,积极参政议政。二次会议上,广大政协委员本着高度负责的精神围绕区政府、区法院、区检察院工作报告和经济社会发展中的重大问题,认真开展协商讨论,与区委区政府领导共商我区发展大计;去年7月,委员们听取了"一府两院"半年工作通报,对古都风貌保护、文化创意产业发展等方面提出了宝贵的意见和建议;四季度,与区政府组织了4个专题的对口座谈,委员们围绕政府全年工作的重点,从不同角度总结成绩,提出建议。对《关于进一步促进东城区非公经济发展》建议案的办理答复进行了追踪调查,召开专题座谈会协商落实。针对东二环交通商务区的发展定位等问题,组织委员开展调研,形成了《关于进一步促进我区金融、信息等生产性服务业发展》的建议案,部分建议已在区政府制定的《东城区关于促进主导产业和总部型企业发展的鼓励措施》等文件中得到体现。

围绕文化强区战略,认真协商建言。常委会听取并协商了《北京市东城区文化强区战略纲要》,就文化强区战略中的可持续发展和营造环境问题发表了意见建议;专门委员会组织委员就古都风貌保护、繁荣历史文化街区等方面开展视察活动,为实现区委、区政府提出的构建首都文化中心区的目标建言献策。

围绕教育事业发展,组织开展调研献策。区政协坚持把教育放在优先发展的位置,关心教育的优质均衡发展,积极支持我区教育的各项改革。在进行深入调研的基础上,形成了《关于进一步促进东城区义务教育阶段特殊教育发展》的调研报告,提出了进一步提高对特殊教育重要性的认识,努力营造关心和支持特教事业的良好社会氛围等方面的意见建议,并形成常委会建议案,得到区委、区政府的高度重视。

围绕社区卫生服务,努力组织监督议事。与区委统战部共同组织了社区卫生服务工作议政会。各民主党派、人民团体、无党派人士和各界委员认真开展调研视察,提出了加强中心站建设、增设中医治疗手段、进一步提高服务质量、建立优质卫生资源支援社区卫生服务等方面的意见和建议,为进一步促进我区社区卫生服务工作起到了反映实情、督促落实、帮助改进的作用。政协财政预算民主监督小组对当年社区卫生服务资金的预算拨付及使用情况进行监督检查,提出了相关意见建议,供区有关部门参考。

围绕和谐社区建设,广泛发挥作用。召开了政协委员街道活动小组工作座谈会,区委书记亲自参加并作了重要讲话,明确了政协组织在街道开展工作的方向和重点;各街道活动小组围绕环境建设、安保工作、便民服务、和谐社区建设等方面开展了富有特色的活动。社会治安综合治理民主监督小组组织委员视察、听取汇报,促进了奥运安保相关工作的落实。50名政协委员被区委、区政府及有关单位聘任为党风廉政监督员、特邀监察员及有关行业、部门的监督员,通过不断深化监督内容,拓宽监督领域,创新监督方式,促进了和谐社会建设各项工作的落实。

积极推动工作创新,发挥提案和信息工作在履行政协职能中的重要作用。常委会把提案工作作为政协一项全局性工作纳入议事日程,通过专委会积极参与、创新督办方式、开发提案管理系统,实现了委员、党派

团体、专委会、提案工作机构、提案承办部门之间的联动，形成了整体推进、协调高效的提案工作新机制。进一步规范了社情民意的收集、登记、编发、反馈和归档等环节，注重从调研、视察、座谈交流中及时挖掘有价值的信息。全年报送各类信息347篇，编发报送《社情民意》225期，其中被全国政协、市政协采用43篇，市、区有关领导批示108件，发挥了下情上达作用，有力地促进了相关问题的解决。

加强新闻宣传、理论研究和文史资料工作，扩大政协的社会影响。不断提高《东城政协》报的质量，充分发挥宣传政协工作的主阵地作用；调整政协网站版面，扩大信息量，增强互动效果，进一步拉近了与委员和社会各界的联系；摄影沙龙围绕各项履职工作组织了丰富多彩的活动；《人民政协报》、《纵横》、《北京观察》等媒体多次介绍区政协工作和委员履职的成果、经验，对于形成全社会关注、了解、支持政协工作的良好环境，起到了积极作用。编辑出版了皇城历史文化系列丛书《皇城美食》分册，出版的《今日王府井》、参与编辑的《北京文史资料精选》，在市政协文史工作座谈会上获奖。

（四）坚持团结民主，广泛联系各界，进一步扩大爱国统一战线

一年来，区政协通过开展不同形式的活动，努力营造团结民主的氛围，广泛联系和团结政协委员及各界人士，使大团结、大联合工作得到进一步巩固。一是坚持主席与委员谈心、主席接待委员日、主席恳谈会等工作制度，在传统节日分别召开各界人士联欢会、团拜会、座谈会，组织各种看望、慰问活动，增进友谊，密切联系。加强与香港地区委员的联系与沟通，组织他们视察参观、外出考察，了解他们的需求和意见，积极为他们在东城发展提供服务。坚持民族团结，宗教和睦。关心民族文化的保护和发展，增加与宗教界人士的联系与沟通，积极反映和协调解决民族宗教工作中存在的问题，促进民族宗教政策的落实。二是以“资源经济与东城发展”和“新兴产业与东城科学发展”为主题，举办“企业家共话东城”沙龙活动，增进了企业家与党委和政府间的沟通交流，为促进我区科学发展，凝聚各方面智慧和力量搭建了平台；邀请区领导及有关委办局负责同志到委员单位视察、座谈，帮助企业解决发展中遇到的困难。三是组织“政协之友”联谊会老委员的各项活动，以情为纽带，以兴趣爱好为载体，定期开展各种活动，关心他们的思想和生活，鼓励老委员更好地发挥余热。四是帮助困难群体，服务和谐社会。由政协委员捐款设立的扶困助学资金，对百年职校捐赠了扶困助学款，对34名贫困家庭的高中生和大学生进行资助；积极响应区委开展“党心连民心、亲情进万家”活动的号召，开展了各种形式的送温暖活动。

（五）提高素质，夯实基础，不断加强自身建设

常委会认真落实中共东城区委《关于贯彻落实中央、市委文件精神，进一步加强人民政协工作的意见》，不断加强政协的各项建设。一是进一步加强与各民主党派和无党派人士的联系，积极发挥他们在人民政协履行职能中的重要作用。二是积极探索发挥界别作用的机制和形式，组织有关界别委员进行交流、沟通，围绕《劳动合同法》的贯彻实施等方面开展视察、座谈等项活动。三是发挥专委会的基础作用，加强了专委会履职的制度化、规范化、程序化建设。四是加强委员队伍建设，落实完善《关于政协委员履行职责的管理办法》，制定了《关于评选优秀委员、在和谐社区建设中作出突出贡献的委员、爱心奉献委员实施细则》并组织实施，进一步增强了委员履职的责任感和积极性。五是加强政协机关的思想建设、作风建设、业务建设和组织建设，充实了机关干部队伍，改善了知识结构和年龄结构；加强对内、对外的工作交流，参加了直辖市八城区政协工作座谈会、市政协区县政协工作联系会等会议，多次接待外省市和各区县政协的视察调研、交流考察，不断提高为政协委员和政协履职服务的水平和质量。

回顾一年来的工作，我们的主要体会是：

必须坚持中国共产党的领导，高举中国特色社会主义伟大旗帜，用邓小平理论、“三个代表”重要思想和科学发展观统领各项工作。必须围绕中心，服务大局，把开拓创新作为人民政协发展的力量源泉，坚持与时俱进，体现时代性，把握规律性，富于创造性，在实践中不断创新发展。必须突出团结和民主两大主题，把这两大主题贯穿于人民政协工作的各方面和人民政协事业发展的全过程。必须始终贴近群众、关心群众，注重发挥政协组织的界别作用、委员的主体作用和专委会的基础作用。

回顾总结过去一年常委会工作，我们清醒地看到，我们在发挥新时期新阶段人民政协重要作用的认识上还有差距，工作中也存在着一些不足，在履职活动的安排上不够周密；委员作用的发挥不够平衡；委员对提案工作的参与度有待进一步提高等等。需要我们在今后的工作中不断加以改进。

**二、2009年工作意见**

（一）用科学发展观统领政协工作，进一步夯实政协工作的思想理论基础

开展深入学习实践科学发展观活动，是中共十七大作出的一项重大战略部署。要把深入学习十七大、十七届三中全会精神与学习中央经济工作会议和全国

“两会”精神结合起来,及时把握中央应对当前国际、国内经济形势做出的重大部署和精神,切实把思想统一到中央对经济形势的正确判断上来,把行动统一到中央的决策部署上来,自觉践行科学发展。要把学习贯彻科学发展观与实现“人文北京、科技北京、绿色北京”建设目标结合起来,组织相关论坛,将东城发展与全市发展有机融合起来,着力在推进全区科学发展上献计出力。要把学习贯彻科学发展观与开展重大纪念活动结合起来,领会把握中央对政协工作的新要求,进一步推动政协事业向前发展。

(二)积极开展各项履职活动,为促进科学发展做贡献

坚持把促进发展作为政协履职的第一要务,围绕贯彻“保增长、扩内需、调结构”的各项政策措施和落实区委全会的工作部署,针对全区经济、政治、文化和社会发展中具有综合性、全局性、前瞻性的重大课题,以及各界群众关心的重要问题开展各项履职活动,积极建言献策,为区委和政府重大决策提供智力支持。继续促进产业结构调整,围绕我区功能定位、中小企业发展、完善“三区”和特色街建设、做强文化创意产业等,深入调查研究,提出建议;积极推进城市环境建设,围绕我区整体风貌保护、重点文保单位和四合院的保护利用工作进行追踪视察,在古都风貌保护和旧城改造、提高城市综合管理能力方面有所作为;大力加强社会建设,围绕社区服务和发展公共事业,完善社会保障等方面,开展参政议政,努力为我区科学发展做贡献。

(三)关注民情民生,促进和谐东城建设

要把维护广大群众根本利益,不断改善民生作为政协工作的出发点和落脚点,把促进和谐稳定作为政协工作的重中之重。关注社会不同阶层、不同群体的愿望和诉求,特别是困难群体的呼声,积极反映社情民意,加大民主监督和民主协商的力度。对关系群众切身利益的就业、教育、医疗卫生和安全稳定问题,组织有关界别和专委会调查研究、视察座谈、议政献策和民主监督,促进各项工作的落实。要充分发挥财政预算民主监督小组、社会治安综合治理民主监督小组的作用,继续围绕全区有关重点工作,探索新的机制、途径、方式、方法,提高民主监督的力度和实效。总结提案信息工作经验,开展专题培训,拓展线索渠道,进一步提高提案信息质量和成效。委员街道活动小组要继续围绕“听民意、访民情、解民难”开展活动,着力推进和谐社区建设。

(四)坚持团结和民主两大主题,巩固和扩大爱国统一战线

坚持把增进团结作为人民政协工作的重要使命,充分发挥人民政协包容性强、联系广泛的优势,不断创新形式、丰富内容,巩固和发展我区团结稳定和谐的政治局面。以纪念新中国成立60周年和人民政协成立60周年为契机,大力弘扬爱国主义和社会主义精神,认真回顾和总结人民政协的光辉历程和宝贵经验,增强政协组织的凝聚力。进一步加强同各民主党派、人民团体和无党派人士的联系,建设和谐的政党关系。促进民族团结和发展,积极引导宗教与社会主义社会相适应,发挥民族宗教在构建和谐社会中的作用。深入学习新形势下发展两岸关系的方针政策,发挥港澳台侨的独特优势,密切与他们的联系。开展形式多样、内容丰富的各类联谊、慰问、座谈活动,广泛联系、动员广大委员和社会各界人士关心东城、热爱东城,积极参与到东城的各项建设中来。

(五)加强政协自身建设,不断提高履职能力和水平

认真落实区委《关于贯彻落实中央、市委文件精神,进一步加强人民政协工作的意见》,积极探索政协履行职能的方式,加强政协的各项建设,促进人民政协事业的持续发展。进一步加强党派作用、界别特色、委员队伍和机关工作“四位一体”的建设。进一步发挥专委会的基础作用,完善履职方式,提高履职水平。要深入研究建立界别活动的组织机制和政协机关为界别活动提供服务的工作机制,加强界别建设,发挥政协组织的界别特色和优势。继续加强委员履职服务与管理,发挥委员主体作用。加强对委员街道活动小组工作的指导,丰富活动内容,创新活动形式,努力取得实效。继续完善政协各项工作制度,改进机关服务,不断推进政协工作制度化、规范化和程序化建设。

# 关于东城区2008年国民经济和社会发展计划执行情况与2009年国民经济和合社会发展计划(草案)的报告

## 2009年1月7日在东城区第十四届人民代表大会第四次会议上

东城区发展和改革委员会主任　赵北亭

### 一、2008年国民经济和社会发展计划执行情况

（一）涉奥建设任务顺利完成，城市面貌焕然一新

各项涉奥工程保质保量按时完工。一是2008年区政府共安排资金6.91亿元，完成地坛体育馆改扩建工程，香河园路、工体斜街、和平里南街、枢纽2号路等涉奥道路工程建设，东直门南北小街等16条大街、140条胡同，青龙、育树和北京站东铁路沿线"城中村"拆迁及楼房外立面清洗粉饰等奥运环境整治任务。二是完成全区行政机关、司法部门、大型商场及港澳中心等重点涉奥区域周边和600家残疾人家庭的无障碍设施改造。

城市环境建设力度明显加大。一是完成奥运景观建设工作。对区内奥运及残奥会期间的火炬传递、自行车比赛路线、场馆周边道路以及全区主要道路、绿地进行了花卉栽植、花钵摆放、地栽造型等布置，摆放花钵500余个，大型花坛5个，小型立体花坛9个，共栽摆花卉173万株。二是完成天安门广场东南角的绿化改造工程，地坛八区奥运文化广场周边绿化及安德路、黄寺大街、前三门大街等绿地改造。全年扩大改造绿地16.93公顷，植树10.01万株，种植草坪11.45万平方米，屋顶绿化1.44万平方米。三是完成楼房平改坡工程60栋，拆除违法建设720处、近3万平方米，拆除违规广告1200余块，整治塔类发射设施401处。四是启动了城市空间规划和南锣鼓巷等重点文保区专项规划的编制工作，完成了南锣鼓巷主街电力入地工程。五是加大扬尘等污染源治理力度，环境质量明显改善。降尘量预计为7.0吨/平方公里/月以内，优于计划1.4吨/平方公里/月；区域环境噪声平均值为53.6分贝，优于计划1.4分贝；生活垃圾和粪便垃圾无害化处理率均保持100%，完成计划的100%。

城市管理水平全面提升。一是城管新模式不断完善。开发了奥运网格管理专题图层，配合北京市搭建市、区两级联动的"城市运行监测平台"；开展了3次涉奥地区专项普查。城市管理问题处理率为98.3%，公共设施损坏缺失率控制在7%以内，均达到计划要求。二是应急体系进一步健全。制定了各种应急预案7300多个，开展了危险化学品、电力突发事故等应急演练100余次。三是社会治安综合治理明显加强。奥运期间，重点加强北京饭店、工人体育馆等涉奥场所的安保工作，动用群防群治力量10余万人次；全区实行24小时领导住岗带班值班、"每日零报告"和综合情况报告制度；56处涉奥场所周边、五类重点地区、市公安局监控的五个地区均保持"零发案"，实现了"平安奥运"目标。四是以奥运保障为重点，加强隐患排查整治，开展安全生产百日大检查，整改市区两级挂帐隐患110余处；建设并启用平安东城信息管理平台，加大交通、消防、生产等安全工作力度，安全生产指标控制比率控制在北京市下达的指标之内，安全生产指标完成情况是历史上最好的一年。五是信访形势总体平稳，实现了"无重大重复上访户"的工作目标。六是流动人口管理工作力度不断加大。预计出租房屋登记率达到100%，出租房屋合格率达到95%以上，来京务工人员登记率达到99%，均达到计划要求。

（二）经济平稳较快发展，结构调整成效显著

经济平稳较快发展。预计地区生产总值同比增长10%。预计，万元地区生产总值水耗比2005年下降12%，达到计划要求；财政收入实现60亿元，同比增长15.8%，完成计划的109.1%；城镇居民人均可支配收入达到25700元，同比增长9.3%，完成计划的103.5%。认真落实《东城区"十一五"节能规划》，以政府机关、大型写字楼为节能重点，积极配合国家和市发改委成功举办"依法节能、全民行动、政府补贴高效照明产品进社区"活动；启动机关事业单位绿色照明推广工程，累计为233765户居民和41个单位更换节能灯近110万只，预计万元GDP能耗在2007年末0.272吨标准煤基础上进一步下降，有望提前两年完成市政府下达我区的"十一五"末万元GDP能耗为0.27吨标准煤的任务。

产业结构调整取得新进展。一是制定了《关于促进主导产业和总部型企业发展的鼓励措施》和《关于

促进文化创意产业发展的试行办法》,从财政奖励、购租房补贴等方面大力支持信息服务、商务服务、金融服务等生产性服务业和文化创意产业发展,主导产业发展方向更加明确,政策支持力度进一步加大。设立5000万文化创意产业发展专项资金,重点支持知识产权和文化艺术品交易、数字内容、文化艺术演出、中医药文化等文化创意产业发展。二是成功举办了东城区政府与银行业联谊会,40余家内外资银行机构代表、12家楼宇业主、5家中介机构代表参加,新华社、北京电视台等16家新闻媒体给予报道,北京日报专版宣传了我区产业政策;参加第四届北京国际金融博览会、京港洽谈会金融专场,大力宣传推介产业政策和楼宇资源,吸引企业入驻,加快主导产业发展。预计“两业”增加值同比增长12%左右,完成计划的100%,占地区生产总值比重达到64%,超过区“十一五”规划确定的目标3个百分点。

功能区建设加快推进。一是王府井现代化商业中心区升级战略顺利实施。澳门中心、吉祥大厦已竣工,王府井西街、霞公府胡同、大甜水井胡同、大纱帽胡同市政管线和道路工程已完工。成功举办了“王府井品牌文化节”等26项大型活动,王府井品牌影响力继续提升。二是东二环交通商务区发展步伐加快。东二环交通商务区被确定为首都新兴产业金融功能区,为商务区发展提供了新机遇。重点项目建设接近尾声,第五广场等10个项目已竣工投入使用,中石油大厦等6个项目均在装修施工。初步完成东二环交通商务区基本情况调查。宣传工作全面启动,举办了“东二环交通商务区高峰论坛”,成立了企业家联谊会。三是雍和科技园建设扎实推进。园区空间规划编制工作全面启动。成立了雍和园投资发展有限公司和东方雍和文化创意投资公司,园区管理运营体系不断健全。与中关村科技园区共建了“中关村雍和航星科技产业园”,形成了多个文化创意产业聚集区。积极推进国际版权交易中心项目建设,吸引了中国版权保护中心等版权相关重点单位的集聚。举办“创意雍和艺术节”,加大雍和园品牌宣传力度,落实各项优惠政策,促进文化创意企业聚集发展。四是特色街建设稳步推进。制定了《东城区商业街区管理暂行办法》和全市首个特色街《服务规范标准》。完成了《银街商业定位调研报告》。南锣鼓巷、南新仓改造基本完成,簋街239家商户环境整治全部完成。

促进中小企业和非公经济发展取得实效。一是出台并全面落实《东城区关于鼓励支持和引导个体私营等非公有制经济发展的实施意见》。二是定期召开联飞翔科技等上市后备企业调度会,积极推进中小企业改制上市。三是针对中小企业贷款担保办理过程中存在的问题,积极与驻区银行和首创担保公司沟通,完善中小企业贷款担保机制。四是争取资金支持工作力度加大。为国家发改委在北京市仅支持的两个项目之一的东方燕都小企业创业基地争取建设资金190万元;为首都中医药科技条件平台等4个项目申报2009年中小企业公共服务平台和小企业创业基地建设项目。

发展环境继续优化。一是行政服务中心服务质量进一步提升,全程办事代理并联审批工作不断完善。预计全年受理行政许可和服务事项16.7万件,全部按时办结。二是深入落实《区级领导联系驻区中央市属单位》等七项制度,对外联络不断加强。三是继续落实企业绿卡制度、企业家日制度等优化环境措施,奖励重点企业840户,授予北京移动等182户企业“东城区绿卡企业”称号。四是网上服务平台建设开始起步,积极为社会提供便捷信息服务。五是市场秩序良好。建立价格预警机制,加强对市场价格监测和监督检查,食品、药品、特种设备等方面的监管力度明显加大,预计食品安全监测抽查合格率和药品抽验合格率预计分别为98.7%和98.2%,超过计划1.11和0.2个百分点。发展环境的优化增强了区域吸引力,成功引进了中海油能源发展股份有限公司、杭州银行北京分行等25户企业。

### (三)改革开放继续深入,发展活力不断增强

公共财政改革继续深化。一是拟定了《东城区行政事业单位公务卡制度改革实施方案》,完成了公务卡管理模块及支持系统的研发和测试。二是启动了第四批国库授权支付改革,进一步扩大了授权支付范围。三是严格编制和执行政府采购预算,深入开展了政府采购供应商专项考评和政府采购执行情况专项检查工作。四是加快推进“金财工程”建设,初步完成财政业务应用系统整合和安全体系建设。五是初步建成了行政事业单位国有资产管理制度体系和运行机制,全面推进行政事业单位资产动态管理工作。

国企改革稳步推进。一是完成国资国企改革总体方案,初步形成区属国有企业改革总体思路。二是国企改革稳步推进,新北方二级企业股权多元化工作取得进展,天安华峰增资扩股工作已经完成。三是全部完成了国资系统直接监管企业清产核资和企业会计制度执行工作,进一步强化出资人监管。

政府投资管理改革进一步深化。一是严格执行政府投资项目管理制度。所有政府投资项目严格按照《东城区人民政府政府投资项目管理暂行规定》和《东城区人民政府政府投资建设项目代建制管理暂行办法》进行监管,公开选聘社会企业进入我区政府投资项目代建库,全年符合条件的8个项目全部实行代建制;党政机关办公楼项目严格执行审查程序。二是编

制《东城区2008年政府投资项目计划》,确定了56个重点建设项目,并匹配了资金,有力保障我区政府投资项目有序推进。三是制定《东城区利用国家开发银行贷款资金管理暂行办法》,规范我区利用国家开发银行贷款资金的操作程序。

区县合作积极推进。与怀柔区签署了区县合作发展框架协议,重点围绕公共服务、产业发展、生态建设以及城市功能疏解等领域进行合作。组织编制东城区与怀柔区五年合作发展规划,为两区在园区建设、教育、医疗、旅游、绿色基地等领域合作奠定基础。

对外开放进一步扩大。一是利用外资的质量和效益进一步提高,90%以上的新增外资企业属于现代服务业。二是依托雍和科技园区的优惠政策,积极引导外资投向文化创意、数字内容、高新技术等产业,不断拓宽外资利用领域。预计全年实际利用外资1.5亿美元左右,完成计划的150%。

(四)社会事业全面进步,民生状况继续改善

教育事业加快发展。一是教育均衡发展。和平里学区的171中学与177中学,安定门交道口学区的五中分校与国子监中学、府学胡同小学与方家小学,东四朝阳门建国门学区的史家小学与东四七条小学成为首批学校联盟试点校,实现联盟校在互补、互融中借力发展,优质教育资源逐步扩大。中、小学生享受优质资源比率分别达到92.77%和91.79%,超过年度计划1.3和0.45个百分点。二是教育内涵发展不断推进。拓展全时空教育学习方式,加强东城区教育城域网建设,重点建设集教师教研进修、学生自主选课、家校沟通互动、市民全时空学习、教育行政管理为一体的"学习e网通"。三是"蓝天工程"深入推进,学生素质全面提升,教育特色发展不断深入,成为全市唯一获得"全国未成年人思想道德建设工作先进城区"称号的城区。四是深化职业教育改革,启动职教课程改革,探索校企合作方式;市民学习基地建设稳步实施,学习型城区建设扎实推进,我区获得教育部"全国社区教育实验区"称号,教育协调发展取得新进展。五是安排资金10424万元,用于二中分校三期、55中、危楼加固等项目建设,二中分校二期竣工投入使用,教育基础设施进一步改善。

基本医疗卫生服务继续改善。一是社区卫生服务不断完善。年底前除涉及危改拆迁的12个社区站、室未建成外,41个社区卫生服务站、73个全科医生工作室全部建成,基本实现了社区卫生服务全覆盖的目标。成立了全市首家社区卫生远程视频会诊中心,并于5月9日正式运行,实现了跨区域的视频会诊、视频会议、远程培训等功能,延伸了东城区社区卫生服务信息平台的功能。积极开展对口支援和双向转诊工作,继续落实收支两条线和药品零差价销售等各项惠民政策,使居民就医更加优惠方便。二是传染病防治工作进一步加强。11月底,法定甲乙类传染病发病率为300.7/10万人,控制在计划指标以内。三是安排资金3200万元用于妇幼保健院、鼓楼中医医院项目建设;建国门医院改造工程已获得市发改委立项批复。

文体事业不断进步。一是制定了《东城区文化强区战略纲要》,提出了着力构建公共文化服务、文化创意产业和历史文化风貌保护三大体系,努力实现建设"首都文化中心区"的目标。二是公共文化服务设施不断完善。安排资金3000多万元完成了图书馆改造,启动了文化馆改造工程。三是群众文体活动不断丰富。成功举办了"文化东城喜迎奥运"等系列大型群众文体活动。完成了14个体育生活化社区的创建工作。奥林匹克体育后备人才基地综合训练馆已开工建设。四是完成了蔡元培故居、于谦祠、东不压桥、玉河庵保护修缮、国子监牌楼抢险修缮及钟楼排险加固检测等工程,完成计划的100%。五是竞技体育取得新成绩。2008年奥运会北京市获得6块金牌,我区输送的运动员夺得了其中的4块。六是全国文明城区创建工作取得实效,通过了创建全国文明城区北京市测评工作协调小组的测评,迎接了中央文明委的检查。

信息化和科技工作不断加强。一是圆满完成奥运期间信息安全保障工作。建成了信息安全监管信息平台和实名制认证系统,利用图像信息等技术为奥运安全保障和区应急指挥中心运行提供技术支撑。二是初步制定了《东城区电子政务工作框架》,统筹指导3~5年东城区电子政务建设。三是实现了政务外网市、区、街道委办局、社区居委会四级互联互通,在10个街道和126个社区推广应用了社区-街道管理与服务信息系统。四是积极推进政务信息图层共享服务平台、"平安东城"信息管理平台等信息化重点工程建设。五是加强"数字东城"网站群的整合,完善网上办事和政民互动服务功能。"社区卫生服务信息系统"荣获2007年北京市十大创新应用成果奖。六是科技服务支撑体系和配套设施不断完善,科技成果转化及科技交易量明显增加。截至11月底,全区共输出技术496项,成交额11.72亿元;吸纳技术1484项,成交额13.57亿元。七是知识产权保护力度不断加大,科普工作有效开展。截至10月底,我区申请专利2051项。申报了北京市级科普基地5个、市级创新科普型社区4家。

劳动就业和社会保障工作稳步推进。一是深入贯彻落实《就业促进法》,劳动就业继续扩大。11月底,城镇登记失业人员就业率为72.9%,超过计划7.9个百分点。加大困难群体就业帮扶力度,新增35户"零

就业家庭”全部实现至少一人就业。二是加大劳动关系协调、监察执法和仲裁调解力度,畅通诉求渠道,确保“无拖欠工资现象”发生。三是社会保险覆盖面不断扩大。各项社保基金收缴率达到98%以上,超过计划3个百分点;各项社会保险基金增长10%以上,达到计划要求。四是社会救助体系进一步完善,数字化社会救助模式全面应用,低保政策积极落实。11月底,累计发放最低生活保障金4447.9万元,有效解决了困难群众的生活保障,努力实现社会救助全覆盖、无盲点。五是创新“7+X”居家养老服务模式,居家养老服务全面推行,受益人员2万多人次。

和谐社区建设效果显著。一是社区服务水平继续提高。制定并实施了《东城区社区服务体系发展规划》,完成了街道社区服务中心改革试点工作;对85个社区服务站实施了标准化建设,开通了社区服务站标准化建设办公应用系统。二是社区自治机制进一步完善,居务公开、社区议事协商和民主决策制度在社区得到有效落实。三是社区专职工作者队伍建设继续加强。贯彻实施“素质修养工程”,对全区1300多名社区专职工作者进行了综合培训。四是市民中心的桥梁纽带作用初步显现,社会组织和个人利用市民中心开展活动200余场,参与市民近2万人次。五是为民办实事成绩显著。安排资金5.68亿元,完成2万多户煤改电任务,新太仓、后永康等胡同内3500户居民用水一户一表改造工程,20条便民路改造工程,育群、大格巷等10条胡同326个院落2203户的旧城区街巷综合整治改造修缮工程,全年完成1000户解危排险任务,完成计划的100%,实现了“无城镇危房户”目标。

在经济社会发展取得一定成绩的同时,仍然存在一些值得关注的问题:一是受国内外经济形势的影响,保持区域经济平稳增长压力加大。二是受新企业所得税法实施、增值税转型等税收政策调整,股市和房市低迷对金融业、房地产业等支柱行业影响较大等财政减收因素逐渐显现的影响,财政收支平衡压力较大。三是主导产业发展和国企改革的措施需要进一步落实到位。四是公共服务体系建设有待进一步完善。五是保护风貌、改善民生、疏散人口等工作需要继续加快推进。以上问题,我们必须高度重视,积极稳妥地进行研究解决。

**二、2009年国民经济和社会发展计划草案**

2009年经济社会发展计划主要指标的初步安排:财政收入达到63.6亿元,增长6%;“两业”增加值增长8%左右;万元地区生产总值水耗比2005年下降16%;实际利用外商直接投资额为1亿美元;城镇居民人均可支配收入达到27756元,增长8%;城镇登记失业人员就业率达到65%以上。

为确保上述目标实现,我们要重点做好以下六个方面工作。

(一)扩大内需,增强经济增长内在动力

不断扩大投资。一是优化投资结构,重点投向风貌保护、民生工程、市政基础设施建设、环境整治以及社会公益性项目。二是扩大政府投资。加大对政府投资项目推进力度,确保应急指挥中心、玉河河道景观工程等项目竣工;完成历史文化保护区3万余户居民“煤改电”、9000户居民用水“一户一表”改造和便民道路改造等为民办实事工程,结合1000户居民解危排险任务完成5000户民居修缮工程;实施公安分局刑侦综合业务用房、鼓楼中医医院、妇幼保健院、22中、24中等项目建设;推进建国门医院、二中高中部地下食堂、二中分校三期、东北二环城中村用地、工体西门文化长廊等项目建设。三是全力促进社会投资。加大对非政府投资项目服务调度力度,试行投资项目审批部门提前会商制度,深化审批部门的服务,推动来福士中心、东方文化艺术中心、宇飞大厦、亿洋星城三期综合楼、华普中心大厦Ⅰ段、北京饭店二期、海港大厦二期、国际品牌中心、王府国际商城、利山大厦等项目顺利实施,促进社会投资增长。

努力促进消费。一是充分发挥特色街区对消费的拉动作用。制定《东城区商业街区管理暂行办法》实施细则,完善商业街区管理体制和配套服务设施,规范经营秩序,提升服务功能。开展“南锣鼓巷胡同文化节”、“南新仓文化节”、“簋街美食节”等商业文化活动,提升特色街品牌形象。加大隆福寺街整治改造力度,大力引进符合区域特色的商业文化元素。二是开展系列文化旅游品牌推广活动,打造旅游市场新亮点,推动旅游业发展,带动消费增长。三是充分发挥假日经济效应,积极开展商业促销活动,聚集人气,活跃市场。

积极引进企业。一是保存量。积极采取匹配相关资源的措施留住拟外迁的企业,特别是一些外资银行,有效保住存量。二是引增量。选择中海油和中石油所属企业、中国电信北京分公司、宁波银行等企业作为重点引进目标,加大引进力度,不断扩大增量。

(二)优化经济结构,转变经济发展方式

加快产业结构优化升级。一是认真落实产业政策,结合三个经济功能区和特色街建设,大力宣传主导产业发展政策,引导主导产业企业聚集,促进产业结构优化升级和高端化发展。二是落实文化创意产业政策,打造好“青年戏剧节”等品牌,有重点地推进知识产权和文化艺术品交易中心、数字内容产业中心、文化艺术演出中心、中医药科技文化中心等六个中心建设,促进文化创意产业发展。三是深化总部战略,以信息服务业、商务服务业为重点，积极引进总部企业的上下游企业，不断完善产业链。四是大力发展楼宇经济，与楼宇业主合作力争将光彩大厦打造成金融企业聚集的特色楼宇。五是充分挖掘利用全国第二次经济普查数据，摸清全区经济总量变化和发展趋势，特别是主导产业、楼宇经济、非公经济和中小企业等方面的发展状况，促进产业结构调整。六是完善节能减排考核体系，开展各种节能宣传活动，完成市政府下达的既有建筑节能改造任务，推进资源节约型城区建设。

优化经济空间布局。一是深入实施王府井升级战略。健全王府井现代化商业中心区管理体系，充分发挥商会作用。打通煤渣胡同、北帅府胡同道路，加快第二商业集群建设。开发王府井展览、展示功能，充分利用王府井各种资源，举办“王府井品牌文化节”等大型活动，提升王府井品牌知名度和影响力。二是加快东二环交通商务区发展。完善东直门交通枢纽及其配套设施，推进东华广场建设，确保重点项目建设顺利完成。做好中石油大厦等3座新建楼宇的企业入驻。按照新兴产业金融功能区的定位要求，明晰金融业发展思路，完成商务区发展规划。加大宣传力度，积极争取CBD政策，重点引进外资银行北京分行、国内各大银行北京分行、国内外大型企业财务公司等金融机构，促进金融企业聚集，实现金融与产业融合发展。三是推进雍和科技园建设。完善园区空间规划和产业规划，加快版权业务公共服务等园区企业公共服务平台建设。抓紧推进青龙“城中村”项目和青龙胡同市政改造，加快国际版权交易中心等一批重点项目的建设，加大园区楼宇、厂房、四合院等资源整合力度，发挥“国际创意产业联盟”等企业商会作用，着力打造“创意雍和”品牌。落实文化创意产业政策，吸引国内外知名企业集聚。

（三）改善经济管理和服务，增强经济发展活力

夯实经济工作基础。一是建立区域经济发展监测系统，适时监测分析区域经济运行状况，科学预测未来发展趋势，为经济管理和服务提供信息支持。二是完成“十一五”规划中期评估，适时启动“十二五”规划前期研究，充分发挥规划的导向作用。三是做好机构改革和市区财政体制调整的有机衔接。稳步推进机构改革，适应市区财政管理体制调整，完善区街财政体制，充分调动街道在经济建设中的积极性。

提高经济服务质量。一是进一步转变政府职能，加强公务员队伍建设，增强服务意识；实施“五五”普法，增强依法行政意识，提高政府经济管理和服务水平。二是强化行政服务中心全程代办并联审批，建立行政服务系统平台，提高政府办事效率。三是继续坚持区级领导联系重点企业等优化发展环境措施，加大服务企业力度，提高服务质量。

维护良好市场秩序。一是认真做好价格监测、管理和监督检查工作，密切关注市场价格动态，规范市场价格行为。二是完善工商、质监、商务、卫生、药监、文化等部门的联动机制，扎实做好食品安全、药品、文化产品等专项整治工作，维护良好市场秩序。食品安全监测抽查合格率达到97.6%，药品抽验合格率达到98%以上。

推进国企改革。一是细化国有企业改革总体方案，明晰文化旅游、商业流通和房地产三大板块内涵，实施资源整合。二是探索建立国有资产经营预算制度，提高国有资产配置效率。三是继续推进天元公司等重点企业的改制工作。四是继续做好“老字号”非物质文化遗产和“中华老字号”申报工作，促进“老字号”发展。

促进中小企业和非公经济发展。一是坚持非公经济联席会议制度，完善对非公有制企业的服务，促进非公经济健康发展。二是积极争取国家和北京市资金支持，推动小企业创业基地和公共服务平台建设。三是做好上市后备企业的培育和服务工作。培育和储备一批上市后备企业，定期召开上市后备企业调度会，帮助解决企业上市筹备过程遇到的困难和问题。四是完善中小企业融资担保工作。加强与首创公司的合作，优化审批流程，鼓励金融机构增加对中小企业贷款。五是继续做好对中小企业的服务工作。通过中小企业网等渠道及时传递相关政策法规信息，积极组织申报中小企业专项资金。六是举办中小企业发展论坛，加强政府与企业的交流互动，帮助中小企业解决发展中遇到的问题。

扩大对外开放。一是合理规划布局，依托产业政策，引导外资投向生产性服务业和文化创意产业，优化利用外资结构，提升引资质量。二是大力宣传服务外包政策，鼓励支持企业承接服务外包业务。三是整合招商资源，编制招商手册，加大宣传和服务力度。四是加强国内外交流与合作。

（四）促进社会事业全面发展，提高公共服务水平

推进教育“四个发展”。一是推进教育均衡发展。科学规划教育布局，继续做好办学条件达标工作，有序推进中小学校舍改造，进一步拓展学区资源共享范围和途径，促进教育公平。中小学生享用优质资源比率分别达到93.88%和93.40%。二是推进教育内涵发展。加强干部教师队伍建设，深化课程改革，稳步推进“学习e网通”建设，不断提高教育质量。三是推进教育特色发展。深入挖掘学校文化内涵，继续拓展“蓝天工程”，加强艺术、科技教育普及工程，提升教育文化品质。四是促进教育协调发展。深化职业教育改

革,推进市民学习基地建设,促进各级各类教育协调发展。

提升公共卫生服务水平。一是深化社区卫生服务改革。创建中医示范区,加快社区预防保健信息系统建设,完善考核评价制度,提高社区卫生服务满意率。二是结合医改方案,充分发挥现有医疗卫生资源作用,加强医院内涵建设,促进医疗质量和服务水平的持续改善。三是加强医疗应急救治体系建设,推进“东城区突发公共卫生事件应急指挥处置平台”建设,提高突发公共卫生事件处置能力。四是继续加强传染病防治工作,法定甲乙类传染病发病率控制在430人/10万人以内。五是加强人口和计划生育公共服务体系建设,提高优质服务能力。

繁荣文化体育事业。一是按照“人文北京”和《东城区文化强区战略纲要》的要求,积极开展打造首都戏剧中心区建设规划等重点课题调研,推进首都文化中心区建设。二是加强公共文化服务设施建设,完成区文化馆改造工程。三是积极开展群众文化活动。筹办迎国庆六十周年大型活动,举办民族文化艺术博览园、地坛文化庙会等系列品牌文化活动。四是继续开展“东城区全民健身体育节”等系列群众体育活动,加强“体育生活化社区”建设和管理,做好业余训练和竞技体育工作。

提高信息化和科技水平。一是完善电子政务的总体框架,加强信息资源整合,研究建立信息共享更新机制;完成新一代协同办公平台、公共安全监管新模式、基础数据库和应急指挥中心等信息化重点项目建设;加强网站管理和全区信息化促进工作,创新信息化技术服务模式,提高信息系统的应用效果。二是加强科技创新体系建设,完善科技服务支撑平台建设,促进科技创新成果的交易和转化。三是加大知识产权保护力度,以创建创新型科普社区为契机,大力开展科普工作。

(五)着力改善民生,推进和谐社会建设

扩大劳动就业。一是继续全面贯彻《就业促进法》,完善就业政策,积极开发就业岗位,加大就业培训和创业扶持力度,深化就业服务,帮助低保人员、“零就业家庭”等困难人群就业。城镇登记失业人员就业率保持在65%以上。二是认真贯彻《劳动合同法》和《劳动争议调解仲裁法》,完善劳动仲裁调解机制,促进劳动关系和谐稳定。

完善社会保障。一是推进社会保险制度改革,做好老年保障、“一老一小”、医保结算等重点工作,扩大社会保险覆盖面,逐步提高社会保障程度,确保各项社保基金收缴率达到95%以上,各项社保基金增长10%以上。二是进一步完善社会救助体系,落实低保和社会救助政策,切实保障困难群众基本生活。三是积极开展廉租房、经济适用房、两限房的政策咨询、受理和审核工作,完成一批保障房摇号和对接工作。

推进和谐社区建设。一是健全居民自治机制。结合第七届社区居委会换届选举工作,完善新型社区管理体制和运行机制。二是完善社区服务。进一步落实《东城区社区服务发展规划》,以争创“全国建设和谐社区示范区”为契机,推动街道社区服务中心建设、社区服务站标准化建设和社区志愿者队伍建设,着力构建“社区居民便利生活服务圈”。社区服务满意度不低于上年水平。三是推进社会组织建设,大力培育社区公益性服务组织,发挥东城区社会组织指导服务中心和市民中心作用。四是继续做好“听民意、访民情、解民难”工作,解决一批居民关心的热点问题。

(六)加强城市建设和管理,推进生态文明建设

推进风貌保护。一是按照“政府主导、整体定位、区域试点、综合实施”的原则,将民生改善、风貌保护和产业发展有机结合起来,积极推进旧城风貌保护、危旧房改造和人口疏散“三位一体”工作模式的实施。加强17片文保区功能定位研究,以南锣鼓巷地区为重点做好风貌保护综合试验街区试点工作,为整体实施积累经验。完成旧城历史风貌保护区60条胡同改造工程。二是基本完成第三次全国文物普查调查工作,公布第三批区级文物保护单位。继续加大文物修缮力度,认真抓好鼓楼、荷兰使馆旧址、桂公府、救世军中央堂等4处文物修缮工作。

加强城市环境建设。一是落实城市景观布置、夜景照明、环境秩序维护等各方面任务,完成国庆六十周年环境保障任务。二是继承奥运和创建文明城区财富,全面落实环境整治工作。实施南锣鼓巷6条胡同的道路改造、电力电信入地、路灯改造等市政工程;完成北极阁中段的拆迁和道路工程。三是推进绿化工程。全年扩大改造绿地5公顷,植树3万株,种草1万平方米,继续创建3个花园式单位,完成屋顶绿化1万平方米。四是加强环境保护。做好垃圾分类、垃圾减量和生活垃圾无害化处理工作,推进餐厨垃圾集中处理点建设;加强各种污染源治理,控制环境污染。生活垃圾和粪便垃圾的无害化处理率均保持100%,区域环境噪声平均值保持在55分贝以下,降尘量控制在8.4吨/平方公里·月以内。

提高城市管理水平。一是保障区域安全。完善应急体系和应急机制,提高突发公共事件处置能力;巩固奥运成果,提升社会治安综合治理水平,继续加大交通、消防、生产等安全工作的力度,全面开展安全隐患排查和整改,确保安全生产指标控制在北京市下达指标之内;以关注民生问题为重点,完善信访工作机制,

不断巩固和发展稳定局面。二是依托网格化城管新模式，健全城市管理长效机制，拓展监管领域，整合全区资源，逐步构建城市运行监测平台和城市公共管理信息平台，提高城市运行管理效能。城市管理问题处理率达到95%以上，公共设施损坏缺失率控制在6%以内。三是加快行政执法、法制建设、队伍管理规范化进程，加强对城市管理队伍的专业化技能培训，增强处置能力。四是加强流动人口管理。出租房屋登记率、出租房屋合格率保持在95%以上，来京务工人员登记率保持在95%以上。五是不断完善统筹解决人口问题新机制，切实稳定低生育水平。六是认真做好城市环境卫生、道路管理与维护等工作。

# 关于东城区2008年财政预算执行情况和2009年财政预算(草案)的报告

## 2009年1月7日在东城区第十四届人民代表大会第四次会议上

东城区财政局局长　陈　虹

### 一、2008年财政预算执行情况

(一)财政收支总体情况

2008年，区财政收入预计完成696670万元，剔除跨省市总机构企业缴纳的2007年及以前年度企业所得税96670万元后，全年区级财政收入预计完成600000万元，比上年增长15.8%。

2008年，区财政支出预计完成594467万元，同口径比上年增长13.3%。

(二)财政收入预算执行情况

1.财政收入预算执行的主要措施

一是发挥财政政策和资金的导向作用，积极配合有关部门研究制定促进主导产业和文化创意产业发展的政策措施，支持总部企业及其上下游企业入驻“三区”，积极培育新的经济增长点和税收增长点。

二是积极争取北京市商业流通发展专项资金、中小企业发展专项资金、少数民族经济发展专项资金，支持了老字号企业、民营企业以及少数民族经济共21个项目，促进了区域内中小企业发展。

三是研究把握重点税种、重点企业和行业的发展趋势，做好中央宏观调控、国家税制改革等因素对区财政收入影响的监控、分析工作，特别是对奥运会以后区域财政经济发展面临的宏观和微观形势进行分析和研判，为区委区政府决策提供了依据，努力防范和化解了财政风险。

四是继续强化组收协调工作，严格目标责任制管理，坚持“财税库统”联席会制度和信息交流制度，继续从计划控制、组织协调、严格征管、科学分析等方面加大工作力度，税务部门加强了基础税源管理工作，保障了区财政收入平稳较快增长。

(三)财政支出预算执行情况

一是全力以赴保障奥运需求，确保服务保障奥运及环境建设任务圆满完成。积极筹措资金保障奥运重点工程建设、城市基础设施建设以及城市管理和环境综合整治，确保了地坛体育中心改造、奥运前旧城区重点区域整治、“2468”奥运重点大街改造、奥运景观和场馆周边建设等工作按时完成，安排奥运工作保障专项资金用于全区奥运筹办和赛事保障各项工作，实现了“城市环境优美整洁、社会秩序安全稳定、服务保障科学周密、社会氛围热烈浓郁”的目标；制发并严格执行了《东城区奥运工作保障资金管理暂行办法》等制度，加大对奥运资金使用的监管力度，确保了奥运期间各项资金拨付及时到位；制定《奥运期间东城区财政资金拨付应急预案》，增强了财政保障能力和资金拨付的应急反应能力。

二是有保有压完成救灾任务，确保对口援建资金及时到位。迅速启动紧急拨款程序，及时拨付物资，在第一时间支援抗震救灾工作；制定了政府采购应急程序，简化采购流程、加强采购监管，确保赈灾物资紧急采购工作规范；在确保正常运转的前提下，调整和优化支出结构，压缩区属各预算单位公用经费用于支持抗震救灾工作；拟定《东城区关于抗震救灾等公共应急专项资金筹集使用管理意见》，进一步加强和规范抗震救灾专项资金的管理；积极筹措资金，完成了2008年对口支援地震灾区援建资金筹集拨付任务。

三是统筹协调促进民生发展，确保全区社会主义和谐社会建设稳步推进。加大就业再就业资金投入，提高了公益性就业岗位专项补贴标准,制定了《东城区促进零就业家庭就业暂行办法》,为实现"无零就业家庭"目标奠定了基础;进一步完善区、街两级小额担保贷款工作机制,细化了小额担保贷款财政贴息项目内容,累计办理小额担保贷款40笔,以创业促进就业;安排无社会保障老年居民生活补贴资金,保障7000余名无社会保障老年居民享受每人每月200元的养老保障补贴资金;安排居家养老服务专项经费,确保政府购买养老服务和居家养老服务人员综合培训等工作的开展;积极筹措资金保障了退养人员医疗待遇和企业离休干部生活补贴的足额及时发放,确保了"一老一小"大病医疗保险制度的落实,保障了离休干部医药费的及时拨付;统筹安排解危排险资金促进了"无城镇危房户"目标的实现;认真落实城市居民最低生活保障、临时救助和城市特困人员医疗救助等各项社保政策,确保了低收入群体的基本生活。

四是依法保障公共事业发展,确保区域基本公共服务均等化水平稳步提升。全年教育、科学、文化、卫生支出投入达到法定增长要求,依法保障了重点事业发展。初步建立了包括教师工资增长经费落实、生均预算内公用教育费用、校舍维修改造、义务教育减免政策保证、基础薄弱学校帮扶、优质教育资源发展促进等六大机制的义务教育经费保障机制体系;积极推进图书馆、文化馆预算管理方式改变;加大公共卫生体系建设投入,安排社区卫生服务专项资金,做好社区卫生服务常用药品零差率销售和收支两条线的经费保障工作,全区已建成的社区卫生服务站全部实行了收支两条线管理;安排资金支持公共卫生应急、重大传染性疾病防治、卫生监督执法等工作,保障了奥运期间公共卫生工作顺利开展;全力做好婴幼儿奶粉事件免费筛查、救治经费的保障工作,及时启动了东城区公共卫生应急储备资金,确保落实我区定点接诊医疗机构免费筛查、救治和相关设备的采购工作;以奥运安保社会面控制工作为中心,健全社会治安防范体系,投入资金加强流动人口服务和管理、社区巡逻队和社区保安队伍建设,加强了公共安全应急体系建设;依法保障了公检法等部门的履职需要,促进了政法部门执法能力的提高。

五是围绕重点保障履职需要,确保政府社会管理能力逐步提高。统筹安排资金确保了区委区政府2008年工作目标责任制(折子工程)及为民办实事各项重点工作的推进;支持了行政服务中心职能拓展和市民中心功能完善工作,进一步增强了政府公共服务能力;投入资金加强了食品安全监管网络和食品安全检测机制建设;拨付专项资金支持基层党组织建设。

六是强化预算执行管理,提高预算执行的效率和效益。继续调整和优化支出结构,大力压缩一般性支出,做好存量挖潜、增量控制、节能降耗等节支工作;严格控制预算追加,加强财政资金使用的监管,确保资金使用安全、规范、有效;严格结余资金管理,支持了相关区属部门重点工作的开展;依法及时批复了全区所有一、二级预算单位的2008年部门预算及东城区奥运工作保障资金预算,为提高预算执行水平奠定基础;注重强化预算执行与推进公共财政改革的衔接,提高了资金的使用效率。

**二、2008年财政主要工作完成情况**

一年来,区财政围绕确保区级财政收支平衡的核心,初步构建起了财政资金闭环管理和行政事业单位国有资产动态管理两个机制框架,进一步推动了基本公共服务均等化、财政改革成果的常态化和财政财务管理的日常化。

(一)初步搭建财政资金闭环管理机制框架

一是进一步完善预算管理机制。完善了预算编制配套制度和基本支出预算定额标准,增设了基本公共服务支出分类,深化了政府收支分类改革;拟定了《东城区行政事业单位财政性结余资金管理办法》,建立了部门结余资金管理和监控机制;对预算单位基础资料实行动态管理,扩大了2009年部门基本支出预算系统自动生成范围;完善了部门预算滚动项目库,实现了对预算编制和追加的全过程监管;继续压缩各部门2009年公用经费预算,努力降低行政成本;规范了预、决算汇报和批复制度。

二是逐步深化预算执行改革。在启动第四批国库授权支付改革的基础上,加大了对43家试点单位的指导和服务力度,为进一步规范授权支付改革奠定了基础;将3000余名事业退休人员纳入工资统发范围,全区除教委系统以外的所有行政事业单位离退休人员工资已全部实行财政统发;启动全区公务卡制度改革,进一步深化了预算执行改革;依托东城区非税收入收缴管理系统,实现了收费项目规范化、票据管理统一化、信息传输及时化。

三是政府采购监管更加规范。细化和完善了政府采购预算编制机制,实现全区2009年政府采购预算提交人代会审阅;制定了2009年集中采购目录及限额标准,搭建了政府采购管理系统,进一步规范了政府采购预算执行管理;引入社会中介专业力量完成了全区政府采购执行情况专项检查,开展了政府采购供应商专项考评工作,规范了政府采购项目档案管理,提高了政府采购监管水平。

四是财政支出绩效评价工作稳步推进。制发《东城区部门预算支出绩效考评管理暂行办法》,初步搭建了东城区财政预算支出绩效评价工作机制;加大了对区属单位的指导服务力度,增强了区级预算单位的绩效意识;完成对“蓝天工程”等7个项目的绩效考评工作,量化了财政资金使用效益,为探索科学的政府绩效管理奠定了基础;创新绩效考评结果反馈和后续监管模式,促进了绩效考评结果与部门预算编制的有效衔接。

五是财政投资评审工作有效开展。在进一步健全内部管理机制的基础上,对二环路鼓楼桥至建国门桥段夜景照明项目及2008年东城区奥运会赛时花卉布置资金开展投资评审工作;积极开展财务人员培训工作,促进了基本建设项目财务核算管理水平的提高;进一步严格中介机构管理,加强了工作人员廉洁自律教育。

六是财政监督工作进一步加强。对奥运资金使用单位内控机制的建立及执行、依法组织招投标情况、资金支付程序等进行重点督查,确保涉奥资金合理、安全、高效使用;完善《财政检查复核工作规则》等制度,进一步完善监督制度体系;强化预算单位财务监管,全部区属一级预算单位实现财务在线监管;配合财政部驻京专员办、市财政局、市审计局完成了专项转移支付资金管理、使用情况的检查;开展了对部分纳入规范收入管理范围单位的住房公积金缴存情况的调查;依法开展了2008年会计信息质量检查工作。

(二)初步搭建行政事业单位国有资产动态管理机制框架

一是制发《东城区行政事业单位国有资产管理暂行办法》和《东城区行政事业单位国有资产处置实施细则》,初步搭建了行政事业单位国有资产管理制度体系和运行机制。二是加大培训力度,全面启动了全区250余家二级预算单位的资产动态管理工作,基本实现了全区一、二级预算单位上线试运行资产动态管理系统。三是明确我区行政事业单位国有资产集中公开处置及电子废弃物无害化处理的工作模式,规范了资产“出口”环节。四是认真组织全区政府投资奥运会(残奥会)资产处置工作,加强对政府投入的奥运资产和物资的管理。五是加强对各级预算单位的督促检查,严把资产处置日常审批关,防止国有资产流失。

(三)强化街道财政财务管理,促进区街两级和谐发展

一是加强街道税源建设的基础管理工作,严格执行区街分税制财政体制的有关规定,保障街道税源建设工作持续稳定开展。二是进一步强化街道财政预算编制,结合街道实际细化并规范基本公共服务支出和项目支出分类,提高财政预算安排与政府履职的契合度,增强街道财政的应急反应能力。三是进一步将街道财政管理纳入全区财政资金闭环管理范围,强化预算执行控制,加强财政资金的管理与监督。四是监督指导街道进一步完善财政财务管理内控制度,延伸财务在线监管,提高财政财务管理水平。

区财政围绕财政预算的编制、执行和监管强化了一系列基础性工作:

一是完成了北京奥运会、残奥会的财政保障工作,2001年以来的八年中,区财政围绕区委区政府关于奥运工作的部署,合理使用财政政策、统筹安排各类资金、严格规范监督管理、不断强化基础工作,通过严谨的履职保障了全区各项服务保障奥运工作的顺利完成,促进了“阳光奥运”和“廉洁奥运”目标的实现。

二是在支持以保障和改善民生为重点的社会建设的同时,进一步加强了全区应急处置工作的财政支持机制建设,在完成抗震救灾资金筹集任务、保障婴幼儿奶粉事件应急处置等工作中,一手抓资金筹集,一手抓规范监管,通过完善财政保障机制促进了政府公共应急处置能力的提升。

三是针对世界经济波动较大、中央宏观调控力度较大、财政政策和税制改革变化较大的情况,区财税部门在多年来不断强化组收预警工作的基础上,进一步加强了对财经形势的分析、研判和报告工作,为保障财政收入预算平稳执行、防范和化解财政风险探索了新的思路和机制。

四是初步完成了面向全区预算单位的信息资源、业务衔接、技术实现、内部管理、对外服务“五维一体”综合财政管理平台的整合建设工作,基本完成了财政资金闭环管理和国有资产动态管理两个机制的技术实现工作,全区财政“数字化”理财机制已经初具规模,标志着区财政保持共产党员先进性教育活动整改工作目标全面实现。

我们清醒地认识到,财政工作中还存在着一些困难和问题:一是在世界经济金融形势复杂多变、经济增长放缓趋势明显、国家税制改革不断深化等减收因素和加大保障和改善民生力度、开展对口支援等增支因素的双重压力下,区级财政在今后一个时期保持收支平衡面临着较大风险。二是党的十七大以来建设科学化、精细化财政的发展方向更加明确,全区公共财政体系建设和财政财务管理基础工作仍需进一步加强。为此,我们将在今后的工作中继续认真听取人大代表、政协委员的宝贵意见和建议,并逐步采取措施加以解决。

**三、2009年财政预算(草案)**

编制东城区2009年财政预算(草案)的指导思想是:以邓小平理论和“三个代表”重要思想为指导,深入贯彻科学发展观,认真落实党的十七大、十七届三中全会以及市区全会精神,围绕“二三六三”核心发展战略,着力发挥公共财政职能作用,努力构建有利于科学发展的财政体制机制;着眼于奥运会后经济社会发展,

充分发挥政策和资金的引导作用,进一步推动产业结构调整和发展方式转变,促进节能减排和创新型城市建设;积极培育和涵养财源,依法加强收入征管,不断做大财政蛋糕;调整和优化支出结构,整合各种政府资源,严格控制一般性支出,增加对公共服务领域、保障和改善民生的投入,推进基本公共服务均等化,确保全区各项重点工作扎实推进;以加强和改善预算管理为核心,完善预算体系和管理制度,增强预算的法治性和透明度,提高预算管理绩效,为促进东城经济社会又好又快发展服务。

(一)财政收入

2009年财政经济运行面临着复杂多变的外部环境。从积极因素看,我国实行积极的财政政策和适度宽松的货币政策,特别是国务院确定的加快民生工程建设、基础设施建设、提高城乡居民收入、增值税转型减轻企业负担等十大举措,将对促进国内经济平稳较快增长发挥重要作用。北京奥运会、残奥会的成功举办,为全市吸引外资和拉动需求带来了新的机遇。同时,全区深入贯彻落实"二三六三"核心发展战略和"十一五"规划,进一步加快功能区建设和产业结构调整力度,切实转变经济增长方式,提高经济发展质量,也将为区财政经济发展奠定基础。

但是在今后发展中的不利因素和难以预期的不确定性因素,将对财政预算执行产生较大影响,保持财政收入平稳增长、实现财政平衡面临着艰巨局面,需要引起高度重视:一是国际金融危机、世界经济增长放缓等国际经济环境中不稳定因素明显增多。特别是国际金融危机已从金融领域扩散至实体经济领域,对世界经济和国内经济的影响正在加深。二是国内经济运行中面临的困难、问题和不确定性因素明显增加。主要表现为受国际金融危机等因素影响,加工制造业和进出口行业受到一定程度冲击,进出口对财政经济增长的拉动作用有所减弱;股市、房市等持续波动低迷,原材料价格和劳动力成本上涨,中小企业融资困难加剧,停产、停业范围扩大,导致社会投资和消费信心持续下降,金融业、房地产业、租赁和商务服务业等税利贡献支柱产业呈现减收趋势,企业实现利润和财政收入增速下降,财政组收风险不断加大。三是2009年我国将全面实施增值税转型改革,落实新企业所得税法税前扣除标准提高政策以及跨省市总分机构企业所得税征管调整政策,将直接影响增值税、企业所得税汇算清缴收入政策性减收。四是为达到"保增长、扩内需"的目标,国家已于近期相继出台了证券交易印花税单边征收、个人销售或购买住房暂免征收印花税和土地增值税、降低银行存贷款利率等减税让利救市政策。五是2008年区财政增收中一次性入库和企业所得税汇算清缴超常规增收因素较多,2009年上述因素已不复存在,同时2008年超常规增收形成的高基数以及当年企业实现利润下降对税收的滞后影响,将进一步加大2009年区财政收入平稳增长压力。六是由于区重点税源户总量偏少,新引进税源企业多数处于培育和成长阶段,区财政抗风险能力仍有待进一步提高。

综合考虑上述因素,按照积极稳妥、收支平衡的原则,安排2009年区财政收入预算636000万元,比上年增长6%。

(二)财政支出

2009年区财政支出预算安排综合考虑以下因素:一是优先落实低保、就业再就业、抚恤社救等社会保障政策,进一步保障和改善民生,促进和谐社会建设。二是加大对社会重点事业的投入力度,确保教育、科学、文化、卫生等支出达到法律法规规定的增长水平,重点支持基础教育、公共文化服务体系建设,以及社区卫生服务、疾病预防控制体系、突发公共卫生事件应急处理等公共卫生服务体系建设。三是贯彻落实市委、市政府关于做好支援地震灾区灾后恢复重建工作要求,按照不低于2008年财政收入的1%安排对口支援地震灾区援建资金。四是加大对城市基础设施建设和环境综合整治的投入力度,集中财力做好奥运工程收尾、古都风貌保护、解危排险、煤改电改造等全区各项重点工作,提高城市管理水平。五是运用政策和资金等引导手段,积极培育和涵养财源,支持和促进产业结构调整,提高经济增长质量和效益。六是确保政权建设和政法机关履行职能的基本需要,不断提高社会管理和公共服务水平,维护政治稳定、安定团结、和谐有序的良好发展局面。

根据公共财政改革要求和东城区经济社会发展需要,按照突出重点、适度从紧、收支平衡的原则,在编制全区部门预算的基础上,安排2009年区财政支出预算468000万元,比上年年初预算增长14.7%。

需要说明的两方面情况:一是市政府将进一步完善市区财政体制。由于体制完善方案尚未确定,按照市财政局要求,2009年财政预算暂按现行市区财政体制编制。二是鉴于2008年财政决算尚未编制,2009年财政支出预算中的部分项目是按照目前掌握的情况进行安排的,待2008年财政决算编制完成、市区财政体制结算后,有关财政预算安排的数字和内容会有所变化,届时将另行向区人大常委会报告。

**四、2009年财政主要工作安排情况**

(一)主动适应市区财政管理体制,营造良好发展环境

抓住完善市区财政管理体制的契机,认真做好各项完善体制的基础工作,主动争取促进东城区发展的

有利体制环境；积极适应新的市区财政管理体制，认真梳理区级事权范围和公共服务支出责任，进一步优化支持方式，促进政府公共服务水平的提高；适应通过竞争性分配争取市级专项补助的方式，进一步强化财政财务管理基础工作，争取市级补助资金推动东城区科学发展。

（二）狠抓增收节支工作，进一步增强财政实力

围绕推进“二三六三”核心发展战略，结合实际进一步完善有利于科学发展的财政支持机制，促进区域经济科学发展，进一步加强全区税源基础；继续强化对“三区”建设的政策引导和资金扶持，支持重点行业发展和产业结构优化，提高经济发展对财政增收的贡献率；发挥财政资金和财税政策的促进作用，努力支持中小企业发展，增强区域经济发展活力，巩固壮大财源。进一步深化增收节支工作，围绕全区中心继续调整和优化支出结构，严格控制和压缩一般性支出，统筹安排资金增加对公共服务领域和保障、改善民生的投入，保证政权运转需要，努力推进区域基本公共服务均等化。

（三）继续深化公共财政改革，完善财政资金闭环管理机制框架

一是进一步完善财政支出标准体系，增强财政资金分配的科学性；巩固预算分类改革成果，增强预算的控制力和严肃性；进一步规范财政性结余资金管理，提高资金使用效益；强化项目预算滚动管理，增强预算与全区中心工作的衔接性和统筹力。二是深化以财政国库管理制度改革为主要内容的预算执行改革，完善管理制度体系和环节，提高预算执行效率；推广“公务卡”制度改革，提高预算执行管理的规范化水平；继续深化非税收入收缴管理制度改革。三是进一步规范以政府采购预算为核心的政府采购管理体系，完善以政府采购信息系统为依托的采购管理运行机制，强化对政府采购预算执行及供应商、采购人、代理机构的监管。四是细化完善财政性资金投资项目评审管理流程，增强项目评审与部门预算管理、决算评审的衔接机制。五是完善东城区预算支出绩效考评指标体系，健全财政支出绩效考评制度体系和工作机制，实施绩效考评结果反馈及应用模式。六是加强奥运项目后期的结算、评审和监管工作，实现“廉洁奥运”目标；做好市拨专项资金、预算执行情况和财政重点工作的检查、调查工作；依托行政事业单位财务在线监管，强化全区财政财务管理工作。

（四）强化资产管理，完善行政事业单位国有资产动态管理机制框架

一是继续推进行政事业单位资产动态管理工作，结合全区行政事业单位试运行情况，进一步完善管理系统和工作机制。二是完善行政事业单位国有资产日常管理机制，加强对各级预算单位资产管理工作情况的督促检查和指导，防止国有资产流失。三是研究制定行政事业单位资产配备标准，进一步推进行政事业单位资产管理标准化。四是深入开展行政事业单位国有资产集中公开处置及规范电子废弃物回收处置工作，严格做好涉奥资产处置工作，保障国有资产处置工作的公开、公平、公正。

（五）不断加强财会干部队伍建设，提高依法履职能力

一是学习贯彻党的十七大、十七届三中全会精神，强化财会干部队伍职业操守教育，增强依法理财意识。二是将学习实践科学发展观、推进公共财政改革与强化财政财务管理基础工作相结合，增强财税审干部队伍的科学发展意识和改革创新意识。三是继续强化全区会计基础工作，健全各部门内部监督制约机制，严肃财经纪律，提高全区财政财务管理水平。

# 东城区人民法院工作报告

## 2009年1月8日在东城区第十四届人民代表大会第四次会议上

东城区人民法院院长　秦秉瑞

2008年,我院在区委领导、区人大及其常委会监督下,学习践行科学发展观,坚持胡总书记要求的"党的事业至上、人民利益至上、宪法法律至上"原则,全面履行审判执行职能,各项工作圆满完成。

**一、认真履行审判职能,维护社会稳定确保平安奥运**

以服务和保障平安奥运为重点,维护社会公平正义,促进社会和谐稳定,认真履行审判执行工作职能。全年受理各类案件14496件,旧存514件,审结14307件,结案率95.3%,法定审限内结案率为100%,收、结案同比分别增长5%和3%;执结案件3234件,执结标的金额7.4亿元。

刑事审判从维护社会安全稳定、增强群众安全感出发,依法严厉打击各类刑事犯罪活动,共审结刑事案件558件,判处案犯737人。重点对抢劫、重伤害等严重暴力犯罪;盗窃、诈骗等严重影响群众安全感的多发性侵财犯罪;在敏感地区寻衅滋事等犯罪进行了严厉打击,依法对99名犯罪分子判处了五年以上重刑,有力震慑了犯罪。准确把握"宽严相济"刑事政策,将审判职能向前向后延伸,推出"庭前审查、判前考察、刑事和解、判后释法、重点回访"五项举措,努力预防犯罪,减少社会对抗,取得良好效果,41名判处非监禁刑罪犯无一重复犯罪。从平复社会矛盾出发,规范刑附民案件调解工作,推出庭前、庭上、判前、判后"四调解"及与政府机关、司法行政部门、基层组织"三沟通"工作机制,刑附民案件64.7%调解解决,民事赔偿到位率100%。准确适用刑罚,改变检察院起诉犯罪性质8人,建议检察院重新提起公诉3人,改变公、检机关取保候审措施,做出逮捕决定7人。

未成年人案件审判坚持刑民保护并重。在刑事审判中落实"寓教于审、惩教结合"原则,审结未成年人刑事案件45件,判处未成年人犯62人,其中9人宣告缓刑,1人免予刑事处罚。坚持庭前调查和判后教育,使法庭成为法制教育特殊课堂。民事审判对未成年人恪守"最佳利益"原则及"特殊全面保护"原则,全面保护未成年人民事权益,共审结涉少民事案件79件。积极推进判处非监禁刑未成年人复学、就业和培训一体化工作;举办模拟法庭并拍摄成普法系列光盘向全区中小学校发放;加大帮教力度,协调全国律师协会向涉诉未成年人发放"小额爱心基金";建立定期回访制度,监督裁判文书履行;与北京大学联合举办"未成年人权利保护与刑事司法改革"专题研讨会,与北京青少年法律援助研究中心携手开展"少年司法理论与实践合作"。

民事审判以维护和服务民生为重点,依法调处社会矛盾,维护当事人人身和财产权利。依法审理了涉及劳动争议、婚姻家庭、劳务报酬、相邻关系、医疗服务、人身损害赔偿等与人民群众切身利益息息相关的各类纠纷6206件,占全院结案总数的43.4%。准确适用《中华人民共和国劳动合同法》、《中华人民共和国劳动争议调解仲裁法》、《中华人民共和国劳动合同法实施条例》等新颁布的法律法规,注重对劳动者合法权益的保护,依法调处劳资关系,共受理1044件劳资纠纷案,劳动者胜诉率达80%;针对突出反映社会矛盾的相邻关系纠纷,我院以《中华人民共和国物权法》为依据进行悉心审理,努力促进邻里关系和谐,共审结相邻关系纠纷案件444件,其中60%的纠纷通过法官依法调解使矛盾双方达成和解;妥善处理涉奥案件,依法调解北京人民艺术剧院诉北京海湾威尔电子工程有限公司返还安保设备等一系列涉奥案件;加大对新类型案件研判力度,审理了北京首例行人负全责交通事故索赔案、首例无固定期限劳动合同员工被解雇案等新类型案件。

商事审判落实为经济发展创造良好法治环境要求,依法规制市场行为,促进诚信体系建设。审结企业破产、公司清算、保险证券和房贷车贷纠纷等与市场经济发展密切相关的案件2086件。注重国有资产保护,在北京迪婕思经贸有限公司清算组诉北京橡胶十四厂企业兼并合同纠纷案中,依法判决兼并协议无效,避免了近千万国有资产流失,保护了该厂二百多名职工合法权益;依法规范行业秩序,通过对保险行业普遍性问题的调研,及时向保险公司发出司法建议,有效防范保险行业风险,加强对投保人权益的保护;与北京市保险协会建立联合调解机制,发挥司法调解和行业调解的联合优势;在继续落实司法建议制度的同时,又推出和完善法官建议制度,即在案件审理中和案件审结后,通过向当事人发出法官建议的方式,将审理中发现的问题进行说明,引导当事人树立诚信守法观念,提高法律意识,避免其在今后商事活动中出现新纠纷。

知识产权审判坚持保护创新与促进发展相统一,努力提高司法保护水平。审结著作权、商标权、不正当竞争、技术合同、特许经营和侵犯商业秘密案件298件。注重奥运知识产权保护,依法审理奥运福娃设计者署名权等涉奥知产纠纷案;打击剽窃和非法使用他人作品等侵权行为,妥善处理华谊兄弟传媒股份有限公司等十余家著名电影公司起诉网络侵权案件;主动协调东城区娱乐业协会与中国音像著作权集体管理协会沟通谈判,解决卡拉OK版权费纠纷;维护诚实信用原则和公认的市场道德,打击假冒商标、假冒知名商品装潢和虚假宣传等不正当竞争行为,审结上海携程商务公司被诉虚假宣传案件等多起不正当竞争案件。妥善审结了中央电视台诉湖北省电视台电影节目侵权案,总结形成审理新类型知产案件的思路和原则,并被市高级人民法院采用,成为全市法院审理相关案件的参考。

行政审判妥善审理各类行政诉讼案件及非诉行政执行案件,全年共受理涉及公安、工商和房屋土地等政府机关各类行政案件185件,审结184件,审查行政非诉执行案件45件。对敏感性强、社会影响大和人民群众普遍关注的行政案件,努力追求法律效果和社会效果相统一。对行政执法工作进行有效监督,判决撤销行政机关具体行政行为3件,纠正违法行政行为3件,经审理协调被告改变具体行政行为后原告自动撤诉40件。重视拆迁、劳动保障和工伤认定等关系人民群众利益案件的审理。共协调解决此类行政争议52件,增进了人民群众与政府之间的相互理解和信任,收到案结事了效果。针对行政审判中反映行政执法中存在问题,向北京市公安局等行政机关发出司法建议5份,受到被建议单位普遍重视。为方便群众诉讼,实行行政案件就地审理制度,在怀柔等远郊区就地审理多起村民诉北京市国土资源局行政赔偿案,减少了当事人诉讼成本。

执行工作以落实中央政法委《关于完善执行工作机制加强和改进执行工作的意见》为契机,充分运用修订后《中华人民共和国民事诉讼法》赋予的财产申报、限制出境和信息公开等措施,加大执行力度,努力破解执行难。共执结案件3234件,执结标的金额7.4亿元,执行到位率达72%。全年强制执行案件493件,司法拘留83人,罚款金额56.4万元,限制出境5人次。审查确定拍卖、变卖执行案件141件,涉及标的金额7049万元。完善"四位一体、多方互动"执行工作新机制,坚持执行工作职责到位、规范到位、执行措施到位和考核评价到位。调动执行人员、当事人、基层组织和社会资源在执行工作中的积极性。在区委领导下,将落实执行义务情况纳入各单位社会治安综合治理考核范围,建立联席会议、信息通报和司法建议反馈等制度。确保涉奥工程建设,先后完成了东直门地区涉奥规划拆迁、王府井大街改造拆迁及协和医院工程拆迁等案件的强制执行任务。按照市高级法院统一部署,组织开展集中执行涉及民生案件活动,重点执行医疗、住房和社会保障等涉及民生案件87件,执结标的金额720余万元。依法保障当事人和其他利害关系人的异议权及申请复议权,组织执行异议听证会40次,强化对执行工作的监督。

在以审判执行工作保障平安奥运的同时,我院服从服务首都和东城区工作大局,积极参与平安奥运和全国文明城区创建工作。在奥运筹备和举办期间,我院先后抽调132名干警直接参与到服务和保障奥运具体工作中。包括奥运大家庭饭店场馆运行团队、社区安保特派员和公安派出所法律志愿者等9类,累计出勤5176人次,最长服务时间长达6个月。在东华门街道参与社区志愿工作的杨文起同志利用民事审判调解经验为社区居民排难解纷,调解社区纠纷五十余起,群众专门向他赠送锦旗表示感谢,周永康等领导同志还亲切接见了他。

**二、坚持司法为民,确保当事人打一个公正、明白、便捷、受尊重的官司**

我院始终把维护人民权益作为审判工作的根本出发点和落脚点,强化亲民便民利民意识,自觉为民分忧为民解难为民息怨,努力把司法为民措施落实到立案审判执行工作各环节,确保当事人打一个公正明白便捷受尊重官司。

加强审判规范化建设,提高审判管理水平。我院在处理人民来信来访、征求群众意见中发现,当事人对案件审理是否服判,多源于司法行为是否规范,这已成为人民群众认知司法审判是否公正的重要标准之一。为此,我院于年初确定开展为期三年的"审判规范年"活动,解决法官司法行为不规范、开庭审理随意性大和法律文书质量不高等问题。今年主要开展以下工作:一是规范庭审行为。利用法庭光盘刻录系统全程监督审判活动,所有案件均实行光盘刻录及存档,同时由案件评查小组进行回放检查,编辑不规范庭审行为展示光盘在全院播放,对不规范庭审行为进行通报批评。二是加强案件检查。强化案件评查小组和案件差错评查委员会职能作用,使案件检查日常化和制度化,将案件差错初评、申辩、确认、处理和展示规范化。三是严格审限要求。科学考核各审判业务庭月、季审判任务完成情况,严格把握程序转换和延长审限标准,定期开展超审限案件层级检查和清理活动,严防超审限案件。四是规范全程调解。继续深化"双主动"审判模式,将调解贯穿于立案、审判和执行全过程。其中,民商事案件调解率达到63%,多数当事人握手言和,调解涉案金额六千余万元。五是提高裁判文书质量。每季度将优劣法律文书展示点评,以提高法官裁判文书质量意识和责任意识,进一步增强裁判的公正性和法律文书的说理性。六是规范大标的金额案件审理。民商事案件管辖标的金额由500万元调整到5000万元后,出台了《关于级别管辖调整后加强审判和执行工作的若干意见》,从立案、审判、执行和监督等方面加强管理。目前,我院已经受理14件大标的案件,标的总金额达1.32亿元。七是强化示范效应。坚持完善院、庭长和审判长观摩示范庭,加强院、庭长和审判长在审判工作中的示范、指导作用。八是深化机构改革。设立审判服务办公室,面对面为当事人提供诉讼材料转交、案件查询和法律咨询等服务,方便当事人诉讼;成立执行工作办公室,规范执行裁决权与执行实施权,强化对执行工作的监督与制衡。

强化内外部监督,确保审判公开公正。在内部审判监督方面,适应《中华人民共和国民事诉讼法》修订后对审判监督工作的新要求,将案件质量监督管理职能纳入审监庭,从司法职能上加大案件评查力度,共检查案件3546件,占全部已结案件的31.8%,评查案件151件。推出评查案件申辩制度,实行案件评查流程管理,提高了评查案件的规范化水平。主动接受人大及其常委会监督,认真贯彻落实《中华人民共和国各级人民代表大会常务委员会监督法》,主动向区人大及其常委会汇报工作,积极配合人大常委会的专项检查。组织人大代表旁听案件104人次,迎接市、区人大代表来院视察工作106人次。及时办理人大代表、政协委员的建议案、提案和各上级机关督办案件27件。主动接受人民陪审员的监督,共邀请人民陪审员参与陪审刑事、民事和行政等案件1089件,人民陪审员参与陪审率达到92%。主动接受特约监督员的监督,召开特约监督员座谈会,认真倾听和办理监督员提出的意见和建议,为监督员开展工作创造必要条件。主动接受检察机关法律监督,积极贯彻北京市人民代表大会常务委员会《关于加强人民检察院对诉讼活动的法律监督工作的决定》,规范并落实检察长列席审判委员会制度。主动接受社会监督,将全部刑事、商事、知识产权裁判文书在国际互联网公布,供社会公众查阅和监督。对十多起典型案件进行全程网络直播,打造阳光审判,充分利用网络技术扩大群众监督范围。

提升立案窗口服务水平,方便群众诉讼。严格立案审查,确保依法、准确和及时立案,加强立案窗口文明建设,提供便捷周到的立案服务。通过向立案人发放《案件受理费交纳标准告知书》和《民事案件分类案由提示书》等二十余类服务性材料,引导当事人正确行使诉讼权利,合理预期诉讼风险,明确法定诉讼案由,让当事人明明白白立案。汇总辖区内各大医院等相关服务单位的详细名称,供当事人查阅,防止因名称有误被告拒绝应诉形成诉累。制作《当事人修改起诉状及补充材料告知书》,努力让初来法院诉讼的群众一次性知晓立案需要提交的材料,避免他们多次往返,使其感受到提起诉讼之便捷。对有特殊需求的当事人实行个性化服务,开设"老幼病残孕优先立案窗口";设立值班法官为当事人提供法律咨询和诉讼引导;对年老和行动不便的当事人提供预约立案和登记上门立案服务;对立案审查过程中窗口接待礼仪和语言进行具体规范,让当事人感受到文明执法和热情服务。

妥善处理涉诉信访,畅通民意表达渠道。随着社会发展、改革深入和利益格局调整,特别是城市改造和拆迁建设,大量社会矛盾以诉讼形式涌入法院。部分当事人诉求得不到法律支持时,谋求以信访这种低成本形式向法院施压,以求得个人利益最大化。涉诉信访虽然主要根源在社会且成因复杂,但作为社会矛盾调处的最后一道防线,全力化解涉诉信访又是法院在现阶段不得不承担的责任。妥善处理涉诉信访,不仅关系到社会和谐稳定,关系到群众切身利益,更关系到法律的严肃性和司法裁判的稳定性。对此,我院在提高案件质量,改进审判作风,从源头上预防涉诉信访的基础上,高度重视、正确对待和妥善处理群众来信来访,建立了"案件质量防控、矛盾排查监控、初访接待调处、信访考核与倒查"四项机制。特别是在平安奥运行动中,制定并严格落实《关于做好奥运期间涉诉信访紧急突发情况处置的工作办法》等九项关于加强涉诉信访工作的规范。按照"大接访"活动要求,院领导采取每日轮流值班接待、约访和下访等方式接待信访人,认真听取信访人诉求并当面解答问题和耐心疏导,消除当事人误解。全年院领导接待475人次,庭长接待1123人次,很多初访矛盾得到了化解。依法甄别有理访和无理缠访,对因标准租私房腾退引发的涉诉信访,主动争取区政府支持,通过适当提高补贴和申请廉租房等举措,力求做到既落实产权人权益又考虑承租人困难。对无理缠访的上访人,耐心做说服教育和疏导化解工作。院庭两级领导多次深入上访人家中做息访工作,防止矛盾激化。针对部分涉诉信访人为外地人的情况,积极与各省市驻京办事处及当地信访部门沟通,建立跨区域信访联动机制,确保了奥运期间群体访和非正常访“双零”指标的实现。

积极开展司法救助，维护特殊群体权益。对经济困难的当事人减、免、缓交诉讼费，保障当事人诉权的顺利实现。全年共批准缓交诉讼费总计18.4万元，免交诉讼费186万元；切实维护特殊群体的合法权益，为35名经济困难的刑事被告人指定辩护律师，保障他们的辩护权；建立农民工立案绿色通道；提供“小额爱心基金”，帮助四名判处非监禁刑未成年人重返校园。采取多种方式为汶川地震受灾当事人提供诉讼帮助。快速执结灾区农民工追讨劳动报酬的执行案件，并在第一时间将全部案款17000元发放到6名灾区申请人手中；为亲属在地震中受伤当事人提供上门立案服务；协调鉴定机构为受灾当事人减免鉴定费用。此外，全院干警积极投身于支援汶川抗震救灾活动中，向灾区人民捐款12万余元和100多床棉被。

发挥新审判业务楼功能，为群众创造良好诉讼环境。在各位人大代表关注和支持下，我院新审判业务楼自2008年1月2日正式启用，已经运行一年。一年来，我院充分发挥新审判业务楼各项功能，全力为当事人创造庄严、方便、整洁的诉讼环境。在立案大厅，免费提供复印机方便当事人复印诉讼材料；设置触摸式案件查询设备，方便当事人查询相关信息；设立专门阅卷室，为当事人借阅案卷提供良好服务。设立审判服务办公室，为当事人提供面对面诉讼指导和服务。一年来共接待当事人64107人次，登记开庭及立案54868人次，代收代转诉讼材料3261份，解答法律咨询5061人次，电话解答法律问题一万余人次。新审判业务楼也成为对外展示我区民主法治建设成就的重要窗口，一年来完成外事接待任务9次，俄罗斯、美国、乌克兰、韩国、匈牙利、白俄罗斯、日本及香港等多个国家和地区的代表团来院参观交流。最高人民法院、北京市委领导和全市二十多个法院主要领导先后到我院视察指导工作。市、区人大代表也先后来院视察，外省市兄弟法院来院参观学习达到25批，390人次。

**三、加强法官职业化建设，确保严格公正文明执法**

优化法官队伍结构，提升法官职业素养，不断提高法官严格公正文明执法水平是我院法官职业化建设的主要目标，今年重点从以下六个方面加强了建设。一是加强思想政治建设，确保正确执法理念。深入开展“迎奥运、强素质、树形象”主题教育和胡锦涛总书记在全国大法官、大检察官座谈会上重要讲话的“大学习、大讨论”活动，进一步强化社会主义法治理念教育，引导干警树立党的事业至上、人民利益至上、宪法法律至上的指导思想，努力追求法律效果和社会效果的统一。二是加强司法能力建设，确保审判公正高效。第三批选派6名业务骨干赴上级法院进行为期一年的学习交流；组织审判长、法官观摩测评庭36个，邀请江平等学术界知名人士和专家学者来院讲座4次；组织民事、行政和知识产权等方面大型专题研讨会12次，提高了法官适用法律能力。三是加强后备人才建设，确保法院长远发展。依照组织程序，选拔任用中层副职干部11名，充实中层干部队伍。录用来自北京大学等重点院校的研究生14名，为法院发展增加了人才储备。组织新录用人员赴郊区法庭及青海法院等艰苦地区开展实践锻炼活动，加强国情社情教育，培养艰苦奋斗良好作风。四是加强党风廉政建设，确保司法清正廉洁。丰富反腐倡廉教育的形式，组织院庭领导干部参观北京市反腐倡廉警示教育基地，学习落实北京市法院“五条禁令”，利用“东城法院网”开辟廉政格言、纪律要求和工作提示窗口，举办“党风廉政建设成果展”，开展廉政征文活动。召开“澄清举报正名”会，在政法委、检察院监督下向举报人通报举报案件的调查过程和结果，澄清不实举报，为法官正名。五是加强先进典型建设，确保创新和无私奉献精神得到弘扬。在继续深入宣传“东城区有突出贡献的优秀人才”岳慧青、北京法院“十佳法官”马建等典型的基础上，高度重视新典型的培养推广工作，先后涌现出“全国巾帼文明岗”行政庭、北京市“三八”红旗奖章获得者范国伟、马云等一批先进集体和先进个人。特别是李旭辉等六名法官被区人大常委会授予“东城区优秀法官”荣誉称号并受到隆重表彰。这些先进集体和个人的涌现，在队伍中起到了良好的激励、示范和引领作用。六是加强法院文化建设，确保法官队伍形象。围绕“平安奥运”及回顾建院五十周年活动，大力开展法院文化建设，提升法院形象。积极组织参加奥运火炬传递等活动，激发干警服务奥运和参与奥运热情。我院干警参加东城区党员演讲比赛获一等奖；参加北京“迎奥运、讲文明、树新风”礼仪知识电视竞赛获三等奖；代表北京市法院系统参加北京市直机关奥运倒计时一百天合唱比赛获二等奖。

存在一些问题和不足：一是在司法理念上，就案办案、案结事不了等问题仍有发生。二是在司法能力上，法官理论水平和审判能力还有待提高。三是在审判作风上，个别法官不注重司法礼仪，对待当事人缺乏耐心。对于以上问题，我院将在今后的工作中继续采取有效措施逐步加以解决。

2009年，我院将围绕全区的中心工作，立足审判，加强各项管理，践行司法为民，维护社会公平正义，努力促进社会和谐、稳定与发展。一是在学习实践科学发展观上下功夫，进一步强化司法理念。按照区委统一部署和要求，认真组织好学习实践科学发展观活动。从观念意识、思想作风、能力素质和体制机制等方面找差距、查不足,以“三个至上”重要原则指导全院各项工作。二是在深化“审判规范年”活动上下功夫,进一步提高管理水平。继续深化“审判规范年”活动,完善立案接待、庭审活动、案件流程管理、审判质量考核和案件查评规范体系;弱化结案率的考核攀比,强化审限内结案率考核,促进均衡结案;完善审判委员会职能,加大对重大、疑难、复杂案件的研究力度,建立超审限案件说明制度,加强超审限案件审批管理。三是在业务培训和改进作风上下功夫,进一步提高司法能力。组织各审判领域疑难法律问题研讨会,聘请专家学者和兄弟法院知名法官来院授课。切实抓好以院庭长示范庭、审判长观摩庭测评为重点的庭审能力建设;以裁判文书检查及差错展评为重点的裁判文书制作能力建设;以观摩庭及庭审刻录系统检查为重点的司法职业礼仪建设;以差错案评查为重点的案件综合质量建设。四是在涉诉信访矛盾排查化解上下功夫,进一步增强维护社会稳定的能力。提高案件质量,从源头上预防新的涉诉信访案件,加大对新产生信访案件责任追究力度;协调相关部门建立化解稳控联动机制,形成化解合力;向决策部门建议研究涉诉信访案件终结机制;对现有信访案件以更大的耐心、决心、同情心和责任心投入化解工作,通过讲法、讲理、讲情,逐步化解涉诉信访矛盾。五是在自觉接受党的领导和人大监督上下功夫,进一步改进各项工作。自觉贯彻执行党的路线方针政策,紧紧围绕全区的中心工作推进法院各项建设。认真贯彻落实监督法,主动向区人大常委会报告工作,广泛听取人大代表对法院工作的意见和建议,将人大代表的意见转化为法院工作的动力。高度重视政协民主监督的作用,充分听取人民群众和社会各界对法院工作的意见和建议,不断改进工作。

# 北京市东城区人民检察院工作报告

## 2009年1月8日在东城区第十四届人民代表大会第四次会议上

东城区人民检察院检察长　娄云生

## 2008年的主要工作

### 一、全面履行刑事检察职能,依法打击刑事犯罪

紧紧围绕维护社会和谐稳定和成功举办奥运会的大局,切实履行审查批捕和审查起诉等刑事检察职能,全力保护人民群众的生命财产安全和社会公共利益。全年共受理公安机关提请批准逮捕的各类刑事案件496件646人,经审查批准逮捕455件594人;受理公安机关移送审查起诉的各类刑事案件593件788人,经审查提起公诉526件693人。办案中,我们一是加大打击力度。从东城特殊的区位特点出发,高度重视,重点打击了抢劫、抢夺、盗窃、诈骗等侵财类犯罪、涉毒涉枪涉黄犯罪和其他严重危害社会秩序、对举办奥运会构成潜在威胁的犯罪活动,全年共批准逮捕各类重点案件302件393人,提起公诉331件445人。二是确保办案质量。坚持提讯犯罪嫌疑人,每案听取犯罪嫌疑人的供述和辩解,依法保护诉讼参与人的合法权益,防止在任务重、压力大的情况下可能出现的错捕错诉。三是提高办案效率。在批捕、起诉部门成立专业化办案组,对不同类别的案件进行分类审理,加快案件的流转速度,确保所有案件均在法定时限内审结。与此同时,我院继续深入贯彻宽严相济的刑事政策,最大限度地增加和谐因素,减少不和谐因素,努力为经济社会发展创造良好的环境。

### 二、大力查办和预防职务犯罪,推动反腐败斗争深入开展

进一步加大办案力度。按照中央关于反腐败的一系列重大战略部署,坚决查办贪污贿赂、渎职侵权等各类职务犯罪。一是全力查处职务犯罪大要案,受理各类职务犯罪案件线索124件,立案侦查31件31人,全部为大要案,立案数与大要案数均列全市首位,4名局级干部、7名处级干部依法受到追究。二是坚持“抓系统,系统抓”的有效方法,继续深入医药购销、城镇建设等商业贿赂犯罪的易发多发领域,开展专项打击活动,立案侦破了如原北京市垂杨柳医院供应科科长张某收受供货商贿赂款70余万元等商业贿赂案件。三是突破职务犯罪的新领域,依法查处了高等教育出版社正局级干部刘某涉嫌贿赂案,立案侦查了市政建筑系统2名专家在全国执业资格考试中泄漏考题案,查办了祝某、郎某在旧村改造过程中贪污拆迁款案等等,扩大了反腐败的影响力和辐射面。四是注重深挖,认真分析发案特点和作案手段,及时收集固定关键证据,

不断挖出职务犯罪窝案、串案。如国家林业局11名工作人员涉嫌贪污受贿案,侦查人员从一件举报线索入手,连续奋战,累计加班上千小时,调查取证行程数万公里,足迹遍及全国20多个省、自治区、直辖市,最终突破全案,王某、胡某等2名局级干部,以及3名处级干部相继落马,在全国林业系统引起震动。五是积极配合中纪委、最高人民检察院和市检察院查办案件,办理了在全国有较大影响的一些重点大案、要案,受到上级领导机关的充分肯定。六是注重办案的社会效果,并尽可能为国家挽回因犯罪造成的经济损失。2008年所办案件中,大案占87%,涉案总金额1059.78万元,其中涉案金额50万元以上的案件6件,百万元以上的2件,目前已追回赃款近千万元。七是增加职务犯罪侦查工作的科技含量,努力提高利用科技手段侦破案件的能力,坚持讯问犯罪嫌疑人全程同步录音录像,有效固定了证据,遏制了犯罪嫌疑人翻供,提高了执法水平,提升了办案的质量和效果。八是积极拓宽案件来源,负责任地对待群众的每一封举报信,对所有举报线索都坚决一查到底。

积极开展预防职务犯罪工作。按照"更加注重治本,更加注重预防,更加注重制度建设"的要求,进一步深化职务犯罪预防工作。把此项工作纳入反腐败的总体格局,确立"让权力在阳光下行使"的工作主题,有特色的加强社会化预防网络建设,特别是制度建设,并建立了预防职务犯罪进社区工作机制。结合办案,深入分析犯罪原因,研究防范对策。积极开展职务犯罪预防巡展,进一步拓展了从源头上防治腐败的工作领域。

**三、依法开展对诉讼活动的法律监督**

进一步突出"强化法律监督,维护公平正义"的工作主题,继续认真履行宪法和法律赋予的法律监督职能。

认真开展刑事立案和侦查监督。坚持与烟草专卖、工商、税务等行政执法部门定期沟通,健全行政执法与刑事司法相衔接的工作机制,实现刑事立案信息共享,拓宽了监督渠道,强化了监督效果。向公安机关发出《说明不立案理由通知书》2份,经公安机关立案侦查,法院已对其中1件作出有罪判决。经审查,依法决定不批准逮捕48件62人;不起诉6件13人。针对侦查活动中存在的问题,刊发《检警交流》专刊,作为沟通与纠错的渠道。全年通过退回公安机关补充侦查和自行补充侦查,共改变原侦查定性19件,增定新罪名19件,增减犯罪事实14起,自行决定追捕犯罪嫌疑人4名,追诉3名,起诉后均被法院判决有罪。

强化刑事和民事行政审判监督。通过出庭支持公诉、审查判决、受理公民申诉等途径,依法加强对刑事、民事和行政审判活动及生效判决、裁定的监督。出庭支持公诉263件,审查刑事判决500份。对认定事实有误、量刑不当的,依法提起刑事抗诉1件,二审法院已作出改判。落实检察长列席法院审判委员会制度,增强监督实效。积极回应人民群众的司法需求,受理并审查当事人不服人民法院民事行政生效裁判的申诉79件,提请上级检察院抗诉3件。同时,对法院的正确判决、裁定,认真做好申诉人的息诉工作,促进社会和谐稳定,维护司法权威。

加强对刑罚执行和监管活动的监督。以服务保障平安奥运为重点,进一步加大对看守所监管秩序和社区矫正工作的检察监督力度。一是根据形势的变化,加强情况分析,密切关注监管场所在押人员的思想动态。二是以推进执法规范化建设为重点,针对刑罚执行活动中易发生问题的环节,如羁押期限、戒具使用、监内安全卫生、防病防疫、送交执行、办理保外就医手续等开展专项检察,保证了监管秩序的稳定和安全,维护了在押人员的合法权益。三是不断加大对服刑人员的帮教工作力度,以"励志新生、与奥运同行"为主题,与北京市监狱管理局清河分局等单位联合开展形式多样的共建活动。四是密切与各派出所、司法所、社区的联系,积极参与社区矫正工作,强化对减刑、假释、暂予监外执行的检察监督,取得良好效果。

**四、综合运用检察职能,积极服务经济社会发展大局**

着眼于维护稳定,参与社会治安防控体系建设。增强维护稳定、服务发展的社会责任感,结合办案,深入分析犯罪趋势、发案原因、预防对策,形成20余篇调研报告,其中10余篇上报市委、高检院。针对相关部门或单位监管措施不到位等问题,我们及时发出21份检察建议,普遍得到被建议单位的积极回应,迅速采取了整章建制、加强管理等整改措施。进一步加强了中小学法制副校长工作,以预防青少年违法犯罪,提高自我保护意识为重点,使在校学生的法制教育经常化,不断发挥我院"北京市优秀青少年维权岗"的作用。

着眼于案结事了,积极做好控告申诉检察工作。高度重视并妥善处理人民群众通过来信来访等形式反映的问题,认真倾听民生诉求,尽最大努力解决信访矛盾。坚持检察长接待日和预约接待制度,逐步完善"大信访"工作格局。全年接待人民群众来访800余人次,妥善处理集体访3件480余人次,快速办结了16件特殊紧急来访。集中开展涉检信访矛盾排查化解专项工作,逐案制定息诉工作方案并协调各部门共同落实,加大对涉检信访尤其是重信重访案件的督导力度。在对上访人释法说理、耐心疏导的同时,积极联系信访、维稳部门以及上访人所在的单位和社区,形成信访联动机制,着力为上访群众解决实际问题。通过努力,很多信访诉求得到妥善解决,确保了奥运期间无非正常上访和群体性事件发生的"双零"目标。

着眼于检务公开,加强对检察工作的宣传力度。通过多种途径增强检察工作的透明度。以"检民携手,共建和谐"为主题,举办检察开放日活动,邀请17个社区的60余名群众代表和社区干部来院座谈、参观,在大要案指挥中心实地观摩讯问犯罪嫌疑人全程同步录音录像。召开专题新闻发布会,向新闻媒体、人民群众展示、通报检察机关反腐败工作的成效,赢得了社会各界对检察工作的有力支持。继续有效利用主流媒体,加大职能宣传力度,披露典型案例。全年在《检察日报》、《北京日报》、北京人民广播电台、北京电视台等刊播文章、稿件600余篇次,不断扩大了检察机关的社会影响力。

**五、以公正执法为核心,全面加强检察队伍自身建设**

坚持以人为本,以公正执法为核心,以专业化建设为方向,努力加强队伍建设,检察队伍整体素质和专业化水平进一步提高。

扎实开展"大学习、大讨论"活动。按照上级部署,紧密联系检察工作实际,积极开展以党的十七大精神和胡锦涛总书记在全国政法工作会议代表和全国大法官、大检察官座谈会上的重要讲话为内容的大学习、大讨论活动。我们通过组织辅导、集中培训、举办论坛、大会交流、开设局域网专栏等多种形式,引导广大干警始终坚持中国特色社会主义检察制度,坚持党的事业至上,人民利益至上,宪法法律至上,牢固树立社会主义法治理念,坚定不移地做中国特色社会主义事业的建设者和捍卫者。

加强队伍专业化建设。高度重视人才培养,下大力气抓人才基础建设,继续完善高层次人才的选拔机制,加大投入,放手锻炼,大胆使用,为年轻人创造和提供施展的空间与舞台。今年恰逢全市检察系统业务技能比武年,我们以通过参赛全面提高干警业务能力为目标,坚持全员参与,全员受训。经过努力,我们在比武的全部14个项目中都取得了好成绩,其中公诉部门选手获得北京市"十佳公诉人"第一名,全院团体总分名列第二。

立足本职,服务奥运。今年以来,我们在各项业务工作不减,并圆满完成办案任务的同时,按照区委的统一部署,以饱满的精神状态,积极参加了服务奥运工作。一名院领导被抽调奥组委,担任火炬接力境内城市联络组组长、传递物资保障组组长,以及总指挥部办公室负责人,并出色完成任务;17名干警在较长时间内,参与车辆驾驶、场馆技术保障、法律咨询、语言服务等工作,展现了新时期检察官的风采;30名业务骨干作为特派员,协助社区干部,全力做好奥运安保工作;与此同时,留守岗位的干警积极参加了多项赛事服务及社会面防控工作。在服务奥运的锻炼和考验中,队伍整体素质得到新的提升,涌现出许多生动感人的先进典型和事迹,被市院评为"服务奥运先进集体"。

树立典型,学习先进。以"东城区优秀青年人才"游小琴等先进典型为榜样,举办"感动东检——我身边的检察官"评选及表彰活动,全面介绍、集中展现先进典型和优秀集体的事迹和风貌。以区人大常委会授予"优秀检察官"荣誉称号为契机,在全院掀起学习身边榜样的热潮,进一步激发干警奋发有为的工作精神、求真务实的工作态度和持之以恒的工作干劲。认真组织检察机关恢复重建三十周年纪念大会,传承老一辈先进典型的光荣传统,凝聚力量、鼓舞士气。

我们也清醒地看到,我们的工作与当前形势、与党的要求和人民群众的期待还存在差距。一是用科学发展观指导检察工作的能力还不够强,措施还不够有力;二是检察队伍的整体素质还有待于进一步提高;三是需要进一步加大改革创新的力度。对于以上问题,我们将在今后的工作中逐步加以解决。

## 2009年的工作任务

**一、扎实开展学习实践科学发展观活动**

要通过学习实践活动,力争在对科学发展观的理解上有新收获,在服务科学发展上有新作为,在维护人民群众合法权益上有新提高,在创新检察工作机制上有新进展。进一步坚持中国特色的社会主义检察制度,认真落实"立检为公、执法为民"的工作宗旨,发挥法律监督的职能作用,切实做到严格、公正、文明执法,努力建设专业化、高素质的检察队伍。

**二、以改革创新精神推动检察工作科学发展**

致力于开创刑事检察工作的新境界,摸索规律,推进审查批捕、审查起诉与出庭公诉工作方式和机制改革。探索反腐败工作的新举措,逐步完善举报线索管理制度、侦查情报信息制度、侦查一体化机制和职务犯罪嫌疑人追逃长效机制。以关注民生为重点,继续完善在检察环节上定纷止争、案结事了、息诉罢访的有效机制,全力在检察工作中化解矛盾纠纷,努力实现检察工作政治性、人民性和法律性的有机统一。

**三、加强对诉讼活动的法律监督**

全面贯彻落实市人大常委会《关于加强人民检察院对诉讼活动的法律监督工作的决议》,把强化法律监督、维护社会公平正义作为检察工作的根本任务,进一步增强监督意识和工作主动性,全面强化立案监督、侦查监督、审判监督以及刑罚执行和监管活动监督,忠实履行宪法和法律赋予的法律监督职责。

**四、进一步加强队伍建设**

做中国特色社会主义事业的建设者、捍卫者，大力加强思想政治建设，确保检察队伍始终忠于党、忠于国家、忠于人民、忠于法律。深入推进专业化建设，提高全体检察人员的专业素质和能力，逐步形成梯次配备的检察人才队伍。以加强办案安全和廉政警示教育为重点，进一步推进检务督查工作。坚持从严治检，认真落实党风廉政建设责任制的各项措施。

**五、自觉接受党的领导和人大监督**

坚持把检察工作置于党的领导和人大监督之下。建立健全接受人大监督的经常化和规范化工作机制，不断增强接受人大监督的自觉性，完善接受人大监督的具体措施，拓宽接受人大监督的渠道，认真向人大报告工作，虚心听取人大代表的意见，不断提升检察工作水平。

# 政党·团体

## 中国共产党北京市东城区委员会

### 概　　述

本年,深入学习实践科学发展观活动,集中精力保增长、保民生、保稳定,推进"国际化、现代化新东城"建设,经济和社会各项事业得到持续、健康、协调发展。

抓好第一批学习实践活动和"回头看"工作,实现"党员干部受教育、科学发展上水平、人民群众得实惠"的总要求,群众满意度98.03%。坚持边学边查边改、能改快改的方针,启动20年总体发展战略规划编制工作。开展解放思想大讨论、"我为东城科学发展献一策"等活动,解决工作中存在的突出问题,办理惠民实事1700件。开展第二批学习实践活动。

完成"开天辟地"游行方阵、背景组字表演、联欢晚会表演以及群众游园、环境整治、国庆景观布置、新闻宣传、城市运行保障等任务。加强应急演练,强化社会面防控,完善信访工作长效机制,做好治安巡逻、矛盾排查、风险防范等工作,妥善搬迁疏散东交民巷29、31号院内居民,实现"平安国庆"目标。开展"60年巨变看东城"展览、"东城名片"和"感动东城"公德人物评选等市民教育活动,加强志愿者队伍建设,获全市"最佳服务保障奖"。

落实北京市应对金融危机的66条措施,制定东城区服务经济发展的24条措施和实施细则,设立专项扶持资金,促进信息、金融、商务服务和文化创意四大主导产业聚集发展,推进楼宇经济发展,建立楼宇经济信息数据库,加强新兴产业研究,促进低碳、中医药产业建设,实现经济平稳较快增长。举办"金街过大年"、"首届皇城文化旅游节"等系列活动,推进特色商业街区发展。推进国资国企改革,完成资产经营公司调整组建工作。开展"送政策、送信息、送服务"活动,加大对中小企业的扶持力度。优化区域发展环境,建立经济监测体系、产业促进体系和行政服务体系,完善职能部门和街道整体联动服务机制。与瑞士洛桑市合作建设绿色城区项目被纳入中瑞政府间合作框架。

完成文化馆、街道文体中心升级改造工程,制定鼓励驻区单位对社区居民开放内部文体设施措施,拓展市民文体活动空间。整合区域戏剧文化资源,推进"首都戏剧文化城"建设,打造"五大剧场群"和"戏剧四季风"等品牌活动,承办建国60周年话剧高峰论坛。建立国际版权交易中心和北京版权产业融资平台,雍和园获"2009年度中国最佳创意产业园区奖"。推进"国家中医药发展综合改革试验区"建设,打造中医药文化品牌和产业发展平台。加快南锣鼓巷风貌保护工程、钟鼓楼·北京时间文化城建设,再现了玉河"水穿街巷"的历史景观。推进文物修缮与利用工作,国子监街成为北京市入选首批十大"中国历史文化名街"的街区。

设立就业应急准备金,加强就业服务和就业岗位开发,确保就业形势基本稳定。落实低保标准调整政策和各项专项救助政策,实施"夕阳红工程",提高社会保障水平。改善居民居住环境,完成6700户民居修缮、9000户用水"一户一表"改造、3.8万户平房"煤改电"和涉及2900户居民的老旧楼房通天然气工程。推进学区化管理、学校联盟、蓝天工程建设,促进义务教育优质均衡发展。完善社区卫生服务双向转诊工作,开展"社区健康之家"试点工作,落实防控甲型H1N1流感疫情的各项措施,提高群众健康水平。启动建设国家级"城市公共服务标准化示范区"工作。完成社区党组织和居委会换届选举。实施社区服务发展规划,完成115个社区服务站配套设施标准化建设,启动社区规范化建设试点工作。实行在商务楼宇内建立党建工作站、社会工作站和工会服务站"三站合一"的新模式。制定环境卫生、园林绿化、市政道路管理服务规范,健全城市管理常态化机制。

制定加强和改进党委(党组)中心组学习、大规模培训干部工作的实施意见,深化"学习型领导集体"创建工作。实行"规定+自选"教育培训模式,开展处级干部学习贯彻中共十七届四中全会精神轮训和"一把手素质培训工程"、古都风貌保护与城市现代化等专题培训。选派优秀干部到国庆工作一线进行锻炼,健全完善岗位目标责任制考核体系。加强党内民主建设,坚持党代表列席区委全会制度,开展“党代表接待日”试点工作,推行基层党组织“三推一选”模式。实施“凝聚工程”,加强社会领域党建工作,分类推进基层党建工作创新。落实党风廉政建设责任制,加大案件查处力度,增强领导干部廉洁自律意识。建立网上监察平台,推进廉政风险防范管理工作,惩治和预防腐败体系建设工作取得新突破。

**单位名称:中国共产党北京市东城区委员会**
**单位地址:钱粮胡同3号**
**联系电话:84036971　邮政编码:100010**　(王家岩)

## 主要工作及活动

**【区委全会】** 5月7日,召开十届八次全体会议。传达市委十届六次全会精神;杨柳荫代表区委常委会作题为《全力以赴保增长、保民生、保稳定,努力打造“国际化、现代化新东城”》的工作报告;听取区政府关于经济社会发展工作的报告;审议通过区委常委会工作报告和《中共东城区第十届委员会第八次全体会议决议》;提出做好下半年工作要求。　(王家岩)

**【区委常委会】** 全年召开区委常委会28次,研究决定议题196个。研究区委关于在全区党员中开展深入学习实践科学发展观活动的实施意见、组织领导机构等议题;在转变经济发展方式,构建创新型、资源节约型、环境友好型城区方面,研究区政府机构改革、推进区国资国企改革的意见等议题;在实施“文化强区”战略,构建首都文化中心区方面,研究《东城区文化强区战略纲要》实施、文化创意产业发展等议题;在统筹兼顾各方利益,构建和谐社会首善之区方面,研究关于进一步推进义务教育均衡发展的实施意见、平房居民煤改电采暖工作和平房院用水一户一表改造工作方案等议题;在以改革创新精神全面推进党的建设方面,研究加强和改进党委(党组)中心组学习的实施意见、加强和改进处级领导班子思想政治建设的实施意见等议题;研究做好国庆60周年安全稳定和信访工作、国庆60周年景观布置和环境整治情况等议题。　(王家岩)

**【区委专题会】** 3月28日,召开专题会议,研究区委开展深入学习实践科学发展观活动相关工作。杨柳荫、杨艺文、吴弘勇、冯熙、曾刚健、刘瑞宾、边振英、梁军、岳鹏、王红兵、李荣庆、李力、毛桂芬、章冬梅、王佩立、毛炯参加。杨柳荫主持。5月6日,召开专题会议,研究编制区总体发展战略规划和中长期人才发展规划工作。杨柳荫、杨艺文、刘朋庆、吴弘勇、曾刚健、刘瑞宾、边振英、梁军、王红兵、李荣庆、毛桂芬、章冬梅、毛炯参加。杨柳荫主持。6月11日,召开专题会议,研究区土地管理工作。杨柳荫、边振英、李荣庆参加。杨柳荫主持。7月9日,召开专题会议,分析区上半年经济形势,围绕主导产业发展、扩大经济增量、加大固定资产投资、推进重点项目建设、加强数据统计分析、强化国有企业职能等方面进行研讨。杨柳荫、冯熙、曾刚健、刘瑞宾、边振英、梁军、王红兵、李荣庆、毛桂芬、王佩立、毛炯参加。杨柳荫主持。8月26日,召开专题会议,研究区网上监察建设工作。杨柳荫、杨艺文、刘朋庆、吴弘勇、边振英、梁军、章冬梅参加。杨柳荫主持。9月29日,召开专题会议,研究区国资国企改革工作。杨柳荫、杨艺文、刘朋庆、吴弘勇、边振英、梁军、李荣庆、王佩立参加。杨柳荫主持。　(王家岩)

**【街道党政负责人会议】** 4月23日,召开区第1次街道党政负责人会议。杨柳荫、杨艺文、刘朋庆、吴弘勇、冯熙、边振英、梁军参加。杨柳荫主持。通报区委区政府当前重点工作情况,听取关于“保增长”和学习实践活动工作情况汇报。研讨“保增长”具体工作措施、深入推进学习实践活动、改进街道党政负责人会议组织等工作。9月1日,召开区第2次街道党政负责人会议。杨柳荫、杨艺文、刘朋庆、冯熙、边振英、梁军、章冬梅参加。杨柳荫主持。听取关于国庆筹备工作落实情况和存在问题的汇报,安排部署属地流感防控、重点人管控、矛盾纠纷排查、市容环境维护、人员力量调配、群众宣传发动等工作　(王家岩)

**【其他活动】** 2月4日,召开区社会建设大会。市总工会主席梁伟,区领导王学勤、杨艺文、刘朋庆、吴弘勇、冯熙、曾刚健、刘瑞宾、边振英、梁军、章冬梅、毛炯、秦炳瑞参加。杨艺文主持。部署《中共东城区委关于进一步加强社会领域党建工作的意见》等配套文件,为30名获奖社区党组织书记、社区居委会主任颁奖。2月14日,召开区委区政府2009年工作部署会。王学勤、杨艺文、刘朋庆、吴弘勇、冯熙、曾刚健、刘瑞宾、边振英、梁军、王红兵、李荣庆、左海星参加。杨艺文主持。部署区委组织、宣传、统战、调研工作任务和区政府工作任务。同日,召开全区领导干部大会。区级领导班子成员、区法院院长、区检察院检察长参加。冯熙主持。王学勤、杨艺文述职。与会人员进行民主测评。3月9日,举行区深入学习实践科学发展观活动动员大会暨处级主要领导干部专题研讨班开班式。市委学习实践科学发展观活动第二指导检查组组长韩恩慈、区级领导班子成员参加。冯熙主持。传达中央和市委关于开展深入学习实践科学发展观活动的有关精神。

3月25日,召开区岗位目标责任书签订大会。区级领导班子成员、全区各单位(部门)主要负责人参加。5月12日,召开区届中考察领导干部大会。区级领导班子成员,区法院院长、检察院检察长参加。杨柳荫代表区委班子述职述廉,并进行个人述职述廉。杨艺文代表区政府领导班子述职述廉,并进行个人述职述廉。与会人员对区级领导班子和个人进行民主测评。5月19日,召开区防控甲型H1N1流感工作会议。杨柳荫、杨艺文、刘朋庆、冯熙、边振英、金旭、章冬梅、王建军参加。传达中央、市委、市政府对防控甲型H1N1流感的指示精神,通报区甲型H1N1流感防控情况。6月10日,首届"中国历史文化名街"授牌仪式暨高峰论坛在孔庙国子监博物馆举行。全国政协副主席、中国文联主席孙家正,第十届全国人大副委员长许嘉璐,文化部党组副书记、副部长欧阳坚,国家文物局局长单霁翔,市委常委、宣传部部长、副市长蔡赴朝,区领导杨柳荫、杨艺文、刘朋庆、吴弘勇、王红兵、金旭、毛桂芬、王建军参加。6月25日,区庆祝中国共产党成立88周年暨表彰大会举行。区级领导班子成员参加。冯熙主持。表彰区先进基层党组织、优秀共产党员和优秀党务工作者。7月26日,召开区上半年经济形势分析会。杨柳荫、杨艺文、刘朋庆参加。传达北京市上半年经济形势分析会会议精神,部署下半年全区各项工作。8月18日,召开区第一批开展深入学习实践科学发展观活动总结暨群众满意度测评大会。市委第二指导检查组组长韩恩慈、区级领导班子成员参加。杨艺文主持。总结区学习实践活动开展情况。对区委、区政府领导班子开展学习实践科学发展观活动情况进行满意度测评,提出意见建议。9月23日,召开区领导干部大会。区委委员、候补委员,区级领导班子成员参加。传达中共中央十七届四中全会精神和市委全会精神,部署各项工作。10月16日,召开区第二批开展深入学习实践科学发展观活动动员部署会。市委巡回检查组组长陈文占、区领导杨柳荫、曾刚健、边振英、梁军、王红兵参加。梁军主持。全面部署全区第二批开展深入学习实践科学发展观活动。11月14~15日,召开区级领导班子2010年工作务虚会。区级领导班子成员参加。杨柳荫、杨艺文、刘朋庆、曾刚健、边振英、梁军、徐熙、王红兵、李荣庆、左海星、费文勇、金旭、毛桂芬、章冬梅、王佩立、毛炯、郭瑞敏、王建军、马战校分别围绕经济建设、城市建设与管理、文化建设、社会建设、政治建设、党的建设等专题,结合分管部门的前期研讨情况,就2010年工作思路发言,对工作中带有方向性、全局性、战略性问题,提出意见建议。 (王家岩)

**【领导视察调研】** 3月19日,市委书记刘淇到中关村科技园区雍和园和东二环交通商务区进行"扩内需,保增长,促发展"专题调研,视察了歌华有线、悠视网公司、诺基亚西门子通信技术(北京)有限公司、保利艺术博物馆和中国银行北京市分行。区领导杨柳荫、杨艺文、边振英、岳鹏、李荣庆参加调研。4月2日,区领导杨柳荫、杨艺文、刘朋庆、吴弘勇赴朝阳区学习交流。参观CBD北京商务中心区沙盘模型,考察了世贸天阶、CBD北京商务中心区建设情况。2日,杨柳荫、杨艺文、吴弘勇赴西城区学习交流。考察富凯大厦、金融街购物中心、中心花园和地下交通系统。3日,刘淇到驻区企业中国电信集团专题调研。察看中国电信集团国内外固定电信、通信传输等骨干网络规划布局和3G系统、数字城市管理系统、视真对话系统。市委常委、秘书长李士祥,副市长陈刚,杨柳荫、杨艺文参加调研。8日,青海省玉树州委书记贾应忠率玉树州党政代表团到我区学习交流。杨柳荫、杨艺文、边振英、王红兵、毛桂芬参加。9~14日,杨柳荫率党政考察团赴上海、苏州、深圳学习考察。先后考察了上海市卢湾区世博会展示中心、思南路风貌保护区、田子坊、8号桥、智造局,长宁区规划展示馆、多媒体产业园、虹桥涉外贸易中心、世贸商城,苏州市工业园区、规划展示馆,深圳市中兴通讯、高新技术产业园。冯熙、曾刚健、梁军、李力、毛桂芬、毛炯、王建军、秦炳瑞、娄云生参加学习考察。5月26日,河北省承德市市委书记杨汭,市委副书记、市长张古江,率党政代表团到区学习考察。区领导杨柳荫、杨艺文、边振英、王佩立参加。30日,市领导刘淇、郭金龙等到北京站检查维稳工作。慰问站东社区义务指路队队员、社会治安志愿者和驻站区武警官兵,听取站区维稳工作情况汇报。市委副书记、政法委书记王安顺,区领导杨柳荫、杨艺文、冯熙、边振英、刘瑞宾参加检查。7月8日,郭金龙到区调研保增长工作。到孔庙、国子监、光线传媒、国际版权交易中心,考察历史风貌保护和文化创意产业发展情况。常务副市长吉林,区领导杨柳荫、杨艺文、李荣庆、王佩立参加调研。9月10日,刘淇、郭金龙到区检查国庆高空礼花筹备情况,察看东华门地区武警十四支队院内高空烟花11号阵地。市领导王安顺、吉林、马振川、李士祥、刘敬民,区领导杨柳荫、杨艺文、边振英、李荣庆参加检查。14日,刘淇到区调研"两新"组织党建工作。察看大成律师事务所党委活动情况。市领导王安顺、吕锡文、李士祥、梁伟,区领导杨艺文、边振英、梁军参加调研。28日,杨柳荫、杨艺文、刘朋庆、吴弘勇到顺义区调研。参观北京国际鲜花港和第七届中国花卉博览会主会场。11月2日,中共中央政治局委员、国务委员刘延东,到府学胡同小学视察甲型H1N1流感防控工作。教育部部长袁贵仁、副部长陈小娅,市领导郭金龙、赵凤桐、黄卫，区领导杨柳荫、杨艺文、章冬梅参加视察。18日，刘延东到史家小学视察工作。国务院副秘书长项兆伦，教育部副部长陈小娅，市领导王安顺，区领导杨柳荫、王红兵、毛桂芬参加视察。12月14日，密云县县委书记汪先永，县委副书记、县长刘福志率党政代表团到区学习交流。考察国际版权交易中心、光线传媒公司运营情况，参观新保利大厦。区领导杨柳荫、杨艺文、常卫、边振英、王佩立、毛炯参加。18日，刘淇到南池子社区调研深入学习实践科学发展观活动并参加了区委区政府领导班子民主生活会。市委组织部部长吕锡文，区领导杨柳荫、杨艺文、常卫、边振英、周京生、徐熙、王红兵、李荣庆、章冬梅、吴松元、左海星、谢世龙、毛桂芬、王佩立、毛炯、郭怀刚参加。

（王家岩）

**【领导走访慰问】** 1月13日，王学勤、刘朋庆、边振英、左海星走访慰问北京卫戍区、武警十四支队、北京军区空军后勤部和北京军区总医院。杨艺文、吴弘勇、章冬梅、王建军走访慰问空军后勤部、解放军电视艺术中心、总参二部和总政直工部管理保障局。25日，王学勤、杨艺文、刘朋庆、吴弘勇、冯熙、刘瑞宾、边振英、岳鹏、毛炯到环卫五所、和平里交通队、和平里派出所、东城消防支队、城管大队、奥士凯－物美朝内菜市场，慰问春节期间坚守工作岗位的干部职工。5月1日，杨柳荫、杨艺文、刘朋庆、吴弘勇、刘瑞宾、边振英到帅府园交通队、朝阳门派出所、环卫中心王府井环卫所、城管大队，慰问坚守在一线的交通、公安干警、环卫职工和城管队员。6月2日，杨柳荫、冯熙、边振英、李荣庆慰问公安分局、交通支队干警及东华门街道参加敏感期社会面防控工作的社区治安志愿者。9月24日，刘淇、郭金龙分别慰问朝阳门头条社区老党员何理立、老红军张茶清和首都十大道德模范孙茂芳。市领导蔡赴朝、李士祥、赵凤桐，北京军区司令员房峰辉中将，区领导杨柳荫、杨艺文、梁军参加慰问。（王家岩）

**【军政座谈会】** 1月15日，召开东城区2009年春节军政座谈会。王学勤、杨艺文、刘朋庆、吴弘勇，驻区部队首长参加。7月23日，召开东城区“八一”军政座谈会。全国双拥办副主任、总政群工办主任常生荣少将，全国双拥办副主任、总政群工办副主任李辉，市民政局局长、市双拥办常务副主任吴世民，区四套班子领导参加。

（王家岩）

**【公文制发工作】** 印发《中共东城区委关于在全区党员中开展深入学习实践科学发展观活动的实施意见》《中共东城区委、东城区人民政府关于进一步深化文明城区建设工作的意见》《中共东城区委、东城区人民政府关于进一步深化东城区国资国企改革的意见》等各类文件103期，其中东文37期、东发16期、东办发22期、东办通报28期。（王家岩）

**【会议服务】** 完成领导干部大会、工作部署会等全区性重要会议及区委全委会、常委会、专题会、东城区街道党政负责人会等会议的组织协调服务120次。

（王家岩）

**【督查工作】** 办理市、区领导批示件（信）273件、人民来信150件。编发《东城督查》9期、《督查专报》8期。办理政协提案38件（党派、人民团体提案28件，政协委员提案10件）、人大建议3件，按期办结率100%，同意和满意率达100%。对政协提案办理工作开展各种形式督查170次。（王家岩）

**【信息工作】** 编发《东城信息》普刊230期，专报30期，增刊193期，专刊16期，总体发展战略规划编制工作专刊9期，业务通讯15期，提供各类信息5000条。区领导批示26条，被市委办公厅采用149条（篇），全部办理完毕。（王家岩）

## 组织工作

**【概况】** 围绕“科学发展创首善，打造国际化、现代化新东城”主题，组织指导东城区106个单位、1747个基层党组织和41927名党员，开展深入学习实践科学发展观活动。举办处级主要领导干部学习实践科学发展观、学习贯彻中共十七届四中全会精神轮训、“古都风貌保护与城市现代化”、领导干部新闻素养等专题培训班，探索实行“规定＋自选”模式，健全以《东城区贯彻落实＜干部教育条例＞实施方案》为主体的干部教育培训制度体系，本年举办各类培训班24期（次），培训4564人次。

协助上级组织部门做好届中考察和后备干部集中调整考察。开展处级后备干部集中调整工作，确定335人处级后备干部和30岁以下科级优秀领导干部名单。推进干部人事制度改革，执行《干部任用条例》等文件，坚持领导干部选拔任用工作“全程实录”制度。全年任免干部320人次。加强干部日常管理服务，完善干部信息管理系统，组织开展处级干部健康体检和正处级干部集中休假，做好建国60周年庆祝活动人员需求保障工作。加强干部监督工作，落实“12380”举报电话受理、领导干部述职述廉、谈心谈话、函询、党政领导干部报告个人有关事项和收入申报等工作。

制定实施《东城区人才工作领导小组2009年重点工作安排》。启动《东城区人才发展战略规划(2011～2030年)》的编制工作。推进"东城区优秀青年人才俱乐部"、"东城区博士后工作实践基地"、"东城——高校管理人才挂职实践基地"和"东城——高校人才直通车"等人才工作载体建设。落实优秀人才待遇,组织健康疗养、健康体检。开展优秀人才培养资助工作,有4人获市优秀人才培养经费资助12.5万元,15个项目获区级优秀人才培养专项经费资助39万元。做好政工职评工作。

加强组织网络、组织工作、服务群众、支持保障和工作评价等体系建设,在商务楼宇建立党建工作站、社会工作站和工会服务站。建立楼宇党组织52个,覆盖96座楼宇。探索行业和属地管理相结合的律师党建工作模式。指导社区、机关、国企开展党建考评工作。推进基层党内民主建设,建立党代表列席区委全委会制度,开展"党代表接待日"试点工作,抓好社区党组织换届选举工作。加强党员队伍建设,重点抓活动、服务、典型和保障,动员组织各级基层党组织和广大党员在"保增长、保民生、保稳定"和国庆60周年庆祝活动服务保障等工作,充分发挥带头作用。开通12371党员服务热线,做好困难党员关怀帮扶工作,发放帮扶资金69.5万元,向无经济收入的建国前入党的党员发放生活补贴17.76万元,下拨社区和"两新"组织党员活动经费318万元。开展"共产党员献爱心"捐献活动,捐款132.7万元。

围绕"服务工作大局,保障科学发展,树立组工干部新形象"主题,通过部机关学习实践科学发展观等活动,加强组织部自身建设。健全完善联系服务基层制度,建立了部领导基层党建工作联系点和部机关结对共建联系点。完善部机关各项规章制度,开展了廉政风险防范工作。

东城区获市2008年公务员统计"全优报表"和"优秀统计分析"单位。

**单位名称:中共东城区委组织部**

**单位地址:东城区钱粮胡同3号**

**联系电话:64040940　邮政编码:100010**　(王辉耀)

**【干部任免】** 任免干部320人次。提拔任用处级干部55人,其中领导干部33人,非领导干部22人。交流领导干部30人,其中正处级12人,副处级18人。达到最高任职年限改为非领导职务14人。办理退休手续的45人。机构改革、军转安置、试用期满等任免干部176人次。新提拔的处级干部均按照干部选拔任用有关规定,履行民主推荐、组织考察、任前公示和试用期等程序。(李巍)

**【岗位目标责任制】** 3月25日,召开全区岗位目标责任制工作大会,组织全区81个单位签订岗位目标责任书。年中,组织各单位自查岗位目标的完成情况,多次召开处级领导班子和领导干部综合考评课题组研讨会和座谈会,修改完善《东城区岗位目标责任制考核办法》,研究制定《东城区处级党政领导班子和领导干部考核评价办法》。12月中、下旬,东城区委抽调考核工作人员36名和26名"两员",组成12个考核组对各单位进行岗位目标责任制考核,共评出特等单位(部门)34个,A等单位46个,B等单位2个。(黄琼琅)

**【竞争上岗】** 按照组织工作计划,东城区以竞争上岗的方式选拔调研员和副调研员,4月1日至5月下旬,通过笔试、面试、民主测评、差额考察等环节的选拔,有3人被任命为调研员、5人被任命为副调研员。(周光稷)

**【国庆组织保障】** 4月,制定《东城区建国60周年庆祝活动筹备工作抽调人员管理办法》,抽调相关人员参加国庆筹备工作,对抽调人员进行考核鉴定,完成国庆筹备工作的组织保障任务。(李巍)

**【届中考察】** 5月7日至6月25日,市委组织部考察组届中考察东城区局级领导班子。提供领导班子、领导干部述职报告、干部任免表、干部名册等相应材料,组织召开区委常委扩大会议、全区领导干部大会、民意调查会等会议,协助考察组安排考察谈话130人次,根据要求提供相应的服务工作。(李巍)

**【干部体检】** 5月18日至6月1日,组织全区处级干部在第六医院体检中心进行体检,475名处级干部参加。根据市委要求,8月7～15日,组织32名局级领导干部到小汤山疗养院等医疗机构进行健康体检。(王斌)

**【军转安置】** 7月,在北京市第五次军转表彰暨安置工作会议上,东城区委组织部获北京市军队转业干部安置工作先进单位。全年区委组织部安置副师级领导干部1名,分两批安置团职领导干部27名。(周光稷)

**【干部集中休假】** 7月中旬至8月上旬,组织全区正处级干部分两批赴呼和浩特市集中休假,181人参加。休假期间,组织参观呼市新城区、蒙牛集团生产车间和

内蒙古博物院等。（王斌）

【后备干部考察】 8月3日，协助中组部考察组考察区1名部级后备干部。8月24日至9月25日，市委组织部考察组考察区局级领导后备干部。协助考察组到22家单位进行民主测评，安排考察谈话200人次，考察区县副职后备干部15名、优秀正处级年轻干部3名、优秀副处级年轻干部3名。（刘凤岭 周光稷）

【干部教育培训】 落实中共中央大规模培训干部的任务和要求，全年，举办各类培训班24期（次），培训4564人次。其中，“一把手”素质培训工程主题研修班、处级班、中青班、社区工作者培训班等主体班培训8期，培训441人次。举办干部教育师资、老干部工作人员、纪检干部、工会干部、女领导干部、国资系统高管人员、法制干部、非公经济人士、团干部、社区书记主任等岗位适应性培训10期（次），培训2140人次；举办新任领导干部、领导干部新闻素养、处级干部科学发展观、电子政务框架、中共十七届四中全会、赴美国“政府行政管理改革”等专题培训班6期，培训1983人次。配合市委组织部组织局处级干部61人次参加中央和市属相关部门组织的学习。接待西部、少数民族地区、外省市及市属单位的挂职干部23人，选派11名教师进行援疆支教工作。3月9～13日，举办“一把手”素质培训工程主题研修班，全区各党政机关、事业单位、群团组织正职领导干部，区属国有企业党委书记、董事长、总经理近150人参加。3月26日，召开干部教育培训工作领导小组会议，总结上年工作，审议干部教育培训工作中的重大事项、相关制度规定，发挥领导小组宏观管理和统筹协调的作用。6月10日至12日，培训全区50个媒体关注度较高或对外宣传工作较多的单位行政负责人，提高应对媒体的能力。6月22日至7月15日，举办东城区社会工作者培训班，58参加。10月14～22日，共分4批，对东城区600名处级干部，区属国有企业党委书记、董事长、总经理分别进行为期两天的中共十七届四中全会精神轮训。11月24～26日，举办东城区基层党校工作会议暨干部教育培训管理者培训班，全区各单位主管干部教育培训工作的领导、组织部长及干教工作者60人参加。11月28日至12月18日，举办赴美国“政府行政管理改革”专题培训班。继续实施年度干部教育培训重点班次项目化管理，制定并下发了《东城区2009年干部教育培训计划和重点项目折子工程》。汇编中央、市委关于干部教育培训工作的相关制度及《东城区干部教育培训工作考核办法（试行）》《东城区处级以上干部学历学位教育工作管理办法》《东城区干部教育培训申报审批制度》《干部教育培训档案登记管理办法》《主体班学员考核办法》等制度，形成《干部教育培训工作文件选编》。贯彻落实中共十七大提出的继续大规模培训干部、大幅度提高干部素质的战略任务，制定下发《中共东城区委关于大规模培训干部工作的实施意见》。组织开展干部教育培训电子档案登记，将2008年12月至2009年12月末处级干部培训班信息输入数据库，提高信息化管理水平。（王永轶）

【调查研究】 成立课题组，围绕中青年干部成长规律和干部教育培训规律，通过下发问卷、座谈等方式对东城区干部教育培训工作的现状、存在的问题、产生问题原因等进行调研，形成《东城区干部教育培训工作研究》报告。（王永轶）

【在线学习】 启动区2009年度局、处级干部及区属国有企业经营管理人员510人在线学习工作，做好在线学习人员的服务保障、督学促学和日常管理工作，通过网上公示、电话督促、短信提示、学习通报等形式，推进在线学习，完成学习任务100%。（王永轶）

【人才工作】 1月16日，召开东城区慰问专家、优秀人才新春联谊会。市专家联谊会理事长韩铁城，市人事局专家与博士后工作处副处长曹德贵及来自北京大学、中国社科院等高校、研究机构和东城区各系统的近百位专家参加，区领导吴弘勇、梁军、王建军出席。3月19日，召开区人才工作领导小组会议，梁军、毛桂芬出席，通报上年区人才工作情况，明确本年人才工作思路，审议并通过《东城区人才工作领导小组2009年重点工作安排》。4月24日，推荐东城区特殊教育学校校长周晔参加市2009年专家政治理论读书班。5月25～29日，组织区有突出贡献的优秀人才和优秀青年人才健康体检。7月20～24日，组织东城区有突出贡献的优秀人才和优秀青年人才22人赴杭州疗养。12月15日，推荐陈生等五人为北京专家学者联谊会会员。本年，陆大明被评为北京市第10批有突出贡献科学、技术、管理专家。（向旭东）

【挂职锻炼】 5月21日，召开区2009年挂职博士生、博士后、高校管理干部、辅导员欢迎会暨挂职工作部署会。来自北京大学等12所高校和科研院所的28名挂职干部，分别在区内各有关单位进行为期一年或半年的挂职工作。11月末，挂职期为半年的25人完成挂职工作。（向旭东）

【人才战略规划】 9月22日，《东城区人才发展战略规划(2011～2030年)编制工作的实施意见》印发全区,规划编制工作正式启动。规划编制工作与中国人民大学劳动人事学院院长、著名劳动经济学家、人力资源管理专家曾湘泉教授带领的项目团队合作。成立编制工作领导小组,下设办公室及3个专项工作小组。分为前期研究、撰写编制、评审论证、具体落实等几个阶段。 (向旭东)

**【人才培养经费资助】** 10月27日,召开区优秀人才科技(科研)活动经费资助签约会。卫生局、教委、科委等单位的15个项目获经费资助39万元。10月,史家小学分校滕亚杰等4人获市级优秀人才培养经费资助12.5万元。 (向旭东)

**【政工职评】** 召开初级评委会5次,中高级论文答辩会1次、中级评委会1次。东城区8人取得各级政工专业职务,其中高级政工师2人,政工师2人,助理政工师4人。 (向旭东)

**【党组织状况】** 发展党员408名,其中35岁以下234名,占57.35%。截至年末,全区基层党组织1706个,其中党委153个,党总支78个,党支部1475个;工委13个,党组45个。全区党员总数为42774名,比上年增加757人。其中女党员20477名,占47.87%;35岁以下党员5220名,占党员总数的12.20%;60岁以上17005名,占党员总数的39.76%;具有高中以上学历的32123名,占党员总数的75%,其中大专学历的9053名,占党员总数的21.16%,本科以上学历的12639名,占党员总数的29.55%。 (孔维杰)

**【社区党建】** 1～3月,指导区委社会工委进行全区社区党组织换届工作,选举产生社区党委110个,党总支4个、党支部1个;朝阳门街道9个社区、北新桥街道16个社区成立社区纪委。10月26日,与东城区委社会工委联合下发通知,部署2008～2009年度社区党建考评工作。11月19日至12月2日,组建区社区党建工作考评督导组,复评各街道工委申报的2008～2009年度四星级以上(含四星级)社区党组织的党建工作,确定五星级社区党组织18个、四星级社区党组织20个。12月16日,通报社区党建工作考评情况。 (吴金山)

**【商务楼宇党建工作】** 4月17日,王安顺、吕锡文、梁伟等市领导,到东城区朝阳门街道鸿安大厦调研商务楼宇党建工作,在朝阳门街道就社会领域党建工作召开座谈会。6月12日,在安定门街道建立由司法所、律师事务所联合组建的党支部,探索联管联建党建管理模式。11月30日,中组部部务委员兼组织局局长、中央学习实践活动领导小组办公室副主任傅思和,司法部党组书记、部长、律师事务所学习实践活动指导小组组长吴爱英一行13人,到东城区大成律师事务所调研律师党建工作。12月28日,完成非公有制企业中纪检组织建设情况摸查,并上报市委组织部。12月29日,下发通知,要求东城区各级党组织在深入学习实践科学发展观活动中加强非公有制经济组织和新社会组织党组织建设。 (吴金山)

**【党代表任期制】** 5月7日,安排16名区十次党代会代表列席区委十届八次全会,并参加分组讨论。全年,共安排党代表82人次参加届中考察民调大会、区县副职后备干部和优秀处级年轻干部人选民主测评会、学习实践科学发展观活动分析检查报告评议座谈会和满意度测评大会等。起草《东城区党代表任期制实施办法(试行)》,并征求市委组织部和区委各直属党(工)委意见建议。 (吴金山)

**【组织指导】** 4月15日,指导区军队离休退休干部党委召开党员代表大会进行换届,选举产生新一届党委委员7名。6月23日,指导公安分局党委召开党员代表大会,补选党委委员。11月11日,经区委研究,调整部分单位党委(组)。12月24～25日,指导卫生局党委召开党员代表大会进行换届,选举产生新一届党委委员9名、纪委委员5名。 (吴金山)

**【党员教育管理】** 6月25日,召开东城区庆祝中国共产党成立88周年大会,会上命名东华门街道南池子社区党委等15个基层党组织为“东城区先进基层党组织”,授予王向东等30人为区优秀共产党员,授予吉秀珍等15人为区优秀党务工作者。10月下旬,组织35名区优秀共产党员、优秀党务工作者和先进基层党组织负责人进行健康疗养。

制作《城市管理中的科学发展观》《和你一样》《凝聚》《居民自治,共创和谐》《让阳光洒满心间》《项目动作法,社区好管家》、《信息化助力,社区管理创新》7部党员电教片,参加市第九届党员电视片观摩评比活动,获一等奖2部,获二等奖1部、获三等奖2部。区委组织部获市优秀组织奖。

年内,做好“北京市生活困难党员帮扶专项资金”和“东城区生活困难党员帮扶专项资金”的发放工作;慰问老干部、老党员、老模范,发放建国前未享受离退休待遇的城镇老党员生活补贴17.77万元。

党内统计工作,获市2008年度全优统计报表单位

和优秀统计分析单位。（孔维杰 霍宏伟）

【党建活动】 3月9日，区委召开深入学习实践科学发展观活动动员大会，全区各级党组织分两批开展为期一年的深入学习实践科学发展观活动正式启动。以“科学发展创首善，打造国际化现代化新东城”为主题，围绕“提高思想认识、解决突出问题、创新体制机制、促进科学发展”目标要求，完成学习实践活动各阶段的工作任务。4月1日，开通“12371”党员服务热线，区委组织部设专人接听电话，至年末，接听咨询电话28次。5月25日，接待呼和浩特市委组织部社区干部民生工作培训班一行63人，到区东华门街道南池子社区，东四街道奥林匹克文体中心、奥林匹克公园，北新桥街道365阳光驿站、民安社区文体中心等地参观学习，座谈交流社区民生建设情况。6月22日，在全区各级党政机关、国有企事业单位、人民团体等单位的共产党员中，启动“共产党员献爱心”捐献活动，共收到捐款132.77万元，参与中共党员24676人，自愿参与的群众5942人。7月1日，组织开展“‘迎国庆、保稳定、促和谐’暨党旗飘扬在社区党建宣传服务”活动。区10个街道的机关党员、115个社区的部分党员、驻区中央、市属等500家社区单位及“两新”组织中的中共党员和部分在职中共党员1万人参加。7月27日，深圳市委驻深工委考察团一行，学习考察区社会领域党建工作并与市、区有关领导座谈交流。8月18日，下发通知，要求区各级党组织和共产党员在国庆60周年庆祝活动筹备和服务保障工作中，发挥战斗堡垒与先锋模范作用。11月3日，韩国大国家党事务总长张光根一行到东华门街道南池子社区考察党内民主建设。年末，全区各级党组织开展“党心连民心、亲情进万家”活动，共走访慰问生活困难党员2829人，走访流动党员89人，走访慰问其他党员7527人，发放慰问金162.20万元。（霍宏伟 吴金山）

【信息工作】 在区各党(工)委建立专职信息员队伍，建立信息采用情况通报制度，完善信息约稿、信息策划和信息员例会制度。采取定期发布信息需求、以会代训、案例分析研讨、刊物指导等形式，加强信息工作培训和指导。本年，编发《东城组工动态》63期。上报信息40条，采用17条；向中组部报送10条，被中组部采用2条。（王辉耀）

【调研工作】 完成调研课题13个和市重点调研课题《关于完善处级领导班子和领导干部考核评价机制研究》1个。开展建立促进科学发展的领导班子和领导干部考核评价办法、为打造“国际化、现代化新东城”提供人才保障、提升领导干部国际素养、完善党员干部关爱机制、干部教育培训工作及加强党员队伍建设等专题调研。组织开展调研课题申报，确定调研课题52个。开展上年度调研课题评选表彰，评出一等奖2篇，二等奖5篇，三等奖9篇，优秀奖25篇，编印《东城党建研究》3期。（王辉耀）

## 宣传思想工作

【概况】 全区宣传思想工作以学习实践科学发展观活动和落实“人文北京、科技北京、绿色北京”建设为主线，以庆祝新中国成立60周年为契机，以“歌唱祖国、共建和谐”为主题，抓好新闻宣传工作，推进理论武装工作，开展群众性爱国主义教育活动，塑造城市整体形象，为建设国际化现代化新东城提供良好的人文环境、舆论氛围和思想保证。区委宣传部获全国巾帼文明岗、北京市人口和计划生育工作先进集体、首都国庆60周年北京市新闻宣传工作先进集体、区党风廉政建设先进单位、区综合治理工作先进单位。

**单位名称：中共北京市东城区委宣传部**
**单位地址：钱粮胡同3号 邮政编码：100010**
**联系电话：64031118转2313** （温莹）

【理论宣讲】 制订《2009年宣传思想工作要点》，《2009年东城区干部理论学习安排意见》，代区委制订《中共东城区委关于进一步加强和改进党委(党组)中心组学习的实施意见》。加强思想理论阵地建设，编辑《东城宣传》12期，《每周一报》50期。在全区开展“我与科学发展观”创新实践征文活动，征集征文320篇，评选出一、二、三等奖及优秀奖90篇。围绕区、处两级中心组学习，定期提供学习参考书目。编辑出版《理论探索与实践创新》一书，集中反映全区改革开放30年成就。编辑《理论快行线》12期。向全区各单位发放《理论热点面对面·2009》6000本。（王少华）

【中心组学习】 制定区委区政府理论中心组学习计划，以落实科学发展观为主线，按照“理论武装——专题研究——常委会决策”的工作思路，创新实践“1+3”动态学习模式，学习党的理论和路线方针政策及中央、市委重要会议精神，区委区政府理论中心组全年开展集中学习活动24次。开展学习实践科学发展观系列学习研讨8次。坚持请进来与走出去相结合，区委中心组成员分批次赴兄弟区县和外省市考察交流。组织参观顺义“花卉博览会”、观看电影、话剧、音乐会等文化活动，提高文化素养。（付彦）

【调研参评】　收集2008年度局级领导理论文章报市委宣传部,参加市第十九届"灵山杯"优秀报告(党课)评比,东城区获奖作品10件,其中一等奖2件、二等奖8件,区委宣传部获组织奖。在市政研会举办的"丹柯杯"优秀研究成果评比中,冯熙撰写的《东城区未成年人违法犯罪综合预防体系建设研究》、边振英撰写的《关于推进领导干部调研成果转化的实践与思考》、梁军撰写的《党内基层民主多种实现形式研究》、苏广交撰写的《新形势下妥善处置群体性突发事件的应对之策》获一等奖;章冬梅撰写的《构建"7+X"居家养老服务模式的实践与思考》等3篇文章获二等奖;郭瑞敏撰写的《关于进一步做好新世纪新阶段无党派人士工作的调查与思考》等4篇文章获三等奖。　(付彦)

【评比情况】　在全区开展"3+2"活动(即处级干部个人要研究一个专题、撰写一篇体会、主讲一次党课,各单位要搭建一个学习交流平台、开展一次理论成果评比)。评比表彰上年度处级优秀理论文章,评选出一、二、三等奖70篇,组织奖20个。评选表彰第三届"东华杯"优秀报告(党课),评选出一、二、三等奖16件,组织奖7个,促进全区理论武装工作。　(王少华)

【研究会工作】　东城区思想政治工作研究会(简称区政研会),作为推动开展思想政治工作应用研究和理论研究的社会团体,做好上年度社会团体年检,完成区属分会会员注册及会费缴纳工作,区政研会会员单位49个。区政研会为会员单位订阅《学习活页文选》《思想政治工作研究》《中外企业文化》《半月谈》等期刊杂志,便于会员单位学习研究。通过《东城宣传》加强对分会的指导与交流。配合市政研会完成两次对基层宣传思想文化工作者的调查问卷发放和回收工作。开展了思想政治工作"三优"评选活动,表彰优秀论文60篇,优秀思想政治研究会17个,优秀思想政治工作者15名。组织会员单位参加市政研会开展的"发现北京之美"爱国主义教育活动,上报图片及文章200篇,获组织奖。中国思想政治工作研究会会刊《政工研究动态》,专题报道东城区公民意识教育工作。　(温莹)

【重点项目扶持】　实施重点项目扶持,加强宣传文化活动的指导与服务。在全区开展2009年宣传思想工作重点项目申报,确立《走过六十年——建国门街道发展历程图片展》等15个项目为重点支持项目,北新桥街道《理论武装之树常青》等24个项目为支持项目。　(温莹)

【宣传干部培训】　与区委组织部联合举办东城区领导干部新闻素养专题培训班,采取专题讲座与模拟演练相结合的形式,邀请专家、学者和知名媒体策划人,对全区有关单位行政负责人进行新闻素养培训。策划并举办东城区优秀宣传干部表彰暨"记忆2008——宣传干部新春论坛"。以"科学思维树形象、营造氛围促发展"为主题,举办宣传干部暨政研会秘书长培训班。围绕学习实践科学发展观等主题,举办宣传部长系列论坛5次、街道分论坛2次。举办通讯员培训班,将知识讲授、交流研讨与摄影采风相结合,对全区各单位40名宣传干部培训。举办新闻宣传培训交流会,邀请北京日报、北京电视台以"新闻线索的发现与追踪"、"如何提炼新闻主题"、"如何做好国庆新闻宣传"为题,对10个街道及新闻中心的宣传干部培训。全年,培训宣传干部370人次。　(付彦　赵君明)

【社会宣讲】　组织开展"2009北京东城周末社区大讲堂"活动16场,组织社科专家围绕"人文北京"理念,深入社区举办讲座,3000人次参加。在全区开展"百姓宣讲"活动,向市委讲师团推荐东城区特殊教育学校、天安门国旗护卫队为北京市百姓宣讲团成员;协调组织北京市百姓宣讲团在东城区各街道、卫生系统举办报告会8场,3000人次参加。编写《2008盘点东城》区情书籍发放全区各单位。　(唐执科　赵巍)

【爱国主义教育】　以"爱祖国、爱北京、爱东城"为主题,设计"时尚都市"、"魅力皇城"两条线路,组织干部群众参观感受东城区经济发展、城市建设、历史文化等发展成就。举办"品古巷历史,展街区新貌"南锣鼓巷专场体验活动、"寻访共和国足迹"主题实践活动、"绣爱国旗、抒爱国情"等专场活动。组织干部群众参观各种主题教育展览,开展形势政策教育。开展"迎国庆60年"爱国主义教育基地特色活动推荐展示,共征集、展示《我们的节日——传统文化展览》《记忆·影像》老照片展、"寻访革命足迹,弘扬爱国热情"参观寻访等16项特色教育活动。协调完成2005~2008年度市级教育基地考评工作,辖区爱国主义教育基地故宫博物院、毛主席纪念堂、天安门广场等被评为京市爱国主义教育基地先进单位,"学习领袖精神,继承光荣传统"活动、"安全防范进校园"、"百年长街南池子"历史变迁展等活动被评为爱国主义教育基地优秀活动。
(唐执科　朱丹)

【道德模范评选】　举行"2008·感动东城"公德人物颁奖典礼,表彰王中平、吴钰培等10位"2008感动东城"公德人物,吴作艳、吴秀敏等10位"2008感动东城"公德人物提名奖获得者。编印制作《2008感动东城》书籍和《2008感动东城公德人物颁奖典礼》光盘。组织庄则平、牛贵勤、周志武等历届公德人物参加各种公益活动，利用媒体宣传报道公德人物感人事迹，发挥道德模范引领作用。“感动东城”公德人物孟艳当选“首都十大年度教育新闻人物”，袁日涉、孙茂芳当选“2008北京十大志愿者”，关艳获“全国自强模范”称号。启动“2009感动东城”公德人物评选活动。开展“双百”评选活动，组织推荐为新中国成立作出突出贡献的英雄模范人物70位、新中国成立以来感动中国人物143位。做好第二届全国道德模范评选表彰群众投票工作。开展“身边好人”评比，推荐李克民、刘伟、张振华、庄则平、荣景姓等人入选中国文明网“中国好人榜。举办“首都十大道德模范”孙茂芳事迹报告会。开展“迎国庆与文明同行，学楷模树道德新风”活动。全区各单位开展“好邻居”评选表彰、“和平榜样”推荐宣传、公德人物事迹宣讲等活动。（唐执科　朱丹）

**【国庆宣传环境布置】** 与市政市容委联合拟定方案，部署全区国庆宣传环境布置工作。转发中宣部推荐的50条国庆宣传口号，结合东城区实际，拟定、推荐宣传口号9条。在全区主要临街工地、地铁工地发布迎国庆公益围挡广告总面积1.1万平方米，在胡同和居民小区张挂宣传横幅164条。制作国庆电视宣传片，在王府井、北京站、东二环、东直门及地坛公园等场所的户外大屏幕滚动播放。设计制作《60年巨变看东城》展览在地坛公园展出，利用300米展线、71块展板、864张新老照片，展现60年来国家、北京市和东城区的建设、发展成就。编辑出版《60年巨变看东城》画书并发放全区。精选部分展览内容，制作《古都新韵》《辉煌历程》等两批展览，利用社区精神文明建设宣传栏进行展示。组织干部群众参与市委宣传部、北京日报图片社开展的“爱北京、照北京”群众摄影文化活动。在全区组织开展“迎国庆60周年展东城风采”摄影比赛，收集作品1000张，评出获奖作品60幅。
（唐执科　朱丹　赵巍　王纪平　王少华　张传东　王一峰）

**【东城文化名片评选】** 与区文委、区旅游局等单位联合在全区开展“东城名片”评选活动。共征集提名“东城名片”50个，从中精选39个在《今日东城》报和“数字东城”网站上进行了推荐展示。评选候选“东城名片”17个，通过《今日东城》报和“数字东城”网站开展书面和网络投票。评审会投票评选天安门广场、故宫、国子监街、钟鼓楼等10大“东城文化名片”。《北京日报》《今日东城》报刊发专版，宣传报道。编辑出版《东城文化名片品读》画书，制作发放《东城十大文化名片》系列年历卡、贺卡。（唐执科　朱丹）

**【舆情信息工作】** 向市委宣传部报送舆情信息34篇，编发《舆情动态》刊物8期，撰写四个季度社会舆情分析报告。围绕国庆60周年、民生问题等内容，向区委常委会作专题舆情分析汇报。表彰上年度舆情信息工作优秀集体、优秀个人和十佳舆情信息。下发舆情信息需求要点，开展信息员培训，加强基层舆情信息员队伍建设。（赵巍）

**【新闻宣传】** 围绕历史风貌保护工作主题进行宣传，经济日报进行专版报道，光明日报、中国青年报在头版予以报道；组织玉河市政工程竣工新闻通气会，北京日报、北京晨报、京华时报、新京报等以头条形式报道，北京青年报、北京晚报在头版予以大篇幅报道。中央电视台新闻频道的《朝闻天下》、海外频道的《中国新闻》及北京电视台的《特别关注》等栏目中予以重点报道。围绕文化创意工作主题，北京日报以头条报道胡同创意工厂、南锣鼓巷。围绕保增长、促发展工作主题，联合市委宣传部分别组织北京市属8家媒体集中采访东城文化创意产业、消夏节，北京日报两次均在头版给予大篇幅报道。围绕科学发展观学习主题，举行新闻通气会集中宣传东城区总体发展战略规划，北京日报分别在头版头条以《让每一寸土地都有发展目标》和专版以《科学发展创首善，打造国际化、现代化新东城》为题进行报道。围绕社会建设工作主题，北京日报两次头条报道东城居家养老工作和居家助残工作，中央电视台新闻联播报道鸿安大厦社会建设工作。宣传“东城名片”评选推介、甲型H1N1流感防控等重点工作效果良好。1月至11月，在中央和市属媒体发稿1800条，其中文字报道1700条，电视新闻90条，图片新闻100条，在北京日报一版刊发图片8篇。在北京电视台《晚间新闻报道》栏目中播出的“九九新人　双双迎国庆”新闻获北京电视台新闻中心好新闻一等奖。（夏晓冬　江峻）

**【创新新闻选题征集】** 启动“选题征集新闻发布”制度。区新闻中心编务会每月下发通知，要求各单位报送近期重要活动、实施的工作举措，经过新闻中心编务会筛选策划，将征集到的新闻选题分为三级进行有针对性地发布。全年，完成“首都戏剧中心四季风”、社区服务中心怎么建居民说了算、“1510”生活服务圈、第三届“好邻居”评选颁奖、东华门开通“小呼叫热线”、“‘6S’亲情服务送到家”等50次活动的宣传策划及新闻发布工作。（王小平　刘立军）

**【今日东城报】** 推出“闪光的足迹·国庆60周年系列大型专题报道”，每期以2个彩版的篇幅、12个专题,报道60年东城区的发展与巨变。出版"60年巨变看东城"、"闪光的足迹·国庆60周年系列报道集"两个彩色国庆特刊。在头版开设"科学发展创首善"专栏、专版,围绕"科学发展创首善,打造国际化、现代化新东城"主题,宣传报道全区性的科学发展观学习实践活动。开辟"保增长、促发展"专栏,连续20期报道区域经济发展。开辟胡同文化创意专栏,连续10期报道东城文化创意企业。普及性宣传甲型H1N1流感可防、可控、可治的基本知识。连续5期9个专版,图文并茂宣传东城区"好邻居标兵"。编辑出版"东城名片"评选、名师工程、区委党校建立50周年等23个专版,报道"煤改电"再惠两万户东城居民、居家养老服务捧起"夕阳红"等13个话题。建立《今日东城》评报制度,聘请市记协常务副主席宗春启为顾问,每月评报一次。在2007~2008年度市区(县)优秀新闻作品评选中,《今日东城》报选送的《孟艳,掀起奥运会开幕式冲击波》获通讯类报道一等奖,两篇作品获三等奖。《今日东城》发行量增加至3.5万份。

(戈海荣)

**【新闻服务】** 历时两个月,协助北京电视台完成国庆60周年特别节目——《区长你好》大型演播室系列访谈节目。完成制作《东城区建国60周年庆祝活动筹办工作纪实》《东城区"迎国庆 讲文明 树新风"活动纪实》等23部专题片制作任务,其中《城市管理的破题与命题》专题片被建设部举办的"中国国际数字化城市建设技术与设备博览会"采用。截至10月,拍摄各种会议119次225项活动。为图片精品库拍摄、征集经典画面。召开东城区新闻宣传工作会,表彰东城区上年度"钟鼓楼"杯新闻宣传先进集体、先进个人和好新闻。做好《东城区新闻剪辑导刊》的剪报、编辑、出刊工作。完成党报党刊征订工作。 (孙凤茹)

**【突发事件新闻应急】** 针对"中国新闻网"转载香港《文汇报》有关地铁6、8号线南锣鼓巷站拆迁工作的严重失实报道,及时与相关主管部门协调,制定统一宣传口径,第一时间在人民网、新华网刊出,回击南锣鼓巷拆迁的失实报道。积极应对"4.11中戏食源性疾患事件"、王府井阿迪达斯专卖店促销顾客拥挤事件、"10.1隆福寺火警应急"等。协助城市管理监督中心、东四奥林匹克社区等境外媒体参观采访点,做好环境整治、外宣品制作、人员培训等工作,完善采访工作流程,优化采访点内容,建设好"采访线"工程。协助国家广电总局国际合作司、央视国际部帮助日本NHK采访拍摄东城区节水、老年公寓、甲流防控话题。建立《东城区新闻发布备忘》制度。 (赵君明)

**【文化强区战略】** 对《北京市东城区文化强区战略纲要》实施以来全面总结,制订《关于加强东城区公共文化服务体系建设的实施方案》。扎实推进文化设施建设,投资5000万元装修改造区文化馆并投入使用。整合区域文化资源,全区开放学校48所,开放社会单位17家。组织开展东城区群众庆祝新中国成立60周年系列文化活动。6月23日至9月30日,开展十大重点活动、百场专题活动和千场群众性文化活动。完成国庆联欢晚会演出任务。在地坛公园奥运文化广场,举办国庆游园活动中心表演区文艺演出及文化互动,千余名群众参与演出和互动。打造"戏剧四季风"活动,截至9月末,全区戏剧演出4202场次,观众44万人次。国子监街入选十大"中国历史文化名街"。

(王纪平)

## 社会主义精神文明创建活动

**【概况】** 按照《东城区2009年精神文明建设工作要点》安排,以迎接和庆祝国庆60周年为契机,以建设社会主义核心价值体系为根本,深入学习实践科学发展观,围绕"弘扬奥运精神,巩固创建成果"的工作目标,以"迎国庆、讲文明、树新风——我参与、我奉献、我快乐"为行动口号,开展"迎讲树"主题实践活动,提高东城区广大市民思想道德素质和现代文明程度;以"以人为本,共建首善"为文明城区建设理念,推进文明城区建设,提升城市管理水平和城市文明程度,为建设国际化、现代化新东城营造良好的社会环境。评选出区文明社区55个、文明行业1个、文明单位标兵35个、文明单位99个、精神文明建设最佳活动10项、精神文明建设最佳活动组织奖10项、精神文明建设最佳活动提名19项、优秀市民学校19所、达标市民学校2所、市民学校先进工作者23名、市民学校最佳一堂课21堂,推荐首都文明单位标兵16个、文明单位61个、文明街道7个、文明社区46个、文明旅游景区7个。

**单位名称:东城区精神文明建设委员会办公室**
**单位地址:东城区东四十一条83号**
**联系电话:64075483 邮政编码:100007** (杨宏玲)

**【精神文明建设大会】** 3月27日,在区图书馆召开东城区2009年精神文明建设暨创建全国文明城区工作表彰大会。首都文明办巡视员尹学龙、民政部机关服务局局长边志伟、人力资源和社会保障部机关服务局党委书记刘旭刚、林业总局服务局副局长惲文田、《北京日报》机关党委常务副书记郝中实、总参二部政治部副主任杨晓武、北京卫戍区政治部副主任苗爱民与区领导杨柳荫、杨艺文、刘朋庆、吴弘勇等出席。出席大会的还有区精神文明建设委员会全体委员，区委、区政府各部、委、办、局党政领导，各街道工委、办事处主要领导，驻区中央、市属单位、部队及区属单位干部、职工和社区群众代表500人。

杨艺文主持会议。王红兵宣读“关于表彰创建全国文明城区工作先进单位、先进个人和2008年度精神文明建设先进单位、先进个人的决定”，与会领导为获精神文明建设工作和创建全国文明城区先进单位、先进个人代表颁奖。杨柳荫讲话。 （杨宏玲）

**【全国文明城区建设】** 1月20日，在北京京西宾馆召开的全国精神文明建设工作表彰大会上，王学勤从中央文明委领导手中接过“全国文明城区”奖牌，东城区获全国文明城区。3月26日，区委、区政府印发《中共东城区委　东城区人民政府关于进一步深化文明城区建设工作的意见》。7月17日，在区行政服务中心，召开迎接全国文明城区“公共文明指数测评”工作部署会，王红兵、章冬梅主持。全区40个指标责任单位的主管领导出席。7月19日，召开全国文明城区年度测评工作调度会，冯熙主持，王红兵、李荣庆、毛桂芬、章冬梅、毛炯及全区40多个指标责任单位的主要领导出席。7月23日，材料组核对53个单位报送的相应材料，对发现问题及时指导；实地组检查北京站地区、东直门交通枢纽、部分交通路口、医院、社区精神文明建设宣传栏、大街、胡同等项目。7月26日，王红兵检查和指导城市公共文明指数测评工作材料准备情况。同日，毛炯召集北京站、城管委、城管大队、城管监督中心、环卫中心、民防局、园林局、建委、环保局等单位，就城市公共文明指数测评实地指标中涉及的工地、垃圾箱、堆物堆料、环境卫生等实地指标进行调度，研究解决办法。同日，冯熙、毛炯带领创建办、城管大队、城管委、文委、交通支队、城监中心、房地中心、环卫服务中心等单位主要领导检查主干道、商业街、重要场所、交通枢纽、公园、集贸市场、网吧等部分实地考察项目。7月28日，章冬梅到创建办检查指导工作。7月30日至8月1日，全国城市公共文明指数测评小组实地测评东城区主干道、交通路口、公园等，审核测评材料，抽取9个街道10个社区的200户住户进行问卷调查。区全国城市公共文明指数测评得分80.74分，在四个直辖市的5个城区中位列第三。12月12日，区委第87次全委会听取文明办“关于建立东城区文明城区建设长效机制工作体系及2009年城市公共文明指数测评情况的汇报”。 （杨宏玲）

**【迎国庆讲文明树新风】** 4月，下发《关于在全区开展“迎国庆与文明同行，学楷模树道德新风”活动的通知》。与区委宣传部、东四街道联合制发《爱祖国　爱北京　爱东城——东城区“绣爱国旗　抒爱国情”活动方案》。制作116套1160块“迎国庆　讲文明　树新风”主题宣传展板，更新全区115个社区精神文明建设宣传栏内容。6月，成立区“迎国庆讲文明树新风”活动协调小组，印发《东城区“迎国庆讲文明树新风”社会宣传环境布置方案》。6月12日，首都文明办主任舒小峰等到区调研“迎国庆讲文明树新风”志愿服务活动开展情况。区文明办召开工作部署会，全区23个单位文明办主任及团区委、区妇联相关人员参加。同日，在王府井百货大楼门前举行窗口行业迎国庆百日优质服务行动暨东城区“迎国庆讲文明树新风”启动仪式。首都文明办舒小峰、马润海和区领导杨柳荫、王红兵、金旭、章冬梅、王建军及首都文明办宣教处、创建处、区委宣传部、区文明办、10个街道、三个地区主管领导、部分窗口行业、志愿者、中小学生和社区居民代表、北京市及东城区的知名企业职工代表500人参加。章冬梅主持。7月，印发《关于广泛开展“迎国庆讲文明树新风”活动实施方案》《关于广泛开展“爱国歌曲大家唱”群众性歌咏活动的通知》《关于开展“迎国庆讲文明树新风”礼仪知识竞赛活动的通知》《关于开展“迎国庆、学楷模、歌颂身边好人”文艺展演的通知》。区委宣传部、区文明办、东四街道工委、东四街道办事处联合在东四奥林匹克社区公园开展“爱祖国、爱北京、爱东城”——东城区“绣爱国旗　抒爱国情暨‘迎国庆讲文明树新风’和谐在东四”活动。首都文明办、北京军区总医院、武警六支队、总参军训部、区委、宣传部、区文明办、区文委、东四街道等部门主要领导，首都十大道德模范、京城活雷锋孙茂芳，东四派出所民警、全国公安系统模范人物龚海英，东四邮局职工、全国“五一”劳动奖章获得者陈兰颖，机关干部、社区居民代表、青年志愿者、文明乘车监督员及非公企业职工代表等200人参加。8月17日，印发《关于组织参加全国“祝福祖国”文明公益短信传递活动的通知》。9月23日，舒小峰一行6人到区窗口行业先进单位花家怡园餐饮有限公司，开展“迎国庆讲文明树新风”工作情况调研。9月25日，市委宣传部副部长常卫带队，到建国门街道外交部街社区迎国庆环境布置及营造氛围观摩检查，北京电视台、北京广播电台、北京晚报、北京晨报、北京法制晚报、首都新闻网站等媒体单位记者随同检查。10月1日，制作36套以“喜迎国庆　欢度中秋”主题宣传展板，更新全区115个社区精神文明建设宣传栏内容。11月24日，东城区“讲文明、树新风，建设和谐新东城”礼仪知识决赛在区法院大法庭举行。区人大、区政协、区文明办、团区委、区妇联及各街道、各系统等单位领导参加，6支代表队参加决赛,建国门街道代表队获一等奖,区直机关工委代表队、东华门街道代表队获二等奖,景山街道代表队、和平里街道代表队、东直门街道代表队获三等奖。

（杨宏玲）

**【市民教育】** 1月8日,组织开展“东城区精神文明建设最佳活动”评选工作,对24个区精神文明建设最佳活动候选活动进行评审。1月13日,召开区精神文明建设工作先进人物代表座谈会,孙茂芳、谢亮等12名先进人物参加,王红兵出席。2月9日,制作128套1284块“巩固文明成果　共建文明城区”主题宣传展板,更新社区精神文明建设宣传栏。春节期间,全区10个街道、各单位开展“过春节、讲文明、树新风”主题教育活动。4月3日,印发《东城区关于开展“文明之春——踏青赏花文明游”主题实践活动的方案》。清明节,开展以“尊亲敬贤、饮水思源,文明祭扫、亲近自然”为主题的教育实践活动。4月21日,举办“2008·感动东城”公德人物颁奖典礼。王中平等10人获“2008·感动东城”公德人物称号;吴作艳等10人获“2008·感动东城”公德人物提名奖。首都文明办主任舒小峰、区领导冯熙、曾刚健、边振英、王红兵、金旭等参加。5月16日,东城区“学传统　行孝道　知感恩”主题实践活动暨古诗词诵读月启动仪式,在孔庙和国子监博物馆举办。市妇联副主席周志军,组织部部长梁军,中国儿童少年基金会德育办主任李涛等领导,首都师范大学教育科学院教育学副教授胡玉顺等家教专家及街道妇联主席、社区儿童德育中心负责人、家长和儿童代表等200人参加。5月22日,下发《关于开展“我们的节日.端午节”主题教育实践活动的通知》。在景山街道举办市民教育手册《我们的传统节日》首发式。区委宣传部、景山街道等单位领导和社区居民、武警战士、文明乘车监督员等100人参加。6月8日,下发《关于做好六月份“身边好人”投票工作的通知》。6月15日,下发《关于开展“公德论坛社区行”活动的通知》。6月29日,,“首都十大道德模范”孙茂芳先进事迹报告会在东城区举行。首都文明办主任舒小峰、北京军区总医院政治部副主任杜宝银、北京化工大学团委书记邹立娜、区领导王红兵、章冬梅出席,各街道、社区及有关委办局300人参加。7月6日,下发《关于做好七月份投票评议“身边好人”的通知》。8月13日,与9家单位联合,开展东城区第四届“来京建设者文明创业之星”及征文评选活动,评出文明创业之星28名、获奖征文30篇进行表彰。8月20日,印发关于开展第五届“东城区来京建设者文明创业之星”评选及“爱祖国、爱北京、爱东城”征文活动的通知。9月9日,下发关于做好九月份“身边好人”投票工作的通知。9月28日,由区文明办主办,和平里街道、景山街道、北京稻香村食品有限责任公司、康铭大厦协办的“东城区来京建设者‘迎中秋·话团圆’茶话会暨区第四届来京建设者文明创业之星表彰会”在康铭大厦举行。区第四届文明创业之星、征文获奖者及往届文明创业之星及家人,文明创业之星评选主办单位及各街道主管领导、文明办主任等130人参加。11月16日,印发《关于做好市民学校最佳一堂课、先进工作者的推荐和对今年市民学校中心校工作进行总结的通知》。11月30日,印发关于开展“东城区精神文明建设最佳活动”评选的通知。　（杨宏玲）

**【群众性创建活动】** 2月~6月,印发《东城区关于创建文明旅游景区工作安排》《东城区2009年群众性精神文明创建工作安排》《“美化环境　喜迎国庆”——关于开展东城区第二届“社区居民自养鲜花”评选活动的通知》《东城区2009年关于开展科教、文体、法律、卫生“四进社区”活动安排》《关于开展诚信经营示范街、诚信经营示范店创建活动的通知》6月29日,举办“2009年东城区精神文明建设基层工作者培训班”。10个街道,委、办、局主管领导,文明办主任、科长,社区书记,主管主任300人参加。7月3日,印发《关于在全区窗口行业深入开展“创文明单位、树行业新风”活动安排》。9月,印发《关于对东城区“窗口”行业规范化服务达标和文明行业建设进行检查的通知》《关于对东城区“窗口”行业规范化服务达标和文明行业建设进行检查的通知》。9月22日,与区园林绿化局联合举办区第二届社区居民自养鲜花评选活动,社区1.1万盆80个品种自养花卉参加评选活动。10月28日,印发《关于做好2009年首都文明单位(标兵)检查考评工作的通知》。10月29日,召开创建工作经验交流、研讨会。10个街道主管领导及文明办主任参加。11月3~11日,部门组成文明单位考评组,考评19个创建2009年度首都文明单位标兵和4个区级文明单位标兵创建工作。　（杨宏玲）

**【城乡共建活动】** 1月5日,区残联同共建单位密云县穆家峪镇的领导干部进行座谈.向穆家峪镇捐赠2万元共建扶助基金,45类、300件残疾人辅助器具。1月8日,环卫中心与城乡共建单位延庆县永宁镇四司村进行座谈。2月13日,印发《关于广泛开展“城乡统筹,文明先行”主题社会实践活动工作安排》。3月23日,东城公安分局工会赴共建单位怀柔区大榛峪村慰问座谈。为小学生送学习用具,向连续三年资助的家庭困难、成绩优异的小学生王超岳、徐泽利和贾梅每人赠送当年的助学金。5月27日,北新桥街道赴怀柔区宝山镇开展“城乡携手促和谐　共建京郊新农村”共建活动,在宝山镇政府举行共建活动启动仪式,北新桥街道、宝山镇和北京歌华集团三方领导及有关人员共50人参加活动。随行的东直门医院7名专家,为群众现场义诊和咨询,服务群众380人次,发放宣传材料600份。北新桥街道向宝山镇的小学生赠送500件奥运志愿者服装和44箱防暑药品。北京歌华集团慰问5名建国前老党员。5月,区环卫中心为共建单位延庆县永宁镇四司村出资1万元,为该村建造道路减速带。6月3日,首都文明办在首都大酒店召开“城乡统筹,文明先行”主题社会实践活动经验交流会。区文明办获“城乡携手迎奥运,共建文明京郊行”优秀组织奖;东城区地税局——平谷区大华山镇挂甲峪村获“城乡携手迎奥运,共建文明京郊行”活动示范对子称号;区建国门街道、区财政局、区环境卫生服务中心、区地税局获得先进单位称号;4人个人获先进个人。6月9日,北京吴裕泰茶业股份有限公司与怀柔区渤海镇马道峪村,在马道峪村举行“城乡携手共建和谐”活动启动仪式。6月24日,景山街道组织社区单位的计划生育协会会员和社区居委会的计划生育主任50人到梨树沟村开展计划生育服务活动,进行计划生育政策、技术服务内容咨询;送去计划生育宣传材料和避孕工具。7月2日,区委老干部局一行4人到怀柔区桥梓镇北宅村,与村委会签订了文明共建协议。7月3日,召集有关街道、系统负责“城乡共建”工作的主管领导,召开“城乡统筹,文明先行”主题社会实践活动推进会。7月30日,区检察院与怀柔区长哨营满族乡遥岭村签订《城乡共建协议》。8月7日,区文明办到区环卫中心城乡共建单位延庆县永宁镇四司村,对双方开展的“城乡统筹,文明先行”主题社会实践活动进行调研。10月23日,景山街道捐资5万元,为共建单位梨树沟村建设的污水处理井落成。 （杨宏玲）

**【未成年人思想道德建设】** 6月2日,印发《关于开展“未成年人思想道德建设实践月”活动的通知》,6~8月,在全区未成年人中开展以“我爱我的祖国”为主题的“未成年人思想道德建设实践月”活动。6月12日印发《2009年东城区未成年人思想道德建设工作要点》。7月2日,印发《关于组织开展“快乐假期——争当社区‘文明小使者’”教育实践活动的通知》。8月,东城区开展儿童戏剧夏令营活动,汇聚来自中国、韩国和台湾等国家和地区的戏剧人创作的6部精彩作品,举办23场演出,丰富了孩子们的暑期生活。8月5日,印发《关于做好〈关于进一步净化社会文化环境促进未成年人健康成长的实施方案〉工作月报的通知》。9月,印发《关于做好第五届“首都未成年人思想道德建设创新案例奖”征集申报推荐活动的通知》《关于报送社区文明小使者“十百千”活动的通知》。10月20日,青岛市文明办一行7人到区学习考察未成年思想道德建设工作。区文明办、区教育工委主要领导参加座谈。10月,历时3个月的东城区青少年“寻访共和国足迹”主题实践活动结束。活动7月初启动,组织各类寻访60次,参与青少年3000人次。北京电视台、北京人民广播电台、光明日报、北京青年报、北京晚报、千龙网、中国共青团网等媒体报道寻访活动。11月,区召开迎接中央文明委净化社会文化环境工作专项督查部署会,王红兵及区文明办、区文委、区教委、区公安分局、区工商分局、区城管大队、团区委、区妇联等部门领导参加。印发《关于表彰“争当社区文明小使者主题实践活动”“十百千”的决定》。12月2日,区组建流动儿童法律服务中心,成立仪式在朝阳门街道办事处举行。区委副书记、政法委书记冯熙,区委政法委、区流管办、区法院、区妇联等部门领导及流动儿童代表和媒体记者参加。 （杨宏玲）

**【志愿者服务】** 按照精神文明建设工作要点的安排,开展全年志愿者服务工作。2月26日,区文明办、区志愿者协会联合印发《关于开展“弘扬奥运志愿精神 建设文明和谐东城——我参与、我奉献、我快乐”志愿服务活动的通知》。3月4日,东城区文明办、区志愿者协会与东四街道办事处在东四奥林匹克社区公园联合举办志愿服务高潮日活动。王红兵和区文明办、区志愿者协会十个工作委员会主管领导及志愿者代表、东四街道领导及10个志愿者服务队,260人参加。6月1日,印发《关于做好“迎国庆讲文明树新风”社会志愿服务活动及月报工作的通知》。4日,组织10大志愿者工作委员会及有关单位召开“迎国庆讲文明树新风”志愿服务工作协调会。传达中央文明办关于建立“全国文明城市志愿服务工作月报制度”的通知、首都文明办关于做好首都“迎国庆讲文明树新风”社会志愿服务活动月报工作的通知精神,部署如何落实月报工作。15日,中央文明办志愿服务工作组副组长彭敏安等到建国门街道调研空巢老人志愿服务活动开展情况。王红兵等领导参加。9月4日,为期35天的东城区国庆60周年城市志愿服务活动启动。有2500名志愿者为广大市民、游客提供城市志愿服务。8日,冯熙组织召开国庆60周年志愿者工作第一次联席会。区委宣传部、区文明办、区综治办、区交通支队、团区委、区文委、区民政局、区直机关工委、国庆筹备工作领导小组总指挥部办公室、国庆群众游行指挥部、国庆联欢晚会指挥部、国庆游园指挥部、国庆新闻宣传指挥部等单位主管领导参加。9月7日,新华社、中央电视台、北京电视台、光明日报、北京晨报、北京青年报、北京晚报等媒体到东直门交通枢纽城市志愿服务站点,集中采访报道区国庆60周年城市志愿服务活动。11日,区组织300名社会志愿者和全体文明乘车监督员参加以“迎国庆、讲文明、优质服务在东城”为主题的第32个排队推动日社会宣传活动。全国道德模范孙茂芳、全国劳动模范黄文改、十大感动东城人物庄则平等社会知名人士及东华门街道有关领导、文明引导员、社会志愿者50人,参加设在王府井104路汽车北行站和王府井南口中心宣传站的文明引导活动。18日,首都国庆安保治安志愿者上岗仪式在东城区启动。市领导王安顺、马振川、吕锡文、李伟、李万钧、王少峰,区领导杨柳荫、长杨艺文、吴弘勇及18区县政法委书记、综治办主任及建国门街道、东华门街道、朝阳门街道、环卫中心1100名治安志愿者代表参加。李万钧主持。23日,市国庆志愿者工作组副组长邓亚萍到东城区检查国庆志愿者工作。24日,市长郭金龙、副市长蔡赴朝、北京军区副司令员、国庆阅兵总指挥房峰辉等领导到孙茂芳家中慰问。30日,杨柳荫、杨艺文、刘朋庆、吴弘勇、冯熙等慰问全区国庆志愿者。10月3日,冯熙到和平里街道地坛东门老干部志愿者站点、东直门交通枢纽谢亮指路队站点和王府井北行站,慰问十一假日期间坚守岗位的国庆志愿者和文明引导员。12月31日,向全区下发关于开展东城区志愿者“两节”为老服务活动的通知。 (杨宏玲)

**【军(警)民共建】** 7月15日,印发《关于开展军(警)民“迎国庆创建和谐社区”活动的通知》。7月下旬,区财政局与武警六支队,北京吴裕泰茶业股份有限公司与武警十四支队两组共建对子被首都精神文明建设委员会授予首都军(警)民共建标兵单位。公安分局安定门派出所与66381部队机关,东华门街道办事处机关与北京卫戍区司令部机关,和平里街道与总政管理保障局3组共建对子为首都军(警)民共建先进单位。区教育工委书记袁为民、区环卫服务中心工会主席宗德雯、区卫生局人事科长郑芳瑞、建国门街道文明办主任黄成德等4人被授予首都军(警)民共建先进个人。12月,东华门街道正义路社区与北京卫戍区机关、北京武警总队第十四支队。景山街道黄城根北街社区与北京武警总队第六支队,东城消防支队王府井中队。交道口街道菊儿社区与中央警卫团。安定门街道钟楼湾社区与66381部队。和平里街道青年湖社区与解放军第二炮设计院。北新桥街道北官厅社区与武警第六支队十一中队。东四街道总院社区与北京军区总医院。朝阳门街道大方家社区与北京军区干休所。建国门街道东总布社区与武警第六支队十中队被东城区军(警)民共建指导小组评为2009年东城区军(警)民迎国庆创建和谐社区活动示范单位。 (杨宏玲)

**【文明乘车】** 1月11日,区文明乘车办公室组织文明乘车监督员开展以“传承奥运精神,文明重在行动”为主题的宣传教育活动。发放宣传品、纪念品5000份,劝阻不文明行为19件。19日,召开2008年度文明乘车工作总结表彰大会,市文明乘车办公室副主任刘全旺、区人大副主任金旭、区政协副主席王建军出席,全区500名文明乘车监督员参加。2月11日,全区各公交和地铁站台开展“传承奥运精神,建设文明北京”暨纪念首都开展排队推动日两周年主题宣传实践活动。在王府井北行站设立中心宣传站,首都文明办主任舒晓峰,区领导王红兵、章冬梅,区精神文明办等领导参加。北京电视台、北京人民广播电台交通台、北京移动电视、等新闻媒体进行报道。13日,对北京站返程客流高峰加强站台服务五日行动措施。为北京站6个公交中途站台增加16名监督员,社会志愿者10名,全天服务。3月11日,在全区各公交、地铁站台,开展“请跟我排”主题宣传实践活动。3000名社会志愿者参加,发放宣传材料1.5万份,纪念品2万件,悬挂横幅194条,宣传展板137块,黑板报10块,招募文明引导员730人。北京电视台、北京人民广播电台等新闻媒体进行报道。4月11日,掀起“请跟我排”排队推动日宣传实践活动高潮,重点在公园周边的天安门西行站和王府井南口组织活动,市道德模范、区文明乘车志愿者王涛,全国劳模黄文改、首都医科大学学生、国旗班武警战士和来自社区企事业单位、部队的社会志愿者20人参加,引导乘客排队候车。23日,在景山公园,区乘办组织全区文明乘车监督员举办“迎国庆,庆五一登山比赛”。5月11日,在全区206个地铁、公交站台,开展“社会各界齐参与,共建文明站台”排队推动日宣传实践活动。东四街道、北京站地区与同仁堂药店、江南美食城签订共建协议书,交道口街道文明乘车监督员与志愿者在宽街西行站举行“携手共建文明站台”揭牌仪式。6月11日,在王府井好友商场北侧广场举行我最满意的公交地铁站台和我最喜爱的文明乘车引导员启动仪式。7月11日,在美术馆东街104路电车南行站,举行“我最满意的公交地铁站台、我最喜爱的文明引导员邀您评选”为主题的社会宣传活动。王红兵、章冬梅参与活动并投票。插彩旗180面、出宣传展板60块、发放宣传材料9000份、发放宣传折页选票4500份。300名社会志愿者到站台参与宣传评选活动。8月7日,在安定门街道办事处礼堂,举办“文明迎国庆、奉献在站台”演讲比赛。11日,在东四三友百货商场门前举办“我最满意的公交地铁站台、我最喜爱的文明引导员邀您评选”社会宣传活动。金旭、王建军和孙茂芳、全国劳动模范黄文改、全国十大杰出志愿者袁日涉等社会知名人士、社会志愿者300人参加。9月11日,组织300名社会志愿者和全体文明乘车监督员参加以“迎国庆、讲文明、优质服务在东城”为主题的第32个排队推动日社会宣传活动。21日,召开区“双百先进人物座谈会”,26名获“双百”称号的站台代表和个人参加。发放证书和奖杯。10月2~8日,为加强站台安全,维护首都安全稳定,长安街沿线、王府井大街、北京站地区、东北二环路、地坛西门南、北行站加班7天。11月28日,召开东城区2009年度考核员经验交流会。安定门街道王桂云、东直门街道王德有、东华门街道马月云、东四街道杨秀云进行经验介绍。12月11日,举办以“祝你健康、携手同行,共创文明新东城”为主题的第35个排队推动日社会宣传活动,设1个重点宣传站和10个宣传点。全区37个共建单位、315名社会志愿者和全体文明监督员参加。 (杨宏玲)

## 统战工作　对台工作

**【概况】** 本年区统一战线工作坚持以邓小平理论和“三个代表”重要思想为指导,学习贯彻中共十七届四中全会精神,落实科学发展观,围绕“保增长、保民生、保稳定”和庆祝新中国成立60周年,发挥统一战线的优势和作用,凝心聚力,促进“五大关系”和谐,狠抓党外代表人士队伍建设,促进东城科学发展和实现统一战线自身科学发展。

**单位名称:中共北京市东城区委统战部**

**单位地址:钱粮胡同3号**

**联系电话:64031118转2425　邮政编码100010** (曹帅)

**【团拜联谊】** 1月20日,与区政协共同举办区统一战线各界人士新春团拜会。区领导王学勤、杨艺文、刘朋庆、吴弘勇、冯熙、边振英、李力、生敏、金旭、何厚夫、郭瑞敏、王建军、危天倪、李霭君、程华,及各党派、团体负责人和各族各界代表人士参加。区政协副主席郭瑞敏主持。冯熙代表区委、区人大、区政府、区政协向全区各界人士祝贺新春。1月21日,区民宗侨办共同举办民族宗教界新春团拜会。区天主教、基督教、伊斯兰教、佛教界人士及民族工作重点社区,民族教育、民族经济等相关单位负责人参加。9月24日,举办各界人士喜迎国庆欢度中秋联欢会,区领导杨柳荫、杨艺文、刘朋庆、吴弘勇、冯熙、曾刚健、边振英、梁军、生敏、何厚夫、王佩立、郭瑞敏、王建军、程华以及全区各界人士代表200余人参加。王建军同志主持联欢会。杨柳荫同志代表区委、区人大、区政府、区政协向民主党派、人民团体、民族宗教、港澳台侨等各界人士致以节日问候。各民主党派、人民团体和各界委员表演文艺节目。

(张颖毅　赵志高　曹帅)

**【领导视察调研】** 5月21日,市委常委、市委统战部部长牛有成、副部长周伯琦、市宗教局局长申建军、副局长程二雁及市委统战部、市宗教局相关处室负责人一行到区视察工作。区领导杨柳荫、杨艺文、冯熙、郭瑞敏陪同。牛有成一行到雍和宫看望了嘉木杨·图布丹住持,考察落实房产政策情况。视察区国际版权交易中心、北京歌华文化发展集团、新宝利大厦等重点企业和单位的运营情况。牛部长视察后对东城工作给予肯定,提出工作指导意见。7月15日,由市委统战部常务副部长闵克带队的市委督查组到东城区检查贯彻中共中央《关于进一步加强中国共产党领导的多党合作和政治协商制度建设的意见》和中共北京市委的实施意见的落实情况。杨柳荫、冯熙参加座谈。督查组听取郭瑞敏工作情况汇报,对东城区贯彻落实两份文件精神所做的工作给予肯定。督查组与区各民主党派负责人及无党派人士进行座谈,听取对东城区多党合作工作的评价及建议。9月3日,杨柳荫到区各民主党派和侨联走访调研。11月10日,市委统战部闵克一行到区调研,听取郭瑞敏汇报区统战工作总结及2010年工作思路。 (向愚　曹帅　张茂谊)

**【走访慰问】** 9月21日是伊斯兰教开斋节,市领导牛有成、程红、周伯琦、申建军、马中璞、区领导冯熙、毛桂芬、费文勇、郭瑞敏等到东四清真寺看望中国伊协会长、市伊协名誉会长陈广元阿訇,表示节日祝贺。区领导到东外清真寺、南豆芽清真寺、安外清真寺走访慰问,向穆斯林群众祝贺节日。当天,2100名穆斯林群众到清真寺参加开斋节活动。11月28日是伊斯兰教“古尔邦(宰牲)节”,郭瑞敏、闫燕到区部分清真寺走访慰问,向穆斯林群众祝贺节日。 (曹帅)

**【学习实践科学发展观】** 3月17日,区委统战部召开深入学习实践科学发展观活动动员会。区委统战部(台办)、区侨联全体党员干部参加,各民主党派、团体负责人及部分基层统战干部列席会议。郭瑞敏、指导检查组组长马丽华出席。4月9日,组织召开区工商联、区侨联、区天主教爱国会、区基督教三自爱国会、区伊协的有关负责人座谈会,征求意见和建议。郭瑞敏出席座谈会。21日,区委统战部(台办)召开全体干部会,深入查找影响和制约东城统一战线科学发展的突出问题并开展解放思想大讨论。23日,郭瑞敏主持召开部分骨干成员座谈会,20人参加。5月8日,召开学习区委十届八次全会精神暨学习实践活动转段动员会。郭瑞敏主持会议。动员部署分析检查阶段工作。21日,召开党支部民主生活会,查找个人和班子在贯彻落实科学发展观方面存在的突出问题。7月下旬,召开分析检查阶段总结和整改落实阶段动员会、整改落实工作研讨会,郭瑞敏对做好整改落实阶段的工作提出要求。(张颖毅 曹帅)

**【协商通报】** 4月7日,区委召开各民主党派、团体负责人座谈会,就东城区深入开展学习实践科学发展观活动听取党派团体意见。区各民主党派、团体负责人参加,区委领导杨柳荫、冯熙、梁军、毛桂芬、郭瑞敏出席,冯熙主持。杨柳荫指出,在学习实践科学发展观活动中区委找出了三个阻碍东城发展的突出问题,要分析原因,制定整改措施。解决一两个突出问题,特别是解决思想问题,在促进东城发展上形成共识。5月5日,区委召开各民主党派、团体协商通报会,就区委十届八次全会上的报告和全区经济社会发展工作的报告听取党派团体的意见。各民主党派、团体负责人参加,杨柳荫、杨艺文出席。郭瑞敏主持。各民主党派、团体负责人对区委、区政府两个报告给予肯定。杨艺文指出,党派团体非常关心东城区的发展和建设,提出很多很好的意见建议,对改善东城区政府的工作起到很好的作用。杨柳荫对大家的意见给予肯定。6月26日,召开党风廉政建设情况通报会,曾刚健向区各民主党派、团体和民族宗教界代表人士通报东城区党风廉政建设情况。各民主党派、团体和民族宗教界代表人士40人参加。10月27日,区委召开各民主党派、团体情况通报会,各民主党派、工商联负责人及党派部分骨干成员60人参加。郭瑞敏主持。会上,张勇、陈刚分别就"建设国家级城市公共服务标准化示范区"和"创建国家中医药综合发展实验区"有关情况向与会人员通报,参会人员从加强中医药资源优势、创新发展平台、扩大宣传覆盖面等角度提出意见建议。12月12日,区委召开民主党派、团体协商会,就东城区重要人事安排听取党外人士的意见。区各民主党派、无党派代表人士、人民团体负责人及民族宗教界代表人士参加会议,区领导杨柳荫、常卫、吴松元、郭瑞敏出席会议,郭瑞敏主持。12月23日,区委召开民主党派团体协商通报会,就《中共东城区委十届九次全体(扩大)会议上的报告》(征求意见稿)和《东城区人民政府2009年工作报告》(征求意见稿)向各民主党派、团体负责人、无党派代表人士及民族宗教界代表人士征求意见。杨柳荫、杨艺文出席,郭瑞敏主持。(彭进 成华)

**【座谈交流】** 1月20日,区领导与宗教界人士座谈。市宗教局副局长马中璞,区领导王学勤、杨艺文、刘朋庆、冯熙、毛桂芬、郭瑞敏、王建军,全国政协委员、中国基督教三自爱国会副主席、北京市基督教"两会"主席于新粒,市政协常委、中国佛教协会副会长、雍和宫住持嘉木扬·图布丹,市政协委员、天主教北京教区主教李山等宗教界代表人士参加。2月6日,东城区召开党外处级领导干部座谈会。区各职能局、街道的党外处级领导干部参加座谈会。冯熙、郭瑞敏出席会议。3月7日,区委统战部召开各民主党派一把手工作交流会。郭瑞敏主持。各民主党派负责人交流本年工作计划。18日,召开区政府有关部门与民主党派对口联系工作座谈会。区政府有关部门的主管领导和区各民主党派负责人参加,郭瑞敏出席。5月22日,召开民主党派组织发展工作座谈会。区8个民主党派主管组织发展工作的负责人参加,向愚主持。郭瑞敏出席。各民主党派的负责人就组织发展成员的程序、发展过程中遇到的问题、建议进行交流,郭瑞敏强调组织发展工作中要把握好考察、谈话、培训等重要环节,要加强同单位党委的沟通,要增强人才培养意识。10月23日,召开区8个民主党派一把手工作会议。各民主党派区(工)委主任围绕如何做好党派一把手工作和加强民主党派自身建设交流了经验和体会。郭瑞敏结合自己工作体会,指出如何当好党派一把手。11月19日,召开新的社会阶层代表人士座谈会,区各方面的新社会阶层代表人士参加,郭瑞敏出席并讲话。(向愚 赵志高 彭进)

**【学习培训】** 6月18~19日,东城区举办第十三期非公经济人士培训班。区工商联会员400人参加。区工商联党组书记郝国信主持并作开班动员。市工商联副主席王克林,区领导王佩立、郭瑞敏出席。市、区政府有关部门的负责人就中小企业发展有关政策法规作专题讲座。7月2~3日,举办统战理论政策培训班。区统战系统各部门负责人授课,内容涉及多党合作制度、工商联、侨联、民族宗教侨务、新的社会阶层、对台工作等。郭瑞敏出席并作培训班总结。全区各基层单位主管统战工作领导和统战干部90人参加。7月17~18日,举办区各民主党派、无党派人士学习班。区各民主党派区(工)委领导班子成员、部分骨干成员及无党派人士150人参加。杨艺文作区情报告。中央社会主义学院副院长袁庭华作"中国共产党领导的多党合作和政治协商制度60年"的报告。民盟北京市委常务副主委朱尔澄就新形势下如何做好参政议政工作作辅导报告。郭瑞敏作学习总结。(赵志高 曹帅 张茂谊)

【统战系统协调会】 3月28日，郭瑞敏主持召开区统战系统协调会。委统战部、台办、民宗侨办、工商联、侨联等单位参加。各部门负责人汇报交流工作，郭瑞敏提出要求。4月30日，郭瑞敏主持召开区统战系统培训工作联席会。区委统战部、台办、民宗侨办、工商联、侨联负责人参加。各部门负责人就加强培训，搞好党外代表人士的培养教育进行了交流研讨。10月13日，郭瑞敏主持召开东城区统战系统协调会。区委统战部、台办、民宗侨办、工商联、侨联负责人参加。各部门负责人汇报交流。郭瑞敏部署工作。

（张颖毅　成华）

【表彰会】 1月4日，召开第六届民族团结进步表彰大会，表彰先进集体56个和先进个人100人。市有关领导席文启、申建军、佟根柱，区领导王学勤、刘朋庆、吴弘勇、费文勇、毛桂芬、郭瑞敏、王建军，区级机关主要负责人、区属各单位党政主要负责人及获得首都和东城区民族团结进步先进集体和个人代表等500人参加。郭瑞敏主持会议，毛桂芬作工作报告，费文勇宣读《关于第六届东城区民族团结进步先进集体和先进个人的决定》。5月20日，召开"优秀中国特色社会主义事业建设者"表彰大会，表彰在中国特色社会主义事业建设中的优秀分子20名。市领导贺淑晶，区领导刘朋庆、吴弘勇、冯熙、出席会议，郭瑞敏主持。

（赵志高）

【应对金融危机】 5月12日，区领导与非公经济人士座谈会在区工商联举行，区领导调研区非公有制企业发展状况和在金融危机形势下如何经营发展，企业开展"保稳定、保民生、保增长"等工作，征求非公经济人士对区经济发展的建议和意见。杨柳荫、杨艺文、冯熙、王佩立、郭瑞敏出席。30名非公经济人士参加座谈会。郭瑞敏主持。杨艺文指出：第一，对大家关注的融资问题，要研究如何简化贷款担保程序，加快贷款进程。区政府根据上级有关精神准备设立小额贷款公司。第二，建立引资联动服务机制，研究成立综合性的产业和投资促进的机构。第三，政府正在筹备中小企业发展论坛，研讨中小企业发展中遇到的困难和企业产业调整升级、企业发展趋势等问题。杨柳荫指出，区委、区政府要加大对中小企业的扶持力度。对中小企业给予更多的政策支持，要落实搭建融资平台，畅通融资渠道，扶持企业上市等措施，解决企业发展资金不足的问题。在招商引资和产业政策推进方面，要抓住机构改革之机，组建招商引资专门部门，为企业提供更多的空间和机会，促进企业发展。6月12日，东城区召开各民主党派应对金融危机专题座谈会。冯熙、生敏、王佩立、郭瑞敏出席，区委、区政府有关部门负责人、各民主党派、工商联、侨联负责人和民主党派部分成员100人参加。郭瑞敏主持。冯熙发言。

（赵志高　张茂谊）

【宗教团体换届】 11月，区天主教爱国会、基督教"三自"爱国运动委员会、伊斯兰教协会完成换届。11月11日，召开区领导与区宗教团体新一届班子成员见面会，杨柳荫、杨艺文、吴弘勇、李力出席，郭瑞敏主持。全区三个宗教团体班子成员以及雍和宫、通教寺教职人员代表参加。（赵志高）

【联谊会成立】 11月17日，东城区党外知识分子联谊会成立。区教育、医疗卫生、经济建设等领域的无党派人士70人参加。会议审议并通过联谊会章程，酝酿选举产生了理事、常务理事、会长、副会长和秘书长。新当选的联谊会副会长陈爱玉向全体理事发出倡议。郭瑞敏代表区委、区政府向东城党外知识分子联谊会的成立表示祝贺。（彭进）

【国庆60周年活动】 围绕国庆60周年，制订《中共东城区委统战部关于在全区统一战线开展"迎国庆讲文明树新风"活动的通知》，开展"迎国庆讲文明树新风"活动。举办统一战线"风雨同舟60年　颂歌献给共产党"主题歌咏比赛。各民主党派、工商联、侨联、各宗教团体13支代表队400人参赛。组织参加首都统一战线"迎国庆讲文明树新风"有奖竞答活动，全区43个单位1.3万人参加活动。组织区部分民主党派成员、各单位统战干部参观"向祖国汇报——新中国美术60年"展览，组织全区民主党派负责人和部分成员观看电影《建国大业》，编印《统一战线"迎国庆讲文明树新风"文明礼仪知识汇编》。走访慰问生活困难的党外代表人士。接待侨、台访问团到区参观考察，宣传区各项建设事业取得的成就和良好的发展环境。

9月10日，中共东城区委召开统一战线纪念新中国成立60周年暨多党合作制度确立60周年座谈会。区领导杨柳荫、杨艺文、刘朋庆、吴弘勇、冯熙、郭瑞敏出席，区各民主党派、无党派代表人士、有关人民团体负责人和部分基层单位主管统战工作的领导共100人参加。座谈会上，李霭君、王钢、赵亚洲、程华、何厚夫、王涛、陈爱玉、刘俊彩等8人畅谈新中国成立60年特别是多党合作制度确立60年来的发展变化和主要成就。郭瑞敏主持。（张颖毅　彭进　曹帅　张茂谊）

【学习报告会】 3月20日，举办"东城区统一战线应对国际金融危机学习报告会"，邀请区统计局陈勇就当前国际金融危机的产生和形成、对我国的影响及如何应对作报告。区统一战线成员400人参加。4月8日,与区民宗侨办和区政协宗教专委会共同举办"东城区统一战线西藏工作报告会",中国西藏研究中心学术委员会委员廉湘民作报告。5月8日,组织举办"东城区统一战线建设'人文北京、科技北京、绿色北京'学习报告会",邀请北京社会主义学院副院长陈剑作报告,讲解"三个北京"提出的重要意义、北京发展中存在的主要问题、及"三个北京"的内涵和主要内容及建设的主要措施等。区统一战线成员400人参加。郭瑞敏出席。 (张颖毅 苏群安 彭进)

**【联席会】** 6月18日,召开新的社会阶层人士统战工作联席会议,研究新的社会阶层人士统战工作。区联席会议成员单位负责人参加。会上,传达市委统战部《关于进一步加强新的社会阶层人士统一战线工作的意见》及北京市新的社会阶层人士统战工作会议精神,部署工作任务,听取成员单位意见。郭瑞敏出席并讲话。 (赵志高)

**【街道统战部长例会】** 4月10日,召开2009年第一次例会,各街道工委统战部部长参加。汇报交流各街道工委统战工作及各街道工委统战部牵头协调统战工作机制的建立和运转情况。10月22日,召开街道工委统战部部长第二次例会。郭瑞敏出席并讲话。 (张颖毅 成华)

**【宣传信息与调研】** 3月6日,召开民主党派、团体调研与信息工作表彰会。各民主党派、团体负责人及部分信息员参加。总结上年度区各民主党派、团体调研与信息工作,表彰调研与信息工作优秀单位、优秀信息员。

本年,在中央统战部主办的《调研参考》和《人民政协报》《中华工商时报》《首都统战之窗》上刊登《北京市东城区无党派人士的群体特征》《东城区多党合作60年发展的特点与启示》《求真务实 真抓实干 做好新形势下的民族工作》等文章7篇。出版《东城统一战线》刊物(季刊)3期,《对台工作简讯》3期。全年上报市、区信息500条,编发《统战工作简讯》13期。完成《新世纪新阶段利用网络开展统战工作的调查与思考》《金融危机对东城区台资企业影响的调查与思考》《当前东城区基督教问题研究》等调研报告3篇。 (张颖毅 曹帅)

**【对台工作会】** 4月20日,中共东城区委对台工作领导小组召开2009年第一次全体会议。传达中央对台工作座谈会精神及北京市委对台工作领导小组(扩大)会议精神,部署东城区对台工作。区委对台工作领导小组组长杨柳荫到会并讲话。5月11日和6月10日,向区长办公会和区委常委会汇报对台工作。6月29日,中共东城区委对台工作领导小组召开第二次全体(扩大)会议。会议通过《东城区对台工作规划纲要(2009~2012)》。杨柳荫到会并讲话。强调:①认识对台工作的重大意义。②抓好《东城区对台工作规划纲要》的贯彻落实。③眼于"国际化、现代化新东城"建设的新要求,努力开创东城区对台工作新局面。 (王爱东)

**【维稳工作】** 1月23日,传达区维稳工作会议精神,组织全体干部学习《全国、北京市政法会议精神》和《2009年东城区政法维稳工作要点》的文件精神。指出:对台工作在维稳工作中占有一席之地,思想上要增强维稳意识。①对工作对象做到底数清情况明,做好排查化解工作。②加强信息报送工作的实效预见性。③完善工作机制,加强突发事件的处置应急能力。 (王爱东)

**【涉台宣传教育】** 1月14日,举办台胞台属联谊会年会暨纪念全国人大《告台湾同胞书》发表30周年、纪念江泽民《为促进祖国统一大业的完成而继续奋斗》发表40周年、学习胡锦涛《携手推动两岸关系和平发展 同心实现中华民族伟大复兴》重要讲话座谈会。对台干部、台胞台属20人参加。3月13日,组织民革东城区委、台盟东城区工委召开对口联系工作会。4月9日,东城区贯彻落实市台办"中国心·两岸行"主题涉台教育活动,制定活动计划,经区委对台工作领导小组会议通过,下发区属各单位。5月22日,区委统战部(台办)组织学习胡锦涛总书记"12·31"讲话精神,观看《海峡春潮》专题片。6月17日,召开涉台部门台情研讨会。区台办、区政协港澳台侨委员会、民革东城区委、台盟东城区工委、区台胞台属联谊会等部门参加。围绕"新形势下涉台部门如何发挥优势推动两岸各界大交流,为不断开创两岸关系和平发展新局面做出贡献"的主题讨论发言。7月2~3日,召开"新时期统战理论政策培训会"。区属各委、办、局、各街道办事处主管领导及统战干部80人参加。关连宝就对台工作进行了专题讲座。①台湾问题的由来及两岸关系两个30年的对比。②岛内目前情况及马英九主政台湾一年来两岸的发展变化。③对中央对台政策三次战略性调整的解读。④介绍当前两岸大交流、大合作、大发展的新局面;⑤介绍东城区对台工作四年规划及关于组团赴台交流的程序和我区处理涉台突发事件的应急预案。郭瑞敏提出对台工作要求。7月8日，市台办副主任高振生率综合调研处一行到东城区调研。8月12日，区委区政府理论中心组以中心组扩大学习会的形式召开台海形势报告会，邀请军事科学院世界军事研究部副部长、研究员王卫星少将，作题为《对新形势下台海局势的前景观察与思考》专题报告。王红兵主持，区级领导班子成员、各党政机关、事业单位、群团组织领导干部、区属国有企业党政主要领导300人参加。8月19日，市台办副巡视员杜德平率信息中心一行到东城区，以“区县台办如何利用‘中国台湾网’和‘北京台湾在线’的网络优势开展对台工作宣传”为主题，进行调研。9月28日，在区行政服务大厅举办“庆祝新中国成立60周年　中国心·两岸行摄影展”颁奖暨巡回展启动仪式。此次活动根据市台办要求，作为全区涉台教育活动的重点内容。4月至8月，在全区范围征集图片千余幅参与评选。评选照片80幅，制作学习贯彻篇、交流交往篇、台湾学生在东城、台商在东城、台湾风景篇五个部分展板。体现东城区多年来在两岸文化、经济等各领域的交流和人员往来状况及东城区对台工作。摄影展在全区相关单位、学校、社区进行巡展。12月23日，召开涉台部门台情研讨会，区台办、民革东城区委、台盟东城区工委、区教委、区卫生局、各街道主管书记、统战部长、对台干部30人参加。12月25日，组织参观北京民族文化宫展览馆展出的台湾少数民族历史文化大型主题展览。

（王爱东）

**【对台经济工作】** 1月19日，举办台侨企业家春节团拜会，市、区有关领导及侨资企业家70参加。郭瑞敏致辞。2月20日，市台办主任马玉萍等市领导到东城区就“台资企业如何应对金融危机”为主题进行调研。召开座谈会。区领导冯熙、毛桂芬、郭瑞敏及台商40人参加调研座谈会。2月17日，为了解国际金融危机对驻区台资企业经营状况的影响及存在的困难和问题，郭瑞敏走访台资企业天福集团。4月17日，区台商联谊会召开专题会，协助邀请区劳动社会保障局、区发改委负责人为台商讲解劳动法有关知识和北京帮扶企业应对金融危机政策，现场解答台商提出的问题。40位台商参加。6月20日，区台商联谊会在台资企业城外城运动商务会所“饭前饭后”宴会中心举办台商联谊活动。由区台商联谊会副会长汤士禧主持，各位台商简单介绍了自己企业的经营项目和发展方向。开展打高尔夫球、联谊及共进晚餐等活动。关连宝与40位台商参加。8月28日，区台商联谊会召开第二届大会进行会长、副会长换届选举，60位东城台商参加。上届联谊会负责人回顾总结3年工作，通过新一届理事名单。通过理事会全体理事选举产生新一届台商联谊会负责人。凤城食品（北京）有限公司董事长汤士禧先生被选为新一届区台商联谊会会长。市台资企业协会会长林清发先生宣布当选会长、副会长、理事及秘书长、副秘书长名单。郭瑞敏出席并致辞。9月21日，台资企业凤城食品（北京）有限公司和利荣医疗仪器（北京）有限公司加入东城区和平里街道工商联分会。11月21日，和平里社区卫生服务站保健科为北京台资企业协会组织的住京台商及家属380人接种甲型H1N1流感疫苗。12月1日，北京市慈善协会常务副会长朱蓉先女士，带领20位市政协老委员参观考察区台资企业天福集团。18日，区台商联谊会组织召开岁末联谊活动，崇文区、顺义区台商应邀参加，90位台商欢聚一堂。毛桂芬等参加。汤士禧先生主持。

（王爱东）

**【交流交往】** 3月23日，东城区接待台湾高雄县岗山镇社区理事一行39人参访团，参访交道口街道南锣鼓巷地区。5月至12月，区城市社区服务与管理考察团一行13人，区城市规划运行管理考察团一行7人，北京海峡两岸民间交流促进会一行13人，区文化创意产业考察团一行13人，区体育文化交流考察团一行9人先后赴台考察。5月29日，台北县观光旅游局局长秦慧珠女士一行在东城区召开推介会。郭瑞敏及区旅游局阎红军、区台办有关人员参加。（王爱东）

**【台胞台属工作】** 6月24日，区台胞台属联谊会组织40位对台干部和台胞台属，参观台资企业摩登家庭位于金山角地带新建的农场。8月26日，区台办组织驻区台胞台属、对台干部50人参观中国美术馆展出的“向祖国汇报——新中国美术60年”展览。11月8～12日，区台办组织台属、对台干部赴海峡西岸经济区厦门、福州等城市参观考察。（王爱东）

**【台湾学生工作】** 4月28日，东城区在北京市第五十五中学召开台生工作例会。毛桂芬及区台办、区教育工委统战部、北京第五十五中学负责人等参加。6月30日，北京第五十五中学国际部召开毕业典礼。五十五中学是台湾籍学生较为集中的学校，本年有台湾籍高三毕业生9名、初三毕业生14名。市台办交流交往处领导，郭瑞敏等有关领导参加毕业典礼并向毕业生赠送纪念品。表彰3名连续教授中国台湾籍学生，并取得优异成绩，推动东城区和北京市涉台教育工作发展有突出贡献的教师。9月24日，北京市第五十五中学的台湾学生应邀参加东城区各界人士喜迎国庆欢度中秋联欢会，并表演中国传统京剧。11月19日，区台办组织驻区就读台湾中学生40人参观中国紫檀博物馆。调研课题《当前我区基层涉台宣传教育工作的主要特点、存在问题、原因及思考建议》获市涉台调研课题一等奖。在北京市京台青少年交流周活动中,获京台青少年交流周突出贡献奖。 (王爱东)

## 政策研究工作

**【概况】** 本年,围绕区委区政府中心工作,以"当好参谋助手,服务领导决策,促进科学发展"为目标,统筹推进重点课题调研、重要文稿起草以及东城区总体发展战略规划研究、学习实践活动秘书组、国庆办会议组等相关工作。组织召开和参加各类专题调研会、座谈会、协调会、论证会及调研100次,完成各类文稿50篇,40万字;编发《东城调研》48期,《领导参阅》24期,《调研工作动态》48期,为区委、区政府提供理论信息;加强与国务院发展研究中心、中国社会科学院、党建研究会、《前线》杂志社及市委研究室、首都社会经济发展研究所等市委、市政府相关单位的业务交往,为区委区政府的科学决策和日常工作提供服务,完成各项工作任务。

**单位名称:东城区委研究室**

**单位地址:钱粮胡同3号　邮政编码:100010**

**联系电话:84014591　64031118转2418** (张聪颖)

**【重点调研课题】** ①完成市委关注课题《立足"首都功能核心区"定位,打造"国际化、现代化新东城"的调研思考》,牵头起草课题开题报告,召开课题开题会,组成以杨柳荫、杨艺文为组长,10位区级领导为副组长的课题组,成员单位包括全区28个单位。为增强研究的针对性和前瞻性,确立了由分管区领导牵头的9个子课题,分别围绕今后东城发展面临的机遇与挑战、经济社会现代化与国际化、对外开放与旅游产业发展、人才队伍保障等内容联合攻关。通过开展调研和召开研讨务虚会、专家座谈会等征求意见,外出考察、学习,问卷调查等形式,形成有精确数据分析的统计分析报告。②协助区领导完成本年度区级重点调研课题《关于"国际化、现代化新东城"建设面临的机遇与挑战的调研思考》。 (张聪颖)

**【学习实践活动工作】** 承担区委第一批深入学习实践科学发展观活动领导小组办公室秘书组工作。制订东城区深入学习实践科学发展观活动《区领导重点调研课题实施方案》,明确15个区级领导重点调研课题,并分别制订《实施方案》,形成专题调研报告,将21篇区领导重点调研课题汇编成《东城区深入学习实践科学发展观活动区级领导调研报告汇编》,向全区刊发。起草杨柳荫在东城区深入学习实践科学发展观活动动员大会暨专题研讨班开班式上的讲话,在学习实践活动专题报告会上《关于"科学发展创首善,打造国际化、现代化新东城"的思考》党课报告,在学习实践活动总结测评大会、东城区第二批深入学习实践科学发展观活动动员大会、区委学习实践活动领导小组第一、二、三、四次会议上的讲话等重要文稿。完成区委区政府《关于贯彻落实科学发展观情况的分析检查报告》及区委区政府《关于贯彻落实科学发展观情况的整改落实方案》。③开展征求意见活动和"我为东城科学发展献一策"活动,将征集的意见建议3318条分类归纳整理;撰写区委区政府《关于第一批深入学习实践科学发展观活动整改落实后续工作及"回头看"工作情况自查报告》。 (张聪颖)

**【统筹调查研究工作】** ①确定本年度区级领导重点调研课题29个、正处实职领导干部重点调研课题99个。向全区下发《2009年东城区调查研究工作要点》,明确指导思想、总体要求及调研重点。②完成区2007~2008年度调查研究工作先进单位、优秀调查研究成果评选、表彰工作,评选调研工作先进单位20个、优秀调研成果80篇。印制《东城区2007~2008年度优秀调查研究成果选编》,向全区发放。③1月,举办全区调研干部指导交流会,增进业务交流。10月,举办东城区调研干部培训班,邀请市委研究室巡视员康庆强、综合处处长叶远强围绕"如何做好调查研究工作"及提高文稿写作能力主题授课,区各单位负责调研工作主管领导和专兼职干部140人参加。④陪同中央政策研究室、市委研究室、市政府研究室等领导调研网格化城市管理新模式、地下空间利用研究等。组织城八区研究室到东城区学习交流。⑤完成上年度市委关注课题《旧城风貌保护、危旧房改造和人口疏散"三位一体"工作模式研究》《社区参与:和谐社会的必然选择》结项工作。 (张聪颖)

**【发展战略规划工作】** 承担区总体发展战略规划的前期筹备和总体发展战略规划办公室研究策划、协调服务等工作。①起草《〈东城区总体发展战略规划(2011~2030年)〉编制工作的实施意见》。经区长办公会和区委常委会讨论通过规划编制工作的实施意见。②成立杨柳荫、杨艺文任组长的规划编制工作领导小组,下设8个专项工作组。③组织规划编制工作系列研讨会、工作会。同时做好会务筹备和领导讲话起草、《大事记》编辑、宣传报道等工作。④借鉴其它地区规划编制的经验。组织学习考察规划编制有关工作，撰写《“隆福寺皇城文化主题娱乐园”初步设想方案》等考察报告。⑤规划编制研究机构遴选。领导小组研究确定，北京方迪院负责前期研究策划工作，北规院负责统筹整个规划编制工作。与两家机构签署《合作意向书》和方迪院的《规划研究技术咨询合同书》。⑥组织研究机构开展前期调研。（张聪颖）

**【起草区委文件】** ①起草区委十届八次全会报告《全力以赴保增长、保民生、保稳定，努力打造“国际化、现代化新东城”》及区委书记闭幕式讲话等文件，起草区委十届九次全会报告《抢抓机遇、乘势而上，加快发展，全面推进“国际化、现代化新东城”建设》及区委书记闭幕式讲话等文件，完成区委届中述职考察报告。②起草区委主要领导在北京市“保增长”专题调研会上的汇报材料，在区委区政府2009年工作部署会、区上半年经济形势分析会、区政府机构改革动员大会、区精神文明建设暨创建“全国文明城区”工作表彰大会、区社会建设大会、庆祝中国共产党成立88周年大会上的讲话等文稿。③起草在东城区外事工作领导小组第一次全体会议、东城区廉政风险防范管理经验交流会上的讲话，起草地方人大常委会设立30周年征文序言等。

参与建国60周年庆祝活动相关筹备工作，先后起草区委书记在慰问阅兵指挥部座谈会、东城区国庆安保誓师大会、建国60周年庆祝活动筹备工作领导小组第五次（扩大）会议、东城区国庆60周年庆祝活动总结表彰大会上的讲话等重要文稿。（张聪颖）

**【调研报告发表】** 杨柳荫、杨艺文主持的调研报告《努力打造国际化、现代化新东城》分别刊发在《前线》2009年第8期、《北京工作》2009年第7期、《北京调研》2009年第8期、《工作研究》2009年第4期。撰写的理论文章《立足“首都功能核心区”定位，打造“国际化、现代化新东城”》在北京市社科院主办的《首都城乡发展报告》上刊发。向市委研究室报送的调研报告《雍和园文化创意产业发展思路研究》分别刊发在《北京调研》2009年第7期、《工作研究》2009年第3期，《关于东城区簋街流动人口服务和管理工作的调研报告》刊发在《工作研究》2009年第5期。（张聪颖）

**【学习实践活动】** 组织开展“当好参谋助手，服务领导决策，促进科学发展”主题学习实践活动，成立学习领导小组。组织党员学好必读书目和重要文件；部门主要领导做“学习实践科学发展观，提高服务领导决策水平”专题党课报告；全体党员围绕打造“国际化、现代化新东城”主题进行研讨交流；邀请专家做专题辅导；全体党员完成一篇心得体会文章。学习要求：集中学习与个人自学相结合，专题学习与业务学习相结合，理论学习与研讨交流相结合。查找问题：向全区90个单位征集意见建议，收到意见建议25条。召开班子专题民主生活会和党员组织生活会。查找个人和班子在贯彻落实科学发展观方面存在的突出问题，开展批评与自我批评，分析查找自身差距和不足。联系工作实际撰写分析检查报告。制定整改落实方案。明确12条具体整改落实措施。（张聪颖）

**【干部队伍建设】** 全年，召开主任办公会32次、全室人员会21次。选任副主任科员职务2人。党支部以“支部学习论坛”为载体，创建“学习型机关”。全年召开支部会议暨中共党员集体学习34次，制作展板6期；经机关党委批准，调整支部书记；在机关党建刊登《努力把学习型机关创建到底》理论文章，获区处级干部理论文章组织奖。组织学习调研活动，为“幸福工程救助贫困母亲行动”和什邡地区捐衣物26件、捐款560元；完成参与国庆安保标兵执勤、群众游行指挥部和社区安保特派员等任务，获首都国庆60周年群众游行支持贡献单位、安保工作特别贡献奖、2008年度东城区社会治安综合治理优秀单位。（张聪颖）

## 老干部工作

**【概况】** 全区离休、处级以上退休干部1870人，其中本区离休干部978人，易地安置离休干部97人，处级以上退休干部795人。

落实《北京市老干部工作领导责任制》。区委、区政府每季度听取老干部工作汇报。坚持老干部工作主管领导信访接待日制度，把老干部工作纳入党政领导岗位目标年度考核。各级党政领导干部带队走访慰问离退休干部3896人次，投入资金186万元。

开展“颂祖国促发展，倡和谐乐晚年”主题活动。制订《2009年东城区离退休干部党支部学习的意见》。举办“金融危机与我国应对”形势报告会和“学习中共十七届四中全会精神”辅导报告会，利用老干部党校、读书会、党校教学辅导小组、党校社区课堂对老干部学习进行辅导。在老干部党支部中开展创建“五好支部”活动。召开老干部党支部工作会议，举办老干部党校学习班3期。开展“我看新北京”一日参观活动，组织老干部参观奥林匹克森林公园、奥运建设项目和平谷区挂甲峪村等京郊社会主义新农村示范点，举办第23届文化艺术节老干部专场文艺汇演，组织老干部参加歌咏比赛、北京市老年合唱大赛及“秋风送爽庆重阳，丹桂飘香伴我行”综艺联欢等活动。

老干部文明监督队开展“排队推动日”、“卫生楼门院”等精神文明创建活动;与101远程教育网合作,开办网上家长学校;开展离退休老干部为和谐社区建设作贡献活动,71位离休干部在社区担任社区代表、社区党风廉政监督员、老年协会会长等职务。组织各街道、社区老干部学习、活动806次,社区志愿者与老干部结对子876对,走访老干部4832人次,为老干部提供服务4355件次。

做好改制企业离休干部管理服务工作,完成整体接收结力源制冷公司离休干部4人。

在全区老干部工作部门开展“讲党性、重品行、作表率”活动,坚持工作人员季度例会制度,推行《东城区老干部工作人员日常工作百分考核办法》。

**单位名称:中共东城区委老干部局**

**单位地址:东四十一条83号**

**联系电话:64040221　邮政编码:100007**　(王鑫)

【**走访慰问**】　元旦、春节期间,全区投入资金96.57万元,走访慰问离退休干部1598人次,其中区财政为80岁以上、配偶无工作、有特殊困难的离休干部拨发送温暖经费9.6万元;为易地安置离休干部发放一次性生活补贴8.16万元。国庆节前夕,各单位走访慰问离退休干部2298人次,投入资金89.43万元。(王鑫)

【**老干部座谈会**】　1月5日,东城区第二十二次老干部座谈会召开,区级领导班子成员、区委老干部工作领导小组成员、各单位主管老干部工作领导、老干部代表及老干部工作人员400人参加,杨艺文主持。表彰通报老干部工作先进个人,部署本年老干部工作任务。王学勤通报上年区经济社会各项事业发展情况。(王鑫)

【**联欢活动**】　1月19日,举行东城区老干部迎新春游艺联欢活动,300位老干部及其家属参加。同日,举办新老区级领导新春联谊活动,王学勤致词,冯熙主持。5月22日,举行东城区第23届文化艺术节老干部专场文艺汇演,老干部艺术团、部分基层单位老干部300人参加演出。9月18日,举行“欢庆祖国60华诞”老少同堂文艺演出,区离退休干部代表、北锣鼓巷小学师生代表、区老干部艺术团200人参加。22日,举行“倡和谐　促发展　喜迎祖国六十华诞”新老区级领导联谊活动,杨柳荫、杨艺文、刘朋庆、吴弘勇等出席,杨柳荫致词,梁军主持。10月23日,举行“丹桂飘香庆重阳　健康快乐伴我行”——东城区老干部迎“重阳”活动,全区300名老干部参加。(王鑫)

【**送温暖志愿服务**】　1月20日,机关中共党员干部走访看望东四街道二条社区困难低保家庭10户,送米、面、油、鸡蛋等慰问品价值2000元。1月21日,看望“一助一”帮扶对象王佩珍,送节日食品和慰问金500元。6月24日,开展“共产党员献爱心”捐献活动,共捐款2320元。11月28日,组织机关干部职工参与为东城区对口支援的内蒙古贫困地区募捐活动,共捐款2540元。国庆节期间,20名中共党员干部参加安保志愿服务工作,完成安保任务。(王鑫)

【**业务培训**】　2月26~27日,举办老干部工作人员培训班,传达全国老干部局局长会议精神,总结上年工作,部署本年任务,100人参加。6月11~12日,举办老干部工作主管领导学习班,下发东城区落实《北京市老干部工作领导责任制》考核办法,51人参加。7月3日,召开老干部工作人员第二季度例会,讲授关爱老年精神卫生知识,90人参加。10月15日,召开老干部工作人员第三季度工作例会,传达全国利用社区资源做好离退休干部服务管理工作经验交流会精神,向从事老干部工作20年以上的工作人员颁发荣誉证书,90名老干部工作人员参加。(王鑫)

【**学习论坛**】　3月13日,老干部读书会举行春季班开学典礼,105名老干部参加。9月11日,老干部读书会秋季班开学典礼举行,集体观看《学习科学发展观心得》辅导光盘,107名老干部学习骨干参加。(王鑫)

【**学习实践科学发展观**】　3月16日,成立学习实践活动领导小组及办公室,制订学习实践科学发展观活动实施方案,确定学习实践活动主题——“坚持科学发展,做好新形势下的老干部工作”。4月23日,举行中层干部解放思想大讨论。27日,召开领导班子专题务虚会,结合学习调研和解放思想大讨论的成果,研究东城区老干部工作存在的问题和对策。5月27日和8月10日,分别召开深入学习实践科学发展观专题民主生活会和总结大会。(王鑫)

【**思想政治工作**】　3月19日、7月8~10日,老干部思想政治工作研究会召开研讨会,分别研讨“新形势加强老干部党支部建设和思想政治工作建设”、离退休干部党支部建设暨“五好支部”创建活动。(王鑫)

【**调研工作**】　3月20日,市老干部局张庆朝等4人到东城区专题调研老干部“四就近”工作。24日,湖南省委老干部局李芳仁等4人到东城区调研利用社区资源做好离退休干部服务工作。5月13日,重庆市江北区委老干部局刘和国等3人到东城区考察，调研建立老干部特困帮扶机制、加强离退休干部党支部建设、利用社区资源优势做好老干部工作等课题。6月10日，福州市委组织部、市委老干部局王玉琴等5人到本区考察，调研加强离退休干部党支部建设和思想政治建设、加强处级退休干部服务管理工作、建立老干部特困帮扶机制等课题。8月11日，天津市和平区委老干部局组织新兴街朝阳里社区、卫津路社区党委书记、副书记10人到考察交流利用社区资源做好离退休干部服务工作。（王鑫）

**【形势报告会】** 4月28日，举办"金融危机与我国应对"老干部形势报告会，区统计局陈勇向老干部阐述金融危机产生的原因及未来发展趋势，分析危机对中国的影响及中国的应对策略，全区300名老干部参加。11月4日，中共中央党校张喜德从《中共中央关于加强和改进新形势下党的建设若干重大问题的决定》的出台背景、创新点和提出的主要任务方面，为全区200名老同志进行专题辅导。（王鑫）

**【老干部党校】** 5月，举办老干部党校学习班3期。播放中央党校社会发展研究中心董振华对学习科学发展观的有关问题研究的辅导讲座，国家统计局姚景源作的《当前中国经济形势》报告和中国社科院世界政治与经济研究所肖炼作的《世界金融危机发展趋势及对中国经济的挑战和机遇》报告。230名老干部党支部书记、老干部理论骨干和处级退休干部参加。（王鑫）

**【老干部"四就近"工作】** 5月6日，召开老干部"四就近"工作座谈会。10个街道的老干部工作人员研讨交流推进老干部"四就近"工作。10月27日，召开老干部"四就近"工作研讨会，总结本年"四就近"工作，交流体会，提出设想。11月，检查和考核10个街道落实《北京市老干部工作领导责任制》情况和15个社区老干部"四就近"工作开展情况。（王鑫）

**【区情通报会】** 6月26日，杨柳荫向全区400名离退休老干部通报学习实践科学发展观活动的开展情况、"打造国际化、现代化新东城"的战略规划、目前经济发展形势及新中国成立60周年大庆的筹备情况。（王鑫）

**【共建活动】** 7月2日，与怀柔区桥梓镇北宅村村委会签订文明共建协议。9月16日，与怀柔区桥梓镇北宅村共同举办庆祝新中国成立60周年"和谐共建促发展，城乡共抒爱国情"主题联谊活动，怀柔区精神文明办、怀柔区委老干部局、桥梓镇政府有关领导、北宅村村民300人参加。（王鑫）

**【领导小组会】** 12月22日，常卫主持召开区委老干部工作领导小组会议。徐熙、吴松元等22名区委老干部工作领导小组成员参加，审议并通过老干部工作报告、先进离退休干部党支部和离退休干部先进个人表彰决定。（王鑫）

## 保密工作

**【概况】** 本年，按照《东城区"五五"保密法制宣传教育规划》，结合东城区实际，组织开展保密宣传教育；按照市委、区委要求，做好国庆60周年庆祝活动筹备信息安全保密工作，采取措施，为庆祝活动提供保障；开展保密大检查和保密承诺书签订工作，发现和解决工作中的问题；加强保密法制理论学习，参加行政执法培训，保证保密行政执法责任制的落实，提高全区保密管理水平和防范能力。

**单位名称：中共东城区委保密委员会办公室（区国家保密局）**
**单位地址：钱粮胡同3号**
**联系电话：64031118转2206　邮政编码：100010**（张洪亮）

**【区委保密委会议】** 3月19日召开，边振英主持并讲话。学习胡锦涛总书记对保密工作的指示和中办、国办《关于进一步加强党和国家核心秘密载体传递工作的意见》《国家秘密载体销毁管理规定》，通报中共北京市委保密委员会本年工作要点和上年全国、北京市主要泄密情况，讨论通过《东城区委保密委员会2009年工作要点》。边振英就保密工作提出加强教育、加大要害部门保密管理、落实党政领导保密工作责任制等要求。（张洪亮）

**【学习实践科学发展观活动】** 坚持"提高人员素质、强化服务意识、规范内部管理"保密工作思路，开展学习实践科学发展观活动。强化学习，深入调研，查找问题，认真整改，制定完善管理措施、抓好基础建设、拓展宣教渠道、强化监督检查等四条整改措施，并在工作中落实。（张洪亮）

**【保密宣传教育】** 制定印发《2009年度保密法制宣传教育工作计划》，组织各单位开展保密形势教育、保密法制教育和保密防范知识教育。编印《东城区保密知识宣传单》1200份，编发《东城保密工作》5期，《保密知识选编》4期。

5~6月，以"熟悉保密制度，提高防范技能"为主题,在全区开展保密法制宣传月活动。各单位通过保密知识答卷、观看录像片、举办知识讲座、利用局域网宣传、制作开辟专栏、组织业务座谈交流等形式,开展宣传教育活动,受教育1万人次。（张洪亮）

**【保密业务培训】** 举办区保密干部培训班,全区93个单位120人参加。在全区军转干部、新任公务员、初任科长等培训班,讲授保密课程。到东华门街道、区地税局、区档案局等10家单位,进行保密知识讲座。组织召开保密协作组专题研讨会,在全区信息化工作会议上介绍信息安全保密知识,受教育900人次。（张洪亮）

**【定密工作】** 全区现有57个单位产生涉密事项,共计4527件,其中绝密583件、机密2689件、秘密1255件。本年度42个单位产生涉密事项564件,其中绝密26件、机密328件、秘密210件。16个单位对原有涉密事项进行解密115件,其中机密24件,秘密91件。（张洪亮）

**【国庆信息安全保密】** 加强组织机构建设,把保密工作纳入国庆筹备工作体系。印发《关于认真做好建国六十周年庆祝活动期间保密工作的通知》,明确定密责任和信息使用安全管理要求,区国庆筹备工作领导小组办公室工作例会多次研究保密工作。各分指挥部制定相应保密管理措施。开展保密检查,把国庆筹备保密工作作为全区党政机关保密检查重点内容,组织国庆前夕保密专项检查,检查计算机3781台、移动存储介质252个;抽查单位22家、计算机254台,对141台上互联网的计算机统一进行断网处理,对20台存储有关信息的计算机进行技术删除。启动"数字东城"日常监测检查机制,对各单位互联网发布的信息进行全面检查。国庆工作结束后,召开互联网恢复开通工作会,部署开通互联网连接工作。（张洪亮）

**【保密检查】** 6~8月,在全区开展党政机关保密大检查,涉及单位100个、涉密人员1600人,检查涉密计算机277台、非涉密计算机6314台、移动存储介质3608个。抽查区委政法委、区委统战部、组织部等38个单位,计算机200台,其中涉密计算机60台,移动存储介质150个。（张洪亮）

**【保密管理】** 为区检察院涉密网络分级保护做好咨询、指导服务,按照有关规定对系统建设提出要求,帮助解决相关问题,做好其系统建设改造的方案论证工作。为区委办、区委组织部等8个单位24台新增、更新的涉密计算机安装涉密存储介质管理系统,配发涉密U盘8个、专用U盘15个。

依法检查辖区内北人羽新等4家国家秘密定点复制单位,对保密宣传教育、完善人员、设备和密件管理等提出明确要求。（张洪亮）

**【信息保密审查】** 把落实政府信息公开、互联网信息发布保密审查制度作为保密工作重点,通过宣传教育和保密检查,规范保密审查程序。坚持网上检查制度,定期检查各单位在"数字东城"网站发布的信息,全年检查10次。（张洪亮）

**【保密承诺书签订】** 成立签订工作领导小组,边振英任组长,确定"以涉密岗位为基础,以规范制度为保障,注重长远,强化考核"工作原则。梳理和确认全区党政机关、企事业单位的涉密工作岗位,确定涉密人员。开展专项保密宣传教育,印发宣传教育材料。根据不同情况,设计四种承诺书样本,细化承诺内容。全区104个(含4个国家秘密定点复制企业)单位的4673人涉密人员签订保密承诺书,签订率100%。（张洪亮）

**【保密调查研究】** 市保密局委托的《北京市计算机信息系统保密管理操作指南》研究课题,通过专家组验收。指南以现行的计算机保密管理规定为基础,全面介绍计算机保密管理中应注意的问题和具体操作程序,为全市计算机保密管理提供工作规范。（张洪亮）

**【保密制度建设】** 协调区委组织部、区人事局,制订《东城区保密承诺书签订工作制度(试行)》。明确组织人事部门、保密工作部门的职责,使承诺书签订工作在组织实施、岗前教育、离岗核查、工作考核与责任追究、数据更新、资料归档等环节具有可操作性。修订和完善保密检查工作流程及规范。（张洪亮）

**【高考保密管理】** 发挥保密工作指导、监督作用,加强全方位检查监督。考前检查区考试中心试卷保密室,全程监督取卷、试卷进入保密室、分卷、分送试卷到考点等环节;考试期间,安排专人到区高考指挥中心全天专职监督指导保密管理工作,做好服务保障。（张洪亮）

**【网络安全保密审核】** 做好对区政务外网用户接入、政务信息系统用户变更、数字证书开通、废止、网站开设、栏目更新等有关项目的保密审核。全年,审核政务外网用户接入120个单位,电子政务用户4000人次,

数字证书1800人次。（张洪亮）

【保密考核】 11月20～30日，对全区区属单位进行保密工作年度考核。考核分单位自评、考核组打分、保密局综合评价。达到90分以上单位占参加考试单位的95%。（张洪亮）

## 直属机关工委工作

【概况】 机关工委下设（所属）机关党委11个，直属党总支14个、党支部44个，党员6973名（其中流动党员2477名）。本年，贯彻落实中共十七届四中全会及全国、北京市机关党的建设工作会议精神，学习实践科学发展观活动，创新机关党建，服务东城发展。开展“深入基层、搞好服务、转变作风、促进发展”主题实践活动，组织机关干部参与新中国成立60周年庆祝活动的服务保障工作，为推进“国际化、现代化新东城”建设，提供思想和组织保证。

**单位名称：中共东城区委区直属机关工作委员会**
**单位地址：钱粮胡同3号**
**联系电话：64031118转2604　邮政编码：100010**　（徐朝晖）

【思想政治建设】 开展学习实践科学发展观活动。围绕区委“科学发展创首善，打造国际化、现代化新东城”的思路，确定机关工委“创新机关党建，服务东城发展”的活动主题。通过召开征求意见座谈会、深入基层单位调研、到兄弟区县学习经验等方式，解决党员干部反映的突出问题。通过调研，形成改进机关作风建设的调研成果。通过解放思想大讨论，党员干部在推进机关党建，加强机关工委建设上形成共识。制定《机关工委学习实践科学发展观活动整改落实方案》，群众测评满意率100%。（徐朝晖）

【组织建设】 新发展党员45人，审批预备党员转正39人；审批基层党组织按期换届选举18个。指导大成律师事务所建立党委。1月9日，在东城区图书馆举办区直机关党务干部春节联欢会，党务干部150名参加，机关党员干部自编自演文艺节目。3月6日，组织召开区直机关2009年党建工作会议，区直机关工委书记边振英出席并讲话。3月23～28日，举办入党积极分子培训班，区直机关入党积极分子105人参加培训。5月20～22日，组织区直机关优秀党务干部到上海长宁区，江苏南通市、扬州市学习考察服务型机关建设。6月29～30日，举办区直机关党务干部培训班。结合纪念建党88周年，开展机关评先创优活动，评选先进党组织17个，优秀共产党员165人，优秀党务工作者26人，并召开大会通报表彰。将先进事迹编印成书。（徐朝晖）

【精神文明建设】 3月4日，组织机关团员青年24人到东城区老年公寓开展“学雷锋，慰问老人”活动，与老人谈心、唱歌。机关青年志愿者12人在东四奥林匹克社区开展“学雷锋，便民志愿服务”活动，为社区群众提供垃圾分类讲解、节水宣传和法律咨询等服务。6月18日，组织举办以“感受60年，歌颂共产党”为主题的歌咏比赛，区直机关46个单位980人，组成28支合唱队参演。3～6月，开展“我所知道（经历）的60年”主题征文活动和“东城60年巨变”网上摄影展，区直机关干部参加。9月15日，组织“东城60年巨变”座谈会，区委离退休老干部、老党员通过亲身经历，回忆新中国成立60年身边的巨大变化和改革开放的伟大成就。围绕国庆60周年主题，开展“迎国庆讲文明树新风——我参与我奉献我快乐”活动（徐朝晖）

【党风廉政建设】 组织工委全体党员学习贯彻中纪委和市、区纪委会议精神。围绕本单位业务工作，完善党风廉政建设制度，推进廉政风险防范管理。明确个人岗位职责和单位、部门职能，分层次反复查找风险点。通过召开民主生活会、组织生活会、交流研讨等形式，探索廉政风险防范管理工作长效机制。在换届选举等重大问题上，坚持公正公开。落实党内监督各项制度，将廉政风险防范管理工作融入到业务工作的全过程。（徐朝晖）

【群团工作】 开展文体活动，增强机关活力。协调在机关成立健身房、乒乓球室和台球室，定时向机关干部开放；开展系列文体活动，组织跳绳比赛、妇女登山活动、拔河比赛；选拔机关干部参加区第二十届职工运动会，组织机关干部参加区工会和景山体协组织的乒乓球、保龄球、飞镖等比赛活动。参加北京市区县直属机关篮球赛获第二名。组织团员青年开展专题学习和研讨，开展“我的基层团支部”主题征文活动。组织团员青年开展学雷锋活动，到敬老院开展亲情陪伴。开展“你我一路同行——用心感受国家大剧院”活动，组织机关青年公务员陪伴23位盲人参观游览国家大剧院。（徐朝晖）

【调研工作】 开展作风建设等课题调研，提高对基层党组织的指导水平。召开区直机关系统学习实践科学发展观座谈会，听取基层单位党组织书记关于创新机关党建、服务东城发展，加强机关作风建设的建议对策。结合调研课题《学习实践科学发展观进一步转变机关工作作风》,机关工委全体干部在窗口单位开展随机的问卷调查和暗访,听取干部群众意见建议。将问题向有关单位反馈,提出整改期限。 (徐朝晖)

**【机关作风建设】** 2009年,作为服务型机关建设年,制定下发《关于开展“深入基层,搞好服务,转变作风,促进发展”主题实践活动的意见》。发动机关党员干部,深入基层,了解基层工作需求,增强机关党员干部的服务意识,转变机关作风;优化工作流程,提高机关工作效率;坚定党员干部的理想信念,增强拒腐防变能力;增强机关党组织的凝聚力、战斗力和创造力,推进国际化、现代化新东城的科学发展。 (徐朝晖)

**【扶贫济困工作】** 开展“党心连民心、亲情进万家”活动。各党组织组织党员开展扶贫济困送温暖、党员上门服务、亲情陪伴大年夜等活动。“七一”前夕,出资1.9万元帮扶慰问机关困难党员19名。组织机关干部开展“京什手拉手,重建新家园”捐赠活动,捐款3.3万元。8月,组织机关200名干部职工进行疗养。国庆前夕,走访慰问建国前参加革命工作的老干部78人、老工人2人、老党员26人,慰问款项折合人民币5.97万元。11月,组织区委、区政府机关干部为内蒙古贫困地区捐赠衣被1641件。全年,看望生病住院的机关干部20人,慰问直系亲属去世人员15人。 (徐朝晖)

**【国庆60周年服务保障】** 建立组织体系和工作机制,通过培训、演练、彩排,完成各项筹备任务。抽调40名机关党员到国庆指挥部,完成集结点信息联络工作。组织400名党员干部作为国庆联欢晚会标兵,参与晚会服务保障任务。组织1000名机关干部参与国庆外围安全保障任务。机关党员干部参与国庆各项服务保障工作1万人次。 (徐朝晖)

## 党校工作

**【概况】** 区委党校创建于1958年6月,是培训、轮训党政领导干部的教育基地。“文化大革命”中停办,1977年3月恢复。1994年3月兼办东城区行政学院。1997年10月以后,陆续兼办区干部法律培训中心和区社会主义学院,实行四块牌子、一套机构。实行校务委员会集体领导下的校长负责制,校长由区委组织部长兼任,日常工作由常务副校长主持。设教研室3个,教学辅助科室3个,综合科室6个。现有教职工54人,其中列入参照《公务员法》管理范围在职人员32人,事业编制人员22人。事业编制人员中,具有专业技术任职资格的17人,(内有高级职称7人,中级职称6人,初级职称4人)。本年,坚持以教学工作为中心、科研工作为基础、党建和精神文明建设工作为保证、行政和后勤工作为保障的工作方针。完成岗位目标管理责任制工作,成为区党、政、企事业单位等各类干部的培训基地。

**单位名称:中共北京市东城区委党校**
**单位地址:东单北大街干面胡同10号　邮政编码:100010**
**联系电话:65265599转6183** (斯京影)

**【实行双轨制】** 接市委组织部京组字(2009)8号文件,关于同意中共北京市东城区委党校、北京市东城区档案局(馆)东城区委党史资料征集办公室(北京市东城区地方志编纂委员会办公室)机关和工作人员参照《公务员法》管理的批复。党校在职人员32人列入参照《公务员法》管理范围,并按照规定进行登记和工资套改。东城区委党校管理体制实行双轨制。机构设:基本理论教研室、政法教研室、管理教研室、办公室、培训科、科研科、教务科、成教科、老干部科、行政科、财务科、北官厅校区管理科12个科室。 (斯京影)

**【干部培训】** 党校举办各类培训班42期,其中主体班36期、其它班次6期,培训学员2132人。“一把手”素质工程主题研修班1期,学员180人。处级干部四中全会轮训班4期548人。处级干部(规定)培训班2期,学员96人。处级干部(自选)培训班2期,学员66人。中青年干部培训班2期,学员70人,公务员科长班2期,培训107人。公务员初任培训班1期,培训70人。军队转业干部培训班1期,培训87人。公务员电子政务培训班10期,培训500人。社区工作者培训班1期,培训55人。完成区内单位干部代培任务:新录用大学生社区工作者培训班1期,培训108人。民政局青年干部综合素质培训1期,培训40人。国资委入党积极分子培训班1期,培训61人。完成区外单位干部代培任务:北京银监会党员领导干部政治理论培训班1期,培训48人。东方资产管理公司入党积极分子培训班1期,培训40人。重庆九龙坡党校处级干部应急管理培训班1期。培训40人。

承办中央党校函授学院学历教育,设有经济管理专业本科2个班190人。承办市委党校成人教育学历班,设有行政管理、经济管理专业大专班、本科班353人。中央党校社会学专业在职研究生班83人。本年,学历班招生133人,在校生759人。 (斯京影)

**【精神文明建设】** 按照区委、区政府部署,在建国60周年庆典活动中,参加37人晚会标兵、庆典安保标兵和社区特派员、志愿者任务。完成国庆60周年庆典活动。获东城区国庆联欢晚会指挥部组织协调奖。

（斯京影）

【校园网建设】 为提高党校办公用机速度，升级办公用机，为1G，实现相关文件及科室文字材料全部在校网传送。完成计算机教室改建，更新计算机50台。为开展全区电子政务培训，提供基础设备条件，提升党校信息化水平。（斯京影）

【科研课题】 完成《东城区基层党校干部教育培训现状调研报告》、《东城区委党校双轨制管理体制探讨》、《东城区中青年干部成长规律调研》调研课题。表彰上年教学奖、科研成果奖、学术周优秀论文奖以及优秀信息员奖。本年共发表科研论文21篇，共25.16万字，其中在中央级刊物上发表7篇。徐建秋老师撰写的《“规定+自选”教学模式新探索》和李洁老师撰写的《树立科学管理理念完善党校培训管理方法》文章被列入北京市委党校教改汇编教材中。全年《党校工作通讯》编发4期，共29篇文章。《教学参考》编发3期，共7篇文章。学术周共收到全校教职工论文30篇。有13人撰写32篇信息，被中央级采用1篇，市级采用6篇，区级采用25篇，东城区处级干部“历史风貌保护与城市现代化”专题研究班，发表创意报告7篇，分别是：《“分类保护、分类疏散、分类开发”措施势在必行——对东城区历史风貌保护进程中人口疏散问题的思考》、《关于平房院落人口疏散问题老百姓真实意愿的情况调查与思考》、《历史风貌保护工作中政府的地位和作用》、《完善相关法规政策——推进历史文化街区保护和城市现代化建设》、《实现文化资源开发利用的可持续发展》、《关于南锣鼓巷街区文化资源保护利用的思考》、《历史文化街区的保护与更新需要建立要素量化评价体系》。（斯京影）

【教学改革】 党校教学改革实行处级干部“规定+自选”培训模式，增加培训针对性，确保“规定+自选”培训专题符合东城区发展和干部岗位的需要。通过调查问卷，确定今后五年处级干部“自选”培训的七个专题。“规定+自选”教学新模式的实施，收到良好效果。本年，首次在科长班、社区班开展异地培训教学活动。拓宽干部培训渠道，提供异地培训服务，为重庆九龙坡党校处级班量身制订“危机处理”专题培训，设计培训方案，聘请国内著名危机处理专家学者，规范教学服务管理，实现资源共享，交流合作，跨域双赢。

（斯京影）

【党建工作】 3月18日至8月10日，在全体党员中开展学习实践科学发展观活动。参加党员43人。将科学发展观的实践活动与党员评议工作有机衔接，推动党校科学发展观实践活动的深入进行。5月18日至6月26日，机关党委组织开展党员评议工作。

（斯京影）

【党风廉政建设】 建立廉政风险防范管理工作领导体系，成立廉政建设责任制领导小组。制定《党校廉政风险防范管理实施细则》及《风险识别、防控一览表》强化廉政风险防范意识。（斯京影）

【慰问 献爱心活动】 开展“党心连民心、亲情进万家”活动。1月12日，组织所属3个党支部党员走访慰问干面社区6户困难群众，并送节日慰问品，32名党员参加活动。1月25日，在“亲情陪伴大年夜”活动中，校领导为社区孤寡老人和生活有困难的老党员送节日慰问品，投入资金3200元。

党校在党员群众中开展“献爱心”活动，为灾区捐款2380元，募集棉衣被330件。

完成献血指标。（斯京影）

## 党史资料征集工作

【概况】 区委党史资料征集办公室（简称党史办）前身为区委党史资料征集小组，成立于1981年5月。1985年10月区委党史资料征集办公室成立。根据京编办（1986）第14号通知精神，1986年12月作为正式工作机构，纳入区委序列，是区委主管党史工作的职能部门，负责研究本区党史，指导全区的党史工作，征集、整理、编纂本区党史资料。1988年1月并入区委组织部，仍保留党史办公室的牌子。2001年12月，区委党史办公室转为事业单位，与区地方志办公室合并，分别挂中共北京市东城区委党史资料征集办公室和北京市东城区地方志编纂委员会办公室的牌子，为区直属相当正处级事业单位，归口区委管理。编制10名，设主任1名，副主任2名，内设办公室、征研部、编辑部3个科室，工作人员8名。2009年，主任王之鸿（11月免）、彭积冬（11月任），副主任彭积冬（11月免）、王钦双（1月任）。2月，与主管领导签订折子工程，主要有收集区委2009年主要工作、重大举措和奥运工程等有关的资料、政府折子工程、政府2009年在直接关系群众生活方面办的重要实事进展和落实情况的资料，以为存史；启动《中国共产党北京市东城区组织史》（1988～2010）的编写工作，组织北平和平解放60周年和中华人民共和国成立60周年纪念活动及征文活动；出版《东城建设史》等工作。12月，折子工程项目均完成。

单位名称:东城区委党史资料征集办公室
单位地址:东四十一条83号
联系电话:64009361 邮政编码:100007 (杨帅)

【学习实践科学发展观】 3月9日至8月7日,开展以“科学记述东城、服务中心工作”为主题的学习实践活动。区党史办(地方志办)领导班子参加区深入学习实践科学发展观报告会、区委专题辅导等活动。召开本单位动员会,组织学习研讨,开展调查研究,征求意见建议,开展解放思想大讨论,召开专题民主生活会,形成贯彻落实科学发展观的分析检查报告和整改措施。 (杨帅)

【党风廉政建设】 制定了本年度党风廉政建设教育计划和撰写了党风廉政建设工作总结。2月,开展廉政风险防范管理工作,制订了廉政风险防范管理工作的实施方案,查找了56个廉政风险点,评定了廉政风险等级,制作了5种类风险防范图表,建立、修订相关制度等工作,形成了廉政风险防范管理工作机制和工作体系。组织参观第二届群众廉政书画作品展、平津战役纪念馆、观看电影《真水无香》。6月,开展“小金库”专项治理工作,经过动员部署、自查自纠、重点检查等阶段,没有发现私设“小金库”现象。 (杨帅)

【庆祝国庆活动】 9月,配合市委党史研究室开展庆祝新中国成立60周年系列活动,提供有关论文4万字。配合区委宣传部开展庆祝新中国成立60周年的大型展览活动,撰写《60年大事纪要》7万字,并提供相关图片。为庆祝北平和平解放60周年和新中国成立60周年,与区直机关工委共同筹办“区直机关东城60年巨变座谈会”,与区委老干部局、区档案局、区当代北京史研究会联合组织征文活动。完成参加国庆60周年庆典活动外围保障和志愿者服务工作,派出1人参加首都国庆60周年北京市筹备委员会群众游行指挥部工作,并获优秀工作者称号。 (杨帅)

【《东城史志》季刊】 出版4期,25万字。征集刊载王忍之、张全景等老同志和李成瑞、余飘、柳伦等专家学者给本刊的专稿,发表《共和国第一枚国徽从我们手中诞生》等有史料价值的文章。每期向域内150家单位发放约500册,向市委党史研究室、市地方志办公室、本市各区县史志部门及首都图书馆等赠送100册。 (杨帅)

【《东城建设史》出版发行】 《东城建设史》于2009年8月由长城出版社出版发行。该书是市委党史研究室部署编纂的《北京区县社会主义建设史丛书》之一,是东城区第一部地方党史正本。它的编辑出版结束了东城区无史书正本的历史。本书上限为1948年末北平和平解放前夕、下限为2002年末,设步入新民主主义社会、社会主义制度初步确立、社会主义建设在曲折中前进、在10年动乱中、拨乱反正改革开放起步、改革开放全面展开、改革开放和现代化建设新时期7章29节,30万字,照片94幅。全书记述东城区人民在区委、区政府的领导下,进行探索社会主义革命和建设道路的具体实践,全面反映中央和北京市委的路线、方针、政策在东城区的贯彻落实过程,全面反映东城广大人民群众在促进生产力发展方面和推动人与自然、社会和谐、可持续发展的历史活动,全面反映东城区委、区政府在代表先进生产力发展要求、先进文化前进方向和人民群众根本利益方面的具体表现以及在促进协调发展方面的重大举措。10月,举行首发式,并向域内单位及区人大代表、政协委员发放1600册,与市委研究室、本市各区县交换200册。 (杨帅)

# 纪检·监察

【概况】 本年,开展深入学习实践科学发展观活动,围绕“国际化、现代化新东城”建设,履行纪检监察职能,党风廉政建设和反腐败工作取得新成效,保持东城区经济平稳较快发展、完成国庆60周年庆祝活动提供保障。

组织党员干部学习领会中共十七届四中全会精神,部署推进全区党风廉政建设和反腐败工作。围绕保增长、保民生、保稳定等系列决策部署的贯彻落实,开展监督检查。对服务东城经济发展24项措施和总投资182亿元的40个项目的绿色审批等重大措施落实情况全程监督,保证扩大内需重大项目安全运行。印发《关于严明纪律确保机构改革工作顺利进行的通知》,对政府机构改革工作开展纪律监督。实施跟踪监督国庆60周年庆祝活动资金使用、物资采购、环境整治、食品药品安全等工作。制定《东城区工程建设领域突出问题专项治理工作实施方案》,全面排查政府所有投资项目和500万元以上社会投资项目。完成网上监察系统第一期建设。

开展党风廉政教育,采取讲党课、专题教育、参观警示教育基地等形式增强党员干部的廉洁自律意识。举办廉政书画作品展和文艺演出,编写廉洁教育读本,在中小学开展廉洁教育,推进廉政文化建设。落实中央厉行节约八项要求,加强机关公务用车管理,严格控制楼堂馆所建设,减少会议、文件、水电和公务接待等支出。开展因公出国(境)公示试点,先后公示13个团组。执行纪委负责人与下级党政主要负责人谈话、廉政谈话、诫勉谈话,述职、述廉,领导干部个人有关事项报告等监督制度,开展党务公开工作,完善政务公开、厂务公开和公共企事业单位办事公开制度。"小金库"专项治理取得阶段性成果,涉及金额36.7万元。

健全办案组织协调、案件线索管理和督办机制,实行案件统一审理,查处一批违纪违法案件。清理纪检监察规范性文件,废止17件。完善干部选拔任用程序和促进科学发展的干部考核评价机制。财政、投资、司法体制机制和国有资产管理体制改革取得新进展。全区各街道各单位全面推行廉政风险防范管理工作。分别召开反腐倡廉宣传教育,党员领导干部监督,查办违纪违法案件,解决损害群众利益突出问题,从源头上预防和治理腐败联席会议。

以"围绕中心促发展、科学履职作保证"为主题,开展深入学习实践科学发展观活动。对全区纪检干部进行信访举报、查办案件和案件审理业务培训。组织理论学习中心组学习18次,党员集体学习10次。完善议事规则、工作程序,共召开常委会19次,书记办公会35次。开展机关廉政风险防范管理工作,查找风险点167个,制定防控措施166条。参与国庆60周年安保服务保障各项活动,李利平被评为市国庆安保先进个人。开展向四川、内蒙古震灾雪灾地区、"幸福工程"、"共产党员献爱心"捐助活动,共捐款7050元,捐棉衣被81件。编发《东城纪检监察信息》及专刊60期。

**单位名称:中共北京市东城区纪律检查委员会(东城区监察局)**
**单位地址:钱粮胡同3号**
**联系电话:64013321　邮政编码:100010**　　(彭军荣)

**【纪委全会】** 7月16日,召开区纪委十届六次全会。听取和审议曾刚健代表常委会作的《加强反腐倡廉建设,为保增长、保民生、保稳定提供有力保证》工作报告。区纪委委员22人出席,列席88人。通过《中国共产党北京市东城区第十届纪律检查委员会第六次全体会议决议》。(彭军荣)

**【党风廉政建设工作会】** 2月12日,召开区党风廉政建设暨推进廉政风险防范管理工作会议。总结上年工作,部署本年党风廉政建设和反腐败任务,表彰区民政局等25个党风廉政建设先进单位。对连续3年被评为党风廉政建设先进单位的区人事局、工商分局、园林绿化局、东二环建管办、和平里街道各给予奖励2万元。冯熙主持,曾刚健作报告,王学勤讲话,市纪委常委刘经宇出席并讲话。(陈岗　崔征　孟亚云　常志盛)

**【党风廉政建设责任制】** 1月,制定《2009年东城区党风廉政建设责任制工作要点》及《2009年东城区贯彻落实党风廉政建设责任制推进惩治和预防腐败体系建设主要任务分工》,将32项主要任务、110项具体工作,分解落实到13位区委区政府领导干部和41个牵头单位。7月23日、29日,区纪委常委会分别听取城管监察大队、环卫中心领导班子,落实党风廉政建设责任制情况汇报。11月,开展贯彻落实党风廉政建设责任制、推进惩防体系建设情况专项检查,杨柳荫等带队抽查东直门街道等18个单位。11月24日,召开区党风廉政建设和反腐败工作牵头单位汇报会,杨柳荫主持,杨艺文、曾刚健出席。本年,区委常委会先后9次听取反腐倡廉工作汇报,研究部署党风廉政建设任务。(陈岗　崔征　孟亚云　常志盛)

**【领导调研】** 1月24日,王学勤看望慰问纪检监察干部,并提出工作要求。3月5日,市纪委驻市文化局纪检组组长崔国红带队检查区扩内需政策措施落实情况。7月16日,市纪委常委王荣军到建国门、朝阳门街道调研社区监督工作,曾刚健参加。9月10日,市监察局副局长刘东波到区调研网上监察工作,曾刚健参加。11月4日,市纪委副书记王海平到区调研党风廉政建设工作,肯定东城区建立三级群众监督网络和群众支持参与反腐败工作的经验,曾刚健参加。11月24日,市监察局监察综合室主任陈家康到区检查开展制止公款出国(境)旅游工作情况,王佩立参加。12月29日,市委副秘书长崔述强带队到区检查执行党风廉政建设责任制推进惩治和预防腐败体系建设情况,杨柳荫、冯熙、曾刚健等参加。(李婧　石琳　秦晋)

**【监督检查】** 1月4日,制定《关于加强对扩大内需促进经济增长政策落实情况进行监督检查的实施方案》,成立监督检查工作领导小组。制定《民居改善工程资金管理办法》《清理滞留拆迁项目方案》。对"煤改电",民居修缮,地铁6号、8号线拆迁,保障性住房,用水"一户一表"改造等涉及民生项目开展监督检查。开展环境保护、安全生产、工程质量等10项专项治理和检查工作。8月26日,召开网上监察工作会议,杨艺文、刘朋庆、吴弘勇出席,杨柳荫主持并讲话。本年,共查处环境违法案件162起,依法吊销房地产企业开发资质32家,查处市场价格违规违法案件65起,对21项安全隐患实行挂牌督办。 (李婧 秦晋)

**【廉洁自律和监督】** 1月,印发《2009年领导干部廉洁自律工作要点》。开展元旦、春节期间领导干部廉洁自律情况的监督检查。2月9日,印发《关于东城区房屋管理局副调研员李光辉同志违规驾驶公车情况的通报》。585名处级党员领导干部按要求填报个人有关事项。15人上交礼品23件(折合人民币9810元)、礼金2800元。全年,全区各单位党委、纪委负责人与处、科级干部谈话375人次、诫勉谈话18人次、任前廉政谈话579人次,处、科级领导干部述职述廉1664人次。 (孟亚云 常志盛)

**【作风建设】** 开展"弘扬奥运精神,加强领导干部作风建设年"活动和"听民意、访民情、解民难"活动,群众反映问题7948件,办结7850件。5月12日,召开区厉行节约工作联席会,研究部署区厉行节约工作,明确牵头单位和任务分工。压缩出国(境)团组17个,减少出国(境)人员102人,压缩党政机关一般性支出1720万元。 (陈岗 孟亚云)

**【廉政风险防范管理】** 1月6日,印发区委、区政府《关于在全区开展廉政风险防范管理工作的通知》。2月19日,举办廉政风险防范管理工作培训班,190人参加。3月25日,举办全区领导干部廉政风险防范管理工作报告会,市纪委副书记隋秀梅作报告。10月27日,制定《东城区推进廉政风险防范管理工作检查考核评分标准(试行)》。11月17日,召开区推进廉政风险防范管理工作经验交流会,公安分局等7个单位交流经验,杨柳荫要求各单位,要把推进廉政风险防范管理作为"一把手"工程,切实加强组织领导,突出抓好对重点领域、重点环节、重点部门和重点人员的风险防范,努力形成具有东城特色的廉政风险防范管理长效机制。年内,全区有59个委、局,30个区委、区政府部门,10家国有企业实行廉政风险防范管理,排查廉政风险3万处,制定防控措施2.24万条,完善业务工作流程706项,编制业务流程、风险防范图739项,建立健全有关风险防范管理制度722项。 (陈岗 孟亚云 常志盛)

**【宣教工作】** 4月29日,召开反腐倡廉宣传教育工作联席会,总结上年工作,研究本年宣教工作要点,曾刚健主持,王红兵出席。6月26日,召开反腐倡廉情况通报会,曾刚健向区民主党派、工商联负责人和民族宗教界人士通报2008年以来全区党风廉政建设和反腐败工作情况,郭瑞敏主持。7月17日,百名机关企业主要负责人参观警示教育基地。全年,有4000人到警示教育基地参观。9月8日,组织机关和企事业单位党员干部200人,旁听法院公开庭审北京日报报业发行有限公司王克中涉嫌贪污案。10月13日,第二届群众勤廉书画作品展开幕,展出期间,84个单位4000人参观。12月4日,举行"讲廉洁、树正气"第二届群众勤廉文艺会演,中央纪委六室主任耿欣秋,市纪委副书记王海平等领导及杨柳荫、吴弘勇、曾刚健等出席。12月,印制2010年廉政台历2200册赠送全区处级以上领导干部及重点岗位人员。年内,《中国纪检监察报》《是与非》等媒体刊发反映东城区反腐倡廉工作新闻报道23篇。 (吴建中 许继萱 刘菊华)

**【纪检监察工作研究会】** 6月10日,召开第13次年会暨贯彻落实科学发展观理论研究会。听取常务理事会和监事会工作报告,选举吴建中为秘书长,决定调整常务理事会部分成员。北京市纪检监察学会副会长罗忠敏等出席并讲话。 (刘菊华)

**【监察、监督员工作】** 3月20日,召开区第六届特邀监察员、党风廉政监督员工作会,总结上年工作,研究部署本年任务,曾刚健出席。年内,组织区特邀监察员、党风廉政监督员参加中高考巡查和执行党风廉政建设责任制情况检查、领导干部民主生活会等多项活动。 (崔征 常志盛)

**【经济责任审计】** 4月16日,召开经济责任审计工作联席会议,曾刚健、梁军出席。本年,经济责任审计处级党政主要领导干部7名。 (常志盛)

**【纠风工作】** 开展教育收费专项检查,推进义务教育学校教师绩效工资改革。全区90%的医疗机构实行药品网上集中采购,41个社区卫生服务站全部实行药品零差率销售。开展解决拖欠农民工工资专项整治行动,为2597名农民工追发工资616万元。制定《关于加强街道民主监督评议政府职能部门和公共服务单位的意见》,召开民主评议工作现场会,普遍开展民主评议基层站所活动。受理政风行风热线179件,办结170件。 (孟佳)

**【巡视工作】** 3月5日,召开区委巡视工作领导小组会议,总结上年工作,部署本年任务,曾刚健主持,边振英、梁军参加。年内,区委巡视组对安定门街道和区环

保局开展巡视。（陈岗 孟亚云）

**【行政投诉】** 对行政服务中心进驻部门实行网上监察，全程监控行政许可和服务事项办理5.36万件。接到行政投诉173件次，受理办结37件。

（海朝明 杨春兰）

**【学习实践活动】** 3月11日，成立委、局机关学习实践科学发展观活动领导小组及工作机构。3月19日，召开动员会，曾刚健讲话，区委第一指导组出席。组织封闭学习培训2天，学习交流会3次，专题辅导4次，撰写心得体会30篇。4月24日组织党员干部考察平谷区挂甲峪新农村建设。组成调研课题组3个，形成《关于网上监察系统建设的调研与思考》《创新行政监察工作，推动政府善政向善治的转变》等研究成果。召开部分单位纪委书记座谈会、机关科级干部座谈会并向各单位发放征求意见函，征求意见建议47条。5月25日，召开委、局领导班子民主生活会，曾刚健参加。7月1日，形成领导班子贯彻落实科学发展观分析检查报告。7月24日，制定学习实践科学发展观整改方案。8月7日，召开委、局机关深入学习实践科学发展观活动总结会，曾刚健主持，区委第一指导组出席。

（宋瑞英）

**【社区纪检组织建设】** 开展社区党风廉政建设调研，提出《关于加强社区党风廉政建设的意见》。2月10日，朝阳门街道史家社区党员大会选举产生社区纪委。11月13日，召开街道社区监督组织建设研讨会。全年，全区115个社区，成立纪委25个，34个社区建立纪检小组，20个社区建立居民监督委员会。（彭军荣）

**【信访举报】** 4月10日，召开全区信访举报工作会议。全年，共受理群众举报218件/次，办结185件/次，移交案件线索30件，挽回经济损失5.16万元，收回房屋3间(34.5平方米)。（刘宏明）

**【查办案件】** 4月3日、8月25日，分别召开全区纪检监察案件检查工作会和全区纪检监察案件审理工作会。全年，立案15件，其中大案要案4件，结案处分8人。审结案件5件，其中基层自办审批案件2件、基层自办自批案件1件、解除政纪处分案件1件、恢复党员权利案件1件。（牛红伟 郭崇明 袁霄）

# 中国共产党北京市东城区委员会

## 书记、副书记、常务委员

**书　记**　王学勤(2月免)　杨柳荫(2月任)
**副书记**　杨艺文(女)　冯　熙(11月免)
**常务委员**　王学勤(2月免)　杨柳荫(2月任)　杨艺文(女)　冯　熙(11月免)　常　卫(11月任)　曾刚健(女,11月免)　周京生(11月任)　刘瑞宾(7月免)　边振英(12月免)　梁　军(女,11月免)　岳　鹏(4月免)　徐　熙(11月任)　王红兵　李荣庆　吴松元(11月任)　左海星　谢世龙(7月任)

## 工作机构负责人

**办公室主任**　边振英(12月免)　王红兵(12月任)
**组织部部长**　梁　军(女,12月免)　吴松元(11月任)
**老干部局局长**　付一琳(7月免)　张智敏(女,7月免)
**宣传部部长**　王红兵(12月免)　章冬梅(女,12月任)
**统战部部长**　郭瑞敏(女)
**政法委员会书记**　冯　熙(兼,12月免)　常　卫(兼,12月任)
**综合治理委员会办公室主任**　杨五一
**研究室主任**　石利生
**直属机关工委书记**　边振英(兼,12月免)　王红兵(兼,12月任)
**区委党校校长**　梁　军(女,兼,12月免)　吴松元(兼,12月任)
**社会主义学院院长**　梁　军(女,兼12月免)　吴松元(兼,12月任)

# 中国共产党北京市东城区纪律检查委员会

**书　记**　曾刚健(女,11月免)　周京生(11月任)
**副书记**　陈大龙　杨　新　侯　瑾(女)

## 区政府行政局党委书记

| | |
|---|---|
| **文化委员会** | 牟玉宪 |
| **教育工作委员会** | 袁为民(女) |
| **卫生局** | 陈　刚 |
| **园林局** | 陈晓梅(女) |
| **环境卫生服务中心** | 范　辉(女) |
| **体育局** | 刘海军(10月任) |

## 区直属事业单位负责人

| | |
|---|---|
| **党史资料征集办公室主任** | 王之鸿(11月免) |
| | 彭积冬(11月任) |

# 民　主　党　派

## 民革东城区委

**【概况】** 中国国民党革命委员会(简称民革),是具有政治联盟性质的、致力于建设中国特色社会主义和祖国统一事业的政党,是中国共产党领导的多党合作和政治协商制度中的参政党。1990年10月,成立第一届东城区工作委员会(民革市委派出机构)。2003年7月,成立民革北京市东城区委员会。2006年6月,召开民革东城区第二次代表大会,产生新一届领导班子。现有专项委员会7个,基层支部14个,党员494人,其中全国政协委员1人,北京市人大代表1人,市政协委员2人,民革北京市市委委员6人,民革中央专项委员会委员4人,东城区人大代表1人,区政协委员11人,担任各级特约监察员、监督员6人,各级法院人民陪审员2人。

2009年,发展党员26人。党员中具有台胞、港澳同胞和海外侨胞(简称三胞)关系的党员240人。加强统一战线政治理论学习,参加民革中央科学发展观巡讲报告会、民革市委新一届支部主委培训班、统战部民主党派干部骨干培训班等学习教育活动。

**单位名称:中国国民党革命委员会北京市东城区委员会**
**单位地址:东四十一条83号**
**联系电话:64015225　邮政编码:100007**　(董鹜　张妍)

**【参政议政】** 在区政协十二届三次会上,李霭君等11位民革党员作为东城区政协第十二届委员参加。向大会提交《关于东城区民国名人故居保护与利用的建议》、《关于雍和科技园进一步发展的建议》党派提案。《提高文化策划力加快发展东城区文化旅游事业的建议》被区政协评为优秀提案。陈撄代表民革东城区委作题为《让东城区民国名人故居彰显历史文化的独特魅力》的大会发言。

在中共东城区委统战部举办的党派调研报告评比中,《落实科学发展观,大力发展文化创意产业——中关村雍和科技园进一步发展的调研》和《东城区民国名人故居之定位、价值与发展路径——关于东城区民国名人故居保护与利用的调研》分别获东城区民主党派调研评比一等奖和二等奖。其中《落实科学发展观,大力发展文化创意产业——中关村雍和科技园进一步发展的调研》参加政府系统调研评比,获2007~2008年度东城区优秀调查研究成果二等奖。

全年征集信息200条。连续第9年获东城区统战系统优秀信息单位。董鹜、陈力夯获东城区统战系统优秀信息员特等奖。　(董鹜　张妍)

**【民主监督】** 李霭君、安建军为北京市特约监察员,参加对市建委、市质量技术监督局、市公交集团总公司的行风监督等工作。董鹜、王志成、汪其格、罗侃为东城区特邀监察员,参加党风廉政、年终目标考核等监督工作。董鹜、陈撄为法院人民陪审员。(董鹜　张妍)

**【纪念活动】** 在民革北京市委纪念多党合作制度确立60周年暨民革北京市委成立60周年纪念大会上,区委第一、第四、第五和第八支部被授予先进集体;27名党员被授予先进个人;3名党员被授予突出贡献奖;12名党龄在50年以上的老党员被授予荣誉奖。在民革北京市委举行的"风雨同舟60年"纪念多党合作和政治协商制度建立60年和民革北京市委成立60年的演讲比赛中获优胜奖;在东城区统战系统歌唱祖国歌咏比赛中获三等奖。组织党员参观"庆祝国庆六十周年"大型展览,参加东城区统一战线庆祝国庆60周年暨多党合作确立60周年座谈会。　(董鹜　张妍)

**【应对金融危机】** 组织党员参加各类专题研讨会、座谈会、报告会,要求党员把有效应对金融危机、确保经济平稳较快增长作为参政议政的首要任务,及时上报信息,为保增长、保民生、保稳定、促和谐做贡献。

(董鹜 张妍)

**【祖国统一工作】** 祖国统一委员会撰写的《东城区民国名人故居之定位、价值与发展路径——关于东城区民国名人故居保护与利用的调研报告》获东城区民主党派调研评比二等奖。接待台湾客人,邀请她们观看影片《建国大业》并参观北京名胜古迹。组织北京市第五十五中学40余名台湾中学生参观紫檀博物馆。8月,台风"莫拉克"袭击台湾,民革党员积极为灾区捐款捐物。为纪念孙中山先生逝世80周年,组织部分党员到香山碧云寺孙中山纪念堂拜谒孙中山衣冠冢。结合建国60周年组织"唱祖国、迎中秋"联欢会。

(董鹜 张妍)

**【社会服务】** 在东四街道南门仓社区开展医疗义诊、书法表演活动并慰问空巢老人;在吉安护老院为孤寡老人义诊,为中粮集团总部员工开展义诊及医疗咨询活动。随民革市委妇委会赴甘肃省张掖市开展智力支边,参观平谷小尾寒羊养殖基地等活动。

(董鹜 张妍)

**【老龄工作】** 春节期间看望慰问70岁以上老党员并送慰问品。重阳节,组织部分老党员参观恭王府花园,观看影片《建国大业》。 (董鹜 张妍)

**【妇女工作】** 为促进基层组织间的交流与沟通,增强基层组织间的团结和活力,构建基层组织间的和谐与发展,与民革天津市红桥区委开展工作交流。

(董鹜 张妍)

**【支部活动】** 第一支部召开庆祝建国60周年座谈会,第二支部与大兴二支联合举办时事座谈会,第三支部组织党员观看"两会"转播并进行座谈,第四支部组织党员参观小尾寒羊养殖基地,第五支部组织党员到敬老院义诊,第六支部组织党员参观《中国巨变——庆祝中华人民共和国60周年图片展》,第七支部开展庆祝教师节活动,第八支部召开提案与调研报告撰写辅导会,第九支部到河北省滦平就如何防止风沙进京进行考察研究,第十支部组织党员参观紫檀博物馆,第十一支部利用中国移动飞信平台建立短信群发机制,第十二支部组织书画下乡活动,第十三支部为中粮集团总部员工进行义诊。 (董鹜 张妍)

# 民盟东城区委

**【概况】** 1941年,成立中国民主同盟,主要由从事教育及科学技术工作的高中级知识分子组成,具有政治联盟特点,致力于建设中国特色社会主义事业的参政党。区域内1951年始有民盟支部。1986年11月,成立第一届工作委员会(属民盟市委派出机构)。1998年11月,成立民盟东城区委员会。2003年7月,召开民盟东城区第二次代表大会,产生第二届领导班子。2006年6月,召开民盟东城区第三次代表大会,产生新一届领导班子。现有民盟基层委员会2个,基层总支1个,基层支部44个(区属单位支部14个,市属单位支部3个,中央单位支部27个),盟员1018名。全国政协委员5人,市人大代表1人,市政协委员3人。区人大代表4人,其中任常委1人。第十二届区政协委员20人,其中任常委3人。任区委、区政府特约监察员3人。

**单位名称:中国民主同盟北京市东城区委员会**

**单位地址:东四11条83号**

**联系电话:64023777 邮政编码:100007** (丁迪红 严冬)

**【参政议政】** 在区政协十二届三次会议上,提交党派提案3件:《关于完善东城区网格化城市管理新模式,提升新模式生命力,创建和谐社会的建议》《加快发展东城区文化创意产业,促进雍和园建设的几点建议》《以科学发展观为指导,加快发展我区职业教育的建议》。提交《关于钟鼓楼周边改造应遵循的几项原则》等个人提案18件。其中党派提案《关于完善东城区网格化城市管理新模式,提升新模式生命力,创建和谐社会的建议》《关于进一步建设东城区市民中心的建议》《关于政协机关试行无纸化办公的建议》被区政协评为优秀提案。丁迪红代表民盟东城区委作题为《加强科技建设,促进东城区文化创意产业快速发展》的政协大会发言。丁迪红、曹文全、刘继春、吴之越被区政协评为2009年度优秀委员。于鸿雁、杨信、杨文增、徐虹被区政协评为2009年度在和谐社区建设中作出贡献的委员。万紫、毛芬被评为2009年度爱心奉献委员。

民盟东城区委的调研报告《东城区风貌保护和民居改善状况的调研》获中共东城区委、东城区人民政府颁发的2007~2008年度东城区优秀调研成果三等奖。在统战部举办的党派调研报告评比中,民盟东城区委的党派调研《关于完善东城区网格化城市管理新模式的调研》获2008年东城区各民主党派调研成果二等奖,《关于东城区文化创意产业发展的调研报告》

《加快发展东城区职业教育的调研》获三等奖。

全年,报送信息125条,涉及经济发展、城市管理、文化医疗改革等方面。任幼强撰写的《反腐倡廉应该首先查办处级干部的假学历》和张宏宏撰写《关于住房问题的两点建议》等受到区领导的重视并作出批示。民盟新闻出版总署支部任幼强被评为2008年度东城区统战系统优秀信息员。 (丁迪红 严冬)

**【增补区委委员】** 10月28日,民盟东城区委在东四11条83号党派会议室召开三届10次全委扩大会议。会议增补吴之越、陈凯、柳学全为区委委员。民盟东城区委区委委员扩为20人。 (丁迪红 严冬)

**【专题会议】** 4月10日,举办2009年中青年骨干盟员学习班。民盟北京市委常务副主委朱尔澄、中共东城区委统战部部长郭瑞敏出席并讲话。民盟东城区委主委王钢出席学习班,60位中青年骨干盟员参加。4月16日,召开2009年信息工作会议,信息员参加。王钢出席并对信息工作开展给予指导。通报2008年民盟东城区委信息报送和采纳情况,提出信息工作要求。会议表彰2008年积极参与信息工作的盟员。12月25日,召开参政议政交流会,盟员中的区政协委员和区人大代表参加。交流和研讨本年调研及提案工作的经验和成果。鼓励与会成员认真履行人大代表、政协委员职责,结合东城区实际情况,积极参政议政,提出议案和提案。 (丁迪红 严冬)

**【纪念活动】** 8月29日,东城区统一战线举办"风雨同舟60年,颂歌献给共产党"主题歌咏比赛,50名盟员参加比赛,合唱《歌唱祖国》,获三等奖。8~9月,组织开展纪念新中国成立60周年和中国共产党领导的多党合作制度确立60周年征文活动,征文23篇。9月5日,组织40位盟员参加民盟中央举办的中国民主同盟庆祝中华人民共和国成立60周年大会。10日,参加中共东城区委统战部召开的东城区统一战线纪念新中国成立60周年暨多党合作制度确立60周年座谈会,王钢代表民盟东城区委作题为《同舟共济60年,多党合作谱新篇》的发言。 (丁迪红 严冬)

**【社会服务】** 1月17日,民盟东城区委赴朝阳门街道竹竿社区开展社会服务活动。王钢带队慰问5户生活困难居民并送米、面、油等生活必需品。5月9日,民盟财贸职业学院支部到昌平区阳坊镇中心小学捐书助教,盟员捐资为同学们购买教辅、科普、文学名著等千余本少年儿童书籍,赠书仪式由阳坊镇团委书记周黎主持。8月5~8日,与雍和宫联合开展爱心传递义诊活动,组织医务界盟员8人,购买药品价值5万元,组成义诊团赴辽宁阜新蒙古族自治县的乡镇农村,为百姓送医送药,进行健康指导。活动源于雍和宫筹募到了祁琳瑛女士捐赠的15万元定向善款,用于为偏远及医疗落后地区农牧民百姓义诊。通过盟员刘淑东的牵线,民盟和雍和宫双方达成联合开展社会服务共识,由民盟组织部分医务界的盟员开展义诊活动3天,受到当地百姓欢迎,为民族和谐团结做实事。

(丁迪红 严冬)

**【专委会活动】** 3月5日,民盟东城区委妇女委员会在朝阳区798艺术区举办"庆三八,女盟员参政议政座谈会",部分女盟员及东城妇联干部参加。会后参观了设在798艺术区中的木真了艺术馆、杉杉等服装设计师工作室。4月11日,民盟东城区委经济委员会"经济沙龙"举办金融讲座,请民盟东城法律支部盟员、北京市执业律师、职业金融投资人陈竹举办股市分析及操作讲座。6月22日,民盟东城区委科技委员会和东城区科协联合在东城区建国门街道办事处礼堂举办"迎国庆讲文明树新风"活动,盟员张雪亮教授讲授科普讲座"中医自主养生三要素"。10月23日,民盟东城区委老龄委员会组织部分盟员参观中山公园。30位盟员参观孙中山像、社稷坛,观看北京公园60年辉煌成就展。11月19日,民盟东城区委医务委员会组织4名医务界盟员到东城区体育局为干部职工义诊和健康咨询。治疗和咨询百余人次。 (丁迪红 严冬)

**【支部活动】** 1月24日,北京第二十二中学支部组织欢迎新盟员暨共祝新春活动。2月12日,支部主委何墨荣带领部分盟员到老盟员何允恭老师家中慰问。2月21日,民盟外经贸支部召开2009年支部会议,传达民盟上级精神,到北京市第一社会福利院看望老主委张媛和。2月22日,民盟北京市第65中学支部召开支部会议,迎接新盟员。3月28日,民盟东城工业支部组织支部活动,通报参与调研工作情况,参观孔庙国子监博物馆。5月9日,东城法律支部召开支部会议布置"我为金融危机献一策"活动。5月9日,财贸职业学院支部到昌平区阳坊镇中心小学捐书助教。9月21日,东城体育局支部举行庆祝国庆60周年座谈会。10月21日,东城长征支部召开支部会议,纪念多党合作60周年,商议支部换届工作。10月31日,民盟景山学校支部组织盟员乘京津城际列车和谐号到天津考察。 (丁迪红 严冬)

**【友好交流】** 8月25日,民盟天津和平区委一行5人在副主委王湘琳带领下,到民盟东城区委进行工作交流。座谈基本情况、工作机制和状况,探讨参政议政调研工作。会后,参观孔庙国子监博物馆,了解"国学大讲堂"情况和东城区政府"蓝天工程"开展思路和做法。 (丁迪红 严冬)

**【组织盟员参观】** 6月10日,组织盟员参观国家大剧院,23个支部的85位盟员参加活动。聆听中央音乐学院教师现场歌剧讲座。9月15日,组织部分盟员参观中华民族艺术珍品馆,40位盟员参加。了解古老的手工艺制作方法,与工艺美术大师零距离交流。

(丁迪红 严冬)

**【组织工作】** 5月8日,民盟北京市委组织部部长严为一行到东城区调研基层组织建设。民盟东城区委邀请交通部支部主委叶葭、东城工业支部主委王连福和煤炭支部主委康亚宏参加调研,区委专职干部参加了座谈会。全年发展新盟员41人。本科以上学历35人,其中具有中高级职称39人。 (丁迪红 严冬)

## 民建东城区委

**【概况】** 中国民主建国会主要由经济界人士组成的、具有政治联盟特点的、致力于建设中国特色社会主义事业的政党。1956年10月,成立民建东城区工作委员会(民建市委派出机构),2001年11月,成立民建东城区委员会,2006年6月,换届为第二届委员会,现有委员17人。

2009年末,有会员662人,支部22个。区委设有参政议政、社会服务、宣传信息、学习、组织建设、会员活动6个专门委员会。

**单位名称:中国民主建国会北京市东城区委员会**

**单位地址:东四十一条83号 邮政编码:100007**

**联系电话:64023933 64052073** (王建川)

**【参政议政】** 2009年,民建区委向区政协十二届三次会议提交《金融危机之中立足优势把握机遇,积极推进东二环金融功能区建设》《关于继续加强东城区四合院风貌保护的建议》《引导代表机构发展,构建现代品牌东城》3件提案。其中,《引导代表机构发展,构建现代品牌东城》被评为优秀党派提案。区政协工作总结评比,周明刚、张福军、王建川、康文杰被评为年度优秀委员。李艳军、陈工被评为在和谐社区建设中做出突出贡献的委员。韩旗、刘昆玉、李礼强、李立民被评为爱心奉献委员。在区统战部举办2008年度调研工作总结表彰会上,民建区委完成的《关于推进东二环新兴产业金融功能区建设的调研报告》获党派调研成果一等奖,《关于东城区古都风貌保护的调研报告》获党派调研成果二等奖,《关于东城区社区警务工作调研报告》获党派调研成果三等奖。

3月21~22日,区委2009年调研工作会议在昌平英达生态园召开。区委主委赵亚洲,副主委王建川、张树华、张福军出席。市委副主委王慧文、区委统战部副部长向愚到会指导。区发改委于锋池、商务局彭朝晖应邀参加并介绍区情。 (王建川)

**【国庆纪念活动】** 区委组建合唱队,参加东城区统战系统"感受60年 颂歌献给党"歌咏比赛,获二等奖。组织会员参观中国美术馆"中国美术60年"等展览,鼓励会员参加歌颂祖国各类创作活动,多名会员作品被书画展录用。在怀柔禧宝露生态园举办民建东城区委庆祝新中国成立60周年书画笔会,《团结报》给予报道。与民建中央办公厅在中央机关多功能厅举行乒乓球比赛。《东城民建》刊发国庆专刊,报道开展活动情况及会员纪念文章、书画作品。 (王建川)

**【工作交流评优】** 结合民建市委60周年评优工作精神,制定《纪念民建北京市委成立60周年民建东城区委评优工作方案》,成立评优领导小组,以民主推荐方式评出市级先进支部4个,优秀会员31名。区级先进支部2个,优秀会员29名。12月5日,民建东城区委工作交流暨评比表彰大会在中国社科院图书馆会议室召开。民建市委主委王永庆、区委统战部部长郭瑞敏出席讲话。赵亚洲主委做了工作报告,与会领导向先进支部和优秀会员颁发荣誉证书和纪念品,12位同志作了大会交流发言。 (王建川)

**【扶贫捐献】** 为促进老少边穷地区教育事业发展,组织会员为贵州贫困山区黔西市学校捐建一所计算机教室和图书室。4月7日,在新仁中学操场举行捐赠仪式,黔西县副县长、政协副主席、统战部长等地方领导莅临致词,民建区委副主委王建川代表区委讲话。县电视台当晚给予报道。 (王建川)

**【社会服务】** 10月20~23日,"京津沪渝四城区民建工作交流会"在天津举行。王建川、李艳军、张惠出席。王建川作《发挥人才优势 开展社会服务 建设和谐社会》大会发言。会议期间,刘俊如、徐坤参加"中心城区如何发挥金融业龙头作用"专题研讨。"专家百姓零距离 民建真情在社区"主题活动,于5月、7月和8月分别在东四、北新桥、交道口街道启动。民建区委领导、街道社区领导出席启动仪式并讲话,民建北京市委常务副主委任学良,区政协副主席郭瑞敏到场指导并讲话。《人民政协报》《团结报》报道内容。

(王建川)

【组织建设】 11月5日,民建市委王惠文、杨宏等一行到东城视察工作。赵亚洲代表区委作工作汇报,全体区委委员参加座谈。区统战部彭进参加活动。16日,民建中央主席陈昌智率民建中央办公厅议政会调研负责同志参加社科院支部生活会,座谈有关经济社会热点问题。赵亚洲参加活动。本年,发展会员20人,平均年龄38岁。其中本科以上学历18人,具有中、高级技术职称11人。 (王建川)

【宣传信息】 4月,民建市委召开信息工作总结会,表彰2008年度信息工作先进单位,区委获二等奖。全年出版《东城民建》正刊12期,特刊1期。反映社情民意信息工作获2009年度民建市委一等奖和区委统战部一等奖。 (王建川)

【文体活动】 2月6日,民建市委在海淀剧场举办"纪念改革开放三十周年"2009年元宵文艺汇演。区委参赛配乐诗朗诵、独唱获优秀团体奖。会员80多人参加活动。4月18日,区委2009年植树播绿活动在怀柔欧亚山庄举行。71位会员参加。本年,组织女会员参观北京植物园,组织老同志共度重阳游览八大处。学习委员会组织会员观看影片《建国大业》。 (王建川)

## 民进东城区委

【概况】 中国民主促进会是以教育文化出版工作的高中级知识分子为主的,具有政治联盟性质的,致力于建设有中国特色社会主义事业的政党。民进东城区委成立于1994年6月5日,现为第四届。有专委会8个,基层支部38个,会员912人,其中:中高级职称822人,占90.13%,特级教师11名。会员中全国人大代表1人,全国政协委员1人,市人大常委1人,市政协委员3人(其中常委2人),副区长1人,区人大代表3人,区政协委员16人(其中政协副主席1人,常委5人)。市、区政府各部门聘请的各级各类监督员16人,其中3人任中共东城区委、区政府特约监察员。

**单位名称:中国民主促进会北京市东城区委员会**

**单位地址:东四十一条83号**

**联系电话:64008408 邮政编码:100007** (张亚强)

【参政议政】 1月6日,东城区政协十二届三次会议召开,程华等15位民进会员做为东城区政协十二届委员参加。提交《加强东城区社区文化建设的建议》《关于加强初中学段骨干教师队伍建设的提案》《关于加强市区联动推动我区人口疏散工作的建议》三件党派提案。提交《关于整治小牌坊大方家胡同的建议》等6件委员提案。张亚强作《社区文化建设的建议》大会发言。《关于东城职业教育发展的几点建议》被评为东城区政协优秀提案。2009年,孟明被东城区政协评为在和谐社区建设中做出突出贡献的委员,王连仲、乔自宏、俞金尧、韩新会4人被评为爱心奉献委员。6月12日,中共东城区委统战部召开东城区各民主党派应对金融危机专题座谈会,程华作"金融危机彰显建设人文北京、科技北京、绿色北京重要性"发言。10~12月,追踪调研"社区文化建设"。20个支部的30名会员到东城区9个街道的15个社区开展调研,以座谈、走访、实地考察等形式,调研社区干部、居民以及文化事业建设等,提出意见和建议。12月16日,召开调研、提案研讨会,全国、市、区人大代表、政协委员参加,副区长、会员毛桂芬介绍区情,大家围绕东城区社区文化建设、教育均衡发展、加强教师学习培训、加强市区联动推动东城区人口疏散工作,推动东城区现代发展等方面开展讨论。

年内,征集信息120条。在中共东城区委统战部举办党派调研报告评比中,《社区文化建设的建议的调研报告》《关于加强市区联动推动我区人口疏散工作的建议的调研报告》分别获2008年东城区党派调研成果二、三等奖。会员杜建平被评为东城区统战系统优秀信息员。会员张松凌、杜建平、俞金尧的信息分别获东城区政协信息一、二、三等奖。 (张亚强)

【信息工作会】 3月20召开。基层支部主任、信息员20人参加。程华主持并总结信息工作。俞金尧谈参加全国政协的感受。杨春林强调加强信息制度、信息队伍建设的建议。乔自宏提出调研和提案工作要求。

(张亚强)

【组织建设】 4月,召开主委工作会议,制定基层组织工作调研方案。5月,各基层支部总结组织工作,完成调研报表。22日,民进北京市委组织工作调研小组听取各基层支部总结。6月,民进区委完成基层组织工作调研报告,上报优秀支部、优秀会员材料。8月3日,召开民进东城区委2009年优秀支部、优秀会员表彰大会,80名会员参加。表彰优秀基层支部19个、优秀会员73名。民进景山学校支部主任廉辉,民进二中支部委员王宇宁代表优秀支部和优秀会员发言。郭瑞敏参加并讲话。全年发展会员22人。大学本科以上学历21人,其中21人具有中高级职称。12人曾获市、区优秀青年教师、骨干教师称号,18人撰写的论文

曾在全国、市、区级获奖。 （张亚强）

【送温暖】 2月1日，程华等3人与分司厅社区主任慰问4户低保贫困户并送去米、面、油慰问品及全区民进会员的问候，给贫困家庭孩子送学习用品等新年礼物。 （张亚强）

【支部活动】 年初，民进北京第五中学支部召开迎新春座谈会。1月5日，中国社科院历史研究所党政领导与民进支部会员座谈。13日，北京第二中学分校党政领导参加民进支部迎新年座谈会，祝贺三位老师加入民进组织，听取民主党派意见和建议。15日，民进回民小学支部参观首都博物馆。寒假，二中民进会员参加学校赴湖南考察活动。2月，民进北京市第二十七中学支部组织会员开展学习统战知识竞赛活动。3月初，民进北京市第二中学支部组织会员学习全国两会精神。7日，民进人民教育出版社支部召开新会员发展会。12日，北京市第五中学校长尚金华、书记张斌平与民进支部会员座谈，听取民主党派对学校教育、教学改革与发展工作的意见和建议。31日，民进东城职教中心校支部举办学习科学发展观，为应对金融危机建言献策专题活动。4月12日，民进北京宏志中学支部会员参观门头沟爨底下村。21日，东城职教中心学校党政领导与民进会员以“相互理解、相互支持、荣辱与共、共谋发展”为题座谈。4月29日至5月2日，北京市第五中学民进会员赴延安参观学习。5月23日，回民小学民进支部参观天津“周恩来邓颖超纪念馆”。5月，民进北京市第二中学分校支部与东城区百年职校贫困学生开展互动交流活动。28日，民进北京市第五中学分校支部与学校党支部到河南省林州市红旗渠参观学习。6月21日，民进北京市第五中学支部组织会员到天津杨村机场，观看八一飞行大队飞行训练表演。7月10日，东城特殊教育学校党政领导与民进会员围绕“共创和谐校园”开展座谈，听取民主党派意见和建议。15日，民进东城小教联支部活动，畅谈支部规划和建设。8月，民进北京市第一六五中学支部到密云考察，并与人大代表、市劳动模范李桂英座谈。9月21日，北京市第五中学党政领导与民主党派成员召开“迎国庆、话中秋”座谈会。23日，老龄工作委员会召开退休会员庆教师节、中秋节、国庆节茶话会，程华参加。29日，民进北京市第五中学支部组织会员观看电影《建国大业》。11月10日，北京市第二中学分校民进支部学习科学发展观座谈会。12月8日，民进北京市第五中学支部召开学习实践科学发展观活动评议座谈会。 （张亚强）

【迎春联谊会】 1月16日，民进区委在青蓝大厦举行迎新春联谊会。200名会员参加。程华致新年贺词。张亚强向大会介绍新会员情况并赠送印有“爱国、民主、团结、求实”的纪念品。北京市二中学分校邵如玉教师代表新会员发言。乔自宏主持。民进北京市委秘书长王报换、东城区教工委统战部长王微到会讲话。 （张亚强）

【专题讲座】 10月23日，民进东城区委、民进朝阳区委、民进宣武区工委联合举办“关于人文北京的若干问题”专题讲座，北京市社会科学院哲学所杜丽燕所长诠释人文北京概念，东城区18名会员参加。 （张亚强）

【协商通报会】 2月13日，区委、区政府召开“东城区党风廉政建设暨推进廉政风险防范管理工作会议”，张亚强参加。27日，区委统战部召开党派调研报告评比意见建议会，张亚强参加。同日，区教育工委、教委召开人大代表、政协委员提案交办会暨代表委员见面会，程华、张亚强参加。3月6日，区委统战部召开2008年党派团体调研、信息表彰会，杨春林等6人参加。16日，区政协召开科学发展观学习实践动员会议，程华参加。17日，区委统战部召开深入学习实践科学发展观活动动员大会，程华参加。18日，区委统战部召开区政府有关部门与民主党派对口联系工作座谈会，程华参加。同日，区政协召开2009年信息工作会，杨春林等4人参加。24日，区政协召开座谈会，围绕党派在政协中发挥作用情况开展调研，张亚强参加。同日，区教育工委、教委召开科学发展观学习实践活动座谈会，程华参加。4月3日，区委统战部召开落实科学发展观学习活动征求意见座谈会，程华等3人参加。7日，召开区委、区政府有关区领导与党派、团体负责人座谈会，就东城区开展深入学习实践科学发展观活动征求党派团体的意见。程华、杜军参加并发表意见和建议。8日，区政协召开“征求驻区各民主党派、团体对口加强政协机关建设意见建议会”，程华参加。5月5日，区委召开民主党派、团体协商会，会上就区委十届八次全体会议报告（讨论稿）和区人民政府关于全区经济社会发展工作报告（讨论稿）征求民主党派、团体意见和建议，乔自宏、熊江平参加并发表意见和建议。6月17日，区委统战部召开领导班子“学习实践科学发展观活动”分析检查工作征求意见会，张亚强参加。19日，区委统战部组织东城区民主党派骨干成员，聆听杨柳荫关于“科学发展创首善，打造国际化、现代化新东城的思考”报告录音。张亚强、廉辉、吕宝宏、崔立新参加。26日，区委统战部召开民主党派团体情况通报会,通报东城区党风廉政建设情况,熊江平、张亚强、崔立新参加。7 月 2 日,召开区深入学习实践科学发展观活动领导小组办公室召开座谈会。征求人大代表、政协委员、民主党派人士对《东城区委区政府领导班子贯彻落实科学发展观情况分析检查报告》的意见和建议,张亚强、王连仲参加并发表意见和建议。29 日,区委统战部召开党派、团体负责人座谈会,围绕区委统战部开展深入学习实践科学发展观活动整改落实方案征求民主党派的意见和建议,杜军、张亚强参加。8 月 13 日,区委统战部在区行政服务中心召开"深入学习实践科学发展观活动总结大会",民主党派、工商联、团体等人士参加大会,程华、张亚强参加。18 日,区委深入学习实践科学发展观活动领导小组在总参一所召开区第一批开展深入学习实践科学发展观活动总结暨群众满意度测评大会,张亚强参加。10 月 27 日,区委统战部召开党派团体通报会,杨春林等 7 人参加。12 月 12 日,区委召开区党派团体协商会,程华参加并发表意见和建议。23 日,区委统战部召开党派团体协商通报会,协商中共区委十届 9 次全体(扩大)会议报告;通报区政府 2009 年工作报告并征求意见,程华、杜军参加并发表意见和建议。24 日,区委统战部、区政协提案委员会联合召开"民主党派、人民团体提案办理情况通报会",程华参加。(张亚强)

**【国庆活动】** 8 月 29 日,中共东城区委统战部在北京市第一六五中学礼堂举办东城区统一战线庆祝新中国成立 60 周年歌咏比赛。60 名民进会员合唱歌曲《中国朝前走》,获一等奖。9 月 10 日,中共东城区委统战部召开"东城区统一战线纪念新中国成立 60 周年暨纪念多党合作制度确立 60 周年座谈会",程华作我与祖国同奋进的大会发言。14 名会员参加。 (张亚强)

## 农工民主党东城区工委

**【概况】** 中国农工民主党东城区工委成立于 1983 年 7 月。本届工委于 2006 年 6 月换届。现有基层支部 11 个,党员 438 名。本年度新发展党员 3 名。

成员中有全国政协委员 1 人,市人大代表 2 人,市政协委员 2 人,区人大代表 3 人,区政协副主席 1 人,常委 1 人,委员 10 人。担任农工党中央妇女工作委员会委员 1 人。农工党北京市委员会委员 4 人。农工党北京市各专业工作委员会委员 15 人。北京市教育督导员 1 人。东城区党风廉政监督员 2 人,区行政执法监督员 2 人,区伊斯兰协会委员、监事会监事 1 人,区妇代会代表 1 人,区法院人民陪审员 1 人,区卫生局党风廉政监督员 2 人。东直门街道党风廉政监督员 1 人,和平里街道党风廉政监督员 1 人,各医院党风廉政监督员 5 人。

**单位名称:中国农工民主党北京市委员会东城区工作委员会**
**单位地址:东四十一条 83 号**
**联系电话:64023993 邮政编码:100007** (张丹敏)

**【政治思想建设】** 2 月 24 日,区政协召开"保增长、扩内需经济形势报告会"。东城统计局陈勇作《美国金融危机的产生及目前中国经济状况分析》主题演讲。张丹敏、涂远华、李建茹、钟百羚、周毅参加。3 月 17 日至 8 月 13 日,区委统战部开展深入学习实践科学发展观活动,召开动员、征求意见、总结会等 5 次,就活动中学习,自查,征求意见,总结等阶段情况向党派通报。危天倪、张丹敏、何敏等多次参加会议并发言。5 月 8 日,区统战部举办"东城区统一战线'人文北京、科技北京、绿色北京'学习报告会",邀请北京市社会主义学院副院长陈健作报告。工委组织党员参加。5 月 14 日,农工北京市委召开农工党北京市委理论工作总结通报暨 2009 年课题研讨会,张丹敏、何敏、郑晓明参加。8 月 18 日,区卫生局举办东城卫生系统党外代表人物培训班,东城卫生系统党外代表 20 人参加。中共东城区委统战部向愚作《坚持和完善中国共产党领导的多党合作和政治协商制度》演讲。东城卫生局党委书记陈刚做《坚持中国共产党领导的多党合作和政治协商制度,充分发挥党外代表人物作用》主题演讲。通报 2009 年上半年卫生工作情况,介绍国家中医药示范区建设情况。张丹敏、余晓辉、孙安静、田桂英参加了培训班。9 月 18 ~ 19 日,工委举办农工东城工委 2009 年统战理论培训班。区委统战部部长郭瑞敏作《统一战线 60 年进程》演讲。赵荣国讲话。农工东城党员 50 人参加。 (张丹敏)

**【协商通报】** 1 月 16 日,召开东城区卫生局党政工作通报会。卫生局长张明、党委书记陈刚通报东城卫生行政、党政 2008 年工作情况及 2009 年工作思路。张丹敏、陶洪、郑志新、孙安静参加。2 月 12 日,区委召开 2009 年东城区党风廉政建设暨推进廉政风险防范管理工作会议。区委书记王学勤及区各级领导班子成员、区纪委检查委员会委员、各民主党派、工商联负责人及相关人员 200 余人参加。张丹敏代表农工东城工委参加会议。20 日,区卫生局召开 2009 年东城区卫生工作会议和东城区卫生局 2009 年党风廉政建设暨推行廉政风险防范管理工作会议,危天倪、张丹敏、陶洪、余晓辉、孙安静、田桂英、郑志新参加会议并在分组讨论发言。3 月 7 日,区委统战部召开民主党派 2009 年工作研讨会,郭瑞敏主持并指出本年工作要点:深入开展学习实践科学发展观；搞好几个重大纪念活动；做好后备干部培养，为班子换届做准备；做好民主党派组织发展工作调研；各党派选好调研课题；统战部组织培训；做好信息报送工作。张丹敏参加会议。同日，区委统战部召开"中共东城区委深入学习实践科学发展观党派团体座谈会"。区委书记杨柳荫、区领导冯熙、梁军、郭瑞敏、毛桂芬、曲涛及各党派团体人士21人参加。危天倪、张丹敏参加会议。5月5日，区委统战部召开东城党派团体协商通报会。区领导杨柳荫、杨艺文、郭瑞敏及各党派团体负责人22人参加会议，危天倪、张丹敏参加。11日，区卫生局禹震及相关职能部门领导答复区政协第十二届二次会议第20号、第21号提案。分别写出办理报告。危天倪、田桂英、孙安静、陈林、张晓梅参加答复会。22日，区委统战部召开党派组织发展工作座谈会。王成祥参加。6月12日，区委统战部召开东城区各民主党派应对金融危机专题座谈会，冯熙、郭瑞敏、向愚及东城区相关部门领导参加。郭瑞敏主持。危天倪参加并发言。19日，区委统战部召开学习报告会，收看杨柳荫的区情报告。田桂英参加。26日，区委统战部召开东城区党风廉政通报会。区纪委书记曾刚建通报东城区党风廉政建设情况。危天倪参加。7月10日，区委统战部召开网络统战工作座谈会，向愚主持。工委党员参加并发言。23日，农工北京市委召开农工党北京市委2009年第二次参政议政工作联席会，市领导赵荣国、刘迎、魏云齐及各调研课题组代表、各区、工委代表30人参加。张丹敏、王琪参加并作汇报。26日，区委、区政府召开东城区2009年上半年经济形势分析会。冯熙传达北京市2009年上半年经济形势分析会会议精神，杨艺文作《关于上半年经济社会发展形势和当前重点工作》报告，杨柳荫作总结性发言。张丹敏参加。12月12日，区委召开党派、团体协商会，协商东城区有关人事安排。危天倪参加并发言。23日，区委召开党派团体协商会，协商区委十届九次全体(扩大)会议报告，通报区政府2009年工作报告并征求意见。危天倪发言。24日，区政协召开党派团体通报会。通报2009年党派团体提案的办理情况。孙安静参加并做汇报。29日，区委、区政府举办"新年音乐会"。危天倪、陶洪出席参会。 (张丹敏)

**【社会服务】** 6月2日，农工中央工委参与第二届中国环境与健康宣传周活动，在交道口街道交东社区举办宣传义诊活动，危天倪、张丹敏、陶洪、涂远华、田桂英、李建茹、张晓梅、郭静、郭磊、秦媛、周凤琴、姜利斌、柴俊月、李京、陈莹、谈春洁、孙天燕、董玥参加，发放宣传材料50份，义诊80人次。八一前夕，第六医院农工党支部专家与医院工会慰问驻京部队部分官兵。派出泌尿外科、中医科两位专家给部队官兵80人。10月2日，农工党员、隆福医院大夫黄鹿在劳动人民文化宫参加国庆游园活动医疗保障工作。11月6日，区工委与和平里街道到密云县太师屯镇东庄禾村开展第二十一届国际科学与和平周活动。危天倪率领医疗队为村民义诊。来自六院、和平里医院、东直门中医院、同仁医院内、外、妇、儿、口腔、耳鼻喉、眼科、中医、心理、心电图等科室专家，为村民提供体检、咨询和治疗。发放宣传资料1000份，为300村民提供医疗服务。11日，联合区口腔医院在区百年农工子弟职业技能培训学校开展口腔义诊活动。为学生们进行口腔健康知识培训，免费发放牙刷牙膏和爱牙小贴士，为学生进行口腔检查、建立口腔健康档案。危天倪、秦媛、钟白羚参加义诊活动。 (张丹敏)

**【参政议政】** 在政协东城区第十二届三次会议上，王成祥代表工委作《关于进一步完善东城区急诊急救体系建设的调研报告》大会发言。在区委统战部调研提案评比中，工委提案《关于进一步完善东城区急诊急救体系建设的调研报告》获一等奖，《东城区养老机构医疗需求和医疗服务现状的调研报告》获二等奖。全年，提交各类提案、议案、建议案8件。在政协东城区第十二届三次会议上，提交党派提案《关于进一步完善东城区急诊急救体系建设的调研报告》《东城区养老机构医疗需求和医疗服务现状的调研报告》2件。个人提案《加强基层人民调解工作，建议将其纳入街道工作考评体系中》《关于社区卫生服务中心站共享所在医院医疗资源的建议》《将朝阳门医院转建成社区卫生服务中心的建议》《关于我区粮食流通问题的建议》《关于机动车对南锣鼓巷地面破坏和行人安全的建议》5件。在人大东城区第十四届四次会议上，提交议案《为落实主导产业政策，形成雍和园区又快又好发展局面，应尽快完成雍和园区空间规划编制工作》1件。向各级报送信息80条，其中舆情信息20篇，被区委统战部选用7篇。征文投稿13篇。

(张丹敏)

**【监督检查】** 工委张丹敏、孙安静参加东城区委法制办举办的行政执法监督员培训班及区级行政执法检查10次。工委张丹敏、陶洪参加了东城法院组织的人民陪审员培训班及法庭陪审20次。 (张丹敏)

**【组织建设】** 5月7日，农工党东城区工委召开驻会干部交接座谈会。农工市委秘书长刘迎，区工委危天倪参加。危天倪主持。刘迎介绍农工市委干部下基层锻炼长效机制。本年,新批党员3人。党员总数438人。推荐处级干部后备3人,均具有大学以上学历。增补政协委员1名,向东城区妇联推荐妇代会代表1名。 (张丹敏)

**【基层活动】** 2月4日,和平里医院支部召开支部会(元宵节茶话会)。陶洪讲话,总结2008年支部工作情况。发展新党员。讨论2009年工作。给离退休老同志送元宵。5日,隆福医院支部委员到76岁的老党员安国粹家中慰问。3月18日,和平里医院支部组织党员到民族文化宫参观西藏民主改革50周年图片展。29日,东二支部召开支部会,全体党员参加,布置2009年支部工作。学习两会精神,讨论世界金融危机的影响及市高校毕业就业等热点问题。4月2日,第六医院农工支部进行组织活动,邀请北京第六医院党委书记呼宾,危天倪参加活动,陈林主持。危天倪讲话。参加会议的农工党员为"春雨医疗救助基金"捐款。16日,东城区第三支部组织支部活动——参观西藏民主改革50年图片和实物大型展览。17日,和平里支部组织党员座谈讨论深入学习实践科学发展观。5月26日,和平里医院支部召开支部会,以学习实践科学发展观为题开展座谈会,全体在职党员参加,请医院中共党委书记夏米米、党办主任马月蓉参会。7月9日,和平里医院支部组织支部在职党员参观民族文化宫举办的"新中国成立60周年内蒙古广西宁夏新疆成就展"。9月18日,隆福医院支部召开支部会,组织党员学习、讨论胡锦涛总书记中共十七届四中全会上的重要讲话。拥护全会所做的决定。 (张丹敏)

**【联谊活动】** 1月16日,工委召开2009年新春联欢会。100名党员参加。大家用歌唱、书法、诗朗诵、游戏等形式表达对新年的期盼。8月29日,东城区委统战部举办东城区统一战线庆祝新中国成立60周年歌咏比赛,农工东城50名党员参加,歌唱没有共产党就没有新中国获三等奖。组织工委30名党员参观"向祖国汇报——新中国美术60年"大型画展。组织工委200名党员观看影片《建国大业》。参加"为新中国成立做突出贡献的英雄模范人物"和"新中国成立以来感动中国人物"评选活动,共计投票45份。(张丹敏)

## 致公党东城区工委

**【概况】** 中国致公党(简称致公党)是以归侨、侨眷的中上层人士为主和有海外关系的代表性人士组成的、具有政治联盟特点的,致力于建设有中国特色社会主义的政党,是接受中国共产党领导并与其通力合作的一个参政党。致公党北京市东城区工作委员会(简称区工委)是致公党北京市委的派出机构,成立于1995年10月。现为第四届。区工委下设办公室及参政议政、宣传信息、组织联络、乐龄组四个专委会。《东城致公》是工委主办的内部宣传刊物。

本年,新发展党员11人,外区及外省市转入1人,转外区1人,年末有党员238人。党员平均年龄53岁。区工委分为七个支部。党员中具有高、中级职称的党员占93%。其中博士17名,博士后1名,硕士42人,研究生9名,大学112名。现有党员中归侨38人、侨眷52人、侨属45人、海归26人、台属8人、访问学者4人、其他海外关系12人。

**单位名称:中国致公党北京市委员会东城区工作委员会**
**单位地址:东四十一条83号**
**联系电话:64023939 邮政编码:100007** (赵华)

**【党员任职】** 致公党东城区工委党员杨杰孚任中国致公党中央委员、中国致公党北京市委副主委、市委常委,刘超英任市委常委,杨金生、王浙滨任委员,王浙滨、弭国治任致公党市委各专委会主任,任副主任6人及委员31人。杨金生任全国政协委员,张锦东任市人大代表,杨杰孚任市政协常委,张军、王浙滨任市政协委员,杨杰孚、陈靖任东城区人大常委,崔民利、刘超英任东城区人大代表,杨金生、孙阳任东城区政协常委,王浙斌、陈笑珍、李世红、郭韧、徐伟念、田文氢、张锦玲、潘广信、林美龄任东城区政协委员,方占军、王桂清任顺义区政协委员。市委、区委、区政府各部门聘请的各级特邀监察员、监督员共12人。包松增补为东城区侨联委员。 (赵华)

**【参政议政】** 在区政协十二届三次全会上,致公党区工委提交党派提案《关于东城区社会救助工作的调研分析与建议》和《东城社区常见矛盾与纠纷》2件。在区政协十二届三次全会上提交委员提案13件。区工委党派提案:《东城社区常见矛盾与纠纷》获优秀提案奖。 (赵华)

**【调研】** 区工委成员积极参加致公党中央、市委及区工委各类调研,其中两篇已形成党派正式提案提交政协十二届三次全会。其他调研在东城党派系统2008年度调研报告评比中《关于东城区社会救助工作的调研分析与建议》获二等奖。 (赵华)

**【届中调整】** 1月召开全体干部会议,致公党东城工委进行了届中补充调整。经致公党市委与中共东城区委统战部协商,中国致公党北京市第七届委员会第十

六次会议决定:任命中国侨联权益保障部政策法规处处长林美龄为致公党北京市东城区工作委员会委员、副主任委员。（赵华）

【联欢慰问】 1月18日,春节联欢会在黄金大厦举行,,致公市委副主委谢朝华,秘书长沈小红,办公室主任刘全信,东城政协副主席、统战部长郭瑞敏及区民宗侨办、北京财经专修学院党办有关领导参加。1月23日,致公党东城区工委主委刘超英带队到北新桥街道慰问探望感动东城十大人物,肢体残疾人士——奥运火炬手关艳,走访杜建明、石梦涵、吴长保、、房玉梅等五户困难残疾人家庭并送慰问品。（赵华）

【参观宣传】 2月9日,由侨办、侨联、致公党东城工委组织60名党员及归侨家属参观水立方。水立方是全世界各地华侨、华人捐资建筑,激发党员和归侨对伟大祖国的热爱。5月12日,在北新桥地区举行侨法宣传栏授牌仪式,工委侨法监督员刘立君、田文氰、赵华等参加。（赵华）

【组织工作】 4月18日,在顺义宾馆召开东城工委第六支部成立大会,由区工委副主委林美龄宣布第六支部成立。任命方占军为代理主委,周淑风、王桂清为代理支部委员。市委秘书长沈小红、组织处张浩、王晓梅参会。顺义统战部副部长贾睿参会并讲话。东城工委委员张锦东代表工委讲话,杨平、赵华、弭国治出席并祝贺。7月11日,工委决定由新党员组建成立第七支部。任命工委委员刘立君为代理主委,李拥军、徐华峰为代理支部委员。4月至8月,工委全面地整理、逐一核实全体党员的基本信息并重新录入。5月,全体党员分批参加新党章培训班,学习中国致公党第十三次全国代表大会于2007年12月21日通过的《中国致公党章程》。（赵华）

【国庆活动】 由致公党中央主办、致公北京市委承办的《祖国之恋》大型文艺演出在全国政协礼堂举行。致公党东城工委20名党员参与,参加百人大合唱排练演出。由致公北京市委、致公北京市委文化工作委员会组织主办,致公北京市委思想工作委员会协办,各区组织及直属总支庆祝建党88周年、建国60周年及多党合作60周年《歌颂祖国》文艺汇演,东城选派节目女声二重唱被评为二等奖。在东城区统一战线系统庆祝新中国成立60周年,举办"风雨同舟60年"文艺汇演,工委组织党员参加汇演,合唱《长征组歌组曲》,获一等奖。6月12日,与侨联共同组织"我与祖国"——第四届首都新侨乡文化节文艺会演,在和平里街道办事处礼堂举行,讴歌祖国建国60周年的辉煌。工委选派节目获三等奖。（赵华）

## 九三学社东城区工委

【概况】 九三学社北京市委员会东城区工作委员会(简称区工委)是九三学社北京市委的派出机构,成立于1996年7月5日。所辖支社12个。履行参政议政、民主监督和社会服务职能。区工委设有组织部、参政议政委员会、宣传部、社会工作委员会和办公室。

年末,有社员498人,女社员248人,占49.8%。副高级以上职称372人,占74.7%。有全国政协委员5人、市政协委员3人、区人大代表3人,区政协委员9人,区青联委员1人,区特约检察员2人。

**单位名称:九三学社北京市委员会东城区工作委员会**
**单位地址:东城区东四十一条83号**
**联系电话:64023773 邮政编码:100007** （徐婉利）

【组织工作】 2009年,发展社员21人。其中女社员6人,有副高级以上职称13人,博士8人,硕士4人。中国中医科学院支社、北京交通支社、国家林业局支社完成支委换届调整。工委届中增补朱岩石、徐婉利为工委副主任,高萍为工委委员。九三学社北京市委《东城区工委简报》编委会成立。何厚夫任主任,主编杨玲任,副主编吕西、黄小齐、王齐。有基层组织负责人和青年骨干17人参加了中共区委统战部和社市委组织的培训班。（徐婉利）

【思想建设】 区工委思想建设工作以"迎国庆、讲文明、树新风"为活动载体,开展深化坚持走中国特色社会主义道路学习教育活动。参加社市委举办"庆祝建国60周年,祖国在我心中演讲比赛",交通支社李方军、廖西平获优秀奖。参加祖国在我心中文艺汇演,工委获组织奖。参加社市委举办的祖国在我心中书画摄影展。在东城区统一战线纪念新中国成立60周年暨多党合作制度确立60周年座谈会上,何厚夫作"辉煌60年,多党合作谱新篇"发言。组织成员参加中共东城区委统战部举办的东城区统一战线庆祝新中国成立60周年歌咏比赛,获二等奖。（徐婉利）

【参政议政】 参加中共东城区委召开的党派团体负责人协商会、情况通报会和座谈会,就中共东城区委十届八次会议报告和政府工作报告、人士任免、政府工作等协商、座谈和征求意见。

年初,区工委召开工委扩大会,根据工委中医人才优势,决定将中共东城区委"创建国家中医药综合发展试验区”调研课题作为工委2009年重点调研。成立何厚夫为负责人,朱建平为组长,中研院支社专家为主要成员的调研组。朱建平、苏庆民执笔完成《关于东城区国家中医药综合发展试验区总体规划的调研报告》。杨文玉执笔完成《关于促进东城区中小企业发展的调研报告》。6月,杨文玉在东城区各民主党派应对金融危机专题座谈会上代表九三学社东城区工委作了《建议政府调整思路,适度隔离房地产的金融化,把房地产主要作为政府的公共产品来发展房地产业》发言。

《关于进一步促进东城区金融产业发展的建议》调研报告被评为2008年东城区民主党派调研报告二等奖。《对东直门街道区域经济发展的调研》被评为三等奖。在区政协十二届三次全会上提交党派提案《进一步促进东城区金融产业发展的建议》获党派优秀提案奖。朱建平提交的《关于举办中医药文化节的具体建议》获委员优秀提案。 (徐婉利)

**【信息工作】** 全年,报送信息82条,其中被评为区级优秀信息1条,被市政协采用信息3条,被东城区采用信息11条,东城区领导批示5条。邹亿怀被中共东城区委统战部评为优秀信息员。 (徐婉利)

**【社会服务】** 3月,在建国门街道礼堂举办九三学社专家东城区建国门街道健康讲座。心理专家卢玲为近百名社区干部和居民作《心理减压》讲座。6月,在东直门街道清水苑社区举办九三学社庆祝建国60周年送健康专家义诊活动。17位专家为200余居民义诊咨询。11月,慰问东直门街道胡家园社区敬老院,医学专家给老人们体检并赠送生活用品。

(徐婉利)

**【联谊活动】** 1月16日,举行九三学社东城区工委2009年新春团拜会。九三学社中央副主席、北京市委主委马大龙,郭瑞敏、刘永泰等出席,百余名社员到会。何厚夫总结2008年工作。表彰工委信息工作先进集体和先进个人。 (徐婉利)

## 台盟东城区工委

**【概况】** 2009年,台盟东城区工委有盟员79人,设台盟中央、在职盟员、和老龄三个支部,工委委员7人,主任委员1名,副主任委员2名。盟员中有市政协委员5人,区政协委员7人,区人大代表1人。在台盟北京市委领导下,在中共东城区委、区统战部的支持和指导下,依照区工委工作计划,结合东城区经济社会发展的目标和任务,开展各项工作。

**单位名称:台湾民主自治同盟北京市委员会东城区工作委员会**
**单位地址:东四十一条83号**
**联系电话:64023833 邮政编码:100007** (曾军)

**【参政议政】** 2009年,区工委围绕平安国庆、社会和谐、法律服务、首都生态环境、食品卫生、减灾防灾安全、危机应对等方面建言献策。1月,分别在召开的市、区两会上,区工委向区政协全会提交党派提案2件,盟员中的6名区政协委员提交委员提案9件,盟员中的区人大代表1人向人大会议提交议案1件,盟员中的5名市政协委员在市政协全会上提交委员提案6件。其中向区政协提交的《积极管理有效服务 促进东城区学前教育事业发展》党派提案,承办单位东城区教委就提案内容多次与区工委沟通,成立课题组,继续深入调研。4月8日,东城区教委走访台盟东城区工委交流座谈提案的落实,为推动东城区学前教育达成共识,东城区政府十分重视提案,将提案中的建议落实,在2010年财政预算中,教育经费增长47%,学前教育经费被单独立项。 (曾军)

**【信息宣传】** 2009年,报送信息50条,其中10条信息被台盟中央、北京市委统战部、台盟北京市委采纳,3条信息被区领导批示。编辑内部刊物《台情动态》月刊12期。简报4期。 (曾军)

**【抗震救灾】** 8月中旬,“莫拉克”台风袭击台湾中南部,造成巨大损失,东城区盟员为台湾捐款2.54万元。

(曾军)

**【组织建设】** 区工委积极参加东城区委、区政府召开的协商会或通报会,参与区政协组织的各种专题调研、视察活动,就东城区十一五发展规划和发展战略、东城区国庆工作开展、东城区文明城区创建等重要事项发表意见和提出建议。5月,协商会上,工委做支持文化创意产业 发展东城区经济主题发言,在区政协垃圾处理议政会上,工委做实行垃圾分类建设绿色东城的发言。加强学习提升盟员综合素质。倡导、鼓励盟员参加各级各类的培训和学习活动,让盟员了解世情、国情、区情和乡情。本年,参加东城区委统战部组织的经济形势报告会、有关金融危机与应对、东城区统一战线西藏工作报告会、“人文北京、科技北京、绿色北京”报告会等。参加由台盟北京市委举办的奥巴马政府的对华政策与两岸关系、两会后国家经济形势报告会、在京台胞学习贯彻“两会”精神报告会、当前台情与对台工作、中国特色社会主义理论体系概述、宗教与党的民族政策、党的建设新阶段——十七届四中全会精神解读专题报告。参加台盟中央组织的“五四”运动与台湾文学发展学术报告会、纪念建国60周年暨多党合作政治协商制度确立60周年座谈会。

2月28日，东城、海淀区工委共同举办2009年工作会议。听取参政议政小组经验介绍，盟员访台感受和中美关系报告录音，区工委部署工作，东城盟员30人位参加。年内，发展新盟员2名。7月17～18日，工委参加东城区委统战部举办的东城区各民主党派、无党派人士学习班。 （曾军）

**【纪念活动】** 区工委邀请并鼓励盟员参加各项庆祝、纪念活动。组织盟员回顾台盟发展历程，铭记历史、弘扬传统，增强盟员意识和发展传承台盟好传统的责任心和使命感。区工委陈子云在台盟中央纪念多党合作政治协商制度确立60周年座谈会上做题为“阳光总在风雨后”发言。

7月5日，台盟北京市委在北京国际饭店举行“风雨六十载同舟创未来”大会，纪念北京台盟组织成立60周年，表彰工委盟员25位。肖燚主任做题为“说句心里话”发言。9月10日，在东城区委纪念多党合作政治协商制度确立60周年会议上，区工委王涛做题为“风雨六十载　我们共同走过”发言。 （曾军）

**【获奖情况】** 年初，台盟东城区工委《加大政府帮扶力度，推动东城区学前教育事业可持续发展——对东城区学前教育情况的调查及京台两地学前教育笔记》一文，获2008年东城区党派调研成果二等奖。《关于完善东城区劳动保障监察机制的调研报告》一文，获三等奖。2009年党派提案《积极管理有效服务　促进东城区学前教育事业发展》被评为优秀提案，台盟东城区工委被台盟中央评为2009年度地市级地方组织参政议政先进集体。 （曾军）

## 东城区民主党派主要负责人

| | |
|---|---|
| 中国国民党革命委员会北京市东城区委员会主任委员 | 李霭君(女) |
| 中国民主同盟北京市东城区委员会主任委员 | 王　钢 |
| 中国民主建国会北京市东城区委员会主任委员 | 赵亚洲 |
| 中国民主促进会北京市东城区委员会主任委员 | 程　华(女) |
| 中国农工民主党北京市委员会东城区工作委员会主任委员 | 危天倪(女) |
| 中国致公党北京市委员会东城区工作委员会主任委员 | 刘超英(女) |
| 九三学社北京市委员会东城区工作委员会主任委员 | 何厚夫 |
| 台湾民主自治同盟北京市委员会东城区工作委员会主任委员 | 肖　燚 |

# 人　民　团　体

## 东城区总工会

**【概况】** 2009年，全区职工11.52万人，工会会员10.76万人，基层工会844个(涵盖单位7005个)，工会专职工作人员181人。全区各级工会组织按照区总工会第十六届委员会提出的工作思路，锐意创新，积极进取，实现工会工作的新发展。以本区职工的需求为出发点，创新职工培训模式；结合区内实际，创新应对金融危机模式；针对薄弱环节，深化ISO9000厂务公开民主管理工作模式；接受基层呼吁，创新职工运动会模式；建立“调解中心”，创新劳动争议调解模式；根据楼宇特点，创新工会服务站建设模式，发放“工会会员互助卡”，创新服务会员模式；举办首届工会工作论坛，创新理论研讨模式等工作中，体现特色。

全年编发《东城工会信息》46期，基层工会上报调研报告49篇。

**单位名称：东城区总工会**

**单位地址：东城区北小街后永康胡同17号**

**联系电话：84036101　邮政编码：100007** （李文学）

**【送温暖活动】** “两节”期间，全区各级工会组织筹措慰问款662.97万元，其中工会筹措116.35万元、行政拨款423.16万元、政府拨款113.61万元、其他渠道筹措9.85万元。领取一次性补助款的职工7873人,共走访慰问各类困难人员7984户,为1.01人次孤寡病残人员做好事2647件。为406名特困职工、困难职工和低收入职工每人送去480元慰问款100元的生活必需品,为8个劳模和2个职工实施2.8万元的临时救助,为400名节日期间坚守在工作岗位的农民工和外来务工人员送去电影票。12个单位27名困难职工子女享受市、区两级"金秋助学"款7.8万元。全年,617人获职工互助保险赔付119.5万元。(李文学)

【劳模管理】 召开"五一"表彰大会,授予集体5个东城区劳动奖状和15名职工东城区劳动奖章。为121名劳模健康体检,分5批组织劳模参加疗养,为200名劳模办理年度公园免费年卡,慰问困难劳模106名。(李文学)

【联席会议】 12月1日,召开区政府与区总工会第七次联席会议,副区长王佩立主持并讲话,区总工会主席贾炯协汇报第六次联席会议议题落实情况,作第七次联席会议建议议题说明。(李文学)

【劳动争议调解】 9月1日,挂牌成立东城区劳动争议调解中心,承接区劳动仲裁机构委托调解案件,为企业、职工法律咨询服务。下发《建立劳动争议调解联动机制的实施意见》,调整区劳动争议调解委员会组成人员,建立制度和程序,实现工会、劳动、律师事务所三方配合。缓解劳动仲裁压力,最大限度地将矛盾化解在立案前。截至12月31日,承接劳动争议案件268件,结案200件,结案率74.4%,成功100件,成功率50%。接待来电来访29人(次),解答咨询30件。充分利用这个平台为工会工作服务,建立日报表和月分析制度,从案件中发现工会工作问题。组织737人参加市、区劳动争议调解和劳动保护培训。组织区20家外资企业经营、管理者参加区劳动争议仲裁案件审理旁听活动。(李文学)

【集体合同签订】 本年,全区国有集体企业签订集体合率为97%;工资集体协商建制率97%;已建会的非公企业签订集体合同率为86%。工资集体协商机制覆盖率61%。女职工集体合同签订率90%。(李文学)

【职代会制度】 本年,全区国有、集体企事业厂务公开、职代会覆盖率100%,已建会的两新组织职代会覆盖率80%。规模企业独立建立职代会75家。41家公司建立职工董事制度,50家公司建立职工监事制度。开展民主评议的企事业单位187家,占应评总数的99.5%。(李文学)

【厂务公开民主管理】 本年,非公有制企业借鉴ISO9000开展厂务公开民主管理工作试点。开展推进ISO9000厂务公开民主管理工作培训,完成《厂务公开民主管理手册》编制工作。召开ISO9000厂务公开民主管理工作外部检查动员大会,工作人员下发《东城区企事业单位"ISO9000厂务公开民主管理工作"外部检查实施方案》,提高全区实行"ISO9000厂务公开民主管理工作"水平,被评为北京市厂务公开民主管理工作先进组织。(李文学)

【法律工作】 召开工会及劳动等相关法律法规发布会,非公企业经营者、管理者130人到会,并向他们发放宣传材料500份。开展联合执法检查4次。(李文学)

【经济技术创新】 本年,全区共产生经技技术创新成果1541项,创效2315万元。合理化建议2万件,实施3191件,创效812.65万元。区科委和总工会职工8个技术创新项目资金支持10万元。(李文学)

【建会工作】 本年,全区在商务楼宇内建立工会工作站21个,社会工作者21人,覆盖楼宇56座。在楼宇内建立工会联合会28个,覆盖楼宇60座。建会工作在市总工会会议上作经验介绍。全区共有844个工会组织,比上年增长1.9%。涵盖单位7005个,比上年增长20.4%。会员10.76万人,比上年增长10%。28家500强法人企业,已建会25家,建会率89.28%。规模以上企业245家,建会231家,建会率94.28%。出租车公司10家,家政公司16家,建会率100%。街道全部建立工会联合会,115个社区全部建立社区联合工会。10个街道均成立两新组织工会工作领导小组。(李文学)

【职业技能大赛】 本年,将技能大赛与评定国家职业资格证书相结合。在窗口行业62场14个工种的职业技能竞赛中,3011人参加初赛,产生状元4个,并获一等奖;取得国家职业资格证书734人,其中获高级技师1人、技师18人、高级工56人、中级工488人、初级工171人。有15个单位建立首席员工制度,产生首席职工47名。(李文学)

【通用能力培训】 创新实施职工通用能力培训模式,将职工需求与通用能力培训相结合,由区总工会开设大课堂"学费由基层工会和区总工会共同承担。提倡基层工会结合单位实际自主开发课程,区总工会提供送教上门。职工凡愿意参加取证或续接学历等通用能力培训,可按往年方式办理。本年,全区80%以上的职工参加区级和各单位的岗位培训,2690人参加市级通用能力培训。（李文学）

【职工之家建设】 与区委组织部联合举办工会干部知识讲座5讲。开展各类培训8场,504人次参加。工会工作评价中,40个工会组织和主席评为优秀。21个基层工会评为先进职工之家,13个基层工会评为特色职工之家,有15个班组评为先进职工小家。（李文学）

【文体活动】 举办东城区职工"传承与感悟"中华文化故事会比赛,评出一等奖1名,二等奖2名,三等奖4名。完成国庆60周年群众游行队伍的集结汇合和东城开天辟地方阵的集结疏散、交通运输、设施设备保障等任务,被评为市优秀组织单位和支持贡献单位。

举办历时2个月的第20届职工运动会,全区有32个代表队参加,设5个大项目和28个小项目,参赛职工3000人。（李文学）

【职工服务工作】 本年,为发放"京卡·职工互助服务卡"工作,共采集会员信息8.1万人,占会员总数的82.9%。服务卡的实行,将为会员免费提供非工伤意外伤害及家庭财产损失保障计划和多项免费、特惠服务。（李文学）

## 共青团东城区委员会

【概况】 区属系统有14~28岁青年4.97万人,其中团员2.9万人,占青年总数的58.50%。有女团员1.7万人,少数民族团员2104人。年内,发展新团员4056人,其中女团员2494人。加入党组织155人,超龄离团247人,年度团籍注册2万人。有基层团委42个、团工委12个、团总支38个、团支部1037个,其中团区委直属团委24个、团工委12个、团总支11个、团支部15个。专职团干部51人,其中中共党员45人,均具有大学(含大专)以上学历。兼职团委书记(含副书记)90人,其中中共党员54人,大学(含大专)以上学历的83人。同比,专职团干部中,人员减少20人,中共党员比例增加16.41%,大学(含大专)以上学历100%。兼职团委书记(含副书记)人员减少了32人,中共党员比例增加30.49%,大学(含大专)以上学历比例增加3.73%。

**单位名称:共青团北京市东城区委员会**
**单位地址:东城区后永康胡同17号**
**联系电话:84039238　邮政编码:100007**
（国岩）

【团干部调训班】 6月24~26日,与区委组织部联合举办第九期团干部调训班。全区各级团干部140名参加。梁军出席并讲话。章冬梅介绍东城区社会建设情况。中国社会科学院和北京师范大学的专家、教授就科学发展观的几个维度、共和国发展史、心理压力缓解与疏导等内容集中培训。结合建国60周年,组织团干部参观中国电影博物馆"走进电影百年　亲历中国发展"展览。（国岩）

【共青团东城区委会】 2月27日,共青团东城区委八届七次全体(扩大)会议召开。梁军、团市委社区工作部部长祁治国出席。总结2008年工作,部署2009年工作任务。同日,共青团区委召开八届七次全体委员会,审议通过《共青团东城区八届七次全委会关于八届委员会委员卸职增补确认案》。确认孙悦等4人卸职。增补杨凯、崔南翔、韩亚军等3人为八届委员会委员。（杨洋　国岩）

【思想道德建设】 2009年,全区各级团组织以"青春践行发展观　微笑献礼共和国"为主题,开展青少年教育实践活动。5月,以纪念五四运动90周年为契机,弘扬"爱国、进步、民主、科学"的五四精神,号召团员青年认真学习胡锦涛总书记、李长春"五四"重要讲话。组织团员青年在北大红楼旧址前重温入团誓词,回顾"五四"光荣历史,缅怀先辈丰功伟绩。带领青年深入社区、公园、车站、敬老院等场所,开展美化环境、植树造林、扶老助残等服务工作。通过开展"阅读,成长"主题读书月等活动,提高团员青年综合素质。全区共青团组织开展主题活动110次,受教育青年4500人次。7~9月,组织开展东城区青少年"寻访共和国足迹"主题实践活动,围绕"重访光明之端"、"回首建设热潮"、"寻找春天序曲"、"体味世纪之交"、"感受时代辉煌"等五条寻访路线,组织活动60次,参与青年3000人次,加深青少年国情国史。（蒋大伟　国岩）

【五四表彰会】 5月4日,举办纪念"五四"运动90周年暨东城区2008年度五四表彰大会,为获市级"达标创优"奖项和2008年度区级9个"五四红旗团委"、60名"优秀团干部"、160名"优秀共青团员"等集体和个人代表颁发奖牌、证书。（国岩）

【青年志愿者】 开展"微笑东城　和谐先锋"主题活

动,在元旦、春节、中国青年志愿者服务日、五一、国家防灾减灾日、全民健身日、中秋等时段,以城市志愿服务站点为阵地,以社区居民楼院为平台,组织志愿者为市民游客提供信息咨询、语言翻译、应急救助、敬老助残、健康义诊、美化环境等服务2.6万次。9月4日至10月8日,以“我与祖国共奋进”为主题,开展以喜迎国庆、弘扬爱国主义精神为主系列活动,志愿者共上岗2760人次,为市民游客提供各类服务2.29万人次,发放宣传材料1.95万份。新华社、中央电视台、人民日报、光明日报、中国青年报、北京电视台等多家媒体予以报道。健全青年志愿服务体制机制,探索在重点楼宇、主要商业街等建立基层青年志愿者组织,在鸿安国际商务大厦成立楼宇青年志愿者组织。完善青年志愿服务权益保障制度。通过媒体宣传、评选激励等方式,评选树立身边可学可信的志愿者先进典型,其中团区委推荐2名志愿者获2008北京十大志愿者称号,1个志愿者集体获2008感动东城公德人物称号,2名志愿者获2008感动东城公德人物提名奖。

(刘海洋)

**【青年就业创业】** 3月,启动“东城青年职业生涯导航计划”,组织青年就业指导行动,成立东城共青团创业青年夜校,组建青年创业志愿辅导团,全年共开设工商注册程序、模拟创业经营等课程12次、40余小时、培训850人次。10月,实施青年创业成才项目,建立东城共青团青年就业创业见习基地,指导建立大学生自主创业实习报刊亭,吸引全区20家单位为100名青年提供见习岗位。

(刘海洋)

**【“双争”工作】** 创新“青年文明号”评选方式,规范评选工作。全区共有8个国家级、108个市级和263个区级“青年文明号”集体。评选树立“青年岗位能手”,以开发青年职工人才资源为内容,以培养造就高素质的技能人才为目标,开展新知识、新技能培训,组织职业青年投身创新实践。全年表彰全区40家单位的品德优良、技能精湛、锐意创新优秀青年101名。

(刘海洋)

**【国庆游行彩车工作】** 7月,成立首都国庆60周年群众游行“开天辟地”方阵总队彩车工作组,具体负责“开天辟地”方阵彩车、标语车日常管理及训练工作。7月16日,东城“开天辟地”方阵总队彩车工作团队成立大会暨推车人员动员大会在化工大学举行。7月17日,东城“开天辟地”方阵总队按照总指挥部部署,与彩车正、副驾驶员实现对接。7月29日至8月9日,东城“开天辟地”方阵总队彩车工作团队参加在昌平励志国防教育基地进行总队合练。8月4日、9日,参加在良乡机场和沙河机场进行分指合练与分指合练验收。8月15日,彩车团队参加在沙河机场进行的群众游行合练活动,市领导刘淇、王安顺,区领导杨柳荫、梁军、章冬梅等参加验收。8月17日,彩车工作团队参加在朝阳体育中心彩车村举行的人车合练。8月29日,东城“开天辟地”方阵总队彩车工作团队参加了群众游行总指挥部在天安门广场进行的首次演练活动。9月6日,以实车的形式参加天安门广场第一次联合演练。9月11日,东城彩车团队负责人参加群众游行总指挥部在朝阳体育中心彩车村召开国庆60周年群众游行彩车展演动员誓师大会,市领导刘淇、郭金龙等出席大会。9月18日,东城“开天辟地”方阵总队彩车工作团队完成天安门广场实装联合演练,中共中央政治局常委李长春,北京市委书记刘淇等参加演练并作指示。9月28日,东城“开天辟地”方阵彩车工作团队在化工大学召开誓师动员大会。10月1日,东城“开天辟地”方阵“毛泽东画像”彩车完成首都国庆60周年庆祝大会群众游行任务。10月,东城区“开天辟地”方阵总队被群众游行总指挥部评为首都国庆60周年群众游行彩车最佳组织单位。

(韩玉川)

# 东城区预防青少年违法犯罪工作领导小组及未成年人保护委员会

**【概况】** 东城区预防青少年违法犯罪工作领导小组(简称区预防小组)、未成年人保护委员会(简称区未委会)是分别经东城区综治委、东城区人民政府批准正式成立的预防青少年违法犯罪及未成年人保护专门工作机构,办公室设在团区委统战权益部。年末,区预防小组成员单位23个,区未委会委员单位38个,其中10个街道设立预防小组和未委会。年内,以“巩固奥运成果、强化重点突破,维持常项水平、实现持续发展”为重点,加强社区闲散青少年服务与管理,全面深化未成年人保护及犯罪预防工作。

**单位名称:东城区预防青少年违法犯罪工作领导小组办公室**
**区未成年人保护委员会办公室**
**单位地址:东城区后永康胡同17号**
**联系电话:84039237　邮政编码:100007**

(李霞)

**【未成年人保护】** 4月8日,区未成年人保护与预防青少年违法犯罪工作会议召开。冯熙、费文勇出席会议。总结上年工作,部署2009年工作。增补交通支

队、烟草专卖局、统计局、质监局为区未委会委员单位,调整部分委员(成员)单位及委员。表彰先进集体和个人。 (韩玉川)

【青少年法制教育】 3月2日,在北京市第六十五中学开展青少年法律援助进校园活动。“六一”期间,组织开展“祝福祖国　放飞希望”欢庆六一系列活动。暑假期间,组织开展“我与祖国同成长”青少年暑期系列活动,通过法制讲座、趣味知识竞赛、寻访等活动方式,丰富青少年暑期生活,提高法律意识。10月12日,与区司法局、团区委联合下发《关于举办东城区法律知识竞赛的通知》。12月3~9日,开展“与法同行　健康成长”2009年主题青少年法制教育宣传周活动,通过开展“法制安全教育进课堂”、“青春船长进校园”等活动,增强和提高青少年自我保护意识和能力。 (丁月)

【扶助贫困青少年】 1月14日,区领导梁军走访慰问景山街道皇北社区贫困青少年,送“阳光·成长”助学金、复读机、文具礼盒等学习用品及大米、食用油等慰问品。1月20日、21日,副区长毛桂芬、章冬梅分别走访慰问东四街道和北新桥街道贫困青少年,送“阳光·成长”助学金、复读机、学习用具等慰问品。1月20日,在长虹影院举行中南海爱心基金发放仪式,为45名社区贫困青少年发放1.8万元爱心基金,组织青少年观看励志动画电影。春节期间,开展“托起明天的太阳”扶助贫困青少年系列活动,为区域贫困青少年发放助学金2.8万元,其中物品价值1万元,惠及家庭45户,138人。9月7日,有3名家庭困难的大学一年级新生得到每人4000元的“学子阳光”助学金。11月至12月,团区委开展2009年度“爱心基金”申报工作,10个街道45名贫困青少年获得年度“爱心基金”。 (吴建雄)

【青少年社区学校】 2月初,区未委会、团区委在北新桥、建国门、东四街道的3个社区推广建立三所12355星光自护学校,作为青少年社区教育新平台。3月28日,举办“服务家庭　促进和谐”12355东城区星光自护学校大讲堂心理健康教育专场讲座,邀请中国人民大学应用心理学博士、国家认证心理咨询师宋少卫老师,为全区200名家长、学生,围绕家庭教育方式、亲子沟通技巧、青春期叛逆等话题,通过真实案例剖析青少年成长过程中家庭教育的至关重要性和积极性。 (韩玉川)

【闲散青少年服务管理】 8月27日,下发《关于报送社区闲散青少年重点人排查评估情况的通知》,严格按照市里提出的一、二、三级重点人的级别划分,全面掌握东城区闲散青少年重点人的具体情况。9月29日,区预防小组、区未委会、团区委联合下发《关于加强国庆期间社区闲散青少年服务与管理工作通知》,部署国庆期间全区闲散青少年服务管理工作。 (刘自典)

【工作调研】 7月中下旬,团区委开展区中小学生上网情况调研,发调查问卷800份,形成调查报告1篇。10月,团区委完成特殊青少年群体服务与管理工作的调查研究,形成调研报告《关于加强对特殊青少年群体服务与管理的思考》。

12月28日,团区委在和平里六区社区开展“共青团与人大代表、政协委员面对面”活动,区政协共青团、青联界别的七位政协委员与来自社区的代表共话“互联网与青少年健康成长”。形成政协提案1份,调查报告1篇。 (韩玉川)

【星光青春自护行动】 5月9日,配合区应急办开展“将预防付诸行动,让安全融于生活——全区防灾减灾宣传高潮日”活动。5月12日,区综治委、区预防领导小组、区未委会联合举办“健康成长,法律护航——东城区未成年人法律保护与犯罪预防主题展览”。6月26日,与区禁毒办联合开展青少年远离毒品主题宣传教育活动。7月14~16日,团区委组织东城区部分青少年参加星光青春自护暑期夏令营活动,采取模拟演练和实际训练相结合方式,对青少年进行自我保护训练。7月16日,组织8位中学生全程参加青少年禁毒教育夏令营活动,加强青少年毒品预防知识的宣传教育工作。12月1日,开展“青春红丝带行动”。通过观影、讲座、参观等形式的自护教育,引导青少年拒绝诱惑、远离艾滋,提高自我保护意识,养成健康积极的生活方式。 (李霞)

## 东城区青年联合会

【概况】 2009年,区四届青联共有区各族各界、驻区中央、市属单位委员230人。由公务员、经济、科教、政法、医药卫生、港澳台民宗侨、文体新闻7个界别组组成。学习实践科学发展观,提升青联组织的凝聚力,团结带领全体委员服务大局、服务社会、服务青年,为建设东城做出贡献。

**单位名称:东城区青年联合会**

**单位地址:东城区后永康胡同17号1号楼504**

**联系电话:84039237　邮政编码:100007** (李霞)

【青联会议】 5月15日,区青年联合会四届四次常委会召开。区青联常委会成员参加。审议通过《关于表彰2008年度优秀常委、优秀界别组长、优秀委员的提议》和《关于增补东城区青年联合会第四届委员会委员的提议》等事项。会议确定《2009年区青联文体健身沙龙活动日程表》。1月9日,东城区青联召开四届五次主席会。总结上年青联重点工作,通报增补青联委员意向及增补办法,讨论开展新春团拜会的相关内容和2009年青联工作安排等事项。

(刘自典 吴建雄)

【学习交流】 3月6日,区青联政法界别组开展“谋发展 促和谐”学习实践科学发展观座谈会。委员们结合本职工作讨论如何有效学习和实践科学发展观。3月30日,区青联医药卫生界别组开展了学习实践科学发展观参观座谈活动。邀请区三届青联委员、全国政协委员、中国中医研究院基础研究所副所长杨金生博士,为大家做“两会”热点问题探析区社区卫生服务管理中心张选介绍社区卫生服务的开展情况。3月24日,区青联开展公务员界别组学习实践科学发展观参观座谈活动。(刘自典)

【文体沙龙活动】 2月24日,区青联在怀北国际滑雪场开展文体健身活动。3月9日,开展庆“三八”美容健康知识讲座,特邀安利公司讲师讲解春季女性美容护肤和营养保健常识。3月28日,在民族文化宫组织观赏大型视觉交响京剧《新白蛇传》。4月7日,在国家体育局高尔夫训练中心开展快乐高尔夫训练。来自港澳台民宗侨、政法、经济、文体新闻等20人参加。5月26日,开展“欢乐保龄 情连你我”保龄球比赛。来自公务员、港澳台民宗侨、政法、经济、医药卫生、文体新闻等界别组委员参加。6月30日,在延庆康西草原开展骑马健身活动。(韩玉川)

【外事接待】 4月21日,蒙古国驻华使馆商务参赞恩赫泰旺带领蒙古国青年代表团一行30人到东四奥林匹克社区参观交流。团中央国际联络处赵亚樵陪同参观。5月13日,以“环保和志愿”为主题的第八届中韩大学生志愿者交流代表团一行150人,在韩国前驻华大使权炳铉,团市委国际联络部部长伍琦,团区委副书记、区青联常务副主席韩新星,东四街道工会主席倪森桃等领导的陪同下,饶有兴致地参观了东四奥林匹克社区文体活动中心。12月12日,日本民主党代表团暨第十六次“长城计划”友好交流使节团部分成员分别参观东城区东四奥林匹克社区和北新桥街道海运仓社区,了解社区党团组织建设、文化建设。中国国际青年交流中心陆铁钧部长、团中央国际部副处长袁丽等出席活动。(李霞)

【委员风采】 区青联秘书处推荐符合条件的委员先后参加“五四”奖章、优秀青年企业家、北京青年创业者协会会员等各类评选,1名委员被推荐为北京青年创业者协会会员,2名委员被推荐为区委统战部党外知识分子联谊会理事。委员杨诚获第二十三届北京市“五四奖章”称号。5月20日,区青联经济界别二组常委、北京市建国出租汽车公司董事长刘昆玉,常委、组长、北京玻利瑞斯国际投资顾问有限公司总经理周丽霞,常委、北京布逸昊服饰有限公司董事长兼总经理郑毅,区青联科教界别组委员、北京东雍创业服务中心主任李胜等4人,获首届东城区优秀中国特色社会主义事业建设者称号。(丁月)

【团拜慰问】 1月17日,举办东城青联2009年新春团拜会。梁军、王红兵、章冬梅等领导出席,120名委员参加团拜会。会上播放《东城区青联三年回顾》短片,委员们一起观看,感受着青联的温馨、和谐和欢乐。

“八一”建军节前夕,走访慰问政法界别组常委、第二炮兵工程设计研究院院长陈朝东委员。

(吴建雄)

【帮扶贫困青少年】 2009年,东城“阳光·成长”基金共募集发放助学金3.9万元、资助贫困青少年68人,为140名贫困青少年发放价值1万元的学习用品。

(韩玉川)

## 东城区妇女联合会

【概况】 区妇联设办公室、组宣部、权益部、儿童部(区妇儿工委办)。街道妇联10个,社区妇联115个,机关妇委会48个,党派机关妇委会8个。3月4日,召开庆祝“三八”国际劳动妇女节99周年暨“三八”红旗手(集体)表彰大会,以区委、区政府的名义,表彰区级“三八”红旗手20名、集体10个。以“喜迎建国60年,巾帼建功创佳绩”为主题,开展“学技术、岗位练兵,学先进、岗位成才”活动。动员家庭参与国庆安保工作,开展“创平安家庭,迎平安国庆”主题月活动,发出《致全区家庭的一封信》。获全国“三八”红旗手2名,全国“三八”红旗集体1个。获市级“三八”红旗奖章19名,市级“三八”集体10个。刊登在全国、市、区媒体的新闻报道215篇。全年接待来电、来访196件,其中来电109件、来访87件,回复率100%。

**单位名称:东城区妇女联合会**

**单位地址:后永康胡同 17 号**
**联系电话:84039244 邮政编码:100007** (张明旭)

**【执委(扩大)会议】** 1月14日,在区行政服务中心召开十届七次执委(扩大)会议。区妇联执委、机关妇委会、女职工委员会及10个街道主管领导参加。梁军出席并讲话。杨立萍作《坚持科学发展观,团结带领广大妇女为建设和谐东城贡献力量》工作报告。建国门街道妇联和区环卫局机关妇委会做经验介绍。会议替补区妇联组宣部部长石满红、朝阳门街道妇联主席韦俊红、东直门街道妇联主席孔建平、安定门街道妇联主席刘清、景山街道妇联主席周菲、和平里街道妇联主席赵霞为第十届执委。 (张明旭)

**【"三八"大会】** 3月4日,在区少年宫召开庆祝"三八"国际劳动妇女节99周年暨"三八"红旗手(集体)表彰大会。市妇联副主席周志军,杨艺文、刘朋庆、吴弘勇、曾刚健、金旭、郭瑞敏等市区领导及各界妇女代表500人出席。杨艺文致辞。区纪委书记曾刚健宣读《关于命名表彰东城区"三八"红旗手、"三八"红旗集体的决定》。表彰区级"三八"红旗手20名、集体10个。 (张明旭)

**【学习实践科学发展观】** 3~8月,按照区委部署,区妇联深入开展学习实践科学发展观活动。分为学习调研、分析检查、整改落实三个阶段。3月10日,召开党组会,成立领导小组,制订学习计划和实施方案。3月17日,召开全体干部会议进行动员。共组织集中学习、听辅导报告、看光盘、听党课等10次,组织参观、调研、研讨活动12次。领导班子成员针对重点课题进行调研,撰写调研报告2篇,征求群众意见建议35条,制定《关于进一步加强干部队伍建设的实施意见》《关于开展传承孝道文化教育的实施意见》《关于推进"枢纽型"社会组织建设的实施意见》《关于进一步做好帮扶困难群体的实施意见》四项。完善《东城区妇联厉行节约的五项规定》《机动车管理制度》《廉政风险防范管理》等工作制度。 (张明旭)

**【巧娘工作室】** 4月2日,在区市民中心召开东城巧娘工作室发展现状调研座谈会。10个街道妇联主席、12个巧娘工作室负责人及巧娘共30人,围绕巧娘手工品如何转化成产品适应市场、研发产品的途径、资金等问题进行研讨。会上,根据巧娘工作室需求,分别配备展柜、电烤箱等设备,价值10万元。4~10月,为准确把握市场,促进产品的开发,先后组织巧娘到天津妇女手工编织业协会、义乌市妇联、交道口南锣鼓巷酒吧一条街等地学习考察。杨立萍带队专访和平里七区帛雕传人——林秀蓁,探讨了手工产品开发等问题。巧娘协会参加中澳社区社会组织培育发展研讨会、第二届中国社会组织创新与发展论坛和民间文化展示活动,向国际友人宣传"社会组织发展"的状况,展示中国传统文化。东城区巧娘工作室发展协会被第二届全国社会组织创新与发展论坛组委会授予特别荣誉奖。举办以"喜迎建国60年,巧手编织新生活"主题展示活动,作品包括十字绣、中国结、豆塑等240件妇女手工艺品,推动东城区非物质文化遗产的传承和发展。组织巧娘参加了地坛庙会、文化馆庙会、农展馆、科博会等展卖活动。全年举办技能培训101期,4000人次参加。 (张明旭)

**【好邻居表彰】** 9月17日,与区委宣传部、区文明办联合在孔庙和国子监博物馆彝伦堂举办以"同享盛世欢乐,共结邻里亲情"为主题的第三届好邻居评选表彰活动。梁军、王红兵,市妇联宣传部部长陈银亭等市区领导及知名人士、家庭代表、先进典型代表等200人参加。表彰区级"好邻居标兵"10名,区级"好邻居"105名,区级和谐家庭标兵10户,和谐家庭105户。第二届好邻居标兵代表把写有"亲情友情邻里情、邻里友爱生活幸福、和谐邻里情"内容的画轴,赠送给本届好邻居标兵。著名京剧表演艺术家、第二届好邻居标兵梅葆玖先生出席表彰会。区妇联推出《家人有约》活动品牌,并举办第一期论坛。 (张明旭)

**【社区妇联换届】** 根据条例,3月开始,全区115个社区妇联进行换届选举工作。4月7日,在朝阳门街道竹杆社区召开社区妇联第七次妇女代表换届选举试点大会,10个街道妇联主席、部分社区妇联主席及区妇联干部参加。6月10日,东城区第七届社区妇联换届工作结束。换届选举产生社区妇联主席115人,社区妇联执委871人。24日,与区民政局在北新桥街道民安社区联合举办东城区社区妇联主席培训班。培训内容包括基本理论知识、主要工作内容、工作方式方法。邀请离休干部、区妇联原第五届主席臧俊英做"弘扬艰苦创业精神,发扬妇联好传统"报告。 (张明旭)

**【家庭教育】** 5月16日,在孔庙和国子监博物馆彝伦堂举办"学传统·行孝道·知感恩"主题实践暨古诗词诵读月活动,向全区家庭发出"亲子阅读半小时"倡议,倡导"亲子阅读,快乐阅读"理念。围绕建国60周年,以"激扬爱国情怀·培养合格人才"为主题,举办"北京是我美丽的家"家庭摄影比赛展示活动。收参赛摄影作品187件,通过"数字东城"网站进行投票评选,评选出一、二、三等奖摄影作品23幅。10月30日,与区委委员单位共同举办"关注儿童健康·净化网络环境"儿童论坛。从政府、社会、学校3个角度探讨净化网络环境,为未成年人健康成长营造良好的社会环境。 (张明旭)

【规划落实】 3月24日,接受北京市妇儿工委对东城区妇女、儿童两规划的中期评估检查,毛桂芬作《坚持以人为本、统筹协调、推动东城区妇女儿童事业科学发展》情况汇报;区民政局、区卫生局分别补充汇报居家养老、妇幼卫生工作。督导组实地考察北新桥街道社区居家养老服务站和北京军区总医院。4月16日,与区统计局联合召开东城区"十一五"妇女儿童发展规划监测指标统计工作部署会。完成东城区"十一五"妇女儿童发展规划2008年度监测指标统计工作。7月3日,区妇儿工委办公室召开重点指标责任单位联络员会议,传达北京市对东城区妇女儿童规划中期评估督导情况的反馈意见,交流未达标指标落实情况。 (张明旭)

【法制维权】 以"三八"维权周、法制宣传月为契机,以"关爱妇女,真情服务,共创平安,共促和谐"为主题,实施中国法学会反家暴网络项目的第三期子项目,对30名政法干警进行社会性别意识和反对家庭暴力干预能力专题培训。举办性别平等与妇女发展专题培训。全区共举办普法宣传和讲座200场次,参加人数2万人,其中流动妇女3000人,制作并发放宣传材料4000份,接受法律咨询服务2959人,其中流动妇女374人。 (张明旭)

【国庆60年工作】 9月,开展"创平安家庭,迎平安国庆"主题月活动。号召广大家庭积极参与平安国庆活动,以实际行动向祖国60华诞献礼。组织普法宣传110次,制作发放宣传材料4万份,制作标语、展板等宣传品610个。在国庆60周年群众游行活动中,选派10名干部参加市分指、区群众游行指挥部、集结疏散、安保标兵、社区治安特派员等工作,获首都国庆60周年群众游行支持贡献单位和东城区庆祝建国60周年群众游行工作先进集体。 (张明旭)

【姐妹驿站建设】 11月26日,在朝阳门街道鸿安大厦成立东城区鸿安大厦"姐妹驿站"。市、区有关领导及10个街道妇联主席、鸿安大厦女员工代表100人参加了揭牌仪式。华夏心理教育中心特聘讲师、心理咨询师荀燚老师作题为"做个幸福的女人——职场女性心理健康与心理调试"心理讲座。12月25日,市妇联在东城区民安社区举行北京市96156"姐妹驿站"公益服务热线开通仪式,为妇女群众搭建法律、心理咨询平台。 (张明旭)

【领导调研】 3月31日,市妇联副主席刘颖一行到东城区调研机关妇委会、女职工委员会组织建设情况。区妇联以"突出三个注重,不断提升机关妇委会建设水平"为题汇报了机关妇委会组织建设情况。参观北京碧艾尔时装有限公司。11月19日,杨柳荫调研妇女工作,梁军陪同。听取区妇联情况汇报。对区妇联工作提出要求:①围绕区委、区政府的中心工作发挥妇联组织的作用。②以服务妇女群众为根本和宗旨,多为妇女群众办实事、解难事。③多组织妇女群众活动,在活动中受到教育。④把"巧娘工作室"品牌做大、做强,努力向国际、国内市场拓展,推进巧娘手工艺品的产业化发展。12月22日,全国妇联副主席孟晓驷、市委副秘书长王翔、市妇联主席赵津芳等一行20人到区调研巧娘工作室的发展。杨立萍汇报巧娘工作室的发展情况。参观巧娘发展协会和巧娘工作室。毛桂芬参加活动。 (张明旭)

【对外交往】 4月17日,毛里求斯妇女权利、儿童发展和家庭福利部部长英·希班女士一行4人到东四街道奥林匹克社区体育文化中心和巧娘工作室参观。全国妇联国际部副巡视员崔克平陪同。5月21日,朝鲜民主女性同盟中央委员会副主席禹桂香为团长的朝鲜妇女代表团一行5人到东四街道参观奥林匹克社区体育文化中心和巧娘工作室。全国妇联国际部亚洲处处长张广云、市妇联副主席刘颖陪同。10月21日,日本冲绳县"女性翼之会"代表团一行22人到东四街道参观奥林匹克社区体育文化中心和巧娘工作室。全年,先后接待辽宁省朝阳市喀左县、山东省青州市、四川省什邡市、安徽省蚌埠市等妇联组织到东城区学习交流妇女工作,增进与外省市妇联组织的交往。(张明旭)

## 东城区工商业联合会

【概况】 工商业联合会是中国共产党领导的工商界组成的人民团体和商会组织,是中国共产党和政府联系非公有制经济人士的桥梁纽带,是政府管理非公有制经济的助手。该会具有统战性、经济性、民间性相统一的特征。东城区工商业联合会(简称区工商联),成立于1951年10月,有10个街道分会、1个南锣鼓巷地区分会、1个裁缝分会和2009年新成立的北京站地区、雍和园分会两家。共有会员704人,其中本年度新增会员364人。会员中有全国政协委员1人;市人大代表4人;市政协委员6人;区人大代表11人,其中常务委员2人;区政协委员30人,特邀委员9人,其中常务委员5人。

本年,学习贯彻科学发展观,制定单位折子工程38项,特别是围绕10项重点工作发挥党组领导核心作用。团结、教育、帮助、引导非公经济人士,搞好参政议政和会员服务工作,加强工商联自身建设,完成各项工作任务。获2009年度北京市工商联系统会员组织工作奖、精神文明创建组织工作奖和对外联络工作奖。

**单位名称:北京市东城区工商业联合会**

**单位地址:北京市东城区内务部街27号**

**联系电话:65255187　邮政编码:100010**　（高鹏）

**【学习实践科学发展观】**　按照区委要求和部署,制定《东城区工商联深入开展学习实践科学发展观活动实施方案》和《东城区工商联关于加强领导干部作风建设年活动实施方案》。组织机关党员干部学习、座谈、开展解放思想大讨论等,增强贯彻落实科学发展观的自觉性和坚定性。以学习实践活动为契机,改善机关办公环境,修建多功能会议室,改造锅炉工程,组建单位食堂,解决干部吃饭难等实际问题。深入基层调研,征求街道分会、机关干部及会员的意见建议,召开民主生活会,认真查找分析本单位存在的主要问题及原因,形成分析检查报告,制定整改措施。指导会员企业北京红墙饭店管理有限公司重点开展"我为红墙献一策"、"庆祝建店5周年"、"积极应对金融危机"专题活动,形成《关于区工商联深入开展学习实践科学发展观活动取得的成效及建立长效机制固化成果的调研报告》,推进工商联工作可持续发展。

（高鹏）

**【送温暖活动】**　元旦、春节期间,开展送温暖活动,组织会员慰问特困低保人员、贫困家庭。参与募捐70人,募集善款10.65万元,慰问困难户574户。东城区非公经济扶危济困促进会与景山街道结对子,帮扶困难家庭10户,给每户家庭发放现金200元。　（高鹏）

**【非公经济人士培训】**　4月15日,组织50名非公经济代表人士赴北京卫戍区某部队开展国防军事日活动,向部队捐赠慰问金3万元。6月18~19日,以应对金融危机影响和会员非常关心、关注的《劳动合同法》实施情况为重点,与区委组织部、统战部共同组织举办第十三期非公经济人士培训班,共培训非公经济代表人士、工商联执委等400人。上半年推荐4名非公企业家及高管人员参加市工商联和市委党校联合举办的非公经济人士工商管理研究生班。　（高鹏）

**【应对金融危机】**　年初,成立区工商联服务经济发展与促进社会和谐工作领导小组,研究制定《东城区工商联2009年服务经济发展与促进社会和谐实施方案》。开展调研,搭建政企沟通平台,建立工商联和会员企业挂钩定期沟通机制。5月12日,与区委统战部共同组织召开了区领导与非公经济人士座谈会,组织会员企业与区发改委等部门定期沟通信息。参与首都非公经济应对金融危机现状及对策调研,组织开展东城区中小企业发展态势及存在的困难和问题调研,形成《东城区工商联帮扶企业应对金融危机对策与措施》。做好安全稳定监测点的有关经营劳动用工、安全等内容的监测工作。组织中小企业参加资金供需对接会,12家会员企业获各类银行贷款4740万元(其中7家会员企业通过东方信达、首创担保从北京银行取得生产经营性贷款,贷款金额共计1740万元),为10家会员企业申请贴息额105.93万元,有效保障和促进中小企业的生存与发展。拓宽企业融资贷款渠道,上半年组织召开瀚华投资担保公司与企业贷款对接会,推出"新华信托瀚华1号——北京市东城区中小企业贷款集合资金信托计划",并协调运作。11月12日,成立会员企业北京布逸昊服装服饰有限公司、北京博泰酒店有限公司、北京玻利瑞斯投资顾问有限公司参股投资的东城区第一家小额贷款有限公司——北京农投东方小额贷款有限公司。搭建投资信息服务平台,主动为会员服务。3~9月,组织会员企业参加东城区中小企业发展论坛、延安市人民政府项目推介会和迁西县经贸项目推介会,为会员企业发展寻找商机。

（高鹏）

**【参政议政】**　在政协第十二届三次会议上,提交《关于进一步促进中小企业发展的建议》和《关于东城区餐饮行业含油污水处理办法的建议》两份团体提案。其中,《关于进一步促进中小企业发展的建议》被评为优秀提案。与区政协、民建东城区委联合组织开展《东城区中小企业发展态势及存在的困难和问题》的调研,形成《关于进一步促进东城区中小企业发展的调研报告》。　（高鹏）

**【会员联谊】**　1月16日,组织举办2009年迎新春联谊会,向会员发出"振奋精神、增强信心、共同战胜金融危机"倡议书。区工商联会员200人欢聚一堂,共迎新春。市工商联副主席王克林,区领导吴弘勇、梁军等出席活动。3月4日,组织召开庆"三八"专题座谈会,女会员企业家围绕创业、自强、自尊、自立话题,交流经营企业的经验。10月30日,组织部分非公企业家参观会员企业青年湖高尔夫练习场,区工商联党组书记发出加强体育运动,关爱自身健康的倡议。
（高鹏）

**【区工商联八届会议】** 2月20日,召开八届九次主席会暨五次常委会、六次执委会议。市工商联副主席王克林、区领导郭瑞敏出席。通过第八届六次执委会议议程,选举通过由区委组织部关于提名郝国信担任区工商联第八届常务副主席的决定,提请执委会确认;审议通过2008年工作总结及2009年主要工作、东城区非公经济扶危济困促进会2008年收支情况的报告,审议并确认区工商联第八届五次常委会关于同意郝国信担任区工商联第八届常务副主席的决定。7月16日,组织召开八届十次主席会、八届六次常委会,通过和平里分会增补副主席的建议,审议通过2009年上半年执委会工作报告和《东城区工商联关于执行委员会委员履行职责的管理办法》。7月30日,召开八届七次执委会,审议通过2009年上半年工作报告和《东城区工商联关于执行委员会委员履行职责的管理办法》。市工商联副主席王克林出席并讲话。（高鹏）

**【国庆活动】** 9月18日,举办区非公经济庆祝新中国成立60周年大型文艺演出暨图片展览,北京电视台9月25日《北京您早》栏目、9月27日《晚间新闻报道》栏目及9月21日《今日东城》头版予以报道。著名企业稻香村、吴裕泰等非公经济企业的企业家及员工自编自演文艺节目,东城区非公经济人士400人参加活动。市工商联领导吴杰、王克林,区领导吴弘勇等出席。9月中旬,向全体会员发出倡议,合理安排出行,以实际行动配合、支持国庆60周年庆祝活动,做好各企业的假期安排及安全生产工作。抽调国庆指挥部工作人员、社区特派员和国庆安保标兵7人,完成工作任务。（高鹏）

**【荣誉评比工作】** 5月20日,协助区委统战部评选东城区首届优秀中国特色社会主义建设者工作,王曦、王志明等10名会员被评为东城区首届优秀中国特色社会主义建设者。全年完成市工商联系统精神文明单位评选活动,复查、申报首都精神文明单位1家、精神文明标兵单位2家、精神文明单位21家。推荐北京大新纺织品有限公司等4家会员企业为市联精神文明单位;推荐北京柯瑞生物医药技术有限公司等29家会员企业获抗震救灾爱心奉献奖;推荐9家从事制造业且具有代表性的企业入选北京工业名优产品画册;推荐部分会员企业参加北京市就业与社会保障先进民营企业评比、"就业先进单位"和"优秀农民工"评比。
（高鹏）

**【外事交流】** 5月22日,与湖南省娄底市娄星区工商联交流座谈分会建设工作,并组织参观布逸昊服装服饰有限公司和红墙饭店两家会员企业。5月27日,与张家口市桥西区联合举办张家口市桥西区重点项目(北京东城区)推介会,两地企业家交流、洽谈有意向合作的项目。市工商联副主席王克林,区领导郭瑞敏出席活动。（高鹏）

**【老会员工作】** 每月开展一次"老会员活动日"活动;全年,走访、慰问原工商业者15人次,送去慰问金额5800元;对69名原工商业者及遗孀给予困难补助,补助金额共10.2万元;完成4名原工商业者的身份认定;为部分原工商业者及遗属协调解决养老、医疗、丧葬等事宜。（高鹏）

**【分会建设】** 召开分会工作研讨会4次,研究制定《东城区工商联关于加强基层分会工作的指导意见》。开展"会员发展年"活动,实行会员发展定额定责制度,全年发展会员单位364家,形成《与时俱进　开拓创新　实现东城区工商联基层组织建设工作的科学发展》调研报告。及时调整东华门等4家分会理事班子。应对危机为,为会员单位送信息、送政策、送服务。建立完善机关干部联系分会制度,推动各街道分会逐步固定办公场所和设立分会专职工作者。在北京站地区分会聘任工商所、城管监察大队、派出所等部门负责人担任分会顾问,并在各分会推广。创新组建重点特色街区分会,4月3日、9月11日,先后成立北京站分会和雍和园分会。（高鹏）

# 东城区归国华侨联合会

**【概况】** 东城区归国华侨联合会(简称区侨联),成立于1985年6月,是由归侨侨眷组成的人民团体,是党和政府联系归侨侨眷的桥梁和纽带。工作职能是维护权益、参政议政、海外联谊、群众工作。2002年4月东城区10个街道侨联全部成立。2009年,区侨联贯彻落实中共十七届四中全会精神和第八次全国归侨侨眷代表大会精神,开展学习实践科学发展观、第四届首都新侨乡文化节和纪念建国60周年系列活动,完成建国门、朝阳门、东四、东直门、东华门、安定门、和平里7个街道侨联换届工作,接待第九届海外侨界高新技术人才为国服务志愿团,启动中医绿色保健进社区活动,区侨联建设得到加强。

单位名称:东城区归国华侨联合会
单位地址:东四十一条83号
联系电话:64023999 邮政编码:100007
网址:http://www.bjdchql.org.cn (窦跃斌)

【学习实践科学发展观】 制订实施方案,确定实践科学发展观活动"凝心聚力,科学发展"主题。区侨联全体党员干部参加封闭学习和经济形势报告会、西藏问题报告会、建设"人文北京、科技北京、绿色北京"报告会。4月2日,召开学习实践科学发展观专题座谈会,在区侨界人士和侨界群众中开展给东城区侨联科学发展献一策和给侨联组织建设提意见建议活动。结合工作实际,查找问题并分析原因,明确方向。完成《加强东城区侨联委员队伍建设的思考与对策》调研报告。 (窦跃斌)

【区侨联五届十次全会】 7月24日,召开区侨联五届十次全委扩大会,传达贯彻第八次全国归侨侨眷代表大会精神及王兆国代表党中央、国务院向大会的祝词,学习中国侨联主席林军作的《高举中国特色社会主义伟大旗帜,团结动员归侨侨眷和海外侨胞,为夺取全面建设小康社会新胜利而奋斗》工作报告和《中华全国归国华侨联合会章程(修正案)》内容,通报东城区被中国侨联表彰的先进集体、先进个人名单。提出贯彻落实要求。 (窦跃斌)

【新侨乡文化节】 3月至6月,北京市侨联开展第四届首都新侨乡文化节系列活动。5月16日,区侨联参加围棋邀请赛成人组比赛,马睿获冠军,龚宝重获第四名。5月23日,承办乒乓球邀请赛,来自北京部分高等院校、总公司、各区侨联、侨界社团和民主党派的18支代表队、60名运动员参赛,区侨联获团体第三名。6月6日,区侨联参加围棋邀请赛少儿组比赛,获团体冠军和个人第二名、第四名。6月12日,参加文艺演出专场、时装展示和征文活动。区侨联获最佳组织奖,文艺演出获北京市一等奖、2个二等奖、3个三等奖;时装展示获二等奖,征文获二等奖。9月8日,参加市侨联举办的第四届首都新侨乡文化节颁奖大会暨汇报演出,区获奖节目舞蹈《西域风情》和口琴三重奏《樱桃树下》现场表演。9月26日,区侨联选送的男生四重唱《弹起我心爱的土琵琶》和新疆舞《西域风情》参加了首都侨界庆祝新中国成立60周年文艺演出。 (窦跃斌)

【国庆60周年活动】 4月29日,召开侨界纪念建国60周年座谈会,来自区教育、卫生、企业等系统的20名老归侨参加。8月23~24日,组织区侨联委员、街道侨联干部和街道侨联主席到京郊延庆考察并参观野鸭湖自然风景区和妫河风景区。8月29日组队参加区委统战部组织的"风雨同舟60年,颂歌献给共产党"主题歌咏比赛,表演歌曲《红梅赞》,获二等奖。在区侨联网站开辟纪念建国60周年专题,登载归侨侨眷的纪念诗歌和文章。9月17日,召开庆祝建国60周年座谈会,在53篇征文中选出9篇交流发言。10月29日,组织40名侨联委员、侨联干部和老归侨到燕山石化参观,听取燕山石化情况介绍,参观炼油厂、化工一厂和牛口峪生态中心,亲身感受建国60年来我国工业企业的发展变化。 (窦跃斌)

【接待海外客人】 8月10日,第九届海外侨界高新技术人才为国服务志愿团到区参观考察。中国侨联副主席、市人大副主任、市侨联主席李昭玲,中国侨联经济联络部副部长安晨、市侨联副主席林少迈,区领导杨柳荫、王佩立、郭瑞敏等参加考察。王佩立介绍区发展战略,经济、文化、社会和城市建设情况。来自美国、加拿大、英国、日本、德国、澳大利亚等国家,从事节能环保、可再生能源利用、生物制药、移动通讯、文化创意等产业,具有硕士、博士以上学历的海外优秀学者36人参加。10月2日,和东华门街道侨联接待回国参加庆祝建国60周年观礼的马来西亚雪隆广东会馆副主席潘新就、秘书长彭忠良。区侨联介绍开展海外文化交流情况,东华门街道侨联请他们观看反映东华门街道变化的资料片,参观东华门社区文体中心、菖蒲和公园、老舍纪念馆、普度寺、南池子社区,与东华门地区国庆安保志愿者座谈交流。 (窦跃斌)

【参观慰问】 春节前夕,走访、慰问了侨界代表性人士、海外回国留学创业人员、困难归侨、年老多病的归侨侨眷70户,慰问东华门街道韶九胡同居民2户,送慰问款7800元和慰问品价值3000元。2月9日,组织350名归侨侨眷参观国家游泳中心。国庆节前,摸底调查区归侨侨眷的工作生活情况,走访慰问侨界代表性人士、生活有困难和病重的归侨侨眷8户,送慰问金2000元。 (窦跃斌)

【领导调研】 11月24日,市侨联副主席林少迈率部室负责人到区侨联调研工作。区委统战部曲涛、区侨联领导靖参加。谭菲汇报区侨联2009年开展的重点工作和2010年的工作设想,就基层侨联工作提出建设性意见。 (窦跃斌)

【维权工作】 处理归侨侨眷反映的有关落实房屋政

策、房屋翻建和经济适用房购置等方面的问题5件。帮助归侨侨眷处理邻里纠纷、开具身份证明,了解外地户口进京问题等事宜4件。处理老归侨居家养老政策的相关问题,取得他们对政策的理解和支持。调研老归侨生活补助没有全覆盖的问题并撰写调研报告《关于为没有在国有体制框架内工作的老归侨发放生活补贴的建议》。 (窦跃斌)

**【组织建设】** 7月24日,举办区侨联委员、10街道侨联委员、专兼职干部50人参加。学习侨联组织的基本知识、历史沿革、性质、任务、职能和党的几代领导人关于侨联工作的论述。培训换届的7个街道主管统战工作的社区书记和部分社区干部,学习侨联组织基本知识、性质、任务、职能等。12月4日,召开五届十三次全委会,通过区侨联与重庆沙坪坝区侨联结为友好侨联的决定,增补郭建昆、张琪和包松3人为区侨联第五届委员会委员。 (窦跃斌)

**【参政议政】** 本年,引导归侨侨眷积极参政议政,为东城区经济、政治、文化和社会建设建言献策。1月,在区政协第十二届三次全会上,提交《关于对劳动争议增升态势的分析及疏解途径的建议》《在实施<中华人民共和国归侨侨眷权益保护法>中的实践与建议》团体提案2件,侨联界别政协委员个人提案8件。列席东城区第十四届人民代表大会第四次会议开幕式。1月18日,参加市侨联十三届四次全委扩大会。2月,先后参加东城区社会建设大会、东城区党风廉政建设暨风险防范管理大会、东城区2009年工作部署会、市侨联深入学习实践科学发展观活动总结大会。3月,参加中共东城区委学习实践科学发展观活动动员大会、区政协学习实践科学发展观活动动员大会、区委统战部学习实践科学发展观活动动员大会。4,参加区涉侨工作部门协调会。5月,参加中共东城区委党派团体协商通报会、区政府经济形势分析报告、中共东城区委十届八次全体会议、东城区届中考察领导干部大会。5月20日,向市人大民族宗教华侨委员会汇报区侨界困难归侨的基本情况和在维权工作中需要解决的问题。7月,参加区上半年经济形势分析会、市侨联十三届五次全委扩大会。8月,参加区政协学习实践科学发展观活动总结大会、中共东城区委学习实践科学发展观活动总结大会。9月,参加区统一战线纪念多党合作60周年暨建国60周年座谈会。11月,参加市人大民族宗教华侨委员会、北京市侨联、致公党北京市委联合举办的"侨胞权益保护与首都经济发展研讨会。12月,举办区政协侨联界别组活动,并增补政协委员1人。 (窦跃斌)

**【捐款活动】** 1月至5月,在全区侨界群众中开展为援建北川中学捐款活动。侨联领导带头捐款,收到侨联机关、5个街道侨联的25名归侨侨眷、侨联干部和39名老归侨捐款9665元。

(窦跃斌)

# 东城区团体负责人

| | |
|---|---|
| **东城区工会主席** | 贾炯协(女) |
| **共青团东城区区委书记** | 石　勇 |
| **东城区青年联合会主席** | 石　勇(兼) |
| **东城区妇女联合会主席** | 杨立萍(女) |
| **东城区科学技术协会主席** | 王佩立(兼) |
| **东城区工商业联合会会长** | 田永林 |
| **东城区归国华侨联合会主席** | 陈　刚 |
| **东城区老龄协会会长** | 徐维江 |
| **东城区残疾人联合会理事长** | 从艳梅(女) |

# 政权·政协

## 北京市东城区人民代表大会常务委员会

【概况】 2009年,贯彻中共十七大和十七届四中全会精神,学习实践科学发展观,落实建设"人文北京、科技北京、绿色北京"发展战略,按照东城区"科学发展创首善,打造国际化、现代化新东城"的目标要求,关注国际金融危机给经济社会发展带来的风险,围绕民主法制建设,坚持"议大事、抓重点、求实效"的工作原则,依法有效行使宪法和法律赋予的各项职能,提升人大工作的质量和水平,为促进区域经济建设、政治建设、文化建设、社会建设的全面协调发展做出努力和贡献。

本年,召开常委会会议8次、主任会议13次,听取审议"一府两院"专项工作报告和常委会报告21项,形成决议、决定、审议意见书12件。完成市、区人大代表的补选工作,接受辞职2人和任免"一府两院"组成人员49人、任命人民陪审员102人。检查2项法律法规在东城区的贯彻实施情况,视察区重点工作8项,协助市人大常委会开展立法调研和立法征询意见7项。完成全年各项工作任务。

**单位名称:东城区人民代表大会常务委员会**
**单位地址:育群胡同1号　邮政编码:100010**
**联系电话:64064815　64002596**　　(刘国栋)

【十四届人民代表大会第四次会议】 1月7~9日在京东宾馆召开。231名代表出席。审议《东城区人民政府工作报告》《东城区2008年国民经济和社会发展计划执行情况与2009年计划(草案)的报告》《东城区2008年财政预算执行情况和2009年财政预算(草案)的报告》《东城区人大常委会工作报告》《东城区人民法院工作报告》《东城区人民检察院工作报告》,并通过各项决议。千龙网现场直播大会开幕式。举办新闻发布会两次,区长接受媒体采访。王学勤讲话。

(刘国栋)

【第十三次常委会会议】 1月9日召开。区人大常委会主任、副主任及委员24人出席。杨艺文列席。刘朋庆、费文勇主持会议。审议决定人事任命事项。刘朋庆向被任命人员颁发任命书。　　(刘国栋)

【第十四次常委会会议】 2月27日召开。常委会主任、副主任及委员23人出席。毛桂芬,区法院副院长,区检察院副检察长,区人大常委会街工委主任及部分区人大代表列席。刘朋庆、费文勇主持。传达市十三届人大二次会议精神;听取和审议人大街工委2008年工作报告;审议通过《东城区人大常委会2009年工作要点》;审议决定人事任命事项。　　(刘国栋)

【第十五次常委会会议】 3月31日召开。常委会主任、副主任及委员21人出席。章冬梅、秦炳瑞,区检察院检察长娄云生和区人大街工委主任及部分市、区人大代表列席。部分公民旁听会议。刘朋庆、费文勇主持。审议决定人事任免事项。刘朋庆向被任命人员颁发任命书。

(刘国栋)

【第十六次常委会会议】 4月30日召开。常委会主任、副主任及委员25人出席。副区长李荣庆、毛炯,区法院院长秦炳瑞,区检察院副检察长和人大街工委主任及部分市、区人大代表列席。部分公民旁听会议。刘朋庆、李力、费文勇、生敏、金旭主持。审议通过东城区"十一五"规划实施情况的中期评估报告、《关于批准东城区人民政府与金融机构合作的决议》和《北京市东城区预算监督办法(修订案)》;审议批准关于东城区人民政府与金融机构合作的报告;听取区政府关于煤改电工作情况和关于社会治安情况的汇报;审议决定人事任免事项。　　(刘国栋)

【第十七次常委会会议】 6月25日召开。常委会主任、副主任及委员24人出席。王佩立、秦炳瑞、区检察院副检察长和区人大街工委主任、副主任及部分市、区人大代表列席。刘朋庆、李力、费文勇、生敏、金旭主持。听取和审议东城区2008年预算执行和其他财政收支情况的审计工作报告;审查批准东城区2008年财政决算及决算的报告;听取区政府关于完善市区财政体制新增财力预算安排情况的汇报;审议通过区人大常委会执法检查组关于检查东城区贯彻执行食品卫生与食品安全法律法规情况的报告、关于检查东城区贯彻执行《中华人民共和国水污染防治法》和《北京市实施〈中华人民共和国水污染防治法〉办法》情况的报告,东城区人民法院开展审判监督情况的专项工作报告,补选东城区第十四届人民代表大会代表的决定。 (刘国栋)

【第十八次常委会会议】 8月27日召开。常委会主任、副主任及委员24人出席。王佩立、区法院副院长、区检察院副检察长和人大街工委主任、副主任及部分市、区人大代表列席。刘朋庆、李力、费文勇主持。听取和审议区政府关于2009年上半年国民经济和社会发展计划执行情况的报告和区政府关于2009年上半年财政预算执行情况的报告;听取区政府办理第8号、19号议案关于采取有效措施、支持和促进中小企业发展情况的汇报和区政府关于《东城区人民政府机构改革方案》的汇报;审议决定人事任命事项。 (刘国栋)

【第十九次常委会会议】 10月29日召开。常委会主任、副主任及委员23人出席议。李荣庆、毛炯、娄云生、区法院副院长和区人大街工委主任、副主任及部分市、区人大代表列席。刘朋庆、费文勇、生敏、金旭主持。听取和审议区政府办理第2号议案关于尽快完成雍和园区空间规划编制工作情况的报告;区检察院关于开展诉讼监督工作情况的专项工作报告;区政府办理区第十四届人大四次会议代表议案、建议工作情况的报告;区人大常委会代表联络室督办、检查区第十四届人大四次会议代表议案、建议办理工作的报告。听取区政府关于贯彻实施《北京市精神卫生条例》情况的汇报。 (刘国栋)

【第二十次常委会会议】 12月18日召开。常委会主任、副主任及委员27人出席。杨艺文、徐熙、娄云生,区法院副院长、区检察院副检察长,区人大街工委主任、副主任,部分市、区人大代表及区委办公室副主任、区政府办公室副主任列席。刘朋庆、李力、费文勇主持。听取区政府关于2009年财政预算变动情况的报告,听取并初审区政府关于2009年国民经济社会发展计划执行情况与2010年计划(草案)的报告、关于2010年财政预算(草案)的报告。审议批准区十四届人大五次会议代表资格的审查报告。审议通过补选市人大代表事项和人事任免事项。审议《关于召开区十四届人大五次会议的决定》《北京市东城区第十四届人民代表大会第五次会议选举办法(草案)》《区十四届人大五次会议的议程(草案)》及区十四届人大五次会议各项名单(草案)。决定区十四届人大五次会议列席人员名单。讨论《东城区人大常委会2009年工作报告(草案)》。 (刘国栋)

【区人大领导调研】 1月6日,金旭到东华门街道甘雨社区走访,听取居委会书记、主任关于居民思想状况介绍。2月6日,金旭到北京胶印厂调研,听取园区建设背景、规划及目前企业入驻等情况的介绍。2月10日,生敏到区残联调研解无障碍设施情况。听取整体工作及无障碍设施建设、日常维护和管理等情况汇报。2月10日,李力调研区"十一五"规划实施情况中期评估工作并听取情况介绍。2月12日,生敏和部分城建环保工委委员到建国门街道遂安伯胡同及北新桥街道罗车胡同实地调研四次人代会提出的第28、86号建议有关改善道路环境情况并听取反映道路环境存在的主要问题和处理情况汇报。2月16日,刘朋庆、李力到宣武区人大常委会调研宣武区人大常委会关于听取和审议宣武区"十一五"规划实施情况的中期评估报告情况。2月18日,金旭到北京东方燕都商贸有限公司、天海商贸大厦调研区文化创意产业发展情况。2月26日,生敏到区统计局了解常委会听取和审议有关议题的基本数据情况。听取关于雍和园、王府井、东二环3个经济功能区建设的基本数据情况介绍。3月6日,区人大常委会听取和审议东城区"十一五"规划实施情况中期评估报告工作调研组召开第一次专题调研组组长会议。3月17日,区人大常委会经济发展专题调研组组织部分代表到区劳动和社会保障局专题调研,视察区职业介绍中心。3月24日,李力到区财政局调研区公共财政体系建设情况。听取区公共财政体系建设整体情况、行政事业单位国有资产动态管理机制搭建等情况汇报。4月7日,区人大常委会城建环保工作委员会组织召开雍和园区空间规划编制工作情况调研课题开题会,区人大常委会副主任生敏参加会议。4月16日,费文勇到区司法局调研社区矫正工作。听取社区矫正组织领导体系、分类管理、管控网络和朝阳门司法所、东直门街道从事社区矫正工作的监狱干警相关情况汇报。4月22日,费文勇调研议案建议办理情况。同日,生敏和部分人大代表到西城区调研德胜园规划编制监督工作情况。7月2日上午,李力到区地税局调研促进"三保"措施落实情况和主任会议"关于上半年税收工作情况的汇报"议题。9月2

日,生敏和城建环保工委部分委员到区住保办调研住房保障工作进展情况,听取有关单位关于东城区保障性住房审核管理、配租、配售工作汇报。9月10日、16日,金旭到北新桥、和平里、朝阳门、交道口街道调研社区文化建设情况。10月28日,李力调研区财政预算工作,听取关于东城区2009年财政预算完成情况和2010年部门预算编制工作情况汇报。11月11日,金旭到区精神卫生保健院调研,查看新改造的病房。到东城区社区卫生服务管理中心,了解区社区卫生服务、中医药示范区建设情况。11月13日,金旭到区体育局调研,了解贯彻实施全民健身条例、开展群众体育和竞技体育等情况。11月17日,生敏到区民防局调研民防地下空间管理情况。12月3日,金旭到区人口和计划生育委员会、区精神文明办公室、区爱卫会调研。同日,生敏到区国土分局调研国土资源储备利用情况。12月11日,金旭和教科文卫工委主任委员到东城区小学课程资源中心(史家小学基地)调研。到交道口街道菊儿社区调研,听取社区居民参与社区事务,实现自我管理的情况介绍。 (刘国栋)

**【区人大主任会】** 1月9日,刘朋庆主持召开第二十四次主任会议。讨论人事任命事项。李力、费文勇、生敏、金旭、何厚夫出席。部分区人大代表列席。2月19日,刘朋庆主持召开区人大常委会第二十五次主任会议。李力、生敏、金旭、何厚夫出席。联系工作机构负责人,部分区人大代表列席会议。讨论《东城区人大常委会2009年工作要点(草案)》、人事任免事项及关于召开区人大常委会第十四次会议的有关事项。3月24日,李力主持召开第二十六次主任会议。讨论通过东城区人大常委会听取和审议东城区人民法院关于开展审判监督工作情况报告的工作方案。讨论人事任免事项及关于召开区人大常委会第十五次会议有关事项。4月13日,刘朋庆主持召开第二十七次主任会议。讨论人事任命事项。费文勇、生敏、金旭出席。部分区人大代表列席。4月23日,刘朋庆主持召开第二十八次主任会议。讨论区人大常委会关于《听取和审议东城区"十一五"规划实施情况中期评估报告》工作调研报告、《北京市东城区预算监督办法(修订草案)》、关于东城区人民政府与金融机构开展战略合作报告、人事任免事项和关于召开常委会第十六次会议有关事项。讨论通过人大常委会执法检查组关于检查东城区贯彻执行食品卫生与食品安全法律法规情况和东城区贯彻执行《中华人民共和国水污染防治法》和《北京市实施〈中华人民共和国水污染防治法〉办法》情况的实施方案。李力、费文勇、生敏、金旭、何厚夫出席。部分区人大代表列席。5月21日,刘朋庆主持召开第二十九次主任会议。听取区红十字会开展募集救助工作情况的汇报。费文勇、金旭、何厚夫参加。部分区人大代表列席。6月18日,刘朋庆主持召开区人大常委会第三十次主任会议。费文勇、生敏、金旭、何厚夫出席。工作机构负责人,部分区人大代表列席。听取区第十四届人民代表大会代表资格审查委员会报告区第十四届人民代表大会代表资格审查情况,讨论通过补选区第十四届人民代表大会代表工作意见,讨论补选区第十四届人民代表大会代表的决定(草案),区人大常委会执法检查组关于检查东城区贯彻执行食品安全法律法规情况报告、关于检查东城区实施水污染防治法和北京市实施水污染防治法办法情况报告及关于召开区人大常委会第十七次会议有关事项。7月22日,刘朋庆主持召开第三十一次主任会议。听取东城区国家税务局关于上半年税收工作情况的汇报、东城区地方税务局关于上半年税收工作情况的汇报。讨论通过东城区第十四届人大常委会第十七次会议关于对"东城区人民法院开展审判监督工作情况报告"的审议意见书、东城区第十四届人大常委会第十七次会议关于对"东城区人大常委执法检查组关于检查东城区贯彻实施食品安全法律法规情况报告"的审议意见书、东城区第十四届人大常委会第十七次会议关于对"东城区人大常委执法检查组关于检查东城区实施水污染防治法和北京市实施水污染防治法办法情况报告"的审议意见书。李力、费文勇、生敏、金旭出席。部分区人大代表列席。8月20日,刘朋庆主持召开区人大常委会第三十二次主任会议。李力、费文勇、生敏、金旭出席。区人大常委会工作机构负责人,区委、区政府、区法院、区检察院办公室等机构负责人和部分区人大代表列席。听取区政府关于区学习型城区建设情况汇报;听取代表听取"一府两院"半年工作情况通报后情况汇报和区代表集中走访选民情况汇报;讨论人事任免事项及关于召开区人大常委会第十八次会议的有关事项。9月22日,刘朋庆主持召开第三十三次主任会议。听取区政府关于建国60周年安全生产监督工作情况汇报。李力、费文勇、生敏、金旭、何厚夫出席。部分区人大代表列席。10月23日,刘朋庆主持召开第三十四次主任会议。讨论关于召开区人大常委会第十九次会议的有关事项。李力、费文勇、生敏、金旭出席。部分区人大代表列席会议。11月19日,刘朋庆主持召开第三十五次主任会议。听取东城风貌保护区民居改善工程工作情况报告审议意见书落实情况汇报,区政府推进社区卫生体制改革、提高服务水平情况报告审议意见书研究处理情况汇报和区政府关于办理闭会期间代表建议工作情况汇报。讨论通过区政府办理第2号议案关于尽快完成雍和园区空间规划编制工作情况报告的审议意见书,区检察院关于开展诉讼监督工作情况报告的审议意见书,区政府办理区十四届人大四次会议代表议案、建议工作情况报告的审议意见书。讨论人事任免事项。李力、生敏、金旭出席。部分区人大代表列席会议。12月14日,刘朋庆主持召开第三十六次主任会议。听取区人大常委会财政经济工作委员会关于东城区2009年国民经济和社会发展计划执行情况与2010年计划草案报告、东城区2009年财政预算执行情况和2010年财政预算草案报告的讨论意见。听取区十四届人大五次会议代表资格审查报告。讨论召开区十四届人大五次会议决定(草案)、区十四届人大五次会议议程(草案)、《北京市东城区第十四届人民代表大会第五次会议选举办法(草案)》、区十四届人大五次会议各项名单(草案)、《东城区人大常委会2009年工作报告(草案)》、人事任免事项和关于召开区人大常委会第二十次会议的有关事项。李力、费文勇、生敏、金旭、何厚夫出席。部分区人大代表列席。 (刘国栋)

**【区人大领导慰问】** 1月19日,刘朋庆、李力先后到南门仓胡同原奥士凯集团困难职工家庭、北新桥街道"百岁老人"夏淑英家走访慰问。2月4日,生敏走访慰问城建环保工委部分委员。6月1日,刘朋庆、金旭慰问东四九条小学和北京市第二幼儿园师生。参加东四九条小学以"祖国妈妈,红领巾永远热爱您"为主题的庆祝六一儿童节表彰暨文艺汇演,观看北京市第二幼儿园小朋友的歌舞表演。 (刘国栋)

**【工作检查】** 1月21日,生敏参加区领导春节安全检查。实地检查灯市口华宝菜市场、天伦王朝酒店、东四烟花爆竹销售点等单位的节日安全工作。4月14日,区人大常委会城建环保工作委员会组织部分市、区人大代表召开水污染防治法和北京市实施水污染防治法办法贯彻执行情况检查工作会。刘朋庆参加。听取区环保局的工作汇报。5月19日,区人大教科文卫工作委员会组织部分市、区人大代表检查我区食品安全工作,刘朋庆、金旭参加。 (刘国栋)

**【市人大领导调研】** 2月5日,市人大内司委办公室副主任赵志建就落实市人大常委会审议的《关于加强人民检察院对诉讼活动的法律监督工作的决议》到东城区调研,刘朋庆、费文勇陪同。5月20日,市人大常委会民宗侨委主任席文启等到区调研解决归侨、侨眷困难问题。6月3日,市人大常委会副秘书长张清到区调研人大街工委工作。6月19日,市人大常委会人事室副主任张越到区人大常委会调研代表选举工作。7月15日,市人大常委会机关信息化建设领导小组办公室一行5人到区调研人大信息化建设工作。9月16日,市人大常委会财经委副主任陈婷等到区调研计划监督工作。 (刘国栋)

**【人大代表活动】** 2月13日,组织市人大代表张锦东与区人大代表晋斌、吴彤、孟艳、任美华开展市区代表互动活动。2月20日,组织区人大代表王强、田文明、刘立新、平慧莹、张强在"代表之家"与常委会驻会委员、教科文卫工作委员会主任沈卫建座谈。与会代表就王府井建设问题、教育资源均衡问题、社区卫生医疗服务站建设问题、煤改电以及古都风貌保护问题进行交流和探讨。3月6日,组织开展东城团市人大代表活动。费文勇参加。学习《关于加强市人大代表与人民群众联系的若干意见》的文件精神。3月13日,组织市人大代表王曦与区人大代表潘友民、马泽龙、韩万通、穆芳,开展市、区代表互动活动。3月20日,费文勇与区人大代表王玉清、成立强、芦月明、张国庆在"代表之家"开展座谈活动。就谢家胡同被人为拦截、社区居委会换届选举、加强市区代表联系、保证代表知情知政、加强教师队伍建设、发展职业教育促进就业等问题进行交流和探讨。3月27日,组织市人大代表秦英瑞与区人大代表赵伟、邵伟民、陆军、李素清在区人大常委会"代表之家"开展市区代表互动。两级人大代表就提高噪音费发放额度、延长供暖期、规范缴纳供暖费方式、发放社区工作者房补、老旧小区停车难、核实登记老年证等问题进行交流和探讨。5月6日和8日,组织市人大代表章毅、周群与部分区人大代表就加强与完善市、区人大代表与人民群众的联系进行交流。5月14日,组织部分人大代表旁听区法院案件公开审理,就庭审法官的依法审判、庭审能力、审判作风等方面提出意见建议。6月5日,驻会委员、财政经济工作委员会主任姜在昉与区人大代表马贵鑫、韩颖、柳翠敏、高志勇在"代表之家"开展座谈活动。6月30日,区人大常委会建国门代表联组召开市人大代表述职会。李力、费文勇,3位市人大代表及18位区人大代表参加会议。8月5日,组织市、区人大代表开展年中活动。29名市人大代表和160名区人大代表参加。刘朋庆、费文勇、市人大常委会陶世欣、李正斌参加活动,全国人大代表牟新生应邀出席。听取东城区"一府两院"2009年上半年工作情况的通报。8月14日,姜在昉与区人大代表王华、崔燕珍、黄俊琨在"代表之家"进行座谈。8月25日,组织部分市、区人大代表旁听区法院公开审理案件,就庭审人员、公诉人员的依法审判、庭审能力、审判作风等方面提出意见和建议。8月28日,组织市人大代表陈生与区人大代表杨文英、谢宝明、李硕君、成立强在区人大常委会“代表之家”开展互动活动。区人大代表就选民普遍关注的简易楼改造、“三线”职工就医异地报销难等问题与市代表交换意见。10月30日，组织市人大代表李宗范与东直门代表联组代表姜在昉、张均生、王华、黄俊琨在区人大常委会“代表之家”开展互动活动。就东直门交通枢纽后期建设、小区环境治理、子女入托等问题进行交流和探讨。11月27日，组织部分市人大代表参加区法院召开的工作座谈会。市高级人民法院代表委员联络室主任程霞，区人大常委会代表联络室主任、内务司法工作委员会主任委员参加会议，费文勇主持。11月27日，组织部分市、区人大代表召开议案建议工作座谈会，费文勇主持。（刘国栋）

【接待群众日活动】 2月16日，代表联络室组织区人大代表39人在21个社区开展人大代表在社区定期接待群众日活动，共接待社区居民192人，听取群众反映社区环境卫生、市政交通、胡同乱停、养犬等方面问题135个。4月15日，组织市人大代表5人和区人大代表42人在22个社区开展定期接待群众日活动，共接待社区居民211人。听取群众反映危旧房屋修缮、胡同内停车、加强对外来人口管理、“煤改电”等方面问题132个。6月15日，组织区人大代表48人和市人大代表8人在22个社区开展接待群众日活动，共接待社区居民228人。听取群众反映关于居民私搭乱建、买菜难、危旧房屋改造、施工扰民等问题189个。8月17日，会同10个人大街工委组织区人大代表33人和市人大代表5人在21个社区开展接待群众日活动，共接待社区居民198人。听取群众反映关于养犬、居民自建房、企事业单位退休职工待遇差距大等问题143个。10月22日，会同10个人大街工委办公室，组织市、区人大代表32人，在20个社区接待群众活动。共接待群众130人，听取群众反映的问题106个，拟提出代表建议7件。（刘国栋）

【议案建议督办工作】 2月17日，金旭到区卫生局调研督办的建议和22次主任会议通过的区人大常委会关于对《区政府进一步推进社区卫生体制改革，提高服务水平情况报告》审议意见书的落实情况。2月18日，生敏到和平里街道西河沿社区调研四次人代会7号议案“关于加快西河沿危楼改造的问题”。3月17日、19日，李力到主办单位区发改委督办第19号议案“关于应对当前经济危机促进中小企业发展的建议”的办理情况。李力到区劳动和社会保障局调研督办第15号议案“关于进一步完善东城区劳动保障监察机制”的办理情况。3月20日，李力到区行政服务中心督办第45号建议“关于探索加强对东城区驻区主导产业企业服务的建议”的办理情况。4月1日，金旭督办四次人代会上代表提出的“扩大学前教育规模，有效缓解入托难问题”的建议并查看大方家回民幼儿园改扩建工程。4月9日，刘朋庆、生敏和部分人大代表到雍和园区管委会督办2号议案“雍和园区空间规划编制工作”办理情况。到和平里西河沿社区督办7号议案“关于加快西河沿危楼改造的问题”的办理情况。4月28日，费文勇督办“加强我区普通地下室及流动人口管理”的建议。5月6日，金旭到人口与计生委督办四次人代会第48号建议“关于落实东城区部分企业职工独生子女一次性奖励问题”。5月11日，金旭督办四次人代会建议“关于加强精神疾病预防和康复工作”的办理情况。听取区残联、东华门街道办事处、区精神卫生保健院相关情况介绍，视察和平里、东华门街道“温馨家园”。5月15日，刘朋庆督办四次人代会34号建议“关于优化东城区人大常委会网页的建议”办理情况。6月4日、9日，生敏和部分区人大代表先后到安定门街道、北新桥街道办事处督办四次人代会第9号议案“将民生工程好事办好”办理工作情况。听取区管委、房地经营中心关于煤改电、民居修缮、“一房一水表”等工作汇报。实地察看中轴路22万伏变电站、五道营开闭站和国旺胡同13号煤改电内线工程、民居修缮工程情况。8月6日，生敏到区城管委就9号议案进行重点督办。听取区城管委、房地经营中心、城区供电局等有关负责人的汇报。（刘国栋）

【国际交流】 2月18日，区人大常委会接待以俄罗斯萨马拉市杜马主席维埃里-伊里伊恩为首的俄罗斯萨马拉市杜马团一行15人。刘朋庆、李力及区人大常委会办公室、代表联络室、区政府外事办负责人参加接待活动。（刘国栋）

【外地人大领导调研】 2月20日，沈阳市和平区人大常委会主任一行到区学习交流。刘朋庆、生敏参加接待。4月20日，宁波市人大常委会副主任到区学习交流人大街工委工作。费文勇参加接待。5月26日，余姚市人大常委会副主任到区学习交流人大街工委工作。费文勇参加接待。（刘国栋）

【城八区工作交流会】 2月20日，李力参加宣武区人大常委会组织召开的城八区人大常委会财经工作联席会。8月21日，海淀区人大常委会副主任蔡长敏一行到区交流人大街工委工作。11月6日，区人大常委会内务司法工作委员会组织召开城八区人大常委会内务司法工作委员会联席会议。市人大领导李小娟、马朝军、郭金忠、袁芳参加会议。费文勇主持。12月2日,宣武区人大常委会副主任杨有成一行到区座谈交流国民经济和社会发展五年规划和年度计划的监督工作,视察东二环交通商务区建设情况。李力参加活动。12月9日,区人大常委会城建环保工作委员会组织召开城八区人大常委会城建环保工作联席会议。刘朋庆和市人大常委会城建环保工委办公室副主任马曙光参加。生敏主持。听取各城区人大常委会城建环保工委工作经验和2010年工作思路介绍,沟通2010年城建环保工作联席会机制。 (刘国栋)

**【人大代表联络站】** 3月4日,区人大常委会朝阳门街工委在史家社区设立首个社区人大代表联络站。费文勇参加揭牌仪式。 (刘国栋)

**【学习实践科学发展观活动】** 3月16日下午,区人大常委会机关召开深入学习实践科学发展观活动工作部署会。区人大常委会党组成员、区委指导组组长和机关全体党员参加。传达杨柳荫和市委指导检查组组长在东城区深入学习实践科学发展观活动动员大会上的讲话精神,对区人大常委会党组关于开展深入学习实践科学发展观活动的实施方案作具体说明。刘朋庆讲话。 (刘国栋)

**【视察活动】** 3月17日,组织委员视察区发展社区教育促进学习型城区建设情况,金旭参加活动。3月26日,视察区社会救助工作,费文勇参加活动。听取区民政局负责人对我区社会救助体系建设情况的汇报。4月3日,视察区"十一五"规划中涉及的王府井现代化商业中心区升级战略推进情况,视察希尔顿酒店、乐天银泰百货等著名品牌企业的运营情况和著名商品品牌的引进聚集情况。李力参加视察。4月21日,组织部分人大代表区水污染防治法贯彻执行情况进行视察和检查。生敏参加。6月1日,部分市人大代表到北京市地坛医院视察。费文勇参加并主持活动。9月11日,组织区人大常委会诉讼监督工作调研小组成员及部分市、区人大代表视察东城公安分局看守所。费文勇参加。9月15日,组织部分市、区人大代表视察雍和科技园区空间规划编制工作进展情况。刘朋庆、李力、生敏参加活动。10月15日,组织部分财经工委委员视察区旅游产业发展情况。李力参加。11月5日,组织市、区人大代表157人视察区政府2009年的有关工作情况。原市人大常委会副主任赵久合,刘朋庆、李力、费文勇、何厚夫参加视察。李荣庆、毛桂芬陪同参加。视察来福士广场、国际版权交易中心、玉河改造工程、文化馆新馆四个项目。12月8日,生敏与城建环保工委部分委员视察景山街道南剪子巷地区部分已经竣工"煤改电"工程情况。 (刘国栋)

**【街工委主任会议】** 3月18日,召开人大街工委工作会议。刘朋庆、费文勇参加。听取各人大街工委2009工作要点汇报,通报2009年人大街工委工作要点及2008年人大街工委工作目标责任制汇总统计情况。 (刘国栋)

**【人大代表培训】** 3月23~24日,组织人大代表集中培训,202名人大代表参加。听取"以科学发展观为指导发挥好人大代表的主体作用"和"改革开放以来人大代表制度的成长与实践"专题讲座,区法院副院长、区检察院副检察长关于"两院"工作职能和2009年重点工作汇报。结合本年开展的市、区人大代表向选民述职工作,学习人大代表如何向选民述职、《人大代表履职个性化服务专题研讨材料汇编》等文件。 (刘国栋)

**【全国人大工作调研】** 4月27日,全国人大常委会研究室主任沈春耀,市人大常委会副主任赵凤山,秘书长唐龙,研究室主任刘维林一行25人到南新仓调研,杨柳荫、刘朋庆、李力、费文勇陪同。 (刘国栋)

**【区委领导调研】** 5月5日,杨柳荫调研区人大常委会机关工作。刘朋庆、李力、生敏、金旭及机关副处级以上干部参加调研。 (刘国栋)

**【预算监督顾问会】** 6月22日,区人大常委会财政经济工作委员会组织召开预算监督顾问第三次会议,李力参加。12月11日,区人大常委会召开预算监督顾问第四次会议,李力主持。 (刘国栋)

**【国庆安保工作督察】** 9月2日,李力到建国门街道联系国庆筹备工作,听取街道负责人关于国庆筹备工作情况的汇报,了解建国门街道承担的国庆筹备工作任务、国庆重点任务进展情况和地区维稳工作情况。9月7日,刘朋庆到东四、东直门、北新桥、和平里、建国门、朝阳门、景山、安定门、交道口和东华门街道,检查国庆活动筹备情况,了解维稳工作落实具体措施,并表示慰问。 (刘国栋)

**【理事会会议】** 9月3~4日,东城区人大工作研究会召开理事会。研究会会长刘朋庆,常务理事李力、费文勇、生敏、金旭及研究会副会长常枋、焦德发、孙丹威,研究会监事会监事长平四来,研究会部分常务理事、理事参加。回顾区人大常委会设立30年的工作和成绩，围绕区人大常委会30年体制机制不断健全、工作制度不断完善、监督方式不断丰富、工作质量不断提升、代表工作不断创新、代表主体作用等方面进行讨论。（刘国栋）

**【街工委工作研讨会】** 12月7日，代表联络室组织召开人大街工委工作研讨会。刘朋庆、费文勇、生敏、金旭，常委会部分驻会委员、各人大街工委主任及办公室主任参加。费文勇主持。各人大街工委主任围绕“构建学习型团队，提升代表的履职能力”、“完善代表履职激励机制，增强代表履职意识”、“推进代表履职个性化服务”、“支持人大代表参加社区常务会”、“提高代表视察实效”等研讨发言。（刘国栋）

**【集中学习】** 12月24日，组织机关副处以上干部集中学习市第三次人大工作会议精神，刘朋庆、李力、费文勇、生敏、金旭参加。党组书记冯熙主持。认真学习市委书记刘淇的讲话和杜德印关于起草《中共北京市人大常委会党组关于做好当前人大工作的若干意见》有关问题的说明，通读《若干意见》。（刘国栋）

**【信息工作会】** 12月25日，组织人大系统信息员召开2009年人大信息工作总结会。刘朋庆参加。总结2009年人大信息工作。要求拓展和挖掘信息的深度、加大信息员业务培训、提高信息稿件质量。（刘国栋）

## 北京市东城区第十四届人民代表大会常务委员会成员及工作机构负责人

### 主任、副主任、常务委员

| | | | |
|---|---|---|---|
| **主　任** | 刘朋庆 | | |
| **副主任** | 李　力(女) | 费文勇 | 生　敏(女) |
| | 金　旭(女) | 何厚夫 | |
| **常务委员** | 丁国洋(回族) | 王英民 | 王　钢 |
| | 王　曦 | 牛怡平 | 田永林 |
| | 杨杰孚 | 李　强 | 严　岩(女) |
| | 肖　燚 | 沈卫建 | 张　跃 |
| | 周焕奇 | 赵明杰 | 姜在昉 |
| | 原东群(女) | 魏敏德 | |

### 工作机构负责人

| | |
|---|---|
| **办公室主任** | 周焕奇 |
| **代表联络室主任** | 原东群(女) |
| **财政经济工作委员会主任委员** | 姜在昉 |
| **城建环保工作委员会主任委员** | 陈守海 |
| **内务司法工作委员会主任委员** | 魏敏德 |
| **教科文卫工作委员会主任委员** | 沈卫建 |
| **代表资格审查委员会主任委员** | 费文勇 |

# 东城区人民政府

**【概述】** 东城区人民政府以学习实践科学发展观活动为契机，以“保增长、保民生、保稳定”为主线，深入贯彻中央、北京市工作部署和“二三六三”核心发展战略，完成建国60周年庆典服务保障工作和区十四届人大四次会议批准的各项任务。

积极应对金融危机，实现经济平稳持续发展，促进产业结构调整和发展方式转变。出台服务经济发展、促进社会和谐等24项保增长措施。设立中小企业发展扶持资金、就业应急准备金、大学生就业实习补助资金等共3500万元。本年，地区生产总值896.6亿元，区财政收入72.9亿元，实际利用外资1.5亿美元。城镇居民人均可支配收入2.85万元。启动未来20年总体发展战略规划编制工作，完成“十一五”规划中期评估，制定“十二五”规划编制工作方案。出台主导产业政策实施细则，安排专项扶持资金2亿元，促进产业聚集发展，四大主导产业增加值达到经济总量的一半以上。抢抓机遇研究发展低碳、中医药等适合东城区位特点的新兴产业。采取各项措施扩大投资和消费拉动,固定资产投资205.85亿元,社会消费品零售额完成374.1亿元。组织重点街区和企业开展金街过大年、推介百家四合院等百余项促销活动,促进市场活跃繁荣,地坛庙会获“第四届北京春节庙会·灯会文化活动最具人气奖”。开展“送政策、送信息、送服务”活动,区级领导和职能部门走访200家企业、单位,帮助344家单位解决问题23类385件。成立首家小额贷款公司,缓解中小企业融资难。组织北京老字号非物质文化遗产展,协助申请扶持资金,保护和提升老字号品牌。加快国有企业改革重组步伐,东方奥天、东方文化、东方信达三大国有资产经营公司调整组建基本完成。

作为建国60周年庆典活动举办地,东城区承担庆祝大会和广场联欢保障、群众游行游园、安全保卫、环境整治、氛围营造等重大任务。组建东城区建国60周年庆祝活动筹办工作领导小组,建立9个专项指挥部和13个地区分指挥部,建立健全各项工作制度,为筹办工作提供组织保证。全区25所学校1.57万名师生参加广场背景组字,2930名机关干部、部队战士和社区群众参加联欢晚会表演,2924名武警官兵、青年学生组成“开天辟地”群众游行方阵。落实电磁环境清理、“净空”、集结线路清障、交通组织保障和庆典核心区临时环卫保洁,保障阅兵游行顺利进行。策划12个公园整体游园活动及环境布置,接待游客47万人次。开展环境美化工作,通过“迎国庆、讲文明、树新风”活动、“60年巨变看东城”展览等系列群众性教育活动,营造爱国主义氛围。全区有31个单位获北京市国庆安保工作先进集体,30个单位获首都国庆60周年联欢晚会突出贡献奖,东城区被市委市政府和市筹办委员会授予最佳服务保障奖。

推进文化强区战略,展现东城文化魅力。玉河历史文化保护工程再现京城“水穿街巷”景观,南锣鼓巷文化休闲街区被美国《时代》周刊推荐为25处必去的亚洲风情体验地之一,国子监街成为北京市唯一入选首批“中国历史文化名街”的街区。研究17片历史文化保护区概念性规划,钟鼓楼·北京时间文化城建设规划方案初步形成。组织开展区级“文化创意产业示范基地”认定,鼓励支持文化创意企业利用平房区内闲置厂房发展文化创意产业。为28家企业43个项目提供市、区两级专项资金6241万元,促进文化创意企业快速发展。提升雍和园区公共服务,获2009年度中国最佳创意产业园区奖。举办首届皇城文化旅游节和“畅游古都、品味东城”等系列活动,设立专项补贴资金100万元,补贴在辖区举办大型国际会展活动的企业。承办联合国教科文组织2009中国休闲与社会进步年会。举办“戏剧四季风”活动,全区戏剧演出4100场次、观众95万人次。完善公共文化服务体系。加强公共文化设施建设,投资5000万元实施区文化馆升级改造,东直门、朝阳门街道文体中心改造完成并对外开放。设立补贴资金500万元,鼓励支持全区48所学校、32家社会单位与属地街道签订协议。

加强重点项目协调保障服务,完成地铁六、八号线居民拆迁1800户。完成61条胡同改造整修,完善市政基础设施。参与第四届中国国际数字城市建设技术研讨会和2009信息城市高层论坛,获住建部颁发的2009年数字城市建设杰出贡献奖。基本完成公共安全监管新体系研究。完成长安街等重点大街及其周边环境整治,实施东北二环6幢楼宇和南北河沿大街两侧建筑物夜景照明工程。健全违法建设快速处理机制,共拆除违法建设1509起、3683平方米。加强垃圾分类收集管理,生活垃圾无害化处理率100%,空气质量二级和好于二级天数达到73.4%。建筑节能改造开复工面积56.3万平方米,竣工40万平方米。

完善公共服务,保障和改善民生。建立健全甲型H1N1流感防控指挥体系,做到快速反应和及时处置,实现甲型H1N1流感疫情有效控制。创建“国家中医药发展综合改革试验区”并获正式批准,举办地坛中医药健康文化节,开展中医药服务进社区、中医药健康大讲堂、中医特色慢性病管理、中医治未病工程进机关等工作,获全国中医药特色社区卫生服务示范区。落实药品集中招标采购和零差率等政策,免除挂号及诊疗费109.34万元,累计优惠药费200.27万元。教育发展和改革,被授予全国推进义务教育均衡发展工作先进地区和全国教育改革创新特别奖。在市青少年科技创新大赛、学生艺术节比赛中,获一等奖40个。市民学习基地建设项目获全国社区教育示范项目。开展体育生活化社区创建,举办第七届全民健身体育节等活动,参与群众30万人次。落实促进就业措施,设立就业应急准备金1500万元,组织困难家庭大学生到社区实习。开发社区就业岗位1.53万个,安置失业人员1.11万人,城镇登记失业人员就业率74.83%。支出低保及生活困难补助资金4984.73万元。实施“夕阳红”工程,鼓励和扶持社会力量兴办养老机构,新增养老床位300张。设立应急救助专项慈善基金200万元。完成6775户民居修缮、9000户用水“一户一表”改造、3.8万户平房煤改电和涉及2900户居民的老旧楼房通天然气工程。做好居民保障性住房的申请审核和摇号对接,落实2847户居民的摇号工作。继续开展“听民意、访民情、解民难”工作,群众反映问题1.29万件,办结1.26万件。完成第七届社区居委会选举,开展社区规范化建设试点工作,健全现代社区治理模式。东城区被民政部命名为全国和谐社区建设示范区，东华门街道、九道湾社区分别获全国和谐社区建设示范街道、示范社区，大雅宝等8个社区服务站被命名为北京市社区服务站标准化建设示范单位。发挥社会组织指导服务中心和市民中心作用，举办心理健康大讲堂、市民论坛等公益活动150场。

民主法治建设。接受区人大、区政协和民主党派监督，按时限办理完成全国、市、区人大代表议案、建议和政协委员提案366件。通过专题通报、组织视察等途径，确保区人大代表、政协委员及时全面了解政府工作。完善政府信息公开工作，全年受理申请信息公开事项74件，保障公众知情权，拓宽接受社会监督渠道。根据市委、市政府批准的改革方案实施机构改革，整合优化部门职责，强化产业发展、服务经济、统筹社会管理职能，改革后共设置政府工作部门28个、部门管理机构2个。促进学习型政府建设，围绕城市规划、风貌保护等专题进行考察学习，推动公务员教育培训方式创新，提高公务员队伍素质和行政效率。制定《东城区电子政务建设框架》，启动协同办公平台和网上监察系统建设，提升行政效能。

**单位名称：东城区政府办公室**
**单位地址：东城区钱粮胡同3号**
**联系电话：64031118转3001　邮政编码：100010**　（刘锰）

## 主要工作和重大活动

**【区长办公会及政府常务会】**　本年，召开区长办公会、区政府常务会45次，议题198个。其中常务会9次，议题26个；办公会36次，议题172个。内容包括：新知识、新法规学习，区政府重要工作和重大活动，涉及全区经济、政治、文化、社会事业等方面改革、发展、稳定的深层次问题，与保障改善民生密切相关的热点难点问题，经济社会发展形势分析，机构改革调整，制度创新研究等。（刘锰）

**【座谈会】**　1月15日，召开2009年军政座谈会。区领导王学勤、杨艺文、刘朋庆、吴弘勇，区双拥工作领导小组领导和驻区部队首长参加。1月19日，北京市基础教育系统2009新春座谈会在东城区举行。副市长黄卫，市委教工委、市教委、市政府教育督导室领导，区领导杨艺文、王红兵、毛桂芬及各区县教育主管领导100余人参加。杨艺文致辞。黄卫讲话。3月31日，召开驻区中央单位座谈会。区领导杨柳荫、杨艺文、边振英、王佩立，公安部、商务部等33家驻区中央单位代表参加。杨艺文主持。王佩立通报东城区经济社会发展和对外联络服务工作情况。商务部等10家驻区中央单位负责人发言。杨柳荫讲话。7月23日，召开东城区八一军政座谈会。全国双拥办副主任、总政群工办主任常生荣少将、全国双拥办副主任、总政群工办副主任李辉，北京卫戍区副政委王子彦少将、解放军电视宣传中心主任黄国柱少将、空军后勤部首长李秀兴少将、北京军区空军后勤部部长章拥宁少将等驻区部队领导，市民政局局长、市双拥办常务副主任吴世民，杨柳荫、杨艺文、刘朋庆等区四套班子领导参加。冯熙主持。王子彦代表驻区部队讲话。常生荣对东城区双拥工作取得成绩给予肯定。杨柳荫致辞。（刘锰）

**【东城区社会建设会】**　2月4日召开。市委常委、市总工会主席梁伟，市委社会工委书记、市社会办主任宋贵伦，市委社会工委委员、市社会办副主任赵小卫，王学勤、杨艺文、刘朋庆、吴弘勇等区级领导，全区各部、委、办、局，各人民团体及区属企事业单位、各街道负责人，社区以及新经济组织、社会组织代表500人参加。杨艺文主持会议。梁军作关于《中共东城区委、东城区人民政府关于贯彻<北京市加强社会建设实施纲要>的意见》报告。章冬梅作认真落实社会建设系列文件加快推进我区社会建设事业又好又快发展报告。冯熙宣读中共东城区委　东城区人民政府关于命名表彰“东城区群众信得过的社区党组织书记”和“东城区群众信得过的社区居委会主任”的决定，与会领导为30名获奖者颁奖。朝阳门、东华门街道作交流发言。梁伟对东城区近年来在社会建设方面所取得的成效给予肯定。王学勤讲话。（刘锰）

**【工作部署会】**　2月14日，召开东城区委区政府2009年工作部署会。王学勤、杨艺文、刘朋庆、吴弘勇、冯熙、曾刚健、刘瑞宾、边振英、梁军、王红兵、李荣庆、左海星等区级领导班子成员，区委委员、候补委员，区级机关各部、委、办、室主要负责人，区属各单位、双管单位党政主要负责人及党务工作主管负责人，组织、宣传、统战、调研部门负责人，区属重点企业党政主要负责人及党务工作主管负责人参加。冯熙部署区委组织、宣传、统战、调研工作2009年重点任务并传达市维稳暨信访工作会议精神。杨艺文部署区政府2009年工作。王学勤讲话。（刘锰）

**【国际版权交易中心】**　2月16日，2008CPCC十大中国著作权人颁奖典礼暨国际版权交易中心落成仪式在雍和大厦举行。中关村科技园区雍和园被国家版权局授牌“国家版权贸易基地”。杨艺文致辞。新闻出版总署署长、国家版权局局长柳斌杰，新闻出版总署副署长、国家版权局副局长阎晓宏，市委常委、宣传部长、副市长蔡赴朝，区领导王红兵、王佩立参加。（刘锰）

【"三八"表彰大会】 3月4日,东城区召开庆祝"三八"国际劳动妇女节99周年暨"三八"红旗手(集体)表彰大会。区领导杨艺文、刘朋庆、吴弘勇、曾刚健、金旭、郭瑞敏,市妇联副主席周志军及全区各族各界妇女代表500人参加。杨艺文讲话。曾刚健宣读《关于命名表彰东城区"三八"红旗手、"三八"红旗集体的决定》,大会表彰"三八"红旗手20名,"三八"红旗集体10个。 (刘锰)

【消费者权益保护】 3月15日,3·15消费者权益保护宣传咨询活动在王府井举行。国家质检总局副局长支树平、副市长苟仲文、市质监局局长赵长山、区领导王佩立等参加。以"树信心,促发展,保安全"为主题,为消费者提供产品质量咨询、检测等服务,发放宣传材料2000份,接待咨询200人次。 (刘锰)

【义务植树活动】 4月4日,东城区举行义务植树活动。市人大常委会副主任吴世雄、市政协副主席王伟、北京卫戍区王子彦少将、空军后勤部李秀兴少将,杨柳荫、杨艺文、吴弘勇等区领导,与武警战士、市民代表及东城区部分小学生共同在东北二环机场高速联络线公园绿地进行植树活动。同日,在地坛公园西门外设置植树日宣传主会场,免费向市民发放各种绿化宣传材料15000册,各街道办事处设置15个咨询宣传点,发动5万人,植树1万株,养护树木10万株,清扫绿地10万平方米,悬挂宣传横幅60条,发放宣传材料5万份。 (刘锰)

【启动仪式】 4月11日,"回味奥运 圆梦北京"国民休闲行动计划在王府井启动。国家旅游局局长邵琪伟、副市长丁向阳、市政府副秘书长安刚、市旅游局局长张慧光,区领导杨艺文、王佩立,市相关委办局和18区县旅游局及天津、河北等省市旅游局负责人、旅行社代表、港澳台旅游代表等参加。全国百城旅游宣传周暨2009"回味奥运圆梦北京"国民旅游行动计划启动。5月8日,国际版权交易中心交易系统开通暨北京版权产业融资平台启动仪式在雍和园举行。新闻出版总署副署长、国家版权局副局长阎晓宏等国家、市属有关单位及涉外机构领导,区领导杨艺文、王佩立参加。8月5日,《健康北京人——全民健康促进十年规划》启动仪式在东城区举办。全国人大副委员长桑国卫,市长郭金龙、副市长丁向阳,市卫生局副局长赵春惠,区领导杨柳荫、杨艺文、章冬梅参加。 (刘锰)

【防灾减灾宣传】 5月9日,在地坛公园举行国家防灾减灾日大型宣传活动。中国红十字会会长彭佩云、常务副会长江亦曼、副会长苏菊香,北京市红十字会常务副会长韩陆,区领导杨柳荫、章冬梅和国务院应急办、民政部、教育部领导及国际红十字联合会驻东亚区代表等参加。江亦曼、韩陆分别致词。苏菊香宣读成立"中国红十字会999紧急救援队"的决定。彭佩云向救援队授旗。 (刘锰)

【创意产业发展研讨】 5月13日,在雍和大厦举行全国创意产业发展研讨会。全国政协副主席、民革中央常务副主席厉无畏、中国版权保护中心主任段桂鉴、区领导王佩立,全国各地创意产业协会、相关机构及企业、行业专家学者等各界代表近百人参加。 (刘锰)

【"国际安全社区"命名】 5月24日,东直门街道被命名为"国际安全社区"。世界卫生组织澳大利亚安全社区认证中心主任汉克·哈伯茨先生、秘书长米苷·布劳斯顿女士,亚洲安全社区网络中心主席、香港职业安全健康局总干事邓华胜先生、首席顾问黄黛玲博士,中国职业安全健康协会理事长张宝明,国家安监总局政策法规司司长彭玉敬,市民政局副局长谢延智,区领导杨艺文、章冬梅及西城区、朝阳区国际安全社区网络成员代表,区相关单位负责人150人参加。 (刘锰)

【中医药文化宣传】 5月23~24日,举办第二届北京中医药文化宣传周暨首届地坛中医药健康文化节。中国医药卫生发展基金会理事长王彦峰、国家中医药管理局副局长于文明,市中医管理局局长赵静、市药品监督管理局副局长王志勉、市科协副主席田小平、中国中医科学院院长曹洪欣、北京中医药大学校长高司华、中国医药卫生发展基金会副秘书长张青阳,区领导杨艺文、吴弘勇、金旭、王佩立、章冬梅、王建军及区相关单位、城八区卫生局负责参加。 (刘锰)

【主题游园会】 5月29日,在地坛公园举行东城区第三届庆祝"六一"国际儿童节主题游园会。市教工委书记赵凤桐,市委教工委常务副书记刘健,首都文明办副主任滕毅,市教委副主任郑萼,区领导杨柳荫、杨艺文、吴弘勇、冯熙、边振英、梁军、王红兵、金旭、王建军,东城区2万名青少年儿童及家长参加。 (刘锰)

【国子监街】 6月10日,在孔庙国子监举行国子监街入选首届"中国历史文化名街"授牌仪式暨高峰论坛。全国政协副主席孙家正,原全国人大副委员长许嘉璐,文化部副部长欧阳坚,副市长蔡赴朝,国家、市有关部门及区领导杨柳荫、杨艺文、刘朋庆、吴弘勇等,著名文物专家谢辰生、罗哲文、朱自煊、王景慧及获奖街区代表参加。杨艺文致辞。国家文物局办公室主任刘曙光公布首批“中国历史文化名街”名单。与会领导为首批“中国历史文化名街”授牌。 （刘锰）

**【政府管理创新论坛】** 7月16日，举行首届政府管理创新论坛。区领导李力、王建军参加，毛炯主持，杨艺文致辞。 （刘锰）

**【机构改革动员会】** 8月21日，召开东城区政府机构改革动员大会。区领导杨柳荫、杨艺文、冯熙、曾刚健、梁军参加。冯熙主持。梁军宣布市委、市政府批准的《北京市东城区人民政府机构改革方案》，曾刚健提出全区政府机构改革工作纪律要求。杨艺文宣读《区政府机构改革方案的实施意见》。杨柳荫讲话。（刘锰）

**【教师节】** 9月8日，举行东城区庆祝第25个教师节暨师德标兵表彰会。区领导杨柳荫、杨艺文、刘朋庆、吴弘勇等，教委系统各单位党政一把手，优秀教师代表，教育系统人大代表、政协委员、党风廉政监督员和特邀监察员等400人参加。杨柳荫讲话。 （刘锰）

**【数字城市建设】** 10月22日，第四届中国国际数字城市建设技术研讨会暨设备博览会开幕。住房和城乡建设部副部长陈大卫，全国政协常委、九三学社中央副主席赖明，中国科学院、中国工程院院士李德仁，住房和城乡建设部总经济师李秉仁，科学技术部秘书长王志学等领导出席，住房和城乡建设部信息中心副主任倪江波主持。区长杨艺文致辞并作题为“拓展网格化新模式功能，加快推进数字城市建设”发言，毛炯接受搜狐网专访。 （刘锰）

**【调研座谈会】** 11月3日，中央新社会组织学习实践科学发展观活动北京调研座谈会在东城区召开。新社会组织深入学习实践科学发展观活动指导小组组长、民政部部长李学举，副部长姜力等领导一行10人，到东城区调研新社会组织开展学习实践科学发展观活动情况。副市长丁向阳，市社会办主任宋贵伦，市民政局局长吴世民，区领导杨柳荫、杨艺文、梁军、章冬梅参加。 （刘锰）

**【史家小学建校70周年】** 11月22日，在人民大会堂举行史家小学建校70周年庆典晚会。全国政协副主席王刚，国务院政策研究室副主任江小涓，外交部副部长李金章，总参二部部长杨晖，国家总督学顾问陶西平，市领导王安顺、黄卫、丁向阳、陈平等，区领导杨柳荫、杨艺文、王红兵、金旭、王建军参加。 （刘锰）

## 政府法制工作

**【概况】** 区政府法制办公室是区政府综合管理法制工作的职能部门，主要职责：负责组织《国务院全面推进依法行政实施纲要》在东城区的贯彻落实；制定东城区推进依法行政实施方案，并指导各街道办事处、区政府各工作部门推进依法行政工作；督促、检查、考核各部门对依法行政实施方案任务分解书的落实情况。负责为区政府重要决策提供法律、政策依据和意见。负责审核区政府工作部门报区政府审议的规范性文件；办理街道办事处和区政府工作部门规范性文件的备案审查工作；承办法律、法规和规章草案征求意见工作。负责审查、确认行政执法主体资格；组织指导区行政执法队伍的法制建设，负责执法人员资格认证管理工作。负责管理和指导行政执法监督队的工作，监督行政执法情况；组织推进行政执法监督责任制和评议考核制，开展行政执法监督巡查，确认行政处罚主体，评查行政处罚案卷和行政许可案卷。承办区政府行政复议、行政赔偿案件；组织承办区政府行政诉讼的应诉代理工作；负责指导全区行政复议和行政诉讼应诉工作，培训复议应诉人员；负责本区行政处罚、行政复议、行政赔偿、行政诉讼统计工作。协调重大违法案件的处理和执法中的矛盾和问题，组织或参与重大疑难行政案件的研究和处理。负责有关法制方面的议案、建议和提案的办理。开展政府法制理论、政府法制工作研究和交流。2009年，区政府法制工作以中共十七届三中、四中全会精神为指导，贯彻落实科学发展观，落实《国务院关于加强市县政府依法行政的决定》（以下简称《决定》），加强制度建设和制度创新，强化行政执法责任制，为国庆60周年创造了良好的法治环境。

**单位名称：东城区人民政府法制办公室**

**单位地址：钱粮胡同3号　邮政编码：100010**

**联系电话：64031118转2501** （周环　王宇）

**【学习实践活动】** 采取专家学者辅导学、支部书记带头学、走出去实地学等方式，把握科学发展观精神实质、科学内涵和基本要求。到王府井工商所、朝阳门内务部社区开展专项调研，查找东城区推进依法行政工作中存在的不适应科学发展观要求的问题，促成学习实践成果的转化，编写《东城区人民政府法制办公室工作手册》，明确区法制办工作职责与流程，保障工作高效开展。 （周环　王宇）

**【公共安全监管】** 2008年11月，牵头组建公课题组，研究构建城市公共安全监管新体系，已进入试运行阶段。通过全方位覆盖、全过程监控的风险预防管理,构建"政府主导、部门协同、企业自律、社会参与、专业支持"的城市公共安全监管新体系。创立风险源分类分级管理法,施行监管对象自查自报工作机制,建立公共安全监管工作标准体系,实现日常监管工作标准化和安全治理社会化。（周环　王宇）

**【贯彻决定实施方案】** 总结贯彻落实《依法行政实施纲要》颁布实施情况,全面评估东城区依法行政工作现状,颁布施行东城区贯彻落实决定的实施方案,今后根据规划确定年度工作重点,分解任务,落实责任。（周环　王宇）

**【政府常务会学法】** 全年安排政府常务会会前学法10次,包括:《北京市信息化促进条例》、《北京市实施〈突发事件应对法〉办法》等内容。指导完善区各街道办事处、区政府各委办局主任(局长)办公会前学法制度和开展学法活动。（周环　王宇）

**【完善决策机制】** 参与地铁6、8号线拆迁项目、中央编办改造项目、北京日报报业集团新闻采编中心工程项目、北京站扩能改造工程项目及"城中村"环境整治等全区重点项目工程的论证和协议审核,共审核区政府与北京银行的合作协议、东城区总体发展战略规划协议、拆迁协议等10份。审查城管大队报送的违法建设强制拆除案件4件,审查房管局报送的政府强制拆迁案件3件,指导行政强制听证会5次。（周环　王宇）

**【行政规范性文件清理】** 全面清理区政府行政规范性文件,《修订东城区行政规范性文件制定、备案和监督的若干规定》,增设有效期与规范性文件评估等制度。行政规范性文件审核,审核以政府名义发文的规范性文件,出具审核报告,采用集体讨论、论证会等形式办理立法征求意见工作。全年办理市人大地方性法规和政府规章13件。（周环　王宇）

**【行政复议权】** 拟定《东城区人民政府关于开展行政复议委员会试点工作的实施方案》,确定行政复议委员会集中收案、立案、审理工作模式。组建"政府主导、专业保障和社会学者参与"的行政复议委员会,负责审议全区重大疑难行政复议案件,指导行政复议制度建设和研究行政复议工作中的重要问题。10月31日在王府井步行街开展《行政复议法》施行10周年宣传活动,区政府法制办牵头,区工商分局、区地税局等具有行政复议职能的各部门参加,副市长刘敬民参加活动。向群众发放法制宣传册等宣传材料近万份。全年办理行政复议案件5件。（李静　王宇）

**【执法监督】** 落实重大行政处罚备案制度和"零"处罚情况说明制度,分析未实施处罚原因,加大执法监督的力度。注重发挥区政府行政执法特邀监督员的作用,使执法监督工作制度化、经常化和规范化。（肖连泉　王宇）

**【行政处罚案卷评查】** 制定《行政执法案卷评查制度》,规范案卷评查工作。完善抽卷、审卷、评议、复核、征求意见及核定、通报、反馈等评查程序规则,将案卷年度评查改为年度评查与季度评查相结合的方式。组织行政处罚案卷评查人员资格考试,从各执法部门选拔业务骨干人员组成案卷评查小组,进行案卷评查工作。全年,调阅17个执法单位的84本行政处罚案卷,将评查中出现的问题及时反馈。（肖连泉　王宇）

**【行政执法协调手册】** 制定《北京市东城区行政执法协调办法》,通过明确协调主体、协调范围和执法部门在协调中的责任和义务,规范协调工作,梳理争议比较集中的城市环境管理的执法职权,共确定相关执法职权518项,涉及法律法规88部。将梳理结果与《北京市东城区行政执法协调办法》汇编成册,下发全区各行政执法部门及街道办事处。（肖连泉　王宇）

**【法制队伍建设】** 坚持法制例会制度,每季度组织全区主管法制工作的领导和法制干部进行培训,完善行政执法人员资格认证和证件管理工作,完成执法人员证件的发放,适时更新执法人员数据库。（肖连泉　王宇）

# 人事管理

**【概况】** 2009年,学习实践科学发展观,推进完成政府机构改革,把公务员队伍建设作为工作重点,把事业单位人事制度改革和政府机构改革作为中心环节,完善人事人才公共服务体系。加强公务员队伍建设。强化科级干部素质培养,优化科级干部知识结构。坚持科级干部选拔任用工作程序。全程监督指导各单位竞争上岗。开展科级职数核定工作。招录高素质人才,坚持"重能力、重专业、重实践"的公务员招录导向,将公务员考试由"资格准入"改变为职位竞争考试制度,实行综合成绩核算,面试采取异地交流考官,面试考官、工作人员及考生签订保密责任书与保密协议。加强公务员队伍建设,制定《加强一线公务员队伍建设意见》。《东城区机关公务员培训管理规则(试行)》。推进事业单位人事制度改革,开展事业单位岗位设置工作。全区36个事业单位的工作人员全部签订聘用合同。研究解决岗位设置工作中疑难和历史遗留问题。规范事业单位绩效工资管理,开展区教育系统义务学校绩效工资管理现状调研。规范教师工资、学校收费,调动教师积极性",落实义务教育教师平均工资不低于当地公务员平均工资水平的政策要求,与区教委制定《实施方案》。2009年,开展东城区优秀人才科技(科研)活动经费资助工作,经费资助8家单位申报15个科研项目39万元,优化高层次人才发展环境。建成市高级专家数据库二级本地库,入库专家268人。做好政府机构改革工作,优化组织结构设置,理顺职责关系,强化责任意识。完善公共服务体系。搭建综合服务平台,依托国家人事人才培训网卫星远程培训学院卫星培训技术,建立东城区创意人才培训基地,为区属单位和区域内重点企业员工搭建继续教育平台。在雍和科技园建立留学人员创业园。与区工商联及驻区重点企业建立互动机制,为区域中小企业人事人才和相关人事政策服务。为毕业生就业服务,通过现场招聘会、网络招聘和平面媒体招聘等形式,提供毕业生就业信息和实习见习岗位。落实《关于为驻区重点企业提供人事人才服务的措施》,为区域经济社会发展引进优秀人才。人事工作协调发展。做好人事争议仲裁,维护单位和职工合法权益。加强工资福利和退休干部管理和专业技术人才继续教育、职称管理及对人事干部政策法规培训。认真处理和解决人事信访事项,完成区人大代表和政协委员议案提案工作。

**单位名称:东城区人事局**
**单位地址:什锦花园胡同26号**
**联系电话:64061983　邮政编码:100007**　(苏相乾)

**【区政府机构改革】** 根据市委、市政府批准的《北京市东城区人民政府机构改革方案》,围绕转变政府职能和理顺部门职责关系,探索实行职能有机统一的大部门体制,调整完善产业发展和投资促进、金融服务、住房保障和城市建设、人力资源和社会保障、园林绿化等方面的管理体制,强化市政市容管理、历史风貌保护、社会建设等方面的管理职能。清理和规范议事协调机构,议事协调机构和临时机构不设实体性办事机构。清理自定行政机构。8月21日,召开全区机构改革动员大会,整体动员部署机构改革工作。印发《东城区人民政府机构改革方案的实施意见》《关于抓紧拟订区政府有关部门主要职责内设机构和人员编制规定草案的通知》《北京市东城区人民政府关于机构设置的通知》和《关于严明纪律确保机构改革工作顺利进行的通知》。区政府机构改革后,新组建政府工作部门3个,即区产业和投资促进局、区人力资源和社会保障局、区园林绿化局。新组建部门管理机构1个,即金融服务办公室(副处级)。调整变动及更名部门6个,即东城区建设委员会更名为东城区住房和城市建设委员会,挂东城区历史风貌保护办公室牌子;区房屋管理局为部门管理机构(副处级),改由区住房和城市建设委员会管理,挂区政府住房保障和改革办公室牌子;区民防局由议事协调办事机构转为政府工作部门;区社会建设办公室转为政府工作部门;城区城市综合管理委员会更名为东城区市政市容管理委员会,挂区城市环境建设委员会办公室牌子;东城区商务局更名为东城区商务委员会。撤销部门2个,即东城区人事局与东城区劳动和社会保障局。通过改革,区政府共设置工作部门28个,另设部门管理机构2个。区行政服务中心、区城管监督中心、雍和园管委会、北京站地区管理处等其他行政机构不变,市垂直管理机构8个(市规划委员会东城分局由区政府工作部门调整为垂直管理机构)。(牛新梅)

**【事业单位管理】** 按照事业单位分类改革的总体思路,完成已批准参照公务员管理的区环境保护监察队、区社会保险基金管理中心、区医疗保险事务管理中心、区劳动监察大队、区财政监督所、区国库支付中心等事业单位科级领导职数的核定工作。完成区级党政机关与所办和管理的营利性事业单位脱钩的相关工作,撤销北京站地区经济技术协作开发中心和东城区三八家政服务中心,收回全额拨款事业编制7名、自收自支事业编制18名。清理规范职能弱化的事业单位,撤销东城区市政工程建设中心和东城区金泰服务中心2个事业单位,收回自收自支事业编制30名。完成调研报告《事业单位分类改革初步分析与研究》。(牛新梅)

**【机构编制管理】** 市编办重新核定东城区城管监察大队编制,完成区城管监察大队直属二分队的组建、区城管监察大队机关及各分队编制调整和科级领导职数核定;完成区物价检查所事业编制改为行政编制及内设机构调整;完成区行政服务中心编制调整。批准新成立全额拨款事业单位1个,核定全额拨款事业编制12名。区行政事务保障中心、区机关事务管理服务中心、区人才服务中心和区残疾人服务中心核增全额拨款事业编制23名。区物价检查所事业编制转为行政编制,收回全额拨款事业编制66名。核定社区卫生服务机构人员编制660名,编制性质为财政补助事业编制,完成社区卫生服务机构人员编制分配方案的审核备案工作。(牛新梅)

【法人登记年检】 年内,应参加年检事业单位340个,办理法人登记年检单位338个,参检率99.4%,年检合格单位338个,年检合格率100%。办理设立登记14个、变更登记44个、注销登记24个。接待法人登记查询并出具相关证明11人次。 (牛新梅)

【机构域名注册管理】 年内,起草印发《关于东城区党政群机关和事业单位政务和公益专用中文域名集中注册工作的通知》,区编办审核机关和事业单位的申请表,并移交中编办政务和公益机构域名注册管理中心。 (牛新梅)

【工资统发】 年内,完成全区79个工资统一发放单位全年机构编制数据审核工作,建立工资统发工作档案。 (牛新梅)

【工资补贴审批】 本年,审批调入机关事业单位人员工资485人,职务变动人员工资393人。审核因病退休等备案32人,审批享受提高退休费标准5%的人员3人,审核公务员提前退休备案5人。审批机关事业单位人员工资升级、升档739人,技术工人申考技术等级101人。为义务教育学校7049名教职工兑现2009年绩效工资,6845名退休人员增加退休补贴4339万元。 (王鹏)

【人事争议仲裁】 2009年,东城区人事争议仲裁委员会接受人事争议仲裁申请108件。经审核符合立案条件的14件并立案,其中公开开庭审理9件,裁决结案2件;庭上调解结案7件,庭下调解结案5件,结案率100%。不符合立案条件的94件。 (孙宝印)

【企事业人才】 全区国有企业人才(包括经营管理人才和专业技术人才,下同)1695人,国有事业单位人才13514人。截至2009年底,区属企事业单位专业技术人员12747人,其中高级专业技术人员1896人,中级专业技术人员5287人,初级专业技术人员4971人,未评聘专业技术人员593人。 (李杰)

【事业单位人员考核】 按照《东城区事业单位工作人员考核实施细则》要求,完成2009年度事业单位考核。参加考核16849人,考核结果为优秀等次2437人,合格等次14210人,基本合格27人,不合格7人,未定等次168人。未参加考核299人。 (李杰)

【录用公务员管理】 本年,按照公务员法规定,办理公务员录用168人。其中军转干部53人,应届毕业生64人(含村官8人),检、法补充干部37人,其他人员录用14人。办理公务员调任12人,办理公务员转任32人。 (冯丹 杨楠)

【教育培训】 举办建设"人文北京、科技北京、绿色北京"知识讲座,培训2270人。全区专业技术人员参加继续教育学习率97.9%,学习时间累计达到72学时率89.8%。举办公务员初任培训一期,区属机关70名公务员参加培训并结业。举办公务员科级任职培训二期,区属机关科级公务员97人参加并结业。启动公务员信息化与电子政务培训和考试工作,全年1000人参加。举办东城区首期科级干部公共管理高级研修班,培训学员50人。承办东城区"首届政府管理创新论坛",区长杨艺文作论坛致辞。实施与韩国首尔市钟路区互派研修员计划,东城区陆熙与钟路区宋佳瑟分别到对方进行为期半年的研修。举办军队转业干部培训班一期,培训军转干部86人,安排其中分配到区属机关并具有行政编的53人到社区社会实践6个月。举办公务员自选式培训3次,提供菜单式培训课程,供公务员自由选择,包括就业形势和政策、金融危机的应对、甲型H1N1流感防控等热点讲座,培训1100人次。 (楚凯)

【工作居住证】 按照市人事局《关于实施北京市工作居住证制度的若干意见》规定,通过人事系统政务专网,为东城区内注册的有法人资格的企事业单位、民办非企业单位、社会团体,外国(地区)、外埠在京设立的非法人分支机构等单位聘用的人员办理《北京市工作居住证》即"北京绿卡"。年内,共发放绿卡293张。 (杨楠)

【引进人才】 本年,为区教育、卫生系统、高新技术企业、民营科技企业及一些创税大户引进高级人才,办理外省干部调京22人。其中办理引进人才12人,解决夫妻分居9人,办理知青返京1人。 (杨楠)

【人才市场管理】 年内,检查区域内人才服务机构17家,情况良好。全年受理北京新闻人才劳务发展中心等4家人才中介服务机构的地址变更申请,初审合格。 (孙宝印)

【人才交流服务】 新增档案4772份,库存档案2.74万份。新增立户单位115家。人事代理单位累计1578家。个人社保新增养老、失业保险人数2367人,在册5197人。医疗保险新增2128人,在册4818人。接收非京籍毕业生294人,市内毕业生842人,办理引进人才288人,解决夫妻分居4人;新增社保代办单位20家,新增社保代办人数875人,在册社保代办单位209家,在册社保代办人数3388人。住房新增代办单位11家,新增人数128人,在册住房代办单位71家,住房代办个人666人。1~11月,市人才职业介绍网新增单位入网登记47家,接待查询单位60家,提供人才信息资料712份。新增个人入网登记107人次。(潘海燕)

**【王府井人才港】** 网站求职招聘系统新增单位会员274家,新增个人会员3281人,其中毕业生1125人。招聘单位255家,发布招聘职位3221个,个人投递简历3004份,其中毕业生920份。机关事业单位及区属重点企业招聘47家,发布职位703个,共接收个人简历3271份。举办网络招聘会8场,246家发布职位1135个,3800个人登记用户投递简历。7月30日,东城区人才服务中心通过"王府井人才港"举办流动党员网上社保培训,2个半小时在线人数165人,回答有效提问64个。(汪庆斌)

**【人才招聘】** 组织固定人才社会类招聘会8场,参会单位131家、提供招聘职位2400个,参会个人2000人次。为东城区新闻中心、北京友联贝斯科技有限责任公司、北京仁达房地产评估有限公司等18家单位提供代理招聘服务。(邹晓宁)

**【高端业务】** 为区29家机关、事业单位的处级、科级领导干部竞争上岗和公开招聘工作人员,提供人才测评技术支持,测评项目36个,命制知识能力笔试试题36套,结构化面试试题30套,英语试题4套,被测评人员2242人,提供心理测评服务566人。运用科学的测评手段对干部的知识水平、能力素质、英语水平及其心理特征等方面进行测量和评鉴,结合岗位特点、素质梯队等特点出具素质测评分析报告,为全区干部队伍的建设提供了参考性的建议。(张乐)

**【毕业生就业服务】** 制定《东城区促进高校毕业生就业服务月活动方案》,联合区相关部门,组织毕业生专场招聘会11场,参会单位312家,提供招聘职位8668个、参会毕业生9200人次。组织校园招聘会4场,参会单位15家,提供招聘职位260个,参会毕业生1300人次。通过组织毕业生就业成果展、毕业生创业项目展示和专题就业讲座等形式开展毕业生就业指导,举办各类活动8场,参会毕业生约420人次。邀请14家重点企业加盟为东城区毕业生就业实践基地会员单位。走访和平里、安定门社区服务中心,收集汇总30名困难家庭毕业生就业信息,并建立台帐,为10名困难家庭毕业生推荐工作。配合区社会办、民政局,出台东城区《关于2009年度选聘高校毕业生到社区工作的实施方案》,77名高校毕业生和5名"村官"落户东城区。(孙英伦)

**【人事考试工作】** 2009年,完成市各级机关上半年考试录用公务员公共科目笔试、全国专业技术人员职称外语等级统一考试、全国会计专业技术中级资格考试、社会工作者考试、一级建造师资格考试、全国勘察设计注册工程师、二级建造师资格考试、经济师考试和央机关及其直属机构2010年度考试录用公务员公共科目笔试等9项人事考试任务,东城考区共提供考点104个,考场5200场次,6.6万名考生报名参加考试。职称外语等级考试合格证3612人。制定并发布《东城区人事考试工作规则》。(张乐)

**【军转干部安置】** 2009年,东城区接收安置转业干部档案174份。坚持军转安置和优化人才资源配置相结合、个人志愿与接收单位需求相结合的原则,考试与指令性安置相结合,把事业单位作为军转安置的主渠道,鼓励军转干部自愿选择企业。完成东城区军转干部公务员录用资格考试,召开东城区军转工作布置会、军转安置双选见面活动和军转安置指令性分配会,安置率100%。(冯丹)

## 对外事务

**【概况】** 区人民政府外事办公室是区政府主管外事工作的职能部门。2009年,围绕建国60周年庆典服务保障工作和"科学发展创首善,打造国际化、现代化新东城"奋斗目标,贯彻落实科学发展观,结合区发展实际和岗位目标责任书确定的工作目标,总结奥运筹备和成功举办的经验,加强外事组织体系建设,探索外事管理新机制和新办法,优化涉外环境,深化国际城区友好交往与合作,整合外事资源,实现工作目标。

**单位名称:东城区人民政府外事办公室**

**单位地址:钱粮胡同3号**

**联系电话:64045154 邮政编码:100010** (胡艳红)

**【友好区(街)交往】** 1月,东城区图片展在维也纳第九区开幕,中国驻奥大使、第九区区长、奥中友协常务副主席等出席开幕式,累计2万名维也纳居民参观图片展。1~3月,举办国际友好区图片展,展示友好交往东京都新宿区、韩国首尔市钟路区、奥地利维也纳市第九区、德国柏林市夏洛滕堡-威尔姆斯多夫区交流的成果。2～10月,公务员陆熙,韩国首尔市钟路区派往东城区的宋佳瑟异国互相交流学习和工作6个月。分别于14日和16日顺利返回国内,完成友好区公务员交流项目。

5月,应夏洛滕堡区区长莫妮卡·偶们邀请,组织代表团参加柏林青少年国际田径赛。18日,区长杨艺文会见来区友好交流的韩国首尔市钟路区交流员宋佳瑟。外事办、区人事局负责人参加会见。19～28日,以毛桂芬为团长的东城区政府代表团访问东京都新宿区和首尔市钟路区。拜会新宿区区长、议长,钟路区区长,副区长等。考察新宿区文化中心、生涯学习会馆、宇宙体育中心和钟路区文化中心、市民中心、小学英语教育中心、奥林匹克场馆、景福宫、民俗博物馆、北村韩屋村历史风貌保护区等。围绕群众文化活动开展、文物保护和利用、奥运体育场馆维护和使用、大众文化体育设施建设等问题,分别同新宿区、钟路区进行亲切友好的交流和探讨。代表团还参加了"北京·东京结好30周年市民交流纪念活动"。8月4日,杨艺文会见澳大利亚新南威尔士州帕拉玛塔市市长托尼·伊萨先生一行。介绍东城区基本区情、经济社会发展情况和对外交流合作情况,托尼·伊萨市长介绍帕拉玛塔市相关情况。双方对今后在教育、文化、商业、经济等诸多领域加强沟通和合作达成共识。并签署友好交流备忘录。区领导王佩立陪同。访问期间,代表团参观孔庙、国子监和行政服务大厅。9月3日,区外事办和区社工委联合举办的社区建设座谈交流会在北新桥街道小菊社区服务中心召开。韩国公务员宋佳瑟和北新桥街道的10名社区书记、主任参加座谈会。10月12日,副区长王佩立会见韩国交流公务员宋佳瑟。宋佳瑟汇报学习生活的体会和收获,感谢东城区热情接待和精心安排。王佩立祝贺宋佳瑟圆满完成交流任务,欢迎再来东城。外事办、区人事局负责人参加。10～11月,与日本东京都新宿区开展学生书画作品互展活动;与各友好区沟通确定了2010年的交流项目。11月3～9日,王佩立随北京市区县人大友好代表团访日,期间,访问友好区－东京都新宿区,拜会区长中山弘子、副区长永木秀人,参观新宿区文化设施。双方沟通今后加强两区间的友好交往。12月7～11日,钟路区区长金忠勇先生率领政府代表团9人到区进行友好访问。7日,杨艺文在区行政服务中心与金忠勇区长举行会谈,王佩立等有关领导参加。杨艺文向代表团介绍东城区区情、旅游发展及文物保护工作的做法和经验,并与金忠勇在推进公务员互派工作、开展学生入户交流、互链政府网站首页及促进旅游等方面达成共识。金忠勇希望两区通过加强政府和民间的互访、交流,增进彼此了解与友谊,推动各领域的合作。杨艺文和金忠勇共同签署《公务员交流项目修改协议书》和《开展学生入户式国际交流协议书》。 (胡艳红)

**【外交外事服务】** 接待重要党宾国宾团组22批次,255人。各种境外交流考察团92批次、1164人。1月13日,以日本群马县副知事茂原璋男为团长的妇女代表团24人到东四街道参观考察环保工作,全国妇联国际部部长邹晓巧陪同。2月18日,东城区人大常委会主任刘朋庆、常务副主任李力会见由俄罗斯萨马拉市杜马主席维塔里－伊里伊恩为团长的萨马拉市杜马代表团。刘朋庆向俄方介绍中国人民代表大会制度、东城区人大及其常委会的组成和工作开展等情况。维塔里－伊里伊恩主席介绍萨马拉市和萨马拉市杜马基本情况,并邀请东城区人大常委会在方便的时候访问萨马拉市。双方交流议会预算监督、议员与选民的联系、城市公共交通、居民住房保障等共同关心的问题。25日,以朝鲜对外文化联络委员会代委员长文在哲为团长的朝鲜代表团在中朝友协会长、前驻朝鲜大使武东和陪同下访问北京市第五中学,并与"金日成班"师生进行交流。3月10日,联合国艾滋病规划署驻华办事处副代表萨利尔一行11人考察东城区开展社区药物维持工作。17日,越共中央政治局委员、河内市市委书记范光毅率越南共产党代表团18人参观东四奥林匹克社区体育文化中心。22日,前联合国民间组织管理处处长哈尼法女士到市民中心和社会组织指导服务中心参观,章冬梅陪同。4月6～7日,北京市第五中学友好校澳大利亚圣·约瑟夫中学代表团友好访问北京市第五中学。访问友好校学生入住中国接待家庭,友好校学生进入北京五中课堂体验学习生活等项目。8日,区委书记杨柳荫会见美国路易斯安那州首府Baton Rouge市市长MELVIN L."KIP"HOLDEN一行。分别介绍各自基本情况、区位优势、主导产业等内容,商定加强交流合作,建立起紧密的经贸联系,促进两地的共同发展。9日,泰国公主玛哈扎克里·诗琳通参观南锣鼓巷文化特色街。17日,毛里求斯妇女权利、儿童发展和家庭福利部部长英·希班女士一行4人,到区东四奥林匹克社区体育文化中心参观。全国妇联国际部相关人员陪同。21日,蒙古国青年代表团30人,到东四奥林匹克社区体育文化中心参观交流。27日,西班牙性别平等部大臣比比亚娜·艾多和西班牙驻华大使卡洛斯·布拉斯科一行6人在全国妇联国际部副部长牟虹、市妇联副主席刘颖等陪同,到东四奥林匹克社区体育文化中心参观交流。5月18日,杨艺文会见由部长塞琳娜·科姆巴尼女士率领的坦桑尼亚总理府省级行政及地方政府事务部代表团。杨艺文向代表团介绍东城区区情和区政府的运作情况,并回答代表团提出的有关政府运作机制方面的问题。代表团参观市民中心。20日,英国伦敦大学戈德史密斯学院代表团20人到东城区社区卫生服务管理中心参观。观看社卫中心指挥调度中心功能演示。双方交流和探讨社区卫生服务内容和工作开展情况。25日,杨柳荫会见马来西亚丰隆集团主席郭令灿先生、香港国浩集团总裁郭令海先生和国盛投资有限公司主席李慧敏女士一行。向客人介绍东城区的经济发展等方面情况,希望开展更多合作。郭令灿先生表示努力推进东直门交通枢纽项目建设。6月5日,杨柳荫会见由省长阿兰·哈弗斯坦恩先生和圣-撒迪尔市市长盖伊·部鲍先生率领的法国中央大区谢尔省代表团。向来宾介绍东城区区情、区位优势和经济发展情况。双方就经济发展、城市建设等领域深入交流。王佩立及相关负责人参加会见。15日,巴基斯坦国家管理学院代表团参观考察东城区行政服务中心。参观对外办公窗口、监察室,并与行政服务中心负责人座谈政府职能、行政服务中心机构设置及职能等问题。16日,马拉维最高上诉法院院长蒙洛一行在马拉维驻华大使、中华人民共和国最高人民法院外事局和市高院外事办等相关负责人陪同,到东城法院参观访问。24日,印尼内政部代表团参观考察东城区行政服务中心。参观对外办公窗口、监察室,与行政服务中心负责人座谈政府职能、行政服务中心机构设置及职能等问题。7月2日,哥伦比亚埃克斯纳都大学代表团到区进行乒乓球友好交流活动。哥方友好联队和我区代表队进行女子单打、男子单打和男女混合双打三个项目的乒乓球友谊比赛。双方交换纪念品。8月8日,美国芝加哥市临时议长丹尼尔索利斯先生一行12人访问东城区。杨艺文会见代表团介绍北京市、东城区奥运筹办和举办的情况。访问期间,代表团参加在国际饭店举办的"回味奥运激情,拥抱美好未来——奥运签约饭店欢迎您"启动仪式暨交流酒会并致辞;参观东四奥林匹克博物馆、奥林匹克公园和奥林匹克社区体育文化中心,观摩市民外语大课堂、巧娘工作室和居民健身休闲等活动。10日,以斯里兰卡西方省议长苏尼尔·维杰瑞特尼为团长的斯里兰卡西方省议会代表团28人考察东城区行政服务中心。12日,以越共中央委员、平顺省委书记梅世中为团长的越南党政干部考察团15人,考察区城管监督中心。座谈区城管监督中心的职能、经费来源、工作人员素质、日常工作人员费用等问题。8月17日,9月9日、8日阿富汗总统社会事务顾问(正部级)法拉尼和阿富汗阿拉伯人团结协会(阿协)主席阿提夫,香港申诉专员公署代表团,厄瓜多尔中国友好协会主席列宁·塞巴略斯参观区城管监督中心。9月3日,萨摩亚最高法院首席大法官萨波鲁到区法院参观交流。23日,葡萄牙参赞高云霄、哥伦比亚参赞Alejandro Ossa、白俄罗斯参赞Kiryl Rudy等11个国家的驻华使节14人,参观考察中关村科技园区雍和园。北京日报、北京电视台记者随行采访此次参观活动。25日,巴西联邦最高法院院长吉尔马尔·门德斯先生,秘书长卢克西安诺·福克先生在最高法院外事局和市高院外事办公室相关负责人陪同下到区法院参观访问。参观基础设施,旁听一起刑事案件,与区法院交流座谈。10月16日,来自南非、埃塞俄比亚、津巴布韦、苏丹等国的非洲非政府组织负责人考察团参观市民中心和社会组织指导服务中心,并交流经费来源等问题。21日,秘鲁ESAN大学代表团65人参观国子监和孔庙,了解中国传统国学文化和儒家文化。26日,菲律宾宿务省省长加西亚女士率领菲律宾友好代表团34人参观东四奥林匹克体育文化中心和区行政服务中心。28日,越南河内市委常委、市人大副主席阮文福率河内市人大代表团拜会区人大。11月3日,以韩国大国家党事务总长、国会议员张光根为团长的韩国大国家党代表团到东华门街道南池子社区参观访问,就党内民主建设等问题与街道工委、社区党委进行交流。中联部二局有关负责人陪同。4日,来自乌克兰、秘鲁等国家的12名第二届北京人权论坛代表到东四奥林匹克体育文化中心参观。20日,北京大学中国法硕士项目外籍学员一行36人到区法院旁听刑事案件庭审。25日,丹麦著名儿童视觉艺术家兼作家-安娜玛瑞(Anna Marie Holm)女士与和平里一小三年级师生开展"探梦丹麦童话"主题交流活动。此活动是丹麦王国驻华大使馆在北京举办的"走进中国的丹麦童话世界"系列活动之一。中央电视台少儿频道、《现代教育报》等新闻媒体参与活动。29日,和平里第一小学师生参加"中丹文化交流会",以"童话"为主题和丹麦学生一起绘制多幅美术作品进行展示。丹麦王子及王妃受邀参与交流活动。12月10日,英国大使馆、北京师范大学教育学院,区教委、研修中心、各区县项目负责人,项目成员校代表等30人参加在东城区第一二五中学举行的北京市基础教育研究所"中英基础教育合作学习项目组"视频交流现场会。12日,日本民主党代表团暨第十六次"长城计划"友好交流使节团部分成员160人,分别到东城区东四奥林匹克社区、北新桥街道海运仓社区参观,详细了解社区党团组织建设、文化建设。21日,法国总理夫人佩内洛普·菲永(Penelope Fillon)一行,在外交部有关人员陪同下,参观南锣鼓巷特色街。

(胡艳红)

【大型涉外活动】 4月22日,"第三届中国企业跨国投资研讨会"在北京国际饭店举行。区领导杨柳荫、杨艺文、王佩立及800家中外企业参会。跨国投资研讨会由区政府联合中国贸促会、商务部共同举办。8月27日,“东城区—北京市市长国际企业家顾问单位驻京机构联谊会”召开。北京市贸促会熊九岭会长、倪跃刚副会长,区领导杨艺文、王佩立出席会议,中美大都会保险、荷兰国际集团、汇丰银行等28家北京市市长国际企业家顾问单位驻京机构代表参加。杨艺文介绍东城区区情和经济发展情况。参会代表对建设“国际化、现代化新东城”提出意见和建议。杨柳荫对来宾的建言献策表示感谢。10月23~26日,东城区协办联合国教科文组织国际社会学协会休闲研究专业委员会中期会议暨2009中国休闲与社会进步年会。24日,杨艺文出席会议。25日,与会代表80人参观考察南锣鼓巷、孔庙、东四奥林匹克社区等地方,感受东城人的休闲文化氛围。28日,由北京烹饪协会、北京市民间组织国际交流协会主办、东城区政府协办的“全聚德北京国际美食节”在王府井大街举办。12月19~21日,中国第8届外国最佳邮票评选参评国邮票展、澳门回归祖国10周年集邮展、北京鼓楼集邮研究会成立30周年回顾展等活动在区文化馆举办。来自首都和全国各地文化界、集邮界代表以及朝鲜、加拿大、埃及、日本等国家驻华使馆的大使和官员近200人,参加19日举行的中国第8届外国最佳邮票评选活动颁奖典礼。 (胡艳红)

**【因公出国(境)】** 本年,为103个团组、285人次办理因公出国(境)审批及护照签证手续。其中自组团36个、203人次。出访内容涉及友好区交流、社区建设、电子政务、文化创意产业、地方议会体制、城市管理、公共文化体育事业等方面。1月,传达中共北京市委外事工作领导小组、北京市人民政府外事办公室和北京市人民政府港澳事务办公室联合下发的《关于因公出国(境)任务申报有关问题的紧急通知》《关于重申因公出国(境)任务批件有效期规定的通知》《关于严禁持用因私证件出国(境)执行公务的通知》《关于坚决制止公款出国(境)旅游的通知〉的实施意见的通知》《关于加强我市因公出入境人员防控人感染猪流感有关工作的内部通知》《关于近期从严控制因公出访团组的通知》、《关于继续从严控制因公出国(境)团组的通知》。7月,东城区采取措施做好因公出国(境)团组甲型H1N1流感防控工作,要求:①所有自组出访团组在出访前必须向区外办提交团组防控甲型H1N1流感工作预案。②出访团组从有疫情发生国家或者地区完成出访任务回来后,要按照出入境检验检疫机关、卫生行政部门的要求自行居家观察7天,并遵守相关规定,配合居住地所在街道办事处和社区卫生服务机构的服务管理,配合医务人员对自己健康状况的家庭随访或者电话询问等工作。9月,东城区被市制止公款出国(境)旅游专项工作小组办公室选定为因公出国(境)公示试点单位。11月,制定下发《关于报送2010年因公出国(境)计划的通知》。11月中旬,开展因公出国(境)公示工作,对全区2009年7月1日以后出访的13个团组进行出访前公示,对7个团组进行出访后公示,公示范围涉及区领导22人、45个处级单位及北京市第六医院、教委所属24个事业单位。 (胡艳红)

**【市民讲外语活动】** 1月9日,北京市召开外事暨港澳工作会议,东城区政府被授予北京市民讲外语活动先进单位,东城区8家单位获北京市民讲外语活动优秀组织单位,11人获北京市民讲外语活动先进工作者,9人获北京市民讲外语活动先进个人。3月26日,东四街道在办事处西三楼礼堂举行奥林匹克社区市民公益英语总结表彰暨北京邮电大学社会实践活动基地揭牌仪式。北京市民讲外语活动组委会办公室、区外办、北京邮电大学等有关人员及社区英语爱好者60人参加。5月15日,《中文菜单英文译法》(电子版)获准在“数字东城”区外办主页上刊登,涵盖两千多条中西菜品、食品和饮品的权威译法。9月28日,北京旅游咨询服务中心东城王府井站对外籍志愿者进行培训。7名来自巴基斯坦、匈牙利、波利尼西亚等国的外籍志愿者学习了解东城区的历史文化、风土人情等旅游文化资源。旅游咨询服务外籍志愿者主要由在京留学生组成,第一批30人。10月24~25日,由北京市民讲外语活动组委会、市政府外办和东城区政府等联合主办“2009年北京外语游园会”在北京市劳动人民文化宫举办。区领导毛桂芬出席。12月23日,柳荫公园英语角核心会员在柳荫公园中国功夫馆回顾英语角成立2年来英语学习、交流的成果和体会,开展交流。 (胡艳红)

**【规范英语标识】** 1月9日,北京市召开外事暨港澳工作会议,东城区政府被授予北京市规范公共场所英语标识工作先进单位,东城区8家单位获北京市规范公共场所英语标识工作先进示范点,3人获北京市规范公共场所英语标识工作先进个人。6月25~27日,区城管监督中心专项普查东四地区所有开放性公共场所的英语标识。共有英语标识1075个。 (胡艳红)

**【外国记者管理服务】** 共协调、安排、指导接待来自美联社、路透社、法新社、俄罗斯国家第一电视台等22家境外媒体51人次的采访活动,内容涉及地坛庙会、社区卫生新模式、国庆筹办等。1月25日至2月1日,美联社、路透社、法新社、美国盖地图像、美国合众国际社、法国电视一台、日本 NHK、日本共同社、日本旅游卫视、欧洲新闻图片社、亚视新闻、香港亚洲电视、NOW 电视、意大利电视七台、瑞典电视四台、俄罗斯电视一台、美国有线电视(CNN)等 17 家境外媒体、41 人次采访第 24 届地坛春节庙会。4 月,在欧盟商会采访交道口街道古都风貌保护过程中,区外事办联系基层单位安排接受采访、协助基层单位做好外国记者的服务工作。5 月 13 日,来自德国科隆德中友协和越南河内友好组织联合会的摄影爱好者一行 4 人到史家胡同小学和北京二中采风活动。7 月 14 日,世界著名摄影师 Michael Ende 到东城区雍和宫进行“外国摄影师拍北京”摄影采风活动。9 月 9 日,美国哥伦比亚广播公司北京分社拍摄采访东城区社区卫生新模式。24 日,法国新闻社北京分社两位记者现场采访曾参加过开国大典的北新桥街道藏经馆社区居民耿志峰老人。28 日,俄罗斯国家第一电视台记者斯比林和雅科斯列夫采访拍摄位于地坛西门“蓝立方”国庆志愿者服务岗亭和五区社区。 (胡艳红)

**【涉外应急管理】** 5 月 27 日,妥善处置美联社、法新社、路透社、共同社、朝日新闻、美联环球电视等外国记者多次在国务院新闻办门前非正常采访等涉外事件。5~10 月,参与防控甲型 H1N1 流感工作,加大对因公出入境人员的监控力度,每日向区防控指挥部报送出入境人员变化情况。多次派出语言服务人员,完成多起对境外人员医学隔离劝导工作。6 月,妥善处置“2009 印度尼西亚周”活动宣传展板有关地图的相关问题。6~9 月,妥善处理地铁 6、8 号线拆迁涉及在东城区南锣鼓巷经营的越南公民提出有关拆迁补偿的问题。12 月 28 日,与区教委、区公安分局联合对中央工艺美术学院附属中学、东直门中学申请接受外籍学生资格进行现场评估,同意向市相关部门申报两所学校的外籍学生接受资格。 (胡艳红)

## 行政服务中心

**【概况】** 区行政服务中心为区政府正处级行政机构,下设综合协调科、宣传教育科、监察室、东城区行政事务保障中心、东城区政府采购中心。承担东城区企业事务办理,投资促进,旅游推介服务,政府采购,市民事务办理,民族、宗教、侨务、涉台事务办理,中共党员服务中心,数据统计,信息发布,宣传展示,会议接待,监督评价等 12 大功能。

本年,进驻行政服务中心相关窗口,用好审批权限,简化审批环节,落实市主管部门审批权限调整 5 项。完善全程办事代理,改进“一站式”服务,为新入驻注册资本(金)千万元以上的企业提供工商注册、刻章审批、组织机构代码证书、税务登记、统计登记全程联动服务。全年受理行政许可和服务事项 14.7 万件,即时办结率 89.18%,群众满意率 99%。收到企业和群众表扬信 22 封、锦旗 16 面。全年,引入北京市农业投资有限公司、中国航空工业集团公司等 23 户企业落户东城,引进税源 6.3 亿元。组织开展送政策、送信息、送服务活动,走访驻区企业单位 170 家,驻区企业提出 115 个问题全部办理、答复。建设覆盖全区的网上行政许可与服务平台,完善网络服务与办公平台。产业投资促进局 8 月 31 日揭牌,开始对外工作。12 月 1 日,东城区企业事务呼叫中心正式成立。年末调整入驻行政服务中心窗口单位,人事局等 13 个部门 73 个事项撤出行政服务中心。

**单位名称:北京市东城区行政服务中心**
**单位地址:东城区金宝街 52 号　邮政编码:100005**
**联系电话:65594781　传真电话:65594781** (田歌)

**【学习实践科学发展观】** 3 月至 8 月,开展学习实践科学发展观活动,中心各党支部通过个人自学、座谈研讨、集中学习等,组织党员、入党积极分子开展学习。班子成员结合分管工作进行调研,撰写调研报告 3 篇。向相关委办局发放征求意见表 60 份,听取、征集意见,归纳为 16 条。召开班子专题民主生活会,对科学发展达成共识,形成《学习实践科学发展观活动分析检查报告》。针对突出问题,制定包括联动服务机制、干部队伍建设等方面 10 条整改措施的落实方案。测评学习实践活动满意度,32 名党员和 12 名群众代表参加测评,满意率 100%。 (蒋保平)

**【党风廉政建设】** 将推进廉政风险防范管理工作纳入折子工程和党风廉政建设责任制,作为年终岗位目标责任制考核内容。以《东城区廉政风险防范管理实施办法(试行)》为依据,结合工作特点,通过部署、宣传培训、制订方案、建立体系、查找风险点、评定风险等级等,推进廉政风险防范管理工作。共查找处级领导班子和 7 个科室制度机制风险 23 个,职能风险 11 个,制定防控措施 60 条;29 名工作人员查找思想道德风险点 84 个,岗位职责风险点 182 个,制定自我防控措施 319 条。确定一级风险 5 个、二级风险 2 个,在科级实职以上干部中,建立廉政档案,编制重点岗位业务流程及风险防控图 10 个。 (蒋保平)

**【整体空间布局】** 8 月,调整行政服务中心空间布局。①增强宣传展示功能,改造一层大堂,设置全区发展战略整体示意沙盘,增加区情区貌和政策服务宣传展示区。②集中对外办事窗口,调整13个单位的进驻窗口,整合公安出入境、人口、户政、治安、消防的窗口布局。③完善整体部门办公用房布局。撤出建委、规划委、人事局等13个部门共94个审批服务事项,撤出事项均纳入东城区网上许可平台管理。

(李菲)

**【企业事务呼叫中心】** 优化区域发展环境,解决企业与政府联系渠道不畅,12月1日,东城区企业事务呼叫中心正式成立。其服务内容是受理企业需要政府帮助解决的问题,方便企业对政府行政服务投诉和涉及政府部门的事项进行咨询解答。通过向全区40家单位、部门搜集日常工作中企业提出的咨询问题65种类452项,建立呼叫中心企业咨询问题库。制订《东城区企业事务呼叫中心工作制度》。

(李菲　王叶红)

**【网上许可平台】** 区行政服务中心利用信息化手段延伸行政服务中心事项办理、监察、考核,建设覆盖全区的网上行政许可与服务平台,将全区各委办局承担的行政许可与法定服务事项全部纳入统一管理体系,为公民、法人和其他经济组织提供政府行政服务。有32个委办局的392项许可和服务事项全部纳入许可平台管理。(李菲)

**【网上服务平台】** 拓宽服务和办事渠道,重点作好政策法规,楼宇资源信息发布等,为驻区企业和中介机构、楼宇业主牵线搭桥,促进投资,推动主导产业发展,壮大区域经济规模。平台开辟在线咨询、信息公开、监督评价等栏目,解决政企之间信息沟通渠道不畅,区域资源信息搜集难、发布效果差,企业对政府能够提供的资源知道得少、了解得晚,区域资源紧缺与闲置并存的问题。全年,网上服务平台浏览量2万人次。网上服务平台发展中介服务机构会员单位11家,重点楼宇会员单位15家。(王叶红)

**【企业联动服务机制】** 本年,联合工商局、质监局、地税局、国税局,对驻区1000万以上注册资金的新企业,提供追踪服务。行政服务中心定期向工商局索要数据资料,第一时间电话联系企业,协助企业免费办理组织机构代码证书、税务登记等后续审批手续,建立服务联动机制。出台《东城区新入驻注册资本(金)千万元以上企业联动服务制度》,各委办局利用行政服务中心重点企业快速通道和并联服务制度,提供高效、便捷服务。(李菲)

**【对外联络】** 3月31日,组织召开驻区中央单位座谈会,区委区政府领导及公安部等33家驻区中央单位参加。杨艺文主持,王佩立通报东城区经济社会发展和对外联络服务情况,中央机构编制委员会办公室等10家中央单位发言,杨柳荫讲话。会后,拟定《东城区联络服务驻区中央、市属单位工作督查考核评优制度》。(王叶红)

**【重点企业奖励兑现】** 9月,按标准兑现所承诺的奖励、补助、补贴资金及各项服务东城区主导产业政策奖励。兑现涉及2008年度受奖企业254户,奖励金额1.72亿元。其中财政直接拨付114户,奖励金额1.18亿元;行政服务中心负责申请领取现金支票的企业140户,奖励金额5452.81万元。(王叶红)

**【重点企业服务】** 本年,加强对驻区企业服务,开展驻区企业政府需求调查,发出调查问卷270份,收回有效样本198个。协调区工商局联合举办2009东城区绿卡企业工商年检专场,北京首汽(集团)股份有限公司、北京恒兆置业有限公司等40家企业通过年检。本年解决驻区企业子女入学等实际问题30件。组织开展征求驻区中央部委2009年需要区政府协调解决的服务事项活动,主动征求驻区中央单位需要区政府协调解决的事项及问题。涉及的12家中央市属单位,收集问题22项及时答复和解决。调整驻区中央市属单位名单,由2090家重新调整为948家。主动搜集税源信息,走访重点企业、重点楼宇,宣传区政府对企业的各项优惠政策,协调企业与职能部门之间的问题,为企业提供针对性服务。全年,为344家驻区企业解决际问题23类385件。(王叶红)

**【培育重点楼宇】** 召开东城区中介机构重点楼宇联谊会。光彩国际中心等12家重点楼宇,北京特恩斯市场研究咨询有限公司等20家中介机构参加。王佩立主持,岳鹏讲话。本年,谋划参与重点楼宇二次招商,引进主导产业和文化创意产业企业落户东城,促进产业聚集,培育品牌楼宇。与北京金隅地产经营管理有限公司等5户重点楼宇企业签订东城区重点楼宇合作意向书。(王叶红)

**【外事活动】** 4月17日,杨柳荫在行政服务中心会见渣打银行董事会副主席博文杰先生。8月4日,澳大利亚帕拉玛塔市参观行政服务中心,并签订《中华人民共和国北京市东城区与澳大利亚联邦新南威尔士州帕玛拉塔市友好交流备忘录》。区领导杨艺文、王佩立出席签订仪式。全年行政服务中心接待坦桑尼亚、法国、澳大利亚、韩国、巴基斯坦等国际友好访问、友好城市签约等外事活动7次70人次。

（车晓文）

**【提案议案工作】** 本年，行政服务中心接到人大代表议案、建议和政协提案7件，其中主办2件、协办5件。主办件满意率100%。（肖春花）

**【政府信息公开】** 2009年，行政服务中心主动公开政府信息147条，全文电子化率100%。其中机构职能类信息3条，占总体比例0.1%；法规文件类信息1条，占总体比例0.01%；业务动态类信息143条，占总体比例61%。接受公民、法人及其他组织政府信息公开咨询100人次，其中现场咨询53人次，占总数的53%。电话咨询47人次，占总数的47%。

（车晓文）

**【会议接待】** 全年，行政服务中心接待境外代表团、国家部委、兄弟省市、区县参观视察20批。承办各种会议725个、1.76万人次。（吴丽涛）

**【政府采购】** 全年，区政府采购中心共接收政府采购立项通知40项，比上年同期增加2项，增长5%。完成37项，比上年同期增加11项，增长42.3%。公开招标20项，含废标1项；竞争性谈判17项，含废标2项；预算资金3555.2万元，中标资金3112.2万元，节约资金443.01万元。制订《政府采购中心招标投标现场管理规定》；质量管理认证中心对采购中心的质量管理体系进行改版并通过年度检查。

（张晓璐）

## 安全生产监督管理局

**【概况】** 2009年，东城区安全生产监督管理局以“安全发展建和谐，监管创新保平安”为主题，深入学习实践科学发展观，以“国庆平安行动”为主线，开展安全大检查综合整治专项行动、安全生产执法行动、安全生产治理行动、安全生产宣传教育行动，履行安全生产监管职责，为全区经济发展、社会稳定和建国60周年庆典提供安全环境。被市安全监管局评为新中国成立60周年庆祝活动安全生产保障工作先进单位；被首都国庆60周年北京市筹备委员会社会治安与安全警卫指挥部评为国庆安保工作先进集体。

**单位名称：东城区安全生产监督管理局**

**单位地址：东城区东四十一条83号**

**联系电话：64055528　邮政编码：100007**　（李志国）

**【安全生产监督管理】** 1月21日，区领导对华宝市场、天伦王朝饭店和东洁咨询服务有限公司烟花爆竹销售点安全检查，听取各单位落实安全保卫措施情况汇报。强调安全是发展的基础，要把安全放在第一位，搞好职工安全教育培训，加强安全管理。要求存在问题的单位及时整改，各职能部门要加强对企业的监督检查，确保春节期间不发生生产安全事故。3月31日，召开东城区消防、交通、安全生产工作会议，东城区消防安全委员会、交通安全委员会、安全生产委员会的成员、驻区重点企业负责人共400人出席会议。4月21日，针对4月份生产安全事故多发的态势召开安全生产工作部署会，毛炯出席并讲话。会议通报事故情况，分析事故的原因，提出由建委牵头，开始为期10天的在施工地安全检查整顿。由各街道负责，组织一次对所有楼宇和建筑工地的上门宣传服务。7月7日，召开东城区安全生产委员会第三次全会暨安全生产隐患排查治理和督促检查工作部署会议。通报上半年安全生产工作情况和下半年工作重点；部署安全生产隐患排查治理和督促检查工作安排。11月12日，东城区安全生产委员会、消防安全委员会、交通安全委员会共同召开联席工作会议，部署年末安全工作，确保辖区2009年最后一阶段安全形势的稳定。12月30日，区领导对东环广场地下的东环影院和网吧、东直门麻辣诱惑餐馆、新兴里物美菜市场等人员密集场所进行安全检查。要求各单位对检查中发现的隐患限期整改。

（李志国）

**【安全知识宣传】** 4月，落实《北京市楼宇内生产经营单位安全生产规范》，组织各街道（地区）和相关行业管理部门开展安全知识入户宣传工作，为413家楼宇单位和54家建筑工地上门服务，发放《北京市楼宇内生产经营单位安全生产规范》和《近期事故通报》等宣传材料1467份。（李志国）

**【安全综合整治】** 2月10日至3月20日，在全区范围内开展为期40天的安全大检查综合整治专项行动。组成18个由区领导为组长的专项安全整治组，对全区重点领域、重点部位开展拉网式排查。专项行动期间，全区出动执法人员6万人次，检查9万户次，组织召开安全检查协调会议90场，发放各类宣传资料10万份，受教育群众12万人，开展联合检查60次，排查整改各类隐患及问题1500项，各相关部门下达各类执法文书187份，罚款10万元。（李志国）

**【有限空间安全监管】** 7月4日，杨艺文主持召开安全工作会议，部署以有限空间检查为重点的安全大检查。7月6～11日,集中安全检查有限空间,印发《北京市有限空间作业安全生产规范》5000份。检查单位1372个,出动1715人次,出动车辆92车次,检查有限空间2.34万个。将有限空间安全管理工作落实到街道社区及市政、园林、民防、房管、环卫等各系统的班组、科、所、站等基层单位和一线人员,强化辖区各类有限空间的作业安全。8月27日,市安全监管局在北新桥街道开展演讲活动,宣传《北京市有限空间作业安全生产规范》《北京市楼宇内生产经营单位安全生产规范》和《北京市高出悬吊作业安全生产规范》。各街道办事处、115个社区、各地区管理处(建管办)、区城管委、区建委、区环卫中心、区园林局、区民防局、区环保局、区城管大队、区市政所等142个单位186人参加。 (李志国)

**【生产隐患排查治理】** 7月7日,毛炯主持召开安全生产委员会第三次全会暨安全生产隐患排查治理和督促检查工作部署会议,下发《东城区关于集中开展安全生产隐患排查治理和督促检查的工作方案》,成立领导小组。专项行动以重点大街、安全风险较大的领域和环节为重点,由29个负有安全监督(管理)职能的部门按职责组织实施,共排查出安全隐患428个,当场整改341个。9月,排查隐患整改完毕。

(李志国)

**【安全生产宣传】** 6月至9月,围绕弘扬安全文化,服务科学发展,喜迎新中国成立60周年主题,开展安全生产宣传教育活动。3日,市安全监督管理局在东城区启动“2009年首都安全生产巡回演讲活动”。副局长张树森、副主席王北平、毛炯莅临启动仪式并讲话。区建委系统、工会系统、街道社区系统500名安全生产工作者聆听演讲。14日,举行安全生产月宣传咨询日活动。生敏、毛炯、市安全生产监督管理局协调处和20个单位的领导出席。发放宣传材料、开展文艺演出、展示宣传展板等,宣传安全知识。设分会场20个,发放宣传材料10万份,受教育群众3.8万人。7月15日,以区委区政府理论中心组扩大学习会形式,开展安全生产专题辅导讲座。特邀中国安全生产科学研究院院长刘铁民作以“坚持以人为本,实现安全发展”专题报告。区级领导班子成员;各党政机关、事业单位、群团组织处级领导干部,区属国有企业党政主要领导,各街道办事处公共安全办公室主任和各单位主管安全工作的科长共500人参加。8月,以“安全保增长,和谐迎华诞”为主题,开展安全生产知识竞赛活动。8月12日,奥士凯、住宅中心、雍和园、东方置地、天元、房地中心等六家单位代表队参加决赛。各单位主要领导、干部职工200人参加。 (李志国)

**【国庆安全生产执法护航行动】** 4月,组织排查确定安全生产保障重点单位532家并建立台帐。6月19日,召开国庆安全生产保障工作会议,提出检查要求。7月,各街道各部门组织对国庆庆典活动现场及周边532家生产经营单位安全生产检查,覆盖率100%,消除隐患200处。8月,出动检查人员810人次全面检查,发现并整改安全隐患390处。9月,重点整治阶段,对重点单位进行日检。8月12日,召开新中国成立60周年安全生产执法“护航”行动部署会,重点监管国庆活动区域周边200米范围内危险化学品经营单位。监督检查国庆活动区域内危险化学品经营单位的安全30家,督促7家加油站在9月15日前安装。开展护航行动期间,下达责令改正指令书12份,对存在的安全隐患坚决责令整改,确保经营安全。9月29日,冯熙、生敏、毛炯、王建军带队对南新仓文化街、小渔山餐馆、糖果俱乐部、神华建筑工地四家单位进行联合安全检查。重点检查对厨房操作间液化气安全、消防设施、疏散通道、特种设备、施工安全、电气设备安全、食品卫生、安全生产责任制、安全管理制度及突发事件应急救援预案等。冯熙要求各单位有效处理好经济效益与安全的矛盾,加强安全防范,确保国庆60周年庆典期间安全。 (李志国)

**【安全宣传教育志愿者】** 8月12日,召开成立安全生产宣传教育志愿者队伍部署会。动员和部署成立东城区安全生产宣传教育志愿者队伍。11月5日,召开东城区安全生产宣传教育志愿者培训会。聘请市志愿者联合会研究培训部部长辛华,市志愿者联合会专家,北京城市学院经济管理学院副院长王育教授专题培训和讲解志愿者的基础知识、志愿者精神及北京市志愿者服务促进条例。10个街道办事处、3个地区管理处、区市容市政管委、区国资委、区住房和建设委等区有关局,辖区部分重点企业共48个单位416人参加。

(李志国)

**【公共安全监管研究】** 为全面提高东城区公共安全监管整体水平,杨艺文率课题组开展公共安全监管创新课题研究工作。探索通过全方位、全覆盖的风险预防管理,建立信息化支撑、精细化管理、标准化规范、常态化检查、协同化机制、多元化参与、法制化基础和科技化手段的公共安全监管体系,能够及时排查、及时发现、及时处置各类各级风险源,从而确保区域内的重点地区、重点行业和重点时段少发生事故甚至不发生事故,并与应急管理体系对接,共同构成东城区公共安全监管系统。

9月16日,公共安全监管新体系在全区范围内开始试运行,结合实际将安全管理专项工作逐步纳入网格化管理。（李志国）

**【烟花爆竹安全监管】** 2008年11月,39家单位网上报名申请烟花爆竹销售,经初审、销售地点实地勘查和培训考核、征求各相关部门意见,确定24家销售单位。2009年1月19日,组织烟花爆竹安全管理集中宣传咨询日活动。全区设主宣传站点12处,社区宣传点126个。印制《致全区居民的一封信》10万份、宣传日历卡8万份、课表3万份、宣传挂历1万册、宣传提袋2千个、制作宣传展板600块、标语952条,印制张贴宣传海报5千份,制作销售宣传提示2万份。全区悬挂横幅139条。全区12个宣传站点共出动警力182人、相关职能部门干部90人、街道干部280人、积极分子5300人,现场发放宣传材料1.5万份,直接受宣传人数5.6万人次。1月,对24家单位160名从业人员进行安全培训和考核,发放烟花爆竹从业人员上岗证,与各销售网点签订《烟花爆竹经营单位承诺书》、制定了安全管理档案。在烟花爆竹销售期间,进行密集检查、重点时段检查和轮回检查,除夕夜间及大年初五、十五期间,区领导带队检查区烟花爆竹销售点防火、防爆情况,确保区烟花爆竹销售安全。共组织执法组检查29个次,出动执法人员290人次,执法车辆197台次,检查烟花爆竹销售单位138家次。至2月9日,全区烟花爆竹销售金额383.29万元,累计销售1.09万箱。2月12日,全部收回东城区烟花爆竹销售点剩余产品,共回收1500箱,烟花爆竹零售棚全部拆除清理完毕,完成2009年烟花爆竹安全管理工作。（李志国）

**【危险化学品安全管理】** 全年审批危险化学品经营许可证甲证8个,乙证10个。开展安全综合整治专项行动,督促危险化学品经营单位落实安全主体责任,确保辖区安全形势稳定,3月3日,毛炯带领区安全监管局、区公安分局、区消防支队等部门的领导和执法人员,安全检查辖区危险化学品经营单位。8月6日,召开危险化学品经营单位国庆安全保障工作动员部署大会,辖区加油加气站、油漆化工商店、管控化学品和易制毒化学品经营单位等50余家单位负责人参加。会议,向各单位部署危险化学品安全保障工作,要求各单位认真制定本单位国庆安保方案,要求加油站要在限期内安装防爆阻隔装置,管控化学品、易制毒化学品经营单位要对销售流向进行审查登记并及时上网填报销售记录。9月17日,与东城区应急办在中石化和平里加油站举办危险化学品事故应急演练。毛炯出席。11月2日,召开非药品类易制毒化学品集中宣传整治工作会,辖区23家易制毒化学品经营单位主要负责人参加。要求各单位在经营过程中审查登记购买、销售流向,及时上网填报流向记录,强化各项安全措施,确保经营安全。（李志国）

**【职业卫生监管宣传教育】** 4月28~29日,会同区卫生局、区人力资源和社会保障局、区工会等部门到辖区建筑工地、企业车间等8家单位,开展以"关注农民工健康"为主题的《职业病防治法》宣传活动,了解工人的工作环境和职业病防护措施,询问工人的体检及每天的工作时间情况,发放职业病防治知识宣传资料,解答工人提出的相关问题。监督检查企业宣传贯彻《职业病防治法》情况,听取各企业宣传贯彻《职业病防治法》工作汇报。6月1日,安全检查北京航星机器制造公司、北京华航无线电测量研究所两家职业卫生企业。检查各车间及喷漆房排风设施、工人个体防护、安全生产管理制度、职业病危害因素检测及突发事件应急救援预案等,听取情况汇报。11月13日,组织召开区内存在职业病危害作业场所的41家企业负责人会议,布置信息采集工作。要求各企业,加强作业现场安全管理,杜绝急慢性职业中毒事故的发生。（李志国）

**【地下空间安全监管】** 11月20日,组织辖区消防、房管、民防、商务、旅游、体育、文化等职能部门及街道办事处、地区管理处的主管领导,在东城分会场出席地下空间安全生产大检查工作部署视频会。要求各相关部门及地区按照所承担的安全监管、管理职责立即行动,开展地下空间安全生产大检查,做到全面覆盖,全面排查,消除安全隐患。12月15日,由市文化局、市安全监管局、市消防局、市建委等部门组成的地下空间专项联合检查组安全生产执法检查东城区糖果俱乐部和东环广场影城两家用于文化娱乐场所经营活动的普通地下空间。对存在安全指示标识不连续、地下空间标识牌悬挂不正确及消防有关问题,下达责令改正指令书,要求两家生产经营单位限期整改。17日,召开关于地下空间经营场所安全生产大检查工作再动员再部署会议,要求各责任单位检查要全面细致,不留死角,做到全覆盖,台帐完整,数据准确。全区共排查普通地下室264处,民防工程352处,用于生产经营的335处全部检查,下达行政执法文书3份,处罚3处,罚款6500元。（李志国）

**【生产安全指标】** 市政府下达东城区的生产安全死亡控制指标为5人,发生生产安全死亡事故4起,死亡5人。（李志国）

## 信访工作

【概况】 中共东城区委、区政府信访办公室是区委、区政府受理人民群众来信来访的职能部门。2009年区信访工作,围绕中央和北京市关于开展“国庆平安行动”的部署和要求,制定下发《东城区关于进一步完善矛盾纠纷排查化解工作制度的意见》和《东城区关于进一步完善领导干部接待群众来访制度的实施意见》,采取措施,推动区信访工作的开展。国庆60周年活动期间,加大矛盾排查调处工作力度,完成市信访办提出的确保不出现因排查疏漏或处置不当引发个人极端行为或群体性事件,确保不出现非正常访,确保按时接回上访人,力争不出现50人以上的市级集体访。全年,受理群众来信来访6275件,同比上升10%。其中来信2463件,同比下降16.3%,联名信32件,同比下降45.8%。来访3812批5598人次,同比批次、人次分别上升38%和33.6%。区集体访85批1119人次,同比批次、人次分别上升57.4%和45.1%,市以上集体访23批301人次,同比批次、人次分别上升35.3%和49%。区领导接待群众来访106批336人,其中接待日接待上访群众86批267人,非接待日接待上访群众20批69人,律师接待信访群众咨询69批87人次。全年开展4次人民内部矛盾纠纷排查活动,排查出群体性矛盾纠纷60件,受理信访事项复查申请27件。撰写《东城信访信息》和《信访情况交流》76期,《北京信访》杂志和市信访办网刊登东城区宣传稿件11篇。

2009年,区信访办党支部被评为2007~2008年度区直机关工委先进党支部,调研报告《关于解决遗留重点信访问题引发的思考》获区综治调研成果优秀奖。获北京市国庆安保先进集体,首都中华人民共和国成立60周年庆祝活动东城区筹办工作先进集体,东城区社会治安综合治理先进单位。

**单位名称:东城区委区政府信访办公室**
**单位地址:东城区大佛寺东街18号(临时)**
**联系电话:64041552　邮政编码:100010**　　(章来久)

【区领导慰问】 1月24日,区领导王学勤、杨艺文、冯熙、边振英、岳鹏到区信访办慰问信访干部。对信访干部辛勤工作表示感谢。对做好信访工作,特别是“两会”、“国庆60周年”等重要时期信访保稳定工作提出要求。　(章来久)

【信访维稳工作表彰】 1月22日,东城区召开政法信访工作表彰大会,部署2009年信访维稳工作。表彰2008年度先进信访工作单位、先进信访工作主管领导干部和先进信访工作者。传达市委、市政府2009年政法和信访工作会议精神。　(章来久)

【学习实践科学发展观】 3月18日,召开学习实践科学发展观教育活动动员大会,确定“畅通渠道搭平台,化解矛盾保稳定”为活动主题,按照方案开展活动。通过学习教育、调查研究、征求意见、召开座谈会等形式,查找出办领导班子在贯彻落实科学发展观方面存在的4个问题,制订13条整改措施。8月11日,对领导班子学习实践科学发展观活动群众满意度进行测评,满意率为百分之百。　(章来久)

【信访宣传日】 4月18日,全区各街道开展以“依法信访、共筑和谐”为主题的宣传日活动。区信访办干部、各街道主管领导、信访干部和社区工作人员共110人参加,现场接受群众咨询500人次,向群众发放宣传材料1000份。　(章来久)

【研讨培训】 5至6月,区信访办用四天时间,分别举办信访工作研讨暨培训班,对全区各街道和重点单位的信访工作主管领导和全区信访干部进行信访业务培训。　(章来久)

【重点信访问题】 1月7日,李荣庆主持召开协调会,交办北京万家保洁公司部分外来务工保洁员要求补发双休日和延时加班费问题。7月15日,马战校主持召开稳控化解信访重点人专题调度会。听取与会单位汇报信访重点人情况,分析部署国庆前信访保稳定工作。9月2日,李荣庆主持召开重点信访矛盾纠纷交办会,全区各街道和相关单位的主管领导参加。通报东城区居民到国家信访局、市政府上访的有关情况。交办区级重点矛盾纠纷和重点信访人的化解和稳控工作。10月19日,李荣庆、马战校召开调度会,专题协调南池子地区遗留的重点信访问题。

7月24日,冯熙主持召开东城区处理信访突出问题及群体性事件联席会领导小组第六次会议,李荣庆、谢世龙、马战校和相关单位的领导出席。专题研究部分重点信访人的问题,提出处理意见。　(章来久)

【督导检查】 8月24日,市信访工作督导组到区督导检查贯彻落实中央及市委市政府有关信访工作文件情况。9月8日,中央信访工作督导组到区督导检查贯彻落实中央关于做好信访工作的批示及相关情况。杨柳荫、冯熙陪同　(章来久)。

【国庆信访工作】 制订措施①做好矛盾纠纷动态排

查,对排查出来的矛盾逐一交办落实。②坚持每天向市联席会和区政法委上报信访情况。③组织10个街道应急分队,并进行演练。④国庆期间安排干部值班,保障24小时随时接待上访人。通过落实各项措施完成国庆60周年信访保稳定工作任务。 (章来久)

**【领导调研】** 2月24日,马战校到朝阳门、东四等街道调研信访工作。9月7日,杨柳荫到区房地经营管理中心调研,李荣庆及相关街道和单位主要领导参加。(章来久)

**【书记接访】** 9月25日,杨柳荫在区信访办接待上访群众,听取张某一家因邻里关系导致公房翻建产生的矛盾诉求及相关责任单位汇报信访群众反映问题的处理情况,对妥善处理信访群众反映的问题,提出处理意见。看望信访干部,了解信访工作整体情况并提出工作要求。12月16日,杨柳荫接待信访人胡某。(章来久)

## 档案工作

**【概况】** 年内,宣传贯彻档案法律法规,制作《蓬勃发展的东城区档案事业》宣传片,参加市档案系统档案开发利用成果展和国庆60周年文艺汇演。开展档案工作目标管理等级资格复查和重点执法检查。对国庆60周年庆典、社区换届选举和机构改革等重大活动档案工作监督指导。加强档案信息化建设,丰富档案资源,发挥档案服务功能。年末,馆藏各类档案15.18万卷、5120件,其中文书档案9.41万卷5120件、专门档案5.52万卷、科技档案830卷、特殊载体档案1718卷(件、盒),资料1.39万册。区档案馆开放档案9904卷,接待查档5877人次,利用档案5516卷次。全区各档案室接待查档2.86万人次,利用档案6.82万卷次、5012件次,利用资料3183册次完成市档案科技项目《学校档案信息资源的开发与利用研究》。获市档案系统庆祝新中国成立60周年文艺汇演最佳组织奖,首都国庆60周年群众游行指挥部"迎国庆60周年群众游行"支持贡献单位,区国庆治安与安全警卫指挥部"国庆安保工作特殊贡献奖",区国庆60周年庆祝活动筹办工作先进集体。档案馆爱国主义教育基地开展的"纪念新中国成立60周年——档案与您风雨同行"系列活动,被区委宣传部评为区"迎国庆60周年"爱国主义教育基地特色活动。调研文章《民生档案管理利用的调查与思考》获北京市档案学会2008~2009年度档案学术成果三等奖。

**单位名称:东城区档案局**
**单位地址:东城区外交部街甲28号**
**联系电话:65240980 邮政编码:100005** (孟庆华 扈江林)

**【领导调研】** 2月5日,杨艺文到区档案局馆调研。听取局馆工作汇报,视察档案库房、阅览室和政府信息公开查阅场所,参观馆藏档案珍品和档案展览。强调,区档案馆收藏的档案、照片和实物是东城区的宝贵财富,必须妥善保管,充分发挥档案自身价值,向社会提供服务。7月3日,市档案局局长陈乐人到东城区档案局(馆)调研。指出:区档案局馆既要加强档案资源建设,对这些重要的历史记忆进行广泛收集、妥善保管,丰富档案信息资源;又要加强档案服务社会化管理,拓展档案监管范围,开辟档案服务新领域,为东城区各项事业提供优质高效的档案服务。毛桂芬陪同调研。 (孟庆华 扈江林)

**【档案宣传】** 全年,开展档案法制宣传活动4次。设置档案咨询台,向社区居民发放《中华人民共和国档案法》《中华人民共和国政府信息公开条例》《档案知识服务手册》《科技东城》等宣传材料8种3400份,接待咨询2450人次。各单位报送信息82篇、采用65篇。编发《东城档案工作情况》专刊12期。在市级以上刊物发表业务文章2篇,刊登信息25篇,在区级刊物上刊登信息36篇。 (孟庆华 扈江林)

**【档案馆日】** 10月16日,东城区档案馆举办首届"档案馆日"活动,主题为"到档案馆来,送你开启历史的钥匙"。以东城区档案局为主会场,开展参观观摩、查询体验、现场咨询、档案征集、发放宣传材料、播放宣传片等,在东四奥林匹克活动中心设立分会场,开展家庭档案知识讲座。接待社会群众和中小学生400人,发放宣传材料15种2000份,展示全区编研材料80种。市、区有关领导出席启动仪式。 (孟庆华 扈江林)

**【档案利用成果展】** 9月8~17日,参加在北京皇城艺术馆举办《北京市档案开发利用成果展》,东城区档案馆从"服务中心促进发展、保护风貌建设北京、惠及百姓情系民生、述而不作以古鉴今、教育基地育人为本"5个方面,反映全区档案利用工作成果。展出档案编研材料6类100种。展览接待各界参观群众3000人次。东城区四合院史料、名人故居和胡同文化等反映皇城历史风貌的编研材料,引起市领导高度关注和社会群众的浓厚兴趣。 (孟庆华 扈江林)

**【民生档案】** 年内,东城区档案馆针对民生档案利用中出现的问题,与区民政局婚姻登记处和劳动局协商,确定民生档案利用有关问题的解释,研究查阅要求、接待服务等细节。修订并发放《知青档案查阅须知》《招工档案查阅须知》《申请出具〈无婚姻档案证明〉须知》,细化《民生档案利用规定》,提供《婚姻档案管理办法》纸质文件,协助婚姻档案查询工作。完善民生档案利用服务工作,查档程序、方式、内容、要求公开规范。全年接待档案利用者5877人次,咨询电话4049个,查阅档案5516卷次。其中招工、婚姻等民生档案利用占94.6%。 (孟庆华 扈江林)

**【执法检查】** 4月,下发《东城区档案局关于开展2009年度档案行政执法检查暨升级复查工作的通知》,部署档案行政执法检查工作。修订《东城区区属单位档案行政执法检查标准》,按照要求,提前向被检查单位下发《东城区行政执法例行检查通知书》,按规定时间和重点检查内容进行检查。重点执法检查单位35个。 (孟庆华 扈江林)

**【业务培训指导】** 3月,举办为期一周的档案专业知识培训班,全区49个单位67人参加。6月,举办全区档案执法人员及执法联络员培训班,邀请市档案局法规处处长马忠魁系统讲授档案法律法规的概念与类型,档案法律法规的调整内容与作用,档案行政执法的内容和要求,30人参加。全年,档案业务专项指导55个立档单位390人次,接待各类业务咨询308人次。结合社区换届选举,按照市档案局、民政局等部门要求,对全区115个社区260名相关人员进行档案专项培训。 (孟庆华 扈江林)

**【征集接收】** 制订下发《接收全区国家级荣誉实物档案办法》。接收工商局、园林局、东四街道等3个单位国家级荣誉实物档案30件。 (孟庆华 扈江林)

**【档案管理】** 年内,对馆藏1979年形成满30年的49个全宗1477卷文书档案进行开放审查,复审565卷档案,最终开放45个全宗460卷档案。重新鉴定馆藏1959年形成满50年保管期限为长期的21个全宗、414卷、4729件文书档案,鉴定后保管期限调整为永久11件、30年1454件、15年3264件。整理进馆资料394册。整理馆藏77个全宗的全宗卷材料156份。清查馆藏档案51435卷、4811件,修补破损档案46卷111页,装订掉页档案35卷384页。完善馆藏检索体系,录入招工档案人名数据168卷19415条,知青档案人名数据4卷1497条,补录婚姻档案人名数据15卷21条。著录文件级目录582卷5319件。建立东城区获国家级、市级荣誉资料信息专题数据库,录入数据256条。馆藏照片档案数字化扫描16册、405张。 (孟庆华 扈江林)

**【档案编研】** 年内,制作《东城区档案利用成果展览》。编辑《东城区七届常委会会议纪要》(1997年),约3.4万字。编纂《东城区街道系统组织沿革》(1949~2001)约5.2万字。提供档案资料并参与编纂《东城区建设史》(第五章4.8万余字)。 (孟庆华 扈江林)

**【档案复查】** 东城区档案工作3年复查考评组检查档案工作目标管理等级资格满3年的区属单位24家,均通过等级资格复查,原档案工作目标管理等级资格继续有效。 (孟庆华 扈江林)

**【重点工作档案管理】** 年内,接收东城区奥运总指挥部及5个分指、奥运大家庭运行团队、残奥大家庭运行团队、工体运行团队、北京市奥组委等单位形成的奥运档案81盒,纸质文件1606件,纸质照片490张,实物档案62件(含开幕式表演道具——缶3个、船桨2只、竹简2副)。针对东城区机构改革工作,下发《关于在机构改革中做好档案工作的通知》,对撤销、合并、职能调整等不同类型的单位档案归档流向作出规定,对新组建部门的档案工作提出要求,确保了机构变动部门和单位档案齐全完整与安全。

为确保国庆60周年庆祝活动档案齐全完整,印发《国庆筹备文件材料归档办法》,并派专人提前介入国庆活动指挥部,全程指导与服务筹备活动档案收集、整理工作,确保庆祝活动档案齐全与完整。 (孟庆华 扈江林)

**【档案信息化建设】** 印发《东城区档案局关于加强电子文件归档工作的通知》,编制《电子文件归档工作操作说明》。集中培训区属单位63家86人次,专门培训10家单位60人次。下发《东城区档案馆关于接收2008年度电子文件的通知》,开展归档电子文件接收工作,接收53家立档单位2009年度档案电子目录13114条、归档电子文件3486件。建成2009年东城区政府重点工作折子工程项目档案数据保障系统。 (孟庆华 扈江林)

**【政府信息公开查阅】** 年内,接收各单位《政府信息公开指南》160种480份,文件137种411份。网上查阅各类政府信息11974条。提供和更换法规规章文件文本87种、2300份,利用2465人次、87种、1380份。 (孟庆华 扈江林)

【爱国主义教育】 围绕国庆60周年活动，制作《记忆·影像》《60年巨变看东城之“百姓生活60事”》《东城区档案利用成果展》3个专题展览；开展“纪念新中国成立60周年——档案与您风雨同行”主题系列活动。教育基地全年接待参观3.9万人次，其中青少年占26.6%。 （孟庆华 扈江林）

【档案学会工作】 召开三届三次理事、监事会议。建立48个会员单位的会员管理网络，开通共享邮箱。加入区科协社团，在科普工作中发挥作用。开展“关注问题调查”、“档案工作论文征集”、“科技创新与科技普及”、“北京市档案学会第六期青年骨干班”等参观交流活动，全区200个单位、近千名会员参加学会活动16次。 （孟庆华 扈江林）

## 地方志工作

【概况】 1995年9月，根据东办发[1995]35号文件精神，成立区地方志编纂委员会，委员会下设区地方志办公室，归口区政府，负责本区区志的编纂工作，指导全区各单位年鉴的编写工作，并负责汇总编纂出版东城区年鉴。2001年12月，区地方志办公室与区委党史办公室合并，转为事业单位，分别挂北京市东城区地方志编纂委员会办公室和中共北京市东城区委党史资料征集办公室的牌子，为区直属相当正处级事业单位，编制10名，设主任1名，副主任2名，内设办公室、征研部、编辑部3个科室，工作人员8名。2009年，主任王之鸿（11月免）、彭积冬（11月任），副主任彭积冬（11月免）、王钦双（1月任）。2月，与主管领导签订折子工程，主要有收集区委2009年主要工作、重大举措和奥运工程等有关的资料、政府折子工程、政府2009年在直接关系群众生活方面办的重要实事进展和落实情况的资料，以为存史；出版《北京名人故居·东城卷》；编辑出版《2009年·北京东城年鉴》；编辑出版《东城史志》季刊；启动东城区志书的第二轮续修工作，制订七年工作规划及实施方案；培训年鉴撰稿人和志书编修人员；审核东城区的专业志和街道志等工作。12月，折子工程项目均完成。

**单位名称：东城区地方志办公室**
**单位地址：东四十一条83号**
**联系电话：64009361 邮政编码：100007** （杨帅）

【咨询服务】 4月，接待北京记协、《北京晚报》《新京报》对电视剧《潜伏》专访，《北京晚报》（4月24日）以《〈潜伏〉的真实故事》为题，《新京报》（4月27日）以《〈潜伏〉的原型曾三次潜入北平》为题对专访内容摘录编发。 （杨帅）

【第二轮修志】 3月，起草《北京市东城区第二轮修志工作方案》（2009年6月至2015年末），方案于4月24日经区委、区人大、区政府、区政协领导碰头会审议通过。派员参加市地方志办公室相关培训。 （杨帅）

【修改审定志书】 年内，修改审定朝阳门地情书稿《魅力朝阳门》，30万字，审读《东城区文物普查项目》124项。对框架结构、史实采用、文字修辞等方面提出修改意见。按《地方志工作条例》规定权限签署出版意见。 （杨帅）

【撰写名人故居文稿】 在《京网》（http://www.bjdfz.gov.cn/）上开辟《王之鸿谈胡同·名人·故居》专栏，发表文章16.5万字，配有照片100幅。在《北京晚报》的《五色土》栏目发表10篇。8月，《北京名人故居——东城卷》由北京出版社出版。 （杨帅）

【年鉴出版发行】 12月，《北京东城年鉴·2009卷》出版发行。全书设栏目18个，条目2092个，1051千字。彩页40面，照片198幅，全面记述东城区各系统、各方面发生的重大事件和新情况，汇集年度内重要的文献信息。向域内单位及区人大代表、区政协委员发放1600册。与32个省、市、区、县交换年鉴。 （杨帅）

【年鉴工作会】 12月18日，东城区年鉴工作会在区委党校召开。总结本年工作情况，部署下年工作任务。表扬按期交稿单位107个、稿件质量较好的单位132个。对年鉴撰稿中存在的普遍性、典型性问题，邀请方志出版社资深编辑夏红兵讲解年鉴撰写规范。区属及属地111个单位140人参加。 （杨帅）

## 机关事务管理

【概况】 2009年，围绕区机关中心工作，深入开展学习实践科学发展观活动，坚持规范管理、优质服务、高效保障，完成国庆60周年庆典活动服务保障和日常各项工作任务。

**单位名称：东城区机关事务管理服务中心**
**单位地址：东城区钱粮胡同3号 邮政编码：100010**
**联系电话：64031118转5406** （关丽丽）

【国庆活动保障】 建立国庆后勤保障体系，设5个保障分组，建立工作流程图、工作倒计时安排表和应急工作预案，确保国庆活动各个环节的准点到位。总体协调并组织观看国庆阅兵式等活动及总值班工作。制定《东城区60周年国庆庆典保障资金管理实施细则》,开设国庆经费专用账户,确保3000万元国庆专项资金支出零差错,保障国庆办办公用房和办公设备需求。完成国庆资金、资产保障任务。开展"国庆平安行动"安全检查4次,抽调15名治安志愿者参加国庆安保工作,2名志愿者参加社会面防控工作。全面整治所管理的机关办公区卫生环境,改造绿地,摆放鲜花,插挂国旗、彩旗。保障4次演练及国庆当天区领导和机关干部1275人次用餐,发放参与区直机关治安标兵、背景组字、群众游行人员餐包340份。保障国庆期间区领导、国庆办及相关单位公务用车,确保各项服务及时到位。 (关丽丽)

**【学习实践科学发展观】** 活动以确保机关高效、协调运转,强化规范管理,提升服务水平,增强保障能力主题。组织集中学习14次,开展思想大讨论16次,召开座谈会15次,整理印发知识点47个,编发活动简报21期,编印知识答卷52份,征求意见和建议92条,清理规章制度25项。结合实际撰写调研报告、领导班子分析检查报告和整改方案,明确整改措施12项。组织开展"五个一"主题实践教育活动即观看一部爱国主义教育电影,组织一次"游览新北京"活动,进行一次"如何在工作岗位上践行科学发展观"专题讨论,参加一次"感受60年,歌颂共产党"合唱比赛,开展一次"回顾解放战争历史,重温入党誓词"主题党日活动。改造健身房、乒乓球和台球活动室,购置健身设备;组织开展干部职工健康体检;开展环境卫生评比,营造优美、舒适的办公条件;邀请北京市中医医院院长进行四季养生健康知识讲座;联合区交通大队上门为机关干部更换驾驶证。清理规章制度,建立和完善学习实践科学发展观的长效机制。

(关丽丽)

**【廉政风险防范管理】** 研究制订实施方案,发放《廉政风险识别、等级、防控一览表》51份。查找出个人风险点200个,制定防范措施190条;查找出部门风险点50个,制定防范措施50条;查找班子成员个人风险点52个,制定防范措施53条。修改完善工作制度23项。

(关丽丽)

**【财政经费管理】** 全年46家单位财政经费项目支出340项,资金额度共2.4亿元。完成880人460万元公费医疗报销。为250人办理公积金支取手续。完成150个党委、430个基层党组织、4万名党员的410万元的党费收缴工作。 (关丽丽)

**【国有资产管理】** 完善资产管理制度,制订《东城区行政事业一级预算单位国有资产办事程序》《东城区委区政府机关国有资产处置实施细则》《东城区委区政府机关国有资产管理暂行办法》《东城区委区政府机关国有资产处置及规范电子废弃物回收处置工作办法》《东城区委区政府动态资产管理系统操作实施细则》《资产管理员管理规定》《临时大型活动固定资产调配管理规定》。严格资产处置程序,全年接受35家一级预算单位各类资产处置申请65份,涉及资产796件,金额2823.34万元,做到程序合法、手续完备、管理严格。 (关丽丽)

**【工程项目建设】** 应急指挥中心、府学胡同37号老干部活动中心和残疾人职业康复中心项目装修改造12月末竣工验收。推动金宝街8号地东城区综合业务楼项目建设,完成信访办、科学发展观活动领导小组办公室等机关单位和临时机构的办公用房改造任务,改善机关办公条件。 (关丽丽)

**【安全管理】** 以"国庆60周年"为契机,逐级签订安全责任书,从防火、防盗、交通安全、食品卫生安全、传染病防治、基建工程等方面严格落实领导责任制和岗位责任制,细化安全生产工作任务和责任。制定完善机关大院安全保卫、设备设施、餐饮膳食、公务用车等各项应急预案,组织开展应急演练和安全检查,提高应对突发事件的反应能力。坚持24小时安全值班和巡视检查制度,确保机关大院的安全。 (关丽丽)

**【服务保障】** 提升服务满意度。膳食服务,坚持营养、健康、安全为准则,确保机关7个食堂接待就餐人数27万人次的食品卫生安全无事故,提高餐饮保障质量和就餐满意度。公务用车保障,建立24小时双岗双车值班制度,完成机关日常公务和国庆庆典筹备活动保障,全年共动用机动车辆35万台次,安全行车220万公里,维修、保养车辆400台次。医疗保健服务,宣传"预防为主"的医疗保健理念,组织机关干部862人健康体检,联合区卫生局为42家单位332名机关干部接种甲型H1N1流感疫苗,门诊治疗4300人次。物业管理综合服务,保障大、小会议服务2800次,接待会议人数约9万人。完成市委届中考察、课题调研组接待等临时性服务保障任务。修理电话机130部、报装直拨电话170部、接转电话28万余次。理发室坚持预约登记制度,为领导及机关工作人员服务3120人次。加强对水电气空调等设备设施的保障和维护工作,各项设备运转正常。机关办公区洁净、优美。机关干部福利保障,发放节日福利物品、洗衣票、理发票等折价

195.6万元。 （关丽丽）

**【节约型机关建设】** 认真制定措施，坚持“从俭管理、勤俭办事、节约每一分钱”。全年水电费实际支出404万元，低于433万元的计划控制额，用水、用电量同比下降6%。坚持车辆定点维修、定期保养、定量加油制度，车辆购置及运行经费支出345万元，单车油耗1400公升，同比下降7%。 （关丽丽）

**【班子建设】** 建立一把手负总责，领导班子成员分工负责制。做到个人对集体负责，副职对正职负责，下级对上级负责，上级对下级负责。

坚持和完善民主集中制，完善权力运行监督制约机制，形成按制度决策、用制度管理、依制度办事机制。加强领导干部作风建设，做到“同部署、同学习、同评议、同整改”。在工作中，健全议事规则和行政决策机制，班子成员之间坚持小事常通气，大事充分酝酿、集体研究决定。 （关丽丽）

**【队伍建设】** 按照规定，采用民主推选、组织推荐等形式，提拔正科级实职干部3名、副科级实职干部2名、正科级非领导职务干部2名。组织中层以上干部集中学习24次、50课时，邀请传媒大学教授讲授摄影知识、观看国学大智慧光盘等。全年5名处级干部、22名科级干部分别参加菜单式在线学习、理论中心组集中学习，5名工人获技术升考资格，参加继续教育培训10人，在职学历教育培训4人。开展全体人员岗位技能比赛，比赛项目有政治理论、文化常识、专业技能等16项。 （关丽丽）

**【基层党组织建设】** 完成党总支改选和支部补选，发展党员1名，培训入党积极分子2名。落实“党心连民心”长效机制，开展“暖心工程”，向帮扶对象、共建单位、联系学校捐款1.38万元、捐献棉衣棉被255件。以“迎国庆、我健康、我快乐”为主题，组织干部职工登山、踢毽子、跳绳、托球跑等文体活动，在区直机关拔河比赛中获女子冠军。组建文艺队，组织开展“摄影知识培训”、“我眼中的春天”主题摄影比赛、“四季健康养生知识讲座”、参观“中华人民共和国成立60周年”成就展览、顺义“花博会”等参观教育活动。提高干部职工修养，增强队伍的凝聚力。

（关丽丽）

# 北京市东城区人民政府及其工作机构负责人

## 区长、副区长

**区　长** 杨艺文（女）

**副区长** 岳　鹏（4月免）　徐　熙（12月任）
李荣庆　毛桂芬（女）
章冬梅（女，12月免）　王佩立
毛　炯（1月任）　郭怀刚（12月任）

## 工作机构负责人

| | |
|---|---|
| **办公室主任** | 毛　炯（1月免） |
| | 武建军（1月任） |
| **发展和改革委员会主任** | 赵北亭（12月免） |
| | 许　汇（12月任） |
| **科学技术委员会主任** | 彭　湘 |
| **商务委员会主任** | 王　健 |
| **安全生产监督管理局局长** | 马增欣（12月免） |
| **信访办公室主任** | 吕瑞丽（女） |
| **法制办公室主任** | 朱　捷 |
| **外事办公室主任** | 陈大鹏 |
| **人口和计划生育委员会主任** | 王力宇 |
| **民族宗教侨务办公室主任** | 闫　燕（女，回族） |
| **台湾事务办公室主任** | 关连宝 |
| **国家保密局局长** | 郅海杰（1月免） |
| | 周　彤（11月任） |
| **旅游局局长** | （空） |
| **监察局局长** | 杨　新 |
| **民政局局长** | 赵凌云（女） |
| **文化委员会主任** | 程永涛 |
| **教育委员会主任** | 蔡福全 |
| **卫生局局长** | 张　明 |
| **财政局局长** | 陈　虹（女） |
| **人力资源和社会保障局局长** | 赵北亭（12月任） |
| **国税局局长** | 王炯东 |
| **地方税务局局长** | 秦龙生 |
| **质量技术监督局局长** | 张　勇 |
| **审计局局长** | 陈　红（女，2月免） |
| | 王淑云（女，2月任） |
| **产业和投资促进局局长** | 李照宏 |
| **统计局局长** | 赵　刚 |
| **市工商行政管理局东城分局局长** | 方葆青 |

| | |
|---|---|
| 园林绿化局局长 | 王中华 |
| 市国土资源局东城分局局长 | 李 伟 |
| 房屋管理局局长 | 王小英(兼11月免) |
| 环境保护局局长 | 韩小平(女) |
| 市规划委员会东城分局局长 | 陈朝晖(女) |
| 体育局局长 | 曲 力(女) |
| 民防局局长 | 袁 银 |
| 社会工委(社会办) | 袁海鹏 |
| 精神文明建设委员会办公室主任 | 曹兴成 |
| 国有资产管理委员会主任 | 乔世怀 |
| 住房和城市建设委员会主任 | 王小英(12月任) |
| 市政市容管理委员会主任 | 赵鹏锦(回族) |
| 市药品监督管理局东城分局局长 | 王继珍(女) |
| 行政学院院长 | 杨艺文(女,兼) |
| 督导室主任 | 蔡福全(兼) |
| 城市管理监察大队队长 | 朱传芳 |

## 区属事业单位负责人

| | |
|---|---|
| 档案局局长 | 冯继宽(7月免) |
| 地方志编纂委员会办公室主任 | 王之鸿(11月免) |
| | 彭积冬(11月任) |
| 环境卫生服务中心主任 | 范 辉(女,兼) |
| 机关事务管理服务中心主任 | 路秀桥 |
| 城市管理监督中心主任 | 高 琦(回族) |
| 东二环建管办主任 | 李 强 |

# 中国人民政治协商会议北京市东城区委员会

**【概况】** 2009年,区政协以邓小平理论和"三个代表"重要思想为指导,以科学发展观统领各项工作,把握团结和民主两大主题,围绕全区中心工作,履行各项职能,为东城区经济社会平稳较快发展发挥协调关系、建言献策、服务大局的重要作用。全年召开主席会议9次,常委会议7次,完成专题调研7项,形成常委会建议案2件、专题研究报告1件,提出提案194件、立案190件,编写简报53期,报送社情民意信息310篇,编发《社情民意》165期,出版《东城政协》报12期。邀请区委、区政府领导和有关部门负责人专题通报40次,组织协商座谈研讨70次,视察参观50次。主席接待委员来访日12次。

**单位名称:中国人民政治协商会议北京市东城区委员会**
**单位地址:育群胡同1号**
**联系电话:64064834 邮政编码:100010** (梁振宇)

**【十二届三次会议】** 1月6日~8日召开。郭瑞敏主持开幕式。市政协副主席陈平、区委书记王学勤等出席。审议通过吴弘勇代表十二届区政协常委会向大会作的工作报告,李霭君作的提案工作报告。列席区十四届人代会第四次会议开幕式,听取并讨论《东城区人民政府工作报告》,讨论《东城区2008年国民经济和社会发展计划执行情况及2009年国民经济和社会发展计划(草案)的报告》《东城区2008年财政预算执行情况和2009年财政预算(草案)的报告》《东城区人民法院工作报告》和《东城区人民检察院工作报告》。各民主党派、人民团体及委员代表围绕东城区科学发展和构建和谐社会首善之区作大会发言。审议通过《政协东城区委员会提案审查委员会关于十二届三次会议期间提案审查情况的报告》和《政协东城区第十二届委员会第三次会议决议》。王学勤讲话。

(梁振宇)

**【主席会议】** 全年召开主席会议9次。听取区有关部门工作情况通报,主要内容:关于东城区土地资源情况通报;关于查处职务犯罪专项工作情况通报;关于2008年东城区税收情况通报;关于促进文化创意产业发展工作情况通报。视察金宝街建设。听取区政协提案委员会关于2009年上半年提案工作办理情况汇报、财政预算民主监督小组、社会治安综合治理民主监督小组和扶困助学捐款落实小组年度工作汇报等。审议关于进一步促进东城区文化旅游发展的建议案,关于进一步促进东城区中小企业发展的建议案,东城区政协关于进一步发挥界别作用的意见及有关副秘书长和委员增补的决定等。书面审议区政协专门委员会年度工作计划和总结。审议通过常委会议、主席会议及重要活动安排,常务委员会各季度工作要点,专门委员会增补特邀委员,相关部门聘请特邀监督员的决定等。研究确定主席、副主席、秘书长督办重点提案目录及实施方案,东城政协常委考察方案。审议并通过区政协第十二届委员会第四次会议文件、政协机关人事任免事项。 (梁振宇)

【常务委员会会议】 第十四次会议 1月8日召开，王建军主持。听取委员各组关于政府工作报告、政协常委会工作报告、会议决议等讨论情况和全会期间委员捐款情况汇报。审议通过区政协第十二届委员会第三次会议决议(草案)、提案委员会关于十二届三次会议期间提案审查情况的报告(草案)。决定第十二届三次会议闭幕有关事项。

第十五次会议 1月8日召开，王建军主持。审议通过区政协第十二届委员会常务委员会2009年工作要点。吴弘勇讲话，要求着力做好学习实践科学发展观活动、委员履职和自身建设3个方面工作。

第十六次会议 3月26日召开，王建军主持。听取并协商关于东城区国民经济和社会发展第十一个五年规划纲要实施情况的中期评估报告(征求意见稿)。听取区政协各专门委员会本年工作安排。通报主席会议决定的有关文件。吴弘勇讲话。

第十七次会议 5月26日召开，郭瑞敏主持。审议通过区政协第十二届委员会副秘书长任免建议名单。通报主席会议决定的有关文件。吴弘勇传达区委十届八次全会精神并提出工作要求。

第十八次会议 7月16日召开，郭瑞敏主持。审议通过《关于进一步促进东城区文化旅游业发展的建议案》，提交区委、区政府研究参考。通报主席会议决定的有关文件。吴弘勇讲话。

第十九次会议 9月3日召开，郭瑞敏主持。听取区政府关于机构改革方案的情况通报。审议通过《关于进一步促进东城区中小企业发展的建议案》，提交区委、区政府研究参考。审议通过《东城区政协关于进一步发挥界别作用的意见》(草案)。通报主席会议决定的有关文件。吴弘勇讲话。

第二十次会议 12月25日～26日召开，郭瑞敏主持。听取区政府关于区政协十二届三次会议以来提案办理情况和建议案落实情况，区纪委关于东城区党风廉政建设和反腐败工作通报。听取区政协各专门委员会工作情况汇报，区政协全体委员视察政府工作的情况报告及扶困助学捐款落实小组工作总结。审议并通过区政协第十二届委员会第四次会议有关文件。吴弘勇通报区级领导班子成员调整情况。 (梁振宇)

【专门委员会工作】 提案委员会年内共征集提案194件，立案190件。其中党派、团体提案28件，界别提案1件，委员个人提案138件、联名提案23件。与区委统战部联合召开党派、团体提案办理情况通报会。与区城管委、安定门街道办事处、朝阳门街道办事处、公安分局、文委、教委、卫生局、朝阳门医院等单位围绕重点提案督办开展座谈协商，组织现场督办。与崇文区政协提案委员会交流提案信息化建设工作。在东城区政协网站、数字东城网上创建市民线索征集系统。组织评选表彰十二届三次会议以来的优秀提案。

学习和文史委员会组织学习贯彻全国“两会”精神专题报告会、举办“保增长扩内需经济形势报告会”。成立专题调研组围绕文化强区，促进区文化旅游业发展开展调研，形成《关于进一步促进东城区文化旅游业发展的调研报告》，以常委会建议案形式，送交区委、区政府研究参考。视察孔庙、国子监，听取国学大讲堂举办情况和东城区群众文化建设情况通报。考察北京人民艺术剧院及人艺博物馆，听取关于建设首都戏剧中心区汇报，与部分戏剧界专家座谈。考察西城区什刹海地区胡同风貌游与民俗接待情况，与什刹海地区管委会和西城区旅游局负责人座谈。举办演艺界和书画界新老委员新春联谊座谈会、《我·北京·2008——政协委员眼中的奥运》摄影展及颁奖仪式，参观中央戏剧院并观看《秦王政》首演。编辑出版《最忆珠峰圣火》文集和《皇城历史文化系列丛书》之《钟鼓楼》分册。组织参与《我与人民政协》征文，配合市政协文史和学习委员会开展《我与政协文史资料工作》的征集工作。组织“摄影沙龙”成员赴江西省德兴市摄影采风。

经济科技委员会成立专题调研组，围绕金融危机对区中小企业产生的影响开展调研，形成《关于进一步促进东城区中小企业发展的调研报告》，以常委会建议案形式，送交区委、区政府研究参考。组织走访雍和园管委会，参观歌华大厦内的创意产业企业。视察劳动和社会保障局服务大厅，考察昌平区科技园区扶持和支持中小企业发展情况、怀柔区渤海镇六渡河村“栗花沟”新农村建设情况。组织区政协财政预算民主监督小组成员听取财政局关于东城区2009年财政预算情况通报，专项督察区财政局和区教委关于东城区2009年教育经费预算情况和使用情况。分别以“中小企业应对金融危机之我见”、“探讨整合产业资源，发展特色楼宇经济，推动文化旅游产业整合与开发”和“低碳经济与相关产业发展”为主题，举办3次企业家共话东城沙龙系列活动。组织委员互访3次，涉及企业9家。组织3G技术应用、金融知识专题讲座和“银企”座谈会。

教文卫体委员会举办《关于深化医药体制改革的意见》专题报告会。成立专题调研组、围绕区建设国家中医药综合发展试验区开展调研，形成《关于深入挖掘中医药资源 促进中医药业发展的调研报告》，以医药卫生界界别提案形式，送交区政府有关部门参考。组织委员赴江西省考察，与南昌市政协交流。组织委员参与第二届北京中医药文化周暨首届地坛中医药健康文化节活动,部分委员参加中医药健康文化节义诊。举办庆祝教师节联谊座谈会,组织护士节庆祝活动和高招咨询。组织部分医药卫生界、教育界委员赴内蒙古自治区锡林郭勒盟开展义诊支教。在政协委员各街道活动小组的配合下,完成对23名高中生、10名大学生扶贫助学款发放工作。

城建环保委员会成立专题调研组、围绕当前钟鼓楼地区的保护与发展问题开展调研,形成《关于钟鼓楼地区保护与发展策略调研报告》,以专委会提案形式,送交区政府有关部门参考。举办加强城市垃圾分类收集管理,提升城市环境质量议政会,形成3大类11条建议,送交区委、区政府研究参考。听取区建委、安定门街道办事处、文委、城管监督中心、雍和园管委会、房地经营中心等单位专项通报。视察钟鼓楼及周边区域、贡院东街3号院、甲3号院和4号院,参观区节能环保企业——北京联飞翔科技股份有限公司和英利绿色能源控股有限公司。联合组织委员互访3次,涉及城建环保委员会委员3家。组织委员赴江西省考察,与德兴市政协座谈。

社会和法制委员会与民族和宗教委员会联合成立专题调研组,围绕区居家养老工作开展调研,形成《居家养老调研报告》,以专委会提案形式,送交区政府有关部门参考。召开政协委员街道活动小组工作座谈会,举办"三·八"国际妇女节庆祝活动。围绕国庆60周年安保工作视察并慰问和平里交通队、东华门地区智德社区警务工作站和东华门派出所。参观北京市强制治疗管理处及戒毒所。组织委员赴贵州省考察,与贵阳市政协座谈。

民族和宗教委员会与区委统战部、区政府民族宗教办公室联合举办东城区统一战线西藏民主改革报告会。与社会和法制委员会联合成立专题调研组,围绕区居家养老工作开展调研,形成专题调研报告,以专委会提案形式,送交区政府有关部门参考。关注民族团结教育工作,参观回民小学,视察史家小学、北京市第五十五中学等。组织参观藏历新年活动,举办民族和宗教界新老委员联谊座谈会。组织委员赴西藏自治区考察,与拉萨市委领导及部分北京援藏干部座谈。

港澳台侨委员会成立专题调研组,调研台资企业在东城区的现状与发展,形成《东城区台资企业情况调研报告》,以专委会提案形式,送交区政府有关部门参考。与区涉台部门联合组织学习胡锦涛在纪念《告台湾同胞书》发表30周年座谈会上讲话,举办台资企业情况报告会。组织委员视察台资企业天福集团和恒泰丰餐饮服务公司,召开台资企业座谈会3次,互访2次。组织香港委员赴内蒙古自治区海拉尔等地考察,组团赴台考察交流。 (梁振宇)

**【经济形势报告会】** 2月24日,举办保增长扩内需经济形势报告会。吴弘勇、程华出席,区政协委员、各民主党派、工商联、政协之友成员等140人参加。李霭君主持。邀请陈勇博士就"国际金融危机产生的背景特别是美国次贷危机与金融风暴的演变过程、中国金融危机爆发的可能性、金融危机对中国经济的影响及对策"等作专题报告。 (梁振宇)

**【信息工作会】** 3月18~19日,召开2009年信息工作会议暨《东城政协》报编委会,总结上年信息工作,部署本年工作,表彰上年优秀信息员和优秀信息工作者。区政协特邀信息员、《东城政协》报编委及各民主党派信息主管参加。 (梁振宇)

**【企业家共话东城】** 3月24日,举办"企业家共话东城"沙龙系列活动之四,主题"中小企业应对金融危机之我见"。9月22日,举办"企业家共话东城"沙龙系列活动之五,主题"探讨整合产业资源,发展特色楼宇经济,推动文化旅游产业整合与开发"。12月22日,举办"企业家共话东城"沙龙系列活动之六,主题"低碳经济与相关产业发展"。 (梁振宇)

**【街道活动小组交流会】** 3月31日,召开政协委员街道活动小组工作交流会。和平里、安定门、交道口、景山、东华门、北新桥、东四、朝阳门、建国门等与会的9个政协委员街道活动小组负责人分别汇报2008年小组活动情况和2009年工作设想,座谈交流工作体会。吴弘勇讲话。 (梁振宇)

**【西藏民主改革报告会】** 4月8日,与区委统战部、区政府民族宗教侨务办公室联合举办"东城区统一战线西藏工作报告会"。郭瑞敏、程华出席。区政协民族和宗教委员会委员、部分老政协委员及有关人士200人参加。邀请中国藏学研究中心研究员廉湘民作关于西藏问题报告。 (梁振宇)

**【科学发展论坛】** 4月28日,举办"保增长、促发展、建首善"科学发展论坛。杨柳荫、杨艺文、吴弘勇、曾刚健、边振英、李力、毛桂芬、郭瑞敏、王建军、危天倪、李霭君及政协委员、"政协之友"会员等140人出席。市政协文史和学习委员会副主任路舒平及东城区相关委、办、局负责人应邀参加。王建军主持。郭瑞敏致辞。杨艺文作区情介绍。国务院发展研究中心社会发展部主任周宏春,中国社科院社会政策研究中心秘书长唐钧,北京国际城市发展研究院院长连玉明,区政协委员钟瑛和苏荣誉作主旨演讲。 (梁振宇)

【学习全国“两会”精神】 4月29日,召开学习贯彻全国“两会”精神报告会,全国政协办公厅研究室副主任金学锋作辅导报告。危天倪、李霭君出席,部分政协委员、“政协之友”会员参加。

王建军主持。 (梁振宇)

【专题讲座】 6月1日,邀请区政协委员、中国联通华盛通讯技术有限公司总经理于英涛和上海浦东发展银行北京分行中小客户部总经理赵可作3G技术应用和金融知识专题讲座。吴弘勇、郭瑞敏、王建军、危天倪出席,区政协委员、“政协之友”会员、各民主党派、人民团体人员参加。 (梁振宇)

【医药体制改革报告会】 6月16日,与区委宣传部联合举办关于深化医药体制改革的意见专题报告会,邀请北京大学中国经济研究中心李玲教授主讲。

(梁振宇)

【界别工作研讨】 6月23日,召开进一步发挥政协界别作用研讨会。吴弘勇作主题发言。市政协副秘书长、研究室主任张平夫讲话。郭瑞敏、王建军、赵亚洲、程华及区政协各界别委员代表,机关各处室负责人和工作人员参加。姚维主持。 (梁振宇)

【常委学习考察】 8月14～21日,组织常委、部分委员和部分党派主委以“弘扬爱国主义精神,增进民族团结,拓展政协工作”为主题赴新疆维吾尔自治区学习考察。与乌鲁木齐市政协进行工作交流,慰问在乌鲁木齐市的北京特警,与原在东城区挂职的新疆干部和克州政协领导座谈。 (梁振宇)

【垃圾分类管理议政会】 10月12日,与区委统战部联合召开“加强城市垃圾分类收集管理、提升城市环境质量”议政会。吴弘勇、郭瑞敏、王建军、李霭君、程华出席,各民主党派、工商联、侨联负责人,有关委办局领导以及部分区政协委员参加。郭瑞敏主持。毛炯代表区政府通报区垃圾分类收集管理工作情况。部分党派代表和政协委员代表作主旨发言。吴弘勇讲话。

(梁振宇)

【领导调研、视察】 10月15日,市政协主席阳安江到东城区调研。市政协秘书长闫仲秋,区领导杨柳荫、吴弘勇等陪同调研。10月29日,市政协常委、文史和学习委员会主任王芸率市政协文史和学习委员会委员、特邀委员及《北京文史资料》编委会顾问一行20人视察区玉河修缮改造工程情况。吴弘勇、王建军陪同视察。同日,区政协委员视察2009年政府重点工程。吴弘勇、郭瑞敏、程华出席,170位委员参加。李荣庆、毛桂芬通报情况。视察来福士广场、国际版权交易中心、玉河、文化馆新馆等区重点改造、整治工程。

(梁振宇)

【政协成立60周年活动】 10月15日,举办艺术寄情怀笔墨抒春秋——纪念人民政协成立60周年书画展。市政协领导阳安江、闫仲秋等,区领导杨柳荫、吴弘勇等及著名书画家黄正襄、田伯平、苏士澍等,以及历届区政协老主席,政协委员100人出席开幕式。王建军主持。10月22日,召开学习胡锦涛在庆祝人民政协成立60周年大会上的讲话座谈会。吴弘勇、王建军,各界别负责人,界别委员代表出席。姚维主持。董骛、丁迪红、郝国信等界别委员代表发言。吴弘勇讲话。 (梁振宇)

【八城区政协座谈会】 11月11～13日,王建军等赴上海市出席直辖市八城区政协第八次工作座谈会。与会政协领导围绕中共十七届四中全会和胡锦涛在庆祝人民政协成立60周年大会上的讲话精神,学习交流各城区政协围绕经济、政治、文化和社会建设,创造性履行职能开展工作的经验和体会。 (梁振宇)

【人事调整】 12月21日,区政协召开机关全体干部会。杨柳荫、曾刚健、郭瑞敏、王建军、程华、姚维出席。吴弘勇主持。区委组织部长宣读市委调整政协领导班子的决定:吴弘勇不再担任政协党组书记职务,曾刚健任政协党组书记。 (梁振宇)

【协商政府工作报告】 12月29日,与区政府联合举办政协委员协商政府工作报告座谈会。杨艺文、吴弘勇、曾刚健等出席。区政府办公室及政府工作报告起草小组相关负责人列席。王建军主持。委员围绕《北京市东城区人民政府工作报告》(征求意见稿)发表意见建议。 (梁振宇)

【学习实践科学发展观】 3月至11月,政协机关分阶段开展了学习实践科学发展观活动和加强领导干部作风建设年活动。组织加强政协机关自身建设调研,召开座谈会18个,发放征求意见表365份。政协党组成员和机关党总支主要成员讲解专题党课5次,围绕机关干部群众提出的74条意见和建议,党组梳理出3个方面68个问题,分解落实,制定整改方案。形成常委会建议案2个、专门委员会提案4个,举办科学发展论坛,召开界别研讨会,形成《东城区政协关于进一步发

挥界别作用的意见》等。 （梁振宇）

【地下空间开发调研】 5月至12月,区政协牵头成立专题调研组开展东城区地下空间开发利用专项研究,杨柳荫、杨艺文、刘鹏庆、吴弘勇任领导小组组长,吴弘勇为课题组组长。经调查研究,反复论证,形成研究报告。简要介绍国内外大都市地下空间开发的主要做法和可以借鉴的经验,分析区开发利用地下空间的不利和有利因素,提出区开发利用地下空间的指导思想、基本原则和战略发展方向,针对政策法规的利用、地质水文问题的预防、施工技术的选择,以及三个功能区、地铁周边及沿线、古都风貌保护区、重要节点、现有人防工事利用等10个方面的地下空间开发利用问题,提出建议54项。 （梁振宇）

【送温暖扶困助学】 全年多次开展献爱心、送温暖、扶困助学等活动。春节前开展“党心连民心 亲情进万家”活动,慰问东华门街道社区低保困难家庭。召开政协委员扶困助学捐款落实小组会议,以政协委员街道活动小组为依托,完成向全区23名贫困家庭品学兼优的高中生和10名大学学生发放扶困助学款。 （梁振宇）

# 中国人民政治协商会议北京市东城区第十二届委员会成员及其工作机构负责人

## 主席、副主席、秘书长、常务委员

**主　　席** 吴弘勇

**副 主 席** 郭瑞敏(女) 王建军 赵亚洲
危天倪(女) 李霭君(女) 程　华(女)

**秘 书 长** 姚　维

**常务委员** (以姓氏笔画为序)
丁迪红(女) 王　炜 王　涛(女)
王伟东 王建川 王继珍(女,满族)
尹铁铮 石　勇 乔世怀
乔自宏 刘　冰 刘昆玉(女)
刘继春 刘景地 闫　燕(女,回族)
孙　阳 杨　壮 杨　玲(女)
杨文玉 杨立萍(女) 杨金生
杨春林(女) 杨智敏(回族) 苏荣誉
李　宪(女) 李礼强 李庭寿
邱长乐 张为红(女) 张树槐
陈　刚 陈子云(女) 武志良
林　阳 孟和乌力吉(蒙古族)
赵　勇(满族) 赵北亭
段书安 姜宏志 徐工学
徐鹏程 高崇耀 陶　洪(女)
董　骛 董立元 童　卫
蔡晓美(女) 蔡福全
谭　菲(女) 滕亚杰(女)

## 工作机构负责人

|  |  |
|---|---|
| **提案委员会主任** | 程　华(女,兼) |
| **学习和文史委员会主任** | 李霭君(女,兼) |
| **经济科技委员会主任** | 赵亚洲(兼) |
| **城建环保委员会主任** | 乔世怀 |
| **教文卫体委员会主任** | 王　炜 |
| **社会和法制委员会主任** | 危天倪(女,兼) |
| **民族和宗教委员会主任** | 闫　燕(女,回族) |
| **港澳台侨委员会主任** | 武志良 |
| **办公室主任** | 徐　龙 |
| **专委会工作一室主任** | 邬烈中 |
| **专委会工作二室主任** | 张锦东(3月任) |
| **专委会工作三室主任** | 郑力平 |
| **专委会工作四室主任** | 崔连旺(5月免)<br>马增欣(12月任) |
| **研究室主任** | (空) |

# 北京站地区管理处

【概况】 北京站地区管理处是北京市人民政府派出机构,由东城区代管。承担地区治安、交通、工商、城管、环保、市容环境、清洁卫生、精神文明建设等工作。内设两室三科,直属单位有:东城区城市管理监察大队北京站分队、北京站地区环卫所。2009年,围绕“抓队伍、打基础、谋和谐、促发展”工作思路,完成春、暑运、“十一”黄金周等重点工作,国庆60周年筹备及庆典活动安全秩序和环境保障重大任务。北京站地区管理处连续10年获首都文明单位标兵。

**单位名称:北京市人民政府北京站地区管理处**
**单位地址:北京站东街6号天堂阳光大酒店四层**
**联系电话:85267207 邮政编码:100005** (郑一萍)

【春运 暑运 专运】 春运,1月11日至2月19日止,共到发旅客850.1万,同比增长12%;其中上车415.5万,下车434.6万,单日高峰发送旅客15万。暑运,7月1日至8月31日,高峰日上车10.7万人,累计发送611.3万人,日均9.9万人,同比增幅33.4%。完成各级专运警卫任务528次。 (郑一萍)

【领导调研检查】 1月16日,毛炯到管理处调研。1月23日,毛炯到北京站地区检查春运安全工作落实情况。同日,市交通委运输管理局副局长常华民到站区检查春运工作,慰问站区管理处工作人员。5月30日,市委书记刘淇、市长郭金龙、铁道部长刘志军、市委副书记王安顺等领导,到北京站地区检查维稳工作,慰问社会治安志愿者和驻站区武警官兵。杨柳荫、杨艺文等区领导陪同。9月30日,副市长黄卫到北京站检查国庆庆典期间旅客疏导工作落实情况,毛炯等陪同。10月29日,曾刚健到管理处调研。 (郑一萍)

【跳桥未遂事件】 2009年,站东街过街天桥发生8起跳桥未遂事件。分别发生在4月22日,6月7日,7月18日、19日、21日,8月24日、28日和11月19日。跳桥人员均为外地人。其中有对执法部门处罚不满借机闹事者、有为情所困、疑似精神病人肇事及上访人员,均被成功解救。 (郑一萍)

【保洁面积划分】 经过重新测量计算,北京站地区清扫保洁总面积为21.19平方米。站前街长350米,宽159米,面积5.57平方米。其中主路长350米,主路宽37米,面积1.26万平方米;西侧辅路:长350米,宽92米,面积3.22万平方米;东侧辅路长350米,宽30米,面积1.05万平方米。站东街长750米,宽92米,面积6.9万平方米。其中主路长750米,主路宽39米,面积2.93万平方米;北侧辅路长750米,宽22米,面积1.65万平方米;南侧辅路长750米,宽31米,面积2.33万平方米。站西街长450米,宽115米,面积5.18万平方米。其中主路长450米,主路宽47米,面积2.12万平方米;北侧辅路长450米,宽27米,面积1.22万平方米;南侧辅路长450米,宽41米,面积1.85万平方米。站前广场长283.6米,宽87.4米,面积2.75万平方米。西货场长90米,宽42米,面积3780平方米。东货场长91米,宽43米,面积3913平方米。东过街天桥长963米,宽1008米,面积1944平方米。
(郑一萍)

【安全保障】 全国人大十一届二次会议和全国政协十一届二次会议分别于3月5~13日和3月3~12日在京召开。北京站地区扎实做好全国“两会”期间安全警卫、应急保障和环境秩序控制工作,共接送列车52趟,完成1124名全国“两会”代表及随团工作人员到离北京站的服务接待工作。平均每天出动380名公安、交通公安警力和工商、城管行政执法人员,及保安、社会志愿者等辅警人员,确保站区秩序良好、安全稳定。 (郑一萍)

【区工商联分会】 4月3日,东城区工商联北京站地区分会召开成立大会。选出理事会主席1名,副主席1名,理事4名,秘书长1名。聘请6个有关部门负责人担任顾问,分会共有会员单位20个。 (郑一萍)

【突发事件处置】 5月25日凌晨,吉林4名(1男3女)上访人员,爬上湖南大厦施工塔吊。接到信息后,常务副主任芦永良及北京站派出所、区公安分局、区治安支队和有关部门及时赶到现场,参加解救工作。经过4个多小时的交谈,4人被成功解救。经初步了解,4名上访人员爬上塔吊,目的是制造影响,引起有关部门注意。 (郑一萍)

【国庆安保行动】 ①保运力。在站东街设立2个公交摆渡站,协调公交总公司开通至双井(地铁10号线)、至北京南站(地铁4号线)2条临时线路。以早5:20为时间节点,9月30日23:00至10月1日7:20期间,共发送夜班车106辆,运送旅客3192人;发送白班车81辆,运送旅客2590人。同时,协调18个出租车公司采取提前调配和临时调配方法保点运营,9月30日夜间至10月1日当天,共调派1万辆出租车,疏散旅客1.5万人次。此外,为缓解1日早7时地铁正常运营,公交临时线路停运期间疏散压力,管理处及时调整30名工作人员与地铁增派的20名工作人员配合,及时维护购票、安检,确保进站秩序平稳。②保通畅。开通进京列车上、北京站内、站外广播和电子屏实施不间断宣传,同时制作8面交通引导牌、购置12个手提喇叭,在站区重点部位设立6个交通疏导站,管理处组织机关全体干部和70名保安员积极引导,确保旅客秩序。③保安全。抽调铁路公安民警100名、保安员50名、志愿者350名,加强维护非交通管制地区的秩序。针对可能出现的情况,开展图上推演,制定应急保障工作预案并做好处置突发事件的人员与物资准备。国庆当天抽调15名保安作为应急机动力量,配合各疏导点,做到及时疏导旅客,确保10月1日早5:00至6:30高峰期间2万多客流及时疏散。 (郑一萍)

**【排队日】** 3月11日,北京站地区管理处在站前广场出租车调度站、地铁西南进站口、火车售票处、检票口及北京站旅客进站口、站东公交站,组织开展"请跟我排"——3·11排队推动日,管理处团支部、北京站团委、金乾鼎超市等单位52名青年志愿者参加文明引导员活动。4名志愿者穿"文文""明明"卡通服与12名身披"公共文明志愿者"绶带文明志愿引导员,为过往旅客和群众示范、引导旅客和市民参与排队等文明行为。招募文明志愿者1000人,发放文明排队宣传材料2000份、环保袋1000个。 (郑一萍)

**【清洁家园】** 2月27日,开展以"清洁家园 迎接两会"为主题的环境卫生清洁高朝日活动,常务副主任芦永良、党组书记姜长林带领机关干部、保安人员擦洗北京站广场东侧警卫通道护栏。城管分队发动站区商家出动280人,打扫店堂内外环境卫生,擦洗店堂门窗,清除过冬残余物和卫生死角。管理处出动35人,保安出动30人,崔跃保洁队出动70人,集中擦洗护栏200延米,擦洗垃圾桶、果皮箱30个,清理17块绿地内的杂草及废弃物,清运垃圾4吨。

(郑一萍)

## 北京站地区管理处主任

杨艺文(女,兼,3月免) 毛 炯(兼,3月任)

# 政法·军事

## 政 法

【概况】 本年,东城区政法单位学习实践科学发展观,围绕"平安国庆"目标,服务"保增长、保民生、保稳定"大局,履行政法维稳职能,完成国庆安保任务。发挥政法职能作用,排查化解矛盾,确保东城区安全稳定、社会矛盾有效缓解,提升了群众满意度。

**单位名称:中共东城区委政法委员会**

**单位地址:钱粮胡同3号**

**联系电话:64071736 邮政编码:100010** (马宁)

【政法委员会全体会议】 1月14日,东城区委政法委员会全体会议在东城检察院召开。区委副书记、政法委书记冯熙,区委常委、公安分局局长刘瑞宾,区委常委、常务副区长岳鹏,区委副巡视员马战校,政法委常务副书记张增耀及政法委员会其他成员出席。张增耀传达全国、北京市政法工作会议精神,介绍东城区政法维稳工作要点。冯熙讲话,肯定上年政法工作,对做好本年政法维稳工作提出要求:认清形势、服务大局;全面安排,突出重点;明确责任,抓好落实;巩固成果,继续创新;整合资源,统筹兼顾;加强协调,形成合力;打牢基础,抓好队伍;拼搏奉献,再创佳绩。 (马宁)

【政法、信访工作会议】 1月22日,召开东城区政法、信访工作会议。区领导王学勤、冯熙、刘瑞宾、岳鹏、费文勇、王建军,以及区委政法委员会委员、维护稳定工作领导小组成员、综治委员会委员、反邪教领导小组成员、信访工作主管领导和信访干部,以及各街道、地区领导,共500人参加会议。表彰先进,传达全国和市政法工作会议以及市委区县委书记会议精神,部署全区政法维稳、信访工作,签订《推进"平安东城"建设,加强社会治安综合治理责任书》,具体部署春节和全国"两会"期间维稳安保工作。会议要求:充分认识维护安全稳定的严峻形势,增强做好政法维稳工作的责任感、紧迫感和使命感。严格维稳工作责任,确保"平安东城"建设工作落实。强化维护稳定的基层基础工作,提高防范水平。提高应对突发事件的能力,掌握维稳工作主动权,确保两会代表驻地安全。 (马宁)

【领导调研】 2月5日,市委副秘书长、政法委常务副书记李伟到东城调研,听取东城政法、维稳、综治等工作汇报,就区维护安全稳定所面临的问题进行研究、讨论,到景山街道钟鼓社区实地考察基层社区维稳工作。市委610办、市维稳办有关领导陪同调研。李伟指出,总结和巩固奥运期间取得的成果,确保建国60周年大庆相关活动及整个社会面的安全稳定。借鉴奥运经验,加强基层基础工作,发挥其在维护社会稳定方面的突出作用。加大科技创安力度,落实指挥责任、管理责任和处置责任,利用东城区万米网格技术,整合科技资源,使东城区继续走在各区县科技创安前列。做好矛盾纠纷的排查、化解,发现苗头,及时处置。了解社情民意,稳定社会面。3月2日,市委政法委全国"两会"安保督察组第一组一行六人,到东城区就全国"两会"安保维稳工作进行调研,听取维稳工作汇报,交流、探讨工作中遇到的问题。督察组认为,东城区重点部位多、工作难度大。东城区委、区政府领导对政法、维稳工作高度重视,层层贯彻落实市委市政府各项工作部署,措施到位、方案到位、责任到位。工作细致,讲政策、讲时机、有技巧,切实提高了应对突发事件的能力,做到了底数清、情况明,为全市社会安全稳定做出了贡献。督察组实地考察了北京饭店周边的社会面防控情况。 (马宁)

【全国"两会"安保工作】 东城区按照市委市政府关于做好"两会"安全保卫工作,强化社会面控制工作的要求,做好全国人大十一届二次会议和全国政协十一届二次会议各项安全保卫工作。领导重视,严密部署;开展摸排,强化重点人员控制;宣传发动,营造良好防控氛围;专群配合,充分发挥"守望岗"作用;突出防控重点,强化"两会"驻地周边社会面控制;开展联合执法,净化社会面秩序;实施安保督查,确保工作落实到位;强化值班和信息报送工作。"两会"期间,区属各单位落实责任,实现了无境内外恐怖组织、敌对势力、敌对分子企图针对“两会”制造事端、实施暴力恐怖活动或渗透、破坏活动的情况;无各类重点人、严重不满人员采取极端行为或进行捣乱破坏活动和串联、煽动、制造事端的情况;无本市及外地进京的集体访和长期缠诉缠访重点人的情况;无群体性聚集闹事的情况;无社会各界、媒体和网络有关“两会”热点、社情民意的突出情况;无其他可能危害“两会”安全的不稳定因素的行动性、预警性情况。（马宁）

**【领导慰问】** 3月10日,区领导杨柳荫、杨艺文、冯熙,在区委政法委有关领导陪同下,分到东城交通支队帅府园大队、东城公安分局设在王府井大街派出所的“两会”安保指挥部,慰问“两会”安保一线的交通、公安干警,听取有关“两会”交通安全和“两会”代表、委员驻地、行车路线安保工作以及全区社会面防控、重点人管控等情况汇报。区领导指出:全国“两会”会期虽然过半,但安保任务依然繁重,形势依然复杂,切不可掉以轻心、松懈麻痹;要再接再厉,做好工作,完成全国“两会”安保维稳任务。（马宁）

**【学习实践活动动员会】** 3月17日,区委政法委召开开展深入学习实践科学发展观活动动员会议。冯熙、区委学习实践活动第五指导检查组全体成员、政法委机关全体党员参加。传达区委《关于在全区党员中开展深入学习实践科学发展观活动的实施意见》和杨柳荫在东城区深入学习实践科学发展观活动动员大会暨专题研讨班开班式上的讲话,部署政法委机关开展深入学习实践科学发展观活动。区委第五检查指导组对区委政法委前期准备工作给予肯定并提出工作意见。冯熙提出要求:认清形势,明确目标;认真学习,深入思考;深入调研,找准问题;集思广益,提出对策;确定重点,集中整改;统筹协调,标本兼治。（马宁）

**【政法队伍建设】** 3月19日,区委政法委召开政法队伍建设工作会议。区领导冯熙,政法各单位主管队伍建设的领导出席会议。听取各单位贯彻落实市队伍建设会议精神、加强队伍建设的主要工作和措施。冯熙提出要求:认清形势,提高认识;抓住契机,搞好结合;突出重点,注重实效;打牢基础,不断创新。（马宁）

**【调研课题工作】** 3月27日,张增耀主持召开“平安东城”建设调研工作会。区综治办、610办、信访办、维稳办等21个相关部门负责人参加。对《“平安东城”建设研究》调研工作进行部署。该课题由区委政法委、区综治办负责完成,围绕“坚持科学发展,铸造平安东城”主题、确保“国庆平安”目标实现开展调研。要求各相关单位高度重视,把调研与开展学习实践活动结合起来;专人负责,确保高质量、高标准地按时完成任务。突出亮点,抓住调研的重点和问题的难点,做到思路清晰,措施可行。4月7日,冯熙主持召开“平安东城”建设研究课题第二次协调会。区综治办、610办、维稳办、流管办、民防局、信访办等22个单位主要负责人参加。听取相关单位关于“平安东城”建设调研工作情况汇报。冯熙强调:要围绕“科学发展创首善,打造国际化、现代化新东城”主题实践活动,牢固树立科学发展观,推动“平安东城”建设走上国际化、现代化的科学发展之路各单位要制定详细的“平安东城”建设课题调研工作规划,稳步有序推进各项工作。正确处理好“保增长、保民生、保稳定”三者之间的关系。要加大维稳资源的整合力度,提高工作效率,预防影响社会稳定事件的发生。开拓工作视野,找准“平安东城”建设的突出问题,研究制定科学、易操作、管长远的对策措施,建立健全工作体制机制。（马宁）

**【维稳工作会议】** 4月20日,召开东城区维护稳定及反邪教工作会议。区领导冯熙、刘瑞宾、边振英、马战校出席。区维稳工作、区反邪教工作成员单位主管领导参加。传达市维稳、反邪教工作会议精神及王安顺讲话,部署下一步工作;区公安分局、安全分局、信访办、城管监察大队分别通报东城区安全稳定和信访形势。冯熙总结第一阶段工作,就做好第二阶段工作提出要求。（马宁）

**【为民实践活动】** 自4月始,区委政法委组织全区政法单位,开展“听呼声、走百家、送服务”为民实践活动。要求加强组织领导,明确任务分工。坚持统筹兼顾,确保取得实效。扩大宣传报道,营造良好氛围。（马宁）

**【敏感期维稳工作会】** 5月22日,召开会议,传达市维护稳定工作会议精神。区四套班子主要领导及区属各街道(地区)、部门、单位的党政主要领导参加会议。杨柳荫主持。6月2日,召开维稳工作会议。区领导杨柳荫、冯熙、刘瑞宾、王佩立、马战校,以及区属各街道工委书记、办事处主任和维稳工作相关单位主要领导出席。冯熙传达中央、市委关于维稳工作主要精神和指示,部署区维稳工作;刘瑞宾通报近期维稳工作形势,就突出工作重点、落实防控措施、加强联合执法等项工作提出要求。杨柳荫指出:各单位领导要高度重视维稳工作,克服麻痹松懈思想,切实担负起责任;加强领导,靠前指挥,主要领导亲自抓、分管领导具体负责;突出工作重点,切实做好安全防范工作;重视小问题的解决,将问题解决在萌芽状态,防患于未然;加强情况信息报送,做好值班备勤工作,坚决、有效防止突发事件。 (马宁)

【市委督察组督察】 5月29日,市委督察组一行五人在市委政法委副巡视员李宁带领下,到东城区督察维稳工作,听取区委政法委、维稳办、综治办、610办、信访办相关领导的工作汇报。李宁肯定东城区的维护稳定工作,指出:东城区维稳工作预案细致,工作部署到位,特别要注意东城区区域位置重要,切不可掉以轻心,要加强上下沟通,及时交流情况信息。督察组考察了王府井建管办、东华门富强胡同等地。 (马宁)

【政法队伍现状分析】 5月中旬至6月末,区委政法委统一安排,政法各单位采取调研、座谈、问卷、个别谈话和召开党组织会议集中分析等形式,对队伍基本情况、思想状况的主要特点、普遍关注的问题、存在的突出问题、干警队伍价值取向等五个方面进行分析,提出本单位加强队伍建设措施,形成各单位政法队伍现状分析报告。7月9日,召开东城区政法系统队伍现状分析会,听取各单位队伍分析情况。区委政法委对加强政法队伍建设提出要求:增强党管干部的责任感和紧迫感。围绕"国庆安保"、"三保"工作中心,加强队伍建设。宣扬典型,激励干警工作热情。 (马宁)

【贯彻维稳信访会议精神】 8月13日,组织10个街道、2个地区的党政一把手以及维护稳定工作领导小组成员、处理信访突出问题及群体性事件和社会矛盾排查调处工作领导小组成员80人,集中收看中央及市维稳、信访工作会议。会后,冯熙召集与会人员,就传达贯彻会议精神进行部署,并强调:认真学习贯彻周永康的讲话和中央及市维稳、信访会议精神,做好全区维稳和各类矛盾纠纷的排查化解工作。注意发现新的、潜在的矛盾纠纷,及时做好风险评估,增强预见性和预警性。加强对外来人口的动态排查工作,及时掌控相关情况。做好宣传发动工作,对国庆庆祝活动彩排演练以及新增拆迁项目等,都要做好事前宣传发动工作。 (马宁)

【专场宣讲报告】 9月9日,市政法系统巡回宣讲团到东城区做专场宣讲报告。全区政法干警代表350人聆听报告,区法院未成年人案件审判庭庭长岳慧青代表全区政法干警作表态发言。冯熙指出,全区政法干警要以政法楷模为榜样,在"保增长、保民生、保稳定"和打造"国际化、现代化新东城"的实践中做出自己应有的贡献,并就完成国庆安保任务、深入开展为民实践活动、加强队伍作风建设,向全区政法干警提出了要求。 (马宁)

【党风廉政建设】 11月25日,组织召开政法系统党风廉政建设(分工方案)任务完成情况工作会。听取政法各单位落实2009年党风廉政建设(分工方案)任务完成情况,分析查找存在的不足,提出今后工作打算。区政法各单位纪委书记(纪检组长)参加会议。会议针对存在的问题和明年工作提出要求:①强化党风廉政建设责任制,探索加强党风廉政建设长效机制,坚持抓好制度建设,落实好行政领导"一岗双责"。②党风廉政工作要确实抓好领导干部教育,抓好建立和完善党内监督制度,抓好"一把手"的监督管理,抓好体制、机制的完善和创新,抓好领导干部违纪苗头的预防和违法违纪案件的处理。③加强对青年干警爱岗敬业教育,保持艰苦奋斗的优良作风,注重工作实效。④总结亮点经验,促进党风廉政深入推进。 (马宁)

【基层党建工作会】 11月26日,召开政法系统基层党建工作会,区属政法各单位党建工作负责人出席。政法各单位交流基层党建工作,就政法系统基层党建共性问题和需要改进的方面进行研讨。明确2010年政法系统基层党建需要重点研究和抓好落实的四项工作。会议按照区直机关工委要求,推荐政法联组学习型机关先进单位。 (马宁)

【安全保卫工作会】 12月22日,区委政法委组织召开东城区圣诞节、元旦期间安全保卫工作会议,就安全生产、安全保卫工作进行部署。常卫主持。长李荣庆、毛桂芬、毛炯,以及区委办、政府办(应急办)、宣传部、统战部、政法委、综治办、610办、公安分局、安监局等区属四十个相关部门、街道、地区领导参加会议。区领导分别就东城区近期安全稳定、对敌斗争、社会治安、刑事警情、安全生产、交通秩序、消防措施、责任落实等提出要求,就平安夜、元旦两节期间烟花禁放布控情况作出部署。常卫要求:提高对做好圣诞节、元旦期间安全稳定工作重要性的认识。突出工作重点,切实加强社会治安防范工作。严格落实工作责任,确保各项工作措施落到实处。加强值班备勤,做好应对突发事件准备。 (马宁)

【学习实践活动】 自3月始,区委政法委围绕"保增长、保民生、保稳定"大局和"坚持科学发展、铸造平安东城"的学习实践活动主题,以"平安东城"建设为载体,深入学习实践科学发展观,为国庆60周年和东城区经济社会发展创造和谐稳定的社会环境。领导重视,精心部署。成立政法委机关学习实践科学发展观活动领导小组和工作机构,于3月17日召开“开展深入学习实践科学发展观活动”动员会议。阶段部署,推进学习实践活动有序开展。在学习调研阶段,调整工学矛盾,合理安排时间;采取多种形式,增强学习效果;严格落实要求,建立各项制度。在分析检查阶段,通过全员部署会、处级领导干部民主生活会,查找问题,分析原因,形成领导班子分析检查报告。在整改落实阶段,制定整改落实方案,明确整改项目、整改措施、整改时限和责任人,建立完善制度机制,多点结合落实整改。 (马宁)

**【国庆安保】** 首先,成立东城区社会治安及安全警卫指挥部,在全区范围组织开展“矛盾纠纷、各类重点人和安全隐患集中排查”、“关爱化解”、“严打整治”、“安全隐患和城市秩序整治”、“出租房屋安全隐患整治”和“科技创安”等六项专项行动。其次,建立“国庆安保维稳情报信息会商工作例会制度”,加强信息研判,掌握工作主动权;成立国庆安保维稳情报信息组,启动国庆安保情报信息战时工作机制;成立六个“国庆平安行动”督查组和国庆演练活动标兵工作督查组,分别对全区各街道(地区)、牵头单位国庆平安行动开展情况和国庆演练标兵工作上岗情况进行督查;加强值班,确保信息畅通、准确和及时。再次,开展对全区涉法上访人员排查化解和对各类重点人员防控工作,加大重点涉法涉诉问题的解决力度,依法化解涉诉信访案件;协调相关单位,制定《东城区关于执行案件司法救助专项基金管理办法》,保障经济困难的申请执行人及信访人的基本生活和伤病治疗的基本需求。此外,按照市委政法委要求,组织350名干警聆听市政法系统巡回宣讲团东城专场宣讲;组织全区政法各单位按照科学发展观的要求对政法队伍现状进行分析;开展人民满意政法干警(单位)评选工作,提高政法队伍整体素质、增强队伍的凝聚力和战斗力。

(马宁)

# 社会治安综合治理

**【概况】** 本年,区综治系统推进“平安东城”建设,做好社会治安综合治理基层基础工作,发动群众参与社会面防范,开展联合执法,落实国庆60周年安全保卫各项措施,为确保东城区社会稳定、政治安定,创造良好的社会治安环境。

**单位名称:东城区社会治安综合治理委员会办公室**

**单位地址:钱粮胡同3号 邮政编码:100010**

**联系电话:64031118转2410 传真:64031118转6208**

(张亚涛)

**【领导慰问】** 1月20日,冯熙走访慰问东华门街道韶九社区治安志愿者,送去食用油、面粉、春联等。9月27日,冯熙沿东长安街东城段检查治安志愿者、武警、特警、民警、保安执勤情况,并对他们表示慰问。9月29日,市委副书记、政法委书记、首都综治委主任王安顺检查慰问东城区东华门街道、建国门街道、长安街治安志愿者和建国门立交桥守桥民兵,向两个街道和区武装部各赠送5万元慰问金,向治安志愿者赠送了水杯和腰包。9月30日,区领导杨柳荫、杨艺文、刘朋庆、吴弘勇等到东城区国庆城市志愿者站点、建国门立交桥、东单路口、北京饭店门前、区疾控中心慰问城管队员、环卫职工、守桥民兵、治安志愿者等群防群治力量。10月1日,中共中央政治局常委、中央政法委书记周永康到正义路南口,看望并慰问节日里坚守岗位的东华门街道正义路社区首都治安志愿者。

(张亚涛)

**【综治委会议】** 1月22日,召开区政法、信访工作暨综治委第一次会议,区领导王学勤、冯熙、刘瑞宾、岳鹏、费文勇、王建军,以及区委政法委员会委员、维护稳定工作领导小组成员、综治委员会委员、反邪教领导小组成员、信访工作主管领导和信访干部,以及各街道、地区的负责人,共计500人参加。会议传达中央维稳、信访工作电视电话会议和市委区县委书记会议精神,以及周永康、刘淇、王安顺讲话精神,传达全国和市政法工作会议精神;表彰东城区2008年度“十佳社区综治委主任”、“十佳社区民警”、“百名优秀楼门院长”、“百名优秀治安志愿者”、反邪教和信访工作先进单位和个人。冯熙就贯彻落实市委区县委书记会议精神提出要求,并作题为《建设平安东城,服务科学发展,为实现首都最安全城区目标而奋斗》的报告。王学勤、冯熙与街道和单位代表签订《推进“平安东城”建设,加强社会治安综合治理责任书》。最后,王学勤就政法、综治、维稳、反邪教、信访工作提出要求。3月18日,召开综治委、流管委第二次全体会议,冯熙、刘瑞宾、马战校以及区综治委、区流管委全体委员,各街道办事处主任、各街道(地区)综治、流管主管主任参加。公安分局报告1~2月东城区社会治安形势。表彰2008年度区综治工作先进街道、先进单位及优秀单位。审议"平安东城"建设工作文件,部署"平安东城"建设和东城区社会治安综合治理工作。(张亚涛)

**【首都平安示范街道】** 4月27日,冯熙出席和平里街道"首都平安示范街道"揭牌仪式。和平里街道介绍创建工作情况。冯熙为和平里街道"首都平安示范街道"揭牌。6月2日,冯熙出席安定门街道"首都平安示范社区"揭牌仪式暨安全生产月活动工作部署会,区综治办、公安分局、安定门街道负责人参加。冯熙提出要求。(张亚涛)

**【未成年人保护展览】** 5月12日,区未成年人法律保护和犯罪预防主题展览开幕仪式在东城区图书馆举办。共青团中央权益部副部长张朝晖,共青团中央预防青少年犯罪研究会副秘书长刘桂明,最高人民法院少年法庭指导小组办公室副主任马东,市委政法委副书记、首都综治办主任李万钧,共青团北京市委副书记姜泽庭,首都文明办副主任藤毅,区领导冯熙、费文勇、王建军以及本次展览主办、协办单位的主要领导,中央电视台、北京电视台等新闻媒体,东城区中小学学生、教师、家长代表等参加。秦秉瑞主持开幕式。区综治办介绍展览的筹备过程,北京市第二十七中学学生代表作发言,冯熙致辞。李万钧讲话。(张亚涛)

**【国庆平安行动】** 6月17日,召开"国庆平安行动"工作动员部署会议,冯熙、刘瑞宾、李荣庆、费文勇、马战校、秦秉瑞、娄云生以及区国庆社会治安与安全警卫指挥部成员、区综治委委员,武警六支队、武警十四支队主要负责人参加。刘瑞宾部署国庆安全保卫工作。公安分局、区信访办、东华门街道代表作表态发言。冯熙提出要求。(张亚涛)

**【矫正帮教工作】** 6月23日,召开区综治委矫正帮教工作协调委员会第一次全体(扩大)会议,区综治委矫正帮教工作协调委员会各成员单位主管领导以及各街道主管主任和司法所长、区协调委员会办公室成员参加。会议传达市综治委矫正帮教协调委员会会议精神;宣读区综治委关于成立东城区综治委矫正帮教协调委员会的通知;介绍各成员单位职责及协调委员会议事规则,并提请本次会议审议。冯熙提出要求。(张亚涛)

**【国庆社会治安会议】** 7月7日,召开国庆社会治安与安全警卫指挥部第一次全体(扩大)会议,指挥部成员单位负责人,各街道、地区主管综治负责人、流管办副主任参加。会议通报区近期社会治安、维稳工作形势;全区启动二级加强社会面防控工作。冯熙通报市维稳工作会议精神,提出工作要求。(张亚涛)

**【平安建设座谈会】** 7月8日,召开加强基础平安建设座谈会。东华门街道南池子社区、景山街道钟鼓社区、建国门街道东总布社区、北新桥街道九道湾社区、安定门街道钟楼湾社区的党委书记,东直门街道楼门长、交道口街道平房院长、东四街道治安志愿者、朝阳门街道守望岗长参加座谈会并发言。冯熙出席并讲话。(张亚涛)

**【市委督查综治工作】** 7月9日,市委"平安北京"建设督查组组长、市委市政府信访办公室副主任刘志洪一行,到东城区督查综治责任书落实情况。冯熙汇报落实综治责任书各项工作,刘志洪提出要求。8月18日,刘志洪带队到东城区督查"国庆平安行动"工作落实情况。冯熙从东城区"国庆平安行动"工作开展情况、当前存在问题和下一步工作等三个方面向市委督查组作整体汇报,刘志洪提出要求。(张亚涛)

**【社会面控制工作会】** 7月10日,召开"7·5"事件社会面控制工作会。各街道流管办主管主任及有关职能部门主要负责人汇报社会面防控工作开展情况。冯熙提出要求。(张亚涛)

**【平安东城建设论坛】** 7月21日,举办平安东城建设论坛。冯熙、李荣庆、谢世龙、费文勇、王建军、马战校、秦秉瑞、娄云生以及区国庆社会治安与安全警卫指挥部成员,区综治委委员,各街道工委书记,各街道、地区综治主管主任、综治办主任、流管办专职主任,社区党委书记等近300人参加。公安分局、区法院、区司法局、交通支队、城管大队和安定门街道发言。冯熙讲话。(张亚涛)

**【国庆安保誓师大会】** 8月25日,召开国庆安保誓师大会,对国庆安保工作再动员再部署。杨柳荫、杨艺文、刘朋庆、吴弘勇、冯熙,区级机关各部、委、办、局和街道党政主要负责人,区属各单位、双管单位党政主要负责人,驻区中央、市属单位负责人,区属重点企业主要负责人以及公安分局、检察院、法院、武警、消防、保安、工商、城管、税务、环卫、街道等单位2000人参加会议。杨艺文主持。冯熙对东城区国庆安保各项工作进行部署,杨柳荫向6支国庆安保突击队旗手授旗,公安分局、武警六支队、建国门街道、南池子社区、中石油总公司五家单位代表分别表态发言。杨柳荫讲话。 (张亚涛)

**【国庆安保标兵培训】** 8月27日,东城区召开建国60周年安保标兵动员培训会,各委、办、局、街道、地区标兵抽调单位负责人、分队长、小队长400人参加。冯熙作动员讲话,公安分局负责人对安保标兵进行培训,区综治办主要负责人对"8·29"演练工作进行部署。 (张亚涛)

**【安全稳定特派员】** 9月1日,召开国庆安全稳定特派员动员部署大会,冯熙、梁军以及区综治办、区人事局、区纪委主要负责人以及全区68个派出安全稳定特派员的职能部门负责人,115名由各职能部门派出的特派员,街道的工委书记、综治主管主任、综治办主任、社区党委书记参加。梁军部署宣布《关于组建安全稳定特派员队伍,充实基层维护稳定工作力量的实施意见》;与会领导向特派员发聘书和胸卡;区法院民一庭法官杨文起代表安全稳定特派员发言,建国门街道苏州社区党委书记郭华代表社区发言。冯熙讲话。 (张亚涛)

**【民兵守桥启动仪式】** 9月15日,举行国庆期间民兵守桥启动仪式暨誓师大会,北京卫戍区副参谋长周永杉、杨艺文、冯熙、边振英、谢世龙及各派出所主管所长、各街道武装部部长、200名民兵出席。冯熙讲话并宣布民兵守桥工作启动,杨艺文、周永杉分别为10个民兵应急分队授旗,和平里街道武装部、北新桥派出所、守桥民兵分别表示决心,参加守桥的民兵进行集体宣誓。 (张亚涛)

**【治安志愿者上岗】** 9月18日,首都国庆安保治安志愿者上岗启动仪式在东城区举办。市领导王安顺、马振川、吕锡文、李伟、李万钧,王少峰,区领导杨柳荫、杨艺文、吴弘勇以及十八区县政法委书记、综治办主任、东城区建国门街道、东华门街道、朝阳门街道、环卫中心等1100名治安志愿者代表参加。出席仪式的市、区领导为治安志愿者代表授旗,公务员治安志愿者代表王飞、来京人员治安志愿者代表于自红、社区治安志愿者代表张小庄发言。王安顺讲话。 (张亚涛)

**【科技创安协调会】** 9月25日,召开东城区综治委科技创安综合协调委员会第一次全体会议,科技创安综合协调委员会全体委员参加。会议宣读区综治委关于成立东城区科技创安协调委员会的通知,对东城区图像信息管理系统建设情况进行总结。谢世龙讲话。 (张亚涛)

**【学校周边治安】** 11月23日,区综治委学校及周边治安综合治理工作协调委员会召开第一次全体(扩大)会议,宣读《东城区综治委关于成立学校及周边治安综合治理工作协调委员会的通知》。和平里、东华门、东四街道有关负责人分别介绍本街道在学校及周边治安综合治理工作的做法和经验。毛桂芬提出要求。 (张亚涛)

**【组建综治工作中心】** 12月29日,召开综治工作中心组建工作部署会,公安分局、交通支队、信访办、武装部、司法局、工商分局、城管大队主管领导和各街道综治主管主任、综治办主任参加。会议就《关于加强全区街道社会治安综合治理工作中心建设的实施意见》作出说明。 (张亚涛)

# 公 安

**【概况】** 本年,东城分局以科学的决策指挥体系、成熟的警务工作机制、充分的应急处突准备、主动的治安管控模式、高效的队伍管理措施,完成全国"两会"、五一、国庆、奥巴马访华等多项重大活动安全保卫任务,社会治安环境持续稳定的。上报市局国保信息4950件,优化联勤联动的指挥运行机制,共接报"110"警情6.54万件(其中刑事警情502件);启动调整防控等级100次,实地检查社会面防控警力7万人次。立刑事案件1841起,破案1469起,抓获犯罪嫌疑人3658名;打掉各类犯罪团伙44个,果断处置敏感事件。共启动防控勤务方案661次,国庆期间,全区共有28天实现110刑事警情零接报。有效掌控基础信息底数,固化了分局基础信息采集维护“1234”调查法和“1+7”分类指导核实机制;加强危险物品、精神病人和消防安全监管。命案破案率100%。城八区入室盗窃案件发案最少派出所东城占6成;社区治安信息员队伍建设显著。科学规划软件系统建设。投资96万元建成图书室和乒乓球馆;50万元对看守所进行改造;投入国庆安保保障经费756.46万元。有7个集体、11名个人立二等功,22个集体、300名个人立三等功,368人评为优秀公务员,931人获嘉奖,4个集体、7人获省部级以上荣誉称号,1个集体、1人获区级荣誉称号,2个集体、2人获市局荣誉称号。

**单位名称:北京市公安局东城分局**

**单位地址:大兴胡同45号**

**联系电话:84081033 邮政编码:100007** (李露云)

**【国庆安保工作】** 庆祝大会,东城分局投入安保力量1.28万人,其中民警4926人。将胡主席阅兵沿线区作为重中之重,投入警力250人,对通往长安街的20个路口,在纵深50米处设置近端警戒线,落实封闭真空控制措施。对阅兵沿线的17个制高点,投入警力1417人,尤其是对长安街沿线7家观礼嘉宾住地酒店,严格控制措施和标准。对群众游行集结的16条街区、2个下车区,落实清场封闭控制措施。对纵深区域的108处制高点,严格落实安检措施和看护力量。在控制区劝阻线涉及的115个路口,部署警力1008人,周界24个路口部署警力105人,在长安街南、北区域部署防暴处突和机动力量530人。另外,对6处车场,投入警力25人,实施全封闭控制。对群众游行、背景组字涉及的2所大学、25所中学1.83万名师生,完成护送、疏散任务。国庆联欢晚会以防范“大人流”聚集,综合考虑转场衔接、交通管制、社会面防控压力等变化因素,共部署安保力量6272人,其中民警3127人。对核心区、警戒区内37条封闭线、66个路口和胡同口、10个社区、14处路段以及21处制高点,全部实施看护巡控;对控制区临近警戒区的97个纵深路口、周界20个路口,均部署控制力量和机动警力全面封控。焰火燃放活动中,在2个高空阵地、24个特效阵地共部署警力288人,社区治保力量2228人,在阵地周边清理可燃物5吨,阻燃覆盖5460平方米,米字条粘贴906扇,提前疏散转移150户、618人,增加防消设备,实现事故“零”接报。 (李露云)

**【国庆游园活动】** 东城分局承担劳动人民文化宫、地坛两个重点公园以及其他10个公园的安全保卫任务。10月1~8日,共部署安保力量2056人。活动期间接待游客9万3千人次,收缴禁带物品569件,查获上访人员1名。 (李露云)

**【文体活动】** 年内,东城分局发挥工会、共青团、妇委会作用,建立图书阅览室,乒乓球馆。举办新春音乐会、田径运动会、登山比赛、主题篮球赛,开展了“阅读、成长”主题读书月、“心中的颂歌”60周年知识竞赛活动及多种形式的主题团日活动。举行“庆祝建国六十周年,警察文化活动年”启动暨11个警察文化俱乐部揭牌仪式。 (李露云)

**【纪律作风教育整顿】** 开展队伍纪律作风教育整顿活动。召开会议学习讨论78场次,开展党课辅导36场次,组织120名民警参观市局举办的反腐倡廉教育展;走访辖区单位22个、居民群众221人、征求各类意见建议59条,对照检查薄弱环节和问题6个方面43条,制定整改措施36份;领导干部个人撰写心得体会215篇,开展教育整顿活动专项检查11次,达到了“突出问题得到较好纠正,精神面貌明显改观,工作干劲显著提升”的预期目的。 (韩雪)

**【信访工作】** 贯彻国务院“信访条例”,落实信访工作“一把手”工程。全年,共受理信访投诉请求1272件,其中来信102封、来访930人次、局长信箱102件、监督电话55个,同比下降27%;办理重点信59封,人大代表建议、政协委员提案23件。在市局信访系统年终绩效考评中,位列18个分(县)局第二名。被区委、区政府评为2009年度先进信访工作单位。 (李露云)

**【宣传工作】** 年内,东城分局围绕中心工作,开展各类新闻通风活动75次,在各级媒体刊播稿件1989篇(条),其中在《人民日报》中央电视台等中央媒体刊播稿件273篇(条),在《北京日报》北京电视台、北京人民广播电台等市属媒体刊播稿件1139篇(条)。在市局外宣系统年终绩效考评中,位列18个分(县)局第三名。 (李露云)

**【软件系统建设】** 东城分局本着“全面、易用、灵活、节约”的原则,建成国庆60周年庆祝活动安保工作信息系统,引入全区准三维影像图,绘制核心区、警戒区、控制区的区域范围、警卫路线、阅兵集结点、制高点等面、线、点信息,将市局回传的五大类基础信息全部定位到地图上,方便了信息查询使用。开展分局新主页建设。4月建设完成分局网站群,完善了后台管理、信息发布等机制,开设栏目30个,为领导决策、民警了解中心工作和对外宣传提供了快捷服务和可靠平台。 (李露云)

【督察工作】 年内,东城分局督察队共出动督察警力1300人次,督察车辆600台次,开展各类现场督察342次,检查民警1.8万人次,发现纠正各类问题198件,责令执行146件,受理市局110批转群众投诉266件,提出工作建议52件,下发督察通知书16份,督察建议书7份,上报督察信息69期(其中市局转发23期),对1名责任领导、2名违纪民警给予行政告诫,对1名违纪民警执行禁闭措施,依法维护民警正当执法权益4起。 (苏庆国)

【命案审理】 年内,东城分局狠抓命案审理,提升打击处理能力,共审理命案10起,除2起犯罪嫌疑人经鉴定为精神病无责任能力予以释放外,其余全部移交市局处理。 (王义鹏)

【应对敏感事件】 以"防暴力恐怖、防行动破坏、防规模聚集"为重点,坚持快速处置小组24小时联勤联动巡控模式,成功果断处置"2·25"上访人员在王府井驾车自焚、"5·27"上访散户串联围堵国务院新闻办、"6·19"隆福寺商户聚集扰序"、"新星号"货船遇难家属聚集俄罗斯使馆、"9.29"东单过街天桥上访人员企图自焚等敏感事件。 (李露云)

【应用核查查控系统】 年内,制订《加强长安街沿线核录工作方案》,提出46种可疑人或行为作为核录重点,有效增强警力投放的针对性。全年共核录42.6万次,留置8508次,存疑2181次,筛查重点人5919次。通过核录系统抓获并刑事拘留399人,治安拘留1483人,查处治安案件1443件,抓获网上在逃人员101名,劝返上访人员1178人。 (李露云)

【精确打击模式】 年内,东城分局完善多元侦查的精确打击模式,发生的7起命案全部告破,实现连续5年命案破案率100%。打掉涉黑涉恶团伙8个,抓获58人。截至10月,破获侵财案件743起,同比上升20%,破案率73%。共破获涉毒案件140起,抓获涉毒嫌疑人369人,同比分别上升17.6%和25%。 (李露云)

【基础信息采集】 东城分局在国庆60周年基础信息采集工作中形成"1234"基础信息采集工作法和"1+7"分类指导工作模式。"1234"基础信息采集法即:"一听"是听主管所长汇报每天基础信息调查工作进度。"二看"是看基础信息调查的民警是否在社区、看是否从事基础信息调查工作。"三查"是上网查看基础信息调查数据内容是否更新维护;查看是否建立了派出所和社区基础信息调查工作台账;查看输入的基础信息是否真实准确。"四评"是对派出所和社区民警工作落实情况进行点评;对基础信息真实性、完整性和准确性进行点评;对基础信息更新维护落实情况进行点评;对基础信息调查工作促进社区警务以及取得的工作效果进行点评。"1+7"分类指导工作模式即:"1"是由分局情报中心负责牵动组织,"7"是将采集数据归为人口、治安、国保、内保、警卫、出入境、消防七类,各业务部门将派出所采集的各类信息与业务处日常工作台帐进行核对,并根据各自业务要求明确入库信息核对的工作内容,工作标准、完成时间。 (张默)

【大型活动管理】 年内,东城分局坚持严格审批,强化监管,完善勤务的工作理念,共完成大型活动60项、138场次:其中安全许可9项、78场次;参加市局43项、45场次;未许可9项、15场次。共抽调警力8121人次。安检审查42万人次。活动中,通过安检查获禁带物品50件,处置调解纠纷70起,消除安全隐患27件。查获做拘留以上处理人员145人,破获刑事案件1起。 (李露云)

【处置上访事件】 全年依法处置各类群体访4011批次12.25万人次,同比分别上升38.2%和43.8%;处置个人访9.65万人次,同比上升53.28%;处理上访人员66名。开展集中劝返4次,清理劝返群体访3批29人,个人访833人次,劝返国庆期间在京滞留的外地上访人员3批29人,个人访807人次。有效维护了驻区国家机关及信访接待站秩序。 (李露云)

【精神病人监控】 东城分局经细致基础调查,列为管制精神病人1687人,通过评估风险、监管落实情况的检查、肇事肇祸处置的充分准备,确保"双零"指标的实现。国庆前期,加大精神病人收治力度,送院治疗37人;在全区社会面严密查控精神病人,发现并妥善处置外区、外地精神病人29人。 (李露云)

【危险物品管控】 坚持从业单位周例会制度,高密度地进行安全检查,确保全区33处(40家)危险物品从业单位、104枚放射源和22家121种临时管控化学品经营单位的绝对安全。严格落实国庆期间的刀具限售,确保刀具流向安全。 (李露云)

【内保工作】 年内,加大对内保系统基础数据的摸排力度,强化情报信息搜集研判,落实重点人、事、地区管控措施。完成牵头负责的人员政审、群众游行、背景组字、联欢晚会联欢圈、阅兵沿线11处制高点控制、和平鸽放飞、天安门地区临建设施和警戒区地下基础设施巡护、王府井步行商业街控制等13项国庆安保专项工作。在2009年度市局执法质量考评中,分别取得内保系统和文保系统第三名和第五名。（田近）

**【看守所等级评定】** 东城分局看守所开展执法规范化建设,夯实常态管控、深挖犯罪和信息研判等基础工作,确保实现“双零”工作目标。2月,通过公安部一级看守所等级评定,连续四年被评为全国一级看守所。在10月份市局执法质量考评中连续第三年排名第一。（李露云）

**【抢劫代表用车案件】** 3月9日,接市局指挥中心二级布警:一辆政协大会专用的黑色本田车在协和医院停车场内被一男子抢走。东城分局立即启动“113”拦截方案,巡警东101车组快速反应与相关车组协同配合,仅用30分钟,在春秀路北口成功将该车拦截并将驾车男子胡某(男,32岁,河南人)抓获。（蔡景昆　程虎）

**【地坛庙会安保】** 1月25～31日,第24届春节文化庙会在地坛公园举办。东城分局在现场成立安全监管指挥部,抽调民警110人,检查、监管、指导和协助主办单位做好秩序维护工作,填写安全记录单23份,消除安全隐患8处,完成庙会安全保卫任务。（李露云）

**【“两会”安保任务】** 全国“两会”期间,东城分局共投入警力8393人次,完成3处住地、6条行车路线、会场外围以及天安门外围控制的安全保卫任务。（李露云）

**【爱民实践活动】** 4月,东城分局户籍派出所开展为期一个月的爱民实践活动。期间,共召开安全防范各类宣传会451个,发放各类宣传材料3万份,张贴防范宣传标语371条,制作板报195块;为居民免费安装防盗锁2130个、楼宇对讲系统127个;走访内部单位805家、常住人口居民户6976户、流动人口3957户,发现并解决安全隐患问题175件。新发现并列管流动人口高危人员15人,处罚违法出租房主14件,成功化解居民矛盾纠纷5起。（赵为民）

**【警体运动会】** 4月20日,在地坛体育中心举行第八届警体运动会。冯熙及区总工会、区体育局、区委政法委、市公安局工会等有关领导应邀出席,分局党委成员、分局33个单位领导及850名民警组成代表队参加运动会。（王燕芹）

**【科技创新成果】** 4月28日,市公安局2008年度青年民警科技创新成果展示推广暨“五四”表彰会,在北京警察学院召开。东城分局政委董宪章,政治处主任方伟及科技创新获奖民警、青年文明号集体代表参加大会。在科技创新评比中,东城分局获二等奖1个、三等奖1个、优秀奖5个。（李露云）

**【外国学生安全防范】** 5月13日,在北京市第55中学,东城分局策划开展以加强外国学生安全防范能力为主题的宣传教育活动,得到师生和家长的好评。新华社、中央人民广播电台、北京电视台、《人民公安报》《北京日报》《北京晚报》等媒体予以报道。（李露云）

**【雍和宫周边环境综合治理】** 5月21日,东城分局牵头,组织民宗办、文委、城管、工商、民政、交通支队、北新桥办事处等多家单位,开展“雍和宫周边综合治理专项行动”。共检查商铺56家,收缴违禁光盘500张、图书300册、录音带50盘,发现家庭佛堂2处,查处人力三轮车1辆,残摩7辆,流动商贩1处。消防检查28家,发现安全隐患17处,现场责成商铺整改。（李露云）

**【防范金融网络诈骗】** 6月14日,会同东城区各银行金融单位,在王府井商业街举行“防范金融网络诈骗”主题宣传日活动。分局领导,内保处、刑侦支队、王府井大街派出所民警以及域内10余家银行金融单位的主管行长、保卫干部、银行员工60人参加宣传。（李露云）

**【创作歌曲】** 6月,东城分局纪检监察部门在学习公安战线英模人物盖起章活动中,由纪委书记贾非作词,民警刘菲谱曲并演唱,创作歌曲《热血铸忠魂》。歌曲被公安部编发并参加东城区廉政专场文艺汇演。（韩雪）

**【拘留所管理】** 6月,东城分局拘留所开始采用电子点名方法,通过多媒体形式对前一日民警的出勤、工作实绩、各岗位工作、拘室、重点人、医生工作等情况以及发现问题、解决问题情况等进行记录展示回顾,逐日保存,以达到工作的连续性。2009年度,东城区拘留所被评为公安部一级拘留所。（李露云）

**【国际禁毒日宣传】** 6月26日,东城区禁毒委员会组织成员单位在全区开展主题为“参与禁毒斗争,构建和谐社会”国际禁毒日宣传活动,设王府井主宣传点1个,分宣传点11个。通过悬挂横幅标语、板报、展板、

散发宣传材料等进行宣传,2000 人参加活动,受教育群众5万人。 (李露云)

【户政管理】 上半年,东城分局人口管理处围绕国庆60周年安保中心工作,组织13个户籍派出所强化窗口服务质量,认真开展户政信访问题排查和化解工作,确保户口登记、统计、身份证等工作零差错,被市局评为2009年上半年户政管理先进单位暨户政管理流动杯。 (赵为民)

【涉外法律宣传】 7月24日,分局结合市局涉外法制宣传日活动,围绕国庆60周年涉外安保需求,聘请常住东城区的外籍人士担任涉外法律宣传大使。在涉及外国人较多的香河园北里社区"万国城"举行启动仪式。分局领导、出入境管理处以及东直门派出所主要领导和民警参加活动。 (李露云)

【信息化应用达标竞赛】 7月29日至8月2日,东城分局在市局组织开展的社区民警信息化应用技能达标竞赛中,取得考核一等奖暨集体优胜奖。 (赵为民)

【领导检查安保工作】 8月19日,市局领导马振川、刘绍武、张卫华、丁世伟,以及市局办公室、勤务指挥部、巡特警、治安、公交、内保、交管、警卫等部门主要领导,在东城分局领导陪同下,到东城区实地检查国庆60周年庆祝大会、联欢晚会警戒区安保工作。8月20日,市领导刘淇、王安顺、马振川、李士祥、刘敬民,在区领导杨柳荫、冯熙等陪同下,检查东城区国庆60周年安保工作。8月25日,公安部领导孟建柱、刘京、孟宏伟、张新枫、陈智敏,国务院副秘书长汪永清、王学军,市领导王安顺、马振川等实地检查东城区国庆阅兵沿线制高点控制工作。谢世龙等陪同检查。 (李露云)

【国庆安保演练】 8月29日至9月18日,东城分局在市局联勤指挥部统一指挥下,参加四次联合演练安保工作。共抽调警力(含市局支援警力)1.48万人次,武警7786人次、标兵1.05万人次,保安800人次,组织发动群防群治力量4.4万人次,完成国庆庆祝大会、联欢晚会、焰火燃放联合演练任务。9月16日,东城分局在劳动人民文化宫组织开展了指挥通讯、扬言爆炸、消防灭火等专项安保演练。东城分局会同天安门分局、武警14支队、文化宫管理处等200余人参加演练。9月22日,东城分局劳动人民文化宫和地坛公园安保分指挥部、勤务指挥处、信通处、治安支队、巡警支队、出入境、消防支队,以及东城区交通支队等指挥部成员单位,参加由市局国庆游园指挥部组织的国庆群众游园活动安保演练。 (李露云)

【防范远程电信诈骗】 9月25日,针对东城区金融诈骗案件呈现高发趋势,远程电信诈骗案尤为突出的形势,东城分局组织所属相关单位在和平里东街世纪城广场,开展"远程电信诈骗犯罪防范宣传日活动"。发放宣传材料、悬挂警示横幅,在社区居民、辖区内部单位中广泛宣传教育,发放宣传材料2000份。 (李露云)

【慰问民警张大庆遗属】 10月16日,曾在东城分局支援国庆安保的平谷分局民警张大庆,突发心肌炎,不幸去世。12月30日,分局领导到平谷分局慰问看望张大庆同志的遗属。 (李露云)

【乒乓球赛】 11月26~27日,市公安局前卫体协乒乓球俱乐部在地坛体育馆举行市公安局第三届乒乓球比赛。东城分局承办此次比赛。市局领导傅政华、单志刚、董小兵,前奥运、世界冠军,现八一队队长兼主教练王涛,区总工会主席贾炯协等出席了开、闭幕式。全局52家单位、400名民警参加比赛。 (李露云)

【联勤联动指挥机制】 东城分局勤务指挥处自6月成立以来,制订《社会面防控等级启动实施细则》《联勤检查督导方案》等方案、制度。依托"扁平化"指挥模式、最小单元报备系统,以及警情研判等制度,有效牵动"四张网"整体运行,完善了三级领导勤务指挥机制。年内,分局勤务指挥处接处警6.54万件,编发"警情监测"、"治安形势分析"371期,启动调整防控等级100次,实地检查社会面防控警力7万人次,处理各类紧急案事件1520件,抓获犯罪嫌疑人52人。 (李露云)

【美国总统访华安保】 11月15~18日,美国总统奥巴马访问中国。东城分局成立指挥部5个,动用警力5000人次,确保奥巴马行车路线、参观故宫等活动的安全,期间全区未发生影响社会安定和政治稳定的案(事)件。 (李露云)

【换发居民身份证】 12月24日,在全国公安机关集中换发第二代居民身份证工作总结电视电话会议上,东城分局人口处作为全国公安机关换发第二代居民身份证工作先进集体受到表彰。 (吴丹)

【圣诞安全保卫】 圣诞期间,区领导杨艺文、李荣庆,市局副局长杨晓毅等到王府井天主教堂和指挥部检查指导工作。平安夜当天,启动一级加强巡控等级方案,投入警力1283人次,确保全区3处教堂宗教活动的进行和全区35处举办庆祝活动行业场所的安全。

(李露云)

**【假牌照诈骗案】** 3月6日,东城分局接事主郭某报案称:2007年夏天,郭某通过朋友认识一名叫孙某某的男子(42岁,江苏省扬州市人),该人自称是公安部八局领导,可为其办理公安部"京OA"开头的车牌照。2007年10月末,郭某按照孙某某要求,先后两次交给孙某某人民币8.5万元。五天后,孙某某将一副"京OA8123"的牌照及相关手续交给郭某。2月25日,郭某的朋友驾驶挂有该牌照的车因使用假牌照被查扣。东城分局于6月1日在东城区东华门大街同仁堂药店门前将孙某某抓获,同时起获孙某某伪造的公安部车辆牌照两副、挂有假武警牌照的奥迪A6轿车一部、伪造的公安部人民警察证及公安部、安全局等单位的十余个特殊车证。孙某某对上述诈骗的犯罪事实供认不讳。

(李露云)

**【诈骗案】** 5月11日,东城分局接事主蔡某报警:其于当日11时40分接到其母打来的电话,称当日9时45分许,有一南方口音的男子给家中打来电话称绑架了其女儿蔡某(报案人姐姐),让其汇5万元人民币到中国建设银行一账户内,如不汇款就将蔡某的手脚砍断。其按照对方的要求在东四北大街某建设银行将5万元人民币汇入对方帐号,后其联系上了女儿蔡某,发现被骗故报案。东城分局与7月8日、9日在厦门、漳州、辽宁等地分别将犯罪嫌疑人简某某、简某某、简某某、简某某、李某某、徐某某抓获。6名犯罪嫌疑人对以此方法进行诈骗的犯罪事实供认不讳,交待作案7起,涉案金额30万元。

(李露云)

**【入室抢劫强奸案】** 5月13日,东城分局接布警:安外西河沿小区11楼3门402室内发生一起抢劫强奸案件,犯罪嫌疑人持刀并身缠雷管、炸药(破案后证实为烟花爆竹)抢走事主现金210元,手机1部,邮政储蓄银行卡1张。据被抢事主王某陈述,王某是在招嫖过程中遭遇抢劫的,并称到此处嫖娼的客人均由一名叫"方伟"的男子介绍,并从中收取"介绍费"。经查明:方伟真名方某某,为一组织卖淫团伙的头目。方某某在房山良乡一居民楼内聚集多名男女,以上网聊天、电话聊天等方式招揽嫖客,并将嫖客介绍给团伙中的卖淫小姐从中渔利。5月19日,东城分局成功侦破"5.13"入室抢劫强奸案,抓获犯罪嫌疑人1名,并在侦破该案件过程中,成功打掉一组织卖淫团伙,抓获犯罪嫌疑人4名。5名犯罪嫌疑人对组织卖淫的犯罪事实供认不讳。

(李露云)

**【特大运输毒品案】** 6月1日,东城分局在工作中发现一维族男子在北京长期向他人贩毒。并于6月4日将该男子及1名同伙抓获。从该男子身上及暂住地收缴毒品海洛因1.8公斤。经讯问,维族男子阿卜杜热合曼·艾麦尔,运毒男子罗某某,2人对运毒的犯罪事实供认不讳。

(李露云)

**【传播虚假恐怖信息案】** 6月8~9日,东城分局分别接报警:新侨饭店总机接一男子电话称"在饭店内放了两个炸弹,一会儿就爆炸";协和医院院办接到一名男子电话称有3个山西人要炸协和医院门诊。在市局相关部门协同配合下,确定"6·08"案件嫌疑人付某某、"6·09"案件嫌疑人王某某。6月10日,在平谷区马昌营镇圪塔头村坎下路17号,犯罪嫌疑人付某某被抓获,同时在该人住处发现涉案手机号码SIM卡1张。同日在朝阳区静安市场门口将犯罪嫌疑人王某某抓获。两名犯罪嫌疑人对编造故意传播虚假恐怖信息的犯罪事实供认不讳。

(李露云)

**【涉众型非法经营案】** 2008年4月29日,东城分局接市局转办案件:北京路直方投资顾问有限公司于2001年非法出售原始股票。经查明,犯罪嫌疑人路某某、马某两人在未经有关部门批准的情况下,于2001年10月至2002年3月,在东城区国中大厦向宋某某等10余人出售四川都江堰科技产业投资有限公司及四川省中元实业有限公司原始股票,销售金额35万元。在查证过程中发现,犯罪嫌疑人马某曾于2003年7月至2004年12月期间,伙同犯罪嫌疑人李某注册成立北京中富创业管理顾问有限公司,并在未经有关部门批准情况下,在东城区京宝大厦313室,向事主张某某等人销售川大三康等原始股票,销售金额共计160万元。12月29日,在朝阳区望京西路50号院8-3-1802号将犯罪嫌疑人李某、马某抓获,在丰台区金泰城丽湾小区西门外将犯罪嫌疑人路某某抓获。三名犯罪嫌疑人分别对其犯罪事实供认不讳。(李露云)

## 东城消防支队

**【概况】** 北京市东城区公安消防支队,又称中国人民武装警察部队北京市东城区消防支队,武警现役体制(正团职建制)。下设司令部、政治处、后勤处、防火处4个部门,有执勤备防中队5个,分别为北新桥中队、故宫中队、王府井中队、金宝街中队、地坛中队。消防支队担负着东城区消防监督管理、防火灭火、抢险救灾和消防宣传四项任务,是一支全天候、全时制为东城区经济建设和市民提供消防安全服务的队伍。

2009年,在社会面火灾防控和消防监督执法工作方面,以国庆消防安全保卫工作为核心,做好社会面火灾防控工作及消防安全保卫工作。以国庆消防安全保卫工作为动力,推动东城区消防基础设施建设和消防队站建设,加强各级职能部门消防工作责任,推进消防工作社会化。在战备执勤方面,组织官兵进行灭火调研,制定和修改灭火预案。针对灭火救援预案开展实战演练,特别是涉及国庆活动相关场所的灭火救援预案,逐个制定方案进行演练,并随时做好灭火救援、抢险救灾、反恐处突及各项勤务工作。

**单位名称:北京市东城区公安消防支队**
**单位地址:外交部街2号　传真:85119935**
**联系电话:85119076　邮政编码:100005**　(徐雷)

**【领导视察】** 1月25日,副总队长武志强率督查组到东城区消防支队,听取支队近期重点工作汇报,查阅春节期间火灾防控、大型活动保卫、清理可燃物和冬季消防安全专项治理月行动等工作档案。武志强指出:第一,要严格落实各级领导指示和工作安排,加强节日期间人员值守,确保足够警力对辖区重点场所和部位开展不间断检查。特别是要加强对大型活动场所和人员密集场所的管理,切实推动单位落实消防安全主体责任,消除火灾隐患,严防重特大火灾事故特别是群死群伤火灾事故的发生。第二,深入开展可燃物清理工作,要依靠政府协调有关部门特别是公安派出所、街道办事处、居民委员等基层组织,重点对居民小区、胡同院落等区域和部位开展清理工作,消除死角死面。第三,要做好灭火救援工作,支队灭火力量要加强对辖区环境、消防车道和消防水源的熟悉,确保发生火情能快速到场、快速处理。　(徐雷)

**【金宝街消防中队成立】** 2月26日,东城支队金宝街消防中队正式揭牌成立。市消防总队副总队长武志强、参谋长李洋波,区委副书记、政法委书记冯熙等领导,辖区街道(地区)、派出所、社会单位代表300人参加启动仪式。冯熙与武志强、马战校、李洋波为金宝街中队揭牌。冯熙代表区政府向东城支队赠送器材装备补充款60万元。　(徐雷)

**【领导调研】** 3月3日,总队长赵子新到东城支队调研指导工作,与支队副科长以上干部进行座谈。赵子新座谈时强调:当前,火灾形势严峻,全国"两会"、建国60周年庆祝活动消防保卫任务艰巨,各级领导要以强烈的忧患意识、责任意识,扎实做好各项工作的落实。8月20日,赵子新到东城支队调研国庆消防保卫工作,听取东城支队工作汇报,结合东城承担的国庆安保任务,提出要求。东城区委常委、公安分局局长谢世龙,副区长毛炯参加。11月19日,杨柳荫、毛炯等领导到消防支队调研,并与副总队长李进,东城支队支队长李树义、政委李学东等进行座谈。李树义从支队基本情况、东城区全年火灾形势分析、消防工作开展情况、面临的形势和存在的问题,以及工作措施等五个方面进行汇报。毛炯对东城支队各项工作表示肯定。　(徐雷)

**【消防宣传】** 3月18日,东城支队与区教委、故宫消防中队以"小手拉大手"为主题,举行东城区小学生志愿者消防宣传队成立暨新消防法宣传贯彻启动仪式。北京电视台红绿灯栏目、《北京青年报》《晨报》《北京晚报》《法制晚报》《新京报》等10余家媒体记者进行现场报道。5月1日,新消防法正式颁布实施。东城支队组织开展消防法宣传活动。前乒乓球世界冠军、共青团北京市委副书记邓亚萍参加地坛书市开幕仪式,并到东城支队消防法宣传日活动现场,为过往游客、读者发放消防法宣传材料。此次宣传活动,共发放消防法宣传折页及消防围裙、布袋等宣传材料6000份,受教育人数1万人次。11月9日,由市防火安全委员会、市公安消防总队、区政府主办,以"人人参与消防,共享平安生活"为主题的市第十九届119消防宣传中心站活动在百货大楼门前举行。公安部消防局局长陈伟明、副局长王沁林、总工程师杜兰萍,市领导王安顺、马振川、黄卫,市政府副秘书长周正宇,市公安局副局长丁世伟,市公安消防总队总队长赵子新,政委张久祥,区领导杨艺文等及消防官兵代表、社会群众代表1000人参加宣传活动。王安顺、马振川为"王府井地区义务消防互助队"揭牌。黄卫向著名演员濮存昕颁发《消防爱心大使》证书。5000游客和市民观看。　(徐雷)

**【国庆消防保卫誓师会】** 为贯彻落实总队奥运安保表彰暨首都国庆60周年消防保卫誓师动员大会精神和上级领导指示,6月30日,东城支队在东城公安分局组织召开国庆60周年消防保卫誓师大会,市消防总队副总队长李进、副区长毛炯,支队机关全体干部及所属北新桥、故宫、王府井、金宝街中队官兵和战士代表150人参加会议。　(徐雷)

**【领导督查】** 8月26日,由公安部消防局防火处处长马恩强,高级工程师李钙、伍林组成的部局督查组,对东城支队国庆60周年消防安全保卫工作进行督导检查,东城支队支队长李树义、政委李学东等陪同。强调在国庆期间,重视消防安全,落实单位主体责任,加强消防安全培训,制订切合实际的应急疏散预案并加强演练,督促安保人员日常巡视制度落到实处,确保及时发现问题、解决问题,做好国庆60周年消防安全保卫工作。9月22日,专项督查组伍林、李钙一行,在总队防火部副部长李建春陪同下,对东城区长安街沿线重点单位中纺大厦国庆期间消防安全保障工作落实情况进行检查。对发现的问题提出整改意见。2月18日,市防火安全委员会委员、市文物局巡视员巴爱民和市消防总队防火部副部长李建春等一行到东城区督导检查文物保护单位冬季火灾防控工作,副区长毛桂芬以及区文委、消防支队相关负责人员陪同。督查组实地检查孚王府、宁郡王府文物古建的消防安全状况;到中国信息研究所、中国科学出版社、中国科学院自然科学史研究所、中国图书进出口总公司、国家话剧院五家文物使用单位的办公场所、图书馆、库房、集体宿舍以及周边居民住宅,抽查消防设施配置使用情况、疏散通道畅通情况、用火用电情况以及可燃物清理情况;听取东城区关于文物保护单位消防工作情况汇报。12月24日晚,公安部消防局防火处、在总队防火部等领导督导检查北方佳苑饭店、工美大厦、王府井教堂等人员密集场所消防安全工作。新华社、北京电视台等多家媒体全程进行了跟踪报道。 (徐雷)

【地坛消防中队成立】 12月18日,东城支队地坛消防中队正式挂牌成立。市消防总队副总队长张志明,吴弘勇、曾刚健等区领导区公安分局、东城支队官兵代表,区属各系统、各街道、社会群众200人参加揭牌仪式。 (徐雷)

【考评验收】 12月25日,市监察局执法监查室副主任赵玉岐,市公安局消防局副局长骆原等对落实政府消防工作责任制进行考核验收。东城区防火安全委员会主任、副区长毛炯,区公安分局、消防支队及区政府办、区文委、区建委、区安监局、区规划分局、区财政局、区工商局、区质监局、区卫生局、区民政局、区民防局、区商务局、区体育局、区教委、区旅游局等部门相关领导出席并参加考核验收工作。毛炯就东城区各职能部门全面加强消防工作的具体措施和力度进行介绍。区综治办、安监局、发改委、财政局等就各部门消防安全工作纳入社会治安综合治理防控体系、履行安全生产工作综合监管职责和推动开展消防安全联合检查执法工作、消防队站建设情况、消防工作资金投入、依法加强消防产品质量监督检查、履行商、市场消防安全行业监管职责情况、履行卫生消防安全行业监管职责、2009年火灾事故发生及处置、公安派出所消防监督管理工作开展等进行汇报。东城支队对全区消防工作进行全面概括汇报。 (徐雷)

## 天安门地区公安分局

【概况】 本年,天安门分局以国庆60周年安保工作为中心,以维护天安门地区安全祥和为主线,大力推进防控工作基础建设、规范化建设,深入推进责任落实,完成建国60周年庆典、国庆黄金周、全国“两会”,重点节假日升旗仪式等保卫工作,始终掌控地区治安局势。共完成警卫勤务1807起,预防并处置各类治安突出问题3045起1.68万人,广场安检量1882万次,破获刑事案件16起,刑事拘留29人,查处各类非法扰序人员2.55万人次,打掉非法扰序团伙6个,劳动教养6人,行政拘留821人,查获精神异常人员2786人。被中共北京市委授予“北京市思想政治工作优秀单位”,1个基层单位荣立集体二等功,3个基层单位荣立集体三等功,3名个人二等功,67名个人三等功,217名嘉奖,72名被评为分局“巡逻盘查标兵、文明执法标兵”。

**单位名称:北京市公安局天安门地区分局**
**单位地址:东交民巷37号**
**联系电话:85222689 邮政编码:100006** (刘培 马骏)

【胡锦涛视察慰问】 10月7日,中共中央总书记、国家主席、中央军委主席胡锦涛,专程到分局视察工作,慰问奋战在国庆安保岗位上的首都全体民警、武警官兵。中央政治局委员、北京市委书记刘淇,中央书记处书记、中央办公厅主任令计划,国务委员、公安部部长孟建柱,武警部队司令员吴双战,武警部队政委喻林祥,北京市委副书记、市长郭金龙,北京市委副书记、政法委书记王安顺,北京市委常委、市公安局局长马振川,北京市委常委、市委秘书长李士祥等领导陪同。在听取马振川和武顺发工作汇报后,胡锦涛作重要讲话。他指出,首都的国庆安保任务十分繁重,同志们牢记党和人民的重托,恪尽职守,不辞辛苦,为维护首都的稳定、确保国庆活动的圆满成功做出了突出贡献。希望同志们继续坚持立警为公、执法为民、争创一流,进一步提高警务水平,进一步增强自身素质,进一步强化技术装备,为维护天安门地区和首都的稳定再立新功。 (刘培 马骏)

【周永康慰问民警】 10月1日,国庆联欢晚会结束后,中央政治局常委、中央政法委书记周永康、刘淇、孟建柱,在公安部副部长刘京和郭金龙、王安顺、马振川、

李士祥等市领导的陪同下，到分局慰问执勤民警，就国庆黄金周期间安保工作提出要求。　（刘培　马骏）

**【刘淇检查指导工作】**　5月26日至6月4日，刘淇先后7次到分局检查指导地区安保工作，并对维护地区安全稳定的工作人员表示慰问。　（刘培　马骏）

**【孟建柱慰问民警】**　1月25日，孟建柱同志到金水桥前慰问了坚守岗位的分局执勤民警。6月3日，孟建柱同志到天安门广场实地检查安检工作，亲切慰问了执勤民警和武警官兵。　（刘培　马骏）

**【国庆庆典安保工作】**　为完成10月1日建国60周年庆祝大会、联欢晚会安保工作，分局按照市局部署，启动专项方案，自9月29日22时起，分时段、逐区域实施清场安检，落实封闭控制措施。庆祝大会期间，分局领导班子全体成员分兵把口，现场组织落实地区22处重要出入口、11处重点区域、10处制高点和9处停车场的巡逻看护工作。联欢晚会期间，分局在延续庆祝大会投入373人基础上，抽调60名备勤警力，强化广场内各个焰火阵地的安全监管任务，完成国庆庆典安保工作。　（刘培　马骏）

**【人流疏导工作】**　国庆黄金周期间，自10月2日广场恢复开放至10月11日广场彩车撤场，天安门游客流量激增至1280万，平均每小时流量7万人，单日最高峰达到165万人。为缓解人流压力，分局通过疏导地下通道、开通地面公路、人流单向流动、重点区域硬质隔离、远端疏导流量、公交地铁甩站、提高景点区域通行效率等措施，保证了地区国庆黄金周期间的安全祥和。　（刘培　马骏）

**【节日升旗安保工作】**　1月1日，5月1日，8月1日，10月3日，重大节日升旗仪式在天安门广场隆重举行。市局开通天安门指挥部，启动专门方案，由分局负责牵头组织。保卫工作坚持"防暴力恐怖事件、防治安灾害事故、防极端行为、防规模聚集"工作目标，坚持"变无序为有序"原则，强化网格管理、两翼疏导、组织引导、流量控制、安检过滤、三看三查、现场处置、有序疏散等工作措施，观旗现场秩序良好，未发生任何问题。　（刘培　马骏）

**【"两会"安全保卫工作】**　3月5～13日，3月3～12日，全国人大十一届二次会和政协十一届二次会在人民大会堂举行。市局开通天安门指挥部，由分局负责牵头组织，共投入安保力量889人，其中民警598人，武警291人，强化警卫、巡逻、秩序维护和防暴处突等安全措施，完成保卫任务。期间，共预防和妥善处置各类治安情况105起141人，治安拘留20人，收治精神异常人员205人。　（刘培　马骏）

**【基础摸排工作】**　加强基础调查工作，先后完成辖区内102家内部单位、20家施工单位、5家涉外单位和非政府组织的摸排建档工作。对5228名地区从业人员全部进行核查录入。对长期在天安门地区活动的流民，老、弱、病、残、孕扰秩人员和精神异常人员全面开展摸排建档工作。　（刘培　马骏）

**【安保培训演练】**　4月20日至6月26日，分局分批开展国庆安保培训演练10期。提高全体领导干部和民警预警能力、打击能力、防控能力、处置突发敏感案(事)件能力，保证领导干部达到"五知五能"、民警达到"五知五会"要求，为国庆60周年庆典安保工作提供一流的素质和能力保障。国庆后，组织骨干民警，开展专项训练，参加市局大比武，取得分县局第三名。　（刘培　马骏）

**【建局十周年座谈会】**　6月15日，分局举办建局十周年座谈会。公安部副部长刘京，市委常委、市局局长马振川，市委副秘书长李伟，市委政法委副书记、市维稳办主任闫满城，原市局副局长李全福，市局副局长单志刚，武警十四支队政委张永利、支队长杨宏生，地区管委会、大会堂管理局、纪念堂管理局、故宫博物院、中山公园和劳动人民文化宫的领导莅临分局，参观分局建局十周年发展历程纪念图片展览，观看建局十周年发展历程纪念片，共同畅谈天安门分局十年的发展历程。　（刘培　马骏）

**【开展专项活动】**　7月1日开始，在全局范围内开展为期三个月的"争创百日无投诉、文明规范做标兵"专项活动。组织各单位民警开展敬礼、集合排队、盘查站位、文明用语、押解等内容的训练；纪委联合指挥中心加强对各单位规范执法、民警执勤形象的监督检查力度，对每日发现问题进行统计记录，在网站主页设立专栏，每日进行通报。　（刘培　马骏）

**【地区安全监管】**　自8月份起，分局加强对辖区内部单位的安全监管，对辖区从业人员、安全管理制度和安防措施严格落实监督工作。对国家博物馆施工工地、焰火燃放现场和广场内国庆施工场地反复实地踏勘和治安、消防检查，对存在的问题和隐患，全部落实了整改措施。全年，共填写《消防监督检查记录表》324份，

排查整改安全隐患 14 处,清除可燃物 40 吨。国庆期间,地区未发生安全事故。 (刘培 马骏)

【社会治安秩序整治】 国庆前,分局协调组织地区综治、城管、交通等执法部门,连续开展对扰秩问题的专项集中打击整治行动。紧盯易形成治安乱点的重点地区,抽调专人,成立专业打击队,对故宫午门外的非法倒票问题持续开展清理整治。全年,共查处各类非法扰序人员 2.55 万人次,打掉非法扰序团伙 6 个,劳教 6 人,行政拘留 821 人,查获精神异常人员 2786 人。

(刘培 马骏)

【端门城楼纵火案】 8 月 8 日凌晨,犯罪嫌疑人高某(云南人)在端门城楼上纵火,高某自施工脚手架上坠落后抢救无效死亡。情况发生后,各级领导相继作出重要批示。市局刑侦总队牵头,分局派人参加,成立"8·07"专案组。专案组调取证据,复核勘查,派专人赴云南省调查案情,查明了高某人为纵火的主要事实,迅速完成侦办工作。同时,分局组织治安、消防等监管部门,对地区重点单位、重点部位开展拉网式安全检查,对于检查中发现的问题全部责令改正。市局副局长单志刚组织指挥,分局与市局科技处、信通处迅速研究制定了地区重点部位技防部署方案。在 8 月 22 日国庆预演前,完成全方位视频监控系统和自动预警系统建设,督导有关单位健全了安全管理制度。

(刘培 马骏)

## 东城交通支队

【概况】 在市公安局公安交通管理局(以下简称市交管局)党委的领导下,东城交通支队党委以国庆安保工作为中心,落实"平安北京交通,微笑北京交警"目标和国庆安保工作总体部署,借鉴建国 50 周年和奥运交通安保成功经验,做好国庆交通安保各项工作。同时,以国庆安保工作为依托,坚持"科学管理、严格执法、高效服务",全面提升执法、管理、服务水平。全年,东城交通支队共接警 8.93 万起;利用电视监控系统发现问题 5324 起,其中交通事故 3028 起、故障车辆 1999 起、其他原因 297 起;发布路况信息 19.26 万条、发布指挥调度指令 12.33 万条;完成重大活动交通保卫任务 6014 次,其中一级勤务 327 次、二级勤务 1376 次、三级勤务 3512 次,出动警力 10.38 万人次、警车 8.44万辆次;机动车路面现场执法 14.77 万笔;暂扣摩的、残三 1.16 万辆;全年因交通违法行政拘留 401 人,刑事拘留 6 人,其中,非司机拘留 243 人,醉酒驾车拘留 156 人,醉酒事故拘留 1 人,交通肇事逃逸拘留 2 人,造成重大交通事故拘留 5 人。

**单位名称:北京市公安局公安交通管理局东城交通支队**
**单位地址:北京市东四四条 33 号**
**联系电话:68399105 邮政编码:100010** (刘众)

【交通秩序整顿】 开展动、静态交通秩序整顿 350 次,查处非司机 379 人,查处酒后 5619 起,涉牌 2723 起,处罚闯红灯 3.76 万起,处罚货车 2.73 万起。

(刘众)

【交通优化】 全年改造道路及路口 11 处,渠化优化路口 18 处,设置单禁行线 39 处。 (刘众)

【交通设施】 全年安装路口信号灯 10 处,申报安装各类交通标志 384 面,安装护栏等隔离设施 1.02 万米,施划复划交通标线 10.85 万米。 (刘众)

【交通事故处理】 全年东城交通支队管界发生交通事故 7594 起,伤 2569 人,亡 5 人,与去年同期(7898 起,伤 2605 人,亡 10 人)相比,次数下降 3.8%,伤人数下降 1.4%,死亡人数下降 50%。快速处理事故 7553 起,快速率 99.5%。一般程序处理事故 41 起,占事故总数 0.5%。比市交管局下达的控制指标减少 5 人。 (刘众)

【行政复议】 全年东城交通支队共受理行政复议案件 20 件,维持 19 件,自撤 1 件。 (刘众)

【行政诉讼】 全年东城交通支队共受理行政诉讼案件 5 件,维持 3 件,自撤 2 件。 (刘众)

【安全监管事故】 全区共发生安全监管事故 9 起,死亡 10 人,同比分别上升 50% 和 100%,死亡人数比控制指标(14 人)减少 28.5%。 (刘众)

【交通安全宣传】 组织各类主题宣传及宣传日活动 370 场,发放各类宣传材料、宣传品 25 万份,受教育人数 60 万人次。 (刘众)

【证照管理】 共办理驾驶证审验手续 48983 个,换领驾驶证(含到期换证、变更、丢失补领)78218 个,核发机动车临时号牌 614 个,核发长期进京通行证 330 个。 (刘众)

【领导慰问】 6 月 2 日,杨柳荫、冯熙、边振英、李荣庆,在相关领导陪同下,到东城交通支队慰问坚守岗位的交通民警。8月12日,王建军在国家话剧院一级演员张凯丽等12名政协委员陪同下,到东城交通支队和平里大队慰问国庆60周年安全保卫工作一线的民警。9月1日,刘朋庆、李力、金旭,到东城交通支队慰问全体干部民警,并赠送了慰问金。10月1日,中央政治局常委、中央政法委书记周永康在国务委员、公安部部长孟建柱,市委副书记、政法委书记王安顺,市政府副秘书长李伟等陪同下,到东城交通支队南池子岗路口慰问正在执行国庆60周年交通保卫任务的干部民警。10月4日,副市长黄卫在市政府有关部门领导陪同下,专程到东城交通支队南池子路口岗慰问国庆期间坚守岗位的交通民警和协管员。12月31日,公安部交管局局长杨钧到东城交通支队帅府园大队,慰问东城交通支队干部民警,并赠送了慰问品。（刘众）

**【国庆保卫】** 8月29~30日,在天安门地区和长安街举行国庆庆典演练活动。东城交通支队承担着18条勤务路线、6处下车点、8处停车场、20处候场点、14个管控节点的交通保卫、疏导维护和管界内管控区域卡口劝绕工作,此次演练全体干部民警共加班加点1.2万小时。9月6日,第二次国庆综合演练在天安门地区和长安街举行,为完成此次交通保卫任务,东城交通支队认真总结“8.29”、“8.30”安保演练的经验做法,自下午16时,就部署警力和清障车对演练活动涉及的下车点、候场区和停车场进行清理控制,确保勤务期间,管控区域处于“相对真空”状态。随着支队管界勤务等级、管制措施加强,路面警力数最高峰达到495人。9月12日、18日,在天安门地区和长安街举行国庆庆典演练活动。作为国庆庆典演练主场,东城支队承担任务与8月30日相同。2次演练,东城支队出动警力1800人次。10月1日庆祝大会交通保卫活动,东城交通支队共管制道路45条,出动警力495人,出动警车202辆。全体干部民警共加班加点6900小时,36人次带病坚持工作。10月2日,首都国庆联欢晚会在天安门广场举行,5000余辆参演车辆平安准时抵离,5.6万参演群众、2万观礼人员安全有序集散,东城交通支队共管制道路13条,出动警力297人,出动警车121辆。全体干部民警共加班加点5676小时。（刘众）

**【交通维护】** 10月31日,中国足球超级联赛北京国安队对绿城队的比赛在北京工人体育馆举行。东城交通支队克服休整期间部分警力外出的困难,落实各项交通保卫措施,完成中超联赛交通保卫任务。投入警力195人次,警车174辆次,确保赛事交通的安全。11月9日夜间,京城普降大雪。为确保管界道路交通不因降雪造成拥堵和事故,东城交通支队按照局雪天道路交通应急指挥部统一部署,迅速启动雪天一级工作预案,确保11月10日早高峰路面交通的安全、畅通。支队上勤警力197人。（刘众）

**【为民服务】** 10月1日凌晨,国庆庆典管制区内,一产妇即将临盆,急救车无法进入,交通支队东单大队三警区警长带1名民警赶到现场救护,及时将产妇送至管制区外救护车。上午10时,国庆观礼嘉宾、全国人大原副委员长布赫突然身体不适,急需赴医院救治。交通支队帅府园大队、东单大队沿途警力与武警做好协调工作,将患者及时送往医院。（刘众）

**【参加选民接待日座谈】** 6月15日,东城交通支队支队长刘恕到东四六条社区居委会参加人大代表选民接待日活动并与选民代表进行座谈。双方就社区建设、社区管理、旧房改造与保护等问题交换了意见,刘恕对选民提出的胡同停车、堵点治理等当前交通管理工作中存在的热点问题进行解答。（刘众）

**【平安畅通县区创建】** 6月2日,公安部、交通部、城建部等国家六部委组成联合工作组,对北京市2008年度平安畅通县区创建工作进行考核。东城区作为部级平安畅通区县的自评申报单位,由主管副区长、区安委会主任毛炯带队参加,并接受国家六部委考核组的检查和评价。毛炯从完善交通安全机制、市民交通安全宣传教育、道路通行管理和执法、道路交通安全状况等四个方面就东城区2008年度平安畅通县区创建工作开展情况向六部委考核组作汇报;检查组依据北京市平安畅通县区评价指标体系的七大部分、47项内容,对东城区创建工作中积累的基础档案材料进行核查,逐项对创建工作措施落实情况进行评价和打分,最终对东城区2008年平安畅通县区创建工作表示认可。（刘众）

**【规范执勤执法工作口诀】** 东城交通支队东四大队结合查处酒后驾车工作实际,不断摸索,归纳总结出“三十六句”规范执勤执法工作口诀:

严整酒后防事故,执法安全记心间;
夜查站位需谨慎,车辆左边是安全;
设点安检讲科学,确保畅通要在先;
有车行进不强拦,待车停妥最保险;
统一行动要迅速,重点巡测莫迟延;
查酒测试敬双礼,文明言语话在前;
遇车闯卡切莫追,安全设施码齐全;
初测酒后把车灭,通报电台警力援;

言行规范要配合，切莫心急车内探；
两警配合人车带，全面防护保平安；
两证勘验要认真，身份虚实辨是非；
问询笔录要简练，告知权利放在先；
本地外阜存不同，制作笔录注分明；
因势利导讲策略，司机主动把字签；
个例酒醉把态失，平和心态莫搭讪；
通力合作讲程序，理性执法免事端；
检测数据存异议，力争短时医院赶；
万事具备职责尽，确保执勤平安还。

口诀在全体民警中推广普及，不仅对指导民警在酒后处置过程中规范自身行为、提高工作处置能力方面具有指导意义，而且对提高民警自身防护能力，保证民警执勤执法安全，防止自身伤害发生起到促进作用。本年，东四大队共计查获酒后驾车违法行为365起，其中醉酒16起、非司机6起，累计拘留20人。（刘众）

# 检　察

【概况】 本年，东城检察院共批准逮捕各类刑事犯罪350件442人，提起公诉337件404人。按照“保增长、保民生、保稳定”的要求，重点审查并严厉打击金融诈骗、非法吸收公众存款等严重破坏经济秩序和损害群众利益的犯罪活动，共批准逮捕此类犯罪43件56人，提起公诉39件50人。在审查批捕环节，实行听取犯罪嫌疑人供述和辩解制度，利用计算机网络技术推行远程听取的新举措；在审查起诉环节，建立公诉案件督导检查机制，由资深检察官组成督导组专门负责备案监督等工作，已起诉案件有罪判决率100%。

加大查办职务犯罪力度。保持办案规模，突出查办有影响、有震动的大案、要案，共受理贪污贿赂、渎职侵权等职务犯罪案件73件，决定立案28件31人，其中100万元以上大案7件、50万元以上4件，查办局级干部3人、处级干部8人，为国家挽回经济损失上千万元；真诚对待群众举报，拓宽线索来源渠道，共受理举报、控告线索128件；明确办案重点，集中力量查办重点领域和重点行业的案件，依法立案侦查市供电局城区开发总公司总经理关某在东城区工程改造中受贿60万元案等等；完成中纪委、高检院、市纪委、市检察院等上级机关交办的职务犯罪案件，侦破市地方税务局常务副局长苏某受贿80万元案等大要案；重视查处渎职类犯罪，查办区劳动和社会保障局干部李某等人滥用职权案，为国家挽回潜在的巨大经济损失；坚持有案必查，深挖案中案和窝案、串案，在查办市供电局关某受贿案期间，发现并侦破市电力公司怀柔供电公司干部明某受贿案、市南方万马电缆销售中心总经理王某行贿案等等。

开展职务犯罪预防工作，结合办案搞预防，在办案中发现问题，总结规律，形成相关调研报告20篇，结合办案发出检察建议39份，在中海油集团等单位开办预防犯罪巡展，与区教委共同签署《关于建立东城区教育系统预防职务犯罪联席会议制度的意见》，拓展从源头上防治腐败的工作领域。

加强对诉讼活动的法律监督，维护司法公正，共受理立案监督线索7件，监督公安机关立案4件；对公安机关应当逮捕而未提请逮捕、应当起诉而未移送起诉的，决定追捕26人、追诉4人。严把事实关、证据关、程序关，决定不批准逮捕19人、不起诉8人，向公安机关发出纠正违法通知书4份。坚持实体公正与程序公正并重，加强刑事和民行审判监督。在刑事审判监督方面，共出庭支持公诉176件，提出量刑建议100余次，审查刑事判决363份，对认定事实有误、量刑不当的，依法提起刑事抗诉3件。在民事行政诉讼监督方面，共审结各类民事行政申诉案件65件，对认为确有错误的民事和行政判决、裁定依法提请抗诉和建议提请抗诉5件，向法院发出再审建议2件，获上级院支持3件。坚持维护监管秩序与保障被监管人员权利并重，加强刑罚执行监督。以监督纠正违法保外就医、超期羁押、违法使用戒具等为重点，开展日常监督和专项检查，起草并与法院、看守所共同签署《加强延期审理案件法律监督工作的联系办法》，建立延期审理案件法律手续备案和审理期限告知制度，规范法院延期审理报备程序，出台体质检查、分类管理、病情通报等规定，参与预防流行性疾病在监管场所内的传播，通过加强与各派出所、司法所、居委会等单位的联系，对监外执行罪犯缓刑、保外就医等情况进行全程跟踪，及时发现问题，从制度上规范社区矫正工作。强化内部监督，推动检察工作科学发展，围绕规范执法办案活动，贯彻落实高检院《人民检察院执法办案内部监督工作暂行规定》，开展了以下工作：突出重点，加大内部监督力度，对执法办案的重要岗位和关键环节，以及容易发生问题的自侦案件和一线执法办案人员加大监督的力度。根据检察职权配置,构建内部监控机制,在自侦、批捕、公诉等环节,发挥相互制约的作用,对于自行侦查的职务犯罪案件,公诉部门坚持依法审查,发现事实不清、证据不足的,退回补充侦查,不构成犯罪的,及时做撤案处理,使本院公诉的职务犯罪案件有罪判决率100%;按照最高人民检察院职务犯罪案件审查逮捕程序改革方案,从9月起,本院立案侦查并需要逮捕犯罪嫌疑人的,一律报上一级人民检察院审查决定,使内部监督程序更具刚性。推行检务督察制度,督察的重点是贯彻落实上级重大工作部署和各项规章制度情况,落实办案安全防范措施和严格依法办案情况,接待和处理群众来信来访情况,公诉人出庭情况、警用装备使用管理情况,遵守检容风纪情况等,通过检务督察,清理1994年以来积压的大量涉案款物,逐案审查、逐案分析、逐案查找关系人、逐案处置,实现涉案款物零积压,此做法受到最高人民检察院肯定并被推广至全国;认真对待群众涉检信访工作,化解社会矛盾,解决诉求,全力息诉罢访,全年共接待群众来访3500人次。

建立健全队伍监督管理机制。重视队伍建设和领导班子自身建设,坚持从严治检,开展社会主义法治理念教育和党风廉政警示教育,培育良好的职业道德和职业操守以及忠实的品格和敬业精神。

创建学习型检察院,加强职业技能培训,做到依法、客观、公正地追诉犯罪和行使各项检察职权。打造精英团队,推进高层次人才建设,树先进典型,开展向人民满意的检察官学习的活动,结合检察文化建设,编辑出版系列丛书。树立监督者更要接受监督的意识,认真对待意见和建议,加强和改进检察工作;向区人大常委会专题汇报诉讼监督工作;重视代表建议的办理工作,将代表建议的办理过程转化为加强和改进检察工作的具体行动;对区人大十四届四次会议上代表提出的建议进行专题研究,并及时反馈落实情况;拓展沟通交流平台,召开专题座谈会,邀请人大代表、政协委员和人民监督员、特约监督员视察窗口接待、驻所检察;自觉、主动接受人大和社会各界的监督。

**单位名称:东城区人民检察院**
**单位地址:东四北大街265号**
**联系电话:59115830(日)59115933(夜)**
**举报电话:59132000　邮政编码:100007**　(赵增琴)

**【中层干部调整】** 1月4日,区检察院完成三年一届的中层干部调整工作。通过调整,有5人不再担任中层职务,16人走上中层岗位,另有5人被任命为处长(主任)助理。(赵增琴)

**【英语沙龙活动】** 1月8日,区检察院50名青年干警参加由中央电视台6频道"动感英语"栏目主持人翁云凯和"Elite Learning精英英语"培训团队主持的《英文听说揭秘》沙龙活动。(赵增琴)

**【远程提讯】** 2月12日,区检察院利用计算机网络技术对涉嫌贩卖毒品、现羁押于区看守所的犯罪嫌疑人周某进行远程讯问,听取周某的辩解。首次利用计算机视频"面对面"远程提讯犯罪嫌疑人。(赵增琴)

**【三八妇女节活动】** 3月5~6日,区检察院开展"做最精彩的自己"主题活动,组织全体女干警欢度三八妇女节。(赵增琴)

**【精品项目活动】** 3月17日,启动精品项目活动,下发《东城区人民检察院2009年度精品项目活动方案》。这是一项以创新发展、追求卓越理念为指导,力求提高办案水平和工作质量、树立精品意识、提升干警整体素质和执法能力而开展的活动。(赵增琴)

**【学习实践科学发展观】** 3月19日,作为第二批学习实践科学发展观活动单位,区检察院召开深入学习实践科学发展观活动部署动员大会,正式启动学习实践活动。5月3日,检察长娄云生结合学习实践科学发展观活动,为全院干警讲《树立科学的法律监督观,推进检察工作全面发展》的党课。5月20日,召开第二届特约监督员选聘大会即学习实践科学发展观征求意见座谈会。12名区人大代表及社会人士成为区检察院第二届特约监督员。8月12日,召开深入学习实践科学发展观活动总结会。区委学习实践活动第五指导检查组组长成员参加。(赵增琴)

**【政治工作会】** 3月25日、27日,召开2009年政治工作会议,组织中层以上领导干部观看反腐倡廉录像片,签定领导干部党风廉政责任书,宣读2009年队伍建设、纪检监察和机关党建工作要点。(赵增琴)

**【专项教育动员会】** 3月30日,与区看守所联合召开"打击牢头狱霸、纠正违法违纪"专项教育动员部署会。(赵增琴)

**【廉政风险防范】** 4月1日,组织全院干警收看市检察机关推进廉政风险防范管理工作经验介绍会,对开展廉政风险防范管理工作进行动员部署,宣读工作实施方案。(赵增琴)

【党风廉政监督员】 4月9日,召开本院党风廉政监督员座谈会。宣读区检察院《党风廉政监督员规定》,介绍设立党风廉政监督员的目的、意义和工作职责。 (赵增琴)

【考察交流】 4月22日,内蒙古自治区兴安盟科右前旗检察院检察长郭玉发及该院领导班子成员、部门负责人一行17人,到区检察院考察交流。 (赵增琴)

【在线视频直播庭审】 6月3日,与区法院、法治中国传媒网沟通协调,联手对被告人李某职务侵占一案的庭审过程进行网络在线视频直播。 (赵增琴)

【奖励举报大会】 6月22日,区检察院召开2009年度奖励举报有功单位和个人大会,对1家举报有功单位和11名举报有功个人进行表彰,颁发奖杯、荣誉证书及奖金。 (赵增琴)

【法制宣传活动】 6月23日,与市检二分院在王府井大街工美大厦门前,举办以"反腐倡廉保民生、公平正义促和谐"为主题的举报宣传咨询活动。 (赵增琴)

【成立文化社团】 6月26日,区检察院召开庆祝建党88周年暨检察文化社团启动仪式大会,读书社等九个文化社团正式成立。 (赵增琴)

【启动量刑答辩程序】 7月3日,区检察院副检察长温长军在出庭公诉被告人张军涉嫌盗窃一案时,将量刑建议形成独立的法律文书即量刑建议书,向法院、被告人及其辩护人提出,首次启动量刑答辩程序。 (赵增琴)

【城乡共建活动】 7月30日,区检察院检察长娄云生带队赴怀柔区长哨营满族乡遥岭村,开展共建活动。与遥岭村党支部签订《城乡共建协议书》。 (赵增琴)

【复转军人座谈会】 8月1日,召开庆八一复转军人座谈会,庆祝中国人民解放军建军82周年。娄云生出次会议并与复转军人代表进行座谈。 (赵增琴)

【法制讲座】 8月6日,温长军应邀到东城交通支队,进行领导干部作风建设年主题讲座。 (赵增琴)

【调研视察】 5月6日,杨柳荫在边振英等陪同下到区检察院调研并指导工作。7月15日,区检察院邀请特约监督员就信访接待工作进行专项检查,在座谈会上汇报工作情况,听取监督员对信访接待工作的意见和建议。9月11日,费文勇及20名市、区人大代表到区检察院驻东城看守所检察室进行视察。听取该院关于开展诉讼监督工作汇报。检察长娄云生、副检察长温长军以及主要业务部门负责人参加会议。9月17日,最高人民检察院巡视组到区检察院视察指导工作。10月14日,区委常委、纪委书记、区预防职务犯罪工作网络领导小组组长曾刚健到区检察院调研。娄云生及相关部门负责人参加座谈。曾刚健就职务犯罪预防工作中的个案预防和专项预防工作进行指导并提出要求。10月20日,市政协常委、社法委主任马艾地率市政协常委、委员一行二十人,在市检察院党组成员、反贪局长朱小芹和副局长张京宏等陪同下,到区检察院就保障犯罪嫌疑人、刑事案件被告人的辩护权利进行调研。与区检察院领导及反贪、反渎、和公诉等部门负责人座谈。 (赵增琴)

【启动关键证人出庭】 9月11日,区法院依法公开审理区检察院提起公诉的被告人李巍诈骗一案。区检察院在此案审理过程中追加认定了犯罪事实,在庭审中启动关键证人出庭。 (赵增琴)

【完成国庆安保任务】 9月,区检察院派出100名干警,完成国庆阅兵以及群众游行活动安保标兵任务。 (赵增琴)

【教学示范基地】 11月2日,区检察院被国家检察官学院确定为第二批"国家检察官学院教学示范基地",娄云生代表区检察院参加最高人民检察院、国家检察官学院在国际交流中心联合举行的授牌仪式。 (赵增琴)

【预防职务犯罪展览】 11月17日,与国家林业局联合举办以"反腐倡廉、预防职务犯罪"为主题的预防职务犯罪案例展览开幕式。国家林业局党组书记、局长贾治邦,中央国家机关工委常务副书记杨衍银等出席。国家林业局直属机关及区检察院部分干警共100人参加。 (赵增琴)

【预防职务犯罪】 11月21日,区检察院监所检察处与东城区看守所举行签字仪式,签订《加强监管场所预防职务犯罪工作意见》。 (赵增琴)

【先进事迹报告会】 11月24日,召开全院干警学习检察官职业道德基本准则暨先进事迹报告会。会上宣读最高人民检察院关于"检察官职业道德的基本准

则”,宣读区检察院党组关于向控申处段勇学习的表彰决定,段勇作先进事迹报告。(赵增琴)

【中层干部培训会】 11月25~27日,为加强领导干部队伍建设,提升领导能力,对中层干部进行为期三天的集中培训。(赵增琴)

【法制宣传】 11月27日,在区房屋地产经营管理中心,就该中心李某受贿一案开展个案预防法制宣传活动。检察院预防处的有关人员以“预防职务犯罪,促进廉洁从业”为题进行专题法制讲座。(赵增琴)

【党务工作培训】 11月27~28日,为加强机关党建工作,增强党务工作者的工作能力,对机关党委委员、各党支部书记及支委进行为期两天的脱产培训。(赵增琴)

【检察开放日】 12月2日,开展“检民对面话监督、携手共建创和谐”主题检察开放日活动。娄云生等院领导参加活动,与60名区政协委员及东四街道群众代表展开互动交流。(赵增琴)

【课题答辩评审会】 12月11日,召开以“科学发展观指导下的检察改革探索”为主题的2009年度课题公开答辩评审会。评审组由中国人民大学王作富、陈卫东教授等5位专家组成,最终评选出一等奖1名、二等奖2名和三等奖3名。(赵增琴)

【预防职务犯罪工作会】 12月15日,与区教委召开“教检合作预防教育系统职务犯罪”工作会议。区教育系统各单位党政一把手及教委机关干部300参加。会上宣读《关于建立东城区教育系统预防职务犯罪联席会议制度的意见》,举行联席会议制度协议书签字仪式。(赵增琴)

【人大代表座谈会】 12月16日,市检察院与区检察院联合召开市、区人大代表座谈会。10名人大代表参加。人大代表在对市、区两院各项工作给予肯定,也提出一些意见和建议。(赵增琴)

【人才答辩评审会】 12月17日,区检察院召开第二批高层次人才答辩评审会。旨在对参评干警的学术研究能力进行评定,办公室、侦监处、公诉处等部门15名干警参加了答辩。

(赵增琴)

# 审　判

【概况】 东城法院坚持以科学发展观为指导,围绕“为大局服务,为人民司法”工作主题,深化“审判规范年”活动,履行审判执行职能,实现公平正义,维护社会稳定,保障经济发展,完成各项工作任务。全年,受理各类案件1.68万件,旧存703件,审结16750件,结案率95.5%,收结案同比分别增长16.2%和17.1%。

**单位名称:北京市东城区人民法院**

**单位地址:北京市东城区交道口东大街1号北门**

**联系电话:64012807　邮政编码:100007**　(冯宁)

【刑事审判】 依法惩处刑事犯罪,维护社会秩序和谐稳定。将维护首都与东城区稳定作为刑事审判的首要职责,依法严惩各类刑事犯罪,共审结刑事案件393件,判处罪犯493人。审结故意伤害、抢劫、抢夺、盗窃、诈骗等案件257件,同比下降27.2%;审结信用卡诈骗、非法经营、销售伪造发票等案件39件,同比下降23.5%;审结贪污、贿赂、渎职等职务犯罪案件12件,涉及处级以上干部5人;审结徐某故意泄露国家秘密案、张某故意损毁文物案等政治性强、社会影响大的敏感案件10案10人。在已发生法律效力的判决中,判处五年以上有期徒刑的罪犯占13.5%。贯彻宽严相济刑事政策,对主观恶性不深、社会危害较轻的罪犯,适当减少监禁刑,纳入社区矫正范围,共宣告缓刑33人,被判处缓刑的罪犯在考验期内无一重新犯罪;准确适用刑罚,改变检察院起诉犯罪性质1人,改变公、检机关取保候审措施,做出逮捕决定10人。(冯宁)

【未成年人案件审判】 加大司法保护力度,关爱未成年人健康成长。在未成年人刑事审判中落实“教育、感化、挽救”原则,共审结涉未成年人刑事案件29件,判处未成年犯22人,其中宣告缓刑5人,免予刑事处罚8人;在全市法院首次适用量刑答辩程序审理涉未成年人刑事案件,促进量刑公正透明。在未成年人民事审判中注重保护未成年人权益,共审结涉未成年人民事案件94件,65%以调解方式结案。 (冯宁)

【民事审判】 公正审理民事案件,保障人民群众合法权益。将保障民生作为民事审判根本任务,切实解决涉及群众切身利益问题,共审结各类民事案件8644件。保护妇女、儿童、老人等弱势群体合法权益,审结离婚、抚养、赡养、继承等婚姻家庭案件1247件,注重维护家庭关系和睦,76%以调解方式结案。依法保护公民人身和财产权益,审结因医疗事故、交通肇事、产品质量等引发的人身损害赔偿案件627件,同比上升22.7%;审结涉相邻关系、财产权属和财产损害赔偿等物权类案件1604件,同比上升8.2%。针对劳动争议案件大幅度上升的形势,加强调研应对,审结劳动争议案件952件,同比上升45.1%,涉案标的额1046.86万元,同比上升427%,保护劳动者合法权益,促进劳动关系稳定发展。依法审结新华字典出版方被诉出错案、强生公司被诉侵犯消费者知情权案、齐白石故居腾房案等一批社会关注的焦点热点案件。 (冯宁)

【商事审判】 发挥商事审判职能,共审结商事案件2680件。维护公平公正的市场交易秩序,审结买卖、租赁、运输、服务等案件292件,涉案标的额9458.68万元。审结供用电、水、气、热力案件996件,同比上升13.1%。审结借款、信用卡、保险等金融案件1041件,同比上升65%。审结涉及企业破产、公司解散清算、公司股东权益等案件37件,涉及企业资产1.53亿元,协助安置职工20人,保护破产企业职工和债权人的合法权益。加强与金融机构的协调沟通,设立金融案件监测点,防范和化解金融风险。 (冯宁)

【行政审判】 保护行政相对人合法权益,监督和支持依法行政,共审结行政案件219件,审查行政非诉执行案件12件,其中判决撤销或部分撤销具体行政行为、确认具体行政行为违法或无效、责令履行法定职责21件,占9.6%,有效监督行政执法。审结具有较大社会影响、敏感性强的治安行政案件36件,依法支持行政机关履行社会管理职能,维护社会秩序稳定。对涉及民生的公房租赁、房屋拆迁、土地征用、劳动和社会保障引发的行政诉讼,加强协调解决力度,建议行政机关完善行政行为,促进当事人相互理解与信任,化解行政争议,22%的案件原告与行政机关达成和解并自愿撤诉;1起原告败诉的涉及全国重点文物保护单位拆迁行政许可案件经东城法院协调解决后,当事人双方均送来锦旗表示感谢。与行政机关加强交流,采取法制讲座、旁听案件、业务研讨、司法建议等多种方式,统一行政执法标准,促进行政机关执法水平提高。 (冯宁)

【知识产权审判】 发挥司法保护知识产权的主导作用,共审结各类知识产权案件520件,同比上升74.5%,涉案标的额664.8万元。审结文化部恭王府管理中心"天下第一福"商标侵权案、《圆明园复旧图》著作权侵权案、淘宝网侵犯出版者权益案等一批具有较大社会影响的案件。 (冯宁)

【执行工作】 按照中央政法委和最高人民法院统一部署,开展集中清理执行积案活动。共清理有财产案件1305件,涉及标的额4.76亿元;清理重点案件282件,涉及标的额3882.16万元;清理无财产案件1477件,涉及标的额3.67亿元。落实中央政法委关于将执行工作纳入社会治安综合治理考核范围的要求,在区委政法委协调下,争取公安、财政、民政、社保、工商、建设、金融等单位支持,推进建立执行配合机制和执行救助制度,构建执行工作长效机制。全年共执结现案4058件,执结率为97.9%,执结标的额7.3亿元。加大执行威慑力度,全年共采取强制执行措施340件次,罚款6.4万元,拘留38人,限制出境16人,公布拒执人名单8人,追究刑事责任2人;规范执行行为,强化执行监督,完善执行裁决权和实施权分离、执行流程管理等机制,严格审查执行裁决类案件,组织执行异议听证会15次,审结执行异议案件79件,保障当事人和其他利害关系人合法权益。 (冯宁)

【调解工作】 按照"调解优先,调判结合"的要求,运用调解、和解手段化解矛盾,全年民商事案件调解率63.2%。深化"双主动"审判模式,完善保险合同纠纷联合调解机制,探索医疗纠纷案件引入专家咨询调解,提高法官调解水平。将调解工作覆盖民事、商事、知识产权和刑事附带民事等各审判领域,贯穿于立案、审判、执行、申诉再审等各诉讼环节,实现案结事了。加强对人民调解组织的业务指导,发挥人民调解员、行业调解员、人民陪审员等社会力量参与调解的优势,共同化解矛盾纠纷。 (冯宁)

【涉诉信访工作】 区法院明确"解决问题到位、思想教育到位、帮扶救助到位、依法处理到位"的工作要求从源头上防止引发新的涉诉信访。通过规范司法行为,改进审判作风,提高审判质量,切实化解矛盾,力争使每一起案件都得到稳妥处理,从根本上遏制新的涉诉信访形成。建立健全初信初访、风险评估、紧急突发情况处置、“政法民声热线”等工作机制，综合运用法律教育、调解协调、情感感化、困难救助等多种方式，解决当事人合法、合理、合情的信访诉求，做好信访案件化解稳控工作。全年院领导接待83人次，庭长接待876人次，办理中央政法委、最高人民法院挂牌督办的重信重访案件69件，其中彻底化解7件，依法稳控62件，确保实现国庆期间群体访和非正常访“双零”指标。（冯宁）

**【调研宣传工作】** 组织召开区法院首次调研课题中期汇报会，对院庭两级重点课题进行检查；全年向《北京审判》投稿45篇，被采用12篇；组织学术讨论会，邀请国家法官学院专家指导培训，4人次在全国、北京市法院学术讨论会上获奖全年共发表宣传稿件4500篇；全面改版东城法院国际互联网站，点击量88万次；组织图文、视频网络庭审直播42次，同比上升260%，首次与央视网合作进行庭审视频直播。编发简报、信息306期，被市高院采用112期，同比上升96%；编发图片新闻1292组，市高院采用291组，同比上升17%。完成全年案件数据汇总、上报，编发统计分析汇编4期，完成重点统计分析2篇；全年修改案件信息700条，保持文书录入率100%。区法院被评为全国法院调研工作先进集体、中国法院网全国网络宣传先进单位。（冯宁）

**【司法为民】** 健全便民诉讼工作机制，为来院诉讼群众提供诉讼引导、收转材料、查询案件、解答问题等全方位服务，全年接待来访7.6万人次，收转材料4966件，查询案件1978次，解答问题2516人次。加强立案窗口建设。制作发放民事案件立案流程图、诉讼风险提示书等二十种提示材料，让当事人便捷立案、明白诉讼。规范立案接待，设立值班法官，为老年人代写起诉状，提供预约立案、电话立案，联合北京科技大学设立免费法律援助点，为当事人提供法律服务。全年为732件案件中的经济困难当事人，依法缓、减、免诉讼费累计124.58万元；向143名经济特别困难的申请执行人、刑事被害人和涉诉信访人发放司法救助金400万元。（冯宁）

**【审判规范化建设】** 区法院坚持以“抓规范、重实效、促公正”为重点，开展“审判规范年”活动，保障当事人打一个公正、明白、便捷、受尊重的官司。发挥数字化法庭声、像、字三位一体刻录存储备查功能，以科技手段监督和促进审判人员规范庭审行为，提高庭审驾驭水平，强化对庭审公正性的全程监督，有效解决开庭不准时、无正当理由休庭、随意打断当事人陈述以及偏袒一方当事人等问题。利用信息管理系统实时监控并警示临近审限的案件，严格延审报批条件和程序，全年无一起超审限案件发生；实施案件繁简分流，提高审判效率，适用简易程序审结的案件占76%。开展案件质量检查工作，院案件评查小组全年共评查、检查案件5006件，占全部已结案件的30%，扩大案件评查范围，完善质量评价标准，及时通报评查结果，提升审判质量。设立裁判文书校核室，由专人负责校对民商事裁判文书；实行优秀裁判文书展示与不规范裁判文书及卷宗展评，在院刊《东城审判》开设文书点评专栏，强化法官的裁判文书质量意识。按照市高级法院要求，开通“12368”公益服务系统，向当事人提供审判信息动态查询服务；将案件信息管理纳入考核，定期通报案件信息、法律文书录入差错情况，确保审判信息录入及时、准确、全面。（冯宁）

**【法院文化建设】** 区法院设立每周五下午为“法院文化日”，开展党团活动、读书活动和文体团队活动，被评为“首都文明单位标兵”和市“全民健身月”先进单位；法官合唱团代表市高级法院参加市政法系统庆祝新中国成立60周年演唱会，获最佳创意一等奖；广播操队蝉联区广播操比赛“十连冠”。（冯宁）

**【接受各界监督】** 全年，邀请人大代表旁听案件、迎接人大代表来院视察工作206人次；聘请15名特邀监督员监督指导法院工作，召开特邀监督员座谈会4次，向特邀监督员汇报重要工作情况，听取监督员意见和建议；配合区人大常委会完成新一届102名人民陪审员的选任工作，人民陪审员参与陪审刑事、民事和行政等各类案件939件，发挥人民陪审员参与和监督审判活动作用；坚持邀请检察长列席审判委员会，与区检察院就民事抗诉案件的提起和审理问题进行沟通；开通民意沟通信箱，举办“法院开放日”活动，通过电子公告牌、互联网，及时发布开庭公告，将刑事、商事、知识产权等裁判文书在互联网上公布，组织案件庭审视频、图文网络直播40次，扩大社会公众监督渠道。（冯宁）

**【领导视察】** 3月25日，区领导杨柳荫、杨艺文、边振英等到区法院视察，参观该院阳光大厅、院史长廊、荣誉室，视察大法庭、立案大厅等审判区，并慰问了窗口单位的值班干警，秦秉瑞简要汇报东城法院工作情况。杨柳荫对区法院为东城区民主法制建设所作出的贡献表示肯定。（冯宁）

**【外事接待】** 4月13日，应最高人民法院邀请来华访问的保加利亚最高上诉法院院长拉·格鲁埃夫及该国驻华大使等一行6人到区法院参观访问。6月16日，马拉维最高上诉法院院长蒙洛一行10人在最高人民法院外事局局长刘合华陪同下到区法院参观访问。9月3日，萨摩亚最高法院首席大法官萨波鲁一行，到区法院参观交流。9月25日，巴西联邦最高法院院长吉尔马尔·门德斯先生及其秘书长卢克西安诺·福克先生，在最高人民法院外事局副局长韩远征等陪同下，到区法院参观访问。（冯宁）

**【法律咨询活动】** 7月1日，东城法院落实"人民法官为人民"主题实践活动及"听呼声、走百家、送服务"为民实践活动要求，开展"庆七一"法律咨询活动。该院党组成员、十八个党支部的党员代表参加咨询活动。（冯宁）

**【法院开放日】** 7月31日，开展"庆八一、促双拥，共建军民鱼水情"主题开放日活动。北京卫戍区、空军后勤部、空政电视艺术中心、北京军区总医院、武警六支队、武警十四支队等驻区部队官兵200人参加活动。全国学雷锋标兵、中国人民解放军一等功臣、北京军区总医院原副政委孙茂芳，总政直工部管理保障局副局长董文国，北京卫戍区直工处、空军后勤部双拥办、武警十四支队、区民政局的领导参加开放日活动。（冯宁）

**【司法信息查询】** 10月10日，东城法院作为全市法院首批试点单位，正式启动"12368"司法信息动态查询服务，使当事人足不出户就可以电话查询案件立案、承办、开庭、审限变更到结案等审判进程的相关信息。（冯宁）

**【区流动儿童法律服务中心成立】** 12月2日，与东城区流动人口管理办公室、东城区妇联联合成立"东城区流动儿童法律服务中心"在朝阳门街道办事处举行揭牌仪式。冯熙、秦秉瑞，区委政法委、流管办、区妇联等部门领导出席活动并为中心揭牌。新鲜胡同小学的百余名流动儿童及其家长、老师代表和部分新闻媒体参加现场活动。（冯宁）

**【泄露国家秘密案】** 被告人徐某、陈某曾在河北省廊坊市新世纪油田数据工程服务有限公司工作，知晓该公司存有中国石油天然气总公司勘探数据库（经国家保密局鉴定，内含机密级及秘密级国家秘密资料）硬盘。2004年8月，被告人徐某受李某之托找到数据库硬盘后，私自委托被告人陈某对数据库进行数据恢复。被告人陈某在得知徐某欲对数据库进行出售的情况下，仍提供技术支持。后被告人徐某于2004年10月、2005年初，通过互联网分别将数据库卖给毕某、李某，共获利人民币35万元。其中，被告人陈某分得人民币2.5万元。2008年2月22日，被告人徐某被北京市国家安全局民警抓获；同年4月16日，被告人陈某到北京市人民检察院第二分院投案自首，并主动退赃。东城区人民法院经审理认为，被告人徐某、陈某违反保守国家秘密法的规定，故意泄露国家秘密，情节严重。12月19日，东城区人民法院依法判决被告人徐某犯故意泄露国家秘密罪，判处有期徒刑2年6个月；被告人陈某犯故意泄露国家秘密罪，判处有期徒刑2年。一审宣判后，二被告人未上诉，检察机关未抗诉，原判决生效。（冯宁）

**【损毁文物案】** 被告人张某某于2008年11月17日9时许，在北京市东城区天安门城楼北侧东华表护栏处，持铁锤将护栏西南望柱石狮砸坏。被告人张某某被当场抓获。经北京市文物鉴定委员会现场勘查鉴定认为：被损坏的石狮为全国重点文物保护单位——天安门的附属文物。

区法院经审理认为，被告人张某某的行为侵犯了国家的文物管理制度，已构成故意损毁文物罪，依法应予刑罚处罚；鉴于被告人张某某认罪态度较好，可对其酌情从轻处罚。6月18日，区法院判决被告人张某某犯故意损毁文物罪，判处有期徒刑2年，并处罚金人民币4000元。一审宣判后，被告人未上诉，检察机关未抗诉，原判决生效。（冯宁）

**【盗窃案】** 被告人孔某、杨某、孔某、刘某均系外地来京务工人员（案发前均从事电梯维修工作），在2008年3月至7月间，单独或分别结伙，使用电梯门钥匙打开停运或备用电梯门，盗窃本市东城区、通州区等多处单元楼电梯门机板、外呼主板等电梯设备，造成群众一定的恐慌情绪。其中孔某作案15次，盗窃物品价值16万元；杨某作案11次，盗窃物品价值11万元；孔某作案3次，盗窃物品价值4万元；刘某作案1次，盗窃物品价值6千元。区法院经审理认为，被告人孔某、杨某、孔某、刘某目无国法，单独或分别结伙采取秘密手段，窃取公私财物，并给案发单位造成重大损失；鉴于四被告人有初犯、未遂、且孔某犯罪时尚未成年等情节，依法予以减轻或从轻处罚，以盗窃罪判处被告人杨某有期徒刑10年，剥夺政治权利2年，罚金人民币1万元；判处被告人孔某有期徒刑8年，罚金人民币4000元；判处被告人孔某判处有期徒刑5年，并处罚金人民币5000元；判处被告人刘某有期徒刑1年，罚

金人民币1000元。一审宣判后,四被告人均未提起上诉,判决已生效。（冯宁）

【淘宝网侵权案】 2008年11月,原告中国友谊出版公司发现被告杨某在被告浙江淘宝网络有限公司网站销售原告享有专有出版权的《盗墓笔记4》一书,该图书销售价格显著低于市场价,该书虽在版权页标明系原告出版,但与正版图书的印刷版次、印刷质量、目录样式均不一致,属于非正式出版物。故起诉要求两被告共同承担赔礼道歉、赔偿损失的侵权责任并承担诉讼费用和合理支出。法院经审理认为,原告中国友谊出版公司通过与著作权人的合同约定,享有涉案图书的专有出版权。被告杨某所销售的图书为非正式出版物,且无法证明涉案图书合法来源,侵犯了原告的合法权益。被告浙江淘宝网络有限公司作为网络服务商,为买卖双方提供交易平台,并未参与实际经营,也不是单笔交易的获利者。但是,基于权利与义务对等原则,由于淘宝网在经营过程中具有网站访问量增加或树立网站服务品牌等的获利,负有相应的审查义务。本案中,被告淘宝网即应对网店的资质问题负有审查义务。但是根据已查明事实,淘宝网并未采取任何措施履行此类义务。因此,法院认定,淘宝网在被告杨某的侵权行为中发挥了重要的辅助作用,应当承担共同侵权责任。6月19日,东城区人民法院一审判决被告杨某、浙江淘宝网络有限公司于本判决生效之日起30日内赔偿原告中国友谊出版公司经济损失2000元,并驳回原告中国友谊出版公司其他诉讼请求。一审宣判后,被告浙江淘宝网络有限公司提起上诉,9月20日,北京市第二中级人民法院经审理,判决撤销一审判决,被上诉人杨某于本判决生效之日起30日内赔偿原告中国友谊出版公司经济损失2000元并驳回中国友谊出版公司其他诉讼请求。（冯宁）

【圆明园复旧图侵权案】 《圆明园复旧图》是金勋花费大量心血,采用山水形象画法精心绘制的、我国仅存最早的一份圆明园三园总图,具有极其珍贵的历史价值和学术价值。金勋于1976年1月6日去世,金春华八位原告系金勋的合法继承人。2005年10月,原告发现被告北京市新华书店王府井书店销售被告学苑出版社擅自出版、发行的金勋所绘制的《圆明园复旧图》,并将作品名称改为《圆明园原貌图》,并在封面以及相关版权标注位置标明的“金勋绘制”或标明“原图作者金勋,誊绘王春林”等内容,未向原告支付报酬,侵犯了金勋就《圆明园复旧图》享有的修改权和保护作品完整权。故诉至法院,请求判令被告停止侵权、赔礼道歉并赔偿损失。法院在审理中发现,《原貌图》在封面及版权标注位置标明有“原图作者金勋,誊绘王春林”等字样。法院经审理认为,金勋对国家图书馆收藏的圆明园全景平面图(1924年绘制)和《圆明园复旧图》(1931年绘制)两幅美术作品享有著作权。在权利人死亡且无遗嘱的情况下,按照法定继承办理。经审核,本案八名原告均为金勋继承人。学苑出版社构成对《复旧图》著作权中复制权和获得报酬权的侵犯。另一被告王府井书店作为合法经营主体,已经尽到合理注意义务,主观上不存在过错,仅应承担停止侵权责任,不应承担侵权赔偿责任。9月27日,区法院一审判决:自本判决生效之日起,被告学苑出版社停止出版、发行涉案《圆明园原貌图》;被告北京市新华书店王府井书店停止销售涉案《圆明园原貌图》;被告学苑出版社赔偿原告金春华、金兆瑞、金兆光、金亚苹、金亚丽、金亚杰、金亚焕、金亚红经济损失以及为制止侵权所支出的合理费用共计9万元;驳回原告的其他诉讼请求。宣判后被告学苑出版社不服上诉。二审中上诉人与被上诉人达成和解协议,调解结案。（冯宁）

【保险公司理赔案】 原告吴健林在被告中国人民财产保险股份有限公司北京市东城支公司,为其所有的一辆大众甲壳虫小轿车投保机动车损失险、车身划痕损失险、玻璃单独破碎险及不计免赔特约险等险种,在保险期间因车辆受损,向被告提出理赔,被告称事故的原因为人为恶意损坏,不属于机动车损失险的保险责任,不同意赔偿。区法院经审理认为,从本案事实分析,他人故意将被保险机动车损坏,对于原告即属意外,被告应予赔偿。另外,由于原告无法提供被保险机动车致害人身份线索和下落的情况下,故被告享有免赔30%。为此,东城区人民法院一审判决被告赔偿原告70%的损失。一审判决后,双方当事人均未提出上诉。（冯宁）

# 司法行政

【概况】 区司法局设有办公室、政工科、法宣科、法制科、基层科、矫正办、公律科、法律援助指导科、“148”法律服务专线办公室9个科室，有和平里、安定门、景山、交道口、东华门、东直门、北新桥、东四、朝阳门、建国门10个司法所，共有公务员74人，工勤2人，法律援助办公室有职员4人，直属事业单位公证处有13人。

**单位名称：北京市东城区司法局**
**单位地址：和平里六区16号**
**联系电话：84228050　邮政编码：100013**（刘昌毅　闫铮）

【法制宣传】 开展内容丰富的法制宣传活动。召开区法制宣传教育领导小组工作会，调整人员，制定法制宣传工作要点和法制宣传评估考核指标。按照评估考核指标要求，对各单位进行年检和评估。为驻区企业和非公企业高管人员、中层经营管理人员，举办企业管理法律法规培训月和《企业国有资产法》专题培训班。利用地坛书市法制宣传阵地，拓展宣传形式和丰富宣传内容。以“公益法律服务在您身边”为主题，举办图片展，参加电台直播、组织志愿团进行“现场咨询”，增强与市民的沟通和互动，扩大普法覆盖面。结合主题日组织专项法制教育活动。（刘昌毅　闫铮）

【人民调解】 区人民调解工作，本着“整体推进、重点突破”工作思路，从基础建设着手，加快完善以促进社会和谐为目标的矛盾纠纷化解工作体系，为建国60周年大庆，文明城区创建和“保增长、保民生、保稳定”等中心工作发挥作用。充实完善街道和社区人民调解工作程序、调解记录等标准和内容，建立统一规范的卷宗档案，完成新一届调解主任摸底调查和集中培训，巩固文明城区创建中人民调解工作取得的成果。制订《人民调解工作考核项目及评分细化表》，定期检查指导街道、社区调委会工作，强化监督、指导、考核，恢复人民调解工作的常态化管理。注意发现、扶植先进典型，开展“人民调解工作能手”、“精品司法所”等评优选先工作。（刘昌毅　闫铮）

【社区矫正】 区社区矫正与安置帮教工作落实规范化管理，提升组织保障能力，矫正帮教效果明显。成立区综治委社区矫正和刑释解教帮教安置工作协调委员会，并召开第一次全体（扩大）会议；组织相关单位对域内社区矫正档案工作规范化进行督促检查；配合市局进行专项执法检查。（刘昌毅　闫铮）

【法律服务】 针对普通市民、中小企业和弱势群体，提供不同法律服务。按照市政府折子工程要求，年内完成社区法律服务工作站建设任务，实现全区115个社区“一社区一站”的建设目标，完善司法行政延伸基层，服务百姓基础平台。开展走访、调研，制订相关制度，规范工作流程，将司法局各项职能纳入服务站日常工作，满足社区百姓法律服务需求。（刘昌毅　闫铮）

【公证律师】 区律师公证管理工作以科学发展观为指导，树立“服务促管理、引导促发展”工作理念，加强公证律师机构的服务与监管，促进全区法律服务业可持续发展。规范选举程序，完成市律师协会换届选举东城选区工作。起草制订《东城区律师事务所和律师执业监督管理实施细则（试行）》征求意见稿，完成东城区律师事务所年度考核以及长安公证处和东方公证处两家机构和负责人的专项考核。（刘昌毅　闫铮）

【法治成就回顾展】 4月30日，春季地坛书市开幕，区司法局扩大法制宣传规模，由单一法律咨询扩大为举办法治展览。围绕建国60周年，东城区法制宣传教育领导小组办公室组织公检法、工商、税务、城管等具有执法职能的单位，联合在书市上举办区法治成就回顾展。（刘昌毅　闫铮）

【司法调研】 5月14日，市司法局副局长吴庆宝到东城调研法制宣传工作，听取区2008年特色法制宣传工作及下阶段工作设想汇报，对区法制宣传工作提出指导意见。（刘昌毅　闫铮）

【社区法律顾问】 6月2日，建国门街道向北京市第二中级人民法院30名法官颁发“社区法律顾问”聘书。建国门街道是区司法局落实全市“法律六进”工作部署，推进“法律进社区”的试点单位。此举旨在利用专业法律工作者的资源优势，对居民进行法制宣传并提供法律服务。（刘昌毅　闫铮）

【禁毒宣传】 6月26日，东城区法制宣传教育领导小组办公室与区禁毒委员会办公室联合开展“参与禁毒斗争、构建和谐社会”禁毒宣传活动。主会场设在王府井东方新天地广场。区法制宣传教育领导小组组长冯熙,区司法局、公安分局领导及公安民警、禁毒志愿者参加了主会场活动,10个街道及北京站地区设立分会场。（刘昌毅　闫铮）

**【法律服务活动】** 6月26日,区司法局法律服务热线“12348”开通10周年纪念暨宣传活动,在地坛公园东门前举办。区法制宣传志愿团的四名律师向社区居民宣传法律知识、解答法律问题。居民现场咨询劳动合同、婚姻、继承等热点问题,律师们均予以耐心地解答。活动期间,普法志愿者向群众赠送法制宣传材料1000份。（刘昌毅　闫铮）

**【处置投诉案件】** 十一前夕,公律科成功处置一起影响国庆安全稳定的投诉案件,完成投诉案件的查处工作。（刘昌毅　闫铮）

**【法律援助条例宣传】** 2月25日至3月3日,开展贯彻落实《北京市法律援助条例》,维护困难群众合法权益主题宣传周活动,以地坛西门为主会场、各街道为分会场进行宣传,现场解答法律咨询300人次,办理法律援助手续2人次。（刘昌毅　闫铮）

**【解决二中分校工地纠纷】** 北京市二中分校坐落在朝阳门内南小街南竹杆胡同81号,其建设的操场为东城区重点工程。由于地理位置原因,南竹杆社区5、8号楼离施工现场只有8米距离。由于每天凌晨四五点钟水泥罐车不断搅拌以及清运渣土的卡车进出学校产生的噪音过大,导致南竹杆胡同8号楼、10号楼和12号楼居民强烈不满,曾多次扬言要到市政府上访,同时到施工现场阻挠施工。司法所先后六次参与工程施工协调会,在同有关单位听取了社区居民反映的基本情况后,就安全项目论证、更改水泥罐车暂停地点、施工现场周边扰民费发放标准及发放范围和群众解释工作等问题进行了讨论,并成立施工现场接待办公室。司法所等科室负责人联合施工方人员对两栋楼的400多户居民逐一走访,发放扰民费300万元。竹竿社区相关工作人员积极联系施工方负责人与居民代表,就补贴方案进行协商,最终决定对南竹杆胡同10号和12号楼居民每户每月给予60元扰民费补贴,对居民关注的日常施工时间问题进行协调。经街道司法所和社区调委会共同努力,居民情绪得到缓解,二中分校三期工程得以顺利进行。

（刘昌毅　闫铮）

# 军　　事

## 人民武装部

**【概况】** 东城区人民武装部在北京卫戍区和中共东城区委、区政府双重领导下,发挥区委的军事部和区政府的兵役机关作用。坚持以邓小平理论、“三个代表”重要思想为指导,深入学习实践科学发展观,较好地完成核心价值观主题教育、党管武装、国庆安保、军民联欢、国防教育、安全管理和征兵等工作任务。区人武部被北京市、卫戍区评为先进武装部、征兵先进单位;被卫戍区评为“先进党委”;被北京军区政治部评为民兵政治工作学刊用刊先进单位;被北京市评为首都国庆60周年联欢晚会突出贡献奖;被东城区评为首都国庆筹办工作先进集体。

**单位名称:东城区人民武装部**

**单位地址:东城区东四五条170号**

**联系电话:64030768　邮政编码:100010**（李昌健　曹剑）

**【联谊会】** 1月6日,总政机关和区委、区政府2009年迎新春军地联谊会在西直门宾馆举行。区委书记、人武部党委第一书记王学勤,区委副书记、区长杨艺文,区人大常委会主任刘朋庆,区政协主席吴弘勇,区委常委、区委办主任边振英,区委常委、区人武部部长左海星,副区长章冬梅等领导和总政治部主任助理杜金才中将,部长王森泰少将,政委董吉顺少将,副部长权惠春少将,副部长许再华少将,区人武部政委张凤亮大校,区民政局局长赵凌云等领导参加联谊活动,共迎新春。（李昌健　曹剑）

**【区领导慰问】** 1月13日,区委、区政府、区人大、区政协领导分别走访慰问驻区13支部队。王学勤、刘朋庆、边振英、左海星、张凤亮等领导,带队走访慰问北京卫戍区、北京军区空军后勤部、北京军区总医院和武警十四支队；杨艺文、吴弘勇、章冬梅、王建军等区领导走访慰问空军后勤部、解放军电视宣传中心、总参二部和总政直工部管理保障局；章冬梅等区领导带队走访慰问总后军需装备研究所、武警六支队、总参军训和兵种部老段府管理处、武警军乐团、66381 部队、军休办等单位，为部队和军休办送去了慰问金和慰问品。1 月 16～20 日，左海星、章冬梅等区领导分别前往良乡、大兴、顺义三个新兵训练基地，慰问 66381 部队、武警十四支队和武警六支队 2000 名新战士，送去现金、猪肉、水果、日用品等慰问品共计人民币 10.5 万元。7 月 20 日，杨柳荫，杨艺文、刘朋庆等区领导慰问阅兵村徒步方队，送去慰问金和慰问品，观看徒步方队分列式表演，参观官兵的生活服务中心、食堂和内务卫生，同指挥部首长座谈，征求部队对地方政府的意见和建议。

（李昌健　曹剑）

**【军政座谈会】** 1 月 15 日，东城区举行迎新春军政座谈会。总政群工办主任常生荣少将，总政群工办副主任李辉大校，市双拥办副主任、市民政局副局长聂志达，区委常委、区人武部部长左海星等应邀参加军政座谈会。军地领导 80 人畅叙军民鱼水情谊。

（李昌健　曹剑）

**【民主集中制学习】** 2 月 24～27 日，区人武部组织干部职工以“认真贯彻民主集中制原则，进一步巩固和发展党委班子团结的良好局面”为专题，采取理论学习、专题辅导、讨论交流等方法，联系党委班子和机关建设实际，深入分析形势，解决存在问题，加强民主集中制建设，营造融洽和谐、团结协作的良好风气，把部党委机关建设成为推动部队科学发展的坚强领导集体。（李昌健　曹剑）

**【科学发展观学习】** 3 月至 8 月，根据卫戍区党委部署，作为第二批学习实践科学发展观单位，部党委开展学习实践活动。集中安排 13 天理论学习培训，采取“三读一记”方法，集中组织干部通读原文，对主要内容、重要观点进行摘录，进行录像辅导、参观学习、讨论交流等配合学习活动。组织本部人员参加区领导干部学习实践活动报告会，理解掌握科学发展观内涵、精神实质和根本要求。领导干部与干部职工同步进行、集中组织，对退休和转业待安置的干部，采取下发学习材料，收缴学习笔记和心得体会，建立健全考勤登记和补课制度，确保人员、时间、内容和效果的落实。（李昌健　曹剑）

**【民兵预备役工作会】** 3 月 6 日，召开民兵预备役会议。左海星总结上年工作，布署本年任务。张凤亮宣读表彰通报并讲话。和平里等 9 个街道武装部、北京航星机器制造公司等 14 个基层武装部，曹文宽等 18 人受到表彰。副部长兼军事科长王子利主持会议。全区街道武装部长和专武干部，市属公司武装干事 40 人参加。（李昌健　曹剑）

**【专项治理整顿教育】** 3 月 11 日，开展“两防”专项治理整顿活动。通过全员学习教育、司机专项整顿、“拉网式”清查、“翻箱倒柜”式清理，对本部 24 人和临时工进行政审，对 7 台车辆、120 件（套）安全设施、17 台计算机、80 余间房间进行排查。对查出的 5 个方面 18 个隐患问题，部党委进行梳理分析，制订《“两防”专项治理整顿解决突出问题责任分工表》，指定专人督办，限期纠正。3 月 18 日、30 日，卫戍区政委刘福连和后勤部副部长张永安先后检查本部“两防”工作，给予较高评价。（李昌健　曹剑）

**【军地领导参加植树活动】** 4 月 4 日，在东北二环机场高速联络线公园绿地，进行军民植树活动。市人大常委会副主任吴世雄，市政协副主席王伟，北京卫戍区副政委王子彦少将，原空军雷达学院副院长李秀兴少将，总参二部、北京军区空军后勤部、总后军需装备研究所、第二炮兵工程设计院、空政电视艺术中心、武警六支队、十四支队、66381 部队等 10 支部队官兵，与区委、区政府、区人大、区政协领导和东直门地区中小学师生，参加植树活动。（李昌健　曹剑）

**【双拥工作协调会】** 4 月 14 日，区人武部组织召开驻区部队双拥协调会。市双拥办副主任、卫戍区政治部副主任苗爱民，区委常委、区人武部部长左海星，政委张凤亮，区民政局，驻区部队主管双拥工作领导和分管人员 30 人参加。总结上年驻区部队参加东城区“三个文明”建设情况，部署本年驻区部队参加东城区精神文明建设“九项工作”具体措施。（李昌健　曹剑）

**【演讲比赛】** 4 月 14 日，区军民在朝阳门街道办事处会议室举行“赞家乡话改革庆祝建国 60 周年演讲比赛”。市双拥办调研员史秀平等领导，区人武部、区宣传部、北京卫戍区、空军后勤部、武警六支队、武警十四支队、66381 部队以及各街道军民 300 人参加活动。

（李昌健　曹剑）

**【军事日活动】** 4 月 15 日，区人武部组织区工商联企业家 60 人，到卫戍区警卫第三师 11 团进行军事日活动，企业家们进行队列训练，观看连队内务和训练表

演、体验实弹射击。通过活动增强非公企业家国防观念。　　（李昌健　曹剑）

【民兵组织整顿】　4月份，组建民兵应急分队3个营共1450人，民兵防空分队2个营594人，抢救抢修等专业分队490人，修改完善方案15套。在每个街道建立20人应急分队，按任务配备应急器材，组织应急训练演练。在中石化、中海油大厦的保安队中组建40人的应急值班分队。完成从事或具有军事专业对口技术的男性公民和驻区450名预备役军官及退伍士兵的数据库系统的录入和登记。　　（李昌健　曹剑）

【民兵防化分队集训】　5月12～26日，机关人员在预备役防化团训练基地组织民兵防化应急分队专业训练，全区10个街道70名民兵参加。借助预备役防化团的资源，签定挂钩联训协议，使民兵防化分队训练基地化、常态化，提高民兵防化分队专业技能和应急能力。　　（李昌健　曹剑）

【法律服务进警营】　5月13日，由区法院法官杨继良为武警六支队官兵进行法律知识讲座。讲座以贴近官兵实际的婚姻家庭、合同纠纷、人身损害和劳务争议等方面的法律法规常识进行讲解，提高部队官兵法律意识。　　（李昌健　曹剑）

【战役集训】　6月3～12日，组织机关干部9人参加卫戍区战役集训，采取同步异地实施，分授课辅导、成果交流、指挥作业等形式进行集训，为参加北京军区“铸盾——2009”战役演习打下理论基础。

（李昌健　曹剑）

【参加北京军区“铸盾——2009”战役演习】　6月24～28日，组织机关干部参加北京军区“铸盾——2009”战役演习，提高干部军事素质、组织能力。演习中，完成各类演习文书190份。因完成文书质量高、处置情况灵活，受到卫戍区的肯定。　　（李昌健　曹剑）

【便民服务活动】　7月1日，组织驻区部队开展“践行党的宗旨、共建和谐东城”便民服务活动。便民活动共接受医疗咨询92人，体检210人，理发60人，修理电器30件，磨刀140把。梁军到美术馆东街慰问便民服务活动官兵。　　（李昌健　曹剑）

【领导调研】　7月1日，杨柳荫到人武部调研。张凤亮就人武部基本情况，担负的主要任务，建设情况，工作开展情况，影响和制约发展、需要给予关注的问题进行汇报，杨柳荫对区人武部的工作给予肯定。实地查看人武部基础建设和区应急指挥中心。边振英、左海星陪同。　　（李昌健　曹剑）

【民主生活会】　7月2日，卫戍区装备部部长张旅天到人武部参加党委民主生活会。党委成员围绕班子和个人在坚定理想信念、强化使命意识、改进领导作风、提高决定水平、履职尽责和廉政建设等方面的情况，开展批评与自我批评，查找问题，研究提出改进措施。

（李昌健　曹剑）

【党员工作站调研】　7月7日，张凤亮带领机关人员到和平里街道调研楼宇党员工作站，听取汇报，实地查看，探讨借助楼宇服务站开展党管武装工作、在非公企业建立民兵组织的方法措施。　　（李昌健　曹剑）

【武装干部集训】　7月13～17日，组织全区专武干部进行业务集训，张凤亮进行动员辅导。各街道武装部长、干事，市属公司武装工作负责人32人参加集训。邀请总政领导授课辅导，进行大会交流、参观连队正规化建设，进行实弹射击考核。　　（李昌健　曹剑）

【军政座谈会】　7月23日，东城区召开八一军政座谈会。总政群工办主任常生荣少将、总政群工办副主任李辉大校，北京卫戍区副政委王子彦少将、解放军电视艺术宣传中心主任黄国柱少将、空军后勤部首长李秀兴少将、北京军区空军后勤部部长章拥宁少将等驻区部队领导和杨柳荫、杨艺文、刘朋庆等区领导及相关委办局领导参加座谈。　　（李昌健　曹剑）

【盛世欢歌晚会】　7月28日，东城区和空政电视艺术中心联合推出“盛典欢歌”主题晚会，庆祝建军82周年、建国60周年。全区800名军民代表在长安大戏院参加活动。章冬梅致代表东城区委、区人大、区政府、区政协和全区62万人民向驻区解放军、武警官兵、预备役军人致以节日的祝贺。　　（李昌健　曹剑）

【兵役登记】　7月至9月，全区户籍到龄应登记男青年3384人，实际登记1990人。7月末召开各街道、公司专武干部兵役登记核对动员会，明确任务，印制下发兵役登记公告、通知书、各类表证等。全区开设兵役登记站14个，登记适龄青年7426人，可征人数720人。

（李昌健　曹剑）

【军民联欢组织协调】　7月至10月，区人武部受领国庆军民联欢组织协调任务后，专门成立以协调小组，指导建立13个协调机构,5次组织召开协调会,协调保障驻京11个大单位、24个基层单位排练演出。结合任务,制定排练、彩排、合练、集结疏散及甲流防控、安保活动等行动方案。为联欢指挥部提合理化建议20条,完成40名部队"小教员"3天培训的后勤保障工作,主动承担联欢方阵演练及正式演出3000个打点定位工作。10月1日晚,区武装部组织协调的驻京部队官兵800名与东城区2400名群众,在天安门金水桥东侧7150平方米场地上,演出"军民鱼水情"。军民载歌载舞受到市联欢指挥部、总政群工办、区委区政府各级领导的赞扬。（李昌健　曹剑）

**【账目审计】** 8月4～6日,卫戍区后勤部部长李桂林和审计部门人员到区人武部进行财务审计,通过查看帐目、个人谈话、民主测评,认为经费开支合理,帐目清楚无差错。（李昌健　曹剑）

**【百日安全竞赛】** 8月至10月,开展"百日安全"评比竞赛活动,成立领导小组,逐级签订安全管理责任书,形成分工具体、责任明确的领导机制,实现"谁主管谁负责、逐级抓落实"的岗位责任制,建立起"无缝隙"安全责任网络。坚持每周组织一次综合检查,把安全工作与季度目标考评结合,及时兑现奖惩。（李昌健　曹剑）

**【民兵值勤】** 9月8～10日,在青蓝大厦对国庆值勤160名民兵进行业务培训,内容包括:如何发现和处置相关问题;如何发现可疑情况和上报情况;守纪律、讲文明、树新风,自觉维护首都民兵良好形象;民兵执勤动作示范。3月和10月,组织280名民兵完成"两会"期间重要岗位执勤和国庆庆典期间参加受阅部队途经辖区和区内二环路上25处桥梁、地下通道的定点守护任务。设置哨位20处,其中立交桥10座、过街天桥8座、地下通道1个(建国门桥因结构复杂、位置重要,设双哨),每处哨位同一时间部署民兵2人。坚持每天都有科以上领导带队查哨,及时发现纠正执勤中存在的问题。（李昌健　曹剑）

**【市领导慰问】** 9月28日,市委副书记、政法委书记王安顺在区领导杨柳荫、杨艺文、冯熙陪同下,慰问国庆期间守桥护路的东城民兵,并向民兵赠送慰问款。王安顺询问值勤时间、情况处置、身体状况,并叮嘱东城区领导和区人武部领导,要加强演练,把预案想全想细,确保值勤范围内绝对安全,以百倍精神和责任完成国庆安保任务。（李昌健　曹剑）

**【节日战备检查】** 10月2日,北京卫戍区工作组到人武部,分别从战备方案、人员值班、安全管理、防间保密、民兵值勤等方面检查国庆期间战备工作。（李昌健　曹剑）

**【民兵政治教育】** 制定《关于国庆期间民兵守桥政治工作实施意见》,编写下发"迎国庆、树形象、添光彩"专题教育提纲。以启动仪式誓师会、在长幅上签名等形式,进行职能使命教育,不间断地开展"五小"(即小教育、小动员、小互助、小比赛、小讲评)活动,为民兵守桥提供政治保证。组织开展优秀哨位和优秀执勤民兵评比活动,制作"民兵执勤检查评比专栏",每周评选一次"优秀执勤民兵"和"先进哨位",激发民兵忠于职守爱岗敬业的积极性,保证值勤工作万无一失。被评为"优秀执勤民兵"95人次,"先进哨位"10个,先进街道10个。（李昌健　曹剑）

**【征兵工作】** 10月24日,区人武部在王府井大街举行2009年冬季征兵宣传日活动。左海星、章冬梅、张凤亮等领导参加宣传活动。分发宣传材料3000份,接受咨询120人。《解放军报》《战友报》等多家媒体进行了报道。

10月至12月,贯彻落实总部关于廉洁征兵指示和北京卫戍区征兵工作会议精神,执行北京市冬季征兵命令,完成北京市下达东城区男兵125人,女兵15人的征兵任务,兵员体检、政审全部合格。（李昌健　曹剑）

**【区领导军事日】** 11月15日,区领导杨柳荫、王红兵、费文勇、金旭、毛桂芬、章冬梅一行二十人,到沙河机场进行军事日活动,观看中国人民解放军空军成立60周年飞行表演。（李昌健　曹剑）

**【新老兵接待转运】** 11月25日,东城区退伍老兵转运工作开始,与区民政局、区卫生局和北京站等部门召开协调会,设立北京站新老兵转运工作站,确保老兵退伍和新兵入伍转运有序进行。（李昌健　曹剑）

**【欢送新兵】** 12月7日,召开东城区2009年冬季新兵入伍欢送大会,左海星等领导出席会议。会议由区人武部副部长兼军事科长王子利主持。全体新兵和出兵单位的征兵工作人员及新兵家长共300人参加。（李昌健　曹剑）

**【赴军营回访新兵】** 12月20～27日,区征兵办公室组织街道、市属公司兵员征集人员20人,到军营慰问2009年冬季入伍东城籍新兵,配合部队做好新兵稳定工作,鼓励新兵安心服役。（李昌健　曹剑）

【经常性思想教育】 制订理论学习计划,坚持每周四理论学习日制度,完成五个专题理论学习。以中共十七届四中全会文件、科学发展观读本和军委扩大会议精神为基本教材,给干部职工购买《科学发展在北京》《理论热点面对面2009》等理论辅导读物,全面理解掌握十七大精神,深化思想认识、提升基本觉悟,坚定中国特色社会主义信念。坚持每季度一次安全形势和干部职工现实思想分析,有针对性进行思想教育,开展思想工作。结合建国60周年、"6.4"、新疆"7.5"事件等敏感时期和意识形态领域反映,利用党日活动、政治学习、交班会、集中活动等时机,开展形势任务、理想信念、爱国奉献、安全保密、法纪警示等教育,以党中央、中央军委的决策指示及上级指示要求统一思想,教育干部职工始终保持高度的政治敏锐性和坚定性。

(李昌健 曹剑)

【宣传报道】 全年共刊播稿件60篇,其中在中央7台、北京1台播出节目6条,在《解放军报》《北京日报》《北京青年报》《晨报》《中国民兵》《华北民兵》《国防》杂志等媒体均有稿件发表。会同中央电视台军事信息中心策划制作融合国庆军民联欢活动、展示东城双拥风貌的《同行-首都国庆军民联欢纪实》专题片,在中央电视台播映。 (李昌健 曹剑)

【建章立制】 修订完善《部党委议事规则》《部首长办公会规则》《干部管理教育若干规定》《财务管理规定》等10项制度规定。根据北京卫戍区《关于加强区县人武部建设的若干意见》,分解细化人武部正规化建设责任,制订《落实<意见>责任区分实施细则》。针对内部管理、值班、办公秩序、库室建设存在的不规范问题,修订完善《东城区人武部正规化管理若干规定》《文印室使用细则》等规章制度,使各项安作组织有程序、操作有规程、执行有标准。 (李昌健 曹剑)

【完善设施】 自筹资金15万元,对办公区监控设施和库房监控报警设施按现代技防标准进行升级改造,联系北京市避雷装置安全检测中心对仓库避雷设施进行安检,对机关和仓库消防栓、灭火器进行检修更换;改造通信设备,建成310网和政工网,购置会议室信号屏闭器,统一更换办公室12个保密铁皮柜,所有文件资料、装备物资入柜上架,达到安全储放标准。

(李昌健 曹剑)

【国防教育】 坚持以"五进入"(进机关、进学校、进企业、进社区、进家庭)为切入点,突出三类重点对象(党政机关领导干部、民兵预备役人员和学生)、坚守四个重点阵地(王府井大街、东二环交通商务区和北京站、朝阳门街道国防宣教中心、中小学校和13处爱国教育基地)、抓住五个重要时机(全民国防教育日和重大节假日以及重要历史纪念日、征兵期间、民兵整组阶段、双拥共建活动时和国内国际形势变化时等),开展国防教育,提高公民国防观念。围绕国庆60周年,在机关、企业、学校、社区开展以"热爱祖国、情系国防"和"迎国庆、看变化、进军营"为主题的国防教育系列活动,制作国防教育公益广告牌1200块。投资5万元,借助"数字东城"网络优势建立东城国防教育网。5月份,邀请国防大学教授到区委党校和安定门、和平里街道作国防安全形势报告,增强领导干部国防观念。景山学校被国家国防教育办公室评为国防教育先进单位。 (李昌健 曹剑)

【双拥工作】 协调3名随军家属、184名转业干部安置和45名驻区部队干部子女入学。会同区双拥办出台《在军民联欢排练中组织开展双拥工作》文件;协调区委领导看望参演部队,送慰问金10万元,为参演的800名官兵每人购置一套演出服和纪念品。

(李昌健 曹剑)

【基层建设】 制定完善《基层武装部建设标准及实施细则》,通过明确工作制度,制订标准细则,配发器材器械,组织检查验收等形式,加强基层武装工作规范化建设。推广东四、朝阳门街道基层武装部正规化建设经验。调整民兵布局,优化兵员组织结构,组织街道、公司专武干部进行为期7天的业务培训,提高基层专武干部业务水平。 (李昌健 曹剑)

## 人民防空

【概况】 区民防局以学习实践科学发展观为统领,围绕"立足本职,更新观念,探索人防工程管理和防灾减灾新机制"活动主题,抓好国庆平安行动人防工程安全管理工作,保证国庆期间人防工程安全无事故。被评为市民防系统国庆平安行动人防工程管理先进单位。完成为民办实事任务和国庆保障活动应急指挥通信保障任务。按时完成区政府折子工程安定门街道指挥宣传教育中心和应急物资储备库的建设任务。

**单位名称:东城区民防局**

**单位地址:东四五条172号**

**联系电话:84006512 邮政编码:100010** (隋颖)

【国庆平安行动】 以国庆平安行动——人防工程安全为工作主线,围绕安全要求。制订平安行动各个阶段工作方案12个,建立人防工程各类明细台帐13种。冬、春季防火检查期间,完成全区100处公用工程,164处单位工程情况排查。安全生产月期间,出动检查人员700人次,检查人防工程194处。9月,国庆安保攻坚阶段全区出动检查人员515人次,检查人防工程350处,“关停”处理6处,“暂停”处理4处。举办管理员业务和人防工程安全改造培训班,培训350人次。签订国庆期间人防工程安全责任书227份,发放宣传材料4710份。全年向上级机关、行业主管单位报送信息、小结、总结112件(次),编发国庆平安行动简报2期。（隋颖）

**【工程防汛】** 根据防汛工作要求,储的防汛物资。储备桩木5立方米,铅丝2.5吨,编织袋2万条。6月3日,在东四危改小区组织人防工程防倒灌演练,参演、观摩人员200人。(隋颖)

**【工程治理】** 完成竣工认可2处,面积1.08万平方米;完成人防工程维护15处,面积3.04万平方米;完成人防干(支)线加固6383平方米,治(排)水处理4000平方米,回填早期人防工程1400平方米。（隋颖）

**【为民办实事】** 开发位于交道口等街道的人防地下室(建筑面积3.17万平方米)作为地下车库使用,为周围居民提供停车位500个。（隋颖）

**【行政执法】** 召开第三期法制暨宣传培训工作会,局机关、各街道民防干部46人参加。行政处罚23起,罚款3.8万元,其中一般程序行政处罚4起,罚款总额3万元,追缴拖欠人防工程使用款30万元,全部上缴区财政。（隋颖）

**【宣传教育】** 完成安定门街道指挥宣教中心建设工作。开展“国际民防日”社会宣传活动,800名市民参加。新建民防宣传站20个,建站总数达70家。在社区宣传站设临时宣传点38处(次),举办防灾减灾讲座48场,进行防灾疏散演练9场。其它宣传活动40场(次),发放宣传品1.5万件,3.3万人参与宣传活动。（隋颖）

**【应急指挥】** 新安装防空电声警报器12台。完成全区10个街道战时城市人口防空袭掩蔽与疏散预案编制工作。完成4次国庆庆祝活动演练(阅兵)应急指挥通信保障任务。组建完成东城区民防应急救援队(队员40人),配备各类人防工程应急设备、装备。建立应急物资储备库一处,建筑面积1170平方米。开展民防工作业务信息系统建设,建立全区民防信息数据库。（隋颖）

**【学习实践科学发展观】** 活动期间,制作横幅3条。集中举办学习培训班3次,举办专题辅导班2次。发放征求意见表60份,召开座谈会6次,受邀参加座谈32人,征集到意见建议16条。组织外出参观学习2次。深入4个街道和2个物业公司进行调研,撰写调研报告2篇,梳理出突出问题3个,办理惠民实事1件。（隋颖）

**【防震减灾】** 修订《北京市东城区破坏性地震应急预案》等3个预案,完成地震应急预案管理信息系统数据录入工作。开展地震灾害应急演练。（隋颖）

**【交通战备】** 完成全区民用运力调查、核实、登记工作。修订本级民用运力国防动员预案,完成东城区车辆预征用登记各项工作。（隋颖）

## 武警六支队

**【概况】** 中国人民武装警察部队北京市总队第一师第六支队,驻守在以东城为主的4个城区(东城、西城、朝阳、海淀),下辖4个大队,18个中队及5个直属单位,担负辖区内重要目标的警卫、守卫、看守、巡逻和临时路线、临时现场警卫任务。支队官兵着眼革命化、现代化、正规化建设,学习实践科学发展观,完成国庆60周年安保任务和以执勤和处置突发事件为中心的各项任务。连续10次被北京市评为精神文明建设单位标兵。支队被武警部队评为国庆安保先进单位,三大队立集体二等功。（李国强）

**【思想政治工作】** 坚持用创新理论武装官兵头脑,狠抓科学发展观、安全发展理念、中共十七届四中全会精神等理论的学习贯彻,围绕“党员干部受教育、科学发展上水平、履行使命见成效”总要求,坚持大事大抓,紧盯主要环节,突出实践特色,破解发展难题,学习实践活动成果显著。有效解决基层干部休息休假难、官兵打电话难、洗澡不方便、营职干部住房、电脑进班等问题。突出宣讲辅导、讨论交流、解难释疑、环境熏陶等环节,狠抓当代军人核心价值观主题教育,为完成任务提供坚实的思想基础。“坚持‘三个紧贴’,扎实抓好国庆安保政治工作”、“充分发挥干部模范带头作用,为平安国庆提供坚强组织保证”做法被总队推广。开展“干部站暖心哨”、“一名党员一面旗”等主题实践活动,涌现出北京站台勇救儿童的复退老兵吴欣广;冰

河智救落水群众的刘航、钱峰、夏宏辉等一批先进典型。 (李国强)

【完成中心任务】 贯彻“十六字”执勤方针,坚持党委议勤,主官主抓,研究制定《执勤奖惩实施办法》等11份指导性文件;规范了三号线、北京站现场、乘车巡逻勤务;研究形成路线勤务组勤模式。始终把国庆庆典安保任务作为政治任务来抓,完成上级赋予的6项执勤任务,支队被总部评为国庆安保先进单位,三大队立集体二等功。狠抓“三能、四会、一展示”训练,对“四新”人员进行执勤带新培训,组织1000名官兵进行勤训轮换,官兵执勤能力素质明显提升。全年成功处置拦截首长及外宾车辆、上访人员自焚、袭击哨兵、抢劫政协委员车辆、抢救落水群众等11起典型执勤事例,并在全师范围内作巡回事迹报告。完成公安部等3处三级网建设,三级网建成率100%。 (李国强)

【正规化建设】 结合“条令学习月”和总部提出八个方面突出问题的治理,分别在八中队、三中队进行军人内部礼节和一日生活秩序试点,部队围绕条令抓正规、依据制度抓落实的意识得到强化。贯彻总队长“4·28”讲话精神,研究制定落实措施,把《安全警句》《安全故事》小册子印发到官兵手中落实《安全工作定点联系制度》《安全竞赛奖惩实施细则》等措施办法,对49个发生问题单位的相关责任人扣除季度安全奖1.6万元,强化各级安全责任意识。 (李国强)

【双拥共建工作】 按照“军队在精神文明建设中要努力走在社会前列”的要求,本着“就近扶持”的原则,因地制宜开展“双百工程”和“一带一”扶贫活动,对签订的23对帮扶对象,经常开展扶贫活动。参与平安东城建设,加强防区内武装巡逻,累计派出1万组次、2万人次,总行程5万千米,处置各类盗车、扒窃、斗殴等事件390起。组织部队走进社区,开展便民活动。帮助学校、政府机关干部、企事业单位职工军训3000人,府学小学、史家分校等5所少年军校被评为首都先进少年军校。开展“建和谐首善之区”的各项便民服务和社会公益活动,组织理发、修车、医疗、卫生咨询、宣传等便民服务队25个,出兵8219人次,出车50台次,开展公益服务活动6次,参加义务劳动11次,绿化活动8次,清整卫生16次,义务巡诊3次,运送救灾物资4次。完成地坛庙会、雍和宫宗教活动、北京站春运购票现场维护秩序任务。 (李国强)

【后勤保障】 坚持面向基层、服务中心,贴近任务搞保障。修订完善《机关四类经费管理规定》《基层财务管理规定》,推行公务卡统一结算,两次对经费使用情况进行审计,防范经济风险。利用地方资源培训等级厨师68名,开展炊事技术比武活动,支队炊事员在师炊事比武中获第一名。投资34万元修缮机关和3处家属院危房。完成指挥中心建设各项审批手续,争取北京市347万元礼堂修缮预算经费;清退不合理住房18套。分两批对驾驶员队伍进行复训,累计出车1.31万台次,行程52万千米,实现行车安全无事故。对26处军械库室升级改造,安装远程联管联控系统,确保枪弹安全。组织医护人员下基层巡诊,投资10万元为部队配发医疗物资,为2000名官兵注射甲流疫苗。 (李国强)

【领导慰问】 1月20日,副区长章冬梅等一行7人到六支队看望慰问官兵。1月22日,市人大办公厅副主任刘凤仪慰问六支队三中队官兵。1月23日,市委副书记兼政法委书记王安顺、副市长刘敬民在市委副秘书长周正宇等领导陪同下,看望慰问驻北京人民广播电台六支队官兵。1月24日,市委常委、市委办公厅秘书长李士祥、副秘书长游广斌;市政府办公厅秘书长黎晓宏等慰问六支队八中队官兵。1月25日,最高人民检察院常务副检察长张耕在院办公厅主任童建明、服务局局长付志安等陪同下,慰问六支队十一中队官兵。3月29日,东城公安分局政委董宪章等带着慰问金和表扬信专程到六支队,慰问成功抓获抢劫委员车辆犯罪嫌疑人的巡逻车组人员。4月30日,北京人民广播电台副台长常青慰问六支队四中队官兵。5月30日,中共中央政治局委员、市委书记刘淇,市长郭金龙看望慰问六支队巡逻车组执勤官兵,总队长魏哲、政委张瑞清陪同。7月23日,区委副书记冯熙、区人大副主任李力、副区长章冬梅、政协副主席王建军等,到六支队看望慰问官兵。7月28日,市委常委、市委秘书长、市委办公厅主任李士祥,市委副秘书长崔述强,北京市政府副秘书长、市政府办公厅常务副主任崔鹏等,慰问六支队八中队官兵。7月30日,东城公安分局局长谢世龙、政委董宪章看望慰问武警六支队官兵。7月31日,首都精神文明办主任舒小峰、副主任马润海、滕毅等,慰问六支队八中队官兵。9月24日,章冬梅等领导,看望慰问六支队官兵。11月19日,最高人民检察院检察长曹建明,慰问驻机关的六支队十一中队退伍老兵。 (李国强)

## 东城区政法及军事单位负责人

**东城区人民法院**
　　**院　长**　　秦秉瑞
**东城区人民检察院**
　　**检察长**　　娄云生
**市公安局东城分局**
　　**局　长**　　刘瑞宾(7月免)
　　　　　　　　谢世龙(7月任)
　　**政　委**　　董宪章
**市公安局公安交通管理局东城交通支队**
　　**队　长**　　刘　恕
　　**政　委**　　张　经
**东城区司法局局长**　　钦成银
**中国人民解放军北京市东城区**
　　**人民武装部党委第一书记**　　王学勤(2月免)
　　　　　　　　杨柳荫(2月任)
　　**部　长**　　左海星
　　**政　委**　　张凤亮

## 东城区消防支队

**支 队 长**　　李树义
**政　　委**　　李学东

## 天安门地区公安分局

**分局局长**　　李雪明(6月免)
　　　　　　　　武顺发(6月任)
**政　　委**　　武顺发(6月免)
　　　　　　　　刘贵方(6月任)

## 武警六支队

**支 队 长**　　李俊辉(11月免)
　　　　　　　　宋江群(11月任)
**政治委员**　　胡大立

# 民政·社会保障

## 民 政 工 作

**【概况】** 树立“以民为本、为民解困、为民服务”的核心理念,在保障和改善民生上下功夫,在推动科学发展和促进社会和谐中做出了新成绩。完善数字化社会救助体系,推进社会救助与慈善事业发展,实现社会救助全覆盖无盲点;加强社会福利体系建设,改善特殊群体社会福利待遇;完成社区组织换届,加强和谐社区建设,实现创建“全国和谐社区建设示范区”目标;落实政策和办实事,巩固提高双拥优抚安置工作水平;加强社会组织建设,扩大公民参与度;推进专项社会事务管理工作,提高服务能力和社会事务执法水平。东城区民政局被评为北京市民政工作先进集体,全国贯彻落实居民委员会组织法先进单位。10月,东城区被民政部命名为“全国和谐社区建设示范区”。

**单位名称:东城区民政局**

**单位地址:东四十三条53号**

**联系电话:84012469　邮政编码:100007**　(龙安辉　冯姜娜)

**【社会救助工作】** 1月1日,城市低保标准由390元调整为410元;扩大社会救助覆盖面,将家庭月人均收入低于城市居民最低生活保障标准170%(2009年为697元)的低收入家庭纳入专项救助范围;春节前向生活困难的低保家庭发放一次性补贴。截至12月末,全区共保障最低生活困难群众6364户1.26万人,发放低保金5437.13万元。有4459户5440人享受粮油帮困补贴,发放补贴金263.63万元;享受医疗救助人员共计997人次,支出救助资金224.98万元;为112人办理临时救助,其中不享受低保的低收入人员32名,共发放救助资金32.35万元;2008～2009年度,冬季享受供暖救助4099户,支出救助资金141.32万元,燃煤自采暖救助1835户,救助金55.05万,清洁能源自采暖救助237户,发放救助金17.3万;开展救助低保家庭应届大学新生活动,救助大学新生169名,发放救助款67.5万元。为687名低收入家庭大中小学生办理享受“两免一补”等教育救助认定手续。

(龙安辉　冯姜娜)

**【送温暖活动】** 元旦、春节期间,通过市、区两级财政筹集走访慰问金524.57万元,走访低保人员、优抚对象、劳动模范、百岁老人等慰问对象18类1.61万名。

(龙安辉　冯姜娜)

**【接收捐赠工作】** 1月7日,将市接受救灾捐赠事务管理中心调拨给区爱心家园的3600桶食用油和3600袋面粉,发放给十个街道爱心家园。全区445户爱心卡持有者每户1桶油、1袋面,其余发放给本地区低保及低保边缘家庭困难群众。4月1日,区接收捐赠工作站利用彩票公益金50万元资金,通过区爱心家园平台救助困难群众,在原有区爱心家园救助445户的基础上,增加救助至1000户,救助标准由原来的2人以上户500元/年、1人户300元/年,分别提高至650元/年、400元/年。“5·12”汶川地震一周年之际,在全区范围内开展“京什手拉手　重建新家园”社会捐赠活动。共接收社会各界捐款123.59万元。按照有关规定和捐赠者意愿,区接收捐赠工作站及时将善款上缴市接受救灾捐赠事务管理中心,用于支援四川什邡地区恢复重建工作。11月,在全区范围内开展“送温暖、献爱心”社会捐助活动。为贫困地区困难群众捐赠衣被12.23万件,11月27日,发往内蒙赤峰市贫困地区;为困难群众捐款104.37万元,按照有关规定,及时将善款上缴入账,用于支援困难地区和救助本区困难群众。

(龙安辉　冯姜娜)

**【慈善协会工作】** 为无医疗保障的低保家庭60岁以上老人办理助老慈善医疗卡574名。1月,开展东城区政协委员扶困助学捐款活动,145名委员捐款合计4.93万元,用于帮扶东城区特困家庭23名高中生、11名大学生完成学业。4月,开展“春雨行动”大型募捐活动,161家企业参与,其中捐款50万元以上的企业有香港富华国际集团有限公司、中国海洋石油总公司、中国航空工业集团公司等,共募集善款648.94万元以及价值100万元的图书。6月,与区委组织部联合开展“共产党员献爱心”活动，全区2.47万名党员、5942名群众参加，接收捐款135万元。8月13日，东城区慈善协会第二届理事会第二次全体会议在东方文化交流中心召开，审议通过区慈善协会部分理事及副秘书长的变更，以及建立慈善协会街道分会、设立应急救助基金等事项。8月，开展第二届“携手梦想，放飞希望”助学项目，对全区2007、2008级专、本科大学生实施救助；本次活动共救助98名大学生，发放救助款9.8万元。9月，开展第四届“爱心无界，情暖百家”活动，救助困难群众38户，发放救助金16.15万元。11月30日，东城区慈善协会“善行天下，情暖东城”十元慈善倡议书颁布仪式在诺富特和平宾馆举行，东城区各委办局机关及70家热心慈善事业的企业参加；区人大代表、区慈善协会理事、北京中企华资产评估有限责任公司董事长孙月焕，以个人名义捐款2万元，资助东城区困难单亲母亲家庭子女8名。 （龙安辉　冯姜娜）

**【流浪乞讨人员救助】** 加大告知、引导和护送工作力度，重点开展集中救助、联合救助行动。全年共接待求助人员1471人，救助1434人，处理网格信息1270件。按照北京市部署，东城区成立“国庆平安行动”集中救助领导小组，下设办公室，制订《国庆平安行动集中救助工作方案》，明确各部门职责任务，办公室负责组织实施。国庆期间重点地区基本杜绝了流浪乞讨现象，有效保障了受助人员基本权益，维护了社会秩序稳定。

（龙安辉　冯姜娜）

**【社区居委会选举】** 2月至6月，完成第七届社区居委会选举。全区115个社区居委会，共登记选民29.65万人，划分居民小组2525个，选出居民代表6412人。确定北新桥街道九道湾社、和平里街道林调2个社区采用全体选民选举方式，朝阳门街道史家社区等44个社区采用户代表选举方式，其他69个社区采用居民代表选举方式。经过投票，选举出新一届社区居委会成员747人，其中主任115名，副主任214名，委员418名；男122人，女625人；40岁以下人员179名；新进班子成员175人；大专以上学历368名；通过国家社工职业水平考试的76人。全区直选比例由第六届居委会选举时的12%提高到了40%，其中景山街道直选比例50%。 （龙安辉　冯姜娜）

**【招录社区工作者】** 1月，在全区范围内面向社会公开招录社区工作者，有300名通过面试、计算机考试及心理测试等考试，并通过体检、政审合格，进入社区居委会及社区服务站相关工作岗位工作。其中本科以上学历123人（含研究生2人），占招录人员的41%；党员37人，占12%；原协管员24人，占8%；外区县报考人员30人，占10%；30岁以下的191人，占64%。

（龙安辉　冯姜娜）

**【培训社区工作者】** 7月，落实《北京市社区工作者教育培训实施意见》，东城区组织全区社区工作者进行为期5天的业务培训，2400人次参加。内容涉及救助、计生、助残、社区校正、社区治安防范、社区卫生等工作政策及社区档案管理等17项业务。

（龙安辉　冯姜娜）

**【社区服务站标准化建设】** 全区115个社区全部完成标准化建设配套设施建设工程，统一灯箱、服务指示牌、门头、咨询台、功能导引牌、宣传资料架、公示栏等标识物已安装到位并使用。按照市民政局关于社区服务站标准化建设的标准和要求，指导各社区完善和落实社区服务站标准化建设。大雅宝社区等8个社区服务站被评为北京市社区服务站建设示范单位，和平里街道七区社区服务站等32个社区服务站被评为北京市社区服务站建设试点单位。制订《关于完善社区居委会、社区服务站工作运行机制的意见》，明确社区服务站的定位、职责、任务。指导街道、社区开展标准化建设。 （龙安辉　冯姜娜）

**【居家养老服务】** 建立专业化助老员队伍，实施亲情服务。“夕阳红”助老员从社区失业人员中招募，纳入社区公益性就业组织管理体系，工作职责是对所承包的独居老人实施巡视探访、服务“菜单”设计、精神慰藉等服务。首批招募的20名“夕阳红”助老员经过专业培训，于7月27日上岗。引入第三方组织评估机制，加强行业监督管理。委托社会组织——东城区助人社会工作事务所对全区居家养老服务工作情况，包括老年人享受服务项目、服务满意度、服务需求等进行调查和评估。探索居家养老志愿服务新形式，志愿服务广覆盖。4月，组织开展以“社区志愿者与社区空巢老人手牵手”为主题的居家养老志愿服务活动，全区共有8309名为老服务社区志愿者，与618名享受政府补贴服务的空巢老年人结成帮扶对子。组织基层50名社区志愿者参加开放空间论坛，以“社区志愿者如何参与居家养老服务”、“社区老人身心健康服务”等为主题，分组讨论，制订行动计划，拓展志愿者为老服务项目和内容。截至12月，全区共审批享受政府补贴服务特殊老年人5882人，累计发放补贴金额301.095万元。加盟服务商37家，提供5大类40项服务。副市长丁向阳批示：东城居家社会养老工作政策性强，措施办法到位,并在此基础上探索,在全市推广。

(龙安辉　冯姜娜)

【养老服务机构管理】 通过整合区域资源、政府投资兴办、鼓励社会力量兴办等多种方式,推动全区养老服务机构的发展。年初,对各养老机构进行年检,与各养老机构签订《安全管理工作责任书》,7 家养老服务机构全部通过年检验收。11 月末,对各养老机构开展落实"两规范一标准"专项检查,对养老机构的设施设备和环境、服务、管理及队伍建设等内容,逐项检查测评,对存在问题,提出整改要求。全年,新增养老服务机构床位 300 张。各养老机构安全、稳定运营。

(龙安辉　冯姜娜)

【殡葬管理】 开展以"文明祭祀,平安清明"为主题的殡葬宣传活动,在《今日东城》报开辟专栏,刊载"致全区居民的一封信",向全区居民进行殡葬法规知识宣传并发出倡议,倡导居民树立健康文明祭祀意识和现代殡葬理念。联合工商部门执法人员进行殡葬行政执法检查工作,对殡葬网点进行抽查。贯彻落实无丧葬补助居民丧葬补贴政策,截至 12 月末,全区共审批符合无丧葬补助居民丧葬补贴待遇人员 405 名,发放丧葬补贴 202.5 万元。(龙安辉　冯姜娜)

【孤儿成年后安置】 根据市民政局等 5 部门联合下发的《关于印发北京市儿童福利机构孤儿成年后安置办法的通知》及有关会议精神,从 5 月开始,对市儿童福利机构内年满 18 周岁的孤儿,分批进行社会安置,东城区 2009 年安置任务 12 人。协调公安分局完成孤儿在各街道落集体户事宜;协调区财政局,落实孤儿安置经费;协调区劳动局,落实孤儿建立档案和失业登记事宜。街道办事处作为孤儿安置的工作主体,贯彻落实安置政策,为孤儿寻找、安排工作和住房,明确安置意向,为孤儿顺利融入社会打好基础。12 月中旬,组织各街道办事处到市第二儿童福利院办理孤儿接收安置交接手续。年末,12 名成年后孤儿接收安置工作完成。(龙安辉　冯姜娜)

【地方退休人员管理】 2009 年,全区有民政管理地退人员 1068 名。春节前夕,全区开展走访慰问地退老人活动。为其中建国前老工人、劳模、高知、两航起义和特困人员送去慰问金,共计 1.08 万元;为每位地退老人购买一辆购物小推车。各街道为地退人员送去米、面、油、生活日用品等,折合人民币 15 万元。五一期间,为全区 11 名劳动模范发放慰问金每人 300 元。中秋节和国庆节,为每位地退老人送去月饼和节日问候。在全区开展"亲情伴您晚年行"活动,采取政府购买服务形式为地退老人服务,提供服务 5647 人次。发放"东城区地方退休人员"服务证,居住在东城区的地退老人能够享受到全年 4 小时的小时工服务以及一年 4 次的免费理发服务,生日当天能收到一份寿礼,享受清洗抽油烟机或寿宴全家福服务;居住在外区的地退老人,在生日当天收到一份礼包。(龙安辉　冯姜娜)

【福利生产】 全区有福利企业 6 家,职工 128 人,其中残疾职工 75 人,残疾职工月平均工资 1323.07 元。福利企业销售及营业总收入完成 3129.64 万元,累计退税 183.79 万元。春节前夕,向全区福利企业残疾职工发放慰问品。助残日期间,联合区国税局向福利企业发放税法宣传材料。五一、十一期间,分别向各福利企业发出通知,指导福利企业做好甲型 H1N1 流感防控工作、维稳工作。全年,为安置精神残疾人的福利企业发放每名精神残疾人职工每年 2.17 万元岗位补贴。全区共有 2 家企业的 2 名残疾人职工享受到此岗位补贴。根据《北京市用人单位安排残疾人就业岗位补贴暂行办法》,配合区残联向各福利企业发放安排残疾人就业岗位补贴 15.6 万元。(龙安辉　冯姜娜)

【福利彩票发行】 2009 年,全区电脑福利彩票销售完成 1.26 亿元,连续 6 年突破亿元;即开型福利彩票销售完成 539.29 万元,有力地支持了社会福利事业的发展。5 月 9～14 日,以"小卖场"形式在东直门公交汽车总站南门,开展即开型赈灾福利彩票销售活动,销售即开型福利彩票 55.36 万元。(龙安辉　冯姜娜)

【双拥工作】 围绕建国 60 周年开展双拥工作:完成国庆 60 周年东城板块军民联欢任务。驻京部队 11 个大单位 800 名官兵与东城区居民、中学师生 3000 人完成联欢演出任务。开展双拥文化活动。全年开展军民参与的文艺演出、联谊会、朗诵会、书法比赛、消夏晚会等 120 场次。开展文化、智力、法律、心理健康四拥军活动。为 5000 名官兵举办文化、心理健康、法律、电脑、文明礼仪知识讲座,为部队培养等级厨师 60 名,捐赠给军营图书室科技、历史、艺术等类图书 2000 册。开展办实事解难事活动。春节、八一和国庆期间,区领导、各街道走访慰问部队,为部队赠送慰问金和慰问品共计人民币 320 万元(其中街道 78.8 万元),为 2600 名新战士拍摄入伍后的第一张军装照片;全年接收安置军队转业干部 174 名、随军家属 73 名,确保 45 名部队子女小升初择优入学。开展国防教育和双拥宣传活动。利用广播、电视、报纸等媒体开展国防教育,全年国防教育知识讲座 12 场次,安装国防教育广告牌

1260块。9月,景山学校被国家国防教育办评为国防教育先进单位。部队发挥自身优势,支援地方经济和社会建设。全年派出巡逻组3.9万组次,处置各类事件1278起,确保国庆庆典的绝对安全;部队官兵为灾区捐款45万元,棉衣被4千套;动用兵力2万人次,车辆160台次,植树300株,整治环境、清扫积雪26万平方米。7月,区劳动和社会保障局获北京市军嫂就业服务模范单位,区教育委员获北京市支持军人子女入学模范单位,总政直工部管理保障局获北京市参加和谐社区建设模范单位,空军后勤部通信站通信连获北京市扶贫帮困模范单位。（龙安辉　冯姜娜）

**【优抚安置】**　落实《军人抚恤优待条例》,做好“国家抚恤、区政府补助、民政局补贴、‘一带一’帮扶”保障机制工作。全区104名享受国家定期抚恤补助优抚对象,人均月收入1754.9元;全部享受100%医疗减免,全年减免149.05万元;实现全员额医疗保险,临时困难优抚对象得到救助;提高了对优抚对象的医疗保障能力。加强政策宣传,鼓励退役士兵自谋职业,拓展用工渠道,建立用工信息网络,完成151名复员退伍军人的安置工作;修订《东城区接收安置退役士兵暂行办法》,提高自谋职业补助标准;完成途经北京站新老兵接待转运工作。（龙安辉　冯姜娜）

**【军队离退休干部管理】**　全年,接收安置军队离退休干部76名(其中包括7名伤病残),接收转区安置的军工6名。落实军休干部政治待遇和生活待遇。按时完成军休干部定期增资及调整各项补助补贴。元旦、春节、八一、十一期间,组织军休干部代表参加国家民政部、解放军总政治部和北京市政府的慰问活动。3月20日至8月10日,开展学习实践科学发展观活动,工休人员参与率100%,军休干部对学习活动测评满意和基本满意率100%。4月15日,召开中共北京市东城区军队离休退休干部党员代表大会暨换届选举会议,各党总支102名党员代表参加会议,选举产生7名中共北京市东城区军队离休退休干部第五届委员会委员。为国庆60周年,各军休所举办文体活动。（龙安辉　冯姜娜）

**【社会组织管理】**　依法完成社会组织行政许可61项,其中社会团体17项,包括筹备成立2项,成立2项,变更12项,注销1项,社会团体分支机构3项;民办非企业单位41项,包括成立11项,变更30项,全部许可事项准确率100%,年检社会组织242家。加强与社会组织的沟通联络,走访北京百年农工职业技能培训学校、区蓓蕾培训学校、区民办为民培训学校等社会组织,了解需求和学习情况。区百年农工子弟职业学校被民政部评为“2009年度全国先进社会组织”。区归侨联谊会、北京社会生活心理卫生咨询服务中心、东城区蓝海文化艺术培训学校、北京百年农工子弟职业学校等五家社会组织以及林希孟、许孝萍、李宗范、张世红、姜杰、石敬红和齐续暄等7名社会组织工作人员被评为“北京市先进社会组织”和“先进个人”。贯彻落实《东城区关于培育发展公益服务民间组织的意见》和《东城区培育发展民间组织专项资金管理办法》,运用专项资金、市民中心场地和社会组织指导服务中心资源,建立“公益性社会组织孵化基地”,“孵化”培育发展“东城区巧娘工作室发展协会”等18家公益性社会组织;改革公益性社会组织管理体制,将东城区社会组织指导服务中心明确为公益性社会组织业务主管单位,实现公益性社会组织管理与服务一体化;开展政民互动和社会组织公益服务活动。全年举办政府在线访谈7期,开展市民论坛、健康大讲堂、市民才艺展示等公益活动150场;探索政府购买社会组织服务,扩大公民参与度。5月15日,东城区巧娘工作室发展协会、东城区万家安康老年服务中心等社会组织参加民政部与澳大利亚政府部门在北京联合主办的“中澳社会组织发展论坛”。7月19日,东城区巧娘工作室发展协会参加在黑河举办“中国社会组织发展与创新论坛”,参加“社会组织与农村发展论坛”、“城乡基层社会组织发展研讨会”、“促进社会组织发展实施办法讨论会”等国际国内交流活动。9月,社会组织开展学习科学发展观活动,东城区被指定为中央第三批新社会组织深入落实科学发展观活动部级联络点之一。在区领导小组下,成立新社会组织学习实践活动指导小组,提出“把握一个鲜明主题,抓住五个工作重点,开创三个崭新局面”工作方针。11月28日,根据东城区行政服务中心功能调整,民政局民间组织管理窗口所进驻的10个行政许可项目和3个服务项目从窗口撤出。民间组织管理办公室从行政服务中心撤出后回归民政局。（龙安辉　冯姜娜）

**【见义勇为权益保护】**　推荐区见义勇为积极分子刘庆生参与好市民评比活动,通过广泛征求市民意见,刘庆生被市政府追授为“首都见义勇为好市民”;组织社区居民参加见义勇为知识竞赛,发放竞赛题2500份;组织见义勇为人员外出疗养活动;对8名享受城市居民最低生活保障待遇的见义勇为人员实施困难救助。（龙安辉　冯姜娜）

**【婚姻登记管理】**　开始实行周六办理婚姻登记制度,制定措施,优化工作流程,为当事人提供优质便利服务。办理结婚登记1.1万对;办理离婚登记1591对;办理补领婚姻证件813对;完成9月9日登记高峰日工作,当天办理结婚登记1283对。 (龙安辉 冯姜娜)

【行政区划管理】 经区政府第74次区长办公会议讨论通过,对社区进行调整,全区126个社区调整为115个。开展由东城区牵头管理的东西线、东崇线、东朝线、东西朝三交点和东西崇宣四交点的联合检查。指导各街道开展街道办事处管辖范围线的联合检查。确保国庆、中秋两节期间边界地区安全稳定。做好东西崇宣四区边界线交会点界桩日常维护工作。组织实施社区规模调整后的核界工作,编制新东城区社区地图。 (龙安辉 冯姜娜)

【民政信访】 建立和完善信访工作机制,强化领导接待接访,有效解决问题,确保民政对象的思想稳定。全年,受理群众信、访162件,其中上级部门转办信件48件,群众自发来信27件,接待信访群众87人次;开展矛盾纠纷预测排查4次,共排查出矛盾纠纷32件;处级领导阅批信75件,参与接待的处级领导32人次,网上办理市长信箱群众来信5件。复信回访率100%,来信办结率100%。 (龙安辉 冯姜娜)

# 社会保障工作

【概况】 区劳动和社会保障局落实中共十七届四中全会精神和区委、区政府各项工作部署,实践科学发展观,按照"保增长、保民生、保稳定"的总体要求,完成各项任务。年内城镇登记失业人员总量1.85万人,实现就业1.38万人。完成开发社区就业岗位1.62万个,安置失业人员1.19万人。城镇登记失业人员就业率74.83%,城镇登记失业率0.88%,就业形势保持稳定。全年养老、医疗、失业、工伤和生育五项基金收缴同比增幅12.78%,基金累计支付同比增幅14.46%,实现基金稳步增收和待遇的按时支付。劳动合同管理监控企业1362户,职工劳动合同签订率99%,劳动关系保持稳定。2009年,获"首都平安示范单位"称号,在第二次全国经济普查工作中被评为第二次全国经济普查先进集体。根据区委、区政府关于政府机构改革的统一部署,8月28日,区人力资源和社会保障局正式成立,并挂牌对外办公。

**单位名称:东城区劳动和社会保障局**

**单位地址:交道口南大街27号**

**联系电话:64077128 邮政编码:100007** (杨帆)

【稳定就业局势】 启动应对金融危机快速监测体系,确定二百家重点监控企业和六大类重点监控目标,对企业日常人员变化、劳动合同续订、一次性减员等情况,每月进行分析。建立1500万就业应急准备金,在登记失业率超过预警线或失业人员大规模增加的情况下,用于提升失业人员职业技能,免费对本区失业人员进行职业技能培训和创业培训。组织低保失业人员、残疾失业人员、"4050"失业人员及登记失业一年以上的失业人员等困难群体,每月在社区进行公益性服务,给予公益服务补贴。购买公益性创业摊位使用权,免费组织本区有创业意向的失业人员进行自主经营。突出对重点群体就业帮度,帮助7292名就业困难人员实现就业,困难人员再就业率70.56%。开展就业援助月活动,完善长效帮扶机制和四级联动协调机制,实现全区无零就业家庭目标。 (杨帆)

【困难家庭大学生就业工作】 制订《东城区困难家庭应届毕业大学生社区实习实施办法》,对低保、残疾和零就业家庭三类困难家庭中的应届大学毕业生作为扶助重点,先后组织10名困难家庭大学生到社区实习,每人每月给予500元实习补贴,全年发放大学生社区实习补贴3.48万元。在区市政、北京市报刊零售等部门支持下,利用奥运志愿者岗亭置换为大学生创业报亭,为辖区内有创业意向的大学生提供半年报刊经营实习机会。10月28日,大学生自主创业实习报刊亭在北新桥街道启用,2名大学生开始自主创业。 (杨帆)

【劳动力市场信息】 在建国门街道办事处,召开北京市劳动力市场信息系统联入社区全面实施启动仪式。全区115个社区联通劳动力市场信息系统职业介绍子系统,实现居民不出社区可进行求职岗位查询、岗位推荐服务、职业指导、政策法规、职业培训等公共就业服务信息浏览,从整体上完善东城人力资源市场四级网络平台,提升公共就业机构服务水平,实现全市首家区、街道、社区职业介绍信息服务全覆盖。 (杨帆)

【“社保卡”实施工程】 加强社保卡发放宣传工作，组织人员深入街道进行现场政策解读，指导定点医疗机构“卡结算”信息改造、验收等各项准备工作。根据要求，调整经办机构工作流程，加强审核人员培训，细化岗位责任制。本年，东城区63家定点医疗机构通过验收，9家正常开通就医实时结算，运行平稳。 （杨帆）

【学习实践科学发展观】 开展学习实践科学发展观活动，领导班子、各支部统一认识，发动群众，先后创新社保办理模式，开展走进企业、社区和一线活动，解决一批社会关注难点、热点问题。局党组注重优势转化，借助机构改革，全系统实现优化组织结构、规范机构设置、完善运行机制、提高行政效能目标。 （杨帆）

【促进就业】 根据市政府《关于实施稳定就业扩大就业六项措施的通知》，与区发改委等部门联合研究制订东城区实施方案。与区国资委等部门为重点行业、产业，大中型企业举办政策培训，对生产型、外向型和用工量较大的企业，上门宣传和讲解政策，鼓励用人单位招用失业人员，享受相关优惠政策。经过审核，全区发放稳定困难企业就业社会保险补贴和岗位补贴100.72万元。按照全市改善民生扩大内需促进经济增长“六个一”措施，提高失业保险金待遇，制订东城区奖励政策，提高失业人员在单位就业比例。制订《东城区鼓励用人单位招用失业人员实施办法》，结合东城区实际，对本市各类用人单位招用东城区的失业人员，办理招工手续，签订两年及以上期限劳动合同，缴纳社会保险，按每人5000元标准给予用人单位安置补助，免费在东城职介中心存放人事档案，鼓励各类用人单位吸纳失业人员就业。 （杨帆）

【就业宣传与培训】 加大就业政策宣传力度，在对外网站发布就业政策，通过政府服务大厅、社保中心窗口、职介中心招聘单位、街道社保所、举办企业培训班等渠道，将政策宣传到用人单位。强化失业人员初次职业指导，统一印制东城区职业指导和就业政策服务手册，将市、区两级扶持就业政策和信息及时传递给失业人员，采取“集中面授讲解”、“个别指导”、“特殊帮助”等培训形式，帮助失业人员转变就业意识、运用就业政策，提高就业成功率。组织各街道开展隐形就业排查工作，对登记失业人员信息与社保中心进行比对，核查出隐形就业人员，耐心动员用人单位为失业人员办理招工手续，规范单位用人手续，保护职工合法权益。推广东直门街道“育人基地”经验，制订《企业见习岗位培训补贴的实施意见》，实行定向就业、订单培训。区职业技术培训学校统一组织失业人员到用人单位进行一个月见习，发放培训和生活补贴500元，实习结束后由用人单位择优录用。 （杨帆）

【创业帮扶】 在每个街道建立十个公益性创业摊位，对失业人员进行筛选考察后，进行摊位与人员配备工作，帮助有愿望和能力的失业人员走上创业之路。已完成开发公益性创业摊位100个。引入农村合作项目，搭建跨区创业平台，与怀柔区建立政府间手拉手合作机制，由再就业资金出资承租两个种植大棚，免费提供有创业愿望和能力的失业人员，帮助他们通过多种形式实现创业。发挥小额担保贷款和转向扶持资金作用，支持中小企业发展。全区发放小额担保贷款125万元，实现自主创业2251人，带动就业4821人。 （杨帆）

【公共就业服务】 拓宽区职业介绍服务中心服务功能，实施功能试点改造，设置总服务台，职业介绍区，职业指导区、信息发布区、就业和失业管理区、劳动保障事务代理区。办事人员可自助了解相关信息，实现分类发布全市劳动力市场信息，招聘信息即录、即发布，确保信息及时有效。设立专门群体职业指导室，一对一职业指导室和职业素质测评室，提高指导效果。组织开展就业援助周、春风行动、民营企业招聘周、大学生就业援助、女性就业帮扶、迎国庆就业援助进家入户等各项活动。全区公共职业介绍服务机构共举办日常招聘会、专场洽谈会91场，进入劳动力市场招聘单位4424家，提供就业岗位7.17万个，接待求职人员5.27万人次。通过劳动力市场实现就业3.48万人次，增幅19.59%，成功率为66.1%。 （杨帆）

【统筹城乡就业】 建立“手拉手”协作机制，与房山区实施区域协作机制，打造对口“手拉手”就业服务队伍。东城区职业介绍服务中心派出高级职业指导师到房山区，为当地劳动协管员进行职业指导培训。8次赴房山、大兴、平谷、密云参加当地招聘活动。按照东城区与怀柔政府合作协议中5年内提供优质就业岗位1000个目标要求，利用网络平台，共为怀柔开发岗位620个，完成本年度提供200个岗位目标的310%。 （杨帆）

【经办服务】 为解决社保大厅办事人员排队时间长问题，优化社保办理程序，实行“电话预约”、“五险合一”，试行智能排队取号系统，网上预约办公等措施。运行以来，全区参保单位使用系统预约5915人次，预约办理业务4.44万笔。 （杨帆）

【社会保险】 五项社会保险基金收缴64.6亿元（含

医疗保险个人帐户),增幅12.78%。基金累计支付50.33亿元,增幅14.46%。五险收支相抵节余14.27亿元。各项社会保险基金收缴率平均98%。医疗保险审核结算总金额增幅84.73%,各类人员医药费及时报销。全区实行社会化管理的退休人员2.3万人,退休人员选择在居住地报销医疗费15.31万人,报销13.80万人次,申报金额3.1亿元。区属公费医疗费用支出增幅明显,人均支出同比上升4.1%,全区享受公费医疗单位共351家9.71万人。年内,特困医疗救助39家参保单位79人,救助金额60.69万元。"SARS"救助6个单位36人,救助金额23.78万元。审核基本医疗保险视同退休人员年限缴费认定2666个单位7827人,事业单位1014家。审批退休人员7405人,分别为599名和784名职工提供工伤认定和劳动能力鉴定服务。 (杨帆)

**【社会保险基金监督】** 落实市社会保险基金监督举报奖励试行办法,对35个单位少缴基数、少报人数等审计发现的问题,进行督办补缴。加强对经办机构的内部监督,对社保经办机构查找出的廉政风险点,制定防范措施。 (杨帆)

**【基层建设】** 区政府为每个街道社保所增加10名工作人员,各街道办事处改善社保所办公条件和人员待遇,围绕创建星级社保所,提高工作人员素质,规范工作和服务内容,增强群众对社保所工作的满意度。 (杨帆)

**【和谐劳动关系】** 开展"春暖行动"、劳动合同宣传月、工会及劳动法律法规宣传月活动。发挥区协调劳动关系三方作用,全年创建和谐劳动关系单位73家。扩大集体合同覆盖面,集体合同签订率超额完成市局下达指标。制订《关于应对当前经济形势稳定劳动关系的意见》,对辖区200家重点企业及其5万名职工变动情况进行监控,保证全区劳动关系和谐稳定。 (杨帆)

**【劳动监察】** 开展对企业日常监察和重点检查,清理整顿人力资源市场秩序等15项专项大检查。坚持与建委、公安等部门的"三项制度",共同稳妥处置突发事件。履行劳动合同届满情况预警预报制度,劳动合同签订率99%。畅通群众诉求渠道,推动信访工作信息化建设,完善矛盾隐患排查调处机制和重大疑难案件协调调度制度。全年处理突发事件22起,有效维护企业和劳动者双方的合法权益,国庆期间未出现重大不稳定事件。加强"两会"、"两节"、"国庆"等特殊时期值班、备勤及对建筑施工企业、餐饮服务企业专项检查,全年检查用工单位5377家,查处各类违法案件974件,为1612名员工追回拖欠工资501.46万元,实现"无工资拖欠现象"目标。 (杨帆)

**【劳动争议仲裁】** 贯彻落实劳动争议调解仲裁法,受理劳动争议案件3147件,同比增长31.07%,其中集体劳动争议案件112起,同比增长6.67%,涉及1057人。面对案件激增的形势,挖掘潜力,聘请20名兼职仲裁员,有效缓解压力。发挥与区工会、司法局的"三方"调解组织作用,建立基层调解组织,引导劳动者进行为期30天的诉前调解。全年审结案件2927件,调解1028件,裁决872件,经调解撤诉1027件,全年时效期内结案率93.01%。 (杨帆)

**【劳动者权益维护】** 在做好信访接待,处理举报、投诉的同时,落实区政府举报、投诉信息箱工作,发现不稳定情况及时汇报。年内接到群众来电、来访1.19万件,同比下降1.61%。接到各类举报案件4674件,增幅5.56%,未发生越级上访事件。 (杨帆)

# 经济行政管理

## 计 划

【概况】 区发展和改革委员会深入学习实践科学发展观，全力应对金融危机，落实“保增长、保民生、保稳定”的方针，推动区经济和社会事业全面发展。通过一系列保增长措施，全区经济运行向好趋势明显。地区生产总值实现896.6亿元；区财政收入实现72.9亿元，同比增长2.2%，剔除跨省市总分机构企业所得税暂入区库因素区财政收入实现71.59亿元，同比增长13.7%；全社会固定资产投资额完成205.85亿元，同比增长3.6%；城镇居民人均可支配收入达到2.85万元，同比增长8.8%；实际利用外资1.58亿美元，完成计划的158%；万元地区生产总值水耗预计比2005年下降16%，达到计划要求。主要经济指标均完成或超额完成年初计划，经济平稳较快发展。

东城区在第五届北京国际金融博览会上获最佳组织奖和最佳区域金融魅力奖。

**单位名称：东城区发展和改革委员会**
**单位地址：钱粮胡同3号**
**联系电话：64079927　邮政编码：100010**（贾巍　张咏玥）

【经济社会发展分析】 召开经济指标调度会和经济社会发展形势分析会，分析经济社会发展情况，研讨存在的困难和问题，提出对策和建议，确保主要指标按进度完成。全年召开经济社会发展形势分析会10次。

（张咏玥）

【服务经济发展】 为应对国际金融危机，研究制订《东城区2009年服务经济发展、促进社会和谐的措施》（简称“24条措施”），并于1月14日以区政府1号文件形式印发。从落实主导产业政策，加大引企引资力度；推进项目建设，拉动投资增长；营造市场氛围，促进社会消费；加大扶持力度，促进中小企业发展；加大政府保障力度，促进社会和谐；完善工作机制，提升服务效能等六个方面保持经济稳定增长、促进社会和谐发展。同时，制订实施方案，细化责任，明确责任单位和完成时限。组织召开10次24条措施落实调度会，对各综合服务组落实24条措施情况进行分析调度，及时发现问题，积极采取应对措施，保证区域经济平稳较快增长。

（张咏玥）

【监测系统研究开发】 4～6月，与市经济信息中心到统计局、国税局、地税局、工商局等9家单位实地调研，了解各单位对区域经济监测系统的功能需求及数据资源，协助市经济信息中心完成区域经济监测系统建设思路、总体建设方案和需求分析说明书。针对24条措施重点工作及市下达的11项经济指标，研究建立涵盖3大类、24小类、111个指标项的经济动态指标监测系统。完成系统功能设计，开展系统开发工作。

（张咏玥）

【电力安全工作】 协调街道帮助东城供电所追缴“煤改电”居民欠费。与区建委、安定门街道、东城供电所共同解决官书院、京香福苑小区临时用电收费问题。联合市城区供电公司对区域范围内的电力有限空间、重要电力设施进行隐患排查和治理。9月16日，在东直门街道办事处开展东城区电力事故应急演练，电力应急指挥部28家成员单位参加演练和观摩，检验各参演单位应急反应速度和应急处置能力。国庆期间，和平里、北新桥、东直门、安定门四个街道共派出160人，对19个塔基进行24小时不间断巡视，保证输电线路运行安全。（张咏玥）

【煤炭管理】 做好煤炭企业经营许可证年检工作，金泰汇通公司取得经营许可证。9月23日，对金泰汇通公司干面、北剪子巷等煤炭经营门市部进行安全检查。

（张咏玥）

【规划中期评估】 2～4月，制定《东城区“十一五”规划中期评估工作方案》。组织全区57个相关单位按照责任分工开展自评，完成《关于东城区“十一五”规划纲要实施情况的中期评估报告》。区“十一五”规划专

家小组的26位专家提出书面论证及评估意见。4月，评估报告通过区人大常委会审议。（戴宏伟）

**【规划编制前期准备】** 5~10月，面向全区征集“十二五”规划调研课题及专项发展规划题目。从综合类、产业和功能区发展、社会发展、资源环境、城市建设和管理、体制机制改革等6方面，提出49个前期研究课题和33个专项发展规划；起草《东城区国民经济和社会发展第十二个五年规划编制工作方案（讨论稿）》。（戴宏伟）

**【商务楼宇监测】** 为了解全区商务楼宇内企业动态变化情况，加强政府对重点商务楼宇和企业的服务力度，3月，选取12座重点商务楼宇试点，组织5个街道、统计局、工商分局、国税局、地税局等单位对12座重点楼宇进行监测。在此基础上，将楼宇监测工作推广到全区所有商务楼宇，制订《东城区推进楼宇经济发展工作组方案》，设计监测工作流程，东城区楼宇经济监测信息系统建成。（戴宏伟）

**【主导产业政策】** 制订《东城区关于促进主导产业和总部型企业发展的鼓励措施实施细则》；完成《主导产业实施细则》政策解读；组织编印《东城区扶持企业政策汇编》2万册，其中1.77万册发放到10个街道。开展主导产业政策咨询服务，为单位、企业、个人解答主导产业政策30次。利用第二次全国经济普查基础数据，完成《东城区主导产业发展研究》。（戴宏伟）

**【政策研究】** 召开促进四合院经济发展务虚会，研究促进四合院经济发展的对策建议。完成《关于研究促进东城区四合院经济发展的工作方案（初稿）》，起草《东城区关于促进四合院经济发展的鼓励措施（初稿）》《东城区关于促进四合院经济发展的试行办法的起草说明》。结合东城区实际情况及统计局、产促局、科委、教委、园林局、房地中心等单位提供的数据资料，完成《关于东城区发展太阳能产业和利用太阳能的初步设想》。（戴宏伟）

**【国际金融博览会】** 11月参加第五届北京国际金融博览会，组织汇丰银行等5家驻区金融企业参展。东城区获第五届北京国际金融博览会颁发的最佳组织奖和最佳区域金融魅力奖。（戴宏伟）

**【小额贷款公司试点】** 帮助中小企业解决融资难问题，推进小额贷款公司筹建工作。为北京市农业投资有限公司等6家企业提供小额贷款公司试点咨询，召开有意设立小额贷款公司股东协调会。初步审查北京农投东方小额贷款有限公司的筹建申请材料，委托大公国际资信评估有限公司对北京农投东方小额贷款有限公司股东信用情况进行评价，市金融局批复同意筹建北京农投东方小额贷款有限公司。（戴宏伟）

**【重大项目审批】** 协调加快项目审批速度，组建区重大项目绿色审批通道领导小组，由区发改委、监察局、住建委等13个部门组成。至年末，全区已有民居改善工程、既有建筑节能改造、信息化建设、校舍安全工程等17个项目纳入区绿色审批通道，总投资6亿元，全部项目完成立项等前期工作。完成市、区绿色审批通道对接，确保重大项目尽早落地，申报纳入市绿色审批通道项目。至年末，全区已有西河沿危改、玉河历史文化风貌保护、旧城历史风貌保护区胡同整治等23个项目纳入市绿色审批通道，总投资194.6亿元。（李彤）

**【建设项目协调服务】** 加大对建设项目的统筹规划和服务力度，加强对项目前期工作的指导。定期召开重点项目调度会，遇到问题进行现场协调。抓好新开工项目管理，尽快落实建设资金。地铁6、8号线拆迁、西河沿拆迁等项目进展顺利。（李彤）

**【政府投资管理】** 加强政府投资项目管理，针对政府投资项目超概算问题，重点研究申报及评审措施，控制政府投资规模，拟订《关于进一步加强和规范政府投资项目管理的通知》。修订《东城区人民政府政府投资建设项目代建制管理暂行办法》，简化委托代建程序，提高代建效率。全年，与东方置地、王府井置业、住宅发展中心等代建单位签订代建协议25个，对符合条件的政府投资项目全部实施代建。（李彤）

**【政府投资项目稽查】** 通过项目调度会、现场调研等方式，对项目单位定期稽查。配合市发改委对东城区使用市政府固定资产投资的项目进行专项稽查3次。对稽查发现的问题，提出整改意见，督促整改。（李彤）

**【争取政策及资金支持】** 争取市发改委直接投资及资金补助的项目12个，包括：旧城历史文化风貌保护区胡同整治工程项目、北京市第二中学学生食堂新建工程项目等，其中市政府固定资产投资支持4.5亿元。（李彤）

**【融资合作】** 开展与金融机构的长期战略合作，区政府开展与金融机构战略合作的报告已经区委常委会、区长办公会、区人大常委会审议通过。针对地铁6、8号线拆迁项目,东方信达资产总公司与中国工商银行、北京银行、上海浦东发展银行等分别签订贷款协议,获得金融机构贷款45亿元。该项目完成拆迁工作。
(李彤)

**【工程建设问题治理】** 全面排查2008年以来的103个投资项目,对工程建设领域突出问题进行专项治理。以政府投资项目和使用国有资金项目特别是扩大内需项目为重点,解决工程建设领域存在的突出问题。
(尉燕清、张晔明、崔爽、李彤)

**【党风廉政建设】** 开展廉政风险防范机制建设,制订区发改委《党风廉政建设工作计划》《党风廉政建设责任制》《廉政风险防范管理实施方案》《廉政风险防范管理实施细则》。查找思想道德、岗位职责等廉政风险点,明确风险防范措施、签订廉政承诺。 (李彤)

**【收费许可证年审】** 区行政区域2008年度行政事业性收费2.35亿元。年审行政事业性收费单位132个,新核发收费许可证1个,撤销收费许可证7个,年审率100%。 (张春英)

**【规范市场价格】** 5月,针对甲型H1N1流感疫情发展情况,加强对流感相关商品的重点监测和上报,监测范围包括部分中药、口罩、体温计、消毒水、方便面、矿泉水等。5月5日至12月31日,持续在全区范围内,开展甲型H1N1流感疫情防控相关抗病毒药品、食品市场价格的检查及监测。出动检查组771组次,检查人员1595人次,检查1509户次,立案查处不明码标价案件43件,超政府定价案件1件,价格欺诈1件,经济制裁总额4.39万元,其中:罚款1.35万元,没收违法所得3.04万元。11月初,开展注射甲型H1N1流感疫苗收费价格专项检查。 (高敏 张春英)

**【停车收费管理】** 按照市发改委《关于加强本市机动车停放收费管理的通知》要求,严格落实有关收费政策,采取措施加强对辖区内收费停车场的管理。11月,对辖区内机动车收费停车场重新更换明码标价牌,实行明码标价牌统一编号管理。 (张春英)

**【节能工作】** 6月14日,与环保局、节水办和东四街道办事处在东四奥林匹克公园,举办节能宣传周主会场宣传活动,发放节能、节水、环保宣传材料上千份,展出节能减排宣传展板10块。组织高效照明产品供货商为居民开展节能灯以旧换新服务,节电企业现场展示节电产品。向26家重点用能单位下发节能监察通知书,与市节能监察大队对协和医院等单位进行能源利用情况、节能管理措施、用能设备能源效率等方面监督检查。推进节能技术改造,组织区市政市容委、房管局等单位召开协调会,在全区14处锅炉房节能改造工程中,推广利用东兴建筑公司水建队锅炉节能技术和烟气热能利用技术。
(刘娜)

**【专项扶持资金】** 2月24日,修订《北京市东城区中小企业担保贷款内部管理办法》,优化和完善担保贷款审批流程,开通小额贷款担保绿色通道。4月30日,与财政局联合制订发布《北京市东城区中小企业发展专项扶持资金管理暂行办法》,区财政设立1000万元专项资金,采取贷款贴息补助的方式,支持区域内中小企业发展。北京保利艺术中心有限公司、北京桓丰苑投资管理有限公司等11家单位通过审核,涉及银行贷款5741万元,核定后年度财政贴息金额146万元。协调东方信达、首创担保公司,加快贷款担保审批,组织中小企业资金供需对接会5次,44家企业参加。北京龙泰鸿科技有限公司、北京鑫敏恒汽车销售服务有限公司、北京娃哈哈餐饮公司、北京瑞特佳科技有限公司等9家企业获2700万元贷款担保。与北京银行、广东发展银行、杭州银行等银行协商,协调降低对东城区中小企业的贷款利率,北京银行、广东发展银行明确承诺对东城区中小企业贷款按基准利率执行。为北京高和华泰节能环保科技公司申报国家中小企业发展专项支持资金,对北京雄财新能源科技发展有限公司使用中小企业专项资金的情况进行跟踪调研,为北京稻香村食品有限公司申请国家工业企业技术改造专项资金支持。 (刘娜)

**【中小企业发展论坛】** 9月3日,召开东城区中小企业发展论坛,主题为"国际金融危机下的中小企业生存和发展机遇"。国家工业和信息化部中小企业司副司长郑昕,市、区有关领导姜贵平、杨艺文、李力、王佩立、王建军等出席论坛,区政府有关部门负责人和东城区中小企业界代表150人参加会议。 (刘娜)

**【扶持中小企业发展】** 通过网站、发放宣传册、政策解读等方式,宣传中小企业发展扶持政策。撰写东城区中小企业扶持政策解读,在非公企业家培训班、私个协组织政府银行服务企业座谈会上,对中小企业扶持政策进行解读,发放政策汇编400册。区发改委、工商联、私个协等单位坚持与非公有制企业的联系制度,定期召开联系会,了解并解决中小企业遇到的困难和对政府服务的需求。调研海淀、昌平、石景山扶持中小企

业发展的政策措施,对东城区完善中小企业扶持政策、促进中小企业健康发展提出建议。 (刘娜)

【东城怀柔区县合作】 制定东城怀柔合作发展五年规划和年度计划,明确东城怀柔合作的领域、重点任务和保障措施。与怀柔区发改委定期沟通,推进产业共建基地等合作项目的落实,协调解决项目遇到的问题。12月8日,东城区——怀柔区产业共建基地通过北京市区县合作发展联席会议办公室认定评审。 (刘娜)

【都市型工业】 撰写《东城区都市型工业的现状与发展对策》,分析东城区都市型工业的现状及发展特征,提出东城区都市型工业发展定位及相关政策建议。 (刘娜)

【价格监督检查】 完成日常市场、节日市场及“两会”期间市场价格监督检查,开展春运价格、涉农涉企收费、机动车停车场收费、教育收费、药品和医疗服务价格等价格专项整治和检查。全年共检查企、事业单位1266户,经济制裁金额60.6万元。其中罚款7.87万元,没收违法所得52.73万元。上缴财政60.6万元。1月9日,协助北京火车站建立价格服务咨询台,提取站内28家商户的分布情况和基础资料信息,突击检查周边机动车停车场3家,对收费存在问题的1家单位依法罚款1000元。2月16日至4月末,开展以取消和停止征收义务教育借读费、暂住证工本费落实情况为重点的专项检查。5月5日至8月14日,开展辖区内涉企收费专项检查。共检查东城区建设委员会(含下属两家事业单位)、区房屋管理局(含下属五家事业单位)、北京市规划委员会东城分局和区城市综合管理委员会等11家单位。5月26日至6月10日,开展商场、超市、集贸市场内塑料袋有偿使用明码标价等相关价格行为专项检查。6月3~10日,开展以路侧、居住小区、景区景点、商场以及北京站周边地区等20家经营性机动车停车场专项检查。9月,开展药品和医疗服务价格专项检查。11月1日至12月24日,开展对辖区内3所中学、3所小学和2所幼儿园的教育收费专项检查。宣传政策法规,规范收费行为。 (高敏)

【维护权益】 全年,共受理价格举报、咨询307件。其中价格举报227件,价格咨询80件,办结306件。协调解决140件,协调退款7853.65元,立案查处11件,经济制裁金额4386元。其中罚款4380元,没收违法所得6元。督查督办18件22次。 (高敏)

【价格鉴定工作】 配合公安部门,提供权威性价格依据。全年进行各类涉案财产价格鉴定317件,鉴定总额408.24万元。价格鉴证质量达标,无鉴定失误事故。 (王丽)

【办理提案议案】 本年,办理人大代表议案、建议和政协委员提案21件,办结率100%,满意率100%。 (任素华)

# 信息化工作

【概况】 区信息化工作坚持以科学发展观为指导,贯彻中共十七大精神,以“服务政务、服务民生、服务区域社会和经济发展”为目标,落实“保增长、保民生、保稳定”各项任务,完成国庆60周年网络与信息安全保障及电子政务的各项任务。推动电子政务全面协调可持续发展,在政府运行管理、区域公共安全、信息资源共享等方面取得明显成效。“数字东城”网站获2009年度北京市优秀网站、中国政府网站优秀奖;东城区网格化政务图层共享服务平台获政府信息化应用推进奖;国庆60周年网络与信息安全保障先进单位、市国庆无线电管理工作先进单位。

**单位名称:东城区信息化工作办公室**
**单位地址:东城区钱粮胡同3号　邮政编码:100010**
**联系电话:64031118转2121** (孔祥鑫)

【信息化领导小组会】 3月4日召开。区领导冯熙、边振英、岳鹏及全区33家单位的领导小组成员参加。听取2008年信息化工作汇报,审议通过《北京市东城区电子政务建设框架》、2009年东城区信息化工作要点、2008年“数字东城”网站群评议结果。岳鹏、冯熙、边振英分别对全区信息化工作提出要求。 (孔祥鑫)

【电子政务建设框架】 3月10日向全区下发。“框架”由服务、业务与应用、公共支撑、信息资源、基础设施,管理体制与机制、信息安全保障七部分构成。明确电子政务建设以发展为核心、以改革为动力、以服务为抓手、以民生为根本的指导方针;统分结合、层级管理的原则和在未来三年内推进电子政务向基础统一、资源共享、管理规范、协调有序、惠及全民方向发展的总体目标。 (孔祥鑫)

【感动东城公德人物评选】 3月2日,区信息办在“数字东城”网站首页设计制作“2008感动东城公德的人物评选”专栏。为做好评选活动网上宣传,利用互联网资源,区信息办与首都之窗运行管理中心协调,3月3日,“首都之窗”网站正式与“数字东城”网站联合组织“2008·感动东城公德人物评选”网上投票活动。4月21日,“2008感动东城”公德人物颁奖典礼在东城区图书馆影剧院举行,“数字东城”网站对典礼进行实时图文直播报道。 (孔祥鑫)

【领导调研】 3月4日,市信息办负责网络安全的有关领导调研“互联网安全接入”国家工信部试点工作,听取互联网安全接入工作情况汇报,对区网络安全保障工作给予肯定,认为东城安全保密管理的做法在全市具有借鉴和推广的价值。7月2日,市经信委副主任俞慈声一行检查区上半年电子政务支撑“保增长、保民生、保稳定”工作情况,听取工作情况汇报,观摩公共安全监管新模式及动态指标检测信息系统演示。毛炯参加。8月21日,国家工信部通信保障局、北京信息安全测评中心领导调研区“互联网安全接入试点工作”进展情况,听取区工作汇报,认为区“互联网统一接入”、“网站整合”等工作,统筹了全区网络资源管理,避免了重复建设和投资浪费,降低了信息安全风险。8月21日,市经济和信息化委员会副主任愈慈声、副巡视员姜毅群带队调研区公共安全监管新模式建设情况。区公共安全监管新模式课题组从整体研究思路、试点运行情况、信息化平台建设三方面进行汇报。9月3日,市经信委携市城乡经济信息中心、大兴区农委和市农业信息技术研究中心到区参观交流信息化工作。11月25日,江苏省金坛市信息办主任贺美华率调研组,到东城学习“城市网格化管理新模式”和“东城区门户网站建设”的经验。12月25日,工信部信息安全协调司组织互联网安全接入试点工作专家组调研区互联网安全接入试点工作情况,区信息办就互联网安全接入工作的整体思路、技术体系、管理机制和试点进展情况进行汇报。专家组组长北京邮电大学方滨兴院士对区互联网安全接入试点工作给予充分肯定。12月18日,四川省什邡市信息办主任廖兴林等调研区信息化系统全面建设工作。 (孔祥鑫)

【在线访谈】 4月13日,章冬梅做客市民中心,通过政府在线访谈的方式,向市民介绍东城区社区建设有关情况,并与市民互动交流,就居委会换届选举等相关事项回答89个网民提出的问题。5月22日,“数字东城”网站围绕“劳动就业、劳动培训、职介服务”内容,举办区政府在线访谈活动,区劳动和社会保障局做客政府在线访谈,通过与网民互动交流,就公众提出的79个问题进行在线解答。7月24日,举办第三期政府在线访谈活动。区体育局局长做客访谈现场,就网民提出的有关场馆设施、运动项目及如何健身等97个问题进行在线解答,回复率95%。7月30日,举办在线答疑活动,邀请到劳动和社会保障局社保专家高志佳做客活动现场。在一个半小时的活动中,专家针对网民提出的有关养老保险、医疗保险及社会保险等62个问题进行在线解答。8月21日,区信息办、区市民中心、园林局三家单位举办政府在线访谈活动。邀请园林部门专家围绕东城区园林植保、树木认养、花卉培植等问题与网友进行交流。在线回答问题131个,有260名网民参与互动。市“首都之窗”网站对本次活动进行同步宣传。9月25日,区信息办、区市民中心、区旅游局三家单位通举办在线访谈活动。围绕东城如何打造国际一流的皇城文化旅游体验区等问题与网友进行交流。在一个半小时的访谈过程中,176位网友参加活动,回答问题84个。市“首都之窗”网站对本次活动进行同步宣传。10月23日,举办“以人为本建绿色东城”为主题的政府在线访谈活动。围绕东城区循环经济、节能减排、清洁能源生产及废物综合利用等环境保护问题与网友互动交流。在一个半小时的访谈活动中,共有327位网友参与,在线解答129个问题。11月20日,举办以“繁荣经济保增长,开创商务新局面”为主题的政府在线访谈活动,围绕区投资管理、投资促进、市场管理及1510生活服务圈等有关商务和民生问题与企业和市民互动交流。153位网民参与,在线解答问题122个。 (孔祥鑫)

【专家评审】 4月9日,区信息办召开“东城区新一代协同办公平台”项目建设方案专家评审会。邀请国家信息化专家咨询委员会委员曲成义、国家信息中心高级工程师汪小虎、北京航空航天大学教授聂大同、中国人民大学副教授苏俊等专家听取“东城区新一代协同办公平台”项目技术方案汇报,经研究讨论,认为方案总体目标明确,符合国家及北京市相关标准、总体架构合理,平台功能比较全面,技术先进可行,软硬件选型

合理,同意通过评审。（孔祥鑫）

【专题讲座】 4月22日,区政府办(信息办)邀请国家信息化专家咨询委员会委员王安耕教授,就国家电子政务和信息化发展趋势进行专题讲座。就区县如何开展网上协同办公、信息资源共享和提供公共服务进行指导。（孔祥鑫）

【活动专栏上线】 为配合学习实践科学发展观活动开展,加大网上宣传力度,4月9日,区信息办在"数字东城"网站上开辟"学习实践科学发展观"活动专栏,实现在网络上及时展现全区学习实践活动情况,为开展学习实践活动开拓宣传阵地和交流平台。（孔祥鑫）

【重点项目调度】 4月13日,杨艺文主持召开"保增长、促发展"工作调度会。听取区信息办"保增长、促发展"动态指标监测信息系统建设工作汇报。对系统建设工作予以肯定,要求:要实现监测工作长效化、规范化、精细化、动态化管理。5月12日,杨艺文在电子政务中心机房听取信息办关于"公共安全信息系统"和"动态指标监测信息系统"建设进展的汇报和原型演示。对系统建设情况给予肯定,提出工作要求。8月9日,杨艺文在电子政务中心机房听取关于政务信息资源整合与共享工作汇报。对整体工作表示肯定,指出该项工作是构建东城区政府公共管理平台的重要数据支撑基础,要坚持"全面规划、完整设置、重点先行"的原则开展工作。（孔祥鑫）

【数字生活技能大赛】 为推进《全民科学素质行动计划纲要》和《北京市提高全民信息能力行动纲要》的实施,提高市民运用信息技术、数字技术创建和谐家庭、构建和谐社会的水平。5月10日,区科协、区信息办、区妇联、区教委联合组织开展东城区数字生活技能大赛活动。通过灵活多样的试题考察队员们计算机运用能力。"数字东城"网站对赛事在线直播,图文并茂地,体现实效性和真实性。（孔祥鑫）

【东城手机报】 6月15日起,区政府办(信息办)借助无线通信技术,每日通过手机彩信把"东城手机报"发送到全区正处级以上领导干部的移动电话终端,以方便各位领导及时了解舆情信息。该报围绕区经济和社会发展的热点问题,筛选舆情资讯,为领导提供准确、及时的资讯服务。主要栏目有"区情动态、区县舆情、北京热点"等。（孔祥鑫）

【政府信息公开系统】 6月4日,区信息办与"首都之窗"运行管理中心就"数字东城"网站与市政府信息公开系统对接工作进行沟通和研讨,"首都之窗"支持东城区的对接工作,表示将给予支持和配合。对接实现后,将简化部门信息公开的操作,实现公开渠道的整合和多级信息更新的同步。（孔祥鑫）

【实名制接入认证】 实名制接入认证二期推广工作4月初正式启动,截至年末,全区共完成143家单位4700人的网络实名接入工作。实名制认证能够有效地规范公务人员上网行为,节约网络资源,保障网络和信息安全。（孔祥鑫）

【政民互动频道上线】 7月1日,区信息办与区市民中心联手打造的"数字东城"政民互动频道正式上线。设置区长信箱、在线咨询、在线访谈、意见征集、社会组织动态等栏目22个,为市民搭建网上交流平台,公众与政府之间沟通更加方便快捷、互动性更强。（孔祥鑫）

【信息化培训】 7月8日,与区委组织部在区委党校联合组织《东城区电子政务建设框架》培训。各单位信息化主管领导和部门负责人200人参加培训。聘请国家信息化专家咨询委员会委员王安耕教授介绍我国电子政务发展现状与存在的问题。区信息办讲解《东城区电子政务建设框架》,以及正在开展的信息化重点项目。8月20~21日,组织2010年信息化项目申报工作培训会。针对09年申报工作中存在的问题,讲解2010年信息化项目申报和评审要求,"信息化项目和资金信息系统"操作和项目建议书的编写等内容,全区61家相关单位参加。12月21~25日,组织"全区新一代协同办公平台培训会",区各机关、团体、企业共129个单位的办公室工作人员和技术骨干228人参加培训。采用讲解和实操相结合的方式,让各单位详细了解协同办公平台的特点、操作方法、试运行方案和试运行工作要求等。（孔祥鑫）

【网上会议】 7月31日至8月12日,在"数字东城"网站上首次举办"东城区专家学者名人协会第二届理事会网上会议"。这是"数字东城"网站在互动方面的一次突破。网上会议利用互联网络资源,支持网上投票表决,实现会议成员不同地点、不同时间的集中参与,提高了工作效率。（孔祥鑫）

【发展战略规划专栏】 9月17日,"数字东城"网站开辟"东城区总体发展战略规划2011~2030"宣传专栏。设置意见征集、工作动态、相关文件等八个栏目,展示东城区在制定总体发展战略方面的工作开展情况,实

现与市民交流互动,收集公众意见,借助信息化手段达到“开门办规划”的目的。 (孔祥鑫)

【网上评选】 9月1日,“数字东城”网站与区委宣传部联合开展“东城名片”网上评选活动,经过评审委员会审定的17个入围“东城名片”开始接受公众投票,在为期10天的评选活动中,收到群众投票5691票。此次活动借助信息化手段,提升对外宣传效果。“首都之窗”门户网站对此次活动进行同步宣传。 (孔祥鑫)

【社会保险网上预约】 9月4日,“数字东城”网站社会保险经办网上预约系统上线试运行。该系统实现网上排号预约的精准化。有效解决参保单位排队等候难题,提高了政府为企业的办事效率。 (孔祥鑫)

【网上监察系统】 9月21日,区监察局和区信息办共同作为建设单位,在北京市京发招标有限公司会议室召开东城区网上监察系统开标会,区财政局作为监督单位参加。最终,深圳太极软件有限公司成为本次招标中标单位。区网上监察系统建设工作全面启动。 (孔祥鑫)

【国庆无线电管理】 8月14日和9月4日,区建国60周年庆祝活动筹备工作领导小组两次召开组长会议,分别讨论通过《东城区开展建国60周年庆祝活动频率台站清理整顿工作方案》和《东城区开展国庆60周年庆祝活动无线电管控工作实施方案》。成立国庆无线电清理整顿工作领导小组。8月15~25日,普查辖区内无线电对讲机3362台。8月15日至9月25日,向辖区内设台单位和沿长安街居民,发放无线电宣传手册、宣传海报、管制通告及市无线电管理局致首都市民的一封信各5万份。建立全区无线电台站管控及沿长安街重点楼宇联系网络并与辖区内的设台单位签订《国庆60周年无线电管控工作安全责任书》700份。区信息办被北京市无线电管理局授予国庆无线电保障工作先进单位。 (孔祥鑫)

【电子政务机房】 10月8日,区电子政务新机房建设完成。机房面积400平方米,采用电信机房流行的上走线设计,铺设了6类双绞线、光缆专用走线架;可容纳机架10排160架,各类设备约1500台。依照国家标准配备双路供电、自动气体灭火、机房动力环境自动监控、冗余空调系统、门禁安防系统等设施,有效提升设施的运行环境品质,保障信息系统稳定运行。12月20日,区电子政务整体迁移新机房工程完成。为保证信息系统正常运行,搬迁工作完全利用周末和夜间等的非工作时间进行。迁移工程持续六周,搬迁各类设备280台、业务系统37个、机柜30架、网络专线200条,配合完成4家运营商的割接网络。在迁移过程中未出现一起数据丢失或系统停止运行等故障。 (孔祥鑫)

【管理基础数据共享】 在第27次区政府印发《东城区关于推进公共管理基础数据共享服务的意见》。该文件为全区推进公共管理基础数据的总纲,指导全区各部门形成合力,建成东城区公共管理基础数据共享服务新格局,为实现“数字城市”总体构想奠定基础。 (孔祥鑫)

【信息城市高层论坛】 12月3日、4日,杨艺文出席“2009信息城市高层论坛”,并作“加快推进数字城市建设 提升政府管理服务能力”主题发言。中科院副院长阴和俊、市委常委赵凤桐、工业和信息化部科技司司长闻库出席会议。会议期间,毛炯与中国移动北京有限公司签署“东城区政府与中国移动通信集团北京有限公司战略合作框架协议”。 (孔祥鑫)

【政府网站评选】 12月17日,“2009中国政府网站绩效评估暨第四届中国特色政府网站评选发布会”在北京梅地亚中心召开。东城区“数字东城”网站在全国直辖市县区政府门户网站绩效评估中位列第十。 (孔祥鑫)

【绩效考评】 12月18日,区信息中心主持建设的网络安全与应用系统安全监控系统项目被区财政局绩效考评组评为优秀。考评组认为该项目立项依据充分,组织管理控制得当,达到了预期目标,提高了政府综合服务管理水平,绩效考评成绩93.58分。 (孔祥鑫)

【信息化工作研讨】 12月9日,组织街道信息化工作研讨会,十个街道办事处和王府井、北京站地区负责信息化建设的相关领导和工作人员30人参加会议。区信息办介绍全区信息化推进成果、下一步街道社区信息化工作推进思路以及2010年重点工作任务。各参会单位就本地区信息化工作情况、建设成果和对区信息化推进工作意见进行交流。 (孔祥鑫)

# 东城区产业和投资促进局

## 东城区金融服务办公室

**【概况】** 2009年8月,根据中共北京市委、北京市人民政府批准的《北京市东城区人民政府机构改革方案》和《北京市东城区人民政府关于机构设置的通知》,设立北京市东城区产业和投资促进局(简称区产业投资促进局),负责本区产业发展和投资促进工作。设立北京市东城区金融服务办公室(副处级,简称区金融服务办),负责促进本区金融产业发展的相关工作。

区产业投资促进局职责:①按照北京市和本区国民经济发展战略和中长期发展规划,制定区产业发展和投资促进工作中长期计划及年度工作计划;研究提出区产业发展目标和优化产业结构的建议和措施。②组织实施国家产业政策,监督产业政策落实情况,协调解决执行中的重大问题。③负责区产业发展规划和促进经济发展的各项政策措施的宣传及推介活动的组织工作;组织实施重大项目招商活动和引企引税工作。④负责区产业发展和投资促进工作体系建设,指导、组织、协调政府相关部门和地区有关投资促进方面的工作。⑤指导非国有经济和中小企业发展,减轻企业负担,协调建立和完善中小企业服务体系。⑥负责与主导产业和中小企业发展有关的政府部门和贸促会、商会、协会等相关组织的联络工作。⑦负责与产业发展和投资促进相关的信息搜集、专业培训、数据统计和调查研究的组织、协调工作。⑧在本部门职责范围内加强为驻区中央单位、市属单位、驻区部队和区域内企事业单位的服务。⑨负责本机关及所属单位的安全工作,并承担相应的领导责任。对以本部门名义组织的各类公共活动、社会活动的安全工作承担主体责任。⑩承办区政府交办的其他工作。

区产业投资促进局机关行政编制16名,其中处级领导4名,下设办公室、产业发展科、投资促进科、中小企业发展科4个科室。

区金融服务办职责:①贯彻执行国家和本市有关金融工作的法律、法规和方针、政策。研究拟订促进区金融业发展的规划、政策和措施并组织实施。②研究分析金融市场发展规律和区金融产业运行情况,及时掌握有关信息和发展动态,吸引金融管理部门和金融机构进驻,统筹协调推进东二环新兴产业金融功能区的建设和发展。③推进区金融发展环境建设,负责驻区金融机构的联络、服务和信息采集、分析工作;协调有关部门为驻区金融机构提供服务。④负责协同市金融监管部门做好金融监管工作;负责区内小额贷款公司等金融企业的监管。⑤负责与市金融工作部门和金融监管部门的联络沟通工作。⑥在本部门职责范围内加强为驻区中央单位、市属单位、驻区部队和区域内企事业单位的服务。⑦负责本机关的安全工作,并承担相应的领导责任。对以本部门名义组织的各类公共活动、社会活动的安全工作,承担主体责任。⑧承办区政府交办的其他工作。

区金融服务办行政编制8名,其中主任(副处级)1名,下设金融发展科和金融服务科。

**单位名称:北京市东城区产业和投资促进局**
**北京市东城区金融服务办公室**
**单位地址:东城区金宝街52号601室**
**联系电话:65259078 邮政编码:100005** (安俊杰)

**【吸引税源】** 本年,区产业投资促进局坚持吸引与稳固税源相结合,走访大型企业、重点楼宇,宣传区政府对企业的各项优惠政策,协调企业与职能部门之间的各种问题,为企业提供服务。引入北京市农业投资有限公司等23户企业落户东城。全年引进新增税源6.3亿元。 (安俊杰)

**【产业发展研讨会】** 9月9日,召开能源与低碳产业发展研讨会。中国可持续发展研究会、国务院发展研究中心、国家发改委能源所等机构的专家学者,中石油、中海油、中石化等中央和国际能源企业代表,市金融工作局书记霍学文,区领导杨柳荫、杨艺文、王建军及区有关部门负责人参加。与会代表建议通过加强宣传普及、制定规划、出台政策、搭建交流合作平台、吸引专业人才等措施促进产业聚集,打造低碳金融产业功能区和低碳经济总部基地。杨柳荫指出,结合区位特点促进能源产业与金融整合发展,是全区努力探索的课题。 (曹波)

**【中医药发展改革试验区】** 12月29日,国家中医药管理局正式批准东城区为"国家中医药发展综合改革试验区"。"试验区"以中医药优势资源为基础,以中医药科技为支撑,以高端、集约、特色、链条式发展为原则，计划利用3到5年时间，构建起中医药核心辐射、多元发展的“一园多点、三大平台”发展框架，即在东城区形成中医药文化和产业聚集的核心园，形成中医药文化传播、医疗服务、养生保健、科研教育、健康旅游等集群，打造中医药文化传播、中医药健康服务、中医药产业发展三大平台。（安俊杰）

# 统　　计

【概况】 区统计局、区经济社会调查队（以下简称“局队”）按照全市部署，结合实际情况，精心组织，统筹安排，完成国庆服务保障工作。加强重要信息系统和涉密信息系统的安全防范，严格执行网站信息发布审核制度。局队长轮流接访上访群众，解决问题，确保政治稳定、社会安定。开展安全隐患排查，修改和完善应急预案体系。围绕“保增长、保民生、保稳定”，开展统计监测和跟踪分析。开展对经济运行情况的定期监测，对民生状况的动态监测，对应对金融危机措施落实情况及效果的跟踪监测，建立三个功能区经济发展监测评价体系。对领导关心、关注的问题专项调查。调查全区楼宇资源、群众安全感，研究建立企业对三个功能区发展的满意度调查机制，研究建立企业、群众对政府工作满意度调查评价指标体系。对统计数据资料进行整理、加工和深度挖掘，开展对三个功能区发展状况的分析；利用第二次经济普查资料，制定资料开发实施方案；围绕主导产业、总部经济、三个功能区发展等内容，明确课题进行研究。完成区政府折子工程8项，其中主责3项，非主责5项。完成主责事项：建立三个功能区经济发展监测体系，制订监测体系实施方案；按时对全区能源情况进行监测；完成第二次全国经济普查数据收集工作，接受并通过市经济普查办公室数据质量抽查。以提高数据质量为核心，推进各项重点工作，提升统计工作水平。完成第六次全国人口普查人户分离国家级试点工作。建立健全统计管理制度，完善全区统计数据质量控制体系；加强对基层统计工作的指导和检查，建立对基层报表单位的定期统计督导工作机制，加强对基层统计人员的培训和继续教育；加强对部门统计工作的规范化管理，完善部门统计制度，规范填报要求和报送流程。完成全年执法检查工作任务。被评为东城区行政执法责任制先进单位。组织开展以“牢记党的宗旨，践行科学发展”为主题的党日活动；举办“国旗在我心中，诚信见我行动”国旗传递和承诺签名活动。获东城区党风廉政建设先进集体、东城区创建学习型机关集体。

**单位名称：北京市东城区统计局**

**北京市东城区经济社会调查队**

**单位地址：东城区金宝街52号**

**联系电话：65260007　邮政编码：100005**

**网址：Dctjj. bjstats. gov. cn**

**电子邮箱：dongchengy@bjstats. gov. cn**　（于华浩）

【国庆安保工作】 加强国庆服务保障、信息安全保障、维护社会稳定内部安全保卫工作。国庆期间，网络系统运转正常，完成标兵服务保障工作。（于华浩）

【经济普查】 2008年东城区第二次全国经济普查启动，组建区、街两级普查机构，选聘普查工作人员1千人，实现“四个摸清，一个推进”工作目标，为区委、区政府科学决策、调控经济提供客观依据。完成2个重点课题、7个专题课题、12个自主性课题研究，召开区第二次全国经济普查总结表彰会，表彰先进集体和先进个人。（于华浩）

【干部队伍建设】 注重干部队伍建设，加强对干部的教育培训，制订定期调研、中心组学习及科级研讨班等学习制度，提高干部综合素质。创新干部交流轮岗机制，坚持局、队、所联动，开展跨部门、跨专业交流和部门内轮岗。全年，招录本科生2人，轮岗交流14人，选派9人到市局、区有关部门挂职锻炼。（于华浩）

【党建工作】 围绕全区中心工作和局队工作实际，开展学习实践科学发展观活动，推进学习型机关、和谐型机关和服务型机关建设。强化政治思想教育，开展“牢记党的宗旨，践行科学发展”主题党日活动。发扬党内民主，加强作风建设和入党积极分子教育、培养工作。（于华浩）

【统计工作巡查】 7月28～30日，市统计局、国家统计局北京调查总队巡查组对区局队进行巡视检查。巡查组对领导班子建设和党风廉政民主测评、对科室进行专项检查、与班子成员和部分科所长谈话、实地考察统计所等,了解区局队班子队伍、基层基础和政策法规执行力等工作情况。高度评价区局队对查找出的问题及时制定整改措施,希望区局队统计工作再上新台阶。（于华浩）

**【学习实践科学发展观】** 以“提升统计能力,服务科学发展”为目标,紧密联系统计事业发展和工作实践,提高用科学发展观统领统计工作重要性的认识,明确总体思路,针对统计服务水平、基础能力建设、干部队伍建设三个方面存在的问题,制订四个方面20项整改措施,逐一落实整改,完善为群众办实事机制。创新机制,加强领导班子建设、统计文化建设和经济普查成果转化。（于华浩）

**【统计工作规划】** 经过一年研究和探索,提出明确一个目标,全面履行统计工作职能。抓住两个关键,提升统计数据质量,提升统计服务水平。完善三项保障,完善人才保障、法制保障、技术保障机制工作规划。每年再明确四项重点工作,作为“一二三”工作规划的延伸和完善。（于华浩）

**【经济发展监测评价】** 为应对金融危机,服务区域发展,建立“三个功能区”经济发展监测体系,形成“一个平台、三个子系统、五个维度”的三个功能区经济发展监测体系总体框架,制定监测体系实施方案。撰写的《建立三个功能区经济发展监测体系的研究》被区委研究室《东城调研》刊载,区政府领导给予好评。（于华浩）

**【动态监测体系】** 梳理整合各相关部门的数据和资料,重点从企业经营、居民就业、大学生就业、社会稳定状况等方面,反映全区经济和社会发展变化情况。根据监测指标体系的运行情况,撰写全区经济和社会发展监测情况分析。（于华浩）

**【人口普查试点】** 组成第六次全国人口普查人户分离试点工作领导小组,制订普查方案,选择景山地区汪芝麻社区作为试点小区,对895户居民进行人户调查。摸清人户分离的现状和成因,了解各部门行政记录在人口普查中的作用和利用价值,分析人户调查面临的困难,提出完善调查方式的建议。（于华浩）

**【全国R&D资源清查】** 按照全市统一部署,制定区第二次全国R&D资源清查工作方案,组建R&D资源清查机构,明确实施部门,批复经费预算,开展业务培训,完成前期准备、摸底调查阶段工作。进入清查表填报阶段。（于华浩）

**【统计文化建设】** 制订统计文化三年发展规划,按照本年度工作计划,开展核心价值观讨论,创建和谐型机关建设的载体。开展“牢记党的宗旨,践行科学发展”主题教育活动;“国旗在我心中,诚信见我行动”爱国主义主题教育活动;“弘扬五四精神,践行科学发展”统计职业道德主题教育活动;“团结协作,敢拼敢赢”和谐型机关建设等四大主题教育活动。提高了干部的凝聚力和向心力,坚定了干部和谐奋进、争创一流的信心。（于华浩）

**【统计执法工作】** 统计执法围绕统计中心工作,以保障统计数据质量为根本,采用常规检查与督导检查相结合,日常检查与集中检查相结合的方式开展,完成各项统计执法任务。全年,完成执法检查单位360家,其中执法检查160家,督导检查200家。（于华浩）

**【统计法制建设】** 围绕《统计违法违纪行为处分规定》的出台,在北新桥街道开展统计法现场知识竞赛,采取措施和不同形式,开展宣传教育。12月4日,在地坛公园冬季书市现场,开展新统计法宣传日活动。成立普法宣传小分队,深入政府机关、重点企业、社区等开展宣传,利用电子显示屏、《今日东城》报、流动宣传站等载体,开展多种形式的统计普法宣传活动。（于华浩）

**【政府信息公开】** 贯彻落实《中华人民共和国政府信息公开条例》,成立工作机构,修订政府信息清理、依申请公开、保密审查等相关制度规定,主动公开政府信息,公开形式包括网站、政府信息公开大厅、信息查阅点、服务指南、公告等。年末,公开政府信息117条,包括机构职能、规划计划、政务动态、工作动态、统计公报、统计信息等内容,全文电子版率100%。（于华浩）

**【信息化建设】** 加强对网络系统的性能监控与预警,制订网络结点突发事故应急处置方案,更新计算机病毒防控管理制度。筹划“国庆60年”的信息安全工作,建立全程责任追究制度,保证网络安全责任落实,确保网络平稳畅通和统计业务平台的稳定运行。（于华浩）

**【劳动力抽样调查】** 3月,劳动力抽样调查改为月度调查,称为月度劳动力调查。每月抽取2个街道的2个社区,每个社区调查居民20户,采取调查员入户填表方式,以户为单位进行填报。填报内容:按人填报姓

名、性别等14个项目和按户填报的户编号、户别等5个项目。（于华浩）

【群众安全感调查】 采取随机抽样方法进行。上半年，对全区10个街道60个社区的1200户居民和北京站、王府井2个地区的132户商户，进行群众安全感调查。调查显示，全区群众安全感平均得分7.64分（10分制），选择“安全”和“比较安全”的占63.8%。下半年，对全区10个街道60个社区的1200户居民，以及北京站、王府井2个地区146户商户，进行群众安全感调查。调查结果显示，群众对社会治安的总体评价较好，全区群众安全感平均得分7.83分（10分制），比上半年提高0.19分，选择“安全”和“比较安全”的占68.3%。（于华浩）

【商务楼宇资源调查】 按照区政府工作部署，东城局队从4月下旬开始，历时1个月，完成对全区184座商务楼宇、6726家入住单位的调查工作。通过调查，明确可供开发、置换、租赁、购置的楼宇资源，为实现区域楼宇资源的利用提供信息支持。（于华浩）

【妇女儿童监测统计】 贯彻落实市局、总队关于妇女儿童统计工作会议精神，完成2008年度妇女儿童发展状况监测。此次监测涉及经济与人口、就业与社会保障、参政议政、教育、卫生保健、法律保护和社会、生活环境等七大类180项指标。（于华浩）

# 工商行政管理

【概况】 本年，东城工商分局学习实践科学发展观，按照市工商局和区委、区政府要求，“整合资源提效能，强化服务促发展”，抓牢夯实基础、强化监管、提升服务、促进发展四个着力点，完成各项工作部署。

**单位名称：东城工商分局**

**单位地址：东四北大街267号**

**联系电话：64033742　邮政编码：100007**（杨悦）

【市场秩序风险防控】 运用联动机制，对影响国庆60周年庆祝活动的市场秩序风险隐患，进行全面排查分析，确定风险点154个。利用“市场主体网格监管系统”加强防范控制，开展各类专项整治行动36项，办结行政处罚案件398件，其中查办10万元以上的大案23件。实施行政指导2890件，调停性行政指导184件，助成性行政指导1301件。（杨悦）

【市场主体准入】 建立对税源企业、重大投资项目企业、大学生创业企业“专项服务”绿色通道。完善“电话预约”、“行政指导便签”、“咨询窗口疑难问题记录备案”、“服务导督”等工作制度，通过对重点企业实行急事急办、特事特办，帮助重点企业转“危”为“机”。全年，东城区新开业企业3010户，同比增长9.77%；企业注册代理机构网登应用率100%；办理股权出质登记19件，帮助企业融资11.94亿。（杨悦）

【年检验照】 畅通“便捷申报、轻松过检”通道。履行年检、验照无障碍审查。通过电话预约、上门服务、集中办理等方式，提升年检服务质量。东城区2008年度个体工商户验照率92.49%，同比提高4.05%，企业年检率92.66%，同比提高2.8%。（杨悦）

【食品安全监管】 督促辖区食品经营主体建立自主送检经营体系，对配备检测设备的市场主体加大快检业务指导；在非集中收款（非超市）的食品经营单位中，试行由纸质台帐向电子台帐转变；引导重点主体完善熟食退货制度；开展“创建流通环节食品安全示范社区”活动，把流通环节食品质量监管工作的落脚点放在基层和社区，以点带面、全面强化流通环节食品安全监管的有效机制，提高公众食品安全防范意识。全年共抽取食品检测样品2455批次，合格2400批次，不合格55批次，其中上报市局全市范围下架不合格食品20批次，区域下架不合格食品35批次。食品检测合格率97.76%。（杨悦）

【食品流通许可】 主动应对，积极协调，贯彻落实《中华人民共和国食品安全法》及其实施条例。7月1日，工商部门正式对外受理食品流通许可申请；9月1日，正式全面开展食品流通许可证发放工作。全年办理食品流通许可359件，各环节衔接严谨，运转正常。（杨悦）

【多领域深层次服务】 开展“暖心走访”活动，以年检验照和日常巡查工作为契机,发放“一表、一信、一卡”,上门征询企业对工商部门的意见,使企业感受到工商部门帮扶企业的诚心。利用市场主体数据资源优势,向7个部门提供4类7项综合及专项统计分析服务,全年共完成统计分析报告40期。进行辖区特色区域专题调研,完成“南锣鼓巷文化休闲街”与“和平里1510生活服务圈”专题调研,为政府决策和公众投资创业提供参考。结合“工商开放日”,开展“体验工商”活动。通过观摩年检工作流程,参与体验食品检测工作等方式,增强社会与工商的互动,让群众了解工商队伍现代化、专业化水平。推进工商所长联系社区制度。完善需求导向服务,改进联系社区、服务居民的工作方式。(杨悦)

**【电子商务监管】** 落实“遇案上网”、“遇诉上网”和“网站巡查”等工作制度,确定重点监控网站及时更新、备案,加强对重点网站的巡查工作。组织辖区内的千龙网、中华网、263在线、数字王府井等20家重点网站的商务经营负责人召开重点网站座谈会,规范网站企业自律,构建起监管与服务、监测与自律相结合的电子商务管理模式。年末,东城区网站3244户,已判定3118户,判定率96.12%,全年发现涉网违法案件线索82条,其中立案查处67起,罚没款235.59万元。(杨悦)

**【商务楼宇监管】** 以商务楼宇分级监管为基础,以物业管理部门为依托,运用“工商楼宇主体信息交换系统”、“市场主体网格监管系统”、“经营主体综合分析系统”三大信息化载体,通过系统数据交换和比对筛查违法问题,实施有针对性的监管,动态掌握全区153个商务楼宇驻场企业的真实状况。对入驻企业实施网络巡查,进行远距离、深层面“间接管理”,及时查处取缔违法违规行为。本年,在商务楼宇中共发现重大案件线索29个,立案查处18起,其中外资主体无照经营案件6件,发放行政指导3172份,商务楼宇内举报投诉率同比下降15%,广告监测违法率同比下降23%,传销发生率保持零。(杨悦)

**【消费者权益保护】** 更新维权理念,提高消保工作水平。将消保维权由事后受理为主,向事前预警和超前防范转变。通过对可能引起较多投诉的企业开展先期培训和走访调查,规范企业经营行为,辖区投诉、举报量明显下降。全年接到消费者申诉1227件,调解成功率100%,申诉转立案131件。接到群众举报745件,举报属实立案283件。开展流通领域商品质量监管,共抽检商品17大类、302种、369组。在辖区开展“与您携手共建和谐社区”活动,开展“1056工商工作站”(即百姓10分钟内可以找到一个工作站,全区共建立56个工商工作站)建设,方便工商部门服务百姓与百姓沟通。(杨悦)

**【商标监管】** 健全长效监管机制,培育驰名、著名商标。巩固奥运知识产权保护成果。加强对奥运期间确定的风险点和24家宾馆饭店进行网格监控。在长安街、银街两条重点大街涉及经营国内外知名品牌的商户中,推行商标授权经营制度。探索实施商标管理服务新路子,引导和帮助“南锣鼓巷”文化街、南新仓文化街、簋街餐饮街开展商标注册与保护。与交通银行东城支行、中行北京分行工商所协调、沟通相关的“惠企”政策,推进商标质押。全年举办大型商标法规宣传3次,举办商标法规培训6期,发放宣传材料2000份,培训企业人员1500人次。(杨悦)

**【广告监管】** 帮助社团法人媒介单位进行企业改制,加强广告发布行为的事前引导,落实广告分类分级监管。全年,监测录入广告数据27.76万条。从源头上打击关乎人民群众生命安全的医、药、械、保等广告违法行为。查处医疗广告案件25件;药品广告案件15件;医疗器械广告案件7件;食品广告案件11件;虚假广告9件,五类重点案件罚没款占全年广告案件罚没款的90.6%。(杨悦)

**【合同监管】** 会同区房管部门对区房地产经纪人进行专项检查,对违规企业予以行政提示。本年,区经纪人备案率85%,同比提高36%。宣传、推广合同示范文本,发放各类合同示范文本5.93万份。对辖区内174次拍卖进行拍前、拍后备案,现场监拍23次。办理动产抵押3件,总债权额3520万元。履行合同调解职能,实施合同行政调解8件,为经营者挽回经济损失5.8万元。(杨悦)

**【有形市场监管】** 建立《市场经营者管理档案》《工商所日常监管档案》《市场巡查记录》,对区内全部17个农副产品市场和7个非农副产品市场实施动态监管。围绕地坛春节文化庙会、书市、展会以及“两节”、“两会”、五一、十一等特殊时期,开展“密胺塑料餐具”、“皮革制品”、“尾号车贴”、“限售刀具”“食品安全”等专项整治,加强对市场主办单位的法规宣传和行政指导。(杨悦)

**【队伍建设】** 开展廉政与监管风险点查找和防范工作,边查找风险,边结合国家局新“三定”和市局工作要求，捋清职责，形成58万字的《岗位职责及风险管理手册》。发挥现代信息技术在管理方面的作用，搭建分局“部门绩效管理平台”。结合个性化双向考核，分解工作任务，设定关键点，强化过程控制，将“双风险管理”和“常量管理”融入到工作过程中，提高部门工作整体效能。7月至12月，开展全市系统“大练兵、大比武”活动。有29人次进入市局各专业前30名，占进入前30名总人数的1/7，12人成为市局级标兵。 （杨悦）

**【社团工作】** 消费者协会围绕“消费与发展”主题，开展“放心消费在东城，维权服务伴您行”活动，宣传、引导东城区百家大中型企业，签订企业《承诺书》，参与此项活动，构建和谐的消费环境。全年，区消协受理消费者投诉咨询1852人次，其中受理投诉810件，调解解决810件，办结率100%，为消费者挽回经济损失133万元。执行先行赔付17件，涉及金额5641.3元。私营个体经济协会拓宽服务领域，力促“三保”落到实处。召开企业座谈会13次，开展贷款担保相关工作，缓解企业“贷款难”、“发展难”，全年向金融机构推荐贷款企业43户，贷款意向3.2亿元，比上年提高6倍，其中10家企业融资贷款4500万元，同比增长80%。工商学会围绕区工商行政管理工作开展理论研究，成立青年理论研究小组，组织研究调研成果转化。 （杨悦）

# 质量技术监督

**【概况】** 落实区委、区政府及市质监局的工作部署，履行质量技术监督职能，提高工作质量和依法行政水平。全年完成执法活动984起，出动执法人员2614人次，办理执法案件74起，罚没金额6.12万元。执法活动完成任务率100%，结案案件完成任务率100%。受理投诉举报案件19起，解决19起。共办理组织机构代码证书7480套，其中新办代码证书3197套。计量检测所检测计量器具54233台（件），特种设备检测所检验特种设备8259台（辆）。

**单位名称：东城区质量技术监督局**
**单位地址：东城区和平里五区甲12号**
**联系电话：84220417　邮政编码：100013** （李娟）

**【控制大气污染工作】** 落实市控制大气污染措施折子工程，制定控制大气污染工作方案和应急预案。加强型煤质量监管，型煤质量市级监督抽查合格率100%。 （李娟）

**【区人大代表调研】** 区人大常委会副主任金旭，及区人大教科文卫工委食品安全调研组部分区人大代表对市浦五房肉食厂、全素斋食品公司、北京汇力发食品有限责任公司第二销售部三家企业的生产、销售及监督管理情况进行调研。 （李娟）

**【食品安全专项整治】** 组织食品添加剂专项整治，对区内6家食品企业生产加工涉及添加剂的4类食品，分3个阶段进行整治，加强添加剂的使用管理。 （李娟）

**【贯彻食品安全法】** 食品安全法实施后，开展送法进企业和接受区人大检查等活动。探索食品企业建立回收食品管理机制，组织企业修订《食品回收管理制度》，完善作业流程和内控程序，形成长效管理机制。 （李娟）

**【食品监督抽查工作】** 做好市级和区级食品质量监督抽查，对区内6家食品企业18家次的45种食品进行质量监督抽查，合格率97.8%。 （李娟）

**【“HACCP”认证试点】** 为强化对食品企业风险源的监控，推进食品企业“HACCP”认证（控制食品安全的经济有效地管理体系）试点，组织3家食品企业开展认证工作，完成认证评审。 （李娟）

**【食品生产企业工作会】** 11月，召开区食品生产企业工作会，辖区内所有食品生产企业负责人参加。部署2010年元旦及春节前食品质量安全监督检查和产品抽样工作。企业交流质量管理体会。 （李娟）

**【党风廉政建设】** 3月5日，召开党风廉政建设暨法制工作大会，全体工作人员参加。主管纪检监察和法制工作的局长作题为《扎实推进反腐倡廉建设，为质监事业提供有力的政治和纪律保证》和《依法行政　履行职能　服务中心　促进发展》工作报告。会上，局长与副局长、主管领导与部门负责人层层签订《党风廉政建设责任书》和《落实行政执法责任制责

任书》。（李娟）

【咨询活动】“3·15”国际消费者权益日,国家质检总局、市质监局在王府井步行街举行“3·15”国际消费者权益保护咨询活动。主题是“树信心,促发展,保安全”。国家质检总局副局长支树平、副市长苟仲文、市质监局局长赵长山、副区长王佩立等出席咨询活动。区质监局与中国标准化研究院共同在苏宁电器安贞店开展能源效率标识知识现场宣传咨询活动。发放有关能效标识宣传材料,向顾客和过往群众讲解国家实施能源效率标识规定的意义,以及能效标识对国家可持续发展的作用。（李娟）

【医疗计量器具普查】开展“健康计量进医院”专项行动,在全区范围内,对300家医疗卫生机构在用的计量器具进行普查,对未检或超期使用的问题帮扶整改,提高了周期检定率。（李娟）

【计量管理模式】完成全区集贸市场计价秤统配统管,对全区商品交易场所应设置的公平秤,建立“统一设置、统一标志、统一管理”的计量管理模式。（李娟）

【世界计量日活动】5月20日,国家质量监督检验检疫总局在海运仓小区举办“5.20”世界计量日宣传服务活动。主题是“关注民生、计量惠民”。发放宣传材料800份,设置体重检测秤12台、血压计102台。（李娟）

【能源计量管理】为推动区内94家重点用能单位加强能源计量管理,开展能源计量服务活动,包括开展人员培训、能源计量器具合理性配备和指导建立计量管理制度等工作。（李娟）

【标准注册登记】本年,共备案标准141起,标准登记注册44起,将数据录入市企业标准备案库,提供关于标准编写、备案、登记注册、标准信息查询、商品标识标注等咨询300起。（李娟）

【标准化管理体系】由区质监局负责,区城管委、区环卫中心、区园林局、区市政工程管理所、10个街道办事处及北京站地区管理处、王府井建管办联合制定《环境卫生、园林绿化、市政道路管理服务规范》,7月6日正式发布。该服务规范从管理标准化入手,在垃圾清运、环卫保洁、园林绿化、市政道路等市政管理制度标准的基础上,梳理、补充、完善相关标准和内容,建立技术标准、管理标准与工作标准相衔接的统一标准化管理体系。（李娟）

【公共服务标准研究】按照区委、区政府要求,开展东城区城市公共服务标准化示范区建设工作。组织协调示范项目承担部门,按进度开展标准体系建立工作,组织协调研究机构和咨询机构,按计划开展研究,与北京大学公共经济管理研究中心签定《东城区城市公共服务标准化研究》项目协议。（李娟）

【特种设备安全监察】全年,共出动监察人员584人次,检查特种设备使用单位247家次,检查设备3114台,下发《特种设备安全监察意见指令书》29份,监督使用单位整改,整改率100%。

围绕国庆特种设备服务保障,制订实施方案,强化宣传发动、协调调度和责任落实,分为3个阶段7个节点,历时半年,以核心区和周边200米以及游园公园为重点部位,开展逐台逐项的特种设备安全监察和检验,对天安门城楼的3部电梯组织进行维保、检验、演练等工作,确保万无一失。（李娟）

【特种设备专项整治】按照区委、区政府关于“安全生产整治大干40天”行动的要求,成立特种设备专项整治行动组,对区内新建高层建筑、中央单位、学校和人员密集场所运行的特种设备,进行细致的隐患排查,及时安排监督和检验,督促相关单位消除隐患,确保特种设备安全运行。（李娟）

【特种设备安全宣传】根据国家质检总局《关于开展特种设备安全进校园宣传活动的通知》要求,会同区教委,将10套特种设备安全宣传光盘、100本宣传画册、36张宣传招贴画送到和平里一小、四小和九小等9所小学校。质监局特种设备监察人员现场讲解特种设备安全常识,将宣传画册分发给学生们,并与学生们一起观看安全宣传光盘。（李娟）

【行政执法责任制】探索建立行政处罚自由裁量权基准制度,形成涉及计量、质量、标准三个业务方面的自由裁量细则。加强行政执法人员法制培训,提升执法和案卷质量水平,在区政府法制办组织的全区17个执法部门案卷评查中,质监局取得第一名。（李娟）

【学习实践科学发展观】按照东城区委深入开展学习实践科学发展观活动的实施意见、实施方案和加强党员领导干部作风建设年活动的部署,制订实施方案,明确“科学发展创一流,质监服务上水平”学习实践活动主题,成立民主监督小组,组织召开动员部署会,制

订“服务企业10条措施”，完成学习实践活动各项任务。（李娟）

【廉政风险防范】 组织开展廉政风险防范管理工作，成立领导小组，制订实施细则，查找风险点655个，并且制订相应的防范措施。召开党风廉政建设工作会，全员签订《党风廉政建设责任书》，进建立健全“教育、监督、反馈”为主要内容的落实党风廉政建设责任制的常态化机制。两次召开特邀监察员、行风监督员座谈会，听取意见和建议，发挥外部监督作用。（李娟）

【精神文明建设】 年初，对低保户、残疾人家庭、捐资助学“一带一”学生家庭开展走访慰问送温暖活动。参加市局和区机关工委组织的国庆文艺调演活动。举办第二届艺术节，全局职工参与活动。开展献爱心捐款捐物活动3次，捐款6120元，衣物200件。（李娟）

【宣传报道】 本年，共报送各类信息223篇，其中媒体报刊刊登4篇次；市级信息29篇次，区级信息77篇次。（李娟）

# 审　计

【概况】 2009年，深入学习实践科学发展观，围绕促进经济平稳较快发展，探索审计机关在经济社会运行中的“免疫系统”作用。坚持“依法审计、查防结合，降低风险，促进管理、提高效益”的工作模式，开展对财政、政府投资、民生等资金和领导干部经济责任审计。严格履行审计职责，加强审计监督和队伍建设，各项工作稳步推进。年末，完成审计项目58项，包括预算执行审计18项、政府投资审计14项、财务收支审计7项、经济责任审计7项、专项资金审计和审计调查12项。审计出管理不规范金额2.04亿元，核减工程款7600万元。出具和报送审计报告46篇，提交审计专题、综合性报告和信息119篇，被批示、采用的审计专题、综合性报告和信息54篇(次)。

**单位名称：东城区审计局**
**单位地址：东四十一条83号**
**联系电话：64021347　邮政编码：100007**　（吕学英）

【预算执行审计】 在预算执行审计中，以预算执行情况和结果，专项资金管理使用和效益，管理、制度运行情况等为重点，组织全区67个一级预算单位进行自查，对21个单位进行抽查和重点审计，对4家单位的资金使用进行绩效评价。通过审计，推进各单位改进管理工作，促进预算管理规范化、提高预算管理水平和财政资金使用效益，为区人大批准财政决算和决算报告提供依据。（吕学英）

【专项检查治理】 围绕东城区24条措施强化审计工作，重点对5项专项资金等落实情况进行跟踪审计。贯彻落实关于开展厉行节约的检查工作，在每项审计项目中均对政策落实情况加以检查。开展“小金库”专项治理检查工作，完成对6个区属单位“小金库”专项检查工作。（吕学英）

【重点投资项目审计】 加强对政府投资审计力度，对重大建设项目实行全程跟踪审计。2009年，审计民生资金项目、拆迁项目、民居修缮等重点工程20项，涉及资金67亿元，涉及居民1.5万户。通过关口前移，充分发挥审计的预警作用，把问题消灭在萌芽状态，保证区政府投入资金的合规使用。（吕学英）

【专项资金审计】 加强对专项资金的审计监督，开展就业再就业专项资金审计工作。通过对2008年度东城区社区公益事业专项补助资金管理和使用情况的审计调查，促进东城区修改完善相关管理办法。通过对2009年汶川地震捐赠资金物资审计调查和对“共产党员献爱心”捐款专项审计，规范各单位财、物的管理，建立完善应急机制和捐赠款物的长效机制。（吕学英）

【经济责任审计】 把经济责任审计工作作为加强党风廉政建设，提高干部选拔任用和监督管理水平，维护经济秩序，推动经济健康发展的重要举措，开展经济责任审计工作，取得成效。完成领导干部经济责任审计7项，主要针对被审计单位财政财务收支及资产管理、内控制度的制定与执行、重大经济事项的决策等方面进行审计，对存在问题和薄弱环节提出整改意见和建议，为区委、区政府管理和评价相关领导干部提供参考

依据。（吕学英）

【内部审计】 为防范政府经济工作风险，在全区开展有针对性的教育、培训和指导。对4个部门的领导、中层管理、业务人员、财务人员等200人进行专业知识、存在问题的危害、审计必要性等方面教育，增强各单位责任意识、风险意识、法制意识，做到遵纪守法。召开现场交流和经验交流会3次，对150名内审人员进行继续教育，提高内审人员的业务素质和能力。全年，区属各部门（单位）共开展各类审计项目1159项，纠正违规金额0.85万元，促进增收节支7664.77万元，有357条审计建议被部门领导采纳。（吕学英）

【绩效审计】 加强对绩效审计的理论研究与探索，取得理论研究阶段性成果，开展绩效审计研讨培训。上半年，预算执行审计中对4个单位开展绩效评价，下半年，开展2项绩效审计工作。（吕学英）

【信息化建设】 为提高审计工作效率，发挥信息化技术在审计实务中的作用，制定《预算执行情况计算机辅助审计实施方案》《部门预算执行情况计算机辅助审计实施方案》，依据实施方案开展审计工作，财政预算执行审计和教育部门预算执行审计两个项目获市审计局计算机辅助审计应用奖。完成区政府专网实名制接入认证推广工作。将局内ip地址按照信息化办公室要求进行重新分配，加强用户身份认证管理，保障了单位的信息安全。开展单位信息安全自查工作。落实安全制度，加强网站信息安全保障工作，落实办公局域网、计算机、移动存储介质的安全保密管理。建立信息安全应急响应机制。对全局网络系统、计算机设备进行维护。（吕学英）

【精神文明建设】 开展“迎国庆、讲文明、树新风”活动，进行革命历史和革命传统教育以及社会主义理想信念教育；开展“庆祝60年，感受新东城”主题活动，组织到南新仓、南锣鼓巷、雍和园区等地参观学习，让干部职工在实地参观体验中感受变化、增强认同感和自豪感；参加区直机关工委组织的歌咏比赛获三等奖；参加市审计局“审计之光”歌咏比赛，获最佳表演奖。发挥机关党支部的战斗堡垒作用，完成四次国庆安保标兵任务。坚持把促进审计干部队伍全面发展和素质提高作为精神文明建设的核心。注重教育培训，采取集中培训与经常性培训相结合、短期培训与职业再教育相结合、走出去与请进来相结合、在岗学习与实践锻炼相结合、技能培训与培养现代理念相结合。实现从职务型向职业型转变，从专业型向复合型转变，使审计人员成为一专多能的复合型人才。采用集中整训、业务培训、专题报告、研讨交流以及选送培养等方式，实现了审计人员学历、职称、专业技能和知识水平的齐头并进。目前，审计人员全部通过了全国审计系统计算机考试，能力素质有了大幅度提高。东城区审计局被被评为北京市审计机关先进集体。（吕学英）

【廉政建设】 制定措施，确保各级党风廉政建设工作会议精神落到实处；落实党风廉政建设责任制，坚持党组统一领导、部门齐抓共管、各级各负其责、局主要负责人履行“第一责任人”的职责，做到责任主体到位、工作到位、监督检查到位；逐级签订党风廉政建设、目标岗位责任书，明确不同岗位的具体责任，把责任制落实到审计工作中，所属单位、部门无违纪违法问题；完成区党风廉政建设和反腐败牵头任务，重点加强审计监督，深化党政领导干部经济责任审计，加强民生等重点专项资金和重大投资项目的审计，探索和推进绩效审计，发挥“免疫系统”作用；开展廉政风险防范管理工作，在全体干部中开展工作风险和廉政风险点的查找工作，共查找出局机关廉政风险点7个、科室廉政风险点66个、个人廉政风险点402个。根据廉政风险点的查找结果，制定局机关防范措施10条、科室防范措施68条和个人防范措施410条。（吕学英）

【法制建设】 坚持“依法审计、查防结合，降低风险，促进管理、提高效益”的工作模式，开展了对财政、政府投资、民生等资金和领导干部经济责任审计，严格履行审计职责，加强审计监督和队伍建设。坚持领导干部学法制度，强化领导干部依法审计和指导审计干部依法审计的能力。强化对审计执法人员的培训力度，邀请市审计局领导作专题讲座；对审计人员进行执法培训和考核；充分利用办公网络系统的法规库和各项制度查询平台，宣传法律、法规知识。通过教育培训，使审计人员树立法制观念，强化服务观念，建立并健全执法责任制度，把执法任务、目标、要求、权责分解到各个执法岗位，实现执法权责明确，责任到人。通过制定执法标准和执法程序，对执法工作进行量化考核，减少执法工作中的随意性。通过审计复核制和审计执法责任制，提高审计质量和依法审计水平。

（吕学英）

【学习实践科学发展观】 开展以“创新科学审计理念，服务发展新东城”为主题的学习实践科学发展观活动。完成学习调研、分析检查、整改落实三个阶段任务。群众测评满意度100%。①学习与讨论相结合，与审计工作相结合。建立健全机构，落实领导责任制；

制订活动方案，精心组织实施；加强指导检查，把握进度质量。②学习形式：党组成员带头学，统一时间集中学，正面教育系统学，领导导读启发学，辅导报告深入学，开展座谈讨论学，撰写心得体会学，严格考勤督促学。③完成《创新科学审计理念，服务发展新东城》《创新科学审计理念，促进企业提升内部审计水平》《对进一步深化财政审计的思考》调研报告3篇。④坚持把群众参与贯穿始终，注重党群互动、上下联动，始终做到让群众参与、请群众评判、受群众监督、使群众满意。广泛征求群众意见，开好领导班子专题民主生活会，撰写领导班子分析检查报告，组织群众民主评议。⑤局党组坚持边学习、边查找、边整改。针对查找的突出问题，制定《东城区审计局学习实践科学发展观整改落实方案》，制定整改措施13条。通过回头看，13条措施全部落实。

（吕学英）

# 烟草专卖

**【概况】** 东城区烟草专卖局（公司）成立于1998年3月，设办公室（法制科、安保科）、人事劳资科（政工科）、专卖监督管理科、营销网建科、财务科。为烟草专卖行政主管机关，依法负责行政辖区的烟草专卖管理工作，在行政辖区内对烟草制品实行专卖专营。中共组织关系隶属于中共东城区机关工委。年内，被评为“东城区精神文明建设工作先进单位”、纳税信用A级企业、东城区落实行政执法责任制优秀单位、东城区文明单位、十一期间安保工作特别贡献、国庆庆典群众游行支持贡献奖、区级交通安全先进单位。

**单位名称：东城烟草专卖局（公司）**

**单位地址：东直门外大街南二里庄乙29号**

**联系电话：84542252　邮政编码：100027**（梁明珠　刘岩）

**【行政许可工作】** 本年，接受办理烟草专卖许可证申请登记345份，新办许可证175份，变更许可证20份，延续许可证1461份，注销许可证190份，许可证有效率100%，全年未接到违规办理投诉。

（梁明珠　刘岩）

**【换证工作】** 2月5日至5月31日，开展东城区烟草许可证换证工作。共换发2008版烟草专卖零售许可证1387户，其中因各种原因注销127户，不予延续外资合资企业经营28户，按规定换发率100%。

（梁明珠　刘岩）

**【案卷评查】** 烟草专卖局加强对办证人员的业务培训，提高行政许可案卷制作水平。在案件审理中引用法律条款准确，事实清楚，证据确凿，行政处罚正确率、办案准确率均为100%。案卷文书使用规范，装订整齐。法制部门对行政处罚案卷审查率100%。未发生行政复议和行政诉讼案件。（梁明珠　刘岩）

**【执法检查】** 本年，出动执法检查5345次，出动检查8944人次，检查零售户1.95万户次，立案128起。其中假冒卷烟案件112起，非渠道进货案件11起，无证运输案件6起；查获各类违法卷烟344.33万支，总案值227.12万元，其中查获假冒卷烟109.49万支，案值132.58万元，走私烟8.26万支，案值3.25万元，国产卷烟256.36万支，案值117.04万元，罚没款合计33.14万元，市场净化率98%。（梁明珠　刘岩）

**【大要案情况】** 查获5万元以上大要案17起，其中5～10万元案件12起，10～20万元案件4起，20～50万元案件1起。抓获犯罪嫌疑人16人，刑事拘留12人。其中涉烟犯罪案件8起，全部移送，收到移送回执8份，移送率100%。涉烟犯罪案件抄备8起，抄备率100%。（梁明珠　刘岩）

**【打击网络销售假烟】** ①联合朝阳、昌平等单位，查办“1.06”销售假烟网络案件，查获各类假烟50个品牌869.60万支，案值795.02万元。抓获涉案嫌疑人7人，刑事拘留5人，查扣涉案车辆6台。②与西城、海淀烟草联合进行“3.12”网络案件的查处，查获两个销售商，涉案案值共计19万元，刑事拘留3人。③与丰台、西城等单位查办“8.15”销售假烟网络案件，捣毁窝点9个，抓获涉案当事人17名，刑拘13人，案值236.06万元，查获违法卷烟338.54万支，查扣涉案车辆5台。（梁明珠　刘岩）

**【司法衔接】** 向东城法院移交8起涉烟犯罪案件，共计查获真品卷烟184.41万支，价值76.29万元；由东城法院移交回烟草专卖局进行罚没卷烟变价销售的4起案件，合计卷烟77.976万支，价值26.72万元，罚没

款18.705万元,均已上缴国库。 (梁明珠 刘岩)

【联合办案】 ①与工商部门开展联合执法8次,出动执法人员97人次,其中工商出动42人次,烟草出动55人次;工商部门立案13起,共查获卷烟38.84万支,金额20万元。②与各派出所联合查办各类案件10起,一般违法案件3起,5万元以上大要案7起,其中移送4起。 (梁明珠 刘岩)

【举报电话】 开通"12313"烟草专卖品市场监管举报电话,并通过普法培训和发放宣传单等形式宣传电话举报,根据"12313"举报电话,全年查获违法案件5起,查获各类违法卷烟11.96万支,其中查获5万元以上案件1起,刑拘2人。 (梁明珠 刘岩)

【内部监督】 根据内管工作要求,自查内部专卖监督管理工作规范经营情况,对机制人员配置、长效机制建设、卷烟经营情况以及存在问题进行自查,做到完成案卷制作100%,预警完成率100%,异常处理规范率100%。 (梁明珠 刘岩)

【普法培训】 开展法制宣传培训四批次,培训内容涉及烟草专卖法律政策规定、卷烟真假鉴别知识以及烟草专卖卷烟经营政策规定等,参训零售户数550人次,其中对新办与换发许可证卷烟经营户及违法经营卷烟行为的零售户法律培训率100%。 (梁明珠 刘岩)

【执法监督员】 东城烟草聘请2名人大代表、2名政协委员以及6名零售客户代表作为特邀行政执法监督员,在聘请仪式上授予聘书。9月1日,召开特邀行政执法监督员座谈会,区局相关领导及区人大代表、区政协委员、零售户代表执法监督员10名参加。执法监督员对东城烟草评价:能按照法律法规规定程序严格执法,以高素质的执法队伍和优质的服务,保障了辖区卷烟市场的稳定,维护了广大消费者利益。

(梁明珠 刘岩)

【市场营销情况】 全年销售卷烟2.4万箱,同比增长3.06%;销售收入3.72亿元,同比增长10.03%;单箱销售额1.82万元,同比增长6.76%;毛利7281.653万元,同比增长13.58%;毛利率19.55%,同比增加0.61个百分点;实现利润:4010万元,税金2642万元,利税合计6652万元,同比增长10.09%。(梁明珠 刘岩)

【科学发展观学习实践活动】 按照烟草系统部署,围绕"党员干部受教育、科学发展上水平、人民群众得实惠"总体要求,组织全体党员干部开展深入学习实践科学发展观活动。通过解放思想大讨论、职工座谈会、市场调研以及党员干部民主生活会和领导班子专题民主生活会等活动,查找出个人和班子存在的突出问题六个,形成分析检查报告,对照问题,制定《东城烟草深入学习实践科学发展观活动落实整改方案》,整改落实查摆出的问题,群众满意度100%。 (梁明珠 刘岩)

【主题实践活动】 本年,组织职工开展为企业发展献计献策、"读一本好书"、召开"维护国家利益、维护消费者利益"专题座谈会、岗位体验岗位交流、谈心活动、文明礼仪讲座、拓展训练以及"我与我的祖国——庆祝建国60周年"摄影征文比赛等8项活动。

(梁明珠 刘岩)

【优质服务】 ①增设书写台、饮水处等便民设施,方便前来办事、换证的零售户,为老年零售户配备老花镜。②开展对残疾人、孤寡老人等特困群体上门换证服务。③针对老年人、残疾人等困难零售户,开设"特殊客户片区"进行差异化服务,指派1名客户经理进行专项服务。 (梁明珠 刘岩)

【预防流感】 成立甲型H1N1流感防控工作领导小组,明确职责,落实责任;利用烟草OA平台、手机短信及宣传栏,普及预防知识,消除恐慌心理;建立强制检查制度,对进出人员进行体温测量,对体温超过37.5℃的人员按照应急预案操作;严格食堂管理、食品卫生,厨师上岗必须戴口罩;准备专项经费,专款专用,购买预防甲型H1N1流感药品。 (梁明珠 刘岩)

【国庆活动】 国庆期间,结合实际对信访工作进行部署。参加市统战系统开展的"迎国庆讲文明树新风"及国庆庆典活动,完成安保标兵站岗、群众游行等活动,获得特殊贡献奖。 (梁明珠 刘岩)

【节能降耗】 6月14~20日,开展为期一周的"科学节能、全局行动"宣传活动。粘贴宣传画20幅、签订承诺书20份。组织节能法制讲座1次,烟草专卖局全体人员参加活动。配合节能减排宣传周活动,针对不同工种签订节能减排保证书 (梁明珠 刘岩)

【公益活动】 ①为驻地某武警部队,赠送精美图书40本。②开展"关爱孩子就是关爱未来,尽我所能贡献一点力量"活动,为灾区儿童捐款3810元。③响应"共产党员献爱心"捐献活动,全体党员捐款2940元。

(梁明珠 刘岩)

# 集体经济管理

**【概况】** 2009年，东集兴业经贸有限责任公司（以下简称“公司”）落实全年总体工作目标，以房产经营为重点，完成年度经济指标任务。各项收入2357.13万元，实现利润440.39万元。

**单位名称：北京市东集兴业经贸有限责任公司**
**单位地址：朝阳区安华西里一区26号楼三层**
**联系电话：64274716　邮政编码：100011**　（赵家慈）

**【董事会工作】** 召开董事会会议三次。遵循议事规则，按时召开例行会议，坚持每半年审议一次经营工作报告、监事会关于经济指标完成情况及预算执行情况的审计报告、公司财务运行报告。批准公司年度财务收支预、决算方案和重点工作目标及经营考核指标，明确全年重点工作任务，指导企业采取措施，应对金融危机的挑战，抓房产经营，促进整体效益稳步提升。（赵家慈）

**【出租汽车公司】** 景山出租汽车公司和新中出租汽车公司，按照行业管理部门要求，国庆期间分别参与行业执法监督检查活动和“京诚联”开展的保点运营活动，为缓解“黄金周”出行交通压力做出贡献。（赵家慈）

**【整合房产】** 公司把盘活房产，发挥使用效益作为工作重点。各控股公司房管人员提高服务质量，严格落实管理制度，挖掘资源潜力，保证租金足额收取。振新商贸公司对承租人进行年度综合考评，使承租人自觉履约。景山双盛公司与北京华松投资有限公司达成协议，完成三眼井两处大面积破旧胡同房的租赁。建国兴业公司完成妆帝大楼2300平方米的房屋及附属设施装修改造，保证租金收入稳定。广联物业公司，采取多项措施，配合凯基伦公司进行经营改造，稳定经营态势，开发新项目，保障了租金的收取。世纪新安公司投资，修缮改造房屋400平方米，提升房产质量、收益，收入和利润均为企业重组合并六年的最高纪录。（陈桂兰）

**【市场管理】** 8月，东华门美食坊夜市对市场进行改造，更新摊位前悬挂的红灯笼和从业人员服装，更换部分线路、灭火器等。国庆期间，东华门美食坊夜市和隆福寺市场管理人员，轮流值班，确保市场秩序和经营安全，食品卫生、环境卫生、服务质量均有提高。（陈桂兰）

**【退休退养职工管理】** 2009年，退管中心及控股公司退管部门共接待来访、来电2000人次，办理退休职工医疗救助4名，救助金额4万元。对供暖费官司、煤火费发放、调资等敏感问题，向职工做好解释工作，有效化解矛盾。（赵家慈）

**【安全生产】** 公司贯彻落实《关于安全生产（经营）确保企业稳定的奖惩制度》，坚持安全第一的管理理念，加大检查力度。国庆期间，振新商贸公司、建国兴业公司与各承租单位，东华门夜市、隆福寺市场与各商户分别签订保国庆安全责任书，广联公司对节日留守的施工人员登记备案，全年未发生重大安全事故。（陈桂兰）

**【信访排查工作】** 公司党政领导重视信访、排查调处工作，定期听取汇报，坚持领导包案制度；各公司信访干部开展有效的化解工作。全年未发生群体访、越级访。为维护企业的安定与稳定，全年进行矛盾排查4次，排查出问题4件次，分别解决落实。受理信访5件，办结5件，结案率100%。（隆彬）

**【党建工作】** 七一前夕，公司党委开展“务实学先进，扎实做本职”活动，对在深入实践科学发展观，落实平安奥运要求，全力做好服务保障，扎实做好本职工作的先进党组织、优秀党员和优秀党务工作者进行表彰。织开展“共产党员献爱心”捐款活动，94名党员及入党积极分子捐款1.03万元。（陈桂兰）

**【学习实践科学发展观】** 2009年，公司党委及各基层党支部开展学习实践科学发展观活动。在原有学习制度的基础上，增加集中学习的次数和时间，通过学习，使全体党员在思想上有了提高。在“我为企业科学发展建言献策”主题活动中，以调查问卷、个别访谈等方式，征求建设性意见30条，党委及各支部据此撰写出分析调研报告。（陈桂兰）

**【工会工作】** 2009年，工会有效增强企业凝聚力和向心力。元旦、春节“送温暖”活动中，走访慰问困难职工282户,发放慰问金和慰问品合计14.7万元;三八节组织女工体检;规范职工大会制度,开展各项调研、培训,了解职工的思想动态及企业面临的突出困难;组织86名职工参加东城区第20届职工运动会开、闭幕式和21个项目的比赛及职工才艺大比拼活动,获特殊贡献和优秀组织奖。 (隆彬)

【民主评议工作】 公司继续开展民主评议工作,成立“民主评议领导小组”,制定了《实施办法》,被评议的企业领导干部在大会上述职并征求职工意见。公司采取座谈、量表测评等,由职工对被评议人全年工作给予评价,20名领导干部参加评议,优秀率100%的领导12名。 (陈桂兰)

# 药品监督管理

【概况】 本年,北京市药品监督管理局东城分局(以下简称药监分局)按照市药品监督管理局和东城区委、区政府工作部署,以学习实践科学发展观活动为主线,以国庆60周年“三品一械”安全保障为重心,加强课题研究、实施科学监管为着力点,推进各项工作,完成年度工作任务。

**单位名称:北京市药品监督管理局东城分局**
**单位地址:东四北大街什锦花园胡同7号　邮政编码:100007**
**联系电话:84014737　84021730** (杨生玉　王同敬)

【国庆安全保障】 药监分局党组把国庆60周年(药品、化妆品、保健食品、医疗器械)安全保障工作,作为贯穿全年政治任务,坚持早动手、早安排、早防控,持续开展“三品一械”安全风险评估与控制工作,对全区涉药单位进行全覆盖监督检查。国庆前夕,全面启动“三品一械”安保工作,在抽调1/2人员承担国庆安保标兵任务、安排全员承担应急值守任务的同时,由分局领导带队,对重点地区实施安全巡查,对重点单位进行现场抽查,为国庆期间“三品一械”市场安全提供保障。国庆期间,全区未发生一起“三品一械”质量安全事件,分局获东城区国庆社会治安与安全警卫指挥部、东城区“国庆平安行动”指挥协调小组颁发的“国庆安保工作特别贡献奖”。 (杨生玉　王同敬)

【学习实践科学发展观】 根据区委部署,药监分局围绕“法治、人文、学习、和谐”主题,把学习实践作为首要任务,加强组织领导;把学习讨论作为基本环节,强化政治教育;把分析检查作为核心内容,进行深入剖析;把整改落实作为关键步骤,解决实际问题;把统筹协调作为重要方法,科学安排工作,完成“三个阶段”、“六个环节”的规定动作。经群众对学习实践活动满意度测评,全部为“满意”。

(杨生玉　王同敬)

【流感防控工作】 根据《北京市人民政府关于进一步明确责任突出重点加强甲型H1N1流感预防控制工作的通知》,药监分局积极指导企业和医疗机构做好甲流防控和医药物资储备工作。4月30日至12月末,出动监督检查2300人次,检查企业1100家次,未发现借机制售假劣药品、扰乱市场秩序的违法行为。开展防控药品物资统计报告工作,5月5日至12月末,全区共销售体温计6万支,口罩25万只。抗病毒等药品库存始终充足,口罩、体温计等物资货源销售正常。

(杨生玉　王同敬)

【流感应急防控】 根据流感应急防控需要,采取5项措施:①加大市场巡查力度,对药品流通领域进行全面检查。②开展药品不良反应监测工作,确保及时掌握药品不良反应报告情况。③针对感冒类药品实施抽验,保障药品质量安全。④掌握治疗预防感冒、流行性感冒药品市场情况,做好药品应急储备。⑤加强24小时应急值班,随时做好应急准备工作。经抽验,感冒类药品合格率100%。 (杨生玉　王同敬)

【流感防控药械使用】 根据《北京市药品监督管理局关于印发甲型H1N1流感防控药品医疗器械监督检查实施方案的通知》,药监分局在督查各相关单位落实自查工作同时,分局领导带队,对辖区内防控药品、医疗器械的生产、经营、储备、使用单位进行监督检查。截至7月20日,共监督检查药品经营企业25家,医疗器械经营企业57家,医疗机构(含区疾病预防控制中心)18家,检查涉及卫生部《甲型H1N1流感诊疗方案(2009年试行版第一版)》中的药品经营企业重点药品品种73个、748批次,医疗机构重点药品品种36种、156批次,检查医用防护口罩、医用防护服涉及5个厂家12个批次,呼吸机(无创和有创两种机型)200台。检查中未发现涉及防控药械的违法行为。

(杨生玉　王同敬)

【中医药健康文化节】 药监分局负责中医药健康文化节展示展卖区和方泽坛“三品一械”展示活动，联合相关部门开展参展企业邀商工作，制定《参展企业活动规范》并与企业签订《安全责任书》，对26家参展单位500多个展示展卖品种严格审核，办理临时卫生行政许可，对企业进场参展实施全程指导。活动期间，出动监督检查人员60人次，对展示展卖活动监督检查，活动现场未发生“三品一械”违法违规行为及顾客投诉事件。 （杨生玉 王同敬）

【办理行政许可】 按照行政许可法定标准、程序和要求，办理行政许可及服务事项。全年，共办理行政许可及服务类事项615件（其中许可类事项609件，服务类事项6件；药品265件，医疗器械271件，保健食品79件），即时办结153件（药品事项56件，医疗器械事项84件，保健品事项13件），按时办结率100%。各类许可及服务事项无超时限和不规范行为，分局行政许可受理窗口被区行政服务中心评为“进驻窗口先进单位”。 （杨生玉 王同敬）

【监管抽验工作】 根据市药监局下达抽验任务，药监分局遵循广泛性、代表性、靶向性原则，合理分布检品，认真实施抽验。全年共完成药品抽验807件，合格率99.13%；医疗器械抽验30批次，合格率83.33%；保健食品抽验25批次，合格率96%；化妆品抽验31件，合格率100%，为科学监管提供依据。

（杨生玉 王同敬）

【查处涉药违法案件】 全年共受理案件120件，涉及假劣药品78件，医疗器械23件，化妆品6件，保健食品13件。经审查，对符合立案条件的36件进行立案查处，共没收违法所得22.8万元，罚款17.5万元，没收物品折合人民币3.37万元，罚没合计40.3万元，打击了违法行为，净化了市场环境，全年无行政复议和行政诉讼，分局被评为东城区社会治安综合治理优秀单位。 （杨生玉 王同敬）

【联合执法综合治理】 根据市药监局、卫生局联合发文要求，药监分局严厉查处无证经营药品等“五种违法行为”。出动监督执法790人次，举办打击无证经营药品等违法行为宣传活动2场，检查成人保健品店71家，与公安、工商、卫生等部门开展联合执法11次，规范市场秩序。 （杨生玉 王同敬）

【法规培训】 为提高社区卫生服务系统人员药品法律水平，保证社区居民用药安全，3月5日，药监分局对全区37家社区卫生服务站相关工作人员进行法规培训，详细讲解药品、医疗器械相关法律法规，全面介绍了药品不良反应方面的政策、知识，发放相关法律法规手册。来自各卫生服务站100名从药人员参加培训。 （杨生玉 王同敬）

【制剂监管】 区医疗资源丰富，监管对象复杂，有22家医疗机构拥有制剂品种952种，占全市制剂品种1/3。药监分局把制剂监管作为一项重要内容，实行强化安全体系建设、强化法规宣传教育、强化技术规范操作，坚持日常监督与稽查协同相结合、药监执法与多局联动相结合，引导医疗机构严格自律，强化管理，使制剂监管更加规范。 （杨生玉 王同敬）

【食品药品安全调查】 东城区政府7月13日召开第24次常务会，宣布北京市区县经济和社会协调发展绩效评估工作协调小组关于2008年“居民对区委、区政府工作满意度”调查结果，在调查所涉及的13个方面，“食品、药品安全”排名第三，满意度为81.5%，较2007年满意度75.6%提升5.9个百分点。

（杨生玉 王同敬）

【查处违法行为】 根据市卫生局、市药品监督局《关于印发北京市依法取缔无“医疗机构许可证”、“药品经营许可证”行医售药行为工作方案的通知》要求，药监分局迅速成立查处“五种违法行为”领导小组，制定《查处五种无证经营药品违法行为实施方案》，实行领导小组、分管领导、牵头科室、协同科室、责任人层层负责，确保查处“五种违法行为”工作落到实处、取得实效。 （杨生玉 王同敬）

【法律培训】 7月23日，对辖区新开办医疗机构进行法律法规及基层医疗机构药品使用管理信息系统操作流程培训，宣讲药品法律法规，发放《中华人民共和国药品管理法》《中华人民共和国药品管理法实施条例》《药品流通监督管理办法》及安全用药知识读本等宣传材料，依法规范药品使用。 （杨生玉 王同敬）

【综合专项整治】 9月24日，由区综治办牵头，召开由药监分局、公安分局、区流管办、房地经营中心、区旅游局、区卫生局、民防局、工商分局主管领导参加的会议，部署利用旅馆和出租房屋，违法从事药品经营活动专项整治工作。专项整治9月24日开始，10月8日结束，主要以医疗机构周边旅馆、饭店以及居民小区出租房等为重点，集中查处和打击无《药品经营许可证》的单位和人员违法销售药品；无《医疗机构执业许可证》

《药品经营许可证》,有固定场所的单位或个人以行医为名违法销售药品;医疗机构周边个人无《药品经营许可证》销售药品等违法行为,确保国庆60周年期间药品市场秩序的稳定。共出动检查人员2315人次,检查相关单位1.05万家,未发现违法从事药品经营行为。　(杨生玉　王同敬)

**【廉政风险防范】**　药监分局根据上级部署,通过广泛动员、认真查找、分级把关、党组审定、局内公示等环节,完成分局机关全体公务员、药检所个人(部门)廉政风险查找和风险识别、等级、防控工作,贯彻落实党风廉政建设责任制,推进惩治和预防腐败体系建设。

(杨生玉　王同敬)

**【特药监管】**　保证群众用药安全、防止麻醉药品、精神药品流弊,加强对特殊药品的监管,构建长效监管机制,推进诚信体制建设,通过法规贯彻情况评估、日常监督、联合通报反馈等综合评定,对医疗机构实施分层级监管,推进药物滥用监测,规范药品安全应急管理,加强美沙酮维持治疗点的监督检查,督促医疗机构参与对药物滥用监测报告和评价分析,规范特殊药品使用,分局连续五年被评为"东城区禁毒先进单位"。

(杨生玉　王同敬)

**【专项检查】**　全年,共出动1480人次,实施各类专项检查28项,依法取缔医院周边、街头非法收售药品行为28次,取缔未取得《药品经营许可证》经营药品行为24起,取缔成人保健店无证经营药品行为35起,取缔"黑药店"4家,依法暂停销售非药品冒充药品364种494个,并对近3年来受举报频繁、案件频发、日常监督检查频次较少的重点监管对象,进行全覆盖式检查,做到监管无空档、无死角。　(杨生玉　王同敬)

**【药品技术监督管理】**　区药品检验所加强能力建设,参加快速检验方法、高效液相色谱仪分析、实验室生物安全、分析仪器使用、危化品及毒麻品安全使用和管理、实验室LIMS管理系统等学习培训,组织能力验证和比对实验,通过国家实验室认可第二次监督评审。药监分局制定完善"三品一械"突发事件应急预案,明确领导机构、工作原则、运行机制和应急责任,使应急工作更加规范。依托短信群发平台,建立全区110家药品经营企业、310家医疗机构、468家医疗器械生产经营企业、298家保健食品化妆品企业的负责人和质量部门负责人手机号码数据库,形成条块分明、责任清晰、反应快捷、良性互动的短信联络系统,提高了快速反应能力,在日常监管和紧急清查问题药品中,发挥重要作用。　(杨生玉　王同敬)

**【依法行政】**　坚持依法行政,开展法律法规培训,全年公职人员参加培训人均90学时,组织开展执法经验交流和重大案件讨论。严格实行持证执法,行政执法人员全部取得市政府颁发的《行政执法证》。面向行政相对人,全年举办各类法律法规培训20场次,宣传贯彻药品相关法律法规。加强行政案卷工作,在市、区两级行政处罚、行政许可案卷评查中,行政处罚和行政许可案卷全部为优秀,分局被评为东城区落实行政执法责任制优秀单位。　(杨生玉　王同敬)

**【科研课题验收】**　药监分局承担市科委批准立项的科研项目"北京市药品安全信息服务平台示范工程的建立与升级"、"基层医疗机构药品使用管理的安全监管技术手段研究"和"降糖中药类产品中非法掺入化学成分分析检测方法的研究",经专家组成员绩效考核和评审,一次性通过结题验收。

(杨生玉　王同敬)

# 国有资产管理

**【概况】**　区人民政府国有资产监督管理委员会(下称国资委)是区政府特设机构,主要职责是根据区政府授权,依法对区属企业和经营性事业单位的国有资产进行监督管理,履行出资人职责,指导推进国有企业改革和重组,推动国有经济结构和布局的战略性调整。

国资委学习贯彻区委全会精神,按照区委区政府年初出台的《关于进一步深化东城区国资国企改革的意见》及区政府折子工程要求,落实国资国企改革工作;制定国有资本收益收支管理办法,启动国有资本经营预算工作;学习贯彻《企业国有资产法》,积极应对国际金融危机,落实科学发展观,围绕年初确定的目标任务,深化改革,加强国资监管,推进人才强企战略;创新国企党建,各项工作取得新的进展。至年末,国资委直接监管企业总资产140.6亿元,经营性国有资产总量22.1亿元。

**单位名称:东城区人民政府国有资产监督管理委员会**
**单位地址:和平里中街18号**
**联系电话:64216784 邮政编码:100013** (李振华)

**【学习实践科学发展观】** 3月至8月,按照区委部署,国资委机关开展学习实践科学发展观活动,推进了国资国企改革进程,机关和党员干部自身建设得到加强,实现了"提高思想认识,解决突出问题,创新体制机制,促进科学发展"的目标要求。10月19日,召开区国有企业开展深入学习实践科学发展观动员部署会,传达区委第二批开展深入学习实践科学发展观活动动员会议精神,就落实《关于东城区国有企业开展深入学习实践科学发展观活动实施方案》,提出要在提高认识、把握总体要求、突出学习实践活动特色、解决实际问题和"两不误、两促进"等要求。正式启动指导区国有企业深入学习实践科学发展观活动。11月18日、20日,举办学习实践科学发展观活动报告会,围绕"贯彻落实科学发展观,推进改革、加强管理、提升效益,开创国资国企新局面"主题,进行十七届四中全会精神、传统文化与企业管理创新、企业学习力建设等专题辅导,邀请有关专家与企业领导干部和党员进行交流。 (翟艳华)

**【国企改革】** 4月2日,区委、区政府出台《关于进一步深化东城区国资国企改革的意见》。按照意见要求,根据区属国有资产的行业特点和结构布局,确定以资产为纽带、以资产经营公司为平台的"两级授权、三级管理"架构,制定《调整组建资产经营公司方案》。11月26日,召开国资系统领导干部会议,传达贯彻区委区政府关于国资国企改革的要求及安排,通报《调整组建资产经营公司方案》,布置调整组建资产经营公司工作并提出要求。宣布资产经营公司筹备组负责人名单,正式启动区属国有企业调整组建资产经营公司工作。12月29日,在北方佳苑饭店召开东城区国有资产经营公司调整组建大会。杨艺文向新调整组建的北京东方奥天资产经营有限公司、北京东方文化资产经营公司、北京东方信达资产经营总公司董事长、董事颁发任命书。国资系统各企事业单位主要领导、高中层管理人员及国资委机关中层以上干部出席会议。 (李振华)

**【工作会议】** 4月8日,召开国资委2009年工作会议,总结2008年工作,部署2009年工作任务。岳鹏到会并讲话,国资委主任作工作报告。对2008年度区国资系统先进集体、优秀管理者和先进工作者进行表彰。区属国有企事业单位领导班子成员、受表彰的先进集体代表和个人,国有企业监事会主席,党风廉政监督员和社会特约监督员,国资委机关科级以上干部等110人出席。7月14日,召开机关半年工作会议暨纪念国资委成立5周年座谈会。12月31日,召开2010年工作务虚会,结合东城区社会经济总体形势和区域发展战略,研究国资国企2010年重点工作。 (李振华)

**【廉政建设】** 4月2日,召开区国资系统党风廉政建设工作会议,部署2009年党风廉政建设和反腐败工作,对开展廉政风险防范管理工作进行动员。与到会的各企业主要负责人签订了2009年党风廉政建设责任书。5月22日,召开国资系统廉政风险防范管理工作进展情况座谈会,各企事业单位纪委书记及主管廉政风险防范管理的领导、纪检部门负责人参加会议。7月8日,召开国资系统廉政风险防范管理工作座谈会,曾刚健等领导到会讲话。8月26日,举办区国资系统"贺华诞、颂新风、促和谐"廉洁书画暨宣传刊物展览。 (李军莉)

**【党建工作】** 4月13日,举办入党积极分子培训班,区国资系统9家单位的66名学员参加培训。6月23日,召开国资系统纪念建党88周年会议,表彰先进基层党组织、优秀共产党员和优秀党务工作者,部署国资系统党建和人才工作。6月25日,国资委党委领导到企业困难职工家中走访慰问。 (付建华)

**【领导调研】** 7月28日,杨柳荫到区国资委调研,听取国资国企基本情况、区属国有企业经营、企业改革以及重点工作进展情况汇报。要求在确保稳定的前提下,加大改革力度;加强国资国企体制问题研究,重点是完善法人治理结构,健全董事会;加强机制问题研究,关键要解决激励机制和用人机制;大力加强企业人才队伍建设,吸引优秀人才,改善人才队伍结构;想方设法,提高企业经营水平,提升企业经营效益。要求国资委加强东城区投融资体系研究,为东城区经济和社会发展服务。8月10日,市国资委副主任尹义省到区国资委调研。听取区国资委关于国资国企基本情况、区属国有企业改革情况以及上半年经营情况汇报。就国资委管理企业人员问题,各直接监管企业的资产、股权、主营业务情况作了进一步了解。就企业上市融资问题与国资委领导班子成员交换意见。 (黄红莉)

**【法规培训】** 5月6日,与区委组织部在区委党校共同举办《企业国有资产法》专题培训,聘请市国资委政策法规处许立新授课。区国资委领导、干部及十家企业高管人员、部分中层管理人员120人参加。
(翟艳华)

【安全维稳】 1月12日,召开国资系统办公室主任会议,对春节期间安全维稳、信息报送等工作进行布置。2月11日,下发通知就做好区国资系统安全生产工作提出要求。3月2日,召开主任、书记碰头会,传达区安全大检查推进综合整治专项行动、隐患排查整改工作协调会议和区信访工作联席会议精神,研究部署国资系统"两会"期间安全维稳工作。6月至8月,在直接监管的企事业单位中,以"安全保增长,和谐迎华诞"为主题,组织开展安全生产知识竞赛活动。主管安全工作的区长,区安监局、区应急办、区消防支队领导,各企事业单位主要领导、干部职工200人观看决赛。东方置地、奥士凯、雍和园代表队分获决赛前三名。区国资系统安全知识竞赛获2009年北京市安全生产月活动"最佳实践活动奖"。7月16日,召开国资系统企业安全维稳工作会议,布置安全生产隐患排查治理工作。9月27日,召开国资系统领导干部大会,传达《北京市维护稳定工作责任制(试行)》精神,对国庆、中秋期间安全工作提出要求。10月1日,区国资系统国庆首都治安志愿者190人站岗执勤,完成上级布置的安保工作。
(李振华)

【人才工作】 完成企业经营管理人才需求及储备情况调查,制定《加强企业人才工作的指导意见》。4月,出台《区属国有企业高管人员谈话制度》,建立国资委与企业高管人员之间的沟通机制。6月,召开国资系统人才工作大会,对企业人才工作进行专项部署。8月,以"感悟成长、感知责任、共话未来"为主题,召开企业中青年人才座谈会,促进企业中青年人才培养。组织完成企业后备人才集中考察、调整工作。结合国资国企改革调整工作,加大企业领导人员交流力度,调整企业领导人员25人次。
(李振华)

【学习型企业创建】 9月7日,召开学习型企业创建工作培训交流会,由区专家组专家讲授学习型组织理论及操作实践,系统内企业间交流创建经验。国资系统相关企业主管领导、工作人员及先进单位代表等参加会议。区教委、区国资委有关领导到会。12月7日,区建设学习型城区工作领导小组办公室组织召开2009年学习型企业评估工作汇报会。区教委、区国资委有关领导到会。参评企业领导、职工代表等40人参会。
(翟艳华)

【财务预算决算】 3月16日,召开区国资系统2009年度企业财务预算反馈会。10月23日,组织召开东城区国资系统2010年财务算暨2009年财务决算审计工作布置会。10家直接监管企业主管财务工作领导、财务部门负责人20人参加。
(王娜)

【精神文明建设】 4月20~21日,举办国资系统"和谐杯"乒乓球赛。房地中心、东方文化和京新旅分获团体前三名。机关处级领导参加在地坛保龄馆举行的东城区第五届"健身杯"保龄球比赛。5月26日,开展以"庆祖国华诞、颂改革成果"为主题的企业文化建设成果展演活动。区纪委、区委宣传部、区文委、区文明办等有关单位出席展演活动。国资系统各单位领导和基层单位400名一线职工,到场观看演出。10月27日,举办第二届"庆祖国华诞、展企业风采"登山比赛,国资系统各单位13支代表队参加比赛。房地中心代表队蝉联冠军,住宅中心、京新旅、东方文化、国资委和东方置地代表队分获二至六名。10月13日,组织国资委机关和11家直接监管企事业单位400名干部职工,到北京展览馆参观"辉煌六十年——中华人民共和国成立60周年成就展"。
(付建华 李振华)

【调查研究】 结合年度工作重点和学习实践科学发展观活动,组织开展系列调查研究,完成《积极稳妥推进东城区国资国企改革》《东城区国有资本经营预算设想》《国有企业党建考评工作的调研与思考》《分析当前经济形势,促进我区国有经济又好又快发展》《以科学发展观为指导,积极探索国企投资主体多元化形式下的党风廉政建设工作》、《探索区属国有企业党风廉政建设新路子》等调研报告。
(李振华)

【督查工作】 突出工作重点,加强协调,积极开展工作督查,完成政府折子工程第23项"实施国资国企改革总体方案,优化国有资产布局,完成四个国有资产经营公司组建工作,实现国有资产保值增值"、第24项"建立国有资本经营预算"以及政府专题会议"关于企业欠税问题"等督查任务。
(黄红莉)

## 东方信达资产经营总公司

【概况】 北京东方信达资产经营总公司成立于2002年7月,是区国有资产监督管理委员会直接监管、负责国有资产经营管理的企业,对授权范围内企业的国有资产行使法定出资人代表职责,对授权经营的国有资产承担保值增值责任。公司注册资本10亿元,涉及房地产开发、旅游服务、医药流通、茶业等行业。

公司性质:全民所有制企业。经营范围:授权范围内国有资产的经营与管理、企业管理咨询、物业管理。经营方式:投资、融资、担保、收购、兼并、租赁、拍卖、转让等。总公司设投资发展部、资产管理部、人力资源部(党委组织部)、财务审计部、企业文化部(党委工作部)、办公室。

本年,总公司贯彻党的十七大精神,学习实践科学发展观,深化东城区国资国企改革,喜迎国庆60周年、服务东城区域经济发展等方面取得成绩,完成各项工作任务。

**单位名称:北京东方信达资产经营总公司**
**单位地址:和平里中街18号**
**联系电话:64224012　邮政编码:100013**　(张翊)

**【总公司调整组建】** 12月29日,区国资委召开东城区国有资产经营公司调整组建大会,宣布任命东方信达资产经营总公司董事会和经营层组成人员,完成总公司调整组建。按照区国资委《资产经营公司调整组建方案》,东方信达以投融资管理(包括中医药产业、能源、服务等新兴产业投资)、房产经营、处理历史遗留问题以及妥善安置职工为主要业务的资产经营公司,发挥投融资平台作用,为区域经济和社会发展服务。(张翊)

**【重点项目】** 服从和服务于市和区建设发展大局,推进地铁五号线东城段四个出站口项目建设。上半年取得项目施工许可证并实现开工建设。年内,成东四站A区、B区,张自忠路站C2、D1、D2区和北新桥站C区主体结构施工。(张翊)

**【中小企业担保】** 按照《东城区2009年服务经济发展促进社会和谐的措施》要求,与区发改委、首创担保公司、区工商联、个私协等单位和部门沟通,深入中小企业宣传相关政策,通过贷款需求对接会、座谈会、实地调研等,缩短审批时间、提高评审效率。全年为48家中小企业提供贷款担保咨询服务,9家企业通过总公司核准推荐,银行放贷金额2700万元。(张翊)

**【政策性贷款】** 配合区地铁六号、地铁八号线拆迁项目,按区政府要求完成向金融机构贷款融资40亿元。(张翊)

**【信达财险筹备设立】** 根据区委、区政府和国资委的决定,作为政府指定的发起人代表,总公司参与中国信达财产保险股份有限公司的筹备设立工作。3月末,代表区国资系统四家企业投资2.17亿元,占信达财险总股比20%。(张翊)

**【财务管理】** 建立和完善预算、月度季度分析和决算“三位一体”的动态分析模式,加强预算管理和对所属企业经济运行情况的监控。年中,召开总公司所属企业财务工作会,分析经济运行情况,就企业内审、规范企业财务报表及年度决算审计问题整改等工作提出要求。重视企业内部审计工作,由财审部、人力资源部、资产管理部等相关部门组成项目小组,完成内部审计项目四个。总公司获区国资委2008年度企业财务决算报表编制工作先进单位、2009年度企业财务月度报表编制工作先进单位及区财政局2008年度财政、财务决算工作优秀单位。(张翊)

**【学习实践科学发展观】** 结合企业实际,确定“明确科学发展思路,提高科学管理水平,谱写企业改革新篇”的活动主题。在学习调研阶段,坚持做到注重结合实际,确定活动主题;注重创新方式,学习灵活多样;注重营造氛围,力求收到实效;注重选准课题,深入一线调研。通过听汇报、召开座谈会,发放征求意见表等形式,围绕企业的改革与发展、国有企业党建创新、人才队伍建设等内容展开调研。总结归纳出影响和制约企业科学发展的主要问题,制定落实整改方案。(张翊)

**【廉政风险防范管理】** 围绕企业中心工作和职能,查找风险点,制定廉政风险防范管理实施细则、网络流程图和风险防控措施。(张翊)

**【基层党组织建设】** 加强党员队伍的政治理论学习,以集中学习、自学等形式,提高党员理论素养和党性修养。发挥榜样的带头作用,组织总公司所属企业参加区国资系统的评优工作,2个基层党支部被评为先进基层党组织,2名党员分别被评为优秀共产党员和优秀党务工作者。做好基层党组织换届选举工作,全年完成所属4个基层党总支(支部)的换届选举。(张翊)

**【企业文化建设】** 开展以“踏寻英雄足迹,传承革命精神”为主题的庆祝新中国成立60周年教育活动。参加东城区第20届职工运动会东城区总工会才艺大比拼竞赛,组织观看《建国大业》、参观展览、读书研讨、秋游、知识答卷、摄影书画比赛等活动,提升企业凝聚力,增强员工团队意识。(张翊)

**【人才队伍建设】** 通过自荐、民主推荐、党委研究确定等程序,建立企业人才储备库。推荐为企业高管人员后备6人,推荐进入国资委人才储备库11人。通过

内部竞聘方式,选聘部门经理1名、副经理5名。 (张翊)

【员工培训】 立足企业发展,提升员工综合素质,组织开展改革开放30周年、当今经济形势、科学发展观等全员专题培训,完成财务审计、资产管理等专业岗位的继续教育,落实大讲堂内部交流式学习。 (张翊)

【民主管理】 通过职工大会和工会会员大会的形式,向全体员工报告涉及企业经营管理的重要决策、重要投资项目、重要人事任免、大额资金使用等各项工作。年内,对高管人员绩效薪酬、部门经理岗位竞聘、员工季度考核、修订劳动合同管理暂行办法等14个项目内容按进行公开。增强员工主人翁意识,参与企业民主管理。开展"我为企业发展建言献策"合理化建议征集活动,收集建议14条,对企业的管理和发展,提供了有益帮助。 (张翊)

【安全生产维护稳定】 开展"安全生产月"、"安全生产专项整治"工作。加大总公司对所属企业安全生产督查力度,以抽查、巡查和定期检查的方式,开展安全生产专项检查150次,涉及各类出租房产200处,签订安全生产责任书400份,排查各类安全生产隐患50个,下发限期整改通知书22份。开展来信来访矛盾调处和重大矛盾纠纷化解工作,制定信访调处工作预案,组织企业开展矛盾纠纷排查,解决涉及职工利益的历史遗留问题和改制遗留问题,对重点信访人建立台帐并实施动态监管,确保节日的安定稳定。 (张翊)

## 北京东方文化资产经营公司

【概况】 北京东方文化资产经营公司成立于1993年3月25日,是区国有资产监督管理委员会直接监管、负责国有资产经营管理、确保国有资产安全完整和保值增值的企业。公司注册资本3.6亿元,涉及文化地产、文化创意、文化旅游等行业。

公司拓展发展空间,落实重点项目,推进企业改革,狠抓基础工作建设,健全内部管理,提高企业核心竞争力。促进经济效益提高,完成各项工作任。2009年,完成经营收入1200万元,利润总额4335万元,国有资产保值增值107.66%。

**单位名称:北京东方文化资产经营公司**
**单位地址:王府井西街9号五层**
**联系电话:65281128 邮政编码:100006** (边玉梅)

【获奖情况】 动画电影"快乐奔跑"获华表奖优秀动画片奖。郭鹏获得2009年度东城区劳动奖章。东方文化获区总工会第20届职工运动会优秀组织奖,数字王府井代表队获才艺大比拼优秀奖。在区人力资源和社会保障局、区总工会举办的2009年职业技能竞赛中,东方文化资产经营公司获得优秀组织奖,菖蒲河文化投资有限公司、东方创业文化交流中心获得组织奖。东方文化资产经营公司工会被区工会评为2009年度"优秀工会组织"。东方康泰公司工会、北京东方文化酒店工会被评为2009年度东城区"先进职工之家"。东方文化资产经营公司、东方康泰公司、世源公司被区信访办评为2009年度信访工作先进单位。张军、经秀红、边玉梅被评为先进信访工作者。9月15日,东方文化资产经营公司、东方康泰公司、容和物业、长虹影城被评为2008年度"东城区和谐劳动关系单位"。11月,东方文化代表队参加"东城区法律知识竞赛",获三等奖。东方文化张文冬等两名选手获"2009年东城区职工传承与感悟讲故事比赛"三等奖。12月,"皇城风情展 建筑规划篇——皇城的建筑艺术展"被评为"迎国庆60周年"爱国主义教育基地特色活动。皇城艺术馆承办的"百年长街南池子 历史变迁展"获2005年至2008年北京爱国主义教育基地优秀活动"三等奖"。 (边玉梅)

【领导活动】 2月16日,2008CPCC十大中国著作权人颁奖典礼暨国际版权交易中心落成仪式在雍和大厦举行。市委常委、副市长蔡赴朝,区领导杨艺文、王红兵、王佩立等出席仪式。6月18日,杨柳荫等领导到东方文化资产经营公司调研。区领导肯定公司在发展中取得的成绩。希望公司推进以文化产业为主导的发展战略,走产业化、市场化道路。7月19日,市长郭金龙、副市长吉林,在杨柳荫、杨艺文等陪同下到国际版权交易中心,考察版权登记大厅和版权交易服务设施建设运营情况。7月18~19日,为做好东城区历史街区的保护和发展工作,副区长王佩立、董事长李桦等考察学习西安钟鼓楼周边保护发展规划。9月4日,杨柳荫、杨艺文等领导视察玉河历史文化风貌保护修缮项目市政河道、道路工程。对遗迹古河道的修复,市政管线、道路的铺装以及周边园林绿化建设给予肯定。12月29日,文公司召开三届一次董事会,选举新一届董事长、副董事长,聘任了公司总经理、副总经理、总会计师及董事会秘书。12月30日,公司召开第一次总经理办公会,董事长李桦出席讲话。 (边玉梅)

【企业重点项目】 1月16日,由央视动画和东方文化集团联合主办,北京大华国际传媒承办的动画系列片·美猴王·品牌授权拍卖会在菖蒲河公园举槌开拍。

5月31日,动画电影·快乐奔跑·在国际版权交易中心举行新闻发布会,通过"北京版权产业融资平台"进入市场,8月在全国各大院线上映。其在图书、音像以及衍生开发方面取得多项版权交易成果。2月16日,区长杨艺文、中国版权保护中心主任段桂鉴和北京产权交易所董事长熊焰签署战略合作协议。国际版权交易中心将重点建设国家级著作权登记和信息平台、国际化版权交易综合服务平台、全国性版权产业交流合作平台等六大功能平台,形成版权产业聚集区。5月8日,国际版权交易中心交易系统正式开通。11月25~29日,国际版权交易中心参加第四届中国北京国际文化创意产业博览会,展示在"建设国家级版权交易所,构建全国性版权产业要素市场"过程中取得的成果与进展。 (边玉梅)

【年度会议】 3月17日,召开2009年度职工大会暨党务工作会。会议内容:领导述职、民主评议企业高管人员、签订目标责任书。12月,公司召开职工大会,审议通过集体合同及工资集体协商协议书。 (边玉梅)

【企业文化建设】 2月,公司党委开展"党心连民心,亲情进万家"活动,慰问职工30户,送去慰问资金1.67万元。4月,公司在全系统开展党风廉政风险防范管理工作。6月,开展"提高技能风采、岗位练兵保发展,抵御风险抗危机,提高企业竞争力"职业技能竞赛。全系统120名员工,参加餐饮、客房、前厅三个项目角逐。6月22日,公司党委组织"共产党员献爱心"捐献活动。170名党员参加捐献,捐款1.11万元。9月25日,为庆祝新中国成立60周年,公司举办"重文化建设、讲亲身经历——我想对你说"东方文化企业学习年主题活动。9月30日,公司国庆安保20名标兵完成崇文门地区国庆安保工作。10月,公司党委开展深入学习实践科学发展观活动。组织"深入学习实践展观"专题党课两场。 (边玉梅)

【权属企业动态】 3月,东方文化酒店通过市旅游局星级复核检查小组检查。4月,第四届"2009艺术北京——文化经济论坛"亮相北京皇城艺术馆。论坛对全球范围内艺术趋势与发展进行探寻。6月,北京皇城艺术馆联手故宫博物院策划"皇城风情"系列主题展览的第一篇皇城风情展——规划建筑篇。展览从规划变迁、形制功能和营造技法三个方面阐示皇城建筑艺术。7月,东方文化集团与松雷国际集团合作,成立东方松雷音乐剧发展公司,进行原创音乐剧制作、发行、音乐剧引进和本土化。10月,数字东方公司完成国庆期间专网及视频保障工作。11月,数字东方公司完成王府井建管办热备份网络改造工作及市公安局网吧配套监控系统的实施、验收工作。12月,注册成立皇城艺术品交易中心有限公司,开展艺术品投资、收藏鉴定、评估服务等业务。长虹影城完成装修改造,售票系统全面升级,成为"满天星"售票系统在北京地区开通网上购票的首家影院。全年长虹影城票房1300万元。容和物业聘请认证中心对公司ISO9001和ISO14001两个管理体系进行审核,核发证书,完成公司双标一体化监督审核工作。"纪念华人移民抵秘鲁160周年展"在北京皇城艺术馆举行。由北京大华传媒投资拍摄的贺岁喜剧三笑之才子佳人在上海杀青。 (边玉梅)

# 北京东方祥泰投资管理公司

【概况】 北京东方祥泰投资管理公司成立于2006年3月13日。公司出资人为北京东方信达资产经营总公司,以出资额为限,对公司承担责任。公司注册资本金2000万元,在岗职工368人,权属企业17家,经营业务为投资管理、技术开发、技术培训和企业管理咨询。

2009年度,公司现有经营项目稳步推进,教育产业新领域的开发取得进展。全年总收入7707.33万元,上缴税金542.38万元,国有资产保值增值率104.4%。为区教育系统补充教育经费2287.31万元。

**单位名称:北京东方祥泰投资管理公司**

**单位地址:报房胡同82号**

**联系电话:64032966 邮政编码:100010** (沈梦溪)

【董事会会议】 2月3日,召开本年度第1次董事会会议。董事长蒋政军主持。审议公司在总结上一年工作基础上,围绕企业发展经营战略,以"实施精细化管理,完成10项工作任务"为主旨的2009年工作计划。会议要求,为实现公司的发展战略,在经营和改革中要按计划对有关企业和项目实施精细化管理,要将各项管理措施落实到各权属企业及有关责任人,加强监督实施,以保证完成全年各项任务。 (沈梦溪)

【劳动人事管理】 本年,共为在岗企业开支职工缴纳五项社会保险264万元,从社会保险中为退休企业职工发放退休费220万元,报销在职职工门诊医药费5万元。 (沈梦溪)

【国庆安全保障】 国庆节前,与17家权属单位、10家房屋承租单位全部签订《国庆安保责任书》,明确国庆期间各单位承担的安全责任,安排专人值班。其中,对青蓝大厦有限公司、普度寺管理处、东城教师公寓等重点单位的安全保卫工作进行部署,对这些部门的安全应急预案、安保措施、消防设施、值班安排等情况进行重点检查。国庆期间,开展安全大检查3次,出动日常安全巡查300人次,消除隐患,未发生一起责任事故。（沈梦溪）

**【校办企业改制】**　2009年,负责管理未转入国资委系统和未改制的校办企业,处理东城区校办企业遗留问题,包括债权债务,劳动人事纠纷,人员管理等。代表校办企业进行法律诉讼,聘用会计事务所对企业进行资产评估和审计,如雍和实业公司与国子监中学、惠东塑料制品厂与二中之间关于房屋场地使用及其他遗留问题等。（沈梦溪）

**【地方教材审查】**　年内,《<弟子规>新解》编写组,听取各校教学实验反馈,在总结经验的基础上进行修改和编辑,4月末完成修改,报市教委审查。根据审查委员会专家意见,再次进行修改完善,9月,完成定稿,提交教材审查委员会初审,11月23日,市教委正式下文通知初审通过。（沈梦溪）

**【后勤保障服务】**　2009年,推广学校后勤社会化工作,在府学胡同小学及其分校、曙光小学、东城区回民小学、东城区特教学校,北京市第一幼儿园及其海晟分园等7家单位成功开展后勤保障社会化工作。（沈梦溪）

**【学生保险】**　2009年,以北京联合保险经纪公司(UIB)东城分公司为平台,开展以校方责任险、学生意外伤害险为主要险种的为全区各中、小学和师生规避、分散风险的中介服务。校方责任险已覆盖东城区全部81所公办校,在校生参保6.6万名。（沈梦溪）

## 公司机构负责人

**东集兴业经贸有限责任公司**

| | |
|---|---|
| **董事长兼党委书记** | 李　增 |
| **总经理** | 黄满泉 |

**东方信达资产经营总公司**

| | |
|---|---|
| **董事长兼党委书记** | 何大伟 |
| **总经理** | 何大伟 |

**东方文化资产经营公司**

| | |
|---|---|
| **董事长兼党委书记** | 李　桦(回族) |
| **总经理** | 贺　征 |

**东方祥泰投资管理公司**

| | |
|---|---|
| **董事长兼党总支书记** | 蒋政军 |

# 工商·贸易

## 工 业 企 业

### 北京金漆镶嵌有限责任公司

**【概况】** 北京金漆镶嵌有限责任公司(以下简称金漆公司),其前身北京金漆镶嵌厂是1956年建厂的国有企业,2005年3月改制为有限责任公司。注册地址为东直门内南小街18号楼14号。生产经营项目:传统漆器、古典家具、室内装饰及木雕、根雕、石雕等工艺品。室内装饰业取得设计和施工双项国家甲级资质,并被北京市工商局评为“守信企业”。年销售收入3000万元。2008年6月,金漆镶嵌髹饰技艺被列入国家级非物质文化遗产保护名录。金漆公司为该项目的申报和保护单位。

**单位名称:北京金漆镶嵌有限责任公司**
**单位地址:朝阳区小红门乡红寺村40号**
**联系电话:67671153 邮政编码:100075** (陈同友)

**【应对金融危机】** 金漆公司从调整经营策略、调整产品结构、加强企业管理、广开财源、节约开支等方面,采取措施,应对全球金融危机。全年完成工业增加值同比增长1.8%,完成销售收入同比增长7.3%,实现利税同比增长12.8%,职工年人均收入同比增长12.2%。实现年初提出的“不裁员,不降薪”目标。(陈同友)

**【非遗文化庙会】** 1月18日至2月18日,金漆公司开展“2009金漆镶嵌非遗文化庙会”活动。市文化局非遗处、市文化艺术活动中心、市文化艺术活动中心非遗保护部领导出席开幕式。活动内容是通过多媒体展示系统、图文并茂的展板和品类繁多的作品,向国内外各界宾客,宣传、介绍具有7000千年悠久历史、千文万华的艺术风格、高雅的艺术价值、广泛的实用价值的国家级非物质文化遗产——金漆镶嵌髹饰技艺。这项活动在第四届北京春节庙会、灯会评选中获“非遗展示奖”。(陈同友)

**【多宝格和屏风展】** 4月18日至6月18日,金漆公司开展中华多宝格文化展。8月18日,开展中华屏风文化展,原计划10月18日结束,后延长至年末。两项展示共同点:①均以金漆公司位于朝阳区小红门红寺村的总部为主会场、主展区,以位于东城区东直门内南小街的英明斋门市部、东直门内大街的艺俱轩门市部、朝阳区东四环中路的物华苑门市部、朝阳区牌坊村的金漆艺术馆、大厂基地内的金漆宫等连锁店为补充。②工艺品种齐全,题材广泛,风格多样,大中小件皆有,高中低档俱全,以适应不同单位、不同人群的需求。③让利于民,优惠酬宾。(陈同友)

**【艺俱轩门市部重张】** 5月28日,创办于1984年,原址位于东直门内后永康胡同的艺俱轩门市部在东直门内大街14号楼1号重张开业。区政协主席吴弘勇、副区长王佩立为艺俱轩揭匾。开业当天,展出金漆镶嵌、花丝镶嵌、雕漆、玉雕、景泰蓝、红木家具等多项国家级非物质文化遗产保护项目,以及瓷器、木雕、石雕等高档工艺精品,其中有大师作品、获奖作品、孤品、绝品。(陈同友)

**【大师带徒活动】** 在岗的6位市工艺美术大师,有5位各带徒2名。9月,一名中年技术人员被市传统工艺美术评审委员会授予“北京市工艺美术三级大师”称号。(陈同友)

**【经纪人公司】** 10月8日,由市经济和信息化委员会主管,北京工艺美术行业协会和北京金漆镶嵌有限责任公司合作,成立北京工艺美术行业首家经纪人公司——北京天宝楼文化经纪有限责任公司,举行成立庆典暨首批签约工艺美术大师作品展开幕仪式。中国工艺美术协会理事长周郑生、首都精神文明建设委员会办公室副主任马润海、北京市经济和信息化委员会副巡视员张兰青、北京工艺美术行业协会会长李进华莅会并讲话,中国轻工联合会会长陈士能宣布天宝楼文化经纪公司正式成立,首批签约大师作品展开幕。第一批与天宝楼公司签订经纪协议的有五十名大师,推出参展作品百余件。　(陈同友)

**【产品获奖】** 在10月份举办的第四届北京工艺美展期间,金漆公司的大型矫嵌屏风《花香凝翠》被市传统工艺美术评审委员会评为金奖,精工矫嵌屏风《秋耀金华》被评为铜奖。　(陈同友)

**【产品研发】** 金漆公司抢救面临失传的技艺和品种;仿复制一批中国古代漆器经典作品;研发既保持传统风格,又体现时代气息的“古韵新风”创新产品。全年完成研发产品60件(套),其中仿古产品15件(套),创新产品45件(套),研发的断纹彩绘卷轴漆画,添补一项技术空白。　(陈同友)

# 商业　服务业

**【概况】** 区商务委员会是区政府主管本区国内外贸易和对外经济合作的工作部门,设办公室、投资管理科、投资促进科、规划发展科、流通管理科和市场监管科六个科室,公务员编制23人。

年内,区商务委以保增长、保民生、保稳定和国庆60周年服务保障工作为重点,结合商业街区管理体系和利用外资工作体系建设,搭建促销平台、规范提高商业管理水平、引导外资促进产业升级,积极应对全球金融危机和甲型H1N1流感疫情给东城区经济发展带来的不利影响,完成预期的工作目标。借助京港洽谈会、科博会、文博会等活动,开展投资促进活动,优化利用外资结构,提升引资质量和水平。全年实际利用外资1.58亿美元,同比上升5个百分点。

**单位名称:东城区商务委员会**

**单位地址:东城区金宝街52号**

**联系电话:65131421　邮政编码:100005**　(何戍)

**【国庆服务保障】** 围绕国庆60周年庆典活动,贯彻落实北京市商业零售、餐饮经营单位安全生产规定,加大对已登记备案的规模以上商业零售和餐饮经营单位的执法检查力度,开展“安全生产年”活动。全年,出动执法检查人员1088人次,检查生产经营单位544家次,发现并整改各类隐患312处。与市、区相关部门配合,进行联合执法检查16次,检查单位40余家。发放音像、文字材料5000份,组织应急演练现场工作会6次,开展宣传培训7次,安全生产知识竞赛1次。强调企业安全生产主体责任,3次对全区200家企业发放自查表,要求企业进行安全生产自查。组织全区规模以上商业零售经营单位志愿者1000人,组建了由15名干部组成的国庆安保标兵小组,维护国庆期间商务环境安全稳定。制订《关于迎国庆防控甲型H1NI流感工作方案》,并下发《关于加强防范甲型“H1N1”流感工作的通知》,在全区规模以上商业零售经营单位内开展专项防范行动。　(何戍)

**【搭建促销平台】** 落实《东城区2009年服务经济发展、促进社会和谐的措施》,制定《东城区保增长、促发展搭建促销平台实施方案》《东城区繁荣市场活动方案》和《东城区消夏购物节活动方案》,成立工作领导小组,开展假日经济活动。

在王府井大街开展“金牛贺新春、金街过大年”主题商业文化活动,实现销售额1.1亿元。建国门街道和金宝街商会共同组织鞭打春牛文化节活动。“健康特色簋街行”主题活动,吸引客流日均超过5000人。4月至10月,王府井、南锣鼓巷、南新仓、簋街、金宝街等商业街陆续推出“紫荆绽放京港情”、“文化南锣,快乐消费”、“第三届北京南新仓　东四奥林匹克社区文化节”、“簋街消夏节”、“喜迎祖国六十华诞,欢度国庆中秋佳节”等具有地域特色、文化特色的商业促销活动。组织王府井大街11家有代表性的商业零售和餐饮企业参加北京市《消费伴旅》活动。全年,开展商业促销活动百余项。　(何戍)

**【社会消费品零售额】** 制定《东城区保增长、促发展搭建促销平台实现社会消费品零售额增长13%实施方案》,成立保存量、促增量、抓统计等工作小组,对各街道完成社会消费品零售额任务进行分解,形成各街道及相关部门共保社会消费品零售额的工作合力。

全年,区社会消费品零售额实现374.1亿元,同比增长15.2%,超出市政府全年目标任务2.2个百分点。

(何戍)

**【商业专项资金】** 年内,获市商业专项补助资金806.3万元,用于支持老字号、商场节能改造、特色街、菜市场建设、社区商业示范苑、银行卡受理市场建设和商业无障碍设施改造。其中:老字号发展616.9万元,占76.5%;商场节能改造65万元,占8.1%;银行卡受理市场建设及商业无障碍设施改造49.4万元,占6.1%;特色街建设45万元,占5.6%;菜市场建设20万元,占2.5%;社区商业示范社区10万元,占1.2%。

争取市商业专项资金270万元,用于支持吴裕泰、稻香村、盛锡福其信息化改造、热食品研发、帽文化馆建设。 (何戌)

**【特色商业街区建设】** 指导簋街筹备商业街改造验收材料。协助交道口街道完善南锣鼓巷商业业态调整实施细则,并为其申请区财政配套资金。组织特色街区参加"东城名片"推荐工作,创办东城商业街交流电子刊物。组织王府井、南新仓等街区管理机构赴长沙参加商务部培训中心举办的大型商业网点和商业街规划与建设暨商业街区管理技术规范培训班。制定印发《东城区商业街区协调工作委员会联席会议制度》,全年召开联席会议两次。 (何戌)

**【推商业服务设施建设】** 指导百货大楼北厦、乐天银泰完成停车引导系统改造;朝内菜市场、乐天银泰和香港美食城进行残疾人无障碍设施改造;指导数字王府井推进刷卡消费无障碍,发展特约商户5177户,布放POS机6711台,完成全年计划的173%和192%;组织中粮、三利等8家企业配备轮椅。 (何戌)

**【商业技能练兵】** 组织辖区内商业服务企业开展岗位技能竞赛大练兵活动,东来顺集团完成北京市商业服务业员工岗位职业技能大赛初赛、复赛,辖区内商业服务企业参与北京市商业服务业提升服务技能系列活动,提升区商业服务业文明规范程度和服务技能。 (何戌)

**【社区商业建设】** 完成"东城区社区商业建设思考(初稿)";召开东城区社区商业工作会;组织安定门街道花园社区申报全国商业示范社区,对东直门街道胡家园社区、和平里街道六区社区和地坛社区开展全国商业示范社区调查工作。落实社区商业项目建设,完成交道口街道交东社区便民早餐、再生资源回收站、商业协会,朝阳门街道朝西社区主食厨房、便民服务店,安定门街道花园社区便民理发店、便利店,和平里街道和平里六区商业网点员工培训中心,交道口街道改造"维民佳燕综合市场"等便民服务建设项目;协助朝阳门街道演乐社区、安定门街道便民生活服务圈、和平里1510生活服务圈申报市社区商业项目资金。 (何戌)

**【菜市场体系建设】** 新建南门仓、金宝两家便民菜市场,在北新桥、和平里、安定门地区新建了23家便民菜点。解决居民买菜难的问题。 (何戌)

**【清真网点建设】** 完成2008年扶持项目审核工作,与区财政局核发扶持资金。将隆福寺餐饮有限公司供应站(豆汁店)升级改造、宁夏大厦清真副食基地建设、金年丰金宝街清真区建设、富宁商贸公司清真食品店建设、瑞珍厚华龙街店建设等项目作为年重点扶持对象。完成规范化清真食品专柜及少数民族生活需求调研报告。 (何戌)

**【再生资源回收管理】** 制定《东城区再生资源回收新体系建设方案》,确定金盟商贸公司为主体企业,协助其完成《街道社区回收站点收购废旧物资统一交售、集中分拣的实施细则》,组织其与和平里街道回收网点进行对接,推进再生资源回收管理试点工作。组织金盟经贸有限公司和北京市家电以旧换新中标企业,在和平里七区、魏家胡同等回收站点开展主题为"参与资源回收,共建绿色背景——家电以旧换新进社区,节能环保得实惠"的"再生资源回收日"活动。参与审核、发放区注册的中标家电销售企业家电以旧换新补贴资金。按照市商务委《关于做好北京市汽车摩托车下乡有关工作的通知》要求,完成区汽车摩托车下乡指定销售企业的备案工作。完成汽车以旧换新9起,申领并发放补助资金3.45万元,淘汰黄标车488辆,申领并发放补助资金225.48万元。 (何戌)

**【行业监管】** 指导辖区内4家干洗店更新设备4台,申请补助资金14万元。年审成品油经营企业8家。完成2009年度国有粮食经营单位清仓查库工作。核查直销企业1家、网点1个,变更网点经营地址1家。指导各典当行完成材料报送,配合核查工作小组开展抽查;区域内9家典当行全部被定为A等。 (何戌)

**【市场运行监测】** 调整和完善奥士凯集团政府生活必需品应急储备结构,提升政府储备监管水平,确定区应急投放网点28个,应急投放集散地2个,并及时上报网点和集散地实时信息。建立菜市场监测网络,与朝内南小街菜市场、新民菜市场、兆军盛菜市场、天泽祥菜市场以及东内南小街菜市场签署蔬菜价格信息报送协议,协助相关部门发放菜市场监测补助。开展粮食应急供应网点报送工作,督促粮食信息报送单位做

好每日粮情汇报工作,完成节日前市场粮食供应调查工作。调整货运车证发放对象,重点扶持大流通和规模物流企业。 (何戌)

**【酒类流通企业备案】** 全年,完成酒类流通企业备案登记1771户。开展不向未成年人售酒宣传,向酒类经营单位发放宣传牌2000张。 (何戌)

**【安全服务保障】** 元旦、春节、五一、端午节、十一和全国两会期间,商务委坚持24小时值班制度,每天及时汇总信息报送区领导,完成市、区政府交办的各项任务。 (何戌)

**【三资企业审批】** 审批外商投资企业118家,其中17家为中外合资企业,2家为中外合作企业,99家为外商独资企业。新批三资企业中,协议投资总额4863.91万美元,加上增额为1.25亿美元;吸收合同外资总额3427.81万美元,加上增额为8030.45万美元。办理企业变更279家。其中增资企业45家,总投资增额7661.82万美元,直投增额4602.64万美元。

**2009年到东城区投资的国家和地区一览表**

| 序号 | 投资国别、地区 | 户数 | 投资总额(万美元) | 注册资本(万美元) | 外方直投(万美元) |
|---|---|---|---|---|---|
| 1 | 香港 | 56 | 2188.5 | 1568.38 | 1498.74 |
| 2 | 日本 | 10 | 941.01 | 911.22 | 692.23 |
| 3 | 德国 | 3 | 522.89 | 316.46 | 316.46 |
| 4 | 美国 | 12 | 375.2 | 374.35 | 167.98 |
| 5 | 瑞典 | 1 | 248.81 | 248.81 | 248.81 |
| 6 | 台湾 | 2 | 175.65 | 169.5 | 169.5 |
| 7 | 卢森堡 | 1 | 73.89 | 51.76 | 51.76 |
| 8 | 维尔京群岛 | 3 | 54.29 | 54.29 | 51.36 |
| 9 | 意大利 | 3 | 48.55 | 39.63 | 28.4 |
| 10 | 加拿大 | 5 | 43.23 | 36.53 | 36.53 |
| 11 | 新加坡 | 4 | 36.8 | 34.8 | 34.8 |
| 12 | 新西兰 | 1 | 30 | 30 | 30 |
| 13 | 法国 | 3 | 24.46 | 19.07 | 19.07 |
| 14 | 爱尔兰 | 1 | 19.55 | 13.68 | 13.68 |
| 15 | 科特迪瓦 | 1 | 19.01 | 14.62 | 14.62 |
| 16 | 马来西亚 | 2 | 19 | 15 | 15 |
| 17 | 丹麦 | 1 | 14.63 | 14.63 | 14.63 |
| 18 | 澳大利亚 | 3 | 9.51 | 7.31 | 7.31 |
| 19 | 瑞士 | 1 | 7 | 5 | 5 |
| 20 | 澳门 | 1 | 5 | 5 | 5 |
| 21 | 奥地利 | 1 | 2.55 | 2.55 | 2.55 |
| 22 | 以色列 | 1 | 1.46 | 1.46 | 1.46 |
| 23 | 英国 | 1 | 1.46 | 1.46 | 1.46 |
| 24 | 投资性公司投资 | 1 | 1.46 | 1.46 | 1.46 |
| | 累计 | 118 | 4863.91 | 3936.97 | 3427.81 |

(何戌)

**【外资企业服务】** 区商务委进一步下放审批权限,减少审批中间环节,加快审批速度,完善全程办事代理制,提高依法行政效率,加强外资大项目的调度、跟踪、监测、服务力度;定期对外资企业的动态进行分析,加大对新批和未完全入资企业的监控,督促其按合同按时足额入资;开展"送政策、送信息、送服务"活动,走访北京新东安有限公司、北京恒基置业有限公司等6家重点企业和国盛中心、来福士、王府井世纪大厦商场、金宝汇、澳门中心等拟开业的大型商业企业,帮助协调解决企业经营过程中遇到的问题;整合王府井、东二环、雍和园等三个功能区的招商项目,积极向外进行推介,走访西班牙ZARA公司、国际顶级手表品牌"百达翡丽"唯一代理商——美最时洋行(上海)有限公司北京分公司(帮助其由分公司经营转变为外商投资企业独立经营);接待万宁连锁公司,推介世都百货项目和南新仓国际大厦项目;协助京新旅大厦招商,推荐其与红螺食品接洽招商;协助香港置地集团公司办理在东城设立企业(3000万美元)的相关事宜;联系市有关部门协助世都百货招商;接待正健(香港)医院管理集团有限公司商谈投资医护机构事宜;接待北京忠诚时代房地产经纪有限公司和深圳天音控股公司,介绍区招商引资政策。 (何戌)

**【投资促进活动】** 加强与商务部投资促进机构、市投促局联络,借助其投资促进平台宣传区投资环境和招商项目。组织企业和相关部门参加内外贸企业对接会、中阿企业对口经贸洽谈会、阿联酋中国推介会、第十二届科博会、第四届文博会和第十三届京港洽谈会等活动。在第十三届京港洽谈会上,对外推介区中医药、金融等优势产业和项目。组织区域内相关单位和企业参观第十二届科博会,设立科博会展览参观票发放点,向区属各部门、区域内企业和个人发放参观票2000张。依托雍和科技园区的优惠政策,引导外资投

入到创意产业、数字内容产业、高新技术产业等高端服务领域。（何戌）

**【实施“走出去”战略】** 审批境外投资项目5件，审核、审批外商来华邀请44件52人。宣传服务外包政策，鼓励支持企业承接服务外包业务，协助企业争取相关政策性资金支持。审核北京索浪计算机有限公司员工服务外包培训支持资金4.5万元。（何戌）

**【政府信息公开】** 通过政府信息公开专栏公开政府信息124条，全文电子化率100%。其中法规文件类信息8条，规划计划类信息2条，行政职责类信息5条，业务动态类信息109条。（何戌）

**【建议、提案办理】** 办理人大代表议案、建议及政协委员提案10件，其中市级政协委员提案2件，对办理结果均表示满意和同意。（何戌）

**【信访工作】** 加强网上信访系统管理，及时处理和回复信访信件，接到在线咨询和投诉举报信访信件30件，全部在规定时间内答复。（何戌）

## 天元资产经营公司

**【概况】** 年内，公司以促销增效、调整增效、完善管理为重点，全面完成预算目标。实现主营业务收入2.41亿元，比预算增加884.55万元，增长3.8%；利润总额788.36万元，比预算增加88.36万元，增长幅度12.6%。三项费用支出合计9849.35万元，比预算减少484.08万元，减少4.7%。

**单位名称：北京天元资产经营公司**
**单位地址：王府井韶九胡同19号**
**联系电话：85115220　邮政编码：100006**（高宇亭）

**【职工代表大会】** 3月4～5日，公司召开一届三次职工代表大会，92名职工代表参加。听取、审议总经理孙志家《认真学习实践科学发展观，在新的起点上全面推进企业改革发展》工作报告，听取公司2008年业务活动经费使用情况报告及公司领导班子成员述职报告，通过大会决议。（高宇亭）

**【经济工作会】** 3月20日，召开经济工作会，孙志家作全年工作报告，分管领导部署具体工作。会上，签订预算管理、综合治理、党风廉政和计划生育目标管理责任书。5月21～22日，召开经济工作研讨会，孙志家围绕确保完成全年预算指标为主题发言，分管领导从不同角度作阐述，各企业提出具体措施。11月3～4日，召开经济工作研讨会，孙志家总结工作，提出具体要求。（张慧兴）

**【同升和鞋店重张开业】** 4月21日，中华老字号同升和鞋店在王府井大街大甜水井胡同新址重张开业。年末共销售551.12万元，为中外顾客制作手工牛皮鞋45双，创同升和鞋店手工制鞋历史新高。（陈洪刚）

**【经济普查】** 年初，公司及所属企业完成第二次全国经济普查清查工作及后续表格填报工作，公司与利生商厦、儿童商店分别被评为东城区经济普查工作先进集体。（黄策星）

**【廉政风险防范】** 年内，公司开展廉政风险防范管理工作，从制度机制、业务流程等方面，查找部门、个人和公司的风险点316个。制定防控措施307条，廉政承诺159条。根据岗位职责、部门职能及业务流程，编制部门、个人风险防范一览表，公司风险防范管理责任网络图及重点业务流程图，部门工作风险防范图。（任运明）

**【领导调研】** 8月11日，杨柳荫等一行到公司调研，听取党委书记、董事长杨静森关于企业工作情况汇报，对公司工作给予肯定。要求：珍惜现状，增强改革意识，选好合作伙伴，不要急于求成。抓好管理，挖潜增效，在控制人工成本和支出上下工夫，向管理要效益。抓好企业发展，坚持走品牌化、网络化的路子，扩大企业经营规模，提高企业经济效益，使老字号企业发扬光大。（张慧兴）

**【国庆活动】** 围绕国庆60周年，公司开展“爱祖国、爱企业——我有责、我奉献”主题教育活动。组织400名干部职工知识答卷；1000人次参观天安门城楼、国庆60年图片展、鸟巢国家体育场、奥林匹克森林公园；640名干部职工参加“奔向祖国美好明天”接力跑活动及我与祖国共成长故事会。（王英红）

**【促销活动】** 年内，公司围绕元旦、春节、五一、十一、王府井消夏节等商机和重点工作，开展主题促销活动。各企业通过会议、广播、宣传园地，摆花车等方式营造氛围。调整商品结构，组织专人走访社区、机关、单位，扩大团购业务。促销活动共实现销售6313.67万元，占全年销售总额的22%。（陈洪刚）

**【获奖情况】** 利生商厦满恒福，通过调整经营出效益、促销活动创效益、服务奥运增效益,班组销售业绩以年均49%的增幅连创新高,被市总工会授予首都劳动奖章;儿童商店杨宝光,狠抓经营创效、服务增效和管理提效,连续4年超额完成销售指标,被区总工会授予东城区劳动奖章。(王英红)

**【创新立项成果】** 年内,工会发动企业、班组、职工围绕创新营销技巧、管理方法、服务水平、管理设备、技术工艺、节约降耗等开展创新立项活动,创新目成果15个。其中,盛锡福帽厂研制出25套不同型号的刀具,制作加工半成品帽子4.8万顶,创产值45万元,实现利润8.5万元。公司对创新企业、创新团队、创新个人分别给予表彰,并编发优秀创新成果集。(王英红)

**【审计工作】** 年内,公司抓住重点推进审计工作。树立科学的内审工作理念,监督与服务并重;深化预算执行过程的监督,建立完善各项规章制度,“上下审”“问题审”“交叉审”相结合;加强预算监督管理、信息反馈和综合分析,为领导决策提供参考。本年,重点对和平大厦开展外供业务的应收帐款进行审计跟踪,确保逾期近9个月的应收帐款325.35万元在年内全部收回。(邓明)

**【清算注销企业】** 年内,完成北京天元宝兰轩文化用品公司、北京天元大华电器公司、北京天元商业大楼三户非经营企业的清算和注销工作,三户企业有关帐项并入公司本部。(黄策星)

**【主题实践活动】** 公司党委在党员中开展“迎难而上当先锋,立足岗位创佳绩”、“时间任务双过半,向党的生日献礼”、“金九银十促销成果,迎接国庆60周年”、“我为企业增效献良策”等系列主题活动。七一前夕,召开全体党员大会,庆祝建党88周年,表彰先进党支部、优秀共产党员和优秀党务工作者,进行“爱国歌曲大家唱”活动。(付君)

**【学习实践科学发展观】** 10月,公司党委在全系统205名干部党员中开展学习实践科学发展观活动。研究确定“创新经营出效益,强化管理上水平”活动主题,组织落实学习调研、分析检查和整改落实三个阶段、六个环节的工作任务,实现“提高思想认识、解决突出问题、加强基层组织、促进科学发展”的目标。(付君)

**【人才队伍建设】** 分析企业人才队伍现状,制定《关于做好调整充实后备人才工作的安排意见》,采取组织推荐、民主推荐和个人自荐相结合的办法,调整充实企业后备人才队伍,完善后备人才信息库。积极探索中层管理人员选拔任用的方法途径,采取配备党支部副书记、常务副经理、经理助理等方法,进行岗位锻炼和组织考察。(付君)

**【创建学习型企业】** 北京盛锡福帽业有限责任公司,在东城区创建学习型企业活动中,通过自评、工作汇报、专家视导评估等环节,被评为东城区2009年学习型企业先进单位。(付君)

**【送温暖工作】** 公司开展“党心连民心、亲情进万家”活动,建立帮扶对象信息库和定期报告制度,形成困难职工帮扶工作机制,对特困职工重点帮扶。全年走访慰问离退休、生病和困难职工220人次,为82名困难职工发放困难补助2.2万元。组织全体干部职工健康体检。(张慧兴)

**【安全工作】** 公司对所属企业负责安全保卫、安全生产干部,进行业务培训。加大安全检查工作力度,全年共检查735个店次,发现并整改安全隐患67处。国庆前夕,组织930人开展消防、防爆、防抢、防恐演练和知识讲座。实现国庆期间“零发案”目标。公司被评为2009年度北京市国家安全工作先进集体,荣立市级集体三等功。(杨京署)

## 北京东华服装有限责任公司

**【概况】** 公司适应市场变化形势,解放思想,深化改革,理顺资产,完善制度,加强管理,坚持发挥房产经营优势,探索资本运作,盘活存量资金,保证企业生存。全年营业收入6355万元,上缴各项税费678万元。

**单位名称:北京东华服装有限责任公司**

**单位地址:什锦花园胡同43号**

**联系电话:64041068　邮政编码:100007**　(岑泰)

**【增资扩股】** 为清理公司经营中形成的债权债务,调整公司财务状况,经北京市东城区东华服装集体资产管理协会(以下简称:协会)二届7次会员代表大会研究决定:协会以债转股的形式对公司增资1000万元。调整后公司注册资本由4000万元增加为5000万元。协会持股比例由21.3%上升到37.02%,自然人持股比例由78.7%下降到62.98%。于3月在区工商局变更登记。(岑泰)

**【成立房地产开发公司】** 由20名自然人与北京市东

城区东华服装集体资产管理协会,共同出资3000万元(人民币),组建北京东华盛合房地产开发有限公司,7月6日在区工商局注册登记。董事长林建华,副董事长赵连河、何桂英,监事长王卫,总经理林文洵。

(岑泰)

**【网点拆迁】** 协会所属兴华公司隆福寺门市部拆迁(隆福寺42号),减少经营面积19.6平方米。地处王府井大街301号(建筑面积5000平方米)东华服装大楼拆迁,应于2009年7月27日回迁,但项目公司未能按合同约定期限交付经营使用。新颖临建房屋于7月中旬交付公司使用。此网点地处王府井大街269号,临建房屋共两层,建筑面积369.2平方米。 (岑泰)

**【机构资源优化配置】** 为精简机构,优化资源配置,经公司三届15次董事会研究决定:将新艺分公司与红叶分公司合并,新艺分公司人、财、物归红叶分公司管理。为理顺东华服装有限公司(以下简称:公司)与东华服装集体资产管理协会(以下简称:协会)的资产关系,统筹兼顾各方利益,做到资产清晰,经公司三届15次董事会研究决定:公司占用协会16处网点退还协会。协会三届14次理事会研究决定:协会占用公司2处网点退还公司。 (岑泰)

**【制度建设】** 年内,修订"中、高层经营管理人员任期目标考核及工资待遇的规定"、"关于公司高层管理人员实行年薪制的规定"、"职工民主管理议事会规则"等3项管理制度。新增"关于实物资产管理的责任分工"、"关于入资东华盛合房地产开发有限公司实施个人房产抵押贷款的规定"、"关于费用分摊办法"、"关于东华盛合房地产开发有限公司执行东华服装有限责任公司管理制度的决定"、"企业招聘员工办法"等6项管理制度。 (岑泰)

**【送温暖活动】** 元旦、春节期间,开展送温暖活动。公司高层管理人员和基层单位党、政、工领导走访慰问困难员工、退休人员、病号、离休和处退干部、劳模、统战对象62名,补助困难员工、孤寡户、生活困难党员35名。 (聂仲杰)

**【党务工作会】** 3月13日,公司党委召开党务工作会,基层党支部书记和党委部门人员共11人参加。总结党委2008年工作,布置2009年工作计划,汇报上年党费使用情况。与基层各单位签订党风廉政建设责任书。 (聂仲杰)

**【庆"七一"表彰会】** 6月30日,党委召开庆"七一"评优表彰大会。党委书记赵连河宣布《关于表彰2007年至2008年度先进党支部、优秀共产党员和优秀党务工作者的决定》,经过全体党员推荐评选,共评出景山街工委系统"党心连民心、亲情进万家"活动优秀组织奖:公司党委,先进党组织:东华联合党支部,优秀共产党员:戚慧春,优秀党务工作者:宁葆璋。公司级先进党组织:红叶联合党支部,公司级优秀共产党员13名、优秀党务工作者3名。会上,红叶联合党支部和东华联合党支部作典型发言。 (聂仲杰)

**【国庆标兵】** 9至10月,在国庆60周年活动中,参加景山街道工委部署的20人标兵工作。公司对员工参加标兵任务重视支持,员工克服各种困难,完成任务。

(聂仲杰)

**【学习实践科学发展观】** 10至12月,根据景山街道工委《景山街道非公有制经济组织开展深入学习实践科学发展观活动实施方案》的通知,党委立即传达贯彻,结合企业实际制订实施方案,召开8个基层党支部、高中层管理人员、机关全体管理人员大会,进行动员。各支部组织121名党员活动实施方案,开展形式多样的学习活动。 (聂仲杰)

**【党组织建设】** 结合企业调整,便于党组织开展工作,成立兴华、飞达公司联合党支部,红叶、新艺公司联合党支部。公司党委制定党员发展规划,按照市委组织部《发展党员票决制工作办法》,履行发展程序,确保党员发展质量。预备党员按期转正2名,参加党的积极分子培训班2人。 (聂仲杰)

**【加强党风廉政建设】** 党委班子及各支部成员按要求开展专题民主生活会,并进行对照检查。坚持员工对高中层管理人员的民主评议工作。坚持对新提拔使用的党政一把手廉政谈话制度。 (聂仲杰)

**【老干部工作】** 公司党委定期听取老干部工作汇报,提出解决问题的措施办法,保证老干部活动经费。走访慰问老干部,坚持给每位离休老干部过生日,组织他们春游和秋游,保持电话联系,及时到年老和患病的人员家中或医院看望慰问。 (聂仲杰)

# 北京永安复星医药股份有限公司

【概况】 北京永安复星医药股份有限公司(简称:股份公司),注册地址为安定门内大街245号,注册资本1.5亿元,在职职工590人,其中具有各类专业技术职称292人,占员工总数的49.49%。股份公司现有北京永安堂医药连锁有限责任公司和北京王府井医药商店有限责任公司两家控股子公司。通过"调整改造、全面提升、巩固发展"三步发展战略的实施,企业经营状况得到改善。2009年,实现主营业务收入1.51亿元,完成年度预算指标1.89亿元的80.1%,实现利润总额381.6万元,与年度预算960万元相比下降60.3%,同比下降39.5%,完成净利润231万元,完成年度预算指标711万元的32.49%。造成年销售利润下降的主要因素是王府井医药商店拆迁,零售停业所致。

**单位名称:北京永安复星医药股份有限公司**

**注册地址:北京市东城区安定门内大街245号二层**

**单位地址:东城区什锦花园胡同43号 邮政编码:100007**

**联系电话:64015011 64034653** (何向阳)

【机构调整】 1月1日,北京永安复星医药股份有限公司成立经营事业部,韩光辉任部门经理,李铁华任药品采购部门负责人、海涛任销售部门负责人。1月,经理办公会研究决定,撤销北京永安复星医药股份有限公司金盏物流配送中心,其相关业务划归北京永安堂医药连锁有限责任公司管理。6月,永安堂医药连锁有限公司所属芳草药店划归北京永安复星医药股份有限公司经营事业部管理。 (何向阳)

【职工代表大会】 3月16~17日,公司在昌平九华国际会展中心,召开第二届第三次职工代表大会。总公司中高层管理人员及职工代表73人参加,认真听取公司行政工作报告。代表对公司经营管理提出建议和意见,对公司高层管理人员进行民主评议。会议一致通过行政工作报告,完成各项会议议程。 (何向阳)

【经济工作会】 3月17日,公司召开2009年经济工作会,党委书记、董事长、总经理高平生作经济工作报告。提出2009年工作要点:①积聚实力,开拓进取,为企业长足发展奠定基础;苦练内功,找准落脚点和不足,完善和解决批发业务的调整和改革。②深化人力资源配置,建立和完善企业内部管理、考核、竞争激励机制;调整完善组织结构,推行岗位职责考核与薪金挂钩的工作目标责任制,抓好人才队伍建设和全员培训,全面提高人员素质和经营管理水平。③挖掘潜力,向管理要效益;抓好预算管理工作,降低采购成本,利用企业资源优势,提高资产效益水平;提倡节约,开展各种节约活动;加速主业的发展,树立"永安堂"品牌,发挥传统优势,寻求合作,开发新的增长点。④发挥企业党工团作用,加强企业文化建设和精神文明建设;构建"创新、学习、沟通、人本"为基础的企业文化,营造和谐氛围,提高凝聚力。⑤做好各项工作,确保企业安全稳定发展;安全管理要措施到位、领导到位、执行到位、责任到位。 (何向阳)

【人事变动】 4月7日,王志华任永安复星医药股份有限公司副总经理,分管质量管理工作。5月,吕伟庭任北京永安复星医药股份有限公司工会主席职务,原公司工会主席张兰芳退休。8月,白桦任北京永安复星医药股份有限公司纪委书记职务,原公司纪委书记孙志卫退休。 (何向阳)

【三届二次董事会】 4月22日,第三届第二次董事会在安徽亳州市召开。会议讨论确定2009年业务经营发展目标和工作任务,讨论通过董事长兼代总经理2008年经营业绩考核结果和2009年度经营业绩考核责任书。会议期间,全体董事、监事对安徽亳州市瑞草中药饮片有限责任公司进行实地考察,确定了合作意向和运作方向。 (何向阳)

【中医药健康文化节】 5月22~24日,永安堂医药连锁有限责任公司参加市中医药管理局、中国医药卫生事业发展基金会、北京市卫生局、市药品监督管理局、市新闻出版管理局、市科学技术协会和东城区政府联合组织的地坛中医药健康文化节活动,连锁公司在活动中设立蜜丸和水丸两个制作展区。 (何向阳)

【流感预防工作】 6月,为防控甲型H1N1流感,阻止二代病例产生和防止甲型H1N1流感大爆发、大流行,全面落实防控责任,制定应对甲型H1N1流感疫情工作方案,成立防控工作领导小组。高平生任组长,白桦任副组长。各子公司也相应成立工作的领导小组。 (何向阳)

【献爱心活动】 七一前夕,公司开展"党员献爱心"捐款活动,69名党员干部捐款2375元,党外员工139人献爱心,捐款2605元。 (何向阳)

【廉政风险防范管理】 开展廉政风险防范管理工作,

通过学习提高、制定方案、宣传培训、查找风险、评定风险等级、制定防控措施等步骤，做到职责明确，自我约束，自我规范，自我教育。 （何向阳）

**【王府井医药公司重张】** 7月8日，时隔15个月，王府井医药公司临建房正式交付使用。8月31日正式营业。重张后的王府井医药公司经营地址：王府井大街267号。店堂从南到北全长60米，平均宽度4.5米，建筑面积540平方米。 （何向阳）

**【书记视察】** 7月30日，杨柳荫到永安堂灯市口总店调研考察。高平生介绍公司整体情况，对公司改制后经济发展状况、目前企业存在的问题、公司发展前景等方面作了汇报。杨柳荫对公司几年来加强企业管理、提高经济效益，促进企业健康发展取得的成绩，给予肯定；并对公司今后工作提出要求：发挥股份制企业优势，完善法人治理结构，推行现代企业制度，在企业改革、管理、发展上有突破，抓住医药体制改革的机遇，把企业做大做强。 （何向阳）

**【职业竞赛】** 公司选送两名员工薛超、赵松涛，参加"第十三届北京市工业职业技能竞赛"双鹤杯北京医药赛区技能大赛。分别获得"中药调剂员"和医用商品营业员大赛三等奖。 （何向阳）

**【公司诊所开业】** 10月16日，坐落在东城区朝内小街的永安堂医药连锁有限责任公司第一家诊所开业。诊所主要提供医疗、疾病预防及养生保健服务项目。 （何向阳）

**【学习科学发展观活动】** 10月23日，按照东城区第二批开展学习实践科学发展观活动的要求和部署，永安复星医药公司在灯市口药店二楼会议室，召开全公司深入学习实践科学发展观活动动员会，公司党委书记高平生作动员报告。 （何向阳）

## 奥士凯资产经营公司

**【概况】** 奥士凯资产经营公司（以下简称公司），受区国资委监督管理，依法对国有资产进行经营管理，确保经营范围内国有资产安全完整和保值增值。经济性质为全民所有制，法定代表人高秀云。年末，在册职工1061人，其中在岗558人，不在岗503人（内退249人、待岗247人、其它7人），离退休职工4412人。12月29日，北京奥士凯资产经营公司与天元资产经营公司合并，组建北京东方奥天资产经营有限公司。

公司以保增长为主线，突出主营销售，加强经营管理，强化内部监督，努力挖潜增效，全年实现主营业务收入2.24亿元，同比增长1.04%；实现利润2298万元，同比增长23.78%。

公司被评为首都迎国庆、讲文明、树新风活动先进单位，市级离退休干部先进党支部。奥士凯云龙旅游饭店管理有限公司被评为全国学习型组织先进单位。王府井食品商场、德昌厚食品店、安定门宾馆和奥士凯物美朝内菜市场店被评为市级文明单位。

**单位名称：北京奥士凯资产经营公司**
**单位地址：朝外大街吉祥里202号楼　邮政编码：100020**
**联系电话：65529101　65529102** （李丙明）

**【节日慰问】** 1月25日（除夕），区领导王学勤、杨艺文、刘朋庆、吴弘勇等到奥士凯物美朝内菜市场店慰问节日期间坚守岗位的干部职工。春节期间，公司和基层单位筹措85.82万元送温暖资金，走访慰问特困、下岗、伤病、离休和处退干部、劳模家庭306户，315名困难职工领取一次性补助。 （李丙明）

**【工作会议】** 2月17～18日，公司召开工作会议，传达贯彻区委十届七次全会精神，总结上年工作，分析经济运行情况，研究部署本年工作任务。总经理高秀云与各基层党政一把手签订经营管理、综合治理、党风廉政建设、计划生育责任书。公司和基层单位负责人、主管会计及管理人员50人参加会议。

7月23～24日，公司召开上半年工作会，总结上半年工作，分析形势，研究部署下半年任务。公司高管人员，基层党政一把手、主管会计和机关部室负责人40人参加。 （李丙明）

**【职工代表大会】** 3月3日，公司召开一届二次职工代表大会，听取审议《行政工作报告》、2008年业务招待费使用情况报告，表决通过公司2009年工资集体协议（草案），审议通过职代会决议。公司72名职工代表出席。 （李丙明）

**【党务工作会】** 3月13日，公司召开2009年党务工作会，总结上年党建工作，部署本年党委、纪委、工会和信访工作。高秀云主持会议并讲话。公司高管人员、基层党政主要领导、机关部室负责人出席。（李丙明）

**【领导调研】** 7月30日，杨柳荫到奥士凯调研，听取公司情况汇报。强调奥士凯要抓好"改革、管理、发展"，胆子再大一点、步子再快一点，将奥士凯做大、做强。 （李丙明）

【店铺升级改造】 对连锁公司西苑便利超市、鑫龙商场等店铺实施更新改造。西苑便利超市改造后扩大营业面100平米,增加商品1500种,日销售由原来的2万元增长到2.5万元;鑫龙商场日销售由原来的9000元增加到1.3万元。 (李丙明)

【刷卡销售】 奥士凯连锁公司16家店铺,增设银联卡及一卡通刷卡POS系统,刷卡销售金额176.9万元,同比增长8.8倍。 (李丙明)

【特色经营】 王府井食品商场对御食园特产专柜重新装修改造,增加特色专柜三个,购进改良芝麻关东糖、糖瓜,引进韩国咖啡机,该柜台日商品销售额由原来的500元提高到1000元。 (李丙明)

【同日升粮行】 通过开办汲养轩大讲堂、健康和营养知识讲座,批发加工各种杂粮等扩大销售,年销售额800万元。本年,举办第三届杂粮节饮食文化活动,12天内销售16.30万元,日均增加销售7000元。 (李丙明)

【职业技能大赛】 组织600名职工参加商品营业员、客房服务员等工种的职业技能培训和技能大赛,其中60人取得中级工以上技术等级证书,6人取得高级工、技师技术等级证书。 (李丙明)

【劳动竞赛】 公司在职工中开展以"比服务,赛销售,保安全,庆华诞"为主题的劳动竞赛活动,共组织劳动竞赛促销活动11期,促销期间销售比平时增长两成。连锁公司王和平被授予东城区劳动奖章。 (李丙明)

【企业管理】 建立企业管理体系和内部控制系统,实行资金集中管理,协调各单位收入与支出、筹资、投资等各项经济活动,加速资金周转,降低成本,规范企业管理。建立健全《机关工作人员行为规范》《产权管理制度》《投资管理制度》《房屋产权产籍管理制度》《国有资产处置管理暂行办法》等107项管理制度。制定《国有资产收益收缴管理办法》《网点租赁管理规定》21项监管办法及规定。 (李丙明)

【产权产籍管理】 办理新兴里商场产权证,将所超927.46平方米营业面积变更为正式产权,保留376平方米临建土地使用面积并出具测绘报告书。该房产证正式移交给奥士凯物美公司。 (李丙明)

【出租网点管理】 对租赁合同履约到期的网点重新进行分析、审核,对其法人资质、经营状况、地理位置、使用面积等进行研究磋商,实地考察每个租赁网点。本年共审核续签新租合同60家,新续签合同租金923.48万元,比原租金730.7万元增加192.78万元,增幅26.38%。 (李丙明)

【个人承包网点管理】 安龙商贸公司完成所属23家店铺的整改调整,调整后的租金从90.22万元增加到123.9万元,增加33.68万元,增幅37.33%。银龙商贸公司如期完成16家商店调整工作,年增加租金13.74万元。 (李丙明)

【合同资产追缴】 公司通过采取诉讼、信函等手段,追缴合同资产,本年追回吉祥大厦所拖欠补偿款、潘家坡网点拆迁拖欠款、《南方悦莱》酒家等拖欠款,云龙旅游饭店管理公司追缴拆迁拖欠款等4001万元。解决危改回迁商业面积1025.18平方米。 (李丙明)

【房产管理】 对公司所管宿舍楼水暖管道进行局部维修,与邮政部门沟通协调,为新源西里17号楼全体住户安装整体分户不锈钢信报箱。 (李丙明)

【预算管理】 公司组成绩效考核检查小组,对基层单位经理任期目标完成情况进行考核测评,对控股企业云龙公司绩效完成情况进行实地考察,对所属全资企业银龙公司、安龙公司、王府井食品商场和连锁公司本年度财务预算执行情况、收支两条线落实情况及会计基础工作进行检查。10月30日,公司对2010年企业财务预算工作做出安排,主营业务收入指标增长率不低于2%,利润总额增长率不低于5%,费用水平降低1%。 (李丙明)

【资本运作】 通过与银行商讨论证,在上年收回投资理财收益160多万元的基础上,本年投资24笔系列理财产品,取得投资收益157万元。 (李丙明)

【精神文明建设】 拟定公司企业文化建设工作安排意见,组织召开企业文化建设经验交流会,对王府井食品商场、德昌厚食品店等11家市、区精神文明单位(标兵),进行自检并重新申报和认定。资产经营公司被评为区创建全国文明城区先进集体。连锁公司"迎奥运,促服务,上水平"获东城区精神文明建设最佳活动提名奖。 (李丙明)

【创建学习型企业】 在职工群众中开展"创建学习型企业、争做知识型职工"活动,继云龙公司被评为北京市创建学习型企业先进单位、全国学习型组织先进单位后，推荐连锁公司、王府井食品商场两个单位，参加创建学习型企业的申报、评估和验收。（李丙明）

**【民主评议】** 公司和基层165名职工代表，分别对6名高管人员和31名中层管理人员进行民主评议，综合评价公司高管人员优秀率均在89%以上，基层单位中层管理人员优秀率均在94%以上。评议结果分别以书面形式告知公司高管人员和中层以上管理人员。（李丙明）

**【工资集体协商】** 公司制定下发对国有及国有控股企业开展工资集体协商规范收入分配工作的指导意见，通过行政与工会平等协商，签订《工资集体协议》。（李丙明）

**【安全保卫工作】** 公司领导与基层党政一把手签订《2009年维护稳定，加强社会治安综合治理责任书》和安全生产责任书。基层单位与所属门店、出租联营单位签订安全责任书231份。组织“迎国庆、保安全、促销售综合检查”和以安全生产、安全防火，排查整治安全隐患为重点的安全生产大检查、大整顿，对公司所属250家商业网点进行全面检查。（李丙明）

**【食品安全管理】** 修订公司《食品安全管理规定》及《食品安全管理规定实施细则》，制定卫生制度12项和10个岗位责任制。年内，对公司193家租赁和租联单位进行食品安全检查450户次。（李丙明）

**【矛盾排查化解工作】** 公司建立健全企业内部矛盾排查调处和各类矛盾化解工作机制，落实领导包案、接访制度。全年研究信访工作12次，领导阅批信15件，包案处理信访件13件。开展矛盾纠纷预测排查4次，排查出矛盾13件。接待群众信、访21件，结案率100%。（李丙明）

**【国庆服务保障】** 成立国庆市场营销工作领导小组和服务供应专项领导小组，细化工作任务，各单位、各部门制定方案、采取措施、落实人员。公司先后组织资产部、保卫部等5个部室有关人员下基层协助国庆市场营销工作，国庆期间商品销售额689万元。（李丙明）

**【学习实践活动】** 10月至12月，开展学习实践科学发展观活动。10月22日，召开动员大会，高秀云作动员报告，区国资系统深入学习实践科学发展观活动领导小组提出具体意见。公司高管人员、基层副职以上领导、机关全体党员80人出席会议。（李丙明）

**【廉政风险防范】** 组织机关和基层管理人员学习公司的各项管理制度，参加风险查找的人员76名，排查出风险367条，涉及5个单位、7个部门、50个岗位。公司党委会根据岗位职责确定风险等级，确定个人岗位职责风险一级6人，二级16人，三级54人。制定防范措施504条。（李丙明）

**【新公司成立】** 12月29日，区国资委在北方佳苑饭店召开东城区国有资产经营公司调整组建大会，乔世怀主持会议，宣读区委、区政府关于调整组建北京东方奥天资产经营有限公司（以下简称新公司）等相关决定。杨艺文为资产经营公司董事颁发聘书。新公司董事长李宗范发言。同日，李宗范主持召开新公司第一届董事会第一次会议，会议一致同意聘任孙志家为新公司总经理，聘任任文佐、赵书新、王增祯、李坤生、陈鸿图为副总经理。同意新公司机构设置方案、领导分工和调整组建过渡期间对高管人员工作要求。12月30日，李宗范主持召开新公司第一次领导班子会议，孙志家通报第一届董事会第一次会议决定，宣布新公司总经理、副总经理、总经理助理名单，宣布讨论通过的新公司机构设置、部室职能及主管领导分工。（李丙明）

## 北京新北方旅游产业发展有限责任公司

**【概况】** 北京新北方旅游产业发展有限责任公司下设子公司6个，参股企业1个，现有在职员工887人，离退休人员935人。本年，公司两级领导班子，团结带领全体员工，克服金融危机及甲型HINI流感蔓延对旅游业的影响，实现营业收入13220.07万元，占年度预算指标的95.06%；利润总额1069.58万元，占年度预算指标的89.13%；净利润780.26万元，对比年度预算指标增长0.03%；成本费用12567.39万元，比去年同期下降0.72%；正常经营企业员工人均年收入26441元，比上年增长2.98%。

**单位名称：北京新北方旅游产业发展有限责任公司**
**单位地址：东城区北总布胡同4号楼**
**联系电话：65131608 邮政编码：100005**（田晨颖）

**【股东会】** 5月5日，公司股东会第二十二次会议召开。审议通过三项决议：①《关于2008年度公司利润分配方案的报告》。②同意股东刘振祥将其名下股东出资额的股权委托给刘耀和曹东波,双方签订《股权转让协议书》;股权转让后,公司的注册股东变更为:北京东方信达资产经营总公司授权代表吕秀余;股东代表李宗范、张玉玲、李霞、马力、毕宏吉、吴秀敏、郭占军、张常海、刘耀、曹东波;③同意根据股东代表变更的情况,对公司章程第四章之二十一条的内容进行修改,股东人数由10人变更为11人,并报工商局变更备案。

5月5日,公司股东会第二十三次会议召开。经会议审议,同意对公司章程第四章之二十一条的内容进行修改,股东人数由10人变更为11人。(田晨颖)

**【董事会】** 5月5日,公司第二届董事会第八次会议召开。通过两项决议:①《关于2008年度公司利润分配方案的报告》,并同意提请股东会审议批准。②根据区国资委任免通知,通过举手表决,一致同意解聘刘振祥公司副总经理职务。(田晨颖)

**【职代会】** 1月5日,召开第一届职工代表大会第五次会议。公司44名职工代表和4名列席代表参加。听取、审议并通过《坚定信心,奋力拼搏,抢抓市场,推动公司持续较快发展》工作报告和《2008年业务招待费使用情况报告》。公司党委书记、董事长李宗范代表公司党委就贯彻落实职代会精神,做好2009年各项工作提出要求。4月1日至5月30日,完成公司第二届职代会职工代表选举工作,选出职工代表77名。7月14~15日,公司召开2009年职工代表大会代表团长扩大会暨半年业务工作会。职代会代表团长、公司高管、各子公司总经理、党支部书记及公司中层管理人员28人参加。围绕下半年如何应对危机、提高收入、完成预算任务等问题进行研讨。(田晨颖)

**【促销活动】** 公司根据节日消费特点,围绕元旦、春节、五一、十一四大节日,制订四套促销方案。各企业落实公司整体促销安排,节日促销共实现经营收入800.85万元,比上年同期的571.21万元,增长40.2%;服务人次2.19万人,比上年同期的1.82万人,增长20.5%。下半年,公司开展以"保指标、促发展、迎接建国60周年"为主题的百日营销促销活动。实现销售收入3270万元,服务人次11.1万,同比增加35.3%;总体费用支出3225.56万元,同比下降1.2%。

(田晨颖)

**【送温暖活动】** 元旦春节期间,公司及各企业领导开展送温暖活动,为职工送去节日问候和慰问品。慰问、补助金额102.21万元,惠及职工1038名。组织贴心服务队开展便民服务9次、各种文体娱乐活动10场,办好事实事29件。(田晨颖)

**【制度建设】** 为规范管理,正确执行政策法规,提高管理效率,公司对近百项规章制度进行修订与完善,形成涵盖公司各层面、各工作环节的《管理制度汇编》,将企业文化、经营管理、党建工作等都纳入规范化的管理体系,形成具有自身特色的制度规范体系。

(田晨颖)

**【学习培训工作】** 年内,公司采取观看光盘、专家授课、参观考察、员工征文形式,分层次进行全员学习培训活动,集中培训七次。管理人员以"提升执行力、有效沟通技巧",网络营销管理及安全生产管理为内容学习培训。对会计人员开展专业知识及职业道德培训。对企业员工开展思想政治、职业道德、服务规范及岗位技能等方面的培训。(田晨颖)

**【预防流感工作】** 为预防甲型HINI流感,公司组织员工集体接种流感疫苗,并为一线员工购买口罩等防护用品,部分企业还购置了体温监测仪。美发业和旅店业门店严格按照行业卫生标准消毒,坚持用品卫生制度,严格消毒程序,并为顾客提供了体温表。通过采取预防措施,公司没有发生甲型流感病例。

(田晨颖)

**【召开2009年工作会】** 1月5~6日,公司召开2009年工作会。公司高管、各企业总经理、党支部书记及公司中层管理人员29人参加。党委副书记、纪委书记王霞,工会主席李霞分别代表公司党委和工会作2009年工作意见报告。副总经理马力对2009年经营工作进行系统讲解,要求各企业按照公司部署,抓好各方面工作。总经理张玉玲作《以昂扬精神全力完成公司各项任务》的讲话,提出应对奥运经济和金融危机冲击的六项措施。党委书记、董事长李宗范对2009年经营发展工作提出具体要求。(田晨颖)

**【新公司成立开业】** 1月8日,北京天安华峰旅游投资有限责任公司,举行增资转股新公司成立揭牌仪式。东城区国有资产管理委员会及公司领导参加。

在公司的大力支持下,经过近一个月的筹备,京新旅物业物流分公司于5月4日正式开业。(田晨颖)

**【合作工作研讨会】** 2月28日,由北京联合大学旅游学院、北京新北方旅游产业发展有限责任公司和北京新旅佳苑国际酒店管理有限责任公司联合举办"深化旅游产学研合作工作研讨会”在北方佳苑饭店召开。就校企合作、产学结合的重点工作方向，企业中高级管理者参与旅游学院教学、科研的方式、方法以及旅游学院教师如何参与、协助企业进行战略发展规划、经营管理等八个议题进行讨论。研讨的目的，是实现校企双赢。（田晨颖）

**【工会工作会议】** 2月24～25日，公司工会召开2009年工作会议。公司工会委员和各企业工会主席参加。总结上年工会工作，明确2009年工会工作重点。公司工会主席李霞要求各企业工会，按照会议要求，认真落实，完成工会各项工作。（田晨颖）

**【四联美发促销】** 2月26日是农历二月初二。四联美发根据往年“二月二”的客流特点，采取调整理发员岗位，延长营业时间，增设顾客等候座椅等措施，促销增收。四联美发总店当日营业收入10.5万元，创历史同期最好水平。多家新闻媒体对当日店内繁忙景象进行报道。（田晨颖）

**【三八妇女节活动】** 为庆祝三八国际劳动妇女节，公司工会聘请中国照相馆特级技师，为女员工拍摄艺术照；邀请四联美容美发技师现场授课。各基层工会组织参观、郊游、运动会等活动。（田晨颖）

**【全程快乐旅游节】** 5月8日，公司第五届“全程快乐旅游节”暨“天骄圣地·鄂尔多斯”宣传活动在王府井大街举办。内蒙古自治区旅游局副局长马永胜，北京市旅游局副局长顾晓园，鄂尔多斯市副市长曹郅琛，东城区政府副区长毛炯等有关领导出席启动仪式。《北京日报》《晨报》《北京青年报》搜狐网旅游频道、中国旅游网、新华网、千龙网、鄂尔多斯市电视台等多家媒体报道旅游节活动。（田晨颖）

**【职工运动会】** 5月19日至6月3日，东城区举办了第二十届职工运动会暨第二届职工才艺大比拼活动。公司及各企业100名干部、职工参加运动会28个比赛项目和开、闭幕表演项目。（田晨颖）

**【纪念建党八十八周年】** 6月23日，公司领导班子全体成员以及各企业先进代表参加区国资系统纪念建党八十八周年大会。北京四联美发美容有限责任公司党支部被评选为东城区国资系统先进基层党组织，北京北方佳苑饭店有限责任公司餐饮部经理王福春、北京四联美发美容有限责任公司党支部书记翟树元，分别被评为优秀共产党员和优秀党务工作者。（田晨颖）

**【技能大赛】** 7月22日至8月11日，北方佳苑饭店举办“迎国庆、展风采”2009年技能大赛。饭店一线、二线部门230名员工参与。参赛员工在客房服务、中餐摆台、西餐摆台、中厨厨艺、西厨厨艺等十五个比赛项目中展开技能比拼。饭店领导向各项比赛前三名颁发荣誉证书和奖金。（田晨颖）

**【王府井消夏购物节】** 7月24日至8月9日，女子百货参加区商务局在王府井大街举办的“品生活进名店、消费实惠在名街”消夏购物节活动，销售收入17.05万元。（田晨颖）

**【领导调研视察】** 7月29日，杨柳荫一行6人，到公司调研。董事长李宗范汇报公司的历史沿革、股权设置、资产状况、人员情况和近年运营情况以及经营计划。杨柳荫肯定多年来公司取得的成绩，对公司发展远景提出指导性意见。杨柳荫对北方佳苑饭店、四联美发、中国照相馆进行走访调研。

12月31日，市旅游局副局长孙维佳、副区长郭怀刚等到市旅游咨询中心王府井站视察，东方文化资产经营公司、新北方旅游产业发展有限责任公司及天安国际旅行社领导陪同。市、区领导对咨询站工作给予肯定，对下一步工作提出指导意见。（田晨颖）

**【征文比赛】** 6月至9月，为迎接国庆60周年，公司工会以迎国庆、讲文明、树新风——“我身边的先进人物”为主题，开展征文比赛活动。收到征文423篇。经评审，选出一等奖11名，二等奖18名，三等奖38名。（田晨颖）

**【咨询中心运营】** 9月28日，由北京天安国际旅行社有限责任公司承办的北京旅游咨询中心王府井站投入运营。咨询中心内，设置咨询服务接待区、自助查询区、旅游宣传播放区等八个区域。截至年末，咨询中心接待中外游客6万人次，平均日访客流量2400人次，日外宾访客流量200人次，发放宣传材料6323份。（田晨颖）

**【国庆安保工作】** 国庆节前，制定《国庆60周年工作方案》，召开专题会议进行部署。国庆期间，公司及各企业加强领导值班，强化安全保卫制度，确保节日期间安全与稳定。按照上级要求，公司组织20人的标兵队伍，完成演练和国庆阅兵安保执勤任务。（田晨颖）

**【佳苑国际五周年庆典】** 11月13日，北京新旅佳苑国际酒店管理有限责任公司（以下简称佳苑国际）在佳苑饭店举行成立五周年庆典。市旅游局副局长于德斌、市旅游行业协会饭店协会秘书长郭颖等50位领导和嘉宾出席活动。（田晨颖）

## 北京稻香村食品有限责任公司

**【概况】** 清朝光绪二十一年(公元1895年),稻香村落户京都,跨越三个世纪,历经六代掌门人。2005年,北京稻香村食品有限责任公司成立。北京稻香村已拥有近百家连锁店,一个物流配送中心,300个网点,创建了社区连锁店体系。建成传统食品行业现代化生产基地;生产糕点、肉食、速冻食品、月饼、元宵、粽子等各种节令食品600多个品种;年销售额21亿元。

本年,北京稻香村被评为北京十大商业品牌金奖、2009年度网友最信任的月饼品牌、全国(行业)顾客满意品牌、中国改革开放30年中华老字号传承创新优秀企业等荣誉。董事长毕国才获2008~2009中国零售业年度人物称号、北京焙烤行业杰出贡献大奖等。

**单位名称:北京稻香村食品有限责任公司**
**单位地址:北京市东直门内大街19号**
**联系电话:64003102　邮政编码:100007**（高慧）

**【经营业绩】** 北京稻香村以提高学习力、共识力、改善力为目标,以团队学习智慧共享,深入现场持续改善为重心,各项工作取得新的进步和绩效。年内,有13家连锁店开业。其中社区便民店11家。年末,北京稻香村共有连锁门店99家。全年生产糕点2.14万吨、熟食0.92万吨。完成产值8.1亿元,销售收入21亿元,同比去年增加1.75亿元,增幅9%。（高慧）

**【制度建设】** 把握历史与现实、继承和创新、制度和人文三组关系,对《薪酬管理办法》《考勤管理规定》《劳动用工管理规定》《社会保险管理规定》《奖惩管理规定》等一级制度进行修订。（高慧）

**【产品研发】** 本年,不断进行产品研发与改进,开发新产品32个,其中非节日类产品9个,二十四节气产品12个,节日产品11个。恢复老产品2个。完成改进项目24项,涉及产品120个。改善产品的人文感官指标,降低产品甜度。投入精力,解决生产销售中的问题,肉食类产品选择、替换优质原料,使传统特色食品恢复并走向全国,走向世界。尝试应用新的健康食材开发改进产品,立足传统,注重营养,注重应用杂粮等健康元素,力求传统与现代结合,丰富产品结构。（高慧）

**【中国粽子文化节】** 4月26~28日,由中国食品工业协会主办,北京稻香村食品有限责任公司承办,以“弘扬端午民族文化,发展粽子现代产业”为主题的第五届中国粽子文化节在王府井大街举行。本届粽子文化节首次在北京举办。期间举行系列文化活动,主要有:“北京稻香村杯端午、粽子文化诗歌朗诵大赛”、“中外家庭包粽子比赛”、“京城老艺人现场制作民俗物品”、“南、北粽子精品展示”、以《文化创新、科学发展》为主题的粽子文化高峰论坛等,是一届集粽子产品、原料、包装、生产、营销的食品文化盛会。为保证文化节顺利进行,北京稻香村精心筹备。开幕式当天,有100多名公司员工参加服务保障工作。（高慧）

**【中秋联谊会】** 7月28日,北京稻香村“2009中秋联谊会”在北京国际饭店会议中心举行。来自北京、山西、河北、山东、辽宁、广东、内蒙古、广西、天津、青海的200位经销商,参观、品尝月饼,并进行《厂商共赢之道》专题培训。经销商们共享市场信息,品尝美食,表示出对北京稻香村品牌的认可。（高慧）

**【人力管理】** 探索以目标职责流程为主要依据,对管职人员绩效考核,完善对职能人员、班组长的考核和员工的常规考核制度。组织培训1.01万人次,内容涉及管理、人力资源、法律法规、财务软件运用、生产销售技能等。年初,结合对薪酬制度政策变革调整,增加员工收入,使薪酬系统发挥激励和约束作用。结合劳动竞赛和各项活动的开展,加大有针对性的即时奖励。年末,公司共有员工2854人,其中公司总部107人;食品厂1681人;销售系统1066人。在职员工全部与公司签有《劳动合同》。本年,公司足额缴纳社会保险费1059万元。及时申报、申领相关人员保险待遇,使参保员工的利益得到保障。（高慧）

**【年度工作会】** 3月3~4日,公司中高层及部门管制人员共108人,在北京昌平召开工作研讨会,所有14个部门代表作交流发言,董事长兼总经理毕国才作《学习、思考和行动是学习改善转型年的首要任务》主题报告。学习、观看了《打造高绩效团队》的专题片。7月21~22日,公司在昌平召开半年工作会,141人参会。11个部门代表专题发言,毕国才作《学习改善转型年和组织智慧》主题报告。观看培训光盘——《看电影学管理》。10月20~21日,公司在昌平召开2009中秋暨四季度工作研讨会,中高层及部分管制人员147人参加。11个部门代表作工作汇报,毕国才作《目前形势和我们的任务》主题报告。（高慧）

【劳动竞赛】 8月15日至10月3日，北京稻香村开展以“学习改善创佳绩，中秋国庆献厚礼”为主题的劳动竞赛要求：精心制作、精诚服务、精细管理。指标：立足现场持续改善，确保产品质量安全，生产356万斤合格月饼；加强渠道管控，稳步开拓发展市场，实现销售收入1.6亿元。员工踊跃参与，按竞赛要求、指标，保证中秋月饼生产和市场供应。 （高慧）

## 北京吴裕泰茶业股份有限公司

【概况】 北京吴裕泰茶业股份有限公司2005年8月26日成立。董事长刘海燕，总经理孙丹威。本年，以新中国成立60周年为契机，以科学发展观为指导，努力抓好企业经营管理、店铺开拓、党的建设等工作，提高企业经济效益，扩大品牌影响力和核心竞争力。新开连锁店30家，年末连锁店总数207家。全年实现终端销售总额3.31亿，同比增长15.68%，利润总额2440万元，同比增长18.48%。

**单位名称：北京吴裕泰茶业股份有限公司**
**单位地址：东城区交道口东大街4～17号**
**联系电话：84049766（总机） 邮政编码：100007** （赵连颇）

【领导视察调研】 7月15日，市商务委员会纪检书记郭伟，到吴裕泰公司考察指导工作。参观公司茶文化展览，听取孙丹威工作汇报。9月28日，副市长程红参观位于前门大街的吴裕泰茶庄，与公司领导交谈。10月25日，贵州省副省长禄智明带领省农委及省内茶叶骨干企业老总到公司考察，商谈合作事宜。刘海燕、孙丹威等公司领导接待。上午，贵州省在王府井大街举办“贵州绿茶.秀甲天下”万人品茗活动。11月18日，副市长陈刚参观、视察吴裕泰前门店。参观一楼茶庄，品尝吴裕泰京味特色花茶，询问吴裕泰的历史，对前门店所展示的京味茶文化特色表示赞赏。 （赵连颇）

【员工活动】 1月1日，公司总部全体员工70人，清晨来到天安门广场观看升国旗仪式。升旗仪式结束后，孙丹威接受中央电视台的采访。

公司组织中层以上领导和有关部门主管22人，进行一次拓展训练，内容包括：信任背摔、孤岛求生等项目。组织43名职工参加东城区总工会第20届职工运动会。杨丽丽获女子100米第四名，尔俊莹获女子1500米第二名，李春香获第三名。组织20人的合唱队，参加“咱们工人有力量”歌咏大赛。

国庆60周年前夕，公司党政工团与共建单位北京大学环境学院组织36名员工和学生共同举办“歌唱祖国红歌会”。员工们演唱《我的祖国》《没有共产党就没有新中国》《天路》《东方之珠》等歌颂祖国、歌颂党、歌颂美好的生活的歌曲。

工会在春节和国庆、中秋期间，组织全体职工开展“奋战一二月，实现开门红”和“我为促销做贡献，争做销售模范店”劳动竞赛活动。 （赵连颇）

【送温暖献爱心】 元旦、春节期间，公司提出《关于在2009年元旦春节期间开展送温暖活动的安排》。筹集资金20万元，慰问在职职工、退（离）休职工700人。公司党政工领导走访慰问离休干部、困难职工和社区孤寡老人6户，送去米、面、油、茶叶等。为14户特困、困难及低保职工发放补助金。慰问春节留京的外地员工6名，赠送球拍、扑克及生活用品。

公司共产党员及职工开展向受灾地区“送温暖、献爱心”活动，捐款8131元。 （赵连颇）

【体系认证】 2月16日～18日，埃尔维质量认证中心5位专家到公司进行复评审核。审核组依据GB/T19001:2000；GB/T24001:2004；GB/T28001:2001；GB/T22000:2006四个标准的条款，对吴裕泰公司质量、环境、食品安全和职业健康安全体系运行情况进行审核检查。认为吴裕泰公司质量、环境、食品安全和职业健康安全体系保持了持续有效运行，符合标准要求，证书有效。 （赵连颇）

【春节促销】 1月10日，公司春节促销活动正式开始，主题为：百年茶，时尚礼，送健康。活动内容为：购买指定“恭贺新禧”系列成品礼盒，赠送吴裕泰精制“老北京小叶花茶”一袋；购买指定“鸿运当头”系列成品礼盒，赠送吴裕泰精美茶具一套；购买非指定产品一次性消费150元以下，赠送吴裕泰新春剪纸一对；购买非指定产品一次性消费150元（含）至299元，赠送吴裕泰绿茶粉饮装一份；购买非指定产品一次性消费300元（含）以上，赠送吴裕泰精美茶礼一份。促销期间完成销售8026万元，同比增长9.05%。 （赵连颇）

【三八节活动】 3月7～9日，公司开展三八节促销活动，主题为：魅力女性，品质生活。凡进店消费88元（含）以上的女性顾客，凭当日购物小票，均可获赠吴裕泰绿茶粉一盒。 （赵连颇）

【引进台湾茶】 1月26日，吴裕泰与台湾“游山茶坊”合作，在北京第一家引进原汁原味台湾茶，春节期间投放首都市场。首次上市11个单品，限量2100盒。 （赵连颇）

【民俗漫画展】　1月5日,在吴裕泰王府井茶馆举办"迎新年,李滨声民俗漫画展"。83岁高龄的著名漫画家李滨声,亲临吴裕泰王府井茶馆,为到场的观众现场作画。展出近百幅作品,分为老北京生活、儿童题材、京戏、吴裕泰茶文化等四部分。北京人民广播电台《老年之友》栏目也将工作间搬到了吴裕泰王府井茶馆,主持人成音与李滨声、孙丹威做了一期精彩的关于"茶、画、民俗"广播节目。　(赵连颇)

【银企合作】　1月22日,吴裕泰与中国银行"银企合作签约仪式"在吴裕泰举行。总经理孙丹威和中国银行北京市分行行长董建兵等有关领导出席签约仪式。　(赵连颇)

【吴裕泰奖学金】　2月24日,第二届吴裕泰奖学金颁发仪式举行。吴裕泰公司出资1.6万元,资助北京大学环境科学与工程学院品学兼优的学生7名。北京大学党委组织部副部长迟行刚、北京大学环境科学与工程学院党委副书记张剑波、吴裕泰公司董事长刘海燕,总经理孙丹威以及获奖学生、企业员工、社区居民群众30人出席会议并参观吴裕泰国际茶文化创意产学研平台。　(赵连颇)

【职代会】　3月12日,召开一届四次职代会。参加会议正式代表32人,列席人员16人。审议通过《2008年行政工作报告》《2008年度业务招待费使用情况的报告》《2008年工会工作报告》《2008年度工会经审报告》。听取职工董事和职工监事述职报告,听取"职工福利制度有关条款调整的说明"。成立公司女工委员会。职工代表对4名企业领导干部进行民主评议。对领导干部的述职报告进行审议和量表测评,优秀率100%。　(赵连颇)

【年度战略】　在吴裕泰五年发展规划的基础上,提出公司2009年战略目标,即一抓营销;提高沟通能力,提高执行力;保证各项工作保质按时完成,保证各项经济指标落实。　(赵连颇)

【校外基地】　吴裕泰国际茶文化创意产学研平台,出色完成北京市中小学生社会大课堂及东城区蓝天工程资源单位的科普宣传工作,被市教委等单位命名为"北京市校外教育先进基地",在北京市校外教育先进集体、先进个人表彰暨青少年学生校外活动基地命名大会上受到表彰。　(赵连颇)

【春茶节】　4月21日,北京春茶节在吴裕泰王府井店门前举行。北京市商业委员会、北京市茶叶协会等部门主办,由吴裕泰等公司承办。　(赵连颇)

【董事会】　5月9日,召开股东年会和第二届二次董事会。公司全体股东、董事、监事出席。会议审议、批准《2008年度经营工作报告及2009年年度经营工作计划》《2008年度财务决算报告》《2009年度财务预算报告》《2008年度公司股利分配建议方案》《2009年度公司高管人员薪酬方案》《公司章程修正案》。　(赵连颇)

【党员活动】　公司党总支组织20名党员,参加西安、延安"红色之旅"。瞻仰毛泽东、周恩来、朱德等革命领袖在延安杨家岭、枣园的故居,参观延安革命纪念馆、七大会议旧址,党员们接受革命传统教育。　(赵连颇)

【精神文明建设】　6月9日,公司作为首都精神文明建设标兵单位与北京市怀柔区渤海镇马道峪村开展"城乡携手共建和谐"活动,在马道峪村举行启动仪式。东城区文明办、区国资委、渤海镇党委有关领导,公司领导刘海燕、孙丹威等20人出席。春节期间和八一前夕,公司领导走访慰问武警天安门国旗护卫队和北新桥消防队官兵,送去袋泡茶和茶具礼盒及生活日用品。教师节前夕,刘海燕代表公司,慰问125中学师生,送去了茶叶。　(赵连颇)

【市场拓展】　8月6~8日,公司参加了由北京市商委和天津市商委共同主办的"重温奥运辉煌共享百年名品——京津老字号精品联展"。公司展出的茉莉花茶吸引了许多天津顾客。　(赵连颇)

【市场促销】　8月25日,举办以"相约花茶节,品味裕泰香"为主题的吴裕泰花茶节。同时,公司开展寻找共和国同龄老茶客活动。凡1949年出生的顾客在活动期间,可凭有效身份证明和报纸剪角、会员手册剪角或会员短信,到吴裕泰免费领取绿茶粉一盒,限量5000份。9月16日,抓住中秋国庆销售时机,促进店铺销售计划的完成,公司举办中秋国庆促销活动。促销主题是"团圆送茶礼,京味情意浓"。促销内容包括"京味系列花茶礼盒"、"吴裕泰茶月饼"、"会员尊享优惠"等。计划销售2542万元,实际销售2957万元,同比增长32%。　(赵连颇)

【茶知识讲座】　邀请解放军总医院营养科微量元素室研究员、国家卫生部特聘首席健康教育专家赵霖教

授,发布吴裕泰茉莉花茶营养研究报告及健康讲座。公司领导、员工、加盟商、社区居民、顾客等200人参加讲座。（赵连颇）

【媒体专访】 9月8日,孙丹威接受央视网"优秀企业访谈"专访,就行业发展态势、企业发展、中国茶文化等问题与央视网友进行交流。9月15日,孙丹威参加《北京议事厅》栏目录制,就京城百姓如何过一个祥和、欢乐的中秋国庆以及老字号发展,与观众进行了交流,回答现场观众提问。（赵连颇）

【先进评选】 9月12日,公司召开金牌店长、服务明星表彰会。各连锁店店长、部分加盟商、顾客代表、公司领导以及相关部门人员200人参加。工会总结"金牌店长、服务明星"评选过程,布置在中秋国庆开展"我为促销做贡献,争做销售模范店"劳动竞赛活动安排。评出10名金牌店长:张全红、赵志焕、徐丽英、付代娣、周颖华、刘静静、武秀菊、李如珍、李祥娟、田德华。10名服务明星:刘晴、张芃、王红丽、焦秋杰、马书宇、王海娜、韩梦君、崔淑丽、于飞、范龙彪。（赵连颇）

【行业评比】 中国茶叶流通协会公布"2009年度中国茶叶行业百强企业"名单,吴裕泰公司排名第7位,公司在该项评选中首次进入前十行列。（赵连颇）

【学习实践活动】 10月23日,召开"深入学习实践科学发展观活动"部署动员会。公司全体党员、中层以上干部56人参加。公司学习实践活动主题是:科学发展促改革,努力实现新飞跃。（赵连颇）

【行业会议】 6月24日,公司领导刘海燕、杨满仓、赵连颇赴台湾参加由北京市老字号协会组织的"京台企业领袖高峰会"。10月26日,刘海燕参加由北京市商务委员会主办的第13届"京港两地企业家交流圆桌会议"。10月28日,孙丹威参加在四川省成都市浦江县举行的第五届中国茶业经济年会暨中国茶叶流通协会第四届第三次理事会。12月5日,孙丹威参加中国茶叶流通协会国际交流与合作工作委员会成立大会,并在第一次委员会议上当选主任委员。（赵连颇）

【上海世博会】 12月25日,公司获得2010年上海世博会茉莉花茶唯一特许生产销售商资格。公司将通过参与世博会,打造企业形象的新亮点和企业销售新的增长点。（赵连颇）

【工作年会】 12月28日,公司召开"2010年度工作会"。公司高管、部门经理和王府井、北新桥、前门三个店店长参加会议。听取各部门经理2009年度工作汇报、2010年度财务预算计划、2010年度重点工作计划报告。孙丹威作2010年公司战略报告。（赵连颇）

# 区域商业企业

## 北京王府井百货(集团)股份有限公司百货大楼

【概况】 北京市百货大楼位于王府井商业街中心地段,曾被誉为"新中国第一店",是王府井百货集团(股份)有限公司的旗舰店。1991年成立北京百货大楼集团;1993年进行股份制改造;1994年北京王府井百货(集团)股份有限公司在上海证券交易所上市;1999年,北京市百货大楼以全新的经营理念,进行加固装修;2004年2月,百货大楼进行内部升级改造,4月对外营业;2007年11月,北厦青春馆正式对外营业。2009年初,北厦西区及附属楼扩容开业,先后引进卡地亚、爱马仕、梵克雅宝、施华洛世奇、TUMI、琉璃工房等国内外知名品牌307个。营业面积13万平方米。完善配套功能,引进和合谷、正一味、满记甜品、思妍丽等餐饮、美容等功能,成为王府井步行街上既保留传统建筑风格又颇具现代商业特征的大型商场。百货大楼曾培养造就出张秉贵、杜凤珍、穆载生、卢秀岩、王涛等多位全国劳动模范,培育出具有"一团火"企业精神特质和鲜明时代特征的商业企业文化。坚持"全心全意为人民服务"的办店宗旨,把"一切从顾客出发、一切让顾客满意"作为经营服务工作的出发点和归宿,涌现出一批张秉贵式的服务明星和服务品牌。

全年获得荣誉:在"全国百城万店无假货示范"活动中获首都诚信经营示范店;获国资委系统全国文明单位;获中央在京国家机关、北京市企事业单位保卫组织2008年"奥运安保"集体二等功;在中央文明建设委员会组织开展的第二届全国文明单位评选活动中，被评为全国文明单位；被市交通委运输管理局评为北京市贯标工作先进单位，地下停车场被评为北京市贯标工作先进停车场；获首都精神文明建设委员会2008年度首都文明单位标兵。被北京市公安局授予北京市内部安全保卫工作集体二等功；被北京市公安局评为消防工作先进单位和“国庆60周年安全保卫大中型商场‘人人做贡献，争创保平安’竞赛活动先进集体”。百货大楼奥运村特许店被中华全国总工会授予“全国奥运立功工人先锋号”光荣称号。

**单位名称：北京王府井百货（集团）股份有限公司百货大楼**
**单位地址：北京市东城区王府井大街253－255号**
**联系电话：65223388　邮政编码：100006**　（王欢）

**【安全保障】** 为确保“两会”期间的服务和，百货大楼召开安全管理专题会，提出强化安全管理的措施及要求。在服务上，加大对现场服务质量的巡查力度和对劳动纪律的现场督导。各卖场对导购人员和信息员加强优质服务理念的教育和培训。对现场服务情况开展日讲评，增强导购人员优质服务意识。以礼仪导购员和警卫人员组成的“贴心服务队”，在“两会”期间负责两会代表的“全程链接式”服务接待工作。加强对消防设备设施的检查与维护。完善C区地面的消防疏散指示标志。落实安全责任制，签订层级《安全责任书》。对经营厂家严格监管，各卖场对所经营品牌及信息员进行信息登录，对人员情况做到心中有数。按照市公安局、集团公司要求，制定国庆期间安全保卫工作实施方案，落实各项防范措施，全体动员，层层发动，做好安全保卫工作。加强对制高点及可疑物的清理和排查，修订和完善百货大楼应急突发事件预案，将所有临街外开窗户全部封闭，杜绝意外事件。百货大楼食府贯彻落实东城区规范使用食品添加剂的新规定，完善食品采购索证登记制度。对采购的食品添加剂要求台帐清楚，索证索票齐全，留存备查。要求食品添加剂在固定位置存放，配备专人保管。　（王欢）

**【功能店入驻】** 3月7日，吉米（JIMI）美容美发形象设计中心在百货大楼举行开业仪式，这也是吉米在北京开办的第5家链锁美容中心。JIMI是由国际著名形象设计大师吉米创办，集个人形象设计、化妆造型、发型设计、美容美体等综合性形象设计中心。所聘用的造型师、发型师和美容师，均有十年以上工作经验的专业技师。JIMI入驻，给百货大楼增加了新的业态经营形式。　（王欢）

**【北厦开业】** 1月16日，百货大楼C、D、E区各楼层全面开业。百货大楼整体扩容调整工作基本完成。随着宝姿1961、宝马、布克兄弟等知名品牌的入驻和186个车位的地下停车场的启用，百货大楼销售额大幅度提升。　（王欢）

**【诚信经营】** 3月9日，百货大楼参加由北京市东城工商分局、东城区消费者协会联合开展的“放心消费在东城，维权服务伴您行”活动启动仪式，代表企业在《承诺书》上签字，做出维权服务承诺。百货大楼响应并落实市委、市政府提出的“保增长、保民生、保稳定”的号召，促进辖区经济发展，提振消费信心，围绕“消费与发展”年主题，实现企业承诺与维权服务有机结合。会上，东城区工商、消协向百货大楼等首批12家签约企业发放了《放心消费服务卡》。服务卡明文规定了履行“三包”承诺、一般性消费纠纷24小时内解决等5项服务承诺。北京电视台公共频道对百货大楼为顾客提供无障碍服务予以报道。3月15日，由首都精神文明办公室具体承办“全国百城万店无假货示范”活动宣传在北京蓝景丽家举行。百货大楼在宣传活动上获了“首都诚信经营示范店”光荣称号。　（王欢）

**【职代会】** 3月23日，召开百货大楼第十八届四次职代会暨2008年先进表彰大会。职工代表等189人参加会议。总经理李玉荣作2008年工作总结和2009年工作安排。会议表彰2008度先进集体、先进管理者和先进个人。门店财务部长向职工代表作2008年度行政业务招待费使用情况的说明。　（王欢）

**【学习实践科学发展观】** 3月25日，百货大楼召开动员部署会，在职党员218人、入党积极分子47人参加。收看集团党委书记、董事长郑万河作的动员报告。门店党委书记、总经理李玉荣布置具体活动方案，党委副书记高惠民代表党委提出要求。集团工会主席、学习实践活动工作领导小组办公室主任倪学玲代表集团检查指导组出席大会，并提出要求。4月9日，进入调查研究阶段。在全店开展学习实践科学发展观员工问卷调查，发放问卷383份，收回有效问卷373份，回收率98%。4月20日，集团总裁、党委副书记、学习实践活动领导小组副组长刘冰，率领集团学习实践活动检查指导组，到百货大楼检查指导，参加百货大楼领导班子交流研讨会。听取李玉荣对门店学习实践活动开展的情况汇报、门店班子成员调研报告交流发言。4月下旬，以各党支部、各部门为单位组织解放思想大讨论。讨论内容：如何把市场低迷期和市场培育期的影响降到最低程度；如何抓好“五个结合”、创新营销、扩销增效;如何强化现场网格化管理,使百货大楼成为“人文购物,人性服务”的最佳购物场所;如何开源节流、降低运营成本;如何建立加速人才培养、生成、任用的良性机制;如何加强干部队伍建设,提升干部的履职能力;如何创新企业文化建设,构建和谐氛围,为员工办实事等七个方面。6月18日,市委第十四指导检查组组长王德兴率市委指导检查组成员对学习实践科学发展观活动进行检查指导。听取李玉荣工作汇报。王德兴对百货大楼学习实践活动给予肯定。（王欢）

**【职工技能大比武】** 5月20日,召开“争创第一百货 展示一流技艺”全员大比武动员大会,岗位练兵、全员技能比武工作正式启动。比武活动以科学发展观为指导,以“提升、发展”为目的,旨在通过比武,力求达到岗位技能提高与销售任务全面完成相结合;业务素质提高与企业文化继续培育相结合;品牌自有文化与企业文化相结合,做到边培训、边比武、边实践。活动分为制定各岗位比赛标准、培训演练、比武选拔赛、总决赛和综合评比及总结表彰五个阶段,以个人为单元,以商品类别、专业项目为评比内容,采取逐级选拔、及时发现典型、穿插经验交流的形式,历时3个月,8月末结束。（王欢）

**【业务体制调整】** 根据王府井百货集团公司二次业务体制调整完善阶段的要求,百货大楼完成取消卖场建制,转为商品销售部的新体制调整工作。4月24日,宣布调整后的组织架构设置,按商品品类划分,设立8个商品销售部和1个功能卖场。（王欢）

**【领导视察】** 1月16日,商务部副部长姜增伟一行到百货大楼考察节日市场供应情况,慰问坚守岗位职工。集团领导刘冰、杜宝祥、百货大楼领导班子成员接待,陪同考察。姜增伟从百货大楼一楼至六楼,向营业员询问销售情况,称赞经过调整的百货大楼卖场面貌。12月31日,东城区副区长郭槐刚等领导到百货大楼检查工作。周晴总经理陪同检查,介绍新年各项营促销工作安排、北厦1~3层装修调整情况和七层时尚餐厅试业情况。（王欢）

**【台湾食品节】** 12月11日,由海峡两岸经贸交流协会和台北世界贸易中心主办,王府井百货集团承办的“寻味宝岛”——台湾食品节在北京市百货大楼开幕。本次台湾食品节囊括休闲食品、冲调饮料、调味罐头等类别共30余个品牌,200多种商品。7月,王府井百货集团公司派员参加大陆第二批赴台采购考察团,与30多家台湾企业洽谈,经“台湾食品节”,向大陆消费者展示、推介台湾的优良食品,让大陆消费者了解台湾食品,为台湾食品企业在大陆打开销售渠道。集团公司位于北京、广州、洛阳等地的9家门店,也同时启动这一活动。商务部台港澳司副司长、海峡两岸经贸交流协会副会长高莉,台北世贸中心驻北京首席代表张企申,北京王府井百货集团副总裁高国良等嘉宾共同启动开幕彩蛋并分别致辞。活动期间,台湾食品以其品种多样、做工精致、包装高雅受到消费者欢迎,12月11日至15日,实现销售6.1万元。（王欢）

**【企业文化建设】** 8月18日,百货大楼职工“康心健体苑”举行落成开馆典礼。位于百货大楼北厦地下一层的“康心健体苑”,面积一百多平方米,设有“职工书社”(图书室)、健身房、乒乓球室和棋牌室。投入使用的职工培训中心,能容纳200人。（王欢）

**【张秉贵柜台】** 9月25日,百货大楼举行“张秉贵柜台复牌”仪式。百货大楼曾于1999年设立“张秉贵柜台”,由张秉贵师傅的儿子张朝和子承父业。此后,随着百货大楼商品结构调整,张秉贵柜台淡出消费者视线。整修一新的张秉贵柜台重新与广大顾客见面,北京市劳动模范、子承父业的张朝和,也回到曾经工作多年的地方。他将传承“一团火”精神。北京电视台等12家媒体现场采访。北京电视台特别报道专题组、首都经济报道当天作了报道。（王欢）

**【张秉贵入选“双百英模”】** 9月10日,全国“双百”评选活动揭晓。百货大楼已故全国劳动模范张秉贵入选“100位新中国成立以来感动中国人物”。百货大楼员工张朝和应邀参加揭晓仪式,受到胡锦涛等党和国家领导人的接见。同月,张秉贵入选由中华全国总工会发起的“时代领跑者——新中国成立以来最具影响的劳动模范”。（王欢）

**【人才培养】** 8月10日,举行2008~2009年招聘的大学生座谈会。总经理结合自己的成长心得体会对大学生们提出要求和建议。8月21日,召开2008年招聘的大学生转正定级会。总经理及商店领导班子成员、各部门负责人等为评委。评分项目包括对目前工作的理解、工作能力自我表述、开拓创新、语言表达能力及对所选题目的诠释五个部分。转正定级会分为述职报告和即兴个人演讲两部分。9月2日,公布转正定级分配结果。本着将适合的人放在合适的岗位和优先考虑销售部等分配原则,结合企业经营工作需要确定岗位的实际,为28名大学生明确了培养方向和专职培养人,采用师傅带徒弟的传统方法。（王欢）

# 北京王府井百货(集团)股份有限公司东安市场

**【概况】** 东安市场始建于清光绪二十九年(1903年),是京城20世纪最早出现的一座商贸市场。因其邻近皇城东安门故名东安市场,是京城历史悠久的著名老字号商场。国家历届领导人都非常重视东安市场,周恩来、万里、邓小平、杨尚昆、江泽民、朱镕基、贾庆林等先后到东安市场视察。东安市场现位于王府井大街138号,经营区域位于新东安大厦D区B1-L3四个楼层,总建筑面积1.6万平方米,其中总商品经营面积8238平方米,电影院建筑面积4963平方米。

东安市场以"诚实守信"的商业理念,本着"一切从顾客出发,一切让顾客满意"的服务承诺,视顾客为家人、朋友的真情,为顾客提供优质服务。

本年,东安市场在逆境中寻求机遇,在发展中突破创新,干部员工同心协力、克服困难、坚定信心,学习实践科学发展观,在商场定位与调整、完善二次业务体制、完成国庆60周年工作等各方面取得较好成绩,带动和促进商场各项工作全面提升。

**单位名称:北京王府井百货(集团)股份有限公司东安市场**
**商场地址:北京市东城区王府井大街138号**
**联系电话:65282211(总机)　邮政编码:100006** (张扬)

**【特色经营】** ①利用百年老店招牌,突出特色经营。尽显老北京传统文化和特色是商场所追求的目标。调整以地下一层为重点。突出老字号经营,增加同仁堂、稻香村、吴裕泰、浦五房、月盛斋等11个老字号品牌,保留"老北京布鞋"的特色经营;增加食品及生活用品小超市、地方特色食品、时尚休闲食品等食品类品种;扩大烟酒类经营面积。②实现部分品类规模化经营,珠宝品类特征明显。 (张扬)

**【创新营销】** 商场围绕打造"特色东安"经营目标,以创新营销为突破口,营造"特色"主题和概念。①造节借势,创新营销活动。围绕传统节日营销的同时,自创"风筝节"、"春茶节"、"荷花节"、"珠宝节"等4次有规模、有影响、有效果的自创节日营销。②借地造势,创新营销空间。为克服商场经营面积小,品类有限对营销活动的制约,加强与新东安大厦、王府井大街办的沟通,举办各类主题活动和品牌户外推展活动。商场利用外部场地开展营销活动108天,对宣传企业、指标的完成起到推动作用。③创新品类、品牌营销,寻找销售突破口。根据经营情况、季节时令等特点,组织促销效果明显的品类、品牌活动。举办"外贸大集"、"进门礼"、"春季葡乐安、天来、挪帝克回馈联谊会"、"果农直供名桃节"、及"你本来就很美"大型户外推展活动,邀请影视明星陈好到现场助阵。④创新视觉亮点,提升现场人气。商场加强视觉筹划工作,利用各种视觉元素,突出活动氛围。⑤利用新闻资源。在广告投入上进行精准的分析,大众认知度高的媒体上投放平面广告11期。注重新闻宣传效果,在北京电视台《特别关注》《新闻晚高峰》《首都经济报道》《身边》《八区青年》等多档电视栏目和《北京晚报》《北京晨报》《北京青年报》,北京广播电台、"千龙网"等众多主流媒体,宣传东安市场举办的各种活动,并有多家网站转载。 (张扬)

**【管理服务】** 商场坚持"一切从顾客出发,一切让顾客满意"的服务理念,使现场管理更加人性化,提高管理能力,完善管理环节,关注服务细节,为顾客提供舒适、便利、自由的购物环境,实现销售的提升。①创新现场管理模式,"电子反映单"收效明显。"总监反映单"系统发挥了突出作用,反映和解决问题更加快捷,方便汇总与分析,信息共享便于交流,节约了时间和成本。②创新现场管理手段,实现管理精细化。商场对总监工作职责、工作方法进行调整,强调现场管理的计划性,通过规范使用各类表格、加强分析能力、明确考核标准等多种措施,提高现场管理的实用性与时效性。③创新一线培训形式,全面提升服务质量。本年,在员工培训内容体上现出专业知识精深、主题突出,贴近实际。培训形式新颖、有活力,员工参与意识增强。在教员的选择上借助外力,发挥先进典型作用。 (张扬)

**【货源管理】** 商场在做好货源日常监控的同时,加强与供应商沟通。销售部设专人负责商品质量管理工作,定期举行全员商品知识培训,侧重学习《新品上柜要求及标准》,确保商品质量不出现问题,保证顾客权益。 (张扬)

**【人才培养】** ①树立人才战略,加快人才培养。商场对管理队伍进行综合分析,提出东安市场青年人才选拔与培养意见;建立内部轮岗机制,对后备人才进行"一对一"培养,建立后备干部人才库;制定大学生入职培训计划,安排大学生的岗位实践活动,确定分阶段为培训内容、目标。召开青年大学生座谈会3次,听取他们的想法与建议,增强新入职大学生的企业归属感和职业使命感,更快地融入企业。②强化管理人员管理,以身作则树正气。严格对管理人员工作作风、意识和形象的要求,树立企业的良好风气,为员工做出表率，提高企业的管理水平。③关心员工生活，创建和谐东安。商场及时了解员工生活，为员工提供贴心的服务。建立困难职工档案，开展送温暖活动，对困难职工发放慰问金，为在岗员工体检，发放生日卡和礼物，解决男更衣室问题等。建立东安市场总经理信箱，方便干部员工提出意见和建议，加强上下信息沟通，形成无障碍意见反映渠道。 （张扬）

**【安全工作】** ①落实安全责任，树立安全意识。签订《2009年度安全防火、交通安全、治安防范责任书》《东安市场国庆60周年全员安保自律责任书》，不断完善安全制度、流程和各类应急预案。国庆期间，开展全员参加的防爆防突发事件演练，落实安保责任制。②修订完善《商场装修施工规范手册》，施工中各部门统筹协调，严格落实施工值班和责任制，派专人跟踪监督检查和质检，专柜电检合格率100%。确保装修期间无安全生产事故。③加强日常安全检查，做到每日早晚两次例行检查，对现场设备设施、室内温度、设备运转性能等进行全方位检查，随时发现问题解决问题。在重大活动及节假日期间，加大对现场巡视力度，确保不出现安全遗漏。加强安全培训，开展东安市场2009年安全生产月活动、安全管理标准培训等各类安全知识培训10次，培训2000人次。 （张扬）

## 北京工美集团有限责任公司工美大厦

**【概况】** 王府井工美大厦是经营中国工艺美术品的专营店，建筑面积3.2万平方米，营业面积2.7万平方米。本年，围绕集团公司发展战略，传承和发展中华民族优秀文化，为实现具有较强自主创新能力、品牌影响力和市场竞争力的文化创意产业集团的愿景，付出了艰辛努力，取得良好业绩。7月，经上海世博局批准，授权工美大厦在一层成立上海世博会特许商品北京形象店，成为北京地区首家承担销售2010年上海世博会特许商品的专营店。自1954年创立至今，工美大厦已走过55年的辉煌历程，成为最具有民族文化特色的中国商业知名企业。以“真品真情——工美人永恒的承诺”作为企业的质量方针，以诚信经营为座右铭，让真品传承文化、服务中传递真情。

2009年度所获主要荣誉：北京市单位内部安全保卫工作集体嘉奖、北京市促销费贡献突出单位、首都诚信经营示范店、首都“迎国庆讲文明树新风”活动先进单位、首都“迎国庆　讲文明　树新风”活动先进单位、健康教育与健康促进先进单位、应急统计调查突出贡献、东城区交通安全先进单位。

**单位名称：北京工美集团有限责任公司王府井工美大厦**
**单位地址：王府井大街200号**
**联系电话：65289325　邮政编码：100005** （周玉清）

**【奥运旗舰店】** 3月31日，为北京奥运会特许商品旗舰店最后一天销售日，再次迎来抢购热潮，北京电视台派出采访车对现场采访报道，工美大厦为此延长营业时间，启动应急措施，确保接待、销售、结算畅通，完成北京奥运旗舰店使命。 （周玉清）

**【学习实践科学发展观】** 3月，工美大厦启动学习实践科学发展观活动。大厦党委举办党员干部培训班两期，集中学习、讨论与分组调研相结合，讨论查找影响大厦科学发展的主要问题。本着“领导干部上水平，党员干部受教育，人民群众得实惠”的原则，为员工办实事、办好事，对空调进行消毒、为员工购置防治流感药品和防护用品、购置风扇，改善员工的办公环境、发放购书券、电影卡、洗衣卡、公交卡等，解决好企业和员工的实际问题。以“科学发展观为指导，传承奥运精神，实现服务管理新跨越”为主题，着力转变不适应和不符合科学发展要求的思想观念，解决影响和制约大厦科学发展的突出问题。为提升购物环境，消除安全隐患，对商场二层、三层进行整体装修改造，装修面积3710平方米。改善了货场整体效果、商户的使用功能、设备的安全运行。提高了工美大厦的品牌效应和员工、顾客满意度。 （周玉清）

**【质量管理认证审核】** 5月19～21日，工美大厦按ISO9001质量管理体系标准要求，接受专业认证公司的再认证审核。采取访谈、查看现场、抽检文件和记录方式，对按标准建立的文件、适用的法律法规及合同进行审核。审核组进行综合评价，同意工美大厦通过再认证审核，颁发新证书。根据“关于2008版标准质量管理体系认证转换的工作安排及要求”，11月，完成《质量管理手册》、文件、记录的换版工作。对不适应体系运行的相关条款进行删减和完善。 （周玉清）

**【庆祝建店55周年】** 12月12日，隆重举办工美大厦建店55周年纪念日庆典活动。历统一年策划、设计、制作，以北京工艺美术“四大名旦”为主题的景泰蓝工艺精品《太平有象》正式亮相。这是北京工美集团推出的“四大名旦”工艺珍品雕漆《鼎盛中华》、象牙《九州欢腾》后的第三件工艺美术创新力作。活动当天，大厦在四层博物馆召开“太平有象”新闻发布会。

为配合55周年店庆，大厦党委编辑出版《辉煌》图册和文集，记录工美大厦的历史发展、创新经营、提

升管理、重大活动等珍贵资料。（周玉清）

**【国庆60周年活动】** 在国庆60周年倒计时100天之际,大厦党委召开“喜迎国庆60周年,创百日优质服务”誓师大会。组织开展强化安全意识,确保设备设施安全运行,“增强服务意识、提供优质服务”,“祖国在我心中——征文演讲比赛”,“颂祖国、展新风文体活动”等五大系列活动,取得实效,实现了安全大演练、设施保平安、服务有保障的目标。根据6国庆安保要求,大厦领导班子多次召开国庆安全保障会议,传达上级精神,部署工作,制定预案,实施检查。履行安全职责,加强快速反应能力,完成国庆期间安全保卫工作。（周玉清）

**【商场转型】** 4月,黄金藏品屋在工美大厦一层正式开业,完成黄金珠宝商场从奥运旗舰店向黄金专营店转型,强强联手,以文化金、收藏金、投资金、首饰金为主营项目的全品类的黄金产品给“工美黄金”品牌赋予新的内涵和提升。12月末,工美大厦组织结构调整,将原黄金珠宝商场和工艺品商场合并为:王府井工美大厦工艺品商场。（周玉清）

**【工美博物馆工作】** 6月23日,阿曼国家手工业总局局长一行5人,由文化部领导陪同来博物馆参观。9月11日,博物馆接收奥组委赠送两套第29届奥运会、残奥会金、银、铜奖牌。9月23日至10月11日,为迎接新中国成立60周年,北京工美集团有限责任公司、工美技术中心、工艺品商场和工美博物馆共同举办同贺“国禧”、馆藏国宝——北京工美“四大名旦”精品展。于工美博物馆隆重举行“北京工美‘四大名旦’象牙、雕漆、玉器、景泰蓝精品展”开幕仪式。全国轻工总会,市、区政府,行业协会、学会,集团公司,各企业领导以及新闻单位参加活动。11月21日至12月6日,“非洲原创艺术展”在工美博物馆亮相。展示坦桑尼亚乌木雕,津巴布韦蛇纹石雕,刚果铜版画。艺术品覆盖了由东至西整个非洲大陆,勾勒出撒哈拉沙漠以南地区的非洲艺术轮廓,展现了有3000年悠久历史的非洲艺术魅力。（周玉清）

**【经营活动】** 3月23～29日,工艺品商场参加在扬州举办的第44届全国工艺品、旅游纪念品暨家居用品交易会,展出商品有象牙精品、新品,传统工艺的景泰蓝花瓶、手镯、项链等,展示了北京工艺品“四大名旦”的风采。工艺品商场的参展作品“象牙嵌百宝手镯”获2009年“金凤凰”创新产品设计大奖赛优秀奖。4月,由中国国家博物馆艺术品开心中心监制、北京国道黄金有限公司发行的“十大国宝收藏银条”在工美大厦一层黄金珠宝商场举行首发仪式。5月,四大书画名家齐聚工美,为“庆祝新中国成立60周年金银砖”系列藏品推荐揭幕。6月,庆祝中华人民共和国成立六十周年《建国通宝》(第一组)在工美大厦一层黄金珠宝商场首发。7月,工艺品商场参加王府井大街消夏文化艺术节展卖活动。商场为满足旅游消费者的需求,特筹备旅游纪念品、民俗工艺品、油画为主的特色商品,油画老师现场绘画。8月,奥运缶典藏版在工美大厦一层黄金珠宝商场举行首发活动。11月,中国黄金专柜全月销售额突破1千万元,创黄金珠宝商场成立以来单一班组单月销售的历史最好成绩。中国黄金于2008年12月入驻工美,2009年全年销售额8000万元,成为工美大厦单一柜组销售冠军。（周玉清）

# 旅 游 业

**【概况】** 区旅游局贯彻落实区委、区政府工作部署,按照全市旅游工作思路,以建设“国际一流的传统文化旅游体验区”为努力方向,坚持抓旅游经济增长不滑坡,推进各项工作的落实,促进东城区旅游产业发展。

**单位名称:东城区旅游局**

**单位地址:东城区金宝街52号**

**联系电话:65133305　邮政编码:100005**（康和意）

**【企业基本情况】** 年末,全区有旅游企业689家。其中区旅游行政管理范围内旅游企业531家,包括旅游景区(点)18家(5A级景区点1家,即故宫;4A级景区点1家,即孔庙和国子监博物院;3A级景区点2家,即中山公园和南锣鼓巷)。二星级以下宾馆饭店20家(二星级19家、一星级1家);非星级住宿企业462家;星级餐馆21家(三星级13家、二星级8家)。区旅游行政管理范围外,旅游企业158家。包括:星级饭店42家,其中五星级有15家、四星级13家、三星级14

家；星级餐馆4家，其中五星级2家、四星级2家；旅行社112家，其中国际旅行社54家，国内旅行社58家。

（康和意）

**【旅游效益】** 全年统计：区接待游客4462.5万人次，同比增长21.4%，占全市总接待人数的13.63%；实现旅游收入202.18亿元，同比增长2.3%，占全市旅游业综合收入的18.03%，占全市旅游业国内及外汇综合收入的8.28%，接待人次、旅游收入均位居全市第二位，仅次于朝阳区。（康和意）

**【获奖情况】** 2009年，在春节黄金周工作中被市旅游局授予最佳活动组织奖，第24届地坛春节文化庙会获最具人气庙会奖；在北京国际旅游博览会上，东城区获最佳展台奖；在国际休闲产业论坛2010年会上，东城区被评为2009年度最佳国际休闲旅游目的地；区旅游局被评为东城区社会治安综合治理先进单位。

（康和意）

**【国庆工作】** 为确保国庆期间区内旅游行业安全、有序、良好的旅游服务接待环境，按照市假日办部署，区旅游局启动区假日旅游工作机制和假日旅游监测统计平台，通过信息化手段，加强对假日旅游市场的监控。首先，开展对一、二星级宾馆饭店和A级景区星级复核，星级宾馆饭店公共安全风险评估调查、星级宾馆饭店安全稳定监测、“平安旅游景区”创建、雍和宫全国宗教场所规范燃香试点等工作。其次，组织旅游行业开展安全生产“三项行动”、食品安全专项整治、“合围攻坚行动”、“国庆平安行动”、危险化学品管理、应急预案备案演练专、安全生产执法“护航”行动、规范药品经营等安全生产监督检查专项行动。出动检查人员300人次，检查重点场所、区域周边生产经营单位、星级宾馆饭店、社会旅馆、旅游景区等旅游企业500家次，发现并整改隐患100处，确保国庆期间旅游行业安全无事故。第三，做好旅游市场监管，制定《东城区“一日游”市场秩序整治工作方案》，成立领导小组，开展旅游客运市场治理整治行动、“迎国庆、保平安”百日专项整治行动、打击整治天安门及周边地区违法组织“一日游”行为等多项旅游市场秩序专项整治行动，针对重点场所、街区、景区无照经营、非法散发小广告、黑车、黑导、假地图等非法“一日游”现象，加强执法检查力度，出动检查人员5.53万人次，1.77万车次，开展联合执法检查8次，检查重点旅游景区、街区及其他旅游企业5022户次，查处无照经营1278起，查处小广告350起，没收小广告、小名片4.23万张，清理小广告4394处，没收假地图7685张，清理非法“一日游”假站牌6块、假冒小商品357件、清理非法招揽人员1623人，其中游商204人，黑车10辆，黑摩的13辆，拘留7人，警告3人，移交1人，罚款15人，教育训诫1532人，救助未成年人40人；立案查处2起，行政处罚14起，停业整顿1起，罚款8.19万元。

（康和意）

**【黄金周工作】** 区假日旅游工作领导小组精心组织、周密部署，29个成员单位各司其职，加强监管，为游客和群众创造良好的假日旅游市场秩序。两个黄金周期间，假日旅游市场未发生旅游安全事故和食品卫生安全事故。制定《东城区2010年雍和宫春节期间安全保卫工作方案》和《致雍和宫周边居民一封信》，明确春节期间雍和宫安全保卫工作领导小组成员单位的职责分工，组织协调相关部门抓好落实；协调市交通管理局、市地铁运营总公司、市公交公司做好雍和宫大街正月初一交通管制工作。（康和意）

**【旅游调研】** 开展区内旅游资源调研，多次组织专家研讨会，完成建设国际化现代化新东城子课题《关于建设国际旅游城区的研究》《东城区四合院特色服务设施旅游开发对策研究》和《按照科学发展观的要求打造传统文化旅游体验区》调研报告。

（康和意）

**【保增长促发展】** 为应对金融危机给酒店业带来的不利影响，促进东城会展旅游市场发展，出台了《东城区关于给予在辖区举办大型国际会展活动的补贴办法》，由财政出资100万元设立专项补贴资金，给予主办方补贴，促进酒店业经济的增长和发展。为星级酒店、7家5A级旅行社免费提供1000册《消费伴侣》、4000册《旅游锦囊》和1万张景区门票，帮助企业吸引客源，拉动消费。组织召开“保增长、促发展”暨“旅游企业牵手四合院活动”和跨行业企业座谈会，为旅游企业搭建合作与交流平台。以旅游行业协会名义发出倡议，号召区属相关部门将旅游相关公务消费留在东城。利用多种渠道，推荐会议、团组到东城。引导高星级酒店转换经营思路，整合酒店内外资源开展推广、节庆促销等活动，协调有关部门为高星级酒店创造宽松经营环境，拓宽客源市场。（康和意）

**【旅游宣传促销】** 承办“港澳台内地四地游客大拜年活动”、“全国百城旅游宣传周暨2009回味奥运、圆梦北京国民休闲行动计划启动仪式”等特色旅游活动。响应全市旅游景区门票赠送计划，推荐区内景点踊跃参加。以推动国民休闲旅游为重点，组织参加国内旅交会、北方旅交会、北京国际旅游博览会等六个大型旅游展会。配合“拍说唱画　演绎首都”北京旅游印记系列活动,组织邀请全国各地媒体和外国友人对东城区特色旅游资源拍摄宣传。策划推出壮丽中轴、皇城文化、四合宅院、戏剧荟萃、文博故居和特色街区六个主题的特色旅游资源,通过旅行社、新闻媒体、举办旅游活动、参加各类旅游展会、制作旅游宣传品等多渠道、多角度对外宣传。与google网站合作,采用网络竞价排名等方式,加强旅游网络营销。策划并举办“首届皇城文化旅游节”与“畅游古都、品味东城”系列主题旅游活动,包括组织召开活动新闻发布会,在王府井百货大楼门前举行“首届皇城文化旅游节”活动开幕式,举办“第二届皇城寻宝游”网络活动。打造四合院品牌,完成“四合风雅　宅院春秋”为主题的东城百家四合院旅游手册和宣传折页。开展网络评选,评出11个“最具特色四合院”,并组织网络评选参与者参加“四合院体验一日游”,在王府井商业街进行为期一个月的四合院风情展览,建立东城四合院品牌形象。与教委合作,推出暑期中小学生旅游消费自助旅游活动。六举办“回味奥运激情,拥抱美好未来——奥运签约饭店欢迎您”系列活动,整合全区25家奥运签约饭店和9家四星级以上酒店的资源,对在“奥运月”期间入住相关酒店的顾客给予优惠,体味北京吃住玩一条龙服务。8月8日,在北京国际饭店举行活动启动仪式暨交流酒会,全国政协教科文卫体委员会领导、市区领导、企业代表和各大主流媒体记者100人参加。

（康和意）

**【旅游行业管理】**　组织区旅游企业代表参加“东城区窗口行业迎国庆百日优质服务行动暨东城区‘迎国庆讲文明树新风’活动”。区旅游局在王府井百货大楼门前设立旅游宣传展台,春秋国际、京新旅两家旅行社参与。召开社会旅馆防控甲型H1N1流感工作培训会,指导天安旅行社开展旅游咨询服务培训,组织外籍旅游咨询服务志愿者开展岗前培训。督促故宫博物院做好《北京市旅游景区质量等级复核报告书》填报工作;组织实施孔庙和国子监博物馆创建4A级旅游景区,中山公园、南锣鼓巷申报3A级旅游景区的工作;组成评估小组,采取循环互查,对3A级旅游景区进行现场评估。

（康和意）

**【旅游基础设施建设】**　在相关部门支持下,建成王府井商业街北京旅游咨询站。以现场接待咨询、热线电话咨询、多媒体电脑自助查询等方式向旅游者提供旅游信息咨询服务。设有播放区播放东城旅游宣传片;现场受理旅游投诉和紧急救援请求;开展旅游代理服务。咨询站在全市旅游咨询系统募集来自10个国家、30名外籍志愿者为海内外游客提供多语种服务。9月29日,咨询站正式运营,北京电视台、《北京日报》《北京晚报》北京广播电台等媒体的新闻记者到咨询站现场采访报道。截至12月末,王府井咨询站接待咨询人数1.06万人次,其中外宾7124人次,内宾3499人次,发放旅游资料9278份。

（康和意）

**【旅游咨询】**　截至11月,区旅游咨询服务窗口共接待中外宾客784人,比去年减少1376人;直接来访咨询500件,电话咨询284件。本市的游客主要咨询香港、北京市郊区和国外一些国家的旅游景区。外市的游客主要咨询京城一日游、北京各郊区的旅游景点及区内的旅游特色。11月,旅游咨询服务窗口撤离行政服务中心。

（康和意）

**【提案议案】**　2009年,共收到区政协提案7件(含党派提案1件)。其中,主办4件,协办3件(含党派1件)。均已办结,同意、满意率100%。7月初收到复查补办政协北京市十四届四次会议提案1件,已办结。

（康和意）

**【政务宣传】**　全年共上报信息112期,《昨日区情》采纳65篇,《东城信息》采纳47篇。被评为优秀信息1篇。

（康和意）

**【信息公开】**　编制2009年度信息公开工作报告,全年公开政府信息106条,全文电子化率100%。规划计划类信息2条,占公开信息的1.89%;行政职责类信息16条,占公开信息15.09%;业务动态类信息75条,占公开信息的83.02%。

（康和意）

## 东城区工商旅游企业负责人

**金漆镶嵌有限责任公司**
董事长 柏德元
总经理 柏德元(兼)

**天元资产经营公司**
董事长兼党委书记 杨静森
总经理 孙志家

**东华服装有限责任公司**
董事长 林建华
党委书记 赵连河

**永安复星医药股份有限公司**
董事长兼党委书记 高平生
总经理 高平生(兼)

**奥士凯资产经营公司**
董事长兼党委书记 高秀云(女)
总经理 高秀云(女 兼)

**新北方旅游产业发展有限责任公司**
董事长兼党委书记 李宗范
总经理 张玉玲(女)

**稻香村食品有限责任公司**
董事长 毕国才
总经理 毕国才(兼)

**吴裕泰茶业股份有限公司**
董事长 刘海燕
总经理 孙丹威(女)

## 东城区区域商业企业负责人

**北京王府井百货(集团)股份有限公司百货大楼**
总经理兼党委书记 李玉荣(7月免)
周　晴(7月任)

**北京王府井百货(集团)股份有限公司东安市场**
总经理 王文杰(1月免)
张建国(1月任)
党委书记 王文杰

**北京王府井百货(集团)股份有限公司工美大厦**
总经理 李　节

# 财税·金融

## 财 政

【概况】 2009年,贯彻落实科学发展观,围绕“保增长、保民生、保稳定”的工作部署,多方协调落实“保增长”目标。强化统筹、注重效益,完成各项财政任务。规范管理,依托数字化理财机制提升财政科学化、精细化理财能力,保障全区各项事业的发展。全区财政收入完成71亿元,为区人大第十四届四次会议批准年度预算的112.6%,同比增长12.8%。基金预算收入完成9900万元。财政经常性收入比上年增长7.3%。全年,财政支出完成67.47亿元,为年度预算的93.2%,同比增长8.5%。其中一般预算支出完成64.66亿元;基金预算支出完成2.81亿元。

**单位名称:北京市东城区财政局**

**单位地址:东直门外新中街2号**

**联系电话:64153614 业务　邮政编码:100027**　　（刘筠）

【财政收入预算执行情况】 2009年,受国际金融危机影响、国内经济增长放缓、财税政策调整减收等因素影响,完成全年组收任务压力巨大。财税政策调整成为影响财政组收的主要因素。如国家实施企业所得税法“两法合一”和增值税转型改革,为应对国际金融危机实施的一系列促进经济发展、扩大内需的减税让利政策,短期内造成财政收入政策性减收。国际金融危机对区财政经济影响较大。区域内生产型服务业和外资、外向型企业数量多,受金融危机直接影响大。区域内企业的经营收入和实现利润普遍下降,与经济发展直接相关的营业税增幅明显偏低,企业所得税大幅减收,区域内金融业、电信业等重点利税行业减收严重,区财政收入在上年畸高基数上增收极为困难。区域税源结构性因素仍然存在。区域内重点税源户总量偏少以及部分重点行业“一户独大”的结构没有发生转变,多数新增税源企业仍处于培育发展阶段,区财政经济对少数重点企业依存度较大,财政增收极易受其经营波动影响。面对复杂严峻的财政经济形势,区财税部门努力完成区人代会批准的财政收入预算任务。

发挥多部门组收的合力作用。区委、区政府主要领导多次听取专题汇报,协调各方工作,保证全区组收工作的有序推进。按照市“保增长”工作部署,制定“保增长”工作方案,建立财政、国税、地税、工商四部门联席会议制度和联动组收工作机制,开会协调收入组织、信息共享、工作联动中遇到的困难和问题6次。税务部门强化跨省市总分机构企业所得税的征管,科学、精细做好企业所得税预缴工作。调动街道发展经济、组织收入、协税护税积极性,明确街道服务区域经济发展的工作职责,发挥街道资源和服务优势,引导和支持街道在税源建设的重点区域和领域做好基础性工作。

强化财政政策、资金的引导作用。支持总部经济和楼宇经济发展,协调总部企业建立符合地方税收利益框架的经营治理结构,探索促进经济持续增长的新模式。制定政策,支持主导产业、文化创意产业发展,兑现政策奖励资金2.02亿元,培育和涵养财源,促进产业结构调整,增强经济增长的内在动力。筹措商业流通发展、中小企业发展、少数民族经济发展专项资金1014万元,支持项目20个。开展“送政策、送信息、送服务”活动,走访驻区企业,听取企业意见,为企业解决实际问题,巩固税源基础。

完善组收管理和收入预警机制。坚持财政收入任务目标责任制管理,加强部门间协作配合,完善数据共享、信息交换机制。对重点税源户实施重点稽查和纳税评估,对税收零申报户开展调查监控,提高稽查、清欠的质量和效率。区财政、地税、残联等部门对区域内行政机关、团体、企业、事业等各类用人单位2006至2008年残保金缴纳情况开展重点检查,强化非税收入管理。落实8大重点行业和23家重点企业税收动态监测机制,加大对跨省市总分机构的监控和服务力度,坚持日报表、旬分析,实时掌握区域税源动态,防范财政风险。

全年组收情况,1～5月,区财政收入增幅持续下行,5月达到本年降幅,6月形成全年收入拐点。11月,财政收入增幅实现由负向正的转变。全年区财政

收入超额完成区人代会批准的预算任务。 （刘筠）

【财政支出预算执行情况】 统筹协调促进民生发展。全年社会保障支出11.99亿元，占财政支出总量的17.8%。筹措资金支持就业岗位开发、职业技能培训、购买公共就业服务等工作，促进全区就业再就业工作的开展。完善区、街两级小额担保贷款工作机制，办理小额担保贷款68笔，贷款金额507万元。落实城乡居民养老保险政策，全区171人参加城乡居民养老保险。发放无社会保障老年居民养老补贴资金以及高龄老年人津贴等政策性补助，支持特殊老年人养老服务工作，保障老年群体的基本生活。拨付2456万元，落实"一老一小"和城镇无业居民大病医疗保险制度，实现东城区医疗保障制度全覆盖。落实残疾人社会保障政策，拨付各类残疾人保障资金2700万元，提高残疾人社会保障水平。投入3亿元，支持危旧房屋改造维修，改善城镇危房户居住条件。支持元旦、春节期间送温暖活动，拨付慰问资金525万元、生活补贴204万元。发放城市居民最低生活保障金及粮油帮困补贴5700万元，保障低收入群体基本生活，维护全区的政治安定和社会稳定。

依法保障公共事业发展。全年教育、科学、文化、卫生等支出22.37亿元，占财政支出总量的33.2%，实现重点事业支出依法增长。严格落实教育法律法规和各项教育方针政策，拨付7.34亿元支持义务教育经费保障机制体系建设和义务教育教师绩效工资改革。安排1.02亿元用于中小学校舍安全调整和建设工作。拨付资金4004万元，支持区文化馆改造，推动公共文化服务设施建设。拨付464万元，用于甲型H1N1流感防控各项工作，加强公共卫生体系建设。拨付4517万元，保证卫生监督执法、卫生防病、社区卫生服务收支两条线管理工作的开展以及精神卫生医疗护理条件的改善。

支持城市管理与建设。全年城市管理与建设支出16.34亿元，占财政支出总量的24.2%。重点支持"煤改电"、历史风貌保护区胡同整治、旧城区房屋修缮、老旧小区管网及锅炉改造、老旧楼房通天然气等为民办实事工程。拨付公厕维护、垃圾清运等城市管理经费1.45亿元，筹措2493万元支持重点地区的绿化养护、物业管理工作，维护良好的市容环境。投入1849万元，支持既有建筑节能改造工作。开展黄标车淘汰、汽车及家电以旧换新财政补贴的发放工作，全年办理补助发放手续1413件，发放补助资金341万元。融资40亿元，支持地铁6、8号线拆迁项目。

围绕重点保障履职需要。全年公共安全支出4.48亿元，占财政支出总量的6.6%，保障了公检法等部门的履职需要。投入4611万元，支持区电子政务信息平台、图像信息管理系统建设工程等信息化建设项目，安排150万元保障区应急指挥中心的启动。压缩区属各预算单位公用经费10%，支持抗震救灾工作，向北京市抗震救灾资金财政账户拨付6916万元，完成2009年对口支援地震灾区援建资金筹集拨付任务。

完成国庆服务保障工作。按照《东城区建国60周年庆祝活动筹备工作保障资金管理暂行办法》，建立资金保障机制，编制东城区国庆保障资金预算，开展财政资金拨付应急演练，确保国庆期间财政应急资金拨付及时到位。拨付3044万元，用于国庆花卉景观布置、南北河沿大街两侧建筑物夜景照明、阅兵集散路线道路空洞检测和隐患治理工作。筹措资金支持全区公共安全防范体系和社会应急管理体系建设。

财政支出预算执行的主要措施：完善预算管理机制。采取措施严格控制预算追加；规范财政性结余资金的管理、使用和监督工作，增强财政资金的统筹力度；建立预算稳定调节基金，增强超收财力监管和使用的透明度；加强政府投融资管理，防范和化解财政风险，争取市财政贴息政策，研究探索建立政府投融资平台，促进区域经济发展。强化预算执行管理。落实中央厉行节约工作要求，压缩一般性支出，缓解财政收支矛盾。完善国库单一账户体系，扩大财政国库集中支付改革的覆盖范围，将24家二级预算单位纳入授权支付改革；开展财政直接支付"零余额"清算工作，规范财政直接支付清算管理模式；将95所学校的退休教师工资纳入统发；选择区公检法部门试点，启动东城区公务卡改革工作。完成对全区16个财政支出项目的绩效考评，增强各级预算单位的支出责任意识。完善政府采购预算管理机制。实现政府采购预算单独批复，确保政府采购预算编制、执行衔接到位；启动政府采购预算管理系统，细化采购预算编制项目，完善政府采购预算管理机制；尝试编制自主创新产品政府采购预算，推动城市节能减排和自主创新产业发展。全年政府采购规模3.55亿元。 （刘筠）

【财政管理】 编制完善体制新增财力和划转事项支出预算，确保区预算安排与市划转资金的有效衔接；主动接受人大监督，严格体制新增财力预算执行，确保资金使用的规范、安全、高效；加强街道预算编制和执行管理，制定街道日常公用支出标准体系和国庆筹备工作经费支出标准，保障街道履行社会管理和公共服务职能的资金需要。调整项目支出预算的编制方式，统筹资金、确定标准，增强预算编制的科学性、统筹性和效益性；基础资料数据库与部门预算编审系统、资产动态管理系统有效衔接，夯实预算编制基础；完善预、决算汇报和批复制度;制定东城区行政事业单位日常办公设备配置标准和部分固定资产最低使用年限标准,合理编制预算、实现全区行政事业单位国有资产均衡配置。组织财政资金安全检查,有针对性地强化整改,促进资金安全管理常态化。推进全区“小金库”专项治理工作,完成245个一、二级预算单位自查阶段工作,对13个部门下属的51个单位重点检查。开展全区预算单位办公用房供暖面积情况专项调查,完成辖区内137家锅炉供热单位使用供热燃料补贴专项资金情况的检查。配合市财政局完成市追加专项资金的检查工作。完成教育系统98家二级预算单位金财专网的改造和接入,实现全区一、二级预算单位金财专网的全覆盖。研究开发非税收入管理等系统,升级预算执行专户,完善部门预算和项目库系统。开发应用系统间数据接口,整合财政信息资源,优化财政资金闭环管理机制。梳理和规范业务流程,不断完善“金财工程”安全体系,提高安全防范水平。

**【国有资产管理】** 开展对奥运预算资金及奥运临时机构专项经费的审计工作,集中处置奥运资产和物资,完成全区奥运资金、资产清理工作。组织东城区国庆活动资金、资产处置工作,保证国庆资金、资产安全完整。组织机构改革单位资产清查,防止国有资产流失。开展“资产动态管理系统数据”与“2008年度部门决算资产数据”的对比审核工作。推行“一物一卡一条码”的资产管理模式,提升资产管理水平。实施行政事业单位资产集中公开处置及电子废弃物集中回收处置制度,形成财政部门、预算单位、产权交易机构相互配合又相互制约的国有资产管理机制。

(刘筠)

# 国 家 税 务

**【概况】** 区国税局隶属市国家税务局,管辖各类纳税单位和个人3.46万户及19个集贸市场。本年,全面贯彻落实党的十七大精神和学习实践科学发展观,围绕规范基础、增强素质、提高效能、服务区域经济,推动税收工作和谐发展,规范征管基础,坚持科学化、精细化管理,优化纳税服务,推进依法治税,为税收事业做出贡献。全年组织各项收入714.77亿元(含海关代征),同比增收256.60亿元,增长56.0%。组织国内税收收入394.79亿元,同比增收240.74亿元,增长156.3%。组织区级财政收入14.45亿元。

**单位名称:东城区国家税务局**

**单位地址:东城区东四礼士胡同133号**

**联系电话:65133585　邮政编码:100010**　(王冰聪)

**【组收措施】** 强化征管、依法征税,坚持征管与稽查联手,机关科室服务基层,群策群力。①科学分解税收计划,加强对税收计划执行情况的管理和考核,确保税收收入与时间进度保持同步。②建立局领导与直接组收单位定期联系制度和重点税源联系走访制度,实时监控收入进度,为组收工作提供决策依据。③建立税收收入风险预测机制和增值税税收预测模型,加强重点税源和动态户的收入分析,对各级重点税源户可能发生的重大减收因素迅速做出反应。对上年所得税入库税额在2000万元以上的企业,实行按月预缴,提高预缴税款入库比例,增强重点税源预测精准度。④各业务科室发挥职能作用,分析组收工作重点和难点,通力协作。收入核算科从数据统计入手,通过数据及政策效应分析,做好税收分析和预测,为领导决策提供数据支持;征收管理科从分析征管现状入手,提高申报率、入库率、有税率及欠税增减率;货物和劳务税科、所得税科、大企业和国际税务管理科从税政管理角度为组收单位寻找组收切入点,做好纳税评估选案辅导,确定评估重点,发挥评估效能;稽查部门发挥以查促收、以查促管的职能作用,奠定组收基础。　(王冰聪)

**【税源管理】** ①提高申报率,全年各税申报率保持在99%。②加强欠税管理。压缩陈欠,杜绝新欠。全年清理欠税、滞纳金3587笔,入库金额2.02亿元。③加强非正常户清查。与地税协作,经实地核查,清理国地税不符信息,强化非正常户的管理。④制定季度检查管理制度,规范发票验旧管理制度,利用系统平台检查清理发票,达到“以票管税”管理目的。完成2009年度个体集贸委托代征税款协议签署工作。⑤对辖区内所有个体户实施计算机定额核定。　(王冰聪)

**【纳税评估】** 依托自行开发的纳税评估软件,扎实开展纳税评估工作。①对增值税的评估,坚持自上而下、自下而上双向评估机制。参照市局效应分析指标,开展增值税收入与所得税收入差异分析、企业留抵税额形成原因分析、集团公司税负变化分析、清理固定资产进项税额抵扣分析以及出版行业情况调查和购物卡税收管理工作,加强对行业税收政策执行情况的效应评估。共组收增值税税款及滞纳金4026万元,调增增值税1624万元,增值税进项税额转出3147万元。②开展企业所得税评估培训,设置评估预警值,进行科学选案,坚持由浅入深、再从繁到简的评估方法,形成了评估、稽查、管理三方的上下互动和与地税、行业协会等关联部门间的多方联动。通过对新闻出版业的纳税评估与自查辅导,企业补缴企业所得税3800万元。

(王冰聪)

**【纳税服务】** 成立纳税服务科,深化纳税服务工作。向新办企业免费发放《办税指南》光盘,做到办税指导在身边,纳税服务信息化。办税服务厅咨询导税岗,现场引导纳税人高效办理涉税业务。定期汇总纳税人关心的热点问题,通过办税服务厅、外网等向纳税人发布,形成税企互动。在办税服务窗口设置服务质量评价系统,营造和谐征管关系。完成办税服务厅、各税务所广域网线路的升级改造工作,提高效率。推广税控收款机和财税库银横向联网工作。举办13期对纳税人的政策辅导会。紧扣税收宣传和发票宣传主题,开展宣传活动,维护纳税人合法权益,营造和谐税收环境。

(王冰聪)

**【货物和劳务税管理】** ①严格按照文件规定和操作流程要求,加强金税工程管理。全年采集存根联67.8万份,纳税人基本信息采集282户,采集率均为100%。②强化"一窗式"和"征前预审"管理,对纳税人申报材料进行监控。③加强增值税减免退税管理,侧重数据、资质、调查三项内容,形成多面管理,确保税收优惠政策落实到位。全年办理减免退税184户次。④利用办税服务大厅滚动屏、局内外网及网上申报通知栏,发布增值税新条例内容,明确工作时间及责任单位,细化工作内容,保证增值税转型期间,征期工作平稳过渡。⑤对卷烟批发企业营销状况以及2009年的预期销售规模进行调查,贯彻落实卷烟消费税政策。⑥按时保质完成清理超标小规模纳税人达标认定工作和2008年下半年稽核异常海关完税凭证清查工作。

(王冰聪)

**【所得税管理】** 宣传新政策,完成2008年度企业和非居民企业所得税汇算清缴工作。规范完善所得税核定征收管理工作。规范资产损失审批,落实各项税收优惠。召开房地产企业政策宣传专题辅导会,强化对房地产开发企业的管理。加强非居民企业来源于利息所得扣缴企业所得税管理工作,组收3.7亿元。成立大企业自查督导小组,完成大企业自查督导工作。企业补缴税款及滞纳金9743万元。严把审核关,发现疑点,及时发出32份情报交换。

(王冰聪)

**【出口退税管理】** 落实市政府帮扶企业政策,加快退税进度。主动与市局机关、外省税务局联系,加强企业相关退税信息的反馈,全年办理出口退税11亿元,办理免抵调库4653万元,已审核视同内销计提销项税3.3亿元。重点检查了CPU出口退税企业16户和出口应征税企业135户,补缴税款1583万元。

(王冰聪)

**【税收法制建设】** ①坚持实行季排查和重点时期排查,从源头预防信访问题的产生。坚持信访联席会议制度和信访案件通报制度,及时掌握受理信访案件完成情况和矛盾排查情况。本年受理纳税人信访36件,同比减少20件,下降36%。②新增《东城区国家税务局内部事项向外单位提供报备单》,逐级、分岗位签订《保密承诺书》。③根据执法检查中发现的有代表性的问题和日常执法工作中不规范的实际案例,编写《规范税收执法文书辅导材料》和《规范适用法律依据模版》,提供法律依据适用平台,使执法考核子系统报错率下降。④建立重大案件调查、审理情况通报制度,发挥以审促查、以审促管、以审促收的作用,保障纳税人权益。

(王冰聪)

**【税务稽查】** 落实总局、市局部署,以纳税评估为主线,以案头分析为重点,以自查提纲为线索,以入户辅导为保障,企业自查与重点稽查相结合,将企业自查与实施税务稽查前的"查前告知"相结合,发挥"评估+稽查"工作优势,开展金融行业、餐饮、医药、重点税源企业、国家电网集团公司、"大小非"等专项检查工作。全年组织开展专项检查7次,自查辅导221户,组织税收收入1.6亿元。

(王冰聪)

**【党建工作】** 落实科学发展观学习,重实践。营造舆论氛围,征求基层税务干部和纳税人的意见、建议,查找本单位在科学发展上存在的突出问题和原因。局领导班子成员分别深入11个基层税务所、9个科室,从加强部门工作衔接和优化服务软环境等方面入手,完成调研报告7篇。机关各科室、所结合部门实际,撰写27篇"我与科学发展观"创新实践文章。班子成员之间开展谈心,沟通思想,增进团结,找准问题,达成共识。党组发放征求意见表965份。着力解决突出问

题,确定具体整改事项。建立党组一把手负总责,班子成员分工负责,各科室具体落实的整改落实责任制。（王冰聪）

**【干部教育】** 加强干部队伍建设,重培养。按照规定的选拔程序、方法和选拔要求,选拔任用领导干部。坚持任职谈话制度,在干部晋升工作各环节,依照组织程序分别由科、所长,局长谈话,培养教育干部,适应工作需要。尝试和完善教育形式,采取分层次教育模式,提高干部素质。使用自行研制的税务网校培训,结合系统公务员系列考试的考核要点,开通学习专栏等,调动干部的学习积极性。与首都经济贸易大学制定3年教育规划,联合举办财务会计与税收政策系列培训班,开展大规模基础培训,并进行阶段性测试,验收培训效果。启动新入职公务员职业生涯规划,规划分为岗前培训、岗位技能培训、"精英"培训三个阶段。全年组织干部参加市国税局及区局各类教育培训78期次,参训人员4701人次,人均18天。（王冰聪）

**【廉政建设】** 逐级签订《党风廉政建设责任书》,落实"一岗两责"。探索推行廉政风险防范管理制度,剖析岗位廉政风险点,制定措施,构筑起"前期预防、中期监控、后期处置"防线,提升干部风险防范意识和能力,实现监督关口前移,推动反腐倡廉工作的开展。（王冰聪）

**【基础工作建设】** 以"夯实基础,规范管理,重见成效"为出发点,规范岗位职责、工作规程、文书审批和现行文件汇编等基础工作,重点解决基层税务机关在工作流程、业务衔接等方面存在的问题。形成200余万字的《东城区国家税务局规范基础工作电子手册》,在局内网首页开辟的《规范基础工作》专栏刊载。（王冰聪）

**【国庆工作】** 克服困难,抽调160人参加国庆集体舞标兵任务,完成国庆60周年安全保卫工作。获国庆社会治安与安全警卫指挥部、市"国庆平安行动"指挥协调小组颁发的国庆安保工作先进集体荣誉称号。举办迎接建国六十周年摄影、书法、绘画展览。开展群众性的"迎国庆,爱国歌曲大家唱"歌咏活动。（王冰聪）

# 地方税务

**【概况】** 区地税局设置职能科室12个,税务所14个,稽查局1个(含检查一科、检查二科、检查三科、立案科、审理科5个科),1个机关后勤服务中心,1个地方税务学会,共管辖各类纳税单位3.19万户。全年组织各项收入169.1亿元,同比增收12.71亿元,增长8.13%,完成市局年度计划指标的100.65%;其中完成区级收入53.06亿元,同比增收6.64亿元,增长14.3%,完成区政府计划指标的102.04%。

**单位名称:北京市东城区地方税务局**

**单位地址:安定门外西滨河路18号院首府大厦6座**

**联系电话:64515797　邮政编码:100011**　（胡然）

**【税法政策宣传】** 开展新企业所得税法、新营业税条例、房产税、土地使用税、土地增值税等政策的宣传辅导。整理归纳各税种减免税规定,将国家扶持企业的优惠政策宣传到位。与北京移动联合向辖区内纳税人发送税收宣传公益短信,传递税收信息和宣传税收政策,在全区纳税人和地税干部中开展"税收宣传短信大赛"活动。将房地产交易环节的契税等税种的最新政策编辑、整理,制作《契税宣传手册》2500份,在契税征收窗口发放。（胡然）

**【宣传服务活动】** 4月22日,与金宝街商会联合举办"税企携手共建东城美好明天"宣传活动,从税务部门政策支持和纳税服务的角度,营造和谐健康的区域经济税收环境。根据金宝街企业的经济税收特点和办税服务需求,发挥税务部门的职责与作用,为金宝街会员企业开辟纳税服务"绿色通道"、提供办税预约服务、设立一条龙VIP服务联系人、展开"一点式"信息化税企互动等十项服务措施,使金宝街企业在经营和纳税过程中,享受到贴近式、个性化服务。（胡然）

**【应对金融危机】** 成立由局长任组长,副局长和科所主要负责人为成员的帮扶企业应对金融危机工作领导小组。建立帮扶工作例会制度,及时了解企业信息,制定有针对性的帮扶方案。建立与区政府相关部门定期联系制度,加强部门间协调配合、信息沟通。建立局领导班子、科所长、税收管理员三级走访服务制度。局领导班子成员带头主动上门，到北京市百货大楼、中国人寿保险股份有限公司北京分公司、中国物品编码中心、中国远洋运输（集团）总公司、首都开发控股（集团）有限公司等企业，了解企业日常生产经营情况，进行税收政策的解答辅导。（胡然）

**【税收管理员平台】** 区地税局以税收管理员平台为载体，开发"短信群发"二期模块。本年为40万户纳税人发送政策咨询、涉税提醒、异常提示、催报催缴等涉税信息72.6万条，提高全局办税公开的效率和时效性，维护和保障纳税人的税收知情权。利用税收管理员平台，对2.98万户纳税人进行税种核定，确保各税种应税基数的准确。实现对496户东城税收大户、229户大税种税收贡献大户、155户高收入行业、30户高风险行业等重点税源的监控，把握纳税人的各类涉税信息及其变动规律。为改变同楼宇企业由于隶属税务机关不同造成的税收管理交叉、责任划分不清的局面，对区97座楼宇的5169户企业走访调研，探讨实行一楼式管理举措。（胡然）

**【征管工作指标】** 通过按月清理登记逾期户、在途户、非正常户等，强化户籍管理，使登记率达到100%。全年共清理登记逾期户、在途户、非正常户7019户。通过在征期内实时监控管户的申报、入库情况，在征期后迅速迟报催缴，使申报率和入库率分别提升至99.96%和99.92%，分别超过市地税局指标1.96和1.42个百分点。将零申报率控制在29%左右，零申报确认率提升至95%，超过市地税局指标75个百分点。（胡然）

**【税收法制化建设】** 严格税务证明管理工作，制定具体管理流程。规范税收执法检查工作，建立法制员队伍，各税务所之间通过互查，提高执法水平。完善执法文书管理制度、流程，制定规范，提高税收执法工作效率。与国税局召开联席会议，确立联系人制度，不定期交换情报，遇到问题及时沟通解决。（胡然）

**【纳税评估】** 共1.94万户企业进行纳税评估，评估有问题8415户，有问题率43%，评估补税3.16亿元，同比增长164%。其中对107户纳税人实施专项纳税评估，有问题93户，有问题率87%，组织税款2.35亿元。开展以处、科、所三级评估体系为依托的契税专项评估，发现日常管理中的薄弱环节，健全管理制度、改进管理手段。（胡然）

**【税务稽查】** 共检查265户，已结案226户，有问题率80.6%，查补税款及滞罚2.42亿元，入库2.45亿元。制订和完善《举报案件结案共同审理工作流程》和《稽查反馈制度》，满足部分稽查工作程序调整的需要。对建筑安装业、拍卖业、盈利性医疗机构、盈利性教育机构、中介行业、餐饮业等进行专项立案检查。（胡然）

**【打击发票违法犯罪】** 4月29日，与公安、国税等相关部门在发票违法犯罪重点地区——北京站，开展"打击发票违法犯罪"宣传活动，发放宣传材料2000份。5月26日，联合公安局、国税局开展对区簋街餐饮企业发票违法犯罪活动的专项检查行动，参与全市的打击发票违法犯罪专项行动。（胡然）

**【城乡共建】** 丰富创建内容，完善创建形式，推动群众性精神文明创建活动的开展。在平谷区挂甲峪村举办"城乡共建结硕果，科学发展促和谐"主题活动，组织全体党员到挂甲峪村关注民生，关注新农村发展。（胡然）

**【国庆服务保障】** 按照区国庆联欢指挥部部署，组织80名干部群众，经过100多天的训练与排演，完成国庆60周年联欢晚会标兵任务。与全局各单位"一把手"签订安全责任书，突出安全检查重点，开展信息网络安全保障工作，实现"平安国庆"目标。（胡然）

**【主题教育活动】** 开展学习实践科学发展观活动、加强机关作风建设活动和做"国家利益"的忠诚卫士等思想教育活动。结合地税工作实际，把始终突出实践特色、促进税收工作开展作为提高思想教育活动质量和效果的立足点，做到"两不误，两促进"。（胡然）

**【惩防体系建设】** 绘制"业务流程图"25幅，标明党风廉政红色风险点49个、橙色风险点24个、黄色风险点12个，制定相应的防范措施。开发利用税收管理员工作平台、数据集中管理信息系统和电子查帐软件等科技手段，对重点部门、重点岗位、重点人员进行全程监控。举办"赏析精品，分享感受"主题活动，局党组书记讲党课，纪检组长作反腐倡廉形势报告。定期制作廉政文化专栏展板，发动干部自编网络廉政短信385条，搭建廉政短信互动平台。（胡然）

# 金融及保险业

## 中国工商银行股份有限公司北京东城支行

【概况】 中国工商银行股份有限公司北京东城支行地处东城区中部,内设部室10个,附属机构1个(东城区域现金中心),辖营业网点16家,其中营业室1个,网点支行13个,储蓄所2个。从业人员575人。主要经营范围:工商信贷、结算、汇兑、储蓄、外汇及各项金融代理业务。本年名列总行经营考评前四十强。

**单位名称:中国工商银行股份有限公司北京东城支行**
**单位地址:东四十条24号**
**联系电话:84020260 邮政编码:100007** (贾鹏飞)

【公司金融业务】 开拓信贷市场,寻求公司业务发展。本外币各项贷款余额较年初增幅69%。其中法人本币各项贷款(含票据)余额较年初增幅22%;外币贷款余额较年初增加199%;个人贷款余额较年初增加21%。 (贾鹏飞)

【机构金融业务】 巩固机构业务存款规模,拓宽同业存款增存渠道,优化产品结构,提升对重点客户的营销服务水平。本年人民币对公存款(含同业)时点余额完成全年新增任务的148%;人民币储蓄存款时点余额新增完成全年任务的114%。 (贾鹏飞)

【个人金融业务】 巩固储蓄存款基础性地位,挖掘潜在市场资源,提升高端优质客户占比。本年人民币储蓄存款较上年增长15%,完成全年任务的114%;信用卡累计发卡量较上年增长230%。 (贾鹏飞)

【中间业务】 保持优势产品的核心支柱作用,加速拓展新兴金融领域,完善多元化收益结构,提升中间业务收入占比。本年中间业务收入较上年增长18.84%,排名分行第四。 (贾鹏飞)

【内控管理】 建立内控"联系人"和内控工作情况报告制度,加强《业务操作指南》电子发布平台的推广和管理,积极配合银监局、人行和总分行完成"百日大排查"以及"综合执法检查",做好反洗钱的各项工作。开展党性、党风和反腐倡廉教育,组织"学规定促发展"、"内控与发展同行"主题活动。 (贾鹏飞)

【服务改善】 加强对服务工作的检查和考核。以奥运服务标准为依据,制定《2009年服务工作专项考核办法》。开展"为工行添彩,为国庆献礼"服务活动,分为"服务改进月"、"服务体验月"、"满意在工行"三个阶段活动,提升服务水平,覆盖率100%。 (贾鹏飞)

【改革创新】 完善内部管理机制,推进改革创新。配合分行对下辖16家网点进行远程授权改革、现金中心集约化、报表集中管理等改革。推进人力资源管理提升项目,修订《东城支行绩效管理实施方案》。 (贾鹏飞)

【网点建设】 本年,优化支行网点结构,完成网点迁址升格2个,新增离行式24小时自助银行2个,新建财富中心1个,新建个人贷款中心1个。其中设置贵宾理财中心的网点11家,网点综合化率75%。 (贾鹏飞)

【企业文化】 深化和谐企业文化氛围,提升全员综合素质。围绕经营和服务开展"高效能管理队伍能力提升"、客户经理综合化等多项培训,推动支行各项业务快速发展。组织庆祝建国60周年职工文艺汇演、羽毛球比赛、保龄球比赛等系列文体活动。 (贾鹏飞)

## 中国工商银行股份有限公司北京王府井支行

【概况】 中国工商银行股份有限公司北京王府井支行,原称中国工商银行北京市王府井支行,成立于2000年8月1日,于工商银行实行股份制改革后变更为现名称。该行注册地址王府井大街237号。下设9个网点支行(金街、北京站、东长安街、东四南、新东安、禄米仓、华润大厦、电信大楼、灯市口支行),3个分理处(台基厂、东交民巷、华龙街分理处)和2个储蓄所(北池子所、朝南所)。年末,有从业人员589人。经营范围:办理本外币存款、贷款、结算、汇兑、外汇、个人金融、银行卡业务、各类理财业务及金融代理业务。2009年,该行加快经营转型和结构调整,业务产品线各项业务发展平衡,业务结构进一步优化,多项经营指标创历史新高,存款总额增长17.94%,贷款总额增长29.41%,资产负债总额增长23.24%,本外币存款净收入减少0.34%,贷款利息净收入减少8.25%,中间业务收入增长35.98%,账面利润减少5.93%。

2009年,该行所属新东安网点支行荣获工总行级百家服务机构称号。

**单位名称:中国工商银行股份有限公司北京王府井支行**
**单位地址:金宝街18号**
**联系电话:65270666 邮政编码:100008** (甄贞)

**【资产业务】** 王府井支行在发展各项资产业务和中间业务的同时,以国内贸易融资为突破口,发展国内保理、贸易融资、投资银行等新兴业务,促进信贷结构调整和资产业务多元化。全年非涉房类法人信贷融资19亿元,实现人民币信贷业务跨越式发展。其中:办理以固定资产支持融资贷款10.5亿元,牵头办理政府融资平台贷款9亿元。实现工行系统内首笔文化创意板块电影行业和电视剧行业的贷款投资。办理工行系统内与系统外租赁公司合作的首笔租赁保理融资贷款。与伦敦子行内外联动,办理出口信用证交单业务,突破境内中资银行不得经营"离岸业务"政策障碍。推广"医药通"产品,锁定市医药流通行业的龙头企业,围绕核心企业北医股开展链式营销。成功办理分行系统内第一笔民族贸易贴息贷款。抓住国内贸易融资发展契机,办理国内保理业务、国内发票融资业务、订单融资业务、国内信用证项下的卖方融资业务。

(甄贞)

**【负债业务】** 本着存款立行服务为本的宗旨,完善业务营销机制,加强客户服务,提升服务功能,推进与优质客户的银企合作,拓宽业务渠道,促进负债业务稳定发展。全年主要负债业务指标上扬,负债结构得到优化:人民币存款余额增长17.2%,其中对公存款增长13.92%,储蓄存款增长15.67%,同业存款增长52.65%;新开对公账户是上年同期的1.31倍;法人理财产品销售额是上年同期销售的1.69倍,列分行系统第3名;企业年金业务取得突破性进展,共成功营销企业年金客户6家,其中1家为集团客户。

(甄贞)

**【零售业务】** 增强个人金融业务功能,改善服务环境,合理调整业务结构与客户结构,开展社区金融知识普及宣传,推动零售业务全面发展。全年4项个人代理业务销售额达到上年同期的1.9倍。销售人民币理财产品达到上年同期的2.8倍。新发展e时代卡达到上年同期的1.3倍。新增理财金客户达上年同期的1.3倍。外汇综合排名分行第四。个人优质客户占比提高。

(甄贞)

**【国际业务】** 全面发展国际业务,加大工作力度,克服国内外经济形势的不利局面,拓宽业务渠道、创新业务品种、扩大客户资源,推进各项外汇业务均衡发展。国际结算量同比增长13%,单证业务量同比增长78%,结售汇业务量同比增长2%。年个人外汇业务综合排名列分行系统第四位。 (甄贞)

**【中间业务】** 各项中间业务收益全面增长,经营效益稳步提高。全年中间业务收入同比增长35.98%,收入额占比达到支行净利润的36.92%,同比提升6.42个百分点。投+资银行同比增长348.24%。代理及对公理财收入同比增长54.84%,无固定期法人理财产品销售收入列分行系统第二名。代客资金交易收入同比增长15.67%。代理及个人理财同比增长14.52%。人民币结算收入同比增长7.56%,银行卡业务收入同比增长22.25%,收入额排名分行系统第二。

(甄贞)

**【信用卡业务】** 发挥王府井商业中心的地域优势,提升银行卡使用环境,发展信用卡业务,使卡类业务成为该行的特色业务和突出亮点。2009年,新发展标准版信用卡2.05万张,支行信用卡保有量超过10万张;新发展交通卡4.36万张,比上年同期增长91%。银行卡收单业务保持全行领先地位,新签信用卡特约商户224家,同比增长101%。新安装商户刷卡POS机467台。特约商户交易额近59.46亿元,同比增长25.05%。全年银行卡业务收入和信用卡业务综合贡献在分行系统排名第一。 (甄贞)

**【企业文化建设】** 推进企业文化建设,创造积极、健康、和谐氛围。组织开展羽毛球比赛、登山比赛、春秋游活动,参加分行文艺汇演,购买电影卡和公园年票,购置防控甲型H1N1流感用品和健康书籍等。丰富员工业余文化生活,提升企业凝聚力。 (甄贞)

**【机构设置】** 机构设置变更:成立机构和公司大客户部,服务于重点客户;原公司业务二部和个人信贷业务部合并为房地产信贷部,支行内设部室9个;原支行营业室更改为金街支行。根据工商银行营业机构分层建设标准,该行所辖营业机构现为:金融便利店3家、理财网点5家、贵宾理财中心5家、财富中心1家。

(甄贞)

【单位负责人变更】 支行党委书记、行长郭俊,在读博士,2009 年 10 月 19 日任该职务。（甄贞）

## 中国建设银行股份有限公司北京东四支行

【概况】 本年,建设银行北京东四支行经过调整,设置部门为:综合管理部、风险管理部、公司及机构业务中心、工会、营业部、特约商户团队、海油支行、惠新东街支行、朝内大街支行、东直门支行及 14 个储蓄所,正式职工 433 人,派遣制员工 85 人。支行围绕加快发展工作主线,完成各项工作任务,KPI 指标完成情况较好,其中拨备前利润完成全年计划的 100. 15% ,中间业务净收入完成计划的 104.76% 。

本年,支行被评为建行北京市分行系统 ISO9000 质量管理体系贯标工作先进单位,获此项工作“优秀组织奖”。获建行北京市分行 2008 ~2009 年度信息宣传工作先进单位。被中国企业文化研究会授予 2009 年度全国企业文化建设先进单位。支行员工陈英娜同志荣获总行“个人贷款服务标兵”称号。

**单位名称:中国建设银行股份有限公司北京东四支行**

**单位地址:美术馆后街 8 号**

**联系电话:51997808　邮政编码:100010**（谷琛婷　冯洁）

【存款业务】 支行加强银企沟通、存量客户挖潜和新客户开发,通过与总、分行联动配合,做好资金头寸安排,为支行储备信贷项目。中间业务方面,在确保存量保函中间业务收入按期入账的基础上,实现部分客户保函业务零的突破。按照客户年金进程与总行联动,营销 6 家企业,实现企业年金业务的突破。（谷琛婷　冯洁）

【个人业务】 发挥个人业务经营特色,通过公私联动,利用代发工资取得较高资金沉淀。结合市场特点,突出二手房贷款特色。月均刷卡量同比增加 980 万元。（谷琛婷　冯洁）

【信贷资产质量】 按照分行部署,完成不良贷款控制计划和信贷结构调整计划,支行企业贷款五级分类口径和逾期非应计口径不良贷款余额均为 0,信贷资产质量持续优化。（谷琛婷　冯洁）

【基础管理】 从管理、控制、考核三个环节入手,加强预算控制,强化考核,实现费用的有效控制。推进 ISO9000 质量贯标工作,完成两次内部检查及外部贯标认证,配合天津审计分部完成内控审计评价工作。（谷琛婷　冯洁）

【企业文化】 坚持“以人为本”,推行《荣誉积分管理办法》,弘扬“东四精神”,增强全行的凝聚力和员工的创造力,构建和谐发展的企业文化氛围。（谷琛婷　冯洁）

## 中国农业银行股份有限公司北京市东城区支行

【概况】 中国农业银行股份有限公司北京东城支行,下设 7 个部室、1 个营业部、10 个二级支行、2 个分理处,员工 298 人。2009 年,深入贯彻落实科学发展观,以加快有效发展为中心,提高综合竞争能力和风险管理能力,完成各项主要业务经营指标。经营利润同比增长 20% 。各项存款余额同比增长 62% ,各项贷款余额同比增长 134% ,国际业务结算量比上年增长 645% ,中间业务收入同比增长 48% 。连续 8 年在北京分行系统综合绩效排名前三位。

**单位名称:中国农业银行股份有限公司北京东城支行**

**单位地址:东城区金宝街 58 号华丽大厦**

**联系电话:65281870　邮政编码:100005**（张宇）

【存款业务】 农行北京东城支行在“一总两优”发展策略的指导下,吸收低成本存款,将营销重点定位为区域性、集团性的大客户,不断优化客户结构,对内狠抓管理,对外加大营销力度,构建“面向客户、上下联动、分层负责、协调高效”的营销体系,对高价值客户,采取“借助城市中心区地理优势,发挥总、分、支行三级联动,分层营销”的经营策略,全口径时点存款、日均存款创历史新高。（张宇）

【贷款业务】 规范信贷决策和经营行为,根据国家宏观政策及时调整信贷投向,实行“抓大放小”策略,按照有进有退、有所为有所不为的原则,建立和完善市场进入退出机制,落实和完善信贷管理制度,强化基础管理工作,推进信贷结构调整,促进贷款的有效投放,扩大优良客户群体。（张宇）

【国际业务】 坚持“本外币并举”经营发展思路,加大综合营销力度,完善风险控制,丰富业务品种,改善客户结构,营销大型国有企业、金融同业和世界 500 强企业等集团类优质客户,有效扩大外汇业务市场份额,实现国际业务的跨越式发展。全年,国际业务结算量同

比增加6.45倍。（张宇）

【个人业务】 明确“抓大不放小”的经营思路，以个人优质客户为核心，对个人高端客户进行细致的分层和分类，由客户经理进行名单制管理和维护，客户的忠诚度和贡献度得到提高。加大资源配置力度，明确营销奖励措施，激发全员营销积极性。同时加强公私联动，形成个人业务批发良性发展模式。（张宇）

【内控管理】 以风险管理能力作为制约全行经营质量的关键，重点关注实施经营战略转型过程中亟待解决的问题。打造全行良性的监管体系，各业务部门加强自律监管，现场监管和在线监管相结合。建立业务操作风险提示制度，加强分层次业务培训。基层网点严格合规操作。对委派会计主管开展公开竞聘选拔，完善监管队伍建设。（张宇）

【绩效考核】 完善以经营效益为核心的工资分配办法，坚持“以业绩论英雄、凭贡献定收入”的考核机制，对综合绩效考核办法进行改进与调整，加大对业务增量、中间业务发展、结构调整、风险防控能力和发展质量的考核与评价，从存款、客户结构、中间业务收入等发展类指标和网点转型、队伍配备、风险控制等管理类指标，强化考核力度，坚持经营与管理并重。（张宇）

【网点建设】 2009年，按照北京分行部署，对所辖营业网点开展精品化改造工作，完成奥园分理处、交道口支行、惠新里支行及东直门支行的装修改造工程，为实现“功能分区、业务分流、服务分层”的经营理念奠定硬件基础。（张宇）

【固定资产清查及确权】 2009年，是农业银行股份公司成立的第一年。部署开展物业资产尽职调查及固定资产确权换证工作，支行加强组织领导，把握工作的重要性、复杂性、紧迫性，细化工作任务，明确工作要求，强化工作效率，克服人员少、时间紧、任务重等困难，在规定时间取得7宗自有房产的土地证、房产证，完成所有营业用地的资料收集、审核、扫描、编制及汇总等工作。（张宇）

【企业文化建设】 支行重视企业文化建设，打造学习型银行。开展业务培训；发挥职工小家、团组织的阵地作用，构筑学习平台；丰富支行图书室藏书；举办建国60周年征文比赛，开展足球赛、篮球赛、五四爱国主义教育等活动，营造员工朝气蓬勃、积极进取的氛围。全年共组织培训155次，涉及员工1189人次，人均参加培训9次。组织优秀员工参加分行第十届业务技术比赛，取得团体总分第三名。（张宇）

## 中国光大银行股份有限公司北京东城支行

【概况】 中国光大银行股份有限公司北京东城支行，成立于1996年12月。支行依托光大银行总行的整体优势，推行以客户为尊的营销服务文化，打造“精品银行”形象，将自身发展与北京地区经济繁荣相结合，重视业务创新和规范管理，致力为客户提供优质高效的产品和服务。秉承“让每一位客户都满意”的服务宗旨，创新产品，先后推出阳光理财A计划、A+计划、B计划、C计划、E计划、T计划、套餐计划和同升、同赢、同享系列等银行理财产品，为社区居民提供丰富多样的投资理财渠道。发展私人银行业务，开展个人存单质押贷款、二手房按揭贷款业务，推广网上银行、电话银行、阳光卡、全国一柜通等现代化服务手段，提供24小时自助银行服务和自助缴费服务，设立了VIP专区，力争以优质的服务满足客户需求。支行内设营业室、理财中心、个贷中心、公司业务部、办公室，共有员工29人。年末存款21亿元，全年完成净利润3800万。

**单位名称：中国光大银行股份有限公司北京东城支行**
**单位地址：东四北大街337号**
**联系电话：64079358 邮政编码：100010** （王少英）

## 中国人民财产保险股份有限公司北京市东城支公司

【概况】 中国人民财产保险股份有限公司北京市东城支公司（以下简称东城支公司），全年完成保费收入38461万元，实收保费创历史新高，第一次突破3亿元大关。赔付支出23158万元，综合赔付率76%。非车险保费收入3459万元，同比增长幅度114%。赔付支出367万元，赔付率18%。车险商业保险保费收入27685万元，赔付支出20462万元，赔付率95%。交强险保费收入7317万元，赔付成本2329万元，赔付率35%。上缴东城区地方财政税款2115万元。

**单位名称：中国人民财产保险股份有限公司北京市东城支公司**
**单位地址：王家园胡同16号阳光国际大厦5层**
**联系电话：65548700 邮政编码：100027** （张长明）

【车险业务】 国家出台汽车消费优惠政策，汽车销售市场异常火爆，带动汽车保险市场快速发展，全年车险

业务增加8840万元,超逾期目标。由此可见,国家投入巨资拉动内需,已经取得明显实效。　(张长明)

**【庆祝活动】** 中国人保集团通过中央电视台《同一首歌》栏目,开展"我与祖国同行"庆祝活动,庆祝新中国和中国人保成立60周年。公司选派员工,参与了现场节目录制。　(张长明)

## 中国人寿保险股份有限公司北京市东城支公司

**【概况】** 中国人寿保险股份有限公司北京市东城支公司,学习贯彻科学发展观,践行具有中国人寿特色的寿险道路,在国际金融危机冲击、市场竞争加剧的复杂环境下,稳步推进队伍建设,提升服务能力,完成主要业务指标,优化业务结构,公司实现平稳健康发展。

**单位名称:中国人寿保险股份有限公司北京市东城支公司**
**单位地址:东直门外东中街32号楼**
**联系电话:64175723　邮政编码:100027**　(王宇)

**【团体保险】** 截至年末,团体业务总保费收入30753.3万元,其中团体寿险首年保费收入21000.1万元。短期险保费9753.2万元,其中意外险实现保费收入1038.9万元。　(王宇)

**【营销保险】** 截至年末,完成新单首年期交保费1511万元,其中十年期及以上期交保费首次突破一千万元,达到1016万元,占全年期交业务的67.2%,同比增长18%。短险保费136万元,增长率23%。年末,人力319人,年内新增人力136人。　(王宇)

**【客户服务】** 为庆祝新中国成立60周年,营造文明和谐的社会环境,客户服务部积极响应首都文明办在首都窗口行业开展的"创文明单位、树行业新风"活动,结合总公司制定的《寿险柜面服务规范》,推广柜面服务标准。通过开展岗位练兵、技能竞赛、学习交流等活动,确保全体柜员掌握文明服务、标准服务、诚信服务的内容和要求,并将涉及柜面人员的职业道德、服务标准作为新柜员上岗条件,提高服务水平。(王宇)

## 金融及保险机构负责人

**工商银行东城支行行长兼党委**
**书　记**　王德斌(7月免)
苗鸿祥(7月任)
**工商银行王府井支行**
**行　长**　刘显峰(10月免)
郭　俊(10月任)
**建设银行东四支行**
**行　长**　王新立
**农业银行东城区支行行长兼**
**党委书记**　高松林
**光大银行北京东城支行**
**行　长**　王少英
**中国人民财产保险股份有限公司北京市东城支公司**
**总经理**　张长明
**中国人寿保险股份有限公司北京市东城支公司**
**总经理**　徐　林

# 城市建设与管理

## 城　市　管　理

### 综合管理

**【概况】** 根据市委、市政府批准的《北京市东城区人民政府机构改革方案》《北京市东城区人民政府关于机构设置的通知》，北京市东城区城市综合管理委员会更名为北京市东城区市政市容管理委员会（简称区市政市容委），挂北京市东城区城市环境建设委员会办公室（简称区环境建设办）牌子。8月31日，北京市东城区市政市容管理委员会举行揭牌仪式。

本年，以科学发展观为统领，完善城市管理长效机制，完成国庆环境筹备、城市景观布置、公共设施事故应急任务。完成各项政府折子工程、为民办实事、城市管理基础性工作任务，确保城市运行平稳有序。

**单位名称：东城区市政市容管理委员会**

**单位地址：什锦花园胡同23号**

**联系电话：64006002　邮政编码：100007**　（程佳）

**【城市管理新模式】** 修订《东城区网格化城市管理工作手册》和《东城区网格化城市管理工作规范》，规范立案、结案标准。完成市、区两级平台系统切换工作。以流动人口作为管理事件，建立数据库，完成全区流动人口和出租房屋管理系统。加强与市级平台及37个单位沟通协调，确保网格化城市管理新模式运行平稳。全年，立案城市管理问题10.56万件，结案10.03万件，结案率94.9%。（万鹏）

**【重点大街环境整治】** 完成南、北池子大街，和平里东街、北街、南街，交道口东大街环境建设工程。整修商业门店415个，更换广告牌匾275块，拆除不符合规划广告牌匾36块，整修墙面1.05万平方米，油漆栏杆900平方米，铺装破损地面830平方米。（赵冰蕾）

**【煤改电工程】** “煤改电”涉及8个街道217条胡同3.8万户居民。11月，完成新建2座110千伏变电站选址工作。全年，完成煤改电内外线、房屋修缮保温施工，蓄热式电采暖散热器采购等工作；外线施工，安装箱变93台、开闭器85台、三相变压器304台，敷设高压电缆8.3万米、低压电缆20万米、高压架空线8.7万米、低压架空线14万米，完成立杆1367基，安装墙箱3742个、地箱1525个；累计安装电表箱3.8万个、闸箱3.9万套；房屋翻建开工2442间1500户，新做顶棚1293间、顶棚保温2966间，完成防寒保暖1.7万间、改装修46间；蓄热式电采暖散热器设备审批3.1万户，销售6.8万台。（刘颖）

**【一户一表工程】** 完成居民用水“一户一表”改造工程，自来水外管线竣工337条胡同2631个院落，内线完工9000户。（苏嘉兴）

**【环境整治】** 完成旧鼓楼外大街61号院、西河沿17~18号楼、永康胡同5号、中绦胡同甲2号、东公街64号、交北二条35号老旧小区整治工作，修复破损道路6710平方米，绿化修补建420平方米，平整土地1520平方米，拆违34处350平方米，修复粉饰墙面1620平方米，修补井盖26个，清理废弃物及渣土25车，油漆栏杆160延米。拆除违法建设2378平方米。完成市属道路情况勘察、长安街东城段道路的实装荷载试验和东单三条等区属疏散道路勘察、路面加铺工作。修剪阅兵路线沿线行道树木484棵。完成长安街两侧整治，修复破损便道2100平方米，整修绿地110平方米，更新改造广告牌匾9块140平方米。完成皇城根遗址公园东侧工地围墙粉饰。整修南、北池子大街商业门店187个、破损墙面1800平方米。清理远洋大楼、长安俱乐部、中国照相、全聚德、新华书店、工美大厦、北京饭店二期等建筑物房顶废弃物。（赵冰蕾）

**【环境卫生检查】** 制订《东城区环境卫生责任追究暂行办法》《东城区市容环境卫生检查评比暂行办法》，实施市容环境卫生责任追究和考核评比制度，成立考核领导小组。全年,组织检查 58 次,出动检查人员 452 人次,检查大街 1114 条次、胡同 772 条次、居住小区 118 个次,农贸市场周边 314 个次,公厕、垃圾楼周边环境 186 个次,发现、通报处理各类问题 2854 件。

(赵冰蕾)

【国庆景观布置】 完成朝阜路、平安大街等 60 条大街,朝内小街桥等 15 座立交桥、过街桥环境布置,挂彩旗 8375 面、中国结 903 个、大红灯笼 5029 个,装灯杆旗 1330 面。完成东外大街、北京站、地铁六、八号线拆迁工地等 15 处施工围挡布置 1.1 万平方米。完成地坛公园南门、西门外、东单路口、东内小街口、王府井大街、北京站等景观小品布置 107 处。9 月 15 日,完成东北二环 6 幢楼宇、南北河沿大街两侧建筑物夜景照明建设工程,完成楼体照明 56 处,安装灯具 1.5 万套。

(赵冰蕾 金晓君)

【国庆城市运行保障】 制订《东城区 60 年国庆阅兵(公共设施)事故应急保障方案》及抢险预案,组织协调区相关单位及市区道路、水、电、气、有线电缆主管部门,分清责任,落实到人。全面落实隐患排查,组织对液化气站、使用液化气瓶的餐馆等进行联合检查。组织相关职能部门成立"安全生产护航行动"检查组,每日对国庆重点区域、重点道路、区属公园绿地、环卫中心所属公厕、垃圾楼、果皮箱等进行不间断巡查。协调有关部门、街道,移除、清除 27 条大街影响游行队伍集结疏散通行的占路商户、摊位和部分城市家具等障碍物及集结疏散区域的清扫保洁作业。会同交管部门清理集结疏散区域停放的机动车、非机动车。制订游园活动环境整治和服务保障方案,完成劳动人民文化宫、地坛公园国庆游园活动及景山公园、青年湖公园、柳荫公园、菖蒲河公园、皇城根遗址公园、南馆公园、东单公园、的外围环境保障、后勤保障工作。成立应急队伍,实行 24 小时环境保障值守,完成国庆游园活动保障工作。

(李群友)

【市政道路】 完成 30 条区属胡同道路改造任务,铺设沥青 2.9 万平方米、步道 3.4 万平方米。完成 7 条隐患污水管道改造工作。

(金晓君)

【供暖通气工作】 3 月 15 日起,组织各供暖单位检查维修供暖设备,完成全区供暖单位锅炉普查,保障居民冬季正常生活需要。完成 2 个老旧小区供暖管道改造任务和 14 个锅炉房节能改造工作。协调市燃气集团、10 个街道办事处、区房地经营中心等部门完成老旧楼房 2858 户居民通天然气工作。

(金晓君)

【环卫设施建设】 全年,改造完成密闭式垃圾清洁站 6 座,为 978 座公厕制作规范厕名牌和 1434 块服务规范牌,改造完成 32 座危险粪井。为 247 座二类以上公厕安装呼叫器 215 台、烘手器 317 台。维修公厕 4102 座次,疏通管道 5700 座次。完成天安门地区及其沿线 122 座厕所设置、选址和水电安装。

(金晓君)

【垃圾分类管理】 编制东城区垃圾分类处理工作方案,明确各部门职责和任务。建立东城区垃圾分类工作电子数据库。发放分类垃圾筒 2.93 万个和可降解垃圾袋 477 万个,垃圾分类宣传展板 111 组、宣传手册 4 万册,配备 40 辆电动垃圾分类收运车。在王府井地区推行餐厨垃圾分类运输、分类处理,对 26 家单位餐厨垃圾采取上门收运、统一进行无害化、资源化处理。

(金晓君)

【停车场管理】 开展东城区机动车公共停车场登记备案工作,通过审核领取备案证的停车场 286 个、车位 4 万个新增备案停车场 20 家、车位 4634 个。3 月 20 日,组织 110 家停车经营企业负责人参加,贯彻北京市地方标准《公共停车场运营服务规范》培训工作会。落实市运输局《关于进一步做好本市停车场安全检查的通知》,向 115 个经营停车场下发安全检查通知,68 个停车场填报自查表,对出现的问题进行整改。向停车场经营企业发放环境卫生责任区告知书 50 份。8 月 20 日至 9 月 15 日,与城管大队、发改委、交通支队及市运输局东城管理处联合检查停车场 13 处。处罚停车问题 9281 起,物价检查处罚 4 起。

(路兵)

【节水工作】 根据单位用水定额管理办法和各单位 2008 年实际用水量,下达全年计划用水指标 1675 万立方米,用水单位 3481 个。全年对 277 个单位 436150 立方米指标量进行调整,撤户单位 166 个,其中拆迁户 152 户、改居民用水 8 户、指标合并 6 户。对 389 个用水单位进行预警。完成对上一年度 232 个单位超水加价收缴工作,收缴加价金额 33 万元。审批 6 个单位三同时施工用水,审批 19 个单位临时施工用水指标。竣工验收单位 2 个,验收合格。完成华润大厦、川京办招待所等 5 家单位和东厂社区创建市级节水型社区的任务。检查洗车站点 3 个、洗浴中心 3 个、餐饮行业 6 户、旅馆 6 户。组织安贞大厦、东方银座等 9 家中水建设单位参加市中水设施运行管理培训班。完成万国城二期雨水利用改造项目,通过市、区两级验收。和平里医院、第六医院等 4 家单位完成节水技措改造工作。

(苏嘉兴)

【节水宣传】 5月10～16日,开展以“加强节水减排,促进科学发展”为主题的第18个全国节水宣传周活动,组织各种活动127场,发放宣传材料2.6万份,摆放节水展板130块,悬挂节水横幅126条。组织二十七中300名学生参观节水展馆。向市节水办报送信息13篇。 (苏嘉兴)

## 城市管理监督中心

【概况】 东城区城市管理监督中心为区政府负责城市管理监督与评价工作的正处级行政机构。行政编制50名,事业编制10名。聘用城市管理监督员400名。主要职责:组织建立城市管理电子信息系统,研究拟定城市管理监督与评价办法,建立科学完善的监督评价体系;负责城市管理中出现各种问题的现场信息和处理结果信息的采集、分类、处理和报送,随时掌握城市管理现状、出现问题和处理情况,实施区城市管理全方位、全时段监控;负责各类城市管理信息的整理、分析,监督、考核、评价城市管理状况及有关部门和责任人履行城市管理职责情况;领导和管理城市管理监督员队伍,负责城市管理监督员的配置、招聘、培训、考核及日常管理;负责组织城市管理信息传递系统、处理系统的日常维护和管理,建立城市管理工作电子台帐、实施信息、数据管理。监督中心设办公室、调研室、人力资源部、宣传教育部、监督考评部、监督员管理部和呼叫中心。其中监督员管理部下设3个中队,10个分队,1个督察队。全年,上报立案城市管理问题10.39万件,结案9.94万件,结案率为95.67%。

**单位名称:东城区城市管理监督中心**
**单位地址:什锦花园胡同23号**
**联系电话:84050608 邮政编码:100007** (庞艳平)

【数字化城市管理工作简报】 由国家住房和城乡建设部城建司主办、区城市管理监督中心承办,为全国试点城市(区)搭建的信息交流和经验沟通平台。全年编发11期,通报全国数字化城市管理工作推广情况,住房和城乡建设部有关文件要求和指导意见。 (庞艳平)

【突发事件】 监督中心根据《关于突发公共事件信息工作方案》,设立监督员、值班长、中心办公室、主管领导四级信息报送环节,向区委、区政府上报突发事件信息89件。其中反动宣传品17件,路面塌陷15件,群众上访14件,失火、煤气泄漏14件,水管破裂10件,聚众事件5件,疑似美国白蛾1件,其他13件。 (庞艳平)

【领导视察调研】 全年接待视察、考察、调研、参观、学习新模式人员53批次,758人次,其中局以上领导92人次、外宾3批。2月11日,建设部城建司副司长李如生和市市政管委委员张春贵等领导、国际安全社区考察认证组 Henk,Meegen 和黄惠庄等专家,杭州市城管办副主任金瑞杭一行分别到监督中心调研网格化城市管理工作。副区长毛炯陪同。3月6日,青岛市市南区区长万建忠率建管局、城管执法局、政府办有关领导考察网格化城市管理新模式。毛炯陪同。4月16日,区委书记杨柳荫调研网格化城市管理新模式,观看网格化城市管理新模式运行情况演示、听取汇报后,肯定网格化城市管理工作的成绩并提出要求。4月23日,市市政市容管委主任陈永、副主任陈玲、委员刘国瑞、张春贵等领导考察东城网格化城市管理工作,毛炯及有关领导陪同。听取网格化城市管理新模式运行情况汇报,就网格化城管新模式拓展、市级平台案件解决、城市垃圾处理等问题进行讨论。7月10日,副市长苟仲文带队就东城网格化城市管理新模式运行、落实“7.4”市安全生产电话会议精神、开展公共安全监管新模式工作等进行调研指导。区领导杨柳荫、杨艺文、毛炯陪同。9月9日,在中国人民对外友好协会美大工作部副主任王宏强陪同下,厄瓜多尔中国友好协会主席列宁·塞巴略斯率代表团一行5人到区城管监督中心参观网格化城市管理新模式。10月10日,全国厅局级领导干部应急管理专题培训班到东城参观,国务院应急办、国家行政学院有关领导,区领导杨艺文、毛炯参加。杨艺文介绍东城拓展网格化新模式功能,推进数字城市建设工作情况。各有关部门对城市管理工作分别进行汇报。10月21日,住房和城乡建设部主办、东城区人民政府协办的“第四届中国国际数字城市建设技术研讨会暨设备博览会”新闻发布会在国际饭店召开,副区长毛炯出席会议,介绍东城区参加这次大会的情况及东城网格化城市管理新模式运行5周年取得的成果和数字化、信息化建设发展方向。10月24日、26日,第四届中国国际数字城市建设技术与设备博览会暨研讨会参会人员,甘肃省银川市副市长戴荣民带队分别参观东城网格化城市管理模式。 (庞艳平)

【城市管理特服号码】 开展“城市管理特服号13910001000宣传季”活动,全年,特服号码受理电话举报1826件,立案679件,不处理586件,外区1件,不属于城市管理范围52件,填写协调单4件,督办114件,特殊问题390件,立案案卷结案559件。 (庞艳平)

【监管范围】 依托网格化城市管理系统拓展监管范

围。本年,将“高空悬吊作业”、“四级管理文物(国家、市级、区级、区级登记在册)”、“水华”、“商用小煤炉”、“现场加工铝合金”等纳入网格化监管范围,实现对风险源类、有限空间作业类、“四小”单位(小商业、小餐饮、美容美发、社会旅馆)等实时监控。 (庞艳平)

**【重点地区监控】** 对全区高发多发地段进行重点监控,每周进行一次数据统计,对上报、立案和处理情况进行公示,以表格和信息形式定期报送区领导。定期调整重点监控地区。全年发布公告52次,高发多发地段33处。 (庞艳平)

**【工作建议函】** 每月10日,通过区政务网向发案率高、评价等级较低的职能部门发送《网格化城市管理工作建议函》,告知上月高发问题、多发地区,评价等级低的原因,提出改进建议,回复整改意见。督促专业部门采取措施,保证接受案卷按期结案,提高案卷处理质量、降低发案数。全年,向15个职能部门发送《网格化城市管理工作建议函》83份。 (庞艳平)

**【监督员队伍建设】** 以会带训、经验交流和业务研讨等形式,加强班长与监督员的交流沟通。开展百日纪律作风整顿活动,采取分队、中队自查,中队互查、督察队督察、管理部抽查形式,查找问题48个,制定整改措施45条,解决城管监督员工作中存在问题,促进工作规范、有序。组织全体监督员开展军训和技术练兵活动,提高业务素质。严格城管监督员队伍管理,表彰先进,加大惩处力度。组织召开监督员团拜会,节日期间走访慰问困难监督员,增强对监督员人文关怀。年内,招聘录用新监督员26人。 (庞艳平)

**【督察工作机制】** 调整督察队人员,制订《定人定岗工作制度》《督察优秀小组评比办法》《班次及管辖范围定期调整制度》,修订完善《督察工作暂行规定》《督察队季度之星评选办法》《督察队先进班组评选办法》《督察队工作内容》《督察队工作要求》,规范监督员督察工作。制订《月督察绩效考核实施办法》。全年,督报问题4434件,举报问题132件,查处违纪152件,普查12次,复查19次,核实乱点高发地区情况6次。 (庞艳平)

**【宣传教育工作】** 全年,出刊城管监督员报11期(包括:《深入学习实践科学发展观》专刊2期、《网格化城市管理新模式运行5周年》特刊1期、《第四届中国国际数字城市建设技术研讨会全球数字城市高峰论坛》专版1期),刊载稿件134篇、新闻图片112张。对“优秀通讯员”和“优秀稿件”获得者进行表彰。开展对内宣传教育工作,参与“感动东城公德人物”评选活动、参加全区歌咏比赛、广播体操比赛、职工运动会、组织女监督员手工制品大赛、新年联欢会、庆三八监督员联谊会等活动,在《北京日报》《北京晚报》《北京青年报》《今日东城》等媒体刊发稿件、图片新闻21篇;中央电视台《讲述》栏目、北京电视台生活频道报道5次。 (庞艳平)

**【科学发展观活动】** 3月~8月,开展学习实践科学发展观活动,成立领导小组,确定“坚持改革促发展,深化网格保长效”主题活动。以党支部为单位组织学习实践活动,召开座谈会开展谈心活动,督促学习任务的落实。中心领导班子召开民主生活扩大会,查找存在的突出问题,归纳总结出19条意见和建议,分析检查报告,落实整改措施。 (庞艳平)

**【基础数据普查】** 3月~6月,完成自新模式运行后的第六次基础数据普查,内容为:对城市部件的查漏补缺和全面采集地址兴趣点。采取城管监督员全员投入、监督员骨干复查、各分队、中队抽查复核、监督员管理部和机关干部抽查的方式,完成核对调查图268张、填报部件调查表2083张,兴趣点调查表627张。 (庞艳平)

**【平台对接】** 6月,进行市、区两级平台系统切换升级工作,包括系统内城市管理问题立、结案标准、城管通与系统对接、地图数据库等升级改造。6月22日,完成切换联调工作。 (庞艳平)

**【软电话系统升级】** 6月,对呼叫中心软电话系统改造升级,改造内容:对语音接听、话务存储、无人值守三大模块进行整合。优化软电话安装维护设置,增设话务量统计、报表、用户满意度调查模块。7月,完成升级改造。10月,新版程序测试后进入试运行。 (庞艳平)

**【示范工程】** 监督中心负责“数字社区专项服务示范工程”(国家科技支撑计划重大项目“现代服务业共性技术支撑体系与应用示范工程”的子课题),课题的组织和研发工作。两年实践,完成课题既定的研究目标和任务,9月23日,通过专家组验收,该课题申请专利24项,获得软件著作权7项,出版专著1部,发表学术论文10篇。该课题成果已应用于125个小区(数字社区示范120个,智能小区示范5个)。 (庞艳平)

【五周年纪念活动】 10月13日,东城区城市管理监督中心正式成立五周年,在京东宾馆举行网格化城市管理新模式成功运行五周年纪念大会,市市政市容管理委员会相关领导、西城、宣武等城区城管监督指挥中心领导、区市政市容委、城管监察大队等相关职能部门负责人参加。副区长毛炯讲话。10月22~24日,纪念新模式运行五周年,全面展示网格化城市管理模式成果。举办"数字东城和网格化城管模式"成就展,接待观众5000人次,发放宣传资料2000份。召开全球数字城市高峰主论坛和"数字城市建设及发展"分论坛,在主论坛上杨艺文发表《应用城市管理新模式推动数字城市建设》主旨发言。分论坛毛炯主持,市政协副主席陈平,中国工程院院士李德仁,上海市城市发展信息研究中心主任江绵康,住房和城乡建设部城市建设司副司长李如生等出席。 (庞艳平)

【网格平台系统升级】 完成东城区网格化城市管理信息系统二期升级改造,升级内容:网格平台及城管通系统基础数据的存档、备份及格式转换,"城管通"系统的升级优化,考评功能模块的升级优化,数据动态更新系统的完善和新版系统平台的调试,搭建完成全区流动人口和出租房屋管理系统。11月6日,召开北京市东城区网格化城市管理系统(二期)项目验收会,专家组认为:系统已经投入正常运行,性能稳定可靠。在建设中能够根据实际管理需要,从方便用户操作角度进行很多易用性改进,提高城市管理工作的效率。对评价统计体系进行全面梳理,提供数据反查功能,保证评价结果的权威性。扩展专项普查系统、部件/兴趣点动态更新模块,保证数据的现势性,值得推广。同意通过验收,提出建议。 (庞艳平)

【系统基础数据更新】 完成第六次基础数据更新工作,至11月24日,东城区有城市部件29.93万个,比上年增加城市部件7.64万个。2.26万个城市部件消失;有地址1.73万个,兴趣点1.57万个,参照物489个。补充更新115个社区范围图和1577个万米单元网格图层,加油(气)站图层及全息影像资料,3592个酒类经营场所图层,2252个污染源分布图层,220个文物分布图层,纳入网格化系统监管。 (庞艳平)

## 规划管理

【概况】 北京市规划委员会东城分局(以下简称东城规划分局)是北京市规划委员会派出机构,负责东城区城市规划问题的研究,参与东城区经济和社会发展规划,协调城市规划与年度建设计划的衔接工作;参与起草和修订城市规划的地方性法规和技术规范;负责东城区分区规划、控制性详细规划及重要地区城市设计的编制和修订的管理工作,编制局部地区的选址方案;负责本行政区域范围内建设项目的规划管理工作,按照职责权限核发规划意见书、建设用地规划许可证、建设工程规划许可证和市政设施建设工程规划许可证;监督管理东城区域取得规划许可证的建设项目,依法查处违法建设;负责本行政区域范围内的地名规划、建筑物命名和变更等管理工作;负责东城区规划档案管理工作;承办北京市规划委员会和东城区委、区政府交办的其他事项。东城规划分局下设:规划科、综合科、建设用地管理科、建设工程管理科(市政交通工程管理科)、规划监察执法分队、办公室、信息中心。

年内,办理市规划委转办件29件,普通信访17件,区长信箱192件,办结率100%。

**单位名称:北京市规划委员会东城分局**
**单位地址:和平里五区甲19号楼**
**联系电话:84225641 邮政编码:100013** (王桂荣)

【规划审批】 全年,完成建筑物命名9件。受理接件412件,对外发出各类审批案卷412件,其中规划意见书21件、建设工程规划许可证274件、市政工程规划许可证27件、临时建设工程规划许可证1件、建设用地规划许可证2件、市政用地规划许可证4件、规划意见复函5件、行政许可有效期延续4件、其他各类退件、否字等74件。 (王桂荣)

【规划监督】 完成建设工程验收88件,监督建筑面积28.07万平方米。建设工程规划验线9件,建筑面积4.69万平方米。核发违法建设停工通知书23件。与区城管大队认定违法建设153处,面积2800平方米。3月,对25处施工暂设现场进行检查,排除安全隐患。 (王桂荣)

【领导调研】 2月24日,区人大副主任生敏到东城规划分局调研"雍和科技园空间规划"工作。3月17日,市规划委主任黄艳率队到东城区调研2009年市区两级重点建设项目。7月7日,杨柳荫调研"保增长、保民生、保稳定"工作落实情况和东城区空间规划、历史街区保护与发展概念性规划工作。8月21日,市规划委纪检组长周忠秀、委员曹跃进调研东城区风貌保护和创意文化产业发展情况。9月25日,市规划委、交通委、文化局、文物局调研南锣鼓巷、玉河和国子监街的风貌保护及文化创意产业发展情况。 (王桂荣)

【调研工作】 2月,2008年调研课题获市规划委系统调研成果评比一等奖一篇。4篇优秀调研报告参加“北京市第五届青年规划师、建筑师演讲比赛”获三等奖1名。3月,对违法建设、无障碍设施建设、四合院保护等6个课题展开调研。4月16日,组织全局人员对具有先进的规划设计理念和管理模式的“长城公社”建筑群进行调研。4月,组织领导班子成员、党员干部就规划审批、执法监督、公众参与等工作撰写调研报告11篇。5月31日,与市规划院到区政府信息中心对“东城区网格化政务图层共享服务平台”数据资源情况进行参观调研。6月,组织干部到市测绘院调研,双方就如何发挥职能作用进行探讨。7月~8月,在辖区内开展可利用资源调查,整理出与民生相关、利用效率低、与功能定位不符、与风貌景观不协调等5大类12小类,114块可重新利用土地资源,用地面积377万平方米,形成以街道办事处为单位的图表一体的资源汇总。对东城区2005~2007年所有“城中村”项目情况进行梳理总结,撰写“城中村”项目情况说明,为“城中村”整治工作打下基础。　(王桂荣)

**【地名管理】** 7月,向市交管局通报东城区30条道路已命名但未设立路名牌情况,并就十字坡街恢复正确路名,青年湖南街旧鼓楼大街至鼓楼外大街路段,路牌误挂等事宜研究解决办法。7月末,会同市测绘院对东城区域内60条街巷地名数据进行校核。(王桂荣)

**【规划编制】** 4月15日,市规划委与东城有关单位座谈地铁6、8号线站点建设和城中村建设工作。5月,与市规划院、清华大学规划院研究东城空间规划、钟鼓楼地区概念性城市设计编制工作,确定工作思路。6月25日,召开重点规划编制项目专题会,总结上半年规划编制工作,提出加强地下空间综合规划利用的研究。7月17日,召开规划编制工作专题会,与区有关部门研究《东城区总体发展战略规划(2010~2030年)》编制工作。对区可利用空间资源规划、新太仓历史文化保护区保护规划、近期建设规划年度实施计划等相关子课题进行责任分工。　(王桂荣)

**【重点工程】** 1月12日,组织市地铁公司,区建委、城管委等16个相关单位,召开地铁6、8号线建设调度会。3月24日,对市规划委在东城现场办公会上确定的13个重点项目进行细化分解,明确责任部门和责任人,建立联系会和每2周一报工作机制。8月,办理完成后鼓楼苑胡同、蓑衣胡同拓宽各项规划手续,改造工程全面启动。9月,市政府批复同意青龙、王家园城中村控规调整方案,东城拟在两地块内建设“北京文化创意大厦”和示范性A级社区卫生服务中心。11月25日,完成王家园“城中村”东直门社区卫生服务中心项目选址规划意见书审批工作。　(王桂荣)

**【风貌保护】** 全年,组织召开“东城区历史街区保护与发展策略研究”研讨会3次,与区文委、雍和园管委会和旧城范围内7个街道办事处,对东城风貌保护现状进行研讨。2月11日,召开东城区空间规划、历史文化街区保护与发展概念性规划工作汇报会。7月31日,与市规划院到北新桥街道,就市第三批历史文化保护区——新太仓历史文化保护区编制规划工作与社区人员座谈;10月,进行现场勘察,收集整理数据。10月21日,陪同市规划院对南锣鼓巷、玉河、国子监、五道营、鼓楼、方家胡同46号院进行现场调研。(王桂荣)

**【规划公众参与】** 4月~7月,在菊儿社区,组织交道口办事处、社会参与行动组织(NGO)、菊儿社区居委会和社区居民代表召开“菊儿社区活动用房高效规划利用开放空间活动”座谈会4次,对社区活动用房合理布局、高效利用、装修改造等问题进行开放式讨论。组织和搭建公众参与平台,收集意见,调解矛盾,了解群众需求,激发社区群众参与社区事务的积极性,促进政府管理方式变革。8月7日,在南锣鼓巷106号,召开南锣商户和社区居民座谈会,围绕“这条胡同发生了什么,怎么解决,希望什么”进行开放式讨论,引导商户、居民参与社区建设。11月12日,在菊儿社区举行“规划进社区活动成果——菊儿社区活动空间启用暨第三届居民节开幕仪式”,市、区领导,部门、专家学者和40名社区居民参加。　(王桂荣)

**【党建工作】** 1月,与和平里街道工委签订《“心馨服务”暨和平里地区建立扶贫帮困承诺长效机制协议书》,与和平里五区3名困难党员“结对子”,开展“党心连民心、亲情进万家”活动。3月~8月,成立领导小组和学习实践活动办公室,开展学习实践科学发展观活动。9月,结合国庆60周年庆祝活动服务保障工作,进行学习实践科学发展观活动“回头看”。3月~11月,开展“深入基层、搞好服务、转变作风、促进发展”主题实践活动。4月,与平谷规划分局党支部开展“手拉手”活动。7月,开展“共产党员献爱心”活动,全局党员向困难群众和党员捐款1060元。8月,开展“群众评议党员、党员评议支部”活动,改进工作作风,提高工作效率。8月,开展向吴大观同志学习活动,党员撰写学习心得体会11篇。9月19日,开展主题党日活动,组织党员观看《反对邪教,警钟长鸣》光盘。10月29日,与怀柔区喇叭沟门满族乡西府营村举行“城乡统筹,文明先行”结对子签约仪式,签订为期三年的城乡共建协议。11月,安排领导班子成员分批参加市规划委十七届四中全会学习班,组织党员干部参加市规划委视频学习。 (王桂荣)

【党风廉政工作】 1月,召开党风廉政监督员座谈会,汇报上年党风廉政建设工作情况和本年工作打算,听取对党风廉政工作的意见和建议。2月24日,召开廉政风险防范管理工作动员会,部署廉政风险防范管理工作。3月,对党风廉政重点工作进行梳理,提出从制度建设、学习教育、作风建设、日常监督、队伍建设等五个方面进一步提升党风廉政工作水平。制订《北京市规划委员会东城分局开展廉政风险防范管理工作实施方案》,分阶段开展廉政风险防范管理工作。4月,纪检组长和纪检干部,参加市规划委为期2天的廉政风险防范管理工作培训会。召开领导班子民主生活会。组织干部职工参观北京监狱反腐倡廉警示教育基地。8月,制订《廉政风险防范管理实施细则(试行)》,确定廉政风险防范管理前期预防、中期监控、后期处置措施,明确责任部门,实现对廉政风险防范管理整个实施过程的系统管理。10月13日,组织党员干部参观东城区群众廉政书画作品展,开展反腐倡廉宣传教育。11月初,对贯彻落实党风廉政责任制、推进廉政风险防范管理和惩防体系建设情况进行自查。11月19日,邀请党风廉政监督员和20家建设单位进行座谈,听取各建设单位的意见建议。从廉洁自律、依法办事、首问责任制、服务态度、办事效率等五个方面对东城规划分局进行评议打分。向建设单位和群众发放征询意见表62份,对规划分局在政务公开、文明接待、工作效率、廉洁自律等方面满意度98%。 (王桂荣)

【国庆保障工作】 9月24日,召开形势分析会,对重点违法建设的查处和重点信访事件提出具体措施,确保国庆节期间安全稳定。安排2人作为"平安北京"特派员,分别到六铺炕社区和化工社区工作40天,开展社会面防控工作。8月~10月,组织党员干部参加国庆安保和国庆群众游行80人次,被国庆群众游行指挥部和东城区评为"国庆群众游行指挥贡献单位"和"国庆安保工作特别贡献奖"。 (王桂荣)

## 国土资源

【概况】 本年,北京市国土资源局东城分局(以下简称市国土局东城分局),学习实践科学发展观,坚持依法行政,贯彻执行国土资源管理的法律法规、方针政策,履行国土资源行政管理职能,全面落实"保增长、保民生、保稳定"的任务,完成工作计划和各项任务。

**单位名称:北京市国土资源局东城分局**
**单位地址:东直门内大街3号**
**联系电话:84061496 邮政编码:100007** (韦先波 薛守娥)

【土地供应】 做好《东城区2009年度土地供应计划》编制、上报及执行工作。全年,土地供应计划安排用地项目6宗,总用地面积8.87公顷。实现供地项目5个,总用地面积5.5415公顷。实现计划内供地项目3个、用地面积4.66公顷,计划外供地项目2个、用地面积0.88公顷,分别占全年供应项目数的83.33%和全年供应土地总面积的62.47%。 (韦先波 薛守娥)

【土地储备】 全年,土地储备开发计划项目用地4宗,总用地面积7.10公顷。实现供地项目1宗,用地总面积1.09公顷。完成可供应土地面积7.01公顷,占土地储备开发计划用地总面积的98.73%。加强以土地储备分中心为主体的土地一级开发工作,与市土地储备中心联合实施东交民巷29、31号院储备开发项目,已签约拆迁224户,占应拆迁户数82%,投资4.34亿元。为工体西门、青龙胡同、北二环"城中村"项目办理国有土地使用权证;与区市政市容管委会办理青龙、王家园胡同"城中村"储备土地入库交接手续。

(韦先波 薛守娥)

【土地储备开发投资】 按照《北京市国土资源局落实1000亿元土地储备开发投资工作责任书》要求,东城区应完成土地储备开发项目投资16亿元(后根据实际情况调整为14亿元)。截至11月23日,完成土地储备开发投资16.04亿元。 (韦先波 薛守娥)

【土地利用】 办理建设用地预审项目12个,总用地面积3.06公顷。办理国有土地使用权划拨项目2个,总用地面积0.31公顷。办理建设项目临时用地审批项目2个,总用地面积4.54公顷。

(韦先波 薛守娥)

【绿色审批通道】 按照市国土资源局开辟绿色审批通道确保重大项目落地的部署,成立重大项目用地审批"绿色通道"领导小组。完成绿通项目建设用地预审2个和国有土地使用权划拨1个;完成市级跨区县绿色通道项目(地铁6、8号线)的建设项目临时用地审批2个。区20个绿色通道项目中,涉及分局审批项目全部完成。 (韦先波 薛守娥)

【地热资源管理】 对辖区内7家地热井和使用单位,开展2008年度地热资源年检。5家地热开采单位通过年检。1家单位因地热井水表前有旁通管问题未通过年检,1家因施工占压地热井口未能进行现场检查。
(韦先波 薛守娥)

【土地调查】 截至8月末,完成辖区内10个街道、25.34平方千米、1.65万宗地的内、外业核实和自检工作。 (韦先波 薛守娥)

【土地登记】 土地总登记工作:至年末,全区已发证3805宗,占应发宗地数72.01%,超过市国土局下达的70%目标。土地日常登记工作:办理国有土地使用权变更登记并颁发国有土地使用权证127件,出具地籍调查成果确认单76件,颁发土地他项权利证书119件,办理土地权利注销登记81件,办理四片危改区回迁底商出让手续6件,办结商品房补办出让手续2件。8月1日,与市土地权属登记事务中心完成"城镇成套住宅分摊国有土地(小业主)使用权登记业务"交接工作,正式由市国土局东城分局受理,于8月3日开通政务管理信息系统。至12月31日,颁发"小业主"国有土地使用权证254件,颁发土地他项权利证书45件,抵押注销登记35件。 (韦先波 薛守娥)

【地籍管理】 推进第二次全国土地调查数据导入数据库工作,完成东城区全部宗地的文件扫描和数据录入工作,并提交开思测绘软件公司进行审核,开思公司已将数据全部交给瑞德公司导入数据库,经检查合格。与北京华夏合众土地科学有限公司合作,建设土地基础数据库及地籍管理信息系统,数据已搭建完毕。
(韦先波 薛守娥)

【档案数字化】 开展日常档案数字化工作。完成4542卷土地档案整理录入和30万页纸质档案材料扫描工作,完成文书档案整理主卷工作。
(韦先波 薛守娥)

【信访信息工作】 全年,接待群众来信、来访、来电39件,按照《信访条例》规定依法答复。未发生重大事件。办理人大建议、政协提案5件,办结率100%,人大代表、政协委员满意率100%。落实《政府信息公开条例》,受理依申请公开31件、协助市国土局办结依申请公开19件,均在规定期限内依法予以答复。
(韦先波 薛守娥)

【调研工作】 完成《东城区存量国有土地节约集约利用研究》调研报告,东城区总体发展战略规划编制中国土方面的调研。调研成果6项《东城区地下空间土地权属利用法律政策研究》《东城区土地节约集约利用研究》《东城区土地利用功能分区研究》《构建政府主导土地开发利用研究》《历史风貌保护和雍和园区政府主导土地开发利用研究》《东城区土地开发项目研究》。撰写调研报告27篇。被评为"东城区调查研究工作先进单位",《东城区土地开发潜力评价》调研报告被评为东城区优秀调研成果一等奖;在北京土地学会开展的征文活动中,调研论文获一等奖3篇、二等奖3篇、三等奖5篇、集体获最佳组织奖。
(韦先波 薛守娥)

【党风廉政建设】 制订《2009年党风廉政建设工作要点》《关于开展廉政风险防范管理工作的实施方案》《关于廉政风险防范管理的实施细则》《2009年党风廉政建设和反腐败任务分工》《2009年党风廉政建设和反腐败牵头单位〈分工方案〉任务分解书》,召开工作会,逐级签订岗位目标暨党风廉政建设责任书。开展党风廉政教育活动21次,推进廉政风险防范管理工作。 (韦先波 薛守娥)

【宣传工作】 开展世界地球日、全国土地宣传日、全国法制宣传日等主题宣传咨询活动,组织驻区中央单位、区属单位、街道社区土地法规宣传培训,组织理论中心组、局长办公会会前学法40次,内容68项,组织青年土地学术征文活动,编印论文集,开展爱国主义主题教育活动。 (韦先波 薛守娥)

【平安国庆工作】 制订《东城国土分局新中国成立60周年庆祝活动期间安保工作方案》,召开动员会。2人参加区国庆指挥部群众游行疏散指挥引导工作,2人参加社区综治特派员工作,25人参加庆典活动标兵工作。完成庆典活动各项任务,分局被评为"首都国庆60周年群众游行支持贡献单位"、"国庆安保特别贡献奖",2人被评为"首都国庆60周年群众游行优秀工作者"。 (韦先波 薛守娥)

## 房屋管理

【概况】 区房屋管理局,由区住房和城市建设委员会管理,加挂区政府住房保障和改革办公室牌子,是负责本区房屋行政管理和住房制度改革的区政府部门管理机构。

本年,学习实践科学发展观,完成国庆60周年安保任务,落实"保增长、保民生、保稳定"各项工作,履行行业监管职责,推进法制建设、内部机制建设、档案信息化建设、目标化考核保障机制建设,完成全年计划任务。

**单位名称:东城区房屋管理局**
**单位地址:育群胡同21号**
**联系电话:64033693 邮政编码:100010** (刘凤锦 焦志清)

**【平安国庆行动】** 制订地下空间管理、中介机构、拆迁滞留项目、房屋修缮、物业小区管理,信访与维稳工作、权属登记发证工作及局机关安全保卫工作方案和应急预案。组织40名干部参加国庆安保标兵工作。国庆期间,加强应急值班,局领导带班,24小时应急值守,做到应急工作准备充分、信息联络渠道畅通、信息报送及时准确。组织60名干部对焰火燃放重点区域进行巡查,对国庆焰火燃放阵地280米范围内私房、单位自管房进行核实,制定房屋清册。做好可燃杂物清理及遮盖工作。组织人员对重点区域内已苫盖的可燃屋面进行拉网式排查,消除安全隐患。检查出租房屋建筑结构安全隐患,涉及产权房53户128间。经现场核查,6户23间房屋存在建筑结构安全隐患,向产权人或产权单位下发房屋安全隐患通知书。检查中发现13户19间违章建筑,将有关资料转相关部门处理。对179个地下室开展自查活动,对294处涉及"平安国庆"重点地区租住人数密度较大地下室进行排查,对问题较多70处地下室责任人分别督促整改。向消防部门、公安部门分别发出隐患协查55份、15份。

(刘凤锦 焦志清)

**【法制建设】** 全年,完善、细化13项行政许可管理事项工作程序标准和内容。审核拆迁许可、拆迁裁决、物业资质、中介机构和租赁备案等项目873件。对82份合同、重要文书等内容进行法制监管。对地下空间、中介机构和物业小区等执法检查3498件次,行政处罚1件。办理行政诉讼案件36件、行政复议9件,民事案件7起,无行政败诉案件。 (刘凤锦 焦志清)

**【清理滞留拆迁项目】** 编制《东城区清理滞留拆迁项目工作方案》,制订《拆迁项目固定资产投资分析表》和《"保增长、促发展"重点项目进展情况表》。2008年结转2009年滞留拆迁项目30个,对中国海关博物馆、区妇幼保健院危改扩建等6个单位,完成448户拆迁任务。北京日报报业集团新闻中心、北京站扩能改造等拆迁项目进入尾声。 (刘凤锦 焦志清)

**【住房制度改革】** 完成区住房未达标职工住房补贴调查申报工作。批复区属单位使用售房款请示及房改售房方案21份。备案辖区内中央单位、市属单位、区属单位的房改售房方案81份,审核房改售房成套楼房385套、建筑面积2.32万平方米,房价款1907.1万元,维修基金69万元。调房164套、建筑面积0.81万平方米,房价款3539.07万元。审批13个企业单位使用售房款工作,审批批复支取售房款1236.2万元。

(刘凤锦 焦志清)

**【危房排查修缮】** 经排查核实,有安全隐患的标准租私房和城市低保户危险房屋45户85间、建筑面积1144平方米。已翻建房屋11间,局部挑顶、木结构加固等安全中修71间,住户自行翻建3间。

(刘凤锦 焦志清)

**【权属租赁管理】** 完成产权登记1.2万件,发放房屋所有权证及他项权证9966件,收缴税费1940.31万元。完成初始登记审批12处,建筑面积2.44万平方米。处理历史遗留房产20处、246间,建筑面积3855.13平方米。权属核查工作12处、315.5间,建筑面积5055.5平方米。4月20日起,受理换证申请4457件、发证4068件,完成楼盘确认1041栋。通过网签窗口办理网上签约2495份,注销网签合同789份。全年,完成房屋租赁合同登记备案77件。腾退标准租私房11户。 (刘凤锦 焦志清)

**【拆迁管理】** 对23个拆迁公司进行资质年审,颁发拆迁许可证6个,召开行政强制搬迁听证会7次,行政强制搬迁2次。全年完成搬迁2644户,受理裁决申请205份,作出行政裁决82份。 (刘凤锦 焦志清)

**【交易管理】** 对208家房地产经纪机构进行现场巡检。受理违规案62件,受理商品房销售投诉12件,按规定处理。完成房地产经纪机构及分支机构资质备案222件。完成新建商品房预售备案1049套,建筑面积10.65万平方米。完成商品房预售转现房发证审核1243套,建筑面积14.66万平方米。完成商品房现房发证审核1157套,建筑面积41.07万平方米。

(刘凤锦 焦志清)

**【物业管理】** 全年,注册物业管理企业187家,其中具备三级物业管理资质企业158家,二级物业管理资质企业21家,一级物业管理资质企业8家。

(刘凤锦 焦志清)

**【科学发展观活动】** 3月~8月,开展学习实践科学发展观活动,全局4个党支部、61名党员及非党员干部参加。围绕"科学发展我践行,依法行政上水平,打造创新、服务型职能局"主题,加强领导,周密组织实施,取得成效。制订《东城区房管局廉政风险防范管理实施细则》和实施方案,分层分类查找可能出现的风险,全局查找出个人风险点1244个,领导班子及部门风险点205个,都制订相应防范措施。组织132人赴革命老区白洋淀进行传统教育。

(刘凤锦　焦志清)

**【信访信息工作】** 落实信访工作领导责任制。全年,受理群众来信552件,接待来访、来电1000人次。出具《信访事项受理告知单》197份,《信访事项不再受理告知单》21份。受理网上来信392件,全部办结。完成22件人大建议、政协提案的办理工作,代表、委员满意率100%。全年,公开政府信息157条,接受信息公开咨询130次。受理依申请信息公开53件,52件办理完毕、1件正在办理中。(刘凤锦　焦志清)

**【防汛工作】** 完成房屋设备安全普查工作,查房1663.08万平方米。建立各种房屋台账或清册,对全区征而未拆工地登记造册加强监管。建立工作预案和责任追究制度,组织房屋防汛工作演习。汛期,加强对重点房屋的巡查,及时排险,巡查1736户,房屋3351间。

(刘凤锦　焦志清)

**【管理所工作】** 3个管理所紧紧围绕局中心工作,发挥动态监管职能,狠抓执法巡查、信息反馈和基础资料管理,保证各项工作顺利开展。在国庆安保、综合整治安全大检查、危险房屋排查解除、小区物业管理、防汛抢险、标准租私房腾退、地下空间管理、房地产经纪机构整治、"文革产"清理、城市网格化管理、"煤改电"等工作中,扎实地做好基础性和中间环节工作,保证政府职能和为民服务措施的有效发挥和延伸。

(刘凤锦　焦志清)

**【房屋测绘鉴定】** 完成测绘任务2065件,建筑面积94.7万平方米。完成各项房屋安全鉴定并出具房屋安全鉴定报告983份,建筑面积85.1万平方米。

(刘凤锦　焦志清)

## 房屋土地经营管理中心

**【概况】** 贯彻科学发展观,落实市、区政府"保增长、保民生、保稳定"的精神,以确保完成市、区重点工程项目为重点,确保汛期房屋安全、百姓住用安全和职工队伍的稳定,完成各项任务。

**单位名称:东城区房屋土地经营管理中心**

**单位地址:美术馆东街甲24号**

**联系电话:64026854　邮政编码:100010**　(刘国宏)

**【重点工程】** 完成民居改善工程。涉及居民院1628处,房屋1.13万间,建筑面积15.9万平方米,受益居民6775户,超额完成市、区政府下达的民居修缮5000户工程任务。完成煤改电工程量:砸地线4226个院落,电缆敷设118.22万米,安装室内闸箱3.96万套、表箱3.81万套,新作顶棚854户1297间,完成顶棚保温1960户3005间,完成外墙保温23.3万平方米。受益居民3.8万户。完成箱变安置和强电入地79户居民搬迁工作,可放置箱变60台,开闭器17台,确保煤改电工程的整体进展和胡同风貌的保护。完成1648个院,9567户水表一户一表改造工程。完成胡家园小区10栋多层楼、2栋高层楼的节能改造。为533户更换门窗5338平方米。完成外墙保温1万平方米,屋顶保温674平方米。老旧楼房通燃气工程涉及楼房20栋,居民1425户,至年末,完成安装1399户,其中16栋楼房已通气,受益居民1140户。(刘国宏)

**【国庆安保工作】** 制订国庆期间"防火安全防控方案"、"反恐应急预案"、"防火安全应急处置预案"、"制高点控制方案";召开各级安全保卫工作专题会100次,对全中心范围内的施工工地、民工宿舍、管段、仓库、地下空间、出租房屋、锅炉房、配电室、旅馆等重点部位进行联片和重点检查,组织检查组50个,出动检查人员2335人次、180批次,检查重点防火部位150处、地下空间123处、锅炉房25处、配电室水泵房70处、电梯设备235部、旅馆、餐饮、出租房屋等226处,发现问题采取限期整改及关停措施,对焰火燃放地周边的房屋进行安全检查,出动102人次、检查房屋1505间,巡视院落335处,投资53万元购买防火苫盖材料1.5万平方米,完成东交民巷31号院防火覆盖工作。国庆安保演练期间及国庆庆典期间,中心出动值守人员800人次,完成国庆安保和守桥护路任务。(刘国宏)

**【直管公房管理】** 直管公房面积149.63万平方米,租金收缴率99.23%。回购直管公房使用权58间。通过网络系统受理居民更名282户,分户22户,办理商企用房开业217户,其他变动4690户。完成西河沿、新中街、东营房和东交民巷土地储备等拆迁项目。完成10个分中心的地籍调查工作,向东城国土分局提交土地登记申请书5743份,张贴公告1805份,至年末,区国土分局向中心发放土地使用权证1788份。

(刘国宏)

**【修缮服务工作】** 完成房屋中修项目拆砌墙207间,

屋面整修1285间，天沟挑修214间。房屋零维修服务工作，接到报修1.51万户次，完成率100%；通过城市网格管理平台，解决和处理案卷1396件。（刘国宏）

**【防汛工作】** 3月，成立防汛工作指挥部，召开防汛动员会，编制下发《防汛工作计划》《防汛应急预案》，签订《安全迎汛责任书》。开展“防汛抢险演练”。汛期中，19个专业查房小组以反复巡查方式，加强房屋动态管理，复查重点房屋3.23万间，采取措施及时排除各种隐患。（刘国宏）

**【设备设施管理】** 3月20日，完成2008～2009年供暖工作，确保供暖合格率100%，室内温度不低于16摄氏度的标准。直管公房21处锅炉房的供暖运行状态良好，区内及区外直管公房电梯及高层楼二次供水设施均运行正常，运行率100%。（刘国宏）

**【信访工作】** 受理群众来信、来访、来电2943件1200批1875人次。其中受理群众来访632件1200批1875人次，领导接待64件126批260人次，受理市、区信访办、市建委等部门转信1339件，中心自行接信74件。其中领导阅批件425件，受理市、区政府便民电话、便民热线网898件。受理市、区人大建议、政协提案、议案及党派提案42件，办结42件，办结率100%。完成区委督查12件、区政府督查59件、上报区信访办、区排查办情况报告28件。做到事结息访945件，办结重信重访124件。全年化解各类矛盾纠纷1101件，涉及居民1354人。为群众办实事191件，收到表扬信97件，锦旗24面。（刘国宏）

**【物业管理】** 本年，中心所属各物业公司，强化质量管理体系建设，完善各项管理服务责任，提高物业服务水平，保持中心所管各老旧小区、危改回迁小区、经济适用房小区和商品房小区的稳定与和谐。中心所属东旭佳业物业公司，通过ISO 9001（质量）、ISO 14001（环境）、0HSAS 18001（职业健康安全）三类国际标准认证。做好危改小区管理服务，“俊景苑”小区争创市优小区成功，5月，将物业公司资质提升为二级物业管理资质。（刘国宏）

**【法律工作】** 截至年末，接报办理案件171起。其中行政诉讼案件36起、结案29起，民事诉讼案件135起、结案103起，仲裁案件6起、结案5起。全年发生行政败诉案件3起。中心各基层单位办理涉及取暖费、房屋租金、物业管理费诉讼案件239起，挽回损失104.53万元，追缴完成65万元。（刘国宏）

# 园林绿化

**【概况】** 东城区园林局是东城区绿化和公园行业管理主管部门，属全民所有制事业单位，代行部分政府职能。下辖东城区绿化队和地坛、青年湖、柳荫、南馆公园管理处5个基层单位，负责本区园林绿化工作的政府工作部门，行使政府行政职能。

以服务保障建国六十周年庆祝活动为中心，启动全区绿化普查工作，开展公园绿化情况调研。全年扩大改造绿地5.58公顷，植树7.49万株，种植草坪7.65万平方米，屋顶绿化1.05万平方米，完成交道口东大街、东北二环机场高速联络线公园绿地、通惠河玉河遗址公园等重大绿化工程，创建首都绿化美化花园式单位3个，首都绿化美化花园式社区1个，区园林绿化局被评为首都绿化美化先进单位。完成国庆环境布置、国庆游园工作。提升群众绿化美化工作。召开区绿化委员会全会和街道地区工作会，和平里等5个街道先后成立街道绿化委员会。完成地坛公园方泽轩地面修缮及北门室外综合体育中心周边环境整治，青年湖公园绿化、景观小品（亭子）、道路铺装改造等工程；完成柳荫公园1.1万平方米的南岸道路、广场、绿化等综合改造。以建国60周年庆祝活动为契机，强化窗口服务意识，坚持明查、暗查和互查相结合，巩固文明行业创建成果；推出模块化管理。利用公园资源，举办一系列娱乐休闲文化活动。年末，全区绿化面积532.18公顷，绿化覆盖面积707.27公顷。绿地率21%，绿化覆盖率27.91%，人均绿地面积8.59平方米，人均公共绿地面积3.29平方米。全年游园人数1091.34万人次。8月31日，按照市、区行政管理体制改革精神，东城区园林绿化局正式成立。

**单位名称：东城区园林绿化局**
**单位地址：东直门内北中街甲1号**
**联系电话：64041796　邮政编码：100007**　（郭云峰）

**【地坛春节文化庙会】** 1月25日至2月1日，在地坛公园举行第二十四届地坛春节文化庙会，历时8天，接待各界游人120万人次，六十家中外新闻媒体对地坛庙会进行报道。本届庙会以“民族、民间、民俗”为主题，在保留原有特色的基础上，充分发掘传统庙会的文化内涵，把民俗文化和民族特色融合，把民间艺术和美食文化融合，使公益活动与丰富多彩的节目相辉映，为游人营造出喜迎新春、欢度年节的场景。此次庙会推出“小小暖炉传心意”爱心服务互动。活动期间，为游人提供寻人、寻物广播服务500人次，接待电话、咨询服务1.5万人次。获市文化局颁发的“最具人气奖”、

市旅游局颁发的“最具人气的庙会奖”。 (郭云峰)

【工作会议】 2月26日,召开2009年东城区街道绿化美化工作会,10个街道办事处绿化主管主任、城市综合管理办公室科长、绿化主管干部参加。总结上年古树管理、屋顶绿化、街道绿化养护等工作,部署本年绿化美化工作。3月20~21日,召开园林工作会。机关全体、基层单位副科以上干部及职工代表82人参加。王中华、陈晓梅分别作《弘扬奥运精神 坚持科学发展 开创园林绿化美化建设新局面》和《深入学习实践科学发展观 加强领导干部作风建设 为东城区园林事业的可持续发展而努力奋斗》报告,总结上一年工作,部署本年工作任务。3月30日,召开2009年东城区绿化委员会全会。林业总局机关服务局局长彭有冬、总政直工部管理保障局副局长董文国、北京医院副院长韩绥生,区领导杨艺文、毛炯等出席。区有关单位、办事处、地区负责人和绿化委员会委员参加。会上宣读绿化委员会委员调整名单,传达首都绿化委员会第28次全会精神,表彰上一年区级绿化美化先进单位和个人,总结工作,部署本年工作任务。杨艺文对全区绿化工作提出要求。 (郭云峰)

【植树活动】 4月4日,在东北二环机场高速联络线公园绿地举行东城区植树日活动。市人大常委会副主任吴世雄、政协副主席王伟、园林绿化局副局长强健、北京卫戍区少将王子彦、空军后勤部少将李秀兴等领导,区四套领导班子成员陪同,同武警战士、市民代表及部分小学生共同种植油松、银杏、栾树、白蜡等树木100株。各街道办事处在各主要路口、繁华地段设咨询宣传点15个。全区5万人参加植树日活动,植树1万株、养护树木10万株、清扫绿地10万平方米、悬挂宣传横幅60条、发放宣传材料5万份。 (郭云峰)

【领导调研考察】 4月7日,市园林绿化局局长董瑞龙、副主任王苏梅、市园林绿化局副局长强健等一行5人到东城调研园林绿化建设开展情况。区领导杨柳荫、杨艺文、边振英、毛炯陪同。董瑞龙肯定东城园林绿化工作,提出建设性意见。4月22日,住房和城乡建设部城建司副司长陈蓁蓁及园林城市复查专家考察组一行10人,在市园林绿化局董瑞龙、强健高士武等陪同下,到东城北二环城市公园、东二环沿线及奥林匹克社区公园进行园林城市复查实地考察。毛炯参加考察。 (郭云峰)

【绿化改造工程】 雍和大厦绿化工程位于北二环小街桥西南侧,4月15日开工,5月9日竣工,总面积884平方米,其中栽植乔木47株、灌木38株,色带232平方米,宿根花卉92平方米、时令花卉62平方米、铺草413平方米。完成铺装面积110.8平方米,安装山石台阶6.66平方米。3月29日至4月30日,完成东北二环机场高速联络线公园绿地建设工程,总规划面积11.4公顷,工程包括绿化、庭院、电气、给排水、雨水收集和园林小品等。4月17日至6月2日,完成交道口东大街绿化改造工程,该工程东起北新桥,西至交道口,总面积3282平方米,其中分车带绿地2155平方米、便道绿地1127平方米。栽植乔木53株、灌木236株色带1833平方米、宿根花卉549平方米、时令花卉851平方米、草坪76平方米。4月28日至6月30日,完成柳荫公园南岸绿化综合改造工程,范围包括公园南湖区域景区主要道路、广场及两侧绿地、东门厕所翻建、游客活动中心等两处建筑翻新及改造范围内的上、下水管线和园灯座椅等基础设施。改造总面积1.4万平方米,其中铺装面积3600平方米、绿化面积9500平方米、房屋建筑翻建900平方米。5月19日至7月17日,完成青年湖创精品公园工程,工程内容涉及土建、庭院和绿化工程三方面。土建工程:北门、东岸2个公共厕所施工,面积336.99平方米。庭院工程:部分广场、道路的铺装、两个门区、桥区方面及3个景亭修缮等工程。绿化工程:新种植灌木556株、地被1.14万平方米、早园竹40丛、水生植物399.67平方米、攀缘植物1060株。 (郭云峰)

【地坛地面修缮工程】 经国家文物局、北京市文物局审批同意,根据2007年北京市建工建筑设计研究院制定的地面修缮方案,6月2日,地坛公园对神库、宰牲亭地面及散水进行修缮,以重新铺设地面为主,逐步恢复地坛文物建筑历史原貌,改善文物环境。该工程修缮面积3000平方米,于8月28日竣工。 (郭云峰)

【地坛书市】 与团市委、新闻出版局等单位共同举办书市3次。春季书市,4月30日至5月11日,500家出版发行单位参加,以“阅读提振信心、文化推动消费”为主题,推动全民阅读。秋季书市,10月16~26日。以“庆六十华诞、书辉煌篇章”为主题,汇集各类新书、畅销书和古籍、专业书籍20万种。冬季书市,12月4~14日。接待读者近30万人次。 (郭云峰)

【枣疯病防治】 5月12日,枣疯病防治工作全面启动,河北农业大学赵锦博士与市林业保护站工作人员到安定门、北新桥地区进行枣疯病防治现场指导,给部分患病枣树打吊针。截至6月中旬,在北新桥、安定门、东四、朝阳门、东华门街道、北二环城市公园防治患

枣疯病枣树 54 株,完成枣疯病防治工作。(郭云峰)

**【职工代表大会】** 6 月 17 日,在局机关四楼会议室,召开局工会第五届第三次职工代表大会。区总工会、有关领导、局领导及各基层单位工会主席、全局职工代表 55 人参加。听取并审议通过《东城区园林局 2008 年工作报告》《东城区园林局工会 2008 年工作报告》《东城区园林局工会 2008 年财务工作报告》及《东城区园林局工会 2008 年经济审查工作报告》等。王中华总结。(郭云峰)

**【国庆服务保障工作】** 根据区综治办国庆安保标兵部署,8 月 27 日,园林局召开动员部署大会,园林绿化局 43 名安保标兵站岗演练 3 次,9 月 30 日 16 时至 10 月 1 日 14 时,正式进入安保岗位,与公安干警密切配合,有序疏导,确保国庆阅兵活动安全无事故。(郭云峰)

**【国庆花卉景观布置】** 突出“普天同庆”主题,打造“一环一轴花成带、特色三心花成片、七大游园花成海、开放绿地花缤纷”的花卉景观。有 200 万株鲜花点缀东城各大公园、重点地区、重点道路及街头绿地。坚持地栽为主、立体为辅的原则,达到春、夏、秋季“鲜花不断”。全区摆放花坛 2 处,东直门桥区绿地、东北联络线绿地内摆放花柱 15 根,在皇城遗址公园五四大街路口绿地内摆放“和谐盛世”花堆一处,在地坛园外园南门绿地内摆放大型花拱 3 个。各公园内摆放立体花坛 7 组。(郭云峰)

## 环境卫生

**【概况】** 东城区环境卫生服务中心是区属全额拨款事业单位,主要负责全区市容环境卫生的规划管理和组织实施。下属 10 个基层单位,正式职工 1269 人,临时工 1215 人。采取人工、机械相结合的办法,负责辖区 115 条大街,334 万平方米路面,52 万平方米绿地清扫保洁和冬季融雪铲冰工作。负责对 71 条主要大街和 3.5 座立交桥 94 万平方米实行白天喷雾降尘,夜间冲刷地面工作。负责全区居民、机关、企事业单位生活垃圾清运、消纳、无害化处理及 48 座密闭式清洁站设施维修管理工作;负责 970 座公厕清扫保洁,设施维修,改建及市、区重大政治活动和节日期间临时公厕支搭、保洁任务。负责区内公厕及部分单位内部厕所粪便抽运及管道疏通工作。负责全区主要大街、重点地区违法小广告、宣传品及乱贴乱划清除处置工作。

年末,环卫中心建设的青年湖融雪剂搅拌站投入使用。

**单位名称:东城区环境卫生服务中心**
**单位地址:小雅宝胡同 34 号**
**联系电话:64032275 邮政编码:100005** (胡晓燕)

**【领导慰问】** 1 月 25 日(除夕),区领导王学勤、杨艺文率区委、人大、政府、政协领导,到环卫中心慰问环卫职工,与大家亲切座谈。5 月 1 日、9 月 30 日,区领导杨柳荫、杨艺文、刘朋庆、吴弘勇、冯熙、刘瑞宾、边振英等分别慰问“五一”、“十一”期间坚守在一线工作的环卫职工,范辉等陪同。在王府井所杨柳荫肯定环卫职工服务水平,提出要保持“高质、高效”的清扫服务水平,为东城区的“心脏”服务,给中外游客创造清洁优美的旅游、休闲和购物环境。(胡晓燕)

**【禽流感防控工作】** 为预防禽流感传播,对干路鸟类栖息地、鸟类粪便及垃圾存放处理设施加强防控、消毒工作。1 月 6 ~ 13 日,对长安街、崇内、台基厂、交民巷、大华路等几条大街禽类栖息地遗留的 41 处(6600 平方米)鸟类粪便污染区域清扫消毒。出动水车 8 部,消毒人员 16 人次,对上述区域巡回消毒 5 次,33000 平方米。使用消毒液 210 斤。(胡晓燕)

**【党员培训】** 2 月 4 ~ 5 日,环卫中心举办第 20 届党员培训班。中心党员、入党积极分子 261 人参加培训。(胡晓燕)

**【质量检查管理】** 根据《北京市环境卫生专业作业检查考评办法》,对本中心业务工作质量检查办法进行修订,制订《环卫中心业务质量检查管理办法及扣分标准》使业务质量检查管理办法及扣分标准更科学具有可操作性。3 月 12 日,邀请市市政管委渣土处到中心对业务科全体人员、各所队业务所长、业务组长及相关人员进行培训和交流。中心专业管理科对各基层所进行培训,并监督、指导各基层单位建立各项业务台帐。(胡晓燕)

**【更换公厕名牌】** 按照市市政市容委标准。5 月 20 日,为全区 978 座公厕重新定制厕名牌,全部安装完毕。(胡晓燕)

**【餐厨垃圾分类试点】** 5 月 18 日开始,王府井地区餐厨垃圾分类运输、分类处理开始试运行,环卫中心对王府井地区 8 家单位的餐厨垃圾,采取上门收运、统一运到餐厨垃圾处理站,进行无害化、资源化处理。(胡晓燕)

【清扫保洁新工艺】 根据市市政市容委关于对干路清扫保洁新工艺任务的通知要求，加强多功能洗地车洗地作业力度以及开展对部分路牙、便道的水冲作业。5月18日前，采取洗地车、机扫车夜间同步作业。由于夜间道路上停车多，影响洗地作业质量，5月18日起，将洗地作业由夜间改为白天，每天出动6辆洗地车对全区71条主要大街进行洗地作业。5月中旬，环卫中心机扫队2部12吨水车，送到北京科力环科清洁车辆有限公司进行水泵改装，6月22日开始，在张自忠路、东四十条等13条大街进行试点作业，为干路便道冲洗作业及路牙的清洗作业积累经验。 (胡晓燕)

【用工制度改革】 6月10日，环卫中心三所、六所与北京信立强劳务服务有限责任公司劳动派遣签约仪式正式启动;6月18日，共同召开招工会。会上，两个基层所介绍本单位工作性质、用工管理制度、行为规范及工资福利待遇等作，北京信立强劳务派遣公司介绍公司基本情况及相关法律法规等。派遣公司首批为三所派遣公厕保洁员32名、六所48名。 (胡晓燕)

【美化环境活动】 6月25日，环卫和园林战线的志愿者在柳荫公园联合举行“美化环境，扮靓东城”活动，向全区市民发出倡议:号召人人要争做文明新风的传播者、文明环境的维护者，在岗位上和社会活动中传播文明与和谐、传递绿色与希望，为美化环境扮靓东城贡献力量。志愿者向市民发放环保购物袋，养花、绿化等书籍，在“美化环境、扮靓东城”大型条幅上签字，体验种花和清理绿地等活动。环卫中心60人参加。

(胡晓燕)

【洁站改造】 按照《北京市密闭式垃圾清洁站建设改造技术导则》标准，9月9日，开始密闭式清洁站改造任务。至年末，完成6座，其中1座采用移动式垃圾压缩设备、5座为更换不锈钢集装箱形式。 (胡晓燕)

【多项专业培训】 8月，组织三所、四所、六所到昌平环卫处参观汽拖式厕所。组织支搭活动厕所实战培训。9月，专业管理科再次对汽拖式厕所汽油发电机使用方法进行培训。对职工进行环卫职业道德、沟通技巧、公厕消毒等培训，提高职工职业道德、技巧等。针对预演出现死井式沟槽厕所容易出现满冒问题，请市环卫集团对厕所保洁员如何技巧地保洁此类厕所进行培训。 (胡晓燕)

【国庆环境保障】 国庆期间负责戒严区内27条大街清扫保洁和122处公厕的保洁、维修、粪便抽运等环境保障工作。在国庆庆祝大会、晚会和庆典演练活动期间，出动环境保障人员5157人，各种作业车辆427辆，收运垃圾102.8吨，抽运粪便324吨。保障100万人用厕。被评为首都中华人民共和国成立60周年庆祝活动东城区筹办工作先进集体。 (胡晓燕)

【交流与调研】 4月23日，杨艺文陪同市市政市容委领导到三所管理的大阮府胡同活动公厕调研。中心领导介绍全区开展“文明公厕”活动情况及社会反响。4月，中心党政领导，机关党员干部和所、队领导分别到10个街道100个居委会听取居民群众对环卫工作的意见建议，通过走访、收集意见16条。5月26日，呼和浩特市新城区人民政府副区长王斌带领城建、市容、环卫、城管等部门领导到环卫中心就环卫机构改革、环卫设施建设、垃圾管理、环卫作业质量标准、环卫作业服务等工作进行交流，实地考察王府井所和作业现场。张梅等领导参加

7月16日，杨柳荫到环卫中心调研，听取中心迎国庆60周年大庆筹备工作情况，提出要求。边振英等参加。 (胡晓燕)

# 环境保护

【概况】 区环境保护局依法对辖区内环境保护工作实施监督管理。全年，实施北京市第十五阶段控制大气污染措施。办理建设项目环境保护审批594项，办理建设项目环境保护验收335项，完成备案登记26项，依法征收排污费2.95万元，对360家污染源进行排污申报登记。

6月~11月，经区政府批准，对办公楼进行节能改造。经改造，办公室照明灯由每根40w改为24w节能灯，暖气由铸铁改为不锈钢，达到节能环保要求。

**单位名称:东城区环境保护局**

**单位地址:东四六条甲17号**

**联系电话:64043663 邮政编码:100007** (马春华)

【环境质量】 继续实施治理大气污染措施，完成市政府发布的第十五阶段控制大气污染各项任务，大气污染得到控制，大气环境质量继续得到改善。全年北京市空气污染指数(API)二级和好于二级天数为285天，占全年总天数78.1%。东四子站本年目标71%、260天，实际完成73.4% 268天。可吸入颗粒物(PM10):区(东四子站)自动监测可吸入颗粒物年均值为0.132毫克/立方米，与上年相比基本持平。二氧化氮:全区年均值为0.061毫克/立方米，低于国家环境空气质量二级年均值标准限值(0.080毫克/立方

米),与上年相比上升27.1%。一氧化碳:全区年均值为2.0毫克/立方米,与上年相比上升25.0%。二氧化硫:全区年均值为0.043毫克/立方米,低于国家环境空气质量二级年均值标准限值(0.060毫克/立方米),与上年相比上升26.5%。降尘:全区降尘量年均值为7.0吨/平方公里/月,低于本年度标准限值(清洁区7.0+7.0=14.0吨/平方公里/月),与上年相比上升7.7%。噪声:全区区域环境噪声平均值为53.3分贝(A),与上年相比降低0.3分贝(A)。道路交通噪声平均值为67.8dB(A)(公里路长计权LeqdB(A))与上一年持平,道路平均车流量为4765辆/小时,与上年相比减少6.3%。全区工业企业废水、废气稳定达标率、二级以上医院医疗废水排放达标率、燃油、燃气锅炉烟气排放达标率均为100%。

(马春华 郑辉 郑宏伟)

**【信访工作】** 全年接群众来信999件,市局12369信件519件,人大建议8件,政协提案1件,区信56件,热线11件,局长接待日5件、本局399件。反映大气污染398件、噪声污染555件、水污染6件、其他污染40件。信访答复率100%、办结率100%。

(马春华 安宏伟)

**【行政处罚案卷】** 落实一般程序的环境行政处罚案件执行情况,行政处罚辖区内违法单位27家,处罚金额2.88万元。本年参加区行政执法案卷评查5卷,平均得98.5分,均为优秀卷,其中1卷参加市法制办行政执法案卷评查,得分99分评为优秀卷。

(马春华 郝冬晟)

**【环保宣传】** 5月16日,参加科技周宣传咨询活动。宣传黄标车淘汰工作,发放《高排放污染黄标车淘汰及相关政策》手册200份,悬挂"淘汰黄标车,建设绿色北京"宣传横幅,向市民现场演示噪声监测仪使用、功能。发放《呼唤蓝天》《绿色生活我知道》等宣传材料500份;29日,参加第三届"我们共同成长"主题游园会。展示小型环保运输车,现场进行大气采样和数据分析。制作环保小知识问答与孩子们展开互动;30日,为纪念"六·五"世界环境日,结合"减少污染,行动起来"的中国主题,以绿色出行方式参加"骑车逛运河 生态游通州"活动。6月6日,组织小学生参加市第十三届小学生"我爱地球妈妈"演讲比赛,北官厅小学张雨彤获全场最高分;14日,参加区节能周"推广使用节能产品,促进扩大消费需求"宣传咨询活动。8月20日,组织"绿色北京绿色行动宣讲团"专家为东直门街道工体社区居民进行环保知识讲座。介绍节能减排知识及家庭节能小窍门等。11月7日,在多福巷社区组织绿色家园社区环保涂鸦活动。中央美术学院等七所高校环保社团70名大学生与社区居民开展互动式绘画活动,宣传环保理念。12月,组织参加市环保宣教中心举办的第六届"自然与生命的瞬间"摄影比赛。参赛照片60张。林向泽、郝冬晟等"60年国庆北京街头"、"蓝天卫士"等六幅摄影作品分获三等、优秀奖。

(马春华 郝冬晟)

**【党风廉政工作】** 开展"缅怀革命先烈英雄业绩"主题党日活动,参观天津平津战役纪念馆,延安革命基地。参观北京市第一监狱反腐倡廉警示教育展览。加强党内监督、群众监督和社会监督,确保重点岗位、关键环节监督检查,加强污染减排工作,强化行政许可服务,严格环境准入,强化环境管理、环境监督执法和环境监测工作,从落实科学发展观、保持党的先进性、加强环保队伍建设三方面抓环保系统惩防体系建设和廉政风险防范管理工作。3月~8月,开展学习实践科学发展观活动。经过学习调研、分析检查、整改落实三个阶段,围绕"学习实践促科学发展 以人为本建绿色东城"活动主题,收到良好效果。 (马春华 席俊)

**【领导走访调研】** 1月6日,市环保局杜少中到东城区行政服务中心视察黄标车淘汰鼓励资金发放窗口落实情况。2月1日,杨艺文慰问区环保局干部、职工,对环保工作提出要求。2月2日,毛炯调及相关部门负责人调研环保工作。2月19日,市环保局姚辉一行调研环境监察工作。2月27日,市环保局冯惠生到东城调研污染源监控中心建设工作。5月15日,市环保局史捍民,杨柳荫、杨艺文调研环保工作。 (马春华)

**【在线访谈】** 10月23日,在区市民中心通过"数字东城"网站,举办"以人为本建绿色东城"政府在线访谈,与网友进行交流。327位网友参加活动,回答问题129个。内容涉及环境污染治理、环境保护措施、当前环保热点等。使更多市民了解东城区在大气环境改善以及落实节能减排工作情况。 (马春华 郝冬晟)

**【慰问活动】** 春节前,开展"党心连民心,亲情进万家活动"。与铁营社区看望"一帮一"扶贫济困对象盲人郑宝清等10户低保家庭,送去米、面等慰问品。开展离退休干部新春团拜,走访慰问在职、离退休干,看望在家休养和住院治疗在职、离退休干部7人。开展"共产党员献爱心"捐献活动,捐款3380元。为内蒙古赤峰贫困地区抗灾,募捐棉衣、毛衣等过冬御寒物品200件。 (马春华 刘军妍)

【煤改蓄能电采暖】 北京市向东城区下达3.2万户平房煤改蓄能电采暖任务。选定安定门、交道口、北新桥、东四、景山、东华门、建国门、朝阳门8个街道的文保区为“煤改电”区域。11月15日,“煤改电”改造工程按期完工。新电源全部发电,完成清洁能源供暖改造3.8万户,销售并安装蓄热式电采暖器6.8万台。改造区域内居民享受蓄热式电采暖器补贴、清洁能源自采暖补贴等优惠政策。 (马春华 姚鸿滨)

【环境统计年报】 1月14日,召开环境统计工作会,部署2008年度工业企业环境统计年报工作。2月份,采取动态更新参统企事业单位名单,动态调整监测、监察方案,开展医院污水生化监测,开展填报培训和数据核查四项措施,完成环境统计工作,为区环境保护决策提供依据。 (马春华 郑宏伟)

【总量减排工作】 推进平房煤改蓄能式电采暖工程,通过减少居民燃煤量达到削减二氧化硫排放量;成立工作小组,制订《东城区主要污染物总量减排统计、监测、考核办法》;将二氧化硫减排主要措施和工程,减排体系建设纳入区政府折子工程,定期考核各责任单位的计划落实情况。4月,2008年东城区主要污染物总量减排工作通过国家环保部正式验收。2008年,东城区全年二氧化硫排放量为713吨,比2007年数据削减81吨,削减率10.2%。 (马春华 郑宏伟)

【环境污染源监控中心建设】 区污染源监控中心建设包括前期调研,系统论证,数据收集,数据入库,图层标注,软件开发,硬件采购调试,软件测试8个阶段。10月~11月底完成服务器等硬件调试,软件上线测试工作。12月24日,通过专家验收,进入试运行阶段。项目包括污染源管理,污普资料开发,环境质量管理,污染源环境地图,辅助应急指挥,多媒体管理和新闻发布等模块。实现对全区污染源单位的日常监控,为环境管理、应急处置提供决策依据。(马春华 郑宏伟)

【污染源普查】 6月10日,北京市第一次全国污染源普查工作验收组对东城污染源普查工作进行验收。包括组织准备、普查表填报质量控制、数据录入、档案整理、数据库建设及成果开发等。结论:各项指标均符合国家和市核查标准。通过核查验收。

(马春华 陈鸣)

【淘汰黄标车工作】 1月12日,在区行政服务大厅区“黄标车淘汰鼓励资金发放窗口”挂牌成立。发放补助资金对象:车辆在东城区注册,正常参加定期尾气排放检验,持有本市有效黄色环保标志,在2008年9月27日至2009年12月31日期间转出和报废的车辆。资金发放标准按两个阶段执行,2008年9月27日至2009年6月30日,补助资金最高2.5万元,最低800元;2009年7月1日至12月31日,补助资金最高2.2万元,最低500元。至年末,完成淘汰黄标车总数3330辆,其中财政供养车辆1474辆,社会单位和个人1856辆,发放鼓励资金316.42万元。未淘汰705辆,其中财政供养502辆,社会单位和个人203辆。另有452辆因收藏、外宾赠送、财产纠纷、等问题暂无法淘汰。4月1日至5月10日,对辖区内重点单位开展黄标车专项执法检查。检查单位41家、车辆4159辆(其中旅游车434辆,货运车185辆,出租车1526辆,公交车1490辆,邮政车210辆,环卫车314辆)。经查,辖区内旅游、出租车、公交车、邮政车已全部为绿标车。

(马春华 李智)

【两会期间环境安全】 加大对辖区内工地扬尘、噪声、餐馆油烟等污染的检查力度;加强信访热点问题的排查处理和回访,避免引发集体访;加强对区内三级以上涉源单位、水环境安全、危险化学品安全等重点污染源的监督管理;启动应急监察、监测体系,做好人员备勤,确保及时应对突发环境污染事件;落实责任制,坚持领导带班和值班制度,加强内部安全隐患排查,防范安全事故。确保信息的畅通及时,发现问题及时报告妥善处理。 (马春华 安宏伟)

【国庆环境质量保障】 10月1~8日,东四子站一级3天,二级5天。制订《新中国成立六十周年庆祝活动期间东城区环境安全保障工作方案》。部署环境应急处置队,承担区环境安全保障任务。9月30日至10月2日,进入一级响应备勤状态,10人坚守工作岗位,严密布控,做好突发环境事件应急处置备勤工作。对17家涉源单位实施动态管控。坚持每日零报告制度。各单位没有辐射安全事故发生。 (马春华 孟魁)

【专项整治】 4月15日,组织相关部门对安定门街道部分在施旧城房屋修缮保护工程进行集中整治,重点检查各修缮院落施工降尘措施落实情况;对交道口北二条、宝钞、豆腐池胡同15处在施旧城房屋修缮保护工程进行检查。对5处工地存在土堆、料堆苫盖不全情况,现场予以纠正并督促其整改。5月19日,与区城管大队、建委对华夏宾馆、天海大厦、地安门220KV变电站、神华能源股份有限公司办公楼、金隅科技研发中心五处在施工地进行联合检查。现场提出整改要求:加强清扫、洒水、覆盖等降尘措施。对天海大厦施工场地渣土、水泥未覆盖问题,依法予以查处。11月18日,召开重金属污染企业专项检查工作会,明确职责,对重金属企业摸排、建账,调查其重金属污染物产排量、排放去向、废水治理设施等情况,加强内部环境和日常监管。排查12家工业企业。

(马春华 林向泽)

【挂牌督办】 环保专项行动中确定三家重点单位挂牌督办:北京军区总医院污水处理设施,北京远东仪表有限公司废弃危险化学品消纳,市隆福医院限期整改通《辐射安全许可证》均全部整改完成。

(马春华 孟魁)

【解决噪声扰民】 群众投诉,南竹杆胡同6号楼图兰朵餐厅噪声扰民。执法人员立即进行现场勘察,确认举报声源为大厦十五层楼顶的油烟净化设备。经多次与开发商协调,督促其对大厦排烟道进行全面检查,对漏声处作密封胶封堵处理,对净化设备进行清洗维护,最大限度地减少噪声对周围环境的影响。经复查并与投诉人核实,该处噪声扰民问题得到妥善处理。该信访件被"12369"情况快报评为优秀办理件。投诉人在市局回访时表示满意。 (马春华 王强)

【机动车排放监管】 3月,区机动车排放管理站挂牌成立,开展机动车排放监管工作。开展路检、夜查、遥感、入户、举报、检测场、加油站等日常检查,定期开展对旅游、货运、公交等车辆专项检查。全年检查车辆总计13.9万辆,其中遥测检查12.93万辆、路查3166辆、入户检查1508辆、查处举报车29辆、夜查3004辆。处罚18辆,其中举报车2辆、夜查16辆。

(马春华 李智)

【辐射安全管理】 6月2日,召开非密封放射性物质安全管理工作会,11家单位参会。发放《北京市环境保护局关于加强非密封放射性物质辐射安全管理的通知》,强调完善放射性同位素转让审批和备案手续。要求各单位进行自查并报环保局备案。8月14日,召开国庆期间辐射安全保障工作会。17家涉源单位参加。发放《东城区环境保护局关于国庆期间加强辐射安全防范工作的通知》。要求各涉源单位制定《重大节日及特殊时段期间辐射安全管理方案》。严格遵守"零报告"制度。9月8日,对涉源单位检查中。发现首都医科大学附属北京妇产医院治疗室存放一枚铱-192废放射源。当即要求该单位严格履行程序,当夜,将该废放射源退回生产单位,将放射源转移相关手续报区环保局备案。 (马春华 孟魁)

【环境安全检查整治】 加强对辖区内相关企业的环境安全隐患排查和监督检查工作。对危险化学品从业单位,再生资源回收企业,违法使用、收购、储存废弃危险化学品的场所和水源防护区相关企业,开展"整治违法排污企业保障群众健康环保专项行动",严厉打击违法排污行为,对辖区工业企业、加油站、汽修、医疗等行业进行拉网式大检查,消除辖区环境安全隐患。6月15~26日,对医疗单位开展危险废物专项检查。重点检查管理制度、应急预案与体系、法规执行、现场管理与措施落实、合法处置等情况,检验发现隐患、协调联动反应的能力。检查中发现部分医疗单位医疗垃圾临时处置场所无冲刷所需的上、下水,不具备现场清洁和消除污染的条件;部分医院医疗废水处理无投药记录,无交接班管理记录;部分医院医疗垃圾储存场所标识不规范、出入口没有防止冲刷污水外溢的措施,存在二次污染的可能。上述问题经过整改,已得到解决。4月1日至7月10日,开展百日环境安全隐患整治工作,制定工作方案,成立领导小组,明确专项整治工作目标、整治范围。通过动员、自查、整改、复查和总结五个阶段,全面降低东城区环境安全风险。8月~9月,与北新桥街道办事处联合对东直门内大街(簋街)、大羊毛胡同等餐饮业密集区域的50家餐饮单位进行检查,重点检查油烟净化设备使用和运行情况,经查:对4家单位油烟净化设备未正常使用,立案处罚责令更换;6家单位油烟净化设备老化已完成设备更新。

(马春华 孟魁)

【水污染防治】 建立健全水污染事件报告制度和应急机制。成立应急工作领导小组,制定《突发水源污染事故应急预案》,并就应急工作开展培训和演练,保障应急人员和设备能够第一时间到达事故现场,妥善处置水污染事件。水源防护区内的工业企业、医院全部设立废水处理站。加油站和危险化学品使用单位等产生危险废物单位,按规定完善防护设施,处置废弃物。增加地表水监察巡视频次,及时掌握水体外观变化。定期采样检测,及时向有关部门通报水指标变化。加强日常排查,消除水环境安全隐患。将重点地区和重点单位列为排查对象,严密监管。通过多渠道消除隐患,防止水环境污染事件的发生。(马春华 孟魁)

【控制大气污染】 1月5日,区政府召开第78次区长办公会。审议通过《北京市东城区人民政府关于落实第十五阶段控制大气污染措施的通知》《东城区落实第十五阶段控制大气污染措施折子工程》,提出东四子站全年实现二级和好于二级天数达到71%的目标,将第十五阶段各项工作任务分解为八个方面、26项措施,明确责任单位和完成时限。

4月23日,召开控制大气污染工作会,部署大气污染控制工作。副区长毛炯与27家环保委员会成员单位签订《东城区落实第十五阶段控制大气污染措施责任书》。全年,空气质量超额实现规定目标。

(马春华 孟魁 郑宏伟)

## 城市管理监察

**【概况】** 区城市管理监察大队成立于1998年12月1日,编制327人,在编执法人员294人,行使14项职能,行政处罚权300个。大队下设办公室、法制科、政工科、督查科、宣传科、指挥中心和直属分队、直属二队及12个街道地区分队。

本年,开展"庆典主题年"活动,提升执法形象、提高管理质量、改进执法方式、确保长效发展,全面推进城管执法工作。查处各类违法行为16.97万起,罚款39.82万元,拆除违法建设1365处3568平方米,清理房上物111处14.5吨。完成国庆庆典、两会、节假日及中高考等重点时期的环境保障任务,协助地铁6号线、8号线东城段建设工作,以拆违促拆迁,及时开展拆迁工地管理及周边商户出摊经营现象,有序开展各项环境治理工作。国庆前夕,完成辖区400块法规公示牌更换和修缮。受理群众来信来访511件,办结率100%,受理人大建议、政协提案主办案件8件,协办案件12件,办结率100%。接收城管新模式案件3.82万件,结案率97%。市局96310热线举报1.23万件,办结率99.5%,群众回访满意率达76%。在市城管执法系统国庆60周年庆祝活动环境保障工作中,大队获北京突出贡献单位,直属6个分队获先进基层单位,陈建民等36人获先进个人,机关党支部获党员突击队先进集体,安海东等两人获党员示范岗标兵,宣传科及两个分队获"城市文明加油站"优秀组织奖。10月16日,在区委、区政府、首都国庆60周年东城区筹备工作领导小组召开的"新中国成立60周年总结表彰大会"上,大队获先进集体称号,队长朱传芳获先进个人。

**单位名称:东城区城市管理监察大队**

**单位地址:老钱局胡同甲14号**

**联系电话:85120951　邮政编码:100005**　(张文侠)

**【领导慰问调研】** 1月23日,毛炯到大队指导部署春节环境保障工作。1月25日,区领导王学勤、杨艺文、刘朋庆、吴弘勇等慰问节日坚守工作岗位的城管队员。1月26日,市局领导车克欣、田才巨、王连峰等到王府井南口,慰问春节值守一线城管队员和城市志愿者、送去慰问品。5月1日,杨柳荫、杨艺文、刘朋庆、吴弘勇等领导到大队慰问城管人员。5月15日,曾刚健到大队听取队伍建设、党风廉政及拆除违法建设等工作汇报,并提出对依法行政要求。7月5日,市城管执法局副局长马惠民率市局调研组到和平里分队调研,有关领导及相关部门负责人参加。8月8日,马惠民率相关处室人员到大队慰问城管人员并送来慰问品。9月30日,杨柳荫、杨艺文、刘朋庆、吴弘勇等主要领导到北京饭店前,慰问节日坚守一线的城管队员,朱传芳等陪同。10月3日,副市长黄卫、市政府副秘书长周正宇等到王府井南口,看望正在开展城市文明加油站宣传活动的志愿者和城管队员。　(张文侠)

**【队伍建设】** 1月13日,以"学习和实践科学发展观"为主题,召开大队领导班子成员及处级干部了民主生活会。2月12日,召开大队党组会,传达区党风廉政建设暨推进廉政风险防范管理工作会议精神,就学习贯彻会议精神提出要求。2月17日,召开专题会,传达落实区委党务、区政府全会精神。学习政府工作报告,就年内工作安排及重点折子工程进行调整和完善。2月25日,参加市城管执法局"城管执法工作暨主题教育活动工作会",队长朱传芳与市城管执法局签订《维护首都安全稳定　实现平安北京目标责任书》。7月23日,区纪委常委会在区委南楼会议室听取大队党风廉政建设工作汇报。9月11日,组织机关全体党员参加"反邪教暨勤政廉政"主题党日活动。11月20日,在主题党日活动中围绕贯彻落实十七届四中全会精神,建设学习型集体"等进行分析和讲解。机关及直属分队48名党员参加。12月16~17日,召开工作研讨会,总结本年度工作,对下步工作提出设想,听取各街道办事处、各科室、分队及公安、交警负责人的意见和建议。毛炯及10个街道办事处主管主任,分队、科室负责人60人参加。12月25日,召开竞争上岗工作动员会,机关全体公务员参加。11月24日,大队进行部分干部交流。涉及大队机关、直属分队、景山分队和王府井分队干部12名。　(张文侠)

**【执法装备】** 2月6日,大队召开PDA移动执法系统(二期)试运行工作视频会议,科室、分队21人参加。2月26日,对全部车载执法取证设备进行维护保养、检修。市局信息装备中心为大队指挥中心安装城管桌面视频会议系统。3月,新购800兆数字集群终端52部。　(张文侠)

**【两节安保工作】** 1月1~3日,开展元旦环境保障工作,出动队员711人次、车辆274车次,查处无照经营87起、告诫违法相对人106人次,查处小广告33起、没收1580张、清除119处，检查街巷321条，规范“门前三包”单位1178家，清理渣土垃圾5吨，告知和引导街头流浪乞讨人员8人。受理网格化案件、96310城管热线和群众举报电话83起。1月9日，参加区多部门协同行动，重点检查人防地下滑冰场馆和海运仓燃气站等城市设施运行安全。1月11日至2月19日，专项整治四十天，确保春运环境秩序稳定。1月22日，大队下发春节环境保障工作方案。春节期间专项环境保障工作自1月25日至1月31日止，出动执法人员1453人次，执法车辆512车次，查处无照经营1051起、小广告275起、没收2万张、清除476处，检查门前三包单位2487家，清除垃圾渣土29吨，受理城管热线、网格化案件和群众举报97件；劝阻违规燃放烟花爆竹32起，教育违法相对人243人，告知救助街头流浪乞讨人员23人。东直门交通枢纽及北京站疏导流动人员160万，为旅客提供指路等咨询800人次。2月10日至3月20日，在全区范围内开展食品安全专项整治行动及扫黄打非执法工作。 （张文侠）

**【扫雪铲冰】** 2月17～19日，部署扫雪铲冰工作。出动执法队员626人次，出动执法车辆169车次，协管、保安85人次，动员社会单位6622家，发动社会力量2.1万人次，检查街巷和胡同471条，检查门前三包单位3009家，检查工地48家，对未及时清理的18个单位，责令改正，清扫无人管理地段积雪2000平方米，倾洒融雪剂2吨。 （张文侠）

**【环境整治】** 2月27日至3月1日，协同各执法、管理部门，连续三天对东直门交通枢纽周边维族无照经营开展联合执法行动。2月27日至3月16日，机关队员定点盯守东直门交通枢纽周边环境。3月18日至4月26日，全区开展整治低俗音像制品专项行动，出动执法人员2115人次、执法车辆403车次，查处街头无照贩卖盗版音像制品5起、暂扣盗版光盘621张，协助公安部门拘留3人。3月14日至5月15日，开展打击非法运营专项执法行动，出动执法人员1万人次，执法车辆400车次。查处黑机动车5起、罚款1.15万元。查处黑摩的25起，教育违法相对人68人次，查处黑人力三轮车44起、处罚2起罚款300元，没收42辆。公安机关对4名违法人员予以行政拘留。11月3日，协同区公安分局、交通支队70人，对东直门交通枢纽城市环境及治安秩序开展集中整治，整治重点为无照聚集摊群。12月24日，大队对全区环境秩序全方位检查，特别针对王府井教堂等平安夜活动区域开展应急演练。大队下发平安夜工作保障方案，大队干部及队员200人检查大街、胡同和社区318个，查处无照经营117起，告诫、教育经营小商品的无照经营人员1千人次，发放宣传品300张。 （张文侠）

**【市场整治】** 3月～8月，开展专项旅游市场整治工作。“两会”期间，出动执法人员3127人次、车辆891车次，查处违法行为748起、罚款2.47万元。清理无主渣土88吨、乱停乱放自行车180辆，清除占道广告牌106个。发放宣传告知书2400份。救助116人，劝阻78人，公安部门拘留4人。4月13～28日，开展非法“一日游”专项整治行动。出动执法力量1500人次，车辆400台次，查处无照经营51起。 （张文侠）

**【专项执法】** 4月17日至5月18日，开展控制施工扬尘、查处运输车辆泄漏遗撒、取缔露天烧烤为重点的“护卫蓝天”专项整治行动，出动执法力量4172人次、车辆621车次，检查工地704(起次)，规范工地344(起次)，处罚5起。开展泄露遗撒专项检查33次，设置检查点15个，检查车辆77辆，暂扣7辆。开展露天烧烤专项检查100次，暂扣经营工具53件。6月18日，与安定门街道、公安分局等十几个部门的配合，拆除“钟楼湾46号”三处二层44.9平方米违法建设。从立案调查到现场清理，执法用时48小时内。执法过程中，副区长毛炯及100名执法人员参加。按照市政府召开的“北京市打击整治天安门周边及东长安街违法散发小广告行为专项行动部署会”的工作要求，大队开展针对天安门周边及长安街整治的“长安行动”，出动执法力量1000人次，400车次，查处违法行为32起，没收或暂扣印刷宣传品1252张，移送公安部门19人，救助未成年人19人。7月17日至9月末，在全区范围内开展液化石油气安全专项整治行动。7月～8月。集中开展“护卫碧水、护卫绿树”专项执法工作，启动宣传教育活动。8月15日至9月15日，开展“护卫街巷”、“护卫家园”专项执法检查工作，出动执法人员4904人次，执法车辆1522车次，检查主要街区和小区884个，检查门前三包单位8481个，查处各类违法行为1159起，罚款1.88万元。9月26日至10月26日开展养犬管理专项执法工作，出动队员3012人次、车辆508车次，检查203个地区，查处告诫、劝阻携犬随地便溺5起，教育7人。查处无证养犬、违规遛犬49起，没收无证犬11只。5月～11月，开展整治违法排污专项执法工作，出动执法队员5000人次、车辆1000车次，查处施工工地2270起、罚款10.65万元，查处露天烧烤221起、罚款1000元，查处焚烧垃圾、枯草、树叶等违法行为2起，查处向河道倾倒垃圾、污水5起，没收各类违法经营工具、物品400件，教育违章企业、个人300起，处理环保类群众举报3086起。 （张文侠）

【国庆环境保障】 7月～10月,开展迎国庆五大秩序整治工作,重点对国庆庆典、联欢地区、重点大街及市、区挂账整治地区市容环境秩序做到"九无"。分为整治,检查、固化,强化控制,考核总结4个阶段。9月11日,分三路协同区消防部门在长安街沿线制高点检查周边楼房、平房院屋顶市容景观。10月1～8日,大队、分队人员全部进入一级超常防控状态,实行全员停休,一线执法队员全员上岗。清理房上物111处,清运垃圾14.5吨。完成规范宗教旅游场所燃香工作,劝阻无照经营105起,没收燃香227封,规范店外经营香商家38家。为保障国庆受阅飞机飞行安全,协同多部门开展"净空行动"。10月2日,组成多个执法小组,分别在长安街两侧便道、南池子一线盯守。出动执法队员215人、车辆87台次,检查门前三包646家,查处无照经营58起,收缴劣质小国旗1.5万面,小广告4000张。10月21～23日,开展为期三天对1、2、5、13号线换乘站所有地铁出入口周边环境专项整治工作。国庆期间,出动执法人力2515人次,执法车辆716车次,查处无照经营1674起,检查门前三包单位4112家,清除垃圾渣土28吨,清理占道广告牌39处,清除残标广告39条。受理城管热线68件,网格化案件475件,群众举报43件,教育劝阻违法人员153人次,救助街头流浪乞讨人员5人,劝阻3人,移交公安部门38人,配合公安部门拘留1人。 (张文侠)

【学习培训】 全员培训工作分两期,8月5日开始,242人参加。全体受训队员参加闭卷考试全部合格,培训成绩将录入执法人员资格管理系统。3月20日,召开"深入学习科学发展观活动暨开展主题教育活动"大会,中层以上干部参加。部署《东城城管大队弘扬奥运年精神 加强作风建设 坚持执法为民 构建公众城管专题教育活动工作方案》及《东城城管大队开展"加强领导干部作风建设年"活动实施方案》就2009年度大队《折子工程》进行说明。按照岗位目标责任制管理要求,朱传芳同相关科室、分队签订《2009年度岗位目标责任书》。3月24日,机关全体党员参加科学发展观活动培训班。 (张文侠)

【信息宣传】 11月5～6日,对各分队、科室通讯员开展新闻素材选题与写作、如何应对突发事件媒体采访、信息报送要领及《北京城管》稿件约稿集中培训。全年,编辑信息刊物126期,简报26期。上报信息400条,采用200条。向外网传信息200条,向区政务网传信息100条,同时上传126期刊物、信息。编辑大事记12期。 (张文侠)

【爱心捐助】 爱心基金捐款2.03万元。春节,领导班子成员及科室负责人分组到帮扶对象居住地及社区,开展送温暖活动。为通州区杨洼村、建国门街道站东社区10户困难家庭,送去米、面、油等生活用品。为九道湾社区贫困学生李震宇送去1000元慰问金和节日用品。8月11日,大学刚毕业走上工作岗位的李某在母亲及社区干部陪同下到大队,向9年来救助自己的城管大队表示感谢,送上"关心民众胜似亲人 为民帮民排忧解难"锦旗。 (张文侠)

# 城 市 建 设

## 建设综合治理

【概况】 根据区机构改革工作安排,建委更名为北京市东城区住房和城市建设委员会(以下称区住建委),与房管局合并。区住建委发挥工程协调调度、行业监管职能,推进市、区重点工程建设,强化建设工程质量、安全生产工作、依法行政、严格管理、开拓创新,城市建设各项工作稳步发展。

本年,学习实践科学发展观,促进房地产业固定资产投资,确保年内固定资产投资完成206亿的目标,协调推进前期运作项目16项、拆迁滞留项目30个和在施工程51个,集中解决突出问题,力保东城经济增长。22条胡同工程改造项目包括:电力、电信、排水、道路、路灯、街景整治等。年末,完成22条胡同市政基础设施改造,规划方案批复、规划意见书等前期规划、施工招标工作。全年,承办区折子工程10项,协办6项。完成各项工作任务。

**单位名称:东城区住房和城市建设委员会**

**单位地址:育群胡同21号**

**联系电话:64008943 邮政编码:100010**

(余金卫)

【国庆监管】 加强组织领导,按照“国庆行动”部署,落实政府监管和企业安全生产主体责任,落实网格化管理和施工现场协管员制度,防止重特大事故发生。加强对重点地区、重点工地、重点部位和重点环节的监督检查,发现问题及时下达整改通知并监督整改。严格行政执法,对于违法违规行为依法予以处罚。区住建委安全监督站对管辖工地的起重机械、深基坑、高大架木、大模支撑等危险性较大的分部分项工程进行全面检查;对有限空间作业、地下暗挖工程逐一排查。监督工地开展事故应急演练,督促工地加强民工安全教育,提高安全生产意识。对护航工地和长安街重点工地派专人监管。对燃放周边工地专人值守,在工地内分片包干,30 平方米一个人专岗、专职,严防死守。为做好液化气瓶安全检查,组织监督员和协管员学习液化气瓶使用常识,检查工地的煤气罐,宣传安全使用知识。检查有证食堂 32 个。整治工地围挡,坚持出车清洗,洒水降尘。整治运输车辆,做到无污染,不遗撒。各工地在国庆活动期间停用、封存所有对讲机。国庆行动出动检查人员 3646 人次、车辆 228 台次,检查工地 2080 个次。召开各类会议 96 次,发放宣传材料 5.7 万份,事故应急演练 26 次,受教育 8.5 万人。 (孙超)

【劳务管理】 9 月末,行业管理企业 145 家,劳务费结算 9869.28 万元,支付率 100%。全年劳务企业 194 家,用工 1 万人,其中劳务备案 6000 人,开展劳务用工联合检查 7 次,应急处理突发事件 42 起,向工地发预警 3 起。规范施工、劳务企业劳务费结算支付职责分工,监督落实“月结月清”制度,对劳务费支付率低的企业,实行约谈制度,督促及时兑付劳务费。 (余金卫)

【地铁拆迁工程】 地铁六、八号线拆迁工程,涉及和平里、安定门、交道口、景山、东华门、东四 6 个街道办事处。东城区范围内八号线黄寺、鼓楼、南锣鼓巷、美术馆 4 个站点,六号线经南锣鼓巷、隆福寺 2 个站点。5 月 16 日,拆迁工作启动,拆迁 1819 户。至 6 月 29 日,奖励期内完成签约 1736 户,占拆迁总量的 95.4%,至 12 月末,签约 1807 户,完成总量的 99.3%。5 月 6 日,中央编办办公楼改扩建工程,公告拆迁。拆迁 42 户。其中居民 20 户、非住宅 22 户。6 月 20 日,全部签约拆除完毕。做好南锣鼓巷风貌保护工作,启动南锣鼓巷西侧十条胡同市政改造工作。拆迁奖励期 8 月 21 日至 9 月 29 日,拆迁 40 户,其中居民和商户 33 户,至 12 月 18 日,签约 22 户。 (赵鹏飞)

【节能改造工作】 市政府给东城区下达 4.75 万平方米住宅、15.71 万平方米公建的既有建筑节能改造任务,并列入市政府为民办实事工程。区住建委协调区教委、卫生局、房地经营中心等 6 个单位落实责任。在施工过程中,加强节能宣传,普及规范要求,开展质量监督,确保任务扎实完成。全区既有建筑改造实现开复工 43 项,31.8 万平方米,竣工 29 项,16 万平方米,年内超额完成任务。 (陈蓓)

【住房保障工作】 至 9 月末,受理廉租房申请 1175 户,通过市级审核备案 3374 户,累计配租家庭 3147 户,配租率 93%。经济适用房受理申请 1462 户,通过市级审核备案 2550 户。累计通过市级审核备案 6142 户。限价商品房通过市级审核备案 1406 户。累计通过市级审核备案 4089 户。完成区第一批经济适用房摇号选房工作,参加摇号家庭 1766 户,现场选房家庭 961 户。限价房分四批为 2976 户获资格家庭举行摇号选房工作,现场草签认购协议家庭 1566 户。 (孙向丽)

【领导调研】 8 月 6 日,市住房和城乡建设委员会纪检书记宋海立一行 10 人,到东城调研检查住房保障廉政风险防范管理、效能监察和政风行风建设工作情况。曾刚健、李荣庆及相关部门负责人陪同。宋海立等还实地考察安定门街道办事处住房保障审核窗口,景山、建国门地区院落修缮,听取东城有关住房保障、旧城房屋修缮工作汇报。宋海立充分肯定东城旧城修缮工作。 (孙向丽)

【质量监管工作】 监督工程 298 项、建筑面积 288.97 万平方米(含平改坡工程 61 项)。责令工程质量检测 4 项次,下发《责令改正通知书》69 份。实施一般程序处罚 7 起,罚款 5.16 万元。处理工程质量投诉 14 项次。受监工程质量全面受控,未发生工程质量事故和重大质量问题。 (张锦敏)

【安全工作】 落实安全生产监管机制,确保监管工程达到《绿色施工管理规程》的要求。监管工程 74 项、340 万平方米,工地发生一般性生产事故 2 起,无重大安全生产事故。 (孙超)

【招投标管理】 截至 9 月末,办理建设工程招投标手续 46 项,中标造价 2 亿元,其中实行公开招标工程 39 项、中标造价 1.92 亿元,直接发包工程 7 项,中标造价 869 万元。本年,区有资质建筑业企业 145 家,其中一级 17 家、二级 30 家、三级 98 家。 (余金卫)

【党风廉政建设】 落实“一岗双责”的要求,成立党风廉政建设领导小组,“一把手”负总责,班子成员齐抓共管”的工作机制。开展廉政风险防范工作。查找出风险点233个,其中处级35个,科级95个,一般干部51个,处级班子6个,科级部门46个。思想道德风险90项,岗位职责84项,部门职能风险26项,制度机制风险26项。制定措施232项。加强宣传教育,开辟党风廉政宣传栏。完善制度,健全程序。完善制度79项,健全工程竣工验收备案、施工许可等重点岗位的办事流程13项。 (余金卫)

## 王府井地区建设管理

**【概况】** 本年,王府井地区建设管理办公室(以下简称“王府井建管办”),学习实践科学发展观,强化服务意识、创新服务方式、建设国际化现代化商业中心区,以保增长、保民生、保稳定为重点,围绕保障地区安全、提升服务水平、体现文化特色、促进地区发展完成各项工作任务。

**单位名称:北京市王府井地区建设管理办公室**

**单位地址:王府井大街柏树胡同40号**

**联系电话:65274688 邮政编码:100006** (谢庆东)

**【节日活动】** 1月23日至2月9日,区政府、市文化局联合,在王府井举办“金牛贺新春 金街过大年”活动。以“金牛贺新春”文化展示和“金街过大年”商业促销活动为主线,集中展示的中国传统年俗文化,整体打包王府井商业促销活动。春节期间,接待游客100万人次,销售额同比增长20.94%。 (谢庆东)

**【“3·15”现场咨询】** 3月15日,由国家质检总局主办,区政府协办的“3.15国际消费者权益日宣传咨询服务活动”暨“企业质量诚信践诺活动”启动仪式,在王府井举行。主题为“质量安全年——共建信心共促发展”。国家质检总局副局长支树平、副市长苟仲文、副区长王佩立等出席。宣传咨询启动仪式上,市委宣传部、首都文明委等11部委联合表彰第一批首都诚信经营示范街和首都诚信经营示范店,王府井商业步行街获“首都诚信经营示范街”称号。 (谢庆东)

**【领导调研考察】** 3月26日,杨柳荫带队到建管办调研,听取王府井现代化商业中心区发展建设情况汇报,视察协和医院、北京饭店二期、国际品牌中心、王府国际商城项目工地,了解项目进展情况。提出:要用科学发展眼光审视王府井发展历程、用科学冷静的态度思考王府井的发展问题,明确王府井的功能产业定位,确定发展目标和方向。坚持以商业为主导产业不动摇,坚定不移地朝着建设国际化、现代化商业区的目标推进各项工作。边振英、王佩立参加调研。6月24日,市政协社法委“稳定就业扩大就业六项措施”实施情况调研组在王府井建管办举行座谈会区总工会党组书记贾炯协主持,市政协候小丽、刘汉湘等15名委员及王府井地区东方广场、王府井书店等9家企业代表参加座谈,委员和企业代表围绕企业经营现状、员工待遇、保险交纳等情况及稳定就业、扩大就业相关政策措施进行交流。11月2日,由商务部举办的“城市商业规划和商品市场开发与管理官员研修班”(The Seminar on Urban Business Planning, Commodity Market Development and Management)一行30人,到王府井地区参观考察。王府井建管办负责人向来自贝宁、苏丹、塞拉利昂、坦桑尼亚、巴基斯坦、萨摩亚等16个国家的客人,介绍王府井的发展历史及近年来发展建设情况。 (谢庆东)

**【旅游宣传活动】** 4月11日,作为“全国百城旅游宣传周”活动主会场,国家旅游局、市旅游局在王府井举行启动仪式,推出“2009‘回味奥运 圆梦北京’国民休闲行动计划”,国家旅游局局长邵琪伟、副市长丁向阳、副秘书长安刚、北京旅游局局长张慧光、区领导杨艺文、王佩立,市相关委办局及18区县旅游局领导,天津、河北、山东、河南、山西、云南、广西等省市旅游局负责人,旅行社代表、港澳台旅游代表出席启动仪式。 (谢庆东)

**【粽子文化节】** 4月26日,中国食品工业协会主办,北京稻香村食品有限责任公司承办的第五届中国粽子文化节在王府井举办,来自上海、江苏、浙江、广东、贵州等20个省市50多家粽子食品企业参加。中国食品工业协会会长王文哲、副区长王佩立等出席。成都慈善基金会代表四川地震灾区人民,接收由中国食品工业协会组织全国粽子企业共同包制的10万个爱心香粽。 (谢庆东)

**【非物质文化遗产展】** 6月12~15日,由市商委、区政府联合主办“北京老字号非物质文化遗产展”在王府井商业步行街举行,主题为“展示特色,以文兴商”。荣宝斋、盛锡福、内联升、全聚德、东来顺、天福号、同仁堂、张一元、吴裕泰等35家老字号企业参加。副市长程红、商务部商贸服务管理司副巡视员王德生、市商务委员会副主任王卫平、闫小彦、区领导王佩立及相关单位领导出席开幕式。 (谢庆东)

**【文化周活动】** 6月17~21日,印度尼西亚驻华大使馆主办,印尼各界人士参加“印度尼西亚文化周”活动,在王府井商业步行街举办。文化周活动主题“了解印尼”,活动包括印尼旅游、贸易和投资交易会、印尼风情文艺演出、印尼图片展、印尼美食等。印尼驻华大使及印尼外交部有关官员、东盟国家驻华大使馆官员、中国外交部和文化部有关官员出席开幕式。

(谢庆东)

**【消夏购物节】** 7月15~25日,在王府井举办以“品味生活进名店、消费实惠在名街”为主题的“消夏购物节”活动,新东安广场、东安市场、百货大楼、工美大厦、乐天银泰百货、利生体育用品商厦、好友世界商场、儿童用品商场、王府井食品商场、外文书店、同升和、盛锡福、吴裕泰、中国照相馆等20个大、中型商厦、“老字号”商家,在步行街内设展位50个,销售品牌服装鞋帽、工艺礼品、体育用品、照相器材、食品、图书、茗茶和特色商品,同时开展购物促销优惠活动。 (谢庆东)

**【民族图片展】** 10月9日,由影像有约公司,中国文联、中国摄影家协会主办,与民族、人民画报社和中国摄影报社协办的《中华全家福 1949~2009·56个民族共同走过》——56个民族图片展,在北京王府井步行街展出。共展出340位摄影家841幅优秀摄影作品,内容新中国成立至今,全国56个民族不同时期、不同侧面的生活场景,展现中华大家庭各兄弟民族的生活变迁与发展。中宣部副部长翟卫华、中国文联党组书记胡振民、全国政协机关党组书记杨崇汇及中国摄影家协会、市相关领导出席开幕式并观看图片展。

(谢庆东)

## 东二环建设管理

**【概况】** 本年,东二环交通商务区建设管理办公室(以下简称建管办),学习实践科学发展观,围绕国庆60周年庆祝活动,坚持以服务为工作主线,结合“保增长、促发展”和科学发展、创新服务、建设新兴产业金融功能区主题,完成项目建设、招商引税、结构调整和区域规划等工作。完成《探索社会组织在东二环交通商务区发展中的作用和影响》调研报告。年内,办理人大代表和政协委员建议提案6件,办结率100%。满意率100%。中石油大厦,经中国建筑业协会评定为国家工程质量最高奖项——鲁班奖。新保利大厦荣获“北京当代十大建筑”称号

**单位名称:东城区东二环交通商务区建设管理办公室**

**单位地址:东扬威街11号**

**联系电话:84063473 邮政编码:100007** (尹兰英 马启贤)

**【党建工作】** 按照区委部署,建管办开展深入学习实践科学发展观活动。结合实际,确定“科学发展、创新服务,建设新兴产业金融功能区”活动主题,完成学习调研、分析检查和整改提高三个阶段的工作。制定整改落实方案并督促落实,取得成效。7月15日,建管办向“两员”汇报上半年商务区建设发展及党风廉政建设等方面工作情况。听取工作汇报后,“两员”认为问题找得准确,措施切实可行。年内,建管办机关党支部成立两个党小组,对党员开展形式多样的教育活动。发展党员2名,预备党员按期转正2名。

(尹兰英 陈萌)

**【国庆安保工作】** 国庆期间,组织召开安全调度会20次,排查各类安全隐患30处,限期整改。加强对施工人员进出控制,工地塔吊、大厦楼顶等重点部位实行封闭和严格管理。坚持干部每天巡检工地,严格责任追究制度。增加东二环地区突发公共事件应急预案的宣传培训、风险评估、队伍建设和应急演练等措施,组建了200人的应急保障队伍。对所有施工工地进行地毯式隐患排查,对工地管理人员进行安保培训和演练2次。选派12人参与国庆志愿者工作。其中参加国庆安保标兵团队10人,完成国庆60周年安保工作。

(卢波)

**【领导视察走访】** 2月13日,市人大常委会主任杜德印一行10人,到东二环交通商务区视察。区领导王学勤、杨艺文、刘朋庆等陪同。在中青旅大厦、新保利大厦,听取项目负责人就建筑特点、发展情况介绍。李强汇报商务区发展情况、区政府服务举措。市领导参观新保利大厦的吊楼、保利艺术博物馆和皇家粮仓,对东二环交通商务区建设成果给予肯定。3月24日,岳鹏带领相关职能部门负责人走访中国石油天然气集团,与副总经理李新华进行交流。旨在了解企业发展情况以及需要政府协调的问题,为企业提供有针对性、高效、便捷的全方位服务。岳鹏向公司领导介绍东城区文化优势、东二环交通商务区的发展定位及相关优惠政策,并欢迎企业入驻东城。李新华感谢区委、区政府的支持。7月30日,区领导杨柳荫、杨艺文率东城区有关职能部门领导,走访中国石油天然气集团公司,与公司副总经理李新华进行会谈。杨柳荫、杨艺文表态,将举全区之力为公司,提供优质、便捷和高效的服务。

(牛正阳)

**【投资研讨会】** 4月22~23日,由商务部和中国贸促会主办、区政府协办的“第三届中国企业跨国投资研讨会”,在北京国际饭店国际会议中心举办,800家中

外企业参加。国家部委、外国驻华使领馆、投资促进机构和中国企业等代表在会上,围绕“走出去、请进来”发言。杨柳荫、杨艺文、王佩立出席。区委书记杨柳荫在欢迎晚宴上致辞。杨艺文在主题大会和东城区国际合作分会上,分别以“合作共赢,建设国际化、现代化新东城”和“加强国际合作,共谱美好发展篇章”为主题发表演讲。在东城国际合作分会场,百余家企业参会,就东城服务环境、企业文化交流、市场开发等方面进行交流和互动。其中,凯德置地(中国)投资有限公司、香港 mayor brown 律师事务所、英国 bovill 金融咨询公司负责人等10位嘉宾发言。会议期间,发放东二环简介,雍和园创意手册,东城区优惠政策、重点企业简介等宣传资料 2000 份,中国贸易报、新华网、人民网、首都之窗、新浪财经、京华时报等 30 家媒体刊登报道 700 篇。 (胡荣)

**【新春联谊会】** 1月15日,东二环交通商务区企业家联谊会主办的东二环交通商务区企业家新春联谊会在皇家粮仓举办。杨艺文、岳鹏出席。中国投资有限责任公司、中国石油天然气集团公司等18家企业和政府有关部门30位领导参加。首届东二环交通商务区企业家联谊会主席、凯德置地(中国)投资有限公司环渤海区域总经理毛大庆作上年联谊会工作总结,岳鹏致新年贺词。1月15日,杨艺文向南新仓文化休闲街、皇家粮仓和北京大董烤鸭店南新仓分店三家企业授予“总部企业服务基地”牌匾。 (胡荣)

**【“时尚心跳”开业庆典】** 6月5日,在来福士中心商场,与凯德置地(中国)投资有限公司共同主办北京来福士中心“时尚心跳”开业庆典。杨柳荫、市投资促进局局长张吉福、嘉德置地集团总裁廖文良、凯德置地总裁林明彦出席。副区长王佩立致辞,杨柳荫、廖文良将两个“心”型模型合并,启动开关。 (胡荣)

**【税源动态监测】** 区发改委、财政局、国税局、地税局、工商分局和统计局联合建立商务区税源监控工作机制。全年分四个节点,对商务区 44 座楼宇 150 家重点户税收变动情况进行全面监控和统计分析。年末,完成《东二环交通商务区 2009 年经济发展动态分析报告》3 篇。 (吴文虎)

**【税源建设】** 全年,商务区重点税源企业实现区级收入 16 亿元,占全区区级收入总额 22.53%,同比增收 2.22 亿元、增长 16%。信息传输、计算机服务和软件,房地产,金融,租赁和商务服务四大行业缴纳区级收入 14 亿元,占商务区区级收入总额的 87%。 (吴文虎)

**【项目建设】** 年末,重点协调项目 16 个。竣工项目 13 个:中石油大厦、来福士中心、国华投资大厦、居然大厦、中青旅大厦、北京移动通信综合楼、新保利大厦、第五广场、北京人保办公楼、中国电信通信指挥楼、北京电信通信机房楼、海洋石油办公楼、市轨道交通首都机场线。东直门交通枢纽、东华广场商务区、东方文化艺术中心进行装修施工。 (马启贤)

**【商务区经营情况】** 年末,商务区有法人单位 4273 家,占全区总数的 24.5%,其中,第三产业 4154 家,占 97.2%。涉及,商务服务、批发零售、科学研究和文体娱乐业等 14 个行业。单位性质:企业 3857 家、事业单位 181 家、社会团体等其他组织 235 家。现代服务业 2592 家。 (吴文虎)

**【文体活动】** 11月19日,在地坛体育馆与北新桥街道、体育局、中油阳光物业管理有限公司共同举办,东城区首届“阳光杯”乒乓球邀请赛。王建军、中油阳光物业管理有限公司党委书记王文泉为比赛开球。中油阳光物业管理有限公司向来宾和参赛运动员发出“让我们携起手来,共同融入社会大家庭,热爱祖国、热爱社区、爱岗敬业,共同为社会做贡献、为社区建设做贡献、为企业做贡献”倡议。经过激烈角逐,中油阳光、北京移动、北新桥街道代表队分获冠、亚、季军。12月20日,商务区选派中油阳光物业、国华京都置业、北京人保和中青旅四家企业,代表东城区参加首届“鸟巢冰雪季”专场活动。每支代表队由 24 人组成,进行雪上跳绳、拔河、同舟共济等项目。中油阳光代表队获冠军,并代表东城区竞争北京市总冠军资格。 (牛正阳)

## 建筑行业管理

**【概况】** 本年,严格履行行业监督管理职责,加强工程安全质量监督管理,加大行政执法力度,在建设工程质量安全监督执法、建设市场及招投标管理等方面取得良好成绩,为保障东城区属地建设工程施工现场安全稳定,维护首都建筑市场和建筑行业的正常秩序做出贡献。

质量监督受监工程 215 项,建筑面积 311.41 万平方米。责令工程检测 15 项。施工现场安全监督管理 122 项,建筑面积 443.81 万平方米。办理建设工程招投标手续 52 项,中标造价 2.08 亿元。

区建设工程质量监督站获“建筑节能质量监督创新奖”。

**单位名称:东城区建筑行业管理处**

**单位地址:安外东河沿乙 7 号楼**

联系电话:64250005 邮政编码:100011 (丁晓明)

【建筑业企业备案】 全年,区有资质建筑业企业144家,其中施工总承包企业28家(一级5家、二级8家、三级15家),装饰专业承包71家(一级11家、二级15家、三级45家),其他专业承包45家(一级2家、二级5家、三级38家)。从企业经济性质划分:国有经济13家、占9%,集体经济6家、占4.2%,有限责任116家、占80.5%,港澳台及外商经济9家、占6.3%。区各类专业执业建造师854人,其中一级397人、二级457人。(李荔)

【安全生产综合整治】 2月10日至3月16日,开展建筑工地安全生产综合整治专项行动。专项检查组成4个检查组,深入工地宣传动员,检查工地安全教育,安全体系,安全生产责任制。以现场消防、深基坑、高大脚手架、大型机械和施工用电为重点,对照工地自查自纠报告,从内业到现场作业全面检查。对安全隐患,按行政程序处理。出动检查人员664人次,检查工地115个次,查出隐患问题128项次,限期整改9起,停工整改4起,处罚15起,1.5万元,查出的隐患全部整改完成。(岳伟)

【工程质量工作会】 4月7日,召开住宅工程质量工作会,区属地内在施住宅项目经理、建设单位项目负责人、总监参加。会议通报当前质量管理情况,要求采取措施保证工程质量,杜绝质量隐患。从土建、水暖、电气三个专业介绍《建筑节能验收规范》内容,及分户验收、工程质量保修办法等有关要求。5月12日,召开落实绿色通道工程监督工作专题会。明确关于加强绿色通道工程监督工作要求,制定并下发具体工作措施。(甘绍鹏)

【质量进度协调会】 5月15日,组织10项计划年底竣工工程的参建各方,召开"保增长 促施工"质量进度协调会。工程项目汇报工程质量、进度情况。要求建设单位加强质量控制,确保资金到位;施工单位加强施工质量过程控制,履行工程合同工期;监理单位加强巡视和施工监控,检查、签认报验资料;质量站在确保工程质量的前提下,加强对工程竣工过程服务指导。6月3日,召开在施结构工程工作会,10项在施结构的建设、施工、监理单位负责人参加。通报结构工程存在的问题,明确工程质量监督执法检查范围、内容、时间、方式,6月5~25日,对工程组织监督执法检查,7月1~20日,接受市建委检查组专项执法检查。(甘绍鹏 丁晓明)

【安全生产月】 6月,在建筑工地围绕"关爱生命,安全发展"主题,开展安全生产月活动。活动内容:对民工开展"安全一堂课"活动、排查危险性较大工程作业工地、开展安全演讲和安全咨询日活动。期间出动检查人员770人次,检查工地249个次,停工整改2个,处罚6起6000元。(岳伟)

【劳务管理】 8月~9月,开展工程建设劳务管理专项活动。以劳务分包合同备案为基础,强化对劳务费结算支付全过程监控,开展排查、引导劳务分包合同当事人及劳务作业人员依法维护自身合法权益,强化风险防控,及时、妥善消除群体性事件隐患。8月,开展重点项目和隐患项目劳务专项检查。9月,设专人对重点项目和隐患项目开展劳务巡检。(岳伟)

【住宅信访投诉】 9月24日,召开开发商、物业、施工单位参加的危改住宅信访投诉工作会。会上详细了解信访投诉进展、落实情况,要求各方为人民利益着想,站在稳定大局,建立和谐社会的高度看待百姓投诉。做到投诉已处理完成的要验收,业主签字;没处理完成的要找住户沟通,制定修理方案,住户认可。参会各方表示要认真落实会议精神,做好信访投诉接待工作。(丁晓明)

【平安北京】 9月~10月,开展"平安北京"和"国庆平安行动"。首先加强对重点地区、重点工地、重点部位和重点环节的监督检查,发现问题及时下达整改通知并监督整改。对管辖工地的起重机械、深基坑、高大架木、大模支撑等危险性较大的分部分项工程进行全面检查。对有限空间作业、地下暗挖工程逐一排查,监督工地开展事故应急演练,督促工地加强民工安全教育,提高安全生产意识。对护航工地和长安街重点工地派专人监管。国庆行动出动检查人员3646人次,车辆228台次,检查工地2080个次,召开各类动员部署检查会96次,发放宣传教育材料5.7万份,开展事故应急演练26个次,受教育8.5万人,报送小结信息22件。处罚29起2.9万元。(岳伟)

【中小学加固工程】 10月12~15日,对属地中小学校舍加固工程开展工程质量专项检查。检查的工程有三项:东四十四条小学分校、帽耳胡同小学、织染局小学教学楼结构加固及装修工程。14日,市中小学校舍安全领导小组办公室、市住房城乡建设委、市教委等七部门对东城进行联合大检查,检查已竣工二十七中和在施织染局小学2项工程。未发现重大质量问题。15日,组织所有区中小学加固工程参建方,召开质量会议,传达市中小学校舍安全领导小组办公室、市住房城乡建设委对学校工程质量要求,通报此次检查中存在的问题,重申强化教育工程执法检查力度,并跟踪督促整改落实。 (史红光)

**【火灾防控专项行动】** 12月15~31日,对建筑工地开展冬季火灾防控安全专项行动。检查重点:施工现场消防设施、施工动火、库房和民工宿舍,冬施保温材料和易燃材料使用存放。执法检查工地14个,责令工地整改消防隐患5处。 (岳伟)

**【检查节能工作】** 12月16日,住建委主要领导带队,检查节能工作,工程科、质量监督站领导陪同。检查和平里医院锅炉节能改造及清洁燃料使用,万国城住宅工程地源热泵应用技术以及胡家园住宅围护结构改造施工质量。对施工质量和节能效果表示满意。要求各部门高度重视节能减排工作,转变思想观念,强化对既有节能改造和新建工程节能的监管。 (史红光)

## 北京东方置地投资发展有限公司

**【概况】** 北京东方置地投资发展有限公司由原区住宅建设开发公司重组改制而成,为北京东方信达资产经营总公司直属管理的国有控股企业。经营范围:投资管理、房地产开发、商品房销售、房屋租赁、物业管理、信息咨询、园林绿化、家居装饰设计等,为房地产开发资质二级企业,ISO9001:2000质量管理体系认证企业、市房地产业协会会员单位、区重点企业。

本年,完成开复工面积5.66万平米,竣工面积1.92万平米。主营业务收入2898万元,利润772万元,实现各项税费550万元。年度国有资产保值增值率104.13%,净资产收益率为4.05%。获中国房地产诚信企业、市级和谐劳动关系单位、北京市厂务公开民主管理先进工作单位、佳兴园6号楼项目获结构朝阳杯金奖、五十五中项目获市级文明工地和结构长城杯称号等集体荣誉23项。

**单位名称:北京东方置地投资发展有限公司**
**单位地址:安德里北街乙20号**
**联系电话:84129632 邮政编码:100011** (徐杰夫)

**【职代会】** 2月,召开二届一次职代会,审议通过《改革中力求主动、挑战中抢抓先机,为开创公司战略发展的新局面而努力奋斗》工作报告、年度财务预决算报告等事项,对高管进行民主测评。8月,召开二届二次职代会,听取审议《关于2009年上半年各部门工作完成情况的报告》和《务求严谨、精细、高效,全面加强职业化、专业化队伍的建设》报告,明确下半年工作思路。 (徐杰夫)

**【燕厦物业】** 公司投资控股企业——北京燕厦物业管理有限公司,坚持成本控制管理、向服务要效益、建设公司和谐劳动关系,强化管理工作,推动物业管理工作持续发展,全年经营收入1689.91万元,净利润24.11万元,利润连续三年稳步递增,物业管理面积近百万平方米。 (徐杰夫)

**【国庆服务保障】** 党政工团联合开展"保国庆、保稳定、保安全"工作。明确责任、层层落实,国庆各项工作做到有人抓、有人管、有人负责,加强排查整改,严格管理考核,深化应急预案工作体系建设,在国庆及游行演练期间,组织80人次参与国庆安保工作,完成国庆任务。获"首都国庆60周年群众游行支持贡献单位"荣誉称号。 (徐杰夫)

**【加强制度管理】** 年初,公司下发《关于开展九项管理改进工作的通知》,针对存在的问题,提出对制度、项目、质量、环境形象、财务、信息、计划考核、合同、客户等九个方面管理工作进行改进,取得成效。统一公司形象标志,制作胸卡。公布《公务交往礼仪规范》。全年出版《置地动态》12期,更新公司网站信息200篇。 (徐杰夫)

**【代建工程】** 实现10个工程项目的开复工,其中应急指挥中心、文化馆、二十七中、老年公寓4个项目竣工。二中地下食堂、二中外国语学校、二十四中二期、二十二中、职工大学、第一幼儿园、金帆音乐厅、一六五中、五中、六十五中等项目正处于前期运作阶段。承担东交民巷31号院、妇幼保健院等项目拆迁任务。在代建项目结算、决算工作同时,调研并撰写发表《对代建管理费取费标准的实践思考》专题论文,在《建筑经济》杂志上发表。 (徐杰夫)

**【自主项目开发】** 中佳兴园6号楼项目,与区民政局签订销售意向书,完成房屋产权初始登记工作,现办理立项等相关手续;北苑西侧地,完成相关诉讼工作,取得该块土地使用权,实现公司的预期目标;菊儿项目、华威锅炉房空地等闲置地块开发工作,着手进行调研。 (徐杰夫)

**【东雍创业谷】** 公司新型写字楼物业——东雍创业谷项目作为公司聚焦区域发展、配合区文化创意产业发展而推出的创业服务楼项目，从招商引资、环境布置、配套服务、减免税收等方面为租户提供全方位服务，深白天地、金音源等一批有实力的高新企业入驻，截至年末，出租率85%。 （徐杰夫）

【资产经营管理】 加强经营数据统计、核算，实现对资产物业进行分类管理，提高公司收益性物业经营、经营性房产效能。解决遗留问题，保证公司利益：解决小黄庄幼儿园遗留问题，协助荷华大厦办理规划验收手续，收回项目转让款。收回三岔河项目最后一笔转让款。完成小黄庄商业裙房和永乐小区项目产权证办理工作。 （徐杰夫）

【安全管理】 全年开展施工现场安全检查40次，实施认识、责任、人员、措施“四个到位”。制订《公司安全生产管理工作专项计划》，确定安全生产管理思路、目标及落实目标6项管理措施，组织《安全生产管理暨兼职安全员培训班》。6月，开展“安全生产活动月”活动。 （徐杰夫）

【厂务公开民主管理】 9月，完成公司工会换届及第二届职工代表选举工作，组织新一届工会委员及工作人员进行专题培训。完善以职工代表大会为基本形式的公司民主管理制度，完善厂务公开工作，支持职工参与公司管理，维护职工合法权益。公司获“北京市厂务公开民主管理先进工作单位”。 （徐杰夫）

【质量管理体系】 实施《2009年度质量管理改进工作计划》，召开质量管理改进动员会，学习2008版贯标体系标准，修订程序文件24个。年末，召开公司管理评审年会，通过中质协质量保证中心质量管理体系再认证审核。 （徐杰夫）

【学习培训】 落实建设职业化、专业化队伍的工作要求，加大员工培训学习力度，全年组织培训46次，其中内部培训17次，外部培训29次。共培训829人次，4184学时。培训费9.65万元，进一步推动创建学习型企业活动持续开展。 （徐杰夫）

【党风党建工作】 4月，党总支召开廉政风险防范管理工作动员会，与各部室责任人签订“廉洁从业责任书”。10月，召开学习实践科学发展观活动动员会，明确开展学习实践活动的时间安排、总体要求、组织领导、方法步骤、工作要求，确定学习实践活动的主题“富于进取，勇于创新，促进公司全面协调可持续发展，致力于成为聚焦区域发展的专业房地产运营商”。11月，组织开展“科学发展观学习教育之旅”活动，到沂蒙山革命老区参观学习。 （徐杰夫）

## 北京王府井置业投资有限公司

【概况】 北京王府井置业投资有限公司（以下简称公司），由原北京市东方合力置业有限公司和北京市王府井房地产综合开发公司重组改制而成。经营范围：投资管理，房地产开发，施工总承包，物业管理，出租商业用房，房地产信息咨询，销售建筑材料、机械设备，为房地产开发资质二级企业。

本年，以科学发展观为统领，围绕“保增长、保民生、保稳定”目标，抓重点工程及项目代建。完成地铁六、八号线拆迁等重点工程。超额完成年度经济指标，实现主营业务收入2970.4万元，利润总额681.59万元，净利润495.95万元，全年实现国有资产保值增值率104.87%，比年初签订的年度经营业绩考核指标增长1.17%。公司获区“平安单位”、“先进工会”、“先进信访单位”称号。

**单位名称：北京王府井置业投资有限公司**
**单位地址：北池子大街15号**
**联系电话：65233348 邮政编码：100006** （王丽玲）

【地铁拆迁工作】 4月20日，进驻地铁六、八号线建设项目拆迁现场指挥部，承担六个站口的拆迁工作。该项目规划用地12.94万平方米，拆迁建筑面积9.87万平方米。包括八号线黄寺站、鼓楼站、南锣鼓巷站、美术馆站，六号线南锣鼓巷站、隆福寺6个站点，涉及和平里、安定门、交道口、景山、东华门、东四6个街道办事处，拆迁1819户，公告期5月16日至7月14日，奖励期5月16日至6月29日。工程投资53亿元。奖励期内完成签约1736户，占总量的95.4%。区委区政府成立由杨柳荫、杨艺文任总指挥的拆迁指挥部，李荣庆每周进行调度，协调中央、市级单位，促进工程顺利进行。 （王丽玲）

【代建工程】 代建工程18项，总投资额1.74亿元，同比增长20%。礼士小学装修改造工程1月竣工，灯市口小学及分校装修改造工程8月25日竣工，均交付使用。织染局、帽儿胡同、东四十四条小学，景山学校结构加固及装修改造工程正在施工中。煤渣胡同、帅府东街市政改造工程，完成立项批复、工程规划许可证等前期准备工作，达到开工条件。区公安分局、东城分局刑侦综合业务用房结构封顶、土建及市政配套工程均已完成。

（王丽玲）

【物业管理】 对保立信物业公司加强管理,开展增收节支和清收物业费工作,取得成效。实现经营收入754万元,利润27万元。协助王府井世纪大厦开业。3月,对宣传大屏幕及商场东南门大理石台阶进行更换施工,完成大厦消防主管、污水管、雨水管更换等大楼修缮工作。 (王丽玲)

【解决遗留问题】 公司加大力度解决历史遗留问题。年内,参加诉讼、仲裁10起,涉案金额2100万元,解决华清盈地大厦诉讼、民航81号院供暖等历史遗留业务问题20项,为50户遗留拆迁居民办理产权手续。为公司减少经济损失2000万元。 (王丽玲)

【清理债权债务】 加大清收债权债务工作力度,制订相应催款计划,确定催收责任。年内,收回地兴居、赵公口等项目欠款清收债权2339万元。 (王丽玲)

【房屋维修工程】 公司现有资产十三处,其中西大望路65号院住宅楼等多处资产均为老旧小区,急需维护保修。年内,完成安惠东里8号楼、东平园C座两处楼顶防水、慧忠北里108号楼地下人防、甜水园北里5号楼电梯维修等,公司产权房大、中修工程11项。全年节约维修资金40万元。 (王丽玲)

【经营性资产管理】 公司制订"以服务,促经营"工作方针,根据租户不同情况,制定不同对策。如:主动帮助租户疏通关系,解决经营上的实际困难,为租户维修房屋等,确保公司资产正常经营。年内,实现各种经营性收入680万元,实现国有资产安全运营和保值增值。 (王丽玲)

【职工大会】 2月15日,召开经济工作会暨第五次职工大会,听取并审议《2008年公司工作总结及2009年工作计划报告》《2008年财务预算指标完成情况》《2009年全面预算考核》。3月11日,召开第六次职工大会,5名高管人员述职,进行民主评议。6月22日,召开第七次职工大会,通过并签订《集体合同》。8月26日,召开第八次职工大会,对公司后备干部人选进行了推荐、评议。10月22日,召开第九次职工大会,通过《科学发展观学习实践活动实施方案》。12月18日,召开第十次职工大会,听取党建、党风廉政及企务公开工作报告,对两项工作进行测评。 (王丽玲)

【董事会监事会】 2月16日,召开第一届董事会第三次会议,全体董事出席。监事会全体监事列席。审议王伟东为北京王府井置业投资有限公司董事的决定。审议通过《公司2008年度工作总结和2009年度工作计划》。同意2008年度财务决算,审议通过2009年度财务预算,确定国有资产保值增值率预算目标为5.9%。同意按照区委、区政府会议决定,对中国信达公司合作成立保险公司进行投资,出资一亿元。同意购买世纪大厦地下二层、地上三层商业面积,采取贷款方式筹集资金2000万元。3月29日,召开第一届监事会第二次会议,同意监事会主席向国资委提出2008年公司监事会报告和2009年监事会工作要点。 (王丽玲)

【党建工作】 完善各项规章制度,新建《党费使用管理办法》《党风廉政建设责任制》等15项制度。2月,开展廉政风险防范管理工作。制订《廉政风险防范管理实施方案》《廉政风险实施细则》《廉政风险防范管理网络图》等相关制度。查找一级风险点50个,二级风险点53个,针对风险点,党支部制订104项防范措施。全年,领导班子中心组学习10次,党组织生活和专题活动16次,民主生活会2次,党风廉政自查2次。发展预备党员1名,转正1名。 (王丽玲)

【企业文化建设】 6月~7月,公司组织全体员工观看《用文化管理企业》光盘,对"企业文化进行讨论,收集汇总意见10条。展示公司品牌形象,完成公司宣传画册编撰设计工作。12月25日,完成公司标识设计及宣传册印刷工作。建立企业宣传栏,年内共更新9次。开展爱心救灾活动,党员、群众36人捐款3150元。 (王丽玲)

【人力资源管理】 上半年,召开职工大会,进行领导述职、民主评议,评议范围到部门经理,与中层干部聘任相结合。3月,完成2009年《岗位聘任合同》签订工作,参与率100%。其中5名职工受聘新岗位。在六、八号地铁拆迁项目中,对3名业绩突出的员工给予岗位晋级奖励。建立公司后备干部人才库。 (王丽玲)

【职工培训】 按需施教,学以致用。以建设学习型企业为目标,采取多种方式培训提高职工素质,年内,组织学习18次。内容涉及科学发展观、团队管理、法律知识、企业发展规划、房地产专业知识等。组织员工参观改革30年成就展、祖国60年成就展、反腐倡廉基地参观等活动。 (王丽玲)

## 北京东兴建设有限责任公司

【概况】 本年,深入学习实践科学发展观,转换思想,开拓渠道,内部挖潜,严格成本控制,坚持把实现企业经济平稳较快发展作为首要任务。全年完成产值2.12亿元、实现利润2200.21万元、缴纳税费1416.02万元。获2008年度结构长城杯银质奖一项,获北京市文明安全工地奖一项。3月,北京东兴建设有限责任公司以“科学发展抓预防,预防为主重教育”竞赛主题,获北京市“安康杯”竞赛优胜单位称号。4月,二分公司副经理宋永明获首都劳动奖章。

**单位名称:北京东兴建设有限责任公司**
**单位地址:礼士胡同75号**
**联系电话:64156699 邮政编码:210010** (门嘉红)

【董事会 股东会】 1月6日,召开第一届第二十四次董事会。通过《二〇〇八年财务预算执行情况和二〇〇九年财务预算的报告》《二〇〇八年企业利润分配方案》,并提交股东会审议;同日,召开第一届第十一次股东会。审议通过《董事会工作报告》《监事会工作报告》《2008年财务预算执行情况和2009年财务预算的报告》《二〇〇八年企业利润分配方案》。

(门嘉红)

【职工代表大会】 1月8~9日,召开二届一次职工代表大会,听取《凝心聚力 练好内功 确保企业平稳较快发展》报告,分别审议安保部、工程部、财务部工作报告及首届工会委员会和经审委员会工作报告,选举产生东兴公司二届工会委员会、经审委员会和工会主席,通过职工代表大会综合决议。8月31日,职代会审议通过《集体合同》草案,双方首席代表在《集体合同》文本上签字。并报区劳动行政部门和区总工会审批。10月,组成集体合同履约情况自查组,对本年履行《集体合同》情况进行检查。履约率98%。

(门嘉红)

【工作会】 1月14~16日,公司召开2008年度工作会,宣读《2008年各单位执行〈工效挂钩经营责任书〉考核通报》和《2008年〈工效挂钩经营责任书〉执行通知》;公司为一、二、五、七分公司、古建现代装饰分公司颁发奖金。2月26日,召开年度安全生产技术质量工作会。各基层单位负责人、技术质量专业人员、各部室负责人及高层领导参加。工程部、技术质量部、安保部分别做专业工作报告。3月4日,召开2009年度经济工作会。财务部作《加强内部控制、降低工程成本提高企业经济效益》报告。工程部的领导分别布置分包产值、合同管理及加强招投标、预结算管理工作。公司领导为基层单位及有关部室负责人颁发法人委托书,与各分公司责任人签订《工效挂钩经营责任书》。

(门嘉红)

【送温暖活动】 两节期间,公司领导29人次参加走访慰问看望特困职工、劳模、生病职工、离退休人员、病故职工家属及外施人员820人(其中外施人员450人),组织联欢、座谈16场次,780人参加,发放慰问金8.25万元,其中6名职工领取一次性困难补助。

(门嘉红)

【举办认证培训审核】 3月17~20日,举办认证转版培训。机关及各基层单位认证工作的主管领导和内审员参加。其中33名内审员参加取证考试。7月19~21日,东方纵横认证中心审核组对公司各部室、试验站、租赁站、首城国际中心九年一贯制学校项目部和区应急指挥中心项目部进行质量、环境、职业健康安全管理体系认证工作复评监督审核。审核组评定结论为:北京东兴建设有限责任公司质量、环境、职业健康安全管理体系运行是有效的,贯彻标准较好。 (门嘉红)

【党建工作会】 4月15日,公司党委召开党建工作会部署本年党建工作。①提高素质,优化结构,强化党员管理人员队伍建设。②加强基层党组织建设和党员管理教育,充分发挥引导监督作用和先进性作用。③加强纪检监督工作,为企业健康发展提供保障。④坚持“以人为本”理念,加强企业文化建设,促进企业和谐发展。本年,公司党委所属11个党支部完成换届选举工作。 (门嘉红)

【工作会议】 4月16日,公司召开2009年档案、计生、献血、节水、信息工作会。总结上年度各项工作,布置本年各项工作重点。7月24日,公司召开中层干部会。通报市建委安全月检查情况。通报各基层单位上半年经济运行的检查情况和质量、职业健康安全、环境三个体系复审情况。9月28日,公司召开各基层单位党政领导班子会。总会计师对经济工作检查情况进行总结。通报安全检查情况,布置国庆节前的安全工作。11月13日,公司召开财产清查动员会,布置财产清查工作。 (门嘉红)

【综合检查】 4月21~24日,公司领导带队,安保部、工程部、技术质量部等有关人员对所有在施工程、仓库进行综合大检查。检查情况较好,对发现的问题,要求相关项目部限期整改。并在5月1日前进行复查。8月17~24日,公司由董事长带队,有关领导、业务部室相关人员组成检查组,对10个在施项目的质量、安全、合同、劳务管理4方面238项内容进行综合大检查。通过看现场、查实体、查阅资料,按照标准进行打分排名,对结果予以通报。8月28日,公司召开综合大检查总结会。通报检查情况、提出要求。9月7～11日，董事长带队，公司领导、机关部室相关人员组成检查组，对所属基层单位生产统计、劳动管理、劳务费结算、财务管理4个方面28项内容的经济工作进行综合大检查。检查结果表明，各基层单位对经济管理的基础工作重视，基础台帐健全、审批手续齐全、信息传递及时、财务管理合规合法。检查组针对检查出的问题，分析研究，提出建立资金支出双签制、严格执行材料领销制等解决措施。 (门嘉红)

**【安全生产月活动】** 6月，开展“建设安全文化、服务企业发展，喜迎国庆60周年”为主题的第八个安全生产月活动，派出30名员工参加在区举办的首场安全生产巡回演讲报告会。“安全生产月”活动中，举办安全教育(培训和观看录像)1410人次，制作安全标语警告牌55块，横幅22幅，板报20块。更新灭火器200个。500人参加安全生产答卷，安全生产预案演练5次。检查工地安全66处，发现隐患3项，限期整改。 (门嘉红)

**【工会工作】** 3月30日，公司工会召开2009年度工会调研开题会。调研重点：“金融危机影响下的经济形势变化对企业经济状况和职工权益的影响以及应对措施、建议”，通过调研，真实反映企业情况，总结“不裁员、不减薪”的成功经验，对存在问题进行科学分析，提出对策和建议。4月17日，公司工会组织15名工会干部参加区委组织部、区总工会联合举办的“2009年度东城区工会干部培训”。学习《金融危机产生原因和影响及工会组织应关注的问题》《如何开展集体协商解决好日常矛盾和突发问题》《心理健康知识讲座》《如何运用科学发展观统领和指导工会工作》等课程。8月3日，召开公司工会二届二次委员(扩大)会，工会委员、经审委员、女工委员及两级工会干部参加。听取并通过二届工会委员会上半年工作总结报告，部署下半年重点工作。至9月上旬，公司工会以“坚定信心，迎接挑战”、“科学发展，在我身边”、“喜迎国庆，共创辉煌”为专题，举办年度职工教育感言征集活动，收集感言近百篇。公司工会按照区总工会发布《通知》要求，为公司452名工会会员办理《京卡·互助服务卡》。12月19日，召开2010年工会工作思路研讨会，工会干部24人参加。 (门嘉红)

**【学习科学发展观】** 10月27日，公司党委召开深入学习实践科学发展观活动动员会，全体党员、中高层管理人员参加。会上，布置开展学习方案。党委书记、董事长作动员讲话。从三个方面提出要求。指导检查组提出意见。公司组宣部向各基层党支部发放《毛泽东、邓小平、江泽民论科学发展》《中共中央关于加强和改进新形势下党的建设若干重大问题的决定》(党员人手一册)和胡锦涛总书记在全党深入学习实践科学发展观动员大会上的讲话等学习材料。要求各党支部制定具体实施计划抓好落实做到学有内容，做有成效。11月12日，组织高中层管理人员、全体党员、35岁以下青年，观看《科学发展在北京》电教光盘。18日，公司党委召开党支部书记会，听取各支部开展学习实践科学发展观活动进展情况汇报。19日，公司机关党支部在实践科学发展观活动中，为提高机关工作的科学管理水平，举办建立数据库知识培训，机关35岁以下青年、各部室相关人员参加。 (门嘉红)

## 北京筑邦建设有限责任公司

**【概况】** 本年，开展学习实践科学发展观活动促进企业各项工作，深化企业改革，挖掘潜力，发展生产。开复工面积2.69万平方米，竣工面积2.39万平方米，完成产值5348.26万元，向国家缴纳各种税收187.16万元，实现利润0.49万元。

**单位名称：北京筑邦建设有限责任公司**
**单位地址：东四三条67号**
**联系电话：64041224　邮政编码：100010** (蔺心亮)

**【董事会】** 8月28日，召开第30次董事会议。6名董事出席会议，公司监事、集体资产管理协会理事、监事列席会议。会议同意《2007、2008年度总部股东派现方案》和《董事会会议成员酬金方案》，审议通过提交股东会审议批准的文件，听取《公司2009年上半年生产经营情况和总部工作汇报》《总部2009上半年财务情况汇报》，核准确认由陈小虎提议、经总经理办公会决定增设机构、人事任免事宜。 (蔺心亮)

**【股东会】** 9月，召开第9次股东会议，25名股东出席。审议通过公司《2006、2007、2008年度利润分配方案》、董事会和执行层《2008年工作报告》、监事会《2008年工作报告》、公司《2008年财务报告》《监事会对公司〈2008年财务报告〉的审查报告》，批准实施董事会和执行层《2008年工作报告》对2009年工作要求，批准实施公司《2008年财务报告》制定2009年经济计划。对股东意见，董事事务部以《股东意见复函》进行答复。 (蔺心亮)

**【党建工作】** 2月23日，党总支召开委员会议。研究制订《党总支2009年工作计划》，学习胡锦涛《在第十七届中央纪律委员会第三次会议上的讲话》，与各党支部签订《2009 年度党风廉政建设工作责任书》。6 月 19 日，组织党、团员及部分经管人员参观首都机场 T3 航站楼、首都博物馆、北京南站，体验京津城际快轨列车，感受北京发展的巨大变化。6 月 30 日，在东四街道工委庆祝建党 88 周年大会上，3 人被授予优秀共产党员、1 人被授予优秀党务工作者、公司党总支被授予 2008～2009 年度先进基层党组织称号。10 月 18 日，组织党员到首都展览馆参观中华人民共和国成立 60 周年成果展。10 月 30 日，召开党总支换届选举大会。32 名党员出席。审议通过《党总支部第三届委员会工作报告》，选举产生党总支部第四届委员会。同日，召开第一次会议，选举书记、副书记。11 月，第一、二、三党支部分别召开党员大会，进行支部换届选举工作。年内，发展预备党员 1 名。 （蔺心亮）

**【企业文化团队建设】** 组织党员、经营管理人员观看《科学发展在北京》光盘，普及企业文化基础理论知识，展示公司的品牌形象，设计编撰印制《企业宣传画册》。编发《筑邦建设》期刊 2 期。1 月 16 日，党总支组织人员走访慰问离退休老干部，送去新春祝福、慰问卡及党组织的关怀。1 月 21 日，董事会举行迎新春团拜会。在国庆 60 周年活动中，根据要求，组织 88 人次参加安全保卫工作。5 月 18～21 日，参加东四街道组织的“京什手拉手，重建新家园”社会捐赠活动，公司 92 人捐款 3300 元。5 月 19～27 日，参加区第二十届职工运动会，有七个项目取得前八名。6 月下旬，参加东四街道工委组织的“党员献爱心”捐款活动，34 名党员捐款 860 元。10 月 17 日，参加第四届东四奥林匹克运动会，获一块金牌、二块银牌、二块铜牌。公司被授予东四第四届奥林匹克运动会最佳组织奖。12 月 11 日，参加东四二条社区第二届绿洲杯羽毛球比赛，获男子单打冠军。 （蔺心亮）

**【档案管理】** 修订《档案管理制度》24 项，整理立卷文书永久档案 15 卷，长期档案 8 卷，短期档案 17 卷，会计档案 39 卷，科技档案 4 卷，合同档案 10 件，电子档案 101 件。 （蔺心亮）

**【竣工工程】** 101 所甲醇列解等三项工程：由四公司施工，建筑面积 736 平方米，当年开工并竣工。

（蔺心亮）

## 住宅发展中心

**【概况】** 东城区住宅发展中心受区政府委托履行统筹、协调、组织危改与房改相结合危旧房改造工作，实施保障性住房建设，市政基础设施建设及改造工作，负责芍药居住宅小区的开发建设和管理工作。本年，贯彻落实科学发展观，围绕中心、服务大局，落实区委、区政府工作部署，完成各项工作任务。

全年受理居民来信 33 件，接待居民来访 189 人次。

**单位名称：东城区住宅发展中心**
**单位地址：地安门东大街 58 号**
**联系电话：84035379 邮政编码：100009** （李斐）

**【风貌保护区工作】** 南锣西市政改造工程 10 月 13 日开工，包括 11 条胡同、建设总长度 2546 米，排水工程全部完成，电信管道工程完成 80%，上水工程完成 65%，道路工程完成 40%。其中南下洼子胡同涉及居民及商业（产籍户）拆迁 40 户，已完成 22 户。（李斐）

**【基础设施改造】** 胡同基础设施改造涉及 77 条胡同，建设总长度 2.14 万米。7 月 20 日，22 条胡同改造工程开工建设，总长度 8592 米。工程进展：电信、排水工程全部完成。路灯工程地下管井全部完工、路灯杆安装完成 50%。电力工程需要安置 26 台箱变，7 台开闭器，已完成 21 台箱变，6 台开闭器搬迁（已签协议进行搬家），其中前鼓楼苑、蓑衣、景阳胡同已发电。道路工程除东四二条、福祥、沙井、黑芝麻 4 条胡同未铺面层油外（因电力工程未完工），其它 17 条胡同道路工程全部完成。8 月 20 日，44 条胡同改造工程开工建设，总长度 1.03 万米，工程进展：电信工程、排水工程、路灯工程、下管道部分、道路工程均已全部完成。安装灯杆工程完成 60%。电力工程正在调整方案。方家胡同工程：完成电信管道工程，基础沟线的补油处理。完成 4 台箱变位置搬迁工作，完成搬迁工作的 50%。

（王晶）

**【经济适用房销售】** 配合全区旧城改造工作，为玉河风貌保护工程、王府井市政工程、王府井精品工程、南锣鼓巷风貌保护工程、解危工程、民居外迁工程提供房屋 160 套。 （李斐）

**【芍药居工程建设】** 完成芍药居西区Ⅰ座北侧路建设。协调芍药居西区Ⅴ、Ⅵ座实施单位及物业公司，确保维修工作进行。完成芍药居九年制中小学和幼儿园听证、公示工作，《建设工程规划许可证》办理。在与朝阳区教委沟通将 9 年一贯制中小学调整为含有初中部和高中部的中学。 （李斐）

**【职能和资产划转】** 根据东编办［2009］14 号文件，撤销区住房城市建设委员会所属事业单位北京市东城区市政工程建设中心,其职能和资产划转东城区住宅发展中心,负责接收安置5名工作人员。原市政中心承担的胡同基础设施改造工作转由住宅发展中心负责。(李斐)

**【道路修复工程】** 6月3日,东二环西辅路、海运仓路、北新仓路道路修复工程开工,。8月11日,向东城区市政所移交验收,8月13日,完成四方验收。9月22日,完成竣工备案。(李斐)

**【档案管理】** 11月16日,向区档案局移交区住宅发展中心2008年度永久、长期文书档案,文件级电子目录,永久保管的归档电子文件。编制《东城区住宅发展中心文件材料归档范围和文书档案保管期限表》。完成危改小区资料目录整理工作及合并单位档案资料交接工作。(李斐)

**【内部审计】** 完成财务收支审计:包括管理费用支出、工程拨款审计等。完成基建项目审计:包括危改工程遗留问题、芍西经济适用房建设收尾工程、市政中心合并后市政工程支出等资金使用审计。完成内控制度审计:包括合同订立、履行、管理审计和房屋销售,出入库程序及管理审计。(李斐)

**【人力资源管理】** 全年组织培训26人次,内容涉及管理、财务审计、档案、纪检、法律等。4名处级领导分别参加区党校培训班及专题研讨班,选调1名青年干部参加区党校中青年干部培训班。年末,43名职工进行绩效考核。(李斐)

**【党群工作】** 组织党员开展《我为东城科学发展献一策》活动,提意见或建议7条。中心领导作"深入贯彻落实科学发展观,廉政勤政,做好本职工作"专题辅导报告。开展领导干部作风建设年活动。全年召开党务工作会议15次,发展新党员2名,转正预备党员2名。在全体党员中开展"述职责、述廉政、述风险"主题教育活动,建立处级领导干部廉政档案。组织全体人员参观"北京市反腐倡廉警示教育基地"和"东城区群众廉政书画展"。组队参加区总工会主办第二十届职工运动会,处级干部保龄球比赛,国资系统职工登山比赛安全知识竞赛活动。开展"送温暖、献爱心"社会捐助活动,向内蒙古贫困地区捐赠衣被等御寒衣物47件;开展为台湾"莫拉克"台风募捐活动,捐款人民币1750元。(李斐)

## 东城区开发及建筑企事业单位负责人

**王府井地区建设管理办公室**

| | |
|---|---|
| **党组书记** | 杨艺文(女,3月免兼) |
| | 王佩立(3月任) |

**东二环交通商务区建设管理办公室**

| | |
|---|---|
| **主　　任** | 李　强 |

**东城区人民政府住宅发展中心**

| | |
|---|---|
| **主　　任** | 赵春军 |

**北京王府井置业投资有限公司**

| | |
|---|---|
| **董 事 长** | 裴东卯 |
| **总 经 理** | 裴东卯 |
| **党委书记** | 裴东卯 |

**北京东兴建设有限责任公司**

| | |
|---|---|
| **董 事 长** | 张建忠 |
| **总 经 理** | 韩　威 |
| **党委书记** | 张建忠 |

**北京筑邦建设有限责任公司**

| | |
|---|---|
| **董 事 长** | 陈小虎 |
| **总 经 理** | 和光林 |
| **党委书记** | 陈小虎 |

**东方置地投资发展有限公司**

| | |
|---|---|
| **董 事 长** | 张　跃 |
| **总 经 理** | 张　跃 |
| **党委书记** | 张　跃 |

# 文 化 · 教 育

## 教　　育

**【概况】** 本年,有托幼园所35所,其中市立园12所、街道园7所、社会办园16所,收托幼儿6403人,教职工1164人,其中专任教师605人;市示范园7所、早教示范基地14个。小学42所,教学班944个,招生4670人,毕业5124人,在校生31279人;教职工2987人,其中专任教师2335人;小学入学率100%,巩固率100%,毕业及格率100%。中学30所,其中初中校3所、高中5所、完全中学21所、九年一贯制学校1所;教学班877个(初中449个、高中428个),招生10125人(初中5403人、高中4722人),在校生31545人(初中16826人、高中14719人),毕业10727人(初中5816人、高中4911人);教职工4563人,其中专任教师3087人;初中入学率100%,巩固率100%。工读学校1所,在校生79人,教学班5个,招生0人,毕业38人。特教学校1所,在校生184人。校外教育单位4所,教职工183人。中小学教师学历合格率99%,其中小学教师合格率100%,初中教师合格率99%,高中教师合格率100%。中小学具有高级专业技术职务1431人,其中小学教师90人,初、高中教师1341人。职业教育学校7所,其中职业高中6所、成人中专1所。独立设置校2所、职普联合设校2所、民办3所;开设专业34个,教学班181个,招生1551人,完成招生计划100%,毕业1892人,在校生4406人;教职工736人,其中专任教师384人,专任教师学历合格率98%,高级专业技术职务141人。成人高等教育学校2所,开设专业33个,教学班190个,在校生3309人;教职工125人,其中专任教师79人。年内,成人教育学校完成职业教育培训7998人次。12月,东城教委获"首届全国教育改革创新特别奖"。

全年教育经费投入21.78亿元,其中国拨18.18亿元、自筹3.61亿元。年末,全区教育事业拨款15.07亿元,同比增长17%。普通小学生均教育事业费1.11万元,同比增长3.57%,生均公用经费2127.67元,同比增长18.54%;初中生均教育事业费1.42万元,同比增长10.75%,生均公用经费3761.37元,同比增长6.83%;高中生均教育事业费1.88万元,同比增长8.19%,生均公用经费5010.40元,同比增长7.54%;职教生均教育事业费1.89万元,同比增长0.55%,生均公用经费2654.97元,同比增长25%。

**单位名称:东城区教育委员会**

**单位地址:金鱼胡同10号**

**联系电话:65135152　邮政编码:100006**　　（王冉）

**【领导视察调研】** 3月5日,市教委副主任郭广生一行到教育信息中心、景山学校调研信息化建设情况。市教育网络信息中心主任张虹波、区教委负责人陪同。听取区信息化建设工程建设情况汇报,参观景山学校信息化建设,对东城工作给予肯定。3月17日,金旭率区人大代表视察学习型城区建设工作,听取区教委《学习促发展,创新创活力》工作汇报,袁为民介绍东城在整合教育资源,为市民终身学习提供优质服务方面的经验。金旭对社区教育工作给予肯定,倡议人大代表发挥作用,为社区教育和学习型城区建设贡献力量。与会代表参观社区学院、国子监、孔庙和国子监中学,观看国子监大讲堂建设纪录片。3月26日,金旭率区人大教科文卫工作委员会到教委召开东城区"十一五"规划实施情况中期评估调研座谈会,听取《关于东城区国民经济和社会发展第十一个五年规划纲要(教育工作部分)实施情况的中期评估报告》。教育工委、教委及相关科室、直属单位负责人20人参加。代表就《报告》中涉及的相关情况进行沟通。金旭肯定了"两委"在推动规划全面实施过程中和对实施中小学规范化工程建设、推动职业教育改革、"蓝天工程"等工作。同时提出建议:减轻学生课业负担,推进素质教育;改进教育教学工作,提高专业化水平;提升中小学生共享优质教育资源的比例;完善学前教育布局,满足教育需求;加快"学习e网通"建设,推动教育信息化进程。4月3日,杨柳荫到教委检查指导学习实践科学发展观工作。梁军、王红兵、毛桂芬陪同。杨柳荫在听取汇报后提出要求:结合教育实际,制定切实可行的实施方案。大胆创新、积极进取,打造国际化、现代化的东城教育。要解放思想、更新观念,借鉴国外教育理念和管理经验,推动东城教育发展。4月8日,青海省玉树州州委书记贾应忠一行6人到东城调研。副区长毛桂芬参加。双方就教师队伍可持续发展、教育资源合理分配、教育教学科学管理等问题进行讨论,和平里四小和一七一中学校长汇报东城教育改革特色及亮点措施。代表团考察两校音乐、美术、网络、英语等专业教室。4月17日,市教委副主任吴松元到一七一中学调研"北京市农村中小学教师研修工作站"建设工作。该校校长汇报工作站建设情况。吴松元讲话。5月14日,杨柳荫到史家小学、北京二中调研基础教育发展情况,听取两校办学理念、师资培训、教育特色、学校发展等情况汇报,对教育教学环境实地考察。边振英、毛桂芬,教委领导及相关科室负责人参加。5月22日,市教工委副书记、市政府教育督导室主任线联平率队到东城调研,听取区教委"十一五"教育规划实施进展情况和存在的问题、学校布局调整规划、学前教育发展的思路与建议、扩大优质教育资源服务范围等四个方面工作汇报。调研组参观一幼和二中校园。5月31日,云南省教育厅厅长罗崇敏一行50人,到东城区参观考察。市教育工委副书记线联平,区教委有关领导陪同。云南省教育厅厅长罗崇敏参观考察东城职教中心学校、史家小学和市第一幼儿园,听取3所学校校长关于本校办学理念、办学特色及教育改革成果汇报。9月2日,副市长黄卫率队到二中、东直门中学调研普通高中教育发展情况。市政府副秘书长鲁勇、市教委副主任罗洁,杨柳荫、杨艺文、毛桂芬等领导陪同。听取两校校长《东城教育改革发展纲要落实情况》《科学管理、全面育人》教育情况汇报,与部分学生代表就如何推进校园文化建设等问题进行座谈。黄卫肯定两校在校园基础设施建设、特色办学、学生全面发展等方面成绩,希望东城教委扩大优质资源辐射面,推进教育均衡发展,使教育成果惠及更多百姓。10月19日,市教委领导刘利民、罗洁,教科院院长时龙、副院长张铁道,教研中心主任王云峰,王红兵等到府学胡同小学视察北京市小学科学学科教师新课程教学基本功展示与交流工作。慰问参赛选手和考务人员,查看基本功比赛场地、直播间、备赛选手休息室及后勤保障设施。10月20日,王建军一行14人到五十五中学、史家小学视察非民族教育学校民族教育工作。听取两校工作汇报,视察各项民族教育宣教设施。11月18日,中共中央政治局委员刘延东到史家小学视察。国务院副秘书长项兆伦,教育部副部长陈小娅,市委副书记王安顺,教育部基础教育司一司司长高洪,市教委主任刘利民,区领导杨柳荫、王红兵、毛桂芬等陪同。听取学校汇报,参观科技馆、音乐廊、艺术排练厅、厨艺教室、图书馆等教育教学设施,与学生代表进行交流。刘延东高度评价东城义务教育优质均衡发展的经验,实现优质教育资源全覆盖。 (王冉)

**【新春座谈会】** 1月19日,承办北京市基教系统新春座谈会。副市长黄卫,市委教工委、市教委、市政府教育督导室领导刘利民、线联平、杜松彭、罗洁、郭广生等,区领导杨艺文、王红兵、毛桂芬及各区县教育主管领导,教工委、教委、督导室领导100人参加。线联平从8个方面总结2008年主要工作。提出2009年工作任务。区长杨艺文向大会致辞。副市长黄卫讲话。各区县代表交流发言。 (王冉)

**【安全工作会】** 2月,召开系列安全工作会。央视新址发生火灾后及时传达市区有关会议精神,周密部署维护教育安全稳定工作。要求各学校积极做好以下工作:准确了解学生报到及身体状况,做好食品卫生安全工作,上好开学安全与法制教育第一课,做好防火、大型活动组织、信访等工作,全力维护好教育的安全与稳定。教工委书记提出3点要求:强化政治意识、责任意识和觉悟意识;安全工作是一切工作的基础,必须想全、想细、抓实;维护政治安全、人身安全、财产安全,党政一把手是第一责任人。教委主任强调,维护东城教育的安全与稳定必须认识安全稳定工作的重要性;明确党政一把手的责任和具体部门、具体责任人的责任;做好组织落实、工作落实、检查督导落实。会议决定,开学第一周对各校进行安全大检查。 (王冉)

**【议案建议提案办理】** 2月27日,在史家小学召开区人大代表议案建议、政协委员提案交办及代表委员见面会。程华等领导,区政协专委四室,部分区民进、民盟代表、人大代表、政协委员,相关科室负责人40人参加。全年主办市、区人大代表议案、建议15件,政协委员、党派提案5件,协办件1件。 (王冉)

**【校外教育】** 4月1日,承办2009年首都少年先锋岗启动仪式。团市委副书记于庆丰,天安门地区管委会副主任高长和,团市委中少部部长孙武权、副部长钱蓉辉,区有关领导及部分区县团教育系统代表200人参加。4月19日,在第二中学举行"中小学生科学探索工作室"启动仪式。市有关领导李海宁、王军、钱岩、张萍、张毅、张京华、张宇蕾及区相关领导,各界科技教育专家,各中小学校长、学生代表300人参加。区教委总结工作,介绍30个科学探索工作室基本情况。启动仪式后,200名师生开展"科学探索工作室第一课"互动体验活动。5月9日,组织开展中小学生科学探索工作室开放日活动。16所中小学200名师生分别到9所学校11个探索工作室开展科普教育活动。4月24~26日,在国家奥林匹克体育中心承办第47届北京市中学生田径运动会。全市各区县800名中学生运动员参加。市、区领导郑萼、李丽莉,刘兆武、赵俊石、颜纳新、张萍、王红兵、毛桂芬、王建军等出席。毛桂芬致欢迎词,市教委副主任郑萼讲话。开幕式上,府学胡同小学表演"中国龙",二十五中学表演"旋风跑"、五中分校进行"舞动青春,放飞理想"广播操表演。围绕17个比赛项目角逐,东城获奖牌17块。外来务工人员子女和外国留学生首次参加比赛。4月25~26日,在朝阳门少年之家举行东城区"蓝天杯"学生棋类比赛。北京棋院副院长谭炎午,市教委文体处、区教委领导,象棋世界冠军郭莉萍及有关部门领导出席。28所小学540名学生参加围棋、象棋、国际象棋3个项目的角逐。黑芝麻胡同小学黄瀚等7名学生获围棋比赛第一名,和平里九小乔彤等6名学生获象棋比赛第一名,西中街小学宋平璋等6名学生获国际象棋比赛第一名。6月3日,在东四九条小学举行首届"奥得赛"杯东城区小学生花样轮滑邀请赛。近百名小学生以花样滑轮竞赛的方式展示"阳光体育锻炼"的成果。府学胡同、东四九条小学,东师附小获团体总分前3名,和平里二小、东四七条、艺美、东四九条小学分获体育道德风尚奖、优秀组织奖和突出贡献奖。（王冉）

**【德育教育】** 2月16日,北京市首家小学民族博物馆在东城区回民小学落成。市民委副主任牛颂,区有关部门领导、区政协民委相关人员,全区中小学德育干部、师生代表200人参加落成典礼。4月5日,全国十佳少先队员安怡霏和北京市红领巾奖章获得者阚童利,同党和国家领导人胡锦涛、温家宝及首都各界干部群众代表,在北京永定河森林公园参加首都义务植树活动。4月27日,与区交通安全委员会、交通支队在北京卫戍区礼堂联合举办,东城区青少年"保护生命,健康成长"交通安全文艺演出。有关领导及各小学干部、教师、学生代表500人参加。表彰曙光、地坛等15所小学交通安全教育工作先进学校。青年湖、分司厅、遂安伯等9所小学以文艺演出的形式进行学校安全教育成果展示。5月4日,在六十五中学举行"弘扬五四精神　彰显青春风采——东城区五四表彰会"。市教委德育处王蕤,区委、区教育系统领导及各中学教师、学生、家长代表400人参加。表彰优秀班集体178个,特优生、三好学生、优秀干部、优秀团员5447名。听取北京市"紫禁杯"班主任、市"五四"奖章获得者等先进事迹汇报。王红兵为12支"东城区中学生志愿服务队"代表授旗。5月20日,在五中分校召开首都青少年科学素养建设讲坛。市领导郑萼、周立军,区科技、教育领域近百位专家、学者代表参加主题为中小学科学教育资源的整合、传播与共享。与会人员从学术研究和实践探索两方面就青少年科学教育资源开发利用进行探讨。6月,五十五中高二(2)班团支部获"全国五四红旗团支部"称号。6月16日,举行"凝望青春"全国五四红旗团支部——北京市第五十五中学高二(2)班团支部展示大会。有关领导、该校教师学生500人出席。会议通过短片、大合唱、舞台剧、诗朗诵等形式回顾高二(2)班团支部的创建历程,展现支部团结进取、拼搏向上的精神风貌。团区委为该支部颁发"全国五四红旗团支部"奖牌。7月,组织全区中小学师生开展"法律在我身边"征文活动。聘请专家对各校征文作品复评,30名中小学生、11名教师征文获区级优胜奖。和平里第九小学学生张振庭的《朋友和敌人》、丁香胡同小学教师王倩玲的《非常竞选》等5篇作品获北京市中小学师生法律故事征文优秀奖。9月8日,在区图书馆剧场举行东城区庆祝第25个教师节暨师德标兵表彰大会。区领导杨柳荫、杨艺文、刘朋庆、吴弘勇等、相关委办局,全系统各单位党政一把手,优秀教师代表等400人参加。蔡福全主持,杨柳荫讲话。宣读2009年东城区"师德标兵"名单。颁发荣誉证书。工读学校等三所学校教师代表为教师节献辞。教师万平、李梦莉、张芮、赵勇、刘晶做典型发言。

（王冉）

**【流感防控工作】** 5月5日,召开甲型H1N1流感疫情防控工作会。区教委相关科室、全系统各单位党政一把手140人参加。传达市、区、会议精神,部署教育系统防控工作。5月31日,副市长丁向阳到北京二中调研学校防控甲型H1N1流感工作,听取区教育系统、北京二中防控工作汇报。市区领导实地考察、参观学校医务室,了解师生健康状况及防控工作落实情况。市政府副秘书长鲁勇、崔鹏,市卫生局局长方来英,市政府办公厅副主任尹培彦,市委宣传部副巡视员孙玉山,市教委副主任郑萼,市民政局副局长陈百灵,区领导杨艺文,章冬梅等参加。8月~9月,与卫生局、中小学卫生保健所开展甲型H1N1流感防控工作视导。全区93所中、小学、幼儿园、成人教育、民办学校接受视导。9月1日,区防病监督所和民政局社会办对东四五条幼儿园进行联合检查。9月3日,市政府防控甲型H1N1流感社会防控督察组对一二五中学、东交民巷小学进行抽检。11月2日,国务委员刘延东一行到府学胡同小学视察甲型H1N1流感防控工作。教育部部长袁贵仁、副部长陈小娅,市长郭金龙,市教工委书记赵凤桐,副市长黄卫,市教委主任刘利民、副主任郑萼,区领导杨柳荫、杨艺文、章冬梅等陪同。听取学校甲型H1N1流感防控工作汇报,现场考察学生接种甲型H1N1流感疫苗情况,并与留观学生交流。刘延东肯定学校措施得力、工作到位,要求严格贯彻国务院精神,依法、科学、有序做好防控相关工作,确保疫苗接种知情、自愿、免费。12月25日,在九华山庄召开东城区中、小学甲型H1N1流感防控工作总结会。区有关部门领导,中、小学卫生保健所及校医150人参加。

(王冉)

**【全国助残日活动】** 5月16日,“关心残疾孩子生活,加强残疾孩子教育,创造家庭美好未来”东城区第十九次全国助残日大型宣传展示活动在特殊教育学校举行。中国残联副理事长程凯,中央国家机关青年联合会副主席张璐,外交部新闻司副司长秦刚,市残联副理事长马大军,区领导刘朋庆、冯熙、章冬梅、王建军,区教工委、团区委、民政局、卫生局、残联及各街道办事处领导出席。与会领导对东城特殊教育成果表示肯定,对东城实现义务教育阶段所有适龄儿童(包括重度残疾儿童)“零拒绝　全覆盖”教育策略表示赞扬。特殊教育学校和东高房小学校长分别与3名重度残疾儿童学生家长签订“送教上门”协议书,承诺提供每周不少于3小时的教育教学服务,使东城“零拒绝、全覆盖”承诺落到实处。活动现场开设咨询服务、模拟体验、风采展示等展区,为与会的残疾人提供各项援助服务。残疾学生与正常学生表演武术操,开展友好篮球赛。中央国家机关青年联合会、东城区图书馆、首汽集团、新中国儿童用品商店等单位为特教学校学生和各街道残疾儿童捐赠学习用具、食品等爱心款物。

(王冉)

**【儿童节游园会】** 5月29日,在地坛公园举行“我们共同成长”东城区第三届庆祝“六一”国际儿童节主题游园会。市、区领导赵凤桐、刘健、滕毅、郑萼、杨柳荫、杨艺文、吴弘勇、冯熙、边振英、梁军、王红兵、金旭、王建军及2万名青少年儿童及家长参加。全市28个“蓝天工程”社会资源单位、全区各委办局提供安全自护营、心灵对话湾、艺术科技苑、职教风采苑等10个展示、活动区域。与会领导为东城区190个市、区优秀集体和10625名市、区三好学生、十佳少先队员等颁发表彰证书。

(王冉)

**【教学工作】** 2月27日,召开2008～2009学年度东城区小学教学质量年报工作会。王红兵,教委领导、相关科室、各中小学校长、教学干部、教师代表400人参加。在回民小学召开“聚焦课堂　推进课改　提升质量”教学质量年报工作会,通报六年级语文、数学、英语大样本抽测情况及常态课视导工作、小学教学管理现状。全国总督学顾问陶西平先生为史家小学做“深化课程改革　着力提高教学质量”学术报告。4月1日,在史家小学召开东城区基础教育课程建设培训会。各中、小学校干部200人参加。听取北京市校本课程专家组成员项红《浅谈三级课程整体构建与校本课程开发管理》专题讲座。4月15日,在北京五中召开东城区高中毕业年级质量分析会。教育系统领导、年级组长等180人参加。分析总结高三年级第一次模拟考试情况,提出5点建议。6月2日,在二十四中学举行东城教育系统学区及学校联盟工作论,区委,区教工委、教委及教育系统各单位党政一把手和主管干部260人参加,听取区教委关于《深化学区化管理及学校联盟工作　推动东城教育优质均衡发展》学区工作报告。下发《东城区教育系统人力资源共享实施意见(试行)》。王红兵讲话。五大学区代表和中小学课堂教学衔接研究课题组组长分别汇报学区特色工作情况,“东城区走进骨干教师课堂选课系统”正式启动。7月11～12日,在北京地税培训中心召开,东城区教育系统期末干部会暨加强管理、规范办学培训工作会。杨柳荫、王红兵、毛桂芬,教育系统各单位党政一把手150人参加。蔡福全做《加强财务管理,严肃财经纪律,为东城教育科学发展提供有效保障》专题培训。杨柳荫做《科学发展创首善,打造国际化、现代化新东城》专题报告,提出到2030年要实现国际化、现代化新东城的战略目标。要求干部要注意提升政治素质、跳出教育看教育的素质、具有人格魅力的素质及前瞻性把握问题的素质。做《关于规范办学行为的几个问题》等3个专题培训。会议部署《2009～2010学年度工作计划》,下发4个文件及学习材料。7月,八成应届考生成绩超过本科线,五成超过重点线。重点上线率提高8个百分点;本科上线率提高10个百分点。10月12～13日,在昌平区九华山庄召开东城区教育工作会,听取区教委关于《不负使命,创新思路,开创东城教育科学发展新未来》报告,传达温家宝总理在市第三十五中学调研时讲话精神和国务委员刘延东在庆祝教师节会上讲话精神,部署2009年综合评价工作。教育部基础教育课程教材发展中心主任刘坚做《反思教育核心价值　全面推进课程改革》学术报告。毛桂芬,教委领导班子成员,相关部门,各中小学校长、教学干部及初、高中三年级组长500人参加。教师研修中心、教科所分别以《提高教育教学质量,促进教师专业发展》《总结经验再创辉煌》为题作大会发言。五中、二十七中、一七一中,西中街、黑芝麻胡同小学作主题发言。8个主题,分组进行研讨交流发言。10月22日,在史家小学分校召开东城区地方课程《走进东城》启动大会。各小学校长、主管干部200人参加。观摩史家小学分校《这里是东城》研究课程展示,听取丁香胡同小学《整合资源 规范实施地方课程》经验介绍,对《走进东城》教材特点进行讲解说明。市课程中心主任杨德军结合市教委《关于加强义务教育课程管理 推进课程整体建设的意见》,进行三级课程建设专题培训。11月19日,东城区小学课程资源中心(史家小学基地)举行启动仪式。市教委基教处、课程中心领导,王红兵、毛桂芬有关部门领导及部分师生代表400人参加。与会领导为东城区小学课程资源中心(史家小学基地)揭牌并剪彩。东城小学课程资源中心(史家小学基地)的成立,为43所小学提供机器人实验室、家艺活动室、厨艺活动室、陶艺活动室、创新思维工作室、植物组培实验室等17个现代化课程资源教室,为学生共享优质教育资源搭建平台。12月10日,“夯实教师基本功 提高课堂教学实效”2009年东城区小学课改培训日活动在回民小学举行。东城区小学教师基本功培训巡回宣讲团正式启动。开展基本功培训指导。 (王冉)

**【人才建设】** 4月14日,与首都师范大学合作开设现代教育技术和义务教育阶段数学教师带薪半脱产硕士研究生课程进修班开班仪式在研修中心举行。市教委、首都师范大学等单位领导和两个进修班学员80人参加。进修班学制为两年,预计开设6~9门专业课,首都师范大学数学学院和教育技术系专家将为研修班学员授课。学员成绩合格可获首都师范大学研究生主要课程进修班结业证书。9月,北京二中教师范锦荣获全国模范教师称号,北京五中教师张斌平、市第一幼儿园教师蔡涛获全国优秀教师称号,北京市第一六六中学校长赵文秀等3人获北京市优秀教育工作者称号,北京市第二中学分校教师缪军等19人获“北京市优秀教师”称号。 (王冉)

**【国庆工作】** 7月17日,杨柳荫到东直门中学检查国庆准备工作。边振英、毛桂芬,余海民及有关领导参加。9月27日,区教育系统建国60周年庆祝活动誓师动员大会在社区学院召开。市教委、首都国庆群众游行指挥部,区教工委、教委等单位领导及承担国庆表演任务各校书记、校长百人参加。区教委主任作动员讲话。二十四中、六十五中、景山学校和九小及教委相关科室代表就各自承担的任务誓师发言,保证以最高标准完成国庆庆典表演任务。10月,建国60周年庆祝活动全系统38所学校1.7万名师生参加。其中25所学校1.57万名师生参加国庆背景表演任务,10所学校800名师生参与国庆晚会任务,2所学校110名师生参加群众游行七色光鼓号队方阵展演任务,11所学校参加国庆安保、彩车方阵展演、《复兴之路》观演等国庆工作。 (王冉)

**【预防职务犯罪】** 12月15日,在六十五中学举行东城区教检合作预防教育系统职务犯罪工作会。区纪委、检察院、教育工委、教委领导及全系统党政一把手、相关工作人员300人参加。会上,宣读《关于建立东城区教育系统预防职务犯罪联席会议制度的意见》,区检察院检察长娄云生、区教委主任蔡福全在联席会议制度协议书上签字。会后,与会人员参观“惩治基础教育腐败,推进领导干部廉洁从政——教育系统职务犯罪警示教育”展览。 (王冉)

**【学前教育】** 2月,开展为四川灾区献爱心活动。东城区一幼、东华门、总政等7所幼儿园的干部教师、家长和2500名小朋友参加。共捐棉被65条,棉衣棉裤1663件、毛衣毛裤671件,单衣300件。所捐物品于春节前送往四川什坊市龙居镇中心幼儿园和湔氐中心幼儿园。4月8~9日,总政幼儿园、第一幼儿园附属实验园面向全市开放。市教委领导罗洁、张小红、王洪兰,区教委领导及全市18个区县教委主管主任、学前科科长、部分幼儿园园长百余人,听取开放园园长工作汇报、参观园所环境、观摩幼儿教育教学活动。4月22日,市教委为东城区卫生局第一幼儿园晋升北京市一级一类幼儿园颁牌。市教委,区卫生局、教工委、教委领导参加。年内,东城区一级一类幼儿园23所,占园所总数比例66%。有市级示范园7所,市级儿童早期教育示范基地14个。6月10日,在总政幼儿园召开首届幼儿园户外体育自制玩教具评选活动。区教委、相关科室及各园所代表60人参加。25所幼儿园148件自制玩教具参评。获一等奖作品6件、二等奖作品15件、获三等奖作品32件、巧手制作奖11件。7月9日,在第七幼儿园,举行东城区幼儿数学教育学习研究小组成立仪式。中央教科所幼儿教育中心主任白爱宝、市特级教师琚贻桐,相关科室及5所幼儿园园长、教师20人参加。9月25日,在东四五条幼儿园,举行东城区“我与祖国共成长”幼儿教师演讲比赛。展示区幼儿教师良好的精神风采及专业素养。24名教师参赛,获一等奖5人,二等奖6人,三等奖9人。 (王冉)

**【开园典礼】** 10月16日,市第一幼儿园(分园)举行开园典礼。市教委,市早期教育研究所,区人大、区政协及相关部门领导出席并为幼儿园剪彩。市第一幼儿园(分园)是一所全寄宿制幼儿园,坐落于东直门地区海晟名苑社区内,占地面积4400平方米,总投资1280万元,9个教学班270名3~6岁幼儿。该园突出中英双语教学特色,是一所遵循一幼办园理念、展示一幼办园水平的高品质幼儿园。该园已招收4个教学班百名幼儿。 (王冉)

**【青少年科技创新赛】** 3月19~22日,市科协、市教委联合主办的第29届北京青少年科技创新大赛决赛在丰台区十二中学举行。东城区选送参赛项目41个,获一等奖18个、二等奖20个,10名参赛学生获"未来地学家奖"、"自然与生命探索奖"等创新大赛专项奖。北京二中学生张鹏浩获北京青少年科技创新市长奖。 (王冉)

**【法制宣传教育】** 11月~12月,开展法制宣传日主题教育活动。12月3日,在二十七中学举办青少年法制宣传教育工作现状及问题研讨会。市教委政策研究与法制工作处领导,区司法局、区委工委、教委领导,部分学校干部、教师、学生代表1000人参加。观摩二十七中"法理护航、成就未来"主题校会,听取区法院未成年人犯罪审判庭法官宋晓鹏法制教育讲座,召开座谈会。二十四中、二十七中、六十五中、地坛小学等校进行法制教育经验介绍。赵其瑜汇报区青少年法制教育工作整体情况,何劲松讲话。 (王冉)

**【职业成人教育】** 1月5日,在九华山庄召开2009年社区教育委员会第一次全体委员扩大会议,总结上一年工作、提出2009年工作思路。王红兵、毛桂芬及区专家组、学区市民学习基地执行主任等40人参加。毛桂芬、王红兵分别讲话。1月15日,在职教中心学校召开"工作过程为导向 深化改革促发展"东城区职业教育课程改革启动大会,听取区教委关于东城职业教育改革定位与目标的汇报,部署东城区职业教育课程改革的方案。市教科院副院长吴晓川、教委荣燕宁、教科院职成教研中心主任柳燕君,区教委领导及5所职业学校校长、书记、骨干教师140人参加。吴晓川肯定东城区职业教育成果,提出课程改革与产业结构、经济发展相适应的建议。2月26日,召开东城区职业教育联席会议专项一次会议,研讨社会公益性职业培训等工作,听取区教委关于东城区职业教育改革"一体两翼"和区劳动局杨军胜关于当前职业培训、就业情况介绍。3月2日,二次会议在行政服务大厅召开,听取教委关于目前职业教育改革"一体两翼"推进情况汇报,旅游局副局长陈健关于旅游行业重点工作及相关需求汇报;研讨社会培训合作事宜。2月27日,在职教中心学校召开"工作过程为导向深化改革促发展"课程改革研讨会。北京财经学校、职教中心学校、古城职高分别介绍课改计划及实施情况。 (王冉)

**【招生工作】** 5月15日,完成小学升初中推荐电脑派位工作。区监察局,区教工委、教委,教育系统党风廉政监察员、人大代表、政协委员,教师、学生、家长代表40人参加电脑派位。市东方公证处公证员对派位全过程进行公证,并将录取结果现场封存。参加本次派位学生668人,占毕业生15%。派位结果在各小学公布。完成小学升初中划片派位工作。区监察局、教委领导、部分党风监察员、人大代表、政协委员,教师、学生、家长代表等40人参加。2009年,小学毕业生5087人,划分3个派位片,计算机将按志愿优先原则依现场产生的随机号大小进行录取,凡未被意向学校录取的学生由计算机在本片内随机分配。公证处公证员现场拆封原始数据盘。学生、家长和政协委员代表对光盘数据进行现场操作。公证员对派位全过程进行公证,录取结果现场封存。7月9日在各小学公布。6月7~8日,7月5日至8月6日,完成高考和录取工作。6254名考生报名参加高考,其中普通高中考生5743人、职高考生63人、社会考生448人;文科考生2469人,理科考生3785人;设立10个考点、208个考场,缺考134人。高考上线率93.27%,其中普通高考录取5487人(理科3346人、文科2141人),提前本科录取543人,提前专科录取13人;一批本科录取1753人,二批本科录取1177人,高职录取1516人。高职单考单招设置1个考点,11个考场,报名344人,录取261人。10月17~18日,完成2009年全国成人高校统一招生考试工作。设立7个考点、146个考场,参加考试4245人。考场安装使用远程电子巡查系统。11月3日,考生登录相关网站查询成绩。录取工作于11月20日至12月20日。11月1日,完成高等自学组考工作。报考考生7225人。报考20441科次,涉及50个专业。设立6个考点,661个考场。违纪18人次。11月22日,完成高等教育自学考试证书类考试组考工作。6413名考生,报考13700科次。设立考点7个、467个考场,违纪14人次。 (王冉)

**【网上阅卷工作】** 6月25日至7月1日,完成2009年中考网上阅卷工作。今年东城区首次采用全科网上阅卷方式。全区24所学校241名教师完成27635份中考试卷评阅工作,阅卷工作总结大会在研修中心召开。 (王冉)

# 教育督导室

【概况】 东城区人民政府教育督导室新增设督学科、督政科,有专职督学6人,特邀督学3人,兼职督学16人,见习督学2人。督导室主任蔡福全。

2009年,以科学发展观为指导,学习贯彻党的十七大精神,依法督导、求真务实,完善和创新教育督导机制。落实东城教育发展战略和重点任务,全面实施素质教育,推进教育优质均衡发展。

3月16日,东城区人民政府教育督导网正式开通。9月,被市政府教育督导室评为"教育督导宣传工作先进单位"。

**单位名称:东城区人民政府教育督导室**

**单位地址:金鱼胡同10号**

**联系电话:65275208 邮政编码:100006** (李菊)

【学习培训】 1月4~5日,召开第一学期工作总结会,专兼职督学20人参加。会议学习市委副书记王安顺在北京市第六次教育督导工作会上讲话精神和教育部副部长陈小娅关于《教育督导工作面临的形势》报告精神,学习新修订的《北京市实施〈中华人民共和国义务教育法〉办法》,对本学期工作进行总结,就工作中的问题提出意见和建议,讨论新修订的《东城区教育督导工作规划》,通报区第四轮综合评价结果,介绍教育督导建设情况。3月3日,督导室组织全体督学聆听市教委政策研究与法制工作处处长何劲松对《北京市实施〈中华人民共和国义务教育法〉办法》的解读报告。

3月12日,与教委联合召开东城区实施小学规范化建设工程培训会,相关领导、各小学校长及主管领导100人参加。市兼职督学、东城区社区教育协会会长薛家树,围绕实施小学规范化工程等三个方面做专题报告。会上下发《北京市东城区推进小学规范化建设工程工作手册》。4月1日,召开东城区课程建设培训会,聘请市校本课程专家组成员项红,做《浅谈三级课程整体构建与校本课程开发管理》报告,小学组专兼职督学、各小学校长、教学干部300人参加。 (李菊)

【督学工作】 新学期对10所中、小学、幼儿园、职业教育学校及直属教育单位从6个方面进行安全督查,对督查中发现的问题及存在的安全隐患,提出整改意见和建议,督促责任单位及时整改,落实防范措施。并将督查情况向教委安全保卫主管部门反映。3月25~31日,与区教委、卫生局等部门,从学校卫生综合管理,学生常见病防治,突发公共卫生事件应急管理,学校教学环境,食品、饮用水卫生安全,学校传染病预防控制,健康教育等六个方面,联合对学校卫生、保健、传染病预防等工作进行督导检查。4月21日,市教委副主任郑萼率市教委、市政府教育督导室初中建设工程督导验收工作组一行19人,对东城区初中建设工程工作进行督导验收。毛桂芬、袁为民及有关领导参加。听取区教工委关于初中建设工程实施情况汇报和东城区初中建设工程督导验收工作总结。分别召开座谈会,查阅东城区初中建设工程实施和督导评价过程性资料和成果性资料。专家督导组对东城区政府、教委和各学校在初中建设工程上所做工作给予肯定。专家督导验收工作组到一二五中、六十五中学实地检查。听取校领导汇报、进行交流、召开教师座谈会、学生问卷调查、查看设施设备的配备和使用情况,对两校初中建设工程取得的成绩给予较高评价。完成对区域内所有小学"规范化建设工程"规划制定情况专项督导。对丁香、东师附小、东四七条、安外三条等小学规范化建设工程进行专项联合督导,对北锣、美后、北池子学、北新桥、春江、雍和宫、东高房等7所小学进行随访督导。听课近二百节,访谈干部、教师百余人次,回收问卷400份。 (李菊)

【督政工作】 4月30日,在北京二中召开区落实素质教育执法职责联席工作会,37个委、办、局及10个街道办事处主管领导及全体专兼职督学参加。会上下发《关于对各委办局、街道办事处落实素质教育执法职责情况开展督导工作的通知》《东城区政府职能部门落实教育执法职责工作资料汇编》等。毛桂芬讲话。5月25日,区专兼职督学一行10人,对区文化委员会落实素质教育职责情况进行专项督导。听取汇报,查阅资料,访谈及有关科室负责人,参观图书馆等,了解文委落实素质教育职责情况。形成正式书面督导回复意见。

6月,对区建设委员会、北新桥街道办事处落实教育执法职责和实施素质教育职责情况进行专项督导。听取建委关于《认真履行职责为东城区实施素质教育服务》和北新桥街道办事处任关于《依法治教、依法维教、依法宣教,不断拓展全民素质教育的新领域》的自评报告,分别进行访谈,查阅档案资料、参观等。督导后形成书面督导回复意见。9月,分别对区发改委、国土资源局、财政局、卫生局、公安分局、工商分局、规划委,东四、交道口街道办事处9个单位落实教育执法、素质教育职责进行调研性督导。听取主管领导工作汇报、查阅档案资料、访谈、实地查看了解落实情况,形成督导调研报告。 (李菊)

【综合督导检查】 12月8~9日,市人民政府教育督导室综合督导检查组一行24人到东城区进行全面实施素质教育综合督导检查。听取汇报、召开座谈会、查看档案资料、实地考察,全面了解东城实施素质教育情况。杨柳荫、杨艺文、王红兵、毛桂芬及区相关委办局领导参加。8日,毛桂芬做《东城区全面实施素质教育情况自评报告》,专家检查组查阅档案资料,分4组围绕4个主题与相关委办局、街道办事处等单位领导进行座谈。9日,分别到五中分校、二十七中、财经学校,西中街、史家小学、一幼分园、科技馆、和平里街道办事处等实地考察。观摩二十七中语文和物理课。市检查组领导、专家对任课教师的教育教学方法等给予肯定。市政府教育督导室主任线联平到区科技馆实地考察,对科技馆的工作给予高度评价。（李菊）

**【综合评价】** 10月12日,召开教育系统大会部署第五轮综合评价工作;16日,对参与综合评价工作的100名工作人员进行培训。12月29日,召开东城区教育系统综合评价工作总结大会。评价数据显示,本年得分高于98分的学校数量大幅增加。评价结果:特等奖44个、A等奖48个。（李菊）

**【课题调研】** 1月~3月,对学区范围内一七一中学与一七七中学、五中分校与国子监中学、史家小学与东四七条小学、府学小学与方家小学等学校联盟试点校进行专题调研,完成关于"学校联盟"工作调研报告。（李菊）

# 文 化·文 物

**【概况】** 本年,围绕国庆60周年各项文化活动、推进首都戏剧文化城建设、提升公共文化服务水平等工作重点,完成各项工作任务。

组织东城群众庆祝新中国成立60周年系列文化活动。完成国庆联欢晚会演出任务,举办国庆游园活动中心表演区文艺演出及文化互动活动、东城区新年音乐会、第19届文化馆新春游乐会、第23届文化艺术节、第17届北京"天使杯"国标舞交谊舞城市友好邀请赛等活动。全年举办文化活动1500场,50万人次参加。

**单位名称:东城区文化委员会**

**单位地址:交道口东大街85号**

**联系电话:64068856　邮政编码:100007**（王湘帆）

**【领导视察调研】** 2月17日,杨艺文到区文委调研,王红兵、毛桂芬及有关部门负责人参加。区文委汇报当前面临机遇与挑战的基本判断、应对制约文化事业发展主要问题的基本思考、当前文委着力研究推进的重点工作、需要领导关注支持的几个具体事项四方面工作,杨艺文对文物和文化市场执法、戏剧中心四季风活动运作、剧场群打造、文物保护利用等工作提出指导意见。毛桂芬、王红兵分别提出要求。3月12日,市政协文史委40人视察京师大学堂建筑遗存。吴弘勇,市文物局办公室主任王丹江陪同。委员们视察京师大学堂建筑遗存及周边环境,了解历史文化和保护利用情况。4月8~9日,青海省玉树州党政代表团一行10人,到区图书馆参观。王红兵及相关人员陪同。参观图书馆各阅览室和活动厅、室,国子监、孔庙等地。7月2日,金旭率教科文卫工委负责人到东四街道奥林匹克社区活动中心调研社区文化工作。10个街道文体主任、文教科长等30人参加。听取东四、景山和安定门街道关于社区文化设施建设和开展社区文化活动情况汇报。7月6日,上海市静安区文化局长张爱华一行3人到东城考察交流文化工作。毛桂芬及有关领导参加接待。对国子监、孔庙、钟鼓楼、保利剧院就戏剧文化建设、文化市场管理、文化品牌打造等工作进行讨论和交流。7月17日,天津市文化广播电视局、规划局、国土和房管局、文物局领导和专家一行10人到南锣鼓巷地区考察风貌保护工作。参观秦老胡同20号、前鼓楼苑7号四合院旅店,就历史文化街区风貌保护工作进行交流。市文物局副局长王丹江、区有关部门负责人陪同。10月2日,杨艺文到区文化馆调研,毛桂芬陪同。区有关部门负责人参加。参观文化馆主体工程和主要厅室,听取文化馆负责人关于厅室功能及新馆开馆后工作设想汇报,了解厅室功能使用、服务定位、设施安全等问题。11月5~6日,原市人大常委会副主任赵久合,刘朋庆、吴弘勇、李力、费文勇、郭瑞敏、毛桂芬等与市、区人大代表200人,区政协委员180人分别视察东城区文化馆装修改造工程。11月18日,杨柳荫,王红兵、毛桂芬一行5人到文委调研,参观文化馆新馆及图书馆,了解馆舍建设、功能布局及工作运行等情况,听取工作汇报。杨柳荫对做好文委文化工作提出,要发挥两馆在公共文化建设上的引领作用,挖掘文化内涵,办出东城文化特色。12月28

日,毛桂芬到十字坡影剧院电子游戏厅和世嘉华瀚文化娱乐有限公司游戏厅调研,分别与两家企业负责人座谈,东城游戏厅行业经营现状、游戏机种类、企业利税情况、消费群体等征求行业管理工作中的意见和建议。 (王湘帆)

**【戏剧文化城建设】** 1月15日,与区文联联合举行座谈会,探讨首都戏剧中心发展大计。市文化局、中国戏剧家协会、东城戏剧家协会、北京人民艺术剧院、中国儿童艺术剧院、空军电视艺术中心、国家话剧院、北京儿童艺术剧院,保利剧院、北京艺术研究院团负责人及艺术家等参加。举办两岸城市青年戏剧演出季、儿童戏剧夏令营、北京青年戏剧节和北京青年戏剧节独立戏剧展。"戏剧四季风"演出4000场次,观众172万人次。向全区10个街道赠送话剧票,邀请千余名低保、特困户等居民免费观看话剧。组织儿童剧剧组走进东四九条小学演出互动,5所小学200名师生参加。下发《东城区戏剧发展公益补贴资金管理暂行办法》《东城区戏剧产业发展引导资金暂行办法》《关于推进首都戏剧文化城建设的若干意见》三个文件。发放4万本《戏剧东城宣传册》。

(王湘帆)

**【国庆60周年活动】** 6月23日,在地坛公园八区奥运文化广场举行东城区庆祝新中国成立60周年系列文化活动启动仪式。市文联党组书记朱明德,市委宣传部、首都文明办、市文化局等领导,"和谐之声"艺术团、市文化艺术活动中心、区领导刘朋庆、王红兵、金旭、毛桂芬、王建军及有关部门负责人,社区居民500人参加。6月23日至9月30日,举办"庆祖国六十华诞　展东城人文风采"系列文化活动,调动全区各类社会资源,形成全民参与、共庆华诞的区域文化氛围。东城联欢板块由4个联欢方阵和1个标兵方阵及工作人员2930人组成,创编5个特色集体舞和28个文化特色文艺节目。10月1日晚10个街道社区群众文艺骨干,10所中学生代表及区机关工作人员、驻京部队指战员3000人参加天安门广场联欢活动。在地坛公园八区文化广场举办以"欢歌东城　祝福祖国"为主题的文艺演出和"非遗"展示,举办东巴陶艺、山东潍坊木板年画、北京木雕门楼、毛猴、宫灯等20家民间传统手工艺精品展览展示。 (王湘帆)

**【节庆文化活动】** 2009年1月1日凌晨,在北京钟鼓楼举行"微笑北京　和谐先锋——志愿者迎接2009年主题活动"。市委常委梁伟,共青团北京市委书记刘剑,全国政协委员李炳华,毛桂芬等领导和北京志愿者代表、各界知名人士600人参加。1月25日零时在钟鼓楼举行击鼓鸣钟迎新春活动。东城各界群众代表共同撞响永乐报时铜钟。1月28~30日,举办东城区文化馆第19届新春游乐会。接待游客1.5万人次。突出公益性是本届新春室内文化庙会的一大特色,为来京建设者、驻区部队官兵及社区特困户、退休老工人、残疾人赠送门票2万张。游乐会期间,市文化局、文化艺术活动中心、区领导到现场与百姓共度新春佳节。《北京日报》等媒体进行报道。4月4~6日,举办"忆家训、谈家风、促和谐"清明节主题教育活动、"话说清明节"知识讲座等系列文化活动,2000市民参加。5月23~28日,举办"五月端阳红"文化活动、"千秋不改炎黄韵"诗文朗诵会等区端午节特色文化活动及各街道举办端午节传统文化活动。共20场、观众2万人。10月3~7日,举办国庆中秋诗会、周末相声俱乐部国庆中秋相声专场、"同迎祖国六十华诞　共度中秋团圆佳节"文艺演出、科普展览等主题文化活动,各界群众2000人参加。 (王湘帆)

**【特色文化活动】** 4月28日,在百货大楼门前举行首届"皇城文化旅游节"与"畅游古都,品味东城系列主题旅游活动"。杨艺文,市旅游局副局长于德斌,王红兵、王佩立,黑龙江省牡丹江市、河北省沧州市、江苏省盐城市、海南省海口市等与东城区缔结友好城市驻京办事处代表,区重点企业,相关部门、10个街道领导、群众150人参加。5月16~17日,在地坛体育馆举行第17届北京"天使杯"国标舞、交谊舞城市友好邀请赛。北京、广东、山东、河北、辽宁、黑龙江和澳门特别行政区,23个城市38支代表队,126个组别,900对选手参加比赛。12月19日,在区文化馆举行中国第8届外邮评选颁奖典礼。第十届全国政协副主席李蒙,外邮评选组委会主任程路,全国集邮联副会长刘佳维,市政府副秘书长侯玉兰,毛桂芬等领导出席。来自全国各地文化界、集邮界代表及朝鲜、加拿大、埃及、日本等国家驻华使馆和官员200人参加。同时举行澳门回归祖国10周年集邮展、第8届外邮评选参评国邮票展、北京鼓楼集邮研究会成立30周年回顾展,召开集邮研讨会,发行《鼓楼邮刊·北京鼓楼集邮研究会成立30周年纪念特刊》。9月25日至10月15日,举办"分享奥运成果　共享文明城区"东城区公益电影大放送活动。向社会放映公益性电影50场,免费发放电影票2万张。 (王湘帆)

**【周末相声俱乐部】** 3月16日,召开周末相声俱乐部工作会议。北京周末相声俱乐部主席李金斗主持。会议总结上一年工作,对2009年创作工作进行动员。李金斗表示,相声俱乐部将一如既往,本着“给老百姓演出、为老百姓创作、让老百姓满意”的服务方向和工作准则,坚持每场20元低票价、不低于120分钟演出时间,为京城百姓服务。刘洪沂、李增瑞、李建华等40名表演艺术家到会。2009年,演出25场,观众1.2万人。

(王湘帆)

**【文化馆建设】** 投资4950万元,对文化馆进行升级改造。同时文化馆经费由差额拨款改为全额拨款。12月25日,重新改造后的东城区文化馆举行开馆典礼。文化部、市文化局、市文化艺术活动中心、区委区政府等领导出席。区相关部门负责人、驻区文化单位和演出团体代表等200人参加。(王湘帆)

**【文化市场管理】** 全年完成文化市场审批行政许可424件,其中新批373件、变更51件。按时办结率为100%,群众满意率100%。文化市场检查出动执法人员3041人次,检查文化经营单位1511家次,收缴非法书报刊1500册、非法音像制品8716张,制作执法案卷14卷,罚款1.4万元,吊销经营许可证2个。开展全区文化市场国庆护航行动、低俗音像制品、地面卫星接收设施、印刷企业、非法出版物、鼓楼东大街电玩市场等专项整治系列行动。召开文化市场经营单位安全生产工作会、文化娱乐场所规范经营管理暨安全责任书签订大会、“扫黄打非”工作会等40次。

(王湘帆)

**【文物工作】** 开展“国庆平安行动”暨火灾隐患合围攻坚、文保单位火灾隐患排查整治雷霆行动等专项工作,出动检查人员700人次。完成顺天府学避雷设施、钟鼓楼、文天祥祠技防安装工程。在钟鼓楼组织古建消防实战演习。完成钟鼓楼楼梯和地面、荷兰使馆旧址、桂公府等保护项目修缮竣工并通过验收。完成4543户、1267个院落调查工作,其中对84处文物建筑修缮方案进行集中审批。确定公布第三批区级文物保护单位18处。年末,全区有三级文物145项,其中国家级26项、占全市26.5%,市级59项、占全市26.3%,区级60项。5月10日,在东堂子胡同75号举行蔡元培故居修缮工程竣工暨故居展揭幕仪式。市文物局局长孔繁峙、区领导杨柳荫、刘朋庆、吴弘勇、王佩立,航天英雄杨利伟,富华国际集团董事长陈丽华及新文化运动纪念馆、北京大学档案馆等相关部门和有关专家出席。6月10日,举行国子监街当选首批“中国历史文化名街”,授牌仪式暨高峰论坛在孔庙国子监。全国政协副主席孙家正,第十届全国人大副委员长许嘉璐,文化部党组副书记欧阳坚,副市长蔡赴朝,文化部、国家文物局有关领导,市文物局、文化局及区四套班子主要领导,著名文物专家谢辰生、罗哲文、朱自煊、王景慧及获奖街区代表参加。杨艺文致欢迎辞,国家文物局公布首批“中国历史文化名街”名单,孙家正等领导为首批“中国历史文化名街”授牌,王红兵、毛桂芬作为入选街区代表上台接受奖牌。欧阳坚讲话。高峰论坛上,王红兵介绍东城区近年来风貌保护工作情况,文物专家王景慧、朱自煊、徐世丕发表学术演讲,代表进行交流。首届国子监艺术节于当天开幕。中英文版《论语》首发仪式和国学圣地《论语》书画艺术展、民俗展同时举行。(王湘帆)

**【非物质文化遗产工作】** 全区有4大类10个项目入选第二批区级非物质文化遗产名录,6项成功申报为市级非物质文化遗产项目。东城区有非物质文化遗产保护项目国家级4项,市级13项,区级33项。

(王湘帆)

**【公共图书工作】** 3月24日,召开街道图书馆工作会议。10个街道文教科长及相关部门负责人30人参加。总结上年街道图书馆工作,部署2009年工作。表彰上年度工作突出的街道图书馆。区图书馆接受北京市专家评估组检查指导工作9月4日,首都图书馆副馆长邓菊英率市专家评估组一行20人,对区图书馆进行县以上公共图书馆第四次评估定级检查。毛桂芬及有关部门负责人参加。专家组肯定区图书馆,在数据库建设和网站建设等方面,在全市、区、县级公共图书馆处于领先地位。全年组织书香生日、经典诵读、作家与读者见面会、少儿“红读”、古都历史系列讲座等活动165场次,4.62万人次参加。(王湘帆)

**【工作会议】** 2月24日,召开区社会文化工作委员会工作会议。市文化局公共文化事业发展处领导,王红兵、毛桂芬,文委主管领导及街道文教科长、文化站长、驻区文化单位代表等100人参加。总结工作、部署2009年工作任务。2月26日,召开东城区2008年“扫黄打非”工作总结表彰大会。区“扫黄打非”领导小组成员单位负责人参加。总结部署工作,表彰先进集体和个人。王红兵提出要求。7月26日,召开公益文体活动专题工作会。杨艺文听取关于《东城区公益文体活动专项补贴资金管理使用若干重点问题的调研报告》和《北京市东城区公益文体活动专项补贴资金管理暂行办法(试行)》汇报并提出意见。王红兵、毛桂芬,区社工办、教委、体育局、财政局等领导参加。

(王湘帆)

# 文学艺术界联合会

**【概况】** 区文学艺术界联合会(简称区文联)是东城区人民团体机关。由区各文艺协会组成的群众团体,负责所属文艺家协会的联络、协调、服务和管理工作,组织、推动本地区文学艺术活动的开展。下设:东城作家协会、东城戏剧家协会、东城书画家协会、东城摄影家协会、东城民间文艺家协会、东城音乐家协会、东城舞蹈家协会、东城曲艺家协会。现有人员300名。

10月29日,出台《东城区关于加强首都戏剧文化城建设的若干意见》。

**单位名称:东城区文学艺术界联合会**
**单位地址:交道口东大街85号**
**联系电话:64010802 邮政编码:100007** (王燕芬)

**【领导视察与座谈】** 全年区领导进行戏剧工作调研、座谈30次。2月17日,杨艺文调研首都戏剧文化城建设,对剧场群建设、戏剧四季风活动运作情况提出指导意见。王红兵、毛桂芬及有关部门领导参加。2月26日,3月2日、17日,王红兵3次主持召开首都戏剧文化城建设工作会,现场办公,对"戏剧东城"标识的设计、整体宣传推介方案等提出要求。4月9日,组织区政协委员参观北京人艺戏剧博物馆,就戏剧文化建设进行座谈。北京人艺副院长任鸣、儿艺副院长马海玲、戏剧家协会秘书长杨乾武、市文化局演出艺术发展处王珏等专家参加,区领导吴弘勇等参加座谈。

6月12日,杨艺文主持召开首都戏剧文化城建设工作调度会,研究措施,明确工作重点,王红兵、毛桂芬及区属相关单位负责人参加。7月至9月,杨艺文、王红兵、毛桂芬先后4次主持召开戏剧专家座谈会,围绕《关于加强首都戏剧文化城建设的若干意见》和首都戏剧文化城建设专项资金管理办法等问题,听取国家话剧院、北京人艺等驻区院团、院校、剧场和相关单位的意见。11月12日,组织市、区戏剧家协会,驻区剧场有关负责人讨论研究2010年首都戏剧文化城建设重点工作。12月16日,毛桂芬主持召开专家座谈会,听取关于戏剧文化交流活动的建议,研究北京·上海"戏剧双城记"交流活动方案。人艺、北京京剧院、蓬蒿剧场等有关负责人参加。 (王燕芬 林燕)

**【戏剧品牌活动】** 组织开展"戏剧四季风"品牌活动,在春夏秋冬四季共演出200场,组织相关活动58次。10月17日,与中国话剧艺术研究会联合举办"建国60周年中国话剧艺术发展论坛"。开幕式在人民大会堂举行,著名话剧表演艺术家李默然主持并致开幕词。中宣部文艺局、文化部艺术司、社团办,中国话剧艺术研究会等领导出席。全国30省市百余名专家、学者和院团负责人共同研讨话剧艺术发展的现状及前景。王红兵为开、闭幕式致辞。开展戏剧进社区、进校园、进军营公益活动。向10个街道赠送话剧票、请低保户、特困户等居民群众免费观看话剧。7月15日,少儿京剧《金鱼和渔夫》剧组走进东四九条小学演出互动,受到孩子、家长和老师的欢迎。 (林燕)

**【文艺活动】** 结合清明节、端午节、世界读书日等传统节庆、纪念日,与区图书馆合作,全年推出经典诗文诵读活动12场,殷之光、曹灿等著名表演艺术家参与点评,部队官兵、中小学生和干部群众参加。策划推出22场"作家与读者见面会"文化活动,何镇邦、崔道怡、邱华栋、刘一达、苏文洋等22位著名作家、评论家与听众现场交流。1月15~20日,组织书画家到景山、交道口、东四街道社区,开展"写春联、送春联、贴春联"活动。将春联、福字送到社区困难户和孤老户家中。5月16~17日,与文委共同举办第17届北京"天使杯"国际舞、交谊舞城市友好邀请赛,市文联党组副书记王德新,毛桂芬、王建军等出席。全国23个城市38支代表队参加比赛,900对选手参赛。6月5~7日,举办孙菊生、黄均及孙大谦、黄麟父子书画作品展。市文联党组副书记索谦,刘朋庆、王红兵、毛桂芬等出席开幕式并观摩展览。9月12日,组队参加2009北京第三届'CRD'杯国际标准舞邀请赛,获单项奖4个和优秀组织奖。9月16日,市文联党组书记朱明德带领北京民间文艺家协会负责人考察南锣鼓街历史文化保护建设。毛桂芬,赵书等陪同。 (林燕 沈洋)

**【艺术交流】** 1月17日至2月1日,组织东城民间文艺家协会会员参加2009长沙·九州大庙会暨中华非物质文化遗产传统游乐汇活动。3月~4月,在区市民中心举办东城风韵——传统北京"金马派"风筝展。4月4~6日,与怀柔区雁栖镇政府联合举办第二届怀柔雁栖风筝节活动。10月7~16日,率队赴比利时参加"欧罗巴利亚中国艺术节"的民间工艺展演、展示活动。选派风筝、内画、面塑、景泰蓝工艺画6个传统手工艺项目,展示北京传统文化特色。全年举办29期风筝技艺知识讲座,免费指导社区居民制作风筝,丰富群众文化生活。 (林燕 沈洋)

**【编辑出版】** 编辑出版《东城故事系列丛书第一辑——名家笔下的东城》。全书选取名家、名人文章66篇30万字,从皇家园林、市井生活、胡同变迁、人物风采四个方面展示东城历史风貌建筑、人文景观建设和

民俗文化。年末,与文委联合编辑出版《文化东城·2009影像》宣传画册。 (林燕 沈洋)

**【调研与信息】** 全年报送信息68篇,其中《东城信息》采用16篇、《昨日区情》采用22篇,《今日东城》《北京文联简讯》《北京文艺报》《中国艺术报》等报刊采用53篇次。撰写《关于建设首都戏剧中心建设的调查与思考》《关于上海现代戏剧谷建设的考察报告》《关于皇城文化的调研与思路》《东城区民间艺术展现"欧罗巴利亚——中国艺术节"》调研文章4篇。编辑《北京市东城区文学艺术界联合会工作制度汇编》。

(王燕芬 沈洋)

# 体育

**【概况】** 区体育局是区政府主管体育工作的行政职能部门,下属社会体育管理中心、体育运动学校、东单体育中心、地坛体育中心、地坛体育馆、体育局后勤服务中心、体育科研所、体育培训中心8家事业单位和海诚商务会馆、东体俱乐部2家企业单位。区体育总会是群众性体育组织,下辖:足球、篮球、乒乓球、羽毛球、网球、门球、保龄球、棋类、田径、游泳、登山、武术、钓鱼、毽绳、民族、信鸽、老年人、残疾人、社会体育指导员、景山地区单位体育协会、黄化门社区全民健身协会、华威体育俱乐部22个体育协会。

全年,完成区政府折子工程,扎实有效开展各项业务工作。体育局及所属单位获国家级表彰3项、市级表彰19项、体育局及所属单位职工获国家级表彰2项、市级表彰9项、区级表彰55项。

**单位名称:东城区体育局**

**单位地址:和平里中街18号**

**联系电话:64261982 邮政编码:100013** (唐赫)

**【体育工作会】** 3月18日,在区政府504会议室召开区第三届和谐杯乒乓球比赛组委会扩大会议。王红兵、毛桂芬参加并讲话。各街道、地区、行业系统、体育协会等单位领导30人参加。4月27日,在景山街道办事处礼堂举办纪念北京市"体育生活化"示范社区推广三周年论坛活动。国家体育总局群体司、市体育局群体处领导,华南师范大学教授卢元镇,区相关单位及各街道主管领导、16个体育生活化社区代表100人参加。郭立峰、卢元镇分别做《走"体育生活化"之路,构建和谐幸福的家园》《体育:生活进行曲中的强音》报告。国家体育总局、市体育局领导讲话。5月22日,召开区游泳场馆及危险性体育经营单位安全工作会议,60家游泳场馆、危险性体育经营单位及大型健身俱乐部负责人参加。传达市、区关于安全生产工作文件,部署暑期执法检查工作。布置游泳救生员复核、换证工作。进行游泳救生急救技术培训。6月16日,在区政府会议室召开东城区第七届全民健身体育节工作会议,30名组委会成员单位主管领导参加。布置第七届全民健身体育节和参加北京市千台万人乒乓球展示等活动。毛桂芬提出:要重视第七届全民健身体育节,实现以体育促进健康、促进和谐的目标等4点意见。7月3日,召开东城区参加庆祝全民健身日4万人太极拳破吉尼斯世界纪录活动表演单位第三次工作会议,区社会体育管理中心、体育总会太极拳辅导总站,景山、财经学校、东直门中学,宏志中学、二十二中、一七一中、五十四中、一中负责人参加。总结前一阶段训练工作,部署下一阶段工作任务。8月24日,在区体育局毛桂芬主持召开地坛公园、劳动人民文化宫国庆游园体育互动工作会。部署国庆游园体育互动工作。10个街道主管主任参加。9月23日,召开区体育经营单位国庆护航工作会,80家体育经营单位负责人、相关领导参加。通报执法检查情况,部署区安全生产执法"护航"行动工作,公共安全监管新体系监管对象基础数据采集工作。10月14日,召开区民俗体育工作研讨会。市文联、民族体育协会、社会体育管理中心、中央民族大学、北京体育大学、首都体育学院、《中国体育报》等单位专家、学者及和平里、东四街道工作人员参加。与会专家、学者就民俗体育工作的开展及发展提出意见和建议。毛桂芬讲话。12月22~23日,召开区第七届全民健身体育节、第三届"和谐杯"乒乓球比赛活动总结表彰会。各街道、地区、系统主管领导及工作人员100人参加。总结第七届全民健身体育节和第三届"和谐杯"乒乓球比赛活动,宣读《东城区第七届全民健身体育节表彰决定》《东城区第三届"和谐杯"乒乓球比赛活动表彰决定》。毛桂芬肯定各单位在国庆六十周年和全民健身工作中的成绩,提出要求。华南师范大学卢元镇教授为全体参会人员解读《全民健身条例》。 (唐赫)

【群众体育活动】 3月5～6日，与国家体育总局社会体育指导中心、北京北方东华体育娱乐有限公司联合举办2008/2009WPT中国升级扑克冠军赛（北京赛区）暨东城区干部、职工双升扑克牌大赛在地坛体育馆举行，全市60支代表队238名运动员参加。牌之队一队、牌之队二队、紫铭教育队与和平里医院队获代表北京市参加全国总决赛的资格。3月10日，与区妇联、老干部局联合举办区第十九届“三八杯”第十六届“会员杯”门球邀请赛在地坛公园门球场开赛。市门球运动协会主席洪士珩、常务副主席张世雄、副主席姚健等出席。3月12～14日，全国万人健美操大众锻炼标准大赛总决赛在地坛体育馆举行。18个省市、自治区200支代表队近千名健美操爱好者参加比赛。4月11日，2009年区“区长杯”长跑比赛在青年湖公园举行。刘朋庆、吴弘勇、生敏、金旭、王佩立等出席。驻区中央、市、区属单位，体育俱乐部等52支代表队300名运动员参加。武警十四支队，和平里体协代表队分别获A组、B组团体冠军。4月25日，与北京经济技术开发区联合举办和谐杯乒乓球“亦庄——东城”企业交流赛。中油阳光公司，北京移动公司、人保公司，保利科技公司4家驻区企业与开拓热力、GE、富士康、中芯国际公司4家亦庄企业选手参赛。市体育局副局长李丽莉、北京经济技术开发区管委会副主任王合生、王建军等领导出席开幕式。4月26日，在地坛公园举行东城区“体育生活化社区”健身项目展示暨东城区“在职健康锻炼”活动启动仪式。国家体育总局群体司副司长刘国永，李丽莉、王红兵、毛桂芬，卢元镇及区各行业代表和10个街道16个体育生活化社区的群众代表参加。区卫生局等单位联合向全区发出“在职健康锻炼”倡议。16个“体育生活化社区”的群众代表展示抖空竹、可乐球、踢花毽、腰鼓等自创和市体育局推广的社区健身项目。4月25日，首届“地坛杯”北京市民“快乐周末”保龄球赛在地坛体育馆保龄球馆开球。市社会体育管理中心、市体育局群体处等领导出席。5月12日至6月30日，在地坛保龄球馆举行东城区处级以上领导干部第五届“健康杯”保龄球比赛决赛。冯熙、梁军、王红兵、毛桂芬等领导出席。东华门街道办事处、区委联队、区住宅发展中心获团体赛前3名，乔世怀、李强、王伟东获男子个人赛前3名，董桂玲、原东群、万丽英获女子个人赛前3名。全区42家单位300人次参加。12月17～18日，在区社会体育管理中心举行区第九届“和平里杯”象棋棋王赛暨棋王挑战赛。驻区中央、市、区属各单位选拔出14名爱好者参加比赛。和平里街道棋手汤亮、崔航，朝阳门街道棋手王增春分获本届棋王赛冠、亚、季军。。12月26日，市社会体育管理中心主办，地坛体育馆承办首届“地坛杯”北京市民快乐周末保龄球赛结束。此项赛事持续35周，2000人次参加。最后决出“金手奖”、“银手奖”和“铜手奖”。 （唐赫）

【乒乓球比赛】 3月20日，在地坛公园举行区第三届“和谐杯”乒乓球比赛启动仪式，全国人大教科文卫委员会副主任李志坚，原国家乒乓球队总教练许绍发，冯熙、梁军、金旭、毛桂芬等领导出席。李志坚宣布比赛开始，韩仲元宣读《参与运动、享受快乐、共创和谐》倡议书。各界人士与社区居民参与各类展示活动。5月15日，与北京经济技术开发区社会发展局在东四奥林匹克社区体育文化中心联合举办区第三届“和谐杯”乒乓球比赛活动——东城·亦庄社区交流赛。市体育局副局长孙学才、北京经济技术开发区管委会副主任贲勇、区领导梁军等出席。黄化门、景东、东四六条、豆瓣社区代表队和亦庄经济开发区郁金香舍、金地格林、卡尔百丽、天华园一里代表队进行比赛。卡尔百丽代表队、黄化门社区代表队和郁金香舍代表队分获比赛冠、亚、季军。6月5日，区第三届“和谐杯”乒乓球比赛决赛在地坛体育馆落下帷幕，景山皇北社区、东二环中油阳光和和平里二队代表队分获冠、亚、季军。3月20日，10个街道、4个地区和5个行业系统3万人报名参赛、12万人参加。 （唐赫）

【全民健身体育节】 6月23日，在地坛体育中心举办区第七届全民健身体育节开幕式暨“北新桥杯”广播体操比赛。国家体育总局群体司副司长刘国永、市体育局副局长孙学才、北京军区总医院副政委马泽龙和区领导杨柳荫、刘朋庆、吴弘勇、梁军、王红兵、金旭、毛桂芬、王建军出席。空军后勤部、区法院和区卫生局一队获广播体操比赛一等奖。6月28日，在昌平区兴寿镇香满园渡假村举行东城区第七届全民健身体育节“上州屋杯”钓鱼比赛。驻区中央、市属单位及武警、部队、区属单位、人民团体等41支代表队108人参赛。北京上州屋钓具有限责任公司、广东五叶神集团驻京办事处为比赛提供赞助。7月11日，选派黄化门、景东、钟鼓、国子监、头条社区30名健身爱好者参加在昌平区亢山广场举行的市第七届全民健身体育节全民健身路径交流大会。黄化门社区获一等奖，东城区获优秀组织奖。7月16日，在东单游泳馆举行第七届全民健身体育节第二十届“东华门杯”游泳比赛。驻区中央、市、区属单位，部队、武警，人民团体、体协、街道16支代表队200名运动员参赛。东华门、东四体协，体育局代表队分获团体前三名。7月25日，在青年湖公园举行第七届全民健身体育节“健康杯”健身腰鼓比赛。7个街道11支代表队进行规定套路和自编套路比赛。

景山社区艺术团、柏林腰鼓队、普天同乐艺术团获得规定套路比赛一等奖,开心艺术团、钟楼湾社区腰鼓队获自编套路比赛一等奖。8月4日,在地坛体育馆举行区第七届全民健身体育节“建国门杯”保龄球比赛,20家区属单位200名运动员参赛。住宅发展中心获团体比赛冠军,刘俊京获男子个人赛冠军,刘清获女子个人赛冠军。12月4日,举办《全民健身条例》讲座,卢元镇教授主讲。体育工作领导、干部60人参加。

(唐赫)

**【业务培训】** 3月4日,在景山街道办事处召开区全民健身科学大课堂讲座暨北京市社区健身项目培训会,115个社区居委会文体主任、社会体育指导员140人参加。3月7~8日,在地坛体育馆举办健身腰鼓推广培训班,全市18个区县200名社会体育指导员参加。3月14日,结业仪式15名参训的东城区健身腰鼓爱好者通过考核。3月17~18日,区社会体育管理中心举办东城区二级乒乓球裁判员培训班。各街道、地区体育工作委员会、系统体协、单项协会及相关单位40人参加。国际级裁判员郎敬和国家级裁判员周晓斌授课。4月15~17日,区三级社会体育指导员培训班(技能类)在地坛体育馆、东单体育中心举行,培训项目:以健身腰鼓、二十四式太极拳。10个街道200名三级社会体育指导员参加。国家级社会体育指导员徐亚娟、一级社会体育指导员曹京霓授课。4月22日,在东城区卫生教育中心举行结业考试。6月25日,在民安社区举办社区体育工作者培训班。各社区居委会、社区服务站300人参加健身方法、强筋健骨操等项目培训。 (唐赫)

**【国民体质测试】** 5月5~15日,区国民体质测试中心到北京医院,对2000名医务人员进行国民体质测试,出具测试报告和健身指导,建立健康档案。6月4~12日,对区内8家机关单位、5家科研单位的男性30~59岁、女性30~54岁公务员及科技工作者500人提供健康咨询和体质测试服务;6月15~30日,为中国农业银行总行提供上门服务,为4000名员工进行国民体质测试,出具测试报告和健身指导,建立健康档案。 (唐赫)

**【学校体育】** 6月,为使青少年运动员的身体素质全面发展,根据市体育局关于“开展特色选材测试指标体系”的要求,确定柔道、摔跤、田径三个项目作为东城区体能科学训练的首批试点项目,制订相关试点项目管理办法。7月29日,柔道、摔跤、田径教练员参加市体育局举办的体能训练测试培训班,掌握新型体能训练器材使用方法。8月1~7日,在东单体育中心,与市体育局联合举办北京市青少年篮球锦标赛,11个区县24支男子篮球队参赛。东城代表队获男甲、男乙第三名。8月22~26日,东城体育运动学校乒乓球运动员曹巍、朱孟然代表北京市参加全国“红双喜·幼苗杯”乒乓球比赛,曹巍获男子乙组单打第一名、团体第一名,朱孟然获女子乙组单打第二名。9月~11月,在第十一届全国运动会上,东城区培养输送的体操运动员何可欣获体操女子团体第三名,女子高低杠冠军。体操运动员滕海滨夺得体操男子个人全能冠军、男子摔跤运动员谢振获古典跤60公斤级冠军,马亮获55公斤级第五名,高峰获自由跤60公斤级冠军。在全国摔跤冠军赛中,东城区输送的运动员孙葛获男子自由跤66公斤级冠军,钟希明获古典跤60公斤级第五名。11月24日,区体育局举行2008~2009年度教练员论文评审答辩抽签仪式。43名教练员参加。12月25日,教练员论文评选活动结束,产生一等奖3名、二等奖4名、三等奖9名。12月26日,在地坛体育中心与区教委、联合举办区中小学生冬季长跑比赛。比赛分为小学组,初中组及高中男、女六个组别,98个队490名运动员参赛。灯市口、新鲜胡同、东师附小分列小学组团体前三名。一七一中、五中分校、二十一中分列初中组团体前三名。一六六中、一四二中、五中分列高中组团体前三名。 (唐赫)

**【安全执法】** 2月10日,召开体育市场安全工作专题研讨会。制订区体育市场安全生产大检查工作方案。2月11日至3月“两会”期间,组织督查、检查组3个,出动人员90人次,检查重点体育经营单位35家,查出安全隐患单位2家,责令整改完毕。2月12日,王红兵、毛桂芬带队对地坛体育馆等人员密集场所进行体育经营单位安全生产大检查。3月31日,召开区体育经营单位第一次安全工作会议,80家自有经营场所负责人参加。6月23日,召开区体育经营单位消防安全培训会,80家体育经营单位负责人参加。区消防支队现场讲解、示范消防常识和基本技能。5月1~3日,对东单体育中心、地坛游泳馆、东方君悦大酒店、北京饭店等8家重点体育经营单位进行执法检查。发现安全隐患1处,进行整改。7月16日,召开区体育经营单位“迎国庆　保安全”工作会议,80家自有经营场所的体育经营单位负责人参加。传达安全隐患综合治理、“迎国庆　保安全”体育经营单位执法检查专项行动等工作。8月14日,召开“迎国庆　保安全”重点场所区域周边重点体育经营单位安全生产工作会议,30家重点经营单位负责人参加。部署安全生产执法“护航”行动等工作。12月17日,召开第四季度东城区体育经营单位安全工作会议,80 家体育经营单位负责人参加。总结体育经营市场安全生产工作,布署公共安全监管新体系及安全生产隐患排查、消防安全大检查和地下空间经营场所安全生产大检查等工作。

(唐赫)

**【场馆建设服务】** 4 月 25 日,经市健美操体育舞蹈协会审批同意,地坛体育馆正式成为北京市健美操体育舞蹈协会培训基地。5 月 11 日,地坛体育馆培训基地挂牌。8 月 18 日,区国庆 60 周年庆典背景表演第一次演练在地坛体育中心举行。区 11 所学校 7500 名学生组成表演方队完成演练任务。市委常委赵凤桐,市教委主任刘利民,区领导杨柳荫、梁军、王红兵、毛桂芬观看演练。8 月 24 日、26 日,区国庆 60 周年联欢晚会联排活动在体坛体育中心举行,演职、工作人员 3000 人参加。市文化局、驻区部队领导和区领导杨柳荫、杨艺文、刘朋庆、吴弘勇等观看联排活动。10 月 24 日,在地坛体育馆举行"浩沙杯"全国万人健美操大赛北京分赛区暨北京市中小学健美操比赛。全市各中小学 106 支参赛队伍 700 人参加。12 月 23 日,北京华安联合认证中心受市体育局委托,对地坛体育馆进行体育服务认证审查。审查结果:地坛体育馆基本符合体育场馆服务认证规范要求。(唐赫)

**【万人太极拳活动】** 4 月 3 日,与区教委联合召开东城区参加 2009 年庆祝全民健身日·万人太极拳表演活动工作会议。5 月 5 ~ 11 日,区太极拳协会选派 16 名教练员分别到景山、东直门、一七一、宏志、二十二、一中、五十四、财经等 8 所学校,指导 1500 名中学生开展太极拳学习。7 月 8 ~ 10 日,对太极拳训练工作进行检查。7 月 14 日,8 校和区体育总会太极拳辅导总站 2200 名表演人员在地坛体育中心进行合练,7 月 24 日,进行再次合练,毛桂芬等有关负责人参加。8 月 8 日,8 所中学 1500 名中学生和区体育总会太极拳辅导总站 500 名太极拳爱好者,参加在北京奥林匹克公园举行的 33996 人共同表演的太极拳展示活动,创造了吉尼斯世界纪录。(唐赫)

**【健身腰鼓大赛】** 8 月 22 日,在地坛体育馆举行北京市"迎国庆"健身腰鼓大赛。全市 15 个区县和亦庄、燕山地区的 72 支代表队 1200 人参加。市体育局副局长李丽莉,市社会体育管理中心主任李炳熙等领导出席。东城选派 12 支健身腰鼓代表队 200 人参加比赛,北新桥开心艺术团代表队获乙组自编套路比赛一等奖,景山社区代表队获乙组规定套路比赛一等奖。区体育局获优秀组织奖。(唐赫)

**【国庆游园工作】** 9 月 17 日、28 日,分别组织东四、景山、北新桥、和平里街道,区太极拳辅导总站等单位在劳动人民文化宫进行国庆游园体育互动彩排。

(唐赫)

**【欢乐冰雪赛活动】** 12 月 20 日,东城区选派中油阳光、中国人保、中青旅和国华京都四支企业代表队 100 名健身爱好者参加在国家体育场举行的北京欢乐冰雪季全民健身电视挑战赛。经雪地拔河、雪地跳绳和雪地"同舟共济"三项比赛,中油阳光代表队获周冠军。

(唐赫)

**【工作交流】** 7 月 2 日,哥伦比亚埃克斯纳都大学代表团一行 72 人到地坛体育馆,与东城体育运动学校乒乓球运动员、教练员举行中哥友好乒乓球交流活动。全国友协美大部副主任王宏强,市友协副会长张赛娜参加。7 月 24 日,与区市民中心通过"数字东城"网站联合举办以"弘扬奥运精神　打造健康快乐体育文化"为主题的政府在线访谈。曲力、李启青等围绕社区体育健身设施规划、社区体育健身活动开展、区属体育场馆使用等方面的问题与 298 位网友进行交流。回答嘉宾问题 101 个。(唐赫)

**【领导视察】** 6 月 16 日,市安全生产监督局到东单体育中心检查安全生产工作。针对游泳馆药品存放不符合规范要求、逃生通道应急指标牌不规范提出整改意见。根据整改意见,中心迅速整改到位。8 月 11 日,杨柳荫到区体育局调研,视察区体育运动学校游泳、体操、田径、女子足球、乒乓球、武术等项目训练和区国家奥林匹克体育后备人才基地综合训练馆工程建设情况,了解地坛体育中心、体育馆向社会开放情况,听取工作汇报。杨柳荫对今后工作提出要求。边振英、毛桂芬参加。9 月 15 日,市体育局局长孙康林带队到东单体育中心检查安全工作。听取区体育行业国庆执法"护航"行动工作汇报,实地检查东单体育中心场馆设施。市体育局副局长邓少辉、毛桂芬及区有关部门负责人陪同检查。(唐赫)

# 卫 生

【概况】 本年,全区医疗机构308个,其中营利性机构173个、非营利性机构135个;卫生技术人员(含中央、市属医院)1.62万人,其中执业(助理)医师(西医、中医、中西医结合)6231人、注册护士6417人。实有床位7866张。平均每千人口拥有执业(助理)医师11.07人,注册护士11.4人,床位13.97张。

本年,全区出生4137人(其中女婴2064人),出生率6.66‰,人口自然增长率0.35‰。总死亡率6.31‰(其中男性6.69‰,女性5.94‰),无孕产妇死亡。死因顺位居前10位依次为:恶性肿瘤、心脏病、脑血管病、呼吸系统疾病、内分泌营养及代谢疾病、损伤中毒、消化系统疾病、神经系统疾病、泌尿生殖系统疾病、传染病。人均期望寿命82.15岁,其中男性76.23岁,女性85.79岁。

**单位名称:东城区卫生局**
**单位地址:东四十一条83号**
**联系电话:64040302 邮政编码:100007** (赖南沙)

【疾病防治】 全年,无甲类传染病报告病例发生,乙类传染病9种1914例,发病率277.79/10万,同比下降0.83%。居前五位的病种依次为痢疾、甲型H1N1流感、肺结核,肝炎,梅毒。丙类传染病2949例,发病率428.01/10万,同比下降1.92%。乙丙类合计发病4863例,发病率为705.80/10万,同比下降1.5%。突发公共卫生事件61起,其中甲型H1N1流感15起,普通流感2起,水痘2起,非职业一氧化碳中毒41起,疑似甲流1起。涉及3217人,发病133人,死亡6人。将精神疾病防治工作纳入公共卫生服务体系,开通“东城区24小时心理援助热线”,完成对重性精神病人摸底调查监护工作。全年发放安全套8200只、宣传品9450份,招募歌厅小姐行为干预同伴教育志愿者150名、性病治疗转借卡433张,社区吸毒人员针具发放6351支、回收率52.09%,自愿咨询检测329人。 (赖南沙)

【防控甲型H1N1流感】 成立“东城区甲型H1N1流感防控指挥部”,启动突发公共卫生事件应急指挥机制。8月4日,北京市第六医院作为区甲型H1N1流感患者定点医疗机构,和平里、隆福、鼓楼中医院派医护人员38名到隔离病房工作,至12月31日,确诊457例,其中本区病例410例,收治161人。排查可疑H1N1流感发热病人127人、密切接触者4550人、流行病学调查4048人、采集咽拭子样本704件,集中隔离观察461人,居家医学观察1916人、二代隔离观察371人、归国人员6.63万人次、健康监测4.18万人次、监测55家二星级以上宾馆外籍人员五种症状131万人次、医疗机构监测门诊病人149万人,开展流感样病例病毒分离408件,检出阳性77件。甲型流感PCR筛查检测1576件,初筛阳性465件,确诊223件。发放防控宣传品26种21.54万份。消毒63起、2.41万平方米,使用消毒药品8.1公斤,过氧乙酸69升。接种甲型H1N1流感疫苗10.08万人,投入资金472万元。报送信息248期。 (赖南沙)

【慢性病防治】 年末,建立电子健康档案10.09万份、生活方式档案7.09万份,慢性病规范管理率47.6%。在部分社区尝试开展超重肥胖人群“健康大步走,健康你我他”干预活动;启动开展营养与健康监测工作。完成脊灰、白百破、麻疹等疫苗的免疫预防接种工作,免疫规划疫苗总接种率100%;基础免疫接种合格率100%,25年无脊灰野毒株病例发生。完成224个单位外来务工人员流脑1.09万人、麻疹1.06万人的接种工作。对4891名外来儿童进行强化查漏补种调查,未发现漏管儿童。 (赖南沙)

【消杀灭工作】 完成消毒效果检测4144件,合格率97.47%。对医院、托幼园所等检查455户次,覆盖率100.00%。对7个医院发热门诊消毒隔离预防院内感染进行督导,对26个托幼园所手足口消毒工作督导检查36户次,完成病人家庭消毒指导36例,完成传染病疫源地消毒110起、面积4.03万平方米。举办六期消毒隔离知识培训,153个单位344人参加。完成病媒生物监测和重点行业、居民区等蟑、鼠密度监测。蚊蝇鼠蟑密度分别为0.673、9.389、0.48、0.090。完成蝇、蟑螂5种药的抗药性检验;检查头虱、越冬蚊、蚊蝇孳生地及病媒生物侵害155户次。 (赖南沙)

【国庆保障工作】 国庆期间,重点对群众游行、背景组字、联欢晚会和20个人员集结点的训练、合练、演练等活动分别进行传染病风险评估,启动传染病症状监测系统,对有发热、咳嗽等症状人员进行排查,及时处置相关疫情。派出公共卫生保障人员400人次，医务人员175人次，急救车辆40车次，标兵416人次，对参加活动的42万人次进行公共卫生保障，现场抽测体温834人次，抽测食品722份，健康询问836人次，救治174人次，对庆典信鸽放飞点进行现场监督。

（赖南沙）

**【学校卫生】** 启动"眼保健操进家庭，小手护大眼，大手护小眼"行动。开展中小学传染病管理现状调查、学校教学环境与学习生活环境卫生管理、"快乐十分钟"活动视导、"我爱无烟环境"等系列活动。完成8885名中小学生健康监测；对70所中小学进行拉网式学校卫生工作视导，覆盖率、整改合格覆盖率分别为100%。为2976名适龄学生进行免费牙齿窝沟封闭。

（赖南沙）

**【公共卫生检测】** 完成国庆活动指挥部驻地食品及公工用具等检测139件、合格率95%，生活饮用水检测10件、合格率100%，公用具消毒效果检测100件、合格率97%，空气质量检测20件、合格率85%。开展辖区食品、生活饮用水等公共卫生监测，完成市政末梢水120户次120件，二次供水40户次80件，食品790件监测工作。开展市"4～12月龄婴儿喂养行为与膳食营养状况调查"和"食品营养强化剂标准实施情况调研"工作。（赖南沙）

**【妇幼保健】** 对具有本区户籍40～60岁妇女提供乳腺癌检查11.49万人，适龄妇女子宫颈癌检查16.90万人，免费婚检落到实处。定期召开辖区产科主任会，开展专业技术培训，对五家有产科服务项目的医院进行产科质量、出生缺陷预防、出生证明的管理等区级评估和质控。开展0～6岁学前儿童免费体检和免费新生儿疾病筛查工作。（赖南沙）

**【食品卫生】** 监督各类场所1.76万户次，覆盖率100%。开展动物卫生监督，全年出动执法人员1244人次、检查1436户次，采集监测样本88件，全部合格。完成中央戏曲学院学生食源性疾患调查、处理，救治36人，消除衍生事件，控制事态发展。全年受理行政许可4850件，其中公共卫生3141件、全部办结，医政、妇幼1709件，受理率100%，处理公共卫生投诉事件635件，动物相关投诉112件，处理、满意率均100%。完成市、国家级大型活动卫生安全保障14次。

（赖南沙）

**【社区卫生】** 开展"十百千"健康行动，即：在十个街道评选出十名健康宣讲员，举办健康大课堂100场，每个街道中医管理慢性病病人1000人次，深受群众欢迎。根据中医药特点，将服务工作从单一的医疗向"六位一体"均衡发展转变，分别取得北京市和全国中医特色社区卫生服务示范区称号。落实为老人提供"三优先"服务和"一老一小"医保政策，为无保障1800名60岁以上老年人提供免费体检。落实惠民政策，全年41个社区卫生服务站持卡就诊39万人次，免挂号、诊疗费117万元，优惠药费60万元。至12月末，二、三级医院下派专家开展诊疗26249人次，义诊咨询11825人次，带教2000人次，为90名患者提供远程视频会诊服务，热线咨询服务600人次。全年门诊7.7万人次，其中基本医疗占32.08%、公共卫生服务占67.92%。完成与301医院双向转诊网络信息系统的建设及与北京老年疾病管理系统对接工作。和平里社区卫生服务中心与和平里医院之间的双向互动机制已基本建立。（赖南沙）

**【医政管理】** 开展"以病人为中心，以提高医疗质量"为主题的医院管理年和"平安医院"创建、"医疗安全百日专项活动"。规范病历书写，健全医疗质量控制体系，规范医疗行为，促进各项医疗质量管理核心制度的落实。对辖区各级各类医疗机构国庆期间药品和医疗器械安全使用进行专项抽查。完成麻醉药品、一类精神药品购用印鉴卡的换发和发放工作。强化急救网路规范化建设和科学化管理，建立东城区院前急救网络系统和院内应急医疗救治系统。1月4日，组织安贞、东直门、北京、鼓楼、第六、和平里医院，社卫中心、监督所、疾控中心第三批赴什邡医疗卫生服务队支援灾后重建。全年，辖区医疗单位临床用血42455个单位，街头自愿无偿献血10.82万人次。整顿和规范医疗市场秩序，对18家25户次医疗机构给予不良积分，行政处罚32起，取缔12家非法行医机构。全年完成10.40万人次体检，检出五种病941人，完成从业人员卫生知识培训9.36万人。诊疗总数136万人次，其中门诊126.8万人次，急诊9.6万人次，平均日门诊5336人次，危重症抢救1221人次。（赖南沙）

**【健康教育】** 以防控甲型H1N1流感为重点，普及防病知识，开展健康教育工作。开展膳食、运动干预，普及健康素养66条知识和技能。完成辖区健康促进托幼园所标准制定、业务指导，开展72所学校视导工作，启动健康十年规划活动，举办健康大课堂近千场，开展主题宣传日活动200次，发放材料12万份，出宣传栏600期，受众7万人次。完成卫生部居民膳食营养调查项目，举办家庭保健员才艺大赛和健康知识大赛，培养家庭保健员3500名。开展知己健康知识和技能大赛,管理高血压、糖尿病、冠心病、脑卒中患者5.17万人,高血压管理覆盖率93.53%。开展中医健康知识"五进"活动,在全国科普日等活动中医疗咨询5场、发放各种宣传材料15种40万份。 (赖南沙)

【科教培训】 申报课题58项,经专家评审,向区科委推荐15项、向首发基金办公室推荐16项。下发2009年区级继续医学教育认可项目,其中医学教育99项、护理学教育50项,参加继续医学、护理学教育1.5万人次。选送18名医师参加为期三年专科医师规范化培训。开展辖区各医疗卫生单位传染病知识全员培训、考核工作。举办"高致病菌原微生物(毒)种样本运输管理规定培训班"、"东城区实验室生物安全师资培训班"。 (赖南沙)

【人力资源管理】 完成动物卫生监督所转制工作。完成2009年全国卫生专业技术资格考试报名、考试和医师资格考试报名及审核确认工作。做好应届毕业生安置、人事调配工作,与62名大中专毕业生签订三方协议,引进15名非京应届毕业生充实到社区卫生服务岗位。有483人已纳入社区卫生服务管理人员编制。 (赖南沙)

【财务工作】 完成年度决算,认真执行部门预算批复,预算项目执行逐级审批。调整停诊、托管和行政事业单位拨款时间,确保卫生工作正常开展。构建财务管理绩效分析考评体系,提升系统各级干部的管理水平和财务收支运行及资金应用的能力。完成第六医院、区疾控中心、局卫生监督所等7个单位行政正职领导干部经济责任审计和社卫中心的后续审计。对5个单位10项基建工程项目进行审计,工程总报价503.7万元,审减额68.7万元,审减率13.6%。医药费收入7.96亿元,同比增长15.3%;药费收入占总收入83.46%。 (赖南沙)

【精神文明】 健全完善创建全国文明城区工作机制和体系,完善责任分工机制,完成全国文明城区复验工作。开展爱国主义、集体主义、职业道德教育活动20项,其中2项活动获市级先进。拓展双拥工作内容,与共建部队二炮设计院联合举办"庆五一迎五四"联欢活动,进行"常见慢性病的营养与治疗"的健康知识讲座,受到官兵欢迎。区卫生局被评为首都公共卫生文明先进单位,首都军警民联片共建先进单位,首都"迎国庆 讲文明 树新风"活动先进单位。在北京市总工会、卫生局、护理协会评选的首都护士"发扬成绩 奥运建功 新北京 新奥运'双千日'文明优质服务"系列活动中,和平里医院儿科病房获首都劳动奖状,第六医院获优秀组织单位;第六医院心内科病房、和平里儿科病房、隆福医院护理部获先进集体荣誉称号。卫生局综合发展科获北京市公安局集体二等功,鼓楼中医医院、隆福医院获集体嘉奖,第六医院、和平里医院获个人先进。卫生局综合发展科获北京市公安局集体二等功,鼓楼中医医院、隆福医院获集体嘉奖。 (赖南沙)

【基本建设】 区妇幼保健院、鼓楼中医医院、建国门医院均已开工;东直门社区卫生服务中心已完成立项。朝阳门社区卫生服务中心装修改造基本完成, (赖南沙)

## 爱国卫生

【概况】 区爱国卫生运动委员会(简称区爱卫会)负责全区爱国卫生工作,由52个部门和单位的56人组成。主任委员由副区长毛炯担任,副主任委员6名。下设办公室(以下简称区爱卫办),负责区爱卫会的日常工作。负责组织、发动全区各单位和群众开展巩固"国家卫生城区"成果、建设健康城区、实施爱国卫生细胞工程建设和"达标、争先、创优"等系列活动。负责全区《北京市除四害工作管理规定》和《北京市公共场所禁止吸烟的规定》执法检查,爱国卫生组织管理、病媒生物控制及防治设施建设达标工作,落实辖区内各单位爱国卫生目标管理工作。

本年,东城区继续推进全国10个健康城市(区、镇)试点工作,完成"病媒生物控制"工作目标。在卫生楼门院争创活动中,评选出东城区卫生清洁楼门院179个。开展北京市优秀健康社区建设活动,2个社区通过市爱卫会考核验收,成为市"优秀健康社区",开展红旗单位创建活动,2个单位通过市爱卫会考核验收,成为市"爱国卫生红旗单位",全区红旗单位已45个。指导协调有害生物防治与控烟协会工作,组织开展病媒生物防治和家庭灭蟑活动,全年四害密度控制在国家规定标准之内。建立和完善爱国卫生工作法制化、制度化、规范化和经常化。

**单位名称:东城区爱国卫生运动委员会**
**单位地址:东四十一条83号**
**联系电话:64077590 邮政编码:100007** (吕顺勇)

【爱国卫生月】 3月30日至4月30日,是全国第21个爱国卫生月。4月17日,组织10个街道、3个地区开展以"清洁城乡、保护健康"为主题的整治活动。王府井、北京站等地区用电子屏幕进行宣传,驻区中央、国家、市、区属各单位、社区居民3万人参加社会卫生公益劳动,清除卫生死角、越冬垃圾及积存废弃物。（吕顺勇）

**【城市清洁日】** 开展清洁日活动12次。为做好迎国庆爱国卫生保障服务任务,驻区各单位40万人参加城市清洁日及卫生整治公益劳动。清理卫生死角6370处,清理公共绿地32万平方米,清运垃圾、废弃物约45吨,清洁公共设施8540处。8月21日,全市“迎国庆爱国卫生清洁月”高潮日,以“除四害、讲卫生、干干净净迎国庆”为主题,以病媒生物防制为重点,以防控甲型H1N1流感和肠道传染病为目的。曾刚健、梁军、谢世龙、费文勇、毛炯等区领导参加。（吕顺勇）

**【行政执法监督】** 全年,对54名监督员进行资格认证和登记。对各街道爱国卫生执法监督员进行《行政许可法》《行政复议法》《北京市公共场所禁止吸烟的规定》《北京市除四害工作管理规定》等系统培训。10个街道、3个地区出动执法检查人员520人/次,检查公共场所禁烟单位5583户/次,5319个单位达标,合格率95%,252个单位未张贴标志、未设立检查员及在无烟区有吸烟现象等,要求限期整改。劝阻违法吸烟242人/次。区卫生局系统作为《北京市公共场所禁止吸烟范围若干规定》的受委托执法单位,共检查禁止吸烟公共场所单位1.22万户/次,有1.2万个单位达到若干规定的基本要求,合格率97.9%,261个单位因未张贴禁烟标志、未设立检查员及在无烟区有吸烟现象等,要求限期整改。（吕顺勇）

**【灭鼠工作】** 实行“常年灭鼠,有鼠就灭”的原则。在春季部署工作、下发灭鼠工作技术方案、讲授科学使用灭鼠药、械等,重点为奥运场馆、签约宾馆饭店和定点医院与周边2公里范围及建筑工地和拆迁工地周围500米范围的地下管线、餐饮、宾馆(饭店)、近两年发生过流行性出血热的地区及其他有鼠部位。4月7~9日,是春季灭鼠全市统一投药时间。8月3~7日,由PCO公司经过培训专业人员再次统一灭鼠投药。对防鼠设施进行修复完善,合格率98%。灭后以粘捕法进行监测,密度为0.02%,达到要求。（吕顺勇）

**【红旗单位】** 3月27日,市爱卫会对总政管理局、全国妇联机关2个红旗单位进行复查。11月,对申报红旗单位交通部机关、鑫海锦江大酒店进行考核验收,通过听取汇报、查阅资料,实地检查等,检查组认定上述单位达到《北京市爱国卫生红旗单位标准》。（吕顺勇）

**【综合检查】** 4月28日,分6个组对10个街道、3个地区的环境卫生进行综合检查。检查重点区域为胡同小区、社会单位及集贸市场的环境卫生,重点内容为除“四害”和控烟宣传。共抽查32条胡同、10个生活小区、26个社会单位、30个小餐馆、12个集贸市场。检查问题:胡同卫生清洁不彻底,留有死角;个别小餐馆灭鼠防蝇设施有残缺,卫生比较脏乱;集贸市场内的食品加工人员着装不整洁、不规范。要求立即整改。（吕顺勇）

**【无烟活动】** 5月29日,与市爱卫会在王府井大街联合举行纪念第22个世界无烟日活动启动仪式。活动主题“戒烟1小时、健康亿人行”,号召人们5月31日17:31分至18:31分,全社会禁烟1小时。活动由市爱卫办主任刘泽军主持,市爱卫会专职副主任孙贤理号召在全市大力开展控烟禁烟工作,中国控制吸烟协会会长曹荣桂肯定多年来开展公共场所禁烟和全社会控烟工作取得的成绩。协和、解放军309等医院医务人员举行义诊活动,电视台、报纸、互联网等30家媒体记者现场采访。4月27日,市爱卫会对东城申报“北京市无烟餐饮单位”进行检查验收,检查人员重点对簋街嘉陵楼、馋嘴城等餐饮单位进行抽查,所查28家单位符合北京市“无烟餐饮单位”标准要求。获得“北京市无烟餐饮单位”称号。5月31日是“世界无烟日”,在一七一、一四二中学开展“拒绝第一支烟,做不吸烟的新一代”大型签名活动。（吕顺勇）

**【卫生楼门院】** 3月,在全区开展“迎国庆,清洁卫生楼门院”主题评选活动。9月22~23日,分3组对10个街道申报的“清洁卫生楼门院”进行验收检查。经分组随机抽查验收,179个楼门院被评为2009年区迎国庆“清洁卫生楼门院”。（吕顺勇）

**【病媒生物防制】** 6月~9月,全区开展迎国庆病媒生物防制工作。分3个阶段:6月~7月摸底调查。经监测全区灭前病媒密度,蝇:室内粘捕法,有蝇房间为2%,室外诱捕法,为12.56(只/笼);蚊:室外诱捕法为1.02(只/灯.小时),蚊幼勺捕法为2(只/勺);鼠:粘捕法为1.9%,鼠迹目测法为1.02%;蟑:粘捕法阳性房间为1.3%,蟑迹目测法为3.4%。全区有下水井2.21万个,大型水体11处,小型水体179处,积水1905处,蚊蝇易孳生地126处。8月~9月重点防控。确定长安街沿线两侧、劳动人民文化宫、地坛公园等周边2公里范围为重点控制区域,使病媒生物密度低于国家控制标准的1倍;其他区域达到国家标准。按属地管理原则,进行环境整治、药物消杀、物理防治等综合治理。效果评估:经监测,全区灭后病媒密度,蝇:室内粘捕法,有蝇房间为0.02%,室外诱捕法,为2.18(只/笼);蚊:室外诱捕法为0(只/灯.小时),蚊幼勺捕法为0(只/勺);鼠:粘捕法为0.02%,鼠迹目测法为0.9%;蟑:粘捕法,阳性房间为0.17%,密度为0.5%,蟑迹目测法密度为0.12%。按照北京市关于建国60周年病媒生物防治和国家卫生区管理工作要求,9月1日,市爱卫会对"东城区病媒生物先进区"工作进行复查,分病媒生物防治、公共场所控烟,单位、市容环境,社区卫生3个组。抽查东华门、建国门、朝阳门、和平里、东四5个街道主要大街4条、胡同4条、垃圾楼4个、公厕8个、集贸市场2个、超市2个、居民社区6个、机关社会单位8个、医疗单位3个、餐饮单位5个、公共场所7个。毛炯及有关领导陪同。检查结果均达到国家卫生区标准。（吕顺勇）

**【领导调研】** 2月6日,毛炯到区爱卫办调研。李占民汇报2009年工作思路及工作任务。毛炯提出4点要求:要自强注重创新,工作思路清晰,重点突出,措施到位。发挥委办综合协调能力。细化工作,加强统筹,关注效果,扩大影响。12月3日,区人大副主任金旭带区人大教科文卫工作委员会一行到区爱卫办调研,听取区爱卫办汇报。（吕顺勇）

# 科　　技

**【概况】** 本年,开展学习实践科学发展观活动,围绕国庆60周年,全面有序的开展各项科技工作。完善创新服务体系,增强区域创新能力。加强高新技术企业认定工作及科技项目的计划、管理与落实。发挥信息平台作用,帮助组织企业完成国家重点新产品计划项目、国家火炬计划备选项目、北京优秀人才培养资助项目、北京市科技型中小企业技术创新资金、东城区有突出贡献的优秀人才和优秀青年人才等十类项目的申报工作。做好区有关科技领域的高新技术企业、知识产权、技术市场等统计工作,知识产权工作取得新进展。加强科普能力建设和创新性科普社区及基地建设。

**单位名称:东城区科学技术委员会**

**单位地址:藏经馆胡同11号**

**联系电话:64011867　邮政编码:100007**　（裴连邦）

**【技术合同交易】** 截至12月31日,东城输出技术成交额596项,成交总额19.04亿元,同比增长46.33%,其中技术交易额18.51亿元,增长53.13%。技术合同登记54份、实现合同40份,新增卖方单位23家。完成合同登记额3900.25万元,其中技术交易额2894.25万元。实现合同总金额4230万元,其中实现技术额4230万元。审批单位奖金额86.08万元。（裴连邦）

**【高新技术企业认定】** 年末,国家及市科技管理部门审核通过的东城区区外高新技术企业14家,从业人员2863人,其中大专以上科技人员1660人,占总数52.07%,企业拥有122项自主知识产权,其中专利55项,软件著作权67项。完成科技类民办非企业单位年检2家,科技类社团年检3家。（裴连邦）

**【知识产权】** 年内,全区申请专利2359项,授权1198项。其中发明专利1142项、授权269项,工矿企业申请1755项,授权823项。至12月15日,为辖区企事业单位开具专利减缓费用证明159份,减缓费用20.59万元。4月20日,在歌华大厦举行东城区"保护知识产权宣传周"启动仪式暨"知识产权战略与企业发展"专题讲座。市知识产权局副局长付晓辉,毛炯出席。驻区重点企业100名代表参加。启动仪式后中国社会科学院法学研究所研究员李顺德教授,就"知识产权战略与企业发展"作专题讲座。召开区知识产权领导小组工作会议、东城区2009年保护知识产权宣传周工作总结会。联合区知识产权领导小组成员单位举办"4·26知识产权宣传周"系列活动。依法开展"3·15"知识产权行政执法工作和国庆节前夕知识产权执法检查工作,配合市局检查商业企业2批11家,检查专利商品146项;联合区法院、中关村科技园区雍和园管委会,开展"知产雍和行"系列辅导服务活动;与区公安分局等刑事司法部门加强信息沟通,就中国版权保护中心举报的"中介机构伪造软件著作权登记证书"一案开展案件协调工作,优化区知识产权保护环境。帮助龙天运通(北京)科技发展有限公司、中粮集团有限公司两家企业申报成为市专利试点企业。举办知识产权培训班3次、90家企业、140人次参加。向企业发放《知识产权工作实用指南》300册。（裴连邦）

**【科技项目】** 全年申报科技计划项目54项,其中节能环保与循环经济2项,软科学7项,新产品、新技术3项,信息技术12项,园林4项,科普4项,生物与新医药3项,卫生系统18项。《东城区科技创新服务站建设》项目通过市科委立项评审,获得资金支持。

(裴连邦)

**【科普工作】** 完成2年一次的全国科普统计工作。7月末,7个社区被认定为"北京市创新型科普社区",获市科委资金支持128.5万元。5家单位获北京市科普基地挂牌。

(裴连邦)

**【国庆游园工作】** 按照市《国庆游园展览展示组工作方案》要求,牵头负责地坛公园国庆游园展览展示工作。与区委宣传部、安监局等部门协同确保展板安全制作和搭建,完成应急方案和人员培训。协调市科委完成在地坛公园的展览展示工作。9月16日、26日、28日,市游园指挥部办公室主任郑西平、市科委副主任朱世龙、市科委主任阎傲霜分别带队到地坛公园检查国庆游园展览展示工作。

(裴连邦)

**【领导调研】** 3月16日,王佩立到科委、雍和科技园调研。听取工作汇报,了解折子工程落实情况,提出3点要求。7月1日,市科委主任阎傲霜、副主任王荣彬率市科委各职能处、室负责人一行10人到东城调研,先后到城市管理监督中心、汉潮大成孵化器公司、北京联飞翔科技股份有限公司、国际版权交易中心参观考察,分别听取版权交易中心等汇报。王佩立介绍东城科技工作。闫傲霜充分肯定东城科技发展思路和科技工作。杨艺文提出希望。

(裴连邦)

**【知识产权教育】** 4月24日,区教委在东直门中学联合举办知识产权学校教育观摩课,市知识产权局、区政府相关部门领导及区知识产权示范校、教育骨干校等13家单位主管领导和教师代表参加。东直门、六十五中、一二五中、史家小学分校分别围绕他们在"寻访老字号中的知识产权保护"系列课程中所学相关知识,通过总结、表演、互动、现场点评等,展现知识产权示范校的工作成果。市知识产权局处长李雨楠对观摩课做点评和总结。通过开展知识产权普及教育工作,在中小学生心中牢牢树立知识产权观念。

(裴连邦)

**【高新技术企业认定培训会】** 5月12日,举办"东城区高新技术企业认定一对一辅导服务培训会"。驻区重点科技企业20名代表参加。培训会由北京高技术创业服务中心李海龙解读高新技术企业认定管理工作体系、相关政策,申报认定注意事项。邀请北京森和光会计师事务所专家就高新技术企业认定工作中的问题进行讲解,并现场答疑。

(裴连邦)

**【政策宣讲会】** 7月9日,召开区技术市场政策宣讲会,驻区重点科技企业20名代表参加。北京技术市场管理办公室宫文友老师主讲,介绍技术市场优惠政策、技术合同登记相关细则和申报中出现的问题,采取互动方式,进行现场答疑。

(裴连邦)

**【研讨会】** 10月27~29日,在东方文化交流中心,召开全国十五城区科技工作研讨会,对城区科技创新工作进行研讨。李力、王建军、王佩立等参加。11月18日,市知识产权局副局长王淑贤一行,围绕落实具有区域特色的知识产权专项工作到东城调研。区科委从机构设置、产业结构等方面汇报东城知识产权工作,市领导充分肯定东城知识产权工作,提出要求。王佩立等与市领导就知识产权发展交换意见。

(裴连邦)

**【培训宣讲会】** 11月26日,召开技术合同认定登记工作培训会。企业12家技术合同登记大户20名企业代表参加培训。北京技术市场管理办公室宫文友围绕四技合同等内容,分析讲解相关政策法规,就企业在技术合同申报过程中出现问题,进行现场答疑。11月27日,在区行政服务中心召开第三期东城区技术市场政策宣讲会。会议邀请宫文友老师就软件医药类特殊合同的认定及合同文本书写等问题进行讲座,软件及医药企业15名代表参加。

(裴连邦)

## 科技园区雍和园

**【概况】** 中关村科技园区雍和园管委会(简称雍和园管委会)。按照建设国际化、现代化新东城的要求和国务院《关于同意支持中关村科技园区建设国家自主创新示范区的批复》精神,落实《东城区2009年服务经济发展、促进社会和谐的措施》、重点开展产业促进工作,完成全年经济指标及各项任务。1月~8月,雍和园有企业2000家,其中规模以上企业216家。东城652家规模以上文化创意企业实现收入307亿元,同比增长5.03%,税金10.95亿元,同比增长6.53%。1月~11月,雍和园共有高新技术企业92家,从业人员1.19万人,同比增长43%;实现总收入173.6亿元,同比增长68.9%;实缴税金7.5亿元,同比增长68.3%;实现利润总额6.62亿元,同比增长32.6%。11月27日,在歌华大厦召开"第四届中国北京文化创意产业年度高峰会"。中关村科技园区雍和园获"2009年度中国最佳创意产业园区奖",王佩立获"2009年度中国创意产业杰出贡献奖”。

**单位名称:中关村科技园区雍和园管理委员会**
**单位地址:青龙胡同1号歌华大厦1119B**
**联系电话:59260100　邮政编码:100007**　(赵午卓)

**【重点项目建设】** 2月,国际版权交易中心正式落成,雍和园被国家版权局授予“国家版权贸易基地”。5月8日,正式开通国家级版权交易系统并启动北京版权产业融资平台。引进中国音像协会卡拉OK运营中心、中华版权代理总公司、中国动漫作品版权服务平台、中文在线、夸克电影正版网络联盟、天脉聚源有限公司、中国创意产业版权价值开发协作联盟等重点企业。以歌华、雍和大厦为中心,引入北京演艺集团、卡巴斯基、成龙影视公司等。以方家胡同46号“跨界艺术区”、“东雍创业谷”等为依托,开展小企业孵化服务,目前已经入驻中小型文化创意企业100家。改造原鼓楼宾馆,打造“视觉震荡”的空间“The Space”。年内,分布在6个街道11家重点文化创意产业集聚区域开展区级“文化创意产业示范基地”申报认定工作,通过专家评审、中介机构审核,认定4家区级“文化创意产业示范基地”。(赵午卓)

**【公共服务平台】** 年内,雍和园管委会建设完善公共服务平台8项,工商税务服务平台、公共信息服务平台、创业服务平台、公共交流合作平台、人事人才服务平台、法律维权公共服务平台、投融资服务平台、成立工商联雍和园分会。(赵午卓)

**【园区品牌建设】** 举办第二届“创意雍和”文化艺术节,“2009艺术经济论坛”、全国创意产业研讨会、“互动营销世界大会”、“深巷北京夏艺节”、“世界照明设计师高峰论坛”等世界级、全国性活动,提升园区品牌形象,促进园区产业发展。推出《东城创意手册》《雍和园创意家读本》(中英双语版)。“创意北京”网络地图在国际平台上线。通过活动促成符合园区产业发展需要的国内外知名企业和机构入驻园区。中央电视台、北京电视台等新闻主流媒体报道雍和园上百篇。年内,雍和园管委会接待社会各界人士28批800人次,参观考察园区重点企业。(赵午卓)

**【重点项目申报评审】** 开通网上企业申报平台。年内有87家企业106个项目申请区文化创意项目,有34家企业的37个项目获得资金扶持,扶持金额2431.06万元。60家东城区企业申报67个“2009年度北京市文化创意产业发展专项资金”扶持项目,其中15家企业的16个项目获得3810.06万元资金扶持。年末,92家园区企业被认定为中关村高新技术企业,其中29家为国家高新技术企业。为园区发展较快的高新企业和服务平台申请扶持资金260万元。21家园区高新企业和楼宇获得中关村帮扶资金271万元,1家企业获得国家发改委“产业技术研究和开发资金”300万元,2家企业获得“东城区优秀人才科技活动经费”5万元。(赵午卓)

**【重要活动】** 1月5日,在歌华美术馆隆重召开中关村科技园区雍和园企业家联席会成立大会。中关村科技园区管委会委员任冉齐,中国中医科学院副院长黄璐琦,区领导金旭、王佩立、王建军及16家相关行政单位领导,50家东城区创意、科技企业负责人参加。发布《雍和园企业家联席会章程》,推举产生首届轮值主席单位和15家理事单位。2月16日,由中国版权保护中心和区政府主办的2008CPCC十大中国著作权人颁奖典礼暨国际版权交易中心落成仪式在雍和大厦举行。中关村科技园区雍和园被国家版权局授予“国家版权贸易基地”称号。新闻出版总署署长柳斌杰,副署长阎晓宏,副市长蔡赴朝等及有关机构领导、法学界版权界专家、版权产业界知名人士出席。8月15日,东城区方家胡同46号“跨界艺术区”举行开园仪式。“深巷北京”夏艺节拉开帷幕。北京现代舞团经典品牌《北京意象》在此首演。夏艺节涵盖艺术表演、公益论坛、绘画展览、新媒体实验电影展、玩具竞技赛、VIP酒会、创意沙龙会等多种艺术体验。(赵午卓)

**【领导调研研讨】** 3月13日,杨柳荫、杨艺文、边振英、王佩立到雍和园管委会听取工作汇报。参观国际版权交易中心、歌华有线基础机房、悠视网及中关村雍和航星科技园的光线传媒公司。杨柳荫对园区三年建设发展工作给予充分肯定。3月19日,刘淇到雍和科技园区,就“扩内需、保增长、促发展”主题进行专题调研。市领导来到歌华有线、悠视网公司,诺基亚西门子通信技术(北京)有限公司,了解文化创意类企业入驻园区后运营情况及科技类企业产品研发、业务拓展情况。市、区领导吉林、李士祥,杨柳荫、杨艺文等陪同。5月13日,在雍和园举行全国创意产业发展研讨会。全国政协副主席厉无畏,中国版权保护中心主任段桂鉴,区领导王佩立等出席,全国各地创意产业协会、相关机构及企业、行业专家学者各界代表近百人参加。厉无畏发表“实施知识产权战略,推进创意产业发展”主题演讲。代表就如何推进经济创新和传统产业升级换代、搭建创意产业公共服务平台等焦点问题展开讨论。5月21日,市委常委、市委统战部部长牛有成视察雍和园。走访国际版权交易中心、歌华大厦,对园区发展给予肯定。杨柳荫、王佩立等陪同。6月5日,市委教育工委书记赵凤桐到国际版权交易中心、北京歌华有线电视网络股份有限公司、北京悠视互动科技公司、光线传媒、雍和航星科技园区调研,听取王佩立关于园区建设和文化创意产业发展情况汇报。赵凤桐讲话。7月9日,市长郭金龙到雍和园调研经济社会发展情况。副市长吉林,市政府秘书长黎晓宏等陪同。9月8日,副市长苟仲文到中国航天院二三九厂——中关村雍和航星科技园调研,参观二三九厂厂庆70周年成果及生产车间、诺基亚西门子通信公司车间及光线传媒。市政府副秘书长戴卫,中关村科技园区管委会委员于凤英,区领导杨柳荫、杨艺文、王佩立等陪同。10月15日,市政协主席阳安江一行到雍和园调研。参观光线传媒公司和国际版权交易中心,了解东城区文化创意产业发展情况。肯定东城区在古都风貌保护、危旧房改造和和谐社区建设等方面的成绩。12月14日,密云县委书记汪先永、县长刘福志带领党政代表团与区领导杨柳荫、杨艺文、常卫、边振英、王佩立、毛炯等在雍和园区国际版权交易中心交流座谈。实地考察国际版权交易中心、光线传媒公司运营情况。

(赵午卓)

**【文化艺术节】** 4月21日,“创意雍和”文化艺术节在歌华大厦开幕。发布艺术节全年活动安排,举行《东城创意手册》首发式暨国际创意产业联盟“创意北京地图”网络平台启动仪式。启动“创意之旅”活动,东城区“胡同创意工厂”设立开放日向公众开放。

(赵午卓)

**【“知产雍和行”活动】** 6月30日,与区法院、知识产权局在国际版权交易中心联合举行2009年第一届“知产雍和行”系列活动启动仪式。市知识产权局、区政府、区法院领导及区知识产权领导小组成员单位及60家区属版权机构、文化创意企业代表出席。系列活动6月～9月,围绕区法院在雍和园进行系列走访、座谈活动及雍和园内企事业单位参与法官讲堂、旁听知识产权案件审理等进行。(赵午卓)

**【无线园区建设】** 9月1日,与北京移动有限公司在亚洲大酒店举行“无线雍和”签约仪式,合作双方依托TD－SCDMA网络技术在雍和科技园区正式开展“无线园区”建设。是落实《北京市政府与中国移动战略合作框架协议》、践行“无线城市”的重要措施。中关村科技园区管委会委员张茂盛、王佩立及中国移动集团领导出席。(赵午卓)

**【工商联雍和园分会】** 9月11日,区工商联雍和园分会成立。市工商联副主席王克林,郭瑞敏、王佩立及园区23个企业家出席。大会选举东城区工商联雍和园分会理事会成员。

(赵午卓)

**【企业政策辅导】** 12月24日,在区文化创意产业人才培训基地,举办雍和园区企业政策专题辅导会。国家税务总局、中关村科技园区高科技产业促进中心及东城区国税局有关负责人向企业进行政策解读,辅导。东城区近百家高新技术企业和文化创意企业代表参加。

(赵午卓)

**【企业家联席会年会】** 12月25日,雍和园企业家联席会年会及轮值主席换届仪式在雍和航星科技园会议厅召开。会议通报2009年度雍和园发展建设情况,总结本年度企业家联席会工作情况,对下一年度重点工作进行展望。北京航星机器制造公司被推选为新一届轮值主席单位,卢宇国当选新一届轮值主席。王佩立、郭怀刚及10家区属单位主要领导,雍和园企业家联席会30家理事单位、嘉宾单位负责人出席。(赵午卓)

## 科协工作

**【概况】** 本年,按照科协工作定位和履职要求,贯彻《科学素质纲要》各项任务。开展科普活动,加强科普能力和设施建设。开展科技创新大赛,提高学术交流质量和水平。加强团体自身建设,推动科协工作全面开展。现有学会(协会)、街道科协、企业科协、社区科协23个,会员1万人。

全年各成员单位开展科学素质纲要活动300项,推动区全民科学素质建设。

**单位名称:东城区科协技术协会**

**单位地址:东四十一条83号**

**联系电话:64033034　邮政编码:100007**　(冯书武)

**【团体建设】** 1月15日,召开科技工作者新春联谊会。区领导梁军、王佩立,区科协委员、代表,科协界政协委员,有关委办局领导,《科学素质纲要》领导小组各成员单位,各街道科协主管领导、工作人员、社区科普主任,各学会工作人员,科技辅导员老师,科协离退休老干部300人参加。演出精彩文艺节目,表彰上年度市优秀科普宣传员。2月10日,召开科协系统工作会议。各街道主管主任、所属团体工作人员40人参加,交流工作经验,研讨工作思路,表彰先进。2月23日,召开五届三次主席会,研究通过五届三次全委会议程,研讨科协发展中的问题。3月17日,召开五届三次全委会,王佩立出席。审议通过工作报告,增选区卫生局局长张明为区科协副主席。11月,区科协与区政协联合组织科协界政协委员到南锣鼓巷视察。全年发展科协基层组织2个(学会1个、企业科协1个)。(冯书武)

**【科普工作】** 5月16日,举办科技周开幕式暨大型宣传活动,梁军、王佩立出席。所属团体"科学素质纲要"成员单位、企业及近百名科普志愿者参加,数千群众参与,发放宣传材料1000份。7月17日,与景山街道办事处联合开展科普之夏启动仪式及迎国庆纳凉文化广场活动,以普及环保知识为主,近千名群众参与。基层开展各类科普活动250项。9月19日,与和平里街道联合开展以"节约能源资源、保护生态环境、保障安全健康"主题大型宣传咨询活动。有关委办局所属团体参加,近万名群众参与,发放宣传材料数万份,基层开展活动100项。开展东方广场科普文化长廊主题展示活动。被评为北京市优秀科普社区5个、优秀科技场馆3个、优秀科普宣传员15名。获得市资金支持72.5万元。(冯书武)

**【青少年科技活动】** 3月19~22日,组织参加第29届北京市青少年科技创新大赛,获第七届北京市青少年科技创新市长奖1名、市长奖提名奖1名。获一等奖20人、二等奖37人、三等奖18人。东城区获组织工作奖。3月28日,参加第九届东城区青少年机器人大赛,获一等奖23人、二等奖32人、三等奖37人。5月10日,组队参加北京市数字生活技能大赛,东城代表队从全市8417支代表队中夺得冠军。申报北京市2009~2010年"大手拉小手——青少年科技传播活动项目,史家小学获资金资助6000元,六十五中获资金资助4000元。(冯书武)

**【学会工作】** 5月19日,举办"健康教育社区行——成人心肺复苏,气管异物急救与处理"讲座,基层医疗机构医务人员和社区站全科医师300人参加。3月13日,预防医学会开展医学论文评审活动,收到论文42篇,会上交流优秀论文。3月10日,园林学会组织会员、技术人员参加北京展览馆举办的北京园林绿化行业新技术新材料推介会。4月15日,进行园林绿化专业知识培训。4月20日,在青年湖公园举办北京市第二届生物多样性保护科普宣传月活动。9月25日,组织会员30人,参观北京科技馆,参加全国科普日北京主场活动。12月18日,召开第五次代表大会,选出东城园林学会新一届领导机构。向市科协报送"金桥工程"项目立项:环保型多功能轮椅抢救车的临床价值与应用,环保型光源式阴道扩张器(一次性)的研发及临床价值,多功能软组织钼靶X线机构研发及临床价值。申报并获批准第十九届北京优秀青年工程师2名。(冯书武)

**【科技下乡】** 9月,与科委一行10人到怀柔区汤河口镇西水峪村,送去科普触摸屏1台,支持农村科普建设。组织座谈、参观等活动。(冯书武)

# 驻区文化单位

## 故宫博物院

**单位名称:**故宫博物院
**单位地址:**景山前街4号
**联系电话:**65132255 **邮政编码:**100009 (朱鸿文)

**【概况】** 本年,故宫博物院以迎接60年国庆为契机,在古建修缮、文物展览、安全开放、观众服务等方面,展示故宫文化遗产保护和博物馆建设事业的成果。做好藏品清理、非物质文化遗产保护、研究出版、数字故宫、对外交流等各项工作。其中,与台北故宫的交流实现历史性突破,双方院长互访,达成8项共识并逐项落实。全年接待观众1182万人次,门票总收入5.6亿。获全国文化系统先进集体,市旅游局颁发"接待服务突出贡献奖"。

**【文物保管】** 《文物清理七年规划》进入收尾阶段。年末,完成98.8万件藏品的清理核对任务,完成文物清理主体工作。60万册(件)古籍善本特藏清理完毕。修复文物340件(套),开展文物保护修复档案的科学化构建工作。《故宫博物院藏品大系》编辑出版,绘画编元代以前部分已出版,玉器编、雕塑编、青铜器编均已启动。对古书画人工临摹复制、古代钟表传统修复、中国青铜器传统修复三项传统文物保护修复技艺进行整理，申报第三批国家非物质文化遗产。拍摄《故宫绝活·古书画修复》电视资料片，做好非物质文化遗产保护与传承工作。举办古陶瓷科学技术国际学术讨论会，东亚文化遗产保护技术国际研讨会，加强文物科技、文化遗产保护的中外交流与合作。12 月 8 日，古陶瓷保护研究国家文物局重点科研基地（故宫博物院）挂牌。文物征集，接受张仃先生捐赠的书画作品 10 件，中国工艺美术大师林亨云、王祖光等捐赠寿山石作品 13 件。完成对日本银杏堂株式会社收藏的中国历代印章 167 件（套）的收购，是故宫博物院首次直接从海外回购中国文物。购回流失海外多年的西周晚期重器“克”钟。（朱鸿文）

**【保护与维修】** 5 月 5 日，召开第 6 次修缮工程专家咨询委员会全体会议，文化部部长蔡武出席并讲话。寿康宫、慈宁宫和御史衙门三项跨年度大修工程中，8 月末，寿康宫维修工程完工。与美国世界建筑文物保护基金会合作，启动乾隆花园的保护。与香港中华文物保护基金会合作的中正殿一区维修保护工程已交付使用。（朱鸿文）

**【安全工作】** 加强对全院职工的安全教育严格制度，加强管理，增强安全防患意识。落实市文物局“雷霆行动”要求，加强全院安全检查，保证故宫安全。实现“确保国庆安全零事故和万无一失”工作目标，获北京市旅游局颁发的“接待服务突出贡献奖”。完成接待美国总统奥巴马参观故宫，及在人民大会堂金色大厅布置小型文物展展品的任务。（朱鸿文）

**【展览宣传】** 全年，举办“卡地亚珍宝艺术展”、“白鹰之光——萨克森-波兰宫廷文物精品展”、武英殿“中国历代书画展”（第 4～6 期）、“丘壑独存——张仃书画艺术展”、“中国寿山石精品展”、“蓬莱宿约——故宫藏黄易小蓬莱阁汉魏碑刻特展”等 8 项文物展览。推出“走进文化故宫，领略故宫文化”5·18 国际博物馆日系列庆祝活动和 6·13 中国文化遗产日活动，举办“故宫知识课堂”（第四届）、“皇帝的新衣”动手彩绘等主题宣教活动。面向校园和社区制作大型“紫禁城图片展”。（朱鸿文）

**【科研出版】** 完成故宫博物院 1991～2008 年科研成果评奖。开展科研课题项目申报、立项和结项工作，新批准立项课题 13 个和项目 3 个。举办学术讲座 6 期，学术沙龙 12 期。郑欣淼院长《天府永藏：两岸故宫博物院文物藏品概述》获“全国文博十佳图书奖”。编辑出版《故宫博物院院刊》6 期，《故宫学刊》1 辑，《紫禁城》12 期，《故宫博物院年鉴 2008》。继续出版“故宫专家学术文库”、“大家研究与鉴定”、“明代宫廷史”、“大家文集”系列书籍。10 月，成立故宫博物院明清宫廷史、藏传佛教文物两个研究中心，召开学术研讨会。出版考古报告式大型图集《梵华楼》。出版社出书 128 种，销售 2937 万元，回款 1185 万元。《紫禁城》单期印数突破7000 份。（朱鸿文）

**【信息化建设】** 院信息化工作平台完成 3.0 版本升级工作。采购管理新系统已经上线，固定资产管理系统开始建设，规范财务支出管理，提高工作效率、监管能力。完成第 3 部虚拟现实作品《养心殿》修改工作和第 4 部虚拟现实节目《倦勤斋》制作。改版故宫博物院网站上线后，日平均页面点击率上升 40%，达到 119 万次。院信息化办公平台和文物管理系统被评为“中国电子政务效能管理（部委级）优秀奖”。（朱鸿文）

**【文化产业】** 开展产业发展、产业布局各项调研活动，编写《关于故宫博物院文化产业发展及文化产品开发的情况报告》。打造东长房观众综合服务区，经营故宫特色纪念品，提升购物休闲环境和服务品质。落实《故宫博物院商品准入制度》。进行文化产品开发市场调研，开发适销对路商品。配合院内展览，推出特色商品。（朱鸿文）

**【对外交流】** 举办和参展出国（境）展览 14 项：赴日本“大三国志展”，赴日本长崎孔子庙中国历代博物馆“故宫宫廷文物展（第 11 期）”，赴美国旧金山、印第安那波利斯、圣路易斯“明代宫廷艺术展”，赴德国德累斯顿艺术收藏馆“金龙银鹰 1644～1795——故宫博物院/德累斯顿艺术收藏馆文物联展”，赴日本吉岛家缎通博物馆“地毯展”，赴澳门艺术博物馆“钧乐天听——故宫博物院珍藏戏曲文物特展”，赴新加坡文明博物馆“康熙大帝展”，赴德国巴伐利亚国家博物馆“中国与巴伐利亚四百年展”，赴瑞士李特伯格博物馆、美国大都会艺术博物馆“罗聘的艺术世界展”，赴美国辛辛那提艺术博物馆“中国动物画展”，赴比利时“天子——中国帝王艺术展”，赴比利时“再序兰亭展”，赴台湾“雍正——清世宗时期文物特展”，赴澳门艺术博物馆“九九归一——故宫文物精品大展”。引进展览 2 项：“白鹰之光——萨克森-波兰宫廷文物精品展（1670～1763）”、法国“卡地亚珍宝艺术展”。配合文化部相关部门，接收美国耶鲁大学、港澳大学 18 名实习生来院实习。

（朱鸿文）

**【与台北故宫交流】** 建立与台北故宫的交流合作机制。实现两岸故宫院长首次互访。2月14～17日,台北故宫博物院院长周功鑫首次率团访问北京故宫,在北京故宫实现两院院长首次聚首。3月1～4日,郑欣淼院长率团赴台回访台北故宫博物院,达成两岸故宫合作交流8点共识。10月,与台北故宫举办“雍正——清世宗时期文物特展”,北京故宫出借文物37件,平均每天参观人数近万人。并参加学术研讨会。

(朱鸿文)

## 故宫博物院负责人

**国家文化部副部长兼故宫博物院党委书记、院长**　　郑欣淼

# 社 会 生 活

## 民族·宗教·侨务

【概况】 本年，民宗侨办以科学发展观为指导，围绕“人文北京、科技北京、绿色北京”建设，做好各项工作。以保稳定、谋发展、促和谐、见实效为要求，以平等、团结、互助、和谐抓好民族团结、民族教育、民族体育、民族文化和民族经济各项工作。依法管理宗教事务，完成宗教团体换届工作，制订《创建和谐寺观教堂》实施细则，提升宗教工作水平。以服务为抓手，以维权为保障，适应新形势的发展做好各项侨务工作。

全年办理更改民族成分33人，办理清真饮副食牌照1个。为“三侨”子女开具升学证明23人，其中高考8人、中考8人、小学升初中7人，归侨、侨眷身份确认6人(归侨4、侨眷2人)。

**单位名称:东城区人民政府民族宗教侨务办公室**

**单位地址:金宝街52号**

**联系电话:65258800－8313　邮政编码:100052**　(高燕)

【领导调研】 3月5日，市政协副主席赵文芝，民宗委主任佟根柱、副主任金毓嶂、季文渊、专职副主任宁爽等一行16人，在市民委主任申建军、副主任马中璞陪同下到北京金漆镶嵌有限责任公司河北大厂生产基地调研，郭瑞敏陪同。4月17日，市侨办侨务发展研究中心主任张于成一行3人，到景山街道调研侨联工作。4月21日，市侨办侨政处到东城就2009年三侨子女中高考升学办理情况进行检查指导。5月4日，马中璞到隆福寺小吃店、白魁清真老字号饭庄和豆汁店进行调研。闫燕陪同。5月20日，市人大常委会民宗侨委主任席文启、副主任吴宝华及有关人员就解决归侨、侨眷困难问题到东城调研，听取专题汇报，费文勇陪同。5月21日，市委统战部部长牛有成、副部长周泊琦、申建军调研雍和宫佛教房产问题，视察雍和科技园歌华大厦、新保利大厦、国家版权中心。杨柳荫、冯熙、郭瑞敏等陪同。6月1日，副市长程红到东四街道奥林匹克社区体育文化中心、奥林匹克文化广场、南豆芽菜清真寺、和平里街道交通社区调研少数民族文化工作。申建军、牛颂、杨柳荫、边振英、郭瑞敏陪同。6月3日，市民委主任申建军到区民宗桥办调研，听取区民族宗教工作、开展学习实践科学发展观活动及创建“和谐寺观教堂”活动情况汇报。9月8日，市民委副局长马中璞、宗教三处领导到东外清真寺调研。

(许孝萍　高燕)

【联络联谊】 1月19日，举办侨台企业家春节团拜会，市侨办副主任李印泽等有关领导出席。1月20日，召开宗教界人士新春茶话会，马中璞、王学勤、杨艺文、刘朋庆、冯熙、毛桂芬、郭瑞敏、王建军参加，全国政协委员、中国基督教三自爱国会副主席、市基督教“两会”主席于新粒，中国佛教协会副会长、雍和宫主持嘉木扬·图布丹，天主教北京教区主教李山等宗教界代表人士出席。王学勤讲话。1月21日，与区委统战部共同举行民族宗教界新春团拜会。区天主教、基督教、伊斯兰教、佛教界人士及民族工作重点社区、民族教育、民族经济等相关单位负责人100人参加。12月22日，举行“圣诞节招待会”，市宗教局专职委员赵宏生、区领导常卫、费文勇、毛桂芬、郭瑞敏、王建军、市基督教教务委员会主席于新粒牧师、市基督教三自爱国运动委员会主席蔡葵、市天主教爱国会常务副主席石洪喜出席。天主教、基督教宗教团体负责人、教职人员40人参加。12月30日，与区侨联联合，举办2010年东城区侨界新春茶话会。70余名归侨参加。

(许孝萍　高燕)

【国庆60周年活动】 4月29日，召开侨界纪念建国60周年座谈会。区教育、卫生、企业等系统20名老归侨及有关部门负责人参加。6月9日，举办“迎60华诞，颂伟大祖国”为主题的文艺汇演。市民委民族一处，区委统战部、文委等有关单位领导出席。各街道民宗侨干部、职工，各宗教团体教职人员、信教群众，各民族学校师生等600人观看。7月23日，召开迎祖国60华诞民族团结进步座谈会，回、藏、哈萨克、门巴和朝鲜族等20人参加。　(许孝萍　高燕)

【走访慰问】 春节期间,慰问民族、宗教代表30户、困侨12户、侨界代表人士6人、侨资企业家11家,送去价值7万元慰问品和慰问金。1月15日,北京市侨办副主任李刚等看望侨界代表人士钟贵仁、困侨童英洁,送去困难补助及节日礼物。2月10日,将北京柯林龙安公司董事长蔡村女士赠送东城区209箱洗涤用品,发到各街道困侨侨眷手中。儿童节前夕,走访慰问回民小学、回民幼儿园,送去慰问金各4000元。9月22日,市侨办副主任李刚、信息中心等领导走访侨界代表人士张锦绣。送去节日礼物。 (许孝萍 高燕)

【民族体育】 8月23日,参加市民族传统体育项目邀请赛,参赛队员获女子双蹴第二名、男子双蹴第五名,同时获优秀组织奖。 (高燕)

【民族教育】 2月17日,市民委副主任牛颂、到区回民小学视察学校食堂、阅览室、会议厅和操场,参观校园民族博物馆“民族苑”,毛桂芬陪同。 (高燕)

【依法行政】 8月13日,召开关于落实《国务院办公厅关于严格执行党和国家民族政策有关问题的通知》座谈会。牛颂参加会议,毛桂芬主持。9月1日,国家民委联合督查组组长刘万庆一行5人,在市民委马中璞等领导陪同下,到东城调查督查国办发33号文件贯彻落实情况,毛桂芬汇报工作。9月17日,联合区工商分局、公安分局、卫生局、旅游局等相关单位对辖区内宾馆、旅店等贯彻执行国办发33号文件情况进行联合检查,未发现违规情况。 (高燕)

【民族团结进步表彰】 1月4日,召开第六届东城区民族团结进步表彰大会。市领导席文启、申建军、佟根柱,区领导王学勤、刘朋庆、吴弘勇、费文勇、毛桂芬、郭瑞敏、王建军等出席。表彰先进集体56个,先进个人100名。 (高燕)

【安全工作】 2月22日,市防火委员会督查组到雍和宫检查消防安全工作。市文物局副局长崔国民等有关市级成员单位负责人参加。区文委、消防支队等有关人员陪同。4月8日,召开“复活节”工作协调会议。区属相关单位负责人参加。就做好节日期间安全防火、秩序维护等工作提出具体要求。9月22日,召开国庆中秋两节宗教场所安全保卫工作会,3个宗教团体、10个宗教场所有关负责人参加。通报国庆安保工作和甲型H1N1流感防控情况,提出要求。11月26日,召开“古尔邦节”工作会议。就做好节日期间清真寺的安全防火、秩序维护、甲流H1N1防控等提出要求,区属相关单位负责人参加。12月18日,召开东城区圣诞节安全保卫工作协调会。传达市宗教局关于做好圣诞节有关工作会议精神,下发《东城区2009年圣诞节安全保卫工作方案》,相关单位负责人参加。12月22日,召开圣诞节安全保卫工作会议,部署安全生产、安全保卫工作。区领导常卫、李荣庆,毛桂芬,毛炯及40个相关部门领导参加。常卫讲话。 (高燕)

【宗教团体建设】 4月2日,召开宗教团体季度工作会议。区天主教爱国会秘书长、区基督教三自爱国会秘书长、区伊斯兰教协会常务副秘书长参加。听取三个宗教团体第一季度工作情况及下步开展工作的汇报。8月28日,召开基督教第二次代表会议。市民委(宗教局)主任申建军、市基督教三自爱国运动委员会主席蔡葵、秘书长尹慧慈,区领导冯熙、郭瑞敏等有关领导出席。审议通过《北京市东城区基督教第一届常务委员会工作报告》《北京市东城区基督教三自爱国运动委员会章程》(修正案草案),选举产生东城区基督教三自爱国运动委员会新一届领导班子。市宗教局、区县民宗办及各宗教团体负责人参加。8月22日,召开天主教第三次代表会议。市民委主任申建军、天主教北京教区主教李山、市天主教爱国会秘书长石洪喜,区领导冯熙、费文勇、毛桂芬、郭瑞敏等有关领导出席。审议通过《北京市东城区天主教第三届常务委员会工作报告》《北京市东城区天主教爱国会章程》(修正案草案),选举产生东城区天主教爱国会新一届领导班子。市宗教局、有关区县民宗办及三自爱国组织领导、各宗教团体负责人参加。10月31日,召开伊斯兰教第五次代表会议。市民委副主任马中璞、市伊斯兰教协会会长薛天利阿訇、秘书长丁刚,区领导冯熙、费文勇、毛桂芬、王建军、郭瑞敏等有关领导出席。审议通过《北京市东城区伊斯兰教第四届常务委员会工作报告》《北京市东城区伊斯兰教协会章程》(修正案草案),选举产生东城区伊斯兰教协会新一届领导班子。 (高燕)

【宗教节日】 1月3日,在通教寺、雍和宫举行宗教活动庆祝腊八节。市民委领导季文渊、程二雁、赵宏生、区领导费文勇、毛桂芬、郭瑞敏、王建军分别到通教寺、雍和宫走访慰问。3月7日、8日、14日,安外、东外、南豆芽清真寺分别举行“圣纪”活动。宗教活动秩序良好。4月12日,王府井、东交民巷天主教堂,崇文门基督教堂举行“复活节”宗教活动。宗教活动秩序良好。5月30日,东外、安外清真寺举行“法图麦”纪念活动,闫燕参加。5月31日,王府井、东交民巷天主教堂举行“圣神降临”瞻礼活动。8月15日,是天主教

"圣母升天"瞻礼,王府井、东交民巷教堂分别举行宗教活动。9月21日,是伊斯兰教开斋节,副市长程红,统战部部长牛有成、副部长周伯琦、申建军、马中璞、冯熙、毛桂芬、费文勇、郭瑞敏等到东四清真寺看望中国伊协会长陈广元阿訇等全体阿訇和穆斯林群众。中午举行开斋节招待会,伊协全体人员、4个清真寺全体阿訇及民管会主要负责人参加。陈广元阿訇、毛桂芬分别讲话。9月16日,是伊斯兰教"盖德尔夜",民宗桥办到东外、南豆芽、安外清真寺检查安全工作。10月3日,农历八月十五(中秋节),汉传佛教通教寺、藏传佛教雍和宫举行宗教活动。市、区领导季文渊、杨柳荫、杨艺文、冯熙、王佩立等到雍和宫走访慰问。11月28日,伊斯兰教"古尔邦(宰牲)节",东四、东外、南豆芽、安外清真寺举行宗教活动。郭瑞敏到4座清真寺走访慰问。12月25日,圣诞节,王府井、东交民巷天主教堂,崇文门基督教堂举行庆祝活动。24日(平安夜),季文渊、赵宏生到东交民巷教堂走访慰问。区领导常卫、冯熙、费文勇、毛桂芬、郭瑞敏、王建军及区委统战部、人大、安全分局有关负责人到三个教堂走访慰问。

(高燕)

**【西藏工作报告会】** 4月8日,与区委统战部联合举办东城区统一战线西藏工作报告会。全区各单位主管统战、民族宗教工作领导和干部、各街道社区党组书记、宗教团体负责人、宗教教职人员、民族和宗教委员会政协委员200人参加。郭瑞敏出席,中国藏学研究中心研究员廉湘民作关于"西藏问题"报告。 (高燕)

**【学习研讨会】** 12月15~16日,召开宗教团体新一届常委(扩大)学习研讨会。三个宗教团体常委、雍和宫管理处、庙管会、通教寺有关负责人50人参加。

(高燕)

**【侨务经济】** 4月7日,到区工商业联合会走访交流。5月14日,区侨资企业协会召开常委会讨论换届工作,通报换届报告、换届方案、社团新章程等。会议决定提请协会会长听取汇报。7月22日,召开常委会,商讨协会换届议程、工作报告、特邀会长、会员单位、新增补会员等工作,秘书长汇报大会筹备情况。8月26日,召开东城区侨商会典礼暨东城区侨资企业协会换届大会。市侨办李印泽、杨惠时及区领导杨柳荫、吴弘勇、冯熙、郭瑞敏等出席。赵勇继续担任侨商会会长,做《积极推进东城区侨资企业协会发展 建设努力为侨商服务》工作报告,代表区侨商会向东城慈善协会捐款5万元。市、区领导分别讲话。 (许孝萍)

**【社区侨务】** 3月3日,到甘雨、海运仓社区调研,听取侨法宣传工作落实情况。5月12日,召开东城区侨法宣传角授牌仪式现场会。市侨办侨政处、各街道主要领导60人参加。7月8日,区侨办向2008年被国务院侨办命名的两个"侨法宣传角"社区经费支持6000元。12月11日,到甘雨社区、兴化社区调研,听取侨法宣传工作汇报。 (许孝萍)

**【外事接待】** 4月29日,接待巴西中国和平统一促进总会访华团一行15人。国务院侨务办公室国外司国外处李斯宁、市侨务办公室外联处李萍、于琦陪同参观东四奥林匹克社区体育文化中心。 (许孝萍)

# 计 划 生 育

**【概况】** 本年,学习实践科学发展观,围绕新时期人口计生工作重点,推动统筹解决人口问题工作机制创新、改进依法行政和宣传服务、打造"阳光计生行动"、提升人口计生干部队伍综合素质,完成各项工作任务和指标。按计划生育统计年度,全区户籍人口出生4390人,计划生育率97.68%,完成市政府下达的人口控制指标。区级财政投入人口和计划生育工作经费579.72万元。

**单位名称:东城区人口和计划生育委员会**

**单位地址:美术馆后街12号**

**联系电话:64072574 邮政编码:100010** (王佳)

**【人口和计划生育】** 5月18日,召开区人口和计划生育领导小组会,章冬梅主持。市人口计生委主任邓行舟,区领导杨艺文及领导小组成员、单位主要领导出席。王力宇作《认真贯彻落实科学发展观 推动统筹解决人口问题工作的深入发展》报告,杜津芳作《探索专门工作组运行机制 促进流动人口的服务和管理》发言,街道代表作《更新观念、开拓创新、真情奉献、努力构建人口和计生工作新格局》发言。杨艺文提出指

导性意见。（王佳）

【机制创新】 建立和完善统筹解决人口问题综合协调机制,印发《东城区人口和计划生育领导小组专门工作组成员单位统筹解决人口问题工作职责》的通知,明确各专门工作组成员单位工作职责,开展人口问题研究,协调解决各专门工作组相关人口问题。成立区统筹解决人口问题专家顾问组,形成"相关部门参与、人口计生部门协调、借助专家开展人口问题研究"。建立社区居民委员会、社区服务站分工协作、衔接的计划生育工作运行机制,出台《关于在社区建设中明确和完善社区计划生育工作内容和运行机制的指导意见(试行)》,明确社区居委会和社区服务站计划生育工作内容,加强对社区计划生育工作的分类指导和支持力度,保证社区计划生育工作稳定、连续。（王佳）

【计生督导员】 成立东城区社区计划生育工作督导委员会,聘请有工作经验老同志为社区计划生育督导员,在督导委员会组织下,负责对全区社区计划生育工作和社区"阳光计生行动"开展集中督导、专项督导。11月,组织20名社区计生督导员分6组,4天时间,对辖区10个街道115个社区计划生育工作基础资料,按照《东城区社区计划生育工作宝典》中八项内容进行专项实地督导。（王佳）

【依法行政】 调整依法行政工作领导小组成员责任分工,改进工作流程。针对全区社区改革换届,开展法制干部业务培训,及时为执法人员办理执法证,确保依法行政人员执证上岗。修订《东城区2009年街道人口和计划生育工作考核评估方案》,将计生依法行政及落实行政执法责任制工作指标进行量化。修订完善21项政务公开和全程办事代理告知事项。全年审批5000元一次性经济帮助25例、贡献二孩4例,征收社会抚养费53例。（王佳）

【宣传教育】 实施百块展板进单位、百场电影进社区、百个灯箱广告亮街区,在全区营造人口计生宣传氛围。举办"人口、资源、环境"和健康生育科普知识巡回展32场次,2万人参观。与文委合作,制作流动人口计生服务管理和免费婚检动漫公益宣传片,在全区播放600场次,万名群众观看。投入33万元,在7、9、11月分别以流动人口计生工作新条例为主题,投放300块车站灯箱广告。6月,举办征文演讲活动,举办演讲比赛10场。区选送的选手参加市演讲比赛获一等奖。7月9日,纪念第20个世界人口日,举办主题宣传活动,市人口计生委领导李芸莉、杨春雁,章冬梅及相关领导,区计生干部500人参加。10月22日,在青年湖公园举办"人口文化金秋游园会暨人口文化园区揭幕式",500名观众参加。10月20日至11月20日,举办国策宣传主题创意征集活动,全国12个省市热心人士参与,征集稿件106份,征集主题380条。制作多种宣传品,《东城区社区计划生育工作宝典》《生殖道感染干预试点项目》宣传手册、流动人口免费四术宣传彩页等。（王佳）

【人口文化园区】 2009年,在市人口计生委和区园林局、青年湖公园支持下,完成东城区人口文化园区建设。园区由四座主题雕塑,游泳场边"德、智、体、美、劳"五个主题创意造型构成的铁艺围栏,青少年轮滑场四周人口计划生育宣传灯箱围栏,一列大型的计划生育宣传橱窗和阅报栏四部分组成。突出人口文化、体现以人为本、促进人的全面发展理念。10月22日,在青年湖公园举办"人口文化金秋游园会及人口文化园区揭幕式"。500名观众参加。（王佳）

【阳光计生行动】 制定《东城区人口和计划生育委员会开展"阳光计生行动"的实施方案》,确定"以人为本创新统筹机制,改善民生打造阳光计生"活动主题。实施以政府信息公开带动"阳光管理",以社会监督和民主评议保障"阳光维权",以"健康生育计划"和"生殖健康促进"落实"阳光服务",以落实利益导向政策推动"阳光扶助",以"亲情牵手"行动实施"阳光关怀"五个专项行动,将"阳光计生行动"贯穿全部工作。（王佳）

【独生子女特别扶助】 按照市人口计生委特别扶助政策,开展资格认定、审核、上报工作。年审特别扶助对象319人,其中年审符合政策318人、1人死亡年审退出。新增特别扶助对象62人。全区享受特别扶助金380人。（王佳）

【健康生育计划】 年初,"健康生育计划——六项免费服务"纳入全区社会建设公共服务体系。4月28日,在全市健康生育计划经验交流会上,章冬梅代表东城做典型发言。《北京日报》《今日东城》《京华时报》等媒体专版报道。5月,东城派代表参加智利举办的2009年世界妇女峰会,宣传健康生育计划项目,获国际社会好评。全年,婚检658人次,婚前、孕前保健咨询6610人次,发放新婚礼包1.09万人次、叶酸5622瓶、《育儿百科》2972本,孕前保健筛查1944人次,准妈妈俱乐部410人次参加,惠及育龄群众2.91万

人次。 （王佳）

【计生宣传服务】 已婚育龄夫妇免费技术服务落实率100%。区计划生育生殖健康技术指导咨询室、新婚咨询室和社区“生命蓝岛”通过面对面、电话、健康教育大课堂、义诊等方式对育龄群众提供避孕节育、优生优育、生殖保健、性传播疾病、男性健康及妇科疾病等相关知识的咨询指导。举办“女性生殖健康”、“乳腺癌防治”、“预防出生缺陷”和“关注男性健康，促进家庭和谐”等专题讲座20场，惠育龄群众2000人，发放宣传材料、宣传品1万份。 （王佳）

【流动人口】 印发《关于加强街道流动人口计划生育工作管理员配备与管理的通知》，编制《流动人口计划生育政策知识》宣传手册。与区流管办联合开展流动人口育龄妇女信息核查登记工作。与第六医院合作，落实《东城区对辖区内低收入群众和流动人口免费实施计划生育手术管理办法》，为35名流动人口育龄妇女免费实施计划生育手术。开展4次流动人口计划生育工作执法检查，与区民政、卫生、公安等部门建立信息通报制度，掌握现居住地育龄流动人口的基本情况。 （王佳）

【专项行动】 开展为流动人口育龄群众送温暖、办实事关怀关爱专项行动。在流动人口居住较为集中的社区等场所新建图书角12个，配发政策法规类图书50种。在18所小学和3所中学开展流动人口计划生育关怀关爱征文活动，将优选征文汇编成书。开展表彰活动，评选出东城区流动人口创业者之星28名，东城区流动人口服务者之星21名，东城区流动人口协作者之星88个。专项行动历时11个月。 （王佳）

【药具发放】 开展计划生育药具进机关、进学校、进流动人口居住场所，在协和医院，市妇产医院等21家医院候诊大厅和计划生育门诊及市、区政府，中科院，林产设计院等18家单位设置避孕药具自取架。对流动人口图书角，集贸市场配置药具自取柜。在10个街道的办事大厅和18家医院的计划生育服务大厅及部分社区单位重新更新和补装药具自取柜。全年免费发放避孕药具2419箱。 （王佳）

【专项整治】 与公安分局、卫生局、工商分局、药监分局、质量技术监督局六部门联合出台《东城区计划生育药械市场专项整治行动实施方案》，成立专项整治行动协调领导小组，召开工作调度会。5月～10月，开展自查整治，8月～9月开展系列集中整治行动。开展监督检查816次，联合执法检查2次、出动执法人员1204人次，督察354户次，受理投诉举报37件，办结37件，查处无证经营50户，下发督察意见71户，警告7户，责令改正30户，办结9件，罚款1480元。 （王佳）

【协会工作】 创建东外、交东、六铺炕、钟鼓和崇内5个社区“市级计划生育协会示范会员之家”。4月24日，中国计划生育协会秘书长李艳秋、国内工作部部长吴光华，市计生协副会长耿玉田、秘书长胡兰等到东四街道罗家社区调研“示范会员之家”建设情况。与教委联合在东直门中学建立“东城区青春健康驿站”。将性与生殖健康内容纳入初中健康课和高中心理课，开通青少年咨询热线和学生心理咨询，举办活动30场、1000人参加。9月2日，副市长黄卫视察“东城区青春健康驿站”。利用会员活动日，开展以“颂祖国、谈国策、爱协会、展风采”为主题，宣扬计生协的发展、贡献和取得的成绩，宣传落实“生育关怀”为主要内容的协会活动。第22个世界艾滋病日，举办以“遏制艾滋，履行承诺”为主题的宣传教育活动。创办协会内刊——《计生新苑》。出版3期、3000份。 （王佳）

【调研工作】 完成《东城区“十一五”人口与计划生育事业发展规划中期评估报告》，与北京中医药大学合作，开展“东城区三所医院人工流产人员意外妊娠原因及避孕服务需求研究”调查活动。 （王佳）

【工作交流】 4月15日，与河南省信阳市人口计生委召开北京市东城区河南省信阳市流动人口计划生育双向管理服务工作交流会。就流入地和流出地工作中的困难与问题研讨解决办法，签订双向管理协议书。 （王佳）

# 老 龄 工 作

【概况】 本年,落实《中华人民共和国老年人权益保护法》、居家养老服务工作纳入区政府折子工程为民办实事项目。3月,召开东城区第十二次老龄工作委员会全体(扩大)会议,25家成员单位主管领导和10个街道办事处主管主任参加。继续开展居家养老服务,按照社区受理初审、街道复审、区审核程序,对“三无”、低保、低收入、纯老年户、高龄老人中的生活不能自理老人,按照《北京市特殊老年人自理能力评估标准》进行评估,符合条件者发放《东城区特殊老年人养老服务补贴证》和养老服务券,补贴金额分别为50至250元,补贴项目有8类。12月,按照市政府《北京市市民居家养老(助残)服务“九养”办法》要求,启动居家养老(助残)服务工作,服务对象为本市户籍、年满80岁以上高龄老人、16至59周岁无工作重度残疾人、60至79周岁重度残疾人。12月10~25日,受理申请审批工作,与区民政局、老龄办、残联、财政局和10个街道根据各自职责任务,把资格审批、持券服务、经费保障落实到位。举办第19届老年人文艺汇演和第25届老年人象棋赛暨第8届老年人围棋赛,编发东城《老龄工作信息》12期、《老龄工作简报》4期。区老龄办获全国敬老爱老助老主题教育活动优秀组织者奖。对街道、社区260人进行居家养老服务等工作能力、方法技巧培训,进行居家养老服务对象需求调研。开展街道和社区老年人协会改选工作。办理人大代表议案、政协委员提案4件,与结对社区救助特困老人10人。平谷区民政局、老龄办到北新桥九道湾老年饭桌和托老所参观学习,交流居家养老服务工作经验。年内,有60岁以上老年人12.27万人,占全区总人口数的19.76%,80岁以上高龄老人2.64万人,占老年人总数的21.51%。东城区居住百岁老人39人,其中女性29人,年龄最长者107岁,有纯老年人家庭人口1.69万人。

**单位名称:东城区老龄工作委员会办公室**
**单位地址:后永康胡同17号**
**单位电话:64035912 邮政编码:100007** (王玉萍)

【老年福利服务】 全区有养老服务机构8所(其中民办2所),床位410张,同比增长17.1%。整合区域资源、扩大养老服务机构规模,新增社会力量办养老服务机构。9月,经验收审核,什锦花园养老院符合执业许可条件,颁发《北京市养老服务机构执业许可证》。全区有老年医疗机构1个,床位251张。老年临终关怀医院1个、床位83张,年末在院人数82人。有老年活动站(中心、室)140个,全年参加各类活动4.6万人。

(王玉萍)

【居家养老服务】 下发《关于特殊老年人养老服务补贴办理的补充说明》,制定《特殊老年人养老服务补贴街道间转移单》《未享受特殊老年人养老服务补贴证明信》《跨街道办理特殊老年人养老服务补贴回复函》实用表单。全年审批合格特殊老年人享受政府补贴服务人数6315人。启动“夕阳红”助老员招募工作,为享受政府补贴服务的独居老人提供巡视探访、菜单设计、精神慰藉、宣传协调、监督反馈五项贴身服务。11月,召开街道居家养老服务工作会,部署开展调查工作。开居家养老(助残)工作部门协调会。12月,按照市政府《北京市市民居家养老(助残)服务“九养”办法》统一要求,启动80周岁以上老人和重残人员居家养老(助残)服务审批工作,特殊老年人转入新政策实现无缝对接,专项培训工作人员300人,完成1.14万名老人审批、对接工作,符合条件且本人申请的老人全部领到《北京市市市民居家养老(助残)券》。 (王玉萍)

【老年人优待】 本年,落实市政府办公厅《关于加强老年人优待工作的办法》,为1.6万名65周岁以上老人办理《老年人优待卡》,为1789名90岁以上老年人和百岁以上老人发放高龄老年人津贴240.48万元,医疗机构为老年人提供“六优先”服务,社区卫生服务机构为老人提供“三优先”服务。对享受“一老一小”医保政策老人实行门诊社区卫生首诊制,为5.12万名60岁以上老人建立电子健康档案,为1302位孤寡、空巢老人建立社区护理病历,为3546位老人提供入户护理处置。为2.35万名老人进行流感疫苗接种。园林绿化局接待持65岁以上优待卡免费参观游览老年人172.2万人次,60至64周岁老年人凭老年证半价优惠游览9.5万人次,持年票游览131.9万人次。与民政局、社区服务中心利用现有资源,提供免费或低偿优惠文化娱乐服务,3.3万老年人在社区文娱活动中受益。

(王玉萍)

【老年人协会】 6月~7月,根据《老年人协会章程》

开展老年人协会换届选举和人员调整工作。改选调整后有街道级老年人协会4家,社区老年人协会113家,老年人协会达到班子建设好、制度落实好、桥梁纽带作用好,有活动场地、有志愿服务队、有群众基础。70%老协会长连任,年龄在55~70岁,90%中共党员,全区有老年协会会员2.4万人,各类老年社团组织625个,参加活动老年人2.3万人。（王玉萍）

**【走访慰问活动】** 元旦、春节期间,与10个街道开展"党心连民心、亲情进万家"走访慰问活动。召开街道老龄工作座谈会,离退休人员新春座谈会,走访慰问北新桥十三条社区10户高龄特困老人家庭,为42位百岁老人发放慰问金8400元。市老龄办副主任陈谊等看望小黄庄社区高龄特困老人陈振凤。刘朋庆,贾炯协慰问北新桥街道板桥社区40号百岁老人夏淑英,送去慰问金、慰问品。王学勤、冯熙、边振英看望全国劳模姚金兰。除夕夜毛桂芬和朝阳门街道领导为多名老人送饺子、年货价值2万元。社区卫生服务管理中心上门服务184户293人、慰问12户19人、为社区老年人办实事6件6人、走访老党员、困难职工2人,发放困难补助500元。各社区卫生服务站为社区老年人办理居民健康卡2032张。老干部局领导看望东四二条社区10户困难低保老人家庭,走访"一助一"帮扶对象北新桥街道门楼社区83岁老人王佩珍。全区投入资金96.57万元,走访慰问离退休干部1598人次、遗属25人次。区红十字会长章冬梅到朝阳门临终关怀病区看望住院老人。40个社区卫生站为辖区60岁以上老人免费接种流感疫苗,为行动不便的老人免费入户体检。活动期间接待咨询1000多人,免费测血压500人次、发放宣传材料1000份、举办健康讲座15次。（王玉萍）

**【老年文体活动】** 参加市第四届老年合唱赛,景山街道友谊之声老年合唱团、和平里街道和平之声老年合唱团、东华门街道老年合唱团获铜奖。5月,举办以"迎祖国六十华诞,展东城老年风采"为主题第19届老年人文艺汇演,章冬梅,国家园林绿化局机关服务局、市老龄办宣传处领导出席,参加汇演代表队13支,老年演员300名,评出金奖1个,银奖3个,铜奖5个。举办"长寿杯"第25届老年人象棋赛暨第八届老年人围棋赛,16支代表队百名老年人参加。向老龄委成员单位和10个街道转发《关于组织开展"迎国庆讲文明树新风"老年志愿活动的通知》。与残联开展老残一体无障碍社会环境推动日宣传展示活动。本区有各类老年人社团组织625个2.26万人,老年活动场所100多个。（王玉萍）

**【调研交流】** 中央文明办志愿服务工作组副组长彭敏安到建国门街道调研居家养老志愿服务情况。全国老龄办事业发展部主任魏强参加和平里街道居家养老服务工作研讨会,70人参加。市老龄办及有关部门就居家养老(助残)服务工作7次到东城调研、座谈交流、指导工作。市老龄协会会长李建国到北新桥街道九道湾居家养老服务站、和平里街道老邻居酒家——地坛社区老年饭桌,考察老年人持服务券就餐送餐情况。市人大常委会内务司法办公室巡视员刘振宇和市老龄办副主任陈谊到北新桥街道门楼社区、三和老年人公寓调研空巢老人权益保障问题。市老龄办党委委员杨云凤到东直门街道老年餐桌——汤山溢源家政服务中心对运营情况进行调研、到区老龄办调研居家养老(助残)服务进展情况。市老龄办就东直门敬老院和朝阳门街道伏枥餐厅托老所服务和老年餐桌项目发展问题实地调研。区政协提案办公室到老龄办调研居家养老服务工作。到交道口街道调研老年维权示范岗情况,在和平里、东直门、东华门街道开展老年人优待工作满意度调研,收回有效问卷300份。开展百岁老人医疗保障及医疗费用摸底调查,掌握区百岁老人享受医疗报销的类别。开展低保边缘老年人困难调查,掌握38人在家庭经济来源和身体状况方面的困难原因。与人口计生委探索独生子女家庭养老课题研究。完成《老龄事业统计表》统计上报工作。（王玉萍）

**【老年维权】** 有老年法律援助工作站1个,老年维权协调组织107个。本年,接待来信来访1.2万人次,办理老年人优待证1923张,法律援助中心受理涉老案件9件。市、区两级人大常委会对《中华人民共和国老年人权益保障法》及《北京市老年人权益保障条例》实施情况进行检查。东城养老保险制度实现全覆盖,2000名老年人享受城镇低保待遇,为符合条件的300户老年家庭免费安装医疗应急救援呼叫器("一按灵")。区法律援助中心接待老年人咨询90起,来电咨询150起,代写文书6件,为老年人提供免费法律援助代理4起。将老年人法律维权热线纳入"12348"法律服务热线。护老行活动向老人发放日常维权手册及宣传材料1000份,解答现场法律咨询100起,为符合援助范围和条件的涉老当事人提供现场办公服务2人次,聘请专业律师开办老年人维权专题讲座2次。加强老年法律法规宣传,开办专题教育展览、举办老年维权法律讲座,向老年人发放宣传资料4万份,解答现场法律咨询近2000人次。开展第三届老年维权法律知识有奖竞答比赛2000人参赛。举办《北京市法律援助条例》知识讲座200人参加。（王玉萍）

**【老年教育】** 2009年,东城老年大学设35个教学班,参加文史、山水、保健按摩、书法、诗词、国画等班次学习1400人次,结业556人次。6月29日,老年大学20名学员参加中央人民广播电台“老年之声”节目召开的听众意见座谈会。8月7日,台湾台北教育局终身教育辅导团一行30人来校参观访问,台北县立文山国民中学校长、教育局负责人分别介绍该县老龄教育情况,两岸同胞就老年大学办学方向、编制经费问题进行交流研讨。9月24日至10月25日,举办庆祝《新中国成立60周年书画展》,展出作品139幅。10月,东城老年大学被评为全国先进老年大学、原任校长赵秉衡、副校长宋常生被评为全国先进老年教育工作者。本区有不同类别老年学校89所,参加学习学员1.3万人次。

(王玉萍)

**【百岁老人】**

| 姓名 | 性别 | 年龄(岁) | 原职业 | 住地 |
|---|---|---|---|---|
| 尤淑芬 | 女 | 100 | 无 | 建国门街道 |
| 宋清云 | 女 | 100 | 无 | 景山街道 |
| 黄质夫 | 男 | 100 | 工人 | 安定门街道 |
| 马秀岩 | 女 | 100 | 无 | 和平里街道 |
| 袁亚东 | 男 | 100 | 离休老红军 | 和平里街道 |
| 闫佩英 | 女 | 100 | 无 | 朝阳门街道 |
| 程国弼 | 男 | 100 | 工人 | 东直门街道 |
| 陈苜莉 | 女 | 100 | 无 | 交道口街道 |
| 孟　茹 | 女 | 100 | 无 | 交道口街道 |
| 李文秀 | 女 | 101 | 无 | 北新桥街道 |
| 刘英群 | 女 | 101 | 无 | 建国门街道 |
| 方玉英 | 女 | 101 | 无 | 景山街道 |
| 崔淑英 | 女 | 101 | 退休人员 | 安定门街道 |
| 赵玉珍 | 女 | 101 | 无 | 安定门街道 |
| 丁庆昌 | 男 | 101 | 工人 | 和平里街道 |
| 朱玉芬 | 女 | 101 | 无 | 和平里街道 |
| 王世民 | 男 | 101 | 退休人员 | 朝阳门街道 |
| 张王氏 | 女 | 101 | 无 | 东直门街道 |
| 刘桂华 | 女 | 101 | 无 | 东直门街道 |
| 李　忠 | 男 | 101 | 无 | 东直门街道 |
| 张有梅 | 女 | 101 | 无 | 东华门街道 |

| 姓名 | 性别 | 年龄(岁) | 原职业 | 住地 |
|---|---|---|---|---|
| 马玉洁 | 女 | 102 | 无 | 北新桥街道 |
| 赵秀英 | 女 | 102 | 无 | 北新桥街道 |
| 齐　民 | 女 | 102 | 工人 | 建国门街道 |
| 杨玉傑 | 女 | 102 | 干部 | 景山街道 |
| 盛　苗 | 女 | 102 | 无 | 和平里街道 |
| 周有光 | 男 | 103 | 语言学家 | 朝阳门街道 |
| 胡恕行 | 女 | 103 | 无 | 朝阳门街道 |
| 曾竹韶 | 男 | 103 | 中央美院退休老师 | 东华门街道 |
| 汪淑珍 | 女 | 103 | 无 | 东华门街道 |
| 尹士奎 | 男 | 104 | 退休工人 | 北新桥街道 |
| 卡丽娜 | 女 | 104 | 无 | 和平里街道 |
| 刘淑云 | 女 | 104 | 无 | 东四街道 |
| 石于氏 | 女 | 105 | 无 | 北新桥街道 |
| 曹佐政 | 女 | 105 | 无 | 景山街道 |
| 杨镇江 | 男 | 105 | 工人 | 交道口街道 |
| 雷洁琼 | 女 | 105 | 全国人大常委会原副委员长 | 东华门街道 |
| 巴伟如 | 女 | 105 | 工人 | 东华门街道 |
| 王刘氏 | 女 | 107 | 无 | 东华门街道 |

(王玉萍)

# 残 疾 人 工 作

**【概况】** 本年,全面实施残疾人事业"十一五"发展规划,学习实践科学发展观,"保增长、保民生、保稳定",加强残疾人社会保障和公共服务体系建设,解决残疾人教育、就业、康复、无障碍环境建设等民生问题,完成全年各项工作任务。推出智力残疾人滚球和轮椅舞蹈等新兴项目,东城被命名为全市轮椅舞蹈训练基地,北京电视台等媒体专题报道。

年内,为全区残疾人焕发第二代残疾人证1.54万人。

**单位名称:东城区残疾人联合会**
**单位地址:美术馆后街12号**
**联系电话:64010807　邮政编码:100010**　　(田鹏)

**【就业工作】** 开展"保稳定、促就业"援助系列行动。举办培训班26期508人参加,举办企业专场招聘会、残疾人创业指导、残疾大学生一对一就业指导等就业服务活动,安置就业370人,其中帮助6名应届残疾大学生实现当年就业。2009年征缴残疾人就业保障金2.09万家单位,核定1.03亿元。向352家单位发放安置残疾人就业岗位补贴和超比例安置奖励资金529.3万元。　　(田鹏)

**【社会保障救助】** 出台《关于调整个体就业残疾人社会保险补贴标准等有关问题的通知》,全区750名残疾人享受保险补贴,发放补贴金216.75万元。落实重残无业补助等政策,全区690人享受重残无业补助,979人享受特困残疾人生活补助,289人享受待业补助,发放补助款343.64万元。对88人实施临时救助13万元,向290名低保残疾人子女和残疾学生发放助学款75万元。春节期间开展"走千家、访万户、解民难"主题活动,发放500张爱心助残卡,走访慰问残疾人5090人,办实事3676件,投入143万元。　　(田鹏)

**【康复工作】** 召开残疾人"人人享有康复服务"审评工作部署会,编印东城区残疾人康复服务政策汇编和宣传画册,依照审评指标对各街道康复站和6个指导中心检查验收。开展个性化康复救助。举办"辅助器具进社区"巡展,免费发放辅助器具3031件。完成各类康复训练服务1000人,15名贫困智力和25名精神残疾人入住农疗基地,免费安装假肢、矫形器60件。对20名0~7岁残疾儿童每月给予不超过500元康复训练补助,对65名16周岁以下残疾儿童每人发放1000元康复救助卡。　　(田鹏)

**【居家助残】** 通过政府购买服务、建立信息网络和服务热线等方式,实现社会服务与居家助残服务网络链接。在东华门、和平里、北新桥等街道进行试点。为残疾人提供生活照顾、医疗康复、心理辅导等各类居家助残服务2300人次。　　(田鹏)

**【无障碍环境建设】** 开展"无障碍设施进家庭"工程,完成585户残疾人家庭无障碍设施改造任务,全区80%有需求的残疾人家庭实现了"居家无障碍"。以无障碍推动日为契机,围绕交通无障碍、公共服务设施和旅游景点无障碍、信息无障碍等主题,开展宣传和监督检查活动。无障碍监督大队对东二环交通枢纽、政府对外服务机构等开展监督检查5次,提出整改意见和建议22条,落实率达到80%。　　(田鹏)

**【温馨家园建设】** 完成东直门、朝阳门、交道口等街道温馨家园建设任务,科学规划功能室作用。区残联、财政、劳动、民政、社工委等部门联合出台《东城区关于进一步加强残疾人温馨家园队伍建设与管理的实施意见》,规范温馨家园人才队伍选聘和管理,促进基层残疾人工作者队伍职业化、专业化。　　(田鹏)

**【国庆工作】** 围绕"喜庆祖国六十华诞,携手欢歌颂和谐"主题,举办残疾人征文演讲和歌咏大赛、素质教育讲座及观红色影片等活动。开展信访排查稳控工作。排查5次,接待来访群众38人次,提前化解越级访15件和集体访2件,确保残疾人群体稳定。

(田鹏)

# 红十字会工作

【概况】　区红十字会(简称区红会)是区级从事人道主义工作的社会救助团体。其宗旨是:保护人的生命和健康,发扬人道主义精神,促进和平进步事业。主要任务:在区域内开展人道主义救灾救助,群众性卫生救护培训,社区红十字志愿服务,红十字青少年活动等项工作。红十字会基层组织326个,会员总数7.99万人。2009年,获北京市红十字系统宣传工作先进单位、"中国红十字会员博爱卡"办理工作先进单位。

**单位名称:东城区红十字会**

**单位地址:美术馆后街12号**

**联系电话:64033179　邮政编码:100010**（张楠　李树信）

【理事会议】　3月23日,召开第七届理事会第五次会议。传达市红十字会第八届理事会第六次会议精神。通过《东城区红十字会2008年工作报告》《东城区红十字会2008年度救灾救助收支情况报告》《关于更换和增补理事的决议》《关于更换副会长的决议》,播放白血病患儿救助工程专题片。市红十字会党组书记韩陆,副区长章冬梅等领导出席。（张楠　李树信）

【成立卫生工委】　1月22日,与区卫生局联合召开区卫生系统工作委员会成立大会,13所区属医疗单位成为东城区红十字会团体会员单位。韩陆,章冬梅,区属、民办医疗机构及各科室负责人60人参加。（张楠　李树信）

【募捐工作】　响应市红十字会开展的"博爱在京城"大型募捐救助系列活动。在全区各级红十字会募集捐款40万元。8月,台风"莫拉克"给台湾同胞造成重大损失,发动基层红十字会开展社会群众性募捐,接收善款10万元。（张楠　李树信）

【定向捐款追踪工作】　安永华明会计师事务所通过区红十字会,定向为江西省新余市东边、江家两所受灾学校捐赠70万元,重建教学楼。2月27日,教学楼竣工落成,江西省红十字会常务副会长方娅、东城区红十字会常务副会长刘京生出席典礼仪式。江西新余市红十字会和两校代表分别向安永华明会计师事务所、区红十字会赠送荣誉牌匾。安永华明会计师事务所向受助学校赠送学习用具。（张楠　李树信）

【慰问救助】　"5·12"国际护士节,慰问在抗击"非典"中感染的护士。9月28日,慰问第六医院战斗在甲型H1N1防控一线的医护人员。"国庆"前,将600份价值4万元的米面油,发放到三个"红十字博爱超市"及朝阳门医院临终关怀病区。"重阳节"前,为临终关怀病区购买四顶室外太阳伞,为老人们送去水果蛋糕等食品。为42名因"非典"感染人员每人发放生活补助金4000元。开展第十四次向孤、老、残、低保边缘户送温暖活动,救助困难家庭300户、发放救助金15万元。救助500户价值3万元的米、面、油,涉及困难群众2400人。开展"手拉手、送温暖"活动,为边远山区敬老院、小学购买价值2.6万元的棉衣、被等物品。（张楠　李树信）

【应急救护培训】　2009年,在区域内重点行业、单位员工中,推广普及现场初级急救知识,组织对天安门公安分局、故宫博物院、新华保险公司、文委、城管监督中心等一线人员,进行初级急救员培训,368人参加持证"初级急救员"学习。与区教委联合下发《关于在中小学校部分师生中开展初级急救知识培训的通知》,全年对中小学校师生培训"初级急救员"2164人。11月23日至12月15日,与市公交集团客运一公司共同组织司售人员,举办6期红十字"初级急救员"培训班,700人获得"初级急救员"证书。全年,共培训"初级急救员"4358名,普及初级救护及健康知识10.74万人次。（张楠　李树信）

【红十字青少年工作】　5月9日,组织第二中学150名红十字青少年参加"凝聚人道的力量""国家防灾减灾日"大型宣传活动,现场进行心肺复苏演示。教委、卫生局共同组织开展本年度中小学校健康促进校验收工作,二中分校、艺美等6所中小学通过区级检查,于12月通过市级验收。5月,组织1000名中小学生,参加中国红十字总会举办的自救互救与会务知识试卷竞赛。（张楠　李树信）

【避险逃生演练】　7月7日,与教委在安外三条小学联合举办学校师生火灾避险逃生疏散演练。市、区有关领导及安外三条小学全校师生参加。在教师带领下,全校11个班300名师生快速通过东西两侧楼梯,

到达指定区域。演练加强师生防灾减灾意识,提高应对突发事件的能力。(张楠 李树信)

**【防控流感】** 组织基层红十字会开展甲型H1N1流感防控工作。在群众中做好预防、控制宣传教育,全区红十字会开展宣传活动、举办预防甲型H1N1流感讲座、发放宣传材料等取得效果。(张楠 李树信)

**【会务知识培训】** 4月3日,在紫龙宾馆举办区红十字会干部培训班,区、街红十字会、学校工委及卫生工委所属13家医院红会专兼职干部60人参加。中国红十字基金会常务副理事长汤声闻、北京市红十字报主编王红梅分别讲授募捐项目的开发和筹资工作、红十字宣传与传播等红十字业务知识。(张楠 李树信)

**【工作交流】** 春节前,走访为四川灾区捐款的北京吴裕泰茶业股份有限公司、区住宅发展中心、北京移动等单位。2月28日,与江西省抚州市红十字会签订友好市区红十字会协议书。4月29日,与大兴区红十字会联合召开学习实践科学发展观活动工作交流会,两区红十字会领导、机关干部参加。(张楠 李树信)

# 居民生活状况

**【居民收入】** 据区居民家庭生活调查资料显示,2009年居民人均家庭总收入为32920元,比2008年增加2984元,增长10.0%。人均可支配收入为28458元,比2008年增加2307元,增长8.8%。人均借贷收入25859元,比2008年增加19950元,增长337.6%。在人均家庭总收入中,工资性收入24585元,占人均家庭总收入的74.7%,比2008年增加1820元,增长8.0%。经营性收入795元,占人均家庭总收入的2.4%,比2008年减少116元,减少12.8%。财产性收入886元,占人均家庭总收入的2.7%,比2008年增加401元,增长82.8%。转移性收入6655元,占人均家庭总收入的20.2%,比2008年增加879元,增长15.2%。(于华浩)

**【居民支出】** 2009年居民人均家庭总支出为28755元,比2008年增加2824元,增长10.9%。人均借贷支出31145元,比2008年增加20780元,增长200.5%。在人均家庭总支出中,消费性支出为20683元,占人均家庭总支出的71.9%,比2008年增加1862元,增长9.9%。购房与建房支出2015元,占人均家庭总支出的7.0%,比2008年增加307元,增长18.0%。人均转移性支出2393元,占人均家庭总支出的8.3%,比2008年增加53元,增长2.3%。人均社会保障支出3499元,占人均家庭总支出的12.2%,比2008年增加492元,增长16.4%。(于华浩)

**【食品类支出】** 居民家庭人均购买食品的支出为6992元,比2008年增加366元,增长5.5%,低于人均消费支出增幅4.4个百分点。其中:购买粮油类食品支出646元,减少0.2%;肉禽蛋水产品支出1364元,减少5.4%;蔬菜支出505元,增长2.2%;调味品支出115元,增长3.1%;糖烟酒饮料支出797元,同比增长17.7%;干鲜瓜果支出649元,增长10.6%;糕点、奶及奶制品支出652元,增长6.1%;其他食品支出69元,下降7.5%;饮食服务支出2196元,增长11.0%。本年恩格尔系数为33.8%,比2008年下降1.4个百分点。(于华浩)

**【衣着类支出】** 居民家庭人均购买衣着的消费支出为2042元,比2008年增加305元,增长17.5%。其中:购买各类服装支出1446元,增长17.0%,人均购买服装11件。鞋类支出504元,增长18.4%,人均购鞋3双。其他衣着用品、衣着材料和支付衣着加工服务费共计支出92元,增长22.7%。(于华浩)

**【家庭设备用品及服务支出】** 居民人均家庭设备用品及服务支出为1275元,比2008年增加137元,增长12.0%。其中:人均购买耐用消费品的支出为668元,比2008年增加58元,同比增长9.4%。床上用品支出84元,增长5.7%。家庭日用杂品支出381元,增长16.6%。家庭服务支出95元,增长33.7%。(于华浩)

**【医疗保健支出】** 居民家庭人均用于医疗保健方面的支出为1796元,比2008年增加82元,增长4.8%。其中:购买药品支出1017元,增长10.2%;滋补保健品支出240元,增长20.2%。医疗费支出493元,下降10.5%;购买医疗、保健器具和其他医疗保健支出共46元,增长15.0%。 (于华浩)

**【交通和通信支出】** 居民家庭人均用于交通和通讯方面的支出为2688元,比2008年增加287元,增长12.0%。其中:交通费用支出(包括购置家庭交通工具、购买车辆用燃料及零配件、交通工具服务支出和交通费)共1539元,增长20.6%。其中,购置家庭交通工具支出402元,增长44.1%;支付交通费446元,增长5.9%。通讯费用支出(包括购置通信工具和支付通信服务费用)共1148元,增长2.1%。其中购置通信工具支出218元,下降7.6%;通信服务费用支出931元,增长4.7%。 (于华浩)

**【教育文化娱乐支出】** 居民人均用于教育文化娱乐服务方面的支出为3353元,比2008年增加228元,增长7.3%。其中:用于购置文化娱乐用品的支出为1135元,比2008年增加133元,增长13.3%;用于文化娱乐服务方面的支出为1237元,比2008年增加218元,增长21.4%;支付各种教育费用981元,比2008年减少124元,下降11.2%。 (于华浩)

**【居住支出】** 居民家庭人均居住支出为1535元,比2008年增加361元,增长30.7%。其中:住房支出784元,占居住支出的51.1%,比2008年增加280元,增长55.5%;水电燃料及其他支出676元,占居住支出的44.0%,增长10.5%;居住服务费支出75元,占居住支出的4.9%,增长27.8%。 (于华浩)

**【居民能源与水的消耗支出】** 居民家庭人均水支出为97元,比2008年增加5元。人均电支出为392元,比2008年增加63元。人均液化石油气消费支出为29元,比2008年增加1元。人均管道天然气和管道煤气消费支出为80元,比2008年减少4元。人均煤炭消费支出为10元,比2008年减少25元。 (于华浩)

**【居民储蓄】** 居民人均存入储蓄款为29225元,比2008年增加21028元,增长256.5%;人均提取储蓄款23444元,比2008年增加18757元,增长400.2%;存款比取款多5781元。2009年居民人均储蓄性保险支出352元,购买有价证券506元,归还住房和购车贷款519元。 (于华浩)

**【主要消费品拥有量】** 2009年每百户居民平均购买大件生活消费品的数量为:洗衣机8台,电冰箱3台,空调器13台,淋浴热水器6台,彩色电视机15台,家用电脑(整机)12台,摄像机0架,照相机7架。年末,每百户居民主要大件生活消费品拥有量为:汽车27辆,洗衣机102台,电冰箱104台,微波炉93台,空调器172台,淋浴热水器89台,彩色电视机153台,家用电脑109台,组合音响27套,钢琴6架,摄像机21架,照相机109架,各种健身器材9套,普通电话103部,移动电话237部。 (于华浩)

# 街　道

## 社会工委（社会办）

**【概况】** 本年，区委社会工委（区社会办），学习实践科学发展观，围绕年初确定的各项发展目标，落实"保增长、保民生、保稳定"各项任务，完成2009年社会建设各项工作。

承办政协、人大涉及民生、社会组织建设、社会工作者的待遇和管理等提案、议案建议26条，均得到"非常满意"和"同意"意见，结案率100%。

**单位名称：东城区委社会工委（区社会办）**

**单位地址：后永康胡同17号院**

**联系电话：84038151　邮政编码：100007**　（彭喜乐）

**【工作会议】** 1月19日，召开区社会建设工作领导小组第一次工作会议，区委书记王学勤主持，杨艺文、冯熙、梁军、章冬梅等参加。会议讨论通过《中共东城区委　东城区人民政府关于贯彻<北京市加强社会建设实施纲要>的意见》等5个配套文件。会上王学勤要求：迅速组织召开全区社会建设大会，扎实推进社会建设工作。2月4日，召开区社会建设大会。市委常委梁伟，市委社会工委书记宋贵伦，市社会办副主任赵小卫，区四套班子领导，各部、委、办、局、街道、人民团体及区属企事业单位500人参加。传达《中共东城区委　东城区人民政府关于贯彻<北京市加强社会建设实施纲要>的意见》及系列配套文件。为30名获2008年度东城区群众信得过的社区党组织书记、社区居委会主任颁发荣誉证书及奖金。朝阳门街道工委、南池子社区、团区委、大成律师事务所分别在会上交流发言。梁伟讲话：肯定了区社会建设工作取得的成效和经验，提出要完善制度、推进改革、坚持重在建设、强化基础工作、加强党的建设等5点建议。王学勤要求：贯彻落实北京市社会建设大会精神，按照科学发展观的要求加强社会建设。总结创建经验，推进我区的社区建设。加强全区社会建设领导，确保各项工作落实。5月20日，召开街道主任专题会暨服务经济发展座谈会，杨艺文、章冬梅，相关部门及各街道负责人参加。各街道汇报发挥区域作用、服务经济发展工作举措，存在问题及意见建议。各职能部门作专项汇报。杨艺文提出6点希望。5月26日，社会领域党建工作观摩会暨歌华大厦"党建工作站、社会工作站、工会服务站"揭牌仪式在歌华大厦举行。市委社会工委委员刘轩，梁军及区有关部门、歌华集团、10个街道负责人，歌华大厦企业员工参加。仪式后与会人员参观歌华大厦"三站"办公地并观摩北新桥街道"健康保健流动服务诊所进楼宇"专家义诊活动。11月4日，杨艺文主持召开街道主任专题会，章冬梅及10个街道办事处负责人参加。围绕社区公共服务、机制体制创新等开展研讨。（彭喜乐）

**【领导调研】** 4月20日，市委副书记王安顺到东城调研社会领域党建工作。市委常委梁伟，市委副秘书长王翔、张建明，市委社会工委书记宋贵伦，市委组织部副部长吕和顺，市社会办副主任陈建领，市民政局副局长谢延智，区领导杨柳荫、梁军陪同调研并出席座谈会，十六个区县委社会工委书记参加。调查组参观朝阳门辖区鸿安大厦党建工作站、社会工作站、工会服务站，听取鸿安大厦关于"三站"工作情况汇报后，在朝阳门街道主持召开北京市社会领域党建工作座谈会，听取东城、崇文区关于商务楼宇党建和社区党组织换届工作情况及市委社会工委关于社会领域党建工作情况汇报。王安顺讲话并向与会领导提出三点要求。5月12日，市社会办副主任吴群刚到东城调研社会建设工作听取汇报、了解社会工作事务所培育工作、社区规范化建设试点工作及志愿者工作进展情况。吴群刚肯定东城社会建设工作。5月22日，市社会办副主任赵小卫，市财政局行政政法处处长王亚煌一行18人，到南池子社区调研，参观普渡寺文化广场和社区服务站，听取社区工作汇报，就社区服务站职能整合、社区办公和服务用房使用、工作人员配置、经费管理等进行座谈。5月18日，杨艺文到歌华大厦、鸿安国际商务大厦社会工作站召开依托楼宇社会工作站促进经济座谈会，提出……等五点要求。9月14日，市委书记刘淇到东城调研“两新”组织党建工作，市领导王安顺、吕锡文、李士祥、梁伟，市有关部门负责人王翔、张建明、侯玉兰、宋贵伦、史绍洁、吴世民、严力强、吕和顺、陈建领，区领导杨艺文、边振英、梁军陪同。10月26日，章冬梅主持召开社会建设工作专题务虚会。区民政局及10个街道有关人员参加。11月17~18日，召开东城区社区规范化建设试点工作总结研讨会，10个街道主管领导、社区建设办主任及区有关负责人参加。各街道汇报社区规范化建设试点工作情况，展示工作中的亮点，对存在的问题进行研讨。（彭喜乐）

**【培训工作】** 1月16日，举办全区社区党组织换届选举工作培训班，10个街道组织人事部部长和负责社区党组织换届选举工作人员及社区党支部书记参加。发放《东城区社区党组织换届选举工作手册》1200本。6月22日至7月15日，举行社区工作者培训班。社区党支部书记、居委会主任和服务站站长58人参加、136学时。培训采取集中授课、实务训练、交流讨论等多种教学方式，从社区领导力提升、社区工作实务、社区规范化建设、结业论文等4个方面培训，赴沈阳、延吉等城市的特色社区学习考察。6月22~24日，举办社区党组织成员培训班区委社会工委对115个社区党支部正、副书记及党建工作者300人从社会领域党建、社区党务工作及社区统战工作三方面进行培训。12月24日，30名社区工作者走进北大校园，参加北京大学马凤芝副教授主持的“社区志愿者培训与管理”培训活动。（彭喜乐）

**【大学生进社区】** 照市、区《关于2009年度选聘高校大学生到社区工作的实施方案》要求，经过笔试、面试、体检、公示、考察，东城录用高校毕业大学生110人(应届102人、村官8人)，其中：男26人、女84人，北京生源33人、外地生源77人，硕士研究生40人、本科67人、大专3人，中共党员59人。（彭喜乐）

**【双基地建设】** 12月18日，举办东城区社会工作人才培养暨“双基地”建设研讨会，市委社会工委委员王丽竹、社会工作队伍建设处处长王金福，章冬梅、王佩立、王建军参加。会上与北京大学、中国人民大学、中国青年政治学院、北京青年政治学院签订协议，建立社会工作人才“双基地”建设合作关系，对社会工作人才培养问题进行研讨。（彭喜乐）

**【完善社区运行机制】** 完成第七届社区居委会选举工作。出台《关于完善社区居委会、社区服务站工作运行机制的意见》，合理划分社区居委会和社区服务站的职责任务，明确社区居委会是基层群众性自治组织，承担19项主要职责。（彭喜乐）

**【社区试点工作】** 2009年，社区规范化建设试点工作，确定和平里、建国门、朝阳门、交道口街道及58个社区作为试点，投入700万元，对新建路、禄米仓等29个社区用房进行改善，现115个社区中77个社区已达到350平方米。（彭喜乐）

**【为民办实事】** 全年办理、答复居民反映问题1.29万件，其中办结1.26万件，办结率98%。9月9日，组织召开群众代表座谈会，邀请街道、社区干部、群众代表30人参加，交流探讨群众关心、亟待解决的民生问题，征集2010年拟办实事的意见和建议14条，涉及居民住房、教育卫生、交通出行等内容。（彭喜乐）

**【社区党组织换届】** 1月~3月，社区党组织换届选举工作。全区115个社区党组织通过党员大会选举产生社区党委110个，社区党总支4个、党支部1个、成员657人，其中书记115人、副书记113人、专职党建工作者91人、其他委员338人。（彭喜乐）

**【楼宇党建新模式】** 全区建立“三站”21个，覆盖楼宇53座。全区建立楼宇党组织68个，覆盖全区72座楼宇，形成党政工立体化进驻商务楼宇的楼宇党建工作新模式。通过发放《需求调查表》，走访企业等形式，摸清企业需求、员工需要，探索服务楼宇新形式。派熟悉党建工作和工会工作的指导员进行传帮带，确保每个楼宇都有专职党建工作者，解决办公场所和办公设施，保障完善楼宇党建经费，探索运行通畅、保障有力的支撑体系。北京电视台、北京广播电台、北京日报在10月中旬，中央电视台新闻联播和焦点访谈在11月初分别报道。（彭喜乐）

**【流感防控】** 6月，与政府办督查室、卫生局、民政局等相关部门组成防控甲型H1N1流感督查组，对全区防控工作进行督导。前期对社区层面、社会单位、机关和街道所属31所幼儿园重点督察。8月，重点围绕医疗机构、学校托幼、宾馆饭店、建筑工地和社区开展，督查各成员单位落实“四方责任”，完善各项防控措施，严密控制群体疫情发生，保障国庆60周年活动顺利进行。（彭喜乐）

**【制度建设】** 制定东城区委社会工委、区社会办规章制度汇编，《社会工委党风廉政建设责任制》《社会工委廉政建设管理制度》《区委社会工委(区社会办)廉政风险管理实施细则》等，编制《区委社会工委（区社会办）工作流程图》和《区委社会工委（区社会办）廉政风险防范管理网络图》，填写完成《东城区委社会工委（区社会办）职能风险、制度机制风险识别、等级、防控一览表》。编发《东城社会建设》26期。

（彭喜乐）

# 东华门街道

**【概况】** 东华门街道位于东城区西南部，面积5.35平方千米。街巷90条，设社区居委会12个。户籍人口6万人，流动人口2.2万人。中央、市、区属单位600个，商企单位2600个。

本年，学习实践科学发展观，贯彻落实中共十七大精神，完成国庆60周年庆典活动和各项工作任务。实现税收5984万元。年度计划生育率98%。

**单位名称：东华门街道办事处**

**单位地址：东安门大街55号**

**联系电话：65130245　邮政编码：100006**　（刘利成）

**【春节团拜会】** 1月16日，在北京饭店举办东华门地区2009年新春团拜会。中国人民对外友好协会会长陈昊苏，中国国民党革命委员会中央委员会副主席何丕洁，商务部副部长姜增伟，中央、市、区属机关单位、旅游饭店、部队、院校、企业，区人大代表、政协委员及退休老干部，社区工作者等342家单位522人参加。朱宪一致辞，陈本宇报告工作，姜增伟代表驻地单位发言。会上表演精彩文艺节目。（刘利成）

**【社会救助】** 年内，投入资金70万元、组织干部500人次，走访慰问群众1751户、6373人。发放403户、751人低保金320万元，帮困资金14万元。组织“春雨行动”慈善捐款活动，10余家企业捐款100万元。组织驻地部队、社会单位、社区居民为“5·12”四川汶川地震一周年捐款62.13万元。（刘利成）

**【党风廉政建设】** 年内，逐级签订党风廉政建设责任书。实行廉政风险防范管理，查找干部思想道德、岗位职责、班子和科室制度机制、部门职能风险1379条，制定防控措施1257项、公示廉政承诺838项。组织区人大代表、政协委员、党风廉政监督员，对政府基层部门进行民主评议政风行风活动。向驻地单位、基层组织和居民群众发调查问卷2400份，收回2363份，收回率98.45%，对所询求意见和建议，向相关部门面对面反馈，督促制定措施，推进政风行风整改。7月13日，举行新一届党风廉政监督员聘请仪式。宣读工委、办事处关于聘请新一届党风廉政监督员决定，公布24名党风廉政监督员名单，颁发聘书。（刘利成）

**【平安街道建设】** 年内，与99个中央市属单位和12个社区签订《2009年维护东华门地区稳定社会治安综合治理责任书》。实行“守望岗”实名制管理，明确岗位职责和任务，建立登记、交接班与考核制度，规范治安志愿者参加社会面防控行为，全年可防性案件同比有所下降。（刘利成）

**【流动人口管理】** 加强流动人口和出租房屋服务管理，重视信息采集，完成47825名流动人口和7668户出租房屋基础信息检查、验收。（刘利成）

**【信访工作】** 坚持每周二处级领导信访接待日制度，全年累计排查各类矛盾纠纷及隐患145件，化解140件，成功率96.5%，调解纠纷20件，消除矛盾隐患15起。（刘利成）

**【区域经济】** 3月27日，召开优化商务楼宇经营发展环境座谈会。23家物业公司负责人参加。传达区《保增长、促发展》会议精神，讲解《东城区关于促进主导产业和总部型企业发展的鼓励措施》及网上平台服务项目，提出要求。成立由街道党政主要领导牵头的区域经济服务工作领导小组，确定“服务涵养税源，以送政策、送信息、送服务为核心任务”方针，建立商业楼宇联席会制度，抽调8名机关干部负责引税工作。全年召开2次区域经济工作会，3次地区引税工作调度会，4次商务楼宇负责人会议。通过电话沟通、上门服务、开会座谈，在政府与商务楼宇间建立畅通的工作渠道，为经济发展服务搭建平台。（刘利成）

**【城市综合管理】** 4月1日，召开服务中央单位现场调度会。解决商务部南侧废品收购站环境脏乱影响出行问题。年内，完成11栋老旧居民楼内部粉刷。改造安装288户居民用水“一户一表”。修缮民居689户、1100间。实施平房煤改电工程4027户。老旧楼房593户居民接通使用天然气。处置网格化城市管理案件4118件,连续39周评价等级为A级。定期开展月末城市清洁日活动、5000人次参加,清除小广告3100条,清理卫生死角630处,清理垃圾杂物90吨。国庆期间实行“人盯车巡”、“捆绑执法”工作模式,对22条大街、69条胡同实施巡视检查管理,保障地区环境秩序。年内,查处各类违法行为3600起,处罚166起、罚款5.3万元。(刘利成)

**【社区换届选举工作】** 2月,完成社区党委换届选举工作。12个社区全部直接差额选出新一届社区党委书记、专职副书记、党委委员。62名当选的社区党委成员平均年龄48.5岁,比上届下降5.4岁,大专以上文化程度45人,占总人数的72%。完成35个党支部换届选举。5月,完成第7届社区居委会换届选举工作,其中4个社区实行居民直接选举、8个社区采取居民代表间接选举。共选举产生74名新一届居委会成员,平均年龄42.7岁,比上届降低3.9岁,其中大学本科17人、大学专科32人。(刘利成)

**【志愿者服务】** 现有社区志愿者组织27个,社区志愿者服务队90支,1691人。街道志愿者管理中心组建心理咨询、文化服务、家政服务、儿童教育、助残服务志愿者队,组织志愿者参加“中国青年志愿者服务日”、“普度爱心广场”志愿服务活动及志愿者培训。爱心家园发放物品4300件,价值2.32万元,博爱超市发放物品1246件价值1.03万元,救助低保及边缘家庭183户389人。(刘利成)

**【社区居家养老】** 为68名特困老人和独居老人与志愿者结成“一帮一爱心结对”,为50户高龄老人送棉被。为居家老人提供送餐1759人次、上门理发270人次、换煤气151人次、小时工276人次等服务。(刘利成)

**【精神文明建设】** 年内,开展市民教育主题宣传、未成年人教育实践、“迎国庆、讲文明、树新风”活动、文明乘车引导、文明城区创建和军警民迎国庆创建和谐社区评比等活动21次。发放宣传材料6000余份,宣传品4200余件,志愿者1975人次参加。(刘利成)

**【群众文体活动】** 举办“金牛迎春唱和谐”节日系列文化活动,地区艺术节“粽香飘千户,浓情传万家”主题文化活动、文艺演出活动5场、3000人参加。以“我运动、我健康、我快乐”为主题,各社区组织运动会万人次参与。推广健身腰鼓,培训教员40名。4月,举办东华门地区第三届“和谐杯”乒乓球比赛。驻地单位16支队伍150人参赛。公安部获第一名,台湾饭店、民政部、故宫博物院分获第二、三、四名。(刘利成)

**【领导调研慰问】** 6月15日,杨柳荫到街道调研“保增长 保民生”工作。前往商务部与姜增伟副部长就如何做好服务中央机关问题交换意见。走访安利(中国)日用品有限公司、东方广场有限公司、北京高卫世纪物业管理公司,与高层管理人员座谈,了解单位经营和对区经济发展的意见建议。视察南池子社区办公服务场所,参观普渡寺文化广场及96号会所。8月20日,市委书记刘淇到正义路社区检查国庆安保工作。实地察看社区矛盾纠纷调解室、警务室、流动人口和出租房屋管理站,听取社区书记工作汇报,看望执勤的社区治安志愿者。10月1日晚,中央政法委书记周永康,市委书记刘淇,公安部长孟建柱,市长郭金龙等领导到正义路大街南口,慰问节日中在社区坚守岗位的首都治安志愿者。11月3日,韩国大国家党十五总长、国会议员张光根,国会议员陈寿姬、朴俊宣,韩国驻华大使辛正承等就党内民主建设问题到南池子社区考察社区党建工作。中联部二局副局长王淑霞及区有关领导陪同。朱宪一,刘立新介绍街道工委和社区党委工作。(刘利成)

**【档案复查】** 6月30日,区档案局复查考核2006年至2008年档案管理工作。考评组听取《东华门街道关于档案工作三年复查自检报告》,查看部分案卷及相关资料,检查档案库房,东华门街道档案管理市一级等级继续有效。(刘利成)

**【党组织活动】** 年内,举行庆祝中国共产党成立88周年暨优秀表彰大会。评选街道先进基层党组织16个、优秀共产党员94名,优秀党务工作者16名。组织“党旗飘扬在社区”党建宣传服务日活动,开展党员便民利民服务,为1000多名居民群众提供爱心捐赠、义务理发、医疗咨询、裁剪等服务。开展“党心连民心、亲情进万家”活动,走访慰问59位老党员和生活困难党员,发放救助金6万元。(刘利成)

**【双拥工作】** 年内,召开两次军政座谈会,组织驻地11个部队和优属对象1000人观看电影《建国大业》,组织部队百名优秀士兵开展“钢铁长城军旅情,无悔青春爱国心”主题登长城活动,元旦、春节和建军节期间,党政领导参与,组织社区、社会单位走访部队官兵,

老红军、离休老干部、伤残军人、烈军属1870人次。全年用于双拥工作经费68万元。 （刘利成）

**【人大工作】** 加强代表培训，提高履职能力，完善代表履职个性化服务，结合业务专长，服务选区。全年联系代表走访选民76次312人，召开座谈会26次487人参加，电话联系选民68次60人，听取选民意见168次条，实地调研13次。组织代表联组活动3次，听取社区换届选举、劳动就业、煤改电、民居改造等重点工作汇报。 （刘利成）

**【政协工作】** 开展多种形式的政协委员小组活动，增进委员之间了解，搭建工作互动平台，充实完善委员履职个性化服务。全年组织委员活动8次，参与人数56人次。 （刘利成）

**【劳动社会保障】** 利用新东安室外显示屏幕滚动播出劳动政策法规、企业招聘信息。成立“心心工作室”，为失业人员提供就业指导和服务，接待269人次。社区开发就业岗位4418个，安置失业人员1265人次，就业率70.87%，对1800家用工单位实施劳动监察，重点确保劳动者加班劳动所得和相应休假福利。受理劳动争议举报案件27件，涉及163人，结案率100%。依法为职工追回拖欠工资、加班费4.91万元，征缴社会保险费2.93万元。 （刘利成）

**【残疾人保障】** 年内，投入资金13万元慰问困难与孤老残疾人，发放扶残助学补贴1.55万元。组织45名残疾人参加职业技能培训，安置45名残疾人就业，为17个单位扶持就业残疾人办求职证、优惠证，办个体就业保险补贴19名。为539人办全国第二代残疾人证换证手续，向28户重残人家庭发放“爱心服务卡，向70名特殊需求残疾人免费发放辅助用具。

（刘利成）

**【住房保障】** 廉租房取得租房资格46份，经济适用房取得购房资格家庭194户、限价房取得购房资格家庭183户。公租房登记112户。 （刘利成）

**【专项整治】** 9月，各社区清理卫生死角和脏乱地点，城管分队动员单位清理门前环境，环卫所配合社区清运垃圾。辖区发动1300家单位、3000人参加，清理卫生死角和脏乱地点25处、小广告300张，自管绿地8块，清运垃圾11吨。25日，组织社区志愿者和景山学校学生70人在灯市口大街开展清洁卫生活动。

（刘利成）

**【安全工作】** 春节期间，采取处级领导分管社区，机关科室包社区方式上勤，安排布控力量1852人次。主要领导到各社区走访检查，纪检干部全程监察，落实烟花爆竹“禁限放”管控工作。2月18日，召开2009年东华门街道全国“两会”安全保卫工作部署会。要求各单位、各部门汲取前期各地发生火灾事故的教训，组织展开检查，彻底整治，做到万无一失。9月6日，国庆演练保障工作，出动标兵320人，社会面控制1038人次，巡逻5000人次。国庆期间，启动一级社会面防控173个点位，组织社会安保力量1万人，增加夜间巡逻力量350人。为所有中小餐馆免费更换燃气软管，为居民院和无物业小区更换灭火器2634具。组织东交民巷29号、31号院151户居民平稳疏散。年内，组织1000人次对餐馆、高层楼宇、市场、工地、液化气站、宾馆等1860个单位进行安全检查，发现并责成整改问题460件。冬季检查炉火取暖3025户。实现安全事故“零”指标。 （刘利成）

**【流感防控】** 年内，全面启动防控预案，组织中央市属单位、企业人员，中小学校师生和社区居民参加讲座培训70场，发放宣传材料5万份，配发社区光盘60张、口罩600个、手套600副、消毒水224瓶、消毒药片24瓶。对104名归国人员进行体温跟踪监测，对110名密切接触者进行隔离观察，配合区疾控中心及时处理5次突发事件，对2所幼儿园进行督导。9月、11月，对国庆集体舞适宜人员52人、最高人民检察院、民政部、商务部等7单位2465人，接种甲型H1N1流感疫苗。 （刘利成）

**【宣传工作】** 全年围绕重点工作，进行选题整体策划，宣传报道，发表稿件206篇。在香港《文汇报》，以《建设国际化、现代化、文明和谐首善之街》为题报道“以人为本、构筑和谐”建设成果。在《市场报》网络版，以“东华门小呼叫热线助居民解难题”为题，介绍贯彻落实科学发展观，积极开展为群众办实事情况。在《北京日报》头版，报道《演练背后的故事——国庆庆祝大会首场合演侧记》。在《新京报》，报道南池子社区特写《社区安保员穿羽绒服执勤》。《北京新闻》先后三次报道南池子社区治安志愿者积极配合演练场景。 （刘利成）

**【工会工作】** 履行“建设、维护、参与、教育”职能，成立街道工会联合会，由派出机构转化为一级组织，选举张德廷为第一届委员会主席。年内建会207家，建会率88.2%。完成12个社区工会联合会换届选举，组建社区联合工会。与136家法人企业签订《区域性集

体合同》。（刘利成）

【团工委工作】　进行机关团支部换届选举和社区团干部调整、楼宇团组织情况调研，组织城市志愿者服务，接待首批来自北京师范大学16名大学生“青年就业创业见习基地”实习等。组织开展纪念“五四”运动90周年，青少年“寻访共和国足迹”，“我与祖国共成长”征文，“传承雷锋精神，志愿服务居民”主题活动。12月18日，召开推进共青团组织格局创新工作会。21个单位团组织参加。听取《2008～2009年东华门街道共青团联建共建工作总结》、《2010年东华门街道共青团联建共建工作思路》，传达《街道共青团组织格局创新试点工作实施步骤和操作参考》，各单位介绍团组织概况。形成互通有无，共享成果的团建格局。（刘利成）

【妇联工作】　完成社区妇联换届选举。新社区妇联平均年龄48岁。组织“好邻居”、“和谐家庭”、“双合格”好家长创建活动，评选好邻居、和谐家庭各12户。（刘利成）

【老干部工作】　调整老干部和“四就近”工作领导小组，召开第22次老干部座谈会，支委会4次，学习会15次。组织离退休干部97人赴青岛参观。老干部党支部获中组部全国先进支部称号。（刘利成）

【武装工作】　完成年度民兵整组，编制基干民兵494人，另编制防化团1个连。组织预备役防化团士兵53人在地坛公园参加全营点验，防化连53人参加卫戍区首长点验。年内征兵17名。（刘利成）

【垃圾分类工作】　11月11日，在东交民巷13号院举行区垃圾分类启动仪式。市政府副秘书长周正宇、市市政管委副主任陈玲、区市政市容委主任赵鹏锦及各区县市政市容委负责人参加。发放宣传手册，参观外交部小区垃圾分类运行。（刘利成）

【第二次全国经济普查】　广泛宣传，充分发动，加强业务培训与指导，规范工作程序、填报流程，做到内在逻辑关系平衡，数据准确，完成2426家法人单位网络采集平台的审核、验收及纸介质报表的收取、整理。获第二次经济普查全国先进集体称号。（刘利成）

【慈善分会成立】　11月25日，召开区慈善协会东华门分会成立大会。区慈善协会会长吴弘勇、秘书长杜美云，东华门分会会长陈本宇、常务副会长吴之梅，民政部机关服务局生活福利处处长姜鸿升，市政府办公厅行政服务处处长陈咏华参加。介绍《东城区慈善协会街道分会管理办法》，发布慈善救助项目，表决通过分会理事会成员并颁发聘书。分会履行发展社会慈善事业责任，为促进社会稳定和谐发挥积极作用。安利(中国)日用品有限公司、北京天伦饭店有限公司、东方君悦大酒店分店、北京王府井百货(集团)股份有限公司等12个单位加入协会，邀请民政部为顾问加入协会。（刘利成）

【友好交流】　3月，哈尔滨市平房区统战部长鞠帮彦一行到街道调研。4月，福州市鼓楼区华大街道工委书记一行18人到南池子社区学习交流。5月，内蒙古自治区呼和浩特市委组织部社区干部民生工作培训班60人到南池子社区参观考察。12月，社区党委书记一行14人，到浙江省宁波市文教街道北岸琴森社区考察信息化建设。（刘利成）

【拆迁工作】　年内，抽调18名干部配合地铁六、八号线完成199户居民拆迁工作。10月～12月，配合政府储备开发项目完成东交民巷29、31号244户居民拆迁工作。（刘利成）

# 景　山　街　道

【概况】　景山街道位于东城区西部，东依东四北大街，与东四街道相连；西至景山东街、景山后街、地安门内大街东侧，与西城区什刹海街道毗连；南临东四西大街、五四大街、景山前街，与东华门街道为邻；北靠地安门东大街、张自忠路，与交道口街道为界。南北最长1024米，东西最宽1702米，总面积为1.62平方千米。

辖区内有户籍人口1.64万户、4.3万人，实际人口1.05万户、2.99万人。8个社区，有大街5条、胡同84条，大学1所、中学1所、小学4所，街属幼儿园1所，医院2所，影剧院3座，银行、储蓄所4所。

本年，以科学发展观为指导，围绕建设宜居、和谐、文明、创新新景山工作为目标，完成地铁6、8号线306户拆迁工作和全年各项任务。

**单位名称：景山街道办事处**

**单位地址：美术馆东街1号**

**联系电话：64041147　邮政编码：100010**　（董冬）

**【和谐社区建设】** 2月10日，召开街道社会建设大会。深化和发展景山特色与品牌社区的创建，积极培育社区社会组织的发展，构建社会公共服务体系、社区管理体系、社会组织管理体系、社会工作运行体系和社会领域党建工作体系，初步建立起具有景山特色的社会建设新格局的基本框架。　（董冬）

**【青年志愿者联盟】** 年初，成立景山青年志愿者联盟。2月22日，“你和我”景山青年志愿者联盟博客正式开通，博客网址 http://blog.163.com/jszyzlm_happy/。博客中开辟了青春分享、志愿主题活动、时事关注、青盟章程、让我们一同走过等栏目。　（董冬）

**【居民自治】** 3月，钱粮、育群和大佛寺东街“居民机动车自管会”成立。职责是通过车主自我管理辅以群众监督，规范机动车停车，维护地方交通，保证道路畅通，逐步解决胡同乱停车的问题。　（董冬）

**【地铁拆迁】** 4月，地铁6、8号线拆迁景山段由中蓬、汇盛、东方兴诚拆迁公司承办，涉及隆福寺、美术馆后街、南锣鼓巷站，拆迁102个院、一栋简易楼，306户。截至6月29日24时奖励期结束，签订搬迁协议282户，签约率96.2%。　（董冬）

**【煤改电工程】** 3月启动，“煤改电”工程完成外线施工立杆476根，安装墙箱1142个，安装地箱430个，应安装变压器108台，安装箱变11台。安装电表1.05万块。已办理蓄热式电暖器审批手续95%，居民购买比例85%。　（董冬）

**【文体活动】** 5月20日，景山街道在区图书馆举行第二十三届文化艺术节“祖国颂”文艺汇演”。生敏、金旭、王建军，驻地单位代表、区人大代表、社区群众600人参加。5月21日，参加东城区第十九届老年文艺汇演，景山街道馨雅艺术团表演的时装情景剧《春天的故事》获铜奖。6月26日，举行景山街道第七届全民健身体育节启动仪式暨“在职健康健步行”活动，辖区单位、居民代表400人参加。

（董冬）

**【综合服务大厅改建】** 8月10日，景山街道综合服务大厅新址正式对外办公。包括民政、社保、住管办、计划生育等服务项目。分一楼、二楼和地下室，面积由原来300平方米增至500平方米，增添叫号机系统，使用低台位设计。　（董冬）

**【捐建污水处理井落成】** 10月23日，景山街道捐建梨树沟村污水处理井落成仪式在梨树沟村举行。因梨树沟村民俗旅游业快速发展，现有污水处理井已不能满足需求，景山街道捐款5万元，建成一座日处理污水30吨的污水处理井。工程6月末开工，10月完工。密云县文明办、石城镇党委、梨树沟村党支部、区文明办领导参加。　（董冬）

**【防控甲流】** 开展街道、社区级预防甲流讲座5次。向50家辖区单位发放预防甲流紧急通知和《致归国人员的健康提示》。制定中小学和幼儿园加强预防措施，检测体温每日上报制度。为机关及社区干部接种甲流疫苗98人。做好辖区内87名密切接触者居家隔离观察。购买消毒液、防护服等经费投入9200元。

（董冬）

**【商务楼宇党建工作】** 9月，金隆基大厦“党建工作站、社会工作站、工会服务站”正式揭牌成立。形成了“三站合一，各有侧重，互相衔接，互为补充”党政工进驻商务楼宇的党建工作模式。　（董冬）

**【人户分离试点调查】** 7月～9月，完成绘制小区地图、人户摸底、培训、宣传及登记、录入等工作，在8月1日零时总入户登记1448户，调查4458人。　（董冬）

**【国庆工作】** 制作“故都新韵”、“辉煌历程”、“国庆中秋”宣传展板180块。悬挂国旗2000面、插彩旗600面，摆设花坛花卉布置景观小品4处。与《国家历史》杂志合作，在《景山社区报》开辟“回眸”栏目，开展“我与祖国共成长”征文活动。从科学出版社、康铭大厦等驻地单位抽调志愿者400名做好北池子、北河沿、平安大街安全保卫工作，完成国庆保障任务。市第一幼儿园、区环境卫生服务中心、冶金工业出版社、成都驻京办事处、景山社区艺术团、景山街道办事处机关85人，完成晚会集体舞任务。从驻地单位抽调16人负责建国门北过街天桥和雅宝路地下通道24小时看护任务。国庆节期间，接待问路咨询800人次，为民办实事200人次。检查楼门71个，居民院1552个、1.09万户，排查整改安全隐患249件，清理居民房顶杂草29处，杂物13处，清运可燃物36车，工商所、城管分队和派出所联合执法,规范废品收购点8家,组织地区相关执法机关对辖区790个“六小”单位和51个大单位进行联合执法检查。检查食品行业96家,卫监部门对地区单位食堂、餐饮单位34家进行执法检查,取缔4个无照摊商。专人负责绿地养护,每天绿化保洁面积2400平方米。48人对地区内的环境进行清扫,居民生活垃圾做到“日产日清”,日清垃圾70吨,保洁面积22万平方米。（董冬）

**【干部队伍建设】** 年内,组织符合条件的干部参加市、区处级干部竞争上岗,1人通过竞争,选拔到工会主席岗位;按照《景山街道科级干部竞争上岗方案》安排,对2个正科级岗位、7个副科级岗位进行竞争上岗,完成笔试、面试和考察工作;对2名主任科员、1名副主任科员进行民主测评和考察,完成对2006年和2007年任职的19名科级干部考核工作。招聘公务员2名、事业编干部3名、接收军转干部4名,完成科级干部交流15名。（董冬）

**【社会保障】** 1月~12月,审批城市低保和重残生活困难补助39户73人,增加资金4.69万元;停发51户105人、减少资金4.9万元。为81人次办理医疗救助14.76万元,为2人办理东城区扶贫捐款救助1403.37元,为3人办理东城区临时救助8000元,为7人次办理街道临时救助4600元,为16户低保家庭办理助学救助款1.6万元,为12户低保、低收入家庭办理新生入学救助款4.8万元,为167人办理90~100岁以上高龄津贴,发放高龄津贴21.37万元,为65岁以上老年人办理优待卡1391张,为748名自理困难或90岁以上老人办理发放居家养老服务补贴券42.46万元。（董冬）

**【再就业服务】** 新增失业登记人员1275人,开发就业岗位1226个,安置就业人员1164人,失业人员再就业率76.08%,失业率0.88%,组织参加技能培训370人,完成职业指导2634人。组织小型招聘会两场。征集创业项目6个,开发公益性创业摊位10个,发放小额担保贷款13万元。（董冬）

**【保障性住房】** 受理廉租房98份,签配租合同112份。受理经济适用房125份、限价商品房408份。1月13日,63户家庭参加第二批限价房摇号,摇中63户家庭。5月8日,2户家庭参加第三批限价房摇号,摇中2户家庭。5月26日,18户家庭参加第四批限价房摇号,摇中18户家庭。有18户家庭现场参加选房。11月13日,7户家庭参加第五批限价房摇号,摇中7户家庭。（董冬）

**【维护劳动者权益】** 定期专项检查地区内与劳动者签订和履行劳动合同的各类用人单位440家(次),督促参加劳动合同签订的用人单位依法补签劳动合同105份,纠正用人单位违规行为35起,用人单位签约率95%。接待群众来访、来电、咨询565人(次),接待投诉6人(次),立案查处6件,结案6件,结案率100%;追回拖欠工资4582元。协助有关部门处理突发事件1起。（董冬）

**【信访工作】** 接待群众来信来访279批335人次。其中煤改电问题69批69人次,住房修缮问题27批42人次,民事纠纷问题35批37人次,历史私房问题6批12人次,其他问题139批137人次。集体访3批38人次,办理上级机关转办件173件。（董冬）

**【居家养老】** 为社区居民提供服务1.22万人次;服务金额38.21万元。其中送餐8765人次、理发814人次、修脚296人次、换煤气1350人次、综合维修55人次、入住养老机构38人次、居家清洁等家政服务902人次。（董冬）

**【救灾募捐】** 4月,开展“春雨行动”社会捐赠活动,捐款22.4万元。5月,汶川“5.12”地震发生一周年,景山街道开展“京什手拉手　重建新家园”社会捐赠活动,捐款7070元。11月,落实市、区关于募集衣被的要求,组织发动驻区单位和居民群众参加募捐活动。募集衣被1.23万件,捐款1.58万元。（董冬）

**【社区事务办理站】** 8个社区服务站办理承办事项1.56万件,代办事项1.18万件,转办事项1683件,办结率99.5%。

（董冬）

# 交道口街道

【概况】 交道口街道位于东城区西北部，东临东四北大街，西靠地安门外大街，北接鼓楼东大街，南与平安大街相连。面积1.47平方千米，有大街5条，胡同43条，社区居委会7个，常住人口1.96万户5.35万人，其中女2.75万人，流动人口1.03万人。年内出生397人，死亡247人。有满、回族等19个少数民族，2608人。辖区有中央、市、区属单位90家，商业企业220家。大学1所、中、小学校7所和幼儿园3所。社区服务中心、文体中心各1个，社区卫生服务站2个，全科医生工作室4个。国家级文物保护单位1个，市级文物保护单位11个，区级文物保护单位10个，区级爱国主义教育基地3处，南锣鼓巷四合院平房保护区是北京市25片历史文化风貌保护街区之一。13、60、107、118、803、758、612等路公交车途径辖地区。

本年，以学习实践科学发展观为主线，加强管理服务，注重改善民生，促进社会和谐。按照总体工作部署和要求，完成全年各项工作任务。全年，街道财政收入完成1377万元。

**单位名称：交道口街道办事处**
**单位地址：雨儿胡同乙15号**
**联系电话：64033210　邮政编码：100009**　（宋娟娟）

【领导视察慰问调研】 2月10日，大连市沙河口区区委书记巩其庄、传媒大学教授范周等一行15人，考察南锣鼓巷街区，参观沙井胡同15号四合院，咂摸餐吧、过客酒吧、贵福天地亚历山大工作室、创可贴8等特色店铺。3月5日，宣武区有关街道领导一行18人，到南锣鼓巷地区调研建设管理工作，听取介绍，实地参观特色商家；同日，苏州副市长周伟强，秘书长陶孙贤一行14人，考察南锣鼓巷地区胡同旅游情况，听取街区发展历史、胡同旅游管理服务等情况介绍，参观茅盾故居、四合院等文物保护单位及南锣鼓巷文化休闲街特色商户。3月23日，台湾高雄县社区理事长参访团一行39人参观南锣鼓巷文化休闲街，就街区保护与发展、社区建设等进行交流。3月30日，印度驻华大使一行由国家文物局局长单霁翔、区领导毛桂芬等陪同参观黑芝麻胡同13号四合院、前鼓楼苑胡同7号四合院等文物保护单位。4月9日，泰国公主诗琳通在外交部亚洲司领导陪同下，游览南锣鼓巷文化休闲街，进入“文宇奶酪店”等特色商户参观购物。4月17日，成都市青羊区副区长曾义带队一行13人参观南锣鼓巷文化休闲街、特色商户。5月21日，市政协秘书长阎仲秋及十八区县政协秘书长20人，在区领导吴弘勇等陪同下，参观考察南锣鼓巷文化创意产业发展情况。7月17日，天津市文广局副局长金永伟、规划局副局长李春梅、国土和房管局副局长路红等一行10人，上海市嘉定区嘉定镇街道考察团一行8人分别考察南锣鼓巷文化休闲街，参观古巷20号商务会所、涵珍园四合院商务酒店等特色商家，听取情况介绍，就旧城开发及风貌保护等工作进行交流。9月15日，杭州市委书记王国平一行6人，参观考察南锣鼓巷文化休闲街。9月25日，市规划委员会主任黄艳、文物局局长孔繁峙、规划委副主任刘玉民一行，在杨艺文、李荣庆等陪同下，参观南锣鼓巷文化休闲街特色店铺，实地考察调研婉容故居、玉河保护区等。10月15日，市政协主席阳安江带队视察调研玉河改造工程情况，听取工作汇报。杨柳荫、吴弘勇、边振英、王佩立等陪同。10月25日，150名2009中国休闲与社会进步年会的参会代表，参观南锣鼓巷文化休闲街，沿途欣赏“第四届南锣鼓巷胡同文化节”的民俗表演、茶艺表演、创意产品展出等活动。11月16日，成都市锦江区常务副区长杜海波一行7人参观南锣鼓巷文化休闲街，考察“风貌保护和旧城改造”工作，听取南锣鼓巷保护、建设、管理工作介绍。11月18日，副市长陈刚带队实地考察南锣鼓巷地区房屋保护修缮及特色街建设情况，听取汇报。李荣庆陪同。11月20日，西城区副区长杨培丽带队考察南锣鼓巷文化休闲街、特色商家，前圆恩寺胡同26号四合院、蓬蒿剧场。王佩立陪同。1月20日，章冬梅带队到顺义武警训练基地，走访慰问武警六支队新兵，送去价值万元的慰问品；同日，章冬梅带队到交南大街慰问特困群众于光，送去慰问金和慰问品。2月4日，北京市人力资源和社会保障局副局长刘江萍、机关党委书记张国章、团委书记王佳林等到帽儿胡同51号慰问特困失业人员庞昆，送去慰问金、米、面、油、水果、牛奶等春节慰问品。　（宋娟娟）

【社区换届选举】 3月，完成7个社区党委换届选举工作。选举产生党委委员43名，其中党委书记中有社区专职工作者6人，平均年龄45.5岁，本科学历1人，大专学历4人，高中以上学历2人；专职副书记平均年龄55岁，专职党建工作者平均年龄52岁。3月～5

月,7个社区完成社区居委会换届选举工作。此次换届实行差额选举,3个社区为户代表选举方式,4个社区为居民代表选举方式,49名候选人当选新一届居委会班子成员。其中持国家助理社工师证书人员16名,离退休人员20名。大专以上文化程度29名,党员18名。 (宋娟娟)

【领导班子建设】 坚持深入贯彻民主集中制、科学决策。深化对科学发展观的认识和理解,坚持理论中心组学习制度,全年举办专题学习研讨会24次。严格执行处级领导班子成员联系社区制度,以科学发展观为主题召开民主生活会2次,举办专题党课培训班3期,获区委处级干部理论文章评选活动组织奖、"东华杯——党课报告"一等奖和组织奖。 (宋娟娟)

【干部队伍建设】 严格执行干部选拔任用制度,强化履职能力和服务能力,全年选拔任用9名科级领导干部与非领导干部。录用公务员2名、事业编干部2名、接收军转干部4名。完成5名科级干部任职培训和4名军转干部、2名新录用公务员初任培训。选派20名机关干部、社区专职工作者和军转干部挂职学习锻炼。完成50名公务员电子政务培训任务。开展公务员自选式培训2期,科学大讲堂培训3期,举办"践行科学发展、提高综合素质"科级干部培训班和社区党务工作者培训班。 (宋娟娟)

【党风廉政建设】 坚持党风廉政建设责任制,强化廉政勤政意识,落实党员领导干部"八小时以外"承诺制,层层签订《党风廉政建设责任书》。确定廉政风险点248个,制订风险防范管理措施736条,街道20个部门、104名机关干部职工全部签订廉政承诺书。推进党务公开,坚持党风廉政监督员列席主任办公会,廉政谈话、诫勉谈话等制度。制定《社区公益金使用管理办法》等监管制度,形成督察监察工作网络。对专项活动资金使用重点工作进行全程监督管理,开展各种形式的警示教育和行风评议测评活动。 (宋娟娟)

【国庆工作】 根据整体要求成立国庆指挥领导小组。6月10日至10月8日"国庆平安行动"工作全面展开。以南锣鼓巷为重点,成立国庆安全和服务保障应急指挥部和7个应急工作组。全年投资40万元,改造升级街道、社区两级消防小分队,对南锣烟感喷淋报警系统进行专业维护,为57个平房大杂院配备灭火器材箱,完成平房院建立消防井试点工作。组织协调消防、公安等执法部门,出动530人次,开展6次联合执法,摸排检查723家"四小"单位,建立安全隐患台帐。与116家重点单位签订《国庆60周年消防安全重点单位承诺书》。对163家使用液化气的单位和居民逐户走访排查,对存在严重安全问题的6家生产经营单位罚款1.5万元,并限期整改。确保国庆期间"零事故"。加强重点街巷的清扫和城市管理秩序的监察,动员辖区单位和社区居民参与国庆服务保障工作,开展城市清洁日等爱国卫生运动,完成国庆摆花、悬挂国旗、彩旗、集体舞表演和游园团队等任务。 (宋娟娟)

【精神文明建设】 年内,扎实推进精神文明创建活动,加强公民道德建设。完成城市公共文明指数测评、全国文明城区阶段性检查等工作。开展军(警)民"弘扬奥运志愿精神、迎国庆建和谐社区——我参与、我奉献、我快乐"学雷锋日志愿服务,群众性歌咏比赛,"美化环境、喜迎国庆——社区居民自养花"评选,等系列活动。发挥爱国主义教育基地作用,开展系列爱国主义教育活动。加强市民文明学校硬件设施建设和规范化管理,组织开展来京建设者文明创业之星评比、评选街道"服务社区,奉献社会"公德人物和先进集体,为群众义务修门换锁的徐先被评为"2008感动东城"人物。发动社区志愿者、社区文明之星、文明小使者等参与文明乘车排队日、文明乘车"进学校、进社区、进军营"等宣传教育活动。与平谷区金海湖镇黄草洼村开展城乡结对子共建活动,捐赠2万元资金用于支持新农村建设。 (宋娟娟)

【南锣鼓巷文化休闲街】 全年,南锣鼓巷文化休闲街销售总收入超过1亿元,税收2000万元,就业1000人,全年累计客流量160万人次,获"全国商业街先进集体"称号。11月26日,被美国《时代》周刊杂志推荐为25处必去亚洲风情体验地之一。做好市场秩序和旅游服务保障工作,完成南锣鼓巷网站中文域名注册及商标申请注册保护。建立南锣鼓巷管理服务工作联席会议制度,实施《南锣鼓巷管理服务工作实施方案》和《南锣鼓巷管理服务工作折子工程》,制定《南锣鼓巷商业街管理办法(暂行)》、《南锣鼓巷文化休闲街规范》、《南锣鼓巷风貌控制导则》,全年协调解决各类问题150件,发放温馨提示贴200张。累计接待国内外参观考察团队50批、800人次。编印《南锣鼓巷文化休闲旅游服务手册》、制作《南锣鼓巷旅游宣传折页》、环保袋、钥匙链等各种宣传品和旅游纪念品5万份,编纂出版百万字《南锣史话》。被国家旅游局评定为3A景区。7月,与区工商分局、消费者协会和工商联南锣鼓巷分会联合,举办"南锣鼓巷文化休闲消夏月"和"放心消费南锣鼓巷,维权服务与您相伴"活动。活动期间向消费者发放3万张放心消费服务卡、5000份活动指南、4000 张文化休闲消费券、600 件纪念文化衫、1000 套南锣鼓巷明信片和 3000 册《南锣鼓巷文化休闲旅游服务手册》,邀请 400 位中外友人“听讲座、看戏剧、逛胡同、赏民俗、淘小店、品小吃”,全面提高街区整体消费水平。开通南锣鼓巷“12315 消费者争议快速解决绿色通道”,消夏月期间吸引中外游客 30.4 万人次,商家实现销售收入 800 万元。10 月 24 ~ 25 日,举办第四届南锣鼓巷胡同节。历时两天,围绕“庆祖国六十华诞探古巷百年风情”主题,集中展示南锣鼓巷特色文化休闲街现代休闲创意风采。现场揭晓南锣鼓巷旅游纪念品设计征集大赛评选结果,展示 50 位设计人的文化创意作品。推出中国传统民俗文化艺术表演、特色创意作品展卖、传统老字号小吃、茶艺表演、戏剧演出、中西美食等特色摊位百余个。胡同节期间吸引中外游客 12 万人次,销售收入 80 万元。新华社、央视网、北京电视台、北京日报近 20 家媒体进行现场采访报道。11 月 26 ~ 29 日,组队参加为期 4 天的第四届中国北京国际文化创意产业博览会。南锣鼓巷地区设立独立展台和表演舞台,现场征集南锣鼓巷宣传口号 200 条,发放《南锣鼓巷旅游手册》、《南锣鼓巷旅游宣传折页》、环保袋、钥匙链等宣传纪念品 1.3 万份,1.5 万人参观,获组委会最佳组织奖和最佳展示奖。

（宋娟娟）

**【南锣鼓巷发展论坛】** 12 月 10 日,举办“2009 年南锣鼓巷保护与发展论坛”,中国步行商业街工作委员会主任韩健徽、国家住房和城乡建设部城乡规划司历史名城保护处处长傅殿起、北京大学城市与环境学院城市与规划系主任吕斌、北京师范大学文学院教授潇放、北京国际城市规划研究院副院长古波、中科院旅游管理学博士后齐晓波等 50 专家学者参与。考察南锣鼓巷传统四合院民居、特色商家、创意店铺、历史遗迹后,专家学者认同南锣鼓巷历史文化街区定位确定为“大都之心、元生胡同、民居风情、创意空间”。专家学者们从不同领域、多角度就南锣鼓巷的历史风貌保护、产业发展规则、文化传承内涵等方面进行深入的挖掘和探讨,为南锣鼓巷实现进一步的保护与发展提出意见和建议。（宋娟娟）

**【社区建设】** 1 月 ~ 3 月,将原有的帽儿社区、圆恩寺社区、细管社区经过拆分,原有 10 个社区整合为交东、大兴、府学、菊儿、南锣鼓巷、鼓楼苑、福祥 7 个社区。调整后,社区办公地点、人员编制、资源得到全面整合。重新修订社区居委会和社区服务站职责分工、功能定位。7 个社区全部申报为北京市社区规范化建设试点,修订完善《社区专职工作者管理细则》、《社区专职工作者考核办法(试行)》等 4 项管理制度。全年累计投入 68 万元用于改善和规范社区办公环境,整合改造社区办公、活动和服务用房 4 处、4085.8 平方米,筹建菊儿社区邻里活动中心,扩大修缮改造府学、福详、鼓楼苑、菊儿等社区服务站 286 平方米。加强社区队伍建设,每个社区配备 3 名取得国家社会工作者执业资格证书人员。公开招考选拔、聘用 13 人,引进 5 名本科应届大学毕业生进入社区服务站。（宋娟娟）

**【社区服务】** 年内完成社区服务中心改制任务。9 月 ~10 月,开展为期 1 个月的社区服务调研。针对居民需求,不定期开展专项志愿活动。引入 2 部餐饮企业早餐车,解决居民“早餐难”的问题。利用原居委会办公用房,建立“健康之家”、文体活动场所、教育培训等便民服务项目。社区服务站全年办理求职就业、医疗义诊、爱心捐赠、法律咨询等各类居民事务 49 项、6856 件。全年开展 4 次专题“社区服务日”活动及各类公益活动 90 次,发放宣传品 1.5 万件。年内成立社会工作站、“助人社会工作师”事务所。首批 13 名人大和北青院大学生加入社区志愿者队伍。全年发展社区志愿者 300 人,其中自管服务志愿者 40 人。充分发挥社区服务热线呼叫系统(96156)功能,为居民提供家政管理、综合修理、心理咨询等 30 种服务项目。全年处理网络咨询和热线服务需求 8000 次,回访完成率 95%,接听便民服务电话 300 次,办结率 97%。

（宋娟娟）

**【社区活动空间改造】** 11 月 12 日,举行“规划进社区活动成果——菊儿社区活动空间启用暨第三届居民节开幕仪式”。北京市规划委员会党组书记王英杰、市委市直机关工委副书记杨公鼎、市纪委委员周忠秀、市城市规划设计研究院副院长马良伟、中国政法大学教授蔡定剑及区领导杨艺文、章冬梅和居民代表 40 人参加。与会领导向居民代表赠送活动室钥匙。

（宋娟娟）

**【社区健康医疗服务】** 红十字会以“爱心家园”、“博爱超市”为平台,加大对弱势群体的帮扶救助力度。全年累计发放 2 万元生活救助用品,100 户困难家庭接受捐助。8 月,开展大病儿童救助专项调查,向 4 名大病患儿发放红十字救助金 3 万元。开展女性健康知识专题讲座等活动 30 次、参与群众 6000 人次。深入辖区学校、幼儿园和儿童家庭,开展“手足口”疾病预防宣传和入户走访,对外来务工人员家庭进行逐一排查,发放宣传材料,消除隐患,开展群众性初级专项救护培训,辖区居民、武警战士、学校师生等百人参与,97

人获“初级急救员”证书。累计持证“初级急救员”1134人,完成80:1培训要求。128名初级急救员参加“初级急救员”复训班,提高救护专业技能。(宋娟娟)

**【流感防控】** 开展甲型H1N1流感预防和监控。成立专项工作领导机构和指挥网络,制定工作方案和应急预案。举办“甲型H1N1流感知识讲座”,发放《北京市关于加强甲型H1N1流感预防工作通知》和《卫生局落实社会单位防控甲型H1N1流感管理责任》等宣传材料和光盘2.5万份。完成甲型H1N1流感疫苗接种,做好辖区密切接触者的居家医学观察。全年累计监控甲型H1N1流感密切接触者62名,有效控制疫情传播和发展。(宋娟娟)

**【居家养老服务】** 发放社区助老爱心卡,引导社区志愿者与辖区80名生活困难或不能自理空巢老人签订“一对一”助老爱心协议,结成长期固定帮扶对子,提供每周探视、帮扶等义务服务。完成街道、社区两级老龄协会换届工作。开展老年人文艺汇演、参观北京植物园、象棋比赛、演讲比赛、书画展示等文体活动100场次。投入3000元走访慰问7名百岁、高龄、特困老人,办理老年人居家养老服务补贴895人,办理65岁老年人优待证800人,办理60岁老年人优待证500人,办理90岁以上老年人高龄津贴申请手续213名,发放生活津贴26万元。开展空巢老人入户安全排查75户,为80岁以上空巢老人家庭安装“一按铃”紧急医疗救援呼叫器14户,为4名80岁以上特困老人申请救助金2400元。为辖区734名居家老人提供上门服务9600次,报销“居家养老服务券”30万元,回访满意度95%。经过筛选、培训,3名失业人员组成“夕阳红”助老员队伍,为享受居家养老服务17名80岁以上、38名60岁至79岁、55名60岁以上独居老人,提供巡视探访、菜单设计等义务服务,满足老人多元化服务需求。(宋娟娟)

**【社区文体】** 坚持“文化兴街”战略,利用学区教育资源,全面推进社区教育。通过市民学校广泛举办社区大讲堂活动,开设“北京大学国子监大讲堂”、英语课堂、计算机培训、美术绘画和文学欣赏等课程,每周定期聘请专家为社区居民授课,受到百姓的广泛欢迎和好评,举办第二十三届文化艺术节广场演出活动,全民健身体育节,2009北京青年创意周暨南锣鼓巷创意文化节之创意市集,“健身项目比赛与展示”小型社区运动会、“象棋棋王赛”,“庆八一”慰问驻区部队文艺演出等丰富多彩的群众性文体活动40场次,群众参与2500人次,观众2万人次。4月,开展“体育生活化示范社区”推广三周年系列活动。选送26名群众体育健身骨干参加专项培训。4月~6月,全面开展北京市“第三届和谐社区杯”乒乓球比赛,2960人参赛。组队参加全区健身体育节、社区体育舞蹈赛、广播操比赛、保龄球比赛、晨晚练辅导站健身成果展示等活动。8月,开展为期30天的成年人免费体质测试活动,测试体质1200人,其中80%达到《国民体质测定标准》。(宋娟娟)

**【话剧《锣鼓巷的故事》】** 与北京蓬蒿剧场联合创作话剧《锣鼓巷的故事》,12月30日,举办首场演出。文化部改革与发展办公室主任王洪波、原国务院教育部新闻发言人王旭明、市文联书记朱明德,市剧协秘书长杨乾武,区领导常卫、章冬梅,著名编剧万方及区各委、办、局、街道代表等100人观看。12月30日第一轮首演,连演5天600名观众观看。(宋娟娟)

**【综治治理】** 定期召开高发案社区压发案工作研讨会。加大宣传、打击力度,邻里守望、换装防盗门锁等措施,加强居民的自防意识。申请建立“新型音视频科普宣传平台”,及时介绍辖区警情和治安形势,传授防范技巧,补充完善人防物防管理,有效降低地区发案率,增强社区居民安全感。开展预防煤气中毒专项整治,逐户签订安全责任书,深入开展平安建设活动。辖区7个社区均被评为“平安达标社区”,南锣鼓巷等5个社区被评为“科技创安达标社区”。稳步推进流动人口服务管理和出租房屋安全隐患整治工作,举办流动人员和租借房主法制宣传教育会12次,1.64万人次参加。召开工作例会262次。建立基础台帐,采集录入流动人口信息1.15万人,常住人口5.35万人,各类租借房屋2376户、6020间,登记办证率达99%,输机录入率达100%。为辖区流动人口办理《流动人口健康爱心卡》,切实保护流动人口的合法权益。全年为流动人口提供咨询服务8430次,接待电话咨询1863个,咨询内容涉及代办暂住证5372件、房屋租赁906件、就业信息173件、子女入学43件、劳动争议52件、民事纠纷17件。(宋娟娟)

**【信访工作】** 接待来访34批、120人次,来信来电1000件次,处理信访突出问题20件,受理市、区信访办转群众来信来访50件(批),“非紧急救助系统”转办件80次、“政民互动平台”转办件26次。开展专项集中排查10次,社会矛盾纠纷预测排查24次,排查各类矛盾纠纷169件,摸排有信访诉求的信访人19名,重点群体性矛盾隐患2件。超前就地解决162件,及时化解集体访苗头问题3件,处级领导包案处理信访问题8件，协调处理复杂属地问题5件。国庆期间对辖区9类39名重点人情况进行登记造册，对重点人24小时看守管控。实现无群体性事件、非正常访和越级集体访，“无重大重复上访户”，连续11年被评为东城区信访工作先进单位。（宋娟娟）

**【司法工作】** 推进依法治街和依法行政工作。通过普法宣传月、主题宣传日等形式开展法律法规宣传教育，提高居民法制意识。推进“法律服务进社区”工作，成立圆恩寺、福祥两家法律服务站，社区法律服务站建站率达到100%。将律师引入社区事务办理站，为居民提供法律宣传和服务。累计为居民提供法律援助15件次。创建青少年普法品牌工程——“青春船长进校园”普法系列行活动，举办各类法制宣讲、法律法规知识培训讲座等20场次，发放普法宣传材料1万份，直接受教育群众2万人次。推广警民联合调解室和鼓楼苑社区“远亲不如近邻”民间调解队伍工作经验。接待解答群众咨询100件次，调解各类民事纠纷1000起，成功履行900件，调解成功率达95%。7月，成立交道口街道综治委社区矫正及帮教安置协调委员会，及时更新和完善社区释放和在押人员动态信息数据库。开展刑释解教人员情况摸底排查3次，累计接收社区服刑矫正人员20人，帮扶安置人员89人，解除矫正4人，均未出现脱管失控和重新犯罪，重点对象帮教率100%。严格执行行政执法责任制和全程办事代理制，规范行政许可事项。（宋娟娟）

**【公共安全工作】** 出台《突发事件应急预案》。调整15支专业应急队伍，统一组织协调建立公共安全管理新模式，投入试运营。对120家重点商户进行日常巡检和抽检，对16家安全措施不达标商户给予4.4万元罚款。组织辖区居民和生产经营单位，开展安全生产月宣传活动。投入6000元，购置、发放《突发紧急预案挂图》、《遇险自救安全知识》、等宣教资料6000份。召开烟花爆竹“禁限放”工作动员部署会10次，投入1600元制作横幅15条、展板40块，发放各类宣传材料1.25万余份，受教育群众3万人。出动干部、警力、社区居民1700人次，清理楼门院1000个、1.5万户，清运可燃杂物35车次。春节期间发动居民1300人次、巡逻宣传车辆50部次。（宋娟娟）

**【消防安全】** 针对四合院平房保护区，投入40万元用于消防基础设施建设，其中10万元改造街道、社区两级消防应急队伍硬件配备，购置配发16辆消防专用电动自行车，消防应急队人员扩充至36人。对129家商户进行分类管理并建立消防档案。完成2个直管公房四级防火院落颜色等级管理升级。完成鼓楼苑社区3个平房院内安装改造消防井试点工作，投入5万元为辖区57个20户以上四级防火安全隐患平房院配备106组灭火器材箱、424具灭火器。2月~3月，开展40天火灾隐患专项排查整治行动，出动500人次，对辖区20家重点单位、200家“六小单位”、南锣鼓巷110家商户开展综合检查，纠正问题80处，对21家商户分别下达《限期整改通知书》10份、局部停业7家、当场整改3家、责令关闭1家。对400个四级防火安全隐患平房院和1100家商户开展消防入户宣传，发放宣传材料2500份，与40家重点单位签订《消防安全自查整改承诺书》。4月~9月，在各社区组织开展平房院火灾事故应急演练，受教育1000人次，发放各类宣传材料3000份。（宋娟娟）

**【食品卫生】** 制定《交道口街道2009年国庆食品安全保障方案》，确保地区食品卫生安全，建立健全各项监管制度，强化专业知识培训。累计发放《食品卫生知识手册》、食品安全消费常识等宣传材料2000份，构建起食品安全监督网络。联合工商所、卫生监督所、派出所等相关执法部门，重点对鼓楼东大街、地安门东大街、交南大街和南锣鼓巷等重点地区600家餐馆、3家集贸市场，进行日常巡检，开展一次联合执法检查。下达《行政指导书》43份，查处无照经营单位5家，罚款5.6万元。（宋娟娟）

**【城市管理】** 开展专项执法行动15次，拆除违法建设50处、275平方米，整治户外广告牌匾121块。查处各类举报和违法案件3353起，罚款6109元。对20个非法小广告电话号码录入警视停机系统，没收非法小广告5000张，清理小广告1000处。组建5支专业抢险队、3支机动应急队做好防汛工作，维修加固人防工程100平方米，治水3000延米，与人防工程使用单位签订安全责任书。完成网格化城市管理工作，受理网格化城市管理平台案件3879件，办结率99%以上。（宋娟娟）

**【胡同整治工程】** 投入330万元，按照要求完成交道口东大街、北剪子巷等街巷综合整治任务，全部通过达标验收。整治门脸100家，修补粉饰大街墙面3000平方米，规范商业门店80家，整治商铺户外广告牌匾79块，清除垃圾渣土50吨，修缮商业和宅院门楼20处，整修门窗11个，空调外机调位2台。拆除违法建设50处、275平方米。户外广告牌匾121处。按照“一户一匾”原则，改造商户98家，拆除违规牌匾13处，更换85处，粉刷外立面530平米，油漆栏杆220米，新铺台阶430米,重新铺装地面50平方米,安装遮阳篷181平方米,规范户外广告牌120平方米,外墙粉刷928平方米,清运垃圾渣土31吨。(宋娟娟)

**【重点工程建设项目】** 地铁六、八号线南锣鼓巷站口315户居民搬迁安置工作,年内已完成308户,完成97.8%。完成平房院落180个、1643户水表改造。(宋娟娟)

**【市政改造工程】** 完成福祥、蓑衣、景阳、沙井、黑芝麻和前鼓楼苑6条胡同,架空线入地改造等市政改造工程项目。拆迁40户,安装箱变14台,开闭器1台。(宋娟娟)

**【平房民居改造】** 按照部署,完善街道"煤改电"组织保障体系和工作实施方案,完成平安大街沿线、张自忠路南侧、鼓楼东大街等1082户居民"煤改电"意向调查反馈、宣传材料入户发放、供电改造表格登记录入等任务。接待群众来访4000人次。完成外电网改造、户线改造、房屋翻建、房屋保温、采暖器选购等工作。销售蓄能式采暖设备2200台,全部安装到位。建立南锣鼓巷周边平房院落基础数据台帐,对古都风貌保护工作进行政策性研究。完成南锣鼓巷9户居民房屋的产业空间置换和微循环院落改造任务。对地区1.09万间直管公房、2.16万间单位产权自管房和5846间私房开展专项检查,排查出726户、1050间房屋需要修缮和解危排险。积极协调产权单位和房管部门,对465户、769间房屋进行维修加固和全面修缮,彻底排除安全隐患。(宋娟娟)

**【绿化工作】** 全年补种、翻新胡同绿地草坪1450平方米,调换破损树池25处,补栽国槐等树木20棵。完成7次树木除虫打药工作。维修路树1000棵,伐除危险树、枯树20余棵,保护修剪古树名木4棵。对南锣鼓巷地区平房院落铺设透水砖,栽种乡土植被,建成300个院落花坛。国庆期间,完成南锣鼓巷地区10处特色花坛、5000余盆鲜花摆放任务。(宋娟娟)

**【爱国卫生工作】** 完成全国卫生城市考评验收任务,开展迎国庆爱国卫生运动和"北京市无烟餐饮单位"创建活动,发放公共场所"禁止吸烟"标牌1000个、桌牌900个、法规宣传手册2000份、宣传画500张,对200名监察员进行法规培训,评选10家"无烟餐饮单位"。全年开展城市清洁日活动12次,专项卫生大检查30次,累计出动人员1.5万人次,清运居民院堆物堆料130吨、生活垃圾2.6万吨、大件废弃物1300件、无主碴土300吨,清理街巷46条、绿地2万平方米,清除残标小广告500处,整治集贸市场10户次,发放"除四害"药品108箱。加大垃圾分类工作宣传力度,举办专题培训班2期,做好垃圾分类和垃圾减量工作。5月完成辖区垃圾分类情况摸底统计。对辖区内已实行垃圾分类的12家单位协调督导,发现问题及时解决。3月,辖区单位东城区劳动社会保障局、人民大学宿舍和菊儿小区等"市级垃圾分类示范单位",通过市环境卫生协会专家组的复查考核验收。11月,辖区2家党政机关和5个居住小区通过北京市环境卫生协会专家组的垃圾分类达标考核验收。(宋娟娟)

**【计生工作】** 与27家单位签订《计划生育综合治理目标管理责任书》,全年计划生育率98.5%。对1.48万张户籍育龄妇女卡片进行核对、修改和录入,流动已婚育龄妇女孕检406人。全年办理一胎《生育服务证》366人、二胎审批17人。办理《独生子女证》205人、随父入户90人。上报新生儿出生263人。发放独生子女费1281人、7.35万元。发放独生子女父母年老时一次性奖励67人,发放独生子女意外死亡后对其父母经济帮助3人。查验《流动人口婚育证明》持证情况1243人,验证率100%。签订"三种责任书"345份,签订率100%。流动人口在京计划生育率100%。全年累计免费发放药具192箱。(宋娟娟)

**【劳动监察】** 年内,监督建筑施工企业设立工资保证金专用帐户,作为发生欠薪时支付农民工工资的应急专项保障。完善企业用工管理台帐及突发事件应急措施,及时处理矛盾纠纷和突发事件。加强对企业劳动合同、社会保险缴纳和工资发放情况的执法监察。维护劳动者合法权益。发放宣传材料2000份,提供政策咨询100人次。完成地安门东大街西侧治理任务,督促6家企业与24名劳动者签订劳动合同,劳动用工规范商户80%,全年检查单位123家,涉及职工875人,补签、续签劳动合同226份,督促和缴纳社会保险31人,处理举报投诉案件2起,涉及农民工80人,追缴拖欠工资60万元,投诉举报案件结案率100%。(宋娟娟)

**【再就业服务】** 投入30万元专项资金,强化再就业和社会保障服务水平。全年失业人员就业1238人,接收失业人员档案1109份、求职登记1487人次,478人接受技能培训、61人接受创业培训,举办专场招聘洽谈会5次,开展职业指导培训2278人次,发放求职证1347人、再就业优惠证531个,办理失业金申领1344人次,月平均发放8.31万元,报销失业人员医药费

5.08万元。接待用工单位229家,发放小额担保贷款10万元,222人实现自主创业,带动319人成功就业。

(宋娟娟)

【优抚社救】 两节期间,投入58万元,走访慰问20户低保户、200名残疾人特困家庭及340名优抚对象,送去慰问品和慰问金,向542户、1083名低保人员发放节日慰问补助款48.74万元。全年,向532户、1068名低保人员发放低保金464.58万元,粮油补贴23.89万元,燃煤补贴4.5万元、自采暖补贴3.25万元。向特困老人等弱势群体提供临时性救助15人次,发放临时救助金2.1万元。提供医疗救助67人次,发放医疗救助金18.89万元。为105户困难居民提供政策性救助500人次,发放粮油1358公斤、日用品2415件合2.5万元。为6户低保家庭大学生申请助学金2.4万元。为957人办理"一老一小"无业大病医疗保险,全年报销医疗费用325人次,99.31万元。 (宋娟娟)

【慈善募捐】 4月,动员辖区企、事业单位为东城区困难群体捐款50万元。支持灾区重建,接收捐款12.87万元。11月,开展"扶贫济困献爱心、温暖过冬促和谐"主题募捐,接收捐款2.45万元,衣被8206件。10月,成立东城区慈善协会交道口分会,设立"应急救助专项基金",投入1.8万元慈善基金救助3人。

(宋娟娟)

【保障性住房】 受理廉租房申请101户,82户通过三级审核,全部享受廉租房房租补贴政策。受理经济适用房206户,141户通过三级审核,64户参加摇号选房。受理限价商品房176户,116户通过三级审核,90户参加摇号选房。健全残疾人帮扶体系,为辖区63户重度残疾人家庭进行无障碍设施改造。全年为198人办理残疾证,对1484名残疾人进行重新审核登记并换发新证。安置扶持残疾人就业5名,对62名有就业意向的残疾人进行岗前培训。走访慰问残疾人200户,发放慰问金1.26万元,为18名贫困残疾人家庭学生发放助学金1.4万元,为16名残疾青少年发放慰问金1.28万元,为8名特困残疾人家庭申请生活救助1.2万元,为15名残疾人办理保险补贴,为13名残疾人办理特困及失业补助,为6户重残人办理无业专项补贴。

(宋娟娟)

【双拥工作】 完善国防教育义务宣传员进社区制度和社区武装工作联络员制度,开展国防教育宣传周及宣传高潮日活动。对64名适龄青年进行兵役登记,其中预征对象16人,为部队输送合格兵源,完成2009年冬季征兵任务。对辖区民兵重新编组和整合,民兵总数231人。健全街道、社区两级双拥共建工作网络,每年定期召开主任办公会、双拥领导小组会及军政座谈会。开展拥军优属、拥政爱民系列双拥共建活动。春节期间,走访慰问武警新兵训练基地,开展学雷锋志愿便民服务日活动,组织驻地官兵、优抚对象、军烈属等300人观看京剧专场演出。开展歌咏比赛、社区好妈妈服务队贴心服务进军营等系列活动。投入2万元,为驻地部队官兵和优抚对象办实事、办好事,赠送电脑、空调、日用品和文体用品。 (宋娟娟)

【群团工作】 坚持街道办事处与工会联席会议制度,健全平等协商、集体合同、民主管理制度,切实保障和维护企业和职工的合法权益。4月,召开地区第八次劳动关系三方(工会方、企业方、政府方)协商会议,妥善处理劳动关系中的矛盾和问题。举办书法绘画比赛等活动,丰富企业职工文化生活。为职工发放用餐、理发、医疗、住宿等便民项目优惠卡。全年,接待职工来电来访288人次,咨询解答问题100件次。有403家新建企业和非公企业组建工会,会员2500名、入会率90%。发挥妇联组织作用,保护妇女儿童合法权益。全年走访慰问辖区残疾、孤老、单亲特困家庭等100人次。举办书画展、趣味登山比赛、亲子游艺、普法系列知识讲座等活动20次。加强对社区闲散青少年管理。全年向3名青少年发放专项资助金。开展大学生社区实践教育活动,组织就业指导和创业讲座,帮助辖区青年就业、创业。 (宋娟娟)

【老干部工作】 成立社区老干部党校4所,指导开展社区课堂和文化活动10次。组织理论学习等活动80次、700人次参加。开展老干部文明家庭交流展示,系列专题教育等活动,丰富老干部日常生活。全年投入3万元,走访慰问高龄、特困、生病、住院老干部398人次。提供一对一服务56人次,与老干部结成帮扶对子70对。成立老干部"文物保护义务监督队",鼓励老干部参与社区巡视和监督检查。完成73名退休人员住房补贴上报材料收集、初审工作。 (宋娟娟)

【宣传工作】 在国内外新闻媒体发表稿件300篇,组织策划拍摄南锣鼓巷外宣专题片,制作《第四届创意文化博览会宣传视频》、《精神文明四进社区》、《第23届文化艺术节》、《青春船长再启航》等系列专题片10部。将街道自编刊物《雨儿报》更名改版为《南锣鼓巷》报,全年编辑出版24期。在《昨日区情》和《东城信息》刊登信息280条。5月被评为2008年度全区信息工作先进单位、信息工作先进领导、优秀信息员,获

信息工作“三优”单位称号。（宋娟娟）

【全国经济普查】 第二次全国经济普查自2008年7月开始至2009年2月结束。核实、填报百万元收入(含百万元)以上的法人单位261家、产业活动单位85家。核查320个准规模单位地址。实地勘察11987个建筑物编码。清查核实法人单位、产业活动单位1493户,其中在册单位1412户、册外新增81户。经营地“在统单位”1005户,迁往外区县133户,注(吊)销营业执照75户,联系不上206户,迁往区外街道56户,与某单位为同一单位8户,区直报单位10户。辖区内经营的法人单位879户,其中属于街道经普报表单位584户。行业类型划分为服务业309户、批零住餐业221户、运输邮电业4户、工业13户、建筑业8户、房地产业29户。属于市、区报表单位48户。不符合填报标准247户。做好1273户个体经营户(含无照经营)的数据登记、质量审核、人工编码、数据录入、网报提交,登记录入914户。（宋娟娟）

# 安定门街道

【概况】 安定门街道位于东城区西北部,东起雍和宫大街与北新桥街道相邻,西以旧鼓楼大街为界与西城区什刹海街道接壤,北起二环路通过北护城河相连和平里街道,南至鼓楼东大街、交道口东大街与交道口街道毗邻。南北长950米、东西宽1850米,辖区面积1.76平方千米。辖区地属故宫缓冲区,古都风貌保护区及中关村科技园区雍和园。辖区总户数2.2万户,常住人口5.41万人,流动人口1.09万人。有大街3条、胡同69条,有钟楼、鼓楼、孔庙、国子监等8处全国和市文物保护单位。

本年,贯彻落实党的十七大会议精神,学习实践科学发展观,积极履行街道职能,完成国庆60周年保障任务、地铁8号线810户拆迁和全年各项工作任务。

**单位名称:安定门街道办事处**

**单位地址:安定门内大街方家胡同19号**

**联系电话:64066979　邮政编码:100007**　（杨沁诗）

【领导视察调研】 2月26日,杨艺文、王佩立及区委、办、局等有关负责人到钟鼓楼调研北京时间文化艺术区建设。3月31日,国家台办对台事务局局长杨流昌出席安定门康乐社区养老院落成剪彩仪式。4月3日,北京市海峡两岸民间交流促进会会长郭理到安定门地区调研社区民间组织建设工作。4月22日,国家建设部城市建设司副司长陈蓁蓁到北二环城市公园视察公园管理及维护情况。5月9日,杨艺文在安定门西大街8号北京院子酒店主持召开促进东城四合院经济发展研讨会,相关职能部门领导参加。6月8日,杨柳荫到安定门街道调研“保增长、保民生、保稳定”工作,参观国子监孔庙博物馆、钟楼楼,视察钓鱼台艺术酒店、北京松堂斋民间雕刻博物馆、方家胡同46号成果酒店、标准件二厂旧厂区等文化创意产业聚集地。6月12日,市司法局副局长王友江参加街道律师事务所与司法所联合党支部成立大会。7月7日,首都文明办巡视员尹学龙等调研“钟鼓楼群言堂”工作。7月9日,市长郭金龙、副市长吉林到东城调研雍和园区文化创意产业。参观国子监、孔庙。杨柳荫、杨艺文陪同。8月25日,吴弘勇、毛桂芬与区第29次政协主席会议成员到方家胡同46号院视察“文化创意产业聚集区”情况。9月1日,市总工会主席韩子荣到安定门工会服务站视察。9月17日,副市长蔡赴朝到孔庙、国子监检查节前安全保卫工作。10月23日,福州市鼓楼区区委副书记林毕芬一行考察街道志愿者工作,章冬梅陪同。11月2日,山东菏泽市委副书记王浩、市人大常委会副主任刘金俊、副市长刘新云、市政协副主席梁抗美到孔庙、国子监考察历史文化名城保护工作,毛桂芬陪同;同日,中残联教育就业部主任张新龙、市残联副理事长候淑芬等领导到安定门残疾人温馨家园视察。（杨沁诗）

【大型活动】 6月10日,首批“中国历史文化名街”授牌盛典在国子监街孔庙和国子监博物馆举行。全国政协副主席孙家正、前全国人大副委员长许嘉璐、文化部副部长欧阳坚、国家文物局局长单霁翔、中国文化报社长孔繁灼、副市长蔡赴朝,杨柳荫、杨艺文参加。6月24日,与区公安消防支队、钟鼓楼文保所联合在钟鼓楼广场举行大型消防演练。冯熙、毛炯参加。8月15日,“创意之旅”活动周暨方家胡同46号开园仪式举行,杨艺文、毛桂芬、王红兵参加。9月8日,举行第38期钟鼓楼群言堂活动,首都文明办调研处处长李建国、调研员章力丁、人民大学教授葛晨霞参加。（杨沁诗）

**【领导班子建设】** 以学习实践科学发展观为主线，以十七届四中全会、廉政教育为重点，发挥理论中心组示范带头作用，全年理论学习24次，增强理论联系实际的有效性。坚持民主生活会制度，增强班子凝聚力。落实党风廉政建设责任制，强化廉政勤政意识。完成领导、干部廉政风险防范教育管理工作和全机关廉政风险点的查找。对安全生产、环境建设、地铁8号线拆迁等工作的进展和完成情况进行全面督察。（杨沁诗）

**【干部队伍建设】** 年初召开街道工作部署会，将全年任务分解，党政主要领导与处级领导、主管领导与大科长和部门负责人层层签订目标责任书，确保工作落实到位。加强中层干部队伍建设和年轻干部选拔任用工作，完成机关事业单位5名试用期满干部考核，提拔任命6名副科级干部及4名非领导职务干部。加强干部学习，举办“保增长、保民生、保稳定，推动科学发展，促进社会和谐”、国防知识教育等系列讲座。开展窗口单位行风评议活动，实施岗位廉政风险防范教育。继续开展“人民满意的好公仆”评选活动，树立公务员先进典型。（杨沁诗）

**【精神文明建设】** 大力开展精神文明创建活动。通过文明站台与地区单位结对和排队高潮宣传日等活动，营造良好乘车秩序。以“我们的节日”系列活动为载体，开展“过节日、习礼仪——清明时节话传统”、“老街·老节·新味道”端午节钟鼓楼群言堂等活动，弘扬中华传统，展示安定门街道独特的历史文化氛围。以市民学校为平台，开展市民公德论坛社区行、社区示范课观摩等活动，丰富市民教育的手段，展示市民教育的成果。开展“好公仆”评选、地区“文明单位”评选、“奥运先进人物”报告会等活动，促进文明程度和道德水平提高。（杨沁诗）

**【区域经济】** 建立地区经济联席会制度，定期召集驻地工商、税务等部门研讨地区经济发展形势，解决疑难问题。成立区域发展建设工作委员会，下设区域经济、文化强街、两区一街环境建设三个工作领导小组，统筹区域发展建设工作。加强对经济建设的谋划，提前完成全年经济指标增长10%的任务。了解企业需求，及时提供服务。全年配合595户引进企业完成2008年度工商年检。配合区行政服务中心完成全地区766户异地经营企业的认领工作。协助75户引进企业（街道自主引进39户）办理工商、税务登记（其中注册资本在1000万以上的企业3户）。引进北京网尚文化传播有限公司东城分公司、北京中娱视点文化传媒有限公司等多家极具实力的企业入住安定门。优化发展环境，协调环卫等职能部门，解决五道营环卫车作业时间问题。研究五道营、国子监街公厕规划改造、机动车管理等实际问题。（杨沁诗）

**【特色街区建设】** 以国子监街获全国首批“十大历史文化名街”为契机，举办国子监文化节。孔子诞辰2560周年，举行孔子浮雕落成典礼。五道营胡同正在逐步形成以咖啡、酒吧、世界风情主题餐厅、会所、沙龙为主的文化休闲产业聚集区，突出的文化氛围，高品位的商业格调，受到社会各界的关注。方家胡同46号创意街坊和张旺17号已被列为区首批文化创意产业聚集区。（杨沁诗）

**【学习型街道建设】** 依托地区丰厚的历史文化资源，推进学习型街道建设，开展第三届和谐社区杯乒乓球比赛、第23届文化艺术节。培育“国子监大讲堂”、“钟鼓楼群言堂”等公益文化活动品牌，满足市民精神文化需求。2009年中国休闲与社会进步学术年会将国子监、孔庙列入重点参观地区，街道积极参与会议，并做主题发言。（杨沁诗）

**【平安国庆】** 开展“国庆平安行动”，投入56万元。整合4500人参加社会面防控，街道干部和社区主任300人投入国庆安保工作中。开展安全生产隐患排查治理和督促检查专项行动，检查单位282家、餐厅60余家，整改率100%。落实领导干部接访制度，加强重点矛盾纠纷排查调处，国庆期间处理人民群众来信61封，接待来访25批30人次，处理群众集体访6批42人次。（杨沁诗）

**【国庆环境建设及保障】** 对安内大街、国子监街、钟鼓楼周边、地铁站周边及北二环沿线等重点地区进行全面整治。配合有关部门完成12条胡同架空线入地、5条胡同市政改造工作。配合供电部门做好煤改电外网施工，完成7000户居民煤改电工作，安装蓄热式电暖气1.27万台。投资20万元对信息产业部、东公街教育局、中继教育局宿舍老旧小区进行整治。完成3个院、514户居民通天燃气工作。完成安装861户一户一表（水表）。节前市容环境检查3374起。节日期间出动438人次进行环境整治，清运生活垃圾3300吨。国庆景观布置，摆放花卉3万盆，在安定门桥布置彩旗72面、灯笼9盏、中国结18面。机关40名工作人员参加国庆联欢晚会，社区选派400名工作人员参加联欢晚会安保标兵。（杨沁诗）

**【城市网格化管理】** 专人负责城市网格化管理工作，

建立案卷台帐,全年接收处理施工管理、市容环境卫生等各类案件7523个、办结率100%,全年被评为A级。（杨沁诗）

【社区换届选举】　完成社区党委、社区居委会换届选举工作,党员和居民代表选举投票率98%,户代表选举投票率94%。实行书记、主任一肩挑,推行党委委员在社区交叉任职。选出社区新一届党委班子成员45名,居委会成员63名(其中党员29名),平均年龄45岁。（杨沁诗）

【社会领域党建】　逐步建立完善由组织人事部牵头,相关部门统筹协调、各司其职、分工负责的工作机制。形成以商务楼宇党建为龙头的新经济组织党建工作体系;以律师事务所党建为突破口的新社会组织党建工作体系,以党员服务中心为抓手的社区党组织党建工作体系。实现地区党建工作的全覆盖。开展地区律师行业党建创新工作,开拓属地与属业联管联建的律师党建管理模式,成立地区律师事务所、司法所联合党支部,探索新社会组织党建工作。（杨沁诗）

【社区服务站】　制定《安定门街道社区服务站管理制度规定和工作流程》,明确社区服务站人员任务、职责及办事程序,招聘事务助理6名,配齐社区服务站工作人员。成立街道志愿者分会和社区"志愿者之家",为孤寡、空巢老人等弱势群体提供服务。投资63万元改建钟楼湾社区办公用房。投资5000元购置新办公桌。实现街道与社区网络连通。安装呼叫系统,实现与居民语音联通。年内,为居民办理各类事项7.1万件。（杨沁诗）

【工会工作】　实施"职工职业素质教育工程",调查企业14家,制订地区培训计划。全年新建工会65家,建会率86%。新成立楼宇联合工会1家,涵盖23家非公企业。两节期间开展为劳模送温暖活动,向69名困难职工和4名劳动模范发放了5.48万元慰问补助款。召开街道一届三次职工代表大会,18家企业和9个社区职工代表46人参加。举办"五月鲜花献祖国歌咏比赛"。组织机关干部赴贵州、厦门考察。（杨沁诗）

【社会保障】　为473名失业人员办理灵活就业,为3人办理个体营业执照,实现自主创业。发放再就业优惠证723个。城镇登记失业率1.01%,登记失业人员就业率71.23%,职业介绍推荐成功582人,开发社区岗位1963个,安置失业人员910人,就业困难人员就业635人,登记失业人员就业1166人。为辖区874户低保家庭发放低保金605.73万元,帮困金20万元。新批低保21户、40人;停发低保47户、113人。（杨沁诗）

【为民服务】　全年为民服务大厅和社区服务站,办理居民事务3.47万件。建设室外LED屏,实现劳动就业网络信息化服务。爱心家园救助298户、663人。中秋、国庆节前走访辖区地退人员家庭115户、烈属伤残军人64人。残疾人温馨家园建成职业康复站,为残疾人提供服务3100次。96156热线完成服务单1067件,满意率100%。与地区餐饮企业合作,开办"老年饭桌"。文体中心图书馆开通全国文化信息资源共享工程网络,满足辖区居民需求。打造15分钟便民服务圈,制定《安定门街道便民服务圈发展规划》。国庆前,开展以"援助进家,政策到人,帮您就业"专项活动,发放宣传材料500份,采集岗位120个,帮助实现就业55人。23名失业人员参加区城管监督员岗位面试,录用7人。（杨沁诗）

【残疾人工作】　办理换发第二代残疾人证1863个。残疾人温馨家园建成专门为智力、精神残疾人服务的职业康复站,全年为残疾人提供服务3100次。开展"迎全国助残日文化活动月"系列活动,与北京移动公司联合举办"便捷服务、信息助残"爱心服务活动。组织54名残疾人及残疾人亲属参观红螺寺。完成10名肢体残疾人系统训练、3名盲人定向行走训练任务、15名成人智障康复训练、10名监护人训练。征缴残疾人就业保障金203万元。（杨沁诗）

【住房保障】　全年发放经济适用房、限价商品房、廉租房各类表格825份、受理853户、上报区有关部门784户,市备案通过675户。进行朝阳区常营经济适用房摇号,已配售144户家庭。参加7次限价房摇号,配售150户。通知900户已取得经适房资格的家庭进行通州半壁店和房山房源登记。进行大兴康庄和回龙观朱辛庄房源登记。（杨沁诗）

【计生工作】　与辖区17家单位签订《人口与计划生育目标管理责任书》。全年上报新生儿400人,计划生育率97.5%的。对经常性人户分离人员进行动态管理。向驻地单位和居民免费发放避孕工具6万盒。进行四次流动人口育龄妇女《婚育证》执法检查。办理一胎《生育服务证》(含随父入户)180例,二胎《生育服务证》(含随父入户)17例,独生子女父母光荣证120例,发放独生子女父母一次性奖励费6万元,独生子女意外伤残补助费5000元,流动人口免费计划生育

手术费报销3100元。（杨沁诗）

【老干部工作】 春节前，对地区19名离休老干部、4名建国前老工人、721名老党员走访慰问。积极组织离、退休老干部参加区老干部局及人事局组织的活动。全年看望患病老干部64人。建立健全老干部“四就近”工作档案。由街道财政拨专款，定期组织老干部统一体检。组织老干部开展以“颂祖国促发展，倡和谐乐晚年”为主题的征文活动。

（杨沁诗）

# 北新桥街道

【概况】 北新桥街道位于东城区东北部，北起北二环，南至平安大街，东起东二环，西至东四北、雍和宫大街。有户籍人口3.3万户、7.84万人，流动人口2.53万人。辖区面积2.62平方千米，划分为16个社区。有商务楼宇116座、中央国家直属单位30个、市属单位33个、区属单位62个，中学2所、小学4所，医院3所。主要大街7条，胡同84条。北新桥街道办事处为东城区政府派出机构，机关现有工作人员160人，北新桥街道工委、办事处设科室14个（其中工委6个、办事处8个），下属事业单位3个。辖区有商业特色餐饮街——“簋街，有雍和宫、柏林寺、北新仓、通教寺、梁启超故居等国家、市、区重点文物保护单位，有以中水造景的生态水景园——南馆公园，有稻香村、吴裕泰等“中华老字号”企业及中石油、中青旅、北京移动等大型企业总部。本年，开展以“践行科学发展观，转变作风强素质，提升服务促发展，构建和谐北新桥”为主题的学习实践活动，完成各项工作任务。

**单位名称：北新桥街道办事处**

**单位地址：东直门内北小街草园胡同6号**

**联系电话：64043994　邮政编码：100007**　（王潇）

【领导慰问调研】 1月19日，王学勤到北新桥街道慰问老党员，为老人送去米、面、油等生活用品。3月18日，市人大常委会内务司法办公室巡视员刘振宇、副主任潘爱兵、市老龄办副主任陈谊及区老龄办领导一行10人到门楼社区对空巢老人医疗、住房、社会保障养老服务等问题进行调研。3月25日，全国政协委员王名等专家学者到街道开展居家养老服务调研，实地查看万家安康居家养老信息管理系统、老年饭桌、浴室等设施，与民政局、街道和中青旅万家安康服务中心负责人进行交流。5月19日，杨柳荫到北新桥街道调研，听取汇报，实地察看三禾老年公寓，稻香村食品集团，走访中青旅万家安全居家养老信息呼叫中心和天海基石商务大厦。6月18日，杨艺文到歌华大厦考察“党建工作站、工会服务站、社会工作站”建设情况。8月10日，第九届海外侨界高新技术人才为国服务志愿团到歌华大厦、雍和大厦参观考察，中国侨联副主席李昭玲，中国侨联经济联络部副部长安晨，市侨联副主席林少迈，区领导杨柳荫、王佩立、郭瑞敏参加。8月11日，杨艺文、章冬梅到中国中医科学院调研，与院长曹洪欣就建设中医药综合发展试验区、中医科学院用地规划等进行研讨。11月5日，杨艺文到人民美术印刷厂调研，察看创意文化产业开发设计的厂房，座谈中提出建设意见。11月5日，市、区人大代表到来福士广场和国际版权交易中心视察，原市人大常委会副主任赵久合，区领导刘朋庆、李荣庆、李力、费文勇、何厚夫、毛桂芬及150名市、区人大代表参加。视察东二环交通商务区来福士广场、雍和科技园区国际版权交易中心，听取各项目负责人汇报，了解建设情况。12月25日，民安社区举行市96156“姐妹驿站”公益服务热线开通仪式，市妇联副主席李彦梅、民政局副局长谢延智及区有关领导参加。（王潇）

【党风廉政建设】 落实党风廉政建设责任制，开展廉政风险防范管理工作，查找识别92个岗位、139个廉政风险点，制定整改措施113条，153名机关干部全部作出廉政承诺，建立科级以上干部廉政档案。开展民主评议政风行风工作，对街道重点工作进行监督检查。开展廉政宣传和警示教育，促进党员干部作风建设。全年受理、办结政风行风热线投诉和群众来信来访13件，回复率100%。加强社区党风廉政建设和组织建设，选举产生了社区纪委。（王潇）

【国庆工作】 成立国庆筹备工作领导小组和8个专项工作组，制订方案。设立守望岗426个，值守力量852人，5000名积极分子、楼门院长和志愿者参加值班巡逻。开展多次专项整治和应急演练，实现簋街、雍和宫景区周边无安全事故。国庆期间，插挂国旗彩旗

3499 面,摆放花坛 130 平方米、花钵 30 个、花卉 5000 株。加大对违法建设、无照经营等行为的查处力度。组织开展"感动东城公德人物事迹社区宣讲"等主题系列活动。城市志愿服务站为游客提供信息咨询、语言翻译、应急救助等服务 8487 人次。抽调 80 人参加国庆广场联欢晚会表演及游园服务保障工作。组织 600 人参加国庆联欢晚会安保工作。(王潇)

**【社区换届选举】** 1 月 ~6 月,成立居委会换届选举工作领导小组,投入经费 22 万元,抽调科级干部 16 名、机关干部 350 人次,组织业务政策培训 7 次,印制宣传标语 20 条,编印"致社区居民的一封信"5000 份,简报 9 期。直选社区 6 个,间接选举社区 10 个,平均投票率 95%。选举产生新一届社区工作者 102 人,其中正主任 16 人、常务副主任 16 人、副主任 16 人、委员 54 人。高中以上文化程度 98 人,占 96.1%,其中大专以上文化程度 33 人、占总数 32%。九道湾社区采取选民投票直选方式在全市换届选举交流会上做经验介绍。(王潇)

**【社区服务站】** 辖区 16 个社区服务站全部完成标准化建设。全年接待居民事务 10.42 万件,其中即办事项 10.03 万件占 96.2%、待办事项 3316 件、转办事项 632 件。比上一年增加 2.1 万件。(王潇)

**【社会组织】** 指导各社区利用公益金,培育有特色的社会组织。现有社会组织 186 家,其中慈善公益类组织 23 家、文体活动类组织 86 家、生活服务类组织 14 家、社区事务类组织 49 家、其他类别组织 14 家。各类组织会员 5094 人,其中党员 1264 人,组织负责人为党员的社会组织 87 个。年内累计开展活动 6095 次,服务居民 1.39 万人。发展培育社区社会组织,如炮局社区"好邻居信息服务网"和"永康诗社"、民安社区"文明养犬自律会"、前永康社区"义务指路队"、二条社区"商居自管会"、九道湾社区"巧娘工作室"、藏经馆社区"议事会"等深受社区居民欢迎。3 月 20 日,北新桥街道惠泽心理健康服务站正式在海运仓社区服务中心成立,向辖区居民发放"心理健康便民服务卡"5000 张。居民可以拨打电话进行心理减压、情绪宣泄等免费热线咨询服务。(王潇)

**【环境整治】** 全年,完成民居修缮 2079 间、2.85 万平方米,1150 户(水表)一户一表改造工作,6 条胡同的外立面粉饰,楼房平改坡 6 栋,楼房通气 6 栋,9 条胡同市政道路改造和东内大街南侧 8600 户居民的煤改电工程。(王潇)

**【城市网格化管理】** 接收城市网格案件 5978 件,办结 5975 件,办结率 99%,职能部门综合评定 47 周评为 A 等。(王潇)

**【人口与计划生育】** 生育率 97.5%。办理《生育服务证》534 个,其中随父入户 130 人,办理《独生子女父母光荣证》316 个,办理独生子女年老时一次性经济奖励 109 人,独生子女意外伤残(死亡)一次性经济帮助 4 人,独生子女家庭特别扶助 46 人,办理存档育龄人员登记 1570 人,办理流动人口婚育证明 132 人。(王潇)

**【社区文体】** 举办社区趣味运动会 13 次、3000 人参与,完成体育单项比赛 6 次、2400 人次参与,体能测试 1771 人,举办社区及辖区单位文艺汇演 30 场,8500 人次参加,全民健身民俗文体展示 1300 人参加,科普健康讲座 15 次、3300 人参加,社区电影放映 20 次、4000 参加,举办文体骨干培训班 2 期 70 人参加。迎新春灯会 16 个社区居民自制 200 盏花灯吸引众多观众。9 月 30 日,举办青少年迎国庆绘画、摄影展,征集绘画 103 副、优秀摄影作品 96 副。(王潇)

**【优抚助救】** 为 255 名 90 岁以上老人办理高龄老人补贴。为 65 岁以上老年办理优待卡 7500 个。为低保 1296 户、2703 人,发放低保金 845.2 万元。办理粮油卡 906 户,1098 人。发放粮油卡金额 39.8 万元。办理医疗救助 194 人次、49.9 万元,临时救助 34 人、9.2万元。扶贫救助 5 人、1.1 万元。(王潇)

**【社会保障】** 城镇登记失业人员就业率72.48%,失业率控制在 1.42%。安排就业 2226 人,"4050"人员就业 1026 人,社区开发就业岗位 4323 个。免费培训失业人员 532 人,为辖区 3165 人办理"一老一小"保险及 706 名无业人员保险。(王潇)

**【创业青年夜校】** 3 月 20 日,与团区委共同创办东城共青团创业青年夜校。开办 12 次课程,累计培训 40 小时,培训各类青年 600 人次。对每名毕业生的信息登记备案。根据大学生需求,进行两次 17 人次职业指导,内容涉及求职技巧等,使大学生了解就业环境,掌握求职技能,组织 10 名大学生到辖区企业实习。(王潇)

**【创业实习报亭】** 10 月 28 日,北京"大学生自主创业实习报刊亭"在东直门内 16 号楼西侧成立,此报亭在区市政市容管理委员会和区人力社保局支持下,由北新桥街道与北京市报刊零售公司合作,为帮扶辖区大学生

就业而设立的，为有意向创业的大学生提供半年的报刊经营实习机会，期间所有利润归大学生。（王潇）

【劳动监察】 检查735家单位、2.08万名职工用工情况。补签劳动合同2185份，规范劳动合同1070份。处理解决劳动纠纷22起，为160人追回拖欠工资41.06万元、经济补偿金7.7万元。（王潇）

【便民菜站】 与市新发地农产品股份有限公司联合，7月25日和11月20日，分别在东内大街245号和藏经馆胡同19号建立便民蔬菜、水果直销店，品种达130种。两个菜站年接待居民10万人次。（王潇）

【居家养老助残工作】 印制、发放《居家养老服务便民卡》5000份和《北新桥街道居家养老服务指南》手册1000份，建全服务监督制度。办理特殊老年人居家养老服务补贴1016人。为老年人服务2.88万人次，收回服务券16.20万张、服务金额50.73万元。更换二代残疾人证2228人，办理无固定收入重残人补助96人，办理残疾人三险补贴89人，办理残疾人城乡居民养老补贴143人，办理残疾人特困补助171人、失业补助102人，办理居家助残服务补贴79人。（王潇）

【服务驻地企业】 5月12日，在歌华大厦举办以"服务经济发展，促进社会和谐"为主题服务企业现场咨询会。区行政服务中心、地税、工商、公安、劳动监察、社会保障等18个部门参加，接受60家企业160人次咨询。

5月26日，北新桥街道"党建工作站、社会工作站、工会服务站"进驻歌华大厦，正式启动楼宇党建工作，以楼宇中的经济组织、经济组织中的工作者为对象开展党建工作，为楼宇内的企业、员工、业主和党员服务，同时入住的还有365阳光驿站分站，突出党建服务工作和党员志愿者的服务功能。（王潇）

【簋街消夏美食节】 7月~8月，举办簋街消夏美食节，簋街饮食服务协会制作统一横幅、标识、宣传画，突出亮点、特色，让市民在体验特色、休闲消夏活动中得到满意和实惠，就餐人数达20万人次左右。（王潇）

【新闻宣传】 在国内外新闻媒体发稿686篇，制作《律动2009——让我们用行动为共和国60年献礼》等系列专题片。编辑出版调研性书刊《北新桥社区建设探索》之十一，在《东城信息》刊登信息155条，《昨日区情》刊登信息115篇。（王潇）

【信访排查】 处理群众来信141封，接待群众来访891批836人次。为群众解决问题3469件。（王潇）

# 东　四　街　道

【概况】 东四街道位于东城区东中部，东起东二环路西侧，西至东四北大街，北起平安大街东四十条段，南到朝内大街北侧。面积1.65平方千米。辖区主要大街4条，胡同31条，社区居委会8个。有户籍人口1.73万户，常住人口4.43万人。驻地单位1662个，其中中央、市属单位68个，中小学校4所，医院3所，托幼园所1个。

本年，贯彻落实科学发展观，秉承"人文东四、科技东四、绿色东四"理念，确保地区经济平稳健康运行，城市环境质量不断提升，文化创意市场繁荣发展，辖区安全稳定。开展以"东四奥林匹克和谐社区建设全面可持续发展"为题的学习实践科学发展观活动，建立廉政风险防范管理工作机制。走访39家年收入在1000万元以上的东二环交通商务区重点单位。全年编发《活动简报》45期，被区《活动简报》采用信息13篇，收集"我与科学发展观"征文12篇。

**单位名称：东四街道办事处**
**单位地址：东四六条17号　邮政编码：100007**
**联系电话：64042663　64044922**　（温雨晰）

【领导慰问调研】 1月20日，毛桂芬慰问辖区品学兼优贫困学生赵一霖，送去"爱心基金"助学款及学习用品。1月28日，梁军到东四奥林匹克社区体育文化中心志愿者岗亭慰问城市志愿者。2月13日，市外宣办在东四奥林匹克社区体育文化中心举行东城调研会，市外宣办主任王惠出席。3月1日，在东四奥林匹克社区公园举行"国际民防日"宣传咨询活动，岳鹏等领导参加。3月19日，市委书记刘淇围绕"扩内需、保增长、促发展"主题到东城调研。4月14日，国家文物局局长单霁翔参加在南新仓举行的纪念朱启钤先生创立中国营造学社八十周年展览及研讨会暨朱启钤先生《营造论》、《画集》两书首发仪式。4月,中国计生协会秘书长李艳秋等一行9人到罗家社区调研计生协会示范会员之家建设情况。5月25日,呼和浩特市委组织部到东四奥林匹克社区体育文化中心交流社区建设情况。6月1日,副市长程红到东四街道调研民族宗教工作。6月12日,副市长刘敬民到东四街道调研流动人口聚居状况和服务管理工作。6月29日,杨柳荫到东四二条社区看望生活困难老党员安继宗,送去5000元慰问款。8月24日,刘朋庆与七条社区党委书记、居委会主任座谈,拨款3000元用于社区建设。9月21日,冯熙、费文勇、郭瑞敏、毛桂芬到南豆芽清真寺,与穆斯林群众一道庆祝传统节日“开斋节”。9月23日,团市委副书记邓亚萍到东四奥林匹克社区体育文化中心调研东城区国庆城市志愿者工作。9月30日,杨柳荫、刘朋庆、杨艺文、吴弘勇、梁军、毛炯等到孙茂芳志愿者岗亭慰问北京城市志愿者。10月22日,李荣庆出席“邮政伴您行,乐和进社区”邮政知识科普活动。10月25日,2009年中国休闲与社会进步年会考察团到东四奥林匹克社区考察社区建设情况。11月21日,吉林省通榆县开通镇考察团分别参观东四奥林匹克社区体育文化中心和南门仓社区。 (温雨晰)

**【外事接待】** 1月13日,日本群马县妇女代表团到东四街道考察垃圾分类、绿化工程、“一户一表”改造、“循环水”利用和煤改电取暖工程等环保工作。3月~12月,越南共产党代表团、毛里求斯妇女代表团、蒙古青年代表团、“巴西中国和平统一促进会”访华团、第八届中韩大学生志愿者交流营、美国芝加哥-北京后奥运考察团、菲律宾友好代表团、韩国首尔市钟路区代表团分别参观东四奥林匹克社区体育文化中心和东四奥林匹克社区。并进行交流座谈。 (温雨晰)

**【国庆工作】** 成立国庆工作分指挥部,制定《东四地区国庆平安行动社会面控制工作运行方案》《新中国成立60周年庆祝活动期间东四街道突发事件应急处置工作方案》等,与150家单位签订国庆平安行动责任书,在平安大街、东四北大街设立固定岗33个,组织治安巡逻志愿者2.49万人,日12小时不间断监控,28家出租地下空间安装图像监控报警系统,组织7次大规模清洁卫生和除四害工作,清运渣土垃圾434吨。为辖区商户、居民院安装国旗座820个,布置花坛13处,悬挂彩旗640面,灯笼600个,完成联欢晚会集体舞、游园及国庆安保任务。 (温雨晰)

**【和谐社区建设】** 4月1日,举办“忆家训、谈家风、促和谐”——东四奥林匹克社区家训堂格言展示交流活动,交流居民治家心得。4月~6月,举办第三届和谐社区杯乒乓球比赛。5月17日,在东四九条小学举办东四奥林匹克第四届残疾人运动会,191名残疾参赛队员参与。6月20日至8月8日,开展全民健身体育节,组织社区居民参加“6·23”国际奥林匹克日千人太极展示和“8·8”北京奥运会开幕式日太极拳破吉尼斯世界纪录活动,利用社区公园、健身广场和体育文化中心组织开展健身咨询、体质测试、趣味体育游戏等健身活动。9月15日,与北京地球村环境教育中心联手,在万通公益基金会的支持下,启动为期两年的“乐和城市社区行动”项目。倡导“乐和治理、乐和生活、乐和生计、乐和伦理、乐和保健、乐和生态”等六种生活理念。10月17日,举办第四届东四奥林匹克运动会,吴弘勇、曾刚健、梁军等出席。4月~10月,在东四奥林匹克社区公园举办社区大舞台系列演出23场,北京军区总医院、东四史家小学、东四邮局、同仁堂等辖区20家企事业单位参加,社会各界群众6500人参加。东四奥林匹克社区联手北京邮电大学成立社会实践活动基地,组织近百名大学生深入社区,了解民情,开展社会调研,充实公益英语大课堂及各社区英语小组的师资力量,以周六全天授课的英语基础班和提高班为主,以周五举办英语沙龙、各社区自行开展英语兴趣小组为辅的形式,满足市民在社区就近学习外语的需求。全年累计授课60次,近3000人参加课堂学习和实践活动。 (温雨晰)

**【流感防控】** 成立由工委书记和办事处主任为组长的防控工作领导小组和应急小分队,制定《东四街道关于成立甲型H1N1流感防控工作方案》。5月14日,召开东四街道甲型H1N1流感防控工作部署会,将防控工作任务分解到社区,制定每日一报制度,邀请东城区疾控中心医生讲解预防知识,发放《关于在社区中开展归国人员健康宣传工作的通知》、《致归国人员的健康提示》,做好预防宣传工作。 (温雨晰)

**【基层组织建设】** 年初,制订《东四街道关于严肃纪律确保社区规模调整和换届选举工作顺利进行的通知》,选举产生社区党委书记8人,平均年龄47.5岁,大专及以上学历者7人%。4月,加强与辖区企业的沟通,通过联合建站与单独建站的方式成立3家“楼宇三站”,5个商务楼宇党组织,派驻联系企业工作组,开展调研,扩大党组织、工会和团组织的覆盖面。每周向南新仓大厦商务楼宇企业赠阅《东四奥林匹克社区》报,设立政策法规宣传栏,搭建企业与政府间沟通平台。本年,辖区五家商务楼宇已建工会43个,发展会员360人。6月30日,召开纪念中国共产党成立88周年暨表彰先进基层党组织、优秀共产党员和优秀党务工作者大会,评选出街道级优秀共产党员62人,优秀党务工作者9人,先进基层党组织4个　（温雨晰）

**【干部队伍建设】**　3月,街道成立机关党委、机关工会、机关妇委会,进行共青团组织改选。6月,开展科级干部竞争上岗,制定《东四街道2009年关于选拔科级领导职务和科级非领导职务竞争上岗工作实施方案》,29人报名。经过资格审核、竞职演讲、民主推荐、笔试、面试、组织考察等环节,任命正科级干部3名,副科级干部4名,主任科员1名,副主任科员2名。11月,开展科级及以下干部轮岗交流,涉及科级干部9名,一般干部2名。　（温雨晰）

**【统战工作】**　年初,东四工商联分会建立企业家联席制度,通过参观、恳谈等形式开展联组活动。5月,民建东城区委在东四街道启动以"专家百姓零距离,民建真情在社区"为主题的公益服务活动,开展法律、医疗等方面的科普和咨询活动。11月,召开东四地区工商联分会工作会,聘请工商、税务、派出所、卫监所和城管分队等政府监督管理部门为分会顾问,为企业发展提供政策咨询和帮助。本年,东四工商联分会发展新会员20名。　（温雨晰）

**【宣传报道】**　与中国国际广播电台、中央人民广播电台、北京电视台联合承办"情动俄罗斯——中国人唱俄语歌大型选拔活动"。开展特色辅导学习,编辑双月刊《理论学苑》8期供街道中心组成员参阅。发行《东四奥林匹克社区》报42期,42万份,开辟学习实践科学发展观、建国六十周年专栏,宣传社区建设新面貌。发新闻报道800篇,其中平面媒体271篇、网络媒体529篇。　（温雨晰）

**【精神文明建设】**　本年,街道"首都文明社区"覆盖率占社区总数的80%,市、区级文明社区创建达到100%,"文明街道"实现三连冠。举办"我们的节日"系列专题讲座,"讲传统、话端午、共抒爱国情"诗歌朗诵,"迎国庆、度中秋、品诗歌、赏明月、倡乐和"联欢晚会等活动。7月8日,在东四奥林匹克社区公园举行东城区"绣爱国旗·抒爱国情"暨"迎国庆讲文明树新风——和谐在东四"活动,5000人参加。7月9日,举办东四地区"首都十大道德模范"孙茂芳先进事迹报告会,机关干部、官兵、学生和社区居民800人参加。7月27日至8月1日,豆瓣社区20户居民家庭接受文明指标测评组入户问卷调查,完成指标测评工作。8月,组织干部群众开展"双百"及"身边好人"人物评选活动,八条社区张振华被评为"我身边的好人"。　（温雨晰）

**【工会工作】**　开展"歌唱祖国"庆七一迎国庆歌咏比赛、"传承与感悟"歌颂祖国赞美东城赞美东四演讲比赛、"我眼中的东四奥林匹克社区"摄影展等活动,丰富辖区工会会员文化生活。本年,走访慰问困难与低收入职工19名,为4名困难职工的子女办理助学金1.2万元。2月27日,召开非公企业第一届职工代表大会第三次会议,审议通过《东四街道区域性女职工特殊权益专项集体合同》,表彰"双爱双评"先进企业14家,优秀经营者13名,优秀职工11名,职工之友5名。与企业签订集体合同131家,覆盖职工1964人,签订率达85%。3月,成立东四街道"两新"组织工会工作领导小组,以企业、社区为单位,采取单独或联合的形式组建工会。4月,成立街道、企业和社区联合工会劳动争议调解(指导)委员会和劳动法律监督委员会,维护职工利益,落实劳动争议调解制度和程序。8月20日,南新仓大厦党建服务站、工会服务站、社会工作站挂牌成立。9月14日,举行社区(楼宇)联合工会授牌仪式。　（温雨晰）

**【志愿者工作】**　9月4日至10月8日,东四孙茂芳志愿服务岗亭开展了为期35天志愿服务,开展以"喜迎国庆、弘扬爱国主义精神"为主题的系列活动,上岗志愿者138人次,提供信息咨询175人次,语言翻译20人次,测量血压875人次,发放宣传材料2000份。年内,共注册各类志愿者720名。　（温雨晰）

**【妇联工作】**　开展"好邻居"、"和谐家庭"、"双合格好家长"等家庭评比活动,以点带面。全年评出"好邻居"100户,"和谐家庭"8户,"双合格好家长"4名。本年,走访慰问困难家庭9户,为3户贫困单亲家庭送去助学善款8000元。发动社区居民为北京妇女儿童发展基金会捐款7099.6元。　（温雨晰）

**【安全稳定工作】**　开展"平安东城"建设。动员治安巡逻志愿者1290名、党员志愿者322名、维护交通秩序志愿者260名参与维护治安秩序工作。多次专项整治,出动警力4102人次、执法力量1082人次、协管力量1449人次、群防力量9825人次,抓获各类违法犯罪人员79人,破获刑事案件14起。对13家娱乐场所、90家小餐馆、34家单位、14处地下空间及南新仓休闲商务街、南豆芽清真寺周边进行多次安全检查,发现、消除隐患104件。对辖区重点人进行核实排查,建立重点人基础台帐。登记排查核实名外地来京务工人员1.38万,办理暂住证4920人,登记出租房屋1424处。全年未发生重大刑事案件和重大安全事故。

(温雨晰)

【信访工作】 全年,处理群众来信104件,处理突发事件和化解重大矛盾纠纷9起,坚持“领导接待日”制度,领导协调处理重大信访问题37件。全年未发生重复集体访和市、区越级群体访。 (温雨晰)

【城市建设】 3月~8月,保护修缮院落521户,翻建房屋876间,为3户困难家庭解决周转房问题。4月,与30家施工单位签订“一户一水表”改造协议,安装家庭水表270个院落、1240户。6月,配合市政部门对东四头条、二条、八条、九条和13条支线胡同进行市政设施升级改造。6月~8月,开展地铁6、8号线拆迁动员疏导工作。8月30日,完成地铁6、8号线周边拆迁疏导。年内,整修东四北大街399号至419号胡同甬道路面,铺设渗水砖300平方米,整修台阶5个、煤棚2个。为南板桥1号院修通下水道,铺装渗水砖40平方米。为六条社区加装信息栏15个,五条居委会门口安装路灯1个。安排1800户未及时安装电暖器的家庭重新进行登记、审批,及时安装上电暖器,解决居民冬季取暖设备老化的问题。全年,接收网格化管理中心举报1350起,各类群众举报、96310举报820起,办理、办结率95%。 (温雨晰)

【环境建设】 在14处美国白蛾疫点安置诱捕器,对噬食树种及周边树木开展5次药物防治。在义务植树日开展树木认养工作,阿忆、许戈辉、鞠萍等参加,组织居民清扫绿地2000平方米。补植玉兰、黄杨等灌木1000株。10月14日,首都绿化委员会对东四街道申报的花园式社区——豆瓣社区和花园式单位——中国海洋石油总公司进行验收。开展市容环境卫生检查评比活动,建立健全辖区环境卫生责任追究制度,规范管理流程。全年接受东城区检查验收18次,各项指标均达到要求。开展节能宣传活动,组织社区居民参与节水知识问答,提高节水意识。加大工地检查和“中水降尘”措施力度,在大风、阴霾天气增加洒水车出动次数,确保东四地区蓝天目标达到全年260天。督促居民定时定点倾倒垃圾,减少垃圾堆放,倡议回收水泼街洒院,开展庭院绿化和地面硬化工作以减少扬尘。4月~5月,加速黄标车淘汰摸底调查工作,共统计1042户。年内,调整198家单位用水指标。 (温雨晰)

【社区建设】 5月,开展第七届社区居委会换届选举,选民1.72万人,产生8名社区居委会主任,16名副主任和32名委员,其中党员16人、大专及以上学历34人、平均年龄45.5岁。直选方式进行选举的社区3个。加强社区硬件设施建设,增装电话11部,配置电脑16台和打印机8台。构建“一委三会一站”(社区党委、居民会议、居委会、代表会议、服务站)社区自治模式。本年,受理居民事务29350件、转办134件、代办41件。 (温雨晰)

【残疾人工作】 1月20日,召开2008年度按比例安置残疾人就业工作表彰会,东四地区808家单位完成了按比例安排残疾人就业工作。其中超比例安置单位22家、安置残疾人54人,缴纳残疾人就业保障金217万元。5月15~17日,为辖区66户残疾家庭卫生间扶手、室外坡道、活动浴椅、院内路面和台阶进行无障碍改造设计。本年,发放低保残疾人在校大、中学生资助金1.15万元,春节慰问困难残疾人经费1.44万元,残疾人无业重残补助487人次、19.97万元,特困残疾人补助981人次、9.81万元,待业残疾人补助297人次、1.19万元,办理13批残疾人保险补贴78人次、5.65万元。换发“第二代残疾人证”1075人,免费发放辅助用具300件,肢体康复训练45例,206名精神残疾者得到有效监护。 (温雨晰)

【双拥工作】 与总参某部联合举办“军民携手迎新春台球友谊赛”。为28名2007年~2008年期间入伍的义务兵发放优待金28万元,为18名2008年退伍军人发放6个月待业生活补助金4.39万元。 (温雨晰)

【劳动监察】 开展“劳动合同法宣传月”、“春风行动”宣传咨询活动,宣传《劳动合同法》和《工会法》,督促辖区单位规范劳动用工,保障合法权益,提高法律法规的社会知晓率。3月,开展以取缔非法职介、规范劳动力市场为重点的专项检查,加强职介机构监管力度。拟定新保利大厦为“规范劳动用工一条街”重点工作范围,为39家单位设立档案库,规范并走访企业19家。本年,巡查用人单位100余家,补签劳动合同50份,接到劳动争议举报案件和突发群体事件8起。其中涉及拖欠工资5起,17人,金额2.8万元,现已结案。集体讨要拖欠工资及工程款3起45人,金额50万元。

(温雨晰)

【计划生育】 非公企业计生协会和第二家流动人口计生协会分别在北京当代医院和六条社区成立。发放独生子女父母年老时一次性奖励46人,独生子女家庭(特别扶助)36户,落实率100%。母亲节期间,开展

“救助贫困母亲,建设幸福家庭”募捐活动,发动驻地单位、社区居民捐款3万元。免费为201名计生协会会员和社区贫困育龄妇女体检。与北京当代医院协会联合举办东四奥林匹克社区第七届人口文化节。本年,增加3个避孕药具自取箱。　（温雨晰）

**【社会保障】** 5月6日,召开2009年就业再就业暨岗位开发奖励兑现大会,当场兑现奖励总额2.22万元。年内,失业人员登记1236人,实现就业1161人。发放失业保险金1305人次、235万元,推荐失业人员就业成功662人,为1064人办理社会保险补助,开发社区就业岗位1192个,安置失业人员1000人。完成10个公益性摊位的申请工作,6个创业项目发放小额担保贷款15万元。　（温雨晰）

**【社区服务中心】** 整合居家养老、爱心家园和东四奥林匹克文体中心资源,成立社区服务中心,为辖区居民提供家政、配送、体育文化等方面服务。开展以“爱心普撒夕阳红,与空巢老人手牵手”为主题的居家养老社区志愿者招募活动,98名志愿者与高龄空巢老人结帮扶对子。以96156社区公共服务平台和街道小呼叫热线为载体,提供理发、送餐、换煤气、疏通管道、修理电器等服务。本年,文体中心共接待国内外参观团体28次、720人,承接市区街及各单位大型活动30次、1800人。

（温雨晰）

# 朝阳门街道

**【概况】** 朝阳门街道位于东城区东南部,朝阳门立交桥西南侧,总面积1.24平方千米,辖区主要大街4条,胡同23条。下设9个社区居民委员会,有户籍居民1.67万户,人口4.5万人。主要商业区为东四南大街商业网点100个,其中有经营纺织品三友商场、珠宝为主的三利德珠宝城等。辖区驻有国务院新闻办公室、人民出版社等中央单位36个,北京市商务委员会、新闻出版局等市属单位97个,医院1所,大专院校1所,北京第二中学、史家胡同小学等重点中小学在内的中学1所、小学5所。

本年,坚持以党的十七届四中全会为指导,深入贯彻科学发展观,完成国庆60周年及各项任务,推进街道各项事业稳步发展。全年,财政收入2600万元,同比增长19.27%。

**单位名称:朝阳门街道办事处**

**单位地址:朝内南小街西水井胡同3号**

**联系电话:65129256　邮政编码:100010**　（龚新宇）

**【领导班子建设】** 认真实行民主集中制,坚持和完善工委、办事处议事规则和决策程序。围绕东城区和朝阳门地区科学发展主题,召开两次以学习科学发展观和广泛开展廉政风险防范工作为主要内容的领导班子专题民主生活会,重点查找党员干部在落实科学发展观和廉洁自律工作中存在的问题,使每个干部接受一次再教育。坚持和完善处级领导干部联系社区、联系辖区单位责任制度,进一步增强为基层、为社区和居民群众服务意识,坚持群众路线,做到真诚听取群众呼声,真实反映群众意愿,真情关心群众疾苦,多为群众办实事、办好事。　（孙文强）

**【干部队伍建设】** 围绕“坚持科学发展观、提高干部素质能力”,组织讲座和报告会3次。举办科长培训班。完成全体机关工作人员岗位目标责任签订工作,强调“一岗双责”,明确责任和责任人。制定完善《朝阳门街道制度续编》,对计算机使用管理做出明确规定,促进街道信息化建设规范化、制度化。完成街道处级、副处级后备干部的推荐工作。对事业单位3名试用期满干部及时进行考核,根据考核情况转正任用。按计划组织干部轮训,完成公务员培训计划。妥善做好2008年度军转安置工作。完成公务员年度考核工作和人员录用工作,做好机关、事业单位工资福利工作。机关在职和退休人员住房未达标和无房新、老职工住房补贴工作。为老干部办实事、解决实际困难,组织开展保持共产党员先进性教育活动,坚持慰问老干部制度,为离休干部王文华举办签名赠书活动。

（孙文强）

**【党风廉政建设】** 召开工委会专题研究街道党风廉政建设工作7次,党风廉政责任制列入街道“折子工程”。外请专家授课、17名处级干部每人讲一堂廉政教育课,举办地区群众廉政书画展、开展廉政教育笔记展评活动,重新制定和完善各项制度15项。在9个社区成立社区纪律检查委员会。制定《2009年朝阳门街道廉政风险防范管理工作执行阶段的实施方案》,开展多种形式的培训。 (孙文强)

【基层党组织建设】 年初,完成社区党委换届选举工作。调整基层党组织设置,史家、礼士、朝西社区由党总支部建制调整为党委建制。在鸿安商务大厦,建立"党建工作站、社会工作站和工会服务站""三站合一"模式。成立街道层面社会领域党校。 (孙文强)

【安全工作】 召开"地区国庆平安行动"誓师大会,与辖区444个单位、9个社区签订安全责任书。构建全方位国庆安全网络,在完善社区守望岗管理模式,建立社区巡查、街道督查制度,国庆期间每日组织900人参与安保,利用图像等全面监控。开展社会矛盾排查54次,化解纠纷148件。组织500人次对20家重点单位、200家"六小单位"进行社会面可燃物清理及地下室专项整治检查。 (孙文强)

【国庆工作】 组织400名标兵负责3条大街、6个重点路口保障服务工作。国庆前夕,加大东四南大街、朝内南小街等重点部位清扫力度,强化演乐市场周边巡视力度,遏制无照经营。组织居民楼门院、社会单位悬挂国旗、横幅,更新宣传展板,在地区设置彩旗、灯笼,摆放主题花坛,在南小街西侧及小街过街桥设置长度1300米LED彩灯。开展"与国同庆,共筑和谐"系列活动,举办"红歌演唱会"等系列活动,营造喜庆气氛。 (孙文强)

【和谐社区建设】 完成第七届社区居委会换届选举工作,按照"先建站、后选举"原则,合理配备社区领导班子及服务站人员,明确服务站职能、任务及办事流程,理顺与社区居委会关系。为9个社区购置文体器械、电脑、空调等设施,打造史家、内务等精品社区,完成社区专职工作者工资套改,提高待遇并加强培训管理。 (孙文强)

【城市住房保障】 完成189户限价商品房、218户经济适用房、100户廉租房等保障性住房的申请、审核工作。 (龚新宇)

【民间组织建设】 调整民间组织协调委员会。专人负责民间组织工作。扩大民间组织队伍。从原来80多支队伍增加到100多支。成立慢性病俱乐部、朝阳红歌舞团、华丰合唱队、演乐博客论坛等新的民间组织。加大资金投入。为社区民间组织购买吉他、锣鼓等电音箱乐器、修缮民间组织活动室。加强民间组织党建工作。 (龚新宇)

【维护劳动者合法权益】 通过开展"劳动保障法律宣传月"等活动,提高用人单位对规范劳动用工的认识和政策水平,增强企业员工、农民工维护自身合法权益意识。继续推动"劳动用工规范一条街"工程,对劳务派遣单位贯彻执行《劳动合同法》情况进行专项检查。建立农民工申诉维权"绿色通道",处理拖欠工资举报13件,涉及外来务工人员185人,追回拖欠工资30万元。 (龚新宇)

【劳动再就业】 建立"社区社会保障顾问"工作制,开展求职面试技巧座谈会、劳动合同法讲座、创业意识培训班等活动,全年培训失业人员364人,公共职介推荐失业人员就业599人,空岗信息采集4358条,职业指导2361人次,开发社区就业岗位1433个,社区就业岗位安置失业人员937人次。 (龚新宇)

【社会保障】 初审46户83名新增低保人员,为89名生活困难人员办理临时救助,发放救助金28.2万元,低保金449.2万元,发放无保障人员丧葬金12.5万元。为878名"一小"人员、741名"一老"人员、336名无业人员办理医疗保险参保续保手续。为3450名企业退休人员提供药费报销手续,药费单据6.68万张。为517名无保障老人办理福利养老金审核手续。 (龚新宇)

【残疾人工作】 为地区917名残疾人焕发第二代残疾人证。在"紫腾工作室"为25名残疾人进行扎染职业技能培训。完成45名残疾人培训、新安置19名残疾人就业。开展残疾人辅助器具进社区巡回展活动,对120名残疾人进行需求登记。完成17户残疾人家庭无障碍设施改造工作。发放250件轮椅、助听器等辅助器具。史家社区残疾人辅助器具站通过市残联达标验收。 (龚新宇)

【为民办实事】 完成民居翻新修缮667户、1139间、面积1.51万平方米。完成"文保区"内6个社区5600户居民内、外电网改造、采暖电器销售等工作。 (龚新宇)

【绿化工作】 全面普查辖区内园林绿地和植物类型、种类、数量等基本情况,建立园林绿化地理信息系统及《古树检查登记本》。对中行北京分行所在的凯恒大厦实施屋顶绿化。 (龚新宇)

【信访工作】 接待群众信访件259件。其中来访167批次、218人次,办结率100%,来信92件,办结率98%。多次入户协调解决110千伏变电站建设、凯恒工地未拆迁户等问题。协调解决纠纷42起,确保辖区稳定。 （龚新宇）

【宣传工作】 积极开展新闻宣传策划和媒体推介工作,编制《朝阳门》报24期,刊登各类稿件600篇,推出外宣稿件380篇,其中在主流媒体发表130篇,在《今日东城》发表117篇,宣传地区各项亮点工作、和谐文化氛围和精神文明典型人物。 （龚新宇）

【法治工作】 在鸿安国际商务大厦,成立写字楼法律服务工作站。三家律师事务所律师义务为大厦内企业和员工提供政策、法律、法规咨询、矛盾纠纷调解和日常法制宣传等服务。法律服务工作站运行以来,为企业提供法律咨询45件,挽回经济损失30万元,解决各类涉法纠纷8件。 （龚新宇）

【双拥工作】 坚持逢重大节日,由工委书记、办事处主任带队,街道相关领导、双拥办组成慰问小分队,到部队驻地慰问。举办国防报告会1场,受教育300人次;拥军优属活动8次,600人次参加联谊活动;为部队、优抚对象送慰问金420人次,9万元慰问品;发放义务兵优待金24万元、退伍军人待分配期间生活费2.4万元、伤残军人保健金19万元。 （龚新宇）

【计划生育】 发挥宣传教育、依法管理、“生命蓝岛”、计生信息网络指导、利益导向五大体系作用,形成计多部门联动的“共宣国策、同促计生”机制,为育龄人群提供全方位服务。全年依法办理《生育服务证》246个,再生育子女生育服务证10个,收取计划生育抚养费3人。 （孙文强）

【社区文体活动】 挖掘地区文化资源,完善公共文化服务体系。投资100万元完成1700平方米社区服务文体中心升级改造,拓展群众文体活动空间。举办第三届朝阳门街道新春音乐会、朝阳门街道第三届社区民俗文化庙会等活动,成立朝阳门地区文学艺术界联合会及朝阳门艺术团,推动地区文化事业发展。 （龚新宇）

# 建国门街道

【概况】 建国门街道位于东城区东南部,北起禄米仓、干面胡同,南至崇文门东大街,东邻二环路,西至崇文门内大街、东单北大街。辖区面积2.66平方千米。有社区居委会10个,大街9条、胡同72条,户籍人口5万人、流动人口2万人,其中回、满15个少数民族人口3553人,低保户495户950人,残疾人1497人。驻有中国社科院、全国妇联、交通部等中央单位223家,市政协、北京日报社等市属单位89家,区属单位50家。

本年,落实区委区政府各项工作部署,学习实践科学发展观,开展保增长、保民生、保稳定工作,积极筹办60周年庆祝活动,完成各项工作任务。

**单位名称:建国门街道办事处**

**单位地址:赵堂子胡同16号楼**

**联系电话:65126891　邮政编码:100005** （王兴华）

【学习交流活动】 认真开展科学发展观理论及干部队伍建设等方面的学习实践活动,全年开展中心组学习24次。到东直门、交道口及朝阳区麦子店办事处交流经验。学习实践科学发展观成果《街道党建工作创新与和谐社区建设》由中央文献出版社发行。全面反映街道学习实践活动成果的《以科学发展观为统领,建设繁荣和谐建国门》被中组部《学习实践活动经验材料选编》收录。 （王兴华）

【调研工作】 年初,完成《金宝街基础情况调查》报告。对金宝街发展方向进行定位,对建设步骤提出建议。召开“站西街基础情况调研协调会”,会同公安、房屋土地、统计等部门,开展调查数据统计工作。 （王兴华）

【筹建服务大厅】 筹建新型街道综合服务大厅,实施“多点受理、一口办复、后台联动、网络支撑”建设工作思路。5月,开展开放空间民意征集活动,201名社区居民代表参与讨论,完成服务中心功能需求设置。 （王兴华）

【党建工作】 与北京化工大学签订党组织结对共建

协议,建立工作交流、培训资源共享、社区“1＋1”互帮互助等机制。建立商务楼宇党建工作站、社会工作站、工会服务站服务新模式,由总站统筹协调,分站各负其职的层级管理,实现辖区内23座商务楼宇党建工作全覆盖。（王兴华）

**【党风廉政建设】** 召开廉政风险防范会20次,制定《建国门街道关于进一步改进机关窗口作风的规定》,编制《制度汇编》。为健全廉政勤政监督体系,由居民代表以无记名投票方式选举产生街道第一届社区居民监督委员会。（王兴华）

**【工会工作】** 推进楼宇建会工作,共建会195家,其中500强企业2家,规模企业15家。做好辖区10个社区工会联合会等基础信息收集工作。完成1579家辖区用工单位情况调查表,成立中粮广场工会联合会,举办建国门街道2009年客房服务员技能大赛。（王兴华）

**【妇联工作】** 第七届社区妇联执委90名。以庆“三八”为契机,挖掘家庭特色综艺,举办“孝道教育”讲座,开展“行孝道知感恩”活动。为200名弱势贫困妇女赠送双癌筛查体检卡,11家新闻媒体报道本次活动。开展“五好文明家庭”创建和未成年人思想道德教育工作,推进和谐家庭建设。获市妇联举办的“北京是我可爱的家”摄影比赛优秀组织奖。（王兴华）

**【老干部工作】** 坚持支委、骨干联系老干部制度,落实老干部“政治、生活”待遇,为老干部办实事。重大节日走访慰问老干部174人。开展“高举旗帜促和谐,携手奥运乐晚年”主题实践活动。（王兴华）

**【人大工作】** 配合区人大做好成立30周年系列活动工作,完成15名代表向选民述职,深化代表履职个性化服务。人大代表走访选民89次,通过接待日、座谈会等形式听取选民意见80条。（王兴华）

**【统战工作】** 召开街道侨联委员会第二届归侨、侨眷代表大会,完成侨联换届工作。发挥工商联分会、台胞台属联谊会和侨联分会的作用,举办联谊活动,发展工商联分会会员单位40家,开展为千户家庭送温暖活动。凝聚民主党派、新社会阶层人才力量,参与和谐文化社区建设。（王兴华）

**【人民武装】** 开展国防教育、民兵骨干队伍教育和军事技能培训,完成辖区14个单位民兵整组和民兵战备训练任务,完成年度征兵工作。（王兴华）

**【城市管理】** 完成海关博物馆、北京站扩能改造拆迁工作,地区有在施工地10家、拆迁项目8处。开展环境维护、卫生检查。清扫面积24万平方米,含胡同54条,日平均清运垃圾90吨。拆除违法建设6处85.928平方米,清理渣土4459.5吨,向8783户居民发放5708.95元病媒防治药品。完成全国文明城区迎检工作。处理区网格化城市管理信息平台举报件3647件,热线及群众举报434起。完成城管大队督办28起、市局督办12起,按时处理回复18件。（王兴华）

**【文体活动】** 2月4日,在金宝街举办“鞭打春牛牛金宝,六十大庆庆祥和”第三届风车迎春活动。在恒基中心举办为期3天的第三届“和谐社区杯”乒乓球赛。举办“记忆六十年”回眸建国门变迁大型图片展,展出地区摄影比赛优秀作品40幅。（王兴华）

**【民生工作】** 完成第七届社区居委会换届选举工作。10个社区选出社区工作者70名,社区服务站建设做到统一服务站工作流程,统一服务站硬件标准,统一服务站外观形象。社会保障服务工作与市劳动力市场职业介绍系统实现无缝链接,“一点登记,全市办理”。至11月,推荐失业人员就业736人,失业登记人员就业1315人。其中稳定就业399人,城镇登记失业人员就业率85.72%,城镇登记失业人员失业率0.42%,5户“零就业家庭”全部安置到巡防岗位。建立3个民工工资预留账户,每月对建筑工地等40家重点用工单位进行巡视、检查,2000名职工劳动合同履行情况得到有效监控。受理举报案件11起,结案率100%。为民工讨回工资2万元,补签劳动合同110人。开展地区危房排查工作,协调产权单位对危房进行改造,拆除违章建筑,实现“无城镇危房户”目标。整合资源,使困难人员急有所解、困有所助、难有所帮,全年支出各类慰问资金148.41万元。落实处级领导包案制度,解决抽屉胡同房屋安全隐患、弘通科研大楼拆迁工程等突出矛盾。至11月末,接待、处理群众来信、来访242件,尢重大重复上访户。开展“听民意、访民情、解民难”工作,收集民意办理事项2.13万件,解决2.11万件。（王兴华）

**【经济工作】** 研究科学发展保增长举措,提出“树形象、服好务、引进来、留得住、发展好”的工作思路,统筹协调,及时解决企业发展中的难题。3月初开始,街道党政主要领导带队联系走访驻区机关企事业单位30家,其中机关单位11家、重点企业19家。对驻区4

座重点商务楼宇开展经济监测工作。光彩国际中心尚处于招商阶段,恒基中心入驻企业242家、中粮广场164家、光华长安大厦163家。完成驻区25所商务楼宇的入驻单位统计工作和第二次全国经济普查任务。

（王兴华）

**【公共安全】** 编制、发放《建国门生活》安全知识宣传专刊2万份,发放预防煤气中毒宣传材料6千份,发放致居民公开信2万份。与"六小"责任单位签订消防安全责任书630份,与居民签订《预防煤气中毒责任书》3300份。出动4.9万人次多次联合检查重点单位121家,"六小"单位743家,施工地10个,居民院落、楼门院5786个。处理电线老化、出租房屋中存在的问题等61处,清运杂物等1700车次。完成居民燃气软管更换900户,检修灭火器2018个。（王兴华）

**【计划生育】** 开展健康教育活动333场次,1.8万人次参加。发放安全套8千只、宣传材料6.1万份。免费为育龄妇女发放叶酸片82盒,《育儿宝典》264本。对辖区200名困难育龄妇女进行妇科检查,跟踪治疗患病26人。

（王兴华）

**【国庆保障】** 承担东长安街检阅线路及周边的保障任务。加强国庆安保宣传力度,使10社区2个核心区、6个封闭区、2个警戒区的居民群众,树立"牺牲小我,顾全大局"的意识。涉及的8个地下通道6个过街天桥实施24小时看守。发动辖区治安巡逻志愿者、治保积极分子4331名、社会单位力量1577巡逻防控。9月18日启动一级防控状态,每天出动巡逻力量8035人。对长安街沿线200米范围内1500个下水道、污水井开展病霉生物防控工作,安排专项资金10万元,清运房屋渣土30吨、无人认领废旧自行车20辆,购置游行路线所需桌子36张、椅子154把、遮阳伞19把和手提喇叭24个。协调电力公司配备长安街沿线6条扩音器线路,协调沿线单位提供人民广播电台驻点3家,移动通信驻点1家。选拔社区文体团队20人,参加10月2日地坛公园群众游园打花棍项目展示。

（王兴华）

# 东直门街道

**【概况】** 东直门街道位于东城区东部偏北、东二环路以东,面积2.07平方千米。东以春秀路、工体西路为界,与朝阳区三里屯街道相接;南以潘家坡胡同、吉市口八条北侧为界,与朝阳区朝外街道交界;北以香河园北街、柳芳南里为界,与朝阳区左家庄街道、和平街街道相接;西以东二环路为界,与东四街道、北新桥街道相邻。辖区有户籍居民1.5万户、3.6万人,其中女性2.45万人。人户分离6137户,暂住人口1.3万人。少数民族17个,1274户、2670人,其中以回族、满族、蒙古族为主。注册企业4011家,职工大学1所、中小学7所。

本年,开展学习实践科学发展观活动,以社区班子换届选举、国庆六十周年服务保障等工作为重点,优化发展环境、关注民生、促进和谐,完成各项工作任务。

全年,完成财政收入5260万,同比增长10%。引进税源10家。未发生市级集体访和非正常访。

**单位名称:东直门街道办事处**

**单位地址:新中街66号**

**联系电话:65920199　邮政编码:100027**（程利　熊婧宇）

**【班子和队伍建设】** 坚持中心组学习制度,重大问题科学民主决策。坚持班子成员联系社区、单位、企业、学校的"十联系"制度,全年完成调研课题20项、调研文章和宣传理论文章50篇。开展"队伍建设月"活动,结合开展学习实践科学发展观、加强领导干部作风建设年及廉政风险防范工作,机关131名干部对照工作职责和岗位查找廉政风险点,确定个人和科室的廉政风险等级,并制定防控措施。建立干部考核制度和选拔任用制度,提拔科级干部10名,科员岗位交流8名。组织电子政务、《突发事件应对法》等培训、考试。

（程利　熊婧宇）

**【国庆工作】** 组建街道国庆60周年服务保障工作指挥部,制定《东直门街道"国庆平安行动"工作方案》,组建民兵守桥值勤分队16人、阅兵部队疏散标兵队伍500人,整合社区群防群控队伍2350人,组织夜巡队员80人、晨巡队员40人,开展防控级别勤务演练3个,确定国庆期间值勤点位,建立治安志愿者队伍等级管理机制。与辖区54家二级防火单位签订《国庆六十周年消防安全重点单位承诺书》。辖区各单位组成500人标兵队伍,完成2次演练和国庆活动当日值勤任务。确定东二环沿线、东外大街、工体北路及东直门交通枢纽周边为国庆期间重点管理部位。开展城市清洁高潮日活动,协调有关单位疏通市政管线,检查65处人防空间和学校、医院等公共场所周边22处人防工程。组建夜间综合执法队,对重点地区违反城市管理的行为进行规劝和处理。组建24小时值守的城市运行保障分队,处置国庆节期间水电气热突发问题。制定国庆氛围营造方案,组织开展"迎国庆、讲文明、树新风"系列活动,更换10个社区文明宣传橱窗内容。开展国庆征文、座谈。投入6万元,完成600个楼门院制作安装插挂国旗底座工作。投入5万元,悬挂红灯笼800个,在东二环东侧及立交桥等插挂彩旗400面。投入10万元,在十字坡设立由10000盆鲜花组成的"江山多娇"大型花坛。投入4万元,维护和更新工体北路"亮丽工程"。 (程利　熊婧宇)

**【社会党建工作】** 成立社会工作党委,整合社会建设领域工作资源。推进商务楼宇党建工作站、社会工作站、工会服务站建设,第一个片区联合站点7月18日在东方银座揭牌。新成立2个非公企业党支部(北京信索信息咨询有限公司党支部,中担投资信用担保有限公司党支部)和1个楼宇党支部(阳光都市党支部),"红色港湾"党建博客群网作为非公有制经济组织党建工作创新成果,参加全国党建研究会举办的评选活动。举办非公企业党员和入党积极分子培训班一期。工会、共青团、妇联发挥"枢纽型"组织作用,主动参与社会建设工作。 (程利　熊婧宇)

**【社区组织换届工作】** 完成10个社区新一届社区党委班子换届选举。其中7个社区差额选举、2个社区直接选举、1个社区差额直接选举。选举产生社区党委书记10名、副书记9名、党委委员45名。并进行一周培训。完成10个社区新一届社区居委会班子换届选举。其中4个社区直接选举、6个社区间接选举,选举产生居委会主任10名、副主任19名、委员33名。此次班子从文化、年龄,阅历、能力均有很大提高。 (程利　熊婧宇)

**【保民生工作】** 开展"党心连民心、亲情进万家"和"听民意、访民情、解民难"活动,解决人民群众切身利益,发放低保金412万元、临时救助款11万元、"爱心家园卡"67张33.52万元、高龄老人津贴补助14.45万元、各类慰问金和慰问品50万元。办理经济适用房审核470份、廉租房审核156份、限价房审核292份。完成残疾人"健馨俱乐部"工程和残疾人第二代证更换工作,对16户残疾人家庭无障碍设施进行改造。受理95人238.12万元讨要工资案件。协调解决察慈15号院接通燃气,东外大街38号1单元6层以上住户水管无水问题,完成王家园35号院一户一表改造,东外大街31、33号楼284户居民电改工程和直属公房房屋所有权证换发等工作。 (程利　熊婧宇)

**【再就业工作】** 录用大学生23名,组织失业人员参加免费技能培训420人,城镇登记失业人员就业952人,"4050"就业困难人员就业489人,城镇登记失业率0.75%。组织失业人员免费参加技能培训482人、职业指导2567人次、扶持自主创业81人,办理小额贷款10万元。 (程利　熊婧宇)

**【安全生产工作】** 完善街道应急工作预案和工作方案,组建3支40人应急保障队伍,组织防汛演练、应急分队拉动演练、电力事故应急处置演练各1次。全年,未发生消防、生产、食品安全等方面的突发事件。组织开展安全生产"护航行动",对辖区1600家单位安全生产情况进行检查,建立危险化学品等、管理台帐及重点场所生产经营单位安全生产档案。开展"安全工作宣传大篷车"进社区活动。为10个社区更换灭火器1700具、楼宇对讲器480个、光接点放大器247个、监控探头100个。建立辖区各类食品制售企业食品安全档案202家,并定期检查。开展对3000套出租房安全隐患整治专项行动,加强1.7万名流动人口管理。 (程利　熊婧宇)

**【精神文明工作】** 制定文明城区创建常态化的工作方案和制度。完成市级、区级文明社区、绿色社区、市民文明学校、文明单位等项目申报、评选和表彰工作。开展文明家庭、安全家庭、好邻居、和谐家庭创建活动。编辑出版《家园人家园事》,弘扬正气。开展公交站和文明引导员"双评双创"活动,推动了地区文明乘车工作。启动学雷锋志愿服务活动月。组织志愿者198人次,在东直门交通枢纽志愿服务,开展系列特色活动,提供信息咨询、语言翻译等服务2.77万人次,发放宣传材料5500份。 (程利　熊婧宇)

**【社区服务】** 成立96156便民服务热线和居家养老为一体的"安居服务站",为辖区居民提供各种便民服务。开设"快乐老人"餐桌,为社会孤老、特殊老年人和普通老年人提供安全、可口、价廉、营养午餐。 (程利　熊婧宇)

**【安全社区】** 2月12日,通过国际安全社区促进中心的现场考察评定。5月24日,被世界卫生组织命名为

世界第157位"国际安全社区",同时被命名亚洲第41位"亚洲安全社区"。（程利　熊婧宇）

【文体工作】　发挥快乐时光俱乐部的作用,开展群众系列特色活动。整合资源,设立乒乓球室、综合活动室、书画室、棋牌室、手工艺室、体能测试室、阅览室等公益性活动场所,创办免费瑜伽班、书画班、交谊舞培训班、健康大课堂及合唱队、舞蹈队,太极拳队。先后举办"快乐时光杯"系列赛、"和谐杯"乒乓球比赛,参加"红歌大家唱"等系列文艺演出。参加市第七届全民健身体育节开幕式暨"和谐杯"万人千台乒乓球展示活动。完成10月1日在天安门广场举行的联欢活动。组织24人参加地坛公园游园活动。

（程利　熊婧宇）

【流感防控】　成立防控甲型H1N1流感指挥部,制定防控甲型流感应急预案。对社区内归国人员和密切接触者进行居家医学观察,提供日常生活必需品。邀请防疫专家对社区和卫生服务站人员进行专业防控培训。向社区及辖区单位发放《甲型H1N1流感居家医学观察手册》4000本,宣传海报200张。加强与学校、幼儿园联系和对学校落实防控措施的检查。

（程利　熊婧宇）

【计生工作】　强化社区流入人口登记制度,建立流动育龄妇女绿卡,做到对辖区流动育龄妇女底数清、情况明。深入开展婚育新风进万家活动,实现"精细化宣传",推进生育文化建设。计划生育率97.5%。

（程利　熊婧宇）

【慈善募捐工作】　为24名满60周岁老人办理助老慈善医疗卡1.2万元。在"春雨行动"中,募集善款48.5万元。在"京什手拉手,重建新家园"为主题活动中,向地震灾区募集善款3.91万元。组织为台湾灾区捐款1.6万元。（程利　熊婧宇）

【绿化工作】　辖区内16家单位组成东直门地区绿化委员会,促进绿化工作的开展。投入96万元对东外大街社区绿地进行改造。组织绿化成员单位和社区30人参加防控美国白蛾培训会,安排专人坚持定期巡查,对全区绿地树木喷洒药物,控制美国白蛾的蔓延。

（程利　熊婧宇）

# 和平里街道

【概况】　和平里街道位于东城区北部,东部和北部与朝阳区相邻,西部与西城区相邻,东至远东仪表公司和国家林业局东墙,西至人定湖北巷、旧鼓楼外大街,南至安定门外东、西滨河路,北接青年沟路、地毯集团总公司北沿、柳荫公园北墙。总面积5.02平方千米。辖区有大街23条,胡同16条,地下通道4条,过街天桥6座。常住人口3.87万户、12.68万人。少数民族35个、4260人。年内出生1086人,死亡422人。外来人口7721人。居民小区38个,社区居委会26个。驻军及中央机关所属单位340个,商业企业1044家,无上级主管单位2453个。中学4所,小学8所,托幼院所10所,医院11所,特殊教育学校1所,运动学校1所,公园3个。辖区有公共电汽车线路48条。

本年,围绕国庆60周年服务保障和保增长、保民生、保稳定工作重点,以和谐社区建设为主线,以创新创活力、务实促发展为理念,加强税源建设,引进公司12家,注册资金1.35亿元,全年财政收入4725万元。

**单位名称:和平里街道办事处**

**单位地址:和平里6区5号楼**

**联系电话:84221886　邮政编码:100013**　（高劲鹏）

【领导调研慰问】　春节前,王学勤、冯熙等领导到安德里社区看望市劳模姚金兰,送去慰问金和慰问品。5月27日,杨柳荫走访国家林业局,与局长贾治邦就如何发挥政府职能进一步为驻区单位提供优质高效服务、发挥驻区单位促进地区经济增长和区域发展的作用等进行座谈。李强、严岩陪同。6月1日,副市长程红到交通社区调研少数民族文化工作。市民委主任申建军、副主任牛颂,区领导杨柳荫、边振英、郭瑞敏及相关单位负责人陪同。7月2日,杨柳荫对街道"保增长、促发展"、"保民生"工作和1510便民生活服务圈工作进行调研。9月15日,人力资源和社会保障部副部长杨志明率专题调研组到和平里街道调研"发展家庭服务业　促进就业"工作,市政府副秘书长鲁勇,市人力资源和社会保障局局长张欣庆,章冬梅参加调研。9月27日、10月2日,市游园指挥部志愿者工作领导小组办公室魏然、杨柳荫、杨艺文、刘朋庆、吴弘勇等领导分别到地坛公园及周边园外园,视察地坛公园国庆游园准备工作情况,国庆花坛摆放和国庆景观布置工作,对和平里街道工作给予肯定。11月5日,市纪委副书记王海平、区领导曾刚健等到和平里街道调研党风廉政工作,听取街道工作汇报,同基层党代表进行座谈。（高劲鹏）

**【安全工作】** 春节期间,为做好禁限放工作,出动公安、交通、消防干警,武警、城管队员及街道干部2041人,巡逻宣传车55部,社区小消防车26辆,消防水泵1台,至1月31日,全地区未发生安全问题。全年,投资130万元为9个社区安装图像监控系统。电子眼辐射范围覆盖社区每个死角及易发案地段。4月~5月,开展黄标车入户摸排工作,克服地区拆迁、人员流动性大等困难,完成2674辆帐内黄标车辆信息核实工作。核实721辆,查无此车1960辆,完成率100%。已申请办理162辆。（高劲鹏）

**【外资企业工会成立】** 2月27日,非公外资企业爱玛客服务产业有限公司北京分公司正式成立工会组织。至今,和平里地区已有1000家非公企业建立工会或加入社区工会联合会。（高劲鹏）

**【居民代表持证上岗】** 4月17日,人定湖社区31名居民代表佩戴“社区居民代表证”执证上岗,参与社区日常管理。本届居民代表是由社区18岁以上全体社区居民选举产生,任期3年。（高劲鹏）

**【社区换届选举工作】** 1月~3月,完成26个社区党委换届选举工作。3月26日至5月24日完成居委会换届选举工作。26个社区选出居委会班子成员164名,新一届社区居委会班子成员平均年龄45.6岁,大学本科学历24人,大专学历54人,党员75人。10个直选社区投票率95.8%。人定湖社区投票率100%。（高劲鹏）

**【整治两区交界处环境】** 年内,与德胜街道联手对两区交界处的黑“摩的”、占道摆摊等乱点进行集中整治,改善两区交界处的环境。两街道签订创建平安边界协议,定期开展联合执法活动,研究边界周边区域防控情况,动员边界单位、居民共驻共建,群防群治。（高劲鹏）

**【1510生活服务圈】** 6月3日,正式启动“1510便利生活服务圈”。以兴化社区为试点,率先开展“1510便利生活服务圈”建设,便民服务质量得到提高。至年末,街道已在17个社区中建立“1510生活服务圈”,155家服务商加盟。（高劲鹏）

**【全民健身体育节】** 6月23日,在地坛体育场举行东城区第七届全民健身体育节开幕式。杨柳荫、毛桂芬等领导参加。社区居民200人参加。（高劲鹏）

**【街道侨联换届】** 6月26日,召开第二次归侨侨眷代表大会,市侨联副主席马坚等市区侨联领导26人出席。会上,与会代表审议第一届侨联委员会工作报告,选举产生和平里街道侨联第二届委员会。（高劲鹏）

**【楼宇工作站】** 7月中旬,蓝宝大厦建立楼宇“四站合一”工作站,即:党建、社会、工会、团建工作站。为企业职工提供更加完善的公共服务,帮助企业和职工解决实际问题,化解相关矛盾,成为业主、企业可以信赖的服务窗口,党员和员工可以依靠的温馨家园。（高劲鹏）

**【居家养老】** 全年,街道96156服务居家养老人员520人次,服务金额22万元。为80岁高龄空巢老人安装120一按铃197户,发放特殊老年人政府买单服务券12.5万元,90岁以上老年人高龄津贴13.5万元;发放退伍军人生活补助金4.4万元、优抚对象优抚金13.6万元,伤残金2.9万元。中国日报海外版和北京人民广播电台城市服务管理广播进行采访报道。（高劲鹏）

**【社会救助和帮困】** 办理贫困家庭“爱心卡”77个,发放救助金8.6万元。发放残疾人家庭补助79.3万元,助学款6万元。为50户残疾人家庭安装无障碍设施,发放辅助器具335件。启动“居家助残”服务,为辖区11户低保重度残疾人家庭提供卫生清洁、代买配餐、理发按摩、陪同就医等10项服务。受理经适房、限价房、廉租房申请2140户。（高劲鹏）

**【信访工作】** 采取领导包案、化解积案、处置新案的方式,有效避免集体访和重访事件的发生。处理突发事件11起,开展矛盾排查4次、排查出矛盾纠纷50件,受理群众来信来电来访136件,解决便民热线电话和非紧急救助61件,领导亲自协调处理重大信访问题10件,解决人大代表建议、政协委员提案7件。全年没有发生越级集体访和非正常访。（高劲鹏）

**【募捐工作】** 4月,开展“春雨行动”捐款,5月开展为

四川灾区募捐,26个社区、189个单位参加捐款捐物募集衣物14726件、捐款43万元。（高劲鹏）

**【城市管理】** 重点对和平里南街、中街、东街、北街四条大街进行改造。其中涉及单位226家,户外广告142处。拆除违规设置的灯箱、广告36块,大型电子显示屏户外广告8块。粉刷墙面2626平方米,铺装路面427平方米。在小区整治中,协调产权单位出资近百万元,改造旧鼓楼外大街61号院及安外大街80号院环境。（高劲鹏）

**【再就业工作】** 登记失业人员就业1455人,就业困难人员就业649人,培训失业人员297人,公共职介推荐成功569人,空岗信息采集4218个,职业指导3068人次,开发社区就业岗位1501个,安置失业人员1192人,发放小额担保贷款5万元。（高劲鹏）

**【劳动和社会保障】** 发放失业保险金286.2万元,养老金144万元,自采暖补贴5.6万元。发放低保金289.9万元,丧葬费19.5万元。为退休退养及"一老一小"人员报销医药费2839.6万元。规范30家企业、15家建筑业用工情况,发放拖欠工资8.4万元,调处10人以上围堵工地突发事件2起,现场发放工资7万元。处理举报11件。（高劲鹏）

**【环境整治】** 处理区、街网格案件4559件,处理96310城管热线和市民举报860件,联合执法22次。查处无照经营行为175起、露天烧烤58起、其他各类违法行为650起,拆除违法建设120平方米,清除大件废弃物及无主渣土87处410吨,责令施工单位设置围挡200平方米,苫盖裸露地面100平方米。（高劲鹏）

**【国庆环境布置】** 发动驻地单位出资80万元,完成国庆60周年重点大街花卉景观布置,做好按时启动国庆期间北二环18栋楼宇夜景照明工作。街道投资10万元,在安外大街4个过街天桥安装装饰布,在和平里西街沿街灯杆、蒋宅口过街天桥处悬挂中国结284个,在重点大街和地区插彩旗3000面。（高劲鹏）

## 东城区街道工委及办事处负责人

| | |
|---|---|
| 东华门街道工委书记 | 朱宪一 |
| 办事处主任 | 陈本宇 |
| 景山街道工委书记 | 赵明杰 |
| 办事处主任 | 郭立峰 |
| 交道口街道工委书记 | 李铁生 |
| 办事处主任 | 张恩东 |
| 安定门街道工委书记 | 张长有 |
| 办事处主任 | 耿学森 |
| 北新桥街道工委书记 | 吕德成 |
| 办事处主任 | 杜　娟(女) |
| 东四街道工委书记 | 袁燕生 |
| 办事处主任 | 王品军(回族,7月任) |
| 朝阳门街道工委书记 | 臧汝奇 |
| 办事处主任 | 赵　静 |
| 建国门街道工委书记 | 王　红(女) |
| 办事处主任 | 王伟东(1月免) |
| | 郅海杰(1月任) |
| 东直门街道工委书记 | 汤钦飞 |
| 办事处主任 | 肖　刚 |
| 和平里街道工委书记 | 李　强 |
| 办事处主任 | 严　岩(女) |

# 人 物

## 光 荣 榜

**全国和谐社区建设示范区**

东城区

**全国文明单位**

东城区人民检察院

**全国妇联基层组织建设示范区**

东城区妇女联合会

**全国侨联系统先进基层组织**

东城区侨联

**全国推进义务教育均衡发展工作先进地区**

东城区教育委员会

**全国三八红旗集体**

东城区文化馆

**全国和谐社区建设示范街道**

东华门街道

**全国和谐社区建设示范社区**

北新桥街道九道湾社区

**全国综合减灾示范社区**

东直门街道十字坡社区

东华门街道韶九社区

建国门街道西总布社区

**全国未成年人思想道德建设工作先进城市**

东城区教育委员会

**全国群众体育先进单位**

东城区教委

东四街道办事处

**全国青年文明号**

东城区法院民三庭

**第三届全国敬老爱老助老活动优秀组织奖**

东城区老龄办

**全国基层残疾组织先进集体**

和平里街道民政事务办公室

**全国公安机关集中换发第二代居民身份证工作先进集体**

东城分局人口管理处

**全国公安机关爱民实践模范集体**

东华门派出所

**全国法院调研工作先进集体**

东城区法院

**2009 年全国商业街先进集体**

交道口街道南锣鼓巷建管办

**2009 年度全国企业文化建设先进集体**

建行东四支行

**中国休闲与社会进步示范社区**

朝阳门街道办事处

**首都先进检察院**

东城区人民检察院

**首都先进检查单位**

东城区人民检察院法警大队

东城区人民检察院反贪局

东城区人民检察院公诉一处

东城区人民检察院侦查监督处

**首都文明单位标兵**

东城支队帅府园大队

东城区法院

**首都国庆安保工作先进集体**

东城支队

东城区教委

**首都未成年人思想道德建设工作先进集体**

东城区人民检察院职务犯罪预防处

东城区妇联

东城区教委

**北京市五四红旗团委**

东城区教育团少工委

**北京市教育督导宣传工作先进单位**

东城区教育督导室

**首都“迎国庆 讲文明 树新风”活动先进单位**

东城区教委

**北京市国庆安保工作先进集体**

东城区综治办

东城区教委

东城区维稳办

东城区城市管理监察大队

北新桥街道办事处

和平里街道办事处

东华门街道办事处

朝阳门街道办事处

东直门街道办事处

交道口街道办事处

**北京市人民满意的政法单位标兵**

东城区法院

**北京市“三八”红旗集体**

北京安定门宾馆

东城区人民法院行政审判庭

北京波利瑞斯国际投资顾问有限责任公司

北京市第二十四中学

北京市第六医院内三病区护理组

东城区疾病预防控制中心流行病科

东城区环境卫生服务中心一所

东城巧娘工作室发展协会

东城区人民法院知识产权审判庭

北京东方菖蒲和文化投资有限公司皇城食府

**北京市第九届思想政治工作优秀单位**

东城区妇联

**北京市人口和计划生育工作先进集体**

景山街道办事处

**北京市人民满意的政法单位**
东城支队东四大队
东华门派出所
**北京市审计机关先进集体**
东城区审计局
**执法监察工作优秀单位**
国土资源局东城分局
**公安技防监管先进集体**
东城公安分局内保处
**法制系统行政复议工作先进单位**
东城公安分局法制处
**2007～2008 年度优秀预防处**
东城区人民检察院职务犯罪预防处
**北京市反恐先进集体**
东城分局巡警支队
**工商银行总行级百家服务机构称号**
工行王府井支行
**北京市消防工作先进单位**
东城区教委
交道口街道办事处
**北京市爱国卫生红旗单位**
东湖别墅
天伦王朝饭店
总政直工部管理处
故宫博物院
北京市第一幼儿园
东四五条幼儿园
北京市中医医院
北京市长虹电影院
地坛公园
北京铁路分局北京站
王府井食品商店
美白美发厅
萃华楼饭庄
松鹤楼菜馆
北京饭店
新侨饭店
首都宾馆
贵宾楼饭店
雍和宫
中山公园
总参二部机关
国家煤炭局
和平宾馆
北京市和平里医院
毛主席纪念堂管理局
国际饭店
商务部国际贸易经济合作研究院
全国妇联机关
中华医学会
华润大厦
海关总署
北京市三利百货
国家旅游局
民政部机关
北京市委机关
北京市人民政府机关
东华门幼儿园
中海油管理分公司
北京医院
国家商务部机关
全国最高检察院机关
中国成套设备集团机关
中国农业银行总行机关
交通部机关
鑫海锦江大酒店
**北京市优秀健康社区**
东华门街道南池子社区
北新桥街道九道湾社区
**北京市爱国卫生工作先进单位**
中国共产党北京市委员会机关
北京市人民政府机关
北京利生体育商厦
北京市华龙实业总公司
北京医院
中国国民党革命委员会中央机关
新侨饭店
首都大酒店
香江戴斯酒店
国务院参事室
北京协和医院
纪念堂管理局
地坛体育中心
北京市和平里大酒店
北京市国土资源局
北京市疾病预防控制中心
东城区柳荫公园
北京航星机器制造公司
和平里街道办事处
北京宏志中学
中国石油工程建设公司
北京市人才服务中心
东城区绿化队
北京和平里宾馆
北新桥街道办事处
东直门医院
建设综合勘察研究设计院
北京稻香村食品有限责任公司
东城区南馆公园管理处
北京市第六医院二部
第一九六中学
东城区北官厅小学
北京市花家怡园餐饮有限公司
东城区卫生局
王府井百货(集团)股份有限公司百货大楼
北京联合渝乡人家餐饮有限公司王府井店
王府井食品商场
全聚德王府井店
北京和平宾馆有限公司
东城区人力资源和社会保障局
北京东方创业文化交流中心
东城区文化委员会
交道口街道环卫所
交道口街道府学社区
东城区人民法院
交道口街道南锣鼓巷社区
北京市第六医院
北京市财经学校
北京市第一中学
老北京家常菜
宁夏大厦
华鸿春天宾馆
安定门宾馆
工商银行安定门分理处
北京奥士凯物美新兴里店
东直门街道东外大街社区居委会
东城区西中街小学
港澳中心
东环广场物业服务中心
东直门鱼头泡饼店

中海实业公司海油大厦管理分公司
景山街道皇城根北街社区
永和大王美术馆餐厅
东城区什锦花园小学
康铭大厦经营管理中心
北京味多美食品有限责任公司
财政部幼儿园
景山街道汪芝麻社区居委会
北京内蒙古宾馆
东城区史家小学
中国海油大厦管理中心
北京新保利大厦分公司
东城区人民检察院
东城区民防局
北京大董餐饮投资有限公司南新仓店
北京哨兵饮食管理有限公司
北京京报新闻大厦酒店
中国妇女活动中心好苑建国酒店
北京富华金宝中心有限公司丽亭酒店
北京邮区中心局
北京马氏东方饺子餐饮有限责任公司
东城区遂安伯小学
北京中粮广场管理处
北京市邮政公司
北京同仁医院
北京金宝街净雅餐饮有限公司
北京市华美伦酒店有限责任公司
北京电信建筑工程有限公司第三中心东单项目部
朝阳门街道办事处
朝阳门街道新鲜社区
朝阳门街道内务社区
东四清真寺
好园宾馆
国务院机关事物管理局(东城)
北京天堂阳光酒店管理有限公司
中国工商银行股份有限公司北京站支行
北京永之冠科贸有限公司
北京站地区管理处
北京银行股份有限公司建国门支行
北京市劳动人民文化宫
孔庙和国子监博物馆
东城区疾病预防控制中心
北京市和平里医院
东城区卫生局卫生监督所
东城区市政市容管理委员会
东城区城市管理监察大队
东城区环境卫生服务中心
东城区教育委员会
东城区体育局
北京市口腔医院(东城部)
首都文明街道
东华门街道
建国门街道
景山街道
和平里街道
交道口街道
东四街道
安定门街道

**首都文明社区**

和平里街道黄寺社区
和平里街道化工社区
和平里街道地坛社区
和平里街道东河沿社区
和平里街道总政社区
和平里街道兴化社区
和平里街道安德路社区
和平里街道人定湖社区
和平里街道上龙社区
安定门街道宝钞南社区
安定门街道花园社区
交道口街道圆恩寺社区
交道口街道菊儿社区
交道口街道帽儿社区
交道口街道鼓楼苑社区
景山街道景山东街社区
景山街道魏家社区
景山街道皇城根北街社区
东华门街道南池子社区
东华门街道韶九社区
东华门街道菖蒲河社区
东华门街道黄图岗社区
东华门街道智德社区
建国门街道外交部街社区
建国门街道苏州社区
建国门街道干面社区
建国门街道西总布社区
朝阳门街道礼士社区
朝阳门街道朝内头条社区
朝阳门街道内务社区
朝阳门街道史家社区
东四街道八条社区
东四街道六条社区
东四街道五条社区
东四街道七条社区
北新桥街道前永康社区
北新桥街道海运仓社区
北新桥街道北新仓社区
北新桥街道炮局社区
北新桥街道十三条社区
北新桥街道十二条社区
东直门街道察慈社区
东直门街道十字坡社区
东直门街道二里庄社区
东直门街道新中西里社区
东直门街道香河园社区

**首都文明旅游景区**

地坛公园景区
故宫博物院景区
中山公园景区
古观象台景区
雍和宫景区
青年湖公园景区
天安门城楼景区

**首都文明单位标兵**

东城区民政局
东城区人民检察院
东城区地方税务局机关
北京吴裕泰茶业股份有限公司
东城分局交道口派出所
北京市第二中学
东城分局机关
北京稻香村食品有限责任公司
北京市隆福医院
东城区环境卫生服务中心机关
北京站地区管理处
北京市工商行政管理局东城分局机关
东城区财政局
北京市第一七一中学
东城区人民法院
东城区西中街小学

**首都文明单位**

北京和平印刷有限公司
北京三友商场有限责任公司
北京奥士凯物美商业有限公司朝内菜市场
东城分局和平里派出所
东城分局东四派出所
北京王府井医药商店有限责任公司
东城分局朝阳门派出所
东城分局巡警支队
东城区司法局机关
北京市地坛体育馆
北京市和平里医院
东城区朝阳门医院
北京市东单体育中心
东城区体育运动学校
东城区图书馆
东城区文化馆
东城区私营个体经济协会
北京市第二十二中学
北京市第二十七中学
东城区职工业余大学
东城区灯市口小学
东城区北官厅小学
东城区少年宫
东城区委党校
北京京站国运实业开发总公司
北京市王府井地区建设管理办公室
东城区国家税务局机关
东城区审计局
东城区委老干部局
北京市规划委员会东城分局
东城区质量技术监督局
东城区人事局
北京天元发展集团公司利生体育商厦
北京东方容合物业管理有限责任公司
王府井食品商场
北京市奥士凯商贸连锁经营公司德昌厚食品店
东城区绿化队
东城区园林局机关
东城区建筑行业管理处
东城区东直门街道敬老院
东城区劳动和社会保障局机关
北京市第五中学
北京新中国儿童用品商店
东城区城市管理监察大队机关
北京市第二十五中学
东城交通支队执法站
东城区委组织部
北京市第一七七中学
东城区统计局
东城区东华门幼儿园
北京吴裕泰茶业股份有限公司王府井店
东城区行政服务中心
东城区委办公室
北京市第一幼儿园
东城区特殊教育学校
北京市第六十五中学
北京安定门宾馆
北京市第六医院
东城区史家胡同小学
鼓楼中医医院

**首都公共文明示范区**

北京站地区

**首都公共文明先进地区**

地坛公园及园外园地区

**北京市公安局公安交通管理局二等功集体**

东城支队东单队

**北京市人民检察院二等功集体**

东城区人民检察院反贪局

**北京市公安局公安交通管理局三等功集体**

东城支队政秘科
东城支队勤务指挥科
东城支队事故科
东城支队东四大队

**全国社会治安综合治理先进工作者**

杨五一

**全国群众体育先进个人**

袁燕生

**全国模范教师**

范　锦

**全国优秀教师**

张斌平　蔡　涛

**全国三八红旗手**

康家荣　罗藜荣　冷金花(民盟)

**北京市“三八”红旗奖章获得者**

高丽萍　孙　迎　郑淑芬
田　靖　肖　敏　邵琳卿
梁春坚　刘　藻　焦　涛
卢艳丽　王旭红　石志刚
李冬梅　周　玲　王桂云
王水霞　杨小冬　尹　红

**全国归侨侨眷先进个人**

谭　菲　岳钦礼

**全国交警系统第四批执法标兵**

赵　楠

**人民调解工作全国先进个人**

孙庆梅

**第二届全国街道工作杰出贡献奖获得者**

臧汝奇

**全国基层残疾组织优秀个人**

蔡辛平　张　薇

**首都劳动奖章获得者**

满恒福　安　雷

**首都模范检察干部**

朱　岩　刘　政　韩晓荣
佟　捷　李小萌　窦思隽
庞　静　刘　艳

**北京市审计系统优秀信息工作领导**

陈　红

**北京市审计机关先进工作者**

徐　阳

**首都之窗－北京审计网站工作优秀工作者**

吕学英

**北京市审计系统优秀信息员**

谢文杰

**北京市人民检察院**

**十佳公诉人**

庞　静

**优秀公诉人**

朱海燕　支蕊娴

**十佳调研能手**

李　斌

**优秀调研能手**

严　岩

**优秀预防个人**

范玉青

**优秀检察书记员**

付晓丹　田　育　林　琳

**侦查监督十佳检察官**

吴　昱

**侦查监督优秀检察官**

张　巍

**民行检察十佳办案能手**

高广明　刘　艳

**北京市交通安全工作先进个人**

马明论　周占一

**北京市国庆安全保卫工作先进个人**

王文英　梁春雷　韩德东
陈兴林　闫顺德　韩奇辉
王胜利　汪自柏　马　宁
朱建林　韩奇辉　侯德君
孟立新

**北京市计划生育工作先进个人**

张宏荣

**国庆60周年城市花卉布置先进个人**

于占海　杜　平

**北京市建国60周年国庆保障工作先进个人**

甘　霖　赵　磊　李淑萍
王静艳　宋青松

**北京市安全生产先进个人**

史卫东

**北京市防火安全先进个人**

杜　海

**北京市优秀纪检监察干部**

霍恒真

**北京市人民满意的政法干警**

张　竹　赵　楠　曹建勋

**北京市反恐先进个人**

付　强

**北京市法制工作先进个人**

郝靖宇

**首都社会治安综合治理先进工作者**

李呈河

**北京市优秀女民警标兵**

张淑花　梁　艳　李　娟

**公安技防监管部门先进个人**

王　巍

**法制系统行政复议工作先进个人**

赵　娟

**北京市第二次经济普查先进个人**

李庆玲

**北京市青年岗位能手**

游小琴

**北京市未成年人保护工作先进个人**

马秀清

**北京市爱国卫生先进个人**

张　本　马宝娥　于书凯
张明星　姜鸿升　高　波
李善友　赵志宏　阮　君
左雷鸣　张俊强　李庆兰
纪振国　张福春　王　维
孟玉新　佟锦冬　王长国
吴国忠　张振辉　杜　鹃
孙学军　李军鸣　国晶辉
毕向尧　晓　萍　张林萍
李京媛　周桂芝　马　红
马东梅　贾绍渝　王冬晖
王子明　袁长光　刘凤一
赫连发　张艳华　王　英
鲁文彬　王　强　何寒冰
致海杰　胡京颖　王泽庆
马士茹　许艳萍　陈淮勇
随晓鸥　邓　玫　郭宝胜
金　威　张金来　邱凤莲
夏鹤鹏　高　扬　李巧兰
徐春晖　李国兴　李桂珍
徐春友　党建强　蒋瑞平
皮蓓蓓　赵志媛　胡宇领
何大忠　贾根伏　宋立平
杜　平　王品军　刘　毓
杨　涛　李　光　何　明
高连军　徐丽娟　牟凤国
王贵金　马国庆　刘克宪
刘灿明　高印柱　孙忠民
刘先霞　张庆谦　赵鹏锦
高荣春　范　辉　杨海峰

**北京市公安局二等功获得者**

杨　轶　吉　喆　高志炘
恩　玮　雷　彬　王　雨
王建军　张　岚　白　石
雷　挺　魏　磊　崔玉海

**北京市公安局公安交通管理局二等功获得者**

刘　恕　闫顺德

**北京市人民检察院二等功获得者**

姚志刚

**北京市公安局公安交通管理局三等功获得者**

丁力川　梁春雷　赵宏伟
刁　铮　宋锦华　刘　琳
姚建国　姜小川　刘雪营
郝靖宇　赵志国　代　勇
金　军　韩德东　石可新
陈　嵬　单大龙　张春林
冀海军　王建成　金连成
李宝中　杨继新　黄希章
秦海涛　陈福广　张　龙
郑伯勇　白　云　王　昊
林雅斌　刘世正　邢　兵
邵毅国　阮秉义　郭江涛
崔彦生　张建锋　郝荣庆
庞海龙　姜　林　陈凤强
韩江涛　郭金成　马二山
孙　绪　李洪文　马启河
秘卫华　魏绍忠　焦永振
孙国伶　王建国　王　雷
梁四海　古永海　钟志勇
王君涛　刘海龙　崔文武
史明智　张国有　秦连山
张海山　陈　星　杨　成
侯文亮　雷士民　王　辉
丁立杰　白宏林　高海涛
贺建立　刘立全　王晓鹏
王玉松　刘振亚

**北京市优秀会员(中国民主建国会)**

王希平　王建川　王继华
王耀平　叶　蕾　刘　燕
刘俊茹　林桔红　年　蔚
吴　剑　李　浩　李艳军
张　林　张　惠　张国初
张福军　赵　普　杨木兰
周明刚　陈　工　姜　祺
贾英涛　高建宏　徐光福
郭仲芳　郭书良　康文杰
韩亚英　付海泉　赵亚洲
张树华

# 获高级专业技术职称人员

**中学高级教师**

刘智清　成　颖　周　可　李秀华　李晓艳　冯　芸
陈晓玲　赵淑芳　远　方　吉　芳　李勃蕾　白　洁
牟　昀　陈　颖　马　辉　吕景辉　吴　颖　刘　婕
邹丽娜　宋永慧　庄永春　周英霞　李朝晖　刘兴华
胡彦鹤　李昕颐　韩莉梅　郭玉茹　李晓影　钱　文
黄银霞　吕晓蕾　韩春英　任　玉　赵　越　吕　萍
秦　红　张　彤　张　力　沙　昕　郝跃华　殷　悦
毛劲蕡　宋艳娟　孙作秀　张永洁　刘　清　刘　欣
王国森　李梦莉　王毓标　朱亚平　顾　森　李　丽
刘　颜　赵　勇　王建林　王冰冰　王晓磊　彭苇莉
田洁萍　张　晔　白　可　华　凌　马景文　赵明茹
黄胜英　王　蕾　曹　霞　戎象薇　陈克兢　马　莹
王艳莉　秦　昆　尚林花　徐学文　宋燕晖　王文利
张文馈　王秀琴　刘金玉　黄　莉　贺　峰

# 统 计 资 料

## 表1－1 东城区国民经济主要指标

| 指　　标 | 单　位 | 2009年 | 2008年 | ±% |
|---|---|---|---|---|
| **一、地区生产总值合计** | 万元 | 9454049 | 8448920 | 11.9 |
| 按行业分组 | | | | |
| 第二产业 | 万元 | 289710 | 258884 | 11.9 |
| 工　业 | 万元 | 116859 | 101277 | 15.4 |
| 建筑业 | 万元 | 172851 | 157607 | 9.7 |
| 第三产业 | 万元 | 9164339 | 8190036 | 11.9 |
| 交通运输、仓储和邮政业 | 万元 | 230648 | 226696 | 1.7 |
| 信息传输、计算机服务和软件业 | 万元 | 1286786 | 1227463 | 4.8 |
| 批发和零售业 | 万元 | 863951 | 1017394 | -15.1 |
| 住宿和餐饮业 | 万元 | 322180 | 376056 | -14.3 |
| 金融业 | 万元 | 1901800 | 1216874 | 56.3 |
| 房地产业 | 万元 | 818070 | 683212 | 19.7 |
| 租赁和商务服务业 | 万元 | 1270086 | 1325988 | -4.2 |
| 科学研究、技术服务和地质勘察业 | 万元 | 1043768 | 784494 | 33.0 |
| 水利、环境和公共设施管理业 | 万元 | 26255 | 27884 | -5.8 |
| 居民服务和其他服务业 | 万元 | 31890 | 36171 | -11.8 |
| 教　育 | 万元 | 159522 | 136947 | 16.5 |
| 卫生、社会保障和社会福利业 | 万元 | 272693 | 256566 | 6.3 |
| 文化、体育和娱乐业 | 万元 | 287428 | 284629 | 1.0 |
| 公共管理和社会组织 | 万元 | 649262 | 589662 | 10.1 |
| **二、从业人员情况** | | | | |
| 1、全区法人单位从业人员平均人数 | 人 | 445023 | 453957 | -2.0 |
| 其中:企业单位 | 人 | 333230 | 344086 | -3.2 |
| 事业单位 | 人 | 66686 | 70260 | -5.1 |
| 国家机关 | 人 | 39963 | 39611 | 0.9 |
| 民间非营利组织 | 人 | 4840 | - | - |
| 其　他 | 人 | 304 | - | - |
| 2、全区法人单位从业人员人均劳动报酬 | 元 | 76206 | 72677 | 4.9 |
| 其中:企业单位 | 元 | 77644 | 73000 | 6.4 |
| 事业单位 | 元 | 70023 | 66082 | 6.0 |
| 国家机关 | 元 | 75866 | 75171 | 0.9 |
| **三、企业经营情况** | | | | |
| 1、全区规模以上企业主营业务收入 | 万元 | 92795627 | 35090892 | 164.4 |
| 2、全区规模以上企业利润总额 | 万元 | 54070504 | 9201307 | 487.6 |
| 3、全区规模以上企业应缴税金总额 | 万元 | 2617129 | 1731825 | 51.1 |
| 其中:增值税 | 万元 | 288613 | 314880 | -8.3 |
| 主营业务税金及附加 | 万元 | 853294 | 656986 | 29.9 |
| 应交所得税 | 万元 | 1475222 | 759959 | 94.1 |
| **四、零售额** | | | | |
| 全区社会商品零售额 | 万元 | 3740762 | 3248297 | 15.2 |

## 表1-2 东城区国民经济主要指标

| 指　　标 | 单　位 | 2009年 | 2008年 | ±% |
|---|---|---|---|---|
| 隶属关系:中央单位 | 万元 | 238016 | 388196 | -38.7 |
| 市属单位 | 万元 | 1288125 | 995045 | 29.5 |
| 区属单位 | 万元 | 2214621 | 1865056 | 18.7 |
| 用途分类:吃的商品 | 万元 | 1211974 | 1222385 | -0.9 |
| 穿的商品 | 万元 | 457445 | 286503 | 59.7 |
| 用的商品 | 万元 | 2069848 | 1735532 | 19.3 |
| 烧的商品 | 万元 | 1495 | 3877 | -61.4 |
| **五、固定资产投资** | | | | |
| 全社会固定资产投资总额 | 万元 | 2058468 | 1986619 | 3.6 |
| 其中:城镇固定资产投资 | 万元 | 1247079 | 989235 | 26.1 |
| 房地产开发 | 万元 | 811389 | 997384 | -18.6 |
| **六、居民生活** | | | | |
| 人均可支配收入 | 元 | 28458.26 | 26150.90 | 8.8 |
| 人均消费性支出 | 元 | 20087.42 | 18821.06 | 6.7 |
| 恩格尔系数 | % | 34.8 | 35.2 | -0.4 |
| **七、工　业** | | | | |
| 规模以上工业总产值(现价) | 万元 | 382201.4 | 379804 | 0.6 |
| 主营业务收入 | 万元 | 454978 | 457107 | -0.5 |
| 利润总额 | 万元 | 24065.8 | 33958 | -29.1 |
| 其中:增值税 | 万元 | 11342.9 | 13791 | -17.8 |
| 主营业务税金及附加 | 万元 | 1770 | 1058 | 67.3 |
| 应交所得税 | 万元 | 5790 | 5904 | -1.9 |
| **八、建筑业** | | | | |
| 具有资质的建筑业企业总产值 | 万元 | 1952816 | 1435593 | 36.0 |
| 施工面积 | 平方米 | 4268657 | 4076530 | 4.7 |
| 竣工面积 | 平方米 | 1331964 | 1231140 | 8.2 |
| 主营业务收入 | 万元 | 2282466 | 1701086 | 34.2 |
| 利润总额 | 万元 | 30598 | 28846 | 6.1 |
| 应缴税金 | 万元 | 85041 | 58045 | 46.5 |
| 其中:增值税 | 万元 | 204 | 133 | 53.3 |
| 主营业务税金及附加 | 万元 | 62548 | 46310 | 35.1 |
| 应交所得税 | 万元 | 22289 | 11602 | 92.1 |
| **九、信息传输、计算机服务和软件业** | | | | |
| 主营业务收入 | 万元 | 2556218 | 2321674 | 10.1 |
| 利润总额 | 万元 | 721592 | 612035 | 17.9 |
| 应缴税金 | 万元 | 246992 | 228347 | 8.2 |
| 其中:增值税 | 万元 | 3800 | 4942 | -23.1 |
| 主营业务税金及附加 | 万元 | 69130 | 62638 | 10.4 |
| 应交所得税 | 万元 | 174062 | 165710 | 5.0 |
| **十、批发和零售业** | | | | |
| 主营业务收入 | 万元 | 23688024 | 15680223 | 51.1 |
| 利润总额 | 万元 | 809538 | 578135 | 40.0 |
| 应缴税金 | 万元 | 417972 | 415392 | 0.6 |
| 其中:增值税 | 万元 | 216505 | 257441 | -15.9 |
| 主营业务税金及附加 | 万元 | 33388 | 24730 | 35.0 |
| 应交所得税 | 万元 | 168079 | 133221 | 26.2 |

## 表1－3 东城区国民经济主要指标

| 指　　标 | 单　位 | 2009年 | 2008年 | ±% |
|---|---|---|---|---|
| **十一、住宿和餐饮业** | | | | |
| 主营业务收入 | 万元 | 1249684 | 1366328 | －8.5 |
| 利润总额 | 万元 | 14701 | 93208 | －84.2 |
| 应缴税金 | 万元 | 92596 | 95917 | －3.5 |
| 其中:增值税 | 万元 | 2158 | 3532 | －38.9 |
| 主营业务税金及附加 | 万元 | 63983 | 66696 | －4.1 |
| 应交所得税 | 万元 | 26455 | 25689 | 3.0 |
| **十二、房地产开发经营** | | | | |
| 主营业务收入 | 万元 | 2345675 | 1744296 | 34.5 |
| 利润总额 | 万元 | 617364 | 390050 | 58.3 |
| 应缴税金 | 万元 | 321208 | 208562 | 54.0 |
| 其中:增值税 | 万元 | 433 | 122 | 254.9 |
| 主营业务税金及附加 | 万元 | 180215 | 130810 | 37.8 |
| 应交所得税 | 万元 | 140560 | 77630 | 81.1 |
| **十三、租赁和商务服务业** | | | | |
| 主营业务收入 | 万元 | 5276380 | 4696080 | 12.4 |
| 利润总额 | 万元 | 4884719 | 5644493 | －13.5 |
| 应缴税金 | 万元 | 196580 | 208965 | －5.9 |
| 其中:增值税 | 万元 | 7180 | 4897 | 46.6 |
| 主营业务税金及附加 | 万元 | 108911 | 122791 | －11.3 |
| 应交所得税 | 万元 | 80489 | 81277 | －1.0 |
| **十四、金 融 业** | | | | |
| 主营业务收入 | 万元 | 49319507 | 4793631 | 928.9 |
| 利润总额 | 万元 | 46566814 | 1823819 | 2453.3 |
| 应缴税金 | 万元 | 907896 | 403078 | 125.2 |
| 其中:增值税 | 万元 | －9 | 2 | |
| 主营业务税金及附加 | 万元 | 170639 | 152774 | 11.7 |
| 应交所得税 | 万元 | 737266 | 250288 | 194.6 |

**注:**1、2008年数据根据市局、总队反馈最终数据进行调整。
2、2009年数据为市局、总队反馈初步核实数据。
3、2009年全区法人单位从业人员平均人数统计口径为城镇单位从业人员,不包括私营单位和个体经营户从业人员数据。
4、金融业数据变化较大主要原因是由于中央汇金投资有限责任公司、中国投资有限责任公司等单位2009年纳入我区统计。
5、在从业人员按机构类型分组中,民间非营利组织和其他两项为2009年新增分组指标。

## 表2 全社会固定资产投资基本情况

| 项　　目 | 单　位 | 2009年 | 2008年 | ±% |
|---|---|---|---|---|
| **一、固定资产投资** | 万　元 | 2058468 | 1986619 | 3.6 |
| 1、城镇固定资产投资 | 万　元 | 1247079 | 989235 | 26.1 |
| 2、房地产开发投资 | 万　元 | 811389 | 997384 | －18.6 |
| **二、施工面积** | 平方米 | 3912202 | 4905392 | －20.2 |
| 1、城镇固定资产投资施工面积 | 平方米 | 1238206 | 924356 | 34.0 |
| 2、房地产开发投资施工面积 | 平方米 | 2673996 | 3981036 | －32.8 |
| **三、竣工面积** | 平方米 | 740651 | 1568202 | －52.8 |
| 1、城镇固定资产竣工面积 | 平方米 | 181046 | 225827 | －19.8 |
| 2、房地产开发竣工面积 | 平方米 | 559605 | 1342375 | －58.3 |

表3 全区工业基本情况(规模以上工业企业)

| 项目 | 工业企业单位(个) | | | 现价工业总产值(万元) | | |
|---|---|---|---|---|---|---|
| | 2009年 | 2008年 | ±% | 2009年 | 2008年 | ±% |
| 合计 | 56 | 49 | 14.3 | 382201.4 | 379804 | 0.6 |
| **按登记注册类型分** | 56 | 49 | 14.3 | 382201.4 | 379804 | 0.6 |
| 内资企业 | 41 | 35 | 17.1 | 159447.8 | 164497 | -3.1 |
| 国有企业 | 10 | 11 | -9.1 | 83967 | 74379 | 12.9 |
| 集体企业 | 1 | 1 | 0.0 | 690 | 1215 | -43.2 |
| 股份合作企业 | 4 | 4 | 0.0 | 3131.3 | 4128 | -24.1 |
| 国有独资公司 | 0 | 2 | - | 0 | 34117 | - |
| 其他有限责任公司 | 11 | 7 | 57.1 | 33435.9 | 15418 | 116.9 |
| 股份有限公司 | 2 | 2 | 0.0 | 19624.8 | 22208 | -11.6 |
| 私营企业 | 13 | 8 | 62.5 | 18598.8 | 13032 | 42.7 |
| 港澳台商投资企业 | 6 | 6 | 0.0 | 83280.9 | 103671 | -19.7 |
| 外商投资企业 | 9 | 8 | 12.5 | 139472.7 | 111636 | 24.9 |
| **按轻重工业分** | 56 | 49 | 14.3 | 382201.4 | 379804 | 0.6 |
| 轻工业 | 26 | 20 | 30.0 | 80232.6 | 69380 | 15.6 |
| 重工业 | 30 | 29 | 3.4 | 301968.8 | 310424 | -2.7 |

表4 全区具有资质的建筑业企业基本情况

| 项目 | 建筑业单位数(个) | | | 建筑业总产值(万元) | | |
|---|---|---|---|---|---|---|
| | 2009年 | 2008年 | ±% | 2009年 | 2008年 | ±% |
| 合计 | 136 | 143 | -4.9 | 1952815.5 | 1435592.5 | 36.0 |
| **内资企业** | 127 | 133 | -4.5 | 1872706.5 | 1349564.1 | 38.8 |
| 国有企业 | 12 | 13 | -7.7 | 309265 | 257237.2 | 20.2 |
| 集体企业 | 6 | 6 | 0.0 | 4439.6 | 5388.7 | -17.6 |
| 股份合作企业 | 2 | 3 | -33.3 | 3208.4 | 3474 | -7.6 |
| 其他有限责任公司 | 51 | 55 | -7.3 | 1491700.6 | 1005957.2 | 48.3 |
| 私营有限责任公司 | 56 | 56 | 0.0 | 64092.9 | 77507 | -17.3 |
| **港澳台商投资企业** | 6 | 6 | 0.0 | 70499.6 | 74440.1 | -5.3 |
| **外商投资企业** | 3 | 4 | -25.0 | 9609.4 | 11588.3 | -17.1 |

表5 全区具有资质的建筑业企业开工竣工情况 单位:平方米

| 项目 | 建筑业开(复)工面积 | | | 建筑业竣工面积 | | |
|---|---|---|---|---|---|---|
| | 2009年 | 2008年 | ±% | 2009年 | 2008年 | ±% |
| 合计 | 4268657 | 4076530 | 4.7 | 1331964 | 1231140 | 8.2 |
| **内资企业** | 4115874 | 4045427 | 1.7 | 1319249 | 1212665 | 8.8 |
| 国有企业 | 1228045 | 883545 | 39.0 | 629625 | 362987 | 73.5 |
| 其他有限责任公司 | 2676441 | 2944442 | -9.1 | 615174 | 746304 | -17.6 |
| 私营有限责任公司 | 211388 | 217440 | -2.8 | 74450 | 103374 | -28.0 |
| **港澳台商投资企业** | 113640 | - | - | - | - | - |
| **外商投资企业** | 39143 | 31103 | 25.8 | 12715 | 18475 | -31.2 |

**表6　社会消费品零售额(按登记注册类型、用途、类别分组)**　单位:万元

| 项　目 | 2009年 | 2008年 | ±% |
|---|---|---|---|
| 合　计 | 3740762 | 3248297 | 15.2 |
| **按登记注册类型分** | | | |
| 国　有 | 187301 | 289116 | -35.2 |
| 集　体 | 4892 | 1347 | 263.2 |
| 股份合作 | 31107 | 22192 | 40.2 |
| 国有联营 | 0 | 1427 | - |
| 国有与集体联营 | 23735 | 20548 | 15.5 |
| 其他有限责任公司 | 569533 | 495501 | 14.9 |
| 股份有限公司 | 728794 | 640100 | 13.9 |
| 私营独资 | 274 | 1932 | -85.8 |
| 私营有限责任公司 | 710906 | 491455 | 44.7 |
| 其他内资 | 324011 | 321572 | 0.8 |
| 与港澳台商合资经营 | 39597 | 46182 | -14.3 |
| 与港澳台商合作经营 | 39314 | 64687 | -39.2 |
| 港澳台商独资 | 166984 | 129743 | 28.7 |
| 中外合资经营 | 611355 | 475975 | 28.4 |
| 中外合作经营 | 3435 | 105935 | -96.8 |
| 外商独资 | 299525 | 140585 | 113.1 |
| **按用途分** | | | |
| 吃的商品 | 1211974 | 1222385 | -0.9 |
| 穿的商品 | 457445 | 286503 | 59.7 |
| 用的商品 | 2069848 | 1735532 | 19.3 |
| 烧的商品 | 1495 | 3877 | -61.4 |
| **按商品类别分** | | | |
| 食品、饮料、烟酒类 | 1211974 | 1222385 | -0.9 |
| 针、纺织品类 | 16068 | 16381 | -1.9 |
| 服装、鞋帽类 | 441377 | 270122 | 63.4 |
| 化妆品类 | 49233 | 33868 | 45.4 |
| 日用品类 | 249037 | 196119 | 27.0 |
| 五金、电工器具类 | 6643 | 505 | 1215.4 |
| 生活电器及音像器材类 | 37175 | 42862 | -13.3 |
| 文化体育用品类 | 80897 | 54728 | 47.8 |
| 金银珠宝类 | 84973 | 77461 | 9.7 |
| 家具类 | 45619 | 35827 | 27.3 |
| 通讯器材类 | 19387 | 14840 | 30.6 |
| 中西药品类 | 635581 | 515320 | 23.3 |
| 书报杂志类 | 313367 | 246627 | 27.1 |
| 建筑材料类 | 7327 | 126 | 5715.1 |
| 化工材料及制品类 | 0 | 4532 | - |
| 金属材料类 | - | - | - |
| 机电设备及零件类 | 442492 | 445467 | -0.7 |
| 煤炭及制品类 | 1495 | 2999 | -50.2 |
| 石油及制品类 | 0 | 878 | - |
| 其他类 | 98117 | 67250 | 45.9 |

## 表7 规模以上单位及商品交易市场主要商品零售量

| 项　　目 | 单　位 | 2009 年 | 2008 年 | ±% |
|---|---|---|---|---|
| 粮食 | 百公斤 | 40433 | 27382 | 47.7 |
| 食用植物油 | 百公斤 | 13682 | 13232 | 3.4 |
| 猪和猪肉 | 百公斤 | 49192 | 38580 | 27.5 |
| 牛和牛肉 | 百公斤 | 8054 | 2826 | 185.0 |
| 羊和羊肉 | 百公斤 | 3792 | 1618 | 234.4 |
| 家禽 | 百公斤 | 13009 | 13954 | -6.8 |
| 鲜蛋 | 百公斤 | 9784 | 5234 | 86.9 |
| 鲜菜 | 百公斤 | 159996 | 25805 | 520.0 |
| 鲜瓜果 | 百公斤 | 84992 | 14576 | 483.1 |
| 水产品 | 百公斤 | 12993 | 2552 | 409.1 |
| 食糖 | 百公斤 | 1360 | 2374 | -42.7 |
| 卷烟 | 箱(50 条) | 7364 | 7306 | 0.8 |
| 酒 | 百公斤 | 14394 | 9683 | 48.7 |
| 茶叶 | 百公斤 | 11276 | 12196 | -7.5 |
| 鞋 | 百双 | 28957 | 21135 | 37.0 |
| 照相机 | 台 | 5812 | 18769 | -69.0 |
| 自行车 | 辆 | 16274 | 26278 | -38.1 |
| 彩色电视机 | 台 | 3483 | 2488 | 40.0 |
| 组合音响 | 台 | 4698 | 4753 | -1.2 |
| 摄像机 | 架 | 403 | 1626 | -75.2 |
| 影碟机 | 台 | 564 | 1081 | -47.8 |
| 家用电风扇 | 台 | 2591 | 611 | 324.1 |
| 家用电冰箱 | 台 | 860 | 765 | 12.4 |
| 家用洗衣机 | 台 | 960 | 1075 | -10.7 |
| 房间空调器 | 台 | 7142 | 9274 | -23.0 |
| 热水淋浴器 | 台 | 18559 | 9400 | 97.4 |
| 吸尘器 | 台 | 518 | 460 | 12.6 |
| 抽油烟机 | 台 | 6424 | 9670 | -33.6 |
| 微波炉 | 台 | 1046 | 549 | 90.5 |
| 电饭锅 | 台 | 6010 | 3384 | 77.6 |
| 微型计算机 | 台 | 4493 | 2716 | 65.4 |
| 汽车 | 辆 | 23468 | 23707 | -1.0 |
| 其中:小轿车 | 辆 | 11556 | 13676 | -15.5 |

## 表 8 东城区居民家庭生活调查情况

| 项　　目 | 单 位 | 2009 年 | 2008 年 | ±% |
|---|---|---|---|---|
| 一、调查户数 | 户 | 375 | 375 | 0.00 |
| 二、月均家庭人口数 | 人 | 2.89 | 2.92 | -1.03 |
| 其中:有收入者人数 | 人 | 2.44 | 2.43 | 0.41 |
| 其中:就业人口数 | 人 | 1.93 | 1.97 | -2.03 |
| 其中:国有、集体职工人数 | 人 | 1.06 | 1.17 | -9.40 |
| 三、全年人均可支配收入 | 元 | 28458.26 | 26150.90 | 8.82 |
| 四、家庭总收入 | 元 | 32919.99 | 29936.49 | 9.97 |
| 五、全年人均借贷收入 | 元 | 25858.99 | 5908.57 | 337.65 |
| 六、家庭总支出 | 元 | 28755.03 | 25930.93 | 10.89 |
| 1. 消费性支出 | 元 | 20683.33 | 18821.06 | 9.89 |
| 其中:食　品 | 元 | 6992.41 | 6626.05 | 5.53 |
| 衣　着 | 元 | 2042.14 | 1737.61 | 17.53 |
| 家庭设备用品及服务 | 元 | 1274.97 | 1138.39 | 12.00 |
| 医疗保健 | 元 | 1795.97 | 1713.55 | 4.81 |
| 交通通信 | 元 | 2687.82 | 2400.90 | 11.95 |
| 教育文化娱乐服务 | 元 | 3353.26 | 3125.67 | 7.28 |
| 居　住 | 元 | 1534.91 | 1174.40 | 30.70 |
| 其它商品与服务 | 元 | 1001.84 | 904.49 | 10.76 |
| 2. 购房与建房支出 | 元 | 2014.83 | 1707.50 | 18.00 |
| 3. 转移性支出 | 元 | 2392.73 | 2339.25 | 2.29 |
| 4. 财产性支出 | 元 | 162.25 | 55.93 | 190.09 |
| 5. 社会保障支出 | 元 | 3498.89 | 3007.19 | 16.35 |
| 七、全年人均借贷支出 | 元 | 31144.67 | 10365.25 | 200.47 |

## 表 9 百户居民大件耐用消费品年末拥有量

| 名　　称 | 单 位 | 2009 年 | 2008 年 | ±% |
|---|---|---|---|---|
| 摩 托 车 | 辆 | 2.93 | 2.13 | 37.56 |
| 助 力 车 | 辆 | 8.53 | 8 | 6.62 |
| 家用汽车 | 辆 | 26.93 | 20 | 34.65 |
| 洗 衣 机 | 台 | 102.13 | 100.8 | 1.32 |
| 电 冰 箱 | 台 | 104 | 102.93 | 1.04 |
| 彩色电视机 | 台 | 153.6 | 147.73 | 3.97 |
| 家用电脑 | 台 | 109.07 | 102.13 | 6.80 |
| 组合音响 | 套 | 26.93 | 25.07 | 7.42 |
| 摄 像 机 | 台 | 20.8 | 19.47 | 6.83 |
| 照 像 机 | 架 | 109.33 | 102.67 | 6.49 |
| 钢　琴 | 架 | 5.87 | 4.27 | 37.47 |
| 其它中高档乐器 | 件 | 6.67 | 4.8 | 38.96 |
| 微 波 炉 | 台 | 92.8 | 88.53 | 4.82 |
| 空 调 器 | 台 | 172 | 165.33 | 4.03 |
| 淋浴热水器 | 台 | 89.33 | 87.47 | 2.13 |
| 消毒碗柜 | 台 | 7.2 | 4.8 | 50.00 |
| 健身器材 | 套 | 8.8 | 6.93 | 26.98 |
| 固定电话 | 部 | 103.47 | 104.27 | -0.77 |
| 移动电话 | 部 | 236.8 | 230.4 | 2.78 |

表 10

# 东城区人口年龄统计表

单位:人

| 年龄 | 合计 | 占总人口(%) | 男 | 女 | 年龄 | 合计 | 占总人口(%) | 男 | 女 |
|---|---|---|---|---|---|---|---|---|---|
| 0岁 | 3857 | 0.01 | 1949 | 1908 | 51岁 | 13385 | 0.02 | 6646 | 6739 |
| 1岁 | 4379 | 0.01 | 2204 | 2175 | 52岁 | 14762 | 0.02 | 7281 | 7481 |
| 2岁 | 4507 | 0.01 | 2358 | 2149 | 53岁 | 13052 | 0.02 | 6461 | 6591 |
| 3岁 | 3394 | 0.01 | 1773 | 1621 | 54岁 | 12816 | 0.02 | 6224 | 6592 |
| 4岁 | 3037 | 0.00 | 1554 | 1483 | 55岁 | 13115 | 0.02 | 6399 | 6716 |
| 5岁 | 3479 | 0.01 | 1766 | 1713 | 56岁 | 11636 | 0.02 | 5703 | 5933 |
| 6岁 | 1872 | 0.00 | 951 | 921 | 57岁 | 10675 | 0.02 | 5273 | 5402 |
| 7岁 | 3397 | 0.01 | 1737 | 1660 | 58岁 | 9868 | 0.02 | 4846 | 5022 |
| 8岁 | 2974 | 0.00 | 1490 | 1484 | 59岁 | 8626 | 0.01 | 4381 | 4245 |
| 9岁 | 3614 | 0.01 | 1896 | 1718 | 60岁 | 7469 | 0.01 | 3742 | 3727 |
| 10岁 | 3418 | 0.01 | 1747 | 1671 | 61岁 | 6103 | 0.01 | 3068 | 3035 |
| 11岁 | 3182 | 0.01 | 1618 | 1564 | 62岁 | 5864 | 0.01 | 2931 | 2933 |
| 12岁 | 3857 | 0.01 | 2035 | 1822 | 63岁 | 5436 | 0.01 | 2699 | 2737 |
| 13岁 | 3643 | 0.01 | 1815 | 1828 | 64岁 | 4731 | 0.01 | 2317 | 2414 |
| 14岁 | 3879 | 0.01 | 1952 | 1927 | 65岁 | 4027 | 0.01 | 2020 | 2007 |
| 15岁 | 4040 | 0.01 | 2112 | 1928 | 66岁 | 3782 | 0.01 | 1865 | 1917 |
| 16岁 | 4144 | 0.01 | 2077 | 2067 | 67岁 | 4233 | 0.01 | 2054 | 2179 |
| 17岁 | 5085 | 0.01 | 2536 | 2549 | 68岁 | 4204 | 0.01 | 1941 | 2263 |
| 18岁 | 3820 | 0.01 | 1932 | 1888 | 69岁 | 4511 | 0.01 | 2017 | 2494 |
| 19岁 | 6445 | 0.01 | 3225 | 3220 | 70岁 | 4661 | 0.01 | 1972 | 2689 |
| 20岁 | 6870 | 0.01 | 3422 | 3448 | 71岁 | 4929 | 0.01 | 2066 | 2863 |
| 21岁 | 7868 | 0.01 | 3958 | 3910 | 72岁 | 5239 | 0.01 | 2245 | 2994 |
| 22岁 | 8758 | 0.01 | 4279 | 4479 | 73岁 | 5179 | 0.01 | 2295 | 2884 |
| 23岁 | 8269 | 0.01 | 4139 | 4130 | 74岁 | 5285 | 0.01 | 2290 | 2995 |
| 24岁 | 9337 | 0.02 | 4661 | 4676 | 75岁 | 5039 | 0.01 | 2272 | 2767 |
| 25岁 | 10654 | 0.02 | 5360 | 5294 | 76岁 | 4933 | 0.01 | 2310 | 2623 |
| 26岁 | 13255 | 0.02 | 6590 | 6665 | 77岁 | 4459 | 0.01 | 2127 | 2332 |
| 27岁 | 15170 | 0.02 | 7505 | 7665 | 78岁 | 3932 | 0.01 | 1853 | 2079 |
| 28岁 | 13160 | 0.02 | 6637 | 6523 | 79岁 | 3891 | 0.01 | 1802 | 2089 |
| 29岁 | 11596 | 0.02 | 5854 | 5742 | 80岁 | 3661 | 0.01 | 1657 | 2004 |
| 30岁 | 10223 | 0.02 | 5281 | 4942 | 81岁 | 3281 | 0.01 | 1538 | 1743 |
| 31岁 | 10192 | 0.02 | 5145 | 5047 | 82岁 | 2750 | 0.00 | 1193 | 1557 |
| 32岁 | 8291 | 0.01 | 4209 | 4082 | 83岁 | 2514 | 0.00 | 1151 | 1363 |
| 33岁 | 7368 | 0.01 | 3798 | 3570 | 84岁 | 2243 | 0.00 | 1005 | 1238 |
| 34岁 | 7062 | 0.01 | 3546 | 3516 | 85岁 | 2050 | 0.00 | 917 | 1133 |
| 35岁 | 7246 | 0.01 | 3671 | 3575 | 86岁 | 1789 | 0.00 | 803 | 986 |
| 36岁 | 8804 | 0.01 | 4364 | 4440 | 87岁 | 1533 | 0.00 | 688 | 845 |
| 37岁 | 9047 | 0.01 | 4491 | 4556 | 88岁 | 1325 | 0.00 | 594 | 731 |
| 38岁 | 8863 | 0.01 | 4395 | 4468 | 89岁 | 1080 | 0.00 | 493 | 587 |
| 39岁 | 9269 | 0.01 | 4622 | 4647 | 90岁 | 837 | 0.00 | 342 | 495 |
| 40岁 | 9507 | 0.02 | 4644 | 4863 | 91岁 | 767 | 0.00 | 330 | 437 |
| 41岁 | 10632 | 0.02 | 5180 | 5452 | 92岁 | 583 | 0.00 | 260 | 323 |
| 42岁 | 7027 | 0.01 | 3381 | 3646 | 93岁 | 430 | 0.00 | 179 | 251 |
| 43岁 | 7164 | 0.01 | 3584 | 3580 | 94岁 | 377 | 0.00 | 156 | 221 |
| 44岁 | 8113 | 0.01 | 4113 | 4000 | 95岁 | 323 | 0.00 | 140 | 183 |
| 45岁 | 11486 | 0.02 | 5751 | 5735 | 96岁 | 241 | 0.00 | 91 | 150 |
| 46岁 | 17521 | 0.03 | 8855 | 8666 | 97岁 | 188 | 0.00 | 68 | 120 |
| 47岁 | 14769 | 0.02 | 7438 | 7331 | 98岁 | 128 | 0.00 | 57 | 71 |
| 48岁 | 10568 | 0.02 | 5335 | 5233 | 99岁 | 125 | 0.00 | 46 | 79 |
| 49岁 | 12516 | 0.02 | 6338 | 6178 | 100岁以上 | 343 | 0.00 | 114 | 229 |
| 50岁 | 11911 | 0.02 | 6044 | 5867 | 合计 | 620949 | 100.00% | 306239 | 314710 |

## 表 11　东城区 2009 年人口性别年龄结构示意图

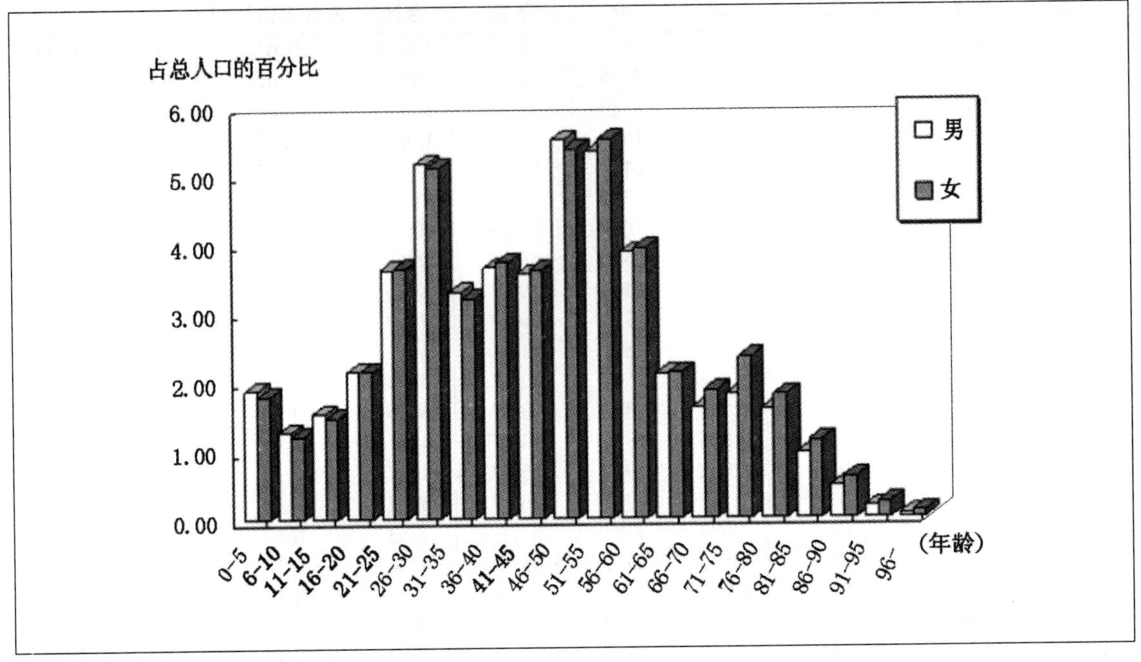


## 表 12　2009 年常住人口变动表

（东城公安分局）

| 项目 | | | 上月末实有 | 增加 | | | | | | | |
|---|---|---|---|---|---|---|---|---|---|---|---|
| | | | | 计 | 市外迁入 | 出生 | 市内移动 | | | 本管界转化 | 其他 |
| | | | | | | | 区 | 县 | 本区、县他所 | | |
| 非农业 | 户数 | | 218826 | 3795 | 229 | 42 | 1994 | 27 | 822 | | 681 |
| | 人数 | 计 | 619288 | 26493 | 4789 | 4959 | 13361 | 140 | 3217 | | 27 |
| | | 男 | 305500 | 12818 | 2371 | 2501 | 6356 | 58 | 1519 | | 13 |
| | | 女 | 313788 | 13675 | 2418 | 2458 | 7005 | 82 | 1698 | | 14 |

| 项目 | | | 减少 | | | | | | | | 本月增减比较 | 本月末实有 |
|---|---|---|---|---|---|---|---|---|---|---|---|---|
| | | | 计 | 迁往市外 | 死亡 | 市内移动 | | | 本管界转化 | 其他 | | |
| | | | | | | 区 | 县 | 本区、县他所 | | | | |
| 非农业 | 户数 | | 4552 | 43 | 270 | 3223 | 4 | 696 | | 316 | -757 | 218069 |
| | 人数 | 计 | 24832 | 842 | 2648 | 18072 | 42 | 3213 | | 15 | 1661 | 620949 |
| | | 男 | 12079 | 457 | 1276 | 8795 | 27 | 1515 | | 9 | 739 | 306239 |
| | | 女 | 12753 | 385 | 1372 | 9277 | 15 | 1698 | | 6 | 922 | 314710 |

# 主要统计指标解释

**一、规模以上工业** 即年主营业务收入500万元及以上的工业法人单位。

**二、规模以下工业** 即年主营业务收入500万元以下的工业法人单位和全部个体工业户。

**三、资产总计** 指企业拥有或控制的能以货币计量的经济资源,包括各种财产、债权和其他权利。资产按其流动性(即资产的变现能力和支付能力)划分为:流动资产、长期投资、固定资产、无形资产、递延资产和其他资产。根据会计“资产负债表”中“资产总计”项的期末数填列。

**四、工业总产值(现行价格)** 指工业企业在本年内生产的以货币形式表现的工业最终产品和提供工业劳务活动的总价值量。

**五、成品价值** 指企业在本年内生产,并在本年内不再进行加工,经检验合格、包装入库的已经销售和准备销售的全部工业成品(包括半成品)价值合计。成品价值中包括企业生产的自制设备及提供给本企业在建工程、其他非工业部门和生活福利部门等单位使用的成品价值,但不包括用订货者来料加工的成品(半成品)价值。

**六、对外加工费收入** 指企业在报告期内完成的对外承做的工业品加工(包括用订货者来料加工生产)的加工费收入和对外工业品修理作业所收取的加工费收入和对内非工业部门提供的加工修理、设备安装等收入。对外加工费收入按不含应交增值税(销项税额)的价格计算。

**七、自制半成品在制品期末期初差额价值** 为了使工业总产值与工业中间投入中的物耗价值一致,以便同口径地计算工业增加值,规定本指标的计算原则是:凡是企业会计产品成本核算中计算半成品、在制品成本,则工业总产值中必须包括自制半成品在制品期末期初差额价值。反之则不包括。

**八、居民人均可支配收入** 指调查户可用于最终消费支出和其他非义务性支出以及储蓄的总和,即居民家庭可以用来自由支配的收入。它是家庭总收入扣除交纳的个人所得税、个人交纳的社会保障费以及调查户的记账补贴后的收入。计算公式为:可支配收入=家庭总收入-交纳个人所得税-个人交纳的社会保障支出-记账补贴

**九、居民人均消费性支出** 指调查户用于本家庭日常生活的全部支出,包括食品、衣着、居住、家庭设备用品及服务、医疗保健、交通和通信、娱乐教育文化服务、其他商品和服务八大类等。包括用于赠送的商品或服务。

**十、工资性收入** 指就业人员通过各种途径得到的全部劳动报酬,包括所从事主要职业的工资以及从事第二职业、其他兼职和零星劳动得到的其他劳动收入。

**十一、耐用消费品** 指价值比较高、消费期较长的家用电器和家庭设备。

**十二、名词解释**

**吃类商品(02)** 指市场中粮油、食品、饮料、烟酒等吃类商品。

**穿类商品(03)** 指市场中服装鞋帽、针纺织品等穿类商品。

**用类商品(04)** 指市场中除吃类、穿类、烧类之外的商品。

**烧类商品(05)** 指市场中用于炊事、取暖、照明和动力用的各种燃料。

**专业店** 位于市、区级商业中心以及百货店、购物中心内;目标顾客以有目的选购某类商品的流动顾客为主;营业面积根据商品特点而定;以销售某类商品为主,体现专业性、深度性、品种丰富,选择余地大;采取柜台销售或开架面售方式进行商品销售;从业人员具有丰富的专业知识;信息管理系统程度较高。

**专卖店** 一般位于市、区级商业中心、专业街以及百货店、购物中心内;目标顾客以中高档消费者和追求时尚的年轻人为主;以销售某一品牌系列商品为主,具有销售量少、质优、高毛利等特点;采取柜台销售或开架面售方式进行商品销售,商店陈列、照明、包装、广告讲究;注重品牌声誉,从业人员具备丰富的专业知识,提供专业性服务;信息管理系统程度一般。

**便利店** 位于商业中心区、交通要道以及车站、医院、学校、娱乐场所、办公楼、加油站等公共活动区;商圈范围小,顾客步行5分钟内到达,目标顾客主要为单身者、年轻人,顾客多为有目的的购买;营业面积一般在100平方米左右,利用率高;以即时食品、日用小百货为主,有即时消费性、小容量、应急性等特点,商品品种在3000种左右,售价一般高于市场平均水平;商品销售方式以开架自选为主,结算在收银处统一进行;营业时间一般在16小时以上,提供即时性食品的辅助设施,开设多项服务项目;信息管理系统程度较高。

# 附　　录

## 中共北京市东城区委主要文件目录

### 中共北京市东城区委主要文件

东发[2009]1号　中共东城区委关于印发《区委常委会2009年工作要点》的通知
东发[2009]2号　中共东城区委、东城区人民政府关于贯彻《北京市加强社会建设实施纲要》的意见
东发[2009]3号　中共东城区委、东城区人民政府关于在全区开展廉政风险防范管理工作的通知
东发[2009]4号　中共东城区委关于在全区党员中开展深入学习实践科学发展观活动的实施意见
东发[2009]5号　中共东城区委关于深入学习实践科学发展观,开展弘扬北京奥运精神加强领导干部作风建设年活动的实施意见
东发[2009]6号　中共东城区委、东城区人民政府关于进一步推进义务教育均衡发展的实施意见
东发[2009]7号　中共东城区委、东城区人民政府关于进一步深化文明城区建设工作的意见
东发[2009]8号　中共东城区委、东城区人民政府关于表彰创建全国文明城区工作先进单位和先进个人的决定
东发[2009]9号　中共东城区委、东城区人民政府关于进一步深化东城区国资国企改革的意见
东发[2009]10号　中共东城区委、东城区人民政府关于表彰"2007~2008年度东城区调查研究工作先进单位、优秀调查研究成果"的通知
东发[2009]11号　中共东城区委、东城区人民政府关于印发《〈东城区总体发展战略规划(2010~2030年)〉编制工作的实施意见》的通知
东发[2009]12号　中共东城区委关于印发《东城区对台工作规划纲要(2009~2012年)》的通知
东发[2009]13号　中共东城区委、东城区人民政府关于印发《〈东城区人才发展战略规划(2011~2030年)〉编制工作的实施意见》的通知
东发[2009]14号　中共东城区委关于贯彻落实《中国共产党党校工作条例》的意见
东发[2009]15号　中共东城区委、东城区人民政府关于加强网上监察建设工作的实施意见
东发[2009]16号　中共东城区委、东城区人民政府、首都国庆60周年东城区筹备工作领导小组关于表彰新中国成立60周年庆祝活动先进单位的决定

### 中共北京市东城区委办公室主要文件

东办发[2009]1号　中共东城区委办公室、东城区人民政府办公室关于表彰2008年度东城区党风廉政建设先进单位的决定
东办发[2009]2号　中共东城区委办公室关于印发《区十四届人大四次会议代表建议、区政协十二届三次会议民主党派(团体)和委员提案办理工作目标责任制(折子工程)》的通知
东办发[2009]3号　中共东城区委办公室、东城区人民政府办公室关于印发《东城区关于开展安全大检查推进综合整治专项行动工作方案》的通知
东办发[2009]4号　中共东城区委办公室、东城区人民政府办公室关于命名表彰东城区"三八"红旗手、"三八"红旗集体的决定
东办发[2009]5号　中共东城区委办公室关于印发《区委2009年工作目标责任制(折子工程)》的通知
东办发[2009]6号　中共东城区委办公室关于印发《区委常委会2009年议题计划》及《区委常委会2009年议题计划任务分解表》的通知

| | |
|---|---|
| 东办发[2009]7号 | 中共东城区委办公室关于印发《中共东城区委专题会议工作制度(试行)》的通知 |
| 东办发[2009]8号 | 中共东城区委办公室、东城区人民政府办公室关于印发《东城区建国60周年庆祝活动筹备工作组织机构》的通知 |
| 东办发[2009]9号 | 中共东城区委办公室、东城区人民政府办公室关于印发《2009年东城区贯彻落实党风廉政建设责任制推进惩治和预防腐败体系建设主要任务分工》的通知 |
| 东办发[2009]10号 | 中共东城区委办公室关于转发《区委宣传部关于围绕庆祝新中国成立60周年深入开展群众性爱国主义教育活动的实施方案》的通知 |
| 东办发[2009]11号 | 中共东城区委办公室、东城区人民政府办公室印发《东城区关于认真贯彻落实中央厉行节约八项要求的实施方案》的通知 |
| 东办发[2009]12号 | 中共东城区委办公室、东城区人民政府办公室印发《东城区关于进一步完善矛盾纠纷排查化解工作制度的意见》《东城区关于进一步完善领导干部接待群众来访制度的实施意见》的通知 |
| 东办发[2009]13号 | 中共东城区委办公室、东城区人民政府办公室关于区级领导联系街道和重点重点职能部门促进"三保"措施落实工作的通知 |
| 东办发[2009]14号 | 中共东城区委办公室印发《关于进一步加强和改进党委(党组)中心组学习的实施意见》的通知 |
| 东办发[2009]15号 | 中共东城区委办公室印发《中共东城区委关于大规模培训干部工作的实施意见》的通知 |
| 东办发[2009]16号 | 中共东城区委办公室、东城区人民政府办公室印发《关于进一步净化社会文化环境促进未成年人健康成长的实施方案》的通知 |
| 东办发[2009]17号 | 中共东城区委办公室、东城区人民政府办公室关于继续坚持领导干部联系学校制度的通知 |
| 东办发[2009]18号 | 中共东城区委办公室关于做好2010年度《人民日报》、《求是》杂志和《北京日报》、《前线》杂志发行工作的通知 |
| 东办发[2009]19号 | 中共东城区委办公室、东城区人民政府办公室印发《东城区关于加强街道民主监督评议政府职能部门和公共服务单位的意见》的通知 |
| 东办发[2009]20号 | 中共东城区委办公室、东城区人民政府办公室印发《东城区工程建设领域突出问题专项治理工作实施方案》的通知 |
| 东办发[2009]21号 | 中共东城区委办公室、东城区人民政府办公室印发《东城区关于进一步加强国家安全工作的意见》的通知 |
| 东办发[2009]22号 | 中共东城区委办公室、东城区人民政府办公室印发《关于加强综治基层基础工作进一步推进"平安东城"建设的实施意见》的通知 |

# 北京市东城区人民政府主要文件目录

## 北京市东城区人民政府主要文件

| | |
|---|---|
| 东政发[2009]1号 | 关于印发东城区2009年服务经济发展促进社会和谐的措施的通知 |
| 东政发[2009]2号 | 关于社区调整的通知 |
| 东政发[2009]5号 | 关于印发2009年在直接关系群众生活方面拟办的重要实事的通知 |
| 东政发[2009]6号 | 关于印发《北京市东城区行政执法协调办法》的通知 |
| 东政发[2009]7号 | 关于公布行政规范性文件清理结果的通知 |
| 东政发[2009]8号 | 关于发布《东城区行政规范性文件制定、备案和监督的若干规定》的通告 |
| 东政发[2009]9号 | 关于印发东城区政府开展行政复议委员会试点工作实施方案的通知 |
| 东政发[2009]10号 | 关于机构设置的通知 |
| 东政发[2009]11号 | 关于印发贯彻落实市政府加强市县政府依法行政有关文件实施方案的通知 |
| 东政发[2009]12号 | 关于公布第二批区级非物质文化遗产名录的通知 |

| | |
|---|---|
| 东政发[2009]13 号 | 关于印发鼓励用人单位招用失业人员实施办法及企业见习岗位培训补贴实施意见的通知 |
| 东政发[2009]14 号 | 关于公布东城区第三批文物保护单位名单的通知 |
| 东政发[2009]15 号 | 印发关于推进首都戏剧文化城建设若干意见的通知 |
| 东政发[2009]17 号 | 关于修订《北京市东城区接收安置退役士兵暂行办法》的通知 |

## 北京市东城区人民政府办公室主要文件

| | |
|---|---|
| 东政办发[2009]1 号 | 关于区长、副区长工作分工的通知 |
| 东政办发[2009]3 号 | 关于印发东城区“健康生育计划”实施方案的通知 |
| 东政办发[2009]4 号 | 转发区民政局关于东城区社区居民委员会换届选举工作实施意见的通知 |
| 东政办发[2009]7 号 | 转发东城区交通安全委员会关于东城区落实“2.16”全市交通安全大会工作部署落实账单的通知 |
| 东政办发[2009]11 号 | 关于成立东城区文化创意产业促进办公室的通知 |
| 东政办发[2009]12 号 | 转发东城区打击整治机动车非法营运百日专项治理活动工作方案的通知 |
| 东政办发[2009]13 号 | 转发区残联关于东城区残疾人人人享有康复服务审评工作实施方案的通知 |
| 东政办发[2009]15 号 | 转发区城管委关于东城区 2009 年全面推进生活垃圾处理工作方案的通知 |
| 东政办发[2009]17 号 | 关于印发《东城区促进社会单位服务社区公益文体活动试行办法》的通知 |
| 东政办发[2009]19 号 | 关于印发建设国家级城市公共服务标准化示范区工作方案和实施细则的通知 |
| 东政办发[2009]20 号 | 关于规范和统筹临时救助制度的通知 |
| 东政办发[2009]21 号 | 关于印发区长副区长工作分工的通知 |
| 东政办发[2009]22 号 | 关于印发 2010 年元旦春节烟花爆竹安全管理工作意见及实施方案的通知 |

## 驻区中央及市级党、政、群机关

| 单位名称 | 地　址 | 电　话 |
|---|---|---|
| 最高人民检察院 | 北河沿大街 147 号 | 65209114 |
| 最高人民法院 | 东交民巷 27 号 | 85256114 |
| 中华人民共和国公安部 | 东长安街 14 号 | 65202114 |
| 中华人民共和国国家安全部 | 东长安街 14 号 | 65244702 |
| 中华人民共和国民政部 | 北河沿大街 147 号 | 58123114 |
| 中华人民共和国劳动和社会保障部 | 和平里中街 12 号 | 84201114 |
| 中华人民共和国交通部 | 建国门内大街 11 号 | 65292114 |
| 中华人民共和国商务部 | 东长安街 2 号 | 65138114 |
| 中华人民共和国文化部 | 朝阳门北大街 10 号 | 65551114 |
| 中华人民共和国新闻出版总署 | 东四南大街 85 号 | 65124433 |
| 中华人民共和国海关总署 | 建国门内大街 6 号 | 65194114 |
| 中国关心下一代工作委员会 | 朝阳门大街 225 号 | 65598743 |
| 国家安全生产监督管理局 | 和平里北街 21 号 | 64463366 |
| 国家文物局 | 朝阳门北大街 10 号 | 59881572 |
| 国务院新闻办公室 | 朝内大街 225 号 | 86521199 |
| 国家林业局 | 和平里东街 18 号 | 84238800 |
| 国家旅游局 | 建国门内大街甲 9 号 | 65201114 |
| 中国民用航空总局 | 东四西大街 155 号 | 64091114 |
| 中国国民党革命委员会中央委员会 | 东黄城根南街 84 号 | 85116914 |

| | | |
|---|---|---|
| 中国民主同盟中央委员会 | 东厂胡同北巷1号 | 65265522 |
| 中国农工民主党中央委员会 | 安定门外大街55 | 84125629 |
| 中国致公党中央委员会 | 灯草胡同5号 | 65255280 |
| 台湾民主自治同盟中央委员会 | 景山东街20号 | 64041210 |
| 中国社会科学院 | 建国门内大街5号 | 85195999 |
| 中华全国妇女联合会 | 建国门内大街15号 | 65103114 |
| 中华全国工商业联合会 | 北河沿大街93号 | 65136677 |
| 中华全国归国华侨联合会 | 北新桥三条甲1号 | 64033781 |
| 中国残疾人福利基金会 | 北池子大街44号 | 65137722 |
| 中国共产党北京市委员会 | 台基厂3号 | 63089144 |
| 北京市人民政府 | 正义路2号 | 65192114 |
| 中国人民政治协商会议北京市委员会 | 建国门内大街13号 | 65262659 |
| 河北省人民政府驻京办事处 | 黄化门街锥把胡同1号 | 64031116 |
| 重庆市人民政府驻京办事处 | 新中西街2号 | 64208536 |
| 内蒙古自治区人民政府驻京办事处 | 菊儿胡同3号 | 64061425 |
| 宁夏回族自治区人民政府驻京办事处 | 分司厅胡同15号 | 64035587 |
| 中华全国律师协会 | 东四十条24号 | 64060213 |
| 中国对外友好协会 | 台基厂大街1号 | 65122474 |
| 中国戏剧家协会 | 东四八条52号 | 64033769 |
| 中国人民外交学会 | 南池子大街71号 | 65120588 |
| 中国文物学会 | 宝钞胡同戏楼1号 | 64020901 |
| 中国金属学会 | 东四西大街46号 | 65133322 |
| 中国煤矿文化艺术联合会 | 和平街十三区35号 | 64463708 |
| 中国女企业家协会 | 张自忠路3号 | 64069066 |
| 中国对外贸易经济合作企业协会 | 台基厂头条10号 | 58612052 |
| 中国出版工作者协会 | 东四南大街85号 | 65228632 |
| 中国花卉协会 | 和平里东街18号 | 84238521 |
| 中国青少年发展基金会 | 后圆恩寺胡同甲1号 | 64033907 |
| 中国国际工程咨询协会 | 安定门外东后巷28号 | 64245409 |
| 中国铁合金工业协会 | 东四西大街46号 | 65271757 |
| 中国儿童少年基金会 | 建国门内大街15号 | 65284593 |
| 首都精神文明建设委员会办公室 | 台基厂大街3号 | 65193121 |
| 中国国民党革命委员会北京市委员会 | 东黄城根南街84号 | 65257920 |
| 北京市对外经济贸易委员会 | 朝内大街190号 | 65251089 |
| 北京市总工会 | 台基厂三条3号 | 65245605 |
| 中国共产主义青年团北京市委员会 | 台基厂3号 | 65192820 |
| 北京市学生联合会 | 台基厂3号 | 65138010 |
| 北京市妇女联合会 | 台基厂3号 | 65192626 |
| 北京市归国华侨联合会 | 王府井大街2号 | 65231869 |
| 北京市人民对外友好协会 | 南河沿97号 | 65256908 |
| 中华医学会北京分会 | 东单三条甲7号 | 65134368 |

# 小　学

| 校　名 | 地　址 | 电　话 |
|---|---|---|
| 和平里第一小学 | 和平里中街甲21号 | 84223287 |
| 和平里第二小学 | 和平里民旺南胡同20号 | 64271984 |
| 和平里第三小学 | 和平里兴化路9号 | 84279923 |
| 和平里第四小学 | 和平里交林夹道1号 | 64211026 |
| 和平里第九小学 | 和平里七区20号楼 | 64213889 |
| 安外三条小学 | 安外上龙北巷3号 | 84132605 |
| 青年湖小学 | 安外安德里北街20号 | 84111770 |
| 师范学校附属小学 | 安定门外东河沿乙7号 | 64263926 |
| 地坛小学 | 和平里九区甲2号 | 84254106 |
| 分司厅小学 | 鼓楼东大街小经厂2号 | 64041261 |
| 北锣鼓巷小学 | 安定门内千福巷5号 | 64072883 |
| 方家小学 | 方家胡同17号 | 64014841 |
| 黑芝麻胡同小学 | 黑芝麻胡同11号 | 64045815 |
| 府学胡同小学 | 府学胡同65号 | 64045995 |
| 帽儿胡同小学 | 帽儿胡同17号 | 64043275 |
| 东四十四条小学 | 东四十四条100号 | 64031726 |
| 史家小学分校 | 北门仓胡同1号 | 84070085 |
| 北新桥小学 | 东直门北大街乙2号 | 64635936 |
| 雍和宫小学 | 藏经馆胡同27号 | 64040605 |
| 北官厅小学 | 北官厅胡同10号 | 64041402 |
| 曙光小学东 | 直门外铜厂子胡同8号 | 64166052 |
| 西中街小学 | 东直门外十字坡东里10号楼 | 64172386 |
| 中央工艺美院附中艺美小学 | 东外胡家园小区20号 | 64685755 |
| 东四七条小学 | 东四七条31号 | 64043873 |
| 东四九条小学 | 东四九条67号 | 64043778 |
| 回民小学 | 朝内大街124号 | 85110074 |
| 美术馆后街小学 | 美术馆后街57号 | 64043310 |
| 什锦花园小学 | 美术馆后街48号 | 64042123 |
| 东高房小学 | 沙滩北街东高房胡同13号 | 64032310 |
| 织染局小学 | 水簸箕胡同甲5号 | 64040463 |
| 校尉小学 | 校尉胡同8号 | 65252652 |
| 灯市口小学 | 灯市口北巷14号 | 65250582 |
| 北池子小学 | 北池子大街46号 | 65251287 |
| 东交民巷小学 | 台基厂大街14号 | 65131595 |
| 春江小学 | 南水关胡同60号 | 65232634 |
| 新鲜小学 | 新鲜胡同36号 | 65253525 |
| 史家小学 | 朝阳门内北小街南弓匠营2号 | 64065588 |
| 西总布小学 | 西总布胡同19号 | 65231053 |
| 东总布小学 | 新开路胡同55号 | 65254585 |
| 新开路小学 | 新开路胡同55号 | 65127992 |

| | | |
|---|---|---|
| 遂安伯小学 | 金宝街 65 号 | 65252953 |
| 丁香胡同小学 | 丁香胡同 7 号 | 65241994 |
| 特殊教育学校 | 安外小黄庄路一区 16 号楼 | 84276190 |

## 中　学

| 校　名 | 地　址 | 电　话 |
|---|---|---|
| 北京市第一中学 | 宝钞胡同甲 12 号 | 64043280 |
| 北京市第二中学 | 内务部街 15 号 | 65252231 |
| 北京市第二中学分校 | 南竹杆胡同 81 号 | 65279032 |
| 北京市第五中学 | 细管胡同 13 号 | 64068564 |
| 北京市第五中学分校 | 鼓楼东大街 152 号 | 64040090 |
| 北京市第二十一中学 | 交道口北三条 57 号 | 64043394 |
| 北京市第二十二中学 | 交道口东大街 77 号 | 64042225 |
| 北京市第二十四中学 | 外交部街 31 号 | 85111090 |
| 北京市第二十五中学 | 灯市口大街 55 号 | 65257525 |
| 北京市第二十七中学 | 东华门智德前巷 11 号 | 65288342 |
| 北京市第五十四中学 | 和平里东街六区 9 号 | 84221682 |
| 北京市第五十五中学 | 新中街 12 号 | 64164252 |
| 北京市第六十五中学 | 北河沿大街 115 号 | 65251745 |
| 北京市第一二五中学 | 崇内后沟胡同乙 2 号 | 65246227 |
| 北京市第一四二中学 | 和平里中街 43 号 | 64216781 |
| 北京宏志中学 | 和平里中街 43 号 | 64216781 |
| 北京市国子监中学 | 国子监街 26 号 | 64041183 |
| 北京市第一六五中学 | 育群胡同 45 号 | 64041650 |
| 北京市第一六六中学 | 灯市口同福夹道 3 号 | 65255651 |
| 北京市第一七一中学 | 和平里北街 8 号 | 64212702 |
| 北京市第一七七中学 | 安定门外青年湖南街 23 号 | 84121145 |
| 中央工艺美术学院附属中学 | 东直门外小街甲 27 号 | 64675611 |
| 北京市东直门中学 | 东直门内北顺城街 2 号 | 64014988 |
| 北京市和平北路学校(一贯制) | 安外大街 168 号 | 64200141 |
| 北京景山学校 | 灯市口大街 53 号 | 65252555 |
| 北京市东城区工读学校 | 顺义后沙峪古城村裕民大街 11 号 | 80484523 |
| 北京市东城区古城职业高中 | 顺义后沙峪古城村裕民大街 11 号 | 80484523 |
| 北京市翔宇中学 | 东直门北大街甲 2 号 | 84121331 |
| 北京阳光情中学 | 开发区天宝北街甲 2 号 | 67895748 |
| 北京经济技术开发区实验学校 | 开发区天宝北街甲 2 号 | 67895748 |
| 北京市财经学校 | 宝钞胡同 21 号 | 64059402 |
| 北京市东城区职业教育中心学校 | 建国门柳罐胡同 2 号 | 65134337 |
| 北京市美术职业学校 | 东直门外小街甲 27 号 | 64686672 |
| 北京市私立绿洲职业高中 | 东四六条月芽胡同 23 号 | 64012117 |
| 北京市育人中等职业学校 | 黄化门街 5 号 | 84242284 |
| 北京百年农工子弟职业学校 | 朝内南小街大方家胡同芳嘉园 8 号 | 65141167 |

# 高 等 院 校

| 校　　名 | 地　　址 | 电　话 |
|---|---|---|
| 中国协和医科大学 | 东单三条9号 | 65295962 |
| 中央戏剧学院 | 东棉花胡同39号 | 64043885 |
| 首都医科大学中医药学院 | 东四十条27号 | 64045305 |
| 北京联合大学师范学院 | 安定门外外馆斜街5号 | 64211158 |
| 北京市财贸管理干部学院 | 东四礼士胡同41号 | 65592215 |
| 东城区职工业余大学 | 朝阳门外潘家坡1号 | 65519380 |
| 北京摄影函授学院 | 红星胡同61号 | 65136128 |
| 北京玄宇艺术研修学院 | 黄化门街5号 | 64014405 |

# 医 疗 机 构

| 单位名称 | 地　　址 | 电　话 |
|---|---|---|
| 北京医院 | 东单大华路1号 | 85132286 |
| 协和医院 | 帅府园1号 | 65296114 |
| 北京同仁医院 | 崇文门内大街2号 | 65237754 |
| 北京市妇产医院 | 骑河楼17号 | 65250731 |
| 中国人民解放军北京军区总医院 | 南门仓5号 | 66721629 |
| 北京中医医院 | 美术馆后街23号 | 52176677 |
| 东直门中医医院 | 东直门海运仓5号 | 84013276 |
| 中国中医科学院中医门诊部 | 东直门内南小街16号 | 64049188 |
| 北京地坛医院 | 地坛公园13号 | 64211031 |
| 北京市第六医院 | 交道口北二条 | 64033703 |
| 北京市和平里医院 | 和平里北街18号 | 64212297 |
| 北京市隆福医院 | 美术馆东街18号 | 64011133 |
| 北京联合大学中医药学院 | 和平里北街22号 | 64226108 |
| 附属鼓楼中医医院 | 豆腐池13号 | 64044405 |
| 东城区妇幼保健院 | 交道口南大街136号 | 64043259 |
| 东城区建国门医院 | 后赵家楼9号 | 65256218 |
| 东城区朝阳门医院 | 灯草胡同31号 | 65138019 |
| 东城区东外医院 | 察慈小区7号楼 | 64681578 |
| 东城区急救站 | 安定门中绦胡同甲2号 | 64034567 |
| 市房管局职工医院 | 大甜水井胡同21号 | 65256477 |
| 东城区疾病预防控制中心 | 北兵马司甲6号 | 64040807 |
| 北京市疾病预防控制中心 | 和平里中街16号 | 64212461 |

# 社区卫生服务机构

| 名　　称 | 地　　址 | 电　话 |
|---|---|---|
| 东城区社区卫生服务管理中 | 朝内大街 192－1 号 | 65125503 |
| 安定门社区卫生服务站 | 豆腐池胡同 13 号 | 64007169 |
| 朝阳门社区卫生服务站 | 灯草胡同 31 号 | 65161150 |
| 北新桥社区卫生服务站 | 东直门大街 184 号 | 64053216 |
| 东直门社区卫生服务站 | 东直门外察慈小区 7 号楼 | 64610470 |
| 东四社区卫生服务 | 站东四六条甲 62 号 | 64017470 |
| 东华门社区卫生服务站 | 南河沿大街磁器库南巷 1 号 | 65597833 |
| 和平里社区卫生服务站 | 和平里北街 18 号西门 | 64215168 |
| 安定门花园站 | 安定门内花园东巷 25 号 | 64013430 |
| 安定门五道营站 | 安定门内永康胡同 9 号 | 64012290 |
| 朝阳门大方家站 | 小牌坊胡同 30 号 | 85111691 |
| 朝阳门内务站 | 内务部街 73 号 | 65136054 |
| 朝阳门朝内头条站 | 朝内大街 192－1 号 | 64015610 |
| 北新桥十三条站 | 东四十三条 32 号 | 64053927 |
| 北新桥民安站 | 民安街 14 号 | 84078626 |
| 北新桥海运仓站 | 海运仓小区南颂年 3 号楼 | 84073206 |
| 北新桥青龙站 | 东直门北小街青龙胡同甲 1 号 | 64027190 |
| 东直门新中街站 | 新中街四条乙 20 号 | 64165425 |
| 东直门王家园站 | 新中街西街 12 号 | 65519556 |
| 东直门清水苑站 | 清水苑小区 4 号 | 64611494 |
| 东直门十字坡站 | 十字坡西里 10 号楼北侧 | 64161320 |
| 东四南门仓站 | 南门仓胡同 4 号楼 | 84068240 |
| 东四三条站 | 东四三条 45 号 | 64006790 |
| 东华门多福巷站 | 王府井大街报房胡同 45 号 | 65127470 |
| 东华门台基厂站 | 台基厂头条 3 号 | 65126450 |
| 东华门韶九站 | 韶九胡同 22 号 | 65240100 |
| 东华门甘雨站 | 西堂子胡同 15 号 | 65240060 |
| 和平里东河沿站 | 东河沿甲 7 号楼 | 64205058 |
| 和平里小黄庄站 | 小黄庄前街 2 号院 3 楼 | 84282143 |
| 和平里中街站 | 和平里六区 6 号楼 1 层 | 84220399 |
| 和平里安德路站 | 安外青年湖南街 11 号 | 84111821 |
| 和平里青年湖站 | 青年湖东里 9 号楼北 | 84112543 |
| 和平里安贞苑站 | 安定路 20 号院内 | 64410430 |
| 和平里交通站 | 交林夹道甲 2 号 | 64213430 |
| 和平里航星站 | 和平里东街 11 号 | 84212781 |
| 和平里安德里站 | 安德里北街 21 号 | 84127060 |
| 景山宽街站 | 美术馆后街 12 号 | 64006540 |
| 景山魏家站 | 魏家胡同 53 号 | 84032330 |
| 交道口交东站 | 土儿胡同 10 号楼 | 84046916 |
| 交道口圆恩寺站 | 前圆恩寺胡同 28 号 | 64072317 |
| 建国门外交部街站 | 东堂子胡同 24 号 | 65281974 |
| 建国门苏州站 | 崇内苏州胡同 120 号 | 65124640 |

# 剧场　影院　街道文体中心

| 名　　称 | 地　　址 | 电　话 |
| --- | --- | --- |
| 长安大戏院 | 建国门内大街7号 | 65101845 |
| 保利剧院 | 东直门南大街14号 | 65065347 |
| 北京之夜 | 大雅宝胡同1号 | 65272749 |
| 中国儿童剧场 | 东安门大街64号 | 65224007 |
| 首都剧场 | 王府井大街22号 | 65239631 |
| 中央戏剧学院剧场 | 东棉花胡同39号 | 64013958 |
| 北京儿童艺术剧院 | 后圆恩寺17号 | 64045291 |
| 中山公园音乐堂 | 中山公园内 | 65596121 |
| 长虹影城 | 隆福寺街75号 | 84020910 |
| 东四工人文化宫 | 隆福寺街47号 | 64033820 |
| 大华影院 | 东单北大街82号 | 65272757 |
| 东方创业影院有限公司 | 新中街3号 | 64168097 |
| 劳动剧场 | 劳动人民文化宫内 | 65252189 |
| 市老干部活动中心 | 和平里东街19号 | 64238811 |
| 东城区图书馆影剧院 | 交道口东大街85号 | 64042764 |
| 东城区少年宫剧场 | 东直门南大街10号 | 64169893 |
| 东城区金帆音乐厅 | 王府井大街24号 | 65250615 |
| 东城区文化馆 | 交道口东大街111号 | 64010696 |
| 东城区老干部活动站 | 方家胡同15号 | 64012169 |
| 电影公司影联东环电影城 | 东中街9号东环广场B座地下一层 | 64185934 |
| 京站国运开发总公司北京站 | 内三楼电影厅 | 51835489 |
| 中影恒乐新世纪影院有限公司 | 东长安街1号东方广场地下一层BB65 | 85185804 |
| 中影联安乐新东安影院有限公司 | 王府井大街138号新东安市场五层 | 65594882 |
| 星光传城音乐文化有限公司 | 和平里西街79号三层 | 64264628 |
| 普罗之声文化传播有限公司 | 东四十条22号A1819 | 64096477 |
| 中国国家话剧院东方先锋小剧场 | 东单三条8－2号 | 65593600 |
| 中国国家话剧院小剧场 | 帽儿胡同甲45号 | 64031099 |
| 东华门街道文化站 | 东华门大街62号 | 65251026 |
| 景山街道文化站 | 黄化门街8号 | 64056760 |
| 交道口街道文体中心 | 土儿胡同5号楼 | 64044121 |
| 安定门街道文化站 | 分司厅胡同41号 | 64058964 |
| 北新桥街道海运仓文化站 | 南颂年3号 | 64059380 |
| 东四街道文化站 | 朝阳门北小街14号 | 64044151 |
| 朝阳门街道文体中心 | 演乐胡同59号 | 65255828 |
| 建国门街道文化站 | 南小街14号楼 | 65231891 |
| 东直门街道社区文体中心 | 紫铭大厦后院 | 64175129 |
| 和平里街道文化站 | 安外青年湖南里24号楼 | 84122358 |
| 东四街道体育文化中心 | 朝阳门北小街14号 | 64087378 |

## 东城区法律服务所

| 名 称 | 地 址 | 电 话 |
|---|---|---|
| 和平里街道法律服务所 | 雍和家园8号楼301室 | 51026698 |
| 安定门街道法律服务所 | 安德路丙61号 | 84117715 |
| 交道口街道法律服务所 | 府学胡同43号 | 64031205 |
| 景山街道法律服务所 | 南剪子巷40号 | 64039814 |
| 东华门街道法律服务所 | 南河沿华龙街D座4层 | 66706253 |
| 东四街道法律服务所 | 东四六条17号 | 64016667 |
| 建国门街道法律服务所 | 新开路胡同6号 | 65142690 |

## 驻区律师事务所

| 名 称 | 地 址 | 电 话 |
|---|---|---|
| 北京市大成律师事务所 | 东直门外大街48号东方银座写字楼12层 | 84476600 |
| 北京市正义律师事务所 | 东交民巷甲29号 | 65246275 |
| 北京市凯锐律师事务所 | 灯市口西街75号 | 65140734 |
| 北京市奥东律师事务所 | 安定门东大街28号 | 51297626 |
| 北京市陆通联合律师事务所 | 东中街58号美惠大厦4单元202至204室 | 65544518 |
| 北京市莫少平律师事务所 | 中山公园水榭 | 66023716 |
| 北京市君泽君律师事务所 | 东四十条68号平安发展大厦 | 84085858 |
| 北京市孚晟律师事务所 | 东长安街1号东方广场东1楼 | 85189170 |
| 北京市尚公律师事务所 | 东长安街10号长安大厦3层 | 65288888 |
| 北京市中天智通律师事务所 | 新中街68号聚龙花园4号楼 | 65526880 |
| 北京市贝朗律师事务所 | 前门东大街3号首都大酒店写字楼5层 | 65120341 |
| 北京市君合律师事务所 | 建国门北大街8号 | 85191300 |
| 北京市天宇律师事务所 | 东交民巷27号旁门 | 65232502 |
| 北京市创世律师事务所 | 新中街68号聚拢花园8号楼 | 65510006 |
| 北京市德克律师事务所 | 东交民巷28号红都商务会馆A座 | 65140217 |
| 北京市地平天成律师事务所 | 和平里东街18号11楼 | 64200855 |
| 北京市中鹏律师事务所 | 朝阳门北大街8号富华大厦D座18层 | 65544858 |
| 北京市尚荣信律师事务所 | 安定门东大街28号 | 84195130 |
| 北京市翱翔律师事务所 | 朝内大街188号鸿安国际商务大厦A座601 | 65170813 |
| 北京市保利威律师事务所 | 东直门南大街9号华普花园D座105室 | 84094069 |
| 北京市秉源律师事务所 | 安德里北街甲17号(三秀涵雅305室) | 84139085 |
| 北京市博圣律师事务所 | 安外大街11号(华府景园C座403) | 84122481 |
| 北京市采信律师事务所 | 王府井大街99号A512室 | 65267550 |
| 北京市才智律师事务所 | 地安门东大街70-9号 | 64010147 |
| 北京市大道政通律师事务所 | 恒基中心办3-1002室 | 65189852 |
| 北京市德权律师事务所 | 东四十条保利大厦写字楼8层A区 | 65081195 |

| | | |
|---|---|---|
| 北京市东方公律师事务所 | 沙滩北街15号社会科学院法学所院内 | 84044395 |
| 北京市东卫律师事务所 | 朝阳门北大街8号富华大厦D3B | 65542826 |
| 北京市端澄律师事务所 | 东直门内北小街2号楼1013室 | 84064585 |
| 北京市恩洋律师事务所 | 东四十条94号万信商务大厦305室 | 64009396 |
| 北京市法度律师事务所 | 东单大华路甲2号海诚商务会馆608室 | 65595046 |
| 北京市法准律师事务所 | 东直门南大街9号华普花园D座602室 | 84094609 |
| 北京市方略律师事务所 | 鼓楼外大街45号工人出版社8层 | 82081700 |
| 北京市功道律师事务所 | 新中街西街2号新中大厦202室 | 51661907 |
| 广东安华理达北京分所 | 东长安街1号东方广场西三办公楼707 | 85151326 |
| 广东东方昆仑北京分所 | 东四十条甲22号南新仓国际大厦A507 | 64096552 |
| 北京市国宏律师事务所 | 东长安街1号东方经贸城西-807室 | 85189889 |
| 北京市国理律师事务所 | 沙滩北街15号法学研究所南楼二层 | 64069888 |
| 北京市冠腾律师事务所 | 朝阳门内大街298号622室 | 58121016 |
| 北京市海铭律师事务所 | 王府井大街138号新东安写字楼1座829 | 65286700 |
| 北京市海维律师事务所 | 东四十条甲22号南新仓商务大厦A座603 | 51665728 |
| 北京市汉坤律师事务所 | 东长安街东方广场C1座9层906室 | 85255500 |
| 北京市航舵律师事务所 | 东长安街1号东方广场中二办公楼308室 | 65185680 |
| 北京市恒方永圆律师事务所 | 东长安街6号137、141室 | 51019879 |
| 北京市衡蓝律师事务所 | 海运仓一号国际大厦一层919-A | 84646488 |
| 北京市华龙律师事务所 | 府学胡同甲1号4001室 | 64046956 |
| 北京市华澳律师事务所 | 东中街29号29-2南写字楼五层504室 | 64152296 |
| 北京市环富律师事务所 | 东中街29号东环广场B座写字楼6层F号 | 64183722 |
| 北京市汇佳律师事务所 | 雍和大厦C座7层709室 | 64097966 |
| 北京市京博律师事务所 | 东直门外大街48号东方银座C座15H | 51600627 |
| 北京市金诚同达律师事务所 | 建国门内大街22号华夏银行大厦11层 | 85237766 |
| 北京市金德律师事务所 | 东直门南大街14号保利大厦写字楼12层B座 | 65512727 |
| 北京市立方律师事务所 | 东四十条甲22号南新仓国际大厦A1105室 | 64096099 |
| 北京市金颐律师事务所 | 东直门内草园胡同35号 | 65127681 |
| 北京市京昌律师事务所 | 交道口北2条20号 | 64068973 |
| 北京市京工律师事务所 | 安定门外大街189号天鸿宝景1508室 | 64401097 |
| 北京市京龙律师事务所 | 东直门外北小街2号814室 | 81936497 |
| 北京市京德律师事务所 | 安定门东大街28号雍和大厦A座808室 | 64097493 |
| 北京市君宁律师事务所 | 帽儿胡同乙9号 | 84049211 |
| 北京市君致律师事务所 | 朝阳门北大街乙12号天晨大厦909室 | 65518581 |
| 北京市久瑞律师事务所 | 安定门东大街28号立骏大厦1号12层3号 | 84195380 |
| 北京市居庸律师事务所 | 海运仓1号海运仓国际大厦522室 | 51239363 |
| 北京市科华律师事务所 | 东四十条富华大厦F座17B | 65546985 |
| 北京市宽信律师事务所 | 建国门南大街乙1号金龙温泉公寓1110房间 | 65594012 |
| 北京市立天律师事务所 | 东直门南大街9号华普花园A-201 | 84094991 |
| 北京市联法律师事务所 | 建内18号恒基中心一座22层 | 65180808 |
| 北京市礼华律师事务所 | 建国门南大街乙1号金龙大厦3209室 | 51286906 |
| 北京市六合金证律师事务所 | 安定门东大街28号东楼C座705室 | 64097055 |

| | | |
|---|---|---|
| 北京市铭滔律师事务所 | 胜古中路 1 号(蓝宝商务大厦 340 室) | 64429050 |
| 北京市乾丰律师事务所 | 东直门南大街 5 号中青旅大厦 406－408 室 | 58156278 |
| 北京市润禾律师事务所 | 建国门内大街 8 号中粮广场 B 座 1001 室 | 85120235 |
| 山东德衡律师事务所 | 前门东大街 3 号首都大酒店西 | 65264365 |
| 上海世民北京分所 | 东方广场经贸城中一办公楼 3 层 6 室 | 85151268 |
| 上海锦天城律师事务所 | 东四十条甲 22 号南新仓国际商务大厦 B820 | 51690115 |
| 上海瀚一北京分所 | 东方广场东方经贸城东一办公楼 311 单元 | 85185580 |
| 北京市世嘉律师事务所 | 朝阳门北大街 8 号富华大厦 D 座 14A | 65543621 |
| 北京市思峰律师事务所 | 东长安街 1 号东方广场经贸城西 3 办公楼 1008 | 85185006 |
| 北京市金开律师事务所 | 朝阳门北大街 8 号富华大厦 D 座 14 层 G 室 | 65542868 |
| 北京市天伦怡达律师事务所 | 东方广场 E2－1606 室 | 85185383 |
| 北京市天同律师事务所 | 东交民巷 28 号红都商务会馆 B 座 3 层 | 51669666 |
| 北京市天咨律师事务所 | 东直门外小街甲 2 号正东国际大厦 A 座 25I | 84479588 |
| 北京市天睿律师事务所 | 朝阳门北大街 17 号人保大厦 6 层 | 58151199 |
| 北京市维诗律师事务所 | 建国门内大街 7 号光华长安大厦 1009 室 | 65101010 |
| 北京市沃尔森律师事务所 | 东直门外大街 46 号天恒大厦 608A | 84608473 |
| 北京市希望律师事务所 | 和平里五区甲 19 号楼 312 室 | 84221647 |
| 北京市信利律师事务所 | 建内大街 18 号恒基中心一座 609 至 611 室 | 65186980 |
| 北京市信之源律师事务所 | 东交民巷 28 号红都商务会馆 A407 | 65224568 |
| 北京市颐合律师事务所 | 建内大街 7 号光华长安大厦 2 座 1910 室 | 65178866 |
| 北京市亿嘉律师事务所 | 建国门内大街 19 号 | 85119080 |
| 北京市毅弘律师事务所 | 建国门内贡院 6 号 E 座 7 层 | 65186611 |
| 北京市雍泽律师事务 | 雍合家园 5 号楼 703 室 | 51026630 |
| 北京市永邦律师事务所 | 东中街 58 号美惠大厦 C－602 室 | 65546677 |
| 北京市永凯律师事务所 | 交道口东大街 4 号楼 2 层 211 室 | 64062264 |
| 北京市元昊律师事务所 | 朝内大街 188 号鸿安国际商务大厦 B 座 1202 | 65235981 |
| 北京市远望律师事务所 | 朝内大街 75 号院 8 号楼 7－101 | 84031646 |
| 北京市展达律师事务所 | 东中街 9 号东环广场 B 座写字楼 5 层 5Q | 64156655 |
| 北京市志德律师事务所 | 隆福寺街 99 号金隆基 8D－6 | 84095359 |
| 北京市致新律师事务所 | 前门东大街 5 号华风宾馆一层 | 65251733 |
| 北京市中京律师事务所 | 东中街 58 号美惠大厦 A 座 1201、1204 室 | 65543496 |
| 北京市中誉威圣律师事务所 | 建内大街 7 号光华长安大厦 1 座 818 室 | 65171299 |
| 北京市中喆律师事务所 | 安定门东滨河路 3 号雍和家园 4 号楼 804 室 | 51026738 |
| 北京市中地律师事务所 | 分司厅 17 号院 3－5－001 号 | 84091288 |
| 北京市众一律师事务所 | 东四十条甲 22 号南新仓国际大厦 A 座 502 室 | 64096085 |
| 北京市振邦律师事务所 | 建内大街 18 号恒基中心写字楼 3 层 818 室 | 65926142 |
| 北京市大正－国都律师事务所 | 东直门外大街 48 号东方银座 B 座 6G | 62272573 |
| 北京市纵横律师事务所 | 东长安街 12 号纺织工业局 345、347 室 | 85229377 |
| 北京市中鸿律师事务所 | 东长安街 10 号长安大厦之综合大厦 704 室 | 65251878 |

# 驻区证券交易营业部

| 名　称 | 地　址 | 电话 |
| --- | --- | --- |
| 安外证券营业部 | 和平里九区甲4号 | 64484778 |
| 和平里证券营业部 | 小黄庄二区1号楼 | 84273943 |
| 北京证券安定门营业部 | 安内大街106号 | 64024392 |
| 北京张自忠路证券营业部 | 张自忠路7号 | 84046800 |
| 中信投资证券公司北京东直门营业部 | 东直门南大街 | 64159999 |
| 浙江省证券有限责任公司北京营业部 | 和平里东街 | 64261855 |
| 中信证券公司北京安外大街证券营业部 | 安外大街57号 | 84121396 |
| 光大证券公司东中街证券营业部 | 东中街29号东环广场B座 | 64182868 |
| 金信证券公司朝阳门北大街证券营业部 | 朝阳门北大街8号富华大厦 | 65546306 |
| 华泰证券公司北京和平里证券营业部 | 小黄庄19号 | 84273912 |
| 中富证券有限责任公司东四十条营业部 | 东四十条68号 | 84085598 |
| 国都证券新中街营业部 | 新中街68号聚龙花园7号楼 | 65531717 |
| 天一证券东四北大街营业部 | 东四北大街 | 64008338 |
| 中信建投证券有限责任公司 | 朝阳门内大街188号 | 85130588 |
| 上海证券有限责任公司 | 东直门南大街3号 | 84085598 |

# 驻区会计师事务所

| 名　称 | 地　址 | 电话 |
| --- | --- | --- |
| 中达正会计师事务所有限责任公司 | 和平里强佑花园4号楼14B | 84219388 |
| 东湖会计师事务所有限公司 | 东中街29号(29-2南写字楼506) | 64185572 |
| 中信佳会计师事务所有限公司 | 朝阳门内大街甲190号 | 65597531 |
| 信永中和会计师事务所 | 朝阳门北大街8号富华大厦C座12层 | 65542288 |
| 东方会计师事务所有限责任公司 | 东长安街12号512室 | 85229518 |
| 华颂会计师事务所有限公司 | 和平里南街龙绍衡大厦6层604号 | 84210760 |
| 中天华正会计师事务所有限公司 | 东长安街10号长安大厦3层 | 65130555 |
| 三川会计咨询事务所有限责任公司 | 东公街9号 | 64006364 |
| 红日会计师事务所有限责任公司 | 安定门外大街2号安贞大厦2108室 | 64482651 |
| 鑫盛世缘会计师事务所有限公司 | 和平里七区16号楼227室 | 64282876 |
| 国迅会计咨询服务有限公司 | 金宝街67号 | 65276503 |
| 中青瑞会计师事务所有限公司 | 东中街58号 | 65546496 |
| 瑞明杰会计师事务所 | 北河沿大街143号2门263号 | 65268564 |
| 恒信诚会计师事务所有限责任公司 | 胜古中路1号院3号楼5161 | 64435730 |
| 恒介会计师事务所 | 安定门东大街28号 | 80889258 |
| 华安东会计师事务所 | 南河沿南湾子胡同11号 | 65227909 |
| 利安达信隆会计师事务所 | 王府井大街138号 | 65263760 |
| 嘉润会计师事务所 | 金宝街2号 | 65226288 |
| 春雪会计服务有限公司 | 东四六条17号 | 64028223 |

# 全国重点文物保护单位(26项)

| 名　称 | 时　代 | 地　址 | 公布年份 |
|---|---|---|---|
| 天安门 | 明 | 天安门广场 | 1961 |
| 北京大学红楼 | 民初 | 五四大街29号 | 1961 |
| 人民英雄纪念碑 | 1958年 | 天安门广场 | 1961 |
| 故宫 | 明、清 | 景山前街4号 | 1961 |
| 智化寺 | 明 | 禄米仓胡同5号 | 1961 |
| 国子监 | 清 | 国子监街15号 | 1961 |
| 雍和宫 | 清 | 雍和宫大街12号 | 1961 |
| 皇史宬 | 明 | 南池子大街136号 | 1982 |
| 古观象台 | 明 | 东裱褙胡同2号 | 1982 |
| 北京城东南角楼 | 明 | 建国门南大街崇文门大街9号 | 1982 |
| 正阳门 | 明、清 | 天安门广场南 | 1988 |
| 太庙 | 明、清 | 天安门东侧 | 1988 |
| 社稷坛 | 明、清 | 天安门西侧 | 1988 |
| 北京孔庙 | 元、明、清 | 国子监街13号 | 1988 |
| 崇礼住宅 | 清 | 东四六条63号、65号 | 1988 |
| 钟楼、鼓楼 | 明、清 | 钟楼湾临字9号 | 1996 |
| 孚王府 | 清朝 | 内大街137号 | 2001 |
| 可园 | 清 | 帽儿胡同9号 | 2001 |
| 孙中山行馆 | 民国 | 张自忠路23号 | 2006 |
| 柏林寺 | 元、清 | 戏楼胡同1号 | 2006 |
| 地坛 | 明、清 | 安定门外大街 | 2006 |
| 协和医学院旧址 | 清、民国 | 帅府园胡同1号 | 2006 |
| 清陆军部和海军部旧址 | 清 | 张自忠路3号 | 2006 |
| 亚斯立堂 | 清 | 后沟胡同丁2号 | 2006 |
| 京师大学堂分科大学旧址 | 清 | 安德里北街21号 | 2006 |
| 东交民巷使馆建筑群 | 近代 | 东交民巷地区 | 2001 |
| (包括:日本公使馆旧址 | 1886年 | 东交民巷21号、23号 | |
| 日本使馆旧址 | 1909年 | 正义路2号 | |
| 英国使馆旧址 | 1910年 | 东长安街14号 | |
| 意大利使馆旧址主楼 | 1910年 | 台基厂大街1号 | |
| 比利时使馆旧址 | 1910年 | 崇文门西大街9号 | |
| 法国使馆旧址 | 1910年 | 东交民巷15号 | |
| 奥匈使馆旧址 | 1910年 | 台基厂头条3号 | |
| 正金银行旧址 | 1910年 | 正义路甲4号 | |
| 花旗银行旧址 | 1914年 | 东交民巷36号 | |
| 东方汇理银行旧址 | 1917年 | 东交民巷34号 | |
| 国际俱乐部 | 1912年 | 台基厂大街8号 | |
| 法国兵营 | 清 | 台基厂三条3号 | |

# 北京市文物保护单位(59 项)

| 名 称 | 时 代 | 地 址 | 公布年份 |
|---|---|---|---|
| 毛主席纪念堂 | 1977 年 | 天安门广场 | 1979 |
| 毛主席故居 | 民国 | 吉安所左巷 8 号 | 1979 |
| 文天祥祠 | 明 | 府学胡同 63 号 | 1979 |
| 东四清真寺 | 明 | 东四南大街 13 号 | 1984 |
| 普度寺大殿 | 清 | 普庆前巷 35 号 | 1984 |
| 嵩祝寺及智珠寺 | 清 | 嵩祝院北巷 4 号 6 号、嵩祝院 23 号 | 1984 |
| 宣仁庙 | 清 | 北池子大街 2 号 | 1984 |
| 凝和庙 | 清 | 北池子大街 46 号 | 1984 |
| 和敬公主府 | 清 | 张自忠路 7 号 | 1984 |
| 于谦祠 | 明、清 | 西裱褙胡同 23 号 | 1984 |
| 老舍故居 | 现代 | 丰富胡同 19 号 | 1984 |
| 茅盾故居 | 现代 | 后圆恩寺胡同 13 号 | 1984 |
| 旧宅院(婉容故居) | 清 | 帽儿胡同 35 号、37 号 | 1984 |
| 礼士胡同四合院 | 清 | 礼士胡同 129 号 | 1984 |
| 内务部街四合院 | 清 | 内务部街 11 号 | 1984 |
| 后圆恩寺胡同四合院 | 民国 | 后圆恩寺胡同 7 号、9 号 | 1984 |
| 国祥胡同四合院 | 清 | 国祥胡同甲 2 号 | 1984 |
| 循郡王府四合院 | 清 | 方家胡同 13 号、15 号 | 1984 |
| 府学胡同四合院 | 清 | 府学胡同 36 号、交道口南大街 136 号 | 1984 |
| 国子监街 | 元、明、清 | 国子监街 | 1984 |
| 明北京城城墙遗迹 | 明 | 崇文门东 | 1984 |
| 南新仓 | 明、清 | 东四十条 22 号 | 1984 |
| 北新仓 | 明、清 | 北新仓胡同甲 16 号 | 1984 |
| 禄米仓 | 明、清 | 禄米仓胡同 71 号、73 号 | 1984 |
| 原中法大学 | 民国 | 东皇城根北街甲 20 号 | 1984 |
| 中华圣经会旧址 | 民国 | 东单北大街 21 号 | 1984 |
| 顺天府学 | 明、清 | 府学胡同 65 号 | 1984 |
| 京师大学堂建筑遗存 | 清、民国 | 沙滩后街 55 号、59 号 | 1984 |
| 大慈延福宫建筑遗存 | 明 | 朝内大街 203 号 | 1990 |
| 西堂子胡同四合院 | 清 | 西堂子胡同 25、29、31、33 号 | 1990 |
| 东堂 | 清 | 王府井大街 74 号 | 1990 |
| 北京大学地质馆旧址 | 1934 年 | 沙滩北街 15 号 | 1990 |
| 北京饭店中期建筑 | 1917 年 | 东长安街 33 号 | 1990 |
| 军调部 1946 年中共代表团驻地 | 民国 | 南河沿大街 1 号 | 1995 |
| 淳亲王府 | 清 | 东长安街 14 号 | 1995 |
| 孑民堂 | 1947 年 | 北河沿大街甲 83 号 | 1995 |
| 法国邮政局旧址 | 1910 年 | 东交民巷 19 号 | 1995 |
| 圣弥厄尔教堂 | 1904 年 | 东交民巷甲 13 号 | 1995 |
| 帽儿胡同四合院 | 清 | 帽儿胡同 11 号 | 1995 |
| 美国使馆旧址 | 1903 年 | 前门东大街 23 号 | 1995 |
| 荷兰使馆旧址 | 1909 年 | 前门东大街 11 号 | 1995 |

| | | | |
|---|---|---|---|
| 帽儿胡同四合院 | 清 | 帽儿胡同5号 | 2001 |
| 美术馆东街四合院 | 清 | 美术馆东街25号 | 2001 |
| 拱门砖雕及四合院 | 民国 | 东棉花胡同15号 | 2001 |
| 前鼓楼苑胡同四合院 | 清 | 前鼓楼苑胡同7号、9号 | 2001 |
| 鼓楼东大街四合院 | 民国 | 鼓楼东大街255号 | 2001 |
| 宁郡王府 | 清 | 北极阁三条71号、新开路胡同94号 | 2001 |
| 陈独秀旧居 | 民国 | 箭杆胡同20号 | 2001 |
| 僧格林沁王府 | 清 | 板厂胡同30号、32号、34号、炒豆胡同73号、75号、77号 | 2003 |
| 黑芝麻胡同四合院 | 清 | 黑芝麻胡同13号 | 2003 |
| 琦园花园 | 清 | 秦老胡同35号 | 2003 |
| 沙井胡同四合院 | 清 | 沙井胡同15号 | 2003 |
| 前永康胡同四合院 | 清 | 前永康胡同7号、9号 | 2003 |
| 皇城墙 | 明、清 | 天安门东侧、景山东街等 | 2003 |
| 原麦加利银行 | 清末 | 东交民巷39号 | 2003 |
| 总理各国事务衙门建筑遗存 | 清 | 东堂子胡同49号 | 2003 |
| 恒亲王府 | 清朝 | 阳门内大街 | 2003 |
| 协和医院宿舍群 | 清 | 外交部街59号、北极阁三条26号 | 2003 |
| 北京大学学生宿舍 | 1935年 | 沙滩北街乙2号 | 2003 |

## 东城区文物保护单位(42项)

| 名　称 | 时　代 | 地　址 | 公布年份 |
|---|---|---|---|
| 杨昌济故居 | 民国 | 豆腐池胡同15号 | 1984 |
| 欧美同学会 | 清 | 南河沿大街111号 | 1984 |
| 通教寺 | 明、清 | 针线胡同19号 | 1984 |
| 惠王府 | 清 | 富强胡同3号 | 1984 |
| 吉安所 | 清 | 吉安所右巷8号 | 1984 |
| 朱启钤故宅 | 清 | 赵堂子胡同3号 | 1984 |
| 段祺瑞宅 | 民国 | 仓南胡同5号 | 1984 |
| 史家胡同四合院 | 清 | 史家胡同51号 | 1984 |
| 史家胡同四合院 | 清 | 史家胡同53号 | 1984 |
| 史家胡同四合院 | 清 | 史家胡同55号 | 1984 |
| 东皇城根南大宅院 | 清 | 东皇城根南街32号 | 1984 |
| 北总布胡同大宅院 | 清 | 北总布胡同2号 | 1984 |
| 蔡元培故居 | 民国 | 东堂子胡同75号 | 1985 |
| 田汉故居 | 民国 | 细管胡同9号 | 1986 |
| 欧阳予倩故居 | 民国 | 张自忠路5号 | 1986 |
| 梁启超故居 | 清 | 北沟沿胡同23号 | 1986 |
| 僧格林沁祠堂 | 清 | 地安门东大街47号 | 1986 |
| 东外清真寺 | (1988年移建于此) | 东直门外察慈小区6号 | 1986 |
| 当铺旧址 | 清 | 门楼胡同3号、5号 | 1986 |
| 黄米胡同四合院 | 清 | 黄米胡同5号、7号、9号 | 1986 |
| 顺天府大堂 | 清 | 东公街9号 | 1986 |
| 旧宅院 | 清 | 菊儿胡同3号、5号寿比胡同6号 | 1986 |

| | | | |
|---|---|---|---|
| 桂公府 | 清 | 芳嘉园胡同11号、新鲜胡同40号 | 1986 |
| 麻线胡同大宅院 | 清 | 麻线胡同3号(拆建于东四五条55号) | 1986 |
| 雨儿胡同四合院 | 清 | 雨儿胡同13号 | 1986 |
| 板厂胡同四合院 | 清 | 板厂胡同27号 | 1986 |
| 东四六条四合院 | 清 | 东四六条55号 | 1986 |
| 东四四条四合院 | 清 | 东四四条5号 | 1986 |
| 东四八条四合院 | 清 | 东四八条71号 | 1986 |
| 富强胡同四合院 | 清 | 富强胡同6号甲6号、23号 | 1986 |
| 什锦花园四合院 | 清 | 什锦花园胡同19号 | 1986 |
| 旧宅院 | 清 | 魏家胡同18号 | 1986 |
| 东总布胡同大宅院 | 清 | 东总布胡同53号 | 1986 |
| 多福巷胡同44号法华寺“德悟和尚行实碑记” | | 多福巷胡同44号 | 1986 |
| 沙滩北街15号“傅恒征西川碑” | | 北京石刻艺术博物馆 | 1986 |
| 南吉祥胡同21号“慧仙女校碑” | | 北京石刻艺术博物馆 | 1986 |
| 帽儿胡同21号“皇帝敕谕碑” | | 帽儿胡同21号院内 | 1986 |
| 帽儿胡同21号“御制护国文昌帝君庙旧碑” | | 帽儿胡同21号院内 | 1986 |
| 灯市口北巷7号门前“宝和店重修玉帝庙碑” | | 北京石刻艺术博物馆 | 1986 |
| 东四十三条19号“慧照寺修建碑记” | | 东四十三条19号 | 1986 |
| 柏树胡同21号“皇帝敕谕碑” | | 钟鼓楼文化保管所 | 1986 |
| 清代邮局旧址 | 清 | 小报房胡同7号 | 1996 |

(注:①凡在名称一栏中为“四合院”的文物保护单位,正式名称均为××街(胡同)×号四合院,如,国祥胡同2号四合院,因有“地址”一栏,故略去;②东交民巷使馆建筑群中使馆、银行所标年代为现存建筑始建年代。)

(东城区文化委员会提供)

# 东城区爱国主义教育基地

| 名　称 | 地　址 | 联系电话 |
|---|---|---|
| 北京新文化运动纪念馆 | 五四大街29号 | 64024929 |
| 王府井商业区 | 王府井大街 | 65274688 |
| 北京警察博物馆 | 东交民巷36号 | 85225027 |
| 东城区档案馆 | 东单外交部街甲28号 | 65240978 |
| 老舍纪念馆 | 灯市口西街丰富胡同19号 | 65599218 |
| 茅盾故居 | 后圆恩寺胡同13号 | 64044089 |
| 文天祥祠堂 | 府学胡同63号 | 64014968 |
| 钟鼓楼 | 钟楼湾临字9号 | 84036706 |
| 东交民巷 | 东交民巷 | 65252063 |
| 火烧赵家楼遗址 | 赵家楼胡同1号 | 65127722转1017 |
| 三一八惨案发生地 | 张自忠路3号 | 64029678 |
| 北京文博交流馆 | 禄米仓胡同5号 | 65253670 |
| 北京皇城艺术馆 | 菖蒲河沿9号 | 85115104 |
| 王府井古人类文化遗址博物馆 | 东方新天地第一街地下3层 | 85186306 |
| 东城区特殊教育学校 | 安定门外小黄庄一区16楼 | 84270773 |
| 孔庙和国子监博物馆 | 国子监街13、15号 | 64063352 |
| 北京税务博物馆 | 南池子大街普度寺前巷35号 | 82259259 |

(中共东城区委宣传部提供)

# 北京市历史文化保护区

## （北京市33片，东城区17片）

### 一、景山前街

位于故宫紫禁城筒子河与皇家园林景山之间，全长740米。明清时，景山与故宫之间建有北上门、北上东门、北上西门。1931年各门拆除辟路，划分3段：中为景山前街，东为景山东前街，西为三座门大街。1965年统一定名为景山前街。

### 二、景山后街

位于景山公园北侧，东起景山东街，西至景山西街，中与地安门内大街相连，全长482米。元代为大都御苑；明清为皇城。临街南侧古建筑是清乾隆年间所建寿皇殿，为清代皇家供奉先祖神像之所。街北东、西两侧建国后建设的办公楼，屋顶采用中国传统建筑坡屋顶形式，立面为传统建筑形式的装饰，与南侧景山相互呼应、衬托，形成对景，是保持古都历史风貌的范例。

### 三、景山东街

位于景山公园东侧，全长546米。街旁明代曾设有司礼监、都知监、印绶监等衙署。因西邻景山，清末称景山东大街，1956年定现名。街两侧绿树成荫。街东有清光绪二十四年（1898年）开办的中国第一所大学——京师大学堂。吉安所左巷8号是毛泽东1918年在北京时住过的地方。

### 四、五四大街

东起东四西大街，西至景山前街，全长740米。1965年曾定名汉花园大街，后改五四大街至今。街北侧为北京大学“红楼”。1919年5月4日的游行队伍，即从“红楼”北边的广场集合出发，1947年被命名为“民主广场”。陈独秀、李大钊、鲁迅、蔡元培、胡适等革命先辈和文化巨匠曾在此任教。共产党北京小组诞生于此。“红楼”内现保存李大钊工作室。“红楼”在中国近代史上具有重要的地位和作用。街东段北侧的中国美术馆是20世纪50年代著名的大型文化设施。现在“红楼”筹建新文化运动纪念馆。

### 五、南池子大街　六、东华门大街

位于北京皇城内，故宫东南侧，北起东华门大街，南至长安街，西临筒子河、劳动人民文化宫、东接南河沿大街。用地面积约34.5公顷。该地区处于喧闹的王府井商业街与森严僻静的故宫城墙之间，无论从建筑尺度还是建筑形式上都受到了来自传统与现代两个方向矛盾的冲击。独特的城市环境造成地段内具有传统风貌的居住街区的独特建筑环境。

### 七、北池子

紧邻紫禁城东侧。东以东黄城根南街为界，西以筒子河为界，北至五四大街，南邻东华门大街与南池子相连。用地面积39.22公顷。北池子地区传统居住区的特色构成故宫一侧较为幽静的居住环境，其灰色宁静的形式更有益衬托、表现宫城的宏伟气度。就北京旧城整体而言，其低矮、平缓、匀质的建筑格局也是风貌构成的重要组成部分。

### 八、东交民巷

位于天安门广场东侧，东接崇文门内大街，南临前门东大街，西至天安门广场东侧，北至东长安街。用地面积62.84公顷。该地区旧时被各帝国主义国家强占为使馆区，建筑多为西式风格。现以中央机关单位的办公为主，兼有办公与居住的混合使用形态，在整体上保持了历史文化街区原有的异域风貌特色，在老城区的传统建筑文化基调中独显特质。

### 九、南锣鼓巷

东起交道口南大街、南至地安门东大街；西起东不压桥和南下洼子胡同、北至鼓楼东大街，用地面积约84公顷。该地区是北京最老的街区之一。与元大都同期建成，现仍保持了传统的胡同结构和大量的传统四合院，是目前北京旧城保存最完整、好四合院最集中的地区。其鱼骨式格局是元大都遗留至今的城市形态片段的活化石。

### 十、北锣鼓巷

南至鼓楼东大街，北至车辇店、净土胡同，东至安定门内大街，西至赵府街，用地面积约为46公顷。该地区与南锣鼓巷、国子监、雍和宫等3个历史文化保护区相邻，是皇城的重要背景，也是保护旧城整体风貌和沿中轴线对称格局不可缺少的地段。

**十一、皇城**

是北京旧城整体保护的重点区域,包括景山地区、北池子、南池子。内含紫禁城、太庙、社稷坛、北海、中南海及14片第一批历史文化保护区,用地面积约6.8平方公里。

**十二、国子监 雍和宫**

位于北京旧城东北部,西起安定门内大街、北至北二环东路、东起东直门北小街西侧的育树胡同、炮局头条、南至北新桥三条、方家胡同。用地面积约74公顷,其中国子监36公顷、雍和宫38公顷。该地区是北京旧城内重要寺庙建筑和重要文物集中的街区,包括国子监、孔庙、国子监街、雍和宫、柏林寺等。国子监街内设4座牌楼,均为一间二柱三楼冲天式牌楼,东西口各一座,额枋题“成贤街”;国子监大门左右各1座,额枋题“国子监”。

**十三、东四三条至八条**

位于朝阳门内大街以北、东四十条以南、东四北大街以东、朝阳门北小街以西。用地面积48.8公顷,总建筑面积34.8公顷。该地区是典型传统的四合院落为主的居住性成片街区,从“一进院”到“四进院”都有留存,风貌与胡同格局完好,是展示传统四合院的极佳场所。

**十四、张自忠路北**

南至张自忠路,北至香饵胡同,东至东四北大街、西至交道口南大街,用地面积约42公顷。该街区有和敬公主府、段祺瑞执政府旧址、孙中山逝世纪念地等多处国家、市、区级文物保护单位。

**十五、张自忠路南**

南至钱粮胡同,北至张自忠路,东至东四北大街,西至美术馆后街,用地面积约42公顷。该区域处于皇城与东四三条至八条保护区之间,现存胡同格局完整,有马辉堂花园等文物保护单位。

**十六、新太仓**

该保护区南至东四十条,北至东直门内大街,东至东直门南小街,西至东四北大街。总用地面积约为56.88公顷,胡同23条。该区域现有胡同格局完整,有梁启超旧居、当铺旧址等区级文物保护单位。

**十七、东四南**

该保护区南至干面胡同,北至前炒面胡同,东至朝内南小街,西至东四南大街。总面积约为34.22公顷,主要胡同14条。该区域是以典型传统的四合院落为主的居住性成片街区,风貌与质量相当完好是展示传统四合院极佳场所。现有礼士胡同129号院,内务部街11号院,史家胡同51号、53号、55号四合院等文物保护单位。

附:钟鼓楼地区是什刹海历史文化保护区的一部分,算半片。

(东城区文化委员会提供)

# 东城区街道社区居委会

## 东华门街道

| 居委会名称 | 管辖户数(户) | 主任 | 联系电话 | 办公地址 | 邮编 |
|---|---|---|---|---|---|
| 银闸 | 1463 | 熊英 | 65260112 | 北河沿大街141号 | 100006 |
| 东厂 | 1722 | 郑雅丽 | 65277860 | 东厂北巷甲4号 | 100006 |
| 多福巷 | 3157 | 宫肇美 | 65288453 | 多福巷甲22号 | 100010 |
| 智德 | 1662 | 李勤英 | 65288454 | 北池子大街60号 | 100006 |
| 黄图岗 | 1486 | 刘美玉 | 65260155 | 东厂胡同乙14号楼 | 100006 |
| 灯市口 | 1158 | 周彦茹 | 65260103 | 灯市口大街14号楼 | 100006 |
| 韶九 | 1097 | 吴祥明 | 65260105 | 韶九胡同22号 | 100006 |
| 甘雨 | 1214 | 邓家珉 | 65260097 | 甘雨胡同2号 | 100006 |
| 南池子 | 1462 | 刘立新 | 65288449 | 缎库胡同18号 | 100006 |
| 王府井 | 2659 | 叶建华 | 65260154 | 煤渣胡同11号 | 100005 |
| 正义路 | 1924 | 张健玲 | 65248476 | 东交民巷32号 | 100006 |
| 台基厂 | 1873 | 郭晓彤 | 85112057 | 台基厂二条3号 | 100005 |

## 景　山　街　道

| 居委会名称 | 管辖户数(户) | 主　任 | 联系电话 | 办公地址 | 邮　编 |
|---|---|---|---|---|---|
| 隆福寺 | 1840 | 张金明 | 84014007 | 崔府夹道 5 号 | 100010 |
| 魏　家 | 1419 | 李　平 | 84018582 | 什景花园甲 15 号 | 100007 |
| 汪芝麻 | 955 | 金　颖 | 84017307 | 南剪子巷 40 号 | 100007 |
| 皇城根北街 | 1296 | 司淑敏 | 84018656 | 东黄城根北街 20 号 | 100010 |
| 吉　祥 | 720 | 虞　宏 | 84017693 | 西吉祥胡同 2 号 | 100009 |
| 黄化门 | 1573 | 高建荣 | 84017928 | 黄化门街 8 号 | 100009 |
| 钟　鼓 | 1602 | 刘美英 | 84018563 | 腊库胡同 30 号 | 100009 |
| 景山东街 | 1448 | 贾　伟 | 84018627 | 大学夹道 10 号 | 100009 |

## 交　道　口　街　道

| 居委会名称 | 管辖户数(户) | 主　任 | 联系电话 | 办公地址 | 邮　编 |
|---|---|---|---|---|---|
| 交　东 | 2310 | 王凌翰 | 64027593 | 土儿胡同 10 号楼 | 100007 |
| 大　兴 | 2467 | 李京兰 | 64079116 | 北吉祥胡同 13 号 | 100007 |
| 府　学 | 3240 | 饶青云 | 64070445 | 中剪子巷 17 号 | 100007 |
| 菊　儿 | 2042 | 李　媛 | 64061129 | 菊儿胡同 21 号 | 100009 |
| 南锣鼓巷 | 2843 | 郝苓俊 | 64013341 | 前圆恩寺胡同 28 号 | 100009 |
| 鼓楼苑 | 3678 | 孟立新 | 64017698 | 前鼓楼苑胡同 10 号 | 100009 |
| 福　祥 | 3335 | 李　娜 | 64043395 | 福祥胡同 11 号 | 100009 |

## 安　定　门　街　道

| 居委会名称 | 管辖户数(户) | 主　任 | 联系电话 | 办公地址 | 邮　编 |
|---|---|---|---|---|---|
| 交北头条 | 1446 | 段淑彦 | 64048329 | 交北头条 76 号 | 100007 |
| 国子监 | 1277 | 南静明 | 64068513 | 官书院胡同 40 号 | 100007 |
| 五道营 | 1891 | 赵金颖 | 64068350 | 永康胡同 5 号院 | 100007 |
| 分司厅 | 1639 | 王玉莲 | 64067692 | 小经厂 8 号 | 100009 |
| 花　园 | 2234 | 赵亚华 | 64067702 | 谢家胡同 40 号 | 100009 |
| 宝钞南 | 1111 | 王志鲜 | 64066617 | 琉璃寺 8 号 | 100009 |
| 北锣鼓巷 | 1686 | 王明芳 | 64066276 | 北锣鼓巷 5 号旁门 | 100009 |
| 钟楼湾 | 1854 | 尤秀荣 | 64067668 | 草厂北巷 51 号 | 100009 |
| 国　旺 | 2405 | 张明生 | 64067076 | 国祥胡同 13 号 | 100009 |

## 北新桥街道

| 居委会名称 | 管辖户数(户) | 主任 | 联系电话 | 办公地址 | 邮编 |
|---|---|---|---|---|---|
| 草园 | 1625 | 段红霞 | 64000855 | 草园胡同12号 | 100007 |
| 二条 | 1618 | 何秀英 | 64066547 | 东内大街245号 | 100007 |
| 前永康 | 2281 | 张志华 | 64040317 | 北新16号旁门 | 100007 |
| 藏经馆 | 1450 | 于锦秋 | 64004112 | 戏楼一巷27号旁门 | 100007 |
| 青龙 | 1691 | 赵金兰 | 64000858 | 青龙胡同甲1号 | 100007 |
| 炮局 | 1588 | 陈燕 | 64044977 | 炮局胡同甲56号 | 100007 |
| 民安 | 3847 | 吴治民 | 64027404 | 民安街14号 | 100007 |
| 小菊 | 3574 | 刘素欣 | 64020638 | 新太仓二巷3号 | 100007 |
| 十三条 | 1251 | 马淑云 | 64027569 | 东四十四条7号 | 100007 |
| 门楼 | 2145 | 左向萍 | 64027400 | 东四十三条32号 | 100007 |
| 十二条 | 1262 | 曾兰馨 | 64006598 | 东四北138号 | 100007 |
| 板桥 | 1440 | 程淑仙 | 64062872 | 西门仓胡同甲2号 | 100007 |
| 九道湾 | 1421 | 曹建军 | 64044893 | 九道湾西巷1号 | 100007 |
| 海运仓 | 3330 | 佟爱香 | 84073272 | 南颂年3号楼 | 100007 |
| 北官厅 | 2660 | 李桂珍 | 84064928 | 北官厅3号楼1－102 | 100007 |
| 北新仓 | 2808 | 李丽 | 84072141 | 北新仓8号楼207 | 100007 |

## 东四街道

| 居委会名称 | 管辖户数(户) | 主任 | 联系电话 | 办公地址 | 邮编 |
|---|---|---|---|---|---|
| 东四二条 | 1572 | 罗淑云 | 64059534 | 东四北大街460号 | 100010 |
| 东四五条 | 1948 | 吴炳光 | 64025799 | 东四四条43号 | 100010 |
| 东四六条 | 2326 | 李玲 | 64003490 | 东四六条45号 | 100007 |
| 东四七条 | 2066 | 刘桂芬 | 64043699 | 东四北大街303号 | 100007 |
| 东四八条 | 2177 | 刘志颖 | 64024538 | 东四八条139号 | 100007 |
| 总院 | 2378 | 石孟明 | 84043799 | 朝内北小街2号 | 100700 |
| 南门仓 | 2173 | 郎海鹏 | 84045399 | 罗家大院1号二层 | 100010 |
| 豆瓣 | 2646 | 穆芳 | 84045893 | 豆瓣1号楼西侧 | 100010 |

## 朝阳门街道

| 居委会名称 | 管辖户数(户) | 主任 | 联系电话 | 办公地址 | 邮编 |
|---|---|---|---|---|---|
| 史家 | 1159 | 纪秀慧 | 65285569 | 史家胡同21号 | 100010 |
| 内务 | 1276 | 郑红强 | 65257583 | 内务部街73号 | 100010 |
| 演乐 | 2128 | 乔艳萍 | 65234043 | 演乐胡同59号 | 100010 |
| 礼士 | 1029 | 曹荣 | 65287374 | 礼士胡同121号 | 100010 |
| 朝西 | 1479 | 宴焕静 | 65122956 | 前拐棒胡同17号 | 100010 |
| 新鲜 | 3100 | 任美华 | 65254679 | 新鲜胡同63号 | 100010 |

| | | | | | |
|---|---|---|---|---|---|
| 大方家 | 2464 | 于春明 | 65232084 | 小牌坊胡同甲48号 | 100010 |
| 竹 杆 | 2200 | 王学军 | 65275801 | 朝内大街130号 | 100010 |
| 朝内头条 | 1545 | 赵博言 | 64040087 | 朝内大街97号 | 100010 |

## 建国门街道

| 居委会名称 | 管辖户数(户) | 主 任 | 联系电话 | 办公地址 | 邮 编 |
|---|---|---|---|---|---|
| 干 面 | 2100 | 李军海 | 65598138 | 干面胡同37号 | 100005 |
| | | 李晓康 | 65592011 | | |
| 外交部街 | 2909 | 高晓霞 | 65237046 | 外交部街甲20号 | 100005 |
| | | | 65130474 | 外交部街38号 | |
| 西总布 | 1696 | 马红兵 | 65253781 | 西总布胡同19号 | 100005 |
| | | | 65243198 | 北极阁胡同10号 | |
| 禄米仓 | 3089 | 贾玉芹 | 65253698 | 禄米仓胡同42号楼-8号 | 100005 |
| 大雅宝 | 1700 | 李 颖 | 65254005 | 南小街18-29号南侧 | 100005 |
| 赵家楼 | 1797 | 汤秀丽 | 85115993 | 小羊宜宾胡同5-2号 | 100005 |
| 东总布 | 1500 | 张小庄 | 65139944 | 东总布胡同38号 | 100005 |
| 苏 州 | 2047 | 郭 华 | 65139239 | 苏州胡同79号 | 100005 |
| 崇 内 | 2243 | 吴鸿逸 | 65278171 | 西镇江胡同25号 | 100005 |
| 站 东 | 2039 | 杨石敏 | 65134974 | 柳罐胡同甲2号 | 100005 |

## 东直门街道

| 居委会名称 | 管辖户数(户) | 主 任 | 联系电话 | 办公地址 | 邮 编 |
|---|---|---|---|---|---|
| 工人体育馆 | 2856 | 赵慧兰 | 65523201 | 新中西街12楼1单元对面 | 100027 |
| 新中街 | 1574 | 孙爱华 | 64165396 | 新中街四条乙20号 | 100027 |
| 新中西里 | 1365 | 姜春燕 | 64165148 | 新中西里10号楼对面 | 100027 |
| 十字坡 | 1189 | 王 华 | 64151418 | 新中街5号 | 100027 |
| 东外大街 | 1322 | 韩秀花 | 64170442 | 春秀路17号楼旁平房 | 100027 |
| 东 环 | 1655 | 冯小荣 | 64166798 | 东直门南大街甲2号楼下 | 100027 |
| 清水苑 | 1041 | 宋淑贤 | 64653698 | 东直门北大街甲6号院1号楼 | 100028 |
| 胡家园 | 2183 | 王大军 | 64675276 | 东外小街10号 | 100027 |
| 东外大街北 | 1470 | 关丽清 | 64673576 | 察慈小区8号楼一层北门 | 100028 |
| 香河园北里 | 416 | 冯贺生 | 64616394 | 香河园北里华夏出版社对面 | 100028 |

# 和 平 里 街 道

| 居委会名称 | 管辖户数(户) | 主 任 | 联系电话 | 办公地址 | 邮 编 |
|---|---|---|---|---|---|
| 交 通 | 822 | 张 健 | 64292535 | 和平里东街10号 | 100013 |
| 林 调 | 1177 | 司立芝 | 64289228 | 和平里东街12号平房 | 100013 |
| 民 旺 | 2456 | 张玉兰 | 64294689 | 和平新城29号楼 | 100013 |
| 柏 林 | 1309 | 谢凤华 | 84214137 | 和平里东街11号 | 100013 |
| 六 区 | 1333 | 宋国华 | 84214298 | 和平里中街7号楼 | 100013 |
| 五 区 | 2186 | 王静艳 | 84215289 | 和平里五区3号楼6－02 | 100013 |
| 二 区 | 2361 | 李素清 | 84221986 | 和平里一区6号楼2－102号 | 100013 |
| 七 区 | 2032 | 张军红 | 64228347 | 和平里七区3号楼平房 | 100013 |
| 化 工 | 720 | 鞠苏华 | 64291097 | 兴化东里15号楼 | 100013 |
| 兴 化 | 2795 | 孙秀清 | 64289631 | 兴化西里8号楼前平房 | 100013 |
| 小黄庄 | 2436 | 赵跃桀 | 84286550 | 小黄庄一区13号楼 | 100013 |
| 安贞苑 | 872 | 周景荣 | 64441201 | 安贞苑50号院2号楼 | 100029 |
| 地 坛 | 2015 | 沈 清 | 64226182 | 地坛北里12号楼平房 | 100013 |
| 东河沿 | 2030 | 张桂苓 | 64279527 | 安外东河沿乙6号楼 | 100011 |
| 西河沿 | 2120 | 杨晓明 | 84116346 | 安外西河沿18号楼后平房 | 100011 |
| 上 龙 | 2380 | 邓益民 | 84114230 | 安外上龙西里29号楼平房 | 100011 |
| 安德路 | 931 | 陈 静 | 51697010 | 安德路47号院5号楼 | 100011 |
| 冶 金 | 761 | 张明花 | 84131081 | 安德路55号楼 | 100011 |
| 青年湖 | 1504 | 杨青华 | 84136505 | 青年湖东里9号楼北侧 | 100011 |
| 六铺炕 | 1258 | 王爱芝 | 62014792 | 安德路乙61号 | 100011 |
| 安德里 | 1885 | 张 莉 | 84110223 | 六铺炕甲7号楼 | 100011 |
| 人定湖 | 1166 | 陈 雨 | 66791740 | 安德里北街甲25号 | 100011 |
| 总 政 | 2958 | 任 霞 | 66794475 | 安德里北21号 | 100011 |
| 黄 寺 | 753 | 刁双法 | 66740841 | 黄寺大街甲1号4－3－1 | 100011 |
| 新建路 | 793 | 郑成富 | 84112941 | 安外大街3号 | 100011 |
| 青年湖北里 | 1084 | 李 薇 | 84123475 | 黄寺大街2号 | 100011 |

# 内 容 索 引

## 说 明

一、本索引是全书条目内容的主题分析索引。
二、索引主题按汉语拼音字母的顺序排列,第一字相同时,按第二字,余类推。以符号开头的索引词排在最后。
三、索引主题之后的阿拉伯数字和字母依次为:出现的页码、区域。标引词后的第二页码,表示该条目参见内容所在位置。本文正文的版面区域划分如右图。
四、大事记、文献、统计资料、附录等类目的内容及表格和插图等不作索引。

| A | D |
|---|---|
| B | E |
| C | F |

## A



## B

# F



# G

# H



# J

# K



# L



# M

# N



# P



# Q



# R



# S

## T



## W

# Z



# 符号

# 提供摄影单位及人员

**彩色图片摄影人员：**(按姓氏汉语拼音顺序排序)

安科军　蔡　毅　曹　剑　崔南翔　戴文红　狄　辉　杜　欣　樊功厚　冯　宁
郭颖洲　哈洪涛　韩树凡　郝　飞　何大力　何　戎　江　峻　李振华　林　燕
刘秋菊　龙斯钊　牛冬来　彭喜乐　沈　洋　施　科　宋海燕　苏嘉兴　苏　玥
唐　赫　田　鹏　田　申　王桂荣　王建国　王永轶　王宇宁　魏　毅　文　艳
胥　亚　杨　凯　于丹丹　于妍妍　张彩彬　张传东　张冬青　张文侠　张晓东
张燕起　赵午卓　周　良

**提供图片单位：**(按汉语拼音顺序排列)

爱卫会、安监局、奥士凯集团、北京站管理处、北新桥街道、财政局、残联、朝阳门街道、城管大队、城管监督中心、党校、档案局、地税局、东安市场、东二环建管办、东方文化公司、东方置地公司、东华门街道、东集兴业公司、东四街道、东兴公司、东直门街道、发改委、法院、妇联、工美大厦、工商分局、工商联、工商银行东城支行、规划分局、国资委、和平里街道、红十字会、环保局、环卫中心、区直属机关工委、机关事务管理中心、计生委、纪委、检察院、建设银行东四支行、建委、交道口街道、教委、教育督导室、金漆镶嵌公司、景山街道、九三学社、劳动局、老干部局、旅游局、民革、民建、民进、民盟、农工党、农业银行东城支行、侨联、区人大、区政协、区总工会、商委、社会工委、审计局、市政管委、市政市容委、司法局、台办、台盟、体育局、天安门公安分局、天元公司、统计局、统战部、外事办、王府井建管办、王府井置业公司、卫生局、文明办、文委、吴裕泰茶业公司、武警六支队、武装部、消防支队、新北方旅游公司、信访办、行政服务中心、宣传部、烟草专卖局、研究室、药监局、雍和科技园、园林局、政法委、质监局、致公党、综治办、组织部

**封面照片说明：**北护城河畔的雍和家园

**摄影：**李长林

**封底照片说明：**东北二环机场高速路联络线公园绿地

**摄影：**王建国

**北京市东城区地方志办公室**

**单位地址：**北京市东城区东四十一条83号　　**邮政编码：**100007

**电　　话：**(010)64009361(**传真**)　64021967